U0552638

本书由北京外国语大学中华文化国际传播研究院资助出版

张西平 魏京翔 [西班牙]易玛 ◎ 主编

中西撷英

庞迪我逝世四百周年
国际学术研讨会论文集

中国社会科学出版社

图书在版编目（CIP）数据

中西撷英：庞迪我逝世四百周年国际学术研讨会论文集：汉西对照／张西平等主编．—北京：中国社会科学出版社，2021.5

ISBN 978-7-5203-7471-2

Ⅰ.①中… Ⅱ.①张… Ⅲ.①庞迪我—人物研究—文集—汉、西 Ⅳ.①B979.955.1-53

中国版本图书馆 CIP 数据核字（2020）第 222997 号

出 版 人	赵剑英
责任编辑	高　歌
责任校对	周　昊
责任印制	戴　宽

出　　版	中国社会科学出版社
社　　址	北京鼓楼西大街甲 158 号
邮　　编	100720
网　　址	http://www.csspw.cn
发 行 部	010-84083685
门 市 部	010-84029450
经　　销	新华书店及其他书店
印刷装订	北京君升印刷有限公司
版　　次	2021 年 5 月第 1 版
印　　次	2021 年 5 月第 1 次印刷
开　　本	710×1000　1/16
印　　张	73.75
插　　页	2
字　　数	1179 千字
定　　价	398.00 元

凡购买中国社会科学出版社图书，如有质量问题请与本社营销中心联系调换
电话：010-84083683
版权所有　侵权必究

目 录

序言一 ……………………………………………………… (1)

序言二 ……………………………………………………… (3)

序言三 ……………………………………………………… (5)

第一部分　庞迪我，中西文化的推动者

引言 ………………………………… 胡安·何塞·莫拉雷斯 (9)

庞迪我研究之现状 ……………………………… 张　铠 (13)

庞迪我的面具 …………………………………… 欧阳安 (20)

庞迪我于澳门逝世日期及葬地考 ……………… 金国平 (29)

献给中国皇帝万历的西方画像 ……… 伊莎贝尔·塞韦拉 (36)

庞迪我与早期中国教会：鉴于最近的翻译资料 … 李天纲 (54)

第二部分　科学、艺术以及其他领域的交流

引述 ……………………………………… 伊莎贝尔·塞韦拉 (63)

庞迪我：传教士与天文学家
　　——横跨中欧的世界观 ……… 何塞·安东尼奥·塞韦拉 (67)

庞迪我：万历皇宫里的西方音乐教师 …………… 李晨光 (81)

庞迪我的音乐修养 ………………………… 伊丽莎白·科尔斯 (90)

利玛窦和庞迪我的音乐氛围：耶稣会士
　　歌唱否？……………………………… 阿尔韦特·雷卡森斯（98）

第三部分　19世纪与20世纪中国与西班牙的关系

引述 ……………………………………………… 魏京翔（109）
20世纪上半叶在华西班牙人面对死亡和哀恸的态度……鲍晓鸥（111）
玛斯与19世纪西班牙—中国政治关系的
　　开端 ……………………… 大卫·马丁内斯-罗伯斯（134）
胡安·巴雷拉与艾米莉亚·巴尔多·巴桑：19世纪理想
　　主义者的中国 ……………………………… 宁斯文（147）
阿贝拉多·来丰（1871—1931），中国第一位西班牙
　　建筑师 ……………………………… 阿尔瓦罗·莱昂纳多（156）

第四部分　当代中国与西班牙、拉美地区关系

引述 ……………………………………………… 张　敏（179）
拉丁美洲—西班牙关系中的新态度：认知
　　管理 ………………………………… 胡里奥·里奥斯（182）
具有中国特色的全球化及其近期与拉美和加勒比
　　地区的关系 ……………………… 恩里克·杜塞尔·彼得斯（191）
有关三种西班牙语世界的辩证关系
　　——全球化时代中国和西班牙语美洲的文化互动
　　（献给未能读到此文的苏玛）…… 恩里克·罗德里格兹·拉雷塔（206）
中拉文明对话：意义、目标、路径和机制 ……………… 郭存海（214）
西班牙民主过渡时期的中西关系（1976—1982年）…… 罗慧玲（234）

第五部分　中国大帆船或银之路：全球化的起源

引述 ……………………………………… 胡安·何塞·莫拉雷斯（247）

"马尼拉大帆船"在中国的影响 …………………… 多洛斯·福尔奇（249）
菲律宾华人在西班牙君主制中的角色（16世纪—18
　　世纪）………………… 安东尼奥·加西亚-阿瓦索洛·冈萨雷斯（267）
埃尔南多·德洛斯克罗内尔与他征服台湾岛的
　　建议 ………………………………………… 瓜达卢佩·平松（287）
"马尼拉大帆船"与方济会中国传教事业 ……………… 叶君洋（301）

第六部分　思想的交流史：宗教、道德和哲学

引述 …………………………………………………………… 达　奇（309）
中国第一批多明我会传教士的培养及学术
　　成就 …………………………………………… 安娜·布斯克茨（312）
清初来华方济各会士利安当儒学观浅析 ……………… 罗　莹（326）
庞迪我的《七克》与晚明社会道德权威的重建 ……… 彭海涛（345）

第七部分　16世纪西班牙汉学：庞迪我的后继者

引述 ………………………………………………… 阿莉西亚·雷林克（357）
梵蒂冈图书馆所藏的《天主教理》初探 ……………… 张西平（359）
中国与西班牙首次交往的中文文献记录：以南京图书馆
　　馆藏海内孤本刘尧诲《督抚疏议》为中心展开 …… 汤开建（384）
16—18世纪的汉西双语词典稿本及其作者群体 ……… 杨慧玲（402）
东西相望
　　——以中国和西班牙早期历史文献为蓝本 ………… 魏京翔（412）

致　谢 ……………………………………………………………………（420）

序言一

通过"2018庞迪我年"成功举办，西班牙驻华使馆与北京塞万提斯学院携手对庞迪我的地位与事迹进行了必要的重申。这位举足轻重的学者对中西交流做出了重要贡献，而他的付出曾长期被不公正地看待。2018年9月于北京外国语大学举办的学术研讨会系本次纪念活动的主要日程，会上众多专家学者齐聚一堂，以庞迪我为出发点展开讨论，共同讲述和探讨这历史长河中的璀璨一章。

研讨会报告集以双语形式出版，作为本届研讨会的直接成果，它的出版必定会给本届活动的全体参与者带来巨大的喜悦。没有这些参与者，本次活动就不可能圆满完成。报告集不仅收录了研讨会上全体发言人的讲话，更凝聚了后续翻译、出版和最终发行过程中工作人员的辛劳汗水。除此之外，这本报告集还有另一值得骄傲的理由，它是了解庞迪我这位西班牙传教士的权威参考读本。庞迪我在1597年紧随圣方济各·沙勿略的步伐，跟随传教使团抵达澳门，他们肩负着共同的使命——在明朝后期传扬福音。传教工作通常是复杂且困难的，同利玛窦一样，庞迪我不仅要面对高高在上的万历皇帝和整个朝廷的怀疑和忧虑，更要同来自其他教派的传教士一起工作，而每位传教士毫无疑问都代表着各自国家的殖民利益。庞迪我学识过人，视野广阔，他的传教工作一直遵循着"适应"策略。但是基督教在中国的不幸陨落最终造成了庞迪我被放逐的命运，他于1618年在澳门逝世，但他留给后人的遗产却幸存下来：庞迪我播种的中西交流对话之珍种，将在后世不断生根发芽。

庞迪我所著作品流失各地，随着西班牙国力逐渐衰弱，这位传教士逐渐被人遗忘，但是"2018庞迪我年"的举办又将这位西班牙传教士带回记忆中来。如今，我们有义务和责任重申庞迪我的地位与事迹，因为作为西班牙开辟中西关系的领军人，他促进了两个地区文化、经济及商贸的交流。

除此之外，本书还汇聚了很多精彩内容。对于关心国际关系和历史命运的读者来说，这本书无疑是书架上陈列的无价之宝。

拉斐尔·德斯卡利亚尔
西班牙王国驻中华人民共和国大使

序 言 二

　　生活在世人公认的气候宜人的安逸之地，我们南欧人似乎更应该安守一隅，但事实却截然相反，从始至终我们一直热爱新奇事物，期待与其他文明对话，热衷于航海和发现未知世界。17世纪，当中国还在闭关锁国时，南欧人利玛窦和庞迪我首先走进了神秘的紫禁城。庞迪我是中西方交往的先驱者之一，他用西班牙语和中文著书立说，开启了交流之路，无数后来者追随他的脚步，满载火药和谚语、诗歌和宗教、香料和学识往返于中西方之间。

　　2018年9月，为了纪念庞迪我逝世四百周年，三十多位汉学家和西班牙语学者在北京外国语大学汇聚一堂，追忆其人其事，并达成共识——如果对庞迪我避而不谈，任何关于中欧之间交流的研究都是不完整的。1596年，充满勇气的庞迪我出发前往中心之国，经果阿抵达澳门，这实际上是非常葡萄牙的一条路线。1600年，他与利玛窦会合，当时利玛窦已经在南京传道二十年。庞迪我与利玛窦抵达北京后，由于获得了万历皇帝的好感而成为最早获准在北京居住的外国人。自此，庞迪我著书撰文，纠正了当时关于中国的错误与不实描述。他也用中文写作，如《海外舆图全说》，还为万历皇帝绘制了《万国地海全图》。庞迪我甚至创造了汉语词汇来阐述西方的一些概念，这些词语沿用至今。最终，庞迪我与其他在华教士被皇帝驱逐出境，并于澳门去世，但是他的事迹会代代流传，激励后人。

　　本书收录了北京塞万提斯学院和其他机构合作举办的"中国与西班牙文化交流史之思考——纪念庞迪我逝世四百周年"研讨会的发言报告，这是对一个特殊年代和一个独一无二人物的纪念，以使他的事迹为后人所知。正是有了像庞迪我这样投身于文化事业的人，才使我们彼此连接在一起。他们在道路的尽头看到的不是边界而是大门，他们看到河流从而找到架设桥梁的理由，他们面对横亘的大洋从而产生开展新征程的激情，他们时刻准备着去更多、更好地了解这个世界，在他们眼中，地球尽管是桎梏人类的樊笼，但同时也是带动人类不断探索和前行的车轮。

路易斯·加西亚·蒙特罗

塞万提斯学院总院长

序 言 三

西班牙塞万提斯学院将2018年这一年命名为"庞迪我年",对一般读者而言,庞迪我是一个完全陌生的名字,但他对中国和西班牙文化交流史来说却是一个重要人物,因为,这位晚明时来到中国的耶稣会士是中国和西班牙文化交流史的奠基人,是第一位踏上中国土地的西班牙人。他曾久久地淹没在历史的尘埃中,这次塞万提斯学院的活动把他激活,让他重新苏醒,走出历史,走向今天的世界舞台,这实在是一个极妙的创意。

庞迪我(Diego de Pantoja, 1571-1618)1591年来到中国,1618年病故于澳门,他是意大利来华耶稣会士利玛窦"合儒易佛"路线的坚定执行者。由于儒家的书读得好,庞迪我所写的《七克》文采飞扬,被称为"谵而不浮,质而不理,华而不秽,至称引西方圣贤言行,有鸿实论衡之新,无郑圃漆园之诞"。《七克》受到了晚明士人欢迎,不少人"爱而读之",认为是"洗心之圣水,对症之药方"。作为利玛窦的忠实助手,在利玛窦去世后所完成的最重要的一件事,就是协助叶向高等人为利玛窦在北京申请到一块墓地。如今,北京行政学院中的参天大树和几十通传教士墓碑已经被列为全国重点保护文物。

这次纪念活动受到了中国和西班牙两国政府的高度重视,习近平主席访问西班牙期间,在西班牙发表的署名文章中提到了庞迪我,他说:"西班牙是欧洲文明古国,这里人杰地灵、文化灿烂,曾在人类社会发展史上产生重要影响,中国和西班牙虽然地理位置相距遥远,但早在2000多年前,古老的丝绸之路就将古都长安同西班牙的塔拉戈纳联系在一起。中国的丝绸和茶叶在驼铃声中穿越亚欧大陆来到西班牙。明代,西班牙人庞迪我将西方天文、历法引入中国,高母羡将儒家著作《明心宝鉴》

译成西班牙语。"北京塞万提斯院长易玛告诉我,在习主席访问期间,西班牙国王还将中国学者叶农、金国平首次整理出版的《耶稣会士庞迪我著述集》作为国礼送给了习近平主席。《耶稣会士庞迪我著述集》的出版极大地推进了学术界对中国与西班牙文化交流史的研究。同期,"中国与西班牙文化交流史国际学术研讨会:纪念庞迪我逝世四百周年"的研讨会也在北京外国语大学如期召开,来到北京参会的学者都是中国和西班牙学术界的中流砥柱,许多论文掷地有声。

另一方面,整个"庞迪我年"活动组织得有声有色,会议期间北京外国语大学比较文明与人文交流高等研究院还举行了"儒家思想与欧洲文明的油画展",庞迪我的形象第一次呈现在世人面前。年底我和杨慧玲教授又受邀请,到马德里参加塞万提斯总部的"庞迪我年"活动总结,总结会上西班牙艺术家们用二胡、琵琶、大提琴、小提琴混合搭配演出的音乐会奇妙无比,像一股清泉流过心田,使人沉醉在友谊的芳香之中。

"庞迪我年"活动总结会后,第二天西班牙汉学家达奇开车带我们去了庞迪我的家乡巴尔德莫罗(Valdemoro),这是一个很有西班牙传统的小城,小城中心就是斗牛小广场,庞迪我当年读书的学校小楼还在。当地人对这位曾牵起西班牙和中国友谊的家乡人也很重视,在城中古老的教堂墙上有着纪念庞迪我的标志。由于庞迪我生于一个重要的家族,至今在教堂的小堂的地板上仍保留着他的家族碑文和庞迪我受洗的文字。看着这些几百年前的文字,静静地坐在教堂中默想中国与西班牙文化交流四百年的历史风云,庞迪我的形象再次浮现在我的脑海中,他头戴儒冠,身着儒袍,温文尔雅,侃侃而谈……

"庞迪我年"纪念活动已经结束,由于北京外国语大学比较文明与人文交流高等研究院全方位地参与了这次活动,西班牙驻华大使还授予了我"庞迪我年特殊贡献奖"。当一切繁华和热闹的庆祝活动都结束时,我们能看到的就是这本学术论文集,这里凝聚着学者的研究成果,两国友谊的历史,正是在这里,庞迪我又重新回到了我们的生活中。

张西平
己亥年四月十五日写于北京游心书屋

第一部分

庞迪我，中西文化的推动者

引 言

胡安·何塞·莫拉雷斯

（研究员、作家）

庞迪我（1571—1618）是首位在1601年就进入紫禁城的西班牙人，此后不久他开始为中国朝廷服务，1617年被驱逐至澳门，一年后去世。此间庞迪我一直生活在中国大陆。这位耶稣会传教士得以扬名的原因有许多：首先，庞迪我是梵蒂冈授予葡萄牙保教权的一个例外，因为根据葡萄牙与梵蒂冈的协议，中国的传教活动由葡萄牙负责，也就是说事实上西班牙传教士已经被排除在外；其次，要想理解庞迪我的经历，必须要了解中国天主教传教士面临的危机，这些传教士当时一直受朝廷怀疑，传教活动有着半地下的性质。

庞迪我所做出的贡献之一是他曾致托莱多省大主教路易斯·德·古斯曼一封长信，让欧洲人深入了解了当时的中国，该信被翻译成多国语言。尽管庞迪我的形象在同伴利玛窦的光环下黯然失色，但在1610年利玛窦去世后，正是庞迪我在徐光启的帮助下上书明朝皇帝，得到了将利玛窦埋葬在中国的许可，这无异于使天主教士在中国的地位得到了向往已久的官方认可。

最新的调查进一步揭示了庞迪我的个人生平、著作、他对中国代数、天文和制图学进步所做出的贡献，以及由他翻译成中文的天主教著作，他促进了中西两种文化对话之中的求同存异。无论他在传教过程中实行的"适应"策略，还是为中国皇帝精心挑选礼物，都体现了他的敏锐洞察力和同理心。这些做法所产生的影响现今才开始被逐渐承认。关于庞迪我，还有很多未解之谜尚待揭开。本次研讨会对于研究中西文化交流史而言，迈出了承上启下的一步。

张铠先生大概是中国庞迪我研究方面的最高权威。他的著作《庞迪我与中国：耶稣会"适应"策略研究》在几个世纪之后重新恢复了庞迪我这个已经被遗忘的西班牙耶稣会传教士的形象，将其展示于世人面前。本次座谈会，张铠先生的报告回应了该著作所引起的反响，并提及了著作出版之后所做的有关庞迪我的研究，特别是在中国出版了五十多部庞迪我研究作品。他于2017年在广东出版了一部中文版庞迪我作品选集，这部选集正在由汉学家阿莉西亚·雷林克负责编译其西班牙语译本。2018年张铠的著作《庞迪我与中国》全集西班牙语译本出版，同年文塞斯劳·索托·阿尔杜涅多神父编辑了《耶稣会士庞迪我（1517—1618）——通向明代中国的桥梁》。张铠先生终于可以见证西班牙汉学的复兴以及中国学者对于中西交流研究的兴趣与日俱增的现象。

伊莎贝尔·塞尔维拉在《献给中国皇帝万历的西方画像》中指出，耶稣会传教士十分清楚馈赠礼品在中国社会所具有的作用，而礼物的挑选，特别是给皇帝的礼物，则是耶稣会传教策略之中的重要一环。事实上，利玛窦和庞迪我利用礼物达到了目的，他们成为最早一批被批准进入紫禁城并居住在北京的西方人。这些礼品中值得一提的是有圣母、圣子像，圣母、圣婴和圣约翰像，救世主像等油画。这些画作完整地描绘了天主教故事，并激发了一种自发的文化亲近感。油画制作精良、画技精湛、画面生动，与中国国画的意境产生了强烈反差。很快，中国皇帝便要求将这些画作放大并复制，这也是耶稣会一直以来所希望达到的目标。

除此之外，当时世界上最重要的地图，即亚伯拉罕·奥特柳斯绘制的世界地图，对中国朝廷产生了重要的文化和政治影响。尽管这幅地图还不甚精确，但在图中，中国被画在了东方，而利玛窦意识到要在为这幅地图做木刻复印的时候将中国置于绘图的中心。

除了那些需要传教士亲自到场校对的机械产品和钟表之外，油画也在中国获得了新的生命。在强调圣母母性光辉的宗教画、著名宗教典籍、大量的木刻作品等艺术作品中，有关埃斯科里亚尔修道院和威尼斯圣马可广场的风景画，多幅关于教皇、罗马皇帝和费利佩二世的人物肖像满足了万历皇帝的好奇心。这些油画产生了深远的影响，引发了人们的好奇，使中西之间的对话得以延续。

欧阳安教授在《庞迪我的面具》中强调了庞迪我在中西文化交流中的先锋地位及桥梁作用，其个人的学习经历十分突出。在胡安·冈萨雷斯·德·门多萨的著作之后，庞迪我在中国给托莱多大主教写的长信于1604年在巴利亚多利德出版。该信向欧洲大众传递了关于中国的一手信息，其重大意义不仅在于其中所含信息的独特性，更在于庞迪我所传递的信息的感染力、独特视角，以及接受异国文化的共情能力。该书印刷了八个版本，被译为五国语言。而利玛窦的作品是在十年之后通过金尼阁的努力才见闻于世的。

在秘密进入中国以后，庞迪我着儒服，学习中文，汲取中国文化的精髓。他还学会了弹古钢琴，这使他得以每天出入紫禁城。但是在提到他为宫廷修理钟表、为地理学做出的贡献以及将西方科学著作翻译成中文时，欧阳安教授指出，庞迪我与他身边的传教士同伴们都在"极力地采取适应中国社会的策略"，而这就出现了一种"更深层次的悖论"：耶稣会传教士要想在中国传播天主教，首先需要将自己中国化。在庞迪我所著的1614年在北京出版的宗教著作《七克》中，他表示天主教的七个美德也应该被纳入儒家知识分子的思辨范围之内。总之，庞迪我的经历极其复杂，而那幅中国风的庞迪我画像则令他的形象更加复杂而难以琢磨。

李天纲教授在《庞迪我与早期中国教会：鉴于最近的翻译资料》中指出了几处矛盾和谜团。其中最重要的一点或许就是利玛窦去世后在华耶稣会的领袖继任事宜。利玛窦亲自指定了同样来自意大利但基本没有来往过的龙华民为自己的继任者，这个决定并不利于与利玛窦并肩工作了10年的庞迪我。龙华民上任后，立即采取了与利玛窦一贯以来实施的"适应性策略"背道而驰的策略，而庞迪我则坚守自己的原则，继续捍卫着利玛窦的主张。李天纲在提到庞迪我的思想时总结道："耶稣会要想进驻中国，必须根据中国文化的内在精神来传教，用中文解释天主教义，用中国人的思路、方法和语言翻译西方思想。"由于龙华民的发难而引发的"中国礼仪之争"和"译名之争"将在华耶稣会彻底打到了谷底，最终导致了1701年耶稣会被驱逐出中国，耶稣会的多位先驱经过不懈努力而刚刚建立起的中西方文化对话被迫中断。

另外，尽管根据庞迪我与徐光启一起编定日历，可以证实庞迪我的科学家身份，但当人们提起庞迪我的时候，较少提及他在科技领域的贡献，而是更注重他在神学方面的贡献。P. 路易斯·菲斯特在《在华耶稣会士列传及书目》中提到，认识庞迪我的人描述他"有语言天赋"，"人们争相与他结识"。

庞迪我研究之现状

张 铠

中国社会科学院历史研究所

近年来，在海内外学者的共同努力下，已经有相当一部分深埋在各国著名文化机构、各大学和学院以及世界著名的修道院和档案馆之中的有关来华耶稣会士的历史文献被发现，这些文献经整理以及校点后，业已相继出版，诸如《法国国家图书馆明清天主教文献》、《徐家汇藏书楼明清天主教文献》及其《续编》、《明末清初耶稣会思想文献汇编》，以及北京外国语大学海外汉学研究中心主持编写的《西方早期汉学经典译丛》等等。由此，为明清之际来华传教士的研究创造了空前的良好环境。

一

在上述大背景下，1997年为纪念西班牙耶稣会士庞迪我来华400周年，在中国社会科学院历史研究所和西班牙驻华大使馆的大力支持下，张铠有机会前往西班牙进行学术考察，并最终完成了《庞迪我与中国：耶稣会"适应"策略研究》一书的写作。该书以地理大发现以后所出现的东西方文化交流的大潮为背景，以晚明中国社会为舞台，通过庞迪我这一特定的历史人物的中国之行，再现了庞迪我在基督教传教事业以及在东西方文化交流中的历史地位与贡献，由此使长期被埋没在历史尘埃之中的庞迪我的形象得以再现，并为全面研究天主教在中国的传教事业提供了新的资源和新的视角。

有鉴于此,《庞迪我与中国:耶稣会"适应"策略研究》一书于1997年经西班牙外交部国际合作署的赞助,由北京图书馆出版社用中文与西班牙文同时出版,并立即在国内外学术界引起热烈的反响和积极的评价。该书出版后引起西班牙人情感上的共鸣,他们为历史上西班牙曾有庞迪我这样一个具有世界性影响的历史文化名人而感到骄傲,并已将庞迪我视作是自己民族的伟大儿子。鉴于庞迪我的性格和人生追求,当代西班牙人把他视作是为了实现理想而终生奋斗在中国的"堂吉诃德"式的人物。所以当时在任的西班牙驻华大使胡安·莱尼亚对该书的出版极为重视,不但专门为《庞迪我与中国:耶稣会"适应"策略研究》一书写了序,还于1998年1月9日在官邸隆重地举行了该书的首发仪式。会上,胡安·莱尼亚大使在致辞中指出,此书的出版本身就具有重大的意义,此书为建立东西方理解的桥梁做出了贡献,也为就近了解那段几乎被一些封闭的大学和研究机构所忽视的历史做出了贡献。

2003年西班牙王后索菲娅陛下在访华期间,曾亲自向该书作者颁发了"天主教伊莎贝尔女王十字勋章"(La Cruz de Oficial de la Orden de Isabel la Catolica)和由西班牙国王胡安·卡洛斯一世签署的相关证书。此外,《庞迪我与中国:耶稣会"适应"策略研究》一书也曾引起西班牙媒体和教育机构的关注。西班牙记者Pablo M. Diez曾在著名的《ABC》日报上发表了《传教士中的马可·波罗》一文,集中介绍了庞迪我的生平和业绩。西班牙驻华使馆教育处认为用庞迪我的奉献精神教育学生富有积极意义,教育处参赞曾在《中国墨迹》上发表长文,论及庞迪我的奋斗精神的当代启示作用。

近年,在《庞迪我与中国:耶稣会"适应"策略研究》一书的带动下,西班牙学术界对庞迪我的研究也渐入佳境。由马德里南部历史研究所的贝亚特里斯·蒙科(Beatriz Monco)整理和点校的庞迪我致托莱多传教省省会长路易斯·德·古斯曼(Luis de Guzman)的长信,即《关于几位耶稣会神父进入中国后在该国所见所闻纪要》(*Relacion de la entrada de algunos padres de la compañía de Jesús en la China y particulares sucesos que tuvieron y de cosas muy notables que vieron en el mismo reino*)这一经典文献已经于2011年出版。有关庞迪我的专题研究也有新进展,加泰罗尼亚欧佩塔大学的萨尔瓦多·梅迪纳·拜纳(Salvador Medina Baena)所著《十七世纪的文化融合与有关中国的记述——以庞迪我为例》(*Hibridacion cultural y discurso sobre China en el siglo* XVII: *A case de Diego de Pantoja*),是一篇通过对 16 世纪和 17 世纪东西方文化交流史的回顾来评述庞迪我在上述历史进程中的地位和影响的长篇论文。该文必将对西班牙有关庞迪我的研究起到带动作用。

二

庞迪我是中国与西班牙文化交流的先驱。在中国国内,在《庞迪我与中国:耶稣会"适应"策略研究》出版后,《世界历史》于 1998 年第四期发表了秦海波研究员的长篇书评,对庞迪我的历史功绩和当代启示作出了分析,并对该书的出版给予了积极的评价。该作者认为《庞迪我与中国:耶稣会"适应"策略研究》一书的出版打破了我国西班牙史研究长期沉寂的局面,对我国学术界有着填补空白的意义。出于学术界对东西方文化交流史研究的需要,《庞迪我与中国:耶稣会"适应"策略研究》中文版于 2009 年由大象出版社再版。西班牙塞万提斯学院院长易玛为该再版书写了前言。

自《庞迪我与中国》出版以来,目前在中国国内已有 50 余篇学术论文涉及庞迪我的事迹和他对东西方文化交流做出的贡献,其中较有影响的论文有:

1. 许洁、石云里:《庞迪我、孙元化〈日晷图法〉初探——兼论牛津本〈天问略〉中的三种晷仪》,《自然科学史研究》2006 年第 2 期。

2. 林中泽:《利玛窦与庞迪我关系辨析》,《史学月刊》2003 年第 1 期。

3. 朱幼文:《析庞迪我的〈七克〉》,《宗教学研究》2002 年第 1 期。

4. 秦海波:《〈庞迪我与中国〉》,《世界历史》1998 年第 4 期。

5. 戈宝权:《谈庞迪我著作中翻译介绍的伊索寓言——明代中译伊索寓言史话之二》,《中国比较文学》1985 年第 1 期。

6. 周红:《利玛窦与庞迪我在西乐东传中的贡献》,《科技视界》2013 年第 30 期。

7. 陈欣雨:《尊主畏天,克傲修德——庞迪我对王徵天主教思想之影响》,《西南民族大学学报（人文社会科学版）》2013年第5期。

8. 朱幼文：《从〈七克〉看庞迪我的自我修养观》，《法制与社会》2007年第8期。

9. 谢晖：《有关明末传教士庞迪我的一则史料》，《文献》1999年第4期。

10. 许洁：《明清时期西式天文测时仪器的传入及其影响》，博士学位论文，中国科学技术大学，2006年。

11. 陈德正：《〈畸人十篇〉和〈七克〉中的希腊罗马古典文化》，《历史教学（高校版）》2008年第10期。

12. 韩思艺：《克罪修灵与改过工夫的会通：以〈七克〉与〈人谱〉为例》，《哲学与文化》2014年第4期。

13. 李翠萍：《〈七克真训〉研究：〈七克真训〉与〈七克〉的比较》，硕士学位论文，华东师范大学，2013年。

2018年是庞迪我辞世400周年，西班牙已将2018年命名为"庞迪我年"，并将举行盛大的纪念活动。

中国学者也正在积极地投身"庞迪我年"的纪念活动。由暨南大学叶农教授点校的庞迪我的五本中文著作《庞子遗诠》、《七克》、《天主实义续编》、《辩揭》和《日晷图法》以《耶稣会士庞迪我著述集》为书名，已于2017年9月由南方出版传媒/广东人民出版社出版。此外，马德里康普顿斯大学的罗慧玲博士和伦敦大学国王学院蒋薇博士已将庞迪我上述《关于几位耶稣会神父进入中国后在该国所见所闻纪要》这一历史文献全部译成了中文，经由葡萄牙历史科学院院士金国平教授校订后，业已纳入《耶稣会士庞迪我著述集》之中。可以目前已经发现的有关庞迪我的主要的中外文著述为主，已经在中国率先出版了。

尽管《庞迪我与中国》一书在海内外有着广泛的影响和积极的评价，但遗憾的是至今仍未有一个完整的西班牙文译本问世。事实上，《庞迪我与中国》一书完整的西班牙文译本的出版，也是中华文化"走出去"的表现。因此，在全国哲学社会科学规划办公室的赞助下，《庞迪我与中国》一书已由马德里康普顿斯大学的罗慧玲博士译成西班牙文，并于2018年4月由西班牙大众出版社出版。

庞迪我一生的绝大部分岁月是在中国度过的。他的重要著作基本上也是用中文写成的。因此一旦庞迪我的中文著作译成西班牙文，从此西班牙的学者将能用母语来研究庞迪我，那必将掀起一个庞迪我研究新的高潮。

现得知，西班牙格拉纳达大学孔子学院院长、中国政府颁发的图书特殊贡献奖获奖者、著名汉学家雷林格教授意欲承担将庞迪我的五本中文著述即《庞子遗诠》、《七克》、《天主实义续编》、《辩揭》和《日晷图法》译成西班牙文的繁重任务，这也是中国与西班牙文化交流的具体体现。

三

在纪念"庞迪我年"的活动中，西班牙学术界闻风而动，并做出了引人瞩目的成就。特别是由西班牙著名学者文塞斯劳·索托·阿杜奈托主编的论文集《耶稣会士庞迪我（1571—1618）——通向明代中国的桥梁》（*Wenceslao Soto Artunedo, Diego de Pantoja, SJ (1571 - 1618) —Un Puente con la China de Ming*）已于2018年在阿兰胡埃斯出版，并在中国与西班牙的相关学者中受到欢迎。

长期以来在中国的庞迪我研究中，对于庞迪我的家族世系以及庞迪我早年在西班牙求学时期的经历均知之甚少，成为庞迪我研究中的一个"瓶颈"。而在这部论文集中，对于上述问题有了详尽的研究。

通过这一论文集，我们得知远在12世纪末，庞迪我的出生地巴尔德莫罗的归属权便处于平民和贵族的纷争之中，最初归属于萨戈维亚主教区管辖，到14世纪则被划为托莱多大主教区的贵族领地。历经两个世纪，到庞迪我出生的年代，即菲利浦二世统治时期，巴尔德莫罗则成为王室领地。这正是西班牙"日不落帝国"的极盛时期，也使庞迪我日后能以广阔的视野来观察世界。

在庞迪我孩童时期，耶稣会的势力以马德里和托莱多为基点，又开始向巴尔德莫罗一带扩张，在当地已有耶稣会士开展宣教活动。庞迪我家族也加入了耶稣会，因此被称为"信教的家庭"。巴尔德莫罗教会拥有一块"属地"，在17世纪时这块"属地"由教友们经营，用以保障耶稣会的宗教活动和耶稣会弟兄们的生活的需要，庞迪我的家人也曾参与

"属地"的经营活动，因此庞迪我自幼就受到宗教氛围的熏陶。这与他日后走上传播基督教的道路密切相关。由于庞迪我的家族保有"贵族血统"，庞迪我的父亲又是位有识之士，因此家族极为重视庞迪我的教育，还在庞迪我的少年时期，便送他到邻近的阿尔卡拉学校（El Colegio de Alcara）去学习语法，以便庞迪我自幼就能受到完整的教育。

当时在庞迪我的家乡，从事教学的都是耶稣会士。庞迪我在学习中刻苦努力又怀抱着上进的理想，成绩优越。在1589年4月6日，即在他满18岁的前几天，他在托莱多加入了耶稣会，并获得"候补僧侣"的资格。之后庞迪我又在奥卡尼亚（Ocana）一地的阿尔卡拉学院专攻人文科学，再其后又在阿尔卡拉大学进修神学课程。这为他日后成为一名"读书修士"打下了基础。

阿尔卡拉自中世纪起就是多元文化的中心。在庞迪我的时代，前往东方的传教士多在阿尔卡拉大学进修，然后再前往东方传教。当然也有来自遥远东方的耶稣会士来到阿尔卡拉深造，其中就包括来自日本的耶稣会士。在这种多元文化的影响下，庞迪我开始有了到遥远的东方去传播他的知识的渴望。

1594—1595年，时任托莱多传教省省会长的路易斯·德·古斯曼（Luis de Gusman）恰好是庞迪我的导师。那时他正在写他的名著《耶稣会在东印度、日本及中国传教史》。庞迪我受到古斯曼的影响，决心到东方，尤其是中国去传播基督福音。

庞迪我的这一理想得到古斯曼省会长的鼓励和支持，于是他报名参加了耶稣会东方传教团，并于1596年4月10日经耶稣会总会长克劳迪奥·阿桂危瓦的派遣乘坐"孔塞伊卡奥"号（Conceicao）帆船从里斯本出发前往东方，途经加那利群岛、维德角群岛、几内亚、好望角和莫桑比克，于10月25日来到果阿。这正是当年沙勿略前往东方的航路，也促使庞迪我决心遵从沙勿略所倡导的"适应"策略，完成使中国基督教化的伟业。

庞迪我在果阿停留了6个月，并开始学习在东方传教运动中普遍使用的葡萄牙语，之后他于1597年4月23日乘船前往澳门，并最终于在7月20日到达目的地——澳门，踏上中华大帝国的土地，开始了他在华长达21年的传播基督福音的传奇生涯。

地理大发现以后，西班牙传教士率先来到中国。为了了解中国的国情，他们必须学习汉语，也由此开始了西班牙传教士研究汉学的历程，并成为西方海外汉学研究的先驱。可以说在那一时代，西班牙传教士创造了西班牙汉学研究的"黄金时代"。

　　自17世纪初起，随着西班牙"日不落帝国"国势的日衰，西班牙的汉学研究已处于被边缘化的地位，因此庞迪我的家族世系和来华前的生活经历，早已淹没在历史的尘埃中。

　　随着西班牙民族的复兴，西班牙往昔的光辉形象得以重现。在这次"庞迪我年"的纪念活动中，西班牙学者彰显出极大的热情，尤其是由文塞斯劳·索托·阿杜奈托主编的论文集《耶稣会士庞迪我（1571—1618）——通向明代中国的桥梁》得到中国相关学者的盛赞。可以说，该书的出版代表着西班牙学者研究汉学的一个新的起点，这也是献给"庞迪我年"的一份厚礼！[①]

[①] 本节曾参考西班牙学者文塞斯劳·索托·阿杜奈托主编的《耶稣会士庞迪我（1571—1618）——通向明代中国的桥梁》（*Wenceslao Soto Artunedo, Diego de Pantoja, SJ (1571 - 1618) Un Puente con la China de Ming*）一书，在此谨向参与该论文集写作的西班牙学者表示感谢（该论文集已于2018年在阿兰胡埃斯出版）。

庞迪我的面具

欧阳安

庞培·法布拉大学

此篇论文谈及庞迪我如何在中国度过了十七年的岁月,其中前十年又是如何在利玛窦身旁发挥所长的。这一时期他不仅教授古翼琴、绘制地图、制造钟漏,甚至用中文撰写神学作品,他受到新儒家思想的熏陶,同时也带给中国学者极为深远的影响。

横越非洲大陆与印度洋西岸,四万公里的航海之旅,经历七个月漂流不定的生活,耶稣会教士庞迪我抵达葡属印度首都果阿,于1596年10月25日登上印度次大陆的东海岸。正如多年后他在《七克》这部作品中描述的,他利用待在果阿的几个月时间研究佛教教义与实践,为他多年后以中文撰写的护教论作品里叙述的佛教找到了系统评论的依据。

数月后,庞迪我在果阿搭船前往澳门,在船上,他与耶稣会远东观察员范礼安一道在印度洋和南海经历了三个月的旅程。范礼安负责日本与中国的基督教传教工作,研拟如何让基督教融入以儒学为本的亚洲知识分子的文化规范与社会实践,此策略的早期实践者为圣方济各·沙勿略。

庞迪我前往东亚的卢西塔尼亚飞地,其任务是增加日本九州岛南部岛屿的耶稣会传教工作,然而由于1596年年底圣费利佩大帆船事件发生后,日本统治者丰臣秀吉采取反基督教的攻势,使得庞迪我意外地提前取消了日本之行。圣费利佩大帆船事件导致长崎二十六基督教士被处决和反基督教法令的颁布。最后庞迪我被任命为中国耶稣会使团团长利玛窦(Matteo Ricci)的助手。

由于当时葡萄牙与西班牙在亚洲的敌对关系，耶稣会领导人尽可能选择在中国与日本传教时，将与新西班牙、菲律宾有关的西班牙人排除在外，但作为特例，还是挑选了庞迪我进入中国（根据澳门耶稣会初学院校长李玛诺司铎的说法，这是为了平息西班牙人在中国传教工作中被排除在外所引发的不满）。

耶稣教士庞迪我暗中避开未经税务通行许可不得进入帝国的规定，隐姓埋名，加入了拥有通行许可的澳门商队，这群商人早在1570年就开始参加广东省广州市的商品年会。

1599年10月道明会传教士迭戈·阿杜阿特（Diego Aduarte）恰巧在广州执行外交任务，与两广总督洽谈关于准许菲律宾前总督鲁伊斯·佩雷斯·达斯马里尼亚斯率领的船舰返回马尼拉的通行令的问题，然而船舰从柬埔寨返回的途中在广东浪白灶岛不幸遇难。

传教士阿杜阿特在其专著《道明会圣玫瑰传教省菲律宾、日本及中国传教史》中指出，前往城郊附近的船上，他遇见了两位来到广东的耶稣教士，"混在一群澳门葡萄牙人之中，他们持有一般通行证，必须每年两次到商会展场上采买必要的用品，虽然他们不被允许住在这个城市，但是可以住在船里"。

阿杜阿特描述了这两位耶稣会教士如何前一天潜入中国境内，与利玛窦会合：

> 其中一位神父名叫拉萨罗·卡塔尼奥（即郭居静），他曾来澳门经商，随后与另一位同伴离开，他的名字是迭戈·德·潘多哈（即庞迪我），他们仿效中国人的习惯，在诸圣节前一晚盛装出门，身边带了几个向导，拉萨罗·卡塔尼奥神父就像一个古代中国人，留着发辫和胡须，可惜另一位神父没有这样的打扮，他像是刚来到这里的外国人，还未入境随俗。

因此，我们看到耶稣会教士庞迪我身穿中国服饰进入中国，但是也有教士并未留发辫和胡须、未入境随俗。我们可以想象庞迪我的蓝眼睛使他在中国明朝的环境下更加引人注目，也令他感到不安。

于是，1599年11月1日他开始了为期四个月的旅程，他带其他人前往南京，在那里遇到了利玛窦，接受了中文名字"庞迪我"，字"顺阳"（Shun Yang）。

1592年，万历朝鲜之役（壬辰倭乱）爆发，再加上大明王朝向来不允许任何在北方边境的外国人进京，使得情势更加复杂。然而几个月后，利玛窦和庞迪我得到了一个千载难逢的机会，他们利用与南京检查员朱士林的交情进入北京，利玛窦送给他一个珍贵的棱镜。朱士林负责写通行令与一封推荐信以奏明皇帝，并为传教士提供六艘船组成的舰队，准许他们在大运河航行。利玛窦、庞迪我与信奉基督教的广东青年钟鸣仁三人到了北京，被税务检查官员拘留几个月，他们想要交给皇帝的礼物暂时被没收，但是这几位耶稣会传教先驱者终于在1601年1月成功抵达北京。

庞迪我没有因为表现出对中国的憧憬或是因为他史无前例地克服了跨文化的挑战与困难而成为先驱者。直到目前，在中国以外的地区，他最为人所知的贡献是传递大明王朝的信息以及他的观察见解，以满足欧洲知识分子对中国的好奇心，且有助于耶稣会进行的传教任务。

庞迪我在向欧洲传播中国舆情方面的贡献与时俱进，他详细完整地记录了自16世纪中期以来葡萄牙人和西班牙人对中国的描述。奥斯定会传教士胡安·冈萨雷斯·门多萨于1585年出版的《中华大帝国史》这部作品也概括论述了中国的信息，它有四十多种版本，被译成欧洲各国语言，在知识分子之间获得广泛回响，米歇尔·德·蒙田的《随笔集》（*Essais*）对中国的描写就是根据门多萨的作品而来。

庞迪我的著作早已在1615年发行了不同版本，比中国耶稣会领导人利玛窦的作品问世时间早了十年，法兰西耶稣会会士金尼阁将利玛窦的作品由意大利文翻译成拉丁文，书名是《基督教远征中国史》。庞迪我的著作在随后几年陆续出版德文、法文、西班牙文、意大利文、英文等译本。

16世纪上半叶，庞迪我在欧洲的影响力不如他之前的奥斯定会传教士胡安·冈萨雷斯·门多萨，也不如后来的利玛窦。尽管如此，这本描述耶稣会传教士进入大明帝国的作品也有八种版本，被翻译成五种欧洲语言，绝非微不足道。他在1602年写下关于中国的历史、地理与文化的文章，1604年首次在巴利亚多利德（Valladolid）出版，标题是《一些耶稣会士进入中国的纪实及他们在这一国度看到的特殊情况及该国固有的引人注目的事物》，此外，他还给托莱多教省大主教路易斯·德·古斯曼神父写了一封信。

在这封长达265页的信里，庞迪我详细描述了紫禁城。相对于中国当代的其他著作，庞迪我提出了新颖的观点，并详尽剖析了文人与宦官的言行。他的文本不仅包含独特的信息，更能以不同角度深入阐述、理解并包容他人的看法，或记录冲突事件。不同于早期伊比利亚半岛对中国明朝的描述——虽然以新奇有趣的经验为依据，却因传教士在大明王朝的停留时间短暂，不熟悉中国的语言、文化、社会风俗、习惯而作品有偏颇、取决于印象而缺失论述。

我们可以从另一个例子分析。庞迪我提到，当他试图进贡时，朝廷大臣怀疑他，并拒绝这些流血受难的圣像与天主教圣物，企图阻拦贡品送入宫中：

> 在我们的心中，伤痕累累、满身是血的耶稣看起来多么美丽慈祥，但是对他们而言却是十分怪异与丑陋，甚至引起哗然。官员认为我们崇拜一个眼神死寂的上帝之行径简直是胡闹，他把圣像拿来仔细观察，确定自己所想的就是事实，他认为我们是卑劣之徒，竟做出如此残忍野蛮的行为，带来了像那样受虐、钉在十字架上、血淋淋的人像。

抵达北京几个月后，利玛窦和庞迪我成为最先入宫的传教士，并成功晋见了明神宗万历皇帝。他们携带的礼品之中最为显眼的包括三幅宗教油画、一幅刻有圣洛伦索—德埃尔埃斯科里亚尔修道院的蚀刻版画、一本祈祷书、威尼斯镜、装饰银链的镜子、亚伯拉罕·奥特柳斯绘制的地图册、两个钟表与一把翼琴。似乎让万历皇帝改信基督教进而改变整个大明王朝宗教信仰的梦想就要实现了。

赠送时钟和翼琴这两件礼物，可谓是传教士老谋深算的外交策略。代表科技与美学水平的物品不仅令人赞赏，也成功打破禁令，开启了宫殿大门，大使馆成为耶稣会在大明皇朝稳定永续发展的基地。一方面有了时钟就需要钟表师傅，为了让时钟准确，必须有技术娴熟的神父调整时间、上发条。另一方面，需要能够优雅弹奏翼琴，且有能力教导太监基本的弹奏技巧的神父，让皇帝可以在他的私人房间里享受从未听过的悠扬琴声。负责定期去皇宫调整时钟并教导朝中四位太监翼琴演奏的人正是巴尔德莫罗的耶稣会士庞迪我。谢务禄神父（Alvaro Semedo）在他的著作《大中国志》（1642年）中证明："庞迪我神父经常回到宫中教学，皇帝希望他能教导几位宫廷音乐家弹奏翼琴。"

我们在这段翼琴轶事里看到庞迪我扮演着一个极为重要的角色。我们倾向于认为这些传教士反对将他们从欧洲学到的艺术、技艺或科学知识传播到中国，但是看到刚抵达中国时还不会乐器的庞迪我教宫廷官员弹奏翼琴，则相当具有启发性。尽管如此，在我们眼前的并非源于欧洲音乐文化与技巧而来的精英式教育，而是一个来到大明王朝之前连乐器都不懂的人，却能够快速学会乐器，且学得很好。在南京的几个月以来，庞迪我从拉扎罗·卡塔内奥神父那里学到了基本琴艺，逐渐提升技巧，能弹奏出令人陶醉、赞赏的美妙乐曲。为了使自身的能力让人信服，是他必须努力培养实力，换句话说，真正重要的不是传播的欧洲知识，而是他愿意学习、改变并敞开自己的人生之路，借此改变或影响他人的精神。

我们从传教士选择赠送时钟和翼琴，可以看出耶稣会高明的外交策略，这一策略早在几年前第一次进入广东肇庆时就已经成功实行。以保养这些具有时效性的物品为由，他们得以将暂设的大使馆变成长期停留的处所，他们的工作不仅被朝廷赞扬、尊重并合法化，也被视为不可或缺的重要贡献。

然而利玛窦和庞迪我都没有亲眼见过万历皇帝，尽管这并没有什么奇怪之处，因为皇帝是具有神圣地位的天子，必须在紫禁城宫殿里坐镇，以示天下太平，只有在年历上特定的日子，皇帝才会出宫前往寺庙祭拜天地，或是临时移驾至颐和园静修。将皇帝与子民隔绝，不但可以展现君王的美德，也能发挥他作为世界之轴的作用。皇帝以天子之姿表现孝心，为万民表率，从而实现国泰民安。

万历皇帝的孤立达到前所未有的极端，他是中国千年历史上最长寿的统治者之一，1572年至1620年他在位的将近五十年，国家动荡不安。1598年爆发万历朝鲜之役，又名壬辰倭乱。

壬辰倭乱之后，万历皇帝的任期又延续了二十多年，但他仍旧不理政务，不寻求适当的方式处理紧急的国家大事，不与朝廷大臣商讨，不上早朝听政，拒绝签署文件、任命官员、填补职务空缺、批阅奏折等。他处心积虑打压官员私下坐拥的势力，同时专注于规划一座壮观的墓地。他把国家大事抛在脑后，不务正业，贪图享乐。五百年后的文人对万历皇帝的负面评价也反映在庞迪我对于这位皇帝最终的评语里："此时的这位君王简直卑劣至极。"

万历皇帝不务正业，与高官文人之间产生嫌隙，他之所以对紫禁城外引发国家动荡不安的事件不闻不问，原因在于他与大臣之间的分歧、派系斗争，尤其是他因王位继承问题而承受巨大的压力，使他逐渐失去权威，继而灰心失意。

庞迪我在著作中说明了皇帝和大臣之间因王位继承问题而发生激烈冲突，最后演变到朝廷瘫痪。万历皇帝想要任命他与第二个妃子所生的儿子为王位继承人，但是遭到高官施压，他们主张维持惯例，将王位传承给皇帝与王后所生的嫡长子，这些大臣聚集在紫禁城，威胁皇上若是不依循传统，承认合法的继位人选，他们将脱下乌纱帽，集体卸职。庞迪我仔细观察朝廷大臣的想法，以及皇帝如何屈服在他们的压力之下，他如此写道：

> 皇帝似乎害怕朝中大臣群情激愤，于是命令一个太监出去传达意旨，如果他们尽忠职守，他会依照他们的要求去做。最后他们让皇帝依法行事，扶持皇太子继位。

万历皇帝从未收到也从未回复那些从西方国家越洋来访的神父捎来的信件，尽管他确实默默关注他们，对他们感到好奇，在北京为他们安顿住所，甚至允许他们在墓地安葬逝者。庞迪我在他的一篇著作中自问，他们在京城里是否比较像人质，而非宾客？是否他们被允许住在宫殿旁的理由并不是帝国的慷慨和同情，只是因为朝廷害怕那些来到京城的怪异野蛮人最后回到他们遥远的国家，说出在这里看到的一切，从而可能危及大明王朝的整体名声？

皇帝对这两位留着长胡须的外国人感到好奇，交代两个宫廷画家为意大利传教士利玛窦以及西班牙传教士庞迪我各画一幅肖像画，好让他知道他们的长相。虽然北京耶稣会的这两幅画像已经遗失（谁知道是否被藏在宫廷尚未编目的物品仓库的某个角落里，或藏在重新使用的画布底下），通过庞迪我的叙述和观点，我们可以想象上述情况。庞迪我写给托莱多大主教路易斯·古斯曼的信中也提到，宫廷画家运用传统视觉技巧把他画得一副文人的模样，他对于这幅以中国技法完成的肖像画感到讶异：

> 那幅肖像画不真，认不出是我，也认不出我的同伴。（……）这不是阁下所认识的我，画中的我留着一小撮胡须，身穿一件长儒服（长度到脚），相当朴素——从头到脚的打扮跟我们迥然不同。因为我们必须戴着这副面具到处传教行善，直到天主要我们做别的事情为止。

看见自己在这副中国儒生雅士的"装扮"下，庞迪我内心的惊讶与不自在和他们共同生活的北京人眼中仿佛加倍映照成一个拥有无数临摹影像的镜子。这位西班牙耶稣会教士惶恐地表示外国人的蓝眼睛如何令他们迷恋（庞迪我把意指淡蓝色的词 zarcos 颠倒字母，写成了 carzos，意指青色），北京文人将这个颜色想象成神奇的力量或解读为神秘的象征。

> 他们的眼睛是黑色，所以大幅修改我眼睛的颜色（淡蓝色），这是他们从未见过的眼睛，从中能探索上千个谜团，他们最常说的是，我的眼睛宛如宝石，谜样般似的，他们甚至认为里头藏有文字。

庞迪我留胡子、身穿长礼服、蓝眼睛深藏奥秘与权力的缩影，从刚开始害怕自己胡子稀疏，不像广东人，不入境随俗，直到看到自己的肖像画，了解北京人眼中的外国人模样，他开始感到相当困惑。虽然看似平常，但若能思考细节，或许可以打开一扇门，让我们理解居住在中国、打扮儒生模样的传教士所执行的模仿策略其实是一条矛盾之路，他们想改变别人的宗教信仰（使其信奉基督教）之前，就必须先改变自己（不是最初表面上或暂时伪装的样子），庞迪我写了这么一句话："直到我们的天主想要我们做别的事为止。"庞迪我在这次旅程中不仅要改变自己的模样，还需要学习一门新的语言，学习在新的社会里活动交际，学习不同的价值观、信仰、风俗与习惯。

庞迪我就这样穿着儒服，戴上两侧有帽檐的教士四角帽，忙着调整时钟或教导四位太监弹奏翼琴。他接受了到北京南边的城镇传福音，给二十多名中国人施洗礼的任务。

庞迪我于1602年写给托莱多大主教路易斯·古斯曼的信对建构中国在欧洲这六百年的形象十分重要，但实际上我们并没有看到庞迪我对中欧文化交流的主要贡献。他的努力和成果南辕北辙，因为重要的是他从欧洲带到中国的东西，而不是告诉欧洲人关于明朝王朝的信息。他以中文写了一本传播天主教的神学作品，为了传教任务四处行走、在宫中与官员们交流科学知识与人际互动，特别是中国文人雅士的社交圈，我们从这此事中发现了庞迪我独特又高尚的一面。日晷、地图、科学书籍的中文译本、古典汉语神学专著是他伟大贡献的里程碑。

利玛窦的中文作品问世的同时，庞迪我也用中文写了一系列专著，并与其他传教士共同翻译数学和天文作品，他同时也是翻译方面的先驱。17世纪方济各会和道明会传教士跟随利玛窦与庞迪我的脚步，精进中文，为知识分子撰写神学、科学或人文作品。

对于任何一个中国读者来说，17世纪的欧洲天主教传教士之所以能够展现古典汉语高雅的修辞技巧，（许多情况下书写证明文件、阐明副文本、书信或平行文本）显然是获得了改信基督教、频繁交流的中国文人们的暗中伸手援助，他们不仅担任欧洲耶稣会教士的文章校正者与编辑者，大部分情况下，他们优雅的措辞文风值得拥有共同作者之殊荣。

庞迪我最闻名的中文作品是《七克》，这本著作于1614年出版，手稿在此十年前就已完成，内容叙述关于如何克服并战胜撼动中国儒生的七大原罪（淫乱、懒惰、嫉妒、贪食、贪婪、愤怒、骄傲）。几位杰出的作家，如陈亮采、崔震水、熊明遇、杨廷筠为此书撰写序言与评论。

庞迪我在专著中提出的道德规范与依据引起了16世纪中国文人的高度兴趣，为当代新儒家道德思想不同流派的辩论提供了有力的论证与准则。

1613年至1636年，在中国执行传教任务的葡萄牙耶稣会士谢务禄在著作《大中国志》（1642 年）中加入庞迪我《七克》的注释和引言，并阐述了作品在中国儒生之间产生的影响：

> 他们非常喜爱我们印制的中文书籍，传播我们的学说理念，例如内容丰富的教理问答集、道德著作、数学文献，以及令人好奇的宗教论述。庞迪我出版了描述七大美德其中之一德与七大原罪的论文，许多文人拜读过后，深受感动，纷纷在各大城镇印制，并为书本加上序言和赞颂教士与信仰的诗歌。其中最令人推崇的是一位最高书院的学者（他的确最受人赞赏），他读过这些著作之后，把家里的所有神像清空，改放天主的圣像，他把自己的文笔当作大炮利器，抨击盲目的偶像崇拜。

相较于伟大的利玛窦，庞迪我的形象几乎黯然失色，他在中国之外的学术圈并未受到关注。未来的研究还有很长的路要走，我们必须详细了解以下问题：庞迪我的贡献程度，以及他是如何发展利玛窦一贯的策略，将天主教教义融入中国习俗与儒家道德传统的；他是如何批评佛教的，他坚持和拒绝了哪方面的中国信仰和习俗（如拒绝一夫多妻制）；他利用什么中国思想来翻译或解释宗教和神学论点；他的脾气坏到何种程度（有文献为证）；他的西班牙人身份如何影响了他的事业，这一点在 1603 年数万名中国人在马尼拉遇害的吕宋大屠杀事件之后尤为明显。

庞迪我于澳门逝世日期及葬地考

金国平

暨南大学澳门研究院

庞迪我（1571—1618）[①]，字顺阳，明末来华耶稣会传教士，本名

[①] 中外研究庞迪我成果最丰者张铠先生，不愧为一代宗师，其作计有：《庞迪我与中国：耶稣会"适应"策略研究》（北京图书馆出版社 1997 年版）；Zhang Kai, Tang Baisheng, Kang Xiaolin, *Diego de Pantoja y China: un estudio sobre la politica de adaptacion de la Compañia de Jesus*, Agencia Española de Cooperacion Internacional y Biblioteca de Beijing, Editorial de la Biblioteca de Beijing, 1997（国外研究者多有引用）；《庞迪我与中国》（郑州：大象出版社 2009 年版）；《中国与西班牙关系史》（增订版）《中国与西班牙关系史》（西班牙文）（北京：五洲传播出版社 2013 年版）；《西班牙的汉学研究（1552—2016）》（中国社会科学出版社 2017 年版）；*Diego de Pantoja y China*（庞迪我与中国）（新西班牙文版）（马德里：大众出版社 2018 年 2 月版）。西班牙方面主要学者有欧阳安（Manel Ollé），*La invención de China Percepciones y estrategias filipinas respecto a China durante el siglo* XVI, Wiesbaden: Harrassowitz Verlag, 2000；Beatriz Moncó, *Relación de la entrada de algunos padres de la compañía de Jesús en la China y particulares sucesos que tuvieron y de cosas muy notables que vieron en el mismo reino: Carta del padre Diego de Pantoja, religioso de la compañía de Jesús, para el padre Luis de Guzmán, provincial de la provincia de Toledo*, Alcorcón: Instituto de estudios históricos del Sur de Madrid "Jiménez de Gregorio", D. L. 2011, pp. 1 - 83；Wenceslao Soto Artuñedo, SJ (Coord.), *Diego de Pantoja, SJ (1571 - 1618), Un puente con la China de los Ming*, Aranjuez MADRID: Xerión Comunicación y Publicaciones, S. L., 2018。最近作为"中国—西班牙文化年——2018 庞迪我年"的主要活动项目，由暨南大学港澳暨海外文献出版传媒中心、澳门文化公所策划、广东人民出版社出版了叶农整理，罗慧玲、蒋薇译，金国平校的《耶稣会士庞迪我著述集》（广东人民出版社 2017 年澳门版）马上将要推出大陆版，增加了 4 封庞迪我的未刊信和 1 篇作于 1710 年的长达 25000 字的传记。我认为有必要向学术界解释一下庞迪我于澳门逝世日期的最后考证问题。我参与了"中国——西班牙文化年—2018 庞迪我年"的全部筹备工作，从一开始，我就试图最后解决这个悬而未决的问题。于是我费大力气钩稽了大量西方史料，最后确证了庞迪我神父于 1618 年 7 月 9 日在澳门总院谢世。

"Diego Sanchéz de Pantoja"①，1571年4月24日生于马德里附近的巴尔德莫罗（Valdemoro）镇，1589年入耶稣会，1596年4月10日从里斯本启程东来，1597年7月20日抵达澳门，其后三年里，在澳门总院（Colégio de Macau）完成了神学学业，②等待前往日本传教。1600年，范礼安（Alessandro Valignano）视察员神父派庞迪我前往南京协助利玛窦（Matteo Ricci）。1601年1月24日，庞迪我随利氏入京，居留长达17年。利玛窦去世后，庞迪我与熊三拔同请明神宗帝敕赐葬地。1611年，庞迪我奉旨同熊三拔编修历法。庞迪我曾为明帝绘制四大洲地图，每洲一幅，图绘四周略志各国史地、人文及物产等信息。1614年，庞迪我所著《七克》，入李之藻编辑之《天学初函》刊行。1616年，沈㴶参劾西方传教士，南京教案起，庞迪我同诸传教士败辩，被逐澳门，并于1618年卒于此。

庞迪我笔耕不辍，汉语著述颇丰，有《七克》《庞子遗铨》《天主实义续编》《人类原始》《天神魔鬼说》《受难始末》《辨揭》及《海外舆图全说》等。方豪曾誉之为"最伟大的西班牙汉学家"。③

一 逝世日期

许久以来，我们仅知道庞迪我的出生日期——1571年4月24日。因今存其受洗证明，这个日期可以确定。

他于澳门逝世的具体日期却一直悬而未决。2018年是中国和西班牙文化年的"庞迪我年"，看来这个疑案的破解不能再等待了。

已知1618年为庞迪我的逝世年份，可具体的月日则说法不一。

我们先来看几部主要的耶稣会会士传记字典的有关记载。

1895年出版的 *Bibliothèque de la Compagnie de Jésus* 称"庞迪我神父饱经磨难，从中国被驱逐，1618年1月逝世于澳门"。④

---

① 庞迪我随母姓"Pantoja"。
② 关于这个名称的问题，参见金国平《澳门传教史之"colégio"：定义、译名与沿革》，载金国平著《澳门学：探赜与汇知》广东人民出版社2018年版，第1—24页。
③ 方豪：《中国天主教史人物传》，宗教文化出版社2007年版，第103页。
④ Carlos Sommervogel, *Bibliothèque de la Compagnie de Jésus: nouvelle édition*, Bruxelles: Oscar Schepens, Paris: Alphonse Picard, 1895, Tome 6, p. 172.

庞迪我于澳门逝世日期及葬地考 / 31

图1 庞迪我的受洗登记（叶农摄）

图2 庞迪我用过的圣洗池（叶农摄）

这大概是"1618 年 1 月说"的依据。1932 年出版的 *Notices biographiqueset bibliographiques sur les jésuites de l'ancienne mission de Chine, 1552—1773* 中说:"甫抵澳门得疾死,时在一六一八年一月。"①

根据费赖之(Louis Pfister, S. J.)所标的出处,我们进行了核实,却发现是个误解。费赖之所说的 1663 年《中国耶稣会史》内第 667 页、668 页上无此内容。涉及 1618 年 1 月的段落在巴尔托利的 *Delle opere del Padre Daniello Bartoli della Compagnia di Gesù, volume I* 上:"庞迪我神父在澳门去世。用中文版的书籍。他于 1618 年 1 月中旬返回澳门。"②

因而可知,1618 年 1 月中旬是他抵达澳门的日期,但长期以来被认为是其逝世日期。荣振华(Joseph Dehergne, S. J.)在 1973 年提出了两种可能:"逝世:1618 年 1 月于澳门;更可能为 7 月 9 日,而不是 1621 年。"③

柏永年神父(Rev. Joseph Sebes, S. J.)于 2001 年出版的 *Diccionario Histórico de la Compañía de Jesús*(《耶稣会历史辞典》)中的"庞迪我条"内注明:"1618 年 7 月 9 日逝世于澳门。"④可惜柏神父未提供原始资料。我们来梳理一下有关记载。

从原始档案来看,这个问题一开始就朦朦胧胧。庞迪我所在的澳门总院于 1619 年 1 月 21 日发出的《澳门总院年札》报告说:"几天之内,第三位患同样疾病去世的是庞迪我神父。⑤他发了四愿。西班牙瓦尔德莫罗地方人氏。去年同三位因教难而被驱赶出中国的神父来至本总院。他十分善良,聪慧过人,精通中文。对中外一切事物了如指掌,尤

---

① [法]费赖之:《在华耶稣会士列传及书目》(上册),冯承钧译,中华书局 1995 年版,第 75 页。

② Daniello Bartoli Delle opere del Padre Daniello Bartoli della Compagnia di Gesù, volume I, Torino: Giacinto Marietti, 1825, p. 223.

③ [法]荣振华:《在华耶稣会士列传及书目补编》,耿升译,中华书局 1995 年版,第 480 页。

④ Ch. E. ÓNeil y J. M. Domínguez, Diccionario Histórico de la Compañía de Jesús, Roma-Madrid: Institutum Historicum Societatis Jesu y Universidad Pontificia de Comillas, tomo Ⅲ, p. 2966. 西班牙方面未曾注意这本在罗马和马德里出版的西班牙文字典,所以至本作成文时,即 2018 年 6 月,仍不知庞迪我神父逝世的确切日期。

⑤ 不知何病,可能是某种传染病。

其善于同官员交往，深受爱戴。他享年 48 岁，在会 30 年。他是一个恪守教规的宗教人士，满怀拯救心灵的热忱。他恩受我主特别眷顾，得其惠泽。临终前，他感到了心灵的召唤，对其他神父们说道，感恩我主之神佑，多年来，他一直在追求纯洁，但未见起色。在逝世前头天晚上和当天清晨，他对一些神父说，最大的慰藉是午时归天。‘他们的话语令我欣慰：我们将升入我主之家。’于是他终于在午后 1 点撒手人寰，托魂天主，为我们留下了对这位失去的中国天主教事业至善伟人的深深哀思。”

此札未提及逝世的具体日期。报告全中国传教团情况的 1618 年年札称：“在这五人中，我主将庞迪我（Diogo Pantaja）神父带入了他的怀抱，他曾发四愿，享年 48 岁，在会 30 年，传教中国 17 年，于 × 月 × 日与世长辞。”我们看到，庞迪我逝世的日期为空缺。

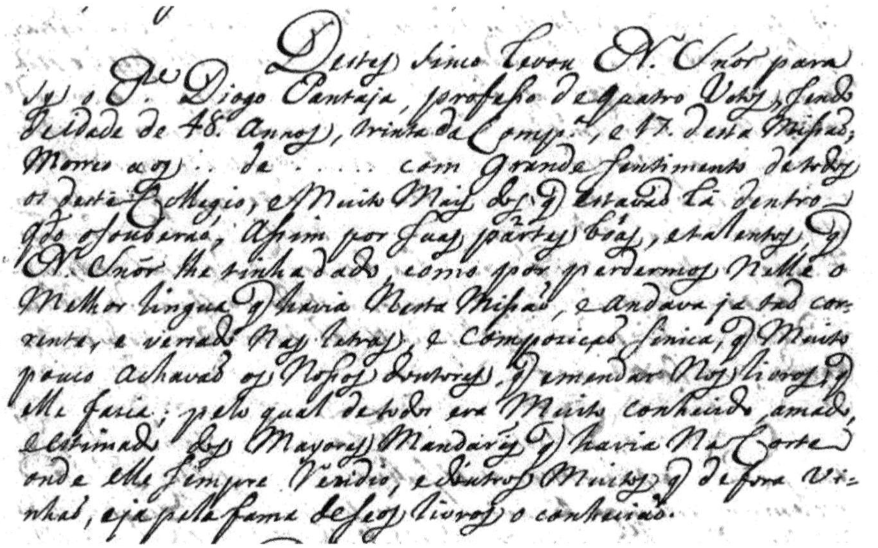

Destes cinco levou N. Snor para
sy o P.e Diogo Pantaja, professo de quatro Votos, sendo
de idade de 48. Annos, trinta da Compa., e 17. desta Missão;
Morreo aos .. de .... com grande sentimento de todos
os deste Collegio, e Muito Mais dos q estavão lá dentro
q do o souberão, assim por suas partes boas, e talentos q
N. Snor lhe tinha dado, como por perdermos nelle o
Melhor lingua q havia Nesta Missão, e andava ja tão cor-
rente, e versado Nas letras, e composições sinica, q Muito
pouco achavão os Nossos doutores q emendar Nos livros q
elle fazia; pelo qual de todos era Muito conhecido, amado,
e estimado dos Mayores Mandarins q havia Na Corte
onde elle sempre residio, e doutros Muitos q de fora vi-
nhão, e já pela fama de seos livros o conhecião.

图 3　澳门耶稣会总院 1618 年出版的《澳门总院年札》

耶稣会的历史回忆录也只是说“年……同时逝世的还有庞迪我神父

(O anno de oito〔=1618〕……O mesmo tempo morreo o P. e Pantoja.)。①幸好里斯本海外历史档案馆里收藏的一份关于澳门教区的手稿为我们提供了正确的确切日期:"庞迪我神父1618年7月9日于澳门逝世"(P. Didacus Pantoja Macai, die 9. Julii 1618 obiit)。换言之,他所在的澳门总院和中国传教团,甚至耶稣会的历史回忆录均不知其逝世的具体日期,所以长期以来形成了一个悬案。

庞迪我神父从1618年1月中旬抵达澳门,至7月9日谢世,在澳门的最后岁月很短暂。根据1618年6月的澳门总院的名录,就在逝世的前一个月,他仍然坚持用汉语著书立说。"庞迪我神父、忏悔师,正在忙于誊抄汉语的教义"②(Pe. Diogo Pantoja, Confessor, e está occupado em tresladar o catescismo em Lingoa China)。③ 可见他为传播福音奋斗了一生。

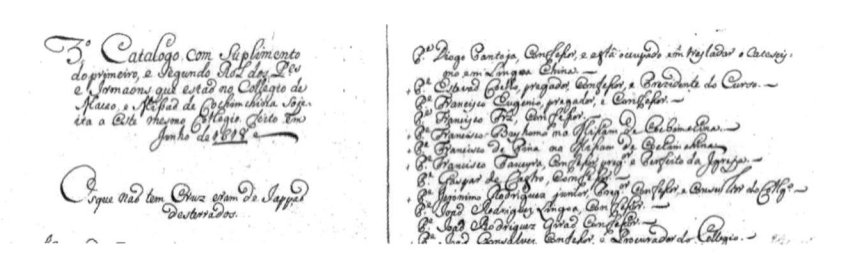

图4　1616年6月澳门耶稣会名录

二　埋葬地点

确定其逝世日期之后,接着要解决的是其葬地在何处的问题。庞迪我与世长辞后,被安葬于澳门,但之前的研究既未能搞明其日期,亦未

---

① Josef Franz Schutte S. J. (ed), *Monumenta historica Japoniae 1: Textus catalogorum Japoniae. Aliaeque de personis domibusque S. J. in Japonia informationes et relationes, 1549~1654. Editionem criticam, introd. ad singula documenta, commentarios historicos proposuit Josef Franz Schutte*, Vol. XXXIV, Roma: Monumenta Historica Soc. Iesu, 1975, p. 425.

② 指《天主实义续编》。

③ 3. °*Catálogo com suplimento do primeiro e segundo rol dos Padres e Irmaons que estao no Collégio de Macao e Missao de Cochimchina sojeita a este mesmo Collégio, feito em Junho de 1618*, in BA, JA. 49-V-7, f. 147.

能清楚其埋葬地点。这个问题的解决，还是要从查阅原始的档案入手。

前引里斯本海外历史档案馆的那份手稿记载："我会逝者葬本教堂"（Dos defunctos da Companhia que estão enterrados nesta igreja）。"本教堂"是指"Igreja da Madre de Deus"（天主圣母堂），亦称"Igreja de São Paulo"（三巴寺）。这份档案资料确切地说明，1618年去世者全部安葬于此。因知，庞迪我的初葬地为"三巴寺"。

1835年，该教堂遭焚毁后，墓地亦受破坏，因此，其遗骸至今下落不明。1996年10月对外开放的天主教艺术博物馆内有一墓室，安放着一些日本及越南殉教者的遗骨。墓室建于当时天主圣母堂主堂的地点。中央为一座花岗岩墓穴的遗址。墓主很可能为范礼安神父。据此推测，庞迪我及其他耶稣会会士应该就埋葬在附近。

图5　澳门天主教艺术博物馆与墓室中范礼安神父墓地遗址

总之，在庞迪我的人生轨迹中，澳门是一个重要节点——这里既是他进入中国的起点，又是他离开后的归宿。

庞迪我的生平证明，澳门是中国传教的母地。至1603年，整个中国传教事物都在澳门总院的管辖之下。入华耶稣会传教士因早期无法从事传教活动，主要精力用于文化及科技的传播事业，因而澳门也是西方文化影响中国文化的辐射点。

献给中国皇帝万历的西方画像

伊莎贝尔·塞韦拉

马德里自治大学

1617年,彼德·保罗·鲁本斯(Pedro Pablo Rubens)在安特卫普(Amberes)绘制了一幅耶稣会教士金尼阁(Nicolas Trigault)(1578—1628)的肖像画。画中神父并没有穿戴教会的黑色教袍和四方帽,取而代之的是一身中式服装。鲁本斯以这种方式直观地展现了耶稣会教士在地理位置遥远、文化习俗迥异的中国的初期传教工作。[①] 如何解释在对罗耀拉(Igancio)和沙勿略(Javier)崇拜巅峰时期,入华传教士这种易俗行为?对于17世纪的欧洲,想要理解其在华传教的策略并不容易,这其中一条就是神甫需适应当地文化,改穿儒服。"适应"策略是耶稣会在华布道初期的核心原则。实际上,虽然由于不同教长的立场不同,具体宣教活动可能有所调整,但直到1773年中国耶稣会解散,传教士被驱逐出境前[②],这一传教思想一直贯穿始终。

金尼阁神父奉中国教区教长龙华民(Niccolo Longobardi)(1565—

[①] 彼德·保罗·鲁本斯(1577—1640)《穿中国服装的金尼阁肖像》,1617年创作,纸本素描,藏于大都会艺术博物馆。本作品研究,请参阅 Loyan, A. M. y Brockey, L. M. (2003), "Trigault, S. J.: A Portrait by Peter Paul Rubens", *The Metropolitan Museum Journal* 38, pp. 156 – 168.

[②] 史学界认为耶稣会在中国的传教工作主要经历了三个阶段:1582—1610年、1611—1644年、1644—1773年。前两个阶段在明朝(1368—1644)治下,最后一个阶段发生在清朝(1644—1911)。书目汇编详见 Rule, P. (2017), "The Historiography of the Jesuits in China", *Jesuit Historiography*, https://www.bc.edu/centers/iajs/DigitalProjects/Jesuit-Historiography-Online.html, 最新研究成果见 Brockey, L. M. (2007), *Journey to the East. The Jesuit Mission to China 1579 – 1773*, Cambridge: Belkanp Press.

图1 彼德·保罗·鲁本斯（1577—1640）《穿中国服装的金尼阁肖像》，1617年，纸本素描，藏于大都会艺术博物馆

1654）之命，在欧洲开展一项重要的外交工作，其目的主要有两个：一是筹募传教资金、招募新教士来华；二是实现中国教区和日本教区的分区管理。因此，有关中国传教潜力的一手消息就变得至关重要，同时他也把重点放在介绍当时欧洲知之甚少的中国文化发展、政治体制和社会结构上。金尼阁是为数不多的中途从中国回到欧洲的修士之一，他在华的所见所闻都记录在了《利玛窦中国札记》[①]一书中，此书为利玛窦（Matteo Ricci）所作，由金尼阁翻译整理，于1615年在欧洲出版。记录

---

① 金尼阁神父在华传教经历、目的及著述，参见 Lamalle, E., (1940), "La propaganda du P. Nicolas Trigault en faveur des missions de Chine" (1616) en *Archivum Historicum Societatis Iesu IX*, pp. 49 – 120, https://archive.org/details/ahsi – 1940/page/n59.

了诸如耶稣会在华传教历史、东西方文化交流及其适应性策略等方面的内容。这部作品在耶稣会的历史上至关重要，但其成书时间远晚于西班牙耶稣会士庞迪我所作的《一些耶稣会士进入中国的纪实及他们在这一国度看到的特殊情况及该国固有的引人注目的事物》(*Relación de la entrada de algunos padres de la Compañía de Iesús en la China y particulares sucessos que tuuieron y de cosas muy notables que vieron en el mismo Reyno*)，该书原为他写给托莱多主教路易斯·德·古斯曼（Luis de Guzmán）的一封长信。1605年该书的西班牙文版面世，1607年法文译本面世，1608年德文译本和拉丁文译本也相继发行①。鲁本斯在作画前极有可能已经读过了庞迪我的"书信"，了解到穿着儒服对在华传教的必要性，这也是庞迪我贯彻远东传教团视察员范礼安（Antonio de Valignano）(1539–1606)倡导的适应性策略的重要体现。在信中，庞迪我似乎对中国画师为他塑造的新形象感到抱歉：

> 和主教您熟识我的样子不同，在那副肖像画中我留起一把很长的胡须，穿着中国儒者的长袍，下摆一直垂到了脚面。从头到脚，和以前的装束是完全两样了。只有在这层伪装下，皇帝才会允许我们施行慈善教化，直到上帝另有其他安排。

---

① 参见庞迪我所写《一些耶稣会士进入中国的纪实及他们在这一国度看到的特殊情况及该国固有的引人注目的事物》(*Relación de la entrada de algunos padres de la Compañía de Iesús en la China y particulares sucessos que tuuieron y de cosas muy notables que vieron en el mismo Reyno*)。自《利玛窦中国札记》出版后，庞迪我的著述就退居二位甚至被彻底遗忘了。该作被收录在 Nieremberg J. E.（1647），《耶稣会名人纪念录》（第2卷）(*Vidas exemplares y venerables: Memorial de algunos claros varones de la Compañía de Jesús, vol. 2*)，马德里：Alonso de Paredes 出版社，215–246页，及 Alcázar, B.,（1710），《托莱多历史上的耶稣会：第二部分》(*Chrono-historia de la Compañía de Jesús en la provincial de Toledo: Segunda parte*)，马德里，Juan Garcia Infançon 出版社，第207—215页。庞迪我的"书信"由张铠教授翻译整理，参见《庞迪我与中国》，北京图书馆出版社1997年版。之后，Moncó对庞迪我的书信进行了完整翻译并做了分析研究，见 Moncó, B.,（2011），《一些耶稣会士进入中国的纪实及他们在这一国度看到的特殊情况及该国固有的引人注目的事物——耶稣会修士庞迪我写给托莱多省大主教路易斯·古斯曼的书信》(*Relación de la entrada de algunos Padres de la Compañía de Jesús en la China y particulares sucesos que tuvieron y de cosas muy notables que vieron en el mismo reino. Carta del Padre Diego de Pantoja, Religioso de la Compañía de Jesús para el padre Luis de Guzmán, provincial de la provincia de Toledo*)，马德里南部"希门尼斯·格雷戈里奥"历史研究所出版。

但同时庞迪我也十分庆幸他们易服的决定,并着重叙述了其他没有入乡随俗的外国人的遭遇:

> 有一个居住在京城的土耳其人,四十年前就给皇帝进贡了两头狮子。但由于他不会汉语、不懂科学,还因为他不肯入乡随俗,所以没有人愿意和他来往。由于上帝的恩惠,还因为中国人看到我们穿着他们的服装,遵从他们的时尚和礼节,这样各类高级官吏才到我们的住处来拜访我们,给我们提供方便,公开地把我们当作他们的朋友。

在华传教士这些离经叛道的行为,在金尼阁的记述中并不多见。他的关注点更多放在中国的高知识水平以及那些流入欧洲的复杂而又精美的中国商品上,对这些方面的记载甚至超越了对其在华传教经历本身的记述。

就在1617年金尼阁在欧洲大力宣传在华传教的美好前景时,由于耶稣会传教士参与修历,引发了北京的一场反教风潮。迫于朝野压力,皇帝下令驱逐外国人,庞迪我、熊三拔(Sabatino de Ursis)等教士和一些教徒均在其列。两位教士被押解着一路南下,最终离开了中国。由于残酷的流放和监禁,庞迪我于次年在澳门病故,终年47岁,就此结束了他在华21年的传教生涯。①

在生命的最后一年,庞迪我很可能重温了他在中国的见闻,但奇怪的是,他没再动笔写过"该国固有的引人注目的事物"。在他仅存于世的那封信件中,他曾多次提到会继续增补中国见闻的更多细节,并会寄送相关物品和画像。但我们至今没找到相关记载。②

庞迪我是在"东方传教运动"时期来到中国的。在托莱多修道院学习的最后阶段,庞迪我就学在古斯曼神父的身边,神父对远东传教事业

---

① 禁教令颁布于南京和北京。刑罚与监禁相当严苛。
② 在书信中,庞迪我解释为了赶上发信时间,他不得不草草结束信件,对此他深表歉意。此外,他在信中多次表示之后会随信函寄送相关物品,其中包括利玛窦根据中国传说所绘制的世界地图的摹本。1606年到1618年庞迪我去世,期间发生的事情,参考了利玛窦(逝于1610年)的札记。在札记中,利玛窦多次提到庞迪我,对他的评价并不全是正面的。

的兴趣，深深地影响了庞迪我，这在古斯曼撰写的《耶稣会在东印度、日本及中国传教史》① 中有相关记载。怀着到日本传教的梦想，庞迪我和其他神甫离开里斯本前往东方，在果阿和澳门继续他神学第二阶段的学习，并等待着前往日本传教的指令。然而，1597 年日本颁布了禁教令，长崎也出现了对基督徒的迫害事件，这迫使庞迪我改变了传教的计划②。同年，庞迪我和龙华民、范礼安、李玛诺同船从果阿抵达澳门，协助利玛窦执行一项关系到在华传教事业成败的重大使命——取悦中国皇帝。1600 年，庞迪我终于和利玛窦在南京相会。在等待和利玛窦北上的间隙，庞迪我继续汉语和神学的学习，并向郭居静神父学习弹琴与和声。几个月之后，庞迪我与利玛窦一行启程北上，于 1601 年春节抵达北京。③

范礼安神甫倡导的"适应"策略要求耶稣会士在传教时一定要了解当地的语言并且对 16 世纪末欧洲的科学知识有一定涉猎。在"适应"策略实行的最初几十年里，抵达果阿的神甫们远不能说是某些科学和人文领域的专家，只能算是对社会科学知识略知一二，他们亟须接受相关培训以便顺利开展传教活动。庞迪我也在他的信中坦诚说明了他的知识水平：

> ……与我们国家有识之士相比，我们本来是知之甚少的。但和中国人相比，我们却成了博学之士。他们对世界可以说一无所知，所以称呼其国家即为"世界"（"天下"）；而对于上帝和天体的知识和其他一些细微的事物则可说一无所知。他们每每满怀着惊异之心返回家门，而又总带着求知的愿望再次来访。④

从这个意义上来说，果阿和澳门成为当时的文化培训和艺术制作中

---

① Pelliot, P. (1920), "La Peinture Et La Gravure Européennes En Chine Au Temps De Mathieu Ricci." T'oung Pao, Second Series, 20, no. 1: 1 – 18.

② 幕府将军丰臣秀吉（1537—1598）下令在长崎处决了 26 名天主教徒。在天主教史中，此事件被称作"长崎殉教"。该事件在方济各会和耶稣会的图像志和圣徒传中有诸多记载。参见 Cabezas, A., (1995), El Siglo Ibérico de Japón. La presencia hispano-portuguesa en Japón 1543 – 1643, Valladolid: Universidad de Valladolid.

③ 参见 Corsi, E. (2019), La educación musical de Diego De Pantoja.

④ 庞迪我：《一些耶稣会士进入中国的纪实及他们在这一国度看到的特殊情况及该国固有的引人注目的事物》，希门尼斯·格雷格里奥历史研究所版，第 43 页。

心，其目的是以最低的成本和最短的时间来满足传教需要。在 1587 年北上之前，利玛窦说他收到了许多从罗马、日本、西班牙、马尼拉寄送的高质量的宗教作品。①

多年来，利玛窦一直努力结交地方官吏，构建人际关系网络，希望以此打开紫禁城大门，他向万历皇帝呈献珍稀礼品，进而争取在京居留权和在华传教权。利玛窦很快就熟悉了和士大夫阶层交往的必要手段。他谙熟汉语，攻读儒家典籍，在中国知识阶层中做着"合儒""补儒"的工作并翻译了一批欧洲科学和宗教文献。得益于他高超的汉语水平和对中国社会的观察，利玛窦很快意识到结交佛教群体无益于其在华传教活动，想要传播福音必须借助士大夫阶层和知识分子的帮助。② 此外，他初步认识到互赠礼品在中国人际交往中的重要性，在礼品循环往复的赠送中，各种珍奇之物、艺术作品也在士大夫阶层中流通。因此，向他们赠送西方礼品是赢得好感的重要手段。③

---

① 传教所需的画像和物品与大帆船贸易息息相关。为了摆脱航海日历的影响，传教士们意识到需要在当地建立学校/作坊，教授当地民众基本的绘画、雕刻技法和宗教用品的制作工艺。因此，安东尼奥·塞德尼奥（Anonio Sedeño, S.I, 1535 – 1595）在马尼拉培训了大批当地民众为教堂绘制内部装饰画。乔万尼·尼科洛（Giovanni Niccolo S.I.）在日本创立了耶稣会画院，游文辉（Manuel Pereira S.I., 1575 – 1633）曾跟随他学画。他是追随耶稣会神甫在京传教的画工之一，也是利玛窦唯一一幅肖像画的作者。不过，利氏对其画功不甚满意，要求上司派遣更好的画家。后耶稣会派倪雅谷（Jacob Niwa, S.I., 1579 – 1638）来华。详见 Mungello, D. D., (1999), *The Great Encounter of China and the West 1500 – 1800*, Lanham, Maryland: Rowman & Littlefield Publishers. Pelliot, P., (1920), "La Peinture Et La Gravure Européennes En Chine Au Temps De Mathieu Ricci", *T'oung Pao*, Second Series, 20, no. 1: 1 – 18, http://www.jstor.org/stable/4526590.

② La historiografía considera tres etapas en el trabajo de los jesuitas en China: 1582 – 1610, 1611 – 1644, 1644 – 1773. Las dos primeras se desarrollan bajo la dinastía Ming (1368 – 1644), mientras que la tercera corresponde a la dinastía Qing (1644 – 1911). Un compendio bibliográfico se puede encontrar en Rule, P., (2017), "The Historiography of the Jesuits in China", *Jesuit Historiography*. https://www.bc.edu/centers/iajs/DigitalProjects/Jesuit-Historiography-Online.html Un estado de la cuestión sobre la historiografía y nuevas aportaciones en Brockey, L. M. (2007), *Journey to the East. The Jesuit Mission to China 1579 – 1773*, Cambridge: Belknap Press.

③ 通常此类聚会仅有男性参加，是文人雅士和收藏家之间吟咏诗文、针砭时弊的集会。雅集（yǎ jí）构成了过去乃至现在中国文化语境中最常出现的文学和艺术意象之一，参见 Clunas, C., (2004), *Elegant Debats, The Social Art of Wen Zhengming*, Londres: Reaktion Books. 这种交换礼物和人情的互惠体系现在被称为关系，是民族志和人类学的研究对象，参见 Yang, M. M. (1994), *Gifts Favors & Banquets*, Ithaca & London: Cornell University Press.

为此，利玛窦向罗明坚（Ruggieri）递交了一份长长的礼单，强调要重视贡礼的质量和性质。利玛窦认为，献给皇上的礼品必须是质量最上乘的，有别于予与官吏的"不起眼的东西"。

在进京之前，利玛窦在与罗明坚的书信中申请了一批皇帝会感兴趣的礼品如科学仪器和图片、宗教性质的插图书籍，同时申请了进京所需的经费。[①]

早年间，两位神甫常利用西洋奇器——特别是钟表——来打开局面。一方面，他们可以通过售卖西洋物品来换取日常生活费用，另一方面，他们也可以将其作为赠礼来结交达官贵人，以博取好感。这些物品因其新奇的特性、复杂的构造和用途，很快就在中国引起了广泛的关注。传教士们自然将其作为日后传播福音的敲门砖。出于这种认知，他们迫切需要大量的插画书籍，因为对于中国信众来说，这些书籍通过插图和文字解说的方式，直观地展现了欧洲当时的文学水平；同时也激发了他们阅读译作和翻刻绘画作品的兴趣。[②] 此外，插图书籍还具有其他功能，如教授当地群众绘画技巧，而这也反过来促进了西方插画的传播。《程氏墨苑》中就收录了几幅利玛窦带来的宗教插图。[③]

除了插图书籍中的图像，传教士们还向上级申请了大量科学文献并将其分发，其中以天文学和舆地学书籍为主。这些书籍中展现的物品和

[①] 在两人的往来书信中，利玛窦向罗明坚申请了种类繁多的贡品，从一只鸵鸟到《康普鲁顿合参本圣经》（Biblia Polígota），无所不包。在觐见腓力二世和教宗的行动都宣告失败后，万历接见传教士意义重大。以上外交活动中，礼物的选择和接收都非常重要。Hsu, C. Y (2004), "Writing on Behalf of a Christian Empire: Gifts, Dissimulation and Politics of Philipp II of Spain to Wanli of China", *Hispanic Review*, vol. 178, n°3, pp. 323 – 344, University Pennysilvannia Press; Ollé, M., (2002), *La empresa de China: de la Armada Invencible al Galeón de Manila*, Madriol: Acantilado.

[②] 这其中最受欢迎的宗教书籍当属纳达尔（Jerónimo Nadal）的《福音史事图解》（*Evangelicae Historiae Imagines*）。龙华民、郭居静、利玛窦分别于1598年和1599年致信教会要求向中国寄送该画册。参见 Massing, J. M., (2011), Jerome Nadal's *Evangelicae Historiae Imagines and the Birth of Global Imagery*, Journal of the Warburg and Courtauld Institutes，本图册在中国的第一版由利玛窦委托艾儒略（Giulio Aleni）印制。参见 Borao, J. L., (2010), La versión china de la obra ilustrada de Jerónimo Nadal *Evangelicae Historiae Imagines*, en *Goya*, 2010, pp. 16 – 33.

[③] 利玛窦在程大约刻制的《程氏墨苑》中加入了四幅铜版圣母像，并辅以汉字注解。参见 Oliveira, R. (2017) "Words for Images and Images for Words: an Iconological and Scriptural Study of the Christian Prints in the *Chengshi moyuan* (程氏墨苑)", *Word & Image*, 33: 1, 87 – 107, DOI: 10.1080/02666286.2016.1263137.

仪器对中国知识界来说是新知的象征。还有一点非常有趣，传教士们利用中国木板雕版技术来翻印西洋铜版画，有时甚至将木雕版用作油画的模板，这种方式不仅满足了当地信众对宗教画的需求，也降低了传教士对大帆船贸易的依赖。

西洋绘画的表现手法与中国画迥然不同，中国人对这种差异有着异乎寻常的兴趣。但他们在对外来事物的接触过程中，传统文化的价值观念并没有丧失：

> 利玛窦携来西域天主画像，乃女人抱一婴儿，眉目衣纹，如明镜涵影，踽踽欲动。其端严娟秀，中国画工无由措手。①

这段文字摘自明代姜绍书《无声诗史》一书中"西域画"一项。该书是中国史料中为数不多的记载16世纪上半叶中国人对西洋油画接受程度的文献。在他的研究中，虽然指明了该画作的文化起源和地理来源，但作者仍将此画描述为"怀抱婴儿的女性"，而丝毫未提及其宗教含义。西方绘画的技法和风格令作者着迷，他用"明镜涵影，踽踽欲动"来形容"端严娟秀"圣母像的写实效果。并认为其明暗和三维效果系中国画工所不及。②

在进京途中，利玛窦和庞迪我一行需要不断地和地方官吏及宫廷太监周旋，其中与皇帝特派税使马堂的遭遇大大延后了他们到达北京的时间。事实表明，马堂想要从神甫手中夺走贡品，并且多次暗示神甫将随身携带的财物赠予他。在将神甫们的行装一一过目后，马堂想要将贡品和会士的私人财物据为己有。在搜索过程中，他选出了两幅圣母像、一个十字架、一件大的圣体像和一个神甫们平日做弥撒时用的圣杯。在这些物品中，太监们只将圣杯还给了神甫们，而剩下的物品也自然没呈送

---

① 姜绍书：《无声诗史》（第7卷），《续修四库全书》（子部·艺术类），上海古籍出版社2002年版，第1065册，第578页。转引自Lynn, R. J. K., (2016), "The reception of European Art in China and Chinese Art in Europe from the late sixteenth through the eigtheenth Century" Int. Commun. Chin. Cult (2017) 4: 443.

② 晚明艺术批评参见 Park, J. P. (2012) *Art by the Book: Painting Manuals and the Leisure Life in Late Ming China*, Seattle & London: University of Washington Press.

给皇帝：

> 由于没有发现他所期望的东西，他信手拿起找到的物品，如一具精美的圣母像，虽然我视之为无价之宝，他却随手抛掉；一件大的圣体像，他随意摆弄，表现出无所谓的态度……最让我们痛心的是，他信手拿起了一个银质的镀金圣杯，这是我们平日做弥撒时用的。我们再三请求他不要触摸圣杯，因为在我们国家连国王都不敢妄动这一敬奉上帝用的器物……①

除了这些画像和物品，马堂还想要霸占更多的贡品，最后他发现了耶稣受难的十字雕像，认为这是会对皇帝安危造成威胁的蛊物：

> 他看着这个雕像先是一句话没说，只是脸上露出惊讶的表情，后来他问道，这是什么人的雕像？我们回答说，这就是那创造天和地的真正的上帝……他并没有理会我们的解释，看到耶稣浑身滴血，遍体伤痕，又被钉在十字架上……他认为这是用来谋杀皇帝的蛊物。②

按庞迪我的记述，马宦官对这个雕像厌恶至极，甚至要求神甫们在华期间扔掉所有的十字雕像，他们自然也未将十字雕像列入呈奉给皇帝的礼单中。

传教士们多次进贡给皇帝的图像，经常会通过意想不到的途径传播，有时甚至会成为异国商品在市场流通，传教士们常以此获利。在经历了南京到北京这一段艰险漫长的旅程之后，庞迪我列出了以下宗教画，将它们与西方机械工具和其他新奇物品一起呈献给万历皇帝：

---

① 晚明艺术批评参见 Park, J. P. (2012) *Art by the Book: Painting Manuals and the Leisure Life in Late Ming China*, Seattle & London: University of Washington Press., p. 25, 26.

② *Art by the Book: Painting Manuals and the Leisure Life in Late Ming China*, Seattle & London: University of Washington Press., p. 28.

……共油画三幅，皆为精品：一幅画着圣母玛利亚与孩童时期的耶稣和圣约翰；还有一副圣母的老肖像画，仿圣路加所画圣母抱基督像。两幅圣母像均一尺半高。另有一幅画着耶稣基督的小画，……一份《地球大观》复印本，一本内页中有金色线条的祈祷书……①

关于这些画像的作者、来源和其他信息，在庞迪我和利玛窦的书中相关记载都不太详尽。首先，这三幅画都是油画，其中两幅为大尺寸圣母像。② 根据庞迪我的描述可以推测出这些作品的原型应该是圣路加所画圣母抱耶稣像。③

其次，另一幅画着圣子耶稣偕施洗约翰的油画，在传教过程中并不常见。画中圣母、圣子和施洗约翰的形象暗示了圣子的救赎，将其命运与现在隐现在了一个家庭场景中。第三幅天主像指的应该是救世主像，一幅由铜版画转印的油画。此类圣像在中国南方很常见，这与其在日本的流通密切相关。这幅圣像画显示了基督的全知和全能。画中天父左手持地球，右手做出赐福的手势，拥有全能、全知和全善的形象，耶稣会教士有时会将其与儒家中的圣人相比。④ 在对以上三幅油画的分析中，我们可以观察到从圣子到圣父的循序渐进的展示过程，利玛窦和庞迪我试图用文字和图像来解释这个复杂的概念。这三幅"精品"油画是第一批流入紫禁城的欧洲画像。

历经千辛万苦，皇帝终于下旨接见几位来自西方的朝贡者："数月以

---

① 晚明艺术批评参见 Park, J. P. (2012) *Art by the Book: Painting Manuals and the Leisure Life in Late Ming China*, Seattle & London: University of Washington Press., p. 13.

② 巴拉是一种长度单位，相当于 0.8359 米。仍在某些地区使用。Moliner, M. (1981), *Diccionario del uso del español*, Madrid: Gredos、词条 vara, 释义 3。这两幅是欧洲油画的标准尺寸，大约为 125 厘米。

③ 对这一圣像的崇拜源自于罗马圣母堂内著名的圣路加圣母像，在诸多传教场所均可见其摹本。据利玛窦札记记载，他亦将其房间中的圣母像带到了中国。1599 年，利玛窦在澳门收到了一幅大的《圣路加的圣母子》油画。值得注意的是，截止到 1680 年前后，圣母形象仍是中国人唯一熟悉的欧洲女性形象。

④ 救世主形象在中国的接受情况详见 Shin, J. M. (2014) "The Jesuit and the Portrait of God in Late Ming China" en *Harvard Theological Review*, vol. 197, pp. 194–221.

图 2　德尔波波罗的圣母像

来一直听闻有朝贡者携画像及自鸣钟欲进京。"于是，神甫们呈献给皇帝的礼品由一些骑着马的和步行的差役押解着送往皇宫。所有礼物都被在大殿内呈献，"（人们）细细赏玩，不时露出惊异的神色，特别是在看到画像和自鸣钟的时候"。万历皇帝自始至终从未与神甫和使节有过直接接触，他因画像和钟表所产生的疑惑与好奇都由宫里的太监传达给利玛窦和庞迪我一行。在上文所提及的圣像画中，万历尤其对栩栩如生的人物姿态和色调的调和惊叹不已。当利玛窦向他解释怀抱婴儿的女性形象的含义时，他惊讶不已，并将其与佛教中象征慈悲的观世音联系到了一起。据庞迪我记载，万历皇帝将这幅画送给了他的母亲———一位虔诚的佛教徒。并将剩下的圣像放在一间大殿中细细欣赏。然而，这些过于栩栩如生的画像让皇帝有些害怕。很快，它们就被束之高阁或被储存在了库房，甚至可能离开了宫廷，作为一种异域方物在市场流通交易。庞迪我说："太监告诉我们，（皇帝）命人将圣像画摆在主殿，太后每天都在画像前烧香膜拜。他们还说，皇帝不敢把画像摆的太近，因为这些形象太过逼真，让他很害怕。"可见，初见圣像，万历皇帝是以一种猎奇的心态来看待，而不涉及图像所表达的宗教含义。①

---

① 在内库中没有任何记录。

呈送给万历的宗教美术作品综合了1580年到1630年最常见的两种圣像，即手抱婴儿耶稣的圣母像和救世主基督像。传教士们希望能通过这些画像传达宗教精神，或者至少能消解万历听闻的有关传教工作的谣言。在耶稣会在华传教的第一阶段，圣母像被用在诸多场合，且总是强调其母性光辉。在中国，圣母像几乎是人们唯一熟知的圣像，这自然导致了圣母和上帝形象的混淆。这种佛教与基督教的混淆体现了传教士和中国人之间彼此形成的"默契"①。在《书信》中，庞迪我提到钉在十字架上的耶稣像饱受质疑，它被当作谋害皇帝的魔物。诚然，救世主基督像充当了两个形象的纽带，通过基督全知和全能的形象，加强了圣母传达的全善和全爱。

图3 扬·范克莱韦（约1485 –1540/1541），*Salvator Mundi*（*c. 1516 –1518*）
油画，54cm ×40cm，藏于巴黎卢浮宫，编号：24143

从科学和宗教画作中获得的知识非常的直观、不可思议，有时甚至带有一些威胁性。在所有进呈给万历的图像中，对皇帝造成巨大文化和

---

① Bailey, G. A. (1999), *Art on the Jesuits Missions in Asia and Latin America*, Toronto: University of Toronto Press, pp. 82 –111.

政治冲击的当属一幅世界地图,这幅地图清晰地展示了一些未知的区域以及中国和它们的相对位置。亚伯拉罕·奥特柳斯(Abraham Ortelius)编辑的地图集《地球大观》(*Theatrum Orbis Terrarum*)因其复杂和精美而广受关注,并且无疑是先进知识的象征。中国偏远的地理位置让万历惊恐不已,因此当皇帝委托利玛窦根据中国传说重新绘制一幅新的世界地图时,他立刻心领神会,把中国移到了中央[①]。庞迪我这样写道:

……我们将一幅精美的世界地图展示给他们看,借机告诉他们世界广阔无比,绝非如他们所想象的那么小,整个世界并不等于他们的国家。他们一个又一个国家看过去,才意识到,中国没有那么大,如果说世界是个稻穗,那么他们的国家只不过是一个稻粒……

这幅地图的作用非比寻常,它证实了利玛窦和庞迪我的科学知识。这为二人取得在京居留权和获得生活经费提供了保障,并且也大大提高了他们在文人阶层的声望。不断有人到他们的住处拜访,在那里他们为士大夫答疑解惑,并且在小祭坛上展示宗教画像,借以解释基督教义。

在对于进呈画像和物品的好奇心得到满足后,万历又对其他话题产生了兴趣。这些问题通过太监转达给了利玛窦和庞迪我一行。为了解答皇帝的疑问,他们呈示了更多的图像,这些图像并不在第一批贡品之列。传教士们珍藏的其他图像(以印刷品为主),既帮助他们稳固了地位,也让他们在解答皇帝即兴提出的问题时能够有的放矢。

在《书信》中,庞迪我记录了一个他们需要为皇帝解答的问题:

……他又多次派太监来询问我国的事情,如我们是否有国王,他们的装束如何。因为在中国,皇帝的服饰和普通百姓是有很大不

[①] 《坤舆万国全图》由利玛窦和明代数学家李之藻绘制,并于1602年出版。由大尺寸木雕版(1.52 m x 3.66 m)刻印而成,包含地理及各地动植物详细附注。完整研究参见:D Elia, P. M. (1938), Il mappamondo cinese del P Matteo Ricci, S. I. (3. ed., Pechino, 1602) conservato presso la Biblioteca Vaticana, commentato tradotto e annotato dal p. Pasquale M. d'Elia, S. I. ... Con XXX tavole geografiche e 16 illustrazioni fuori testo... Vaticano: Città del Vaticano, Biblioteca apostolica Vaticana.

同的。如果我们带来了欧洲帝王的画像，他想亲眼看看。我们当时恰好有一张图画，上面画有戴着三重皇冠的罗马教皇和戴着徽记的皇帝和国王，他们都匍匐在上帝的面前。我们告诉太监，画上的三个人是欧洲三种类型的君王，但他们都崇敬上帝……太监们将这幅画拿给万历皇帝看，但万历觉得画面太小了，于是他让太监们按原图再画一张大点的拿给他看。

根据庞迪我的叙述，我们大致可以推断这幅画应该是赫罗尼姆斯·威里克斯（Hyeronimus Wierix）（1553-1619）绘制的《天主授予腓力二世令牌》（*El Salvador entrega las insignias del poder a Felipe II ante el Pontífice*, 1598）。该画为铜版画，之后万历命宫廷画师用色彩放大复制了这幅画。[1]

在庞迪我的记录中，万历皇帝屡次提出放大画像的要求，这意味着宫廷画师需要临摹原画并学习西方绘画的表现技法。但由于当时没有人教授他们相应的画理和画材使用知识，因此画师们在临摹画作时，仍继续使用当时的中国画（特别是院体画）的表现手法，即使用水墨和宣纸作画，致使很多画作带有浓郁的中国画风味。无论如何，初见西画，万历的兴趣更多集中在画面效果上，对于圣像画所传达的"神权高于皇权"不太关注。圣像入京推动了西方绘画艺术在中国传播的扩大。[2]

万历的好奇心无所不包，他尤其对西方帝王的生活起居、装束、宫廷式样和丧葬礼仪感兴趣："之后，皇帝又专门派太监来询问欧洲君主宫殿的式样。我们的礼物中恰有一副以埃斯科里亚尔修道院为题的铜版画和一幅威尼斯圣马可宫的图片，便一并交给了太监。不过，我们怀疑太监们只将第二幅画呈送给了皇帝，因为埃斯科里亚尔修道院是组图，且

---

[1] 庞迪我文中提及的该作品不同版本，参见 Mínguez, V.（2014），"Sine Fine, Dios, los Habsburgo y el traspaso de las insignias del Poder en el Quinientos" *en Librosdelacorte*. es. Monográfico1, año 6, pp. 1-21.

[2] 明朝末年风雨飘摇，不利于新的绘画技法在宫廷推广。但清朝建立后，相关政策开始发生变化，传教士可以入宫向宫廷画师传授西方画理知识。详见 Corsi, E.,（2004），*La Fábrica de las ilusiones. Los jesuitas y la difusión de la pespectiva lineal en China*, 1698-1766, México D. F: El Colegio de México.

图4　赫罗尼姆斯·威里克斯（Hyeronimus Wierix）（1553—1619）绘制的《天主授予腓力二世令牌》(*El Salvador entrega las insignias del poder a Felipe II ante el Pontífice*, 1598)，230mm×294mm.，藏于布鲁塞尔皇家阿尔伯特一世图书馆

尺寸较小，当时宫廷中无人能将其尺寸放大重画。至于之后太监有没有将其呈送，我们便不得而知了。"

这段叙述再次强调了万历对将原画尺寸放大观赏的趣味。由于埃斯科里亚尔修道院为组图，因此太监们只进呈了威尼斯圣马可宫画像。时至今日，未在宫廷内库中查阅到有关两组图像的相关记载。

书信中提到的新刊印的以埃斯科里亚尔修道院为题的铜版画，毫无疑问指的是佩雷（约1555—1625）的作品。这部组图在当时刚刚出版，并由腓力二世下令在西班牙全境发行。① 庞迪我一行向太监介绍这是一座集修道院、宫殿、陵墓于一身的建筑群。1598年腓力二世去世，神甫们

---

① 《埃斯科里亚尔圣劳伦索王家修道院设计与版画摘要》(*Sumaria y breve declaración de los diseños y estampas de la fábrica de San Lorenzo de El Escorial*)，作者为胡安·德·埃雷拉（Juan de Herrera）。全书共包含12幅版画，内容涉及营建期间施工图和修道院多角度立面图。参见 Blas, B. (2011)，《巴洛克时期西班牙宫廷的外国版画家》(*Grabadores extranjeros en la Corte española del Barroco*)。

收到了一封附有殡葬流程的信件。

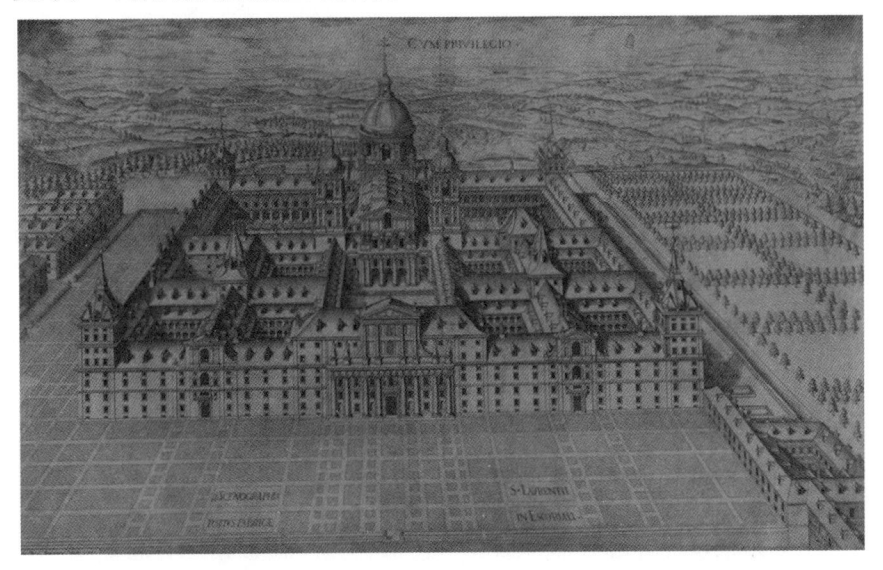

图5 第七版《埃斯科里亚尔圣劳伦索王家修道院设计与版画摘要》（*Sumaria y breve declaración de los diseños y estampas de la fábrica de San Lorenzo de El Escorial*）（1589），作者为胡安·德·埃雷拉（Juan de Herrera）。铜版画，484mm×614mm，藏于西班牙国家图书馆，编号：28857。

……皇帝之后又派太监来询问欧洲君主的丧葬礼仪，因为中国人对殡葬非常重视……当时，我们刚刚收到一封腓力二世辞世的信件，信中附有殡葬图，我们便将这幅图呈示给太监……

万历和传教士们通过图像建立起的联系，以及太监们不断讲起的异域奇谈，让皇帝心中涌起了看看他们模样的愿望。

由于太监们不断把我们讲述给他们的异域奇谈讲给万历皇帝听，皇帝非常想看看我们的模样……于是，他派了两名画师来给我们画像。两名画师作画极其认真，但从他们的画面上，我既认不出自己，也认不出我的同伴。画师们还是把那张肖像画拿走了。即使主教您拿到这幅肖像画，也绝看不出原来所熟识的我了。画中的我留起一把很长的胡须,穿着中国儒者的长袍,下摆一直垂到脚面……

关于两位传教士的这幅肖像画,除庞迪我的记录外,其他文献的记载并不详尽。在欧洲的耶稣会圣徒传研究中,这幅肖像画也一直寂寂无闻。

尽管利玛窦与庞迪我存在诸多分歧,但在1606年利玛窦去世后,庞迪我还是借助与他相熟的中国士大夫徐光启的帮助,成功地从万历皇帝那里为利玛窦申请到了一块墓地,并为利马窦举办了隆重的葬礼。

庞迪我继续他在北京的工作,其后皇帝命他与熊三拔参与历法修订。他的成功也预示了他的溃败。由于士大夫阶层始终对外国人存有诸多疑虑,他们对驻华传教士频频发难,最终导致他们被驱逐出境。虽然传教士们与万历保持着良好的关系,但皇帝还是颁布了禁教令。庞迪我和熊三拔不得不离开北京南下,在被监禁数月之后,一行人等最终被驱逐到了澳门。

这一系列事件标志着耶稣会在华传教的第一阶段落下帷幕。毫无疑问,庞迪我等人为耶稣会日后的传教工作及17世纪进入清廷打下了坚实的基础。1773年,中国耶稣会团正式解散。

小 结

庞迪我在《书信》中记录的1601年向万历皇帝进贡西方画像的行为,是对耶稣会在华传教初期文化"适应"策略最好的诠释。这些贡品所包含的宗教和科学知识,既传播了新知识,也体现了耶稣会士渴望融入中国社会的努力。图像的内容包括舆地学和圣像画,其中世界地图在宫廷引起了巨大轰动。这些图像全部由利玛窦和庞迪我精心挑选。在为万历挑选贡品时,他们非常注重画像质量,并特别挑选了使用新技法的圣像画(油画)。这些画像着力刻画基督的人性光辉,圣母的无边母爱以及救世主和圣徒无上的神性。传教士们对圣像主题的选择也表明了他们想要通过画像传达的信息:令皇帝了解基督教义,或者至少能得到他对在京传教的支持。可以肯定的是,这些画像引起了巨大轰动,特别是激发了皇帝对新知识的好奇心,为传教士取得在京居留权提供了保障。

有赖于此,传教士们可以继续向万历皇帝呈献图像以解答他对西方君主生活的诸多疑惑。他们利用手头的其他图像,再次呈送给太监一幅以埃斯科里亚尔修道院为题的铜版画,一幅圣马可宫的图片以及一幅教皇、皇帝与腓力二世接受神权的群像画。这些画的选择表明了神甫们宣扬教义的企图,但太监们在将画像转示给皇帝时,并未提及相关内容。由于内库中缺乏相关画作的记录,我们至今都无法寻得其踪迹,但西画传入紫禁城对于推进西洋绘画在中国的扩大传播和传承起到了关键性作用。根据庞迪我的记述,我们得知,万历曾诏令宫廷画师放大复制西洋原画,至于是如何复制的,今已无从考证。此外,在《书信》中庞迪我记录了由宫廷画师绘制的庞迪我与利玛窦肖像画给万历皇帝留下了深刻的印象。第一次看到传教士们进贡的画像,神宗惊讶万分,并下令把它们放在大殿方便欣赏,不过由于西方绘画的表现手法太过栩栩如生,不久他就把画像束之高阁了。

这是东西方相互了解的重要开端。万历驾崩后的几十年中,以及清朝建立后,中西交流渐趋稳定。

庞迪我与早期中国教会：
鉴于最近的翻译资料

李天纲

复旦大学哲学学院

一　关于庞迪我研究及其资料

近三十年来，中国大陆关于天主教耶稣会士的研究蓬勃兴起，自罗明坚、利玛窦以下，即所谓"巨人的一代"（邓恩作品书名，曾译为《从利玛窦到汤若望》），研究者众，涉及人物也多。但庞迪我是较少涉及的人物。据我所知，中文研究专著只有一本，即张铠的《庞迪我与中国：耶稣会适应策略研究》（北京图书馆出版社1997年版）。该书由西班牙外交部国际合作署资助出版，张铠先生是中国社会科学院历史研究所的，但此后未见进一步的研究。关于庞迪我的专题论文有若干，但也不多（待查）。

目前为止，研究庞迪我生平最为详细和准确的，除了张铠先生的专著外，仍然是费赖之的《在华耶稣会士列传及书目》（中华书局1995年版）。费赖之神父在徐家汇汉学研究所工作几十年，查考一手的原文（法、葡、西、德、英、拉丁等语言）资料，后来又有荣振华《在华耶稣会士列传及书目补编》（中华书局1995年版）修订，因此关于庞迪我的基本生平，我们还是清楚的。庞迪我（Diego de Pantoja, 1571 – 1618），"生于塞维利亚教区中之巴尔德莫罗（Valdemoro）。十八岁入托莱多省之修道院，卒业后请赴外国传教。1596年随龙华民神父东迈。"庞迪我于1599年到达南京，马上随利玛窦北上，后一直在北京协助利玛窦传教。1610年利玛窦去世之前，北京有三名耶稣会士，即利玛窦、庞迪我、熊三拔（Sabbathiu de Ursis）。利玛窦去世之后，庞迪我负责安葬事宜，他通过好朋友叶向高等人的关系，破例申请到在北京城附近的墓地。在叶向高给出的四个地块选择中，庞迪我选了大栅栏，就是后来的西堂耶稣会士墓地，今天的北京市委党校校址。

庞迪我对中华文化非常热衷，他说的汉语，说不定比利玛窦还要好。这个非常难得，因为他来华时间短，但还是有可能的。利玛窦毕竟是"老手"（Old hand），庞迪我的优势是年轻、好学，热衷中华文化和语言，也善于结交有学问的士大夫。费赖之神父根据资料说："庞迪我至北京之初数年，玛窦与士大夫应接或编撰书籍时，迪我则以教义授于应受洗礼之人，盖其曾习华语，善于言辞也。"根据费赖之的资料，我们还可以推论，利玛窦修订《交友论》《天主实义》等，或有庞迪我的贡献。当然，这些推论都要经过深入仔细的庞迪我研究才能最后确认。庞迪我的传教成就也不错，1605年，"彼曾至京畿若干村庄传教，在一远距二十四里之地，为十人或十二人授洗。次年至别一地为十三人授洗。人皆争延之"。

庞迪我的中文著述在早期耶稣会士中算是突出的，主要是中文神学的内容。目前能都查考到的大致有：第一，《七克大全》七卷，1614年北京刻本，收录李之藻编《天学初函》理编，全文又收入《四库全书》；第二，《人类原始》；第三，《天神魔鬼说》；第四，《受难始末》一卷，1925年土山湾印本；第五，《庞子遗诠》二卷；第六，《实义续篇》一卷，这是庞迪我续《天主实义》，也是他参与修订《天主实义》的证据之一，收入方豪编《天主教东传文献续编》；第七，《辨揭》一卷，是辩驳1616年南京教难的作品，与徐光启《辨学章疏》同时；第八，一份关于中国天主教的意见书，致托莱多教区主教路易斯·德·古斯曼，1602年3月9日作于北京，有西班牙文、法文、意大利文、拉丁文、德文各种文本；第九，一本进呈给皇帝的万国坤舆图，分四大洲描绘。

在研究资料方面，提及庞迪我的资料都是从西文翻译的，如高龙鞶

《江南传教史》(天主教上海教区光启社,2008年)记载:"1599年,范礼安又派庞迪我协助利玛窦。庞迪我生于西班牙托莱多教区,时年二十九岁,在欧洲攻读神学哲学毕业后,即要求至东方传教。到澳门后,希望能到日本去。范礼安派他赴中国,便与郭居静同至南京,以便随利玛窦北上。"庞迪我是1596年4月10日从里斯本出发来中国的,同船的会士还有龙华民(Nicolas Longobardi)。他们首先到达澳门,龙华民去了韶州,接替利玛窦开辟的传教区。庞迪我则到了南京,随后又跟随利玛窦去了北京。龙华民后来成为利玛窦的继承人,担任中国教区的负责人,但随即成为"利玛窦路线"的反对者。他挑起了"译名之争",后发展为"中国礼仪之争",几乎断送了初生的中国教会和中西文化交流事业。然而,庞迪我却是"利玛窦路线"的忠实继承人,在利玛窦去世后一直与龙华民、熊三拔辩论,直到去世。

其他与庞迪我有关的生平、著作和思想研究著作有:利玛窦著《利玛窦中国札记》(中华书局1986年版)、罗渔译《利玛窦书信集》(辅仁大学出版社1986年版)、裴化行著《天主教十六世纪在华传教志》(商务印书馆1936年版)、方豪《中国天主教史人物传》(中华书局1988年版)、林金水《利玛窦交游人物表》(《中外关系史论丛》,世界知识出版社1985年版)等。李天纲编《徐光启文集》、《增补徐光启年谱》(上海古籍出版社2011年版)中有徐光启关于庞迪我等人修历的上疏,以及相关的年谱考证。

二 庞迪我的生平

庞迪我,明末来华天主教耶稣会传教士,号顺阳。生于西班牙巴尔德莫罗,18岁入托莱多修院,同年加入耶稣会。1596年启程来华,万历二十七年(1599年)抵达澳门,次年即到南京,跟随利玛窦一同前往北京。1601年1月24日,庞迪我陪同利玛窦到达北京,借调理自鸣钟的机会进入宫廷,庞迪我还教授太监演奏"古翼琴"的技法。古翼琴,或为近人所称的古钢琴,后来利玛窦有《西琴八曲》印行传世,应该也有庞迪我的贡献。

利玛窦开始很欣赏庞迪我的工作,1603年,他们一起去保定传教,当年收获150名教徒。1605年，他和利玛窦一起住进了新建的"南堂"，利氏著述，庞氏传教，事业相当顺利。1604年，徐光启考取进士，留在翰林院，与利玛窦、庞迪我交往，翻译《几何原本》。1606年，利玛窦不知道什么原因，在给耶稣会总会长阿夸维瓦的信中对庞迪我很是抱怨，并提议以后让龙华民接替他的职位，不过后来利玛窦对庞迪我的工作又表示满意，加以夸奖。1607年，熊三拔来到北京，支援利、庞两神父开展科学工作，包括翻译西书、修订历法、观察天文。由于和徐光启、李之藻、杨廷筠、孙元化等儒家天主教徒，以及叶向高、韩爌等友教士大夫内阁大臣的交往，庞迪我等人在江南和华北开展文化交往，翻译科学、哲学、神学著作，中外交流非常频繁。徐光启和利玛窦翻译了《几何原本》之后，又和熊三拔一起翻译了《泰西水法》。不过，熊三拔是不主张在中国传教时首先翻译科学著作的，他主张"神学第一"（Theology first），而不是"科学优先"（Technology first），他们之间有一场很有意思的讨论，见于徐光启《泰西水法序》。

在这个问题上，庞迪我是支持徐光启的，他在利玛窦去世以后，仍然支持"利玛窦路线"，即主张耶稣会士到了中国就要按中国文化的内在需求行事，用中文讲"天主"的理论，也按照中国人的方法、语言、概念来翻译西学知识。庞迪我支持徐光启，但没有和他合作；熊三拔反对徐光启，但两人却有作品问世。这是一个很有意思的问题，庞迪我的科学知识肯定也是不错的，徐光启在1612年1月7日上疏皇帝，重订历法，提到两个西洋助手的名字，庞迪我的名字还在熊三拔前面，他说："翰林检讨徐光启、南京工部员外郎李之藻皆精心历理，可与（庞）迪我、（熊）三拔同译洋法。"庞迪我对中国历法体系的修正，即《崇祯历法》（《西洋新法》）的完成做出了贡献。这部新历法，是利玛窦的老师克莱乌斯新订的《格里高利历》的中华版，做了一些本土化的处理，如"小时""九十六刻"等。但是，我们没有看到庞迪我翻译的科学著作，为什么他不和徐光启、李之藻合作，而是勉强熊三拔来做他不喜欢的事情，这是学者们应该搞清楚的，我现在还没有答案。

三 从龙华民《论中国宗教的若干问题》看庞迪我的贡献

1600年利玛窦去世后,他没有挑选近在身边的西班牙托莱多人庞迪我作为耶稣会总会长的继承人,而是找了远在广东韶州的意大利西西里岛来的龙华民接班。据我的查证,利玛窦与龙华民只在他去世前一年在北京见过一面,利玛窦去世时龙华民并不在场,而是庞迪我、徐光启张罗了葬礼。后来的历史证明,利玛窦不选择庞迪我作接班人,而是选了龙华民,是错误的选择,因为龙华民马上挑战了"利玛窦路线",提出激烈的反对意见,而这时候的庞迪我是坚决地维护自利玛窦进入南京、北京以来近二十年的传教路线。

利玛窦的错误选择,对中国教会、中西文化交流来说,都产生了灾难性的后果。自龙华民于1620年写了《论中国宗教的若干问题》之后,耶稣会内部、耶稣会与道明会、方济各会、奥斯丁会的争议不断。这场争议还扩展到了巴黎索邦大学、罗马教廷宗教裁判所,形成了称之为"中国礼仪之争"(Chinese Rites Controversy)的大争议。这场争议原本是天主教内部的讨论,有关于神学和信仰,但是它涉及罗马和北京对于中国天主教徒的行为规定,比如:一个江南的士大夫入教以后,就应该按罗马的规定不得祭祖、祭孔、祭天。在中国的礼教规定和政治权力不分的情况下,罗马的规定触犯了康熙的礼制。因此,这个争议导致1704年康熙下达禁令,驱逐不服从"利玛窦规矩"的会士离开中国,至少是赶到澳门。至此,持续了一百年的中西文化交流就中断了。这个结果无论如何对于中国教会、中国文化都是一个莫大的损失,以至于中国在清代中叶以后逐渐断绝了与欧洲文明的交往,而当时的欧洲科学、技术、文化、教育、哲学都在迅速进步,西欧、南欧、中欧、东欧的民族国家崛起,而中国却疏离在外,直到鸦片战争的爆发。

1621年,庞迪我的同船旅伴、同会会士龙华民同意日本会士的看法,认为应该禁止"利玛窦路线",形成决议。对此决议,龙华民和日本的维埃拉神父站在一起,并得到熊三拔支持,庞迪我则加以反对。1623年,龙华民用拉丁文写了一篇驳议文章,题名《关于上帝、天神、灵魂和其他中文译名争议的大概回应》(Reposia breve sobre as Controversias do Xamty, Tien Xin, Lim horn, e outrot Nome e termos sinicos)。

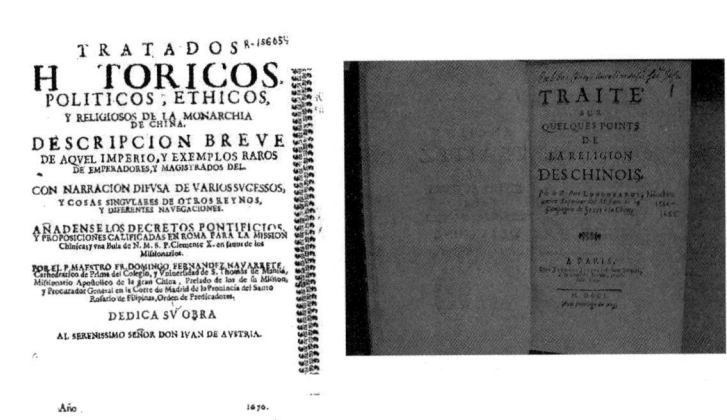

图1

图2

"天主教三柱石"徐光启、李之藻、杨廷筠等人站在庞迪我一边，他们都表态要坚持"利玛窦路线"，但似乎不起作用。"随后我们与保禄进士，以及其他几位学问极好的进士做了几次交谈，以便找到可以将注释与经文相协调的办法，他们一直认为我们不应在这个问题上自寻烦恼，对经文酌情采纳即可，对经注者驳谬之辞无须小题大做。我们也在其他不同的时机和场合下向若望进士和弥格尔进士咨询了此事，他们的回答别无二致。"

1610年，北京的庞迪我、南京的王丰肃反对熊三拔，他们三人按照规定的题目各自写了报告，由在日本的陆若汉、中国的龙华民裁决，于是就有了龙华民的《论中国宗教的若干问题》。龙华民的《论中国宗教的若干问题》作为总报告，代表中华耶稣会的主导意见。他反对用中文的"上帝"（Xang Ti）、"天神"（Tien Xin）和"灵魂"（Ling Heon），与西文中的"de Dieu"（God，神）、"des Anges"（Angeles，天使）和"de L'Ame"（Soul，灵魂）。最后，1638年，他们在上海附近召开"嘉定会议"，决定改用"天主"，即延续至今的"天主教"（Catholicism）。

庞迪我于1618年在澳门被"南京教难"驱逐时英年早逝，非常遗憾，他对中西文化交流做出了重要的贡献，却没有得到应有的重视。从最近我们翻译的龙华民《论中国宗教若干问题》来看，他的基本观点、立场和方法，都是"利玛窦路线"下的做法，应和利玛窦一起谈论。但是，由于他生平短促，资料不多，加上主要是神学贡献，所以研究者寥寥。另外一个重要的疏忽是，他是利玛窦在北京十年期间的主要助手，他和叶向高、冯应京、徐光启、李之藻、钱邻武、邹元标等几位重要阁臣的交往，对研究中西文化交流、明代东林党争和晚明史都有很大意义。

庞迪我研究的最大意义，在于把他和龙华民作比较。两个同时来到中国，一度都可能成为利玛窦和耶稣会在华事业的接班人。由于思想方法的不同，一个继承"利玛窦路线"，一个反对"利玛窦路线"，导致了17世纪中西文化交流完全不同的结局。把二人做比较，会非常有意思。假设当年罗马采用庞迪我的主张，而不是龙华民的，中国和西方的文化、科学、教育、宗教关系就会完全不同，甚至可能影响到今天。也就是说，如果我们用庞迪我的方法来传教，今天的中国天主教、中国文化会有很大不同。

第二部分

科学、艺术以及其他领域的交流

引 述

伊莎贝尔·塞韦拉

马德里自治大学

到目前为止，关于庞迪我的研究，首屈一指的分别是由张铠先生和比阿特丽斯·蒙克教授所撰写的论文，这两篇论文均以庞迪我于1602年致托莱多大主教路易斯·德·古斯曼神甫的信件为基础，研究成果具有开创性意义，有助于让更多人认识到庞迪我的贡献及其在中国的传教活动中所起到的先锋作用。然而，到目前为止，关于庞迪我的研究凤毛麟角，只有零星数点。因此本次研讨会将是一个新的起点，也必将有助于我们更好地了解这位耶稣会士。

事实上，现有的第一手资料仅有两个：一个来自另一位传教士利玛窦神父，他曾在自己的作品中提起庞迪我；另一个是庞迪我亲手所写的信件，可在此信件中庞迪我甚少提起自己的工作，而且很大部分由他自己提出的主题也缺少精确描述。

在此次讨论会中我们希望强调庞迪我的工作中最为重要的几个身份：科学家、天文学家和音乐家。在这个前提下，我们着重强调了他在欧洲以及后来在中国的培训过程。不过除了庞迪我以外，我们也没有忽视他的上级和同伴的贡献，例如利玛窦（1552—1610）、郭居静（1560—1640）以及利玛窦的发言人和科学合作者徐光启。为了澄清"传教士们是以哪一种文化和科学范式开启了首次跨文化交流"的问题，我们希望通过对以上几位欧洲传教士在罗马和托莱多所受到的教育进行初步的了解，从而避免重复相同的主题。耶稣会选择了并在特伦托会议定制自己的文化模式，该模式也会根据地区的不同而确定具体的传教方式。在中国，传教士们充分利用了中国的知识分子们对外来事物的好奇心，以之为基础来促进对话交流。传教士们没有遵循固有的传教策略，而是如同科尔斯教授所说，适应形势，争取实现最佳效果。科尔斯教授和李教授分析了庞迪我在南京期间在音乐上所取得的巨大进步。两位教授指出，在利玛窦的安排下，庞迪我迅速地学会了弹奏管风琴，正是得益于这一特长和丰富的音乐知识，庞迪我成为中国宫廷乐师们的教师。尽管我们不能把庞迪我和利玛窦看作科学家，但他们在地图绘制、天文学、钟表仪器、编订历法等方面的巨大才能却的确得到了明朝廷的重视。

关于庞迪我和利玛窦在科学上的贡献，墨西哥学院的塞韦拉教授认为，中国和欧洲的科学交流为双方增进了解迈出了不可或缺的第一步，并取代了单方面强制推行的模式，成为中西交流的一个重要范式。在《庞迪我：传教士与天文学家——横跨中欧的世界观》一文中，塞韦拉教授分析了利玛窦和庞迪我先后进行的文本翻译工作的重要性，这种使用对象国语言进行交流的方式有利于推动文人们了解和讨论科学知识，进而说服中国的知识分子接受新的科学模式。1602年，利玛窦完成了《坤舆万国全图》的绘制，将其进献给皇帝。这张地图中所展现的新视界完全颠覆了当时中国人对世界的认知。此外，利玛窦也审时度势地将中国置于地图的中心位置。塞尔维拉教授着重强调了徐光启在科学、文化的介绍和传播中所发挥的关键作用。同利玛窦一样，庞迪我也做了外文作品翻译成中文的工作，这些工作也为他日后在朝廷中取得一席之地提供了便利。在信件（指致古斯曼神父的信）中，庞迪我对中国的纬度坐标做出了重要修正，但他却未在信中提及自己的其他贡献，理由我们也不得而知。塞尔维拉教授认为庞迪我作为明朝廷的天文专家，扮演着极为重要的角色，他受万历皇帝委托修订新的历法，该历法为安邦理国发挥了独特的作用。在研究中国历法的过程中，庞迪我了解到中国已有的天文学知识，包括将宇宙现象与国运密切联系的哲学。同样，庞迪我再次对自己在这一领域的研究保持了低调，只有他的同伴熊三拔在类似的研究中留名。庞迪我和熊三拔是当时万历皇帝委托的修订历法的两个主要负责人，但所谓"成也萧何，败也萧何"，前期的巨大成功恰恰导致了日后的巨大失败，朝廷公开反对了此次的历法修订，最终万历皇帝将他们驱逐出朝廷。即便如此，通过这些工作，后来的耶稣会士在中国宫廷以天文学家和科学家的身份做出了重要的贡献。

为了解耶稣会士们引进到朝廷的音乐，科尔斯教授、李教授和雷卡森斯教授研究了传教士们在欧洲和中国所受的教育，他们认为正是得益于这些教育，耶稣会士才获取了必要的音乐技能，并将音乐引入明朝宫廷。罗马大学的伊丽莎白·科尔斯教授在《庞迪我的音乐修养》（*La educación musical de Diego de Pantoja*）一文中，以另一位传教士——利玛窦的第一手资料为依据，讲述庞迪我的音乐素养。资料显示，利玛窦在抵达北京并开始传教活动之前就已经发现了中国对音乐的兴趣。利玛窦获得了同伴郭居静的帮助，后者在南京时曾教授庞迪我音乐知识，并训练他弹奏一种新的乐器，虽然大部分人以为这个新乐器是小键琴，可是利玛窦在文章中指出这种乐器其实是拨弦扬琴。为了知晓庞迪我到底学会了哪些音乐知识和哪种乐器，科尔斯教授研究了郭居静在罗马以及之前在果阿邦期间所受到的音乐教育。科尔斯教授详细地分析了郭居静可能在罗马学到的不同的音乐模式，并特别研究了特伦托会议后他在耶稣会的教育中的重要性。在了解了庞迪我的老师的基本情况后，科尔斯教授开始深入研究庞迪我究竟使用的是哪一种乐器，而不同来源的资料中令人眼花缭乱的命名法也为她的研究带来了新奇的特性。

音乐家阿尔韦特·雷卡森斯在《利玛窦和庞迪我的音乐氛围：耶稣会士歌唱否？》一文中指出，利玛窦留下的资料里鲜有关于自己和庞迪我在北京期间所用乐器的记述。雷卡森斯教授试图在研究中探寻利玛窦将大键琴带到中国的原因，以及这一行为日后对在华传教士的音乐演奏产生了何种影响。同时，雷卡森斯教授也讲到了利玛窦的葬礼，而这场很有可能是由庞迪我组织的仪式中出现了小管风琴。雷卡森斯教授非常希望了解传教士们演奏的是哪一种音乐形式，为此他研究了16世纪欧洲的宗教音乐、利玛窦和郭居静在罗马所受的教育、庞迪我在耶稣会士们的集中省区之一托莱多的学习经历等。雷卡森斯教授在文章中尤为强调的一点便是罗马和托莱多两地音乐培训的差异，同时也推测庞迪我的音乐素养很可能得益于参与教堂和街道宗教仪式。雷卡森斯教授认为庞迪我很有可能听过阿隆索·洛博等人的音乐，并且清楚地知道耶稣会对音乐教育的重视。毫无疑问，这一事实对庞迪我起到了关键的作用，向郭居静学习音乐对他日后的传教意义重大。

通过分析不同的培训过程，浙江外国语大学的李晨光教授提出要充分重视音乐的教育价值。在《庞迪我：万历皇宫里的西方音乐教师》中，李教授分析了庞迪我的学习效果及其从学徒到老师的快速转变。耶稣会士们与朝廷大员会面时敬献的礼物中就包括一台小键琴，而耶稣会士们的目的便是通过该乐器的新颖性和在朝中演奏的可能性引起皇帝的注意力。按照朝廷惯例，外国人没有资格参拜皇帝，不过皇帝会询问太监和其他朝臣，从而得知所进献的礼物都有哪些。万历皇帝无疑对小键琴的演奏方式颇感兴趣，不久，利玛窦和庞迪我就获准进入宫廷，并接受委托，教授几位宫廷乐师弹小键琴。李教授在文中讲述了他们当时学习的节奏、受委托传授的音乐类型以及耶稣会士们借此了解到的朝廷习俗。利玛窦和庞迪我有时也会在耶稣会士的寓所里轮流进行教学，因此也成为了重要的宗教教学方式之一。李教授也特别提及了利玛窦用中文创作的歌曲，并提供了部分翻译。耶稣会士们被驱逐之后，西洋音乐和乐器被遗忘，据李教授所言，它们再次被提及已是数十年以后的事情了。

庞迪我：传教士与天文学家

——横跨中欧的世界观

何塞·安东尼奥·塞韦拉

墨西哥学院

一 引言：耶稣会传教士到达中国与耶稣会本土化

1540 年，伊纳爵·罗耀拉（1491—1566）创立了耶稣会。沙勿略（原名方济各·沙勿略，1506—1552）是耶稣会最早的成员之一，他一直遵循耶稣会将福音书在世界各地传播的理念，沿着葡萄牙人的航线前往东亚，先到印度，然后抵达日本。正是在日本，他接触到了中国文化并认为中国人民"机智敏锐，天赋秉异，远远超过日本人，有许许多多有学问的人"。自马可·波罗的著作出版以来，对中国财富和文化的憧憬就植根于欧洲人的想象中。16 世纪末，不仅耶稣会的传教士，其他宗教团体的成员（方济各会、多明我会、奥斯定会）也试图通过西班牙的飞地菲律宾在中国建立常驻使团。但最终还是耶稣会的成员们先其他宗教团体一步，于 16 世纪末在中国设立了常驻传教团。

耶稣会的成功主要归功于它调整适应其他文化的方针。虽然沙勿略已经意识到了解当地文化、语言和适应亚洲民众生活方式的重要性，但真正确立指导耶稣会取得成功的准则的是意大利人范礼安（1539—1606）。范礼安在 1573 年被任命为观察员，负责所有在莫桑比克和日本之间区域活动的传教士和传教团。这些准则通常被称为"本土化"方针

（"适应"策略），范礼安使用拉丁文 acomodatio 这个词来说明耶稣会的行事方式怎样才能被日本，特别是中国接受，即了解当地的文化和哲学氛围，采取某些特定的行为，当然还要掌握好中国的语言。基督教的教义也需要适应中国的现实。基督教的本土化在几十年后引发了著名的中国礼仪之争。

如果说范礼安通过他的纲领和文章成为耶稣教在中国本土化的创始者，那么将其付诸实践的人无疑是利玛窦（1552—1610）。利玛窦也是中国最著名的耶稣会传教士。利玛窦1552年10月6日在意大利的马切拉塔出生；1568年到罗马学习法律并于1571年在这里加入了耶稣会；此后在耶稣会主办的罗马学院学习至1577年，并在这一年前往科英布拉学习葡萄牙语并开始研究神学；1578年3月他从里斯本起航，同年到达果阿，在这里他一边继续神学研究一边教授拉丁语和希腊语；1580年他被派往科钦传教；1582年4月26日他离开果阿，并于同年8月7日抵达澳门，他在这座城市学习了一年中文之后，于1583年9月10日和罗明坚神父（1543—1607）一同前往肇庆。

从那时起他就开始以在明朝的中心——首都北京安身为目标而努力。利玛窦一直留在肇庆，直到1589年8月。在这期间，他完成了著名的《山海舆地全图》的初版。从肇庆离开后，他途经韶州，于1595年6月到达南京。1598年的秋天，利玛窦第一次来到北京，然而却不被允许驻留。1599年2月他返抵南京，至少停留了两年。直到1601年1月24日，他在西班牙传教士庞迪我的陪同下，再次进入北京城。这一次，传教士们成功地被获准定居于此。在北京，他出版了新版世界地图和他最重要的哲学和科学著作《天主实义》和《几何原本》。直至1610年5月11日去世，利玛窦再没有离开过北京。了解利玛窦将耶稣教在中国本土化的过程意义重大，因为这一过程被包括庞迪我在内的其他传教士沿续下来。耶稣教本土化的进程分为两个方面。一方面，从哲学和神学的角度，意大利传教士力图贴近中国主流思想——儒家思想，并于1603年出版了《天主实义》，这是一部为天主教辩护的著作。通过这部著作，利玛窦意图向中国学者证明天主教不仅不与儒家学说冲突，两者的主张还有许多共通之处。利玛窦试图将儒家学说天主教化或者将天主教儒家化。专家们对于尝试是否能取得成果存在争论。但毋庸置疑的是，利玛窦贴近儒家哲学的尝试是天主教对于其他学说的容忍和认可的范例。而同时代的大多数欧洲人还在企图将他们的价值观强加于他们前往的地方。

利玛窦实现耶稣教本土化的另一个重要方面是科学。利玛窦在罗马学院的四年时间里师从数学和天文学家克里斯托弗·克拉维奥，在中国，科学的传播也受到利玛窦的影响。1607年利玛窦与中国天主教学者徐光启共同编写的《几何原本》出版，这是他最重要的科学著作。《几何原本》是欧几里得《原本》前六卷的中文译本，实际上它改编自这部古典数学巨著的克拉维乌斯版。被引进中国的这版《几何原本》，也就是数学家克拉维乌斯的版本，比欧几里得的原版更注重实用性，因此更容易与中国数学相结合，但同时也掩盖了希腊数学和中国数学之间的根本差异。中国数学主要汲取了这部著作中具有实用性的部分，比如测量面积和体积，而忽略了论证过程等理论部分，这是因为中国数学的传统比希腊更加讲求实用。所以就像将哲学中国本土化一样，利玛窦也试图使欧洲数学适应中国的文化氛围。

然而，让这位传教士在中国知识分子中享有极高声誉的却是另一部将西方科学本土化的著作《山海舆地全图》。这部著作的初版发行于1584年，但现存的最早版本是1602年发行的第三版。利玛窦的《山海舆地全图》最显著的特点是将地球从大西洋而不是太平洋分成两半。也就是说，美洲出现在地图的右侧，欧洲和非洲在左侧，而中国处于中心。直到今天，在中国出版的地图还是沿用这一框架。在地图上将美洲大陆放在右边的位置而不是左边，正是在东亚的传教士们进行本土化最显著的例子之一。

二　将中国天文学欧洲化的首次尝试

尽管利玛窦不是天文学方面的专家，但他发现了天文学对于中国朝廷特殊的重要性，这也是他最大成就之一。在多封寄往罗马的信中，利玛窦坚持要求向中国派遣精通天文学的传教士。这点可以从1605年5月12日他写给传教士胡安·阿尔瓦雷斯的信中看出："在这封信的最后，我想恳请阁下一件事。我在几年前就提出过这件事，但却一直没有得到回复。对于中国朝廷来说，来自西方最有价值的就是精通占星学的神甫或会友兄弟。如果他能来中国就可以把我们的历法翻译成中文,这我很容易就能做到。然后着手修订中国历法的事宜,这里很看重这件事,这样我们就能获得更多进入中国的通道,也会有更大的自由。"

利玛窦去世后不久,1610年12月15日发生了日食。中国朝廷的天文学家在预测日食发生的时间上误差超过半个小时,犯下了大错,在朝野中掀起轩然大波,愈发揭示出中国天文学的预测能力已达不到几个世纪前水平的事实。正因如此,中国历法需要修订。由于西方天文学对天文事件的预测更加准确,而这有助于改进中国历法,所以这时中国人自己也开始对西方天文学产生兴趣。

1610年的日食发生之后,朝廷中一位负责天文的官员想到请这些欧洲使者辅助修订历法。这为耶稣会传教士沿着利玛窦设定的路线行进提供了绝佳的机会。那时候,北京有两个掌握一定天文学知识的传教士,一个是意大利人熊三拔(Sabatino de Ursis,1575—1620),另一个是西班牙人庞迪我。事实上,庞迪我对于日食的预测比朝廷中研究天文和历法的中国人更加准确。

耶稣会的成员们第一次对参与修订历法这种与宗教无关而又涉及迷信的活动提出了质疑。但传教士们做出了现实的决定,也就是说,他们做出了最有助于天主教在中国传播的决定。从那时起,传教士们就参与到中国人委派给他们的修订历法的任务中。

徐光启说服了礼部,请求皇帝正式将修订中国历法的任务交给传教士们。万历皇帝恩准了他的提议。于是熊三拔和庞迪我立刻开始工作。但这项任务很快就被取消了。为什么熊三拔和庞迪我没能完成任务呢?这是因为中国天文学家们认为让初来乍到的外国人参与到修订历法这么重要的事情中很不光彩。中国天文学家将修订历法看作自己的职责,因此对外国人的参与反应激烈,万历皇帝无奈改变了主意,下令让熊三拔和庞迪我放弃这项任务。

在更加深入地分析这些在此后数十年间将深刻影响中国耶稣会传教团的发展的事件之前,需要先用一个章节来介绍一位将欧洲天文学引入中国的先驱和他作为科学家为皇室所做的贡献,他就是西班牙人庞迪我。

三　庞迪我生平及科学著作简介

1571年4月24日，庞迪我出生于巴尔德莫罗，马德里附近的一座小镇。1589年4月6日，他抵达托莱多并在那里加入了耶稣会。在托莱多他还结识了大主教路易斯·德·古斯曼，并深受其影响。1602年，庞迪我在北京给古斯曼写了一封长信，这封信是西班牙传教士所写的最有意思的作品之一。庞迪我在托莱多时，最早去到东亚的传教士们的书信开始送回到欧洲。对庞迪我个人发展极其重要的是他的老师，主教古斯曼，他那时正在编写《1540年至1600年耶稣会传教史：东印度、中国、日本》。庞迪我由此得知了许多世界彼端的消息。在一定程度上，庞迪我决定动身去东亚是为了给古斯曼提供第一手的信息。

1596年4月10日，庞迪我和其他十六位传教士从里斯本出发前往东亚。在果阿停留了数月后，他们于1597年7月20日抵达澳门。1598年，庞迪我收到前往日本的指令，但是由于对此地天主教徒的顾虑，他把目的地转向了中国。与此同时，利玛窦在中国度过15年后开始向北京进发。当时和利玛窦同在一处的郭居静（Lazzaro Cattaneo，1560—1640）前往澳门，得到了进献给万历皇帝的礼金和礼物，这样才终于达到了在中国首都安身的目的。庞迪我也是在这时被选中，成为利玛窦的助手和同伴。

庞迪我和郭居静借着广东交易会的机会进入中国。1599年11月1日，两人作中国人打扮，向北方出发。1600年3月到达南京，并在这里与利玛窦会合。他们在此处逗留了数月才出发前往北京。传教士献给皇帝的礼物中有一件乐器，可能是独弦琴。利玛窦希望通过西方音乐拉近与中国人的距离，但由于他本人没有音乐天赋，所以他提议由庞迪我向颇有音乐造诣的郭居静学习弹奏这种乐器的技巧与和声学理论。于是庞迪我花费了数月进行学习。

1600年5月20日，利玛窦和庞迪我登船，沿着大运河北上。庞迪我沿途收集资料，用于此后写给古斯曼的信中对中国的描述。1601年1月24日，两位传教士到达北京。他们最终能在北京安身，很大程度上归功于他们送给万历皇帝的礼物。在中国首都的这些年，利玛窦努力结交权贵和出版著作；与此同时，庞迪我主要致力于传播福音，虽然他也出版了一些书籍，但大多为宗教题材。

根据张铠的著述，庞迪我认同利玛窦关于耶稣会在中国传教策略的主要思想。而龙华民（Nicolò Longobardi，1565—1655），继任利玛窦的中国教区会长后，却产生了不同的想法。庞迪我认为应通过传播科学知识来接近知识分子，龙华民则认为应主要依靠宗教书籍，因为在中国，传教的主要对象是普通民众，而不是利玛窦和庞迪我所认为的文人士大夫。庞迪我在关于祭祖和祭奠孔子的认识上也与利玛窦一致，认为这些祭祀的性质属于民俗，而非宗教。与他们相反，龙华民认为这些仪式都具有宗教性质，无异于偶像崇拜，如果将中国的礼俗看作是社会性或者文化性的，那么成为天主教徒的中国人依然可以遵循这些礼俗；但如果将其看作是宗教性的，那么中国的新教徒就需要舍弃这些礼俗。从一开始，这就是天主教在中国发展所面临的重要问题。龙华民的观点致使皇帝敕令禁止天主教在中国的传播。经由此事，在传教士们的眼中利玛窦的观点（也就是庞迪我所认同的观点）高于龙华民的观点。几十年后，托钵僧团来到中国，矛盾进一步激化，引发了中国的"礼仪之争"，最终导致18世纪天主教在中国的挫败。

在这里我们暂不分析庞迪我在北京的生活、他与利玛窦和龙华民的关系、他在中国礼仪之争初期所起的作用等，这些内容其他作者已有涉及。本文着重总结他在科学方面的贡献。

1602年3月9日，庞迪我用西班牙语给古斯曼写了一封长信。这封信写于欧洲人刚开始了解中国的时代，是那个时代里留下的传说之一。庞迪我的信回答了两个问题："中国是一个怎样的国家""采取什么样的策略最适于在这个国家传教"。1604年首次在巴利亚多利德出版之后的几年内，它又被翻译成其他语言（法语、意大利语、德语、拉丁语等）并出版。在这封信中，庞迪我纠正了以前一些著述的错误，因为那些著作的作者从未到过中国。在许多其他关于地理和习俗的信息中，庞迪我还确认了Catay和中国是一个地方，这点早在几十年前就被马丁·德·拉达（1533—1578）证实，他曾从马尼拉到中国做过短暂的旅行。庞迪我在信中还明确了北京的纬度，大约北纬40度，这个纬度是由庞迪我通过天文观察和实地丈量确认的。在前往中国首都的漫漫长途中，庞迪我测量了从广东到北京各大城市的纬度。

庞迪我还著有其他与地理相关的书籍。1612年，福建海关收缴了一份用欧洲语言标注的世界地图，皇帝命令庞迪我和熊三拔将其翻译成中文。他们绘制的中文地图不仅包含了同样的内容，还补全了原作所缺的两页。庞迪我所制的地图还收录了徐光启所写的序言。这篇序言里涵盖了关于天主教的阐释和信奉天主教的国家数量。这份地图在皇宫中展出，并深得皇帝赞赏。庞迪我借此向皇帝请赏，希望将用欧洲语言编著的《世界地理图解》翻译成中文，这本书是几年前传教士献给皇帝的礼物，皇帝同意了他的请求。于是庞迪我投入了将此书翻译成中文的工作中。他完成了这本书的译作，但因为赶上权力纷争初期，他将书呈给中国官员时遭到了拒绝。因此这本书只有手稿，后来作为主要资料被用于艾儒略（Giulio Aleni，1582—1649）所著的《职方外纪》（*Registro de tierras extranjeras*）。该书在1623年出版，被认为是第一部关于世界地理的中文著作。

庞迪我的其他科学贡献还有许多，比如制作日晷，他时常将其作为礼物送给朋友；对传教士送给皇帝的欧洲钟表进行保养等等。他和熊三拔一起修订了利玛窦与徐光启共同编著的《几何原本》。庞迪我还和中国学者孙元化共同编写了《日晷图解》，并将西药引入中国。

整个17世纪，对于天主教团来讲，传教士们最重要的活动就是担当中国皇室的天文学家。尽管这项工作直至几十年后到罗雅谷（Giacomo Rho）、汤若望（Adam Schallvon Bell）和南怀仁（Ferdinand Verbiest）才确定下来，但庞迪我和熊三拔却是先驱。那么，当时中国的宇宙观是什么样的？传教士们想把怎样的天文学引入中国？本文的下一部分将会对比欧洲宇宙观，分析那个时期中国的宇宙观，这样我们就能知道庞迪我和其他传教士在天文工作中遇到了怎样的难题。

四 中国天文学和宇宙观

研究中国科学的著名历史学家，英国人李约瑟（Joseph Needham，1900—1995）在几十年前就作出过如下断言："从各种细节上可以证实中国的哲学问题是唯物的。各个时代的哲学家和科学家也清楚地表现出了唯物主义。世界的力学观念并没有在中国得到发展。相反,中国哲学家的宇宙观是机体论,机体论认为每个现象都通过等级次序和其他所有现象相联系。"

了解中国科学尤其是天文学的重点在于李约瑟所说的机体论。简而言之,机体论表明一切和一切相互联系,特别是表现在宏观世界和微观世界的联系、天上发生的事与人间发生的事的联系上。皇帝被认为是天上和人间的协调者,因此被称为天子。

每当我们研究中国古代天文学,尤其是提到在中国的传教士时,关注点总是集中在历法上。但提到历法时,我们想到的不应是一张简单标记了月份和日期的纸,就像我们现在所用的日历。在中国,历法是非常重要也非常复杂的文献,在全国各地分发。一些作者指出,中国日历是印刷史上传播最广泛的文献。历法的颁布伴有隆重的典礼。第一批日历由皇帝亲自分发给他的重臣,臣子们跪着接过。然后再发往全国和近旁的附属国,如果附属国拒绝接受就相当于宣战。这份文献对当时中国的生活影响重大,上至皇帝,下至贫农都深受其影响。结婚、出行、建房都要参考历法。传教士们来到中国后立刻意识到这个问题,所以从一开始他们就想要参与中国历法的修订。

为了更好地理解历法,需要知道的是中国人没有也不想要恒定的历法。每一年他们都会编写新的日历,再把它印出来并在全国分发。印刷的费用由皇帝拨款。尽管要花掉成千上万两银子,中国人也认为物有所值。

颁布历法是皇帝每年的主要事务之一,因此天文学一直是一门"正统"科学,与国家、官僚统治、儒家思想有关。而其他科学例如炼金术,就被认为更偏向异端和道教。天文学和皇帝的联系十分紧密。来自国家的支持既给天文学的发展带来了好处,也造成不便。天文学被认为是国家机密,这在某种程度上遏制了它的发展。尤其是在那个时代不存在调研,负责观测的学者又只能使用老套的方法,甚至有的时候连他们自己也不太明白这套方法。这就是当传教士们来到中国时,明朝末期的情况。从利玛窦时代起,耶稣会传教团的成员们就意识到了这门科学在中国的重要性,因此向中国派遣了由熟知天文学的人组成的传教团,以期在中国受到重用。

几个世纪以来，中国人的观测都是最持续、最准确的。在欧洲处于中世纪的漫长时间里，中国人关于天文现象的记录几乎是唯一留存下来的记录。他们对天象异常，比如太阳黑子的观测，早于欧洲几个世纪。这要归于中国人的哲学观或者世界观（机体论），他们认为一切都是相互联系的，人间或者天上发生的一件小事可能是其他波及全国的大事的征兆。中国人对于彗星和新星的准确观测与希腊天文学截然不同，后者在欧洲被长期应用，直到哥白尼和伽利略的时代。

区别希腊天文学和中国天文学的另一个方面是希腊使用的是黄道坐标系（始于毕达哥拉斯和柏拉图的时代，建立在星球的轨道处于夜半球之上）而中国使用的是赤道坐标系，也就是现代天文学所使用的坐标系。赤道坐标系的使用和天体极点直接相关。正如李约瑟指出的，极点是中国天文学中的基本概念，同时又关系到宏观世界和微观世界之间的联系，与极点在人间对应的是皇帝。在今天的北京依然可以看到，所有街道都按照紫禁城的规矩沿南北和东西走向分布在四方城里。紫禁城位于市中心，城中所有步行道和庭院都是南北朝向。因为皇帝在北方，所以他的属臣们都要看向北方，也就是看向极点。

中国历史的长河中，天文学最显著的特点就是实用性。就像之前提到的，中国人是出色的观测者。他们从不向西方一样用复杂的理论来解释星体的运动，但是却观测到了几个世纪中所有发生在天上的星体运动和异常事件。他们不仅仔细地记下了有关日食的所有资料，还观测和记录了关于彗星、新星的天文现象和其他异常天文现象，这是中国天文部门一直以来的主要工作。

五　中国与欧洲的哲学观和世界观

不了解中国哲学观就很难明白中国历法的重要性。众所周知，尽管中国曾有不同的思想流派存在，但是在精英阶层中最重要的还是儒家思想，在西方以孔学闻名。传统阶段的儒学（孔子和孟子提倡的儒学）将重点放在道德和社会生活上。几个世纪后佛教传到中国，对儒学形成挑战。儒学需要适应形势，于是经过宋明两朝发展，出现了西方所谓的"新儒学"（在中国被称为宋明理学）。庞迪我和他的传教士同伴们到达中国时，中国学界正是被这种哲学观所统治。

描述新儒学的主要哲学思想大大超过了本文的企图。尤其需要强调的是，这个思想流派在最初的儒学上增添了来自佛教、道教和中国传统观念中关于宇宙等的抽象因素。最具影响力的新儒学思想家是朱熹（1130—1200）。同之前的新儒学家一样，他也继承了对"道"的研究。道不仅是道教思想中的重要概念，也是几千年来中国所有的思想流派中的重要概念。以朱熹为代表建立的正统思想，是对于道的训导。他认为，正统思想起于上古贤君，经孔子止于孟子，此后只有北宋的一些思想家，特别是周敦颐（1017—1073）、张载（1020—1078）和程颐（1033—1107）取得了进展。朱熹晚年非常关心道的传播，他是最先提出"道统"的人。

第一个被朱熹认可属于道统一派的新儒学家是周敦颐。周敦颐被认为创立了近千年来统治中国天文学的宇宙观。周敦颐采用了《易经》中"太极"的观点，将其作为哲学体系的核心。太极是宇宙观和本体论的基本要素。它是无穷的，没有限定的，蕴含于万事万物之中。李约瑟认为汉字"极"的原意，除了界、峰，还可以理解为天文学中的"极点"，因此他更倾向用"极点"来翻译太极。李约瑟还认为整个世界包括人类都在围绕着两极轴线活动，由此就可以解释为什么将太极作为理解宇宙从何处产生的核心概念。回到将皇帝作为人间的极点，又会再次感到强调宏观世界和微观世界的联系正是中国宇宙观的特征。

为了阐明宇宙的演变，或者说阐明世界万物是怎样产生的，周敦颐借助了太极图。太极图以道学家陈抟（906—989）所制的图表为基础。周写了一篇文章来解释太极图，将宇宙整体的演变和人类的演变联系在一起，这篇仅用256字就阐明了太极图要义的文章就是《太极图说》，其开篇如下：

"无极而太极。太极动而生阳，动极而静，静而生阴，静极复动。一动一静，互为其根。分阴分阳，两仪立焉。阳变阴合，而生水火木金土。五气顺布，四时行焉。五行一阴阳也，阴阳一太极也，太极本无极也。五行之生也，各一其性。无极之真，二五之精妙合而疑。乾道成男，坤道成女。二气交感，化生万物。万物生生，而变化无穷焉。"

短短一段概括了最近一千年间来盛行于中国的宇宙观。太极产生阴阳，继而从五行中衍生出世间万物。经由这篇文章和之前新儒学思想家所做的工作，关于天（宇宙）的研究和地上的活动（道德）通过天道和人道的关系联系在了一起。宏观世界和微观世界的关系体现为天上发生的事情和皇帝（天子）的行为相联系，这使天文学在中国被认为具有高度战略意义，因此应交由国家机构进行研究。

这就是庞迪我和其他传教士到达中国时遇到的大致情况。他们所接受的天文学教育建立在希腊传统天文学的基础上，与中国截然不同。希腊传统天文学经由伊斯兰世界传入中世纪后期和文艺复兴时期的欧洲，受毕达哥拉斯派学者影响，柏拉图（前427—前347）明确了天文学的基本内容：对天体运动规律的研究，也就是太阳、月亮和其他行星的运动（明显建立在地心说的基础上）。希腊天文学家试图解答天文学方面的"柏拉图之问"：如何只参考循环、统一、有规律的现象来解释天空中星体的运动（尤其是那些能用肉眼观测到的行星，比如水星、金星、火星、木星和土星，它们运行的轨道非常复杂），他们利用经过几个世纪的发展而愈加精密的数学工具"穿透表象"。

计算天文学就是这样发展起来的。计算天文学的标志性人物是古代的克劳迪奥（Claudio Ptolomeo，100—170）和文艺复兴时期的哥白尼（Nicolás Copérnico，1473—1543）。同时，试图揭开宇宙真实面目的天体物理学，或者说宇宙学也获得了发展。几个世纪以来最权威的学者是亚里士多德（Aristóteles，前384—322），他将存在变化、诞生和死亡的人间（也就是所有在月亮以下的地方）和天上区分开来。依据他的老师柏拉图的观点，天上没有混乱，一切的运动都是有规律的。从中世纪起，直到17世纪（包括传教士到达中国的时期），欧洲天文学的关注点一直是太阳、月亮和天上的其他行星的运动。因此几个世纪以来，那些异常的、无法预测的天文现象，比如彗星和新星，都没有被研究。

中国的情况截然不同，中国宇宙观中从不曾有柏拉图—亚里士多德思想中对天上的完善和忽略异常现象以穿透表象的需要。与之相反，鉴于历史上一直存在的宏观世界和微观世界之间的关系和周敦颐在太极图说中提出的二者关系，最令中国天文学家感兴趣正是研究天上发生的事情（尤其是异常现象）。原因在于天上发生的事情与人间发生的事情，特别是中国朝廷中发生的事情之间存在联系。正是李约瑟所说的机体论，解释了为什么中国古代天文学家记录下的事件与同时代欧洲人的关注点截然不同。

我们再回到利玛窦、庞迪我和熊三拔，这些接受过数学和欧洲天文学教育的传教士们，他们遇到的中国与欧洲大相径庭。那么他们是怎样理解中国天文学的呢？

六　庞迪我和熊三拔对中国天文学的看法

正如上文提到的，传教士们立刻注意到了天文学在中国的地位。利玛窦去世后，最熟悉天体科学的两位传教士就是庞迪我和熊三拔。他们肩负着在华传教士的重任，开始了为期几十年的中国历法修订。参与历法修订起始于中国和日本传教团的督察员弗朗西斯科·帕西奥（Francisco Pasio，1552—1612）让熊三拔写一份关于中国历法和历法修订的各种可能性的报告。1612年8月，熊三拔完成了报告并在同年9月1日寄给了督察员。这是17世纪首份用欧洲语言所写的报告，它清楚地描述了中国历法的运行及其问题。尽管这份报告由熊三拔署名，毫无疑问，庞迪我也在编写中做出了贡献。这份报告开篇就阐释了天文学在中国的地位：

"在中国存在两类数学，第一类是天文，第二类是历法。天文，严格地说就是对未来的预测。历法和日历、天体运动的理论和实际相关。中国法律禁止除了正式在皇家学府任职的数学家以外的其他人研究天文或者说对未来的预测。对历法的探索从字面上看并没有被禁止，任何人都可以研究……但是这两类数学在中国被统称为天文，因此总体上关于他们的研究是被禁止的，没有人可以进行研究。尽管如此，事实是皇帝为这门科学设立了特定的部门和学府，其官员的任务就是计算天时，每年制定日历，夜以继日地观测星星、彗星和天上其他特殊现象。目的是将其禀告给皇帝并说明是好的还是坏的征兆。那些不属于这个部门或学府的人不能进行研究，否则就会受到严重的惩罚。我想说的是，应该将研究公开，使所有人都能了解。因为实际上很多部门和学府以外的人都在私下进行研究。"

上述片段说明，本质上我们今天所谓的"天文学"和"占星学"在那时的中国差别甚微。就像上文提到的，对于天体的研究被国家机构垄断，隶属于礼部（明朝隶属于钦天监）。外国人想进入这样的机构非常困难。但中国天文学家自己也意识到他们的计算不如欧洲天文学家准确。传教士们对发生在1610年12月的日食预测更为准确，再加上已经有一些欧洲著作被翻译成了中文，比如利玛窦和徐光启翻译的《几何原本》，促使一些中国数学家支持与欧洲同行进行合作。

在这份报告中，熊三拔阐明了中国天文学即历法的主要特征——每年颁布。从这里就能看出中国历法和欧洲历法的根本区别在于它不是恒定的。在中国不存在从哪一年开始计算年份，不同于基督教（耶稣诞生）或者伊斯兰教教历。提到某个具体日期时，要用当时在位的皇帝的年号来表示，这很可能和亚洲与欧洲不同的时间概念有关。

这篇报告的最后，熊三拔说明了历法计算和朝廷对天文学下功夫的根本原因就在于宏观世界和微观世界的关系，对应的是我们现在所谓的"占星学"或者用天象解释人类生活。

"中国人之所以如此重视修订历法，朝廷高层之所以如此关心历法，是因为它指示着人们哪一天哪一刻该做什么事。特别是与死亡相关的事情，因为在中国这是非常重要的事。他们认为如果弄错了夏至的日期或者时刻，那么这年所有的时间都是错误的。因为人们会认为这是某天，但实际上并不是。如果搞错了行星合月的时间，那么其他日期和时刻也不对。如果是这样的话那么整个国家就都被骗了，并将承受巨大的损失。因为人们没有在该做某件事的时刻做这件事。"

这份报告以提出实现历法修订的过程作为结尾，而其中第一步是将欧洲著作翻译成中文：

> 尽管以上所述十分重要，但是朝中数学家的主要意图还是把一些他们学府里没有的书译成中文。他们有钟表和其他用来测量星星和高度的工具。所有这些都使他们做好准备，让我们能够在这个国家实现我们的目标。从这个角度来讲，我们获得了文人的信任，虽然他们满足于已有的，不认为有人能教给他们任何事。这种想法对他们是件好事，尽管民众甚至因为不喜欢外国人而斥责他们。因此，在传教的初期有必要获得他们的亲近和善意，之后逐步取得成果，直到福音在这里得到宣扬。

把欧洲关于数学和天文学的书籍翻译成中文的工作始于庞迪我和熊三拔的时代。在中国的天主教徒徐光启和李之藻的帮助下,两位传教士将欧洲一篇关于行星运动的文章翻译为中文。将大量欧洲科学著作译作中文是历法修订的起步,并成为传教士在朝廷得到史无前例的声望的关键。但这没有在庞迪我和熊三拔的时代实现,而是在几十年之后才实现。

七 结论:修订历法

修订历法的计划从利玛窦开始,他希望欧洲传教士们借此获得声望。他去世后的几年中,熊三拔和庞迪我作为主要人物推进了这个计划,但很快又被搁置了将近二十年。直到1629年6月21日再次发生日食,这次传教士们的预测更为准确。耶稣会传教团的成员们才最终完成将几十部数学和天文学著作翻译成中文的宏大工程。当时最精通天文学的邓玉函(Johannes Schreck Terrenz, 1576—1630)去世后,翻译工作的主要负责人是意大利人罗雅各(Giacomo Rho, 1592—1638)和德国人汤若望(Johann Adam Schall von Bell, 1591—1666)。1631年到1635年间分批呈给皇帝的文稿,最终汇总为由137卷组成的《崇祯历书》(*Libro para el Calendario de la era Chongzhen*)。然而又过了几年,传教士才进入朝中负责天文的部门——钦天监。但是直到改朝换代,满族人入主中原,传教士们才被准许协助修订历法。1645年《崇祯历书》以《西洋新法历书》为题出版,在清王朝统治期间又多次出版、重印。那时,参与过将欧洲著作译成中文的宏大工程的传教士中,在世的就仅有汤若望了。他被擢升为钦天监监正,影响力不断扩大,成为在中国最著名的传教士,仅次于创始者利玛窦。

研究中国科学的杰出史学家李约瑟认为,传教士在中国的经历是不同文明间文化交流中,过程最曲折的之一。毫无疑问,17世纪最为传教士们提升名望的工程就是修订中国历法。尽管历法修订总是与利玛窦、邓玉函、罗雅各或者汤若望联系在一起,但不能忘了西班牙人庞迪我也是先驱之一。在庞迪我诞辰四百周年之际,应借此时机重提他作为17世纪初传教士和天文学家的身份。

庞迪我：万历皇宫里的西方音乐教师

李晨光

浙江外国语大学拉丁美洲研究所

一 庞迪我的音乐教育：从一无所知到四个月内学会弹奏风琴

除了帮助利玛窦开展耶稣会在华的传教事业，成为其忠诚而能干的助手外，庞迪我还拥有其他有别于他意大利籍恩师的特质和能力。其中的一项在于，这位来自马德里的耶稣会传教士是第一位在明朝宫廷弹奏风琴的欧洲人，同时还教授太监们相关的知识和技能。与语法、逻辑、修辞、神学、艺术等科目不同，音乐并不是庞迪我在1596年从里斯本踏上前往果阿之旅前，在西班牙的耶稣会学校里学习的主要内容。[①] 在澳门停留了两年（1597—1599）之后，1599年年末，庞迪我跟随另外两位成熟有经验的传教士——郭居静和利玛窦一起前往中国内陆。这次意义非凡的旅行引起了包括耶稣会内部成员在内的同时代人们的广泛关注。在

[①] 有关庞迪我的教育经历，可见 López Pego, C., (2011), "Misiones en China (1581 – 1617). Diego de Pantoja y Alonso Sánchez, alumnos de la Universidad de Alcalá de Henares: Palomas y Halcones", *Anales Complutenses*, XXIII, pp. 121 – 147; Moncó, B., (2011), *Relación de la entrada de algunos Padres de la Compañía de Jesús en la China y particulares sucesos que tuvieron y de cosas muy notables que vieron en el mismo reino. Carta del Padre Diego de Pantoja, religiosos de la Compañía de Jesús, para el Padre Luis de Guzmán, provincial de la provincia de Toledo*, Madrid: Instituto de Estudios Históricos del Sur de Madrid "Jiménez de Gregorio", pp. 1 – 83; Moncó, B., (2012), "The China of the Jesuits: Travels and Experiences of Diego de Pantoja and Adriano de las Cortes", *Culture & History Digital Journal*, Vol 1, No. 2, m101.

研究过程中,我们在一位 17 世纪西班牙籍的多明我会传教士迪亚哥·阿杜阿尔德的作品中发现了庞迪我这一活动的有趣记录:

> 这儿(澳门)有耶稣会的三位神父。其中的一位是商人们的教导牧师。另外两位准备在已于中国生活多年的利玛窦神父的陪伴下,进入大陆内部。这两位中名叫郭居静的神父已经和利玛窦在中国待了几年。郭神父这次来澳门处理一些事情,将和一位名为庞迪我的同事一起返回内陆。在诸圣节的这天傍晚,神父们一身中国人的打扮在向导们的带领下踏上了旅程。郭居静神父因为有在中国生活的经验,留着长发和胡子。然而另外一位神父由于是新人则没有。(他们)因没能按照中国人的日常装扮出行而感到遗憾。①

经过了广东、江西、安徽等中国南方的省份之后,上述耶稣会神父们终于安全抵达南京。他们随身携带着提前准备好的到北京进奉给万历皇帝的礼品。根据庞迪我的文字记载:"我们三位神父在南京停留了四个月后,我从那儿离开,没有再做停留。"② 身处明朝的另外一座都城,在利玛窦的建议下,庞迪我开始学习弹奏和调节准备赠给中国皇帝的欧洲风琴。因为这个物件儿在东方帝国非常少见,显得十分新奇,所以是馈赠中国人的绝佳礼物。庞迪我学艺的经历我们未见他本人在作品中提及。但是,根据利玛窦的记录,庞迪我的音乐老师是音乐造诣极高的郭居静神父。利氏对庞迪我的学习能力和成果评价颇高:"庞神父原来什么也不会,但在南京那一段短暂时期,弹琴学得已很不错了,也学会了修理洋琴。"③

---

① Aduarte, D., (1962), *Historia de la Provincia del Santo Rosario de la Orden de Predicadores en Filipinas, Japón y China*, Vol. 1, Madrid: Consejo Superior de Investigaciones Científicas, p. 356.

② Pantoja, D. D., (1605), *Relación de la entrada de algunos Padres de la Cōpañia de Iesús en la China y particulares sucessos q tuuieron y de cosas muy notables que vieron en el mismo Reyno*, Seuilla: por Alonso Rodriguez Gamarra, Folio 11.

③ [意]利玛窦:《利玛窦全集2》,刘俊余、王玉川译,台北:光启出版社 1986 年版,第 350 页。

二　万历帝皇宫中的西方乐师和风琴教师

从南京出发，由利玛窦神父率领的前往北京传教和求见万历帝的耶稣会使团在1601年农历春节期间抵达目的地。虽然耶稣会传教士们为此做了经年的精心准备，这些外国神父们想留在北京——这个大明王朝的都城，仍是一个艰难而充满变数的任务。通过庞迪我的记载我们发现，这些耶稣会士们准备用赠送礼物的方式实现他们定居北京的目的："为了实现这个目标我们不但需要非常昂贵的物品（因为没有很多），也需要其他一些在中国前所未见的新鲜玩意儿。"庞迪我在写给古斯曼神父的长信里详细列举了准备进献给中国皇帝的名贵而又新鲜的礼物：

> 我们把一切事物，尤其是给中国皇帝的各种礼物准备好。这些物品包括两个机械齿轮表，其中大的那只是钢铁质地的，放在一个通身精心附刻了千条金龙的大盒子里。雕琢的这种动物（龙），如同雄鹰之于我国皇帝的意义，是中国最高统治者的武器和象征。另外一只精美绝伦的表不过手掌大小，由镀金金属材质铸造，代表了我国最高的工艺水平。这件珍宝是我们耶稣会的总会长亲自遴选和发送过来的，被放在和大一些的钟表一样的金色盒子中。在两个钟表的表盘上并没有刻录我们的欧洲文字，而是选择了中国的汉字，指针运行到整点的刻度时即可指向这些中国字来报时。除此之外，还有三幅油画。两幅大的高1.5个 *vara*①，还有一幅小的。大一些的是圣卢卡斯的作品——波普罗圣女②；尺寸中间的是圣母、圣子和圣胡安；第三幅是救世主画像，尺寸最小。所有的油画品质一流。礼物中还有几面镜子，以及一些放在日本出产的盒子里由银制链子装饰的三棱镜。这些玻璃制品虽然对我们来说价值不高，但是在中国却很受追捧。实际上，懂行的人会发现，包装的盒子要比里面的三棱镜贵20倍。书籍方面，我们准备了一本《世界戏剧》，

---

① Vara，西班牙和拉丁美洲曾用尺度单位，1vara 相当于835.9厘米。
② El Pópulo 是隶属于西班牙城市加的斯（Cádiz）的中心城区。

还有一本题为《真神教条》装订精美、收录了很多插图的祈祷书。最后，还有一座非常好的风琴，这件乐器在中国引起了广泛关注，所有见过它的人都说皇帝会特别喜欢。其他的一些小东西则不值一提。

除了具体的礼物外，使用和调节这些来自西方珍奇物品的知识和能力也给耶稣会传教士在北京的活动提供了助力。虽然神父们没有取得万历皇帝的亲自召见，前文提到过的风琴和庞迪我到中国以后才掌握的弹琴技能给他创造了频繁出入紫禁城的机会："但不久，从宫内来了四位太监，他们是皇帝的音乐师，地位比钦天监的太监高了许多，因为在中国吹奏乐器是很郑重的事。因此，会音乐的人很受尊敬，在皇宫里有一群乐师，他们的待遇很好。"

关于这一段令人称奇的经历，我们没有在庞迪我的作品中发现任何信息。然而，通过利玛窦的书信，我们还原了庞迪我在万历帝皇宫里所从事的和音乐有关的活动，以及这位西班牙籍神父和中国皇帝生活中不可或缺的仆人——太监们的交往细节。最初，利玛窦和庞迪我每天都去故宫教身为乐师的太监们弹奏和调试风琴。我们通过以下的文献可以发现，在皇宫里开设的这门课程的参与各方都很重视。

首先，上课的地点是在一个很大的厅里，"教琴的地方比以前我们去过的地方更接近内宫"。除了传道授业外，庞迪我还得到了更深入地了解皇帝住所的机会，认识了一些在内宫当差并身居要职的太监。在这一方面，应该指出的是，如果这位来自马德里的传教士没有这个可以频繁出入故宫的机会的话，他不可能为我们留下关于明朝皇宫、帝王日常生活、鲜为人知的太监生活等方面详细而有价值的记录。

其次，庞迪我的学生们是两位年轻的和两位年老的太监，其中的一位甚至已有七十岁高龄。他们在正式开课前的言行让利玛窦和庞迪我深感诧异。一开始，他们就双膝下跪向神父们磕头来行拜师礼，并恳求这些外国老师们一定要有耐心。太监们表示，如果他们因为愚钝不能很快地掌握弹奏技术，希望老师们不要生气。此外，他们也向洋琴拜了一拜，好像那是有灵的东西，为能学得顺利"。

最后，上课期间，神父们在宫内被精心招待，饮食丰盛而精致。

考虑到上述所有因素，令人意外的是，这门音乐课的效果并不如预期的好。中国学生们一个多月的时间只练习了一首歌曲，"两位年轻的已经学会了他们要学的，但要等另两位年老的也学会"。与此同时，"他们（太监们）问乐曲上配的词说的都是什么，万一皇帝问起来好能够回答。利用这个机会，利神父用中文编了八首歌词，内容是关于处世为人的道理，借用了许多西方名言，题为"西琴曲意八章"。① 随着时间的流逝，这些蕴含深意的歌词在中国社会，特别是读书人阶层中广泛传播。其中，第一首歌曲名为《吾愿在上一章》：

---

① 《西琴曲意八章》中的其他七首歌曲为：《牧童游山二章》：牧童忽有忧，即厌此山，而远望彼山之如美，可雪忧焉。至彼山，近彼山，近不若远矣。牧童，牧童，易居者宁易己乎？汝何往而能离己乎？忧乐由心萌，心平随处乐，心幻随处忧，微埃八目，人速疾之，而尔宽于串心之锥乎？已外尊己，固不及自得矣，奚不治本心，而永安于故山也？古今论皆指一耳。游外无益，居内有利矣！《善计寿修三章》：善知计寿修否？不徒数年月多寡，惟以德行之积，盛量己之长也。不肖百纪，孰及贤者一日之长哉！有为者，其身虽未久经世，而足称耆耋矣。上帝加我一日，以我改前日之非，而进于德域一步。设令我空费寸日之宝，因岁之集，集之咎，夫诚负上主之慈旨矣。呜呼！恐再复祷寿，寿不可得之，虽得之，非我福也。《德之勇巧四章》：琴瑟之音虽雅，止能盈广寓，和友朋，径迄墙壁之外，而乐及邻人，不如德行之声之洋洋，其以四海为界乎？寰宇莫载，则犹通天之九重，浮日月星辰之上，悦天神而致天主之宠乎？勇哉，大德之成，能攻苍天之金刚石城，而息至威之怒矣！巧哉，德之大成，有闻于天，能感无形之神明矣！《悔老无德五章》：余春年渐退，有往无复，蹇老暗侵，莫我恕也。何为乎窄地而营广厦，以有数之日，图无数之谋欤？幸获今日一日，即亟用之勿失。吁！毋许明日，明日难保；来日之望，止欺愚乎？愚者罄日立于江涯，埃其涸，而江水汲汲流于海，终弗竭也。年也者，具有蜩翼，莫怪其急飞也。吾不怪年之急飞，而惟悔吾之懈进。已夫！老将臻而德未成矣。《胸中庸平六章》：胸中有备者，常衡乎靖隐，不以荣自扬扬，不以穷自抑抑矣。荣时则全惧，而穷际有所望，乃知世之势无常耶？安心受命者，改命为义也。海岳巍巍，树于海角，猛风鼓之，波浪伐之，不动也。异于我浮梗荡漾，竟无内主，第外之飘流是从耳。造物者造我宇内，为万物尊，而我屈己于林总，为其仆也。惨兮惨兮！孰有抱德勇智者，能不待物弃己，而己先弃之，斯拔于其上乎？曰"吾赤身且来，赤身且去，惟德殉我身之后也，他物谁可之共欤？《肩负双囊 七章》：夫人也，识己也难乎？欺己也易乎？昔有言，凡人肩负双囊，以胸囊囊人非，以背囊囊己愆兮。目俯下易见他恶，回首顾后囊，而觉己且者希兮！观他短乃龙睛，视己失即瞽目兮。默泥氏一日滥刺毁人，或曰"汝独无咎乎？抑思昧吾侪欤？"曰"有哉！或又重兮，惟于吾且自宥兮！"嗟嗟！待己如是宽也，诚闇矣！汝宥己，人则盍宥之？余制虐法，人亦以此绳我矣。世寡无过者，过者纤乃贤耳。汝望人怨汝大瘫，而可不怨彼小疵乎？《定命四达八章》：呜呼！世之芒芒，流年速逝，逼生人也。月面曰易，月易银容，春花红润，暮不若旦矣。若虽才，而才不免肤皱，弗禁鬓白。衰老既诣，迅招乎凶，夜来瞑也。定命四达，不畏王宫，不恤穷舍，贫富愚贤，概驰幽道，土中之坎三尺，候我与王子同物兮！何用劳劳，而避夏猛炎？奚用勤勤，而防秋风不祥乎？不曰而须汝长别妻女亲友，纵有深室，青金明朗，外客或将居之。岂无所爱？苑囿百树，非松即楸，皆不殉主丧也。曰渐苦，萃财贿，几聚后人乐侈奢一番，即散兮！"参见《天学初函》，台湾学生书局1965年版，第288—290页。

> 谁识人类之情耶？人也者，乃反树耳。树之根本在地，而从土受养，其干枝向天而竦。人之根本向乎天，而自天承育，其干枝垂下。君子之知，知上帝者，君子之学，学上帝者，因以择诲下众也。上帝之心，惟多怜恤苍生，少许霹雳伤人，当使日月照，而照无私方矣！常使雨雪降，而降无私田兮！①

另一方面，由于风琴课主要由庞迪我神父负责教授，当时皇宫派往传教士们在北京临时居所的看守需要每天陪同庞神父来往于故宫和他的住处。利用这个机会，利玛窦得以脱身独自留在他们居住的地方，或者外出拜访朋友。他坦承："能够外出拜访熟人，送身上带的介绍信，结识新的朋友。这对后来遇到的困难很有帮助。"

如前所述，虽然我们没有在庞迪我的书信和作品中发现描述上述经历的文字，但他在写给古斯曼神父的长信里谈到了对中国音乐的看法，甚至将一件中国乐器和欧洲流行的竖琴相比较：

> 我得到了几次机会，特别是在皇宫里举办宴会的时候听了几次中国音乐。充当宫廷乐师的太监们曾为我特意弹奏了一曲，确实非常动听。在音乐方面，中国也没法和我们相媲美。并且他们自己也承认我们在这方面要更为先进一些。中国的显赫阶层拥有的乐器也不多，只有一种他们极为看重的乐器，在地位上相当于我们的竖琴。可是这种乐器的外观和演奏方式都有别于我们熟知的竖琴。

三　西洋风琴在明朝末年受到重视

尽管如此，万历帝没有对欧洲来的音乐和乐器萌生出与对传教士们赠送的钟表同等的喜爱之情。利玛窦的书信显示，皇帝对这些前所未见的精密报时仪器珍视异常，亲自安排它们在皇宫中的布置和装修。通过文献我们可知，体积较大的钟表被安置在紫禁城后花园里定制的一座木塔里：

---

① 《天学初函》，台湾学生书局1965年版，第288页。

收到钟表的第二年，皇帝把大时钟交给工部，令按神父给的图样，造一座有梯、有窗、有廊的木塔，相当美观大方。又令铸一口较大的钟，刻有各种图案，全部涂成金色，一共花了一千三百两银子。木塔建在第二道门外的花园里，园内也有其他珍贵东西，皇帝常去那里游玩。大时钟将留在那里，永为纪念，供大家参观，因为别的大人物也被允许出现在那里，参观各种奇珍异物。

与此同时，稍小的钟表皇帝则天天携带不离身。而同样作为礼物进献的油画和风琴则新鲜期一过就被收入库房内储藏。

1617年庞迪我被驱逐出北京。一直到明朝最后一位皇帝——万历帝的孙子崇祯统治时期的1640年，又有风琴的消息面世。在这一年，来自德国的耶稣会传教士汤若望①出版了他的中文著作《进呈书像》。在此书的序言中，久无信息的风琴再被提及："今年春（1640年）奉上传发玛窦所进西琴一具，命望修整，并译琴座所载西文，及考其义意。原系西古贤赞诵天主词章，望念大道弘博，译此一言。"②

同时，根据上述神父的自述，风琴的维修持续了几个月的时间："于本年七月二十三日同修整原琴并进御览。"

除了汤若望的著作，我们在其他几部写于明朝的作品里也发现了有关上述风琴的记载："万历二十八年，西洋人利玛窦来献其音乐，其琴纵三尺，横五尺，藏椟中，弦七十二，以金银或炼铁为之。弦各有柱，端通于外。鼓其端而自应。"③

此外，有文献谈及该西琴的声音特质："那架西琴是一种盒状钢琴，可以放在桌上弹；音域包括四十个音，从低音C往上三个八度，再加上一个四度音程。"④遗憾的是，明朝于1644年灭亡，其皇宫里的第一具西

---

① 汤若望（Johann Adam Schall von Bell）1591年5月1日出生于德国科隆，1666年8月15日在中国去世。他于1618年被派往中国传教，服务于明、清两个朝代的君主。在崇祯年间，汤若望受托投入到修编历书的工作中。此外，取得清朝顺治帝的信任，被任命为礼部和钦天监高管。
② 琴身文字为："尔天下民，翕和斯琴，咸声赞主，从兹以歌，扬羡厥名。"
③ （清）嵇璜：《续文献通考》，浙江古籍出版社1988年版。
④ ［法］裴化行：《利玛窦评传》（下册），商务印书馆1993年版，第340页。

琴如今也已下落不明。①

四　结论

首先，值得强调的是，庞迪我是在明朝皇宫弹奏和教授西方音乐的第一位欧洲人。然而，他本人对这一卓越非凡的贡献和经历并不重视。庞迪我寄给古斯曼的长信写于1602年3月9日，当时他的宫廷音乐教师生涯已经结束，但是在该书信中，这段历史他却只字未提。由此可知，风琴在庞迪我看来，"不过是用来传教和拯救灵魂的一个工具而已"。

其次，正如我们前文里叙述强调的，庞迪我弹奏过的西琴成功引起了明朝万历和崇祯两位皇帝的关注。此外，传教士们在音乐领域的活动不仅使庞迪我和利玛窦有机会走进并深入了解紫禁城，还帮他们在明朝都城扩大了影响力和知名度。利用这些有利条件，耶稣会士们得以在北京定居并传播基督教信仰。

最后，虽然西方音乐并没有深入到明朝帝王的生活之中，但传教士们在北京安置下来之后，中国的知识阶层开始关注到来自欧洲的奇妙乐器和旋律，并留下了一些描述西方音乐的文字。在这一方面，明朝的作者不约而同地注意到了西方乐器的声质，特别是其立体的乐音这一有别于中国传统乐器的特点。② 然而，应该指出的是，直到清朝时期，西方音乐才在中国社会获得更广的传播和更大的影响。③

---

① Verbiest, F., (1687), *The Astronomia europaea of Ferdinand Verbiest, S. J.*, Nettetal: Steyler, 1993, pp. 313–314.

② （明）刘侗等,《帝京景物略》（卷四）,《天主堂》（北京大学图书馆藏本）；谈迁,《北游录》，中华书局1981年版，第45页。

③ 在这一方面，值得着重介绍葡萄牙籍耶稣会传教士徐日昇（Tomás Pereira）和他在音乐方面所取得的成就。他于1672年抵达澳门，在其后的在华传教生涯中不仅成为了清朝皇宫乐师，还被任命为皇帝的音乐老师。此外，他出版了中国历史上首部介绍西方乐理的专著。有关徐日昇和清朝时期中西在音乐领域的交流，参见Song, H. Y., (2015), *O "ser português" e o "outro": Revisitar a História de Portugal no Diálogo Com a Civilização Chinesa-O caso Tomás Pereira*, Tese de Doutoramento em Ciências da Cultura Especialidade em Culturas do Extremo Oriente, Universidade do Minho.

参考书目

1. 《天学初函》，台湾学生书局 1965 年版。

2. Aduarte, D., (1962), *Historia de la Provincia del Santo Rosario de la Orden de Predicadores en Filipinas, Japón y China*, Vol. 1, Madrid：Consejo Superior de Investigaciones Científicas.

3. （清）稽璜：《续文献通考》，浙江古籍出版社 1988 年版。

4. ［意］利玛窦：《利玛窦全集2》，刘俊余、王玉川译，台北：光启出版社 1986 年版。

5. （明）刘侗等：《帝京景物略》（卷四），《天主堂》（北京大学图书馆藏本）。

6. Pantoja, D. D., (1605), *Relación de la entrada de algunos Padres de la Cõpañia de Iesús en la China y particulares sucessos q tuuieron y de cosas muy notables que vieron en el mismo Reyno*, Seuilla：por Alonso Rodriguez Gamarra.

7. ［法］裴化行：《利玛窦评传》（下册），管震湖译，商务印书馆 1993 年版。

8. （清）谈迁：《北游录》，中华书局 1981 年版。

9. ［德］汤若望：《进呈书像》，武林昭事堂刻本。

庞迪我的音乐修养

伊丽莎白·科尔斯

罗马大学教授

概述

通过利玛窦日记中有关庞迪我的记载，我们可以知道，庞迪我在中国的重要性与其音乐演奏密不可分。根据利玛窦的说法，在宫廷里，会演奏乐器的太监比数学家更受尊重。"在中国演奏琵琶和其他弦乐器是非常严肃的事情，所以乐师们都备受尊敬。"1602年利玛窦献给万历皇帝一件欧洲乐器，万历皇帝也委托他教一些宫廷内侍演奏技巧。因此，利玛窦选择了庞迪我，虽然他在南京接受郭居静培训前并未受过系统的音乐训练。"通过一些奏鸣曲来表现这件乐器的伟大。"

研究这段历史的学者们产生了两个问题：首先，郭居静在短短几个月的时间里能给庞迪我怎样的音乐训练；其次，这件乐器具体是什么。关于第一个问题，文献中的记载简单明了，但第二个问题却复杂得多，利玛窦用多种方式称呼了这件乐器："古钢琴""大键琴""羽管键琴"和"小键琴"——这些其实都是不同的乐器。我们怎么弥补文献中缺乏的信息呢？文中的一个小细节和西什库天主堂（北堂）图书馆收藏的一本小书可以帮助我们解决这个难题。

一 利玛窦日记中关于庞迪我学习音乐的故事

在一篇有关满族宫廷音乐演奏的文章中，利玛窦质疑了多数人强调的传教士作为音乐家、数学家、科学家的身份,他认为这些身份会跟传教本身起冲突。与此同时,传教士在不同领域的专业表现又被认为重理论、轻实践,徐日昇便是如此。2008年在里斯本"澳门文化科学中心"举行的关于传教士在宫廷活动的会议讨论表明,徐日昇同时是数学家和音乐家,却没有考虑到他在教学中心和耶稣会之间对音乐演奏的贡献和他通过音乐在世俗的教友会中传播新信仰起到的促进作用。但实际上,在欧洲,通过耶稣会赞助发展的音乐表演无论是对对抗宗教改革者还是对传教都有着非凡的重要性。与之相对的是,在理论和实践之间存在着相当强烈的二分法:音乐论述具有复杂性,适当又和谐的教义问答和教牧关怀却追求简单明了。关于耶稣会中国传教团的研究中,很多方面如出一辙:对于音乐的研究同样是过分强调"论述"而轻视"实践"。如前所述,传教士作为"数学家""科学家""音乐家"的角色得到了强调,就好像他们都接受过完整的专业培训,又或者他们在欧洲就已经确立了这些身份,让它们可以和传教士的身份和谐共处。我并不是说在中国的耶稣会士没有理论化研究,也不是说他们没有献身于科学和艺术,但我相信:即兴、机会、责任和实验,这些都是"实践"中不可替代的成分,它们应该在传教士的日常工作中扮演决定性的角色,远远超过理论概念。

  这些传教士回到欧洲后,他们对自己传教活动的描述是有些扭曲的。他们强调了自己作为天文学家、外交官、哲学家、军事战略家的表现,却在很多情况下隐瞒了那些帮助他们实现目的的谈判和承诺。因此,我们将分析利玛窦日记中有关庞迪我学习的内容。通过德礼贤(Pasquale D'Elia)注释的利玛窦日记,我们得知郭居静于1599年末到达南京,在那里对庞迪我进行了几个月的音乐培训。之后,利玛窦等抵达北京,在皇宫附近租了一处住所,受到了几个太监的接待。根据利玛窦的说法,其中四位是音乐家,他们是:"非常重要的人,不仅仅是数学家。因为在中国,演奏琵琶和弦乐器是很受人尊敬的,所以演奏家都是名人。在皇宫里也有一支非常受欢迎的团体。这些人前来传达皇帝的旨意,要求传教士们入宫教授他们如何演奏进献的古钢琴以及调音技巧。因此,利玛窦让庞迪我在南京跟郭居静学习,而郭居静对很多奏鸣曲都非常熟悉,弹奏技术也很娴熟。尽管之前庞迪我并不了解这件乐器,但他在短短的时间内掌握了古钢琴的演奏和调音技巧。"

这就是故事中描绘的传教士的形象：庞迪我，天赋异禀，能够在短短三个月内学会演奏和调校乐器；而利玛窦又能正确预先设想到他的同伴在宫廷中演奏乐器所能带来的益处。对于研究者来说，传教士们为建立他们的圣徒形象所做出的宣传是众所周知的，所以没有人敢拿这些故事来较真。但是，传教士的经历值得我们仔细审视，它向我们展示了传教士与中国文人的接触中遇到的问题，以及应对始料未及的情况时的临时做法和尝试，其中就包括快速获取新知识的经验。

二 音乐的种类是什么？

任何受过音乐教育的人都知道，从零基础开始，用三个月的时间精进一门乐器绝非易事。常人需要练习多久才能出现在《菲茨威廉小键琴曲集》（*Queen Elizabeth's Virginal Book*）中呢？詹姆斯·梅尔维尔（James Melvil）爵士在回忆录说道："如果女王殿下真的能够演奏任何一首收录在《菲茨威廉小键琴曲集》中的曲子，那么她一定会是一位伟大的音乐家。因为其中有的曲子非常难，难到一个欧洲的音乐大师即使通过一个月的练习，也不敢演奏。"

我为什么提起这本书呢？因为它是 16 世纪末最具代表性的键盘音乐曲集之一。虽然它主要是代表了英国文艺复兴时期的音乐风格，但其手稿中也包含了意大利风格的作品，如：乔瓦尼·皮奇在 17 世纪初（Giovanni Picchi）创作的托卡塔曲，其灵感来自吉罗拉莫·弗雷斯科巴尔迪（Girolamo Frescobaldi，1583—1643）的音乐，吉罗拉莫本人也可能跟皮奇有过交集。

这种音乐的复杂性使得它并不适合所有人欣赏。在我看来，精神上的赞颂，即基本的清唱剧，是利玛窦认为最合适的方式。在 1575 年进入罗马学院时，利玛窦可能跟圣斐理·乃立，也就是罗马新堂的清唱剧主任会面。利玛窦有可能参加了司铎祈祷会的奉献服务，即一系列虔诚的联合礼拜仪式，包括布道、祈祷、唱赞美诗、对话和灵修音乐。这是独奏家、合唱团、管弦乐队和通奏低音所构成的最成熟的清唱剧。其中乐器和声乐的演奏和经文诵唱同时进行。也许正是经文在乐谱中的绝妙作用让利玛窦认识到音乐对于传播福音的作用，尽管依纳爵·罗耀拉反对特伦托大公会议中对礼拜音乐使用的简单解释。

我们最近的研究要归功于圣斐理·乃立礼拜堂和耶稣会教育中心之一的"德国学院"之间关系的厘清。德国学院于1580成立①，几年后与匈牙利学院合并，并取名"德国—匈牙利学院"，很快就成为欧洲内极具名望的音乐文化传播中心。得益于迅速获得的声望，不仅仅德国的神学院学生，来自欧洲各地的学生也被接收进学院，并通过学校的资助免费学习。在1563年进入学校的学生中，刚刚毕业的汤马斯·路易斯·德·维多利亚被任命为本学院乐队的老师，负责指导音乐教学。弗朗西斯科·马蒂尼·德·阿瑟（Francisco Martini de Ath）于1602年入职圣斐理·乃立礼拜堂后，礼拜堂跟德国匈牙利学院的关系又进一步拉近。弗朗西斯科·马蒂尼·德·阿瑟于1577年至1578年在德国—匈牙利学院担任乐队老师，又在1594年至1602年任职罗马神学院。

如果像利玛窦所说的那样，庞迪我是跟郭居静学习的音乐，那么可以假设，在郭居静作为新入教者于1581年进入奎琳岗圣安德肋堂后，他有可能在德国学院或者罗马其他有名的耶稣会学院继续接受音乐训练，来完善自己的音乐知识。此外，在1585年离开罗马后，从1589年开始郭居静在果阿度过了两年，在那里，他或许又有机会来精进自己的音乐水平。

耶稣会学院的音乐教育不仅包括戏剧中最精巧复杂的形式，也包括对精神的赞颂。这对传播福音非常有用。16世纪末，耶稣会士在拉齐奥和罗马地区教义问答学校的大量扩建足以说明这一点。在这些学校里，精神赞美的歌唱让基督教教义变得重要。这种方法首先由西班牙耶稣会神学家、鲁汶神学教授迭戈·德·莱德斯马（1519—1575）发起，紧接着罗马学院也发起了倡议。莱德斯马是《简短基督教义》（1572）的作者，该书被翻译成了多种语言，是中文写成的教义问答的范式。然而，我更关心的是莱德斯马一年后写的一本书：《基督教教义的教导方法》（*Modo per insegnar la dottrina christiana*），它在1573年写成，很有可能启发了之后的圣斐理礼拜堂的《劳德第三卷》（*Terzo Libro delle Laudi*,

---

① 德国学院（Collegium Germanicum）实际上于1552年成立。作者在这里将它与匈牙利学校（Collegium Hungaricum）合并的时间（1580年）搞混了——译者注。

1577）。

　　《基督教教义的教导方法》是一本牧师教义问答的指导手册，与此同时，又是强调了在基督教教义的教导与精神赞美的歌曲之间建立密切联系的必要性。在书中的第八章，莱德斯马揭示了传播教理的方法——通过歌唱来简化传教。其余的章节可以细分为两组：首先是强调赞美歌曲，旋律和精神诗歌，他认为通过这种方式学习教理会变得更加愉快，记忆概念也会变得更简单；其次是关于通过时间教学法构建教义问答的内容。最后在第三十二章，作者根据咏叹调的复杂性，展示了唱出一、二、四种声音的方法。这一章附有一些简单的乐谱，展示了对歌唱、高音、中音、低音这几种能够适用于各种灵修歌曲的声乐技法的传统细分。

　　感谢贾恩卡洛·罗斯提洛亚（Giancarlo Rostirolla）对现代音乐文化史上重要片段的整理，我们能够了解到这一文化既与后特伦托大公会议的虔信教育相关，又与印刷文本的流行相关。《基督教教义的教导方法》(*Modo per insegnar la dottrina christiana*)被定位成："稀有的书目，有时是孤本……它的音乐内容代表了文艺复兴时期赞祷的表演，基督会士使用了它印刷版本赞祷的后续内容。"（罗斯提洛亚，《赞祷和宗教歌曲》）

　　罗斯提洛亚本人为了这项研究工作，使用了他能在意大利找到的唯一副本，即在都灵的收藏家乔治·法南（Giorgio Fanan）的私人图书馆中保存的版本。我研究过的拷贝以及我在这里提供的一些书页，都可以在罗马卡萨纳特森（Casanatense）图书馆中找到，它们于 1995 年被罗马卡萨纳特森图书馆从都灵的书籍古董商普雷格里亚斯科（Pregliasco）处购得。

　　尽管这本书非常稀有，但惠泽霖（Hubert Verhaeren）于 1949 年发现，北堂的耶稣会图书馆中有善本收藏。

　　因为北堂图书馆收藏的是这本书第一版的副本，所以我们可以推测出，在耶稣会传教的早期阶段，该书就被带到了中国，而不是晚些时候。

　　另一方面，对我而言，这份副本和圣罗伯·白敏的《基督教教义》(*Dichiaratione più copiosa della Dottrina Christiana*, Roma, 1600) 副本一起被发现具有重大意义，它们可能被传教士用来将皈依者和儿童的教义问答与音乐相结合。

三 是什么乐器？

根据德礼贤的说法，传教士献给皇帝的乐器"是一个用铜弦和铁弦拨弦的大键琴"，尽管利玛窦提到过小键琴，却没有提到过大键琴，也就是钢琴的原型。跟大键琴一样，这种乐器是通过用琴锤敲击琴弦而不是拨弦发声。德礼贤称他的假设基于一本中国的书籍，是由文学家和藏书家黄省曾所著《蓬轩别记》：①

> 道人又出番琴，其制异于中国，用铜铁丝为弦。不用指弹，只以小板。案其声更清。

如果我们认为这位作者的内容是可信的，那么我们讨论的乐器不可能是大键琴，因为大键琴只能用手指弹奏。我的假设是，事实上它不是大键琴而是一个拨弦扬琴，一种在宗教领域使用超过一千年的乐器，时至今日也在唱赞美诗时使用。

这是一种存在于欧洲和亚洲的乐器。在亚洲，它以"卡龙琴"或"桑图尔"的名字广为人知。它由一个棱柱形的木盒组成，顶部较窄并且是打开的，在那里有延展开的金属弦，可以用锤子、拨子、象牙板或是指甲演奏。它与"琴"的相似之处，也更有力地说明了为什么皇帝让庞迪我教太监演奏。还有另一个细节可以证明我的假设：在乐器上用金字刻着两首赞美诗的小段："用声钹赞美上帝"和"赞美他的名字，让鼓和九弦琴响起来"。

四 结论

北堂耶稣会图书馆中一本被遗忘的小书和中国知识分子的游记，让

---

① 这里是一个明显的错误，明代学者黄省曾于 1540 年去世（一说 1546 年）时，利玛窦只有 12 岁，所以他肯定不可能记录到利所献之乐器。而根据后面的引文内容我们可以得知，这本所谓中国的书籍应为明代文人冯时可的《蓬窗续录》而非《蓬轩别记》——译者注。

我们能够想象庞迪我在南京的音乐学习经历,和他后来在北京作为传教士和牧师的工作经历。根据我的假设,这是一种基于精神赞美和教义问答的圣斐理式的传统实践性学习。其中宣叙调文本具有突出作用,拨弦扬琴的几个简单和弦组成的简单伴奏又让它更加丰富。尽管它很简单,却不是一种低级的音乐教育,而是对传教形式最恰当和有效的补充;在庞迪我和所有像他一样的耶稣会士身上,实用主义与适应性以一种奇特却又重要的方式达到协调统一。

五 图片

图1 《基督教教义的教导方法》(*Modo per insegnar la dottrina christiana*)迭戈·德·莱德斯马(1519—1575)

图 2 《基督教教义的教导方法》中两种声调的赞美诗

图 3 《谐波柜》（*Gabinetto armonico*），
菲利波·博纳尼（Filippo Bonanni，1722）

利玛窦和庞迪我的音乐氛围：
耶稣会士歌唱否？

阿尔韦特·雷卡森斯

La Grande Chapelle 乐团音乐家

据说在 1601 年 1 月 24 日这一天，利玛窦和庞迪我进京给万历皇帝献礼时，就曾将西琴，也称大键琴，赠予皇帝。而在外邦拜访时进献键盘乐器给中国皇帝这种事早在 13 世纪起就有了记载。万历皇帝很喜欢他们俩进献的乐器，于是下令让四个宫廷内侍去学习弹奏之法。庞迪我负责教授，因为他曾在郭居静（1560—1640）的指导下速成学过两年。庞迪我每天都给他们授课，一个月后，这些内侍们就学会了演奏西琴。彼时利玛窦创作了《西琴八曲》，公布后也大受欢迎。利玛窦和庞迪我的这次北京之行极为成功，万历皇帝允许这些耶稣会传教士们留居北京。

同时，我们也应该关注陶亚兵所提供的有关那时的音乐的一些信息。利玛窦在他的信件中提到，他们在北京的小教堂中以西琴为伴奏咏唱弥撒曲，那是在 1605 年。但是他并没有提及所用到的音乐技巧和音乐风格。16 世纪初至 17 世纪末在基督教教堂的礼拜仪式中有着多种人声咏唱形式，如素歌、复调、合唱以及现今看起来较为现代的独唱，其中素歌和复调最为常用。由于合唱本身对技巧的要求较高，对演唱人数也有要求，当时来到中国的第一批耶稣会教士们在做弥撒时显然并不能使用这一形式，毕竟它需要两个或两个以上的声部。他们使用西琴来伴奏，这也证明了他们当时采用的其实是复调这一咏唱形式。因为在那个时期，格里高利圣咏（即素歌）其实是没有和声的，并不像后面几个世纪那样伴有和声。在咏唱弥撒曲、圣歌和赞美诗的时候，素歌和复调这两种形式被交替使用，即为人们所熟知的"交替"技法（alternatim）。另外，素歌有时候也可以被低音和声所取代，也就是说，几个人齐唱素歌来作为和声。这种处理方法自从被伊纳爵·罗耀拉（耶稣会创始人）提出后，在近代早期就很常见了。

上文提到用大键琴来给宗教仪式中的人声演唱伴奏一直都非常出乎我们的意料。其实不管是在做弥撒还是在做礼拜仪式时，还有一种经常使用的乐器——风琴。人们使用它来使得在教堂中举行的典礼带有庄严和肃穆感，利玛窦恰恰就是把管风琴带到中国的那个人。我们确信，大概在1599年或1600年，在澳门就造出了一架管风琴。1599年6月，居住在南京的郭居静被派往澳门去取一架风琴，作为进献给明朝皇室的礼物。但是，可能是由于工期延误，也有可能是因为运输途中出了什么岔子，这架风琴最终没有抵达南京。中国作家王临亨写到，在1600年末或是1601年初他在澳门曾见过一架小风琴。这架和耶稣教士们定做的那架极为相似，可能是另一架用于当地的风琴。尽管我们可以推测耶稣会教士们选择风琴作为礼物可能主要是考虑到它组装简便（这也是当时科技进步的一个生动的例子），我们也得想到它作为乐器可以在礼拜仪式中使用。在当时那种环境里，利玛窦和他的传教士同僚们自然而然会考虑选择使用小风琴而不是大键琴来给弥撒伴奏。1611年11月1日在大栅栏（北京西城区）举行的利玛窦的葬礼上，他们用的就是风琴则可以说明这一点。由于这架风琴占地小，它一定是一架小风琴，除此以外的信息一无所知，比如它是在北京制作的还是从欧洲、菲律宾或者印度带过来的，毕竟这些地方早就已经有了制作风琴的工业。但是就像戴维·弗朗西斯·乌柔斯（David Francis Urrows）说的那样，北京的第一架风琴很有可能是从国外运过来的，因为这些传教士们并不具备充分的知识来制造这么一架风琴。

无论怎样，不管是从利玛窦的书信中，还是从亡灵弥撒的资料里，都表明在留居北京的早年间，传教士们并不是仅仅使用乐器，而是在宗教仪式中用乐器伴奏来配合人声演唱。为了尽可能地明确他们唱的是什么，需要先去了解16世纪下半叶当利玛窦和庞迪我在意大利和西班牙接受音乐教育时的音乐大环境。为此我们得先看看当时的反宗教改革对音乐有什么影响，然后再把我们的认知对应到耶稣会所创办的学校上。

16世纪后半叶至17世纪初，特伦托会议（1545—1563）所推行的改革也影响了基督教的教堂音乐。在1562年9月的会议中就要求删去教堂音乐中的世俗元素。不管其是在咏唱还是在风琴演奏中，教会都禁止包含淫荡或不洁元素的音乐。然而，教务会议的这一命令却带来了其他结果。有人提出，教堂音乐中"唱"的这一部分形式繁杂，只给了听众无意义的享受，其演唱的内容却并没有为听众所理解。这就意味着自1400年以来就一直在基督教会中广泛使用的对位法遭受冷落，因为它不利于歌词的理解。人们支持通俗易懂的歌词，拒绝一味模仿的学者风格，这成为了那个时代人类思想解放的讨论之一。这场讨论归根到底其实是对音乐和歌词的关系的探讨。红衣主教卡洛·博罗梅奥是米兰教区的主教，他是反宗教改革的推动人，同时也是颁布教务会议法令的委员会会长。在米兰教堂任职时，他给副主教的信（1565年1月20日）中提到："去和乐队长说一下，让他按照教务会议的要求，对教堂音乐中的演唱方式进行变革，让歌词能够最大可能的被理解。"卡洛·博罗梅奥提到的那个米兰大教堂的乐队队长，就是作曲家维琴佐·鲁菲。鲁菲在弥撒曲"Missae quatuor concinate ad ritum Concilii Mediolani"的序祷中确认他已经完成了这一要求，音符的数量、旋律线以及音调全都能清清楚楚地传达到信众的耳中。反宗教改革后，齐唱音节这种形式的音乐便推行了开来，尽管仍有些教会作曲家在弥撒曲中加入世俗元素、继续使用对位法。我们可以在新的音乐形式中体会反宗教改革的精神，比如精神牧歌、赞祷和简短弥撒。这些新的音乐形式推崇简约的风格，以唤起信徒们的虔诚。

然而，特伦托会议对教堂音乐带来的最大的影响是对礼拜仪式和素歌的修正。时任宗座圣殿的乐队长乔瓦尼·皮耶路易吉·达·帕莱斯特里纳（1525—1924）和西斯廷礼拜堂的歌唱队员安尼巴莱索伊洛（1537—1592年）受教皇格列高八世委托，修改、净化、纠正以及变革咏唱用的书籍（1577年10月25日的信件）。帕莱斯特里纳是16世纪最重要的教堂音乐作曲家，他一生都在罗马的三大教堂供职。他曾在圣母大殿拜法国人罗宾马拉佩尔及费尔曼拉贝儿为师，接受音乐教育。1551年，他被任命为圣伯得禄大殿茱莉亚圣乐队长。1555年从西斯廷礼拜堂离职后（他曾在那儿的唱诗班短暂待过一段时间）到1560年，他一直担任特郎圣若望大殿的乐队长。1561年至1565年他再次回到了圣母大殿。在这之后他开始为红衣主教伊波利托·德斯特服务。1571年他接任若望·阿尼穆其雅成为茱莉亚圣乐队队长，直至逝世。他产出极高，主要是弥撒曲和经文歌，其作品被后世的宗教音乐家们视为在作曲方面无可挑剔的典范之作。

  利玛窦和郭居静在罗马时，菲利佩·内里这个人也值得一提。此人的身边聚集了在宗教规定的约束下群居的世俗神父。他们每天祷告，布经讲道并操持圣礼。在奥拉托利会组织的精神锻炼聚会中，他们讲演和朗读圣人们的生平，他们唱着精神赞祷歌。这是一种16世纪下半叶极为盛行的音乐形式，它有着本土化的语言和反宗教改革所要求的纯正的表达。由若望·阿尼穆其雅和西班牙人弗朗西斯科·索托德兰加汇编的赞祷歌集不仅被内里所创办的奥拉托利会所演唱，在耶稣会的教堂中及其所创办的学校里也使用。在耶稣会创立早期，就有在祷告和教学活动中演唱精神赞祷歌的传统。另外，迭戈·德莱德斯玛（贾科莫）非常重视音乐在教育中的作用，1559年至1560年他曾在罗马频繁活动，他是《基督教义》的作者，该教义的面世意义重大，但1566—1568年的第一版已经丢失。在1573年的《基督教义教授方法》中，他提到要鼓励通过以歌唱形式的朗诵去教授教义要理。同时他也建议加入新的人声唱法："没有这些押韵和歌曲，教义只会在平淡中进行，效果几无，就如过往的经验所揭示的那样。"除此以外，在16世纪和17世纪之交，耶稣会的赞祷集也在罗马和那不勒斯大量出版（有时候是和《基督教义》一道出版）。

  显然，罗马神学院的学习是利玛窦受教育阶段浓墨重彩的一笔，且主要是在数学这一方面。在1564年特伦托法令颁布后，由教皇保罗四世所创立的这所神学院主要面向耶稣会成员，同时也接收那些群居的世俗神父以及不想在教会中任职的贵族。在动身去里斯本前，即1572年9月至1577年5月，利玛窦一直在这所神学院学习。这五年期间，他的神学老师迭戈·德莱德斯玛教导他如何做赞祷以及如何以音乐的形式来诵读教义要理。然而没有资料显示利玛窦曾和帕莱斯特里纳以及维多利亚这两位交好，他们当时都是特伦托会议改革后的教堂音乐的重要代表人物。

1566年，帕莱斯特里纳放弃了圣母大殿的职位后，接受了刚成立不久的罗马神学院的乐队队长一职，顺便照顾他在那儿上学的子女。就这样，帕莱斯特里纳成为了罗马音乐教育事业的核心人物。西班牙阿维拉省人托马斯·路易斯·德·维多利亚（1548—1611），是帕莱斯特里纳在神学院的学生，在1573年接替了他老师的乐队队长职务，那时他才25岁，注定日后将成为西班牙在国际上享有盛誉的作曲家之一。在1572年出版的赞美歌汇编中，他展示了他对修辞手法和表达方式的卓越掌控力，从而达到打动信众的效果，就算把该赞美歌放到圣伊格纳西奥和耶罗米纳达尔有关精神锻炼方面的作品前，也不会黯然失色。有资料记载耶稣会所创办的这所神学院是怎么唱奏教堂音乐的：在礼拜仪式后，或者是学院举行弥撒仪式时在捧戴圣体这一部分唱赞美歌。1587年学生们在学院内部举行的礼拜仪式上唱了两首赞美歌。在这所神学院里利玛窦或多或少都会受到帕莱斯特里纳和维多利亚在音乐方面对他的教导，不管是在理论方面还是实际操作上，毕竟他们都可以算作是文艺复兴时期欧洲伟大的作曲家。

罗马另一所著名的神学院——宗座德语学院，自1552年创办以来也一直由耶稣会操持。作为一个培训中心，它面向那些说德语且志愿成为神父的学生。就像罗马学院的运行模式那样，来自不同国家、不同阶级的寄宿生们都可以进入这所学校学习。其中恰好就有维多利亚，他于1565年入学，1571年不再在圣母大殿担任风琴手后，他又回到了这里担任寄宿生们的音乐老师，1575年，他被任命为宗座德语学院的乐队指挥。

16世纪下半叶，罗马学院接收了众多音乐家，这也表明了耶稣会对音乐的态度。尽管可以确定在耶稣会成立早期他们对音乐其实是抵制的：他们是不会唱歌的耶稣会士，在1540年的会规中也有着各种限制，比如在时辰礼仪中禁止歌唱或是在耶稣会中禁止使用乐器；然而伊纳爵·罗耀拉本人其实是并不反对音乐的，虽然他认为神父们不应该在音乐上花费太多时间，因为这样会让他们玩忽职守。但他对音乐的态度也逐渐开始松动，就比如在1555年或1556年，他批准在时辰礼仪以及弥撒中可以唱歌，这也一直是科尔多瓦教区和西曼卡斯教区教民们的期盼。耶稣会的会规还是比较灵活应变的：允许在教区集会中使用伴奏，也允许在教堂及教区各项事务中使用音乐。与此同时，耶稣会传教士们尤其是巴西和印度的传教士们对音乐的态度开始有所改观,自这个时候音乐就开始凸显在对当地居民的传道中的重要性。

在罗马的两所耶稣会学校完成对寄宿生的音乐教学安排的同时,神学院的学生们都在等着宗座德语学院的校长——米切尔·罗兰塔诺(1573—1587)颁布条例,从而真正确立音乐在教学中的重要地位。在该条例中就有提到多种不同的演唱方式,像素歌(格列高圣咏)、低音和声以及对位法,其中还提到了风琴和其他乐器的使用。达到了卓越的艺术水准后,位于罗马的这两所耶稣会学校付出了巨大心血,在欧洲各国推广这焕然一新的音乐风格(主要是在德国、法国和西班牙)。吉亚科莫·卡里西米(1605—1674),时任宗座德语学院的乐队队长,同时也是清唱剧著名的作曲家。他和他的学生伯恩哈德、夏邦杰和克尔一道在全欧洲决心推广新的巴洛克式音乐。同样,维多利亚也推动了近代音乐进入伊比利亚半岛的进程。1584年回到了西班牙后,维多利亚成为居住在皇家赤足女修道院的国王菲利佩二世的妹妹——玛丽亚皇太后的专属牧师。

庞迪我在西班牙学习成长的精神环境与罗马相差不多。费利佩二世不惜一切代价维护在其领土之上进行的特伦托改革,而耶稣会士在教化上也发挥了同样重要的作用。

1589年,庞迪我进入阿尔卡拉·德埃纳雷斯学校求学,这所学校同他的家乡巴尔德莫罗一样,属于托莱多大主教的管辖范围。第二年,庞迪我进入初学院或在比利亚雷霍德丰特斯(昆卡)的学校学习新入教者课业。1593年,他继续在普拉森西亚的耶稣会学校学习。1593年至1596年间,他住在托莱多,在那里结识了日本传教省上级吉尔·德拉马塔和托莱多大主教路易斯·德·古斯曼。路易斯·德·古斯曼是庞迪我的精神导师,他鼓励庞迪我在东方开展传教活动。因此,庞迪我仅在耶稣会的托莱多教区接受教育。

托莱多教区占据了从葡萄牙边界延伸到穆尔西亚的广阔地区。阿尔卡拉·德埃纳雷斯学校处于中心枢纽地位,因为它处在埃斯特雷马杜拉学校(普拉森西亚)和昆卡的学校(委特、昆卡和比利亚雷霍地区)之间。阿尔卡拉对耶稣会士而言曾有着极重要的象征意义:依纳爵·罗耀拉(Ignacio de Loyola)和他的同伴迭戈·莱内斯(Diego Laínez)、阿方索·萨尔梅隆（Alfonso Salmerón）和尼古拉斯·博瓦迪利亚（Nicolás de Bobadilla）都曾在西斯内罗大学（译者注：即阿尔卡拉大学）学习，并在那里建造了他们的第一座教堂（1553年）。耶稣会在托莱多省的大部分影响都是从总部阿尔卡拉辐射来的，这一地区受到菲利普二世的家庭教师莱昂诺尔·玛斯卡勒纳斯（Leonor Mascareñas）的保护。只有在17世纪初，学校、新入教者课业和马德里修道院才受到重视，这多亏了皇家和贵族的庇护，特别是卡马雷纳侯爵夫人安娜·费利克斯·德·古斯曼和弗朗西斯科·德·博尔哈（Francisco de Borja）之孙莱尔马公爵弗朗西斯科·戈麦斯·德·桑多瓦尔。托莱多的耶稣会学校课业结构与之前的"研习计划"（Ratio studiorum）（1599年）大致相同，共分五等，其中包括拉丁语、语法和修辞学。虽然我们没有发现任何表明托莱多的耶稣会同罗马一样向学生教授音乐或歌唱课程的证据，但不难想象这里应该提供了某种音乐教育。

我们有大量资料表明马德里学院（即后来的皇家学院）的学生曾参加戏剧表演——对话、座谈、喜剧——并参与大型宗教庆典，这些史料大多属于17世纪。在马德里学校举行的仪式中最受瞩目的是于1603年4月举行的玛丽亚皇后的葬礼。玛利亚皇后是耶稣会的大恩主，为此，托马斯·路易斯·德·维多利亚拟写了著名的《悼亡仪式》，两年多后在皇家印刷社（Typografia Regia）出版。接下来几十年的庆典还包括众多与圣徒宣福礼和王室大事有关的活动，这些活动在音乐声中隆重举行，一些马德里教堂最著名的作曲家和音乐家参加了这些庆祝活动。

关于16世纪西班牙耶稣会的音乐实践，我们所能获取的信息更为稀少。圣路易斯教堂位于卡斯蒂利亚省的比利亚加西亚·坎波（1595年），这一教堂的马格达莱纳·德乌略亚章程中包括"圣歌和耶稣会弥撒中的和弦表演"，这很可能是由耶稣会士自己表演的。同样，阿尔卡拉·埃纳雷斯一位教民的证明材料被留存了下来，他要求贝尔纳多·贝拉斯科神父制止"教会在庄严的日子里唱弥撒和晚祷"（1602年7月1日）。皇家学院的学生们在圣母领报节和圣母受孕节举行的集会中，小礼拜堂里就有关于圣歌、和弦和乐器的书籍。

然而，阿尔卡拉·埃纳雷斯学校图书馆书库中发现的重要的音乐手稿表明，17世纪初托莱多省的耶稣会在音乐实践领域有所发展。这是一

本名为 *Romances y letras a tres voces* 的歌集，写于 1600 年到 1610 年，现存于西班牙国家图书馆。书中共包含 133 篇三声部诗歌音乐作品，有用西班牙语，也有用拉丁语所作，大多数都是无名氏作品。1930 年，耶稣·巴尔·盖伊（Jesús Bal y Gay）就指出了这本歌集同耶稣会的联系，最近胡安·洛伦索·豪尔格拉（Juan Lorenzo Jorquera）再次支持了这一观点。他论文中的基本内容有：这一手稿来自阿尔卡拉；音乐誊写员的名字，特别是在其中一页注明的"Al Humilde Manzanares de nro. S［anto］. P［adre］. Ign［aci］º Heu quam sorder［sic］terra ett.ᵃ"，一般都将其视作与依纳爵·罗耀拉（Ignacio de Loyola）有关。

"Romances y letras"中的很多音乐注解指出曲调（tonos）应该有吉他伴奏。一些拉丁文作品如罗马作曲家罗格里诺·吉欧瓦内利（Ruggiero Giovannelli）创作的圣歌"赞美主"（Laudate Dominum）则由管风琴伴奏，这种乐器出现在皇家学院举办的玛利亚集会上也暗示了这一点。虽然这比庞迪我受教育的时期要更晚一些，但作为至今为止西班牙耶稣教会音乐中最重要、最知名的作品的源泉，"Romances y letras a tres voces"的手稿证明了阿尔卡拉地区学校经常进行音乐实践，并演奏同反宗教改革运动思想基本一致的祈祷歌。

最后，我们也不能忽视托莱多音乐的重要性，庞迪我在前往葡萄牙前搬到了这座城市。费尔南多·德·赫雷拉·瓦卡（Fernando de Herrera Vaca）所作的"Roma Hispanica"描绘了一座文学、艺术、文字和印刷术蓬勃发展的传奇大都市。在 16 世纪最后 30 年，Antonio de Covarrubias，托莱多大教堂教长迭戈·德·卡斯蒂亚（Diego de Castilla）和他的儿子昆卡副主教路易斯·德·卡斯蒂亚（Luis de Castilla）等一群优秀的人道主义者为托莱多营造了良好的文化氛围。洛佩·德·维加（1590—1592）在这座城市结束了流放生涯，埃尔·格列柯（1541—1614）也从 1577 年起在托莱多经营自己的工作室。庞迪我在托莱多定居的同一年（1593 年），著名作曲家阿隆索·罗伯受大教堂聘用，任礼拜堂合唱乐长。罗伯出生于奥苏纳，曾在塞维利亚大教堂同伟大的弗兰西斯·圭雷罗一起学习。

托莱多大教堂的音乐厅应当保证了主教所在地宗教礼拜的庄严性。音乐对教堂塑造世俗和灵魂上的权利和形象起到了至关重要的作用。近几年的研究，特别是法国音乐学家弗朗索瓦·雷诺的研究强调，在托莱多的大型庆典中，乐器伴奏的音乐比无伴奏合唱要常见得多，这是梵蒂冈和罗马教堂的特点。教堂聘用乐器演奏者的惯例始于塞维利亚大教堂（1526 年）和托莱多大教堂（1531 年）。例如，在 1602 年就有不少于十位带薪的乐器演奏者（包括号手或笛号手、长号手和巴松管吹奏者）。在 1611 年为利玛窦举行的盛大的葬礼上使用的乐器可能是一种管乐器，这与葬礼习俗有所不同（巴松管除外）。

多亏了合唱及典礼章程，如 17 世纪初胡安·查韦斯·阿尔克斯（Juan Chaves Arcayos）所作的章程或 1604 年的《备忘录》，我们得以详细了解每场宗教庆典的乐器演奏家和管风琴演奏者的情况。托莱多的音乐除了由教堂乐手所作：教士会还拥有馆藏丰富的音乐图书馆，也不断购入西班牙著名音乐家的手稿或印刷作品，如弗朗西斯科·格雷罗（Francisco Guerrero）、罗德里格·德·塞瓦约斯（Rodrigo de Ceballos）、托马斯·路易斯·德·维多利亚（Tomás Luis de Victoria）、胡安·纳瓦罗（Juan Navarro）以及宫廷乐师菲利普·罗杰（Philippe Rogier）的作品。教堂的歌手和乐器演奏者常被邀请参与庆典、仪式以及由托莱多大教堂或一些修道院、医院、教友会、城市教区组织的宗教游行，庞迪我一定会听到其中的阿隆索·罗伯以及那一时期其他主要音乐家的音乐作品。

音乐在罗马和托莱多这两个伟大的基督教中心蓬勃发展。在反改革浪潮的推动下，一流的大师和作曲家都活跃在这两座城市。音乐的重要性和耶稣会学校的音乐实践让我们得以用另一种方式走近在中国传教的耶稣会先驱们所怀抱的音乐愿景。

第三部分

19 世纪与 20 世纪中国与西班牙的关系

引 述

魏京翔

对外经济贸易大学

台湾大学的汉学家鲍晓鸥教授以"20世纪上半叶在华西班牙人面对死亡和哀恸的态度"为题,爬梳了自16世纪起(以方济各·沙勿略、庞迪我等在华传教士为例)至20世纪前50年旅华的西班牙人在面对中国式的丧葬礼仪(尤其是乡村地区)时表现出的迷惑与冲突,详细地描摹了信仰天主教的西班牙人在华去世后,如何按照中国特色的天主教仪式进行安葬,从而揭开了中西文化交流史上不为人知的一面。

加泰罗尼亚开放大学的学者马丁内斯研究员,结合19世纪西班牙驻京领事玛斯在华的传奇经历,揭示了19世纪西班牙与中国外交政治关系的开端。玛斯在中国期间,力促西班牙政府与清政府签订了首份条约,坚持西班牙应打开中国港口以促进发展。后来,他由于与清廷关系良好而被任命为清政府驻葡萄牙的代表。

华东师范大学的宁斯文老师以19世纪文人的杰出代表胡安·巴雷拉和艾米莉亚·巴尔多·巴桑为例,展现了彼时西班牙乌托邦式的中国书写。前者用一种考古式的、逆历史潮流(anacrónico)的方式,无视晚清的中国或中国人在报刊媒体和公众舆论中的刻板印象,利用事件给了故事情节一个符合地缘政治冲突关系的结局。后者则以一种反历史(ahistórico)的方式,打破时间和地域的局限,跨越中西古今,对历史人物进行符合当下需要的搬运和改写。

阿尔瓦罗·莱昂纳多作为建筑研究员,描述了中国第一位西班牙建筑师阿贝拉多·来丰为上海建筑业的发展做出的杰出贡献。虽然来丰在上海面临来自英国、法国和美国建筑师的挑战，他依然留下了诸多建筑杰作，例如维多利亚影院、弗兰切先生新阿拉伯风格的独栋住宅和他的代表作"星星车库公司大楼"，而这些成就使得来丰成为20世纪来华最负盛名的西班牙建筑师。

综上所述，我们可以看到，得益于北京、上海这样的国际化大都市对于西班牙外交官、侨民、建筑家和资本家的吸引力，在18世纪一度中断的中国—西班牙文化交流得以恢复，为两国关系未来的发展奠定了坚实的基础。

20世纪上半叶在华西班牙人面对死亡和哀恸的态度

鲍晓鸥

台湾大学

西班牙人在华的历史及文化交流是中西关系研究的重要议题，其中，最常见的即为外交官、政治家、作家的生平经历。因此，本文所述内容并非传统课题，我们力图揭示在华居住的西班牙人面对自己或他人死亡时的态度，以及与之相关的丧葬和继承习俗；同时，我们也希望能够以此管窥某些文化交流的细节。想来这些内容应该与庞迪我的生活相距不远，因为他本人就曾凭借坚毅和智慧，与熊三拔一道处理了利玛窦的葬礼事宜，并按照中国的习惯，在墓地周边围上了栅栏。相比之下，我们对于庞迪我本人的丧葬事宜则知之甚少，因为自从他于1617年8月到达广州之后，对他生活的记述就寥寥无几，所知也仅限于几个月后的1618年1月他被驱逐到澳门，以及大约在同年7月9日，他在澳门溘然长逝。在生命的最后几个月里，庞迪我一直在等待万历皇帝允许他再次回到中国大陆的圣旨。

一 前言

（一）16世纪：特例——沙勿略的辞世

时光略作回溯，第一位在中国逝世的西班牙人想必是沙勿略无疑了。

1552年12月3日,沙勿略在对进入中国内地的无尽等待中辞世。在离开果阿时,他们一行七人,除沙勿略外,还有加戈神父(P. Baltasar Gago)、学生费雷拉(Álvaro de Ferreira)、席尔瓦两兄弟阿尔卡索瓦和杜德、印度仆人克里斯多弗,以及充当中葡翻译、有一定拉丁语基础的中国青年安东尼。在上川岛陪伴沙勿略的只有克里斯多弗和安东尼,其余人都已继续前往日本了。沙勿略,这位被自好望角以东的所有教区都奉为圣徒的传教士,在生命的最后时刻甚至没有一位神父的陪伴,而他却依然没有放弃秘密进入中国内地的希望。他的遗体后被运回果阿,并于1554年春季安葬。

充满磨难的旅程以这样的方式结尾,似乎缺少了史诗般的壮丽;但是,沙勿略与其他在中国逝世的西班牙人的区别在于,他的声名与传奇在此后的几个世纪里不断被传颂,他不仅得到了天主教会的认可[1],在日本传教的经历及辞世前的行迹也时常被作为典范来宣扬[2],描写他生平的作家和文学作品更是层出不穷[3],据此,在他身后的几百年间,面向沙勿略墓的朝圣之路上信徒们络绎不绝。奇妙的是,真正进入了中国的耶稣会士们,如罗明坚(Michele Ruggieri,1582年入华)、利玛窦(Matteo Ricci,1583年入华)、庞迪我(Diego de Pantoja,1599年入华)等,身后均未能享有沙勿略这样的荣耀。究其原因,想必是沙勿略作为开辟东方传教事业的先驱,其作用无可替代;此外,其遗体保持不腐,于1622年荣列圣品。

(二) 17世纪至18世纪:在福建的多明我会烈士

之后在华殉教的西班牙传教士中有若干位生前在福建活动的多明我会士,如:17世纪的谢多默(Tomás Sierra,1626年入华)和圣刘方济

---

[1] 1622年沙勿略由教皇格列高十五世封圣,而后先后被尊为"好望角以东土地的保护者""信仰传播的守护神""使命守护者""旅游保护者""纳瓦拉共同守护神"等。

[2] 著名画家牟利罗、鲁本斯、苏巴朗、安东尼·范戴克、卢卡·焦尔达诺、戈雅等均有取材于沙勿略的画作。

[3] 例如洛佩·德·维加、卡尔德隆、维亚麦蒂尔纳伯爵、米拉·德·阿梅斯库、纪廉·德·卡斯特罗等作家均有对他的描写。何塞—玛丽亚·佩曼的作品《不耐烦的神》中也有对他的描写。

（Francisco Fernández de Capillas，1648 年入华）。其中，谢多默与高琦（Angelo Cocci）于 1632 年由台湾进入福建，但只有高琦劫后余生，到达目的地后在中国短暂停留。圣刘方济在福建北部殉教，于 2000 年封圣。18 世纪殉教的传教士有：来自加泰罗尼亚的白多禄（Pedro Sanz，于 1747 年殉教），他于 1728 年被任命为福建的宗教代牧，两年后任主教。1746 年 7 月，他与另外四位神父（施方济、华雅敬、德方济、费若望）均被清廷抓捕入狱，自白多禄起，五人先后被斩首。1893 年 5 月 14 日，教宗良十三世将其晋封为真福。此处我们并非着意详细描述西班牙传教士 16 世纪至 18 世纪间在中国的行迹，而是意在指出，正如菲利普·阿里斯（Philippe Ariès）所说，这种类型的死亡，无论是否殉难，均应归类于"圣徒的特殊死亡"——与"世俗死亡"不同的是，这种"身体的死亡"正是获得永生的途径，这就是为什么基督徒会快乐地接受死亡，并把它视为新生。

（三）19 世纪：传教士，外交家，海员

进入 19 世纪以后，在华的西班牙人不仅数量增多，而且愈趋多样。除了多明我会士洪宝禄神父（Ángel Bofurull）于 1863 年在厦门高龄辞世外，还有西班牙驻澳门副领事弗朗西斯科·迪亚斯·德索布雷卡斯（Francisco Díaz de Sobrecasas）死于谋杀。时值 1856 年底，第二次鸦片战争爆发前夕，迪亚斯·德索布雷卡斯乘坐悬挂有英国旗帜的"蓟"（Thistle）号汽轮从香港前往广州，却不幸被伪装成乘客的清兵们杀死。最终汽轮也被焚毁。有趣的是，尽管英法两国均认为此事足以令西班牙加入战争，对华宣战，但西班牙却更倾向于对此持低调谨慎的态度，以免置菲律宾于被动之中。

我们曾试图在澳门的圣米格尔公墓寻找迪亚斯·德索布雷卡斯的最后安葬之处，但却未有所获，想来必定是其遗体始终未能得以收敛吧。但是，我们却在公墓中发现了另一块美丽的墓碑，其中隐藏了一段凄美的故事。墓志铭如下："阿尔弗莱多·奥拉诺（Alfredo Olano），1870 年 7 月 5

日出生于利马。本年12月24日在海上辞世。荣耀与主同在。"① 无疑，阿尔弗莱多·奥拉诺应为奥拉诺船长之子，其西班牙驳船"主权"号（Soberano）于1863年12月在台湾北部搁浅。此后，船长向西班牙驻厦门领事上呈了一份长篇报告，申请对该船所遭受劫掠的赔偿事宜。同样，我们还在1865年2月13日的《澳门政府简报》中看到，奥拉诺船长还于当年1月6日随"布里姆将军"号（General Prim），载182名乘客驶向利马的厄尔卡约奥港。我们尚不能确认奥拉诺船长是西班牙人还是秘鲁人，但无论如何，他终归是与西班牙关系密切，因为彼时秘鲁仍为西班牙殖民地，且所引用的西班牙的官方文件中有关于驶向秘鲁或古巴的华人记录。我们也无从考证那个小孩儿的母亲是西班牙人还是秘鲁人，是否为奥拉诺船长的夫人，在何处居住抑或陪伴船长出行。但我们能够确认的是，当他们父子从厄尔卡约奥港出发返回澳门时，婴儿还不及五个月大，即踏上了这趟厄运之旅。这位经验丰富的船长曾经多次在恶劣的环境下力挽狂澜，例如"主权"号的航行和运载"苦力"们都不在话下，但却在1870年的圣诞节收到了如此惨痛的"礼物"：幼子的夭折。给未满半岁即撒手人寰的孩子的补偿是一场体面的葬礼和一块漂亮的墓碑，一如同时代长寿之人的葬礼一般。墓碑上嵌入了富有喻义的"海"字，相应的，奥拉诺船长本人的命运也终结于斯。

另一位值得一提的外交官为西班牙驻华公使法乐德（Tiburcio Faraldo），他于1875年11月24日在上海辞世，原因不详。洪宝禄神父与法乐德公使身边不乏有人坚持认为他们的逝世应该被铭记，因而，很有可能是某位多明我会士将洪宝禄神父墓的照片嵌入到1863年的《西班牙与美洲图册》，借此纪念这位长期在中国生活并得以寿终的传教士。由于图册中并未收录同时期的其他类似图像，故其意义不可替代。而法乐德公使的墓碑照片则由一位继任者交予公使秘书恩里克·德奥塔尔以及里克。这张照片被保存在公使生平业绩中，但却未能收录到《西班牙及美洲图册》中。通过对照两位逝者的墓地，我们可以看出当时在华的西班牙传教士与外交官的迥异命运：洪宝禄神父的墓地坐落在厦门附近的乡

---

① 缩写字母G.I.D有可能代表"Gloria In excelsis Deo"，意即"在天堂与上帝同荣"，一般用在婴儿的墓碑上。

村，遵循中式风格；而法乐德公使的墓碑则按照西方尤其是法国的习惯，置于城区的公墓一隅。此时恰逢中法战争爆发，与法军侵占基隆时隔不久。

五年之后，还有两位外交官猝死，他们分别为西班牙全权公使伊巴理（Carlos Antonio），他在1880年10月1日由于坠马受伤不治而亡；另有上海领事阿尔贝托·德·加雷（Alberto de Garay），在检查归来后回到唐纳·玛丽亚·德莫利纳，仅过十日，即淹死在上海码头。在1880年10月14日的《华北先驱报》中，有一则消息报道了两人的死亡。伊巴理公使在去世的当天即接受了传油圣事，第二天在使节公墓举行了葬礼，所有的外交公使均出席，同时，多个驻华使领馆均降半旗致哀。据传，1877年4月，也就是两位外交官去世前三年半，西班牙曾上呈一份关于中式葬礼的报告，其中可见中西两国丧葬习俗大相径庭。另有一份报道，尽管内容略显粗浅，但其间的尊重之情却可见一斑，是罗曼·巴约·苏努尔（Román Batlló Suñol）用图片记录下的1900年（或1903年）举行于北京的一位贵族的葬礼。图片均为远景，内容新奇，人物形象令人动容。而阿尔贝托·德·加雷知道出事的次日，遗体才被找到，当日晚即在上海举行了葬礼，当地的驻华领事及外交官参加了葬礼。葬礼次日的官方追念甚至比北京伊巴理公使的还要隆重，降半旗致哀的除了所有外交使领馆外，还有上海若干军警机构，包括华人驻军、英法轮船等。同时，为了杜绝各种猜疑，关于德·加雷的死因报道极为详尽，以此证明他是在跳到浮桥上时落水，纯属意外，并借此建议应该采取何种措施来避免类似的惨剧发生。也许，给出一个明确的解释也是为了不使这起死亡事故成为一种忌口，也如同Ariès所指，"猝死会被认为是耻辱的"。

另有一位西班牙水手佩德罗·佛罗伦蒂诺，他于1856年前后从菲律宾到达了淡水，并在那里扎根，与一位中国女人结婚，后嗣绵延数代。但有趣的是，尽管他后来有了中文名字，并在生活上完全融入了东方世界，他的后代也没有在西班牙的史料中留下记载，但他本人却始终自认为自己是外国人，他在家中设置了一个天主教神龛，死后葬在淡水的外国人公墓，身边安葬的多为加拿大人，如1871年到达淡水的麦凯牧师（Mackay）就是其中之一。也许正是出于这一原因，他的墓志铭是用英文写成的，内容简介明了，"1884年去世，时年69岁"。这块铭文，在几个世纪里静静地与其他同样记述死者生前行迹的墓碑们一道，矗立在基隆的法国公墓里。

二 20世纪前三十年

（一）魏象爵（Francesc Bernat，1913年）：一具尸体的政治用途

该方济各会神甫于1913年6月13日在榆林府的葭州①被社会动乱之中的暴徒袭击致死，但相关的消息并没有揭露神甫抗击暴徒时的情形，而只是表达了三位官员的态度，这三位官员分别是西班牙大使路易斯·帕斯托尔·伊莫拉（Luis Pastor y Mora）、作为辖区负责人的法国大使以及当地的天主教领袖——北陕西延安教区主教易兴化（Celestino Ibáñez）。

外交文件表明，魏象爵神甫为西班牙人，但供事于法国教团"Tug Tch'ad Tch'ai"，法国公使阿莱杭德罗—罗伯特·孔蒂（Alexandre-Robert Conty）即刻知会中国外交部，提请采取措施，保证出事地点的安全，并表示"保留进一步谈判的可能性以获得必要的赔偿"。似乎路易斯·帕斯托尔的消息比法国大使的到得更晚，他呈报的消息于1913年12月到达马德里西班牙外交部，在他的信息中，中国政府已经火速采取了适当的措施，以"一位更有能力之人来取代葭州的副省长之职，并将让罪犯首领付出代价"。同时，中国政府也通知法国方面，"现已下令陕西地区的民政当局与法国主教（原文如此）联系，以尽可能迅速和满意的方式来解决此事"。西班牙大使路易斯·帕斯托尔同样向中国外交部提出申诉，但却被告知已经派出代表与法国主教一道展开全方位调查。

关于这一事件的文件有若干份，其中非常值得注意的是路易斯·帕斯托尔大使1914年2月26日撰写的文件。由此可见，此为第一起在谋杀西班牙传教士的案件中可见本国的外交斡旋努力的案件。② 事实上，在帕

---

① 今陕西省榆林市佳县。
② 相反，20世纪二三十年代是中国土匪盛行的年代，对于传教士们来讲是尤其艰难的年代。外交官的报告中经常会谈及这些事件。加里多·西斯内罗部长1934年4月20日的文件中列举了自1926年始的多起袭击、绑架、杀害传教士的事件。见中西档案 Archivo China - España，http://ace.uoc.edu/items/show/737。

斯托尔大使的报告中所列以往类似情况中，只涉及在义和团运动中死去的外国人，并提及"各列强向中国要求进行总体赔偿，仅支付总额即可，无需理会每国的各自要求"。①

关于赔偿事宜，帕斯托尔指出，当时法国的标准占主导地位，根据这一惯例，"现金赔偿从未用以救助死者家属，而是用于修缮遭破损建筑、修建教堂、墓志铭、纪念碑等"，路易斯·帕斯托尔经询问了美国、意大利和德国的外交官，发现他们也都一定程度上接受法国的做法，他在报告中总结道："在我看来，要求为受害者家属、子女或亲戚争取货币赔偿，似乎是没有依据的。"在这一方面，西班牙驻华大使接受了法国的处理提案，想必是为了避免引起争端，不得不把传教士本人放在第二位考虑了。

同时，出于对解决方式的疑问，帕斯托尔大使也接受了前文提及的北陕西延安教区主教易兴化的建议。在中文材料中，易兴化主教常被划归为法国人。此时，主教身在罗马和西班牙，他1913年12月返华后，旋即与中国当地官员接触。随后，在返回罗马处理方济各会务前，主教改道北京，与帕斯托尔大使沟通了所知情况。如大使所言：

> （易兴化主教）已与地方当局达成共识，将公开并极尽尊荣地安葬魏象爵神父的遗体，将建造一座坟墓，修建一座老房子作为孤儿院……同时，易兴化主教还要求当局支付一万两，以作为日后修缮及维护所用……主教特意提高了要求数额，以备后续即便减少也可仍尽人意。

在报告的最后，帕斯托尔大使似乎表现出了对于"形势已在掌控之下"的满意之情。易兴化主教表示，他从罗马回来之后，将随时告知帕斯托尔大使事态的进展情况。但是，根据已有材料判断，由于与中国当地教会的密切联系，主教似乎已经替大使做好了所有工作。

此事件的有趣之处就在于，它说明了无论是法国还是西班牙的外交

---

① 据此看来，未见有关西班牙人在义和团运动中丧生的记载，参见 https://catholic-saints.livejournal.com/14071.html#/14071.html。

官们，对于如何以外交手段解决事情的重视程度都远远大于如何对待当事人。外交机构和教会当局都向"法国处理方式"低头，因为这似乎是最容易在解决外交争端时得到采纳的；只有易兴化主教才费心为受害的魏象爵神父争取一块有尊严的安息之所。当然，易兴化主教也没有完全屈从于"法国处理方式"，而是借此修建了孤儿院，而帕斯托尔大使也指出，"在交付赔偿金的问题上，从来没有见到中国当局如此欣然接受的情况"。

（二）罗莎·安东（1927年）

现在我们来讲述多明我会女修士罗莎·安东的故事。她当初被指派到福州传教。至19世纪中叶，中国已经建立了很多天主教孤儿院。福建省的西班牙多明我会力量比较雄厚，20世纪初，在孤儿院中工作的即为多明我会修女，她们直接负责对孤儿们的日常看护。众所周知，1927年在中国各地爆发了一系列的革命事件，上海和福建等地均受到波及。面对社会的动荡和随时被占领的风险，修女们不得不撤下收容的幼儿，前往当时被日本占领的台湾避难。此时，有两位修女到了"打狗"（即现在的高雄），三位到了厦门，两位到了漳州，避难的修女共有十七人。其中，罗莎·安东修女刚从福州逃出后的第十五天，灾难就降临了。由于身心所受重创无法恢复，到达台湾后仅一个半月，安东修女即身死。①

罗莎·安东所代表的是另一种教士之死。这位来自马德里的年轻修女，远赴一个毫不熟悉的国度，无论是习俗还是环境都与原来迥然不同，社会的恶劣形势也超出想象。到达中国十五天后，她就遭遇了一群民兵，他们要从她的眼前把福州一路带来的孤儿们拖走。这一景象令她崩溃，对她内心的冲击甚至远远大过此前从福州到厦门的奔波之苦。此时，安东修女的内心就开始承受煎熬折磨，她被带到高雄后，仅四十天即撒手人寰。

围绕这位修女患病、死亡、葬礼、纪念等的情形，均由其教友们纳入

---

① "罗莎·安东的葬礼"（"Entierro de Sor Rosa Antón"），参见 *Misiones Dominicanas*, 1927, pp. 270–272; "Una víctima de la actual persecución en China", *Misiones Dominicanas*, 1927, pp. 287–288。

了《多明我会传教团》①中。其中关于她患病、身死之事，我们能找到如下记述：

> 在最先到达这里的四位修女中，有一位年轻的罗莎·安东，到华后四十天左右即入天国。她到达后不久就感觉很不适，起初我们认为是由于饮食不调，所以也未曾十分在意；但在看到随身的药物都无效时，我们便请来了这里最好的日本大夫，但一切努力都无济于事，最终安东姐妹还是离开了我们。她的病源在于此前的一次精神伤痛。5月20日，我们整个教区为她举行了葬礼，神父也亲自参加。

关于葬礼情况的叙述有："上午九点，我们把安东修女的遗体抬了下来接受祝祷。第二天上午，我们在弥撒中唱《安魂曲》，以求她的灵魂得到安息。在她的遗体示众之始，高雄的基督徒们不断前来为她颂祷《玫瑰经》。"

此后即是入土及哀恸。当事人生前是如此年轻，且客死异乡，对她的哀悼也令人动容：

> 21日下午，在"打狗"村举行了严肃隆重的葬礼。下午三点，教堂的后院聚集了基督教友，前来送修女最后一程，院内排放着无尽的花冠、横幅和旌旗，从当地挑选出的八位基督徒抬着棺木前行，尸身裹着洁白的布。待挽歌唱毕，这几位教友将修女的棺木安放在墓穴之中，并与其他教友们一道，为她立上了一块墓碑。

可见，这次葬礼是遵循了中国的习俗，有着"无尽的花冠、横幅和旌旗"。但此后的第二次哀悼，则是按照西方的做法，更加私密、更加充满感情，高雄孤儿院的女孩儿们围绕在安东修女墓边，她们都接受过多明我会的照拂。无论是中式还是西式的纪念仪式，都表达了人们对逝者无尽的哀思。

---

① 参见 Misiones Dominicanas, 1927, pp. 270–288。

(三) 阿贝拉多·来丰（Abelardo Lafuente，1931 年去世）

建筑师阿贝拉多·来丰是上海 20 世纪 20 年代的名人。他于 1914 年来到上海，很快就被"电影大王"安东尼奥·雷玛斯（Antonio Ramos）委派设计建造了夏令配克（Olympic）大剧院。1921 年，他结识了布拉斯科·伊巴涅斯（Blasco Ibáñez）后，其新穆德哈风格（即西班牙摩尔风格）受到了后者的赞赏。他也曾为企业家阿贝托·科恩（Alberto Cohen）效力。很多工作他是与美国建筑师伍藤（G. O. Wooten）共同完成的，例如 1917 年竣工的浦江饭店（Astor House Hotel）新歌舞厅。来丰的事业辉煌时期在 20 世纪 20 年代，如 1924 年完成的光华饭店（Majestic Hotel）歌舞厅，1928 年的带有国际风格的"雷玛斯公馆"（Apartamentos Ramos）等等。他也曾在 1927—1930 年到美国和墨西哥创业，但在 1929 年的世界金融危机大萧条影响下，他又回到了上海，继续已经有了一定根基的建筑事业。不幸的是，他此前在墨西哥期间染上的旧疾复发，花甲之年从美国赶回上海的旅途劳顿更加剧了病情，原本可以蒸蒸日上的事业由于健康原因而不得不终止。一位德国医生力求陪伴他余下的旅程，并向他建议到达上海后立即入院就医。但人事天命已无回旋余地，最终，来丰于 1931 年逝世于上海总医院，很有可能被安葬在了法国公墓。[①] 据估计，来丰去世前应该还有时间前往领事馆留下遗嘱，但我们却未能有幸得到书面印证，因为上海领事馆的材料有据可查的只有 1932—1939 年。

三　20 世纪 30 年代的遗嘱

20 世纪 30 年代上海快节奏的现代都市生活吸引了很多外国人，当然，也有不少西班牙人终老在这座城市里，其中有不少人的资料在领事档案中尚有据可查。例如，若想了解 1932—1939 年在上海生活的西班牙人的情况，可以查阅位于阿尔卡拉的行政档案馆（Archivo de la Administración de Alcalá de Henares）的"1932—1939 年公共文书"（*Protocolo de Instrumentos Públicos Correspondientes a los años 1932 - 1939*）。

[①] 谨在此感谢建筑师、研究者阿瓦罗·莱昂纳多·佩雷斯（Álvaro Leonardo Pérez）提供的关于阿贝拉多·来丰最后时日的资料。

其大致内容如下表概括：

表1   上海领事馆公证活动信息（1932—1939）

年份	1932	1933	1934	1935	1936	1937	1938	1939
遗嘱	2							2
授权书	10	7	10	7	5		3	10
付款抗议	4	1						
商业公司文件	2	4	1	1				
其他			1	2			1	
总计	18	12	12	10	5	0	4	12

资料来源：笔者自绘。

在所有的这些信息中，目前我们最感兴趣的是"遗嘱"一项。正如菲利普·阿里斯（Philippe Ariès）所言："遗嘱通过文字和口头仪式再现了过去的死亡。在进入文字和法律的世界之时，那些礼仪的、集体的、习惯性的方面逐渐剥离，通过遗嘱，死亡变得更加具有特殊性和个性意义。"同时，正如我们所见，通过遗嘱这一途径，死亡得以更好地在无形中对现实进行掌控。

透过那些生活在法租界的西班牙人的情况，可以印证法国的叙述有理："1900年的人均寿命为45岁；1935年则上升为61岁。"所以，以上四个有据可查的实例中，主人公们均在接近平均寿命的年龄过世：坎德尔63岁，科恩64岁，里瓦斯51岁，乌利亚52岁。

（一）热罗尼莫·坎德尔·卢比奥的遗嘱

坎德尔以前是西班牙军队的中士，曾派驻菲律宾，战争结束后来到上海经商，并于1911年创建了"帝国"卷烟厂。该厂进口菲律宾的烟草，在上海制作成香烟，并包装、出售。我们不知道卷烟厂经营了多长时间，但可以确认的是，后来坎德尔还拥有一家名为"西班牙"的礼帽店。

坎德尔的健康状况从1932年起开始恶化，因此，他请上海总领事担任公证人，留下了一份遗嘱。韦斯柯斯·费雷尔领事证明，坎德尔已经"病入膏肓，恐已时日不多，趁头脑尚且清醒，愿留嘱身后之事"。

作为一名西班牙军官，他正直诚实、虔心宗教，即将在华逝世前，首要的心愿就是"遗体按照生前笃信的天主教仪式处理"。而后，坎德尔表示自己"既无前辈又无子嗣，亦无远亲可继承遗产"，因此，其身后所出将全部归其妻室所有。韦斯柯斯·费雷尔说："其合法妻子玛丽亚·卡门·特雷萨·苏埃塔洛·余戈（Doña María Carmen Teresa Suetaro Yugo）为唯一全权继承人，并作为遗嘱执行者，拥有法律所赋予的所有权利，且身后事宜一应按照宗教惯例安排，以望逝者灵魂得到永久的安息。"这正是对日渐式微的"虔诚条款"的回应，正如阿礼艾斯（Ariès）所指出的："在19世纪，虔诚条款的逐渐消失增加了临终对话、临终告别的重要性，也使最后坦诚公开的交代变得更加必要。"作者还补充道："（经过一段时间）亲密而庄重的交流之后，要保证临终者生前的最后时光不受忧虑的困扰。"

坎德尔夫人的名字（玛丽亚·卡门·特雷萨·苏埃塔洛·余戈，María Carmen Teresa Suetaro Yugo）令我们联想到，有可能这是一段跨国婚姻，因为女方的父姓和母姓均比较特殊。第一个姓"苏埃塔洛"（Suetaro）非西班牙姓氏；而第二个姓则在文件中有修改痕迹，字迹不清，既有可能是"余戈"（Yugo），也更有可能是"余诺"（Yuno）。推断起来，有可能其夫人为日本人，后取了一个西班牙名字（玛丽亚·卡门·特雷萨，María Carmen Teresa），而除去难以辨识清楚的第二个姓外，其第一个姓同时也有可能是"舒塔洛"（Shutaro）。

如果这一理论成立的话，那么坎德尔则确有可能是拉腊科埃切阿（Larracoechea）的小说《鸦片的土地》（*Tierra de Opio*）中人物班德尔的原型，小说中关于丧葬哀悼的记载和描述与坎德尔的葬礼相差无几，而我们也知道作者一贯喜欢在作品中影射真实事件。[①] 在作品中有两场葬礼的比较，一场是菲律宾的土生白人安东尼奥·德拉·克鲁斯，他的妻子是菲律宾人；另一位是班德尔，妻子是日本人。德拉·克鲁斯参加了班德尔的葬礼，因此他感受到了那位日本遗孀"对亡夫的绝对恭顺，至少外露如此"。同时，遗孀的神情感受中也的确有不可捉摸之处："她眼角

[①] 值得指出的是，尽管小说发表于1941年，但内容却从1932年开始，此时拉纳克埃切拉开始担任上海副领事，坎德尔于同年或稍后去世。无论何种情况，拉纳克埃切拉均可能持有关于坎德尔遗嘱的信息。

低垂,面纱遮住了她那紧闭不动的嘴唇……此时,德拉·克鲁斯想起了他的母亲,塔加路族信徒,相信生命和死亡,与他的父亲相遇。这真是一个由埃斯科里亚尔修道院修士用马来血脉雕刻的灵魂啊!"

通过这份文件可知,很多西班牙裔的移民,即便与东方人通婚,但在他们的临终之际,仍然保有深厚的宗教情感,并充分遵从来源地的文化习俗。我们还可以看出,阿里亚斯所指出的"缩短哀悼以回避死亡情感"的现代意识尚未形成。坎德尔的情况仍然说明:"死亡是一种公开的、有仪式感的事件,由死者生前亲自参与组织。"这也就是为什么拉腊科埃切阿在作品中"要求"坎德尔的遗孀表现出更强烈、更公开的哀恸。

(二) 阿贝托·科恩(Albert Cohen)

阿贝托·科恩向我们展现了另一种很特别的西班牙人实例。科恩是西班牙犹太人,由于经济状况优越而在西班牙海外团体中享有较高的社会地位。他拥有上海最大的人力车公司 Star Garage Company,并与安东尼奥·雷玛斯等电影大亨们保持业务合作。科恩于 1905 年从君士坦丁堡来到上海,发财后与另一位西班牙犹太人后裔琳达·海姆(Linda Haim)结婚。海姆比科恩略晚到达上海,同样来自君士坦丁堡。他们的家族谱系如图 1 所示。

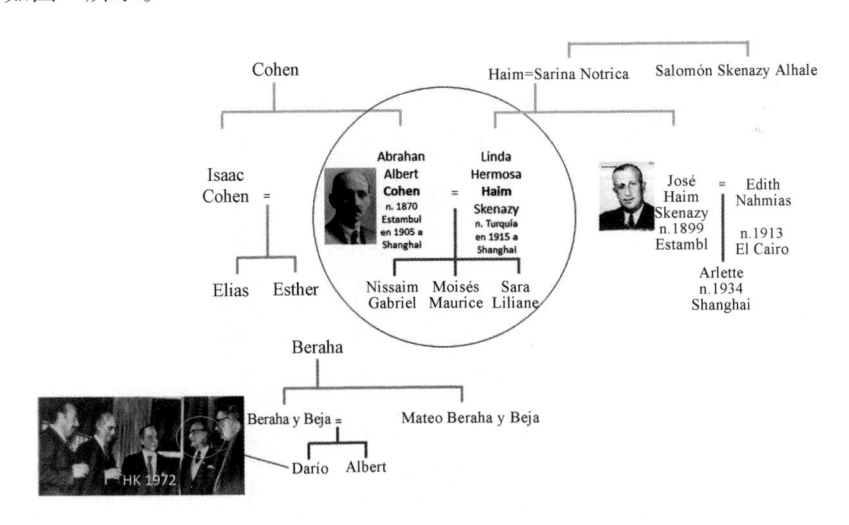

图 1 科恩与海姆夫妇家庭谱系图

1925年，布拉斯科·伊巴涅斯（Blasco Ibáñez）在作品《一位小说家回归世界》中，把他描绘成了殖民地的一位百万富翁。1927年，在向布拉斯·德雷索军区致敬的宴会之后，科恩现身光华饭店（hotel Majestic）大门口，与其他西班牙人合影。由于科恩特殊的社会地位以及布拉斯·德雷索的重要性，他受到了非同寻常的传奇礼遇，这在西班牙外交官团体中都不多见。例如，西班牙驻华大使加里多·西斯内罗在1927年11月13日发往外交部的电报中称：

"（驻北京）使团前秘书长兼西班牙驻上海领事——曼努埃尔·阿卡尔·马林，本月十五日到达上海，在此居住的多数为受保护的犹太人，对于西班牙在该港口城市的利益兴趣不大。"

阿贝托·科恩在其事业到达巅峰之际染上了重疾。1932年1月28日，时年61岁的科恩决定在总领事爱德华多·巴斯克斯·费雷尔的公证下立遗嘱。科恩首先规定了核心家庭的继承人，巴斯克斯·费雷尔写道：

> 阿贝托·克恩先生在头脑尚清醒之际公开立嘱，规定其遗产的全部继承者为自己与合法妻子琳达·艾尔摩萨·海姆·斯克纳吉（Linda Hermosa Haim y Skenazy）的三位婚生子女：尼萨姆先生、摩西先生、萨拉小姐，以及妻子海姆女士，后者将定期获得遗孀抚恤金。

遗嘱的其余部分明确规定，其财产将平均分配为四部分，受益人分别为三位子女和遗孀，在子女未成年时，其份额由其遗孀代为管理。该遗嘱充分显示了阿贝托·科恩的商业头脑和强烈的家庭意识。正如领事所指出的一样：

> 立嘱人的目的是保持遗产的整体性，使其尽可能在继承人未成年时仍能得到最大限度的合理利用。该设想的初衷是维持家庭联系的稳定性，使财富的增长不仅仅依托于父辈的努力，更有赖于整体经济利益的扩大。

最后，遗嘱中也体现了科恩在上海结交的社会关系网。他规定了遗嘱的保证方为上海西班牙奥古斯丁大公会（并未规定具体执行人姓名，意即以当时的情况为准）及马岱欧·贝拉哈——君士坦丁堡出生，居住于上海，受西班牙法律保护。科恩还补充道："去世后在西班牙获得或产生的财产，将委托居住在马德里的安东尼奥·雷玛斯·厄斯佩霍管理。其中，希望受托人能与身在上海的逝者遗孀商议进行。"总之，其财产均留给了家人，在产生纠纷时依靠宗教首领（我们仍然无法确认科恩是天主教徒、犹太教徒、其他教信徒抑或是无宗教信仰[①]），或另一位与其无血缘关系的西班牙犹太人团体成员（贝拉哈）以及已经回到了西班牙的原电影界商业伙伴（雷玛斯）。另外，科恩还规定，他死后将会赠予埃利亚（Elía）和埃斯特尔（Ester）各1000英镑，两人均为其兄弟伊萨克·科恩（Isaac Cohen）的儿女，当时住在君士坦丁堡。此条款更加凸显了科恩强烈的家族观念。

需要指出的是，在文件生效一年后，"1933年，科恩家族、阿贝托、琳达，以及他们的后代加布列尔（乔治）、莫利塞·阿贝托及莉莉安娜（莉莉）前往洛杉矶，以使父亲阿贝托能够继续接受治疗。不幸的是，他最终还是于1934年4月3日辞世了，享年64岁"。此部分的突出意义在于让我们再次看到了死前接受治疗的极端事例，为寻求更好的医治，科恩甚至不惜前往美国。

四 西班牙内战结束后的遗嘱

（一）安东尼奥·里瓦斯·奥特罗（Antonio Rivas Otero）

安东尼奥·里瓦斯·奥特罗的遗嘱有其独特之处，该遗嘱签署日期为1939年10月20日，这份文件也是我们唯一可以用来了解逝者生平的依据。里瓦斯是拉科鲁尼亚省圣马丁—德—波尔图人，未婚，是一名机械师，居住在上海，立遗嘱时51岁。我们尚不知他是如何到达中国的，

[①] 在这一点上，我们需要重点指出三位宗教人物：托马斯·奎瓦·安德雷斯（Tomás Cueva Andrés）神父，托马斯·阿莱杭德罗·埃雷洛（Tomás Alejandro Herrero），奥古斯丁神父艾梅兰西亚诺·卡斯特里约·莫拉蒂诺（Emerenciano Castrillo Moratino）。

但透过字里行间所传达的信息可见,他对自己的父母和祖国怀有深沉的爱。作为职业机械师,加上非凡的储蓄能力,也可能兼有其他的工作,此时他已经积攒了一小笔财富。看来形容他的不仅仅是"慷慨",更应该是"伟大"。遗嘱的开头是这样说的:

> 在我死后,我的财产将留给拉科鲁尼亚省喀巴尼亚斯市政府,用于在圣马丁—德—波尔图建造一所学校,以便该镇及周边的孩子们能够受到应有的教育,选址须在我的出生地马丁—德—波尔图,辐射方圆六公里,包括蓬特德乌梅、喀巴尼亚斯、拉拉赫、黎默德雷等地;我希望这所学校将来不会易址,而是作为对我的父母梅克尔·里瓦斯(Melchor Rivas)和多洛雷斯·奥特罗(Dolores Otero)的纪念。

安东尼奥·里瓦斯在后文中又对学校的未来做了一定的规划,希望能够提供实际和现代的教育[1]。他看起来是一个严肃而有一定教育水平的人,也有可能是自学成才,他表现出了慈善心和社会主义倾向[2],并有一定的组织能力。他算是有钱人,也懂得如何使用财富,知道在死后该怎样分配钱款。[3] 根据遗嘱中所运用的确信语气可知,他所积累的财富应该

---

[1] 该遗嘱意义非凡,其后文还提到:"该校教育也向女学生开放。学校将成立一个委员会,由以上所提到的村镇各选出一名代表,包括喀巴尼亚斯、蓬特德乌梅的教师。教学委员会商议决定对学生最有益的教育内容,例如高中教育、贸易、数学、绘画、速记与实际操作、音乐、英语等。蓬特德乌梅的音乐教师可以每星期来圣马丁学校授课两到三个小时;费罗尔的音乐老师也可以每周授课三次,这样就不必常驻圣马丁学校,以此学校减少开销。教学会议可在周日举行,以便不影响各自的正常工作时间。召开教学会议所产生的旅费、食宿,均由校方负责。学校将存有一份本遗嘱文本以及一份遗嘱资产文件,以便考虑计划教育设计事宜。教学模式一经商议确定,即报请马德里教育部审批备案。若资金不够,望通过年轻人的赠予填补空白;若有剩余,则使用到环境绿化、社区建设、公墓维护等公共事务中。我死后,一经西班牙教育部批准,西班牙驻上海总领事将会把我的遗嘱复件传送到圣马丁市政府,并向相关负责人员介绍情况。学校教育委员会将负责联系西班牙驻上海领事馆,报请教育使用资金。该转款可每三个月寄往费罗尔的银行。"

[2] 通过反复使用"委员会"一词,可见当事人对于教育平等的追求,当事人利他主义的精神表现得淋漓尽致。同时,他尊重国家最高教育机构,并视其为遗嘱执行的最终保证。

[3] 遗嘱中写明:"我的资金文件存放在上海市宁波路50号上海商业储蓄银行5532保险箱。该保险箱将由西班牙领事馆和一名银行官员同时在场开启,二人均将对内容进行盘点,并将使用的资金副本提供给香港上海银行公司,后者将负责收取中资银行的利息,并存入位于上海的香港上海银行的储蓄账户。"

足够完成这一理想了。

另一方面,他也确信自己的意愿能够得以实现。正如阿里亚斯所指出的,这正是两个多世纪以前开始建立的信心:"从十七世纪起,逝者完全抛下家庭……他们只需在生前将愿望明确表达,死后他们身边的其他人将保证逝者的愿望得以实现。"为此,甚至公务员们将不远千里到达遗嘱的执行地点。里瓦斯似乎能够代表一批在上海居住的西班牙人:远走他乡,有知识情结,并未完全融入中国文化。

(二)阿尔弗莱多·乌利亚·伊·阿玛拉(Alfredo Ulía y Amara)

我们最后提到的遗嘱主人是阿尔弗莱多·乌利亚·伊·阿玛拉,立嘱日期为1939年12月16日。立嘱人为单身,时年52岁,似乎知道自己时日无多,且尚有一份银行的财务问题亟待在有生之年解决。从他的两个姓氏来看,他应该是巴斯克基普斯夸省人,因为他的父姓代表着圣塞巴斯蒂安的标志性山脉,母姓则是该城市一个古老的街区之名,两者之间仅隔一条乌鲁梅阿河。遗嘱中表示本人未婚,但所有的财产将留给罗莎·简·瓦尔特夫人,由此可推断两人间一定有比较巩固的个人关系。同时,为了令瓦尔特夫人及所有与乌利亚有财务义务的人都清楚,他带去的遗嘱原件为英文版,并在公证仪式中被翻译成了西班牙文。

这显然又是另一种类型的遗嘱,内容既不涉及逝者家人也没有关于葬礼和哀悼的条款,连立嘱人自己的个人意愿都未多体现,反倒是主体在谈另一个人(很可能是主要受益人)的权益。遗嘱似乎主要是解决经济问题,最终的遗产均将转给瓦尔特夫人,而乌利亚的贷款关系的指向人则为迈尔(Maier,德国人)和沃特梅德(Woltemade,很可能是美国人),因此,首先应该把这两位先生相应的部分偿清,这也就解释了为什么乌利亚将迈尔定为了遗嘱执行人。

五 结论

前文我们简述了几件围绕在华西班牙人辞世的事例,叙述中既有当事人,又有旁观者。同时,我们也注意到,在丧葬哀悼的礼仪程序中,传统因素仍起重要作用,但同时也在逐渐向现代生活靠近。基于以上考虑，我们得出了以下几点结论：

19世纪末，在面对死亡的问题上，最大的态度变化就是对医学的依赖程度增加，正如阿里亚斯指出的，"19世纪八十年代起，就医开始成为了必要步骤，而这在此前的五十年代尚未形成意识"。例如1927年去世的罗莎·安东修女，同伴们原本只使用"自创手段"来照料她，后见无甚效果，修女的病情加重，于是便开始求助于日本医生，而且是"高雄能找到的最好的医生"。在20世纪，就医、住院逐渐变得常见。例如前文所提的来丰建筑师，在患急症时遵建议，产生了紧急入住上海的意愿，只是未收到预期的效果。还有阿贝托·科恩在1932年由于对上海的医疗条件持保留态度，而其本人的经济状况又允许，故最终选择了到美国就医，但最终美国医生也回天无力，主人公还是在几个月后辞世了。这就是阿里亚斯戏谑称呼的"医疗化"，这里"医疗变成了喜剧"，也就是模糊了患者的情况。①

现在我们再来看坎德尔的例子。这位西班牙人是"菲律宾土生白人最后一代"，他面对死亡并未表现出任何胆怯的态度。作为公证人的总领事表示："尽管已经病入膏肓，并知道自己的生命已经快走到尽头，但他却展现出了对现有生活的热爱和享受，头脑也非常清醒冷静。"也就是说，坎德尔亲自宣告了自己在世时日不多，并依据惯例，对身后之事做了理智的交代。按照阿里亚斯的说法，此举让不可避免的死亡变得更加温情，"从19世纪后半叶开始，对死亡的宣告似乎变得更加费力，这也正是谎言的开始"。

宣布死亡临近往往也伴随着通过遗嘱来安排身后之事。遗嘱很难分类，毕竟每位当事人是根据自己的标准和亲疏远近来界定的。因此，同样是阿里亚斯的论断："可以说，通过遗嘱，死亡变得更加具体化和个性化。"我们已经看到了四种不尽相同的情况：坎德尔，无子嗣，因此所有的遗产都留给了日本妻子，但唯一条件是葬礼要按照天主教传统进行；西班牙裔犹太人科恩，将遗产平均分为了四部分，三个孩子和遗孀各得

---

① 值得一提的是，关于死亡的禁忌仍在增长，因为我们所处的时代环境，电影、小说、网络资源等都影响着我们对于死亡的认知。我们也认识到，自己在有生之年可以生活得更好，而且我们知道如何更好地在家中等待死亡，而不必在手术室或重症监护室里度过余生。

一份，这样安排的主要目的是保持财富的整体性，并仍能够为家人所用；终生未娶的西班牙机械师里瓦斯，心中唯一想着的就是用生前积累的财富为家乡加利西亚建造一所学校，以便自己毕生所得能为民众带来实际的福祉，根据他的语气可以推断，其他人会遵从他的遗愿，保证其执行，他也会赢得后人的尊重；第四种情况则是乌利亚斯，他把财产留给了并非亲属的罗莎·简·瓦尔特夫人，同时为了避免未来的纠纷，首先将遗留的贷款问题交由德国和美国的受托人处理。

至于死亡的地点，可想而知，生活在一个遥远的、文化习惯迥异的国度，日常遇到的困难应该是层出不穷的。很多生前居住在上海的西班牙人年纪轻轻，单身，我们也鲜有关于他们生平的记述。在这些零星的关于私人生活的材料中，几乎不见第二次世界大战（1939—1945）和中国解放战争（1945—1949）之前的史实资料。我们的推断是，他们要么回到了西班牙，要么前往其他国家碰运气。无论如何，仍然有一些像洪保禄神父这样终老在中国的传教士，像坎德尔这样在东方走完人生最后道路的企业家，还有像科恩这样在中国发达但身死于美国的例子。有时，出于与同族同种人相聚的动力驱使，举家移民的情况也时有发生。①

同样，还有一些在中国猝死的例子，他们当然无法选择自己的安息之所，也可能没有人能够帮助他们完成遗愿。② 这种情况下，西班牙在中国的外交墓地就成了他们的最终归宿。例如法乐德，我们甚至不知道他是否结婚，在中国是否有家人。类似情况的还有伊巴理，根据消息报道，我们似乎找不到关于他家人的任何线索，还有十日后命丧黄泉的上海公使阿尔贝托·德·加雷。关于这些西班牙在华外交官的安眠地，我们所知道的就是位于西式风格的法租界公墓，也就是说，按照天主教礼仪安置，墓碑中有方尖碑或石柱，而并没有中国或东方墓葬的痕迹。法乐德的墓碑尤其突出，周围的绿树环绕为它平添了浪漫传奇的氛围。

而传教士们的墓地则与中国文化更加贴近。如洪保禄神父，他先于

---

① 时至今日，跨国婚姻的情况越来越多，回到出生地终老也已经不那么容易，因为这意味着与后代切断联系。
② "接受和超越死亡的最好方式之一就是帮助死者实现意愿，或是尽量避免重拾事故当时和死亡氛围的感受。"

法乐德十二年去世，葬在福建的乡村地带，墓地按中式习俗建造。另外，照片（如雕版画所示）中可见，神父的墓碑周围是一群中国孩童，想必是追随他的信众。尽管石碑本身为天主教风格，质朴、简单、用拉丁文书写，但却融合了福建乡村的丧葬元素。庞迪我为利玛窦所准备的墓地亦即如此，利氏墓碑以明代中式石碑为原型雕刻，并以此开创了耶稣会士在华墓碑的先例。我们再来关注一下 1927 年罗莎·安东修女的葬礼，虽然死者生前为天主教徒，但在其丧葬仪式的安排上却非常明确地遵循了中国模式，特别是在游行地旗帜和墓碑铭文上更是如此。可见，在丧葬礼仪中部分吸收中国元素的多为一定程度上融入了中国社会的传教士们，而非代表各自来源国的外交官们。

目前我们还不知晓的是来自加泰罗尼亚的方济各会修士魏象爵的丧葬情况，他于 1913 年在中国被暴民袭击致死，但对于他的墓碑、墓地，我们都不甚了解。想来为了安抚在华西方教团、对此事件表达愧疚之情，中国政府应该会将魏象爵的墓地修建得体面大方。但整个事件中最突出的并非这一点，而是它的政治化用途。无论是法国和西班牙当局还是教廷，都参与了有关善后和赔偿问题的争论，这无疑是意在重申并强调自身在华的使团地位和殖民权益。这一点上法国表现得尤为突出。另一个将个体死亡"政治化"的实例是 1857 年在"蓟"号事件中被杀的西班牙驻澳门领事弗朗西斯科·迪亚斯·德索布雷卡斯。英法两国曾试图利用这一事件将西班牙拖入第二次鸦片战争，但西班牙却认为参战并非明智之举，应采取谨慎的态度，否则一招不慎就会危及自身在菲律宾殖民地的统治。据此推测，对弗朗西斯科·迪亚斯的哀悼应该是"大事化小，小事化了"，新闻界也仅仅是在 1857 年 3 月做了象征性的登载，甚至都没有提及受害者的名字。

另外，西班牙驻华公使伊巴理的实例，或者说，加泰罗尼亚旅游家罗曼·巴约·苏努尔书中所描述的中国丧葬的情形，均向我们充分表明了在面对死亡这种生命中如此极端的情况时，文化上的交流将会是难上加难。正如西班牙的卡洛斯所说："这里的一切都与欧洲大相径庭；如果我们要按照以前熟悉的欧洲风俗来评判中国的一切的话，我们一定会觉得异常奇怪。"

我们似乎很难看到中国元素对其来源国文化的影响，即便是那些在华事业风生水起的西班牙名人亦如此。来丰把"阿尔罕布拉"的美丽移植到了上海,但却不见他的葬礼中对中式审美的融合吸收;同样,引领了上海电影文化并在西班牙建造的里亚尔托剧院的雷玛斯,竟然不见分毫中国元素。相反,在丧葬礼仪中成功兼顾了东、西方文化的范例是在世纪之交的中国驻马德里使团外交官黄履和。他曾为儒家弟子,1912年在马德里接受的采访中,他说:"您知道吗?儒生们不相信前世今生,不相信天堂地狱,他们认为生命随着去世就终结了,所以逝者的家人才会如此悲伤。"当被问到他是否有多位妻室时,黄履和表示没有,称自己是天主教徒,妻子为比利时人。的确,他的女儿、汉学家黄玛赛(Marcela de Juan)说,其父在数次参观了萨拉戈萨的皮拉尔大教堂后,决定皈依天主教①,想必其夫人与两位女儿的影响也不可小视。在1926年,时任中国外交部顾问的黄履和逝世后安葬在"栅栏"墓地,其风格与庞迪我为利玛窦所争取的安身之处近似。中国外交部特意为他制作了中、法双语的墓志铭②。

最后,我们可以得出结论,中西两国(或者推而广之,东西方)的深层文化交流存在着很大的困难,尤其是在严肃的丧葬文化上更为突出,其主要原因在于家庭传统、宗教背景、社会氛围均大相径庭。因此,在这一方面的融合只有可能在个人的生活发生了重要变更,或是摒弃了前期宗教信仰的情况下才会发生。

参考文献

Ariès, Philippe (1983), *El hombre ante la muerte*, (Édicions du Seuil, 1977) Madrid, Taurus.

---

① 见安德雷斯·雷维茨(Andrés Revesz)的采访,《我们的邻居"玉之视野"》("Nuestra vecina Visión de Jade"),载《阿贝赛报》1946年2月17日,第17版(*ABC*, 17 de febrero de 1946, p. 17),文件见"中西档案"(Archivo China-España)。

② 我们在黄履和女儿黄玛赛的回忆录中看到了一封其父墓地的照片,她指出,墓地位于"栅栏"。黄玛赛"很爱她的父亲",她指出,"外交部是最后一次为工作人员支付墓地费用"。关于父亲的墓地,黄玛赛表示现在公墓已经不存在了。估计她所指的是大的天主教公墓群,应该不包括利玛窦等耶稣会士的墓葬,因为利玛窦墓至今仍矗立在车公庄大街6号。

Ariès, Philippe (2000), *Morir en Occidente. Desde la Edad Media hasta nuestros días.* (Édicions du Seuil, 1975), Barcelona, El Acantilado.

Borao Mateo, José Eugenio (1994), "Pedro Florentino", *Sinapia* 2, pp. 16 y 21.

Borao Mateo, José Eugenio (1999), "Julio de Larracoechea, vicecónsul en Shanghai, 1932 – 1936 y escritor de la ciudad del Wanpu", *Encuentros en Catay* 12, pp. 1 – 50.

Borao Mateo, José Eugenio (2001), *Spaniards in Taiwan*, vol. I, Taipei, Southern Materials Center.

Borao Mateo, José Eugenio (2017), *Las miradas entre España y China: un siglo de relaciones entre los dos países (1864 – 1973)*, Madrid, Miraguano Ediciones.

Davidson, James W. (1903), *The Island of Formosa. Past and Present*, Nueva York, Macmillan & Company.

De Juan, Marcela (1977), *La China que ayer viví y la China que hoy entreví*, Barcelona, Luis de Caralt Editor.

España, Carlos Antonio de (1878), "Los funerales. Bosquejo de costumbres chinas", *Revista de España*, XI (LXI), marzo-abril, pp. 484 – 497.

Fernández Arias, Adelardo (1912), "Hablando con Liju Juan", *Heraldo de Madrid*, año XXIII (7.738), p. 1.

Gala León, J.; et alt. (2002), "Actitudes psicológicas ante la muerte y el duelo. Una revisión conceptual", en *Cuadernos de Medicina Forense*, 30, pp. 39 – 50.

Mannix, Kathryn (2018), *Cuando el final se acerca*, Madrid, Siruela.

Mateos, Fernando (2003), "El último viaje de Francisco Javier", *Encuentros en Catay*, pp. 105 – 121.

Mateos, Fernando (2010). "Diego Pantoja. Compañero del Padre Mateo Ricci", *Encuentros en Catay*, pp. 46 – 58.

Molina Molina, Angel Luis y Bejarano Rubio, Amparo (1975), "Actitud del hombre ante la muerte. Los testamentos murcianos de finales del siglo XV",

Miscelánea Medieval Murciana 12, pp. 186 – 202.

Sánchez Beltrán, Juan Pablo (2011), "Frontones de pelota vasca en China", *Revista Instituto Confucio* (Universidad de Valencia) 7: 74 – 78.

Sánchez Beltrán, Juan Pablo (2012), "Julio Palencia y Albert Cohen, influyentes españoles en la Shanghái de 1920", *Revista Instituto Confucio* (Universidad de Valencia), 10 (1): 26 – 29.

Sánchez Beltrán, Juan Pablo (2013), "La pequeña colonia judío-española en la Shanghái de los años 20", *ESefarad*, 19 de diciembre de 2013.

Poveda, Jesús y Laforet, Silvia (2008), *El buen adiós*, Madrid, Espasa.

Vincent, Gerard (2001), "¿Una historia del secreto?", en P. Ariès y G. Duby, *Historia de la Vida Privada*, (Editions du Seuil, 1987), Santillana.

张铠:《庞迪我与中国》, 北京图书馆出版社 1997 年版。

玛斯与 19 世纪西班牙—中国政治关系的开端

大卫·马丁内斯-罗伯斯

加泰罗尼亚开放大学

18 世纪是中国与西方世界联系往来的关键时期。当时欧亚大陆两端的交流主要通过葡萄牙的飞地澳门及中国境内的传教士实现。与此同时，大量华人居住在西班牙殖民地马尼拉。通过这些华人，西班牙同中国沿海福建省维持着良好的贸易关系。18 世纪，天主教传教活动式微，贸易开始占据主导地位。欧洲强大的帝国目睹了中国的繁盛，将中国视作西方商品的潜在市场，同时中国也生产众多欧洲感兴趣的工业品和原材料。

18 世纪，中国南部沿海的欧洲商人与日俱增。这迫使清政府对海外贸易活动进行管理，但清政府采取的保护性措施为欧洲人所不满。与世界上其他大部分地区不同的是，欧洲面对的是一个拥有复杂行政体系的稳固帝国，它不可能简单地屈从于欧洲人的意愿。为此，众多欧洲使节赶赴中国，希望改善同中国的贸易条件，但无一成功。在清政府看来，在中国东南沿海进行的贸易活动并不重要，对国家也并无好处，因此欧洲各国的请求都被清政府拒绝了。

正是在这一时期，一些新兴帝国，特别是英国和法国，开始取代葡萄牙、西班牙及荷兰成为同中国联系最多的国家。这些新兴帝国对世界的统治一直持续到 20 世纪。英国人 17 世纪就已经在印度建立了殖民地；到了 18 世纪，英国对印度次大陆的统治不断巩固扩展，最热销的商品——鸦片也开始在印度洋和太平洋地区广泛流通。英国鸦片深深地影响了中国南海地区的经济平衡与稳定。

18世纪下半叶清朝雍正时期，中国禁止鸦片消费。然而，鸦片继续经由英国人之手进入清王朝。鸦片在英国的东印度公司进行生产加工，主要通过英国的私人商贩进行分销，一些西班牙商人也参与了这种高利润的生意。[①] 鸦片通过这种方式进入中国东部和东南沿海，很快，中国就成为鸦片的主要消费国，鸦片进口不断增加，吸食鸦片带来的后果也日渐突出。因此，18世纪90年代清廷决定禁止鸦片进口。

即便如此，进入中国的鸦片仍在持续增多，贸易总额也不断增加。由此可见，19世纪初西方对中国的影响已然凸显。天主教传教士仍在一些省份活动，但大部分时候他们的影响力都不太稳定，起到的文化传播作用也远小于16世纪和17世纪的传教士。与此相反，贸易带来的利润使越来越多的商人、公司代表、船长和水手甚至外国使节都争相前往中国沿海地区。

在整个19世纪上半叶，欧洲商人和清政府都没能找到解决利益冲突的方法。欧洲人认为清政府的限制性措施太过严苛，因而大部分欧洲商人通过走私渠道向中国贩卖鸦片。双方冲突激化到了无法解决的地步，由此引发了鸦片战争，这场战争对中国与欧洲国家间的贸易、政治及文化关系影响深远。

1842年，鸦片战争结束后签订的《南京条约》确定了清政府应向英国作出的一系列让步。清政府给予英国的特权中包括向英国人开放东南沿海的多个贸易口岸、割让香港岛等。除商人外，英国外交官也开始抵达中国，因为条约规定英国可在中国派驻政府代表。由此，派驻外交官成为欧洲人进入中国的一种新方式。自那时起，参赞、副参赞以及包括政府译员在内的其他外事机构成员成为中欧文化交流中的重要一环。

不仅英国外交官开始抵达中国东南沿海的通商口岸，许多其他欧洲

---

① 关于19世纪初西班牙商人参与鸦片贸易的详情参见 Permanyer-Ugartemendia, Ander (2014), "Opium after the Manila Galleon: The Spanish involvement in the opium economy in East Asia (1815 – 1830)", *Investigaciones de Historia Económica-Economic History Research*, vol. 10, núm. 3, pp. 155 – 164.

国家的代表也建立了领事馆和代表处,其中也包括一些在中国行动力不强、兴趣不定的国家如西班牙。由此,西班牙第一位政府代表玛斯(Sinibaldo de Mas y Sanz,1809—1868)抵达中国,在此之前他已在亚洲生活多年。

玛斯是19世纪西班牙历史中一个既多面又独一无二的人物,他的特别之处在于,作为一名知识分子,他所走的道路已经远远超越了他所生长的国家的精神边界。此外,他无疑是19世纪乃至近代中西关系历史中最杰出的人物,其中的原因我们将在后文中进行分析。[①]

玛斯是一位古典拉丁语译者、画家、诗人、剧作家、旅行家,他一生的大部分时间都在亚洲做外交官。然而,玛斯并不是简单地执行从马德里传来的指令,他有很多自己的想法和务实的建议,与其他西班牙人的想法大相径庭。他对自己周遭现实的解读和看法时有异议,甚至会因此与同事和上级起冲突。从很多方面来看,他都比普通西班牙人更加欧洲主义,因为他对于殖民问题所持的观点同主要欧洲强国(如法国和英国)的思想一致。

他更加欧化的一面无疑要归因于他在巴塞罗那接受的教育。这座地中海沿岸的港口城市接收了强大的欧洲帝国在全球建立的跨国网络中流通的商品、思想和理解世界的思维方式。青年时期的他曾在几家加泰罗尼亚贸易公司工作,见识了来自美洲、非洲、北欧、地中海甚至印度和中国的商品。通过这种方式,玛斯同欧洲旧大陆之外的殖民世界建立了第一次联系。

玛斯也是一位多产的作家,他的作品题材广泛,难以归类。除翻译作品外,他还出版悲剧和诗集、语言及韵律学著作、政治杂文和旅行随笔。他于1843年印刷出版的《菲律宾群岛国情报告》是19世纪乃至今日关于菲律宾最为丰富翔实的报告之一。同样,他也是当时少数几个写东亚的西班牙作家之一,他的作品主要用法文书写并在巴黎出版,因为

[①] 众多作者曾经研究过玛斯(Sinibaldo de Mas y Sanz)这一人物,但唯一一部完整讲述他的作品及他同中国之间联系的作品最近才由本文作者出版。详情参见 Martinez-Robles, David (2018), *Entre dos imperios. Sinibaldo de Mas y la empresa colonial en China, 1844–1868*, Madrid, Marcial Pons。

他关于亚洲各个东方帝国和中国的解读同法国读者的看法更为接近。

玛斯的首次亚洲之旅

玛斯1809年生于巴塞罗那一个接近自由主义思想的海员家庭。他接受了多种教育，特别是语言教育——除掌握主要欧洲语言外，他还会说拉丁语、希腊语、阿拉伯语及中文，也接受了人文学科的教育。他还学习艺术，如绘画、雕刻、摄影，以及地理、数学和科学。1823年至1825年，年轻的他在19世纪初巴塞罗那几家重要的贸易公司工作学习，将部分知识运用到实践中。这使他拥有了广阔的知识面，为他之后的旅行和外交官生涯提供了充足养分，也反映在了他的作品中。

除练习艺术以外，他很年轻时就写了最早的几篇随笔、诗歌，甚至希腊风格的悲剧，部分作品随后被同他一样在马德里供职且在议会有影响力的加泰罗尼亚人所知晓。随后，玛斯受邀搬到了马德里，在那里他明确了自己对东方的兴趣，并开始学习阿拉伯语。玛斯阅读过一部对他影响深远的著作《阿里·贝伊之旅》，这本书的主角是一个同巴塞罗那人多明戈·巴迪亚·勒布里希一样独特的人物，这位被称为阿里·贝伊的旅行家和间谍探索了阿拉伯世界，到达麦加。阿里·贝伊启发了玛斯，使玛斯追随着他的步伐，将目光转向东方世界。

通过马德里的导师推荐，1833年玛斯受西班牙政府派遣，访问了土耳其、埃及、阿拉伯、波斯、印度、菲律宾和中国，并对这些地区的政治、贸易及文化情况做了详细报告。[①] 这些殖民地主要由法国和英国控制。西班牙想实地了解是否存在利用欧洲帝国在地中海、印度洋及太平洋开拓的贸易航线的可能性。由此玛斯开启了第一次非洲和亚洲之旅，这次旅行从1834年持续到1842年。

在那几十年间，远东和东南亚地区受到了欧洲帝国广泛而深远的影响。玛斯研究了从地中海至菲律宾的殖民世界复杂的利益网，获得了主

---

① 在玛斯的一些作品中可以查询到1833年西班牙政府向玛斯下达的指示，参见 Sinibaldo de Mas，（1852），*Obras literarias de D. Sinibaldo de Mas*, Madrid, Imprenta y Estereotipia de M. Rivadeneyra, pp. 5–8.

要殖民地的第一手资料。他此行的任务是：评估西班牙是否能够在殖民世界发挥积极作用。为此，玛斯参观了希腊，在那里写下了他第一篇关于当代政治状况的报告。之后他来到土耳其，在那里学习了阿拉伯语。随后，他从土耳其先后到达叙利亚、巴勒斯坦和埃及。在埃及，玛斯了解到西班牙正处于巨大的危机之中，因为他收到了来自马德里的通知，得知西班牙政府没有资金继续支付他的工资，即便这份工资在他看来已经相当低了。在之后七年多的时间里，玛斯都没有收到任何薪水。然而，这并不意味着他要结束旅行或是终止对西班牙政府所做的承诺。依靠自己的知识和经验，他在埃及从事豆类和粮食贸易活动，这使他能够积累足够的资金购买一张前往英国殖民地印度的船票。

1838年至1840年，玛斯大部分时间都住在加尔各答，在那里，他学习了英国的殖民组织体系。由于依旧没有收到西班牙政府的薪水，他必须靠给人画油画谋生。他同殖民地行政和经济领域精英阶层的重要成员保持着联系，这让他有机会深入了解大英帝国在南亚实行的殖民模式。1840年，在参观了另一个重要飞地新加坡之后，他前往马尼拉，在那里，虽然他向西班牙殖民当局出示了他被任命为西班牙政府代表的派驻文件，他仍旧没有收到薪水。直到1842年，在他返回欧洲的几个月之前，他拿到了部分应得的报酬。

在菲律宾期间，玛斯花三个月时间走访了吕宋岛西海岸、中部地区，以及最靠近马尼拉的民都洛岛的东海岸。在参观每一个村庄时，玛斯都会和社会各个阶层的人会面，并记下自己的所见所闻。他是一位如饥似渴且经过系统性学习的读者，同时，经过地中海和亚洲的多年旅行，他已成为了一名经验丰富的观察者。因此，他的笔记为他撰写《菲律宾群岛国情报告》提供了基础，这一著作至今仍作为研究菲律宾问题的基本参考资料而被众多专家提及。

在旅行的最后一阶段，玛斯把目的地定在了中国。玛斯在菲律宾期间，正值中欧关系史上一个重要时刻——鸦片战争。然而，经过多年的旅行，玛斯身体日渐病弱。因此，1842年，在鸦片战争结束前，玛斯决定返回西班牙。他的中国之旅被迫延后几年。

第一次旅行（1834—1842）中积累的生动经验为玛斯成为一名重要作家提供了保证。在此之前他已出版了一部分文学作品、一篇语言学散文，甚至还有学术性文章。但这次旅行使他成了一名当代现实分析家。他在旅行中撰写的多篇报告被刊登在报纸上。就在返回马德里那年（1843年），他出版了《1842年菲律宾群岛国情报告》，这一报告几乎就是关于菲律宾这一西班牙殖民地的百科全书，并成为他此后被提及最多的作品①，这一作品的最后一卷名为《秘密报告》，只允许限量发行。②在这一卷中玛斯明确强调了他自由主义的主张，并向西班牙政府提议放弃菲律宾殖民地，解放菲律宾，因为西班牙无法像英国在印度一样维持强有力的殖民政策。在玛斯看来，这是西班牙能做的最好的决定，他认为解放殖民地将为西班牙带来影响力和国际声誉。

首次中国之旅

返回马德里几个月后，玛斯再次被任命出访亚洲，这次出访的目的更为明确。玛斯需要报告1842年鸦片战争清王朝被英国打败、欧洲人获得优惠贸易条件之后中国的情况。由此，玛斯成为西班牙第一位在中国的外交代表，一开始他只作为贸易代表，但几个月后，经过个人申请，他成为西班牙在中国的第一位领事③。1844年抵达中国南部沿海后，玛斯参观了澳门、香港、上海、厦门及普陀山。此外，他还远离清政府在南京条约中被迫出让的地区，参观了全部是中国人聚居的地区。居住在中国的两年半的时间里，玛斯就中国沿海的外贸情况、欧洲人和清政府的关系，特别是西班牙在中国的经贸前景做了报告。他认为马尼拉殖民地是加强同中国贸易往来的有利飞地，因为中国可以作为菲律宾产品的重要出口目的地。此外，他还利用在中国居住的时间学习中文及汉字书写。

虽然玛斯没能掌握中文，但中文对他最特别的作品之一《表意文字

---

① Mas, Sinibaldo de（1843），*Informe sobre el estado de las Islas Filipinas en 1842*. Madrid, s. e.
② 关于玛斯的《秘密报告》，详情请见 Fradera, Josep M.,（2008），"Reform or Leave. A Re-reading of the so-called Secret Report by Sinibald de Mas about The Philippines"，*Bulletin of Portuguese/Japanese Studies*, Vol. 16, pp. 83 – 99.
③ 接下来几年西班牙在中国的领事馆体系的详情参见 Martínez-Robles, David,（2018），"Los 'desheredados' de la empresa imperial: la implantación diplomática de España como potencia colonial periférica en China", *Historia Contemporánea*, 57, 2018, pp. 453 – 489.

学》产生了决定性的影响。① 这本书谈论了创立一种跨语言的书写方法的可能性，并谈及了这种书写方法所具有的便利性。通过这种书写方法，地球上所有国家能够在不懂他国语言的情况下相互交流。这本书于 1845 年至 1846 年间用法语出版。书中，玛斯提出了一种通用的书写体系，其原则性的灵感来自中文书写，虽然从美学上看起来像一种西方的乐符体系——标记形似乐符，位于类似五线谱的水平六芒星之上。

在中国期间，玛斯发现中国存在着大量方言，有时中国人之间也无法相互理解。即便如此，中文书写却是统一的，这保证了讲不同方言的人之间的相互交流。考虑到这一点，并从自身作为多语言使用者的经验出发，玛斯创造了以统一规范的句法为基础的书写体系，从而实现不同语言之间的交流。他用十五种语言作为示范来演示这一书法体系，其中就包括中文、卡塔卢尼亚语以及阿拉伯语。《表意文字学》表明玛斯作为一个知识分子，既拥有普世的热忱，也能做到脚踏实地。这并不是一本同前几个世纪已有的书籍一般纯空想和理论性质的书——我们还记得哲学家莱布尼茨是多么热衷把中文书写作为一种全世界知识分子通用的交流体系——而是用来解决由于语言多样性受阻的贸易扩张和思想传播问题的书。

玛斯在第一次中国之旅中传回马德里的信息促使西班牙政府首次计划同清政府签订条约。玛斯在最初的报告中就坚持西班牙应打开中国港口以促进贸易发展，追随欧洲强国的步伐与中国签订条约。因此，1845 年末，西班牙政府确定了条约方案，并将这一方案寄给西班牙驻华领事玛斯。然而，就在那几个月，玛斯病重，并在收到条约谈判的相关文件之前就决定返回西班牙。

他这次回西班牙只待了很短的时间，在这段时间里，他的身体逐渐恢复并重新制定了协定方案。1848 年玛斯以全权代表的身份回到中国，负责同清政府商谈第一个中西协定的相关事宜，然而谈判未能成功。1851 年，玛斯带领的代表团无功而返。从抵达澳门开始，玛斯这位西班牙全权代表就一直同两广总督、中国南方对外关系最高负责人徐广缙保持着书信联系。然而，从一开始商讨条约的基本事宜时双方就认识到不

---

① Mas, Sinibaldo de, (1846), *Pot-pourri literario*. Madrid, Imprenta Rivadeneyra.

可能达成一致。玛斯站在殖民者的位置进行谈判，而徐广缙则全盘反对玛斯的提议。自1847年至第二次鸦片战争结束以来，由于清朝官员态度坚决，欧洲国家无一成功与清王朝签订条约。

然而，玛斯的第二次中国之旅并不是全无收获，此次旅行对深化他同葡语世界的关系起到了决定性作用。他大部分时间都住在澳门，在那里同葡萄牙殖民地精英阶层的知识分子建立了稳固联系。玛斯同他们就西班牙和葡萄牙的艰难未来等问题进行了探讨。这两个老牌帝国当时正处于危机之中，特别是同当时统治殖民世界的其他强大帝国相比。由此，玛斯为西班牙提出确立了伊比利亚主义，这是他在19世纪中期为西班牙政治做出的主要贡献。1851年返回半岛时，玛斯出版了他再版次数最多、最受欢迎的一本书：《伊比利亚——关于建立西葡合法和平联盟便利性的报告》[1]。这是19世纪关于伊比利亚主义最重要的著作之一，并提出了最准确的方案。在书中，他建议西班牙和葡萄牙联合成一个新的伊比利亚国家，以更有力地应对国际竞争。这并不是一个乌托邦式的提议，因为除理论性的总思想外，书中还涉及了保障伊比利亚新国家建立及其发展的基础设施发展计划。

同他创立通用书写的计划一样，玛斯结合在中国所学，发展了伊比利亚主义。他在书中的几个章节中提到，中国也有使用不同语言、本可以成为独立国家的不同省份及地区，但这些省和地区结合起来，才形成了一个更强大的国家。同样，西班牙和葡萄牙应当团结起来，建立一个更为强大的帝国。由此可见，他那些与亚洲问题无关的著作里也有中国的影响。

在19世纪50年代的大部分时间里，玛斯都致力于推动伊比利亚主义的实施。他帮助创立了伊比利亚主义联盟和杂志，虽然收效甚微。他还联系了志同道合的知识分子、作家和政客并请他们加入到他的项目中，甚至用西班牙语和葡萄牙语再版了八次《伊比利亚》。在19世纪50年代

---

[1] Mas, Sinibaldo de, (1851), *La Iberia: memoria sobre la conveniencia de la union pacífica y legal de Portugal y España*. Lisboa, s. e., 1851. Sobre el iberismo de Mas y sus vinculaciones con las élites de Macao y Portugal, véase Meireles Pereira, Maria da Conceiçao, (2001), "Sinibaldo de Más: el diplomático español partidario del Iberismo", en *Anuario de derecho internacional*, núm. 17, pp. 351 – 370.

末，欧洲和清政府之间的新冲突加剧，并最终引发了第二次鸦片战争，这引起了玛斯的关注。之后，他在巴黎出版了三部讲述中国的作品。在这十年中，玛斯经常前往巴黎，有时从巴黎前往伦敦。从这两个殖民国家真正的大都市中，玛斯得以追踪并了解中欧冲突的细节。因为当时的欧洲媒体具体地报道了这些事件，所以玛斯得以解读在中国发生的一切。他把分析写在了书中，其中最重要的一本是1861年在巴黎出版的《中国和基督教的力量》①。这是一部涉及范围广、内容翔实的著作，其中不仅回顾了中国的地理、历史和文化，还分析了中国的现状，评估了在中国发生的战争的意义，预测了接下来几年欧洲各国和清政府的关系发展情况。此外，玛斯还提议将中国分成若干个小国，以保证欧洲国家的有效控制。

这本书大受欢迎，并受到一些欧洲专家的赞赏。几年后，西班牙政府决定重新尝试与中国签订条约，并向中国派遣使团。毫无疑问，玛斯是带领这一使团最合适的人选。

两大帝国之间的玛斯

玛斯的第三次中国之行（1864—1868）是他作为政治家的职业生涯以及中国和西班牙之间跨文化联系纽带的巅峰。这次访华，玛斯并没有停留在南方，而是向北前往天津，在谈判期间他就定居在天津。清政府外事部门总理衙门选择了薛焕和崇厚主持谈判，这两人在接待欧洲人、同欧洲人谈判方面经验丰富。谈判过程中，西班牙方面的一些预期并未达到，但几个月之后，也就是1864年10月，玛斯和中方谈判人员达成了最终协议，并亲自签署了西班牙和大清帝国的第一个条约。这一条约十分特殊，因为它并不完全是不平等条约。特别是其中包含了西班牙对中国政府所做的让步。该条约规定，到西班牙殖民地菲律宾各港口经商的中国商人将享受最惠国待遇，在此之前无一国家给予过中国这一

---

① Mas, Sinibaldo de, (1861), *La Chine et les puissances chrétiennes*. París, Louise Hachette et Cia.

特权。①

条约签订后，玛斯于1864年12月迁居北京，打算在北京筹建西班牙驻华代表处，即未来的大使馆。双方签订的条约规定，西班牙可以在清朝首都建立代表处，但唯一的条件是，在前三年，西班牙公使不可长期居住在北京，但这一限制条件并未出现在条约正文中，而是在单独签署的秘密条款中。这是玛斯提出的一项策略。通过这种方式，西班牙成为第四个在北京拥有大使馆的国家，仅晚于英国、法国和俄罗斯。为遵守该秘密条款的规定，玛斯不得不偶尔离开北京。而在过去几年与中国进行条约谈判的其他国家则需要等待几年才能开设代表处。

1864年，在条约谈判过程中，玛斯与总理衙门当局进行了接触。他不仅在澳门殖民地是知名人物，在整个在华外国人团体中他也是知名人物。在此前的访问中，他曾与其他国家的领事和副领事、香港的历任总督联系，并参加了外国人在中国多个国际港口举办的活动、庆典和会议。他几年前用法语出版的书籍也在专业读者中传播较广，因此他在中国是著名的公众人物。在北京居住期间，他与中国最高统治者保持着联系。其中，他与主要负责清政府外交政策的恭亲王维持着十分密切的关系。除了作为西班牙驻中国公使进行礼节性的拜访外，恭亲王同玛斯还交换了更加具有私人性质的信件。

尽管他的使命已经达成，即成功签署了期盼已久的第一个中西条约，但在1867年，由于纪律方面的原因，玛斯顶撞了他在马德里的上级，这意味着他将被革去——官方的说法是接受他的辞职申请——西班牙外交官的职务。这不是玛斯第一次与他在西班牙的上级进行争吵了。但他始终是一个顽固地捍卫自己原则的人。1867年，当他看到自己对代表处的管理建议不被采纳时，他毫不犹豫地直接甚至愤怒地反对了上级的观点，这带来的后果是，在为政府服务了三十多年后，他作为西班牙政府代表的职业生涯最终被宣判结束。

---

① 关于1864年中西条约的特殊之处及其对第二次鸦片战争之后清政府对外关系的意义，参见 Martínez-Robles, David, (2016), "Constructing Sovereignty in Nineteenth Century China: the Negotiation of Reciprocity in the Sino-Spanish Treaty of 1864", *International History Review*, Volume 38, Issue 4, pp. 719 – 740.

玛斯被解除西班牙驻华公使职务一事在北京造成了一场小风波，并传到了清政府的耳朵里。总理衙门立刻对他的情况产生了兴趣。清政府多年来一直试图解决澳门问题，几年前，葡萄牙当局已决定继续持反对态度，关闭了中国在葡萄牙殖民地的海关，并拒绝向清政府支付出让澳门的租金，这导致在1849年澳门总督费雷拉德·阿马拉尔被谋杀。在这场冲突中，玛斯曾担任葡萄牙和中国之间的调停者。第二次鸦片战争后，葡萄牙政府与清政府成功签订了有利于澳门的条约，但1864年总理衙门拒绝批准该条约，因此这一条约从未生效。正因为如此，玛斯作为一位葡语世界的专家和经验丰富并深谙中国事务的外交官，他突然在北京被革职一事被清政府视为一个机会。

1867年年末，就当玛斯离开西班牙外交部时，备受总理衙门和恭亲王信任的中国海关总税务司赫德向恭亲王提议，通过向葡萄牙政府支付部分银钱以换取澳门控制权。① 这个想法为解决澳门问题提供了一个新战略。于是赫德开始亲自与玛斯接触。虽然他们的关系不亲近，但他们已经相识多年了。在同玛斯进行的几次会面中，赫德调查了玛斯的底细，随后，总理衙门向玛斯提供了成为中国代理人的机会。这项计划由赫德制定，由总理衙门批准。根据计划，恭亲王打算将玛斯送到葡萄牙，游说里斯本政府放弃澳门殖民地，以换取一笔数量可观的银钱。得益于过去在澳门收获的友谊及他作为伊比利亚主义倡导者的身份，玛斯曾在里斯本同葡萄牙政府高官保持着私人联系，这应该有助于这一任务的成功。

玛斯毫不犹豫地接受了这个提议。他从青年时期就对中国产生了浓厚的兴趣，并一生都致力于亚洲国家研究，进入清政府工作意味着对他个人的赞赏，也代表着他外交官生涯的巅峰。此外，总理衙门已经拨付了一笔数额巨大的资金，共计30万两，用于支付玛斯、赫德和他的一名助手詹姆斯·坎贝尔的服务费用，后者将担任玛斯在欧洲的秘书。在离开西班牙外交部后，总理衙门的聘请对玛斯来说再具吸引力不过了。

---

① "Memorial al emperador del Zongli yamen del 4º mes bisiesto del 7º año de la era Tongzhi", mayo/junio de 1868, Archivo del Instituto de Historia Moderna, Academia Sinica, Waijiao bumen, Zongli yamen, 01-22-5-5-1 (Aomen dang).

这项代号为"埃米莉计划"的任务是最高机密，除了玛斯、赫德、坎贝尔和恭亲王之外，只有总理衙门的高层领导才知晓，如总理衙门大臣文祥和崇厚，他们在《中西条约》谈判时就认识了玛斯。同时，他们特意避免澳门当局得知此项计划，因为他们不希望澳门当局干预谈判。为了让玛斯能履行其使命，总理衙门正式任命他为驻葡萄牙的清政府代表。玛斯将印有皇家玺印的委任状带往了欧洲。

大清国皇帝向葡萄牙国王顺致敬意：

贵国敦厚诚信，崇尚和平，天子高度重视同贵国邦交。前西班牙驻北京公使玛斯先生（Sinibaldo de Mas）才识兼长，清廉正直，熟知中外关系。为此，特选派玛斯先生为敝国代表，以益两国经贸往来。

望两国信义相孚，友谊长存，共筑和平。

同治七年五月

1868 年底，玛斯回到欧洲。虽然在欧洲联系了中国海关代表坎贝尔，但他总是独来独往。坎贝尔是赫德最信任的人，知晓任务内容，并担任玛斯的秘书。在巴黎短暂停留后，1868 年 10 月，即离开北京三个月后，玛斯抵达马德里。随后，在几天之内，玛斯突然死亡，没有人知道他回到西班牙的真正原因。几天后，坎贝尔抵达西班牙首都，其任务是秘密销毁大清帝国的委任书。在接下来的日子里只有少数报纸报道了玛斯失踪一事。他被自己服务了几十年的国家拒之门外。他在这里没有直系后裔，他在西班牙首都留下的记忆也将很快消失，他的身影将被遗忘。"埃米莉计划"也随之流产。詹姆斯·坎贝尔没有足够的能力独自继续这一任务，无论是他还是赫德都没有玛斯在里斯本政府中所拥有的人脉关系。因此，在此后的数十年内，澳门问题一直未得到解决。

显然，玛斯是 19 世纪中期西班牙和中国历史上一个独特的人物，这不仅是因其创作了涉及领域广泛且内容独特的作品，更因为他在欧洲与中国关系中发挥了很大作用。毫无疑问，他是最了解中国的西班牙人，是这一时期两国关系中最杰出的外交官和最重要的人物。他不仅是第一位西班牙驻华公使，还成为清朝的官方代表。事实上，他是第一个在没有中国官员参与的情况下前往中国执行外交任务的西方人，这证明他是一个超越西班牙国界、挣脱社会心理的羁绊、跨越所居住的国家界限的知识分子。此外，他还是一个在多个方面都十分杰出的人物。玛斯逝世150周年，正值庞迪我在北京逝世400周年之际，从这个意义上来说，玛斯在文化交流上起到的作用与耶稣会同样重要，两者都体现了欧亚大陆两极之间的历史联系。

胡安·巴雷拉与艾米莉亚·巴尔多·巴桑：
19 世纪理想主义者的中国

宁斯文

华东师范大学

经过满清政府一个世纪的闭关锁国，欧洲旅行者们于 19 世纪再次踏足中国内陆，西班牙人虽然紧跟着英法的步伐，而这一次，西班牙国力衰退，内忧外患，来华的西班牙外交官也只能做那场最终演变成殖民战争的不对等通商的见证者。笔者题为《十九世纪西班牙的中国的再现和中国在西班牙的文学形象》的博士学位论文①的一个部分，对多位西班牙外交官的旅行书写做出了分析，他们中包括：辛尼巴尔多·德·玛斯（Sinibaldo de Mas），费尔南多·安东·德·奥尔梅特（Fernando Antón de Olmet），阿尔多夫·德·门塔贝利（Adolfo de Mentaberry），爱德华多·拖达（Eduardo Toda），恩里克·加斯帕尔（Enrique Gaspar），路易斯·巴雷拉（Luis Valera）。就拿其中第一位玛斯来说，他作为首位西班牙驻满清政府的代表，曾经极力为西班牙争取在华利益，并尝试签订条约，也曾将民族主义和殖民思想都写进了自己的公文和杂文里。②

我们暂且将那些带着不同初衷，近距离接触中国文化的旅行者们放

---

① 参见 https://hispanismo.cervantes.es/publicaciones/china-legendaria-al-declive-del-celeste-imperio-representacion-china-su-imagen，论文中对每一则故事的分析更加详尽。

② 有关玛斯的经历和作品的研究，请参阅马丁内斯·罗夫莱斯（Martínez-Robles，David）《在帝国之间：辛尼巴尔多·德·玛斯与欧洲在中国的殖民事业》，PONS 出版社 2018 年版。

在一旁，来谈谈19世纪的两位著名作家，他们虽然从来没有踏上过中国的土地，却凭借文学史和世界历史中散见的关于中国的素材，通过想象创作出了各自笔下的"中国故事"。而这两位作家正代表了另一个中国书写的作者群体，从19世纪30年代开始，特别是在有中国题材的插图报刊在西班牙大量发行之后，他们用阅读这种独特的方式"漫游"中国，实践着关于中国的想象式写作，促进了中国题材在西班牙文坛的风靡。

这两位作家正是唯美主义作家胡安·巴雷拉（Juan Valera）和把自然主义译介到西语世界的女作家艾米莉亚·巴尔多·巴桑（Emilia Pardo Bazán）。众所周知，小说家巴雷拉本人就是外交官，尽管他从未被派驻满清政府统治下的中国。而巴尔多·巴桑则是西班牙近代女性读者的领军人物，作为作家，她以短篇小说见长，同时也因对法国文化的青睐而著称。这两位活跃在同一时代的文学大师也共同拥有着用文字玩味东方的志趣。而他们笔下的中国，则各放异彩。

两位作者在杂文和书信中都留下了对中国作为文艺创作素材的观点和想法，囿于篇幅，本文分别甄选一段，扼要如下：

1887年巴雷拉致信恩里克·梅南德斯·佩拉约（Enrique Menéndez Pelayo），即著名语文学家马塞利诺·梅南德斯·佩拉约（Marcelino Menéndez Pelayo）之弟，以答谢这位初出茅庐的作家将第一本诗集献给自己的行为。在信中，巴雷拉特劝导年轻的文友"不要无端由地写些抒情诗"而应该"抓住灵感，在传说和故事中挥洒自如"。因此，巴雷拉写道："……中世纪的东西，宫闱、城头、贵妇、小吏，甚至行吟诗人那一套，看也看腻了……相比之下，许多主题尚未被挖掘，比如我们的古代史，航海家们的探险，亚洲、美洲、非洲的征服者和旅行家们的事迹迄今也只是诗歌里只言片语，未被发掘的内容还那么丰富。就算是写中世纪的东西吧，又或者16、17世纪的，也得摆脱俗套平常、千篇一律的手法，而是应该更加写实，更加符合历史的真实。比方说，我们为何不能对照闵明我（Domingo Fernández de Navarrete）和门多萨（Mendoza）的书，又或者圣方济各·沙勿略（San Francisco Xavier）的生平，编出些中国传说？总之，有许许多多历史英雄类的素材，至今无人问津，也不成形态,大可用来写成符合当今时代风貌、反应时下问题的佳作。"①

这副大文学家慷慨馈赠给敬仰自己的小作者的创作良方也诠释了他本人的文学创作旨趣。另外值得一提的是作者信中说的两本书,即门多萨的《中华大帝国史》(1585年)和闵明我的《中华帝国的历史、政治、伦理和宗教论集》(1676年)承载的正是16、17世纪在西班牙流传的中国印象。②

相对于巴雷拉对中国历史这份考古式的兴趣,我们的艾米莉亚夫人则把目光投向她所处时代的审美流变。在一篇源写她在巴黎1888年世博会所见所闻的书信里,她写道:

> ……法国各大报纸评论说中国展厅光彩夺目,然而对于我们西班牙人来说,来自中国的异国情调里总透着几分熟悉和平常。中国的东西(日本的则不同)不过就是那些被我们叫作菲律宾特产的小玩意儿,总带着货船船长和中产家庭的味道。照着阿庸(音)和沈夸(音)绘制的样式做出来的西班牙华丽的大披巾,象牙片扇头的五颜六色的扇子,丝绸做的长袍子,精细雕刻的长檀木香子,青色粉色的咖啡器皿,镶着耀眼的珍珠母的漆制家具,都是那些或许初次见到还觉稀罕但早已经看腻了的物件。噢,要说到日本的东西,至少对西班牙人来说,就大不相同,至少不像中国的那般俗气。③

对于本次会议的议题来说,以上这段文字有其特殊的意义:首先,

---

① 罗梅罗·托巴尔(Romero Tobar, Leonardo 编著),《巴雷拉书信笺注》(第四卷)(1884—1887),CASTALIA出版社2005年版,第630—631页。

② 参见张铠《中国与西班牙关系史》,大象出版社2003年版。对这两部作品具体的研究参见福尔克(Folch i Fornesa, Dolors)《第一个中国形象的结晶:从曼努埃尔一世的信(1508)到冈萨雷斯·德·门多萨的书(1585)》,《超越边界:亚洲和太平洋的挑战论文集》,西班牙太平洋研究协会2002年版;以及布斯克茨(Busquets Alemany, Anna)《关于中国的新闻世纪:从冈萨雷斯·德·门多萨(1585)到闵明我(1676)》,《亚太地区研究新视角论文集》,格拉纳达大学出版社2008年版,第275—291页。

③ 《书信之七:花盆、家具、花边和珠宝,在埃菲尔铁塔下》,《巴尔多·巴桑作品全集》(第十九卷),Idamor Moreno出版社1889年版,第105—123页。

这是我们读到的见证"中国潮"在日本主义介入后逐渐被其取代的那一独特历史时刻的文字。我们知道,在滥觞于西班牙19世纪末的现代主义中,异国情调的内涵已经被日本文化主导。其次,这段文字也反映了通过马尼拉大帆船实现的中国与西班牙之间的贸易流通的直接影响。① 中国的商品传入西班牙,这种流通如此持久和频繁,以至对于一位生活在19世纪末的文艺女性来说,"中国的"和"菲律宾的"已经在某个范围内与西班牙本土的被迫达成了尴尬的文化共鸣。然而,引文中提到的两位名字音似中国人的艺术家对"西班牙大披巾"的改制,并无历史依据②,而是被西班牙19世纪大文豪加尔多斯(Benito Pérez Galdós)写在《两个女人的命运》(Fortunata y Jacinta)(1887年)里的人物,他们被巴尔多·巴桑如历史资料一般搬运到自己的评论文章中。有趣的是,在这部小说中,加尔多斯恰好通过他笔下阿尔那伊斯家族(los Arnaiz)经营的中国饰品商店的衰落,生动描绘了这段19世纪下半叶风尚更迭的历史。

下面我们就来分析本篇论文的重点,两位作家笔下的三篇"中国故事"。

1860年,胡安·巴雷拉的长篇故事《绿鸟》问世,故事分为七章,情节梗概如下:

在东方的一个富强的"幸福国",昔日,王后临盆,诞下公主,幸福国王狂喜中紧抱妻子竟失手将其憋死在自己的怀里。幸福公主长到十五岁的年纪,国王立她为王位继承人,开始招选驸马。公主对所有追求者都非常冷漠,她尤其讨厌那位鞑靼可汗儿子,觉得他丑陋而傲慢。一天早晨,一只长着祖母绿色的羽毛、十分美丽的小鸟飞进公主的阳台,衔去了公主的一根头绳。随后,绿鸟又出现了两次,分别偷走了公主的一条吊袜带和一枚鸡心盒吊坠,公主急切渴望活捉这只绿鸟。一日,洗衣

---

① 请参阅欧阳安(Manel Ollé)在《中国的事业:从马尼拉大帆船到无敌舰队》一书中对这种商业形式的政治起源的介绍;布拉索·布洛基(Brasó Broggi)编《全球化的起源:马尼拉大帆船》一书也对同一主题展开多方位以及与当下结合的分析。

② Gutiérrez García, María Ángeles,《文学与时尚:19世纪西班牙小说中的女性服装》,《语言学研究电子期刊》2005年第9期,http://ftp.um.es/tonosdigital/znum9/estudios/literaturaymoda.htm.

女仆逐着一支中了魔法的橙子,来到一处隐秘的宫殿,在那里她发现了三只小鸟,其中一只就是绿鸟。只见鸟儿们化身成三位俊美的少年。原来,绿鸟就是中国王子,其他两位是他的随从。女仆向幸福公主讲述了她的见闻,也转达了王子对她的一往情深。经过一番调查,公主得知王子本来是王朝的继承人,却被鞑靼国王命法师施咒变成了鸟。公主请一名博学的隐士破译了鞑靼可汗的书信,找到破除王子身上魔咒的方法。鞑靼可汗死后,鞑靼归中国统治,两位有情人也终成眷属,在北京过上了幸福快乐的生活。

虽然故事开头就对那个东方国度着重笔墨进行描写,我们读到的也只是对"强大""富饶""人口众多""军队雄浑"等体现国力强盛的形容词,并没有展示东方风貌的词句,就连国王的宝座也不过是"金""银"这般欧洲人熟知的贵金属装饰而成,"瓷器"是被提到的唯一有可以使人联想到东方的装饰物品。我们再来看作者对主要人物的描写,比如,故事中作者对代表了"善"与"恶"的男主人公的出场介绍。

中国王子:

"……只见三位少年出现在眼前,他们面容俊俏,健壮的身躯,白皙的皮肤,看起来好像圣殿里雕塑大师用泛着粉红的大理石做成的雕像,这位女仆……无法想象世间竟有这么美的男子,还以为自己看见了三位神明或者三个从天堂里飞来的天使。……而其中最美的一位,头顶着镶嵌着绿宝石的皇冠,被其他两位尊为君主。……女仆觉得他简直就是世界之尊,是全世界最美的王子。"

鞑靼王子:

"这位王子长相极其丑陋。斜楞着眼睛,颧骨和下巴凸出,卷曲的头发纠结一处,短小矮胖的身材,看上去却也力大无比,竟还时不时流露出几份躁动,甚至戏谑又傲慢的神情。"

从以上引文中我们不难看出,鞑靼王子或许略有经过文学丑化的中亚人的体貌特征,中国王子和他的侍从则完全没有中国人的模样,故事呈现给读者的只是符合那个时代欧洲审美的、理想化的美男子形象。

正如舍尔曼·俄欧夫(Sherman Eoff)和费尔南德斯·蒙特西诺斯

(Fernández Montesinos)两位学者所言,巴雷拉的叙事中东方时空架构很多时候都只是一种托词,为的只是更好地发展他自己的虚构体系,这个体系中最重要的元素则是传奇、奇幻、惊奇,作者运用它们把故事写出历史典故或者和奇闻逸事的味道。

如前文提到的,既然巴雷拉认为虚构叙事的首要特征是把东方的历史写进故事背景里,那么此处作者的故事是不是非中国和鞑靼的设置不可呢,把地点和人物挪移到东方国家能否达到同等效果呢?

事实上,这篇情景看似奇幻而脱离现实的故事却保持了历史材料使用的必然性,这正体现在人物运用的巧妙上。我们不难想象,瓦雷拉正是按照自己开给别人的那一副"虚构叙事方剂",寻着那段自己读过的传教士笔下的中国史的踪迹,借蒙古和中原的冲突,写下了这个故事。

而另一方面,在像《绿鸟》这样的童话故事里,用一位"鞑靼"(tártaro)王子做故事里的反派,意象中正与它构词同形的"冥界"(tártaro)相符合;用与他相对的那位来自中国的王子做故事里的英雄。"蓝"暗示天空,也让西语读者直接联想到"白马王子"(príncipe azul,西语字面翻译为"蓝色王子")。正是这一看似玩文字游戏的人物设置使这篇虚构的中国故事在形式与内容上浑然一体。

虽然对于巴尔多·巴桑来说,来自中国的艺术品并不稀罕,然而女作家还是无法避免对中国文化——特别是自己阅读过的与中国有关的人物和故事情节产生兴趣。借此兴趣,巴尔多·巴桑19世纪末20世纪初先后写成了两则中国故事。其中第一则首次发表在1892年的《自由报》(*El Liberal*)上,题为《加罪情节》("Agravante")。

当时故事一经发表就被指剽窃。因为《天主教联盟报》(*Union Católica*,1877—1899)曾经先后以匿名形式以及法国作家阿纳托尔·法朗士(Anatole France)的西语拼写为落款转载了情节相似的故事。但是,巴尔多·巴桑对此不以为然,一周以后她发表评论说,自己和阿纳托尔·法朗士写的故事,其灵感和素材都来自雷暮沙编写的《中国故事集》和佩特洛尼乌斯(Petronius)整理的讽刺小说集《爱情神话》(*El Satiricón*)(又译《好色男人》)。

传教士和法国汉学家雷暮沙(Jean-Pierre Abel-Rémusat)收集整理的

《中国故事集》（*Contes Chinois*）是对这个早先被翻译成法文故事的编译。其中这篇故事主要内容与冯梦龙《警世通言》（1624 年）中的《庄子休鼓盆成大道》的庄生试妻这部分高度相似，其近代通俗版的抱瓮老人《今古奇观》（1886 年）是这个欧洲故事的直接翻译参照。而被佩氏所收录在《爱情神话》里的欧洲民俗故事《艾菲索的寡妇》（*La Matrona de Éfeso*）讲述的也是一个丧夫不久便再结新欢且虚伪作态的寡妇的经历，与中国故事异曲同工。

巴尔多·巴桑认为她自己接着把这个中西方民间故事共有的母题用上，写了一个反映现实社会问题的故事。而此时她又就汤下面，发表另一篇故事，并邀请读者们猜这篇故事的源自哪一篇民间故事。

通过对中、法、英、西四个版本的比较，笔者总结了巴尔多·巴桑作品西语版的三大特点：第一，对人名地名进行了更改，西语版的故事里的人物不是庄子，而是李宽（音）。第二，对原著奇幻情节进行了删除。第三，去掉了女性人物的正面指责，而突出丈夫对女人"虚伪本性"的指责。此外，他还给故事创造了一个更血腥的结局。从形式上看，巴桑的故事行文更加简洁明快。

我们知道雷暮沙的法语出版物在标题中明显使用了"整理"和"翻译"这样的词，相比之下，巴尔多·巴桑找到了中西民间故事主题学意义上的共鸣。我们今天可以认为她所做的其实是对这个早先被翻译成法文故事的西班牙语编译。

本文要介绍的这第三则故事于 1901 年首次发表在《公正报年鉴》（*El Almanaque de El Imparcial*）上，其情节归纳起来更加简单：一位中国的皇妃通过迷惑两代皇帝，得以登基称帝，此后越加奢靡荒淫，直到爱上了一个和尚，在其教化感召下，终得顿悟，但改过自新的女皇帝却死在了宫廷谋反中。故事的情节、人物的名字都直接揭示了背后的历史人物原型——武则天。然而故事语言的简洁明快以及行动的一蹴而就，使得故事从形式上更像是一篇极简版人物略传（*semblanza*）。这一次，作者指出自己对故事中中国历史人物的了解得益于阅读法国汉学家钱德明（Joseph-Marie Amiot，1718—1793）的作品。尽管如此，在人物原型和刻板印象参照下，作者极力照顾故事的氛围描写，使用诸多中国文化元素做铺垫和烘托，充分体现作家对时代潮流的审美感受力。不过，这些中国元素的运用中也不乏年代和地域上的混淆和谬误，比如"缠足"和"樱树"在故事中的出现。①

另外，巴尔多·巴桑在故事里添加了对第三个皇帝的诱惑这个情节，以及主人公奢靡生活的夸张描写，很明显，作者有意将其他历史人物，如妲己、埃及艳后、玛丽娅·安托瓦内特的文学形象杂糅进自己的故事里。而在故事的一开头，作者更是直截了当地将武则天与当时正当政的慈禧太后相比较。而故事的末尾，女子在位时得到男性人物教化和训导的情节更使读者轻易联想到西班牙当时的摄政王后、阿方索十二世的遗孀、幼年继位的阿方索十三世的母亲玛丽亚·克里斯蒂娜（1858—1929）。

更值得一提的是，这个故事在作者在世时被收录到作者本人的《爱国故事集》里。如此一来，故事的中心主旨不言自明。作者"偷梁换柱"，先说武则天和慈禧的相似，再说西方盛世和东方盛世的交迭，旨在把满清王朝的没落和西班牙的民族危机做平行对比，最后凸显一个女执政者的理智和情感与这场危机的关系，映射西班牙时政。故事的结尾处更是明确地把知识分子与政治的复兴联系在一起，以此做出知识分子对国家命运存亡的慨叹，以及对同时代爱国志士的召唤。②

19世纪图报刊文学中的反映晚清中国形象的实时报道、《烈女传》中的班婕妤的正面形象和对女子的德行的说教，以及英法传教士的对唐代史的只言片语，都成了故事的直接创作素材和灵感源泉。

综上，胡安·巴雷拉和艾米莉亚·巴尔多·巴桑作为西班牙19世纪文人的杰出代表，展现给我们的是乌托邦式的中国书写。而前者用一种考古式的、逆历史潮流的（anacrónico）方式，无视晚清的中国或中国人在报刊媒体和公众舆论中的刻板印象，利用事件给了故事情节一个符合地缘政治冲突关系的结局。后者则以一种是反历史（ahistórico）的

---

① 举例分析略。

② 在《十九世纪西班牙短篇小说》一书中，19世纪叙事学著名学者巴科洛·哥亚内斯（Baquero Goyanes）列举"98一代"的作品，以巴尔多·巴桑的《祖国故事》为例展开分析，分析也涉及本篇故事。该学者的简短论述主要集中在故事的结局上，他针对和尚让女皇帝听取人民的意见，满足人民的需要的情节，指出需对统治阶级进行道德教育，这种思想也体现在作家同一时期的其他作品里。

方式，打破时间和地域的局限，跨越中西古今，对历史人物进行符合当下需要的搬运和改写。而二者通过对贸易流通、传教历史，或者欧洲汉学作品的记忆、借鉴和吸纳，共同构筑了中西文化交流史中的独特一隅。

阿贝拉多·来丰（1871—1931），中国第一位西班牙建筑师

阿尔瓦罗·莱昂纳多

建筑师、研究员

阿贝拉多·来丰抵达上海之初（1913—1915）

阿贝拉多刚到上海时，如他所料，展现在他面前的是一个充满活力、变化莫测的国际大都市。许多冒险者在这里来回奔波，不顾未来地投资和博弈。这里的生活并不容易，和几乎所有非英国籍的企业家和冒险者一样，一个西班牙人想在上海这个被英国王室掌控的亚洲的繁华都市里白手起家，可谓举步维艰。除了想在自己的职业领域站稳脚跟之外，来丰还想和20世纪英国王室的皇家建筑师、英国籍和美国籍最杰出的建筑师一决雌雄，这些宏大的志向让本就困难的状况难上加难。而当时法国统治着上海的三大租界之一，所以上海也有许多的职业法国籍建筑师与之竞争。

和英国、美国和法国不一样，当时在上海居住的西班牙人寥寥无几。在1913年的亚洲，包括从商而获得领事馆授予国籍的西班牙人，总数连

三十人①都不到。

由于西班牙是《南京条约》的签署国之一，它有权在中国境内行使本国的司法权。这样的权利吸引了许多小国家的商人和企业家，他们想加入西班牙或者任何一个有该权利国家的国籍。还有一些和西班牙颇有渊源的人，对取得西班牙国籍更感兴趣，因为获得西班牙国籍会享有少数国家才拥有的特权。比如，有许多菲律宾人想要得到西班牙国籍，因为他们想从马尼拉出口各种产品。

一方面，这些菲律宾人想要利用中国和西班牙签订的条约②；另一方面，西班牙领事馆想要让他们加入西班牙国籍，增加注册居民的数量，从而增加侨民缴纳的费用，以此来提高收入。尽管马尼拉从1898年起就成为美国殖民地，但仍有许多西班牙人留在那里。阿贝拉多·来丰为这些侨居马尼拉的西班牙人做出了巨大贡献，在侨民中已经小有名气，但他最终还是决定搬离马尼拉。1898年至1913年，他在马尼拉工作期间，已经积累了大量的西班牙顾客，并且完成了许多项目，这些使得他在菲律宾的西班牙本土报纸上声名远扬，颇受赞誉。四十二岁时，阿贝拉多·来丰迫切地想要实现个人成长，攀登更高的职业阶梯，他试图在上海这个亚洲大都市站稳脚跟，因为上海在未来几十年将会大大推动亚洲经济的发展。几年前，他在菲律宾的事业尚未飞黄腾达时，在马尼拉就认识了当时已经在上海定居的几个西班牙人，比如，他结识的主要朋友是安东尼奥·雷玛斯·埃斯佩浩，因此他很有可能做出迁居上海的决定。

来上海定居之前，他在日本和马尼拉之间进行了多次旅行，以期了解亚洲，而且他中途很可能也路过了香港。正如阿贝拉多·来丰在3月写给他儿子恩里克的一封信中反映的那样，1913年3月他正在亚洲旅行。信中说，他当时正在长崎，打算在日本过几天；长崎之旅后会去参观神

---

① 根据上海的官方人口普查数据，在上海登记定居的西班牙人人数为181人，在租界内登记定居的西班牙人人数为4人。鉴于他们中的大多数都已经登记了家庭人口，并且定居在那里的雇工更多来自菲律宾，我们可以清楚地看出，不少西班牙人为我们的西班牙侨民做着非同寻常的工作（从菲律宾进口产品或者是从事传教使团），这样说是因为有成千上万个欧洲其他国家的人从事此类工作。西班牙侨民没有很大影响力的一个有力证据在于，作为欧洲的第八大强国，很多年后，在1934年的人口普查中，西班牙侨民的数量也仅仅增加到221人，在出现在排名前二十的国家中，仅领先于瑞士、荷兰、希腊、挪威和捷克斯洛伐克。

② 西班牙于1864年10月10日与中国建立贸易关系。

户、东京和横滨,并将于 4 月 10 日离开日本。离开日本那天,他在上船之前给他的女儿格罗尼亚寄了一张明信片,告诉她 10 日那天他会前往上海。

到达上海后,他计划在那里待几个星期,于 5 月离开。他也提到,此次上海之旅结束后,或许他会再次回到马尼拉,但是这一切都取决于他接手的关系到顾客经济利益的项目和这些项目的成果。

1913 年,定居上海和欧洲之旅

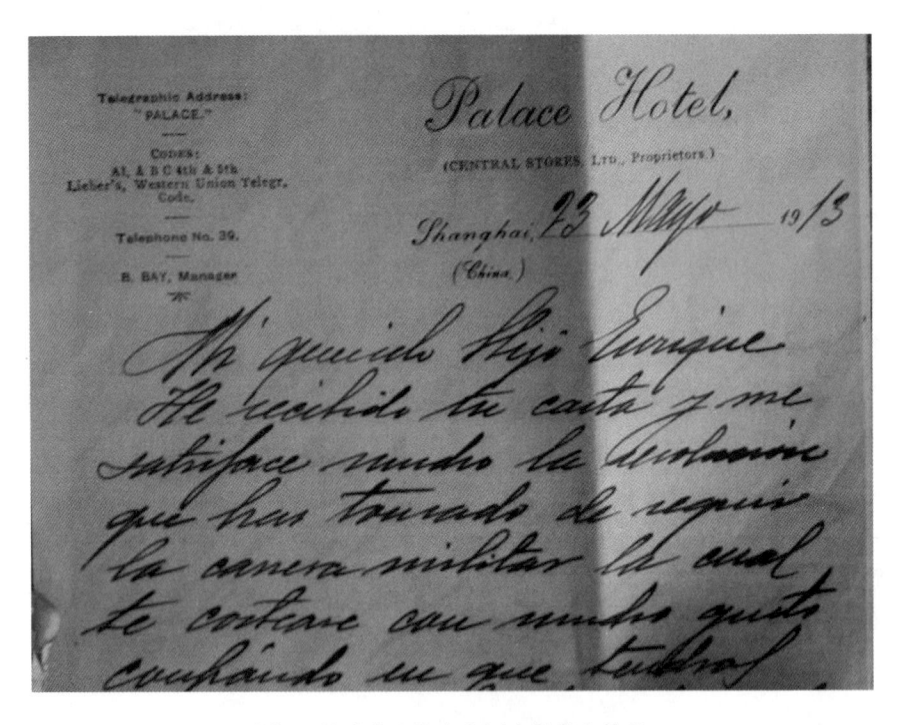

图 1 抬头为上海皇宫酒店的私人信件

来源:来丰家族档案。

待在上海的前几个星期让他觉得自己更像这个城市的访客,因而他决定下榻于外滩的皇宫酒店,当时的外滩是上海最繁华之地,牵动着各类贸易的神经。起初他在从上海寄给其子恩里克·来丰的信件中,使用了印有上海皇宫酒店抬头的信纸。他在信中写道,他在上海颇感乏味,因为在上海开启职业生涯困难重重，那时他接手的项目很少，但是第一个项目就是"研究和策划输送上海居民的用水项目"。

在上海职业生涯初期的这几个月里，来丰感到不安和焦虑。大约在1913年的夏天，可能是因为当时他和现居上海的菲律宾老朋友开始取得联系，他决定回西班牙探亲。没有资料明确记载他西班牙之旅的日期，因此他可能是从马尼拉乘船去西班牙，因为他说过他得去处理各种经济事务。但是，他也有可能坐火车前往西班牙。他在去西班牙之前，没有在任何一封信件中提过这个计划，这一点匪夷所思。

可以肯定的是，在两年离别后，他和他的妻子还有他的三个孩子在马德里共度了几个星期。正如阿贝拉多·来丰在信函中提到的那样，他因工作原因，还要去西班牙的其他城市。在该信函中，他讲述道，除了要去马德里，最起码要途经萨拉戈萨才能抵达巴塞罗那，因为他顺道还要去伦敦一趟，到达伦敦后，再乘坐跨西伯利亚的火车再次回到中国。信中他这样说道：

……就在今天，10月12号，萨拉戈萨人民在欢庆皮拉尔节。十三年前，我在前往巴塞罗那的途中经过这里，中间还路过马赛和巴黎，最终抵达伦敦，再从伦敦乘坐跨西伯利亚的火车按照原路返回中国。

从这封信可以看出，他在几年前就进行过同样的旅行。

值得注意的是，那时的人们乘坐跨西伯利亚的火车约耗时三周，而且旅途相当危险，乘坐途中可能遭遇抢劫。因此，大多数人选择乘船回中国，由于途中停靠点的数量会有变化，所以旅途时间也无法确定，但平均耗时约两个月之久。于1869年落成的苏伊士运河当时已经正式运行，大多数的船只途经该运河抵达亚洲，这些船会在他旅行路线中途经的不同港口停靠。尽管行程漫长，阿贝拉多·来丰还是在1913年初从马德里出发，历时两个半月，最终抵达目的地——上海。

1913年他在秋冬季节进行的欧洲之旅是当时的最后一场和平之旅，因为1914年7月，第一次世界大战爆发。之后，阿贝拉多·来丰又去了他魂牵梦萦的其他欧洲城市游览。

幸好当时他参观不同城市时，分别给他儿子邮寄了明信片，我们可以从这些留存至今的明信片中得知他在欧洲各个城市之旅的具体日期。

正如在前一封信中提到的那样，在西班牙之旅中，他先从马德里到萨拉戈萨，10月12日再从萨拉戈萨前往巴塞罗那，之后去往法国。从巴塞罗那出发，途经马赛和巴黎，最后到达英国，11月15日他在英国寄出了他的第一张明信片。在这张明信片上，他让他的儿子寄一张马德里的街道平面图到他上海的住处，并且还写道，当时英国伦敦天气很冷。他前往伦敦的缘由尚不明确，因为他在途中没有选择顺路去莫斯科乘坐火车。有人猜测是因为他在1906年到1912年期间，在"马尼拉铁路公司"供职，可能需要去那里办事。"马尼拉铁路公司"是一家设在菲律宾的英国铁路公司，承包建设了英国几百公里的铁路。还有人认为，他想在回亚洲之前，了解并掌握当时欧洲国家中最重要的首都的建筑风格。

他的下一站是德国的拜罗伊特，当时那里正在庆祝拜罗伊特节。由德国建筑师奥托·布鲁克瓦尔德为作曲家瓦格纳设计的知名剧院，那时正上演着瓦格纳的歌剧，他当然不会错过观看的机会。后来，在11月21日和22日，他在柏林又分别邮寄了明信片。

在参观凯撒·腓特烈博物馆（后更名为博德博物馆）时，他给儿子恩里克寄出了在柏林的第一张明信片，让他收藏在自己的明信片集中。在同一天，参观柏林大教堂和腓特烈桥时，他给女儿格罗尼亚寄出了第二张明信片，并告诉她他在过境时丢了行李，希望能够找回。第二天，他又在腓特烈大街靠近火车站的柏林中央酒店向恩里克寄出了明信片，在其中他再次表达了丢失行李以及如何将其找回的忧虑。

根据记载，他接下来寄出的两张明信片是在波兰买的。明信片写于12月2日，其内容也表明他应该是在乘坐火车的途中写的，因为其中一张盖有俄罗斯城市伊尔库斯克的邮戳，他在明信片里说，第二天将到达贝加尔湖，还描述了他当时看到的鹅毛大雪。

我们尚不知道他乘坐的火车是哪条线路，以及如何到达的上海，但是可以确定的是，他从上海给儿子寄出的下一封信的日期是1913年12月18日。在1914年初，他又写了好几封信，仅寄给了他的儿子恩里克，其中最后一封信的日期是1914年3月22日。信的内容全部都是私人事宜，主要询问家里的情况和其子恩里克·来丰·费拉利的近况，那时恩里克年仅15岁，正在思忖他未来要从事什么职业。

1914年，开启在上海的第一批工程

在上海生活半年后，阿贝拉多·来丰试图接手一些项目，从而在上海这个比菲律宾节奏快得多的城市里立足。从此他开始小有收获，笔者将在下文细数。

在那时，来丰还没有跻身于每年公布在"洪台名单"中的上海"注册建筑师"的行列之中，但是他已经以个人名义在上海自主从事建筑师的职业。他当时的办公地点在香港路五号，也就是现在位于"国际租界"中央区的香港街道。

除了拥有一个办公地点，他还掌握了上海交易的所有相关法则，其中最有用的是如何在他的信件中印上其职业抬头。其独特的抬头简要介绍了在上海完成的第一批项目。这样一来，他就可以介绍自己的经历，从而吸引潜在的顾客。

> 阿贝拉多·来丰·加西亚-罗霍
> 建筑师兼承包商
> 水利工程公司"雷玛斯"的包销商
> 为城镇、村庄、灌溉、火车站、大厦、农场、别墅等供应水资源。
> 经营设备：船用油电动机、油驱动辅助设备、电动照明设备、油电动机货物绞车、离心泵设备、固定式油机械设备、重型牵引配件专用油机。
> 电报地址：LAFUENTE。代码：W. UNION
> 地址：上海香港路5号

在马尼拉供职时，来丰在业内小有名气。上海离西班牙如此遥远，对于一个身处异乡的西班牙建筑师来说，在马尼拉积累起来的人脉成了他职业的主要支柱。上海的西班牙侨民区虽然很小，但在贸易领域却十分重要，形式多样，但总是和菲律宾有关。

图 2　夏令佩克戏院建筑正面

来源：里昂上海虚拟档案馆。

安东尼奥·雷玛斯·埃斯佩浩

托罗写道[1]，从那时开始，扮演来丰的保护人角色之一的就是安东尼奥·雷玛斯，后者委托他承接上海第一家电影院的建设工作。

夏令佩克戏院

夏令佩克戏院坐落于"国际租界"内最重要的街道之一，于1914年

---

[1] 托罗详细介绍了当时安东尼奥·雷玛斯在上海拥有的电影院："维多利亚影院（1909年落成），这是第一个国际级别的影院，位于海宁路24号；奥林匹克影院（1914年落成），位于泡井路127号，这座影院被誉为'西班牙王室的珍宝'，后来成为大使馆；国家电影院（1917年落成），位于东西华德路；卡特电影院（1917年落成），位于卡特路；帝国电影院（1921年落成），位于霞飞大道；除了以上提到的电影院，或许还应该加上一个位于汉口的剧院——皇宫剧院，它被租借给一个叫作埃·埃尔米达的人，我们不知道这个剧院的地点，也不清楚它的落成日期，但是在1925年时，它已经全面投入使用；中国电影院，于1920年在现在的梧州路150号由伯纳德·戈登伯格宣布落成，因后来伯纳德·戈登伯格死于谋杀，1922年归于雷玛斯名下。"

6月落成。

关于谁是该戏院建设者的参考文献说法不一。该剧院落成许多年后,《西班牙先锋报》上的一篇文章提及了这个问题,我想重点谈谈这篇可供参考的新闻。

《西班牙先锋报》"西班牙一角",三月六日,其节选片段表述如下:

> 和雷玛斯一起进入剧院的是其建造者的其中三个负责人:首先是阿贝拉多·来丰建筑师,他勾画出该剧院的平面图并且指挥了夏令佩克戏院和维多利亚影戏院的建设;还有马丁父子,他们是装饰这两个剧院的伟大艺术家。

在那时的报纸上,关于这个影剧院的报道数不胜数,因为在当时的上海,这是一个不折不扣的地标性建筑。这不仅因为它坐落于最高贵、最重要的街道上(甚至有轨电车都从它门前经过),还因为它接待的都是身份显贵的顾客,安东尼奥·雷玛斯名下的公司在其中放映了很多高质量的影片。

后来,阿贝拉多·来丰又对原来的建筑进行了一些修葺。比如,建筑落成的几星期后,他又对位于后街的建筑外观作了些补充装饰,还添加了一个防雨罩。

《西班牙信使报》上3月6日刊登的文章《西班牙一角》,对本文的研究至关重要,所以我将再次引用部分原文,但是这次比上文的引用篇幅更长,更加详尽。这是巴尔多梅罗·阿尔根特撰写的文章的节选,文章里介绍了本文研究的阿贝拉多·来丰建筑师的情况。

> 和雷玛斯一起进入剧院的是其建造者的其中三个负责人:首先是阿贝拉多·来丰建筑师,他勾画出了剧院的平面图并且指挥了奥林匹克电影院和维多利亚电影院的建设;还有马丁父子,他们是装饰这两个剧院的伟大艺术家。阿贝拉多·来丰是上海西班牙侨民的骄傲。他是一位潜力无穷的建筑师,在菲律宾时就已经大放异彩。为了实现更好的发展,他移居到上海继续他的事业。但是上海建筑界云集了主要来自英国的外籍建筑师,而英国籍建筑师得到了本国政府和同胞的大力支持,所以他职业发展之初阻碍重重。

但是短短几年后,他就克服了一切困难。上海的一些主要标志性建筑物就是他的作品。"美洲俱乐部",是上海最顶尖的建筑,可谓富丽堂皇,无尽奢华。它规模宏大,内设一个气派的晚宴厅,厅内装饰着一幅幅精美的画作。这些画作出自于一个姓氏为利贝拉的画家笔下,虽然他加入了法国国籍,但他也是一位西班牙本土的画家;"犹太人俱乐部",外形设计新颖,宏伟壮丽,位于一处宽广的公园内;还有"星星车库",它是上海最大最好的车库,共有四层,看上去稳如泰山、金碧辉煌,这几个建筑都是他的杰出之作。这么多美轮美奂的建筑都是他的杰作,尽管如此,他当时正负责建造一间专治霍乱患者的医院,这个项目是他在市政府的招标中赢得的。与此同时,他还参与了其他一些规模较小的建筑物的建设。

研究阿贝拉多,就不得不提到马丁父子。阿贝拉多·来丰在上海定居前,他们两个一直跻身于当时定居上海的天才艺术家之列。后来,他们也曾协助阿贝拉多·来丰装饰一些建筑作品。

历史上的这对父子完全被丢进了遗忘的旋涡,装饰阿贝拉多·来丰建筑作品内部的专业人员在建筑界并没有受到人们重视,同时作为西班牙侨民中最重要的人物,阿贝拉多·来丰本人也没有过多关注这对父子。但是,奥尔特耶斯·尼古拉在其2017年写的一篇文章中提到了这对父子,文章名为《历程:在上海的西班牙人——建筑和水泥》,收录于西班牙加泰罗尼亚开放大学的"中西档案馆"网站,其中详细介绍了默默无闻的马丁·德索拉父子。

在这篇文章里,作者提到马丁·德索拉是一位西班牙工程师,起初在马尼拉公共工程中担任第二助手,在去菲律宾之前,是《加泰罗尼亚地理》刊登文章的作者。根据这篇文章,阿贝拉多似乎是在1904年定居上海,1906年担任西班牙驻上海临时领事。此外,他还负责了以钢筋混凝土为建筑材料的一项专利,该专利被称为"Cementight"。在1898年,他在香港创立了一家名为"Cementight Paint Co."的公司,旨在生产这种在《亚洲工商目录和纪事报》榜上有名的材料。

他把专利用在了上海许多外籍建筑师负责的项目里,比如外滩和谐俱乐部(德国俱乐部)、古兹拉夫塔和皇宫酒店等,几乎囊括了上海外滩的所有建筑，所有资料都来自帕特雷·高登西奥·卡斯特利略写的一本书。

颇有趣味的是，帕特雷·卡斯特利略在其著作中写到了包括阿贝拉多在内的一些外国建筑师的项目，作者说道：

> 我们西班牙人有幸成为第一批将钢筋混凝土用于建设上海建筑的人，与其说是在上海，不如说在中国，因为上海这座美丽的城市，作为国际模范租界，它总是走在所有现代、物质和智力进步的最前沿。是否"德国俱乐部"和"皇宫酒店"两栋建筑给上海锦上添花，诸位可以在心中酝酿您的答案。屹立在法国租界大门口的指示塔或者说交通信号灯也是西班牙人的杰作。①

本文的研究涉及一个有趣而又重要的话题，即西班牙人是否是真正率先在上海以及中国使用钢筋混凝土的。这一点还有待商榷，但这很可能是西班牙国家技术显著提升的表现。要知道在世界范围内率先使用钢筋混凝土的是法国人，很可能在那个时代甚至是之前的年代法国或者英国公司就已经捷足先登，率先使用了这项技术。匪夷所思的是，上述提到的三个工程都坐落于外滩，重要程度可见一斑，所以最好再深究一下细节。当然，这一细节并非本文论述的重点。

莫德斯托·马丁在他的文章中也提到，他曾在上海执掌"上海钢筋混凝土公司"，合伙人中有他的儿子，他是一位名叫弗朗西斯科·德·萨莱斯·阿波意蒂斯的西班牙人，还有一位名叫王春基的中国"股东"和几位盎格鲁—撒克逊人。他还提到公司位于长江坡，这意味着公司坐落于上海"美国租界"的工业区。

一直以来尤其引人注意的是，在提到安东尼奥·马丁·维达时，从未加上某种头衔。而且，无论何时提到这对父子，人们都会称他们为伟大的艺术家，但无人认为父亲有工程师的身份。也许是因为后来他成为

---

① "我们的同胞莫德斯托·马丁先生是第一个将钢筋混凝土工程引进上海的人。随后，我杰出的朋友阿贝拉多·来丰先生的水泥建筑作品，因其独特的品位和高雅气质脱颖而出。"参见 Castrillo, G. (1918), *El Comercio en Extremo Oriente*. Madrid. Imprenta del Asilo de Huérfanos del S. C. de Jesús.

墨西哥驻上海名誉领事，自此放弃了工程师这个职业。

我们不知道莫德斯托·马丁是哪一年去世的，以及如果他不是工程师，当时他的儿子安东尼奥在公司担任什么职务，也不知道他在上海的公司于哪一年破产。但似乎可以明确的是，他们技术精湛，富有创造力，负责了阿贝拉多·来丰几个项目的装饰工作，比如上文提到的影剧院和另一个项目。

维多利亚影剧院

可以肯定的是，维多利亚影剧院是阿贝拉多·来丰在其朋友安东尼奥·雷玛斯的委托下建成的。它是雷玛斯最早经营的电影院之一，这座由新工厂设计的影剧院坐落于城市郊区，主要是面向当地民众放映电影，因价格公道而颇受欢迎。雷玛斯收购的第一家影院是红磡影院，后来被整修成一家全新的电影院，但是关于哪个建筑师改造了它却不得而知。

图3 维多利亚影剧院正面

来源：上海记忆网。

承包这个项目的工厂也无从得知。建筑物的正面明显是简单的新古典主义风格，中间只有一个主体通道，通道里的喇叭形对称拱门十分突出,似乎是大帐篷下面切割出了两个开口。其上部还屹立一个白色三角山墙,使得这幢建筑在交通繁忙的海宁路上十分吸引眼球。

在这方面,值得一提的是托罗提供的关于海宁北路24号维多利亚影剧院建设日期的资料,因为他在最后提到,该剧院开幕于1909年。但这就更加证实了阿贝拉多·来丰是其建筑师这一事实。不仅是因为有之前报纸的报道,也是因为罗梅洛·萨拉斯在他出版的书信《在中国的西班牙,旅行纪事》中进行了介绍,共同证实了来丰的身份,关于这篇书信引文如下:

> 有目共睹的是,三座建筑中有两座设计新颖独特,其中最小的一幢,"维多利亚影剧院",是一座用来纪念马尼拉和其戏剧艺术的建筑。它极具风情的美丽房间有着清新优雅的装饰风格,其结构充满着浓厚的欧洲格调,给人们带来无与伦比的听觉盛宴,无论您落座何方,都会享有完美的视觉效果,让人仿佛身处马德里的拉拉影剧院,尽管后者设计得更加威严壮丽。
>
> 对于我们的语言和文学来说,这些是多么具有建设和教育意义的建筑啊!要是你们有一个类似的建筑的话,你们也可以感同身受!但是这个小巧精致的建筑物和"奥林匹克影剧院"相比,就黯然失色了。富丽堂皇的奥林匹克影剧院简直无法用言语来形容,它的结构华美壮观,装饰气派绝美,就连细节都无尽奢华。任一欧洲首都的居民看到它的精巧设计都会叹为观止,他们一定觉得上海的这几家影剧院座无虚席,人满为患。但是接下来我要补充的特点,一定让你的心情更加的愉悦自豪。
>
> 由西班牙人发起建成的,这不是这些建筑的唯一优点。如果注意到那些原始的建筑蓝图,建筑选址以及它们的全部装饰也同样出自西班牙人之手,你会觉得这些建筑更有价值和意义。马丁父子是真正的天才艺术家,我已经多次向你们提到,他们跻身于那些相继离开菲律宾的最伟大艺术家之列。阿贝拉多·来丰也毫不逊色,关于他我不得不再单独写一篇文章来介绍,它是这些宏伟建筑物的建筑师。每当我欣赏这些艺术品,我都感到无比自豪。

由此可见,维多利亚影剧院是阿贝拉多·来丰的杰作。但是,正如已经证实的那样,来丰于1913年开始定居上海,所以关于这幢建筑的建设者,仍有两种可能性。

第一种可能性是,当他还住在马尼拉时,在上海就已经承包了几个项目,因为安东尼奥·雷玛斯在菲律宾就已经与他相识,所以他可能不时地来回奔波来完成承包的工程,当时乘船来往上海和马尼拉十分便利;第二种可能性是,影剧院于1909年初步建成,后来阿贝拉多·来丰又在1913年和1914年之间对它进行了适当的改善,与此同时,他也在建设奥林匹克影剧院,这一点尚且无法确定,有待考察。

在那个时代,阿贝拉多·来丰以及上海所有其他建筑师实施的项目必须要在上海市政府提交申请并且通过的才能进行。每周这些建筑工程和建筑师的名单都会在"市政警察"中发布。这方便了我们对最初几个月的工程进展进行全面详尽地跟进。

那时公布的名单中,列举了一些阿贝拉多·来丰申请通过的项目。

表1　　阿贝拉多·来丰申请通过的项目

日期	Cad. Lot	街道	申请人	描述
1914/01/15	1298	泡井路（南京路）	安东尼奥·马丁	一座影剧院
1914/09/03	1298	泡井路（南京路）	阿贝拉多·来丰·加西亚－罗浩	一所住房

值得注意的是,不知为何,阿贝拉多·来丰和安东尼奥·马丁分别于9月和1月同样在夏令佩克戏院所处的区域申请项目。在前文已经提过安东尼奥·马丁这个人物,他出现在名单里有几种可能性。第一种可能性是,他属于"上海钢筋混凝土有限公司",这说明这座建筑的结构可能是用马蒂公司的钢筋混凝土搭建的,但这点我们无法得知。第二种可能性是,安东尼奥·马丁比阿贝拉多定居上海时间更长,并且我们知道马丁协助阿贝拉多手下建筑物的装饰工作,这点在前文的报纸文章中就已经提到,所以马丁可能一开始就申请了这个项目,因为他更加了解政府复杂的办事程序,而当时阿贝拉多才刚刚到达上海十个月。

弗兰切先生新阿拉伯风格的独栋住宅

我们来继续介绍阿贝拉多·来丰定居上海第一年做的项目。值得一提的是,作为最受人瞩目的建筑之一,阿贝拉多·来丰在1914年8月写的一封信中提到了一座阿拉伯风格的建筑,他的描述如下:

图4　弗兰切先生住房的正面

来源:上海虚拟在线里昂档案馆。

> 我接受委托(原文如此)正在这个黄金地段建一座纯阿拉伯风格的房子。建成之后(原文如此),我会给你们寄一张照片(原文如此),或者是寄一张平面图,因为它要到二月份才完工。它是用钢筋水泥建成的,因为它(原文如此)是这里第一座阿拉伯风格的建筑,所以十分引人注目(原文如此)。

根据浮现的一个个细节,以及他对这座建筑的粗浅描述,可以得出的结论是,这是"为弗兰切先生专门设计的住宅",并且名列于"市政警察"新批准的建筑物。

表2　　　　　　　　　　"市政警察"新批准的建筑物

日期	Cad. Lot	街道	申请人	描述
1915/09/02	E of 1870	沃德路（长阳路）	阿贝拉多·来丰·加西亚－罗浩	一座住房

沃德路所在的区域是距离市中心最远的区域之一，但是仍然属于上海"美国租界"，数年后成为"国际租界"。

作为第一个只有两层楼的项目，它的设计灵感之一是建设一块可供人走动的露天平台。因为建筑远离市中心并且可以欣赏到黄浦江的风景，所以平台旁还设计了一个可以瞭望远方的阳台。它的设计别具一格，属于新阿拉伯历史主义风格。根据他当时写的私人信件，他在上海建造的第一座摩里斯科建筑中采用了钢筋混凝土结构，并用混凝土板进行加固。仅仅依靠找到的一张图片，无法得知其装饰物使用的是什么材料，但是看上去很像粉刷材料。该建筑的平面可能是方形构造，入口旁边屹立着一座侧塔。塔有三层，最下面一层有一个大的墓拱，中间连着房子的主体部分，好像两扇封闭的马蹄形拱门。最上方的收尾部分，又使用了开放的马蹄形拱门，看上去好像还建了一个四坡屋顶。

房子正面属于新阿拉伯古典主义风格，它的结构基于将高低不平的锯齿状的阿拉伯拱门叠放的设计理念，在房子的最下层和最上层也采用了同样的设计。两层的下面部分最后都用一座白色栏杆收尾，由此我们可以知道，这两层的房间都面向一个朝外的回廊。

记载了建于上海那个区域的别墅或住房的资料寥寥无几，现在那里的大多数建筑都已经消失了。或许那座房子位于现在的杨浦区，但在当时该区域主要包括百货商店、工厂、普通货船的停靠区以及与货船停靠相关的行业。只有一本书里明确提到了这座与众不同、位置偏远的华丽建筑，书中描述如下：

> 虽然路上分布着一些漂亮的住宅，包括1917年为某个弗兰切先生建成西班牙风格住房，但是这条路上最著名的是"上海市监狱"（当地人通常称之为"沃德路监狱"），当时一度被认为是全世界最大的监狱，里面关着1000多名不同种族的罪犯。

众所周知，那个时代的上海，有钱人会在上海郊区修建避暑山庄，以便在夏天避暑，远离上海国际租界中心的喧闹。因此，他们才会寻找一个绝对安静的场所来休息，当时西班牙也有类似的情况。下面我会摘录一段原文：

> 卡洛斯三世首先践行了流行于许多国家的修建休闲别墅的雅致传统，这项率先由王室践行的举措可能会被许多贵族效仿，他们会在城外或者至少在城市的边缘位置修建宫殿，并且通过这些地区开始扩张。……卡洛斯三世的这个举措有双重意义：首先，从老城市的修道院到与自然直接接触，这意味着观念的改变，不仅是因为居住位置不同，而且是因为宫殿的住所修建在花园里。其次，从建筑的角度来说，这是住房类型的改变。从走进这所让人感到不受拘束的宫殿开始，混乱城市里老旧的深宅大院就显得相形见绌。

在上海建造这种不在外国人掌控范围内的别墅是冒着高风险的，因为在租界和国际区域外，唯一有效的法律就是中国法律，因此那里的建筑很容易被征用。在这种情况下，这座建筑仍处在外国人掌控的领域内，很有可能在这个区域里有更多上述特征的别墅一直留存到了今天。

总之，对于来丰的职业生涯来说，1914年是硕果累累的一年，这一年，他在上海市中心建成了两座影剧院，还为一位上流社会的顾客在郊外建设了一座地标性住宅。此外，这座华丽的住宅采用的是别具匠心的历史主义风格，使来自西班牙的新阿拉伯风格可以以这样精妙绝伦的方式引入中国。更有意义的是，他修建这座建筑时，使用的是当时世界上许多国家采用的一种现代材料——钢筋混凝土。

1915年，职业才能得到认可

这一年，阿贝拉多·来丰仍然以坚定的信念发展着自己的职业生涯，从事着建筑物的微小变动、扩建、改造和设计工程平面图的工作。

正如我们所见，在1915年的4月，他书信的抬头发生了微小的改变，减少了承包工程的类型，那时的信件抬头如下：

阿贝拉多·来丰·加西亚－罗浩。
建筑师和承包商。
水利工程"雷玛斯"的独家代理人。
为城镇、村庄、灌溉、火车站、大厦、农场、别墅等供应水。
通信地址：LAFUENTE。编码：A. B. C. 5 号，W. UNION
中国上海，香港路 5 号。

在 1915 年，报纸上刊登了更多有关于阿贝拉多·来丰完成的建筑（当时报纸上报导的名字是阿贝拉多·来丰·加西亚－罗浩），当时通过的新建筑如下。

表3　　　　　　　　1915 年申请通过的新建筑

日期	Cad. Lot	街道	申请人	描述
1915/02/18	1298	柏吉尔路（凤阳路）	阿贝拉多·来丰·加西亚－罗浩	剧院
1915/07/15	1298	柏吉尔路（凤阳路）	阿贝拉多·来丰·加西亚－罗浩	住宅
1915/09/23	1298	柏吉尔路（凤阳路）	阿贝拉多·来丰·加西亚－罗浩	汽油店

在这一年的三月份，他给他的儿子恩里克·来丰寄了一封信，祝贺他在邮局谋得一份官员职位。他还说，他的经济状况不是很好，因此他不能为他获得这么重要的一个工作送礼庆祝。这很有可能是因为他为了赢得客户和项目在上海进行了大量投资。

他卖掉了在菲律宾拥有的土地和房产，卖得的钱主要用作他在上海的投资。那些土地和房产都是他在菲律宾近 15 年的职业生涯里购置或者建造的。他那时一直和在马尼拉的西班牙律师有联系，这些律师帮助他管理这些土地。当阿贝拉多·来丰从上海给他们发邮件或者电报让律师们卖掉土地时，他们就会按照他的指示进行售卖。

阿尔伯特·科恩和"星星车库"大楼

1915年年底发生的最重大的事情就是来丰在上海落成了他的一座最宏大的建筑,这座建筑一直留存至今,它位于今天的南京西路722号,它就是"星星车库公司大楼"。这是他为阿尔伯特·科恩人力车公司建设的第一座车库建筑(该建筑的建筑许可于1915年9月23日发布于报纸上)。

图5 建设中的"星星车库"大楼正面
来源:阿贝拉多·来丰个人作品集。

阿尔伯特·科恩是土耳其籍的企业家,受到西班牙政府的保护,同时是"星星车库公司"的所有者。在上海,他是另一个和阿贝拉多·来丰关系紧密的人物。在那些岁月里,科恩和阿贝拉多·来丰在上海建立了绵长而持久的友谊,这段友谊甚至持续到科恩逝世。

在莫顿·卡梅龙和菲德威克发表的一篇长篇专栏文章中明确了这座建筑的建设日期,文中介绍了阿尔贝特·科恩公司的情况,本文摘录如下:

174　/　第三部分　19世纪与20世纪中国与西班牙的关系

图6　建筑前详细写有建筑师和建造者名字的海报
来源：阿贝拉多·来丰个人作品集。

由于上海的车辆繁多，所以这里的不同地区都开设了许多车库来供车辆停放，位于泡井路的"星星车库"是主要的车库之一。这个车库位于居民点的西区，从这里到达最高档的居民区，交通非常方便。而且该车库建在一座豪华的新楼里，这座外观壮丽宏伟的大楼将于1915年末向公众开放。

这是上海建成的第二幢西班牙新阿拉伯风格的建筑，第一座即之前介绍过的独栋住宅。这座建筑同样采用了钢筋混凝土材料，它也是阿贝拉多·来丰在上海起步之初最得意的作品。

1915年末是来丰开启职业生涯忙碌岁月的前奏。1915年9月，他就开始着手申请职业工作室，该工作室是和一个美国合伙人联合创办的，于1916年得到官方命名，即"来丰·沃登"工作室，在接下来的几年，这个工作室大大改变了他在上海建筑界的地位。

尽管如此，值得一提的是，"星星车库公司"的项目是阿贝拉多·来丰一个人的杰作，因为修建这座大楼时，他还没有正式和他的美国合伙人合建工作室。但是人们错误地认为这是他们两个人的作品，因为在之前提到的1917年出版的刊物上，展示了这个项目的照片，作为该工作室成功项目的典例，所以才造成了这个错误的看法。

而根据这章节前一页所附的取自阿贝拉多·来丰个人信件的图片，当时挂在正在施工的建筑物门上的广告牌只提及了来丰一个建筑师，由此我们能证明该项目是来丰的独立设计这一点。此外，它还写明了阿贝拉多工作室的地址，该地址是阿贝拉多·来丰当时在上海的最新地址。

同样值得一提的是，当时进行这个项目的中国承包商名字叫作A. H. Hing，对于这个人我了解甚少，也不知道他后续和阿贝拉多·来丰工作上的合作。但我们知道在1915年底，他们两人就已经有了共同的职业工作室，由此可以确定的一个事实是：这座建于中国的对于西班牙建筑史尤其重要的经典建筑——“星星车库公司”大楼，是阿贝拉多·来丰在中国职业发展初期的最后一个个人项目。

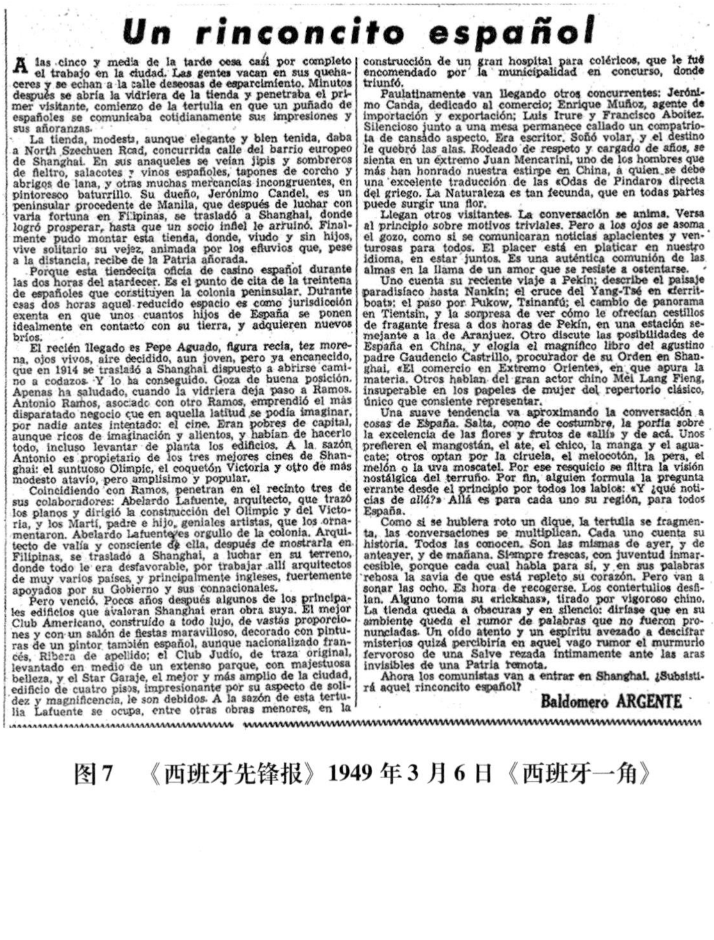

Un rinconcito español

A las cinco y media de la tarde cesa casi por completo el trabajo en la ciudad. Las gentes vacan en sus quehaceres y se echan a la calle deseosas de esparcimiento. Minutos después se abría la vidriera de la tienda y penetraba el primer visitante, comienzo de la tertulia en que un puñado de españoles se comunicaba cotidianamente sus impresiones y sus añoranzas.

La tienda, modesta, aunque elegante y bien tenida, daba a North Szechuen Road, concurrida calle del barrio europeo de Shanghai. En sus anaqueles se veían jipis y sombreros de fieltro, salacotes y vinos españoles, tapones de corcho y abrigos de lana, y otras muchas mercancías incongruentes, en pintoresco baturrillo. Su dueño, Jerónimo Candel, es un peninsular procedente de Manila, que después de luchar con varia fortuna en Filipinas, se trasladó a Shanghai, donde logró prosperar, hasta que un socio infiel le arruinó. Finalmente pudo montar esta tienda, donde, viudo y sin hijos, vive solitario su vejez, animada por los efluvios que, pese a la distancia, recibe de la Patria añorada.

Porque esta tiendecita oficia de casino español durante las dos horas del atardecer. Es el punto de cita de la treintena de españoles que constituyen la colonia peninsular. Durante esas dos horas aquel reducido espacio es como jurisdicción exenta en que unos cuantos hijos de España se ponen idealmente en contacto con su tierra, y adquieren nuevos bríos.

El recién llegado es Pepe Aguado, figura recia, tez morena, ojos vivos, aire decidido, aun joven, pero ya encanecido, que en 1914 se trasladó a Shanghai dispuesto a abrirse camino a codazos. Y lo ha conseguido. Goza de buena posición. Apenas ha saludado, cuando la vidriera deja paso a Ramos. Antonio Ramos, asociado con otro Ramos, emprendió el más disparatado negocio que en aquella latitud se podía imaginar, por nadie antes intentado: el cine. Eran pobres de capital, aunque ricos de imaginación y alientos, y habían de hacerlo todo, incluso levantar de planta los edificios. A la sazón Antonio es propietario de los tres mejores cines de Shanghai: el suntuoso Olimpic, el coquetón Victoria y otro de más modesto atavío, pero amplísimo y popular.

Coincidiendo con Ramos, penetran en el recinto tres de sus colaboradores: Abelardo Lafuente, arquitecto, que trazó los planos y dirigió la construcción del Olimpic y del Victoria, y los Martí, padre e hijo, geniales artistas, que los ornamentaron. Abelardo Lafuente es orgullo de la colonia. Arquitecto de valía y consciente de ella, después de mostrarla en Filipinas, se trasladó a Shanghai, a luchar en su terreno, donde todo le era desfavorable, por trabajar allí arquitectos de muy varios países, y principalmente ingleses, fuertemente apoyados por su Gobierno y sus connacionales.

Pero venció. Pocos años después algunos de los principales edificios que avaloran Shanghai eran obra suya. El mejor Club Americano, construído a todo lujo, de vastas proporciones y con un salón de fiestas maravilloso, decorado con pinturas de un pintor también español, aunque nacionalizado francés, Ribera de apellido; el Club Judío, de traza original, levantado en medio de un extenso parque, con majestuosa belleza, y el Star Garaje, el mejor y más amplio de la ciudad, edificio de cuatro pisos, impresionante por su aspecto de solidez y magnificencia, le son debidos. A la sazón de esta tertulia Lafuente se ocupa, entre otras obras menores, en la construcción de un gran hospital para coléricos, que le fué encomendado por la municipalidad en concurso, donde triunfó.

Paulatinamente van llegando otros concurrentes: Jerónimo Canda, dedicado al comercio; Enrique Muñoz, agente de importación y exportación; Luis Irure y Francisco Aboitez. Silencioso junto a una mesa permanece callado un compatriota de cansado aspecto. Era escritor. Soñó volar, y el destino le quebró las alas. Rodeado de respeto y cargado de años, se sienta en un extremo Juan Mencarini, uno de los hombres que más han honrado nuestra estirpe en China, a quien se debe una excelente traducción de las «Odas de Pindaro» directa del griego. La Naturaleza es tan fecunda, que en todas partes puede surgir una flor.

Llegan otros visitantes. La conversación se anima. Versa al principio sobre motivos triviales. Pero a los ojos se asoma el gozo, como si se comunicaran noticias aplacientes y venturosas para todos. El placer está en platicar en nuestro idioma, en estar juntos. Es una auténtica comunión de las almas en la llama de un amor que se resiste a ostentarse.

Uno cuenta su reciente viaje a Pekín; describe el paisaje paradisíaco hasta Nankín; el cruce del Yang-Tsé en «ferritboats»; el paso por Pukow, Tsinanfú; el cambio de panorama en Tientsin, y la sorpresa de ver cómo le ofrecían cestillos de fragante fresa a dos horas de Pekín, en una estación semejante a la de Aranjuez. Otro discute las posibilidades de España en China, y elogia el magnífico libro del agustino padre Gaudencio Castrillo, procurador de su Orden en Shanghai, «El comercio en Extremo Oriente», en que apura la materia. Otros hablan del gran actor chino Mei Lang Fieng, insuperable en los papeles de mujer del repertorio clásico, único que consiente representar.

Una suave tendencia va aproximando la conversación a cosas de España. Salta, como de costumbre, la porfía sobre la excelencia de las flores y frutos de «allí» y de acá. Unos prefieren el mangostán, el ate, el chico, la manga y el aguacate; otros optan por la ciruela, el melocotón, la pera, el melón o la uva moscatel. Por ese resquicio se filtra la visión nostálgica del terruño. Por fin, alguien formula la pregunta errante desde el principio por todos los labios: «Y ¿qué noticias de *allá*?» Allá es para cada uno su región, para todos España.

Como si se hubiera roto un dique, la tertulia se fragmenta, las conversaciones se multiplican. Cada uno cuenta su historia. Todos las conocen. Son las mismas de ayer, y de anteayer, y de mañana. Siempre frescas, con juventud inmarcesible, porque cada cual habla para sí, y en sus palabras rebosa la savia de que está repleto su corazón. Pero van a sonar las ocho. Es hora de recogerse. Los contertulios desfilan. Alguno toma su «rickshas», tirado por vigoroso chino. La tienda queda a obscuras y en silencio: diríase que en su ambiente queda el rumor de palabras que no fueron pronunciadas. Un oído atento y un espíritu avezado a descifrar misterios quizá percibiría en aquel vago rumor el murmurio fervoroso de una Salve rezada íntimamente ante las aras invisibles de una Patria remota.

Ahora los comunistas van a entrar en Shanghai. ¿Subsistirá aquel rinconcito español?

Baldomero ARGENTE

图7 《西班牙先锋报》1949年3月6日《西班牙一角》

第四部分

当代中国与西班牙、拉美地区关系

引 述

张 敏

中国社会科学院欧洲所

2018年是中国与西班牙建交45周年。自1973年西班牙与中国建交以来，中西两国在推动各领域合作上采取积极姿态。2005年是中国与西班牙关系持续深化的里程碑的一年，两国政府决定建立全面战略伙伴关系，目前中国与西班牙政治互信不断增强，经贸、教育、科技、人文等方面的合作持续推进。当前应借助"一带一路"倡议，全面提升中国与西班牙关系，推动中西两国在可再生能源、生物技术、智能技术、旅游、绿色产业等方面开展合作。

中国与拉美国家关系呈现出四大特点：一是中拉双边高层往来越来越密切，中拉关系已进入双边合作和整体合作并行发展的新阶段。古巴是第一个与中国建交的国家，目前中国已同巴西、阿根廷、委内瑞拉、墨西哥、智利、哥斯达黎加、秘鲁、厄瓜多尔、乌拉圭九个拉美国家结成战略伙伴关系或全面战略伙伴关系。二是中拉论坛成立标志着中拉整体合作迈开步伐。三是中拉双边合作越来越务实。双方在投资、金融、产能、基础设施建设等新兴领域的合作正快速推进，中拉经贸关系由单纯的贸易主导向贸易、投资、金融三轮驱动模式演进。四是中国对拉美的外交充分体现了习近平主席提出的"中国特色大国外交"的理念。

西班牙在推动中国与拉美关系发展中具有十分重要的作用，西班牙与拉美国家在历史、语言、文化、价值等方面趋同，将有助于推动中国与拉美在构建人类命运共同体上发挥建设性的作用。

恩里克·拉雷塔教授在谈到"有关三种西语文化的辩证关系——全球化时代中国与西班牙语美洲的文化互动"时，提到西班牙语及其文化是在特定的历史背景下产生的，西班牙文化对拉美地区的影响是长远的、深刻的。随着全球化和技术进步，互联网的广泛应用，这一时期中国的发展日新月异，成为人类历史上在非欧洲国家中，首次诞生的世界超级大国，中国与西班牙、拉美地区的合作与发展离不开西班牙语的沟通和交流。西班牙语作为世界第三大语言，其重要性在不断上升，不仅世界上有23个国家使用西班牙语，在欧盟、联合国等国际组织的重要场合，西班牙语也是国与国合作、地区与地区合作，以及通过西班牙的第三方合作之间的最为重要的沟通媒介。西班牙语中蕴含的美学和音乐元素，使世界各地的人们对学习西班牙语产生了浓厚的兴趣。

中国年轻人对学习西班牙语有着浓厚的兴趣，除了英语之外，西班牙语成为了第二种，受到中国青年人热捧的外语，近几年西班牙文的翻译出版作品数量均在持续上升。这也有助于中国与拉美之间的经贸合作、人文交流。中国与拉美国家经济具有互补性，多年来，拉美国家经济普遍好转，西班牙语推动中国与拉美国家经贸合作、扩大中国在拉美地区的市场份额，提供了较好的沟通渠道。会上讨论了拉美的西班牙研究、中国的西班牙研究、西班牙的西班牙文化研究三者之间的关系，它们具有共性，但也有明显的区别，中、西、拉三者之间加强合作将推动彼此文化的交流与合作。

胡利奥·里奥斯教授主要阐述了他对"拉丁美洲－西班牙关系中的新态度：认知管理"的看法。他承认中国正在崛起成为发展中大国，关于中国、西班牙、拉美关系，他认为三者之间的关系需要加以厘清，三者之间的关系并非对称：中国是世界上最大的发展中国家，也是增长速度最快的国家，中国与拉美国家的合作，可以从双边角度开展合作，而并不一定要通过西班牙这个中介。当然，中国与拉美近年来在金融、能源等领域开展合作时，考虑到历史、语言文化等因素，仍需要西班牙作为中介，拉近中国与拉美国家在关系，特别是在西班牙具有优势的合作领域以之为中介，将有助于减少因语言文化等差异造成的分歧与误会，推动三方之间的领域合作，有助于扩大中国在拉美地区的影响力。

中国社会科学院拉美所郭存海教授谈到了如何通过建立拉美青年共

同体来开展中国与拉美智库之间的合作与交流。他认为，随着中拉全面合作伙伴关系的建立，中国和拉美愈益成为一个利益共同体、责任共同体和命运共同体。因此，双方亟须加强相互认知、理解和信任，而文明对话正是实现这一目标的关键路径。随着拉美成为"一带一路"的自然延伸和不可或缺的重要参与方，"一带一路"的框架设计及其内涵正成为推进中拉文明对话的主要动力和构建中拉文明对话机制的主要载体，因为以和平合作、开放包容、互学互鉴、互利共赢为特征的丝绸之路精神同中拉文明对话追求的目标是一脉相承的。他提出，文明对话是当前国际关系的新范式，中国正是其主要推动者。而就中拉文明对话而言，对话目标具有多层次性（即寻求尊重和包容、理解和信任、互学和互鉴），对话主体多元化和广泛化，对话路径也具有多样性（特别是语言、文化、出版、学术、媒体）。构建中拉文明对话机制的时机已经成熟，可借此设立"中拉文明对话"论坛并纳入"中拉论坛"轨道；推动并支持拉美的中国研究，打造中拉学术交流与合作网络；加大政策扶持力度，培育基于市场的文化交流长效机制。

墨西哥国立自治大学恩里克·杜塞尔教授分析了"中国特色的全球化和拉丁美洲及加勒比地区的中国学术智库"的研究现状及存在问题。在过去的二十年，由于中国在拉美及加勒比地区的地缘战略存在，极大地改变了拉美及加勒比在地区中的作用，他重点从贸易、金融、对外投资、基础设施等角度分析了中国在拉美地区的发展现状。从现状而言，中国在拉美地区的作用持续上升，影响力也在扩大，然而拉美及加勒比地区的学术研究机构、国家或私人智库对中国的关注与研究十分匮乏，对中国在全球化进程中的作用，特别是对中国"一带一路"倡议、新海上丝绸之路的研究还十分薄弱。美国从事中国与拉美关系研究的智库似乎也过时了，他们提供的分析结果似乎缺乏相关性。在中国，对拉美及加勒比进行研究的机构，无论是政府还是私人的机构均在发展壮大中。但无论是拉美地区还是中国，从事拉美及加勒比问题的智库，似乎都缺乏从政治、经济、文化等多个角度分析中国与拉美及加勒比关系的发展的研究，因此，他呼吁中国和拉美的学术界应更多地从经济、政治、外交、文化等多视角，全面分析中国与拉美及加勒比地区的关系。

拉丁美洲—西班牙关系中的新态度：认知管理

胡里奥·里奥斯

西班牙中国政策观察室主席

研究中国—拉美—西班牙关系，就要先聚焦于围绕伟大的汉学家庞迪我的一段宏大久远的历史，同时也要聚焦于现代。我将自己的观点总结为八个方面，希望能够概括本文的研究所关注现象的主要趋势，在这些趋势中能感知一段我们已经经历过的特定时期的平衡感，这段时期也许早已过去了，但仍然可以通过仔细审视来为我们未来的行动提供指导和方向。然而，在下文的论述中不可避免会有些许题外话，请读者见谅。

西班牙的中间人角色

第一点，在讨论中国与西班牙语国家在当代的关系时，要考虑到每一个相关方担当的角色，这种问题的视角是非常重要的。近几十年来，关于西班牙的中间人角色，以及其在中国与拉美之间担任的文化、经济、政治桥梁的讨论不绝于耳。这种观点也常常用来形容欧盟，尽管事实上这方面的进展并不顺利。甚至在许多情况下，西班牙为支持美国对拉政策而颁布的一些无关拉丁美洲的但对该地区有所影响的规定，也收到了与预期相反的结果（例如与古巴的关系）。

关于西班牙作为连接中拉的桥梁的观点，应该指出，西班牙的确在拉丁美洲拥有一定程度的特殊地位；但根据实际经历，笔者同样认为对此不应过分夸大，而是应该审慎考量。除此之外，我们也应该看到，这个问题也不能理所当然地被默认，因为毕竟还需要第三方的承认，而获得第三方承认往往需要超出当下局势，建立更加理性的平衡。我们应该从历史的角度对其进行评判。在一段时期内失去的信用是很难重新收回的，因此对这些问题要以现实和未来长期发展的双重视角进行审视。

笔者个人认为，中国现在对于拉美的研究观点，主要在于西班牙作为一个历史悠久的文化大国，在拉美进行了一些高价投资。但对拉美来讲这些投资并非真正不可或缺，各方的评估结果也并不理想。这个观点在学界、政界越来越主流、越来越多地被公开表达，使得我们无法自欺欺人地看待现状。并不是说中国企图以这种观点削弱西班牙在拉美的地位，而是我们要聚焦于现实，而不是沉湎于自己的传统智慧，忽略现实。

中国考虑关于拉美及其他区域外国家的深层问题、战略问题时，通常不是与西班牙而是与美国进行对话，而这种机制已经被制度化了，并且已沿用多年，目的是打消疑虑，避免误解，就一些反对声音表明立场，避免因中国在拉美这个美国"后院"的影响力日益增长而引发动荡与不安。这种机制并没有否定西班牙在某种程度上仍然是拉美最重要的角色，这一点是被广泛认同的。但我们应当承认，中国不需要通过西班牙来与拉美建立联系。西班牙的确与拉美在许多方面是合作伙伴，并且在积极同拉美签订有影响力的合约，但将西班牙作为桥梁和最佳中间人是站不住脚的。

除此之外，如果在搜索引擎（如谷歌、百度）查找西班牙和拉美的关系，可以看到大多数回答都和语言、历史、文化、经济、企业相关，因为就经济、企业而言，西班牙企业的确在拉美有着举足轻重的作用。事实上，对西班牙企业来说，拉丁美洲是其除欧盟以外最重要的投资地区。西班牙在拉美有着 1500 亿欧元左右的巨额投资，占西班牙在全世界投资总量的 32%。① 比如，仅在墨西哥境内就有 6000 多家西班牙企业，并且都在该地区有很长的历史，并非初建。

综上，基于如此密不可分的历史、文化联系和巨大的经济分量，西

---

① 相关文件参见 http://www.iberglobal.com/files/2016/inversion_espanola_la_ie.pdf.

班牙完全可以与拉美建立一种互利的关系，但这种关系，抛开一些虚赞不谈，还没有被其他国家承认。因此，西班牙需要避免国际社会对此事的看法向极端发展，乃至出现使西班牙受访者不舒服的观点，或者与我们的真实初衷背道而驰。

拉丁美洲不需要中间人

第二点，我们首先应该承认，总体来讲，拉美国家是希望与世界各国直接面对面地打交道的，并不需要什么中间人，拉美和中国的交往当然也一样。笔者认为，这种现象从20世纪末已经开始显现，在近几十年由于拉美经济的上行而加快。除去与拉美各国政府达成共识时可能出现的障碍，或者由于不可避免的经济波动引发的周期波动以外，这个趋势将持续存在。在近几年，更多的国家进入拉美（除中国外，还有俄罗斯、伊朗、日本、印度等），这些国家进入的程度、目的各不相同，但这种趋势只会加强。

请求准许在特定时期观望其他国家的反映来确定自己的行为立场——这同样是中国外交政策的一贯做法，但如今已不再适用。拉美国家的外交活动也越来越少地显示出屈从性，而就其与中国的关系而言，自从2011年拉美加勒比共同体（CELAC）建立以及2015年双边论坛的成立以来，这一双边现象明显得到了稳定。

最近有一个例子可以证明中国在拉美的强势地位。萨尔瓦多，一个中美洲小国，面积还不如加利西亚大，人口刚过700万，不顾美国以削弱双方关系相威胁做出的严重警告，与中华人民共和国政府建立外交关系。萨尔瓦多执政党FMLN在政府公报中反复强调这一变化，表示遵守"一个中国"原则。而美国现在要采取"预防性"措施，通过出台法律，力图加强自身在这些事件中的行为力度，避免中国在拉美的影响力提高；并要求其派驻拉美的大使就这一事件上书。直到洪都拉斯总统胡安·奥兰多·埃尔南德斯提醒美国，自2016年起，美国对洪都拉斯、危地马拉以及塞尔瓦多的投资援助已经下降了1/3还多，只有1.95亿美元；而中国则除了其他考量外，总体上履行了它的承诺。

中国不需要中间人

第三点，中国在与拉美交往不需要中间人这一点上更贴近拉美的关切。第二版《中国对拉美政治白皮书》（2016）① 中，在第八点就三方合作问题的论述中指出："中国已经准备好在拉美与其他国家以及区域外国际组织展开三方合作，前提是拉美和加勒比各国提出、认同并支持该项目。"这是该文件的一大创新之处，这一点被明确写在文件中，我们不应忽视。

换句话说，中国与区域外第三方的合作（本文中指西班牙）以拉丁美洲的倡议为前提。这样的合作是可能的，但中国不会是主要推动力，并且无论在什么情况下，也许考虑到合作谈判时可能的冲突，中国都应该从平等互利的角度来考虑问题。在某种意义上，西班牙只有一条路可走，而且是唯一一条。

所谓的"三角关系"

第四点，应该指出，近几年就该三角关系及其优势已有许多探讨。毫无疑问，成功的案例是有的，其中常被引用的案例是华为与西班牙电信公司，或者西班牙雷普索尔石油公司和中石化，此外在银行、旅游和汽车业及其他产业也有一些成功的案例。很有可能即便没有上述理论，这些成就也依然会发生，但我想说明的是，该理论的深层逻辑是市场的趋势，以及大型企业在处理其合作/竞争项目时的战略。此外，需要再次强调的是不应该将这些成就过分夸大。以雷普索尔和中石化在巴西的合作为例，中石化不是因为西班牙的公司才进入的巴西市场，而是一直都在。雷普索尔公司在巴西经营需要资金，于是让出其里约热内卢分公司

---

① 文件全文可参见 http：//politica‐china.org/secciones/documentacion/texto‐integro‐del‐documento‐sobre‐la‐politica‐de‐china‐hacia‐america‐latina‐y‐el‐caribe 或 http：//politica‐china.org/secciones/documentacion/texto‐integro‐del‐documento‐sobre‐la‐politica‐de‐china‐hacia‐america‐latina‐y‐el‐caribe‐2。

40%的股权，换取了中石化的资金支持。

通过2000—2002年的《亚太框架计划》，西班牙就将亚太—拉美—西班牙的三角理念融入其对外政策。对西班牙来说，这一三角关系的目的是利用其与拉丁美洲的特殊联系克服一些困难，这些困难直至今日仍影响着西班牙与亚太的贸易关系以及文化浸染。也就是说，利用西班牙历史上对拉美的占有，以及对这片土地的了解，增强与亚太国家的互相了解，而西班牙与亚太国家不仅在贸易上，而且在历史了解上，都表现为"逆差"关系。

在《西班牙在亚洲的战略视角2018—2022》[①]中，认可了西班牙与伊比利亚美洲的特殊联系激发了亚洲的极大兴趣，并且由于新近成立的贸易联盟、太平洋沿岸的经济发展以及西班牙作为欧盟成员国的身份，使得西班牙的地位在亚洲合作伙伴眼里愈发重要，这一"三角关系"的概念仍未被提出。除此之外也应承认，西班牙对亚洲的整体政策仍然不如其他一些欧洲国家完善，而这些国家与西班牙有着相似的重要性。

这种三角框架能提供一些机会，但也不是万能的，要具体问题具体分析。就这一点，中国的"一带一路"倡议以及其在拉美的延伸，毫无疑问会汇集各方的利益。为此，西班牙应采取特别的战略，该战略要有《视角》中表明的态度，即西班牙如今不会拘泥于原先的前进节奏。一个以基础设施、通信、环境、旅游等产业为重点，包含中国倡议的投资这一重要环节的计划，会对许多西班牙企业都产生吸引力。

非物质的联结也不可小觑

第五点，我总是说西班牙有多个灵魂，一个是欧洲的，一个是美洲的。说是欧洲是因为西班牙的确在地理上属于欧洲，而且我们也不温不火地参与了欧洲野心勃勃的一体化计划；说是美洲也是因为西班牙历史上与这片大西洋彼岸的大陆有着深刻的羁绊。然而我承认，无论地理显示如何，比起丹麦人我更觉得自己是阿根廷人；而且，如果在足球赛中

[①] 参见http://www.exteriores.gob.es/Portal/es/SalaDePrensa/Multimedia/Publicaciones/Documents/2018_02_ESTRATEGIA%20ASIA.pdf。

要在阿根廷和德国里选一个支持的话，我的选择是毫无疑问的。我们与拉美的深刻的联结使得我们可以在更多方面进行合作。

我并非单指拉美说西语的国家，也指说葡萄牙语的国家，如巴西这一金砖大国；如果硬要说，甚至还包括非洲。但这一点，很遗憾，在西班牙的外交政策上一直得不到重视，尽管提到葡语就不能不说加利西亚。西班牙不同于意大利和法国（以及阿根廷），我们甚至都不是CPLP（葡语国家共同体）的观察国。如果我们与中国如何通过澳门来与其他葡语国家建立关系相比较，就不难看出西班牙浪费了加利西亚这一与葡语国家建立关系的潜在机会……在多边主义的时代，这些都是我们应该正确评估并以此建立互利共赢战略的机会。

总体来说，重要的是找到新的立足点并做出改变，在平等的基础上向伙伴关系转变，当然，其中没有一方可以剥夺另一方的话语权。

认识的推动是新焦点

第六点，在众多领域中也许最关键的，或者推动我们的关系上不那么小心翼翼和经验主义的，是加强认识，具体来说，是加强对中国的认识。

毫无疑问，在西班牙和拉美对中国的研究存在不均衡，但明显的框架还是有的。除了一些个案，我们无法说西班牙与中国有着悠久的交往传统，从而使我们成为中国方面的专家，特别是相关研究机构的不多。可以说，在对中国的研究方面最主要的参考就是墨西哥学院，该学院涉及一些对亚洲的前沿研究，研究的历史轨迹一直追溯到20世纪60年代。然而，虽然近来对中国的研究情况总体而言进步了许多，但我们目前的研究水平仍难与周围其他国家持平。目前，专家学者、隶属大学的研究中心、推广活动和会议都与日俱增，对中国的研究的确有了质量和数量上的快速提升。当然，如果分别看每个国家的情况，在关注度、速度、内容等各方面的确会显现出不同。

西班牙近年来在中国研究方面也有显著的跃升，但金融危机所带来的影响是不可掩饰的，当时的许多努力被迫中断。我们发现要恢复哪怕是21世纪前几年的活力也要耗费漫长的时间。但无论如何，我们应该确信,只要各个主体努力制定行动计划,危机的恶果是可以被抹消的。

西班牙对中国的认知是不够的。以本土战略思想为辅助的公共、民间策略,虽是必不可少的,但力量远远不够。尽管对中国的影响力、在各种秩序中的重要性已经存在着足够的敏感度和感知,但这种敏感度和认知与邻国相比仍显不足。我们周边的其他国家正在系统地加强对中国的认识,它们正在得到恰恰是我们所缺少的凝聚力和渗透力。而这就要求我们的决策制定者们,如《视角》中指出的,根据各自不同的情况获得相关认识,学习相关课程并做出分析,使得自己能够做出正确的选择从而获得积极的效果。

在西班牙,中国及亚洲研究中心是近几年才出现的。如几十个高校今年开设了东亚研究的项目(本科、研究生及专业研究),这些项目能在中短期内促进对中国研究的专业化,但要推动它更进一步的话,还需要保障这些研究的持续性。

近年来,尽管缺乏严谨的计划,西班牙国内的政治教育界在喜忧参半的中国研究过程中也存在着冲突矛盾,但西班牙的高校系统可以说正在走上一条汉学研究正常化的道路。那些从20世纪90年代起集中于语言文化的研究,现在变得范围更加宽广,内容更加丰富。在东亚研究方面开展的第二轮研究生项目,其研究方向更集中于中国,包含的项目也专门聚焦于中国研究,这个项目一定会展开积极的前景,即便和我们周边的国家尚有一定差距。同时还应指出,随着孔子学院、官方语言学院以及其他机构的推广,中文的语言教学也有了更高程度的普及。

在市民社会和智囊层面,西班牙固有的文化很少承认学界和研究者独立的重要性,这种现象显示出来的缺点是,涌现出了许多"唯意志论"的尝试,这不是一个好现象。我们有人力资本和足够的项目支撑,但我们仍然缺乏能够制定相关目标的制度敏感度。

但无论如何,相互交流的平台已经在建设之中了。比如,中国政治观察网(www.politica-china.org),其首发国以及职责内容都与伊比利亚美洲相关,其许多项目和倡议都有这个倾向。又如中国政治国际在线座谈会的倡议。该座谈会每年都会举行,遵循"两次会议"的原则,拉美国家无论是否为注册发言人,参与度都很高。该刊物发行了九期,电子季刊《解析中国》("伊比利亚美洲对中国的观念研究")同样也符合重视两国间地理文化的理念。

同样地，由 Romer Cornejo（墨西哥）和 Eduardo Daniel Oviedo（阿根廷）共同管理的伊比利亚美洲国家网络，将来自该地区十几个国家的五十名中国事务专家联合起来，进一步体现出创建一个能够进行贸易和互助，同时拥有自己内部对话机制的网络的愿望。

我们需要重视所有人力和研究资本，即使这些资本在很大程度上是分散的、不协调的，且缺乏可以提供更多附加值的联合战略。许多庞迪我这样，未能得到他们应得的认可和知名度的人，也许能够找到扭转这种局面的方法。

最根本的做法是将人员、企业（包括民企）、大学、研究中心以及公共权力主体之间的会面、对话常态化和制度化，如此我们便可以建立一个代表共同利益的机构，并制定出加强自身能力的计划。

中国与拉丁美洲以及中国和西班牙之间的交流的全面繁荣，特别是对贸易往来的积极预测，构成了推动中国研究的强大刺激因素。我们在企业间交往战略文化上的弱势，或由于中、小规模企业较多而未能积极评估对中国认识的重要性的问题还有待克服。

可见的脆弱性

第七点，非常令人遗憾的是，这种脆弱性也有着明显的表现：当需要了解中国与拉美的关系时，很多情况下最常用的材料都来自英美，这些材料毫无疑问背后都有强有力的支撑，而这种支撑正是我们所缺少的。但我们此时正需要自己的、经过检验的文献材料，这些材料要有较高质量，并得到第三方的关注和认可。在墨西哥，墨西哥国立大学的 Cechimex 正在积极展开这方面的努力，而中国的作用是不可估量的。

当然，实现高质量的研究不是信手拈来的，需要持久力、团队、框架和雄心。或许在不久的将来，我们可以做到在有关中国研究的参考文献和引用上，西语作者的作品能够占据主导地位。

伊比利亚美洲的视角看中国

第八点，据前文所述，我鼓励以一种伊比利亚美洲独到的视角看待中国，特别是看待当代中国（我们文化领域欠缺了解一系列问题），这种视角应具备南—南视野，能够对英美、法国的视角形成补充（甚至是竞争），并保留每种视角自身的特点。

为此我们需要怎么做呢？首先，要盘点一下主要的伊比利亚美洲的汉学研究（机构的研究以及独立个人的研究）；其次，贯彻能促进相互了解的措施，构建促进相互融入的网络以推动合作；再次，确立并推行联合倡议，联合倡议不仅能作为相互的支持，还能促进伊比利亚美洲的汉学研究在质量上产生飞跃；最后，建立专门的激励机制，使得伊比利亚美洲的汉学研究得以抓住新的机遇强化自身。

还有其他有待强化研究的重点内容：第一，特别关注领土和/或身份认同问题，尤其是少数民族、土著社区等的趋同问题；第二，政治转型的需求，即融入现代化，力图在几十年的动荡过后寻找稳定模式；第三，环境问题（在很多情况下都是类似的）；第四，与社会问题有关，如贫困、社会包容度、不平等状况等。所有这些都不妨碍我们在一些重大议题上对自身意义的评估，这些议题引发了对中国研究的兴起，也使我们的研究范围扩展到了全球。

具有中国特色的全球化及其近期与拉美和加勒比地区的关系

恩里克·杜塞尔·彼得斯

墨西哥国立自治大学

在过去的20年里,拉丁美洲和加勒比地区(ALC)与中国的关系已经进入了一个新的阶段,与以往相比已经产生了本质的区别。中国在国际舞台以及在拉美地区的参与度不断增加,正是开启这一新时期的首要根源;作为结果,双边关系在战略、文化、政治、经济、商业、投资等方面都有了实质性的增强。

本文内容围绕中国领导人习近平主席的几次倡议展开。习主席曾多次表示希望通过与拉美和加勒比地区构建"命运共同体",成功地建立"平等互利、共同发展的中拉全面合作伙伴关系,努力构建政治上真诚互信、经贸上合作共赢、人文上互学互鉴、国际事务中密切协作、整体合作和双边关系相互促进的中拉关系五位一体新格局"。[①]

为了寻求能够为双方带来利益的"命运共同体",本文特别侧重于双方在经济发展领域的共同目标,即提高各自居民的生活水平、促进贸易和外商直接投资。然而,为了实现这种双边对话,拉美和加勒比地区必须了解中国公共部门十多年来提出的各项建议。除此之外,双方应该了

[①] 习近平主席指出了双方从平等地位开展合作的重要性以及"深化互利合作,促进共同发展"的重要性,这两点对构建"1+3+6"合作框架和"相互交流、相互学习以便巩固双边关系的基础"都是至关重要的。

解对方已取得的社会、经济尤其是贸易领域的成果，以及中国对拉美的海外直接投资和中国在拉丁美洲和加勒比地区开展的基础设施项目。无论是中国还是拉丁美洲和加勒比地区，将来均需在以上各方面及研究领域不断完善，共同为建立一个"命运共同体"而努力。

本文将分为三个部分，第一部分旨在回顾中国公共部门的一系列举措和战略，这无疑将促进拉丁美洲及加勒比地区对中国提案的理解。第二部分重点介绍在建立"命运共同体"的框架下，拉美与中国在贸易、对外直接投资和基础设施等领域的突出课题。第三部分阐述本文的结论，并讨论2018年9月初由塞万提斯学院在上海举办的"庞迪我"研讨会提出的一系列具体问题。

一 具有中国特色的全球化进程：中国对拉美—加勒比地区为期十年以上的倡议

近几十年来，全球活力的主要经济因素转向了亚洲，特别是中国越来越成为不可忽视的存在，其GDP占全球的比例从1990年的1.6%增长到2016年的14.8%，而美国的份额则从1990年的26.5%下降到2016年的24.6%。尽管如此，近几十年来全球最高的人均GDP仍然是占14.1%的美国和占了97.7%的拉丁美洲和加勒比地区。此外，中国在2013年成为了全球主要出口国。2016年，中国占世界进口份额的9.3%，低于美国同期的14%。因此，中国已经成为世界第二大经济体。1990年至2015年，中国在国际贸易中的参与度增加了十倍以上。中国在2016年的国际贸易参与度为9.8%，美国为12.4%（参考世界银行世界发展指标，2018年）。

近年来，中国正继续深化国内改革，巩固改革成果。在21世纪进入第二个十年以来，以"新常态"为座右铭，中央政府一直试图对20世纪80年代后期以来的经济增长模式进行重新定位和调整。多年来，中央政府一直强调在人口、消费水平和生活质量提高的同时，提高经济效率、改善社会状况和投资环境。为了加入具有更高技术复杂性和创新性的全球价值链，国内市场的日益增长、服务业的发展、工业化进程的加深、科技创新的不断推进，这些都成为经济增长模式改变之后的目标。与此同时，快速的城市化进程为经济增长提供了全新的因素，也在社会、环境和教育等方面创造了新的挑战。①

在社会、经济和政治深刻变革的背景下，自20世纪70年代后期以来，中国在联合国安全理事会中的责任日渐增加，在"二十国集团"的地位也逐渐凸显，特别是在2016年人民币参与了构成特别提款权的一篮子货币之后，中国在全球金融体系中举足轻重的作用更是得到了广泛的承认。从国际角度来看，中国在2013年推出的"21世纪海上丝绸之路"和"一带一路"倡议②都具有至关重要的意义。其中的"一带一路"倡议由中国副总理、中共中央政治局常委张高丽以及其他四位高层领导负责。这两项倡议的主要目标都是增加中国与亚洲、非洲和欧洲六十多个国家的合作，加强"五通"，即政策沟通、设施联通、贸易畅通、资金融通和民心相通。由金砖国家（巴西、俄罗斯联邦、印度、中国、南非）建立的新开发银行与亚洲基础设施投资银行（AIIB）的成立也为这一全球战略提供了有力支持。

从拉丁美洲的视角来理解中国，有两点尤其重要：首先，中国"无所不在的公共部门"，即中央政府、省区、城市和直辖市等，它们在以长远的眼光追求共同目标的同时也在相互竞争。③ 而对拉美和加勒比地区来说，这种允许人们在公有制下进行高度竞争的模式着实令人捉摸不透。这个问题从质量和制度的角度来看都具有重要的意义，因为这个制度与一个机构—中国的公共部门—产生了互动。其次，2017年底举行的中国共产党第十九次全国代表大会和2018年3月举行的"两会"（第十三届全国人民代表大会和中国人民政治协商会议第十三届全国委员会）中得出的结论具有重要意义，重申了上述所说的很大一部分的筹划：除了对中华人民共和国2035年和2050年的长期社会主义愿景做出了规划、提升

---

① 例如由国务院管理的发展中国论坛（CDF）每年都会分析短期、中期和长期的不同战略、政策和工具。

② "一带一路"国际合作高峰论坛于2017年5月14日至15日在北京举行，此论坛是2017年中国最重要的国际战略盛会之一，特别是在全球层面以及面向发展中国家的层面上。130多个国家的代表和29位外国元首、政府首脑出席了该论坛。

③ 在本文中我们再次请读者们思索中国的"公共部门"的概念。例如，国有企业可以定义为公共部门名下的一小部分公司，其在中国的国内生产总值参与度为50%，在银行、服务业和汽车、汽车零件等价值链中也产生了巨大影响。

了习近平思想在中国共产党内的地位外,这三次大会上也从全国和长期角度强调了通过"一带一路"维持国际关系的重要性。也就是说,"一带一路"倡议对全球包括中美洲来说是一个长远的、关键的构想。对于拉美和加勒比地区而言,具体了解其巨大潜力至关重要。①

作为这些计划的一部分,中国也参与了越来越多的贸易协定,例如迄今已签订的十项自由贸易协定,签约国包括澳大利亚、韩国、哥斯达黎加、智利、秘鲁、中国香港特别行政区、中国澳门特别行政区等,而与巴基斯坦和以色列等国的谈判也正在进行中。从区域合作角度来看,中国领导了由21个成员组成的"亚太经济合作组织"和包含十个国家的"东南亚国家联盟"活动框架内的许多工作。尽管如此,在过去五年中,中国还是优先为菲律宾、日本、韩国、澳大利亚、印度、越南等十六国组成的"区域全面经济伙伴关系协定"提供了支持。目前为止,尚没有任何拉美国家参与该协定。

中国在拉丁美洲和加勒比地区采取的一系列举措引起了人们的注意。中国分别在2008年和2016年公布了两份对拉丁美洲及加勒比地区的"白皮书"。在这个"整体合作的新阶段"中,至少有四点是尤为重要的。首先,该提案提出要在双方拥有共同利益的多个领域(文化、政治、贸易、外商直接投资、学术交流)"坚持交流和相互学习",强调对话协商机制的重要性。其次,在经济商业范围内(中华人民共和国政府,2017:7-11)有13个优先领域脱颖而出,其中包括促进"高附加值和高技术含量产品"的贸易、"工业投资和生产能力的合作"、"基础设施合作"、"制造业合作"以及"推动贸易和投资的商会和机构之间的合作"。最后,我们认为加大推广具有高附加值和高技术含量的产品至关重要,中国企业也应该在拉美"根据该地区的需求,促进中国优质生产能力和先进设备的使用,并帮助当地企业提高自身的发展能力";而在基础设施项目方面,中国企业应该在"交通运输、商业物流、仓储设施、信息和通信技术、能源和电力、水利工程、城市规划和住房等方面"促进政府和社会

---

① 中国自2017年底以来一直坚持执行这个倡议,比如,在2018年初的博鳌亚洲论坛中,习近平主席重申了一系列用以扩大在汽车行业等吸引外国直接投资的领域进入中国市场的机会的措施。

资本间的合作。最后，中国在向拉美的提议中明确强调为了"建立建筑材料、有色金属、机械、车辆、通信和电力设备的生产线和维护点"需要进行制造业的合作。

2014年7月在巴西举行的"中国—拉丁美洲及加勒比地区共体论坛"中，习近平主席提出了旨在促进双方合作的"1+3+6"合作框架，即一项合作规划（《中国与拉美和加勒比国家合作规划（2015—2019）》）加上三个推动力（贸易、投资和金融合作），再加上六个关键性合作领域，其中包括能源和资源、基础设施工程、制造和科技创新等。该合作框架在2018年以及未来与拉美和墨西哥的双边关系中仍然有效。在"中国—拉共体论坛"上以及从2015年1月举行的"中国—拉共体论坛首届部长级会议"上便已开始制定《中国与拉美和加勒比国家合作规划（2015—2019）》，而该计划包含了政治、文化、教育和经济领域等方面的具体策略。该文件涉及一系列重要领域的合作：中小型企业、金融机构间、基础设施和运输、工业、科技、航空航天、信息和通信等。规划中特别提及"中国与拉美成员国之间的工业园区、科技、经济特区和高科技园区的联合建设，特别是它们以改善工业投资和创造高价值的产业链为目标的研究和开发过程"。不仅要建立诸如"中国—拉丁美洲和加勒比地区工业发展与合作论坛"等特定平台，还要根据具体目标构建相应的基金，如"中拉合作基金和中国—拉丁美洲和加勒比地区基础设施的特别信贷计划"；同时，也要考虑到获得"其他用以支持中国与拉美共体成员国之间的优先合作项目的财政资源"的可能性。在教育领域，建议提供六千个政府奖学金，六千个在华学习机会和四百个硕士学位奖学金。以上大多数的计划在《中国与拉共体成员国优先领域合作共同行动计划（2019—2021）》中被重申。

诚然，这些举措都不会在拉丁美洲和加勒比地区以及中美洲国家中自动应用，然而，今后如何付诸具体的实践，则是现实的议题。

最后，值得注意的是，特朗普政府于2017年从《跨太平洋伙伴关系协定》（TPP）中退出，并与该协定的11个成员国重新签署了《全面与进步跨太平洋伙伴关系协定》（CPTPP）；与此同时，特朗普政府与加拿大、墨西哥就北美自由贸易协议重新谈判一事也引起了拉美和加勒比地区的巨大犹疑，因为这一变化将导致原本自由区内加工出口工厂制度下配合临时进口的对美出口产品失去关税特权,其权利等同于越南等新的竞争对手。尽管暂时看似墨西哥是主要的受害者,但在不久的将来,将很可能影响到拉美国家和美国之间的商贸关系。

二 中国与拉美和加勒比地区关系的方法论分析:中国对拉美的海外直接投资案例(2000—2017)

下文中,我们将讨论两个主题:以方法论为主分析中国与拉美和加勒比地区的提案及其可能的后续影响;中国对拉美的对外直接投资案例。

(一)以方法论为主进行分析的提案

目前,拉丁美洲和加勒比地区与中国之间的社会经济关系日益密切,与此相关的出版物也不断增加,在此背景下,应该如何促进双方公共、私营和学术部门间有效的对话和学习?中拉在学术领域的对话的加强、加深,尤其是墨西哥国立自治大学经济学院的中墨两国研究中心和"拉丁美洲和加勒比地区中国学术网"的成果让我们看到了以下两个值得引起重视的方面:

中国在拉美和加勒比地区的存在应力求愈加有组织性,愈加系统化。回顾以往,中拉关系经历了不同的发展阶段,而且始终是机遇与挑战并存。因此,我们需要对目前呈活跃态势但却复杂多变的双边关系进行具体客观的思考和分析,以提出切实的建议。在这一方法论的指引下,我们认为当代中拉关系至少经历了以下三个特征不同的阶段:(1)从20世纪90年代起,中拉商贸联系迅速发展,为现今中国成为拉美地区的第二大商业伙伴打下了基础,而中国与该地区各国之间的具体关系也存在显著差异;(2)自2007—2008年全球金融危机的爆发,也产生了大量的融资流动,中国对拉丁美洲和加勒比地区的大量对外直接投资在此后的数年内都是该地区非常重要的融资和直接投资来源;(3)自2013年以来,中国逐渐参与了拉美的重要基础设施项目建设。分析完这几组阶段的特征后,我们将更好地认识并区分中拉关系中日益增加的复杂性,并使用不同的评估工具,理解各个阶段的双边关系发展状况。以上分析使我们能够在尊重拉丁美洲和加勒比国家各自差异的情况下，构建当前的对华双边关系，尤其是确认各自在贸易、融资、对外直接投资和基础设施项目等领域的评估和政策。

本文的提案具有两个最主要的特点：

一方面，本提案具有实用性，既可以用于学术和私营部门，也可以用于编制政策提案。该提案需要对贸易、融资、中国的外商直接投资和基础设施项目等进行具体和翔实的分析。在中国和拉丁美洲都有许多对贸易和中国对外直接投资进行分析的专门机构，具体来讲，中国方面有中国社会科学院拉丁美洲研究所（ILAS-CASS）、中国人民大学、清华大学、对外经济贸易大学、北京外国语大学、南开大学、上海交通大学、上海外国语大学和复旦大学等；拉美和加勒比地区有拉丁美洲和加勒比地区中国学术网、布宜诺斯艾利斯大学、坎皮纳斯州立大学、圣保罗大学、秘鲁天主教神学大学、太平洋大学、墨西哥学院和墨西哥国立自治大学经济学院的中墨两国研究中心等。波士顿大学及其由凯文·加拉格尔领导的全球经济治理倡议也为中国在拉美和加勒比地区的融资问题做出了重要贡献。最近，波士顿大学对十几个中国在拉美进行的基础设施项目进行了分析，其结果将对中国和拉美之间的相互学习和研究提供借鉴。以上事实证明了中拉关系的研究已经展开，但目前对贸易的具体问题的分析仍然不足。现有的数百个综合分析中，对贸易构成（如资产、中间产品和消费品等）以及特定价值链（农业、大豆、采矿、农业综合企业、汽车—汽车零件、电子产品、纺织—服装—裁缝业、家具、鞋类等）的具体调查，无论在拉丁美洲和加勒比地区，还是在中国和国际上，都显稀缺。在具体分析明确之前，双方和对华方面（例如中国—拉共体论坛）的公共部门所提出的经济政策基本上仍限于笼统的假设。

另一方面，鉴于拉丁美洲和加勒比地区以及中国在与其双边关系分析中日益增长的"学术孤独症"，有必要对公、私部门和学术界关于中拉双边关系现状的分析进行精确的核实。例如，最近对中国对外直接投资所进行的分析以及对经济关系的一般性研究，都反映出双方对于相互研究情况的不熟悉。这些分析并未提及对方在公共机构、私营机构和学术机构中已经对同一议题进行了二十年以上的讨论，也相互并不知晓对方的分析研究成果。如果不了解或不参考这些丰富的分析、调查和提案，那么双方将难以展开对话和相互学习，更无法在 21 世纪展开一段有质量、富建设性的对话。

（二）方法论提案的含义：中国对拉美和加勒比地区的海外直接投资案例（2000—2017）

在此，我们将介绍"拉丁美洲和加勒比地区中国学术网"，特别是该网站中对于中国在拉丁美洲与加勒比地区对外直接投资的报告，以及更新统计数据的分析结果。在本章节中，我们邀请读者们参照目前所有的可用信息，如参考书目、文档、统计数据等，用以改进和深化分析研究，了解关于中拉关系研究目前的广度和深度。① 这些研究现状和分析成果对我们具有重要的意义。目前在拉丁美洲、区域内、国际上和中国都存在对具体方法论的探讨、有关中拉关系的系统化新闻、基于各自来源和公司层面所做的统计数据以及过去十年间学者们撰写的数百篇研究文章。在此我们仅突出研究以下有关学术讨论和经济政策的内容。

1. 中华人民共和国最近推出了一系列的规定，其主要目的是登记对外直接投资的最终目的地。但是这些规定尚未生效，而且并未在中国对外直接投资的官方统计数据中反映出来。这也就意味着中国当局目前只注册了对外直接投资的第一个目的地，因此造成了统计数据差异。

2. 拉丁美洲和加勒比地区的外商直接投资在 2011 年达到 1936 亿美元的峰值，此后逐渐下降，至 2016 年仅为 1421 亿美元。2017 年，预计拉丁美洲和加勒比地区的外国直接投资将增加到 1500 亿美元，约占固定资本形成总额的 15%。

3. 在过去的十年中，中国对外直接投资曾持续大幅增加；但自中国开始登记对外直接投资统计数据以来，2017 年的对外直接投资首次下降到 29.41%。该年度中国的外商直接投资的流入量再次大于对外直接投资（流出量）。究其原因，在于中国公共部门采取了限制和控制资本外流的一系列监管措施。

而对于中国对拉美的对外直接投资，值得注意的是：

a. 2000—2017 年，中国公司在拉美国家进行了 328 笔交易。中国对

---

① 有关信息请访问 http://www.redalc-china.org/monitor/。

拉美的对外直接投资的累计总额为1091.27亿美元。中国公司共创造了294423个就业岗位。每笔交易的平均金额为3.33亿美元，每个工作岗位的生成金额为370648美元。

b. 2017年，中国对拉美的对外直接投资下降到26.9%，为114.61亿美元。然而，岗位创造率则增加到了43.7%，这一状况的主要原因在于2016—2017年间每笔交易产生的岗位与前期相比有大幅增加。

c. 2000—2017年，有111笔交易是通过合并和收购进行的，占中国对外直接投资金额的61.62%，岗位创造率的61.68%。在2016—2017年，合并和收购占据了中国对拉美直接投资总额的中心位置，2017年为90.46%，在2016—2017年度则占中国对拉美直接投资额的78.84%。

表1　　　拉丁美洲和加勒比地区：中国的对外直接投资
（OFDI）和创造的岗位（2000—2017年）

时间（年）	交易（笔）	对外直接投资（百万美元）	岗位（个）	OFDI/交易（百万美元）	OFDI/岗位（比例）	岗位/交易（个）
总数						
2000—2005	15	4424	13905	295	0.318	927
2006—2009	55	14359	326785	261	0.439	594
2010—2017	258	90344	247840	350	0.365	961
2000—2017	328	109127	294423	333	0.371	898
2015	35	25869	29554	739	0.875	844
2016	35	15687	47938	448	0.327	1370
2017	45	11461	68904	255	0.166	1531
合并与收购						
2000—2005	3	570	6150	190	0.093	2050
2006—2009	21	3352	17218	160	0.195	820
2010—2017	87	63463	158245	729	0.401	1819
2000—2017	111	67248	181613	606	0.370	1636
2015	8	7759	17845	970	0.435	2231
2016	15	14191	39373	946	0.360	2625
2017	25	8765	54322	351	0.161	2173

续表

时间（年）	交易（笔）	对外直接投资（百万美元）	岗位（个）	OFDI/交易（百万美元）	OFDI/岗位（比例）	岗位/交易（个）
新投资
2000—2005	12	3854	7755	321	0.497	646
2006—2009	34	11008	15460	324	0.712	455
2010—2017	171	27018	89595	158	0.302	524
2000—2017	217	41879	112810	193	0.371	520
2015	27	2423	11709	90	0.207	434
2016	20	1496	8565	75	0.175	428
2017	20	2696	14582	135	0.185	729

来源：中国在拉丁美洲与加勒比地区的对外直接投资报告（2018）。

d. 2000—2017年，公司层面的交易活动主要集中在三个领域：原材料（29.88%）、制造业（36.28%）、服务业和及国内市场（32.62%），但它们在投资和就业方面的相对份额却大相径庭。在此期间，可以明显观察到对外直接投资数量及其创造岗位的日益多样化。在2000—2017年，原材料投资占了57.93%和41.04%，其中有些年份的参与率甚至超过了90%。然而，在最近几年，原材料的参与率份额大幅下降：在2017年，原材料仅参与了45笔交易中的6笔，参与率为23.61%，且仅占中国对外直接投资金额的18.13%；而制造业尤其是面向服务和国内市场的对外直接投资则占比最大，分别占了对外直接投资总额和岗位创造率的38.36%和53.39%。

e. 2000—2017年，中国国有企业投入了831.98亿美元，占总额的74.59%，岗位创造率为52.26%。2017年，中国私营企业分别占了对外直接投资总额和岗位创造率的39.86%和62.48%。

表2　　　　拉丁美洲和加勒比地区：根据投资公司的
所有权的中国OFDI（2000—2017年）

时间（年）	2000—2005	2006	2007	2008	2009	2010	2011	2012	2013	2014	2015	2016	2017	2000—2017
总数														
交易数目（笔）	15	14	16	15	10	30	31	14	26	42	35	35	45	328
总金额（百万美元）	4424	3841	2162	3890	4467	20138	5536	3998	10833	12510	10182	15687	11461	109127
工作岗位（个）	13905	7269	8761	12963	3685	48946	21294	4321	9023	17860	29554	47938	68904	294423
国有企业														
交易数目（笔）	8	6	2	11	8	18	8	4	17	16	9	19	14	140
总金额（百万美元）	3869	2529	107	2881	4207	18327	3171	3150	9638	8274	4974	13378	6892	81398
工作岗位（个）	7839	2791	1400	9950	1932	37596	4424	913	6581	11509	7239	35832	25851	153857
私营企业														
交易数目（笔）	7	8	14	4	2	12	23	10	9	26	26	16	31	188
总金额（百万美元）	555	1312	2055	1009	260	1811	2364	848	1195	4236	5208	2309	4569	27729
工作岗位（个）	6066	4478	7361	3013	1753	11350	16870	3408	2442	6351	22315	12106	43053	140566
百分比（%）														
国有企业														
交易数目	53.33	42.86	12.50	73.33	80.00	80.00	25.81	28.67	65.38	38.10	25.71	54.29	31.11	42.68
总金额	87.45	65.85	4.95	74.07	94.18	91.01	57.29	78.80	88.97	66.14	48.85	85.28	60.14	74.59
工作岗位	56.38	38.40	15.98	76.76	52.43	76.81	20.78	21.13	72.94	64.44	24.49	74.75	37.52	52.26
私营企业														
交易数目	46.67	57.14	87.50	26.67	20.00	40.00	74.19	71.43	34.62	61.90	74.29	45.71	68.89	57.32
总金额	12.55	34.15	95.05	26.93	5.82	8.99	42.71	21.20	11.03	33.85	51.16	14.72	39.86	26.41
工作岗位	43.62	61.60	84.02	23.24	47.57	23.19	79.22	78.87	27.06	35.56	75.51	26.26	62.48	47.74

来源：中国在拉丁美洲与加勒比地区的对外直接投资报告（2018）。

f. 2000—2017年，中国对拉丁美洲和加勒比地区的投资主要集中在巴西、秘鲁和阿根廷；这些经济体获得了中国的对外直接投资的72.61%以及岗位创造率的62.47%。值得引起注意的是，虽然墨西哥参与了68笔交易（占交易总额的20.73%），但在2000—2017年，却只占了中国对拉美直接投资的 5.51% 和岗位创造率的 13.79%。2017 年度，墨西哥是接收中国对外直接投资最活跃的国家，分别占中国对外直接投资的 21.79% 和岗位创造率的 25.43%。

表3　　　　拉丁美洲与加勒比地区：根据主要目的地国家的中国 OFDI（2000—2017 年）

时间（年）	2000—2005	2006	2007	2008	2009	2010	2011	2012	2013	2014	2015	2016	2017	2000—2017
阿根廷														
交易数目（笔）	0	0	1	0	0	3	1	0	5	3	0	3	3	19
总金额（百万美元）	0	0	4	0	0	5597	330	0	3919	523	0	215	1283	11870
工作岗位（个）	0	0	200	0	0	2601	1600	0	1785	480	0	670	3874	11210
巴西														
交易数目（笔）	5	2	4	1	2	10	12	3	6	13	19	16	13	107
总金额（百万美元）	3565	30	152	50	425	12867	2919	3232	902	1747	5319	13903	2902	48021
工作岗位（个）	5303	2111	4174	51	51	15208	15748	1200	2551	7128	13950	37163	32955	138613
智利														
交易数目（笔）	0	0	0	2	2	1	1	3	3	2	1	3	4	22
总金额（百万美元）	0	0	0	39	2450	18	11	227	45	35	285	215	2764	6091
工作岗位（个）	0	0	0	78	250	0	55	64	81	43	175	4284	5691	10721
墨西哥														
交易数目（笔）	4	2	3	4	1	4	5	1	1	10	9	4	19	68
总金额（百万美元）	563	45	109	331	40	84	39	70	8	1140	1001	81	2498	6010
工作岗位（个）	6354	103	1409	3654	1000	478	1106	144	3	2470	4915	1455	17524	40615
秘鲁														
交易数目（笔）	0	3	4	3	2	4	1	2	5	5	1	0	3	33
总金额（百万美元）	0	109	1714	3552	360	296	26	37	3936	5182	2500	0	1635	19347
工作岗位（个）	0	1571	1911	5009	540	3552	0	332	3494	5381	3000	0	8300	34090

来源：中国在拉丁美洲与加勒比地区的对外直接投资报告（2018）。

g. 最近，大部分的对外直接投资都集中在少数特定的中国公司：例如，在 2000—2017 年，通过对外直接投资创造岗位的前五大中国公司占了拉美的 48.98% 岗位创造率，而在 2016 年，前五大公司的岗位创造率为 77.94%。为了研究和提出政策并以此吸引外商直接投资和为拉美创造岗位的中国公司，这些内容对拉美都是至关重要的。国家电网有限公司、中国交通建设股份有限公司、中国中钢集团和招商局港口控股有限公司等企业都是在拉美地区最为活跃的中国公司。

表 4　拉丁美洲与加勒比地区：通过 OFDI 创造就业的主要中国公司（2000—2017 年）

公司	投资（百万美元）	百分比（%）
公司	2000—2017 年	
中国石油天然气集团公司	22841	7.76
国家电网公司	19829	6.73
招商局港口控股有限公司	16000	5.43
海航集团有限公司	13187	4.48
中国交通建设股份有限公司	11250	3.82
公司	2016 年	
国家电网公司	19779	41.26
中国交通建设股份有限公司	6250	13.04
洛阳栾川钼业	5000	10.43
天齐锂业	4250	8.87
中国中钢集团公司	2084	4.35
公司	2017 年	
招商局港口控股有限公司	16000	23.32
中国交通建设股份有限公司	5000	7.26
安徽江淮汽车集团有限公司	4400	6.39
安宏资本	4350	6.31
烟台张裕集团有限公司	4000	5.81

来源：中国在拉丁美洲与加勒比地区的对外直接投资报告（2018）。

h. 公司层面的其他分析反映了为了在拉美进行投资，在该地区的中国企业需要大量的时间和资金成本，且失败的情况也时有发生。究其主要原因，还是在于中国企业缺乏准备，缺少对象国的供应系统、劳动法律法规、外国直接投资的相关知识储备。同样，拉美公共机构也并不了解这些公司的"中国特色"，不会在其成立的早期阶段主动提供陪伴和支持。因此，如何在拉美寻求与中国公共机构类似的、同样具有权利和协调性的实体，并赢得它们的支持，将是中国企业需要着力思考的问题。这方面如果处理不好，将会导致误解、混乱以及许多经济活动的失败，尤其会对中国在拉美的直接投资领域带来负面影响。

三 结论和建议

我们认为，拉美和加勒比地区必须非常认真地考量中国近十几年来所提出的多项具体建议。到目前为止，大部分的拉美国家和区域仍然不甚了解在"具有中国特色的全球化"的概念下，中国向拉美提出的倡议和具体方法的范围与深度。与1944年"布雷顿森林体系"定义的全球机制如出一辙，我们目前面临着对现有国际秩序的严肃质疑，对中国"一带一路"的倡议和数十项具体计划与提议同样持保留态度。当然，这些计划和提议将在未来继续扩展和深化。

鉴于特朗普政府所造成的紧张局势、不确定性和理解的缺乏，中国政府的提案比以往任何时候都更为重要。如果无法对这些政策的准确理解，拉丁美洲和加勒比地区将无法实现切实的对话。无论是拉美还是中国，都需要分析、监督和评估双方的合作，特别是实现互相借鉴、互利共赢。这也正符合自2013年起始的"一带一路"倡议精神，以及习近平主席本人在2014年的呼吁。

本文强调了中国在拉丁美洲和加勒比地区的贸易、融资、对外直接投资和基础设施项目领域进行专门和特殊分析的重要性。许多学者都在以上方面进行了详细研究，而本文仅限于提供一些研究成果，用以展示对外直接投资分析所具有的丰富价值。

在对外直接投资领域，拉丁美洲和加勒比地区与中国在各项交易中都有着广泛的科技合作，经济增加值不断增长，学术交流也日益加强；而中国在拉美的基础设施项目中，合作的前景同样广阔。在"一带一路"倡议实施了五年多之后，中国在拉美地区的活动，应不再局限于介绍描述，而是要大力增加对每个项目的分析、监测和评估。

在这一问题上，公共机构和学术界将会发挥关键的作用。第一，仅做纯粹描述性工作是远远不够的：无论是拉美还是中国的公共机构都强调了要拓展双方之间新型的优质联系，正如习近平主席所说，应该是一种允许拉美和中国之间相互学习的新关系。总体而言，自从"一带一路"提出后，中国和拉美的学术界所做的分析仍显不足。

第二，尽管中国社会科学院拉丁美洲研究所、中国现代国际关系研究院、拉美的拉丁美洲和加勒比地区中国学术网、中国—巴西企业家委员会等机构已经做出了重要努力，但企业界、公共机构和学术团体等在该领域的发展都还远远不及拉美和中国之间经济关系的活跃程度，总体来讲仍然势微言轻。

因此，以中国—拉共体论坛为例，中拉的双边及单边机构均应加强机构建设，加大投资力度，推动学术界的积极参与，创建相互学习的有效途径，为"命运共同体"的形成建立基础。中国和拉美学界重任在肩，时不我待。

尽管存在上述不足和局限，但更重要的是，我们要认识到，中拉双方的相互认知已经取得了重大的进步，双边直接交流日益丰富，特别是中国社会科学院拉丁美洲研究所、中国现代国际关系研究院以及拉美方面的拉丁美洲和加勒比地区中国学术网等机构在某些主题的研究上已经取得了实质的进展。因此，加强现有的公私实体、学术机构之间的直接联系似乎变得异常重要；中拉之间无需美国或者欧洲这样的外部"桥梁"。

有关三种西班牙语世界的辩证关系

——全球化时代中国和西班牙语美洲的文化互动
（献给未能读到此文的苏玛）

恩里克·罗德里格兹·拉雷塔

华东师范大学

庞迪我活动

2018 年是耶稣会传教士庞迪我逝世四百周年。庞迪我曾在中国生活了好几十年，被公认为中国的第一批西班牙汉学家。1597 年他抵达澳门，开始与利玛窦一同学习中国文化。他在中国的 21 年间，把自己的广博学识有效运用于他的传教活动。当时欧洲因天主教徒和新教徒的争斗而四分五裂，耶稣会在反宗教改革的背景下向东方敞开大门，在政治和思想领域致力于建立一个世界性的天主教帝国。庞迪我与利玛窦践行了沙勿略倡导的"适应"策略，逐渐调整他们的行为和宗教教义来适应当地环境。

从庞迪我时代过渡到当今世界，近代世界经历了巨大的变革。如今，即使在梵蒂冈，建设天主教世界帝国的倡议也会受到怀疑。我们正处在一个宗教交流和各文化相互包容的时代。查尔斯·泰勒，一位信仰天主教的当代著名哲学家，认为耶稣会士在东方的活动是一种有效的跨文化交流策略，不带任何的文明优越感。从历史的角度来说，我认为这种理解似乎无法成立。在耶稣会传教士的思想里，基督教思想和儒家思想处在不同的水平线上，而庞迪我和他的同代人是全球化时代的典型象征，这个时代最重要的特征就是大规模的海上航行以及使世界上相距遥远的地区得以接触和交流的路线的形成。的确，正如我们从最近的许多研究中了解的那样，中国船员在明朝就已经到达了印度洋的另一边，我们今天所说的中国在东南亚的海上航行，比西班牙和葡萄牙要早了几个世纪。因此，不可否认的是，伊比利亚世界的扩张决定性地塑造了我们现在的世界，连接了当时地球上相距遥远的地区，自此地球不再是一个抽象的宇宙概念，而是具有了物质意义。

我们正处于"一同世界"文化成型的门槛。本是希腊人的历史学家波利比乌斯，晚年成为罗马公民，生活在罗马精英群体之中。他在他的著作《通史》中描写了在帝国扩张的过程中，罗马人统治下的不同民族之间的联系。他把"一同世界"（Oikoumene）称为人居住世界的边界，这恰好和他认为的帝国边界相符。罗马式的帝国在中国的发展体现在中国古代最著名的历史学家司马迁的笔下，可以称他为中国的"波力比乌斯"，他在其著作《史记》中描述了逐渐被纳入中原版图的其他非汉族的民族。

对于支持这一观点的历史哲学家埃里克·沃格林（Eric Voegelin）来说，普世时代介于波斯人的战败（公元前449年）和两个罗马帝国的衰落（410年）之间，沃格林（1453年）将这些过程与超验性和苦难的存在问题相联系。"一同世界"即有人居住的世界，俄刻阿诺斯（Okeanos）则是环绕大地的巨大河流，是边界。出现在古巴比伦和希腊神话中的俄刻阿诺斯不是大海，而是边界外环绕的圆圈——死亡。沃格林认为，"一同世界"的战争是希腊爱神试图战胜死亡的途径，让人有一种控制和超越的幻觉，形成了帝国的实际捍卫者与受超验性统治思想影响的神职人员和不同政见者两种力量的对抗局面。

在20世纪，正如阿尔弗雷德·克罗伯和文化史学家刘易斯·芒福德和威廉·H.麦克尼尔的主张，人类学家和文化史学家又提倡"一同世界"的思想，但是比波利比乌斯原本提倡的有人居住的边界的概念更适应当前时代，这种思想特别强调人类不同文明之间在全球范围内的相互联系。在这种传统的思想框架内，斯德哥尔摩大学的乌尔夫·翰纳兹重新提起了"一同世界"这个概念，并以此研究现代的文化全球化。翰纳兹写道：文化的相互关联性逐渐蔓延到全世界，历史上从未出现过这样全球范围内的"一同世界"。要想在表面和深层次上理解这个现象，目前最大的挑战就是对宏观的人类学文化的研究。他致力于研究文化全球化以及文化在全球范围内传播的形式，探究文化意义上社会组织结构的不对称性。在我看来，"一同世界"这个概念强调的是帝国统一的含义，是不同民族和国家相互连通和相互联系的结果。但是，我也认可从建立世界秩序和帝国统治的社会意义上产生的抽象事物，比如，因为需要认可苦难意义而产生的"自然神学"（teodiceas）和"在世界上证明痛苦的合理性"（algodiceas）理论。在这篇文章中，"一同世界"的含义接近"世界文明"的概念。这一概念是从未来的视角考虑某种情况的发生并预想可能遇到的障碍，换句话说，就是相信它会成为解答当今时代的一些难题的关键点。

无论是从马德里到墨西哥城，还是从广东到火地岛，通信技术已经开始打破"遥远"的概念，跨越"其他地方"的边界，而这类思想在人类起源之初就已经存在。

但是，奥尔特加和加塞特对人类的观察总是从"我们"和"我们周围环境"的角度，而庞迪我主张的"全球环境"和我们所认为的概念大不相同。与利玛窦和其他博学的耶稣会教士一样，庞迪我拥有能够认同文化价值以及他所接触的精英阶层智慧的才能和全球视野。在许多方面，庞迪我的思想都近似于中国儒学的文化，这就等同于中世纪神学家和文艺复兴倡导者的思想近似于非基督教的古希腊哲学家柏拉图和亚里士多德的主张。他们的"异教徒"思想在等级上从属于基督教教旨的超验性。无论是受到亚里士多德还是孔子的影响，对于传教士来说，经历与另一种文明碰撞的曲折道路而解开的疑惑，最终必然会达到"（宗教）启示"中主张的人类超验性的统一。

与此同时，对于中国精英来说，中原帝国（中国）不仅仅是一种所有人类群体拥有的民族中心主义的象征：中原是世界，是自给自足和充满意义的宇宙的象征。

这种早期的文明碰撞意味着一场与哥白尼革命相当的认识论革命的发生。从法国汉学家谢和耐的开创性研究开始，耶稣会教士和中国精英之间的文化碰撞就已经受到许多研究者的关注。复旦大学的葛兆光是研究中国思想的最重要的史学家之一,他强调耶稣会士进行的天文和地理活动产生的认知性影响在于使得以中原为中心的思想受到质疑。对于两种文化碰撞而引发的思想革命的影响,其他研究人员如孙尚扬和张小林则采取更加温和的态度。但是,维持帝国秩序基本的思想体系确实遭到了破坏,并由此涌现出对传统思想的新的解读。

我认为,那就是与中国文化碰撞后庞迪我认为的全球化时代和当今时代的本体论的核心差异。技术和通信系统使得不同的人类文化前所未有地接近,这在过去是无法想象的。

物理意义上的接近和互动是我们当今时代的显著特征。领土和国家不再能够容纳众多的地区交通网络和通道。但是距离的接近不一定是交流透明化和相互理解的代名词。恰恰相反,持续的差异和区别化是所有社会和文化交流过程的特征。由于持续发展的区别化和社会特殊化进程,我们生活在由不同视角组成的多焦点社会。谢和耐理解的"重建"推动力是我们认知系统固有的东西。

当代世界的语言和文化的转变表明通信是理解社会交往的核心要素。通信不仅仅是基于数据积累来获取知识,事实上它要求对概念框架进行解释和界定,并理解框架背景和接受概念结构。这样一来,我们又可以承认我们与耶稣会传教士对文化的初步理解有着远亲关系。

后帝国主义时代的语言政策

1580年,菲利普二世统治下的卡斯蒂利亚王朝和葡萄牙王朝联盟,自此他统治下的王朝成为历史上最强大的帝国之一,帝国王宫建在埃斯科里亚修道院。从马德里到墨西哥城以及从马尼拉到罗安达的辽阔领土很快都被纳入这个天主教君主王国唯一君主的帝国版图中,他统治下的帝国占据当时世界版图的四分之一。帝国的统一对亚洲的地缘政治影响巨大,位于地中海帝国东面的所有亚洲领土都被称为"一同世界"。这个新的地缘政治格局很快影响到中原帝国,在这种帝国扩张的背景下,应该理性看待耶稣会传教士的活动。

这是最近五百年来西方记载的世界历史的开端,即西方把科学、技术、贸易、军队、政治意识形态都强加到世界的其他地区。无论出于好意或是恶意，我们现在的世界就这样在西方的掳掠烧杀中形成了。

西方跨文化交流过程的深刻变化促成了全球化社会的形成，这段历史才得以终结。葡萄牙殖民地的独立（1974—1975年）结束了传统殖民主义的历史时期，而苏联解体（1989年）后，我们现在身处的全球格局才形成，那段历史时期也随着这些历史性事件画上句号。

当今，我们正处在一个相互之间紧紧关联的全球化时代，民族国家奠定了世界政治体系的基础。但是冷战结束时，美国单边主义开始思考帝国概念上的扩张，同时当代中国也在领土上继承了昔日的帝国思想，我们的时代基本上还是可以被定义为后帝国主义时代。主权和众多权利（社会权利、集体权利等）的概念都是在联合国宪章的基础上来考量的，并且放眼于整个世界文明。这些概念在民族国家蓬勃发展，支撑了许多权利运动的开展：女性权利、少数群体的性取向的权利、种族权利以及世代延续时保护自然的权利。

在文化和语言都快速流动的世界，政治格局和地缘文化版图并不完全相同。各个国家通过拥有良好条件的机构培育文化。但是与此同时，在人类与计算机共存的世界里，无论是电子平台还是移动电话，作为民族单位的国家都与跨国经营的媒体进行着竞争。

英语是主要的贸易和通信语言，全球化时代极端的语言多样化推动了英语的发展。在混杂着会说西班牙语、普通话、阿拉伯语和斯瓦西里语的人群中，会讲英语的人在语言上就有了基本优势——英语在实用性上比其他语言更强。但是，在使用英语这种可用作基本交流的直白语言时，不能取代蕴含着深意的文学以及美感韵味的其他历史性语言。

在卡洛斯·富恩特斯的著名杂文《被埋葬的镜子》中，他把"新世界"的扩张和征服产生的历史性混合描述为三种西班牙语世界的融合。新世界的征服和美洲的原始文化在历史上产生了激烈的碰撞，开启了各种各样的拉丁美洲跨文化发展进程。来自南方的移民也在盎格鲁—撒克逊美洲创造了充满活力的混合拉丁文化。

在当今的电子全球化进程中，由于时空关系的改变，近几十年来这些进程持续加速发展。当今，中国在世界上的地位很独特，它是人类历史上第一个成为超级大国的非欧洲国家，因此如今的世界体系正从大西洋转移到太平洋。

在人类历史上，五百年前就形成了两个"一同世界"：一个是希腊罗马时代的三种宗教的世界，主要集中在地中海地区，同时包括大西洋地区，向东约延伸到大亚历山大帝国的疆土。另一个由中原帝国（中国）组成，以皇帝为帝国中心，中文中用"天下"这个世界性的政治概念来描绘中原帝国。好几个世纪以来，这两个"一同世界"几乎没有联系，平行发展。在拜占庭帝国时期，位于中国中心的长安（现在的西安）是世界上最繁华和最有权势的都城，也是具有世界影响力的大唐王朝（618—907年）的首都。在美洲征服时代，世界上最繁荣、最文明、最井然有序的帝国就是明朝时期的中国（1368—1644年）。和葡萄牙、英国和法国等海上帝国的交集并没有深刻地影响中原帝国。中原帝国人口众多，实现了文字和书写符号的统一，欧洲人一直难于理解这些文化符号。中国官员称欧洲人为"来自海洋而不懂礼仪的蛮族"，他们定居于海港，鸦片战争之后（1839—1842年；1856—1860年），他们凭借武力打开了中国贸易的大门，标志着中国近代的开端。随着1911年中华民国的成立和后来1949年中国共产党革命的胜利，中国开启了现代化的进程。

在中国开启激烈的现代化或跨文化交流过程时，正好是邓小平以及他的继任者们治理国家的时期。这是人类历史上最巨大的一次变革，足以和欧洲数次工业革命的累计影响力相提并论。很长一段时期内，中国每隔两周就建起一座像罗马一样规模的城市。众所周知的是，如今中国生产的电脑和手机配件，甚至是玩具零件在世界上都占有主导地位。现在，中国通过建设多条运河、派驻大量外交官以及金融人员实现与世界其他地区的联通。此外，通过在九十多个国家设立孔子学院等机构，中国在世界的文化影响力也越来越大。在中国，学习英语的中国人数量超过三千万，学习西班牙语的数量超过两万，这与中国的人口总数相比而言虽然仍微不足道，但人数还在持续增长。中国人学习外语将会并且正在给世界带来不可估量的影响，这种影响不仅表现在经济和生态上，也表现在政治、文化和军事上。

从一个截然不同但是同样重要的角度上来说，西班牙语群体的重要性也在持续增加。当今，西班牙语是世界上最广泛使用的语言之一，它是一种文明的语言,具有丰富的文化传统,蕴含着重要的文学和文化历史。它也是一种数百万人使用的语言,从伦敦到纽约,从柏林到香港,西班牙传播的音乐和年轻文化在全世界的形象使得西班牙语具有巨大的美学吸引力。

这种影响力在中国得到了越来越明显的体现。中国年轻人选择西班牙语作为第二外语成为一种重要趋势。在中国,如果对西班牙语的需求没有增加,就表明中国有能力教西班牙语的教师人数不足。翻译成中文的西班牙语作家作品以及相关出版物和专业机构的数量近十年来逐渐增加,增加的主要原因之一在于中国和拉丁美洲的经济具有互补性。过去十年是拉丁美洲近百年来经济最繁荣的时期,这种新局面使得中国对拉丁美洲越来越关注。中国学术界对西班牙语美洲的研究变得比过去更加多样和创新,能反映这一点的,例如最近在合肥和常州举办的相关活动以及孔子学院在"庞迪我年"主题下开展的一系列活动。

值得指出的是,一些思考这种蓬勃发展的跨文化现象的重要文献就是用西班牙语和葡萄牙语写的。古巴人类学家费尔南多·奥尔蒂斯根据他的跨文化思考发表了一篇精彩论文《烟草与蔗糖在古巴的对奏》,他的思想为中拉社会间交流的研究开辟了新的道路,贡献了比文化同化和"中国化"观念更加深入的思考。吉尔伯托·弗雷尔是巴西近代社会科学的创始人之一,他的经典研究《卡萨格兰德和森扎拉》描写了拉丁美洲混合文化的形成,在文学上具有极大的影响力。在 20 世纪 30 年代,他对非洲传统的打破使得人们对近代巴西民族性进行了重新思考和定义。安赫尔·拉马对拉美叙事文学的跨文化演变的研究推动了人们重新阅读胡安·鲁尔福和何塞·林思·德·雷戈等作家的经典文学作品。在他的《索尔·胡安娜·伊内斯或信仰的陷阱》和其他作品中,奥克塔维奥·帕斯书写了在新西班牙复杂的文化背景下一位伟大女诗人的传记。从一种深刻的文学视角入手,古巴诗人何塞·莱扎马·利马借助对《易经》的理解创作了《美洲印象》,重新思考美洲大陆文化认同感这个不变的主题。这些作家的作品在很大程度上反映了西班牙语美洲的日常生活和丰富艺术想象力的同步与融合程度。一个以消费为主的商业社会总是在不断地摧毁,却没有持续地创造。引用约瑟夫·熊彼特的一个著名论断——这种多样性以及对我们传统再创造的能力是我们最大的财富之一。在这漫长的道路中，我们应该认可一位叫做庞迪我的西班牙人的具有开创性意义的努力，他于1571年出生于西班牙马德里，五百年前英年早逝于澳门。

中拉文明对话：意义、目标、路径和机制

郭存海

中国社会科学院拉丁美洲研究所

中国对文明对话的支持和推动，不仅体现于治国理政思想和政策文件，更彰显于具体的实践。2015年习近平主席倡议举行"亚洲文明对话大会"，2016年3月博鳌亚洲论坛"亚洲文明对话会"开启了落实这一倡议的序幕。[①] 而在此之前更早启动的"中国—阿拉伯文明对话"在中阿合作论坛框架下已连续举行了七届。[②] 而中拉文明对话的进程相对缓慢，直至2015年才作为一个议题被正式提出。有鉴于此，本文尝试回答中拉文明对话的诸问题，包括但不限于：为什么要对话？对话什么？和谁对话？如何对话？在此基础上，笔者试图就构建中拉文明对话机制提出一些思考和建议。

一 文明对话：国际关系的新范式

自20世纪90年代以来，随着全球化进程的加速推进，不同经济体、

[①] 蒋建国：《推动文明交流互鉴，激发亚洲创新活力——在博鳌亚洲论坛"亚洲文明对话会"上的主旨演讲》，国新办网站，2016年4月16日，http://www.scio.gov.cn/xwbjs/zygy/32310/jh32312/Document/1473095/1473095.htm.

[②] 中阿合作论坛官方网站，2018年3月20日，http://www.fmprc.gov.cn/zalt/chn/jzjs/wmdhyths/.

不同文明之间的接触愈加频繁。由此引发了两个值得关切的问题：一个是全球化带来的全球性问题日益凸显；另一个是承载着不同文明和价值特质的诸行为体的频繁互动，带来的是和谐还是冲突？针对这两个问题的思考形成了两个主要派别，一个是以塞缪尔·亨廷顿为代表的"文明冲突论"[1]，另一个是主要由联合国推动的"文明对话论"[2]。亨廷顿认为，文明冲突将取代国家间的冲突成为国际政治的新范式。"文明冲突论"一出，招致无数争论和批评，也引发国际社会对"文明冲突"前景的忧虑。

亨廷顿提出这一命题的最大意义不在于命题本身，而在于它引发的思考和关注，而这似乎也正是他的动机之一。正如他本人在中文版序言中所述："我所期望的是，我唤起人们对文明冲突的危险性的注意，将有助于促进整个世界'文明的对话'。"[3] 长期关注和研究"文明对话"的哈佛大学华裔教授杜维明对此表示认可："现在重视文明对话，对文明对抗、文明冲突的观点作出回应，主要是由于1993年亨廷顿教授提出了文明冲突的理论。"[4]

1998年，应伊朗总统哈塔米开展世界文明对话的倡议，联合国大会通过决议，确立2001年为"文明对话年"[5]。文明对话自此成为联合国的正式议题。此后的第五十六届联合国大会通过了《不同文明对话全球议程》，其中第一条明确提出："文明对话是不同文明之间和内部的一个进程，其基础是兼容并包，以及通过对话了解、发现和检验各种臆断、展现共同意义和核心价值以及综合多种观点的集体愿望。"[6] 时任联合国秘

---

[1] [美]塞缪尔·亨廷顿：《文明的冲突与世界秩序的重建》，周琪等译，新华出版社2002年版。

[2] 杜维明：《文明对话的发展及其世界意义》，《南京大学学报》（哲学·人文科学·社会科学版），2003年第1期，第34—44页。

[3] [美]塞缪尔·亨廷顿：《文明的冲突与世界秩序的重建》，周琪等译，新华出版社2002年版，序第3页。

[4] 杜维明：《文明对话的发展及其世界意义》，《南京大学学报》（哲学·人文科学·社会科学版）2003年第1期，第37页。

[5] 第56届联合国大会第56/6号决议：《不同文明对话全球议程》，联合国网站，2001年11月21日，http://www.un.org/chinese/ga/56/res/a5616.pdf.

[6] 第56届联合国大会第56/6号决议：《不同文明对话全球议程》，联合国网站，2001年11月21日，http://www.un.org/chinese/ga/56/res/a5616.pdf.

书长科菲·安南还发起成立了"联合国文明联盟",作为专司文明对话项目的机构。① 进入21世纪以来,文明对话日益成为国际关系的一种新范式,并被视为人类文明交往的理性形式和积极方式。②

中国作为联合国常任理事国,一直是文明对话的支持者和推动者。正如中国常驻联合国代表王光亚大使在第六十届联大关于此议题的发言中郑重指出的,"世界的多样性,文明和文化的差异不应是世界冲突的根源,而应是世界交流与合作的动力与起点……多样性、宽容性与兼收并蓄,是中华文化的重要特征……中国将加强与世界各国的文化交流与文明对话"③。

2014年3月,习近平主席访问联合国教科文组织总部并发表演讲,提出了推动文明交流互鉴的三大原则:文明的多样性、文明的平等性和文明的包容性。④ 三年后,这一思想的核心,即"文明交流超越文明隔阂、文明互鉴超越文明冲突、文明共存超越文明优越",不仅被正式写入党的十九大报告,成为习近平新时代中国特色社会主义思想的重要内容,而且成为构建人类命运共同体和"一带一路"倡议的关键支撑。

从本质上来说,人类命运共同体思想和"一带一路"倡议都是对全球性问题的回应,都是为应对全球性问题而贡献的中国智慧和中国方案。不唯如此,"一带一路"倡议作为构建人类命运共同体的主要方式,"它背后的理念包含了一个对话文明的模式。这个模式根植于中国传统文化"⑤。"一带一路"跨越文化差异,本质上是中华文明和世界深入对话的文化通道。⑥

---

① 杨濡嘉:《联合国与文明对话:角色和趋势》,硕士学位论文,复旦大学,2014年。
② 彭树智:《文明交往和文明对话》,《西北大学学报》(哲学社会科学版),2006年第4期,第5—9页。
③ 中国常驻联合国代表王光亚大使在第60届联合国大会关于不同文明对话议程与和平文化议题的发言(议题42、43),2005年10月20日,http://www.fmprc.gov.cn/ce/ceun/chn/zgylhg/shhrq/zjwh/t217668.htm。
④ 《习近平在联合国教科文组织总部的演讲》,新华网,2014年3月27日,http://www.xinhuanet.com/politics/2014-03/28/c_119982831_2.htm。
⑤ 倪培民:《"一带一路"理念包含对话文明的模式》,2016年10月30日,http://news.163.com/16/1030/02/C4JFF7E200014AED.html。
⑥ 许嘉璐:《不同文明都将在"一带一路"上绚丽绽放》,2015年11月6日,http://culture.ifeng.com/a/20151106/46133716_0.shtml。

正因如此,"一带一路"愿景和行动文件①在共建原则方面特别强调要坚持开放合作与和谐包容,尊重各国发展道路和模式的选择,加强不同文明之间的对话,求同存异、兼容并蓄、和平共处、共生共荣。这实际上是一种新文化观,一种新文明观。在此意义上,"一带一路"要建设的实质上是一条互尊互信之路,一条合作共赢之路,一条文明互鉴之路——亦即"文明对话之路"②。

二 中拉文明对话的理论和现实意义

由于地理位置遥远,交通通信不发达,中国和拉美之间的联系相对出现较晚且频度有限。进入21世纪以来,随着中拉相互需求的增强,双方的接触愈加频繁,过去因距离而产生的"美"让位于今天相识而不相知的尴尬。如今中拉交流应打破这种尴尬"中拉文明对话正是实现这一目标的基础和关键"③。

从中拉关系的可持续发展来看,中拉文明对话有其必要性、紧迫性和理论意义。首先,中国和拉美不仅地理距离遥远,而且存在着深刻的文化和价值观念差异。这一现实为中拉间的相互理解和认知制造了双重障碍。然而中拉关系的快速和长远发展,又亟须民意基础的坚实支撑。其次,拉美对中国文化的认知,信息来源混杂,其想象的中国与现实的中国相去甚远。拉美文明长期受欧洲文明的浸染,具有深厚的欧洲印记;而拉美对中国的认知往往借由欧洲中介的"折射的目光"。欧洲和西方对中国的长期刻板印象无疑增加了拉美客观、真实地认识中国的难度。同样,在很长一段时间里,甚至"我们现在对拉美也还是抽象的概念多于具体的知识,模糊的印象多于确切的体验"④。最后,中国在拉美的存在

---

① 《推动共建丝绸之路经济带和21世纪海上丝绸之路的愿景与行动》,商务部网站,2015年3月30日,http://zhs.mofcom.gov.cn/article/xxfb/201503/20150300926644.shtml.

② 谢金英:《让"一带一路"成为文明对话之路》,《人民日报》(海外版)2016年5月4日第01版。

③ 郭存海:《中拉文明对话正当时》,《人民日报》2015年5月15日03版。

④ [英]莱斯利·贝瑟尔主编:《剑桥拉丁美洲史》(第一卷),经济管理出版社1995年版,序言第1页。

被西方媒体鼓噪为"新殖民主义",这不仅造成了对中国形象的误读,而且引起了拉美人的深深疑虑。① 这种疑虑既潜藏着拉美对一切外来者不信任的历史记忆,又有因中国对拉美价值传统不了解、不理解而引发的文化间的冲突。这种形势意味着,无论对于共建中拉命运共同体还是"一带一路"而言,增信释疑都是一项不可或缺的工作,而这正是中拉文明对话的价值和使命。不过,需要指出的是,发展中拉关系的主体是相对不平衡的,即中国是相对积极主动的一方,而拉美几乎是被动反应的一方。因此,推动中拉文明对话及其机制建设,中国仍将扮演主动构建的角色,这对于中国而言是义不容辞的。

中拉文明对话本质上是对中国"新文明观"的回应和实践,具有较强的现实意义。以习近平主席于2014年3月在联合国教科文组织总部的演讲为标志,中国的"新文明观"初步形成,并最终以"文明交流超越文明隔阂、文明互鉴超越文明冲突、文明共存超越文明优越"的高度概括写入党和政府的文件。这一"新文明观"随后践行于迅速发展的中拉关系②,为新时期的中拉关系注入了新内容和新活力。2014年7月,在巴西利亚同拉美国家领导人会晤时,习近平主席宣布将"人文上互学互鉴"作为中拉关系五位一体新格局的有机组成部分,并倡议在2016年举办"中拉文化交流年"。③ 在2016年11月"中拉文化交流年"闭幕式上,习近平主席特别强调:文化关系是中拉整体外交的重要一翼,要以之为新起点,充分借鉴彼此文化成果,让中拉文明成为不同文明和谐相处、相互促进的典范。

中拉文明对话作为一项正式议题提出是在2015年李克强总理在联合国拉美经委会总部的演讲上。他在演讲中特别表示:"此访在中拉文明互鉴方面收获颇丰……双方可探讨设立中拉文明对话机制并纳入中拉论坛

---

① 郭存海:《中国的国家形象构建:拉美的视角》,《拉丁美洲研究》2016年第5期,第54页。

② 事实上,早在2013年6月习近平主席在墨西哥参议院的演讲中就倡导"人文上,中拉要加强文明对话和文化交流成为不同文明和谐共处、相互促进的典范"。这是有关中拉文明对话的最早倡议。参见习近平《促进共同发展 共创美好未来——在墨西哥参议院的演讲》,《人民日报》2013年6月7日01版。

③ 郭存海:《中共十八大以来中国对拉美的政策与实践》,《拉丁美洲研究》2017年第2期,第11页。

轨道，协商设立中拉思想文化经典互译工程，增进双方人民间的文化认知。"[1] 此后，时任外交部拉美司司长祝青桥在《人民日报》上称，"中方提出建立中拉文明对话机制等新倡议，得到拉方积极响应"[2]。此后，中拉文明对话作为一项亟待启动的议程写入政策文件。2016年11月发布的第二份《中国对拉美和加勒比政策文件》第一次明确强调，要"积极开展中拉文明对话"[3]。2018年1月第二届中拉论坛发布的《中国与拉共体成员国优先领域合作共同行动计划（2019—2021）》将"人文交流"列为七大"优先合作领域"[4]，其涉及的领域、主体和层面事实上正是中拉文明对话的具体指南。综上所述，中拉文明对话不仅是践行党和政府的新文明观，而且是新时期推进中拉整体合作和"一带一路"建设、让中拉命运共同体之船行稳致远的关键支撑。

三 中拉文明对话的目标和内容

从根本意义上来说，文明对话旨在寻求尊重、包容、理解，乃至信任和认同，以最大限度地避免文明冲突。从哲学意义上来说，"文明对话的主要目标，在于让两个文明之间的概念、信仰体系相互理解、沟通，同时约制私心与欲念，使两者的差异不会导致实质的矛盾冲突，进而能导向一个更为融通的思想体系和价值系统。"[5] 就中拉双方而言，文明对话至少包括三重目标，亦即三个不同层次的目标。

首先，中拉文明对话要寻求尊重和包容。中国文明和拉美文明属于不同的文明，具有明显的差异性和多元性，但这恰是中拉文明融合的起

---

[1] 李克强：《共创中拉全面合作伙伴关系新未来——在联合国拉丁美洲和加勒比经济委员会的演讲》，新华网，2015年5月27日，http://www.xinhuanet.com/world/2015-05/27/c_127847299.htm.

[2] 祝青桥：《中拉整体合作扬帆启程》，《人民日报》2016年1月29日03版。

[3] 《中国对拉美和加勒比政策文件》，外交部网站，2016年11月24日，http://www.fmprc.gov.cn/web/zyxw/t1418250.shtml.

[4] 《中国与拉共体成员国优先领域合作共同行动计划（2019—2021）》，外交部网站，2018年2月2日。http://www.fmprc.gov.cn/ce/cemn/chn/gnyw/t1531472.htm.

[5] 成中英：《文明对话、文化合作与对"一带一路"倡议的哲学反思》，《深圳大学学报》（人文社会科学版）2017年第5期，第18页。

点,也是中拉文明对话的基础。这种特性意味着中拉双方首先要尊重对方的平等存在,不以己方价值观贬抑对方文明,也不将自己的价值观和文化模式强加给对方。从这个意义上说,尊重和包容既是中拉文明对话的基本目标和前提,同时也是获取对方尊重与包容的条件和基础。正是基于这一点,中国以铿锵有力的宣示回应了外界将"中国模式"输出到包括拉美在内的世界其他地区的质疑:我们倡导文明宽容,尊重各国发展道路和模式的选择;我们不"输入"外国模式,也不"输出"中国模式,不会要求别国"复制"中国的做法。①

其次,中拉文明对话要寻求理解和信任。中国和拉美的语言文化不同,历史传统迥异,双方在互动与合作中难免产生误解和疑虑,甚至引发利益冲突,这都是可以理解的。但关键是处理和应对问题的态度和方式。正视问题并做好增信释疑工作无疑是首选方法。拉美文化嵌有深深的欧洲文明的印痕,而且受西方价值观念影响颇深。历史上中拉交往相对疏远,相互认知缺乏,而拉美对华认知很大程度上又是基于西方对华认知。这两大因素都增加了中拉相互理解的难度和障碍。进入新的时期,尽管中拉之间不再经过欧洲或西方的中介而有了直接的沟通和认知渠道,但由于历史因素和惯性思维,增进中拉理解乃至建立中拉互信仍面临巨大挑战。与此同时,我们仍习惯性地将拉美视作一个具有共性的整体,必然也阻碍了我们对拉美的理解。因此我们既要看到拉美的历史和文化共性,更要看到拉美内部的差异性和多元性是增进对拉认识的基本出发点。寻求理解和信任是中拉文明对话目标的中间层次,但可能是最困难的一部分。推动这一目标的实现,需要更多的交流和互动,深刻理解彼此的价值观念和思维方式,更多地抱持同理心并努力换位思考。

最后,中拉文明对话要寻求互学和互鉴。综观中国文明和拉美文明的发展历史可以发现,开放性和包容性是中拉文明的共同特征。"中国文明就其本质来说就是一个对话文明。这个对话文明表现出的特点是开放、

---

① 习近平:《携手建设更加美好的世界——在中国共产党与世界政党高层对话会上的主旨讲话》,《人民日报》2017年12月2日02版。

包容和进步。"① 这意味着中国文明在对待其他文明的方式上,既不会简单地照抄照搬,更不会扩张或"教化"其他文明,而是通过对话和学习来实现自己的进步,因此也可以说中国文明是一种学习型文明。拉美文明尽管在历史上曾被强势文明不断入侵和强加,但其广阔的开放性和强大的包容性,使得外来文明不断地被吸收和容纳,最终成为拉美混合文明的一部分。中拉文明的这些共同特征,使得双方不仅存在对话的空间,而且有着强大的学习动力。历史上绵延两个半世纪的太平洋海上丝绸之路,不仅是中拉物质文明的交换之路,更是文化交流和融合之路,因而可以说是中拉文明对话的开端。② 而今双方都处于一个新的发展时期,面临着共同的经济和社会治理挑战,中国改革开放和治国理政的经验,拉美的生态保护理念和实践,以及双方的发展战略和模式,都值得相互理解和欣赏,在互学互鉴中共同进步。这应当是中拉文明对话的最高目标和根本目的。

鉴于文明对话的多重目标和合作领域的不断扩大,中拉文明对话的内容也愈益广泛、多样、丰富而具体。这集中体现在新近发布的三份文件中,即《中国与拉美和加勒比国家合作规划(2015—2019)》③、《中国对拉美和加勒比政策文件(2016)》④ 以及《中国与拉共体成员国优先领域合作共同行动计划(2019—2021)》⑤。概括来看,中拉文明对话的内容大体可以分为三类,即治国理政经验交流、社会发展和治理经验分享和人文交流。其中治国理政经验交流,既涵盖政党治理、法律思想和立法实践,又包括(地方)政府治理经验和发展战略对接等;社会发展和治

---

① 郑永年:《对话文明与文明对话》,《联合早报》2016 年 4 月 5 日,http://www.zaobao.com/forum/expert/zheng-yong-nian/story20160405-601323.

② Mariano Bonialian, *China en la América Colonial. Bienes, Mercados, Comercio y Cultura del Consumo desde México hasta Buenos Aires*, prólogo de Josep Fontana, Ciudad de México, Instituto de Investigaciones Dr. José María Luis Mora, Biblos, 2014, p. 264.

③ 《中国与拉美和加勒比国家合作规划(2015—2019)》,新华网,2015 年 1 月 9 日,http://www.xinhuanet.com/world/2015-01/09/c_1113944648.htm.

④ 《中国对拉美和加勒比政策文件》,外交部网站,2016 年 11 月 24 日,http://www.fmprc.gov.cn/web/zyxw/t1418250.shtml.

⑤ 《中国与拉共体成员国优先领域合作共同行动计划(2019—2021)》,外交部网站,2018 年 2 月 2 日,http://www.fmprc.gov.cn/ce/cemn/chn/gnyw/t1531472.htm.

理经验分享则主要集中于减贫经验和模式、可持续发展和社会包容性理念;而人文交流是中拉文明对话最活跃、最丰富的内容,在整个过程中发挥着基础性和先锋作用,是中拉文明对话的主要内容支撑,也是本文讨论的重点。

四 中拉文明对话的主体和路径

中拉文明对话的目标是多层次的,对话的内容是丰富而多样的,因此对话的主体也应该是多元而广泛的。联合国《不同文明对话全球议程》曾公开呼吁"不同文明对话应争取全球范围的参与且向所有人开放"[①]。同样,中拉文明对话也应该向中国和拉美地区的所有人开放,让所有的行为主体都能参与到文明对话进程中并充分发挥各自的比较优势。其中,学者、作家、思想家、科学家、文化艺术界人士以及青年群体等在推动和维持中拉文明对话方面发挥着先锋和中流砥柱的作用;日渐活跃和发展壮大的民间团体则是推动和开展文明对话的伙伴与合作者;而媒体在推动和传播文明对话以增进更广泛的文化理解方面扮演着独特而不可或缺的角色。在这些最活跃可能也最可持续的对话主体之外,还必须对政府的角色和价值给予客观的认识和评价。就当前中拉关系发展的阶段和现实来看,政府事实上在中拉文明对话中发挥着引导、促进、鼓励、协助的作用,在对话机制形成期,甚至发挥着主导和支配性的作用。总而言之,要激活中拉文明对话,使其不仅保持较高活跃度而且有可持续性,就要充分调动各行为主体的主动性和参与精神,形成一种全方位、多层次、宽领域的文明对话格局。

对话主体的多样性意味着对话方式也有不同的选择路径。联合国《不同文明对话全球议程》认为,文明对话的普遍路径大致有14种,主要包括人员(特别是知识分子、思想家和艺术家等)交往与交流,专家学者互访,文化艺术节,会议、专题讨论和讲习班,体育和科技竞赛,翻译和传播,历史和文化旅游,教育和传授,学术和研究,以及青年对

---

① 第56届联合国大会第56/6号决议:《不同文明对话全球议程》,联合国网站,2001年11月21日,www. un. org/chinese/ga/56/res/a56r6. pdf。

话等①。中拉文明对话大体也可以循此路径推进,但必须重视政府间的一些重要对话和议程。此外,随着越来越多的拉美国家期待加入"一带一路"倡议,"一带一路"无疑将成为中拉文明对话的主体框架。正如习近平主席所说,要将"一带一路"建成文明之路,建立多层次人文合作机制、搭建更多合作平台、开辟更多合作渠道、不断创新合作模式,以达到相互理解、相互尊重和相互信任的目的。②

政府间对话机制是中拉文明对话的一个特殊组成部分,同时又是中拉文明对话的助推器。随着2015年中拉论坛的成立和中拉整体合作机制的日渐形成,中拉政府间的双边对话和磋商机制③在保持进展的同时,一系列新的、极具活力的、专业性的多边对话机制也蓬勃发展起来。这种多边对话机制多以论坛形式展开,其中包括中拉农业部长论坛(2013年,北京)、中拉科技创新论坛(2016年,厄瓜多尔基多)④、中拉政党论坛(2016年,北京;2018年,深圳),中拉地方政府合作论坛(2016年,重庆)⑤、中拉基础设施合作论坛,以及中拉青年政治家论坛⑥。除此之外,其他拟"适时"或"在商定的时间"启动的政府间多边对话机制还包括:中拉首都市长论坛、中拉能矿论坛、中拉工业发展与合作论坛、中拉旅游部长会议,以及中拉社会发展与减贫论坛等。

在各种政府间对话机制之外,相对松散但更多样化、更可持续的各种民间对话日益彰显其独特的活力和潜力。这里,笔者拟主要从语言、文化、出版、学术、媒体五种路径加以分析。

---

① 第56届联合国大会第56/6号决议:《不同文明对话全球议程》,联合国网站,2001年11月21日,www. un. org/chinese/ga/56/res/a56r6. pdf.

② 《习近平在"一带一路"国际合作高峰论坛开幕式上的演讲》,新华社,2017年5月14日,http://www. xinhuanet. com/politics/2017-05/14/c_1120969677. htm.

③ 比如各种高层协调与合作委员会、高级混委会、政府间常设委员会、战略对话、经贸混委会、政治磋商等机制。

④ 与此同时,中方还正式启动了"中拉科技伙伴计划"和"中拉青年科学家交流计划"。

⑤ 根据中国国际友好城市联合会编写的《友好城市统计手册(1973—2017)》(未公开出版,2018年5月),中国已经同拉美和加勒比地区的172个省市建立友好关系,友好省市数量排名前三的国家分别是巴西(57)、墨西哥(32)和阿根廷(22)。

⑥ 中拉基础设施合作论坛自2015年起每年在澳门举行1次,迄今已举办4次;中拉青年政治家论坛自2014年起,每年在北京举行1次,迄今已举办5次。

(一) 语言习得

语言是文明对话的工具,也是文化传播的载体。西语/葡语与汉语的交互传播,对于推动中拉文明对话、增进相互理解具有基础性作用。正因如此,中拉双方均重视语言人才的培养并鼓励对方官方语言在本国的传播。[1]

语言的交互传播既是发展彼此关系的需要,又顺应并反映了双方联系不断增强的现实。早在1952年,为迎接11个母语为西语的拉美国家代表10月来北京参加亚太和平会议,"周恩来总理兼外长直接指示北外筹建西班牙语专业,培养西语干部"[2]。这种一时之需直接促成了中国第一个西语专业的诞生,八年后第一个葡语专业也在北京广播学院(现中国传媒大学)开设。此后四十年间,中国的西葡语教育发展缓慢,直到进入21世纪,才出现井喷式发展。截至2016年10月,中国大陆地区开设西语专业的院校已达96所,是1999年的8倍;开设葡语专业的院校从1999年的2所上升至27所,增长速度更快。[3]

与此不同,汉语在拉美的传播远没有如此力度。客观而言,西葡语教育进入中国主要源于内需拉动,而汉语教育进入拉美则主要是外需推动——虽然汉语学习者主要是受到"中国机会"的吸引。[4] 数据显示,从2006年拉美第一所孔子学院在墨西哥城设立至2018年8月,拉美21个国家共开设了40所孔子学院和18个孔子课堂。[5] 尽管这一数字与西语葡语教育在中国的发展不可同日而语,但必须承认,就其增速而言还是非同寻常的。

当前,西语葡语和汉语在中拉两地的传播为双方经贸合作和文明对

---

[1] 《中国与拉美和加勒比国家合作规划(2015—2019)》,新华网,2015年1月9日,http://www.xinhuanet.com/world/2015-01/09/c_1113944648.htm。

[2] 庞炳庵:《新中国怎样向西语世界敞开大门》,《对外传播》2012年第5期,第22页。

[3] 中拉青年学术共同体、INCAE商学院:《中国西班牙语人才就业和流动调查报告》,2017年1月15日。根据教育部新近公布的2017高校本科专业备案和审批结果,全国(除港澳台之外)开设西语和葡语专业的院校分别新增8所和2所。参见"教育部关于公布2017年度普通高等学校本科专业备案和审批结果的通知",2018年3月21日。

[4] 马洪超、郭存海:《中国在拉美的软实力:汉语传播视角》,《拉丁美洲研究》2014年第6期,第48—54页。

[5] 国家汉办官方网站,http://www.hanban.edu.cn/confuciousinstitutes/node_10961.htm。

话越来越发挥着毋庸置疑的基础性作用,但同时也日益暴露出一些值得重视的问题,即语言作为交流工具的局限性愈发凸显,越来越无法适应当前构建中拉全面合作伙伴的复杂任务的需求。复合型人才的培养可谓是当前中拉双方面临的共同挑战。

(二) 文化传播

文化传播是增进民心相通的主要路径,也是推动中拉文明对话的主要方式。近年来,中拉文化交流异彩纷呈,交流方式和渠道都日益多样化。在中拉文化交流和传播方面,中国一直是主要的倡导者和推动者。

习近平主席倡导的"2016年中拉文化交流年"在中拉关系史上堪称首举,意在传递文化交流这一重要信号。据统计,2016年全年国内和24个拉美国家举办了240个重点项目,涉及艺术、文学、文贸、文物、图书、传媒、旅游等领域的文化交流活动共计650余场,直接参与人数630余万人次,受众计3200多万人次,并推动地方和民间与拉美地区举办文化活动1000余场,受众上亿人次。[1] 这是中国首次与整个拉美地区联合举办文化主题年,是拉美地区有史以来规模最大、覆盖面最广的"文化年"活动,具有时间长、规格高、影响大的突出特征。中拉文化交流年的成功举办,开启了中拉文化交流与传播的大幕。

作为一种机制性的文化安排和品牌项目,2013年5月,原文化部首次推出"拉美艺术季"[2],协同18个拉美国家驻华使馆在中国举办文艺演出、拉美艺术联展、客座艺术家创作交流等活动。2014年起,每年4—5月在"拉美艺术季"框架下又开始举办"加勒比音乐节"活动。"拉美艺术季"迄今已举办五届,共邀请拉美及加勒比地区二十余个国家的200余名艺术家在北京、浙江、湖南、贵州、四川等省市举办了约500场形式多样、内容丰富的活动。

中拉在文化合作机制建设方面起步总体上不错,但仍有不小改进空

---

[1] 数据由中国文化和旅游部国际交流与合作局提供。
[2] 数据由中国文化和旅游部国际交流与合作局提供。

间。目前，中国已同拉美地区21个建交国①中的19个国家签有文化协定，在此框架内与11个国家签署了年度文化交流执行计划，并据此在文化艺术、新闻出版、体育和旅游等领域开展广泛深入的双边文化交流。不过遗憾的是，中拉双方的日常文化传播机构仍然非常缺乏。迄今，中国仅在墨西哥设立了正式的中国文化中心；而在中国，除了北京大学有联合设立巴西文化中心外，尚无其他拉美文化中心或拉美国别文化中心。当然，更重要的是，当前的文化传播活动虽然在执行层面多由民间运作，但从本质上来说，它仍然是一种政府间活动，民间的活力、积极性乃至参与潜力都没有得到充分释放。

（三）翻译出版

翻译出版是一种传统而稳固的文明对话方式，因为图书作品具有耐久性和稳定性的传播特点。但在2000年之前，中拉作品在交互翻译、出版和传播方面不仅数量较少，作品领域也主要集中于文学。研究发现，中国文学作品在拉美的译介和传播仍非常滞后，作家作品的数量和种类都很有限。[2] 与拉美文学在中国的传播相比（尽管这种传播仍然是中方主动寻求的结果），当前中国文学作品对拉传播存在相对突出的"数量差"、"时间差"、"语言差"和"影响差"等失衡问题。[3] 仅以数量而言，截至2017年8月，共有20个拉美国家217位作家的526种作品被译介到中国，如果加上小说选集和重版重译的作品，则高达740部。[4] 而中国文学作品在拉美的传播，特别是前期还主要是靠转译，直到近年来才随着西语和葡语人才的成熟而开始有规模地组织翻译出版。尤以对拉文化交流传播领域的先锋——五洲传播出版社为典型。

从2012年承接中国当代作家及作品海外推广（西语地区）以来，五

---

① 此为2015年数据，到2018年8月，中国和拉美及加勒比地区的建交国增至24个，但签订文化协定的国家数量没变。参见安薪竹《中拉民众心灵相通的纽带：中拉文化交流现状及趋势》，《今日中国·中国—拉共体论坛首届部长级会议专刊》2015年第1期。

② 楼宇：《中国对拉美的文化传播：文学的视角》，《拉丁美洲研究》2017年第5期，第31—44页。

③ 楼宇：《中国对拉美的文化传播：文学的视角》，第31—44页。

④ 楼宇：《中国对拉美的文化传播：文学的视角》，第36页。

洲传播出版社已经出版了 32 种西语版中国当代文学作品,其中 25 种被拉美国家图书馆收藏。① 不唯如此,该社出版的中国主题图书在西语地区的影响力也是值得称赞的。据统计,西语国家图书馆收藏的中国当代文学作品,五洲传播出版社的图书占全部中国出版社图书的比重高达 80%。尤其值得一提的是,该社还建立了面向全球西语受众的跨境数字阅读服务平台,西文版电子书网站和"中国书架"西文版客户端,目前上线图书 1518 种,成为中国向西语地区输出中国主题图书的主要出版社。②

除了文学领域的出版,思想领域的对话也开始发力。为促进中拉优秀作品互译出版和翻译人才培养,推动思想文化领域的交流和碰撞,文化部还启动了"中拉思想文化经典互译工程",计划在"十三五"期间由中拉专家共同精选并翻译出版 50 部左右最具代表性的中拉思想文化经典作品。目前,第一批入选的 10 部作品已经公示并启动。③

(四) 学术交流

学术既是文明对话的内容,又是文明对话的重要介质,因此在增进中拉相互理解方面发挥着独特的作用。近年来,中国和拉美地区以彼此为研究对象的学术机构迅速发展起来,并初步形成了一定的学术交流和合作网络。

在中国,拉美研究呈加温升热之势。进入 21 世纪以来,特别是过去五年间,中国的拉美研究机构发展迅猛,从 20 世纪六七十年代起步阶段的寥寥数家发展到当前的近 60 家④,尤其集中于高校。拉美研究的这种燎原之势主要源于三方面的推动。首先,中拉关系快速发展的现实对拉美知识提出了迫切需要;其次,基于市场需求和预期而开设西葡语专业

---

① 姜珊、周维等:《中国当代文学图书开拓西语市场分析———以五洲传播出版社为例》,《出版参考》2017 年第 4 期,第 45—47 页。
② 涉及五洲传播出版社的数据由该社国际合作部提供。
③ 在民间层次上,北京大学电影与文化研究中心等机构于 2018 年 1 月联合启动了"拉丁美洲思想学术译丛"项目以推动中拉在文化领域的深度理解。参见陈菁霞《拉丁美洲思想学术译丛出版项目启动》,《中华读书报》2018 年 1 月 24 日 01 版。
④ Margaret Myers, Ricardo Barrios and Guo Cunhai, Learning Latin America: China's Strategy for Area Studies Development, https://www.thedialogue.org/wp-content/uploads/2018/06/Dialogue-Area-Studies-Report.pdf, 20.

的高校大幅增加；最后，教育部启动的区域和国别研究培育基地计划对各高校的适时推动。但高校拉美研究机构急剧扩张的背后难掩一个客观现实：有效研究力量仍显不足，难以产出有价值的研究成果。尽管如此，仍可以发现一种喜人的趋势，即新一代拉美研究者正在成长并表现出较强的学术潜力：他们的年龄层次多以"80后"为主，熟练掌握研究对象国的语言，受过一定的专业学术训练。更重要的是，"拉美研究的新一代"[①]有国际视野和国际交往能力，其研究领域并不局限于传统的政治、经济和外交，而不断拓展至人类学、法律、建筑、考古、教育和环境等。拉美研究的蓬勃发展也为全国性拉美研究组织注入了新鲜血液，激发了学术活力。全国三大拉美研究组织——中国外国文学学会西葡拉美文学研究分会、中国拉丁美洲学会以及中国拉美史研究会，特别是后两者加强了合作，以协作推动中国拉美研究人才和机构的发展壮大。

与中国的拉美研究相似，拉美的中国研究在中拉关系急剧升温的背景下也正方兴未艾。据不完全统计，研究中国主题相关的拉美机构已有20多家。和中国的拉美研究相似，研究中国的拉美青年力量逐渐成长起来。这首先得益于孔子学院推动的汉语传播。越来越多的拉美青年开始学习汉语，且对中国研究发生了浓厚的兴趣，他们利用中国政府提供的各种奖学金特别是国家汉办推出的"孔子新汉学计划"等，攻读中国相关问题的硕士和博士。与此同时，拉美的大学也开始试水"中国研究"硕士学位项目，比如阿根廷拉普拉塔国立大学和拉努斯国立大学就于2017年推出了一年制"中国研究"硕士项目，以着力培养阿根廷的中国研究人才。随着越来越多的拉美学者关注中国在该地区的存在，墨西哥国立自治大学中墨研究中心主任恩里克·杜塞尔·彼得斯牵头成立了"拉丁美洲和加勒比中国学术网"（Red ALC-China），定期组织拉美的中国研究学者开会并出版会议论文，渐成气候。亚非研究拉美协会[②]（ALADAA）近年来越来越活跃，其中中国话题不仅必不可少，而且对中

[①] 郭存海：《中国的拉美研究新一代》，载郭存海、李昀祚《中国与拉美：山海不为远》，中国画报出版社2016年版，第150页。

[②] 拉美地区专注于亚洲和非洲研究的学术性组织，特别是智利、墨西哥和阿根廷三国的ALADAA最为活跃。

国的关注日益上升。

遗憾的是，中国研究和拉美研究在两地的兴起并没有推动形成紧密的中拉学术交流网络。近年来，中拉关系的密切发展带动了两地学术界彼此走近，相继产生了一些学术品牌，比如渐有影响的中拉学术高层论坛、中拉智库论坛、中拉法律论坛①，以及初兴的中拉青年学者对话等。然而，这些论坛或对话大多还集中于会议层次，并没有形成日常交流机制，更没有切实的联合研究安排，因此很难形成深度的学术对话或碰撞。一方面是因为国内拉美研究机构缺乏深度整合与协作，另一方面拉美的中国研究机构相对更为分散，甚至没有类似中国拉丁美洲学会这样的学术团体发挥协调作用。由此可知，目前中拉学术交流已有基础，但形成联合研究网络仍有很长的路要走。

(五) 媒体对话

在信息化和网络化时代，媒体特别是新媒体成为最便捷、最大众的传播方式。但媒体是一把双刃剑，客观公正的信息传播有助于民心相通，反之容易造成误解。因此，媒体的交流与合作对于推动中拉文明对话可以说至关重要的。

遗憾的是，中拉媒体交流的现状不容乐观。从总体上来看，当前中拉媒体交流与合作的特征大体可归为三个"差"，即落差、逆差和顺差。②首先，中拉媒体的相互关注度和中拉关系的整体发展水平存在明显落差。其次，中拉媒体关于彼此正面信息的传播中，中方处于逆差。虽然中拉媒体对彼此的关注相对较少，但就有限的报道而言，拉方媒体更多关注的是"问题中国"，而不是"梦想中国"，而中国媒体对拉美的报道总体上呈中性偏正面。最后，在中拉媒体机构和人员交流方面，中方处于明显顺差。几乎中国主要的涉外主流媒体均在拉美派驻了记者，其中新华社几乎实现了对拉美所有国家的全覆盖。与之相反，拉美媒体在华记者

---

① 中拉法律论坛 2007 年成立于中国上海，公开数据显示，迄今已连续在中国、古巴、阿根廷、秘鲁、智利、厄瓜多尔和巴西举办了七届论坛，是中拉法学界唯一一个多边交流的互动平台。

② 这里的观点主要得益于新华社国际部西语编辑室主任冯俊扬于 2017 年 6 月 29—30 日在北京举行的"第六届中拉学术高层论坛暨中国拉美学会学术大会"上的发言。

长期处于匮乏状态；近年来其数量不仅没有随着中拉关系的升温而增加，反而下降了。中拉媒体交流的当前特征，个中原因恐不难理解。第一，中拉媒体交流中，中方处于顺差，很大程度上因为是中国主动发现和走进拉美而不是相反，中国是双方关系"构建发展"①的主要推动力量。第二，拉美媒体涉华报道大多以负面为主，主要源于西方媒体对拉美舆论的主导、拉美媒体驻华记者匮乏，以及因此对西方媒体产生的信源依附。第三，在中拉关系议程上，政治和经济始终是优先议题，只是近年来随着文化障碍越来越成为影响中拉关系的明显因素时，双方特别是中国才意识到文化交流的重要性。

这种严峻形势意味着加强中拉媒体交流与合作不仅势在必行，而且需要主动构建。2016年11月22—23日，由国务院新闻办公室、联合国拉美经委会共同主办的首届中拉媒体领袖峰会②在智利首都圣地亚哥举行，吸引了100多家中拉主要媒体负责人参会。习近平主席在开幕式上发表致辞时提出了深化中拉媒体合作的三项主张并宣布设立中国—拉丁美洲和加勒比新闻交流中心（CLACPC）。2017年5月，CLACPC在北京正式成立，来自拉美九国的11名记者成为第一期学员；一年后，来自拉美十国的13名记者成为第二期学员③。通过对第一期学员的报道追踪发现，该项目在帮助拉美记者了解和报道客观、真实、多元的中国，改变其过去报道路径和内容方面的确产生了切实效果。

五　中拉文明对话机制构建：思考和建议

当前在中拉两地政府的大力倡导和推动下，文化交流和文明互鉴日益摆脱"低政治"议题的地位，而跃居中拉关系的"高政治"议程。受

---

① 赵重阳、谌园庭：《进入"构建发展"阶段的中拉关系》，《拉丁美洲研究》2017年第5期，第16—30页。
② 2017年10月27日，国新办还在北京举行了中拉媒体论坛，来自拉美11国19家主流媒体赴会，进一步助推中拉媒体交流机制的初步形成。
③ 自2018年起，中国公共外交协会将中非、中国—南亚东南亚、中国—拉美和加勒比新闻交流中心项目整合扩建为"中国国际新闻交流中心"，下设拉美分中心和加勒比分中心，加勒比分中心首期项目于2018年4月1日正式启动，为期1个月。

此推动，和中拉文明对话宗旨一致的人文交流活动越来越多，也越来越活跃。但在这种表面繁荣之下仍难以掩盖整体发展比较碎片化的现实。由此带来的潜在问题是，众多交叉甚至重复性的文化交流和文明互鉴活动难以形成合力，实现复合效果。有鉴于此，我们亟须一个总体性、纲领性的平台或计划，借以协调和指导中拉文明交流互鉴活动。因此，构建中拉文明对话机制不仅愈益紧迫，而且正当其时。

首先，要认识到当前和未来一个时期加强中拉文明对话的紧迫性和重要性。当前，中拉关系已经进入"构建发展"阶段，中拉合作的整体性、规划性和目标性愈益清晰。相继颁布的三大政策文件[1]意味着中拉合作的力度都在大幅提升。然而，中拉相互认知的缺乏，"一如彼此不了解对方道路规则的两个司机，接触越频繁，冲突的可能性就越大"[2]。如何最大程度地减少利益冲突，增强合作共赢的理解和认同，无疑是一项紧迫而重要性的任务。中拉文明对话无疑正是缓解冲突、增信释疑甚至构建共识的重要路径。

其次，中拉文明对话仍处在起步阶段，亟须协调或整合。和其他地区相比，拉美是中国开展文明对话相对滞后的一个地区。目前比较突出的问题是，许多交流项目既缺乏整体设计和长远规划，又缺乏有机衔接，以致呈分散化和碎片化特点。中拉文明对话当前尚处于摸索阶段的特征，也意味着亟须相应机构和部门的专业指导。然而，直至今天，中国尚未同任何一个拉美国家，更不用说同整个地区，建立高级别人文交流机制。缺乏交流机制既无法有效协调不同类型的项目，又无法整合文明对话的力量不利于民心相通的整体促进。要让中拉文明对话持续有效推进，借以增进中拉互信和双方合作的可持续性，机制建设就必须提上日程。

最后，构建中拉文明对话机制的时机已经成熟。如前所述，在政府层面上，习近平主席先后在不同场合强调要加强中拉文明对话，使中拉文明成为交融互鉴的典范。李克强总理在联合国拉美经委会演讲中则提

---

[1] 即指前文所提到的、旨在框定和指导中拉合作发展方向的三个纲领性文件：《中国与拉美和加勒比国家合作规划（2015—2019）》（2015 年）、《中国对拉美和加勒比政策文件（2016）》，以及《中国与拉共体成员国优先领域合作共同行动计划（2019—2021）》。

[2] 郭存海：《中国的国家形象构建：拉美的视角》，《拉丁美洲研究》2016 年第 5 期，第 49 页。

出了构建中拉文明对话机制的倡议。第二份《中国对拉美和加勒比政策文件》也集中反映了这些思想和倡举,并明确提出要"积极开展中拉文明对话"。在民间层面,中拉思想文化经典作品的翻译、出版和传播初显活力;两地学术机构关于中拉主题的研讨会日渐增多,知识分子间的互访更加频繁;中拉媒体交流日趋增强,对彼此的报道主题日渐多元,内容日益客观。更重要的是,智库和文化传播机构、大学和地方政府还率先发起并举行了第一届"中拉文明对话"国际研讨会①,以实际行动支持构建中拉文明对话机制的倡议。

然而,正如中拉文明对话要"细水长流"才能"润物无声"一样,中拉文明对话机制建设也不可能一蹴而就,而需循序渐进。在此,笔者就构建中拉文明对话机制提出如下建议和思考。

第一,设立"中拉文明对话"论坛并纳入"中拉论坛"轨道,以协调中拉文明对话各领域。目前,中拉论坛下设八个子论坛,唯一缺乏的是长期以来一直滞后且至今没有得到有效确立的中拉文明和文化整体交流机制。中拉文明对话机制的构建将填补这一领域的空白,为整体性的中拉文化交流互鉴提供高平台。鉴于中拉文明和文化的多元性,中拉文明对话首先应该聚焦于发现中拉文明的价值共性,寻求对话的基础。

第二,推动并支持拉美的中国研究,打造中拉学术交流与合作网络。与国内的拉美研究热相呼应,拉美学界研究中国的主动性也明显增强。近年来,多个拉美国家的大学、学术机构以不同形式加强了对中国问题的研究。尽管如此,在拉美,中国研究尚属"新兴"领域,中国研究的机构仍非常有限。加强中拉学术交流,目前比较可行的想法和建议包括以下四个方面。(1)充分发挥中国拉丁美洲学会的作用,整合国内拉美研究资源,支持和培养拉美研究新生力量;与此同时,拓展并发挥中拉

---

① 这次会议由中国社会科学院拉丁美洲研究所、常州大学、江苏省人民政府外事办公室、中国外文局朝华出版社联合发起,并于2017年11月18—19日在常州大学举办。会议主题是"中华文明与拉美文明:交融与互鉴",讨论近现代以来中拉文明对话的历史经验,探索未来进一步推进中拉文化交流和文明互鉴的路径。来自中国和拉美10国的政府官员、外交官、专家学者、记者,以及文化传播机构的代表共计100多人参加了研讨会。第二届"中拉文明对话"国际研讨会于2018年9月8—9日在南京举行,主题是"一带一路:中拉文明对话之路",分别从企业、文化和媒体三个视角探讨文明对话之于中拉民心相通的作用。

学术交流的桥梁作用，从而与拉美的中国研究机构或组织进行战略对接。（2）推动中拉学术机构在拉美地区共建中国研究中心，以帮助培养中国研究力量，支持拉美学者和机构适时成立中国研究学会。（3）设立中国—拉丁美洲研究院，作为中拉学术对话、开展联合研究的协调机构和拉美地区中国研究机构建设的后援机构。（4）加强中拉媒体人士和学者之间的交流与互动，推动适时举办中拉学者记者对话。

第三，加大政策扶持力度，培育基于市场的文化交流长效机制。当前构建中拉文明对话机制具有鲜明的政府主导性，尽管其作用独特，但从长期来看，单纯依靠政府力量无法为中拉文明对话提供持续动力。在全球经济高度发达的今天，构建中拉文化交融互鉴的长效机制，就需要打造基于市场的、以文化产品和文化服务为核心的中拉文化产业合作。这是因为文化产品是蕴含着文化符号与精神价值的物化载体，不仅具有和文化交流一样的功能，而且从传播效果和动力来看都更强、更足。尽管当前中拉文化产业合作水平仍比较低，但从长远来看，将有着广阔的合作空间。其客观依据是：中拉双方拥有丰富而璀璨的文明文化资源，拥有大力发展文化产业和推动国际合作的战略需要，拥有巨大的文化市场潜力和以平等互利为核心的合作根基。[1]

---

[1] 贺双荣：《文化产业与国际形象：中拉合作的可能性——以影视产业合作为例》，《拉丁美洲研究》2015年第4期，第40页。

西班牙民主过渡时期的中西关系
（1976—1982 年）

罗慧玲

马德里康普顿斯大学

引言

中华人民共和国和西班牙王国于 1973 年 3 月 9 日在巴黎正式签署了《建交公报》，此后，两国各自经历了内政外交的重大调整时期。佛朗哥、毛泽东于 1975 年和 1976 年先后辞世，政坛的动荡决定了两国都在短时期内首先关心国内事务；但尽管如此，在对外关系方面，"过渡时期"的西班牙力图在"佛朗哥主义"和融入国际社会的诉求之间寻找平衡，而中国的外交原则也由"反苏反霸"调整为"团结一切力量，为国内发展营造良好的外部环境"。邓小平的改革开放政策使中国日后走上了现代化的道路。"务实外交"成为主导两国 1976—1982 年双边关系的重要因素。

一　西班牙王室访华

1978 年 6 月胡安·卡洛斯一世及索菲亚王后作为"第一个踏上华夏

土地的欧洲王室"①,对中国进行了为期六天的访问。据时任西班牙外交部部长马塞利诺·奥莱哈（Marcelino Oreja）称,此次东方之行是国王本人一手推动的。究其动机,经贸因素不容忽视;同时,王室登基伊始,也欲借机塑造开放现代的形象。为此,同机前往的代表团成员中,除新任政要外,还有一批新闻媒体的资深记者,以便随时向全世界通告此次访华进程。②

王室专机"Sorolla"号于6月16日抵达北京。时任中国共产党总书记的华国锋、素有"政治强人"之称的国务院副总理邓小平均前往迎接。热情洋溢的欢迎仪式给西班牙代表团留下了异常深刻的印象,正如西班牙媒体所说:"国王和王后受到了前所未有的招待;即便是在本国西班牙也未曾有如此的礼遇。"③ 随后的正式会晤为双方相互加深了解、宣传内政外交提供了良好的契机。西班牙外交部部长奥莱哈先生突出强调了王室在"民主过渡"进程中至关重要的作用,国王胡安·卡洛斯一世则系统阐述了西班牙在西方大国中周旋生存的经历,以及新政府在一系列国际问题上的看法和原则④;邓小平回顾了两国人民在以往反帝、反霸斗争中的经验,对中国的"三个世界"的理论进行了深刻解读,并明确指出,在争取民主自治的问题上,中西两国有着广泛的共识。由此可见,在20世纪70年代末,中国的对外政策重心已经发生了重大的调整,意识形态不再作为考虑国际关系的根本出发点。

在北京,代表团参观了毛主席纪念堂,在"南堂"教堂听弥撒,并登上了八达岭长城;在杭州、上海,国王携王后参观了学校和医院,并深入茶园采茶。近距离的接触让中国民众认识了西班牙王室朴实亲民的

---

① 参见 Bregolat, Eugenio, *En torno al renacimiento de China*, Editorial Universidad de Lleida, Lleida, 2014, 第315页。原文如下:"existe consenso de que España ha llegado tarde a China, pero no llegaron tarde don Juan Carlos y doña Sofía, que fueron los primeros reyes que visitaron la China de Deng Xiaoping."作者厄赫尼奥·布莱戈拉特为资深西班牙驻华大使。

② 有关同行媒体的详细信息,参见 Gutiérrez Alarcón, Demetrio, *Crónica del histórico viaje de los Reyes de España a China*, El poder amarillo del año 2000, Barcelona, Luis de Caralt Editor S. A., 1978, 第237—238页。

③ 参见 Gutiérrez Alarcón, Demetrio, *Crónica del histórico viaje de los Reyes de España a China*, El poder amarillo del año 2000, Barcelona, Luis de Caralt Editor S. A., 1978, 第237—238页。

④ 参见 Oreja Aguirre, Marcelino, *Memoria y esperanza. Relatos de una vida*, Madrid, La Esfera de los Libros.

作风。可以说，六天的行程的确"为双边关系播下了友谊的种子"。双方的报纸和媒体也各自对此次国事访问进行了连篇累牍的报道。6月22日的告别晚宴为西班牙王室首次访华画上了圆满的句号。作为此次国事访问的另一大重要成果，中国—西班牙《贸易协定》及《民用航空协议》的签署，为此后双边交流合作打下了基础。

二 巴塞罗那伯爵夫妇访华

巴塞罗那伯爵是胡安·卡洛斯一世的父亲，他经历了末代王朝的流亡以及后来的佛朗哥独裁压制，用中国西语学者的话来说，"他的父亲是国王，他的儿子是国王，而他自己却从未当上国王"。为了西班牙立宪君主制的维系和政权交接的稳定，巴塞罗那伯爵做出了重大的牺牲，将王位"禅让"给儿子，也就是后来的胡安·卡洛斯一世。在西班牙王室成功访华的第二年，巴塞罗那伯爵夫妇也踏上了中国的土地，可想而知，在尊老敬父传统深厚的中国社会，对伯爵夫妇的接待规格并不亚于国王和王后。中方不仅反应迅速积极，而且有三百余位各级政要出席了在中南海的欢迎仪式。邓小平作为中方领导人，明确地表示自己很关心西班牙的政策发展，并指出作为欧洲大家庭不可或缺的一员，西班牙将对欧洲复兴起到重要的作用。[①] 巴塞罗那伯爵夫妇也因此成为最早了解邓小平的"四个现代化"理论构想的西班牙客人。

三 其他官方高层互访及新驻华大使到任

在西班牙"民主过渡"时期，中西方高层互访还有以下几点值得一提：国家副主席谷牧于1981年4月访问西班牙；国务委员、外交部部长黄华于1982年6月访问西班牙；新驻华大使、见证中西建交历史的费利佩·德拉·莫莱纳·卡尔文特（Felipe de la Morena Calvet）于1978年10月前来北京赴任；西班牙外贸部长何塞·安东尼奥·加西亚·迪耶斯

[①] 参见《邓小平副总理会见来访西班牙国王父母》，《人民日报》1979年5月15日第01版，http://www.ziliaoku.org/rmrb/1979-05-15-1#516429。

(José Antonio García Diez)于1980年3月访华。1981年4月7日,两国签署第三项政府间协议:《中国—西班牙文化、教育、科学合作协定》。我们可以通过当年的《人民日报》回顾这些高层互访的消息。①

费利佩·德拉·莫莱纳·卡尔文特先生曾于1973年初作为西班牙首席代表参与了中西建交谈判的整个过程;在王室访华前作出了出色的部署,保证了行程的顺利圆满。因此,他也成为"第一位由新王室任命的驻华大使"②。此后四年内,莫莱纳大使见证了中国经济现代化的转型,并逐渐成为中国政府和人民的老朋友。他把这一段亲身经历写入了他的回忆录《邓小平及当今中国的开端》③中。

四 双边经贸联系

可以说,在西班牙做出与台北"断交",而与北京建交的决定时,经济因素是一个重要的考量。这些幕后细节,通过1971—1973年的西班牙外交部公函文件④及三年间西班牙重要报刊的专论文章中可见一斑。⑤ 时至1978年,欧洲经济共同体已经与中国签署了贸易协议,授予中国"最惠国待遇";加之中国改革开放政策即将全面推进,也为中西两国的经贸合作提供了有利的政策保障。先后进入中国开拓市场的西班牙公司有INI、SERCOBE、CEOE、FOCOES、HISPANOIL、ALSA、Banco Exterior等。

---

① 在此仅列如下报道及链接《李强同西班牙商业和旅游大臣会谈》,1980年3月19日第04版,http://www.ziliaoku.org/rmrb/1980-03-19-4#534146;《姚依林会见西班牙商业旅游大臣》,1980年3月21日第四版,http://www.ziliaoku.org/rmrb/1980-03-21-4#534299;《我国和西班牙签署第一个文化协定》,1981年4月9日第六版,http://www.ziliaoku.org/rmrb/1981-04-09-6#563823。

② 参见国务院新闻办公室编《中国—西班牙》,五洲传播出版社2007年版。

③ 见 Morena Calvet, Felipe de la (2016), *Deng Xiaoping y el comienzo de la China actual. Recuerdos de un testigo*, Madrid, Cuadernos del Laberinto.

④ 例如:Ministerio de Información y Turismo, Servicios Informativos de la Dirección General de Prensa, Expediente-China 等。

⑤ 例如以下报纸:ABC (1968–1986); Arriba (1968–1973); Beijing Informa (1968–1980); El Alcázar (1970–1973); El País (1977–1986); El Siglo (1969–1973); Informaciones (1970–1973); La Vanguardia (1965–1982); La Voz de Asturias (1969–1973); Le Figaro (1969–1973); Pueblo (1969–1973); Ya (1969–1973)。

1979年，两国双边经贸额已超过一亿美元。[①] 同时，西班牙企业积极参加广州商品交易会，仅以1980年的春季会为例，前往参展或洽谈业务的西班牙企业已达110余家。[②]

五 双边文化、教育、体育关系

语言是沟通的桥梁。中国大陆的西班牙语教育起步很早，素有"中国外交官的摇篮"之称的北京外国语学院于1952年即设立了最早的西班牙语专业教学；相比之下，西班牙的汉语教学则相对滞后，直到1978年才在格拉纳达大学开设了汉语言及中国思想的选修课。[③] 但西班牙对汉语作品的翻译未曾间断，在1976—1982年，较突出的有如下译著：Laureano Ramírez Bellerín 所译《倪焕之》《华威先生》；Fernando Pérez-Barreiro Nolla 所译《中国思想：从孔子到毛泽东》等。另外值得一提的是，曾经激励了一大批华语青年读者的台湾作家三毛也在此时定居西班牙，开始了一段多产的文学创作时期。

1977年1月5日，中国男子排球队访问西班牙"排球之乡"希洪；1978年3月10日，第一个西班牙常驻中国的记者 Manuel Molares 抵达北京；1979年5月15日，《西班牙海尼斯摄影展览》在北京开幕；1982年3月，马德里自治大学举办了第一届"中国文化周"[④]；一个月后，西班牙竖琴家玛丽亚·罗莎·卡尔沃女士在京举行独奏音乐会，成为第一个在北京民族文化宫礼堂演奏的欧洲艺术家。[⑤]

[①] 参见张敏《中国和西班牙贸易关系的新展望》，中国社会科学院网站，2009年2月1日文章，http://ies.cass.cn/Article/cbw/zogx/200902/1086.asp.

[②] 另外，还可参考以下出版物 Muñoz, Marcelo, *El enigma chino. Treinta años de observador*, Madrid: Espejo de Tinta, 2007; Muñoz, Marcelo, *China 2050. Los grandes desafíos del gigante asiático*, Madrid: Kailas, 2011.

[③] 参见 Herrera Feligreras, Andrés, "La nueva sinología española", 见学术杂志 *Huarte de San Juan. Geografía e Historia*, Nº14, Universidad Pública de Navarra, Pamplona, 2007, 第259页。

[④] 参见《中国文化周在马德里开幕》，《人民日报》1982年3月4日第06版, http://www.ziliaoku.org/rmrb/1982-03-04-6#590293.

[⑤] 参见《西班牙女竖琴家在京演奏》，《人民日报》1982年4月11日第04版, http://www.ziliaoku.org/rmrb/1982-04-11-4#593626.

西班牙王室访华期间，中国政府赠送了一对大熊猫"强强"和"绍绍"；作为回赠，1979 年 9 月 16 日，来自西班牙的大猩猩 Español 和 Madrileña 落户北京动物园。1982 年 10 月，第一个在欧洲出生的大熊猫"秋林"（Chulín）作为中西友谊的象征，开始了它"万众瞩目"的一生，它辞世后，仍然时常被西班牙人民提起。

已故前国际奥委会主席萨马兰奇侯爵是中西友谊发展史上一位不可或缺的人物，他在中华人民共和国恢复国际奥委会席位的问题上做出的不懈努力，以及对北京申办奥运会的全力支持，使他成为"中国人最爱戴的十个外国人"之一。[1] 1978 年，萨马兰奇第一次访华；1980 年，他再次踏上神州土地。萨马兰奇曾经说过："我在全世界取得过许多荣誉学位和荣誉称号，但最珍惜的是被称为'中国人民的好朋友'。"

仍然值得一提的是，尽管台湾地区与西班牙的外交关系自 1973 年起中断，但双方之间在其他领域的联系仍持续发展。驻西班牙台北经济文化关系代表处至今仍在推动中国台湾地区与西班牙的文化、经济、社会交流方面起着一定的作用。

结论

1976—1982 年，中西关系经历了缓慢而又平稳的发展过程。尽管从数量上来讲，双边关系的"黄金时期"此时尚未到来，但西班牙"民主过渡"的六年仍不失承上启下的重要意义。内外条件的渐趋成熟为双边关系的发展打下了坚实的基础，并相互提供了一定的借鉴。我们相信，在今天"新丝绸之路"的宏伟计划逐渐展开、"义新欧"铁路线全面贯通、中国高校西班牙语专业教学迅速发展的新形势[2]下，在两国共庆建交四十五周年、"庞迪我"年、外交部部长王毅与习近平主席先后到访西班

---

[1] 参见《生活新报》2010 年 4 月 22 日，http://www.zaichina.net/2010/04/22/china-se-despide-de-su-viejo-amigo-samaranch/.

[2] 见《中国西班牙语人才就业和流动调查报告》，"中拉青年共同体"研究成果，*Informe de estudio sobre el empelo y el movimiento de estudiantes de español en China*, investigación realizada por la "Comunidad de Estudios Chinos y Latinoamericanos", http://www.cecla.org/Detail/2017/212/23/GZN37E209620B.html, 最后访问日期：2017 年 4 月 21 日。

牙之际，重温这段历史，一定会为推动中西两国关系的健康发展提供重要的历史依据，为两国的再次携手创造更广阔的空间。

参考文献

档案

Archivo del Ministerio de Asuntos Exteriores y Cooperación（MAEC）：

－3－China Roja o China Comunista：1968－1973

－4－China Nacionalista：1968－1973

－5－China Continental：1968－1972

－6－Taipeh：1968－1973

Archivo General de Administración（AGA）：

－7－China Roja：1968－1975

－8－China Popular：1973－1975

－9－Asuntos Exteriores：1965－1968

－10－Estados Unidos：1968－1975

Oficina de Estudios de Documentos Archiveros del Gobierno Central de China：

－11－Anuario de Zhou Enlai（1949－1976）

National Security Council（NSC）*of National Archives of the United States*

－12－1970－1919

－13－1980－1989

－14－*Diplomatic Correspondence*：*Spain*

－15－*Diplomatic Correspondence*：*China*

The Joint Chiefs of Staff（JCS，USA）

－16－"*The Joint Chiefs of Staff and National Policy 1969－1972*"

－17－"*The Joint Chiefs of Staff and International Policy 1973－1976*"

Henry A. Kissinger's（HAK）*Ofiice Files*

－18－*Spain*

－19－*China*

－20－*Europe*

– 21 – East Asia

书籍

Bregolat, Eugenio (2014), *En torno al renacimiento de China*, Lleida: Universidad de Lleida.

Fairbank, John King – Goldman, Merle (1998), *China. A New History*, (Enlarged Edition), The Belknao Press of Harvard University Press, Massachusetts (USA).

Gutiérrez Alarcón, Demetrio (1978), *Crónica del histórico viaje de los Reyes de España a China*, El poder amarillo del año 2000, Barcelona: Luis de Caralt Editor S. A.

Morena Calvet, Felipe de la (2016), *Deng Xiaoping y el comienzo de la China actual. Recuerdos de un testigo*, Madrid: Cuadernos del Laberinto.

Muñoz, Marcelo (2007), *El enigma chino. Treinta años de observador*, Madrid: Espejo de Tinta.

Muñoz, Marcelo (2011), *China 2050. Los grandes desafíos del gigante asiático*, Madrid: Kailas.

Oficina de Información del Consejo de Estado de la República Popular China (2007), *China-España*, Beijing: Chinese Intercontinental Press.

Oreja Aguirre, Marcelino (2011), *Memoria y esperanza. Relatos de una vida*, Madrid: La Esfera de los Libros.

张铠:《中国西班牙关系史》,大象出版社2003年版。

张敏:《当代西班牙经济与政治》,社会科学文献出版社2015年版。

张敏编著:《列国志:西班牙》,社会科学文献出版社2003年版。

国务院新闻办公室编:《中国—西班牙》,五洲传播出版社2007年版。

文章

Beltrán Antolín, Joaquín, "De la invisibilidad a la espectacularidad. Cuarenta años de inmigración china en España", 见 Ríos, Xulio (coord.), *Las relaciones hispano-chinas*, Editorial Catarata, Madrid, 2013, pp. 114 – 131.

Beltrán Antolín, Joaquín, "Los chinos en Madrid: Aproximación a partir de datos oficiales. Hipótesis para una investigación", 见 *Malestar cultural y conflicto en la sociedad madrileña. II Jornadas de antropología de Madrid*, Madrid, 1991, pp. 295 – 304.

Bilefsky, Dan, "Spain's Chinese Inmigrants Thrive in Tough Economy", 见 *The New York Times*, 2013 年 1 月 2 日。

Herrera Feligreras, Andrés, "La nueva sinología española", 见杂志 *Huarte de San Juan. Geografía e Historia*, N°14, Universidad Pública de Navarra, Pamplona, 2007.

Huang, Wei, "La enseñanza del español en China", comunicación en V Congreso Internacional: ¿Qué español enseñar y cómo? Variedades del español y su enseñanza, Cuenca, 25 – 28 de junio de 2014, 网络链接: http://www.mecd.gob.es/dctm/redele/Material – RedEle/Numeros%20Especiales/2015 – v – congreso – fiape/comunicaciones/15. – la – ensenanza – del – espanol – en – china—huangwei.pdf? documentId =0901e72b81ec605c.

Ínsua, Emilio Xosé, "Na norte de Fernando Pérez – Barreiro Nolla" y J. D., "Fernando Pérez – Barreiro Nolla", ambos en el periódico *Heraldo de Vivero*, página 4 y página 8, el 15 de enero de 2010.

Ma, Zhoumin, "El desarrollo de la comunidad china en España", 见 *Revista de Occidente*, n°349 – 350, 2012, pp. 259 – 266.

Marco Martínez, Consuelo y Lee Marco, Jade, "La enseñanza del Español en China: evolución histórica, situación actual y perspectivas", *Revista Cálamo FASPE*, N°56, octubre – diciembre 2010.

Méndez, Daniel, "China en los medios de comunicación españoles", 见 Ríos, Xulio (coord.), *Las relaciones hispano-chinas*, 第十章, Editorial Catarata, Madrid, 2013, pp. 194 – 216.

Zhang, Min, "Nueva perspectiva de relaciones comerciales entre China y España", 中国社会科学院网站, 2009 年 2 月 1 日, http://ies.cass.cn/Article/cbw/zogx/200902/1086.asp.

蔡霞:《从西班牙历史演进看中国如何和平推进民主转型》, CAI, Xia, "Lecciones sacadas de la evolución e historia de España para la transición democrática y pacífica en China", http://myytaoli.blogspot.com.es/2016/03/blog – post_13.html, fecha de la última consulta: 4 de febrero de 2017.

雷孟笃:《西班牙汉学研究的现状》,《国际汉学》总 101 期,第 36—47 页。

牛军:《中华人民共和国对外关系史概论》,北京大学出版社 2010 年版。

中共中央文献研究室编:《邓小平年谱(1975—1997)》(上卷),中央文献出版社 2004 年版。

柳嘉信:《西班牙的转型正义——从"选择遗忘"到"历史记忆"》,台湾国际研究季刊,2014 年夏季号第 10 卷第 2 期,第 83—105 页。

林达:《西班牙旅行笔记》,生活·读书·新知三联书店 2007 年版。

秦海波:《论西班牙 1975—1986 年改革》,《世界历史》2006 年第 3 期。

秦晖:《防止寡头主义与民粹主义的反馈震荡》,《南方周末》,http://news.sina.com.cn/pl/2008-04-24/111115421120.shtml.

辛立建:《西班牙民族和解的启示》,http://www.aisixiang.com/data/24904.html.

魏兴荣:《西班牙民主转型之路》,《炎黄春秋》2014 年第 12 期。

俞正梁等编著:《战后国际关系史纲(1945—1987)》,世界知识出版社 1989 年版。

邹云保:《西班牙征服中国计划书的出笼及其破产》,《南洋问题研究》2001 年第 3 期。

第五部分

中国大帆船或银之路：全球化的起源

引 述

胡安·何塞·莫拉雷斯

研究员、作家

当庞迪我（Diego de Pantoja）于 1599 年抵达中国时，西班牙人已经通过"马尼拉大帆船"（也被称为"阿卡普尔科大帆船"和"中国船"）与中国进行了 30 年的贸易往来。这条促进了经济文化交流的贸易航线，被称为"白银之路"。因为西属美洲矿山出产的白银起到了决定性作用，影响范围跨越中国、菲律宾和美洲：白银成为国际贸易的交换工具，西班牙银圆成为第一种真正意义上被所有市场都接受的货币，由此开启了第一次全球化。

庞迪我和在马尼拉的西班牙人本属两个从未交汇的平行世界，但"白银之路"为庞迪我所在的世界提供了背景，与之对比，有助于我们更好地理解他的世界。

安东尼奥·加西亚—阿瓦索洛（Antonio García-Abásolo）作了题为《菲律宾华人在西班牙君主制中的角色（16 世纪—18 世纪）》的发言。报告中指出，在菲律宾经商的华人在大帆船贸易中起到了关键作用，马尼拉的华人众多，而且相当活跃；文章还谈到了当前或历史上的模式，提醒我们要吸取经验教训。在马尼拉的华人对殖民地起到了至关重要的作用，西班牙人不断接收华人在马尼拉定居，并形成了一定的依赖。在华人进入马尼拉的过程中曾出现过危机、冲突和驱逐，也有过进行同化的尝试，但主要还是寻求转变。总的来说，为了实现互惠互利，实用主义思想和相互理解的愿望占据了主导。从长远来看，通过中国人和菲律宾人的融合,这种思想和愿望取得了巨大的成效。

多洛斯·福尔奇（Dolors Folch）教授在其发言《"马尼拉大帆船"在中国的影响》中提到,在纸币和铜币复本位制崩塌的情况下,中国政府迫于内部压力（商人和军队等方面的需求）采取了银本位制。当西班牙人抵达中国时,中国已经十分依赖白银。直到17世纪初,中国白银的主要来源地一直是日本。明朝晚期的中国社会是一个城市型社会,人口快速增长。由于国内需求增加,贸易发展迅速,生产各类产品的工厂组织管理水平先进,可满足任何需求。大帆船所代表的西班牙市场促使中国东南部的生产力快速发展,但并没有使中国经济发生转型,因为关键的经济发展要素在西班牙人到达中国之前就已经存在了。

叶君洋在他的发言《"马尼拉大帆船"与方济各会在中国的使命》中谈到,大帆船为传教提供了重要支持。经过一次早期的失败尝试后,中国首个方济各会教区于1633年成立,由利安当领导。当时方济各会传教活动仍然困难重重且十分脆弱,但很快便扩展至广东、福建、江西和山东等省。1686年,石铎琭神父在潮州建立了一座教堂,这是方济各会在中国传教历史上的里程碑。这座教堂位于广东东部,与福建接壤,靠近厦门港,它的存在促进了中国与马尼拉传教士之间的通信往来。"大帆船"在方济各会传教过程中有着至关重要的影响,因为方济各会的两个主要资金来源都要依靠这条跨太平洋航线,分别是由王室拨款的墨西哥基金和圣格雷戈里奥·马尼拉省拨付的资金。此外还有一些不定期的补充资金,如信徒和其他教团的捐赠,其中一个例子是耶稣会士汤若望从北京向卡瓦列罗神父提供的援助。此外,方济各会还参与了帆船贸易,以获取传教资金。

最后,瓜达卢佩·平松·里奥斯（Guadalupe Pinzón Ríos）教授在发言《埃尔南多·德洛斯克罗内尔与他征服台湾岛的建议》中强调,这位独特且多面的马尼拉统治者计划利用离中国大陆最近的西班牙领土,具体来说是离台湾岛（16世纪时被称为"福摩萨"）北部最近的地区,作为控制海峡并保障其他进一步向北的冒险航行的中转站或战略要冲,包括阿尼安海峡。"这一地区没有发生改变,"平松说,"但对它的看法确实取决于对该地区产生的新兴趣",其中包括发展同日本的贸易关系的兴趣以及防御荷兰人的需要。

"马尼拉大帆船"在中国的影响

多洛斯·福尔奇

庞培·法布拉大学

一 绪论

对于马尼拉大帆船及其对世界经济的影响，史学家们已经做了大量的研究。本文的重点是马尼拉大帆船在中国的影响及中国对大帆船贸易的影响。与许多欧洲史学家设想的不同，中国与世界市场从未隔绝：丝绸之路形成了庞大的商业贸易网，在陆上联结了中国与波斯和印度；此外，与东南亚频繁的贸易往来亦有助于中国逐步向南部海域扩张。事实上，公元200—1200年的这一千年间，中国与欧洲缺少往来主要应归咎于欧洲发展水平的落后，这一点与中国深入人心的封闭自守的形象恰恰相反。

蒙古西征和12世纪欧洲文艺复兴打开了东西方交流的大门。伴随着16世纪地理大发现和欧洲的快速扩张，中国周边出现了澳门、马尼拉、巴达维亚（今雅加达）等贸易据点，对华贸易是这些商站立足的基础。以西班牙人为例，促使他们最终留在菲律宾的原因就是与中国的贸易往来。中国对外贸易主要靠香料和象牙等奢侈品驱动，其中香料又以黑胡椒以及产自东南亚和印度洋的医用和香氛香料为主。但欧洲殖民者与中国的商货交往，始终遵循一种模式，即以银币向中国换取丝绸、瓷器等商品。这不禁让我们思考以下几个问题：明朝建国之初禁止金银交易并推行严厉的海禁政策，却为何自15世纪起对白银的需求骤增？中国是如何生产大宗商品以满足白银贸易的需求的？

二　明初制度设计

明朝以农立国，在立朝之初就践行孟子自给自足的小农经济理念，实行轻商政策以抑制经济发展的不平衡，同时严格控制海外贸易。明朝财政制度的特征，在财政收入上，主要表现为以实物征发的田赋和徭役；在财政支出上，主要表现为以粮食支付官俸和军费。

从财政支出角度来看，明朝的制度非常简单：低税薄俸、精简官员[①]、实行卫所兵制（该兵制特点为军籍世袭、兵农合一、屯守兼备，军队能够实现自给自足）。

里甲制度是明朝的基层组织形式，里甲划分以户为单位，一百一十户为一里，共事农耕，为国家提供税收。存留收入由省、府、州、县各级地方政府支配管理。

明初以粮纳税，税额由耕地面积决定，每亩[②]交纳0.033石[③]税粮。这种低税收制度，对于经历了元末战乱和明初多次起义的帝国来说，是非常合理的。有明一代，田赋收入始终保持在3000万石，波动不大[④]，整个税收水平从未超过农业产量的10%。轻赋薄俸符合儒家的治国理念，但实际上却使政府不能最充分地管理帝国资源，并导致了名目繁多的杂税和官员们猖獗的腐败行为。

明朝的赋役制度中，田赋和徭役相辅相成：里甲正役需为县政府提供差役，如门子、膳夫、马夫、狱卒等；此外，每一里也需为政府供纳物资，诸如油、黄蜡、木炭、药材、茶、靛青、漆等。地方政府的日常支应费用也由里甲正役承担。这些费用包括官府朝会乡饮、士大夫官员送往迎来、押解囚犯等。明初徭役较轻，但到明中期差役渐趋沉重，百

---

① 1391年，户部有51名官员和160名吏卒；1570年，有74名官员和165名吏卒。

② 一亩约等于600多平方米，相当于三个网球场那么大。但由于各地地理条件不同，粮食产量有高有低，这就催生出了各地不同的税则。一个县可能会有6—20种税则，有的甚至高达600种。这大大增加了田赋计算的复杂性。

③ 石（音dàn）西译pícul，为容积单位，一石为107.4升。

④ 1578年，税额为0.038石/亩，与洪武朝最初规定的0.033石/亩相差不大。

姓叫苦不迭，均想折抵差役。

自洪武朝起，作为国家货币政策体现的主要是纸币——"大明宝钞"和铸币铜钱的发行。目的在于把整个社会的货币流通控制在国家手中，这主要由于明朝的立国基础是自给自足的小农经济。《大明律》中设有专门的"钱法"和"钞法"，但对白银却没有相关规定。白银很快就在民间流行起来，甚至政府也将银两作为辅助货币使用。[1] 为了避免白银扰乱货币体系（白银自宋朝起已作为代币流通），洪武帝下令关闭国内所有银矿。拉达（Martín de Rada）[2] 提供了一些与这些银矿有关的信息[3]，尽管拉达本人未指明书名，但应该是《广舆图》[4]。书中详细记录了相应省份的银矿位置。但是由于明政府对开矿一直保留意见，中国银矿的产量不高，一方面是怕矿工监守自盗，特别是矿工都掌握冶炼金属的技术，另一方面是从风水角度考虑，怕开矿破土有损龙脉。[5]

洪武、永乐两朝超发宝钞造成了严重的通货膨胀。1405年至1430年，郑和七下西洋，船上满载大明宝钞，试图在以中国为中心的东亚贸易圈中推广宝钞，进一步促进周边国家对中国商品的采购。但就在其远洋探险期间，宝钞不断贬值，仅相当于其最初价值的四分之一。为了维护宝钞的信用，政府禁止金银流通，并设置新税种，专门收纳宝钞，如征收通行费就是为了确保宝钞流通，但这些措施都收效甚微。尽管纸币中间印有"宝钞一贯可折算铜钱一千文"，但实际上宝钞无法兑换，这导致其信用度在百姓心中大大降低。

铸币铜钱的流通同样非常有限。铸币成本过高，远超其本身价值；铜钱价值低廉，交易不便。此外，铜钱极易仿制，市场上充斥的伪钱，多为私铸商贩掺杂铅、铁等进行鼓铸私造，致使明朝不时地禁止铜钱流

---

[1] 两（音 liǎng），西方文献中译为 tael 或 tae，为质量单位，1两相当于40克。大明律中记载，在赋税收入时，白银可作为代币征收。

[2] 马丁·德·拉达（Martín de Rada）是第一批从菲律宾抵达中国的传教士，著有《中国札记》一书记录其中国之行。

[3] 德拉达书中记载在福建省福州市附近有银矿，但银矿实际位置在浦城县。该县位于福建省最北端，毗邻浙江。

[4]《广舆图》，罗洪先编绘，1561年出版。该图册包含各地地理、经济和人口概况，流传甚广。

[5] 杜赫德（Du Halde）也证实了在福建有大量银矿，并补充私人开矿会被处以死刑。

通。与此同时，铸钱总额很少导致铜钱供应不足，进而造成很多经济发达省份私铸新钱。洛阿尔卡（Loarca）在书中记载：漳州府有一批圆形方孔钱，70 个值 1 雷亚尔，但它们只在当地流通。

由于提倡用钞的政策，使铜钱铸造从一开始就发展缓慢。政府不愿意铸造铜钱，以避免同其推行的法定货币相竞争。此后，白银开始以锭的形式在民间各处进行交易，导致明朝以来铸钱总额很少。拉达写道："他们用小银块购买一切商品。"白银本身价值高且容易分割称重，民间倾向以称重流通，而不铸成银币。事实上，对比古希腊罗马或者近代的西班牙，中国作为东亚贸易圈的主导，没有自铸货币①来进行财政管理是一种很奇特的情形。中国的货币从来不注重美观，因此当西方银圆大量流入中国时，中国人会选择将其熔化②再重新铸造成银锭。庞迪我将此流程记载如下："他们没有把白银打造为银币，而是将其铸造为银饼，裁割称重进行交易，就像古罗马人一样。"

三　变革的契机：社会经济变化

明朝诸帝几乎都遵循明太祖的制度设计，但明朝第三位皇帝朱棣篡权登基后，情况出现了一些变化。永乐年间，收复安南（今越南）、北征蒙古、迁都北京、营建紫禁城、疏通大运河、郑和下西洋等大规模的行动都使国家财政支出激增。明朝初年，洪武皇帝限定宫廷内宦官的数量为 60 人，而 1443 年已达 30000 人，到明朝结束时，供职的宦官有 70000 人。洪武时代光禄寺厨役定额 800 人，永乐时期扩大到 9000 人。宫廷茶叶、黄蜡及柴炭供给的增长速度同样很快。烧造瓷器的费用几乎无法估算：1443 年，宣德皇帝谕准烧造各样瓷器 443000 件。所有供应宫廷的花费每年可能要超过 500 万两白银。与宫廷开支密切相关还有公共建筑和陵寝的建设费以及在首都的超编军事人员的生活费。到 16 世纪初，武官

---

① 与之情况截然相反的是波多西银币，1650 年国王颁布法令明确规定，银币需刻有西班牙国徽、城堡和狮子的图案，并有两条线划分十字，将城堡和狮子分在四角，反面则镌有海格力斯之柱。

② 衡量货币价值，主要看贵金属价值，而不是其铸造工艺，因此在熔铸前需鉴定成色并称重。

人数增加到 100000 余人，军队冗员严重，但他们每人仍可享受至少 1 石的月粮或等额的白银。

如此巨大的支出对国家造成的财政压力自然不言而喻。永乐下令重开银矿，1400—1430 年，此举为明朝财政带来了巨大的财源，特别是前二十年，此时正值郑和频繁远航。但从 1440 年起银矿日渐减少。

15 世纪下半叶到 16 世纪末的社会经济变化推动了明朝转型。首先，人口数量飙升。1391 年，全国共计 6000 万人口；到 1600 年，人口数已达 1.5 亿左右。[①] 虽然官方编造黄册中的人口资料真实性不高，但据某些地方志中的统计，人口确实有很大增长，如长江下游地区人口总数从 1393 年的 900 万增长到 1620 年的 1650 万，增幅超过 80%。

中国经济可以承受人口翻倍的事实非常发人深省。水稻为解决人口的口粮问题做出了重大贡献。它是一种比小麦更灵活的作物。按照《天工开物》的记载，农民可以通过频繁犁地、选育良种、大量施肥等方式，提高稻田单位面积产量。这种精耕细作的经营方式虽然投入了大量的人力、物力，但粮食产量更高，可以养活更多的人口，从而创造更多劳动力。与小麦不同，稻作区域可以吸纳几乎无限的劳动力。集约化农业的扩张同样重塑了自然景观，堤坝数量成倍增加。在 16 世纪的中国山水画中，随处可见这种景色。[②]

粮食产量的上升带来了市场的扩张，其增长速度远远高于人口增长率。在漳州，1491 年至 1573 年间，人口增加了 50%，但集市的数量却增长了 245%。明代仇英所作的《清明上河图》，就展示了这样的一座城市：街道上商店、摊位鳞次栉比，贩卖各种商品的小贩走街串巷。整幅画卷向我们展示了一个享乐型的消费社会，而这种消费社会也从内部促进了中国手工艺生产的发展。这番蓬勃的商业景象给所有西班牙裔旅行者留下了深刻的印象，他们像洛阿尔卡一样感叹道，在这片土地上几乎全民皆商。

随着市场的发展，农产品商品化程度加深。除余粮可作为商品粮出

---

① 此为预估值，根据黄册所载官方资料，整个明朝人口总数一直保持在 6000 万左右，没有上升也没有下降。地方政府少报人口的原因之一是为了逃避徭役摊派。

② 明代仇英所作《清明上河图》中就有此类景色。

售外，农户开始种植茶树、棉花、蓝靛这类经济作物以及花生、甘薯、烟草等从美洲引进的新物种。水路条件直接制约着各地区的农业商品化程度。与陆路运输相比，水路交通不仅成本低廉，而且极为快捷。滨临长江的南部省份最先开始商品化进程。其中又以沿海诸省为甚，因为他们拥有东亚地区的优良港口。这片区域面积广阔，水路交通畅达，且与海外贸易历史悠久。

由于只有三分之一左右的人口上报给了朝廷，尽管明朝经济充满活力，但税收却从未增加。明朝的税收政策是根据建国时的 6000 万人口设立的，并没有随着社会发展进行相应调整。因此出现了人口越多，田赋越低的状况。拉达将这种情况详细记录如下：有个叫夏苏（Jacsiu）的人对我们说，他户内有七十人，但他只纳七人的税。另一人对我们说，他户内约六十人，他只交四人的税。因此登记的纳税人口远远少于应纳税人口。由于税额偏低，地方政府官吏少且俸禄低。虽然 16 世纪明廷共有 24000 名官员和 51000 名吏卒，但其中大部分是供职于皇室的，只有 30% 在 1138 个地方衙门工作，因此大部分差役有赖于徭役。

永乐朝后，世袭职业几乎消失殆尽。1602 年，庞迪我①在书信中记载：百姓可以自由选择职业，而不用承袭父业。军中大量军士逃亡、军队缩编严重，军队自给的神话已然破灭。自 1425 年，早期卫所制度宣告破产，只有北征蒙古的边军还能收到朝廷拨发的军饷。盐税收入是边军军费的支柱，15 世纪末开始便可用白银折抵。拉达也留下了相关记载：产盐城市的收益全部用来支持边境驻军。到 16 世纪，以白银募兵并训练新兵的记录经常出现在西班牙传教士的见闻中，以拉达和洛阿尔卡的札记尤甚。

四 白银的货币化进程

永乐朝之后，明廷开始进行一系列转型，在这一背景下，一些赋役开始以银抵纳。在南方，海盗的侵扰显示出了卫所的低效，明廷不得不

---

① 庞迪我是与利玛窦同在北京传教的耶稣会士，他曾给托莱多大主教寄过一封长信讲述他在中国的见闻。

重新招兵买马、培训新兵。1436年，明政府将南部七个省份以银抵纳赋役的形式合法化。在宫廷中，官员俸禄和皇室开支（如在景德镇烧造瓷器和在苏州织造丝绸的费用），在16世纪初也开始用白银支付。募兵的薪酬同样用白银支付。从15世纪中期开始，盐商贩卖食盐所得收入皆为白银，并以此支付相关费用。在日本白银和葡萄牙白银到达中国之前，明朝主要货币已经开始转向白银，更不必说一个世纪之后才随马尼拉大帆船一同抵达的美洲白银了。可以说，这些外来白银加速了明朝的白银货币化进程，但白银在中国的转型主要还是内部催化。

从16世纪中叶到17世纪末以来，中国一直在对白银日益增长的需求和政府对自由贸易设置的障碍之间徘徊不前。大量的白银实际上是以非法贸易的形式进入中国的。首先流入中国的是日本白银。随着1526年位于日本南部的石见银山（本州岛）的开采，自1530年起，日本白银开始频繁介入亚洲贸易。[①] 1542年，鲁伊·洛佩斯·德·维拉洛博斯（Ruy López de Villalobos）前往摩鹿加群岛，在这次失败的拓殖行动中，他提到了日本的银山，称日本拥有大量白银，其形制多呈扁平。大约20年后，1565年随黎牙实比（Legazpi）远征队登陆菲律宾的德拉伊斯拉（De la Isla）收集了更多的信息：这个（日本）岛上据说有很多银矿，他们用白银采购中国丝绸和其他需要的中国货。自1520年起，葡萄牙人开始带着白银来到东方。严厉的海禁政策和由此造成的猖獗的海盗活动并没能阻止白银流入中国。白银主要是经由强大的商人、走私犯和海盗三方之手进入中国的。这其中，海盗一直被称为日本海盗，或"倭寇"，他们大多来自周边岛屿，并与沿海地区的大商人和小官员勾结在一起，组织了中国历史上规模最大的走私和海盗活动之一。

然而，具有讽刺意味的是，虽然政府严厉禁止白银贸易，税收却日益依赖于白银，越来越多的徭役可以用白银抵纳。甚至田赋也可用白银缴纳，以此来最大限度地压缩解运费用。打击倭寇的行动给明廷财政提供了一丝喘息的机会，但国内对白银源源不断的需求不断破坏着海禁政策。大约从1540年开始，来自浙江、福建和广东的商人定期在日本南部岛屿的港口用白银来交易中国商品，其中以丝绸和提炼白银所需的水银

[①] 日本通过白银获利摆脱了对中国经济的依赖并推动了幕府的兴起。

这两种商品为主。迫于社会压力，明朝于1567年解除海禁，并于1571年在全国逐步推行"一条鞭法"。该制度旨在将名目繁多的赋役总为一条，合并征收银两。自此白银成为主要的支付手段，其流通有了法律依据。

当时，日本白银势不可挡地流入中国，经澳门中转，由耶稣会士传入中国。从16世纪70年代起，流入太仓库（即明廷贮银管库）的白银开始出现净增长。这不仅要归因于"一条鞭法"的施行，还与解除海禁、长崎开放后中日贸易频繁及马尼拉建立后的大帆船贸易等因素有关。同时代的人也认为全世界的白银都向中国涌入，如1621年一葡萄牙文献中记载：白银在全世界到处流荡，直至汇流到中国。它留在那里，好像到了它的天然中心。中国对白银的强烈渴求推动了连接美洲、亚洲和欧洲的贸易网络的建立，并重塑了国际贸易中的主要载体。

即便如此，巨大的商业经济活力也没有增强中国的国力。虽然大量的实物税已由白银缴纳，截止到1642年为止一直有白银源源不断地流入中国。[①] 但要注意的是，明朝税额自设立以来一直保持在同一水平，从未超过国内白银流通总量的10%。17世纪中后期的明清战争催生了一系列苛政。1637—1639年，税率上升了50%，国库白银收入才在此期间有大幅上升。但这一重税对当时饱受叛乱、饥荒、洪水和流行病摧残的中国人来说无异于雪上加霜。在中国，王朝更迭总是毁灭性的。中国人口在1630年曾多达1.92亿，经历了明末清初的战乱，1630—1644年人口下降了21%，即4000万人。

五　白银之路

白银经东南诸省流入中国，主要靠广东、福建及浙江三省的大买办商人的走私贸易。白银首先是由所谓的"日本海盗"，即"倭寇"带来的，"倭寇"这个绰号掩盖了在白银贸易中有大量中国人参与的事实。抛开日本海盗在海上的一系列暴行不谈，他们的主要目的是为日本大名寻找奢侈品，中日两国因此陷入了无休止的海战中。《筹海图编》（成书于

---

① Atwell 的研究认为，由于日本颁布锁国令，西班牙限制中菲贸易以及1640年葡萄牙恢复独立，白银流入锐减，进而导致明朝覆灭。这种观点遭到了 Marks 和 von Glahn 的驳斥。

1561年，沿海军事图籍)① 记载了日本人喜欢的中国物产：丝、丝棉、布、锦绣、红线、水银、针、铁链、铁锅、瓷器、青铜器，还有绘画、书籍、书法等艺术品，以及药材、女人脂粉、竹制品、漆器和醋等。日本人对于中国丝绸和瓷器的贪婪，部分原因在于它们比日本产的质量更好，但主要还是要归结于价格优势。与西属美洲的情况类似，日本白银蕴藏量丰富，价值低廉，而中国白银矿藏稀少，价值昂贵。日本银圆一进入中国市场，其购买力立即上升三倍。因此不管在中国买什么都要便宜得多。不管是日本人、葡萄牙人还是西班牙人，都在感叹中国物价便宜——便宜到什么都像是白给的。但事实情况是，并不是丝绸和瓷器在中国非常便宜，而是白银在中国过于昂贵。

进入中国境内后，白银自东南向北流通。在到达北京前，还被用来支付押运费用。这条白银之路，连接了珠江、西江与长江的干流，并最终与贯通北京的大运河相汇。与位于白银贸易边缘的内陆省份不同，白银之路上到处都是百万富翁，一个大财主可能会在其家中窖藏成千上万两白银。

然而并非所有东西都可用白银支付。拉达和洛阿尔卡在1575年的札记中记录了一批直接进入"内库"的税收清单，此时"一条鞭法"已施行四年，清单中不仅包含白银，还有以粮食、生丝、原棉和织物交纳的实物税。庞迪我写于1602年的书信，也证实了来往北京和南京的大运河上到处都是装满大米、小麦和白银的船只，他说：从南京到北京的水路仿佛是一条由船只组成的大道。拉达、利玛窦、庞迪我和卫匡国（Martino Martini）都参考过的《广舆图》中同样提及实物和白银都可缴纳赋税。实际上，很大一部分的田赋仍用实物税的形式缴纳。

事实上，白银并未在北京停留。大量的白银穿越北部边境，到了女真族手中。女真族，后称满族，与明朝贸易关系密切。他们向明廷出售大量皮草和人参。其中人参是主要的贸易商品，中国人认为这是补充精力、延年益寿的良药，17世纪初努尔哈赤（Nurhaci）下令人参为国家专营。明朝用丝绸和铁来交换上述货物，当传统交换物不足时，他们选择

---

① 《筹海图编》为筹划沿海防务的专著，由郑若曾编绘，内含114幅地图，勾画了出自广西至辽东的沿海画面，是中国最早的沿海地图。

用白银来支付。有一种观点认为,25%的美洲白银留在了满洲里。所以在一定程度上是明朝扶植了满族的崛起。

六 丝海

很长时间以来,丝绸都具有符号学价值,能够在服饰中传递复杂的社交信息。就像烹饪中的胡椒,装饰品中的珠宝和圣徒崇敬中的圣髑一样。[1] 有明一代,丝绸一直是主要商品之一。与陶瓷业类似,明代的丝织业分为官营和民营两个部分。北京织染机构专为皇室生产贡品,南京织染局的主要任务是制造官府及赏赐用各色绢布。地方织染局共22处,分布于浙江、福建、江苏、山东等八个省份,其中尤以苏杭两地织染局最为重要。所有来明朝贡的使团,都会收到大量的丝绸作为礼品,如拉达和洛阿尔卡,他们在华期间被当作贡使,经常披戴着丝质圣带。为了确保丝绸供应,明朝在建立初年,即1393年,便出台了面向植桑农户的税收优惠政策。[2] 之后不久,生丝就成为大部分农户家庭重要的副产品,并且在两个世纪之后,大量出口到墨西哥。

此外,一些大城市的民间丝织业同样有很大发展。仅以苏州为例,就有上万户居民以丝织为业。在明代,丝绸已经渗透到了社会生活的方方面面。城市的各个地方都有织机,通常由妇女来照看蚕和桑树,每家每户都在进行纺纱、染色、纺织等不同工作。和制瓷业一样,当官营织造局生产规模无法承担政府派织时,织造任务就摊派到了民间织户身上,同时转移的还有织造技术和设计纹样。国王、教皇和西方银行家穿戴的丝绸都来自高水平的民间织户。第一批丝绸在1510年前后抵达葡萄牙,当时葡萄牙人刚刚征服了果阿、马六甲和忽里模子,他们终于接触到了流通在印度洋的丝绸。1518年,在葡萄牙人租占澳门之前,就已经从科契向里斯本运送了2.5吨丝绸。佛罗伦萨人弗郎西斯科·卡莱蒂

---

[1] Liu Xinru, Silk and Religion. An exploration of material life and the thought of people, Oxford: Oxford University Press, p. 381.

[2] 与此同时,引进了一批特殊品种的桑树,这种桑树更小,便于密植且收获时间更早。

(Francesco Carletti)①，于 1596 年开始环游世界，并在回国后向科莫西一世呈送了质量最上乘的中国丝质窗帘。

丝绸的质量良莠不齐。官营织造局对丝绸的品控要比民间织户更加严格。起先，一些质量低劣的丝织品混入到了马尼拉大帆船上，时任总督马丁·恩里克斯（Martín Enríquez）震怒。他随后给西班牙国王写信说：中国丝货都是仿造的，丝含量很低，大多是纤维；色泽在四小时内就会消失殆尽。很可能他当时一直在向国王撒谎，就像菲律宾总督桑德博士在 1567 年的所作所为一样，他非常厌恶中国人，向国王汇报说中国的丝织品都是假的。② 三十年后，长居北京的庞迪我同样证实了这一观点：有身份的人，外出时要穿上一件专门拜客用的丝袍……但中国人在对织物的处理上有所欠缺，鲜艳的色泽很快就会褪色。1609 年，安东尼奥·德穆尔加（Antonio de Morga）也留下了相关记录：中国人将优劣两种丝货都带到了马尼拉。

尽管对丝织品的质量有些微词，但不论是从墨西哥还是从马尼拉的角度来看，丝绸贸易都至关重要，无数的历史文献都相继证实了这一观点。撰写《中华大帝国史》的门多萨（González de Mendoza）以及马尼拉官员德穆尔加都对常来人带到马尼拉的丝绸的质量和种类惊叹不已：其中有大包大包的生丝、各种颜色的丝绸、素天鹅绒与花天鹅绒、织有金银丝的锦缎、椴木和塔夫绸。

尽管丝绸在中国国内市场已经非常重要，但 16 世纪全球商品经济大发展还是对它产生了显著的影响。因为它为中国开辟了全新的意料之外的海外市场。马尼拉大帆船从墨西哥和秘鲁带来了大量订单，这大大刺激了丝绸的生产。正是墨西哥在这一贸易中的获利将菲律宾留在了西班牙贸易圈中。美洲白银在进入中国后购买力上升了三倍，并且能够买到比在西班牙和墨西哥当地更低廉的丝绸：1572 年到 1588 年，马尼拉从中国进口的商品中，丝绸的比例高达 95%；丝绸同样是墨西哥在 16 世纪、

---

① 弗郎西斯科·卡莱蒂，佛罗伦萨人，是历史上首位环游世界的个人。他没有船队，通过换乘船只完成全球旅行。

② 菲律宾总督桑德博士写给西班牙国王腓力二世的信，1576 年，www.upf.edu/asia/projectes/che/s16/sande1576.htm。

17世纪从中国进口的最重要的商品。为避免安达卢西亚当地丝织业受到排挤，西班牙国王多次颁布禁奢法令来限制中国丝货进入西班牙市场。如腓力二世在1563—1594年间接连发布了八条限令，但要注意的是，这些法令对王公贵族和神职人员并没有任何约束力。实际上，禁奢令在西班牙从未被严格执行。而在墨西哥和秘鲁，丝绸是当地中产阶级的主要衣料。虽然有法令禁止，但无数的丝货仍源源不断地从墨西哥运往西班牙，17世纪时主要是生丝。生丝在进入西班牙后再根据当地人的喜好，在格拉纳达和塞维利亚进行织造。

中国人在第一时间就意识到教会服装对于远东传教士们的重要性，他们需要在宗教巡游和庆典时穿着。[①] 很快，中国人就开始生产新的丝织品和瓷器，这些商品的设计将西方宗教纹样与中国传统花卉和神兽融合在一起。中国丝织品和瓷器的纹饰大都取材于道教、佛教或儒家经典，但对于不了解这些的欧洲民众来说，吸引他们的更多是东方美学。丝织品的设计开始迎合西方皇室和教会的审美情趣。在伊比利亚半岛，教会是中国最大的客户。中国为教廷生产了大量的祭披和圣带。现存的很多花卉纹饰也明显是受中国影响，而不是来自宗教传说。

除丝织业外，棉织业同样非常发达。自宋代起，棉花种植已遍布全国。到明代，棉布成为广大民众广泛使用的衣料。从《清明上河图》中人们的穿戴便可见一斑。拉达在其札记中记载道，使团来明朝贡时，皇帝赐品中丝织品赐予使臣，而棉织品则赠予随行人员。他同时提到，明政府征收原棉、棉布作为实物贡赋。他和洛阿尔卡的见闻都证实棉布已成为百姓的主要衣用原料。尽管丝织业已初具工厂手工业规模，但棉织业依然遵循家庭手工业的模式，且基本由妇女承担。根据16世纪的地方志记载，每个农妇大约需要4—5天才能完成一匹布的生产，每匹布约折米1石。到16世纪末，棉织品大量出口到美洲。当地上层阶级穿着中国丝袍，普通民众穿的则是中国布衣。

[①] Canepa引用了耶稣会神父路易斯·弗洛伊斯（Luis Froys）的一封信。这封信是1556年从果阿发出的。信中说，当中国人得知神甫们到果阿圣保禄学院就职需穿着教会服装时，他们立刻投入生产以从中获利。

七 瓷山

早在明朝以前，中国的丝绸和瓷器就已声名远扬：自公元 9 世纪，它们就远销东南亚、印度和波斯等地。与丝绸不同，瓷器更适合水路运输，甚至不是专营瓷器的商船也可将其作为压舱物。由于瓷器便于保存且一直作为贡品赐予各国使节，自 13 世纪起，瓷器就因其特性在域外大量传世。马可·波罗（Marco Polo）最先在游记中兴致勃勃地描述了泉州附近的同安县生产的瓷器。此后不久，在西班牙帝国也出现了少量瓷器。14 世纪在位的阿拉贡国王海梅二世（Jaume II de Aragón）拥有一套中国瓷器，15 世纪在位的天主教女王伊莎贝拉一世（Isabel la Católica）也收集了不少瓷器，它们很可能是通过西亚和北非传入的。16 世纪初，中国瓷器依然格外受珍视，一度被当作是重要的私人财产记录在遗嘱中。

早在宋元时期，景德镇就有许多窑场，并且每隔一段时间就要为朝廷烧制瓷器。至明朝，景德镇发生了翻天覆地的变化。产量的提升和质量的提高将景德镇变成了制瓷中心。这其中有两类工厂——官窑和民窑。官窑主要生产宫廷使用的瓷器；民窑则主要生产面向平民的瓷器。由于葡萄牙人的到来，这种变化在嘉靖年间（1522—1566）开始加速；至万历年（1573—1620），马尼拉大帆船带来的大宗贸易将这种变化推向了顶峰。仅 1573 年一年，大帆船就往阿卡普尔科运送了 22300 件精细餐具。这批瓷器全部来自景德镇和漳州的私人窑炉。

无论是专供皇室的精细瓷器还是流传民间的粗瓷，都出自景德镇。其中粗瓷无疑是外销瓷的主流。16 世纪至 17 世纪的沉船，如葡萄牙的印度舰队、西班牙的马尼拉大帆船、荷兰商船和英国舰队，都出水过此类瓷器。[①] 漳州出品的瓷器专供出口，当时产量和窑炉数都大幅增加。近 50 年来，考古学家在漳州新发现了 50 个古代瓷窑。这也就解释了为什么在 1541 年，就有 500 名葡萄牙人长居漳州，而那时距离葡萄牙租借澳门还有 14 年之遥。在日本、印度尼西亚、土耳其、波斯、东南亚各国和菲律宾也都有出土过此类瓷器的遗址。

---

① Canepa 文章中有 16—17 世纪主要沉船出水文物相关记录。

但是真正将制瓷工艺推向高峰的还是皇室谕准烧造的御用瓷器。御用瓷的订单量在 16 世纪呈现指数型增长，从 1529 年的 2570 件增加到 1571 年的 105770 件，到 1577 年，更是高达 174400 件。在宫廷装饰和宴请使臣的大型宴会上，青花瓷使用广泛。然而，种种迹象表明，皇帝本人日常从不使用青花瓷，而是惯用一套鎏金餐具。

有明一代，官窑的数量一直持续增加，在官窑周边的民窑也同步增长。有时为了满足宫廷需求，还会把烧造任务分包给几个私人窑炉，这样也促进了先进制瓷工艺的快速传播。御窑厂的烧造任务是在严密监控的情况下完成的。烧成瓷器验收不合格，烧造人员会受到严重刑罚，因此同一批瓷器有时需要烧造多次。成功烧制十万件瓷罐至少需要报废掉一百万件瓷器。1566 年前，所有不合格的御瓷都会被销毁并埋到地下。但此后，它们则销往国内外市场。

御器厂成立初期，政府对景德镇 1000 户陶工采取无偿征派的徭役制度。烧造工作被细分成了 21 个部门，其中有 367 名把桩师傅、190 名陶工，以及大量画师、上釉工及司炉工等。远在"一条鞭法"施行之前，大批陶工就已纳银代役，雇用江西省其他县份的工人进行生产。景德镇这种独一无二的生产模式，使不借助现代机械工具完成大批量瓷器烧造有了可能。流水线作业使得烧造任务具备极强的适应，中国在满足国内仿古瓷器订单的同时，还能生产兼顾日本、东南亚、葡萄牙与墨西哥等不同地区审美偏好的瓷器。这种生产能力即使与 20 世纪的现代工业生产相比也毫不逊色。成熟的制作工艺、精细的分工、充足的劳动力以及极强的文化适应能力确保了景德镇能够满足全球几近无限的陶瓷需求。

瓷器在西班牙帝国及欧洲留下的踪迹不仅可以在文献中查阅到，也可通过实物进行印证。从 1500 年起，在各种宗教画和世俗画中都能看到瓷器的身影。这些画作不仅展示了外销瓷的种类，还展示了各种瓷器的用途。和丝绸相比，瓷器更易保存。在欧洲和美洲的博物馆中均藏有大批中国瓷器，瓷器图样既有中国传统纹饰也有欧式纹饰。文艺复兴和巴洛克绘画作品也明确反映了中国瓷器在欧洲的风靡。其中出自曼特尼亚（Mantegna）之手的《东方三博士来朝》（*La Adoración de los Magos*）是最早描绘中国青花瓷的绘画作品。画中梅尔基奥尔（Melchor）拿着一个青花小杯子。它与在景德镇出土的永乐和宣德年间（1500—1510 年）的瓷器形制相似。在欧洲，景德镇瓷器最开始只有王室、主教才能享有。后来，奥斯定会、方济各会、多名我会和耶稣会等修会开始下单订制带有各自会徽的成套餐具，西班牙和葡萄牙的巨富也订制了大批带有家族纹徽的瓷器。但和丝织品的情况类似，宗教和贵族纹章图样经常会和中国传统纹饰融合在一起。

欧洲各国对中国瓷器的接受度各不相同。葡萄牙人从一开始就对其推崇备至。远在他们租借澳门之前，就从中国大批采购瓷器了。葡萄牙国王更是下令大批采买用以装饰宫殿，并作为外交礼物赠予欧洲其他皇室。在16世纪葡萄牙人的相关见闻中，如盖洛特—加龙省·佩雷拉（Galeote Pereira）和加斯帕·达克鲁斯（Gaspar da Cruz）的札记里都大量提到了陶瓷。

与葡萄牙相比，16世纪至17世纪的西班牙帝国对于陶瓷的欣赏是极为有限的。查理五世（Carlos V）对中国瓷并不热衷，尽管他的妻子——葡萄牙的伊莎贝拉（Isabel de Portugal）对瓷器钟爱有加。腓力二世是全欧洲中国瓷器最大的收藏家[1]，尤其是在1580年他被加冕为葡萄牙国王后，他对瓷器的爱到达了巅峰。即便如此，当时的贵族和神父依然不愿意将银器更换为中国瓷器。事实上，马尼拉大帆船运送的瓷器很少能够漂洋过海抵达欧洲，仅存的那些瓷器也都留在了宫廷。

美洲才是中国瓷器大量涌入的地方，到16世纪末期，瓷器已经渗透到殖民地社会的各个阶层。大部分瓷器是由景德镇和漳州的民窑烧制，墨西哥土生白人是主要的购买方，他们大批订购成套瓷器。原因之一在于，墨西哥作为马尼拉大帆船贸易的终点站，瓷器要比在西班牙更易获得，并且更加便宜。但决定性的因素很可能是这样的：与在西班牙不同，瓷器对于墨西哥和秘鲁的贵族多了一层意义——它是身份地位的象征。

在西班牙帝国的另一角——低地国家南部，青花瓷也比在西班牙更受欢迎。17世纪末，每年有两百万件中国瓷器运抵巴达维亚（为荷兰在苏门答腊岛飞地），再从该地转运到欧洲。安特卫普的商店开始售卖各种成套的青花瓷，到1630年前后，几乎所有中产阶级家庭都拥有几件中国瓷器。在荷兰佚名画家的著名画作《拜访》（*La Visita*）（约1630—1635

---

[1] 在其遗物中共发现了3000件瓷器，其中有餐具也有装饰品。

年）中，画中家庭陈设了一套青花餐具，应该就是来自这批订货。

在印度洋、太平洋与大西洋海域，有大批瓷片从16世纪、17世纪沉船中被发现和打捞，足以证明当时亚洲、美洲和欧洲对中国瓷器的需求非常之大。但我们不能忽视这样一个事实，即外需（主要为丝棉制品、瓷器和生漆）始终只占内需的一小部分。明朝生产力发展的决定性因素来自内需，而内需又来自明朝城市化引起的消费主义的增长。庞迪我很好地总结了中国这种同时满足国内和国外需求的生产能力：他们拥有迄今为止最物美价廉的瓷器。在满足国内需求的同时，他们还能装满任何一艘驶往海外的大帆船。

八　中国人为何如此勤劳

当第一批观察者在16世纪开始向欧洲讲述中国故事时，无论是葡萄牙的囚犯、卡斯蒂利亚的僧侣、荷兰的海盗、新教的传教士还是殖民地的官员，无一不深深折服于中国人对工作的普遍热情。就像16世纪诸多西班牙旅行者所记载的那样："中国人是伟大的工匠，他们精湛的制作工艺令人叹服……他们也像墨西哥一样使用人力进行驮运，但一个中国人的载货量抵得上三个印第安人。"

很有可能是精耕细作的水稻种植模式塑造了中国人的生产能力。想要解开中国人为什么如此勤劳这个谜团，就要先了解中国劳动人民是如何安排生产的。中国能够应对来自欧美市场的大宗需求，得益于其工厂的精细化分工，精细化分工确保了高质量商品的量产。景德镇制瓷业的分工十分细致，在初刊于1637年的《天工开物》①和耶稣会士殷弘绪在1712年及1722年的信件②内容中，都有相关记载。窑厂的生产过程分工非常仔细，人人各司其职来完成分内的工作。16世纪末，虽然缺少现代

---

① 宋应星在经历了几次科举失意之后，决定为两耳不闻窗外事的读书人编写一本注重实学的书籍。《天工开物》全书配有上百幅插图，详细叙述了各种农作物和手工业原料的种类和生产技术，如谷物栽培、蚕丝纺织、陶瓷制作、金属铸锻、造纸方法、兵器制造等。
② 殷弘绪曾在景德镇居住多年，与当地瓷工来往甚密。在他寄回法国的书信中附有多幅《天工开物》中制瓷技术插图。其书信后被收入在杜赫德1735年出版的《中华帝国全志》（*Empire de la Chine*）一书中，该书后被译为欧洲多国语言。

化机械，但景德镇制瓷业的专业化分工，细腻程度相较于现代工业生产也毫不逊色。他们根据市场需求调整生产工艺，制定适用于规模化生产的方案，并通过流水线式的作业方式开展生产。为了保持生产节奏，他们雇用了数千名员工，将原始的生产作坊变成了真正的工业区。

自古以来，中国人就青睐流水线生产：早在公元前221年的秦朝，兵将们就开始了武器的规模化生产，直至汉朝的皇家作坊，已经生产出了成千上万件绵延在亚洲丝绸之路上的丝织品，丝绸甚至一度成为东西贸易中的硬通货。这种有预见性和有组织的生产模式是中国制造的根本标志，也是长久以来中国商品能赢得世界市场的根本原因。

最终，这些中国商品成为了自己的代言人。再多的旅行者、传教士和殖民地官员带着他们的中国故事来到欧洲外交部，甚至其中的一些故事变成了畅销书（像门多萨和利玛窦一样），也比不上实实在在的中国商品更能体现中国形象。这些商品以丝织品和瓷器为主，此外还有大批如漆器、折扇、梳子等产品。正如墨西哥城居民伊内斯·德·索利斯在1574年寄出的一封信中所写到的那样：在那里他们发现了一片异常富饶的土地，这片土地叫中国。从墨西哥出发的船只源源不断地从那片土地带来琳琅满目的商品，如绸缎、锦缎、塔夫绸、织有金银花饰的皮革制品等。对于对中国一无所知的伊内斯女士来说，中国是优质纺织品的代名词，这和英国人用中国瓷器来为中国命名如出一辙。青花瓷在东南亚、欧洲和美国的风靡，使它成为第一个全球性品牌。很快大量的仿制品就出现在普埃布拉、韩国、泰国、越南、日本以及17世纪的荷兰、法国和英国。

九 结论

在探讨第一次全球化时，不可忽视的一点是，中国对欧洲的影响要比几个世纪后欧洲对中国的影响大得多。征服过美洲并开辟跨太平洋新航路的西班牙人，在亚洲不过充当了一个"中间商"的角色。而葡萄牙人与之后同样成为海上霸主的荷兰人只是介入了这条历史悠久的传统商路，本身没有任何创造。以滨下武志为首的东方历史学者对欧洲中心论提出了质疑，他们认为在全球化进程中，并不是现代的欧洲推动了落后中国的生产力发展，中国实际上处于当时世界经济体系的中心位置。

中国进入近代后，虽然拥有世界最先进的生产体系，但却伴随着严重的经济危机，这要归咎于明初制定的货币政策。由于社会经济变化和财政政策不足，明太祖自给自足的幻想宣告破产。在人口增长、城市化和商业化的推动下，中国社会开始向银本位转向，这迫使政府不得不解除阻碍白银流入的海禁政策并颁布"赋税合一，按亩征银"的一条鞭法。中国对白银的大量需求推动了亚洲内部和跨洋贸易的发展。由于白银在进入中国市场后购买力飙升，且中国具有灵活和取之不尽的生产模式，源源不断的白银涌入中国。在中国，流水线作业保证了商品稳定的质量规模化生产确保了商品的持续供应，与此同时，中国生产者对于其他文化的审美情趣和需求有极强的适应力。中国社会的演变及向银本位的过渡，并不是由白银流入造成的，相反，是国内的变化吸引了大批白银的流入。因此，研究16世纪至17世纪的世界历史绝不可忽略中国这一重要因素。

菲律宾华人在西班牙君主制中的角色
（16 世纪—18 世纪）

安东尼奥·加西亚-阿瓦索洛·冈萨雷斯

科尔多瓦大学

一　西班牙人对中国的向往：菲律宾成为平台

西班牙途经美洲重新发现了亚洲，并试图在菲律宾采用美洲殖民模式，这是西班牙帝国自身扩张的模式，通过复制自身来整合领土。但是，它必须使这种模式适应亚洲这个前沿阵地的特定条件，因为这里与那些和欧洲古国一样发达的古文明国家相连，对传统的野蛮人概念提出了质疑。事实上，中国是西班牙寻求海上路线的刺激因素：哥伦布、麦哲伦、科尔特斯以及 1565 年从墨西哥派出的探险队负责人、菲律宾征服者米格尔·洛佩斯·德·莱加斯皮（Miguel López de Legazpi），都不约而同地以到达中国为目标。从几封莱加斯皮与菲利佩二世和墨西哥总督早年的信件中可以看出，西班牙人并不确定皇室是将这些岛屿视为终点，还是作为向中国扩张的平台。莱加斯皮问他们是应该留在菲律宾还是应该前往中国。在宿务，莱加斯皮表示他一直在等待国王的消息，并且让他的人尽量对居民造成最小的伤害。后来，他指出需要建造十二艘战船来巩固他所占领的土地以及沿途将攻占的领土，并沿中国的海岸线航行，与中国的港口建立贸易往来从而进入中国大陆。此外，他还提到了他从宿务西北部的两个大岛屿吕宋岛和民都洛岛上收到的消息，在这两个岛上，中国人和日本人有与整个群岛进行贸易活动的基地。葡萄牙人也相信西班牙人的意图是要到达中国。

事实上，莱加斯皮认为菲律宾是到达中国的中途停留地，因此在1570年他写信给墨西哥总督马丁·恩里克斯，表示需要寻求与宿务相比更接近中国的基地："如果国王陛下打算将您的疆土延伸到中国的北部和海岸，我认为在吕宋岛上占有一席之地更为正确。"

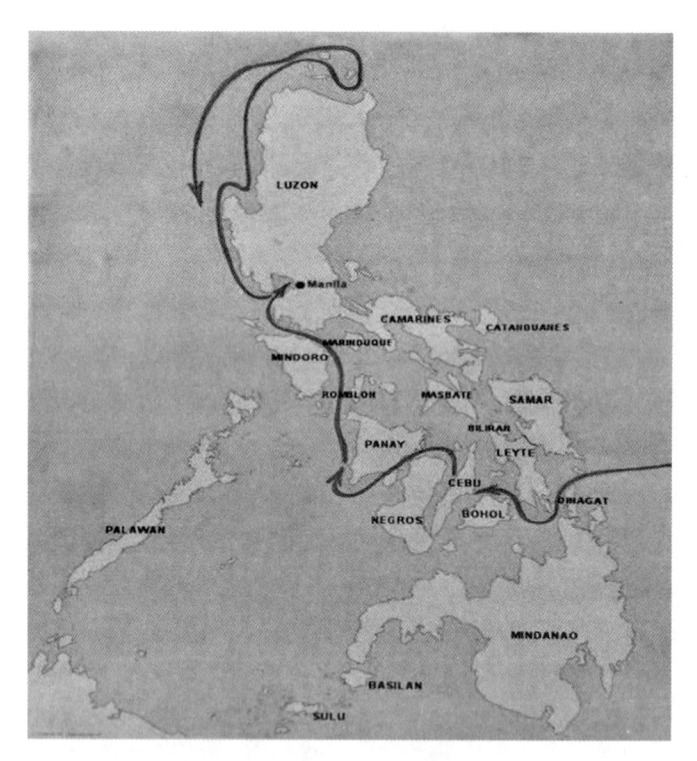

图1 莱加斯皮从萨马岛到马尼拉接近中国的路线；将领马丁·德·戈伊蒂（Martin de Goiti）继续北上至吕宋岛北部（自制图）

此外，莱加斯皮非常重视并善待在宿务和吕宋之间遇到的"生理人"①。在明都洛岛上，他从菲律宾人捕获的两艘船的残骸中买下了30多名被当作奴隶出售的"生理人"并给予他们自由，甚至对他们的出生地和中华帝国

---

① 指在菲律宾经商的华人，以闽南人为主。

产生了兴趣。1571年，当他建立马尼拉市时，他发现了四十个中国人及他们的家人，其中一些是在日本受过洗礼的基督徒，他保护他们并在马尼拉组建了第一个华人小区，几乎所有人都在短时间内皈依了基督教。

探险队中的奥古斯丁会会士早年也认为菲律宾只是进入中国的中转站。要理解西班牙在亚洲的先锋地位，值得一提的是，16世纪欧洲对中国的认识主要归功于两位西班牙人在其作品中提供的信息，这两人是奥古斯丁会会士胡安·冈萨雷斯·德·门多萨（Juan González de Mendoza）和航海家及神父贝纳迪诺·德·艾斯卡兰特（Bernardino de Escalante）。埃斯卡兰特的部分描述被亚伯拉罕·奥特柳斯收录于西班牙第一版《世界概貌》（Theatrum Orbis Terrarum），于1588年在安特卫普（Amberes）出版，这是当时的官方地理图集。

传教士们非常肯定对中华帝国灵魂的征服是可能的，事实上，他们觉得是上帝选择了他们去完成欧洲基督教等待了三个世纪的使命。在某种程度上，马尼拉总督们延续了这一传统，并努力从一开始就与中国建立关系。1576年，他们通过外交手段，应中国政府邀请，派遣两名神职人员和两名士兵前往福建，这几个人在福建省内停留了三个月，会见了当地官员并收集了信息。与菲律宾联系最多的中国省份是福建省和广东省，因为它们距离菲律宾最近，也是中国领海最开放的省份，既有利于接待贸易商，也有利于其贸易的实施。西班牙人被这两个省份的居民和成千上万在西班牙统治时期来到马尼拉经商的中国人带到那里，因为大多数留在马尼拉的"生理人"也来自福建和广东。

由于通过外交途径进入中国的失败，马尼拉政府计划采取军事途径。要理解这一计划，我们得考虑到他们是把这一计划当作16世纪上半叶伟大的美洲殖民的延续，殖民经历仍存在于他们的集体记忆中。马尼拉分别于1576年和1584年制定过征服计划，但费利佩二世从未批准过这些计划，于是这一计划在1586年被彻底抛弃。事实上，费利佩二世的拒绝，响应了1573年一项更有野心的政策。这一政策在总督马丁·恩里克斯给胡安·德·拉·伊斯拉（Juan de la Isla）的指示中亦有所体现：根据费利佩二世的明确命令，在菲律宾组织一支对中国海岸进行考察的远征队。

事实上，在其中一位征服中国计划的策划者弗朗西斯科·德·桑德（Francisco de Sande）执政期间，菲利普二世派遣拜见中国皇帝的计划被终止,尽管该出使计划在西班牙和墨西哥准备多年。执行该计划的使者就是奥斯定会会士胡安·冈萨雷斯·德·门多萨,他已经在墨西哥准备好了礼物,其中有几个钟表和画作等中国皇帝已表青睐的物品。利玛窦和庞迪我也在1601年向明政府进献过钟表和画作,并深受喜爱。[1]

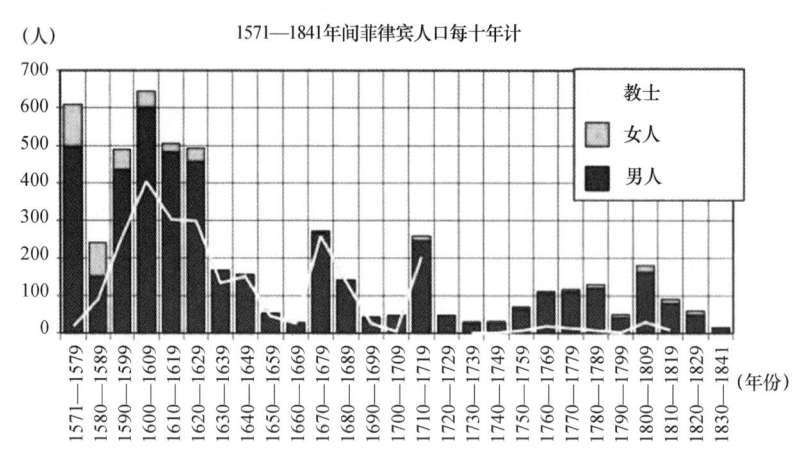

表1　　　　　　西班牙人招聘所登记处于1571年
　　　　　　　至1841年间运往菲律宾之人口（自制表）

要评价这些计划,必须了解的是,菲律宾的西班牙人口来自西班牙和墨西哥总督辖区,数量太少,无法有效地向中国扩张。对于本土西班牙人来说,美洲各省的吸引力更大,新西班牙的土生白人能够得到充足的消息,了解菲律宾群岛生活的困难,因此,墨西哥总督有必要向菲律宾提供必要品,因为当地的士兵和定居者很少能够完成马尼拉当局指派的任务。群岛上西班牙人口中男性很少,女性更少,而且很大一部分男性是传教士。西班牙从菲律宾出发,前往南部岛屿棉兰老岛（Mindanao）和霍洛岛（Joló）进行过几次探险,这些岛屿上的人口主要是穆斯林,他们为了获得奴隶而袭击维萨亚斯群岛（Visayas）,从而产生了长久的问题。最重要的军事考察是在19世纪完成的,然而在16世纪西班牙人也曾尝试过扩展到婆罗洲（Borneo）、柬埔寨、暹罗（Siam）和日本,并最终

---

[1] 张铠:《庞迪我与中国》,北京图书馆出版社1997年版,第51页。

于1626年至1641年在台湾岛建立了一个军事要塞。

二 中国人对菲律宾的向往：商旅社区的形成

西班牙人和中国人最终在菲律宾相遇，并很快在马尼拉建立了一个中国人的世界，中国人全面参与了西方殖民体系在东方的形成，甚至没有中国人，很难想象这个城市能够形成，也很难想象西班牙人能够在菲律宾立足。

每年都有数百名中国人带来货物，西班牙人购买后装上大帆船，出售到太平洋彼岸的阿卡普尔科（Acapulco）。这些中国人计划在销售完产品后返回中国，但许多人最终留在了马尼拉及其周边地区，成为商人和工匠，为西班牙人的聚居区提供服务。虽然资料中有对菲律宾商旅数量的估计，但实际情况是，许多人在无人看守的地方登陆而逃脱了当局的控制，在那里他们经常得到在该国定居的其他中国人的帮助。因此，在整个殖民时期，一小群西班牙人依靠着庞大的华人社区生活，这个社区往往有高出西班牙人20倍或30倍的人口，以获得与墨西哥贸易的好处，他们也是墨西哥的主要资源来源。中国人生产食品、建造房屋、做银匠、制鞋商、锁匠、铁匠，总的来说，他们可以进行马尼拉社区需要的任何贸易。马丁·恩里克斯向费利佩二世的报告中提到"生理人"在初次旅行中向马尼拉提供了产品样本，这些产品在日后根据马尼拉市场的需求进行了调整。菲律宾第一任主教多明戈·德·萨拉查（Domingo de Salazar）于1588年对位于城墙外的中国城区帕里安（Parián）的繁华商业活动进行了生动描述。尽管当时帕里安的历史很短，但它已经有了四条街道以及四排建筑物，有150家商店和600名中国人在那里长期居住。主教还提到了居住在帕里安外的其他中国人：帕西格河（Pasig）对岸有100人，另外300人沿着河岸和海岸分布，他们中的大多数已婚，其中许多是基督徒。根据主教的报告，1588年总共居住在马尼拉城墙外的中国人逾千，但他们的估计并不准确，因为在1603年，有人估计马尼拉及其周边地区有2万至3万名中国人。

西班牙人用来自美洲矿山的白银换取"生理人"的产品，而这正是他们想要的，因为白银在中国的价值翻倍。美洲白银通过菲律宾大量流

图 2 第一幅有帕瑞安商区的马尼拉画作由一名华人艺术家完成并收藏于何塞·路易斯·贝耶和冈萨雷斯博物馆（Museo José Luis Bello y González）

入中国，很快墨西哥银圆就成为那里的交易货币，因为商旅们控制着每年从墨西哥到达的所有白银，并完全控制着岛屿上的商业、金融和货币。保守估计，帆船贸易的 250 年期间，新西班牙向菲律宾输送了 4000 万墨西哥比索，部分用于支付岛屿管理费用，部分用于支付阿卡普尔科的亚洲产品。这种非同寻常的白银外流是由于在马尼拉大帆船贸易中欺诈行为的泛滥，贸易只是在表面上受到监管。在 17 世纪初，每年有 500 万墨西哥比索和 150 万秘鲁比索从阿卡普尔科流出，投资中国贸易，而在 1593 年和 1702 年法规只允许马尼拉居民（出口配额）最多出口 250000 比索的货物，这些货物被授权在阿卡普尔科以 500000 比索出售。早在 1581 年，总督马丁·恩里克斯就向费利佩二世陈述了美洲白银在中国投资的必然性：

> 正如陛下所知，这种买卖是为了赢得（中国人的）意愿，让他们看到它如此有用……并觉得它好，作为踏上坚实土地的基础。如

果陛下认为应该全部或部分解决这个问题,不应该禁止钱的流通,这在利润如此之大的情况下是不可能的。

在秘鲁,卡内特(Cañete)侯爵总督在十二年间坚持同样的观点,他认为在新西班牙大量秘鲁白银投资于中国产品是因为:

> 货物是如此便宜,以至于我认为不可能在这个王国抑制商业到禁止消费中国产品的程度,因为一个男人可以花两百雷亚尔给他的妻子穿上中国丝绸,而花两百比索不够给他妻子穿上西班牙丝绸。

图3 来自墨西哥的丝绸样品:1793 年,作为墨西哥工厂生产的样品,雷维利亚希赫多(Revillagigedo)总督送往西班牙的六个真丝织物样品。大多数服装用丝绸来自中国贸易。

来源:西印度群岛综合档案馆,地图与平面图,织物,15。

1615 年,秘鲁总督蒙蒂斯克拉鲁斯(Montesclaros)侯爵,在给他的继任者埃斯基拉切(Esquilache)侯爵的建议中,认为使秘鲁完全依赖西班牙的根源在于：

> 禁止任何作坊，或者葡萄及橄榄的种植，禁止从中国进口服装，以使布料、葡萄酒、油和丝绸都来自卡斯蒂利亚；这种依赖性非常必要，是忠诚的关键所在；我曾经通过我的信件告诉国王陛下在这个国家需在此方面谨慎行事。

1604年秘鲁在与墨西哥的贸易中投资了160万比索的秘鲁白银，主要用于购买中国商品，而与西班牙的贸易投资不到50万比索；而1606年，在墨西哥投资购买中国服装的金额为150万秘鲁比索。据此我们能够更加理解总督们的担忧。

此外，不要忘记马尼拉大帆船不仅仅是一条商业线，尽管它作为商业线带来了丰厚的利润。那不勒斯人杰梅利（Gemelli Careri）于1697年从马尼拉航行到阿卡普尔科，发现商人的利润达到150%—200%，而代理人仅获利9%。因此他们习惯上接受利率为50%的贷款，并保证可以获得利益。自16世纪末以来，菲律宾人、中国人和其他亚洲人每年以这种方式来到陕西省卡普尔科，但墨西哥史学界最近才开始关注这个殖民时代的问题。狄波拉·欧罗佩撒（Déborah Oropeza）著有一篇尚未发表的关于1565年至1700年新西班牙亚洲移民问题的著作，她在西印度群岛综合档案馆的阿卡普尔科皇家财政部官方档案中，发现了7200条入境记录。她估计，这个数字还应加上另一个难以计算的数量：从墨西哥太平洋沿岸其他港口靠岸的非官方船只，特别是在科利马省（Colima）一带靠岸的非官方船只。无论如何，马尼拉和阿卡普尔科之间的大帆船路线受一年一艘或两艘之限，这意味着抵达新西班牙的亚洲人，无论是奴隶还是自由人，数量都不可能非常大。

了解新西班牙的总督辖区的亚洲人并不容易，因为他们都以同样的称谓出现在文件中：印第安华人。一些报道表明，中国人倾向于居住在城市，而菲律宾人更愿意在城镇和农村地区定居，这可以理解为，中国人在当地属于外来者，具有外国人的法律地位，而菲律宾人和印第安人是西班牙殖民的主体，最适合的地方就是印第安人的城镇。1627年访问新西班牙的托马斯·盖奇（Thomas Gage）对他在墨西哥城看到的中国金匠的技巧着迷,他描写的似乎是中国人:"金匠的作品及其商店尤其值得赞赏……皈依基督教的印第安人和中国人,每年从菲律宾来,在这项业务中超越了西班牙人。"亚洲人引入了新的元素,并用东方风格丰富了墨西哥传统手工艺,他们采用中国设计元素,装饰整个辖区的作品,因为大量受欢迎的中国商品随马尼拉大帆船到达,并且它们比通过大西洋贸易从塞维利亚运来的货物更加便宜。新的风格体现在装饰中出现的充满异国情调的鲜花,以及与中国漆相似的釉彩生产在技术和美观程度上的改进。亚洲风格商品的流行及迅速的商业化使新西班牙出现了复制东方设计和产品的作坊,这些产品包括箱子、盒子和屏风。除了亚洲艺术,他们还添加了超越装饰的西方元素,因此在民间和宗教用品中出现了用东方技法制作的欧洲款式原创家具。

图4 18世纪末普埃布拉塔拉贝拉式陶器上的一位中国仆人。何塞·刘易斯·贝耶和冈萨雷斯博物馆,普埃布拉,墨西哥。

来源:Miguel Ángel Fernández (1998).

此外，马尼拉社区可以被视为一个分析全球化经验的温床，类似于当今世界所面对的情况。这个城市的种族多样性使其成为西班牙殖民统治中最具异国情调的地区，并且可能是西方人所知道的世界上最独特的多民族共存试验区之一。

在马尼拉，有菲律宾人、中国人、日本人、印度人、亚美尼亚人、欧洲西班牙人和美洲西班牙人，美洲印第安人和黑人。他们并没有完全生活在一起，但他们习惯了彼此接近的生活。耶稣会士佩德罗·穆里略·维拉德（Jesro Pedro Murillo Velarde）很好地描述了马尼拉的大都市化，18世纪中期他在菲律宾并对该地区进行了很有价值的评价：

> 在我看来，马尼拉的忏悔是世界上最困难的，因为听他们用自己的语言忏悔是不可能的，他们必须用西班牙语忏悔，而每个国家都形成了自己的西班牙语词汇，他们用这些词汇交易、交流、互相理解，但我们要理解他们非常困难，几乎靠猜测。你会看到一个商人，一个亚美尼亚人和一个马尼拉人，他们互相说西班牙语，我们不理解他们说什么，因为他们用词和口音都不标准。印第安人说的是另一种奇特的西班牙语，南蛮人的西班牙语更奇特，他们还会吃掉单词的一半。只有经历过给他们做忏悔，才能知道有多么费劲，即使大概理解了忏悔内容，当想要指明具体情况时，便成了一个无法理解的谜，因为他们不理解我们的常规说话方式，因此当他们被问时，他们会胡乱回答是或不是，并不理解问题是什么，所以他们在短时间内会说很多自相矛盾的话，因此有必要适应他们的语言、学习他们的词汇。

三　从异乡人到仆臣：西班牙王国对驻菲华人的容忍、利用与改宗

在有序的西班牙君主制集合中，菲律宾可以被看作是新西班牙总督辖区在太平洋的扩张，事实上，菲律宾群岛的统治是依附于总督辖区的。这意味着在岛屿上，尝试了与美洲领土相同的殖民体系，尽管实际上它

的有效性受到距离、西班牙人数量少而集中等因素的制约。他们聚居在极少数的城市，以民政和教会政府所在地马尼拉为主。在一些大城市，西班牙人的存在少到仅仅是市长本人和该地区负责传福音的修士们。这就是为什么在某种程度上，菲律宾在马尼拉之外的殖民化最重要的是通过宗教实施的。不是法律规定了菲律宾群岛为传教国家，而是因为大多数，甚至最接近菲律宾人的西班牙人都是教徒。

如此小的西班牙社区很难维持，还因为这些岛屿没有像美洲领土那样提供经济刺激：这里没有珍贵的贵金属矿山，也没有可以与葡萄牙在数量和质量上抗衡的香料。菲律宾当地人只在某些地方能够应需提供一些致富方法；加上恶劣陌生的气候使西班牙人和墨西哥这些土生白人极不适应，他们难以在此生存和繁荣。这就是移民潮如此有限的原因。因此，有必要找到一些足够强大的刺激措施，以确保维持这个西班牙人的小社区，而中国人每年到马尼拉的产品贸易为此提供了可能性。这种贸易在西班牙人到来之前就已经存在，在西班牙人来到之后变得格外重要。在这之前，明朝政府一直将贸易维持在南海范围内；西班牙人通过将其引入太平洋的商业路线，使之全球化，从而变成新的丝绸之路。这一变化使得这种贸易必然会以某种方式融入西班牙殖民体系，而这是一种完全新鲜的方式，因为西班牙人与西印度群岛的贸易组织是一种西班牙人单方获益的垄断贸易，而在菲律宾他们必须与中国人分享利益。这种方式无法替代，因为中国、美洲和欧洲之间的贸易关系不是通过各个地区生产的产品交换来实现的：中国提供了西方人希望得到的产品，但西方人却不能在中国市场销售自己的产品，因此他们不得不用白银支付。马丁·恩里克斯总督深知这种情况，并早在1580年就向菲利佩二世进行过清晰的描述：

> 除了士兵和弹药，我不知道还能携带什么……因为货物，正如我给陛下写信提到的那样，没有什么东西值得带，而且一切都是以很高的成本完成的，但是也不能少带，因为商家需要带钱购买从那里运来的丝绸和其他小玩意儿。

这表明，至少有一些西班牙人能够理解，要进入明代南海商业网络必须有白银资助，而西班牙人的完美加入是因为他们拥有美洲矿山生产的白银。在北京，庞迪我在1602年致大主教路易斯·德·古兹曼（Luis de Guzmán）的信中强调了中国经济能够生产他所需要的一切：

> 如果有哪个国家在没有与外界交往的情况下能过上舒适的生活，那就是中国，虽然有些东西从外面进来，但都不是生活必须或人人使用的，他们想要的是白银。

事实上，自16世纪后期以来，由于西班牙无法供应美洲市场，欧洲也不可避免地参与了大西洋贸易，但采用了与"生理人"参与当地商业不同的机制，这种机制有异于菲律宾整个经济机制。中国人设法将他们的贸易融入马尼拉大帆船贸易，并最终在各方面主宰了各岛屿的经济。1731年，马尼拉市长官巴雷达（Juan Manuel de la Barreda）非常清楚地描述了这些岛屿的经济对中国人的依赖程度：

> 在他看来，一个像西班牙一样礼让、高尚和杰出的国家无法容忍这种可耻至极的情况，在这片尊贵有主权的土地上，允许外国人，就如"生理人"，用这些岛屿生产的水果和谷物寻找和增长大量（财富），而将那些用汗水和辛勤劳动种植、培育它们的可怜的当地人排除在外；西班牙人自己，如果是穷人，就只能乞讨，甚至从事其他有损国家威严的不体面的事情；如果是有钱人，就要以种植者双倍的价格购买，而且不是质量最好的，因为商人们把好的留给自己。

但是，如果我们对马尼拉市政厅议长、驻菲士官总长何塞·贝尔德兰·萨拉萨尔于同一时期发表的另一份声明有所认知的话，那么对上述论断的理解也会有所不同："（他认为）由于西班牙人的放纵，'生理人'俨然已控制了岛上的买卖，华人垄断了来自阿卡普尔科、爪哇以及其他地方的进出口贸易，从中攫取巨额利润。"此外还应注意的是，对同一历史事件的看法，会因立场不同产生分歧。依据西班牙人转译的文献可知，明清华南地方政府普遍认为菲律宾的"生理人"是吕宋岛财富的主要来源，与西班牙殖民者的观点形成鲜明对比。马尼拉法庭法官安东尼奥·

德穆尔加（Antonio de Morga）在菲律宾群岛编年史中记录了一位中国游客的来信，这封信是在1603年"生理人"起义后，马尼拉当局没收其财产的情况下写的：

> 在……之后，我们知道在吕宋岛死了很多中国人，我们和许多官员一起，请求国王（皇帝）为他们的死主持公道；我们说吕宋岛曾是贫瘠的土地，毫不重要，以前它只是魔鬼和蛇的栖息地；因为来了很多"生理人"（已经有好几年了）与卡斯蒂利亚斯人打交道，这片土地已高高在上；"生理人"在这里建造了如此多的城墙、房屋和果园等。

正如我在文中重申的那样，每年来马尼拉交易的许多中国人都没有返回中国而是留在菲律宾定居，一些人通过付钱给官员留下来，另一些人则通过欺骗方式留下来。在这两种情况下，另一种新元素被引入殖民体系，因为西班牙印第安居留权都留给了西班牙王国的臣民，只有少数的国王批示授予外国人定居的权利。特别是西印度群岛对非基督教天主教徒的外国人，甚至皈依犹太教和伊斯兰教的西班牙人都是排斥的。因此，在菲律宾华人的存在被加倍禁止，因为他们既是外国人，又不是基督徒。然而，很快菲律宾中国人的存在，特别是在靠近西班牙人的地方，变得至关重要，这得益于他们对贸易的重要性以及他们对服务和供给的垄断。因此，西班牙王国在菲律宾修改了其基本政策，意味着继续将其最远的领土留在非基督徒外国人手中。

西班牙王国在菲律宾管理中引入使中国人入境的例外政策，让我们能够分析西班牙人和中国人在很长一段时间内的关系，这种政策西班牙帝国的任何其他地方都不可能实现，在外国人被拒绝入境的中国也不可能。有必要补充的是，西班牙人对中国人的印象从一开始就有两个基本特征：对中国人的需要和对如此接近一个与自己差异巨大而人数众多的群体的恐惧。"不同"是因为他们是非基督徒外国人；"众多"是因为菲律宾的华人数量通常远远大于西班牙人，有时甚至超出十倍。马尼拉教会估计，在1603年10月，菲律宾有大约2万名中国人，而马尼拉的西班牙人平民和士兵总共不超过700人。事实上，作为外国人，中国人不用缴纳税款，尽管他们有很大的纳税义务，例如缴纳贸易税、支付在岛上定居的许可证、支付赌博许可证等。他们也非常乐意接受援助请求，以与马尼拉当局保持良好关系。一个有趣的例子是，在西班牙王位继承战争中，"生理人"帕瑞安曾捐赠大量比索，作为菲利佩五世在1714年夺取巴塞罗那费用的援助。中国人在菲律宾寻求永久定居，因为在菲律宾他们能有比中国更好的机会，因此中国人是最乐意保持一种宁静气氛的，这将使西班牙社区有足够的安全保障，从而愿意让他们留在岛上。中国的统计数据表明，在17世纪30年代，每年有十万名福建人前往马尼拉在菲律宾工作。海是福建人的田地，因为沿海居住的人只能靠海谋生。

在16世纪，西班牙人的恐惧和不信任仍不严重，尽管已有了警惕中国人的潜在危险①，事实上，为保证安全，他们对中国人采取了措施，例如控制许可证以了解居住在菲律宾的中国人的数量，以及强迫他们住在帕里安。但是实际上，对许可证进行控制是不可能的，这导致了许多贪污行为，马尼拉法庭的法官们通过批示额外数量的许可证获利；同时也不能避免中国人在帕里安以外定居，他们最终先是在马尼拉附近，然后在吕宋岛和群岛的其他岛屿上定居。

几次暴力事件增加了西班牙人对"生理人"的不信任，其中值得一提的有：1594年戈麦斯·佩雷斯·达斯马里亚斯（Gómez Pérez Dasmariñas）总督被中国水手杀害，1603年10月，43名"生理人"起义及中国人第一次被大规模驱逐出岛屿。在这一事件之后，西班牙人发现他们不得不在与中国人共处的危险和没有中国人便无法生活的选择之间保持艰难的平衡。因此，中国人很快被允许返回马尼拉，而中国人也确实回来了，因为他们相信与西班牙人接近好处更多。在西班牙统治菲律宾期间，还发生过与1603年相比不那么严重的起义，这次起义也引发了驱逐事件，但总是以承认西班牙社区对"生理人"的依赖和与中国世界的快速重新组合而告终。

---

① 安东尼奥·德·穆尔加（Antonio de Morga）在1598年12月23日引用Hernando de los Ríos Coronel 从平岚港（Pinal）发出的一封信，信中他赞赏将该港口转让给西班牙人，以支持马尼拉和广州之间的贸易，从而避免"生理人"在马尼拉的存在，"他们造成了陛下知道的损害，甚至还有我们不得而知的损害"。

在 17 世纪末，有人强调，中国人融入社会的根本问题在于宗教。1590 年，聪明的耶稣会士何塞·阿科斯塔（José de Acosta）写道，当偶像崇拜在世界上最好和最高贵的地方（即欧洲）被消灭之后，它退到了最偏远的印度群岛。几年前，阿科斯塔就认为，将基督教信仰传播给野蛮族群时，需要将教育和传福音结合起来，而他发现族群间有显著差异。他希望通过将野蛮族群分为三类的方式，简化这个过于复杂的问题。我将转录他对置于第一类的中国的明确表述：

> 第一类是那些不远离正义和人类常理的人；他们通常拥有稳定的国家、公法、强大的城市、被敬仰的法官，以及最重要的——文字的认识使用，因为无论在哪里，有书籍和纪念碑的地方，人们都更加人性化和礼让。属于这一类的，首先是中国人，他们有着与叙利亚人类似的文字，这我亲眼见过，据说他们的书籍丰富，治学辉煌，法律和法官有权威，还有壮丽的公共建筑和纪念碑。

1692 年，菲律宾多明我会修士巴尔特萨尔·德·圣·克鲁斯（Baltasar de Santa Cruz）根据他的教会与中国一个世纪的接触经验，对中国如此评价："世界上最好的部分——亚洲的最后空间，被地球上最高贵的王国——中国占据。"正如深入了解中国人的圣克鲁斯所说，中国不仅在文化财富方面，而且在宗教方面与基督教都有很大不同，而这对在菲律宾和中国的传教造成了很多问题，可见他对中国的钦佩是一种新的能力发展的明显标志，这种能力使他们能够欣赏文明的民族并接纳他们的存在，但是对于基督徒来说，他们的宗教信仰是腐朽的，是野蛮的。

西班牙人来到菲律宾，除了向菲律宾当地人传福音之外，也准备向中国人传福音，这是西方基督教世界自 13 世纪就希望做的事情。然而，就菲律宾而言，由于中国人是非基督教的外国人，福音传播也可以被视为西班牙皇室为将岛上的中国商人纳入西班牙王国做出的努力。多明我会开始这项任务，希望之后可以继续到中国传福音，他们在帕里安教会和圣加布里埃尔医院（Hospital de San Gabriel）照顾生病和贫困的中国人，使他们完成了真诚的皈依使命。但是，有些中国人为了商业目的或为了与菲律宾妇女结婚，便虚假地皈依，这给他们的福音传播工作带来了巨大困难，但主要困难来自巨大的文化差异。皇室采取措施，通过让皈依基督教的人用再不支付定居许可费用，而是像菲律宾当地人一样纳税来促进对中国人的传福音。此外，还采取了免除皈依者十年的纳税义务的措施。考虑到贡税与印第安人相关，可以理解西班牙王室希望通过皈依基督教将中国人归为臣民。1696年访问马尼拉的那不勒斯旅行家杰梅利（Gemelli Careri）给我们留下了一段陈述，让我们从更广阔的视角认识这个问题："据西班牙人自己多次说，每十个岛屿的居民中只有不到一个西班牙的臣民。"

为保证皈依教徒的优先待遇，王室于1686年下令将非基督教华人驱逐出菲律宾并加强对入境的控制，要求每年抵达马尼拉的商人应在完成买卖后立即返回中国。由于最终目标是在驱逐前让他们皈依，因此规定了政府用两个月的时间来研究那些请求皈依基督教并留在岛上做生意的"生理人"的案例；一般来说，这些基督徒中国人最后都与土著菲律宾人结婚并定居在了他们的村庄。王室的命令于1755年完成，经过半个世纪的争议，只取得了部分效果。我将通过弗朗西斯·哈维尔（Francisco Javier de Moya y Jiménez）提供的证词插入一段题外话，他是一名士兵，也是菲律宾国皇家协会的成员，他于1882年对菲律宾国家进行了研究，他反复提到分散在岛屿四处的大量中国人及其在贸易、供应和服务等方面的主导控制地位，这与16世纪、17世纪和18世纪马尼拉当局所写的完全相同。引一处即可：

> 在菲律宾，中国人从事贸易以及参与所有艺术和工业，完全剥夺了印第安人的生计，因为在任何情况下都无法与他们竞争；因此，所有鞋匠、木匠、织物店主、珠宝商、家具、食品、服装、工具、肉类、水果和蔬菜卖家以及绝大多数的车夫、厨师、车身制造商、水上运输工具和搬运工都是中国人。

表2　　　　1722—1757年间在马尼拉注册的中国人

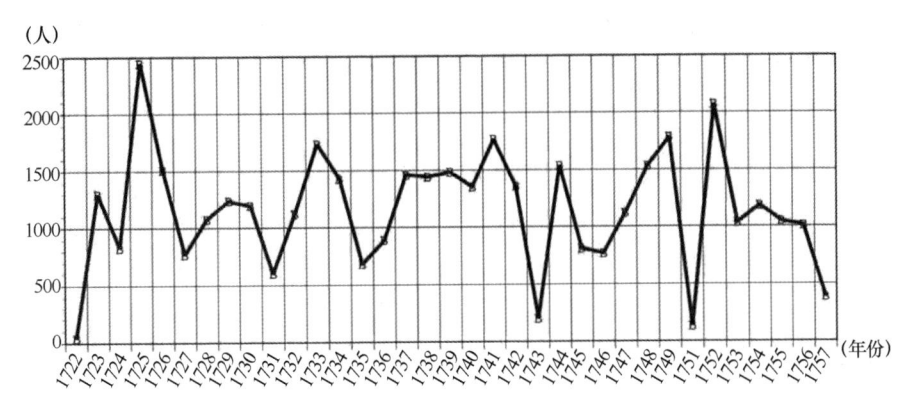

回到正题，马德里和马尼拉当局重申留在本地最好的办法就是皈依，它刺激了中国人在菲律宾以及在西班牙人心理分类的融合过程，皈依为中国社区起了净化过滤的作用。一般来说，华人基督教徒，尤其是中国—菲律宾基督徒混血儿非常好地融入了社会，并且被西班牙和菲律宾世界更好地接受。[①] 这也可以被视为中国和西班牙当局实用主义的表现；中国人接受了皈依，虽然很多时候，他们并不明白这意味着什么，但这可以帮助他们实现目标，而西班牙人则承担了虚假皈依的后果，他们坚信下一代中国人将如他们所愿，成为天生的菲律宾人和王室的忠实臣民，如他们的母亲一般是忠实的天主教徒，又如他们的中国父亲一般是熟练的从业人员。马尼拉法庭在1695年对此做了表述：

> 虽然他们（皈依后的中国人）并不是很好的基督徒，但是他们为我们产出了非常好的天主教徒和陛下的忠实臣民，就像已经发生的叛乱所证明的那样……没有发出任何声音或反对意见，因为他们像您的其他臣民一样被抚养和教育，没有区别。

实用主义在西班牙人和中国人的关系中普遍存在，且情况丰富多样，本文无意分析如此宽泛的问题，但笔者可以向读者推荐一篇有用的文章。

[①] 桑格利混血与菲律宾当地人并不完全有同等待遇，因为皇家财政部向他们提出了更高的贡税，并允许他们拥有自己的桑格利小政府。

我将只增加一个在菲律宾的日常经济中具有特殊重要性的案例，即殖民当局采取的解决"生理人"不断伪造银币问题的方案。在当局判决了许多伪造银币的人后，最终"生理人"在群岛的货币流通中采用了一种中国方法，也就是以重量来考虑银币的价值。印第安人委员会的地方官员安东尼奥·阿尔瓦雷斯·德阿布雷乌（Antonio Álvarez de Abreu）总结道："为了避免货币损坏，有必要执行过去的办法，即命令'生理人'收铸造好的硬币，而他们则按照硬币重量支付。"这在某种程度上意味着接受中国人对货币的控制，并接受银两铸造中的欺诈行为是一种可容忍的小过失。

在很多史料中，都可以看到西班牙人对基督徒中国人的信任，中国人承包了基本的供给服务，例如马尼拉的面包师通常是中国人。然而，有时，西班牙人和中国人共处的紧张局势的加剧又会导致奇特的困难局面。1686 年，一些马尼拉居民指责中国面包师在面包中放入磨碎的玻璃，威胁西班牙人的生活安全。虽然该指控最终被解除，面包师被无罪释放，但诉讼过程非常有趣，显示了中国人从马尼拉的高素质邻居那里获得的支持。包括圣保禄修道院院长兼领军团长和海军上将衔的大将和胡安德巴尔加斯·马初卡（Juan de Vargas Machuca）上将和其中一名被告的面包师胡安德巴尔加斯（Juan de Vargas）的教父在内，所有人都赞同中国面包师的辩护律师：他们几乎都是马尼拉的居民，有一些人已经在城里结婚并有了孩子，因此无法证明他们有杀死西班牙人的企图，因为他们依赖于西班牙人。通过类似事件，可以理解西班牙人认为皈依是社会融合与和平共处的基本因素。因此在 17 世纪末，当局确定了从菲律宾驱逐异教徒中国人的政策。这项政策的实施并不容易，因为人们害怕它会使菲律宾的经济生活陷入瘫痪，并引发了长达半个多世纪的争论，直到 1755 年最终有 3700 名中国人被驱逐出去，而这个数字与现实并不相符，因为许多中国人是非法进入菲律宾，并在当局控制之外的很多地方定居的。

最后，桑格利混血（中国混血）成为中国人在菲律宾定居的最合法形式，他们是彻底的西班牙王国臣民和基督教天主教徒。为了更好地评估"生理人"及随之而来的桑格利混血在菲律宾的扩张，数据显示，1741 年，马尼拉地区有 25000 名中国混血人，占总人口的四分之一，而且在这个数字基础上还必须加上马尼拉附近的4000多名异教徒中国人和帕里安的4000名异教徒。中国混血一直融入得很好，所有的史料都对他们在菲律宾的存在有正面评价。

尽管有控制措施，非基督教徒华人在菲律宾的存在还是一直持续到了西班牙统治时期结束。1838年马尼拉当局提醒所有官员和总督，有义务"忠于职守，尽一切可能追踪逃窜与各省的无支付能力的中国人，使之供述其信仰和职业"。对于他们，马尼拉和马德里当局保留了西班牙给予犹太人和穆斯林的精神空间，也就是说，一经证明分居政策无效，即把他们归入应当驱逐出国的群体类别。与此同时，18世纪马尼拉地区中国混血数量众多，使其成为通过皈依和混血同化的区域。方济各会的胡安·弗朗西斯·德·圣安东尼奥（Juan Francisco de San Antonio）于1738年留下了关于桑格利混血及其能力的明确陈述：

> 如今整个群岛及附近岛屿已经住满了他加禄人，和在第一次大发现中没有出现的另一种混血，我们称之为桑格利混血，他们是印第安人和中国人的后代；因他们频繁交易，并且以这个称谓大量定居在岛上，他们是向岛屿提供衣服、食品和其他商品的人。
>
> 有许多人与印第安妇女通婚，并为此成为了基督徒，这些人又生了无法计数的混血后代。他们都是基督徒，通常都（宗教）倾向明确，非常勤奋和礼让。

总之，从历史的角度来看，西班牙人和中国人在菲律宾的依赖关系表明两者都应当地受到强有力的保护。中国人以他们在经济生活领域的不可或缺性确保自身在该国的续存；而西班牙人则利用中国人确保他们的小社区在东方延续，并通过财政控制和特殊贡税收回中国人赚取的部分财富从而保持自己与之抗衡的能力。在菲律宾和中国长期工作的传教士们，用比法律更有效的方式对中国人进行了以皈依为途径的同化。

搁笔之前，笔者有一点反思。本文多次提到中国人所引起的问题以及西班牙人为解决这些问题所做的反应，但这不应该影响一个毋庸置疑且值得强调的事实：这两个群体为相互理解所做的努力。他们坚信，在菲律宾，隔离而居是不可行的。笔者认为，这些务实的立场与当今努力寻求实现全球化的立场非常相似。

数据来源

西印度群岛综合档案馆,(AGI),塞维利亚
西班牙国家图书馆(BNE)

埃尔南多·德洛斯克罗内尔与他征服台湾岛的建议

瓜达卢佩·平松

墨西哥国立自治大学

一 引言

自 16 世纪末在马尼拉定居以来,西班牙人为了征服中国、传播福音、获得与葡萄牙人类似的定居地而执行的计划颇受争议。然而他们逐渐变更计划,把目标转向其他地区,如暹罗、柬埔寨、民答那峨岛或摩鹿加群岛。大多数计划转向南方,因为这些地方最有价值,与香料岛屿交流最频繁,是葡萄牙人通往印度洋必经之路,是马尼拉邮船航行之水道,也是荷兰东印度公司(1602 年创建)的荷兰人随后在印度尼西亚群岛定居的地方。尽管如此,为了找寻亚洲与欧洲的交流路径(通过亚泥俺海峡),北方地区并没有被排除在扩张计划之外,它们除了有待开发,也是前往马尼拉的中国帆船以及与日本有商业交易的葡萄牙船只定期行经之地。借由当时的航海计划与地图可知此地区的重要性、人们对它的概念认知以及西班牙人为了扩大在此海域之影响力而提出的建议。同时,西班牙人埃尔南多·德洛斯克罗内尔(Hernando de los Ríos Coronel)在作品中称,他曾任神职人员、士兵、水手、地图绘制师与数学家。虽然刚开始德洛斯克罗内尔试图寻找从北美大陆的跨洋渠道,但此提议很快被搁置一边,转而提出较实际的计划,例如征服台湾岛(当时称为"福摩萨"），这显示亚洲海上贸易关系处于紧张的局势。德洛斯克罗内尔提议详述此区、绘制地图、分析资料。确切地说，他的生平不是我们的关注焦点，因为约翰·克罗斯利（John Crossley）已详细研究过相关主题；我们的目的也并非扩大探讨征服中国的议题，因为欧阳安（Manel Ollé）已详细做过类似的研究。本文宗旨在于探讨当时菲律宾北部海域的战略意义，从而对于扩大、加强甚至重现西班牙人在该地区所留下的足迹进行分析，了解当时随着紧张局势、商业贸易、与其他航海家的冲突，海上情势所发生的改变。

为实现西班牙征服中国沿海地区的野心，德洛斯克罗内尔提出了一个可以在未来逐步实现的计划，此计划表明，必须确保中国前往马尼拉的帆船通行无阻，因为这些船装载着过去前往新西班牙的大帆船所带来的货物。这个想法在后来荷兰船只开始影响海上情势之后更加明确。为了实现此一目标，必须在中国和菲律宾海岸之间建立一个中间基地，有鉴于此，台湾在西班牙的规划和利益考虑中重要性凸显。德洛斯克罗内尔分析了亚洲海域的情况，依据勘查、设计以及思考着随着时间产生的利益问题，他提出了有助于分析海上情势的提案。①

二 德洛斯克罗内尔与中国海上利益及提案

回溯16世纪伊比利王国的贸易网络在亚洲海域的逐渐扩展可以发现：一方面葡萄牙人能在澳门定居（1555年），澳门港口除了与印度洋岛上的商铺往来，也开展了从日本海岸到马六甲的各种商业交流；另一方面，定居马尼拉的西班牙人（从1571年开始）与福建沿海频繁接触，这都要归功于常来人，他们的帆船运载着每年给前往新西班牙的马尼拉大帆船提供中国货品。虽然葡萄牙人和西班牙人看似奠定了他们在亚洲海域的贸易和影响地位，但事实上他们之间关系的紧张并未消弭，他们仍相互竞

---

① 关于海洋空间的重要性，菲力普·伊斯坦伯格（Phillip Steinberg）解释这也是必须分析的人类发展空间，而杰里·本特利（Jerry H. Bentley）阐明这些空间能让我们认识其他类型的历史。梅赛德斯·马罗托（Mercedes Maroto）澄清，为了研究海洋空间，应该从相关记录中获得信息，有许多是从地图而来。关于地图，约翰·布莱恩·哈利（John Brian Harley）称，地图是文化建立的代表，其中包含的信息来源必须被破解，才能明晰人类在这些空间中的演进过程。

争，这些竞争甚至引发了菲利普二世在位时控制两大王朝的合并事件（1580年）。然而随着荷兰人到达亚洲海域，随后攻占澳门和马尼拉，西班牙和葡萄牙被迫统合防御军力，其中最主要的任务就是确保维护贸易网络的海域地区的安全，特别是因为如果交易受到影响，亚洲的伊比利定居点将备受威胁。在此情况下，德洛斯克罗内尔提出了攻占台湾的计划。

西班牙人定居菲律宾的前几年，德洛斯克罗内尔扮演着极为重要的角色，约翰·克罗斯利在德洛斯克罗内尔的生平研究中强调，这位主人公的名字曾出现在各种关于菲律宾群岛主题的书籍和手稿中。居住在西班牙期间，德洛斯克罗内尔曾以律政部部长的身份（1605—1617）为此地区发声。他对菲律宾的了解和兴趣表现在五篇回忆录、书信、从马尼拉到西班牙（1605—1606）与返回菲律宾群岛（1610—1611）的航行纪事、以及征服计划书附上的一张台湾岛地图中。

人们相信德洛斯克罗内尔出生在塞维利亚，可能曾经和西印度交易所预备的飞行员一起研习数学。他在1588年以军人身份被派往菲律宾，并参加了16世纪90年代柬埔寨的两次军事考察，他也协助制定了征服中国的各项计划。由于他与菲律宾当局关系密切，因而以律政部长身份被派往西班牙陈述该群岛的现状。停留在西班牙期间，鉴于他丰富的航海知识，被委任检视胡安·丰塞卡的葡萄牙罗盘制作。1605年他回到菲律宾，在启程之前被任命为教士。综合以上陈述，德洛斯克罗内尔被认为是数学家、水手、飞行员、军人、宗教人士。回到马尼拉后，他致力于通过写作介绍菲律宾群岛的地理与历史概况。

必须强调的是，德洛斯克罗内尔的手稿里声明的立场随着时间而有所改变，从勇于冒险、不切实际转变为关心菲律宾领土问题和需求，这也解释了为何他以律政部部长的身份前往西班牙之前所提出的建议，表现出沉浸在征服中国领土的幻想、沉迷在未被探索的神秘地区（例如北太平洋）的特点。这些提议体现的是他希望西班牙的影响力能被承认，并扩大到北部地区。1597年，德洛斯克罗内尔致信给西班牙君主，告知他正在制作星盘，他需要寻找从美洲北部地区出发可能帮助菲律宾和西班牙宗主国之间往来的两条路径，同时，他指出占领中国沿海港口与台湾岛的重要性，并寄出了对于该岛的详细描述与一张地图。

值得一提的是，探索北部地区的行动涉及宗主国计划，同时也是新西班牙项目的一环，因此，1572年费利佩二世下令，马丁·恩里克斯·德·阿尔曼扎总督派遣胡安·德·拉伊丝拉船长前往中国，发掘北部沿海地区，并告知他们要越过亚泥俺海峡中国大陆与美洲之间的距离，随后马上委任佩德罗·德·乌纳穆诺（1586年）和塞巴斯蒂安·罗德里格斯·德·赛尔梅纽（1596年）往新西班牙旅途中纪录日本海岸和加利福尼亚。也正是在那个时候，洛兰佐·费雷尔·马尔多纳多谎称他穿越了拉布拉多半岛（1588年），以及伪造了胡安·德富卡前往北部探险（1592年）的事迹。

德洛斯克罗内尔建议的探索路线很明显是当时航海计划的一部分，他提到应该认识亚泥俺海峡，穿越新墨西哥的海湾，因为这两个地区是串联起太平洋和大西洋之间的通道。根据德洛斯克罗内尔的解释，曾经参与1565年米格尔·德·莱加斯皮和埃德雷斯·德·乌达内塔神父带领的探险队的奥古斯丁修会教士马丁·德拉达已经宣告发现太平洋地区路线。依这位修士所言，他在新西班牙认识了西班牙比斯开人胡安·德·里瓦斯，里瓦斯表示他曾遇到引领法国布列塔尼人航行纽芬兰捕鲸的葡萄牙人，这些葡萄牙人从该区进入印度和中国的海域，再从此区域出发，航行45天返回里斯本。根据里瓦斯的说法，葡萄牙人为了获得奖赏，透露了相关信息，但是他们后来被逮捕，大多数人死在狱中，唯一的幸存者到了新西班牙参加了弗朗西斯科·德·伊瓦拉索率领前往菲律宾新比斯开省的探险队，希望找到海洋之间的通道，他要求德伊瓦拉往更远的北方前进，但是却一无所获。第二条可能的探险路径是新墨西哥州，奥古斯丁修会修士安德烈斯·德·阿吉雷曾谈到在路尔斯·德·贝拉斯科任职总督期间，一位比斯开人告诉他，当他利用法国船只作为海盗船时，船进入佛罗里达海湾，经过几天的航行，他们找到了人口稠密的地区，在那里获得了各种物资和装备，那条海湾可能延伸到太平洋。

几年之后，那封信的副本被寄给菲律宾省长佩德罗·德·阿库尼亚，信中命令他必须研究该计划执行的可能性，但是1616年贝尼托·埃斯科托在向国王发出的《航海纪事》里提到，北部海域的航行中没有找到新的通道。《纪事》中写道："当时许多伟大的航海家与水手努力寻找从北部通往中国、日本、摩鹿加群岛与菲律宾的通道，却都无疾而终。"①

虽然进行了其他航海探险（例如 1602 年塞巴斯蒂安·比斯卡伊诺的美洲北海岸探险），实际上搜寻海洋之间的海峡的计划被暂时搁置了，直到 18 世纪才重新开启。至于德洛斯克罗内尔，他再也没有提到这个话题，而是将焦点转移到跨太平洋的航海路径上。除此之外，在他后来的航海纪事中，也谈论到前往新西班牙的旅程是多么艰难，甚至出现抵达阿卡普尔科之后，船员们不被友善对待而状况不佳的情况，这番言论足以显示已经转而抱持较为实际的观点。②

三 菲律宾当局对台湾的计划

德洛斯克罗内尔提案中的第二项议题着重于如何占领中国沿海地区，这项提案与当时他对征服计划的幻想有关。在纪事里他提到，只要占领柬埔寨，就能获得一千名人力，而这个计划是可行的，因为此王国也向他们释出善意。占领柬埔寨的用意在于可以从那里到达拥有肥沃土地的法属交趾支那，因而从中获得另外一千五百名人力。但是德洛斯克罗内尔指出，最需要征服的地方其实是台湾岛，这个观点与过去提出的计划不同，他有充足的理由证明占领台湾岛有助于拓展亚洲海域现有的贸易路线。

最早在此地区进行贸易活动的欧洲人是葡萄牙人，然而他们对台湾岛并不感兴趣，因为他们的兴趣是购买奢侈品，但是在台湾岛没有这种类型的交易。虽然他们没有利用这个岛，但葡萄牙航海员在地图的航道中对此岛进行了标示。例如由托梅·皮莱资撰写的欧洲第一部描述东印度群岛地理的著作《东方志》中指出了中国沿海的琉球群岛，后来地图上又加入了被称为"福摩萨"的小琉球。葡萄牙人占领澳门后，展开了

---

① 该纪事并未包含在文件中，仅在最先的摘要中告知；很可能两封都寄送给了国王，但在档案中却找不到。它甚至被归类为"赫尔南多·德洛斯克罗内尔第一封信的档案摘要（1616）"。

② 纪事中他说明了菲律宾情势，提到他们到达阿卡普尔科的情况有多糟糕，他们在那里孤立无援。他表示："作为见证人，我确定当我们到达阿卡普尔科港时，由于历经五个月的旅程，许多人丧命，上帝给我们带来如此工程浩大的任务与危险，在那里我们必须寻找粮食，他们对待我们比荷兰人更糟。"

与日本的航海交通，他们的航道标示了"福摩萨"海峡，于是台湾岛便经常出现在当时的地图中。尽管如此，各种地图的标示却不同，譬如费尔南·瓦斯·多拉多在1570年的地图集将琉球群岛分为三个部分；而让·哈伊根·范林斯霍滕所复制的葡萄牙人航海图（1596年）中却有小琉球岛与台湾岛。[①]

台湾也出现在西班牙人的地图里，例如1574年在菲律宾总督吉多·德·拉法扎雷斯寄给西班牙王室两张吕宋岛和福建海岸的地图（由每年在马尼拉经商的常来人制作）中，标示了中国海岸、琉球群岛与日本[②]。尽管当时台湾不被重视，但该岛持续被标注，且出现在亚伯拉罕·奥特柳斯与杰拉杜斯·麦卡托共同绘制的地图集里。这些记录同样也出现在荷兰人的地图中，并且利用相关信息准确攻击了西班牙人和葡萄牙人的这个亚洲据点。其他例子还包括彼得勒斯·普朗修斯1594年的作品、前面提到的让·哈伊根·范林斯霍滕1596年制作的地图等。[③]

台湾很可能被葡萄牙人用来当作制造日常用品的地区，或者气候因素迫使他们在此停留。这个岛似乎也是与吕宋岛有贸易往来的福建中国帆船的避难所。伊比利亚半岛人与台湾的第一次接触是在1582年，当时一位逃离澳门的耶稣会教士阿隆索·桑切斯乘坐一艘前往日本的葡萄牙船，在该岛上遭遇海难，他做了以下的描述，证明人们当时已经知道有台湾这个岛：

> 海湾处有一个岛，名字叫摩萨，拥有美丽壮观、绿意盎然的高山，四十年来航行至日本的葡萄牙人都不知道它在中国沿海地区的存在，也从未到过那里。

---

① 根据罗乌雷伊洛的解释，范林斯霍滕的地图发表于《前往东印度群岛的路线、旅程与航行》。另一方面，欧阳安（Ollé）解释，在明朝时期，位于台湾和日本之间的群岛被命名为东方，意为"东夷"，或称"大琉球"。参见https：//digitarq.arquivos.pt/viewer? id=4162624https：//www.davidrumsey.com.

② 卡加烟省与中国沿海地区估计相距40海里，数据显示此地区就是台湾岛。

③ 克罗斯利表示，相同制图法后来被运用在知名的作品中，例如尼古拉斯·维斯彻（Nicolaes Visscher）的地图（1658年）。参见https：//www.davidrumsey.comhttps：//www.davidrumsey.com。

当德洛斯克罗内尔提出计划时，台湾岛战略位置的重要性可能已被承认。关于此点，安东尼奥·塞维拉表示，这个岛被认为是进入中国的通道，如果落入日本人手中，恐怕将威胁西班牙人在菲律宾的据点；因此1593年西班牙首次企图占领该岛，但终告失败。德洛斯克罗内尔的计划似乎呼应了上述情况，并再次证明了台湾岛的战略意义。他在手稿中说明这个岛屿可能帮助菲律宾周围的航行，因为它距离卡加烟省（吕宋岛北部）约36海里。虽然占据该岛可以进一步入侵中国领土，但是德洛斯克罗内尔澄清，占领台湾岛的目的是保护日本、中国与菲律宾之间的竞争关系与当地人民之间的海上贸易，而岛屿北部适合占领的原因是，北部有优越的地理条件。德洛斯克罗内尔在第一次提案中如此解释：

> 从那里到中国不超过20海里，根据曾在那里的人描述，岛上似乎住着原始人，他们偷窃并杀死那些从中国或日本来的船员，部分土地肥沃，但少有聚落，朝日本方向的土地丰饶。

占领台湾岛等同建造了一个堡垒，能监视整座岛屿、周边海域和航线，其港口的地理条件能确实达到保护作用，他陈述道：

> 三百个人居住在这个毫无防御的要塞，岛上所有地区都无法保护他们，由于地势狭窄，可以使用大炮，却无人前来攻占，它是一个可以停泊的巨大港口，峡湾口形成了岛屿。

作为一个拥有数学、制图、海洋知识的科学家，德洛斯克罗内尔提议征服台湾岛，他制作了岛屿及周边地区的地图[①]，地图的中心部分是海洋与群岛，吕宋岛和台湾岛（美丽岛）尤其明显。吕宋岛上可见许多城镇，特别是马尼拉；台湾岛上标示了几个北部海湾的中文地名（Pt. Keilang，意指现今的基隆，Pto. Tanchuy，也许是现今的桃园），德洛

[①] 克罗斯利（Crossley）认为，这些研究显示德洛斯克罗内尔拥有理论和实践的航海知识，所以他知道如何从高地计算位置，如何绘制地图，甚至这些知识帮助他制作了星盘，也被邀请来鉴定之前提到的路易斯·丰塞卡（Luis Fonseca）所制作的星盘。

斯克罗内尔提议占领这些海湾，以及被称为澎湖的无人居住，却具备优良港口的岛。另外，他还展示了中国沿海地区，强调了澳门和广州的定居点的重要性。北部的琉球群岛是通往日本的途径。这张地图综合了上述信息和名称（可能是从中国使用的地名而来），也就是说，台湾岛和琉球群岛同时包括其中，这些点彼此关联，共同被纳入提案中。

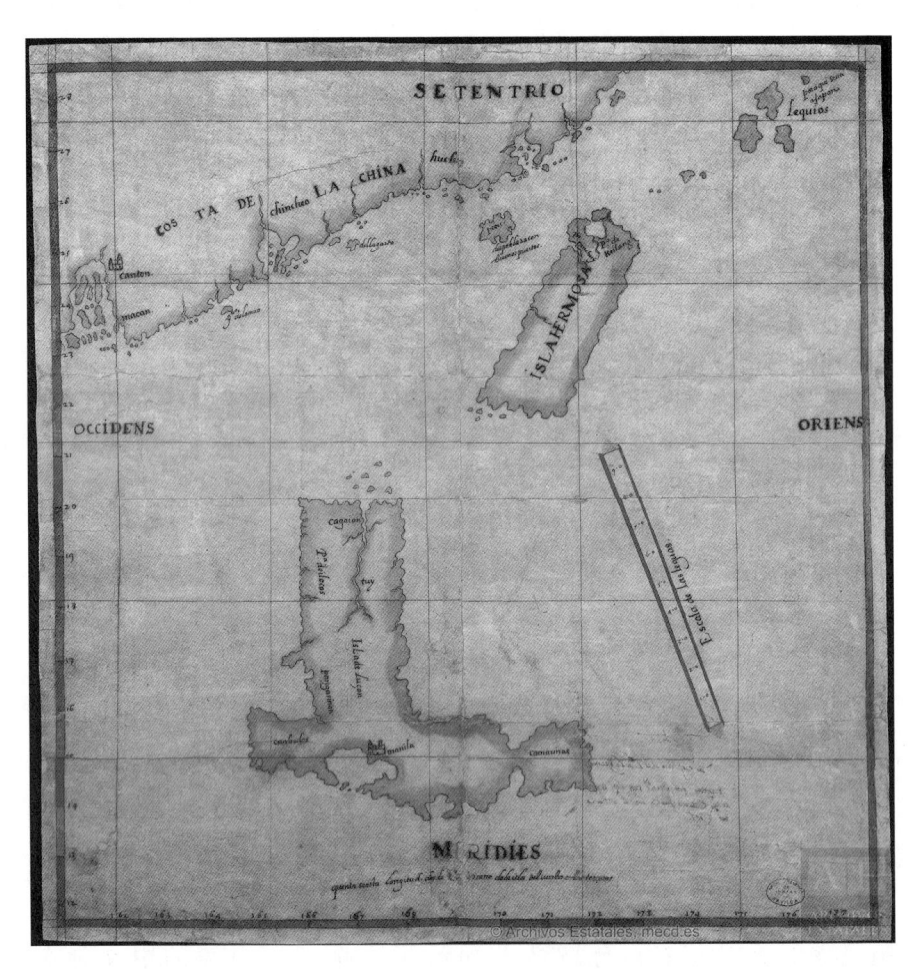

图1　德洛斯克罗内尔于1597年6月27日在马尼拉发出信件中对于台湾岛的描述

德洛斯克罗内尔能够提出关于台湾岛的计划，一方面是他具有丰富多元的科学知识与对时势的见解中；另一方面是群岛周围开始出现的经济、商业与军事防御的需求，海上情势也正在转变。

四 岛屿的变化与利益

越来越多荷兰船只进入之后，西班牙对台湾岛的兴趣产生了变化。自16世纪末开始，荷兰试图与哈布斯堡王朝分离，1603年联合法令使他们攻占了西班牙和葡萄牙的定居点。有赖于航海家范林斯霍滕在16世纪80年代居住在果阿期间大量搜集的商业网络和葡萄牙人定居点的地图信息，荷兰人借助葡萄牙人的制造工厂获得东方商品。除此之外，寄往法兰德斯地区的西班牙地图（包括手稿等印刷品）后来在阿姆斯特丹被复制，从火地群岛和印度尼西亚群岛入侵太平洋的荷兰人有效利用了这些信息[1]。他们占领爪哇岛（1602年）之后，巴达维亚成为荷兰东印度公司的总部。新据点之后的荷兰人仍然持续攻击伊比利亚半岛人的定居点和船只。不久之后，他们还试图在该地区建立海上通路。虽然他们在广州进行贸易（1604年和1607年）申请不被接受，但最后他们被允许在日本的平户市建立工厂（1609年）[2]。

荷兰航海家很快了解了该地区的贸易情况，他们认为主要白银生产地是日本，由于日本没有与中国直接往来，因此日本的商品只能借由澳门葡萄牙人以三角贸易方式抵达中国。这些葡萄牙人也将日本货品运送到澳门和菲律宾。当时他们知道在日本出售中国商品可以获得日本白银，于是荷兰人开始攻击并掠夺前往菲律宾的常来人的帆船。荷兰人为了保护他们的新贸易路线，开始考虑占领中间区域。原则上他们先占据澎湖岛，后来又攻占台湾（1624年）北部的海湾，他们称之为安平古堡。

为了占领台湾岛，抵抗荷兰人成为德洛斯克罗内尔计划的新目标。菲律宾总督胡安·尼尼奥·德·塔沃拉提到，在1626年香槟酒货品中藏匿了12尊大炮，200人在船长和军士长安东尼奥·卡雷尼奥·德瓦尔德斯（他曾被前任总督费尔南多·德席尔瓦解雇）命令下，占据了美丽岛的一个港口，它距离荷兰人的港口有三四十海里，这个地方被命名为至

---

[1] 奥斯卡·斯帕特（Oscar Spate）描述了荷兰人在太平洋沿岸的攻击行动。
[2] 例如他们在不同的时间突袭马尼拉和澳门，最后的据点在1607年和1609年之间遭到封锁。

296 / 第五部分 中国大帆船或银之路:全球化的起源

圣王位一体港（见图2）。

图2 对台湾、马尼拉岛的描述

[佩德罗·德·维拉（Pedro de Vera），马尼拉，1626年]

相关报告介绍了荷兰人的进展情况。在先前的地图里，荷兰人已经在澎湖岛定居，但由于地方水质不佳，只好迁移到台湾岛，占领了面对澎湖的海湾，尽管他们的主要军力集中在北部。他们在小而浅的海湾处建立了安平古堡，使得荷兰人必须离开这里，等待与马尼拉交易的中国船只，从中拦截或购买他们的货物，以从日本获得的银币支付费用。这也是西班牙人在此定居势必面对的问题。菲律宾总督做出了以下解释：

  重要的是菲律宾的西班牙人已经在美丽岛上建立了据点，如果此举能够成为以武力驱赶荷兰人的有效方法。

  占领的过程中，这些地区之间的关系在两张地图中可见。第一份地图由佩德罗·维拉绘制（见图3），他标示了荷兰人和西班牙人在台湾岛上的据点，以及中国沿海的一些省份，如惠州、东莞、海淀、泉州、广东与澳门。引人注目的是，地图的主要部分是台湾、中国沿海和菲律宾之间的海域，甚至包含它们的作用，例如广州是澳门葡萄牙人前往市集、获得物资的地方；到马尼拉的船只从惠州的海湾出发；吕宋岛西北部的低洼处是许多从马尼拉出发的中国船只迷失方向的地方。第二张地图显示了西班牙人占据台湾岛，并标示了原住民（劳工）的据点，以及可以获得木材的地区。制作地图的目的可能是为了展示西班牙人在台湾岛上作为海上停泊处、船舶建造、维修的基地的据点。

  虽然关于荷兰人在台湾岛的报告显示，他们的目的是偷取常来人的帆船以拦截中国和菲律宾之间的贸易，但其他的观察学者很快提出了新的观点，例如马德里的胡安·赛比戈斯提交了一份手稿，他表示荷兰人定居在台湾岛有其他意图，赛比戈斯认为荷兰人在1609年至1625年顺利攻占岛屿，他们的真正目的是让台湾岛成为制造工厂，常来人来到这里贩卖丝绸，他们再转售给日本（连同欧洲其他商品），如同澳门的葡萄牙人从事的贸易方式。荷兰人获准在日本平户海岸建立一座工厂，并承诺贩卖中国丝绸给日本政府，他们被批准之就开始抢劫中国船只，但是不久便意识到最好在福尔摩萨设立工厂，以便进行纺织品生意，台湾也能作为中途停泊站，加强供应他们在摩鹿加群岛和巴达维亚所需的物资弹药。

  荷兰人打算与中国人直接建立贸易关系，但是贸易不允许在广东进行。有鉴于此，他们质疑与葡萄牙人合作是否适当，又是否会因此失去他们在台湾的据点。由于荷兰在日本沿海地区拥有强大的兵力，西班牙

图3 描述台湾西班牙人占领的港口

的成功概率不高。赛比戈斯认为驱逐荷兰人的可能性小,因为只是拥有岛上的一处定居点对他们而言并不便利,甚至横跨太平洋之举更是无利益可言。面对此立场，德洛斯克罗内尔公开了两个纪事内容。尽管他不再直接提到台湾岛，但是他阐明必须保护亚洲海域，有必要建立一支军队。他也表示宗主国应该告知菲律宾总督，联合军力，为军队提供足够的物资。另外，为了资助这支军队，也应通知秘鲁与新西班牙总督，下令运送银子支持。菲律宾总督也必须推动地方航道交往，"鼓励与邻国交流、制造船舰、扩大贸易区、带来更多财富"。

根据德洛斯克罗内尔的纪事，占据台湾岛是第一个被探讨的主题，为的是扩大西班牙人面对吕宋岛北部的航海空间，后来这个想法演变成由美洲资金支助菲律宾军队来保护航海区域。为区域所设定的目标随着亚洲海域的政治和商业变革而有所改变，这些变化不久把西班牙人扩大势力范围至菲律宾北方海域的企图心消磨殆尽。19世纪40年代葡萄牙王室重建，禁止澳门和菲律宾之间的贸易关系，此项禁令没有彻底实施，因为他们仍然必须对付荷兰人。同时期，日本停止与葡萄牙的商业关系，对外的贸易仅限与荷兰人交易，在这个情况下，日本沿海航线所设立的中间据点不再需要保护。荷兰人施加压力，导致1642年台湾岛的西班牙人被驱逐，他们不再试图恢复据点，也收回了扩大其他定居点的野心，从此他们的贸易活动掌握在常来人的手里，逐渐由三角形的贸易方式替代，只能借助其他欧洲国家或"国家商人"与菲律宾群岛从事交易。

荷兰人在台湾岛度过了一段时间，随着中国沿海的外来人口移入，他们的定居点的人口大幅增加，这个地区因此显得更加重要。1662年，荷兰人因中国航海家郑成功的攻击而撤退。[①]

五 结论

德洛斯克罗内尔的著作成为当时关于菲律宾群岛的科学、航海、商业与政治观点的一部分，他所写的纪事随着亚洲海域情势的变化而有不同，关注的议题反映在上述的论点中，尽管他的观点着眼于地域性因素，但他并没有忽视航海空间、西班牙人在这些群岛上扩大势力以及借助特

---

① 这些攻击行动与中国历经明朝到清朝的过渡时期的动荡有关。随后郑成功在台湾建立政权。

殊航海渠道或军事战力以加强防御能力的需求。

　　为了占据台湾岛，在岛上建立据点，并且从美洲北部寻找跨洋的航行路线，德洛斯克罗内尔的手稿影响了当时的争论议题以及海上贸易、政治与科学情势的变化。地区不变，但是对它的看法则由于产生不同的兴趣与利益而有所改变，正如台湾岛的计划是从刚开始为了征服中国而设立据点，到确保与日本沿海贸易关系，再到保护商业活动，避免受到荷兰人的攻击。台湾岛在西班牙人的心目中具有举足轻重的地位，不是因为它是一个被攻占的岛屿，而是因为占领它意味着善加利用并保护它也有航海环境的象征意义。

"马尼拉大帆船"与方济会中国传教事业

叶君洋

庞培·法布拉大学

一 引言

在地理大发现时代,除了殖民者和冒险家之外,西方各国天主教传教士这一群体同样表现得相当活跃。1583 年,受时任肇庆知府王泮之邀,利玛窦、罗明坚两位神父前往肇庆,自称"西僧"。在官方的支持下,于崇禧塔旁建仙花寺。此后,虽然利氏传教事业屡经波折,但是天主教进入中国的趋势逐渐不可阻挡,大批耶稣会士纷纷来华,其中一部分甚至进入宫廷为皇室服务。当耶稣会士在中国开展传教活动时,西班牙方济会士也以菲律宾为跳板,准备进入这个庞大的帝国。以 1579 年阿尔法罗神父(Pedro de Alfaro)为首的进入中国的第一次尝试为起点,方济会士们进行了多次尝试。[①]经过初期的几次失败后,1633 年,方济会士利安当神父(Antonio de Santa María Caballero)在多明我会黎玉范神父(Juan Bautista de Morales)的陪伴下,成功地实现了这一目的。他们经台湾岛来到福建,与多明我会会士高琦神父(Angel Cocchi)汇合,后者已于一年前在福建建立起多明我会的第一座教堂。从此,利安当神父开始在福建进行传教,后辗转来到山东,开辟了方济会士在中国的第一个教区。到

---

① 关于方济会士最初几次入华尝试,参见崔维孝《明清之际西班牙方济会在华传教研究(1579—1732)》,中华书局 2006 年版,第 61—111 页。

17世纪末礼仪之争大爆发前,方济会士已经在广东、广西、福建、江西、山东、陕西等地建立了相对稳定的传教区,形成一股不容忽视的传教势力。

对于方济会士而言,1686年是值得纪念的一年。正是在这一年,石铎琭神父被派往广东潮州开教。潮州教区的建立,是一个具有全局意义的战略决策。它不仅可以加强方济会广东教区和福建教区的联系,还能密切方济会中国传教团与马尼拉之间的往来。西班牙占领菲律宾后,一直把它当成中西经贸的中转站。通过大帆船贸易,太平洋和大西洋上形成了一条主要以中国、菲律宾、墨西哥、西班牙等地为节点的广阔商贸网。中国的丝绸、瓷器、茶叶等商品被运输并销售于西属美洲和西班牙本土的同时,西班牙银圆和物资以及从美洲殖民掠夺而来的金银也被大帆船送到菲律宾,既用于贸易,也作为殖民者在远东的物质支持。作为大航海时代西班牙海外殖民扩张的宗教力量,在华方济会士的传教资金和物质均依赖于马尼拉方面的支持。可以说,除了经贸和文化交流意义外,马尼拉大帆船对于方济会在华传教事业起到了内在的支撑作用。基于此,本文试以方济会士传教经费结构为出发点,浅析马尼拉大帆船对17世纪西班牙方济会士在华传教事业的影响。

二 西班牙方济会士在华传教经费来源

方济会士在华传教经费来源是多样的,其中最主要的是西班牙王室的资助和菲律宾省会的资助。

利安当在山东传教期间,由于资金和人手严重不足,不得不委托同伴文都辣神父前往欧洲招募人手。文都辣自1662年启程,到1672年利安当去世后才返回中国,整个欧洲之旅历时10年。他不仅招募到8名新的传教士,还成功地向西班牙王室争取到传教经费。王太后María Ana de Austria承诺每年从墨西哥金库中拨款1500比索给9名方济会士(包括8名新招募的会士和文都辣本人),资助期限为5年。并表示5年后若传教团继续存在，可以延长资助。① 由于交通不便、社会不稳定等因素，这笔经费常常不能按时到达，但这笔经费数额不菲，足以满足每名传教士的基本生活开销。得益于这一周期性的救济，这些所谓的"托钵僧"终于可以摆脱他们艰辛的乞食生活，更专心地投入传播福音的事业。

除了日常生活外，买房、建教堂、印发传教书籍等，都需要资金，仅仅靠王室的救济是不够的。这种情况下，菲律宾省会的拨款就显得相当重要了。比如，1686年，当利安定神父就收到200比索，专门用于装饰教堂。更早些时候，当文都辣神父重返中国，在尚之信的帮助下准备在广州城外购买房屋修建教堂时，也收到了马尼拉的1000比索。②但是，与王室救助金一样，菲律宾的拨款也常常因为各种各样的因素不能按时到达，使传教士处境艰难。比如，1679年，本来要发放给中国传教团的1000比索竟然被偷走，使传教团遭受了不小的损失。

以上两类经费构成了方济会士在华传教团的基本经费，它们作为经济后盾，对于推动传教事业的发展起到了重要作用。然而，如前所述，由于各种意外，这一类基本经费常常不能及时满足传教团的需要，在这种情况下，其他补充经费则能解燃眉之急。补充经费大致分为两类。

第一类是信徒或友教人士的捐赠，这些捐赠者既包括在菲律宾的西班牙人，也包括中国本土人士。这一类型的捐赠相当不规律，数量也具有较大的差异。比如，一位名叫Antonio Nieto的将军就专门出资300比索修建了方济会广东惠州教堂，并每年资助500比索用于教堂的维护和该城教士的生活。有时候，与天主教保持相对良好关系的中国官员，也会慷慨解囊。方济会士在广州修建的"天使圣母堂"（Iglesia de Nuestra Señora de los Angeles）和"圣方济各大教堂"（Iglesia de San Francisco）就得到了尚之信的捐赠。

第二类则是其他修会的帮助。这一类型的主要资助者毫无疑问是耶稣会士。早在利安当到达山东济南时，身在宫廷的耶稣会士汤若望就给

---

① 关于文都辣的欧洲之行，可参见崔维孝《明清之际西班牙方济会在华传教研究（1579—1732）》，中华书局2006年版，第171—178页。

② 该座教堂便是"圣方济各大教堂"，又称"杨仁里福音堂"。关于这一教堂的建立，参见崔维孝《明清之际西班牙方济会在华传教研究（1579—1732）》，中华书局2006年版，第191—196页。

他寄过二十两银子的资助。后来,利安定神父光复山东教区时,也受到了耶稣会士的照顾:

> 我应该感谢在宫廷中的耶稣会神父们。他们给我寄来了十二两银子的捐助和一件衣服。正是有了他们的帮助,我才能坚持到郭纳壁兄弟(Bernardo de la Encarnación)给我带救济金来。

上述渠道构成了方济会士在华传教经费的主要来源。毫无疑问,无论是绝对数量还是相对比例,王室从墨西哥的拨款都占据了绝对的优势,成为传教事业的经济支柱。而负责运输这一经费来华的就是马尼拉大帆船。

三 马尼拉大帆船与方济会在华传教事业

传教士经费来源不稳定,而日常开支巨大,这种供需之间的不平衡经常造成传教士难以维持传教事业。为了不使多年的努力毁于一旦,他们不得不向其他人借钱。

方济会士的第一个选择是向教徒或者其他修会的教士借钱。比如,1683年9月,身在山东的利安定神父奉命南下南京,领取救济金。但当他于同年10月30日抵达目的地时,不仅没有找到捎带救济金的人,连身上的盘缠也所剩无几,难以再返回山东。不得已,他只得向当地一名教徒借了十五两银子作为路费,前往广东求助。石铎琭神父在江西南安时,向刚到中国不久的巴黎外方会凯梅内神父(Louis Quémener)借了四两银子。1702年,当他想在福建漳浦购房时,也先后向颜珰(Charles Maigrot)借了一百多两银子。但这些教徒或者修会会士也并不富裕,难以提供大量资金。因此,当方济会士亟须银两用于维持整个传教团生活时,就不得不考虑另一个选择,那就是向陌生人(或者是钱庄)借钱。在这种情况下,支付高额利息便在所难免。

文都辣神父曾在信件中谈到过贷款利率问题。1679年,他指出利率总体上在百分之四十左右,最低的也要百分之三十。几年之后,他在1683年和1685年的两封信中提到利率是百分之三十六。因此,即使我们以百分之三十六的利率做保守计算，方济会士们需要支付的所有本息也将成为他们非常沉重的负担。为了避免这一悲剧，他们经常不厌其烦地提醒马尼拉，一定要提前发放救济和经费。因此，通常不到万不得已，方济会士们是绝不敢随意向陌生人借钱的。

综上，说马尼拉大帆船实际上是西班牙方济会在华传教团的一条生命线，一旦它不能保障经费的及时运输，方济会士就会立刻陷入传教活动停滞或是因被迫借贷而需负担高额利息的两难境地。但是，它绝不仅仅是一条机械的补给线和运输队。如前所述，菲律宾省会的拨款以及当地信徒的捐赠，也构成了传教经费的一部分。那么，我们不禁要问，这部分资金从何而来？自从西班牙人建立马尼拉城后，他们一直面临着资源匮乏的问题。西班牙人在拉丁美洲建立起了种植园经济制度，但在菲律宾，他们一直没有找到能够带来稳定收益的资源或者建立高效的经济体系。在这种情况下，菲律宾省会、部分神职人员以及当地的一些教徒，都纷纷投身大帆船贸易，赚取利润，用以解决资金匮乏的问题，[①]而这些收益的一部分将会直接投入传教事业。从这个意义上来看，如果没有马尼拉大帆船，王室经费的运输难度不仅会大大提高，方济会士也会由于菲律宾收入的减少而失去一部分资金支持，使本来就捉襟见肘的传教活动雪上加霜。

四　小结

明清之际，在以传教士入华传教为载体的中西文化交流的大舞台上，西班牙方济会士表现得十分活跃。然而，与其他修会传教士一样，献身于宗教事业的他们，首先也必须面对经济问题。在中国，方济会士的经费有多种渠道，比如王室的拨款、菲律宾省会的援助、教徒的捐赠等等。传教事业的正常发展，从经费的角度讲，大大依赖于马尼拉大帆船。大

[①] 关于早期西班牙传教士与大帆船贸易的关系的最新研究，参见王志红《近代早期的传教士与马尼拉大帆船贸易》，《东南亚南亚研究》，2017 年第 3 期，第 69—73 页。作者指出，西班牙人在菲律宾的经济困境，一直到 18 世纪他们建立起甘蔗种植业后才有所改善。作者认为传教士参与大帆船贸易有两个原因，一方面固然是传教经费紧张所致，另一方面也有追逐世俗繁华的因素在内。最重要的是，传教士通过参与大帆船贸易有效地发展了西班牙的传教事业。

帆船贸易不仅仅是负责运输经费的补给线，也是菲律宾省会、部分神职人员以及信徒获取利润的重要渠道，这其中的部分收益将直接用于支持在华传教团的事业。也就是说，除了经贸和文化交流意义外，马尼拉大帆船对于方济会在华传教事业起到了内在的支撑作用。

参考文献

Maestre, Estanislao (ed.), (1933), *Las misiones franciscanas en China: Cartas, informes y relaciones del padre Buenaventura Ibáñez (1650 – 1690). Con introducción, notas y apéndices, por el R. P. Fr. Severiano Alcobendas*. Madrid.

Sínica Franciscana（《方济会士中国书简集》）：

① Wyngaert, *Anastasius* Van Den (ed.), (1933), *Sínica Franciscana, vol. II, Relationes et Epistolas Fratrum Minorum Saeculi* XVI *et* XVII. Quaracchi.

② Wyngaert, Anastasius Van Den (ed.), (1936), *Sínica Franciscana, vol. III, Relationes et Epistolas Fratrum Minorum Saeculi* XVII, Quaracchi.

③ Wyngaert, Anastasius Van Den (ed.), (1942), *Sínica Franciscana, vol. IV, Relationes et Epistolas Fratrum Minorum Saeculi* XVII *et* XVIII. Quaracchi – Firenze.

④ Mensaert, Georges, Margiotti, Fortunato & ROSSO, Antonio Sisto (eds.), (1965), *Sínica Franciscana, vol. VII, Relationes et Epistolas Fratrum Minorum Hispanorum in Sinis qui a. 1672 – 1681 Missionem Ingressi Sunt*, Roma.

崔维孝：《明清之际西班牙方济会在华传教研究（1579—1732）》，中华书局2006年版。

王志红：《近代早期的传教士与马尼拉大帆船贸易》，《东南亚南亚研究》2017年第3期。

第六部分

思想的交流史：宗教、道德和哲学

引 述

达 奇

科米利亚斯天主教大学

中国与西班牙语世界的思想交流在双方文化互相渗透的漫长岁月中是不可或缺的。在中国，对于西班牙的认识经历了一个过程。来华的传教士中，不仅有以庞迪我为代表的耶稣会士，也有其他修会的神职人员，他们为了存活下来而努力适应环境，并创建了新的跨文化交流模式。西班牙语传教士们将天主教义传播到中国，又把中国的宗教思想带回欧洲。在道德伦理方面，儒家的道德规范促使庞迪我等人为中国社会做出了重要的贡献。当然，在这个过程中，一些诸如"礼仪之争"的摩擦、误解、扭曲事实也在所难免。

晚明的中国社会在欧洲被视为笃信儒家思想、政教分离的社会（在这种社会体制下，不同的"思想体系"必须通过竞争而不是政治权威的恩宠来获得社会公信力）。这个发现为欧洲的基督教社会"世俗化"的健康发展起到了积极的作用。同时，它为我们定位了庞迪我身处的氛围以及他所代表的世界观。总之，本部分的内容将专注于中西文化交流，尤其是影响中国和西班牙语国家之间思想和信仰的互动。

加泰罗尼亚开放大学教授安娜·布斯克茨教授首先介绍了来华的道明会（又译"多明我会"）修士，包括他们的数量、活动地点、组织方式以及对汉语的掌握情况等。其中的耶稣会在华经历了五十年（1580—1630年）从无到有的发展历程。布斯克茨教授指出，道明会同样在中国起到了重要的桥梁作用。17世纪30年代初在华设立长期会所前后，道明会的存在都不容忽视；当然，道明会在欧洲的影响力确实相对受限。高琦神父（Angelo Cochi）于1632年到华，随后而来的是黎玉范（Juan Bautista de Morales）和苏芳积（Francisco Díez），再后来是闵明我（Domingo Fernández de Navarrete），他们都是在中西文明对话中鼎鼎大名的人物。道明会没有选择皇城北京，而是选择福建作为起始根据地，而后逐渐扩展到浙江、山东等地，直到1664年遭受了重大的迫害。道明会在传教过程中同样执行适应策略，只是与耶稣会所遵循的传统有所区别，例如更加公开地使用十字架等宗教图像。布斯克茨教授总结道，道明会士们接受了优秀的培训，很多修士汉语娴熟，并参与了中国儒家经典的翻译、语法书和词典的编写等。其中首屈一指的就是1703年出版的由万济国（Francisco Varo）编纂的语言学巨著。正如格式塔哲学和心理学家的比较理论所示，布斯克茨教授的发言将有助于我们更加清楚地认识庞迪我的形象。

北京外国语大学的罗莹教授在发言中介绍了在华方济各会传世人利安当（Antonio de Santa María Caballero）的儒学观。利安当神父无疑是明末清初的中国传教团中举足轻重的人物，他在山东建立了教区，为成百上千的新教徒举行了洗礼，其中就包括第一位中国籍神父罗文藻。但同时，利安当神父也与道明会士黎玉范神父一样，反对与当地礼俗的结合。利安当多次撰文反对在基督教中融入祭祖祭孔的习俗，从而成为利玛窦和庞迪我的"适应"策略的主要批评者。但在另一方面，利安当也积极掌握汉语，并有汉语作品传世。罗莹教授为我们系统介绍了利安当的作品，并深入分析了其中对儒家思想的感悟。其间可以感受到利安当运用汉语表达的神学概念受到耶稣会士的重要影响，他本人也对儒家概念较为熟识。尽管在原则问题上分歧明显，但在非主要方面利安当的思想却与中国文化思想接近。这也反映出利玛窦和庞迪我的"适应"策略在龙华民等人后期的削弱政策的影响下，遭受了大幅改动。利安当始终认为中国的传统礼俗与基督教不相容，但他在华期间的后半段这一态度有了一定程度的缓和，并与耶稣会士汪儒望（Jean Valat）等结为好友。在其作品《天儒印》（1664年）中可以窥见，利安当甚至已经一定程度上接受和执行了利玛窦等生前推动的基督教与儒家思想之间的相互理解和对话。

庞培·法布拉大学的彭海涛博士就庞迪我的《七克》一书为我们提供了一个新的观察视角，他认为这是中国知识分子为建设道德新权威而进行的努力。彭海涛提醒说，晚明时期的中国经历了政治衰落和道德危机。知识分子们为寻找原因及可能的解决方案而展开讨论。耶稣会士庞迪我的《七克》正是在此背景下对于美德和伦理的思考。该书发表于1614年，形式为基督教义与中国传统道德规范儒家思想之间的对话。因此，庞迪我将作品的重心放在如何打破"七宗罪"（傲慢、贪婪、欲望、愤怒、贪食、嫉妒、懒惰）上，认为道德正确的生活并不完全取决于个人努力，而是基于信仰、通过我们的行动而体现的道德源泉。《七克》中包含很多对《圣经》内容、圣徒言行、西方先哲名言的引用，同时也注意穿插中国的传统故事。更为可贵的是，书中还加入了同时代的中国文人的警句名言，对于我们了解庞迪我所生活的时代及作品具有重要的借鉴作用。

中国第一批多明我会传教士的
培养及学术成就

安娜·布斯克茨

加泰罗尼亚开放大学

一 初始背景：耶稣会在中国的垄断地位

16世纪下半叶，随着西班牙抵达美洲、大西洋和太平洋航线的开辟以及葡萄牙和西班牙在亚洲的飞地——澳门和马尼拉的相继建立，许多教团开始梦想中华帝国的皈依。正如当时菲律宾圣玫瑰省多明我会教区第一个编年史作者迪戈·德·阿杜阿特所描写的那样：没有任何一个国家能在人口数量、素质、理解能力和治安情况上和中华帝国相提并论。澳门和马尼拉是中西方关系中的两个重要环节，他们被传教士当作进入中国的跳板。一开始的传教活动主要是由葡萄牙和耶稣会传教士主导的，这得益于葡萄牙在该地区的统治地位。①耶稣会的成员起到了连接中西方的桥梁作用，他们的功绩得到了广泛认可，其关于中国的作品也在欧洲广泛传播。但他们并不是在中国唯一的传教士。来自托钵修会的方济各会、多明我会和奥古斯丁会的教士们于1630年初在中国扎根，在这一时期他们也对东西方的交流起到了连接作用，尽管他们在欧洲并没有得到

---

① 《托尔德西里亚斯条约》是葡萄牙和西班牙瓜分世界的协定。根据该条约，中国在葡萄牙的辖区之内，条约具体列明了两国国王在各自辖区的权限。国王享有航海和贸易特权，另外他们也是各自辖区内的传教活动的负责人。因此，传教世界的中心在马德里和里斯本而非罗马。

与耶稣会相同的认可。当托钵修会在中国落地时，耶稣会已经在这里存在了 50 年（1580—1630），在这 50 年间他们几乎是中国唯一的福音传播团体。①

自 16 世纪在澳门②建立教区之后，耶稣会在中国充分享有福音传播的排他性。1578 年，当时的东印度教区巡察使范礼安抵达澳门，1579 年和 1582 年罗明坚（1547—1607）和利玛窦（1552—1610）也相继到达。这些耶稣会教士通过东方航线抵达，不仅仅是因为这条路线是由耶稣会创始人方济各·沙勿略开辟的（尽管他从未到过中国），也是因为不同于西班牙，葡萄牙的殖民区向所有国家的传教士都开放。从一开始耶稣会的传教方针就非常明确，使利玛窦成功地在中国朝廷争得一席之地。他的数学和天文知识、超凡的记忆力以及对中文的熟练掌握是他能够得到皇帝喜爱的关键因素。在他之后，其他的耶稣会教士比如罗雅各（1592—1638）和熊三拔（1575—1620）也成为皇室的顾问和老师，他们教授负责相关部门的官员宇宙学、数学和天文，以至于数年之后明朝的最后一位皇帝崇祯（1628—1644）任用汤若望，让他来负责历法改革和皇室天文观测台的运作。

教皇格里高利十三世的逝世完全改变了形势——他之前的诏令《教宗通谕》保障了耶稣会传教士在中国的排他性，之后的教令决议向托钵修会打开了中华帝国的大门。1586 年，方济各会取得了在东印度领土的任何地方建立教会和修道院的权利，其中也包括中国。③ 短短几年之后，这一权利普及到其他托钵修会教派——尽管当时要在葡萄牙的支持下进行，因为当时的传教士被要求必须从里斯本出发，直到 1608 年教皇保罗六世颁布教令，允许所有的传教士通过任何他们愿意的路线进入中国和日本。最终，1633 年教皇乌尔班八世签署这一教谕，这意味着中华帝国

---

① 无论是教皇的诏令训谕还是西葡福音传播者的敌意和竞争都阻碍了托钵修会在中国建立常设教区的进程，在这 50 年间，他们必须在菲律宾岛上进行传教活动。1565 年奥古斯丁会抵达，方济各会和多明我会分别在 1578 年和 1587 年抵达。

② 澳门成为至关重要的一个飞地，它是当时被称为"印度航线"的除莫桑比克、果阿和马六甲之外的第四大重要港口。

③ 方济各会教士将此看作对格里高利教皇十三世教令的废除，为了不产生任何疑问，方济各会教士马塞洛·德里巴的内拉将教谕文本写入了他的著作《大中华群岛和雷诺斯岛历史》。

向托钵修会的最终开放。介绍这一历史的主要目的是了解多明我会抵达中国的人数、地点、如何组织以及如何学习和了解中文。

二 多明我会在中国：从抵达到遭受帝国迫害

多明我会进入中国主要是借助1631年台湾岛派遣的使团，该使团的目的是建立马尼拉和福建①之间的贸易关系。当时马尼拉的总督达瓦拉（1626—1632），期望与福建人进行贸易，菲律宾岛相当依赖和福建的贸易。因此他便向当时西班牙在台湾的殖民首领阿卡拉寇（1629—1632）申请向位于中国南部海岸的福建省派遣使团。两个多明我会教士被任命带领使团，多明我会负责马尼拉的中国城——帕里安区的传教活动，另外他们在台湾也建立了教区。② 由于意大利人高琦和西班牙人谢多默他们在马尼拉对中国人的帮助而受到他们喜爱，因此被派往中国。同行的有两个士兵负责安全工作——这是一个非常简朴的使团，随行人员也不多，只有一个叫弗朗西斯科·费尔南德斯的中文翻译，一个同样叫弗朗西斯科的黑白混血和七名在菲律宾土著。③ 该使团遵循中国的礼节带去了礼物——一个装泉水的银器，尺寸较大且昂贵的罐子和耳杯。他们还给马尼拉的总督带来一封表明他们被任命为官方大使的信以及一些资助资金。在现代的早期背景下，在亚洲的西班牙人还没有发展出专门管理外交关系的机构，这些教会成员通常是已经融入马尼拉和福建贸易网络中的使团成员，他们多采用大使、翻译或是文化调解员的身份。在这种情况下，尽管使团是由两个多明我会成员带领，但他们却被要求不能涉及宗教话题以免损害使团的贸易目的。多明我会成员阿杜阿特在其编年史中写道："中国人认为他们的智慧是超出世界上所有其他民族的，所以他们无法接受外国人教他们关于今生或来世那样的事。"使团自1631年末出发，次年初到达福建沿岸，由于航行中的几次事故，使团遭受了人员和物资损

---

① 关于使团的出发和抵达日期资料记载有所出入。一些人例如阿杜阿特、里乔、法兰度—丰塞卡和费尔南德斯表明使团是1630年12月份从台湾出发，于1631年到达中国，而另外一些人把这一日期推后了整整一年。

② 从17世纪初期，在台湾岛就有了西班牙人的常设教区。

③ 关于该使团的曲折经历详见多明我会阿杜阿特和李科罗的传记。

失。一方面，两艘出访的船中的其中一艘的船长发动叛乱，反对派遣人员，最终导致了神父谢多默和其他几位成员的牺牲。另一方面，一伙海盗打劫了已经备摧受残的使团，掠走了他们所剩无几的物资。高琦历尽艰险，最终抵达位于福建东北部的福州，在那里拜访了地方官。由于他并未随身携带马尼拉总督签发的证明其使节身份的文书，于是被要求离境。然而，他并没有服从命令，而是躲了起来，尽管所有人都知道他在这里。此时起到关键作用的是一名日本籍基督教徒[①]的帮助。这名基督徒假装成多明我会使节离开了中国，而高琦则假装成中国人藏匿起来。同样起到决定性作用的还有一名皈依了基督教的中国医生的帮助：他训练高琦中国的礼节，教他中文并将他带到了福建东北部的福安县。由此，从一个贸易使团中诞生了多明我会在中国的教区，尽管该教区只有一个秘密活动的传教士。

在高琦抵达之后，整个17世纪到达中国的多明我会成员非常少，在大多数情况下他们都是和其他教会成员一起来的。在高琦逝世前几个月（1633年11月），黎玉范抵达中国，次年他加入了苏芳积神父的传教团。三年之后，施若翰和查伯多禄神父也加入了传教团，不久之后加入的是安东尼奥·德·拉·托雷，托雷之后又不得不立即放弃在中国的传教活动。在1642年的使团中，四名新的多明我会成员抵达中国，他们是：刘方济、万济国、洪罗烈以及窦迪莫。但由于在福建省遭受的迫害，苏芳积神父被迫离开。到1655年，载着五名教士地使团抵达福建沿岸，他们是：赖蒙笃、利畸、郭多敏、丁迪我以及罗文藻。1659年，刘若翰、白敏国、菲利普·莱昂纳多以及闵明我神父也来到中国。自17世纪60年代初期，就在中国发起对基督教的迫害（1664—1671）之前，佩德罗·里恰尔和海梅·韦格神父也进入了中国。

下表详细列明自高琦抵达中国到1664年迫害开始这一时段进入中国的多明我会成员。

[①] 在那艘船上，在那些从中国跑出来的人中有一名日本的基督教徒，他精通中文，期望去到基督教之地。

表 1　　1632—1671 年间在中国的多明我会成员

姓名与生卒年	中文名	进入中国的年份	来自哪个修道院
Angelo Cocchi（1597 – 1633）	高琦	1632	San Doménico（Fiesole, Florencia）
Juan Bautista Morales（1597 – 1664）	黎玉范	1633	San Pablo y Santo Domingo（Écija）
Francisco Díez（1606 – 1646）	苏芳积	1634	San Pablo（Valladolid）
Juan García（1606 – 1665）	施若翰	1637	Nuestra Señora de Almagro/San Pablo（Sevilla）
Pedro de Chaves（? – ?）	查伯多禄	1637	（Portugal）
Antonio de laTorre（? – ?）	—	1638	—
Francisco Fernández de Capillas（1607 – 1648）	刘方济	1642	San Pablo（Valladolid）
Francisco Varo（1627 – 1687）	万济国	1649	San Pablo（Sevilla）
Manuel Rodríguez（1617 – 1653）	洪罗烈	1649	San Esteban（Salamanca）
Timoteo Bottigli（1621 – 1662）	窦迪莫	1649	San Marcos（Florencia）
Raimundo del Valle（1613 – 1683）	赖蒙笃	1655	San Pedro Mártir（Ronda）
Victorio Riccio（1621 – 1685）	利畸	1655	San Doménico（Fiesole, Florencia）
Domingo Coronado（? – 1665）	郭多敏	1655	San Esteban（Salamanca）
Diego Rodríguez（? – 1656）	丁迪我	1656	Santo Domingo（México）
Lo Wen – tsao Gregorio Lo o López（1616 – 1691）	罗文藻	1655	Santo Domingo（Manila）
Juan Polanco（? – 1671）	刘若翰	1659	San Pablo（Valladolid）
Domingo Sarpetri（1623 – 1683）	白敏国	1659	San Pedro（Italia）
Felipe Leonardo（? – ?）	—	1659	—
Domingo Fernández de Navarrete（1618 – 1686/9）	闵明我	1659	Colegio de Valladolid
Pedro Ricciardi（1616 – 1663）	—	1660	San Pedro Mártir（Lombardía）
Jaime Verge（? – ?）	—	1661	—

资料来源：作者整理所得。

尽管进入中国的愿望十分强烈，但多明我会成员在中国的数量始终十分有限，各种各样的阻碍因素减慢了其进入中国的步伐。第一，从西班牙途经墨西哥和菲律宾然后抵达中国的航行条件十分艰苦且充满危险——通常是从台湾进入中国。与此同时物资缺乏使得通往中国的航行往往耽搁许久有时甚至需要等待从中国来的补给。例如，高琦必须供应给黎玉范所有需要的物资直到他抵达中国。

第二，台湾失守。在 1626 年到 1642 年间台湾充当着菲律宾和中国之间的海上飞地。这一飞地是多明我会进入中国①的中转站以及他们与中国产生冲突时的退守点。

第三，由于教会成员在中国传教的不连续，在传教士编年史以及保存下来的信件中，关于教士独自传教或者实际上独自一人的抱怨十分常见。有些情况下，多明我会成员由于身体原因而不得不离开中国——比如施若翰和安东尼奥·德·拉·托雷神父。还有一些情况下则是为了逃脱针对他们的迫害，苏芳积就遭受过迫害。抑或是为了寻求经济支持以及新的传教士如黎玉范所做的即是如此。在另外一些情况下，他们离开中国则是出于教会因素——苏方绩前往欧洲是为了同罗马教廷探讨中国宗教仪式问题。除此之外也有自然原因造成的死亡——高琦、黎玉范、苏芳积、施若翰、窦迪莫、洪罗烈、赖蒙笃都是在中国逝世。同样也有由于遭受针对基督教的迫害而死亡的情况——1648 年，已经在中国待了六年的刘方济饱受折磨随后又被杀害。

第四，中国官方的一些事件和决议也对多明我会留在中国形成了阻碍。一方面，在明清两代，多明我会都是遭受迫害的对象。1634 年在福建发生了一系列反对传教士的事件。之后在 1637 年到 1638 年福建反基督教的迫害更加激烈，这迫使许多传教士不得不躲起来甚至离开中国。接下来的十年间，清军于 1647 年攻占了福建，清政府首要的政令之一就是禁止基督教，该禁令于同年六月颁布。然而 1664 年针对所有中国境内的传教士的禁令毫无疑问是持续时间最长也是最严苛的，有 25 名耶稣会成

---

① 尽管西班牙人占据台湾的时间很短（1626—1642 年），但西班牙对方济各会和多明我会起到了基础作用：1626 年，多明我会成员巴托洛梅在四名教会成员的协助下在台湾建立了一座教堂和一所修道院。几年以后 17 世纪 30 年代初，方济各会抵达。

员，10 名多明我会成员以及 1 名方济各会成员受到影响。

十名多明我会成员中的六位，施若翰、万济国、赖蒙笃、韦格、高琦和罗文藻并没有服从命令而是躲了起来。而另外四位郭多敏、白敏国、莱昂纳多和闵明我则服从皇令北上抵达北京，随后被流放到广州。另一方面，1650 年到 1660 年清军进入中原并逐步攻陷各省，对传教士造成了极大影响，尤其是 1660 年初的毁灭性的政策的出台。为打败当时日益壮大的在福建地区被欧洲人称作"国姓爷"的郑成功领导的反清力量，该政策赋予满族人可以摧毁从广州到浙江沿岸的所有城镇的权利。这造成了长三千多公里，宽两千米左右面积的荒芜，它划出一条生与死的分界线，所有敢于穿越的人都将被判处死刑。①

另外也需要提及的是，当时中国人对于西班牙没有好感，因为在菲律宾发生的事件中，西班牙人几乎是声名狼藉。比如 1603 年的起义之后对中国人的屠杀事件，一些福建人因此失去在菲律宾的家人。② 另外，西班牙人在菲律宾群岛的出现对于中国人来说是非常值得质疑的。在明史的相应章节中中国人则指责西班牙人非法占据在当时仍需向中国进贡的菲律宾，并且完全是出于满足自己的经济利益才这么做。

皇室的迫害结束后，多明我会又重新进入中国，只是速度依然十分缓慢。从 1676 年到 1700 年，以下多明我会成员进入中国：神父欧加略和鲁汉（1677 年），佩德罗·德阿尔卡拉和安德烈斯·洛佩斯（1677 年），阿拉冈神父（1678 年），萨尔瓦多·德圣托马斯，胡安·德圣托马斯，特里格罗斯和温达罗（1680 年），托马斯·克罗克（1687 年），罗森铎和弗朗西斯科·坎特洛（1694 年）以及胡安·德阿斯图迪略和佩德罗·穆尼奥斯（1695 年）。

---

① 清政府因郑成功持续不断的进攻饱受折磨，深感绝望，尤其是沿海地区，因此他们决定摧毁整个沿海地区宽约 1500 米，长约 400 公里的区域，无数的村庄城镇被大火吞噬。数以万计的平民因失去赖以生存的土地、庄园、家和捕鱼工具而饱受饥饿之苦，甚至丧命。每隔一段距离就放置一个器皿充当边界，越过的人都要被处以死刑。整个沿岸每隔 500 米就有守卫防守，同时还有重兵把守的岗哨站，以此阻止敌人进入和海盗入侵。

② 当时居住在马尼拉的中国人主要来自福建。

三 在中国境内的传教活动

多明我会成员最初是在福建定居和传播福音,北部和南部都有他们的身影,他们也在厦门及其周边地区活动。建立多明我会在中国的传教团的过程中,一小拨中国基督教徒的帮助起了重要作用,他们从各地赶到福建支持刚抵达不久的高琦。这些本地的基督教徒给高琦提供了安身之所,为他准备了一个活动用的小礼拜堂,并充当当地政府和这位意大利籍的神父之间的翻译。正如耶稣会成员和其所在地的文人阶层建立联系一样,多明我会成员也依靠福建本地文人学士的支持。这在多明我会发展初期尤为重要。因此,多明我会起初的传教活动多是基于本地人的提议而不仅仅是传教士自身的努力,这些本地支持者在圣徒传或者是教会历史中也被高度赞扬。中国的基督教徒帮助高琦开展初期的传教活动是冒着生命危险的,这不仅因为当局禁止国人和外国人联系,也因为高琦神父在福建出现本身就是违法的。

1633年高琦神父逝世后,多明我会传教团在福建省的顶头村和福安出现,他们多次向上级申请派遣更多的传教士来中国传教。第二年,在中国的唯一的多明我会成员是黎玉范,他完成了由高琦开始的传教任务——据相关记载,黎玉范对传教活动投入了极大的热忱和努力,仅仅三年时间,约有一千户人家的村镇就只剩一家人还没有皈依。之后他又到了穆洋。在福建扎根之后,随着新的多明我会教士抵达,传教活动也扩展到浙江兰溪和金华南部以及山东济宁,到17世纪末也以较为隐蔽的方式在江西开展活动。传教的拓展并不容易,一方面是由于缺少物资,另一方面则是由于耶稣会的束缚——多明我会成员必须申请耶稣会的许可才能在特定地区传教。关于多明我会在中国定居以及如何传教有四个方面需要强调。

第一,需要注意的是在大多数情况下多明我会和方济各会成员不仅仅是乘坐同一艘船来到中国,而且"还曾像好兄弟一样居住在一起"。除了从马尼拉或台湾抵达中国的旅途本身的供给困难外,还有教士在中国的生存问题,这主要是由于阶段性的反基督教的政令或对传教士的迫害。根据教会规定,多明我会成员必须共同居住,承担日常任务和分享食物。

由于托钵僧会在中国成员有限，大多数情况下多明我会和方济各会成员居住一屋，这就是这些教团的定居方式。而耶稣会则相反，他们并不住在修道院，也因而享有更大的自由。

第二，正如耶稣会教士所做的一样，为了融入中国，他们不仅学习中国，而且在容貌上也略作修饰，以便看起来更像中国人。这样的例子有很多。当高琦以非法方式留在福州教区时，为了不被人发现和尽量低调，"他蓄胡子留长发以模仿中国人"。在1634年福建发生的几起针对基督教的事件中，据记载苏芳积"由于胡子和头发不够长差点死掉，这在中国是致命缺陷"；又如在1644年皇室迫害期间，多明我会神父万济国，当时福建省的副主教再三要求到达澳门后"等待几个月直到胡子留长再进入中国"①。

第三，多明我会成员致力于在公共场所传播基督教信仰，他们创办学校利用耶稣受难像教授基督教义。而耶稣会成员则会隐藏十字架或是用没有耶稣像的十字——他们根据圣经解释耶稣受难历史——耶稣会教士这种修改是为了避免违背中国人的认知，比如儒家思想提倡的身体发肤，受之父母，以对身体的尊重作为尽孝的方式。在中国的外国传教团经常向马尼拉请求向他们寄念珠或是有耶稣受难的画片。在施洗方式上也产生了很大的不同。所以从一开始，大多数耶稣会成员采用的传教方式，尤其是关于中国式的仪式和其他的宗教团体产生了冲突。以上这些引发了名为"礼仪之争"的对质（反对者认为这些行为违背了传教目的），争吵持续了多年，直到1742年这种中国的仪式被皇本笃十六世禁止。多明我会成员在公共场所的活动使他们与下层群众建立了联系，然而他们对中国人的两种传统非常反感，即抛弃刚出生的婴儿（他们被生母扔到垃圾堆或是河里）② 和

---

① 在澳门他们得到了当时澳门葡萄牙籍代理会长乐方济神父的帮助。多明我会在澳门有一个修道院，他们在1588年得到了修建许可。这一修道院是之后去到福建，马拉加和东帝汶的西班牙和葡萄牙多明我会教士的重要避难所。

② "在孩子出生后杀掉他们是中国人之间流传的一种习俗，而理由则是多种多样的：一些人说女孩无用；另一些人因为太穷养不起；也有人认为以这种方式杀掉她们之后她们会变成男孩回来，当时重男轻女现象十分普遍。一些不忍心让刚出生的女婴在水里溺死、亲手掐死她们或是把她们扔到河里或池塘里的父母则选择把婴儿放在广场、街道或是田地里，期望有人能把她们带回家抚养，有时候确实会有人捡走婴儿。"

抛弃麻风病人。① 尽管多明我会成员尽力帮助这两类群体，但由于自身的贫困状况，他们也无能为力。

四 关于教士培养和中文的使用

进入中国的多明我会成员几乎全都来自菲律宾圣玫瑰省，这是多明我教会在马尼拉的一个管辖区，是应萨拉扎尔主教②的请求修建的。然而，来自其他国家的教团可以在马尼拉汇合，意大利多籍的多明我会成员高琦和利畸就是如此，他们来自罗马多明我会教区位于佛罗伦萨郊外的菲耶索莱修道院。③

17世纪抵达中国的很大一部分教士来自西班牙的修道院，他们学习的主要是语法，偶尔还会涉及哲学和神学。17世纪初期，多明我会在马尼拉圣玫瑰省建立圣母学院，主要是为了培养年轻的教士，这些教士在这里学习神学、哲学和艺术。1645年，学院被教皇升级为大学。与在原籍地以及罗马、果阿或澳门一些地方接受九年学术和精神培养后才投入传教活动的耶稣会士不同，多明我会教士在进行传教活动前很少接受长达几年的正式教育。

从13世纪初创之时，传教团就特别关注研读，他们把学习看作完成传教和拯救灵魂两个主要任务必需的培养过程。因此，在各教区代表参加的大会的主要章程中，研读经常是核心话题。另外，章程还强调在修道院中不能缺少必要的研读书籍和材料并且还要求对学习能力突出的修士给予特别尊重。多明我会成员的教职品级也通常与研读能力挂钩，那些前往美洲和亚洲的教士通常有两类特别的能力：有利于大学的建立和促进本地语言的学习的能力。

---

① "另一种暴行是活埋麻风病人。最开始是在藤头，一些基督教徒通知他说要活埋麻风病人，他匆匆赶去却已经迟了。那位麻风病人的儿子在父亲的命令下挖出一个墓穴，他的父亲在墓穴中命令他填土。也许是出于恐惧，也许是处于孝心，儿子迟迟不敢下手，于是这位父亲开始用自己的双手挖土直到窒息。之后儿子确认父亲已经死亡，活埋完成。"
② 他在墨西哥做了25年的传教士，1575年到1578年担任西班牙省巡察使，最后成为菲律宾第一任主教。
③ 后来也有来自欧洲和美洲教区的教士。

在推动大学的发展方面，正是由于对研读的重视，多明我会成员对于新世界大学的创立和支持发挥了关键作用：例如圣多明各的圣托马斯德阿基诺大学（1538年），利马的圣马科斯大学（1551年），波哥大的圣托马斯大学（1580年）以及墨西哥大学。在菲律宾，自建立圣多明各修道院以后，在645年又成立圣托马斯大学（基于1611年多明我学院），该大学的建立促进了菲律宾人文教育的发展，尤其是古典语言和修辞教育的发展。

至于本地语言的学习，尽管帝国的方针仍然遵循内夫里哈所提出的"传教永远都要用帝国的语言"，但是去往美洲和亚洲的教士一开始就倾向于学习本地语言。① 在菲律宾和中国，多明我会教士遵循同样的方针，从一开始就投身于对即将要传福音国家语言的研究学习，也由此认识到现有语言的多样性。马尼拉则充当实验室，正如阿杜阿特所写的"到菲律宾后，很少有教士不努力学习本地语言或方言：被派到卡加延地区的教士学习他加禄语；在邦阿西楠省的教士学习邦阿西楠省语；在巴塔内斯省的教士学习塔加洛格语，在中国的教士学习复杂的厦门方言"。多明我会教士里乔在其1665年的信中写道在他的一生中学习了多种语言：拉丁语、意大利语、西班牙语、他加禄语以及中文。在马尼拉，多明我会教士也负责帕里安区，也就是马尼拉的中国城，因此从一开始他们就与中国人有联系。教士们开始学习在马尼拉的中国人所讲的福建省的方言闽南语以及官话，或者称为普通话。因此，虽然那些令人钦佩的耶稣会士适应中国的基本要素之一是致力于学习中文，但将这一方针完全归于耶稣会显然是不合适的。因为对多明我会的传教分析表明，多明我会同样有从一开始就学习中文的方针，比如，闵明我在他的几部作品中都提到了学习中文的重要性，学习中文不仅仅是为把它当作传播福音的工具，也是为了阅读中文书籍以及和官员交流。尽管抱怨中文太复杂，但中文的美却使他臣服以至于不能停止学习中文："我如此深爱中文，以至手不

---

① 在本地语言的学习方面，由于传教团诞生于必须要与异教徒作斗争的时代背景下，因此在伊比利亚半岛上创立的语言学院认为必须要学习非基督教国家的语言才能使他们皈依，这一点非常重要。半岛上的不同城市都开展了对阿拉伯语和希伯来语的学习，比如在瓦伦西亚有东方语言中心，不仅可以学习语言还可以学习要去传教国家的文化和习俗。

释卷。"事实上，闵明我曾说道："我可以熟练应用三种方言。"他指的第一种是普通话，第二种是福安方言，第三种可能是广东话。① 在某些情况下修士对中文的熟练应用甚至达到了忘记母语的地步，一些修士为给自己的上级写信时过于简洁的风格道歉，说："我忘了有些母语要怎么写了。"万济国、利畸和闵明我神父都是熟练掌握中文的代表。这在一些他们为主角的章节中和他们自己被保存下来的著作中都有明显表示。例如里乔神父作为郑成功 1662 年派往菲律宾使团中的官方传教士，在同年马尼拉中国人的起义中发挥了重要作用，他成功地使中国人放下武器，平息了动乱。在这些事件中他之所以能发挥重要作用与他能够流利讲中文和书写中文是分不开的——"他短时间内就能达到熟练掌握的程度"——当然也得益于他对中国文化的了解。

和耶稣会士的做法一样，为了使福音传播更加持久，多明我会教士开始把基督教主要信条编辑为各种类型的书籍，并翻译为中文，同样也翻译和编辑了有关于词汇和语言艺术及语法的书籍。

在与信仰有关的书籍中，他们着眼于书写教义要理和基督教教条领域的书籍。这类出版物与之前在伊比利亚半岛和在新世界出版的书籍大多类似。这些中文书籍多采用中国南方的词汇和定居在马尼拉的中国人的发音，而在形式上则无疑受到了多明我会在墨西哥的传教士用当地语言编写的教义和在广东的耶稣会士罗明坚编写的第一部教义《天主圣教实录》的影响。从在中国传教开始，多明我会教士陆续创作了此类书籍，其中值得我们关注的有《关于高琦的虔诚的中文书》（只是不知道有没有出版）以及神父黎玉范的《中文教义》和《激发对真理的期望和爱的中文小书》。同样值得关注的还有施若翰的《天主神教入门问答》，汇编自教义要理和若望曾提及的庞迪我《天神魔鬼说》，罗雅谷的《天主警戒》和《圣母警戒》，又或是罗如望的《启梦》和高一志神父的《教要节略》中的一些章节。

---

① 闵明我似乎可以熟练书写和应用中文。神父法兰度和丰塞卡写道："从那时起不过只过去了几个月，他已经成为这门语言真正的主人，就像是自己的母语一样，他克服了这门奇异的语言的所有困难。他学起中国汉字和书写也很快，较短时间内他已经可以阅读中文的科学和文学类书籍。这些方面的知识使得他后来写作维护宗教和信仰相关的文章时得心应手。"

至于中文和西班牙语文本之间的翻译，16世纪末在菲律宾具有明显代表性的是由多明我会教士高母羡（1547—1593年）翻译到西班牙语的范立本所著的《明心宝鉴》。其译名为 *Espejo rico del claro corazón*，是一部中国经典的格言汇编。近一个世纪以后，同样为多明我会教士的闵明我将其列入《中华帝国的历史、政治、民族和宗教论文》中，名称为《灵魂之镜》或《照亮和沟通心灵和人类内在的镜子》（即指《明心宝鉴》），但他从没提到过作者名称。在他的论文中从没有提到高母羡的译文，好像他并不知道有这部译作。与高母羡的翻译不同，闵明我的译文并没有受到太多关注。正如耶稣会教士所做的，多明我会教士同样也翻译了许多孔子的文章。闵明我本人翻译且评论了大量在其论文中用到的孔子语录，这些语录大多来自《四书》。

最终，多明我会教士也编写了许多词汇、语法和艺术类的书籍以帮助后来的传教士。这一点同样也是吸收了耶稣会的做法。一些最古老的中文语法书是由当时在菲律宾的多明我会教士写的，内容是对居住在马尼拉的中国人使用的闽南语的介绍。① 如果我们所有的历史纪录是正确的，在1580年以前奥古斯丁会教士马丁·德拉达应该就已经写了第一部闽南语词典，这是他的作品《中文词典和艺术》中的一部分。门多萨神父在其作品《中华大帝国史》中确认见过这本书，尽管这本书没有被保存下来。如果事实确实如此，那就意味着传教语言学不是在中国而是在菲律宾开始的，并且《中文词典和艺术》应该比编纂于16世纪80年代的利玛窦和罗明坚的《葡华辞典》还要早。在中国的多明我会教士创作的中西词汇和语法词典中值得一提的有多明我会教士黎玉范的《中文词汇和艺术》，多明我会苏芳积的《中文词典及西班牙语注释》以及黎玉范的《中西词典》。但是，这场语言运动中毫无疑问的巨著应是同样为多明我会教士的万济国（1627—1687年）在1682年汇编的《华语官话语法》，此书于1703年由方济各会教士石铎禄（1650—1704年）在广州发布。这部巨著，虽然从严格意义上说并不是一部词典，但是需要提到的是多明我会教士闵明我在其论文中提到他使用了一部约有33375字的中文

---

① 这些中国人大多来自中国南部的福建省。因此，多明我会教士必须要熟悉和学习中国南部的方言。他们最开始发布的文章也是用的这一地区的方言。

词典。这一数字在那个时代只能是指两部作品：第一部是 1615 年明朝末年梅膺祚所编的《字汇》，共 14 卷，约 33000 字。另一部是张自烈的《正字通》，共 12 卷，约 30000 字，1671 年作为《字汇》的补充发表。由于闵明我是在 1676 年在马德里发表的作品，因此很有可能他的作品《中华帝国的历史、政治、民族和宗教论文》提到的词典就是《字汇》，因为《正字通》发表的时候他已经回到了欧洲。这类材料的使用除了为他学习语言服务外，还使他可以在论文中以非常简短的词源词典的形式纳入对近 50 个汉字的解析。比如"白"字闵明我的解释是"一个日字，一撇向上意思是清晰明了"；对于"囚"字他解释为"一个人关在一个四方的屋子里"；而"钱"字则是"金属在一旁，一个武器在上一个在下"。在另外一些情况中，闵明我的解释则很难理解和重构，因为随着时间的推移，这些字已经消失了或者不再使用了。① 闵明我在其论文第三部分中引用的 46 个字（169—172 页）表明他很有可能使用了 1615 年出版的《字彙》。一般来说，闵明我选用的字都比较简单，可能是他想用比较简单和不太专业的方式向欧洲读者解释中国文明是怎样构建文字和形成自己的想法的。

总而言之，当提到对 17 世纪的中国的认识时，耶稣会教士的名字总是会被提及，一方面是由于他们的作品和译作，另一方面也是因为他们在欧洲学者界的声誉——这得益于他们的学术能力、和教皇的密切合作以及他们在中国朝廷获得的尊敬。然而，耶稣会并不是唯一的，其他教派的传教士，比如多明我会，同样也为欧洲发现中国起到了积极作用，并且这些传教士通过自己的作品留下了他们对中国的认识的证明。另外，和耶稣会教士一样，许多多明我会成员对中文及其书写有深刻的了解。因此，需要对在中国的多明我会教士所做出的贡献予以肯定，给予他们应得的名誉，因为就在不久前，他们的付出和贡献在欧洲仍处于被遗忘的境地。

---

① 此部分内容，我谨感谢汉学家和医学人类学家莫雷诺·冈萨雷斯（Moreno González）博士的帮助。

清初来华方济各会士利安当儒学观浅析[*]

罗 莹

北京外国语大学

方济会中国传教区的奠基人利安当（Antonio de Santa Maria Caballero, 1602 – 1669）是明清之际中国天主教史上的重要人物。[①]不仅因其经历重重磨难后成功开辟山东教区，在华传教期间曾为数千名中国教友施洗，其中包括第一位中国籍天主教主教罗文藻（Gregorio López, 1617—1691）；更因其与多明我会传教士黎玉范（Juan Bautista de Morales, 1597—1664）作为中国礼仪宗教性问题讨论的发起者，在"中国礼仪之争"中提交了一系列有关中国宗教以及反对中国礼仪的外文论述，成为利玛窦文化适应政策的主要批评者。利安当在华传教期间，亦曾努力研习汉语并留下若干中文著述。本文将对其中涉及儒家思想的中外文著述进行勾勒并对其儒学观进行初步分析。

---

[*] 本研究获北京外国语大学中国文化走出去协同创新中心立项资助并为北京外国语大学一流学科建设科研项目阶段性成果。

[①] 关于利氏的出生、所受教育及其在华传教生涯，参见方豪《中国天主教史人物列传》，宗教文化出版社 2007 年版，第 303—306 页；P. Anastasius van den Wyngaert ed., *Sinica Franciscana* Vol. II, Quaracchi-Firenze, 1933, pp. 317 – 332；崔维孝教授在《明清之际西班牙方济会在华传教研究（1579—1732）》（中华书局 2006 年版）一书中关于来华方济各会会史、方济各会中国教区史料简介和利安当在华活动及其成就概述的开创性研究，张铠研究员的《西班牙的汉学研究（1552—2016）》（中国社会科学出版社 2017 年版）一书从西班牙汉学史和中国天主教史的视角，关于利安当对中国礼仪问题基本看法的梳理及其历狱报告史料价值的评价，是笔者撰写本文的最初动因，特此致敬。

一 利安当入华活动简述

利安当（Antonio de Santa Maria Caballero，1602—1669），西班牙人，其名又作栗安当、李安堂，字克敦，1618 年 3 月入方济各会。他曾先后两次入华。

第一次入华（共逗留 3 年）：1633 年他由马尼拉启程前往中国，在福建顶头村建立第一个传教据点。在福建传教期间，他因怀疑中国教友参加的祭祖拜孔仪式是宗教异端活动，遂与多明我会士黎玉范（Juan Bautista de Morales，1597—1664）一同对中国基督徒的祭祖祭孔礼仪展开调查，亦曾隐晦地就其怀疑询问来华耶稣会士，此后他又赴马尼拉征求神学家们的意见。其报告后由黎氏呈交罗马教廷并获颁禁令。

第二次入华：他历经曲折，于 1649 年重返中国，传教于山东济南，期间曾拟去朝鲜开教，被疾病所阻。1650 年 10 月底他来到济南，取得了在华传教的主要成就，并开始深入研究中国典籍。在 1653 年的信件中他提及自己已有三部中文著述，据后来刊印的《天儒印》一书可知，此时利安当开始借鉴利玛窦式的阐释方式，经由"四书"中的语句来阐发天主教的教义和礼仪，以达到传扬基督教信仰、归化文人的目的。其中原因，一方面是随着他在中国传教经验的日渐丰富，对中国文化及社会实际情况亦有更为深入了解，另一方面此时他与同在山东济南传教的耶稣会士汪儒望（Juan Valat，1599—1696）交好，使之对在华耶稣会的传教理念及方式有了更多的理解和认同；另一方面是他在华传教多年却始终未能归化一名中国文人的事实使其有所改变，这也是触发其创作《天儒印》的直接原因。1665 年，利安当与汪儒望因杨光先教案被捕入狱，《天儒印》一书即是在利安当入狱后出版的，有为自己辩护之意。同年 9 月，二人被押赴北京，次年 3 月 25 日到达广州，被软禁于城中老天主教堂。1667 年 12 月 18 日至次年 1 月 26 日，他与同时被驱赶至此的 24 名传教士召开会议，对近百年的中国传教活动加以总结与讨论，最终达成 42 条共识。利安当因对其中的第 6、20、22、41 条持反对意见，拒绝签字，明确坚持了反对中国礼仪的立场。不同于利氏，多明我会士闵明我（Domingo Navarrete，1618—1686）则在广州会议上改变立场，签字认同，随后又于

1669 年越狱逃回欧洲并出版《中华帝国的历史、政治、伦理及宗教概论》（*Tratados históricos, políticos, éthicos, y religiosos de la monarchia de China*，下文简称《概论》）一书，强烈批评中国礼仪。

流放广州期间，利安当撰写《论在华传教的几个重要问题》（*Tratado sobre algunos punctos tocantes a esta mission de la gran China*）一文，明确表述了他对中国礼仪的反对态度，该文在欧洲发表后曾产生过较大影响，此外他还撰写了一系列的书信和报道来记载杨光先历狱的具体情况，例如《中国教难简报》（*Relacion breve de la persecucion que en este reyno de la gran China*）、《1664 年中国教难报道》（*Relaçion de la persecuçion que en este reyno de la gran China se levanto contra nuestra sancta fee y sus predicadores, año del Señor de 1664*）等。1669 年 5 月 13 日，利安当在广州逝世。

二 利氏名下涉及儒家思想的著述

（一）外文著述

依据《方济各会中国教区档案汇编》（*Sinica Franciscana*，以下简称《汇编》），利氏名下的外文著述（含书信、传教事务报告、备忘录、征信应答、仲裁结果、为殉教的同会兄弟和建立重要功业的修女所作行传、圣母赞词、批驳古兰经的论著，以及涉及中国宗教和礼仪问题的多篇小论文）有 78 篇目[1]，其中涉及利氏对中国礼仪的看法及其儒学观的论述有以下几方面。

1. 由利安当和 Juan Pina de S. Antonio 于 1637 年 8 月 20 日联合签名并提交给马尼拉大主教 Hernando Guerrero 的 46 页报告文件，谈及他们对中国新奉教基督徒（仍践行中国礼仪）的强烈质疑。[2]具体涉及：中国教徒是否应如其他天主教徒一样每年至少办告解、领圣体一次并按斋期表守

---

[1] P. Anastasius van den Wyngaert ed., *Sinica Franciscana* Vol. Ⅱ, Quaracchi-Firenze, 1933, pp. 332 – 344; Vol. Ⅸ, pp. 983 – 1030.

[2] "Informe al Señor Arçobispo de Manila, Hernando Guerrero. Dubitationes gravissimae quae circa novam conversionem et christianitatem regni magni Chinae occurrunt. Manilae 20 aug. 1637", *Sinica Franciscana* Vol. Ⅱ, p. 332。下文凡出自《方济各会中国教区档案汇编》（*Sinica Franciscana*）的文献编目，仅标明文献的原文标题及所在页码。

斋？如何为女性入教者施洗；高利贷者成为教徒后他们是否能被允许继续操持旧业；教徒是否可以参与祭拜城隍、祭孔、祭祖活动以及是否可以在家中为亡者立牌位，而传教士们是否应当坦诚告知准备领洗的望教者此类祭祀及做法皆不合法，哪怕由此可能带来麻烦；传教士们在教区内是否要宣讲基督受难被钉并展示其圣像等17个问题。①

2. 基督宗教传入中国简报，写于1637年11月15日，共计14页。②在该文件中，四位来自多明我会、方济各会的在华传教士共同见证并陈述了1636年他们所进行的两次宗教法庭调查结果，由利安当编纂成文。第一次记于福建顶头，时间为1635年12月22日至1636年1月9日，调查中的裁决人是多明我会士黎玉范，公证人是多明我会士苏芳积（Francisco Díez, 1606—1646），翻译中文证词的是利安当。他们针对闽东传教地区最富学识的文人信徒，就祭祖祭孔及拜城隍的真实意图问题进行征询。第二次调查时间为1636年1月21日至2月10日，调查在顶头进行，由方济各会士玛方济担任裁决人，利安当作为公证人，再次就上述问题以及针对中国人的本性，应采取何种具体的传教方式等展开调查。③

3. 涉及中国新教友的15条质疑的决议，写于1638年6月11日，共162页。④利安当在文中提出他对当时中国新奉教基督徒仍在践行中国礼仪的诸多疑虑以及对此的解决方案。传信部于1645年9月12日做出赞同其观点的裁决。

---

① 闵明我在其《概论》一书第七论《传信部在罗马颁布的法令及其主张》（*Decretos, y Proposiciones Calificadas en Roma, por Orden de la Sacra Congregacion del Santo Oficio*）亦收入该报告，题为"来华传教士向传信部提交的问题（附有传信部对此的答复以及据此颁布的法令）"（Quaesita Missionariorum Chinae, seu Sinarum, Sacrae Congregationi de Propaganda Fide exhibita. Cum Responsis ad Ea: Decreto eiusdem Sacrae Congregationis approbatis, pp. 451-459）；该报告17点质疑内容的中译，可参见［美］苏尔、［美］诺尔编：《中国礼仪之争——西文文献一百篇》，沈保义、顾卫民、朱静译，上海古籍出版社2001年版，第1—7页。

② "Relazion brebe de la entrada de nuestra serafica religion en el reyno de la gran China. 15 nov. 1637", pp. 332-333.

③ 上述两次调查的具体经过、内容及后续影响，参见张先清《多明我会士黎玉范与中国礼仪之争》，载《世界宗教研究》，2008年第3期，第61—62页。

④ "Resolucion de quince dubdas tocantes a la nueba conversion del gran reyno de la China. 11 iun. 1638", p. 333.

4. 关于（多明我和方济各会）两大修会入华纪实，利安当编于1644年。①

5. 利安当致传信部的宣誓声明，关于此前已在罗马提出有关中国人对自己已逝先祖的祭拜和礼仪。1661年8月20日写于济南府，共计16页。②

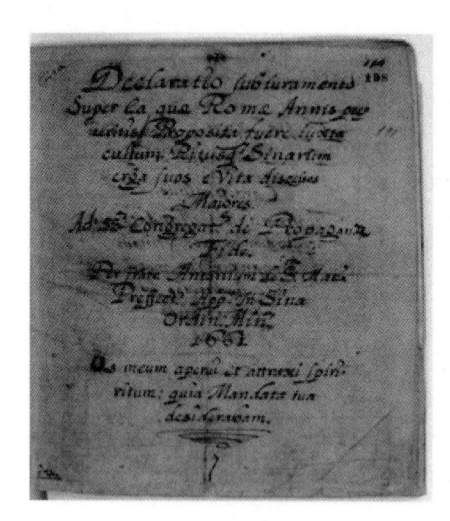

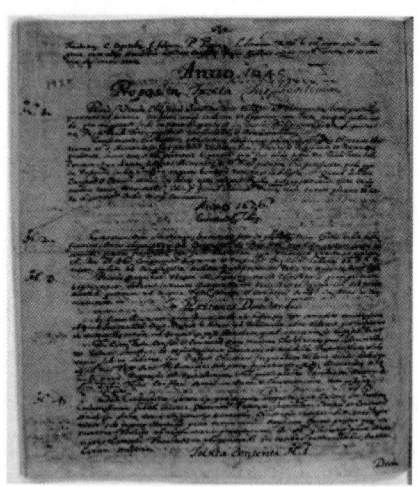

图1 利氏宣誓声明的封面及其开篇（藏于传信部档案馆）

该声明写于利氏二度来华后。伴随他对中国的文化典籍和来华耶稣会士中文著述的研读，此时他对儒家思想以及中国奉教文人关于中国礼仪的观点有了更深入的了解。声明中利氏以编年纪要的形式，自1645年始，按重要事件发生的年份，分88条记载了传信部就中国礼仪的合法性问题下达的谕令内容（如1645年传信部下达禁止中国礼仪的谕令，1656

---

① "Relacion de la entrada de las dos religiones en China. Sic sonat titulus relationis a Iohanne a S. Antonio in sua Cronica assumptae. Tempus redactionis debet esse 1644.", p. 336. 文献内容参见 Juan Francesco de S. Antonio, *Chronicas de la Apostolica Provincia de S. Gregorio de Religiosos Descalzos de N. S. P. S. Francisco en las Islas Philipinas*, *China*, *Japan*, &c. Parte Ⅲ, lib. I capit. 10, 12, 14, 17, 22, lib. II, capit. 1, 2, 5, 6, 9, 11, 12, 14, 15, 18. Manila, 1744.

② "Declaratio sub iuramento super ea quae Romae annis praeteritis proposita fuere iuxta cultum ritusque Sinarum erga suos a vita discessos maiores. Ad SS. Congregationem de Propaganda Fide. Cinanfu 20 aug. 1661", p. 340. 该声明和利安当、文都辣联合署名的信件，都藏于罗马传信部档案馆（Archivio Storico de Congregazione de Propaganda Fide），详见 Fondo Scritture Referite nei Congressi (SC), Indiana Orientali, Cina, vol. 1: 1623 – 1674, fols. 198r – 214r.

年圣座应卫匡国（Martino Martini，1614—1661）对黎玉范报告进行反驳，又下达了允许中国教友参与中国礼仪的谕令）他个人在华活动纪要（如1650年入京并与汤若望见面，1659年到淮安见成际理，1660年修会同伴文度辣，在杭州与卫匡国就新奉教的中国教友的斋戒、节日祭拜活动等问题进行讨论等）。其中尤能体现利氏儒学观的部分是他以"声明"（declaratio）、"质疑的理由"（rationes dubitandi/quaesita）的形式，依据自己的亲身体验，征引中文著述对圣座谕令及中国礼仪的实质做出回应。他采用"注解"（N./nota）的方式，借助《字汇》《古文字考》《中庸直解》《文公家礼》等中文辞书及典籍，征引《天主实义》《天主圣教实录》《答客问》《天主圣教小引》等汉语神学著作，针对"儒教""文庙""至圣""祭祖""神""牌位""礼"等概念内涵及其在日常生活中的践行方式逐项进行辨析，进而明确其反对中国礼仪的坚定立场及理由。文末还附有一封题为"谦卑的恳求"（Humilis Supplicatio）的信件，由利安当和文度辣签名认证上文所述有关中国祭祀的种种，皆为他们二人在华的真实所见、所闻以及他们在中国典籍中阅读所得，同时亦向圣部汇报他们二人皆已年迈无法远行，而此时他们在中国又缺少人手和出行费用，受洗的教徒皆为贫苦民众无法给予捐赠，以致眼下极为节俭的生活都难以为继。

6. 利氏于1661年10月12日将耶稣会士龙华民（Niccolò Longobardo，1565—1655）有关中国改宗的小论文，从葡文论文转译为拉丁文。①文末附有利氏写于1661年12月28日的译者声明。他在撰写上述《致传信部

---

① "Tractatus de Sinarum conversione, 12 oct. 1661. Translatio tractatus lusitani a P. Longobardi exarati in latinum", p. 340. 传信部档案馆藏有龙华民葡文论文原文，题为 Reposta breve sobre as Controversias do Xamty, Tienyiu, Lin Hoen e outros nomes e termes sinicos, per se determiner quaes delles podem ou nao podem usasse nesta Christianadade, 详见 SC, Indiana Orientali, Cina, vol. 1, fols. 145r – 169v；利氏的拉丁译文手稿附在龙氏原文后，详见前述文档 fols. 171r – 197v。闵明我在其《概论》一书第五论《儒教专论》（Especial de la secta literaria）中收入了他用西班牙语翻译的龙华民论文，题为 "Respuesta breve, sobre las controversias de el Xang Ti, Tien Xin, y Ling Hoen, (esto es de el Rey de lo alto, espiritus, y alma racional, que pone el China) y otros nombres, y terminos Chinicos, para determinarse, quales de ellos se pueden usaren esta Christiandad", pp. 246 – 289.《汇编》对该文献所署日期的记载更为详尽，笔者在传信部档案馆查证到的利氏拉丁文译本仅在开篇标明1661年。

的宣誓声明》期间，偶然获得龙氏手稿，但其中部分内容被撕去，尤其据论文原始目录应有18论，现仅存17论，且论文结尾部分已佚，故该葡文手稿缺少龙氏的亲笔签名和具体写作时间。但利氏依据他与龙华民交往过程中（他此前曾两次在北京的朝廷见到龙氏，亦曾在不同的年份与龙氏一起在某个村庄待过数日）曾亲见其笔迹，确认他所得到的这份葡文原始手稿，乃龙氏亲笔所写。此外，利氏亦频繁引用所罗门王智慧书中的观点，来"审查"（实为支持和印证）龙华民论文中所阐述的核心内容。随之亦附上多明我会士黎玉范写于1662年5月27日关于龙氏葡文论文及利氏拉丁文译稿可信度的公证词。

7. 利氏在将龙华民论文译为拉丁文后，又摘录龙氏论文中的要点，专文予以总结："（借由该论文）深入地阐明中国儒教的隐秘，并由我来证实上述涉及祭孔、祭祖的事宜。"1661年10月12日由山东省济南府寄给传信部。①文中他再度确认该论文虽末尾残缺，但全文字迹出自龙氏笔下。文末附有利安当和文都辣的亲笔签名。随后，利氏又附上他在中国经典中找到的谈及鬼神以及祭祖礼仪的权威论述的译文，"我从中文书中找到其他的一些权威观点，来支持那些'龙氏论文中'已被阐明的准则"②，主要有利玛窦《天主实义》中"辩释鬼神及人魂异论，而解天下万物不可谓之一体"一篇、朱熹《论语集解》中对"祭如在，祭神如神在""子曰：无不与祭如不祭"两句的评点以及《朱子语类》③和张居正《论语直解》④针对祭祀时尤其是"天子不可不致其诚"的评论。亦谈及

---

① "Epilogus cuiusdam digni legi tractatus, profunde declarantis abscondita tenebrarum sectae litteratorum sinensium, confirmantisque ea quae a me supra declarata sunt iuxta cultum et sacrificia Confucii et proavorum. Auctor eius P. Nocolaus Longobardus S. I. Ex provincia Xantung in China ex civitate de Cinanfu nominata 12 oct. 1661", pp. 340 – 341, 详见 SC, Indiana Orientali, Cina, vol. 1, fols. 214v – 217v.

② "Post praescripta iam firmata, aliquas alias in libris sinicis inveni auctoritates iuxta Sacrificia maior defunctorum, quas non omittere licere mihi visum fuit ob maiorem veritatis claritatem; quae sequentes quidem sunt", *ibid.*, fol. 217v.

③ 页边注上有中文标注："范氏云：有其诚则有其神，无其诚则无其神。"（引自《朱子语类》）, SC, Indiana Orientali, Cina, vol. 1, fol. 217v.

④ 页边注上有中文标注："直解云。天子一身，为天地宗庙百神之主，尤不可不致其诚。所以古之帝王，郊庙之祭，必躬必亲，致斋之日，或存或著，然后郊则天神恪，庙则人鬼享，而实受其福也。"（引自《论语直解》）SC, Indiana Orientali, Cina, vol. 1, fol. 218r.

孔子生病时，学生子路为其向上下神祇请祷，孔子答曰"丘之祷久矣"一事，并附上张居正的评论①，用以证明中国古人对那些他们想象出来的鬼神和已逝祖先进行祭祀，除表示敬意之外亦有所求，实为偶像崇拜的行为，且直至今日中国文人及普通民众仍在践行上述礼仪。该文于1662年3月24日从山东济南府寄出。②

8. 利氏先后写于1662年3月28日和29日致传教皇和主教的两封信件，再次强调龙华民论文的重要性。③

9. 利氏关于中国诸教派的报道，重点谈及儒教"似乎是世上所有教派中最古老的"，1662年11月18日写于山东济南。④全文共分三部分。（1）关于中国哲学家的教派及其在后世的文人教派（De secta Philosophorum Sinensium: suorumque sequentium hujus temporis literatorum.），该部分明显基于龙华民报告的思路，利氏从中择其精要予以概述，他先遵循龙华民将中国经典著述分为四类的标准逐一简介，引出孔子这位"著名的中国老师"（de famoso Sinarum Magistro Confucio）的生平及其教导，指出中国古代典籍原文及其后世注疏之间自相矛盾之处；继而论及中国人所认为的世上的第一原理（按：指太极/理）、宇宙的产生方式及过程（指太极的动静产生阴阳二仪，进而推动世间万物的运动变化）以及构成世界的三个基本因素（指天地人三才），解释事物产生及腐朽的原因（指冷热）并指出中国人认为事物本质上都是由"气"构成，但因其有清浊，

---

① 页边注上有中文标注："张阁老直解云。孔子不直斥其非，乃先问说：'疾病行祷，果有此理否乎？'子路对说：'于理有之，吾闻诔词中有云："祷尔于上下神祇。是说人有疾时曾祷告于天地神祇，欲以转祸而为福，则是古人有行之者矣。"今以病请祷，于理何妨？'于是孔子晓之说：'夫所谓祷者，是说平日所为不善，如今告于鬼神，忏悔前非，以求解灾降福耳。若我平生，一言一动不敢得罪于鬼神，有善则迁，有过即改。则我之祷于鬼神者，盖已久矣。其在今日，又何以祷为哉？'"（引自《论语直解》）SC, Indiana Orientali, Cina, vol. 1, fol. 219r.

② "Post epilogum laudatum aliud scriptum P. Antonii ibidem inventiur 24 mart. 1662", p. 341. 详见 SC, Indiana Orientali, Cina, vol. 1, fols. 217v – 219v.

③ "Epistola ad Summum Pontificem, Sinae 28 mart. 1662." "Epistola ad Emos Cardinales, Sinae 29 mart. 1662", p. 341. 详见 SC, Indiana Orientali, Cina, vol. 1, fols. 22r – 23v.

④ "Relatio Sinae sectarum, praecipue philosophorum quorum secta omnium totius orbis antiquissima esse videtur", pp. 341 – 342. 其原始手稿藏于传信部档案馆1732 – 4，该报道的第三部分亦藏于罗马耶稣会档案馆 Jap – Sin. 112，其中的部分内容由 Väth 神父整理发表于 Historicum Societatis Iesu I, pp. 291 – 302.

故在类别上有所不同；明确指出"中国哲学家对于与实体性存在不同的精神存在物一无所知"(Sinenses Philosophi numquam aliquam substantiam spiritualem agnoverunt distinctam a corporea.)，批评儒教所发明的双重教义；在探讨中国鬼神本质（源于太极/理/气）的基础上，认定祭天祭祖的中国礼仪并非政治性的，因祭祀者明确有所求，其"祭祀行为包含着巨大的迷信"(cultus sacrificiorum tam a coelo quam ad suos antecessores, ex quo videtur magnam in se includere superstitionem)。最终，基于儒家以"太极/理"这一原初物质（materia prima）作为世界起源的观点，得出无论是古代还是当下的中国文人皆为无神论者的结论，此后又附上龙华民所搜集到的一系列中国重要文人士大夫的相关证词，以证明上述结论的可信度。（2）关于中国民间常见的偶像崇拜教派（De Sectis idolorum quae communes sunt Populo Sinorum），重点介绍了佛教、道教乃至妈祖等民间信仰，批判中国文人及民众修筑众多庙宇进行偶像崇拜活动。（3）关于耶稣会、多明我会会士入华和在华的方济各会布道团，以及在中国所发现的我们古老神圣信仰的某些踪迹（De ingressu Missionariorum Religiosorum Ordinis Societatis Jesu et Praedicatorum, ac Fratrum Minorum in sinicam Missionem: ac de aliquibus vestigiis nostrae sanctae fidei antiquis, quae inventa fuerunt in Sinis）。在结论部分，利安当围绕基督教义中的25个主题，摘录了先秦儒学经典及其在后世主要注疏中与之类似的教导，试图对这些中文"证词"加以检验，并时常征引圣奥古斯丁的话来支持自己的观点，以回应反教人士对于天主教教义的质疑。

10. 关于自1664年9月开始的中国教难简报，写于1665年8月30日。①

11. 关于1664年反对基督神圣信仰及其传教士的中国教难报道。该报道有两个版本，一个写于1666年4月3日，据利氏写给总会长（P. Generalem）的信中透露，是其应澳门同会兄弟要求所写；另一个写于1667年9月10日，

---

① "Relacion breve de la persecucion que en este reyno de la gran China se comenzo a levantar año de 1664, por el mes de setiembre, contra la sancta ley evangelica y sus ministros", p. 342.

现藏于罗马国家图书馆。①

12. 对在华传教的几个重要问题的论述,利氏 1668 年 12 月 9 日从广州寄给当时身在澳门学院的耶稣会日本及中国会省巡察使达·伽马（Luís da Gama, 1610—1672）。②开篇利氏即严正申明：在耶稣会中国副会省省长成际理的主持下,25 名来华各修会传教士在 1667 年 12 月 18 日—1668 年 1 月 26 日的"广州会议"上就一直以来传教工作中主要分歧和要点进行了讨论协商,达成 42 条共识并集体签字认证。③但他本人因对涉及中国礼仪的第 6 条、20 条、22 条和 41 条持反对意见,故拒绝签字。文中利安当征引"四书""五经"《性理大全》《四书直解》《朱文公家礼》《字汇》以及来华传教士和奉教文人的中文神学著述,逐个剖析"上帝""文庙""鬼神"等祭祀礼仪中涉及的核心概念内涵（应是在上文利氏外文文献 5 的基础上扩写而成）,以说明其持反对立场的依据。

（二）中文著述

依据《汇编》,利氏名下的中文著述有 8 篇目④,目前能够找到全文的有以下三种:

1.《天儒印》（Concordantia legis divinae cum quatuor libris sinicis）成书于 1664 年济南西堂,有魏学渠为之所作的序言以及尚祐卿所作《天儒

---

① "Relaçion de la persecuçion que en esto reyno de la gran China se levanto contra nuestra sancta fee y sus predicadores, año del Señor de 1664", p. 342.《汇编》整理并收录该报道的西文全文见 pp. 502 – 606. 文献内容简析,参见张铠《利安当与历狱》,载《跨越东西方的思想：世界语境下的中国文化研究》,外语教学与研究出版社 2010 年版,第 127—167 页。

② "Tratado sobre algunos punctos tocantes a esta mission de la gran China, remittido desde esta ciudad de Canton al mui R. P. Luis de Gama de al compañia de Jesus, vissitador de las provincias eiusdem societatis de Japon y China, residente en su colegio de al ciudad de Macao. Quamcheufu 8 oct. 1668", p. 343. 该文档藏于传信部档案馆,详见 SC, Indiana Orientali, Cina, vol. 1, fols. 269r – 270v.《汇编》标注该文献的写作日期是 1668 年 10 月 8 日,但笔者在传信部档案馆查找到的原始文献日期标注则是"1668 年 12 月 9 日"。

③ 关于这 42 条共识的具体内容,详见 Acta Contonienia Authentica, in Quibus Praxis Missionariorum Sinensium Societatis Jesu circa Ritus Sinenses Approbata est communi consensu Patrum Dominicorum & Jesuitarum, qui erant in China; atque illorum Subscriptione Firmata, Romae 1700, pp. 19 – 33.

④ P. Anastasius van den Wyngaert ed., *Sinica Franciscana* Vol. II, p. 344, 第 79 – 86 号。

印说》。① 书中利氏采取断章取义式的解读，借"四书"章句来阐发天主教教义和礼仪。尽管其论述缺乏体系，但从中能明确获得利氏肯定中国先民早已认识甚至信仰基督宗教唯一真神的观点。与此同时，利氏并未全然附会中国经典的权威，他在文中明确指出儒释道三教与基督宗教有本质差别，不可相提并论。

2. 《正学镠石》（Lex Dei est petra magnetica），据尚祜卿所言写于1664年，现存最早印本为1698年版，有"泰西圣方济各会士利安当著"字样，但孟德卫（David Mungello）认为该书的主要作者是利氏的中国合作者尚祜卿。②

3. 《万物本末约言》（Compendium originis et finis rerum omnium），序言为"远西圣方济各会士利安当述，同会文都辣订"，正文为"远西圣方济各会士利安当述"，大约成书于17世纪后期。③

未得见的5种分别为：

1. 关于基督宗教的律法，包括3部小著作。（1）由中文典籍提炼出的共通基础；（2）偶像"崇拜"的谬误；（3）三种神学美德的解说。皆印于1653年。④

2. 对于基督信仰的辩解（Apologia pro fide christiana）。

3. 基督教义问答，1666年写于广州（Catechismus christianus. Canton 1666）。

4. 神圣律法概要，1680年交付刻印（Compedium legis divinae. Prelo datum an 1680）。

5. 不同的祈祷书著述（Varia opuscula devotionis）。

---

① 该书在欧洲有多个藏本：1664年刊本藏于梵蒂冈教廷图书馆 Borg. cine. 334（9），共60面；同馆还有另一藏本，收于 Borg. cine. 349；法国国家图书馆亦有该书藏本，据古郎（Maurice Courant）书目，其编目为7148号。

② [美] 孟德卫：《灵与肉：山东的天主教（1650—1785）》，潘琳译，大象出版社2009年版，第42—45页。

③ 法国国家图书馆有该书藏本，出版地为广州，因在文末有"珠江杨仁里福音堂重梓"的说明，书目中将其认定为1680年广州西教珠江福音堂重印的复本。

④ "De christiana lege, opuscula tria: 1) Fundamenta generalia ex libris sinicis deprompta; 2) Vanitas idolorum; 3) Exposito trium virtutem theologicarum. 1653", p. 344.

三 利氏儒学观简析

若分别就其中文和外文著述来考察利氏的儒学观，会发现其中呈现强烈的反差。

1. 中文著述中的儒学观

就现存有利氏署名的中文著述而言，《天儒印》一书是学界公认利氏为其真实作者的唯一著述，因此也成为利氏最受关注的中文著述。[①] 书中，利氏以天主教教义直白诠释儒家"四书"，用语立论大胆，全然不同于同一时期来华耶稣会士大多顾及中国传统叙述权威的含蓄口吻。例如他将《大学》《中庸》里面涉及"道""天""性""大本"等含有本原、终极、本体意味的词汇，都视为天主在中国文化中的代名词；将"至善""明明德""诚"等儒家强调个人修为的最终目标，都归结为天主的属性或是能力，从而将个人修为的归属指向天主。在《孟子》一书的引证中，亦有类似的阐释模式：论及"天"和"上帝"时，都是在强调世人需重视修身克己的修行，进而将儒学的个人道德修为转化为天主教徒修行的要求。

利氏在其注疏中，亦仿效来华耶稣会士擅用的中西文化意象附会手法，但较后者直接生硬，更类似于早期佛经汉译时的"格义"手法，多拘泥于字面意思的比附，而不是背后文化意象的融会贯通。例如将《大学》中"汤之盘铭曰：苟日新，日日新，又日新"等同于基督教礼仪的洗礼圣事，视"日新之说"为告解忏悔之礼。将《论语》"笃信好学"的"信"解为信德（"向主有三德，曰圣信，曰圣望，曰圣爱，而望爱必以信为基"）；用天学的四终论"以身死，二审判，三天堂，四地狱也"来解释"慎终追远"的"终"，解之为"虽久远而必有善恶之报也"；谈及"有教无类"时，更是依据其天主教一神论的裁断标准，划分出"有教"（惟天主自无始有教，亦自无始有，故有性教，有书教，有身教。主有教有始于无始，终于无终，独名有教，非他教可比絜也）和"人为之教"（天下一切教术皆人为，皆后立，虽名为教，不名有教……且诸教或儒或释或道，各于其类，强之使同，弗或同也）这一类似于"宗教—迷

[①] 可参见刘耘华、陈义海、吴莉苇、肖清和和汪聂才等人关于《天儒印》一书的研究成果。

信"二元对立模式的术语范畴。

有趣的是,利氏在注解时大量使用源于来华耶稣会士中文著述的神学概念,以其《中庸》注疏为例,举隅如下:

《中庸》原文	利氏释义	术语出处
"天命之谓性"	"'草木'生性""'禽兽'觉且生之性""'人类'灵而且觉生之性"	罗明坚的《天主圣经实录》最早谈及"魂有三品",译介亚氏"三魂说",此后利玛窦在《天主实义》中正式提出草木的"生魂"、禽兽动物的"觉魂"和人类永存不灭的"灵魂"的"三魂"译名,艾儒略亦在其《性学觕述》《三山论学》中沿用利氏的译名,用以回应、批驳理学关于"魂属气"的论说
	"天主初命人性时,即以十诫道理铭刻人之性中……所谓性教也。……久沦晦,人难率循,于是又有书教……及至天主降生赎世,立身教,阐扬大道……"	"十诫"最早出自罗明坚的《天主圣教实录》;"三教说"最早源自艾儒略等人的《口铎日抄》:"天主之爱人无已也,有性教,有书教,有宠教……天主始降生为人,以身教立表,教化始大明于四方,是谓宠教。"①此后,奉教文人朱宗元全然接纳该"三阶段论",并试图将其与儒家圣人立教的道统说相融合,而孟儒望在其《天学略义》中亦继承、发展此说,并用"先性教,次书教,次新教"来介绍天主教发展的三个阶段②

---

① 李九标:《口铎日抄》,《耶稣会罗马档案馆明确天主教文献》(第七册),台北:利氏书社2002年版,第108—109页。

② 孟儒望:《天学略义》,《天主教东传文献续编》(第二册),台北:台湾学生书局1984年版,第900—901页。

续表

《中庸》原文	利氏释义	术语出处
"鬼神之为德，其盛矣乎！"	"凡无形无声而具灵体者，总称曰鬼神。分言之，则正者谓神，即圣教所云天神是；邪者谓鬼，即圣教所云魔鬼"	"天神""魔鬼"说最早可见于罗明坚《天主圣教实录》
"惟天下至诚，为能经纶天下之大经，立天下之大本，知天地之化育"	"本者，所以然之谓也。凡物有三所以然，曰私所以然，曰公所以然，曰至公所以然"	汤若望在其《主制群征》中已使用"公所以然""大公所以然"等术语；利类思在其《超性学要》中亦使用"所以然"来译介拉丁文版《神学大全》（Summa Theologica）中 causa（原因）一词

此外，在评述《论语》中"己所不欲，勿施于人"时，利氏指出这一观点与基督宗教"爱人如己"的圣训一致，并进一步说明这里的"不欲"可分为"肉身所不欲"和"灵神所不欲者"，"载在十诫、七克、十四哀矜，诸书可考也"。此处所罗列的诸书皆为来华耶稣会士的著述，由此可见利氏对上述中文著述的熟悉程度。同时也说明：尽管在对待中国礼仪的态度和在华传教理念上存在分歧（利安当终其一生都对中国祭祖祭孔礼仪秉持强硬的批判态度），二度来华的利安当作为当时在华托钵修会的重要代表，并不忌讳借用在华耶稣会士所创用的中文神学术语，甚至表露出认同和沿用前者所建构的术语名称及内涵，共同缔造汉语神学术语体系的倾向。尽管《天儒印》中直抒胸臆般断章取义的解读，明显缺乏一个严格、有力的论证体系，但中文读者在其中更多感受的是利氏对耶儒之同的强调。

2. 外文著述中的儒学观

在利氏大量的外文著述中（如传信部档案馆所藏、前述利氏外文文献5、8、9号），多是对中国异教徒进行偶像崇拜的直接揭露，包括对孔子及其所代表的儒教，以及奉教者仍旧实行祭祖祭孔礼仪的猛烈批评。这也与利氏流放广州期间在来华传教士集体召开的"广州会议"上坚决反对祭天祭孔等中国礼仪的立场相一致，当时他的立场表述还获得陆安德、聂仲迁（Adrien Greslon, 1618—1696）、张玛诺（Manuel Jorge, 1621—1677）、汪儒望 4 位耶稣会士的支持。有关利氏外文文献中所表述的"儒学观"，可从他特意将龙华民"针对围绕'上帝''天主''灵魂'以及其他中文词汇和术语争论的回应，以及这些用语是否应该被基督教团体采用"的葡文论文（*Reposta breve sobre as Controversias do Xamty, Tienyiu, Lin Hoen e outros nomes e termes sinicos, per se determiner quaes delles podem ou nao podem usasse nesta Christiandade*）翻译为拉丁文并明确认证、赞同龙氏观点这一举动中略窥一斑。[1]该文对于利氏的影响可谓相当深入，利氏先是在 1661 年 10 月 12 日翻译完龙氏手稿，1662 年 11 月 18 日又在济南写下《中国诸教派关系》一文，文中对于孔子及儒教的介绍，其观点都明显源于龙华民，例如视孔子为儒教创始人，经由其著述儒教的教义得以阐明等。利氏一方面认同古代中国人所推崇的"上帝"与基督宗教的 Deus 有诸多特征相符，两者只是命名上的不同[2]，同时又接纳龙华民以先儒/宋儒、先秦经典/宋儒注疏的二重划分，认为古代的儒学教义晦涩难懂，当下儒生皆需借助宋儒注释才能理解儒学原典，故应将理学视为儒学正统，并依据宋儒的观点，将"理"（materia prima）作为世界的本源，而世间万物的存在及其本质皆为"气"，凸显宋儒的唯物论世界观，由此得出古代及当代中国文人皆为无神论者的判断。[3]

---

[1] 广州流放期间，利氏将龙华民手稿的抄本转给多明我会士闵明我参阅，随后闵氏将其翻译为西班牙文并做注，收为《中华帝国的历史、政治、伦理及宗教概论》一书第五论（Tratado Quinto, y especial de la secta literaria）。该书的出版将天主教内部有关"中国礼仪"的争执推向白热化。

[2] 在这一点上，利安当与龙华民的见解不同。龙华民认为不管是先儒还是宋儒，他们在"上帝"之名下所理解的事物不可能是基督宗教的最高神 Deus；利安当在其 1656 年写给传信部的声明中，引用利玛窦《天主实义》的观点"历观古书而知，上帝与天主特异以命也"，肯定古代中国人所认识的"上帝"，它具有的属性与唯一真神 Deus 相符。SC, Indiana Orientali, Cina vol. 1, f. 202r.

[3] 利安当在其报告中说道："中国的儒教及其他教派，其源头是共同的，经由魔鬼的发明，它们彼此间有很多相似之处，用同样的方式及发明将人引向地狱"，"中国儒释道三种教派都完全跟随哲学化的方法，有两种不同的教义。一种是私下的，看起来像是真的，却只有文人才能明白，并由他们通过符号及象形文字的面纱所把持。另一种是世俗的，是第一种的比喻，在文人看来是虚假的，是字面的肤浅意义。他们利用它来治理、制造神灵、教化以及虚构的崇拜，促使人们避恶向善"，"由此可知，中国最睿智的人（指孔子）可悲地被指向罪恶的深渊，亦即无神论"。SC, Indiana Orientali, Cina, vol. 1, fols. 171r – 197v.

利氏在其寄给传信部的报道中多次提及：基于其自身对祭天祭祖礼仪实践活动的近距离观察，他确定这些与"拜万岁"（即叩拜不在场的当朝皇帝的礼仪）不同，并非世俗性或政治性的，其中包含巨大的迷信。尤其在祭祖仪式中，祈祷者对于祭祀对象有所求，希望从他们那里求得健康、长命百岁、成就功业、多子多孙抑或摆脱眼下逆境等。他尤其对奉教者仍旧践行祭祖祭孔礼仪予以强烈谴责，明确指出基督徒们不得获准错误地、外在地参与上述形式的祭祀，不应与不信教者混杂在其中践行某一职务，在祠堂、家中或是坟前，公开地或是私下地进行祭祖[1]，而这一建议后来亦被传信部采纳。简而言之，利氏在其外文著述中更多强调耶儒之异，尤其批评民间百姓所奉行的多神信仰，认定祭祖祭孔等实践活动明确具有偶像崇拜性质。

有趣的是，利氏在其批评中国礼仪的外文著述中，亦大量征引中文天主教文献作为其观点的论据，例如在其手稿页边注明确标识出的利玛窦《天主实义》、罗明坚《天主圣教实录》（利氏将此书误为庞迪我所作）、朱宗元《答客问》（1659 年，利氏前往杭州与耶稣会士卫匡国就祭祖问题进行面谈时引用）、"杭州府学生范中圣名第慕德阿"《天主圣教小引》，并借助孔子《论语》、张居正《四书直解》、朱熹《文公家礼》、司马光《书仪·丧仪》、《古文字考》和《字汇》等中文典籍，试图解释"祝""庙""神""礼""祭"等中国礼仪核心术语的真实含义。1668 年 12 月 9 日利氏在从广州写给达·伽马的西文长信中（前述利氏外文文献第 12 号），他提出自己对于中国传教要点的 61 点意见，其中页边注的中文参考文献同样包括上述文献，此外还涉及艾儒略和李祖白的著作《性理大全》《圣教源流》《辩不奉祖先说》等。由此可见此时利氏对中文奉教文献、经典儒学典籍以及中文工具书的涉猎之广和熟悉程度之深，并不逊色于当时来华的耶稣会士。

---

[1] "Quod quidem sacrificium in domibus suis, et in sepulchris mortuorum etiam fit minoretamen solemnitate. Quaeritur utrum Christiani ficte et exterius tantum ut supra dictus est possint assistere huiusmodi sacrificio, vel exercere aliquod ministerium in illo cum infidelibus commixti, sive in Templo sive in domo vel sepulchro, publice vel privatim... Censuerunt; Christianis Chinensibus nullatenus licere ficte vel exterius assistere sacrificiis in honorem Progenitorum, neque eorum deprecationibus, aut quibuscumque ritibus superstitiosis Gentilium erga ipsos." SC, Indiana Orientali, Cina, vol. 1, fol. 204.

四　结语

来华早期的利安当，秉持托钵修会对宗教信仰纯粹性的强调，亲眼目睹福建当地民众的多神崇拜以及奉教文人依旧践行祭祖祭孔之礼的行为，震惊于来华耶稣会对此的包容默许，遂与黎玉范一同掀起了对于中国礼仪的指责和旷日持久的争论。[①]此时的利氏对儒家思想乃至来华耶稣会开辟中国传教事业的经验及思考所知甚少，因循心中"宗教与迷信"二元对立的前见范式，激烈抨击并试图抑制异质文化中所有不符合其范式的社会存在。这也是此时的利氏与后来将中国礼仪之争推向白热化的多明我会士闵明我在思想上的共同点。

二度来华的利安当，伴随着自身传教经验的丰富、对儒学典籍以及中文天主教神学著述的深入研读，以及个人交际网络的变化（早期他主要是与福建当地的多明我会士建立反对在华耶稣会传教方针的同盟，后期他频繁地在中国各地活动，直接与汤若望、成际理、卫匡国等在华耶稣会士就自己心中的疑虑进行对话，并受到与之交好的耶稣会士汪儒望的深入影响），其中文和外文著述中所呈现出的儒学观亦日益丰满、复杂，甚至出现部分自相矛盾的观点，例如他一方面全然赞同和支持龙华民有关中国古代及当代文人都是无神论者的观点，另一方面又对利玛窦评价甚高——称之为"一个做出了出色功绩的人"（insigni meriti vir），熟读并频繁征引《天主实义》书中的观点，肯定中国古代典籍中的"上帝"即是基督宗教的 Deus，两者只是命名上的不同，但孔子的后世阐释者"不想相信真正的天主，尽管听到过福音侍者的话，却违背他们已听到的

[①] 利安当后来在其写给传信部的声明中，回忆他与黎玉范因一同目睹中国基督徒参与祭祖活动，愤然于1638年向传信部提交报告，其动机是"这是我与多明我会黎玉范神父当时的所见所闻，现在我不能不说出来并为此作证"。（quae ego cum prefato patre Dominicano tunc vidi et audi, non possum etiam nunc, non loqui, ac declarare.），SC, Indiana Orientali, Cina, vol. 1, f. 207r.

真理，有悖自然理性地发表了许多荒诞之说"。①《天儒印》一书的诞生，可视为利安当对利玛窦耶儒互通诠释路线的肯定及亲身实践。但终其一生，基于对信仰纯粹性的追求，他在其中文和外文著述中始终如一地反对中国礼仪、视当下中国社会的儒、释、道三教为充满偶像崇拜的"人为之教"，有别于圣教"有教"，在其外文报告中更是严格要求中国奉教者应摒弃礼仪旧俗，"经由其基督徒的活动来转变自身"（ut melius dicam, avertant se ab actionibus Christianorum）。尽管如此，利氏在其外文书信中从未表露出基督教中心主义的世界观抑或民族主义视角下对中华民族及其文化的偏激否定。②更加难能可贵的是，他能超越修会之间的争执与门户之见，理解并借用来华耶稣会的中文神学著述及其传教方式服务于牧灵工作，这亦使他成为基于自身的纯粹信仰，认真考量耶儒异同以及探讨儒学宗教性问题，践行早期汉语神学书写的杰出表率。

---

① "Hoc est: liber utique antiquorum discusis [sic], scietur quidem illum Altissimum dictum xang ti, a vero Domino Deo solummodo denominatione differre. At moderniores commentatores Confucii, aliique huius temporis litterati, plurima iuxta hoc etiam contra rationem naturalem dicunt absurda: in verumque Deum etiam auditis Evangelii ministris, librisque eorum perlectis, adhuc credere nolunt. Immo a veritate avertentes auditum, ad fabulas autem conversi, caelum ac terram, suum Confucium aliosß [sic] varios spiritus magnis sacrificiis adorant, tam ipsimet sinici reges, quam alii regni sui sapientiores et rudes." SC, Indiana Orientali, Cina, vol. 1, f. 202r.

② 与利氏不同，多明我会士闵明我在其著述中表露出一种鲜明的宗教中心观。在其《概论》一书中，他挥洒自如地引用了古希腊和罗马的哲学典籍、《圣经》和教中多位圣父的观点、诸多耶稣会士论及中国的著述，也不时会对中西文化的某些异同进行比较和分析，可见其博学勤勉，堪称当时西方学者的典范。与此同时，闵氏基于基督教中心观对异教文化持有强烈的优越感。不仅屡次强调基督宗教至高至圣，需由它来引领儒家文化，甚至还为西班牙殖民者借助暴力屠杀的手段来归化菲律宾群岛上的原住民这一血腥事件辩护，认为这与他们以前对美洲大陆印第安人的所作所为一样，值得宽恕。因为"这些可怜的受造物们，他们唯一的罪过在于他们的诞生。他们承受苦难的唯一理由便是他们存在于世上，以至于下达了如此多虔诚、高贵、仁慈且有益于他们的命令，却在他们身上收效甚微，多次想要挽救这些卑劣的人，但他们仍甘愿受缚堕落"。(Tradatos, pp. viii – ix.)

庞迪我的《七克》与晚明社会道德权威的重建

彭海涛

庞培·法布拉大学

一 庞迪我其人及其著作七克

庞迪我（Diego de Pantoja）是来自伊比利亚半岛的传教士。据文献记载，他1571年出生于巴尔德莫罗（Valdemoro），一个靠近今日西班牙首都马德里的小镇。从其受洗文件来判断，庞迪我母亲的家族应在当地颇具影响力。[①] 1589年庞迪我加入耶稣会，并于1596年自葡萄牙的里斯本起航，自此告别家乡，开启了传教之旅。他在1597年抵达澳门，随后在1599年进入内地，正式展开在中国的传教活动。1600年他在南京首次见到了利玛窦（Matteo Ricci），两人共同前往北京觐见了万历皇帝，庞迪我也成为第一个进入紫禁城的西班牙人。此后，他们还获得了皇帝的许可，得以居住京师并领取朝廷俸禄，这被视作耶稣会在中国传教过程中的一项重大成就。

利用在京居住的优势，庞迪我获得了更多的机会与中国士大夫进行讨论和交流，凭借着高尚道德与卓越的学识，他赢得了诸多中国士人的尊重。在利玛窦死后，他利用自己与一些官员的良好关系，成功为这位

[①] 参见 http://www.valdemoro.es/transcripcion5。

意大利耶稣会士申请到了一块墓地。皇帝钦赐墓地,也使得传教士们一时名声大噪。此后,他的著作《七克》也在中国士大夫中引起了极为强烈的反响。

《七克》出版于1614年,主要阐述了天主教的道德及灵修方式。在该书中,庞迪我详细介绍了如何通过克服七罪宗来培养道德并获得上帝的救赎。全书共分为七章:伏傲、防淫、解贪、塞饕、熄忿、平妒、策怠。每一章都是对一项罪宗进行克制的方法。《七克》一书大量引证了《圣经》经文,西方先哲的格言警句,并使用了很多西方经典中的故事来佐证书中的观点。如果说利玛窦写作《天主实义》的目的是向中国人介绍基督教及天主的概念,那么《七克》则是专注于自我修养的伦理学主题。不过,这并未丝毫减弱《七克》一书的天主教色彩。因为在该书中,庞迪我毫不讳言自我修养的目的是取悦上帝,由此获得永恒的救赎。

此外,诸多中国士人为本书撰写的序言和跋也是我们了解他们对于天主教的态度及晚明中西文化交流的重要文献。

二 晚明的狂禅与纵欲

如果要了解中国士大夫对传教士有关伦理的说教产生兴趣的原因,我们首先要明白他们所关心的问题。从正德时期开始,明朝的政治日益腐败黑暗,皇帝昏庸无道,阉党专权,党争激烈。部分士人明哲保身,远离政治,专注于内心的修养和对生活的享受。

如嘉靖时期,"群臣一时冒触天威,重得罪谴,死者遂十余人。大臣纷纷去位,小臣苟默自容"。以至于国家在出现变乱时"无一人进一疏、画一策者",令人感慨"小大之臣,志不奋而气不扬,亦可见矣"[①]。及至于万历朝,士人与朝廷的对立似乎更加严重,再加上万历皇帝的怠政,使得中央政府出现了严重的缺员状态。此外,皇帝还派遣矿监税使前往各地搜刮财富,激起多起民变。史学家孟森评万历帝曰:"怠于临政,勇于敛财""行政之事可无,敛财之事无奇不有""帝王之奇贪,从古无若

---

① 《明史》卷192《郭楠传》,中华书局1974年版,第5105页。

帝者"①。雪上加霜的是，此时文官集团的党争更是日趋惨烈。不少人为了躲避政敌的攻击而纷纷去位。如万历朝内阁首辅李廷机，因受到弹劾而坚持辞官。为表明决心，他将京城的家产变卖，将家人遣回老家泉州，自己却搬到了庙里居住。在庙中他不断上疏皇帝恳辞，他明白皇帝不会轻易让内阁首辅离开，但他没想到的是，在上疏150余次之后，皇帝依然没有对他的辞呈做出任何批示。于是，在没有得到许可的情况下，他私自挂印而去，这本可被视作一桩严重的罪行，但皇帝并没有对他进行处罚。

出于对现实的无奈以及对朝局的不满，很多士大夫选择辞官归隐，悠游于泉林之下，有的士大夫如此评价自己的生活方式和处世态度：

"仆林居无营，上不慕古，下不肖俗。为疏为懒，不敢为狂；为拙为愚，不敢为恶。高竹林之贤，而丑其放；怀三闾之忠，而过其沉；嘉鸱夷之逝，而污其富。每景物会意，命酒自歌，酒不尽量，歌不尽调。倦则偃卧，厌苦俗途，究心老庄，保养性命，此仆大略也。"②

辞官和被罢官的士大夫们，沉迷于享乐、清谈及对长生的追求。他们无论是纵情于山水之中，还是专注于求田问舍，都是为了缓解在现实政治中遭遇的失意。

三 晚明社会中的道德虚无主义

晚明社会的商业经济发展对社会秩序产生了巨大的冲击，而这一冲击同样也投射在了社会思潮的演变中。程朱理学由于无法适应社会的发展而受到了人们的强烈批评和质疑。明朝中叶以来，不断有士大夫对理学传统提出质疑，宣传表现自我，正视个人的欲望，这些观念顺应了商人阶层崛起的社会现实。王阳明提出了"心体"这一概念。并宣称"心体"是无善无恶的。王阳明和他的追随者们认为"心体"是一种超然的存在，它凌驾于伦理道德之上，也独立于经验世界之外。

但很多人无法理解"心体"是一种超越经验世界的存在，他们将形

---

① 孟森：《明清史讲义》，中华书局1981年版，第263页。
② （明）焦竑：《玉堂丛语》卷7《任达》，中华书局1981年版，245页。

而上学的"心体"理解为一种道德观,并认为它是无善无恶的。这种置换模糊了对与错的判断标准,也导致了道德虚无主义的盛行。与此同时,这一思潮有助于人们进一步挑战程朱理学,人们注重自我意识的觉醒,同时也开始正视自己的欲望,使得这一思潮获得了越来越大的影响力。

在对程朱理学产生质疑之后,士大夫开始从佛教、道教经典中寻找新的思想资源。晚明禅宗由此盛行,传统的治国平天下的价值观遭到严重挑战。据时人记载:

> 自人文向盛,士习寖漓,始而厌薄平常,稍趋纤靡。纤靡不已,渐骛新奇。新奇不已,渐趋诡僻。始犹附诸子以立帜,今且尊二氏以操戈,背弃孔孟,非毁程朱,惟南华西竺之语,是尊是敬。以实为空,以空为实,以名教为桎梏,以纪纲为赘疣,以放言恣论为神奇,以荡弃行检、扫灭是非廉耻为广大。①

道德虚无主义逐渐导致了享乐主义的盛行,如李贽更公开宣称"我以自私自利之心,为自私自利之学,直取自己快当,不顾他人非剌"。②李贽并不是唯一的异端,许多士人希望摆脱传统礼法的束缚,他们放浪形骸,蔑视名教,在当时蔚为风潮,被当时人成为"狂禅"。

清代的士人在《四库全书总目》对晚明的士风做出了批评,对于李贽更是痛加抨击:"排击孔子,别立褒贬,凡千古相传之善恶,无不颠倒易位,尤为罪不容诛。"③

正是由于晚明时代出现了个性的解放,人们得以正视自己的欲望,纵情声色似乎成了当时的一种社会时尚。商业经济的发展使得越来越多人有能力追求奢华生活,就如张岱说的"好精舍,好美婢,好娈童,好鲜衣,好美食,好骏马,好华灯,好烟火,好梨园,好鼓吹,好古董,

---

① (清)孙承泽:《春明梦余录》卷40,北京古籍出版社1992年版,744页。
② (明)李贽:《焚书增补》卷1《寄答留都》,中华书局1975年版,124页。
③ (清)永瑢、纪昀主编:《四库全书总目提要》卷五〇,史部,别史类存目,"藏书六十八卷(两江总督采进本)"条,中华书局1965年版,第455页。

好花鸟,兼以茶淫橘虐,书囊诗魔"①。与此同时,士人聚会召妓已成惯例:

(朱承采)万历甲辰中秋,开大社于金陵,胥会海内名士,张幼于辈分赋授简百二十人,秦淮妓女马湘兰以下四十余人,咸相为缉文墨、理弦歌,修容拂拭,以须宴集,若举子之望走锁院焉。承平盛事,白下人至今艳称之。②

(康海)既罢免,以山水声妓自娱,间以作乐府小令,……居恒征歌选妓,穷日落月。尝生日邀名妓百人,为"百年会"。③

李贽曾经说过,"成佛征圣,惟在心明,本心若明,虽一日受千金而不为贪,一夜御十女不为淫也",似乎为纵欲的生活方式找到了最好的借口。④

不仅仅是文人士大夫,皇帝也沉浸于纵欲享乐之中。大理寺官员雒于仁曾经上疏皇帝,指责他"恋色""嗜酒""贪财""尚气"。

总之,在晚明中国,程朱理学遭到了前所未有的质疑,皇帝的道德遭到批评。许多士大夫开始反对道德说教,但却加速了道德权威的坍塌。许多士人放浪形骸,认为只要不违反"本心"他们便可以为所欲为。程朱理学所提供的道德准则被"心"所取代,但阳明先生的追随者们却没有为衡量善恶提出一个明确的标准。旧的道德秩序被推翻了,但是新道德秩序却没有建立起来。面对道德虚无主义盛行的社会,士大夫们需要一个新的道德权威。

四 道德权威的重建

在中国士人对社会的道德滑坡感到日益失望的时候,传教士们的洁身自好深深地打动了他们。这些中国的知识分子相信,"西士"们带来的

---

① (明)张岱:《自为墓志铭》,《张岱诗文集》,夏咸淳校点,上海古籍出版社1991年版,第294—297页。
② 钱谦益:《列朝诗集小传》,上海古籍出版社,第471页。
③ 钱谦益:《列朝诗集小传》,第313页。
④ 周应宾:《识小篇》,载厦门大学历史系编《李贽研究参考资料》第二辑,福建人民出版社1976年版,第165页。

新学说可以提升中国社会的道德。部分士人甚至将天主教当作解救中国道德危机的灵丹妙药。

庞迪我意识到士大夫最关心的话题即是"伦理"及有关上帝的教理，而凭借着这一类的知识，他们成功地获得了中国士人的友谊。

他们与我们谈论最主要的话题是伦理（是中国人大量书写、经常谈论的话题，此类著作很多）以及有关我主天主的学问，我们博学多闻的名声不胫而走，以至于国中的股肱之臣（地位仅在皇帝之下的达官贵人）与我们相识，有意成为我们的朋友。①

为了传教，庞迪我需要回答中国士大夫急切关注的伦理话题。因此，在《七克》的作者自序中，他开门见山地指出了中国社会中存在的道德危机：

克欲修德，终日论之，毕世务之，而傲妒忿淫诸欲卒不见消，谦仁贞忍诸德卒不见积，其故云何？②

接下来，他回答了自己的问题：

有三蔽焉。一曰不念本原，二曰不清志向，三曰不循节次。③

这一段话揭示了庞迪我所认为的道德危机的症结所在：不理解上帝；没有认识到完善道德修养的目的是为了接近和认识上帝；没有按照正确的顺序来完善道德。他写作《七克》的目的，正是通过本书中的道德说教，来引领其读者认识到上帝是道德的本原。

接下来，庞迪我指出，克制欲望，完善道德的力量均来自上帝，唯有上帝具有道德权威。这是对于阳明心学中将"心"或"良知"当作道德准则的直接反驳。他毫不讳言对这一思想的批判：

东方之士，才智绝伦，从事学者非乏也，独本领迷耳。夫学不禀于天而惟心是师，辟泛舟洪洋而失其舵也。其弊方且认贼为子，认邪魔而为天神也。④

---

① 庞迪我：《数位耶稣会神父入华、奇遇及珍闻纪实》，《耶稣会士庞迪我著述集》，叶农整理，广东人民出版社2017年版，第500页。
② 庞迪我：《七克自序》，《耶稣会士庞迪我著述集》，第12页。
③ 庞迪我：《七克自序》，《耶稣会士庞迪我著述集》，第12页。
④ 陈亮采：《七克序》，《耶稣会士庞迪我著述集》，第10页。

可以看出，庞迪我明确地对心学进行了驳斥，并指出只有上帝才具有道德的权威，才能为人们提供道德指引。

尽管庞迪我在其自序中明确地阐释了上帝作为道德权威的天主教教义，但中国士大夫对于《七克》似乎又有着自己的理解。我们在前文中提到中国士人迫切需要一个能为整个社会提供道德标准的权威。而"良知"和"本心"又因为其与生俱来的主观性而无法充当这一道德权威。在部分中国士人看来，七克中阐释的道德权威则完全符合他们的要求。

彭端吾曾在其为《七克》所作的序中写道：

近世学者，只信即心之学，不解原天之心。素无止定之功，妄言随欲皆善，驾慈航而殒命，握至宝而丧家，无明师友以导之，和毒腊其杂进矣，夫用七德克七情，以理治欲，实以心治心也。①

彭端吾及相当一部分士人都认为"心"无法提供一个客观公正的道德标准，因为"心"混杂了理性与欲望、美德与情绪。若以"心"为标准，反而使人们落入"随欲皆善"迷思中。在他看来，只有一个外在的"天"，才能充当道德权威，用来源于"天"的"理"来约束欲望，人们便将这一客观的标准内化为个人的道德标准，才达到"以心治心"的目的。这样一来，《七克》当中所提到的"天"便可以充当人们所期待的道德权威，并通过书中的修德之法来重塑道德标准，抑制泛滥的欲望并重建社会秩序。

曹于汴在他为《七克》所作的序中亦表达出了与彭端吾相似的观点，他认为人的本性是由"上帝"所赋予的，而人们的欲望则是由"情"所生发而来。人们应该遵从天性，但要克制情欲：

庞君顺阳著七克各一卷 中华之士，讽其精语，为之解颐，此何以故？其性同也。傲、妒、悭、忿、迷、食色、惰善七者，情之所流，上帝降衷之性所无有也，率吾天命之性，未肯任其流者，中华、泰西之所不能异也。②

---

① 彭端吾：《西圣七编序》，《耶稣会士庞迪我著述集》，第7页。
② 曹于汴：《七克序》，《耶稣会士庞迪我著述集》，第7页。

看起来，曹于汴似乎回到了程朱理学"存天理，灭人欲"的老路上。但是，他又强调摆脱"情"的束缚的办法是遵从上帝，他说"化其情者，率上帝而已矣"。曹于汴首先强调"性"与"上帝"的关系，将性解释为"上帝降衷之性""吾天命之性"。这与礼记当中的"天命之谓性之；率性之谓道；修道之谓教"颇为相似。只不过更凸显出了"性"为上帝所赋予。在后面的表述中，他更是将"性"直接置换为"上帝"。这样一来，他不仅强调了上帝在克制欲望中的作用，更是将其等同于赋予人"性"的道德权威。

尽管中国士大夫接受上帝为道德权威，但庞迪我也不得不承认，当他试图向士大夫传播天主教的教义时，他看到中国士大夫只关注于现世，却并不关心永恒的救赎：

> 中国人（他们对人世拥有深刻的理解力和清醒的头脑）缺乏对神的认识，几乎所有的人都是无神论者，既不认识也不崇拜任何或假或真的上帝，毫不关心此生此世之后的事情，儒生理应具备神的观念，而他们对此不屑一顾，对来世、地狱和天堂之说嗤之以鼻，并把对它的蔑视当作一种风尚，他们只重视现世。……那些哲人（异教徒）从来不提及他世，而只讨论国家治理、伦理道德的话题，认为它们覆盖了一切，不相信还有其他的情况存在。①

也就是说，在这场中西对话当中。中国士大夫的着眼点始终没有离开现世的道德。他们对于世俗世界之外的事物并没有表现出太多的兴趣。尽管庞迪我竭尽所能地将天主教义置于《七克》一书中，并在其自序中明确指出"修德克欲者，惟是蠲洁其一心以媚兹上主"②，中国士大夫似乎仅仅将是书看作解决社会道德危机的一剂良药，或多或少地忽视了庞迪我宣讲天主教义的本心。如郑以伟在序言中指出七克"读之若立射候

---

① 庞迪我：《数位耶稣会神父入华、奇遇及珍闻纪实》，《耶稣会士庞迪我著述集》，第501页。

② 庞迪我：《七克自序》，《耶稣会士庞迪我著述集》，第12页。

之下，不觉令人恭"①；熊明遇称赞"西方之士，亦我素王功臣"②；汪汝淳也说庞迪我的《七克》"一洗文人之陋"，是"世人药石"。彭端吾更向所有七克的读者呼吁：

> 读君书者，毋以欧逻巴生远近想 亦毋以六经四子生异同想，期于切救时病于国有瘳乎？③

明末清初一些士大夫，虽然承认《七克》维护社会道德的价值，却尽力消除其中的天主教元素，如魏禧曾说：

> 泰西书，其言理较二氏与吾儒最合，如《七克》等类皆切己之学，所最重者曰"亚尼玛"，即《大学》所云"明德""至美好"即《大学》所云"至善"。特支分节解，杂以灵幻之辞耳。"所尊天主，细求之，即古圣所云上帝，先儒所云天之主宰，绝无奇异。每每于说理时无故按入天主，甚为强赘……"④

当然，庞迪我在其著作中，也不止一次对儒家文化提出严厉批评，这一点也同样被士大夫们所忽视，反而将其人其书当作"素王功臣"。但是，我们实在无须对这场文化交流中产生的误解与误读扼腕叹息。《七克》一书为以庞迪我为代表的天主教伦理和以中国士人为代表的儒家伦理提供了一个交流和融合的平台，这似乎再一次印证了这样一个事实：文化交流中的双方，往往会通过对彼此的误读来不断丰富完善自己的文化。

---

① 郑以伟：《七克序》，《耶稣会士庞迪我著述集》，第9页。
② 熊明遇：《七克引》，《耶稣会士庞迪我著述集》，第10页。
③ 彭端吾：《西圣七编序》，《耶稣会士庞迪我著述集》，第7页。
④ 魏禧：《魏叔子文集》，中华书局出版社2003年版，第1129页。

第七部分

16 世纪西班牙汉学：庞迪我的后继者

引 述

阿莉西亚·雷林克

格拉纳达大学

　　毫无疑问，庞迪我是16世纪至17世纪"西班牙—欧洲—中国"关系中的一个重要人物，他积极推动了欧洲传教士与中国官员之间的了解，将毕生精力都奉献给了这项事业，为后人留下了大量无价的资料。但是，我们还必须将焦点散开，观察那些在同时期共同为这一事业奋斗的人们，特别是要以一种更宽广的视野思考与"另一个帝国"相遇的第一阶段中发生的事件：这是一个灿烂卓越的历史时刻，来自两大帝国的人们首次开始了交流；这是两国皆不太平的时期，双方都沉浸在权利争夺和内部冲突之中，就如发生在不同宗教团体中的事件一般；这是仍需我们发现何为真相、探索疑团的时刻。

　　这就是汤开建老师所作文章的主旨。即使欧洲已了解并研究了当时在中国和菲律宾的不同欧洲人留下的文章，其中西班牙、意大利和葡萄牙传教士十分多产，为其同伴、上级和国王撰写了许多文章，但描写中西相遇的中文文献却还有待研究。汤开建老师一心钻研南京图书馆馆藏图书——刘尧诲所撰《督抚疏议》中明朝最令人闻风丧胆的海盗之一——林凤的史料。该书是涉及明朝政府同西葡航海家间关系的关键文献。涉及林凤的章节、他所作的决定、中国及西班牙政府为逮捕他所进行的合作都在这一文献中重见天日。此外，汤老师还强调并纠正了目前已知的部分文学作品中的错误。

　　让我们转变视角，看看接下来的分别由张西平老师和杨慧玲老师所作的论文，它们涉及了以下重要方面：两国关系、首次承认另一方的语言和书写以及被用作交流基础工具的机制——语言。张西平教授所作文章《梵蒂冈图书馆所藏的〈天主教理〉初探》提及最早的传教士在一段较短时间内所作的数量惊人的字典，数量高达七本。文章详细描述了其中三本存于梵蒂冈图书馆的字典。通过分析与词典编纂法相关的珍贵资料和汉学研究成果，文章为我们重现了当传教士面对与其已知语言差距极大的另一种语言时面临的真正问题，这些问题如何发展演化，以及传教士如何结合自身兴趣和对中文认识的加深以适应这些问题。黎玉范、苏芳积、万济国这几个名字会永远与之联系在一起。

如果说杨慧玲老师的文章对中西词典编撰联系史至关重要的话，那么张西平教授的论文则在理解宗教思想史、天主教引入中国特别是翻译学等方面不可或缺。文章深入分析了由多明我会修道士高母羡（Juan Cobo，1547—1593）所作并藏于梵蒂冈图书馆的《天主教理》（*Doctrina Christiana*）一书。此书很可能是高母羡与其他多明我会修道士合著而成，如米格尔·德·伯纳维德斯（Miguel de Benavides，1552—?）。在论文中，张教授详细描述了这一作品，并对不久前面世的由耶稣会修道士罗明坚（Michelle Ruggieri，1543—1607）所作的另一本《圣教实录》进行了校对。这一振奋人心的研究向我们展示了每个传教士在试图将一些诸如"圣灵""圣礼"或"阿门""耶稣"之类的名词翻译成一种从未见过的语言之时使用了何种方法或资源，不论对那些使用官方通用语言工作的人，还是对耶稣会修道士和多明我会修道士而言，他们都必须适应在菲律宾生活的中国人使用的当地语言。

相遇与分离、人物与古籍相结合，在我们眼前绘制了一幅庞迪我及其身后世界的图景。

梵蒂冈图书馆所藏的《天主教理》* 初探

张西平

北京外国语大学比较文明与人文交流高等研究院

在中国和西班牙文化交流史的研究中,关于西班牙传教士在菲律宾的活动是一个重要的方面。早期中西文化交流史的展开大都是从菲律宾开始的。[①] 其中菲律宾中文出版史是中国和西班牙关系史的一个重要维度。本文侧重研究的是西班牙传教士在菲律宾所出版的一份文献:《天主教理》。

一 西班牙人东来后的中国与菲律宾关系

哥伦布发现新大陆后,欧洲进入大发现的时代,伊比利亚半岛上的葡萄牙和西班牙成为欧洲地理大发现的主要推动者。1564 年 11 月,米格尔·洛佩斯·德·莱古斯比(中文称"黎牙实比")遵照西班牙国王的命令从墨西哥出发,跨过太平洋,于 1565 年 2 月到达宿务岛,拉开了西班牙对菲律宾群岛征服活动的序幕。1569 年 8 月 14 日,莱古斯比被西班

---

* 潘吉星:《中国古代四大发明——源流、外传及其世界影响》,中国科学技术大学出版社 2002 年版,第 419—423 页。

① 张铠:《中国和西班牙文化交流史》,大象出版社 2003 年版;门多萨:《中华大帝国史》,中央编译出版社 2009 年版;顾卫民:《"以天主和利益的名义":早期葡萄牙海洋扩张的历史》,社会科学文献出版社 2013 年版;[美]赫德逊:《欧洲与中国》,王遵仲译,中华书局 2004 年版;[英]博克舍:《十六世纪中国南部行记》,何高济译,中华书局 2009 年版。

牙国王任命为菲律宾的总督，1571年4月15日他率部攻下马尼拉，并以此为基地开始了中国—菲律宾—墨西哥的大帆船贸易。①

葡萄牙和西班牙的全球殖民扩张是伴随着天主教的扩展一起展开的，当西班牙人占领菲律宾后，西方五大传教修会也纷纷来到了菲律宾。② 西班牙人为确保其自身在菲律宾的利益，将中国移居菲律宾的华侨作为其宗教活动的重要对象，为吸收华侨入教，西班牙当局采取了一系列的政策，例如新教华侨可以在税收上给予优惠，对不信教的华侨尽量加以驱赶，华侨教育在婚姻上享有特权等。③ 根据道明会的有关档案，"1618年至1619年，共有155名男性受洗……1621年5月14日至同年9月共有100名男性受洗……1618年至1628年的十年间，共有1330名华侨在八连的三圣堂受洗。"④

面对这样多的华侨教民和移居到菲律宾生活的中国侨民，用中文向他们传教自然就成为当时教会的一个重要的传教手段和方法。在菲律宾的四本中文刻本都是在这样的需求下产生的，并由此拉开了菲律宾出版史的序幕。⑤

二 梵蒂冈图书馆所藏《天主教理》简介

目前道明会在菲律宾所刻印的四个中文文献《无极天主政教实录》

---

① ［法］裴化行：《明代闭关政策与西班牙天主教传教士》，载《中外关系史译丛》，上海译文出版社1988年版；李金明：《17世纪初全球贸易在东亚海域的形成与发展》，载李金明、廖大珂《中国古代的海外贸易》，广西人民出版社1995年版；廖大珂：《早期西班牙人看福建》，载《国际汉学》第5期，大象出版社2000年版。

② 奥古斯丁修会（Augustinian religious）；方济各会（Franciscan）；道明会（Ordo Dominicanorum）；耶稣会（Societas Iesu, S. J）；奥古斯丁重整会（Recollecti）。参阅 H·de la Costa, S. J., The Fesuits in the Phliipines 1581-1768, Harvard University Press 1961.

③ 参见施雪琴《菲律宾天主教研究：天主教在菲律宾的殖民扩张与文化调适（1565—1898）》，厦门大学出版社2007年版，第95—102页。

④ 参见施雪琴《菲律宾天主教研究：天主教在菲律宾的殖民扩张与文化调适（1565—1898）》，厦门大学出版社2007年版，第101页。

⑤ 邱普艳：《西属菲律宾前期殖民统治制度研究：从征服到17世纪中期》，云南美术出版社2013年版。

《新刊僚氏正教便览》① 《新刊格物穷理便览》和西班牙传教士高母羡（P. Juan Cobo）②的《天主教理》（Doctrina Christiana）构成了菲律宾中文出版史的基础。方豪先生对其做了初步的介绍。③ 最早提到《天主教理》是 W·E·Retana，他 1911 年在马德里以西班牙文发表的《菲律宾印刷的起源：历史、生平和板式研究》（Origenes de la imprenta filipina: bibliorà ficas y ti pogrà ficas）一书中提到了这份他加禄语/西班牙语/中文的文献。1924 年法国汉学家伯希和（Paul Pelliot, 1878—1945）在《通报》第 23 卷的第 356 页注释中，说明它在梵蒂冈图书馆藏号为 Gen. Or. Ⅲ246（12），是一份只有外文书名（Doctrina Christiana eb letra y lengua china），没有中文书名的文献。直到 1947 年华盛顿国会图书馆出版了《1593 年在马尼拉出版的第一本菲律宾出版物》（Anonymous, produced by

---

① 阿尔贝托·圣塔玛利亚神父（Alberto Santamaria, O.P）1986 年影印了此书，并且逐页做了翻译，写了长序言。潘贝颀：《高母羡"辩证教真传实录"初步诠释》，载王晓朝、杨熙南主编《信仰与社会》，广西师大出版社 2006 年版；陈庆浩：《第一部翻译西方文字的中国书〈明心宝鉴〉》，载台北《中外文学》，2011 年第 4 期；刘莉美：《当西方遇到东方：从〈明心宝鉴〉两本西班牙黄金时期译本，看宗教理解下的偏见与对话》，载台北《中外文学》，第 33 卷，第 10 期，2005 年版。

② ［西］多明戈·科罗纳德：《西班牙神父在远东：高母羡及其著作〈实录〉》，周振鹤、徐文堪译，载黄时鉴主编《东西交流论谭（第二集）》，上海文艺出版社 2001 年版，第 381—382 页；蒋薇：《活跃于东亚各国之间的道明会传教士：高母羡》，载张西平、罗莹主编《东亚与欧洲文化的早期相遇——东西文化交流史论》，华东师范大学出版社 2012 年版。

③ 参见方豪《从中国典籍见明清间中国与西班牙的文化关系》《明万历间马尼拉刊印之汉籍》；参见《方豪六十自定稿》（下册），台湾学生书局 1969 年版，第 1487—1517 页，第 1581—1524 页；《明末马尼拉华侨教会之特殊用语与习俗：〈新刊僚氏正教便览〉与 Doctrina Christian en Lengua China 两书之综合研究》《莱顿汉学院藏吕宋明刻汉籍之研究》《吕宋明刻〈无极天主正教真传实录〉之研究》，参见《方豪六十至六十四自选待定稿》，台湾学生书局 1974 年版，第 437—453 页，第 455—470 页，第 471—485 页；Carlòs Quirino：《〈无极天主正教真传之正辨〉考》，汪雁秋译，载台湾《大陆杂志》1963 年第 26 卷第 8 期；裴化行（Les origins chinoises de l' imprimerie ayx Philippines，Monumenta Serica 1942，V. 7，pp. 312 - 314；龙彼德，The Manila Incunabula and Early Hokkien Studies，Asia Major. V. 12. part 1，1966. New Series；戚志芬：《中菲交往与中国印刷术传入菲律宾》，载《文献》总 38 期，1988 年第 4 期，第 544—556 页；张秀民：《中国印刷史》（下），浙江古籍出版社 2006 年版，第 671 页、699 页；潘吉星：《中国古代四大发明——源流、外传及其世界影响》，中国科学技术大学出版社 2002 年版，第 419—423 页；江桦：《龚容在一五九三年刻印的三本书撮谈》，载 http://blog.sina.com.cn/s/blog_4db6170b010089k8.html；邹振环：《中西文化之树在菲律宾移植所开出的奇葩——菲律宾印刷始祖龚容与高母羡的〈无极天主正教真传实录〉》（抽样本），"历史上的中国出版与东亚文化交流"国际学术讨论会，2008 年。

Jeroen Hellingman. Tamiko I. Camacho, and the PG Distributed Proofreaders Team, *The First Book Printed in the Phlippines. Manila, 1593*. A Facsimile of the Copy in the Lessing J. Rosenwald Collection Library of Congress, Washington),并将原文在书中影印出版,同时爱德文·沃尔夫(Edwin Wolf)在书的导言中对文献做了详细的考证,此时学界才见到这本书的真容。笔者曾著文《菲律宾早期的中文刻本再研究:以〈新编格物穷理便览〉为中心》①,在文中提到这本书。目前对这份文献的研究最深入的是英国汉学家龙彼得。②

下图为一个刻版印刷物的照片。该印刷物共33页,首页空白。封面为西班牙语。

图1

Doctrina Christiana

  en letcay lengua China, compuesta por los padres ministros de los

---

① 张西平:《菲律宾早期的中文刻本再研究:以〈新编格物穷理便览〉为中心》,《南洋问题研究》2010年第3期。

② P. van Der loon, The Manila Incunabula and Eary Hokkien Studies, Asin Major, voume XII - XIII.

sangleycs. De la orden de Santo Domingo

Con；Iicencia，por Keng yong china，en el paian de Manila

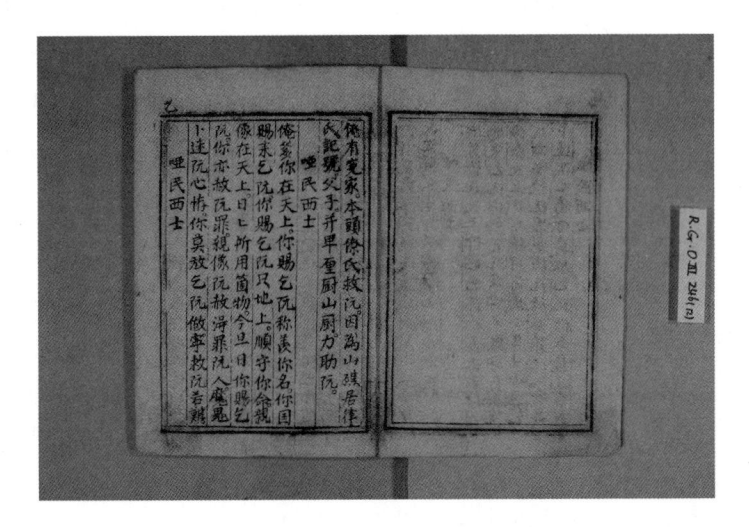

图2

  此印刷文本为中文，共 31 页。四周双边双栏。每页 9 行每行 16 字，所知的唯一一份藏本在梵蒂冈图书馆（Vatican Library，Riserva. V, 73）。[①]

  梵蒂冈图书馆的这份文献最早是被法国汉学家伯希和于 1924 年在《通报》的一篇文章中提到的。这份文献最后一页是梵蒂冈给图书馆管理员所做的文献批注：

  Doctrina Christian. In 1948 less J. Rosenwald com into possession of only known Copy of the hitherto lost Doctrina Christiana published in Manila in 1593. Mr Rosenwald not only added this copy to the lessing J. Rosenwald collection in the Library of Congrss，but published a facsimile which the library

---

 ① Mentioned by P. Pelliot in *T'oung pao* 23, 1924, 356, note 1. The titlepage is reproduced by Anmnio Graiño in *Archivo lbero-Americano*, Second Serics I, 1941, 451. The complete text has been photolithographically reprinted in Doctrina christians：*Primer libro simpreso en Filipinas*. Facsimile del ejemplar existente en la Biblioteca Vaticana, con un ensayo histórico-bibliográfico por Fr. J. Gayo Aragón, O. P. , y observaciones filológias y traducción española de Fr. Antonio Dominguez, O. P. Manila；Imprenta de la Real y Pontificia Univenidad de Santo Tomás de Manila, 1951. A facsimile is also provided by Carlos Sanz, *Primitivas relaciones*.

has since distributed. The interest excitde by this discovery has led to renewed search for the chinese edtion of the same book printed at the same tme. In an article an "Two Rare Documents" by Mr. Carlos Quririno which appeared in the Manils Sunday Times Magzine for February 12. 1950 the discovery of a copy of the Chinese edition of the Docttina in the Vatican library is recounted. Like the Spanish-Tagalog Doctrina the chinese edition is also xylographic (i. e. printed from haned-carved wood blocks). But whereas in Spanish-Tagalog edtion there is no indication of who made the book, the chinese version states that it was executed northeast of the walled city of Intramuros.

Da: The Library of congress informetion bullectior; Vol. 9, no. 13, March 27, 1950, p. 24.

这段梵蒂冈图书馆人员所记的文字是抄录于1950年3月27日的一份文献报道。最重要的信息有两点：第一，这份文献出版于1593年；第二，这份文献是在马尼拉的Intramu东北部出版的。

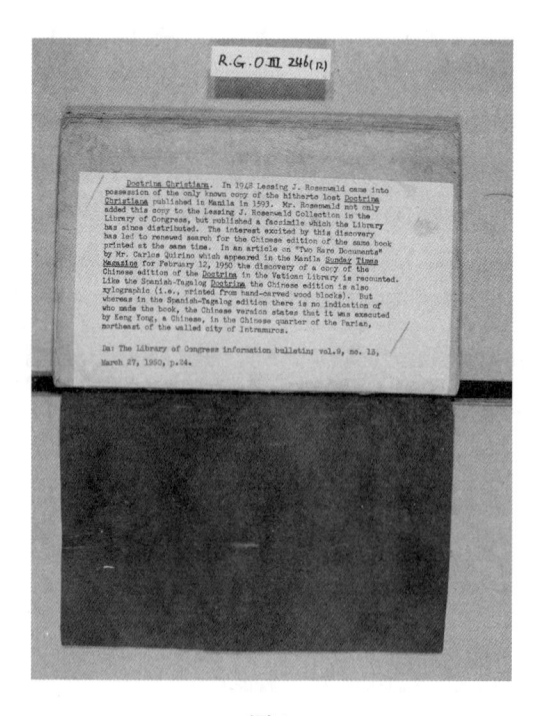

图 3

明朝初期，菲律宾就开始有了初步的政治组织，开始向明朝朝贡，明史记载："吕宋居男孩中，去漳州甚近，洪武五年正月，遣使偕琐里诸国来贡。"(《明史》323，吕宋传记)，在这期间，华人开始移居吕宋，"先是闽人以其地近且饶富，商贩者至数万人，往往久居不返，至长子孙"。(《明史》323，吕宋传记) 由于来到吕宋岛的华人主要是商人和下层民众，道明会士向华人传教自然会采取符合华人特点的传教方法。因此，在《天主教理》中"简化字符随处可见，但是，在以要理问答为结尾的第一部分，其特点是它从始至终都使用明朝时期的闽南语白话文特有的字符"。[1]

这份文献的作者是谁？封面上说此书由与中国人一起工作的道明会士所编，但并没有给出确切的信息。既然这种基本手册的翻译是传教士最早全球传教活动之一，那么我们就应该关注1587年至1595年早期向中国人传教的道明会士。英国汉学家龙彼得认为，从当前所发表的对这一问题最详尽的研究来看，可以得出一些结论。"有四名修士需要考虑在内：伯纳维德斯（Miguel de Benavides）应当是原作者；很有可能经过高母羡大幅度修改；最后由罗明敖·黎尼妈（Domingo de Nieva）和 Juan Maldonado de San Pedro Mártir 修订。[2] 在重新研究这个问题时，我们不能忽视文本本身提供的信息以及对这四位修士语言能力的考察。"[3]

龙彼得介绍说，伯纳维德斯生于1552年，死于1605年，为马尼拉地区的主教，是1587年到达马尼拉的道明会士之一。高母羡于次年到达马尼拉，因此，在那段时间，高母羡的汉语没有伯纳维德斯好。Miguel神父用中文以问答的方式向中国人传教，并编写一部中文版教理。"我自己还不懂这种语言，但上帝已被侍奉，因此，在短时间内我也算取得了一些成功。"1589年7月他给在墨西哥的朋友的信中如是说。我们对伯纳维德斯所编的教理的性质尚不清楚，但是，他是否真的

---

[1] ［荷］龙彼得：《马尼拉古版书和早期福建方言研究》(The Manila Incunabula and Early Hokkine Studies)，刘美华译，张西平校，Asia Major vol XII Part1, 1967.

[2] Gayo, *Dotrina Christiana*, pp. 60-69.

[3] ［荷］龙彼得：《马尼拉古版书和早期福建方言研究》(The Manila Incunabula and Early Hokkine Studies)，刘美华译，张西平校，Asia Major vol XII Part1, 1967.

经过不到两年的学习就能够独立编写中文本教理，对此我们表示强烈的怀疑。高母羡的中文学习进步飞快。他在学习中文的同时，还尝试读一些中文书，一些详细信息在他的信中有所描述。在邻居们的帮助下，他甚至着手翻译，其中一本为中国指南，试图通过这种方式纠正一些外人对这成千上万、让人困惑的汉字的误解。他写道："事实上，他们日常使用的一般符号并没有那么难，还是有可以列出常用词汇的。我们正在编写这一词汇表，所以，后来的人就不会像我们这样对此语言望而却步了。"尽管汉字晦涩，也尽管来马尼拉的中国人出身低贱，但是他们之中却少有文盲。

这样，龙彼得认为："总之，*Doctrina christiana en letra y lengua china* 是一个混杂的文本，其中第一部分可能是由伯纳维德斯和高母羡的中文译员翻译于 1587 年前后；余下大部分译文为《玫瑰经》，此部分为独立的译本，翻译时间不早于十七世纪初；此书的印行并非在道明会士的严密监管下完成，而是由中国的非基督徒来完成的，时间很难确定，但据推测应该在 1607 年之前。"①

方豪先生在《中国天主教史人物传》的"高母羡"条目中对这份文献做了简要的介绍。② 方豪确定这份文献的作者是高母羡（P. Juan Cobo）。

《天主教理》全书由 31 段文字组成。具体抄录几段，内容大体如下（保留原文繁体字）：

第一段：俺有冤家。本头僚氏教阮。因爲山礁居律氏。記號。父子并卑厘廚山廚。力助阮。啞民西士。

第二段：俺爹你在天上。你赐乞阮稱羨你名。你國賜來乞阮。你賜乞阮只地上。順守你命。親像在天上。日日所用簡物。今旦日你賜乞阮。你亦赦阮罪。親像阮赦得罪阮人。魔鬼卜迷阮心存。你莫放乞阮做。寧救阮苦難。啞民西士。

第三段：山礁媽厘啞。僚氏保庇你。你有大呀勞舍滿滿。本頭僚氏在你心內落。僚氏賜福乞你。勝過眾婦人。你子西士氏。亦受僚氏簡福。

---

① ［荷］龙彼得：《马尼拉古版书和早期福建方言研究》（*The Manila Incunabula and Early Hokkine Studies*），刘美华译，张西平校，Asia Major vol XII Part1, 1967.

② 方豪：《中国天主教史人物传》（上册），中华书局 1988 年版，第 84—85 页。

山礁媽厘啞。美里矧。僚氏娘奶。你共僚氏求人情。乞阮罪人。啞民西士。

第六段：僚氏有十四件事實。眾人著信。先七件乞人識僚氏根因。第一件。著信一位僚氏。無極大。變化無窮。第二件。著信一位僚氏。獨自是娘父。第三件。著信一位僚氏。獨自是子。第四件。著信一位僚氏。獨自是卑尼廚山廚。第五件。著信一位僚氏。化成天地萬物。第六件。著信一位僚氏。能赦人罪。第七件。著信一位僚氏。報善人上天去受福。後七件。乞人識俺本頭西士奇尼實道。做人箇所行。第一件。著信俺本頭西士奇尼實道。做人存。投胎山礁媽厘啞。美里矧腹內。是卑尼廚山廚化箇。第二件。著信俺本頭西士奇尼實道。是山礁媽厘啞。美里矧生箇。第三件。著信俺本頭西士奇尼實道。受多多艱難。乞人釘死在居律上。埋石壙內。愛贖人罪。救人神魂上天。第四件。著信俺本頭西士奇尼實道。落去臨暮內。古時得道人神魂。望伊來。牽伊出去。第五件。著信俺本頭西士奇尼實道。第三日再活起來。第六件。著信俺本頭西士奇尼實道。上天去。在無極僚氏娘父大手邊坐。第七件。著信俺本頭西士奇尼實道。後有日落來。判人生。判人死。賞善人上天去受福。因為是順僚氏律法。問罪人落去地獄內。受刑法。永世無了。因為是逆僚氏法度。啞民西士。

第十四段：教人數珠微妙道理。全數珠一百五十粒。是念啞迷媽厘啞。十五粒。是天上俺爹。此數珠。分作三分。首一分五十粒啞迷媽厘啞。五粒天上俺爹。是山礁媽厘啞。得意道理。第一件。是天人山呀勞迷。奉命降下。與山礁媽厘啞報喜。

第三十一段：凡諸入廟者。已受僚氏聖教矣。或臨難險死之時。如無巴禮可與他解罪。須當仰望思憶僚氏。看怙他慈悲心。愛赦人罪。亦宜心想記憶。凡汝自己所作之罪。心內痛戚煩惱。因為得罪咱第一本頭僚氏。論地獄之艱難。浩大罔極。但是得罪僚氏。尤加醜甚地獄。是以人想苦切時節。宜驚怖僚氏。勝於憂懼地獄。故當真心誠意。與僚氏苦求赦宥。言曰。本頭僚氏。我乃不孝。不聽咱爹僚氏汝言語。我乃頑民。違逆僚氏你規誡。我甚歹人。得罪本頭僚氏汝。是我不著。是我不著。是我即是不著。噫。我得罪僚氏你。慈悲可怜我。本頭僚氏既我真正娘父。赦我罪過。我想反悔了。愛改過。不敢再得罪汝。後或遇著巴禮。

我愛共伊解罪。入教者。若有人每夜靜思其罪。永常從此經文而念之。妙之極也。但不可徒念慣口。只宜心口如一。追悔己罪。呼嗟嘆息。決意而不欲再踏前愆者。則其受益安有量哉。如有巴禮在焉。雖已哀悔。亦當解罪。不可恃己知悔而不解也。

总的说，第一、二段，说明天主（撩氏）性质；第三段，说明圣母（山礁媽厘啞）；第四段讲耶稣复活；第六段讲"撩氏有十四件事實"；第七段讲"撩氏律法，總有十件"；第八段讲"仙礁益禮社律法"；第九段讲"山礁益禮社。有七件微妙"；第十段讲"撩氏教人可憐人。有十四件事"；第十一段讲"七條犯罪根源"；第十二段讲"我是得罪人"；第十三段讲"問答道理"；第十四至十八段讲"教人數珠微妙道理"；第十九至二十三段讲"中一分，有五件"；第二十四至二十八段讲"尾一分，有五件"；第二十九段讲"人要念數珠。先須至誠畫十字號"；第三十段讲"凡眾濓水人。禮拜并好日"；最后一段讲"凡諸入廟者。已受撩氏聖教矣"。

三 《天主教理》的结构研究

最早入华并在内地居住下来的耶稣会士是罗明坚，罗明坚在澳门期间就开始学习汉语，在罗马耶稣会档案馆的《葡华辞典》的稿本文献中留下了罗明坚最早用中文翻译汉语的天主教文献，包括《十诫》等一些散页。[①] 罗明坚的第一本汉文传教著作是《圣教天主实录》，目前学术界认定，此书出版于1583年。高母羡在学习汉语时，用罗明坚"编著的《新编天主圣教实录》作为汉语课本，学以致用，很快也能应付华人的传教工作。"[②]

---

① 参阅张西平《欧洲早期汉学史：中西文化交流与西方汉学的兴起》，中华书局2009年版。
② 蒋薇：《活跃于东亚各国之间的道明会传教士：高母羡》，载张西平罗莹主编《东亚与欧洲文化的早期相遇——东西文化交流史论》，华东师范大学出版社2012年版。

梵蒂冈图书馆所藏的《天主教理》初探 / 369

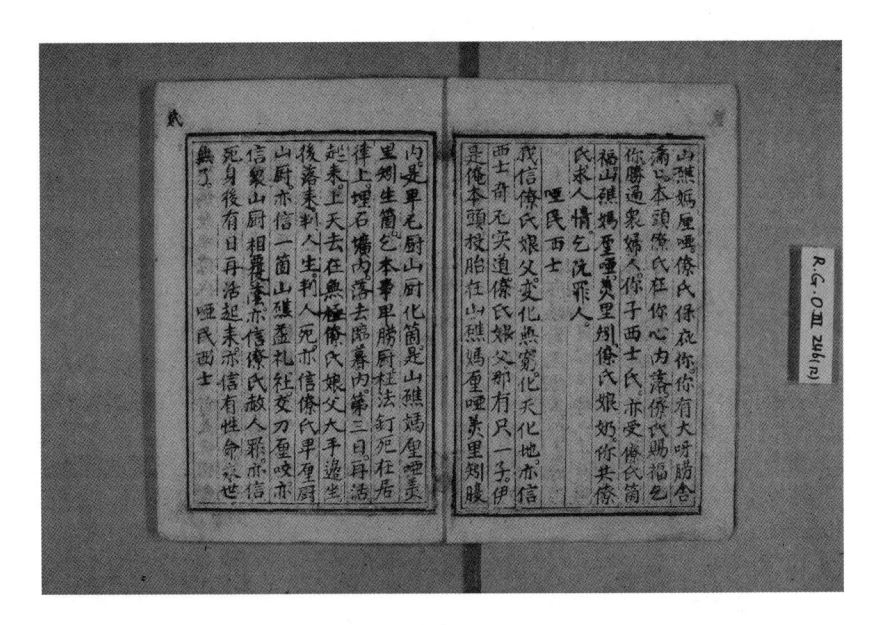

图 4

图 5

图6

我们可以将高母羡的《天主教理》与罗明坚的《圣教天主实录》在结构上做一个对比：

表1　　　　　　《天主教理》与《圣教天主实录》结构对比

	罗明坚《圣教天主实录》	高母羡《天主教理》
1	天主实录引	第1、2段，说明天主（僚氏）性质
2	真有一个天主	第3段，说明圣母（山礁妈厘哑）
3	天主事情	
4	解释世人冒认天主	第4、5段讲"耶稣复活与圣母"
5	天主制作天地人物	第6段讲"僚氏有十四件事實"
6	天人亚当章	第7段讲"僚氏律法。總有十件"
7	论人魂不灭大异禽兽	第8段讲"仙礁益禮社律法"
8	解释婚规四处	第9段讲"山礁益禮社。有七件微妙"
9	自古及今天主止有降其规诫三端	第10段讲"僚氏教人可怜人。有十四件事"
10	天主赋人第三次规诫	第11段讲"七條犯罪根源"
11	解释第三次与人规诫事情	第12段讲"我是得罪人"

续表

	罗明坚《圣教天主实录》	高母羡《天主教理》
12	解释人当诚信天主事实；天主十诫	第13段讲"問答道理"
13	解释第一面碑文	第14—18段讲"教人數珠微妙道理"
14	解释天主第二碑文中有七件事情；解释僧道诚信修行升天之道	第19—23段讲"中一分,有五件"
15	解释净水除前罪	第24—28段讲"尾一分,有五件"
16	主传天主十诫	第29段讲"人要念數珠。先須至誠畫十字號"
17	拜告	第30段讲"凡眾濂水人。禮拜并好日"；最后一段讲"凡諸入廟者。已受僚氏聖教矣"

在结构上，它包括：十字圣号（Sign of the Cross）、主祷文、圣母经、使徒信经、十四条信仰契约、十诫、教会诫命、圣礼、善行、七宗罪、悔罪经、要理问答。

我们也可以将高母羡的《天主教理》和利玛窦的《圣经约要》做一个比较。

1. 利玛窦《圣经约要》信经部分的结构

我信全能者：天主罢德肋（译言：父也，乃天主三位之第一地位）化成（以无为有）天地；

我信其唯一费畧（译言：子也，乃天主第二位之称）耶稣契利斯督（译言受油传也，古礼为王，及宗撒责耳铎德，以圣油传之。故以为号）我等主；

我信其因波彼利多三多（译言：无形灵圣也，乃天主第三位之称）降孕生于玛利亚之童身；

我信其受难于般雀比利多（当时居官之人性命）居官时被钉十字架，死而乃瘗；

我信其降地域，第三日自死者中复生；

我信其升天，于全能者天主罢德肋之右座；

我信其日后从彼而来，审判生死者；

我信斯彼利多三多；

我信有圣而公厄格勒西亚（译言教会也，凡天主教会皆总称之）诸圣相通功；

我信罪之赦；

我信肉身之复生；

我信常生。

亚孟。

2. 高母羡《天主教理》信经部分的结构

第一件着信一位僚氏，无极大变化无穷；

第二件着信一位僚氏，独自氏娘父；

第三件着信一位僚氏，独自是子；

第四件着信一位僚氏，独自界厘厨山厨；

第五件着信一位僚氏，化成天地万物；

第六件着信一位僚氏，能赦人罪；

第七件着信一位僚氏，报善人上天享福。

故其内容结构上的差别为：利玛窦的《圣经约要》中有"天主经""天主圣母经""天主十诫""信经""圣号经""形神哀矜之行十四端""真福八端""罪宗七端""向天主有三德""身有五司""神有五司"。道明会的《天主教理》中有"天主经""天主圣母经""天主十诫""信经""圣号经""形神哀矜之行十四端""真福八端""罪宗七端""向天主有三德"的内容，但没有"身有五司""神有五司"的内容；《天主教理》最后是《问答道理》，利玛窦的《圣经约要》中没有收入，但后来经利玛窦审定在全国通用的《天主教要》有了《问答》，内容大体和道明会的《天主教理》相同，但内容较《天主教要》要丰富一些。①

《圣教定规》在利玛窦的《圣经约要》中没有收录，只是到了后来的《天主教要》时，才收录了《圣经定规》，但在道明会的《天主教理》中收录了这一部分内容，标题为"山礁盖礼律法总五件"。

---

① 利玛窦：《圣经约要》，载钟鸣旦杜鼎克《耶稣会罗马档案馆明清天主教文献》第一册，台湾利氏学社2002年版，第359—364页。

道明会在介绍圣经定规时也结合当地情况多有创造。例如，在耶稣会的《天主教要》中，圣经定规的叙述十分简洁，"一，凡主日，暨诸瞻礼日，亦于弥撒""四，领圣体至少一次，每年一次即于复活"。

在《天主教理》中教规第四条是："山礁盖礼社教人有日减食，减食亦不可食油。第五件，地上所生个物，着先送入庙，感谢僚氏，亦加一抽，加厘实爹。"

这在耶稣会的所有文献均未看到，这说明道明会根据当时在吕宋岛的实际情况，对西方原有的教规做了自己的改动。"亦加一抽"，类似于西方的什一税。

西方有"什一税"的传统，根据《圣经》旧约的内容，可以看到作为祭司助手的利未人应得祭品的十分之一。在中世纪时，西方教会也曾经采用这种制度，作为人民向教会奉献的标准。8 世纪以来，欧洲的世俗法律支持实施"什一税"。

由此可见，来华耶稣会士和到达菲律宾的道明会传教士在介绍天主教方面所用的基础文本应该十分接近，或许因为来自不同的国家，面临不同的问题和文化，同样是介绍《天主教要》这样基本型宗教文献，但他们在内容的选择上仍有着不少差别。

四　《天主教理》的术语研究

从上面的介绍可以看出，这里从欧洲语言翻译成中文时，中文完全不是当时的官话南京话，而是按照地方方言来翻译的。对此，英国亚非学院的龙彼得教授从语言学上对这份文献做了分析和研究。他首先对全文做了注音的对堪。这里把龙彼得所做的注音对堪抄录部分，便于我们对文献词汇的理解。

俺有冤家。本頭僚氏教阮。因爲山礁居律氏。記號。
guan u　uan ke　pun tao Diosi　kiu guan　yn ui Santa Cu-lusi　ki ho

guan u　uan que　pun tau Diosi quiu guan　in ui　Santa Co-lutsi qui ho

父子并卑厘廚山廚。力助阮。啞民西士。

pe kia pen Pintu Santo   lar chan guan   Amen Jesus
pe qia pen Pilitu Santo   lat chan guan   Amen Jesu

俺爹你在天上。你賜乞阮稱羨你名。你國賜來乞阮。

lan tia lu tu t'i chi lu su kir guan cheng suan lu mia lu cog su lay kir guan

guan tia lu tu ti chio lu su quit guan cheng zoan lu mia lu cog su lay qit guan

你賜乞阮只地上。順守你命。親像在天上。

lu su kir guan chi tey chio sun siu lu beng chin chio tu t'i chio

lu su qit guan chi tey chio zun siu lu beng chin chio tu t'i chio

日　日所用箇物。今旦日你賜乞阮。你亦赦阮罪。

ýit ýit seiong ge mi kin toa ýit lu sǔ kir guan lu ya sia guan chue

xit xit sou iog gue mi quin toa xit lu su quit guan lu ya sia guan chei①

親像阮赦得罪阮人。魔鬼卜迷阮心存。

chin chio guan sia teg chue guan lang mo cuy po bee guan sim chun
chin chio guan sia teg chue guan lang mo cuy bue bey guan sim chun

你莫放乞阮做。寧救阮苦難。啞民西士。

lu bo pang kir guan cho leng quiu guan cou lan Amen Jesus
lu bo pang qit gua cho leng quiu guan cou lan Amen Jesu

山礁媽厘啞。僚氏保庇你。你有大呀勞舍滿滿。

Santa Maria Diosi po pi lu lu u toa Gala-cia moa moa
Sancta Malia Diosi po pi lu lu u toa Gala-cia moa moa

---

① Origenally chei cua, bua cua cross out, probably chue intended.

本頭僚式在你心內落。僚氏賜福乞你。
pun　tao　Liosi　tu　lu sim lay　lo　Diosi　su hoc kir　lu
pun　tao　Diosi　tu　lu sim lay　lo　Diosi　su hoc quit　lu
勝過眾婦人。你子西士氏。亦受僚氏箇福。
seng que chiong hu xin　lu　kia Jesusi　ya siu Diosi　ge hoc
seng cue chiong hu xin　lu　qia Jesu　ya siu Diosi gue hoc
山礁媽厘啞。美里㖿。僚式娘奶。你共僚氏求人情。
Santa　Maria　Virigen　Diosi　nio　ley　lu cang Diosi　kiu xin cheng
Santa　Maria　Viligen　Diosi　nio　ley　lu cang Diosi　quiu xin cheng
乞阮罪人。啞民西士。
kir　guan chue lang　Amen jesus
quit guan chue lang　Amen jesus

我信僚氏娘父。變化無窮。化天化地。亦信西士奇尼实道。
gua sin Diosi nio pe pieng hǔa　bukiong hua ti hǔa tey　ya　sin Jusu Kiristo
gua sin Diosi nio pe　pian　hua　bu kiong hu　ti hua tey　ya　sin Jusu　Ciristo
僚氏娘父。那有只一子。伊是俺本頭。
Diosi　nio pe　na u chi cheng kia　y　si　lan pun tao
Diosi　nio pe　na u chi cheng kia　y　si　lan pun tao
投胎在山礁媽厘啞美里㖿腹內。
táu tʻe tu　Santa　Maria　Virigen　pâg lay
táu tʻe tu　Santa　Maria　Virigen　pâg lay

是卑尼廚山廚化箇。是山礁媽厘啞美里㖿生箇。
si　Piritu　Santo　hua ge-　si　Santa　Maria　Virigen　se ge
si　Pilitu　Sancto hua ge　si　Santa　Malia　Viligen　se ge
乞本事卑勝廚。枉法釘死在居律上。埋石壙內。

kir　Punsu Pilato ong huar teng si　tu　Culut chio⁻　bai　chio cong lay
quit Poncio Pilato ong huar teng si　tu　Culutchio　bay　tu① chio cong lay

落去臨暮内。第三日。再活起来。
lo　cu Lim bong lay　tey sa⁻ xit　chai ua　ki　lay
lo　cu Lim bo　　lay　tey sa xit　say　ua　qui lay

上天去在無極僚氏娘父大手邊坐。後落来。
chio⁻ t'i　cu　tu　bu kee　Diosi　nio pe　toa chiu pi che　au lo lay
chio　ti　cu　tu　bu quee　Diosi　ni　pe　toa chiu pi che　au u xit② lo lay

判人生。判人死。亦信僚氏卑厘廚山廚。
poa lang se⁻　poa lang si　ya xin Diosi　Piritu　Santo
poa lang se　poa lang si　ya xin Diosi　Pilitu　Sancto

亦信一箇山礁益禮社、亦信眾山廚相覆蔭。
交刀厘咬
ya sin cheg ge⁻ Santa Eclesia　Catolica
ya sin chiong Santo sa　hoc im

亦信僚氏赦人罪。亦信死身后有日再活起来。亦信有性命。
ya sin Diosi sia lang chue ya sin si sin au　xy③t chay ua ki　lay　ya sin u se mia
ya sin Diosi sia lang chue ya sin si sin au　xit chay ua　qui lay　ya sin u se mia

永世無了，啞民西士。
eng si bo liau Amen jesus
en　si bo liau Amen jesus

---

① 在。
② 有日。
③ x written original v.

仙礁媽厘啞。僚氏聖母娘娘。你是阮娘奶。
Santa Maria   Diosi seng bo nio nio   lu sy guannio ley
Santa Malia   Diosi seng bo nio nio   lu si guan nio ley
慈悲可怜阮。阮惜你甚甜。阮仰望你。
chu pi co leng guan guan sio lu sim ti   guan giang bong lu
chu pi co leng guan guan sio lu sim ti   gu guan bong lu
看怙你。聖母娘娘。阮是姨媽子孫。
qúa cou lu sen bo nio nio   guan si Eba kia sun
cua cou lu seng bo nio nio guan si Eva quia sun

阮是貶罪人。開聲叫你。阮只世上艱難所在。
guan si pieng hue lang   cui sia kio   lu   guan chi si   chio can lan sou chay
guan si pien   hue lang cui sia quiolu   guan chi tey[①] chio can lan sou chay
吐氣切氣憶着你。你是阮恩人。慈悲目周看顧阮。
tôu cui che cuy it tio lu   lu si guan yn lang chu pi bac chiu qua cou guan
tou cuy che cu   it tio lu   lu si guan yn lang chu pi bac chiu cua cou guan
阮貶罪滿了。賜乞阮見你子西士氏。山礁媽厘啞。
guan pien hue moa liao su kir   guan ki   lu   kia Jesusi Santa Maria
guan pien hue moa liao su quit guan qui lu   kia Jesusi Santa Malia
你即是慈心。你共僚氏求人情。
lu chia si chu sim   lu cang Diosi kiu   xin cheng
lu chia si chu sim   lu cang Diosi quiu xin cheng
乞阮受西士奇尼實道所願簡福。啞民西士。
kir   guan siu Jesu Kirisito   sou guan ge？   hoc Amen Jesus

---

① 地。

quit guan siu Jesu Cirisito sou guan gue hoc Amen Jesus

僚氏有十四件事實。眾人著信。先七件乞人識僚氏根因。

Diosi u chap si kia su sit chiong lang tio sin seng chit kia kir lang bar Diosi kin yn

Diosi u chap si kia su sit chiong lang sin seng chit quia quir lang bar Diosi quin in

第一件。著信一位僚氏。無極大。變化無窮。

tei it kia tio sin cheg ui Diosi bu keg toa pieng hua bu kiong

tei it kia tio sin cheg ui Diosi bu keg toa pien hua bu quiong

第二件。著信一位僚氏。獨自是娘父。

tei xi kia tio sin cheg ui Diosi ka ki si nio pe

tei xi kia tio sin cheg ui Diosi ca qui si nio pe

第三件。著信一位僚氏。獨自是子。

tei sā kia tio sin cheg ui Diosi ka ki si kia

tei sa quia tio sin cheg ui Diosi ca qui si quia

第四件。著信一位僚氏。獨自是卑尼廚山廚。

tei si kia tio sin cheg ui Diosi ka ki si Piritu Santo

tei si quia tio sin cheg ui Diosi ka ki si Piritu Santo

第五件。著信一位僚氏。化為天地萬物。

tei gou kia tio sin cheg ui Diosi chua chiá t'i tei ban bur

tei gou kia tio sin cheg ui Diosi hua chia ti tey ban bur

第六件。著信一位僚氏。能赦人罪。

tei lac kia tio sin cheg ui Diosi e sia lang chue

tei gou kia tio sin cheg ui Diosi ei sia lang chue

第七件。著信一位僚氏。報善人上天去受福。

tei chit kia tio sin cheg ui Diosi po siang lang chio tí cu siu hoc

tei chit quia tio sin cheg ui Diosiey lang chio ti cu siu hoc

後七件。乞人識俺本頭西士奇尼實道。做人箇所行。

au chit kia kir lang bar lan pun tao Jesu Kirisito cho lang gesou kia

　　au chit quia　　quir lang bar lan pun tao Jesu　　Cirisito　　cho lang ge sou kia

第一件。著信俺本頭西士奇尼實道。做人存。

　　tei it kia　　tio sin lan pun tau Jesu　　Christo　　cho lang chuˉn

　　tei it kia　　tio sin lan pun tau Jesu　　Christo　　cho lang chun

投胎山礁媽厘啞。美里矧腹內。是卑尼廚山廚化箇。

　　t'aˉu t'e tu① Santa　Maria　Virigen　pac lay　si　Piritu　Santo hua ge

　　tau　te　tu Santa　Malia　Viligen　pag lay　si　Pilitu　Sancto hua ge

第二件。著信俺本頭西士奇尼實道。是山礁媽厘啞。美里矧生箇。

　　tei it kia　　tio sin lan pun t'au Jesu　Kristo　　si　Santa　Maria Virigen　se ge

　　tei it kia　　tio sin lan pun tau Jesu　Christo si　Santa　Malia　Viligen se ge

第三件。著信俺本頭西士奇尼實道。受多多艱難。

　　tei it kia　　tio sin lan pun t'au Jesu　Kristo　　siu chei chei can lan

　　tei it kia　　tio sin lan pun tau Jesu　Christo　siu chei chei can nan

乞人釘死在居律上。理石壙內。

　　kir　lang teng si tu Culu　chio　bai　chio cong lay

　　quit lang teng si tu Colur chio sim②　bay tu③　chio cong lay

愛贖人罪。救人神魂上天。

　　ay sioc lang chue kiu　lang sin hun chio　t'i cu

　　ay sioc lang chue quiu lang sin hun chio　ti cu④

---

① 在。
② 身。
③ 在。
④ 去。

第四件。著信俺本頭西士奇尼實道。落去臨暮內。
tei si kia tio sin lan pun tau Jesu Kristo lo cu Limbong lay
tei si quia tio sin guan pun tau Christo Jesu lo cu Limbou lay

古時得道人神魂。望伊来。牽伊出去。
cou si tec to lang sin hun bang y lay   can y chur cu
cou si tec to lang sin hun bang y lay   bang y chur cu

根据龙彼得以上的注音对堪，我们可以总结出在文献中从西班牙文翻译中文时使用的闽南语的中文词汇。

表2　　　　　　　《天主教理》中音译词汇中西对照表

原文	西语	中文（天主教）
本頭僚氏	Dios	吾主天主
山礁居律氏	Santa Cruz	圣十字
卑厘廚山廚	Espíritu Santo	圣神
啞民西士	Amen Jesús	阿门耶稣
山礁媽厘啞美里矧	Santa María Virgen	圣母玛利亚童贞
西士氏	Jesús	耶稣
西士奇尼實道	JesúsCristo	耶稣
山礁 益禮社交刀厘咬	Santo Iglesia Católica	圣公教会
綿卅	Masa	弥撒
腰加厘實爹	Eucaristía	圣餐
巴禮	Padre	圣父
沙膠覽民廚	Sacramentos	圣事
呀勞舍	Gracia	圣宠
茅知氏冒	Bautismo	领洗
公丕馬常	Confirmación	坚振圣事
卑尼珍舍	Penitencia	告解圣事
阿實爹	Hostia	圣饼
一氏治馬溫常	Itsitima unción	傅油圣事
阿陵沙西羅達	Ordensagrado	神品圣事
馬直文吽	Matrimonio	婚配圣事
嗷囉哩仔	Gloria	光荣

续表

原文	西语	中文（天主教）
山 綿牙 亞勞江奚	San Migue Arcángel	圣弥额尔总领天神
山羨 茅知實踏	San Juan Baptista	圣若翰保弟斯大
山 敝羅	San Petro	圣伯多禄
山 嗒羅	San Paulo	圣保禄
山 哆羅明敖	San Dominic	圣多明我
別孫	Persona	位格
山治氏馬 知哗力	Santísima trinidad	三位一体
臨暮	Limbo	地狱边境
啞迷 媽厘啞	Ave María	万福玛利亚
天人 山 呀勞迷	Ángel Gabriel	嘉俾厄尔天使
山礁 依沙迷	San Isabel	圣妇依撒伯尔
山須習	San José	圣若瑟
默嶺	Belén	白冷
時冥王	Simeón	西默盎
安那	Anna	亚纳
西呂沙陵	Jerusalén	耶路撒冷
俞挨氏	Lunes	星期一
衰微氏	Jueves	星期四
孚勞氏	Judas	犹达斯
綿挨氏	Viernes	星期五
本事卑勞廚	Pilato	般雀比拉多
孚留氏	Judío	犹太人
刺箍	Kilisittosu	茨冠
膠勞貓留	Calvario	加尔瓦略
心文時黎娘	Simón (of) Cyrene	古利奈人西满
媽羅值時	Martes	星期二
啞襃士多黎氏	Apóstoles	传扬福音的宗徒们
敖羅里耶	Gloria	荣光
綿高黎氏	Miércoles	星期三
沙無呂	Sábado	星期六
民尼踏	Benita	有福的
高黎氏馬	Christmas	圣诞
微希里啞	Vigilia	守夜
濂水人	Los Cristianos	基督徒

在翻译这些天主教的核心词汇时，译者面对的是巨大的文化差异，在中国文化传统中没有天主教这套思想，自然也谈不上有相对应的中文词汇。① 如何处理天主教词汇的翻译，这是一个很大的问题。我们以利玛窦的《圣经约要》为例来说明这种困难性。在《圣经约要》中，利玛窦采取了三种办法来解决这个问题：第一种是直接音译加解释，如"亚孟"（拉丁文），利玛窦解释为"真是之语词也"。第二种是采取音译加解释的办法，并给词汇一个已有的中文词汇，赋予新意。在语言学上这是借词中的音译和意译的混合使用，如，"圣母"他先音译为"玛利亚"，然后解释为"天主圣母名号，译言海星"。"圣母"是一个中国文化中常用之词，它有多重含义，其中杜女神就用这个词来表示，如《后汉书·郡国志三》"广陵有东陵亭""女子杜姜左道通神，县以为妖，闭狱桎梏。卒变形，莫知所极，以状上，因其过处为庙祠，号曰东陵圣母"。将音译和与意译相结合是利玛窦在翻译时的主要办法。如："天主罢德肋，译言父也。乃天主三位之第一位也。费畧，译言子也，乃天主第二位之称。"② 第三种是先以音译出词汇，然后创造一个词汇，这在语言学上属于借词的描写词。如"耶稣"——（拉丁文），利玛窦解释为"天主降生后之译名，译言救世主"。"耶稣"是个新词，"救世主"则是中国文化中旧有之词的改造后创新。"救世"是中国古语，《左传·昭公六年》："侨不才，不能及子孙，吾以救世也。"但"救世主"则是一个新词。利玛窦这个创造显然对后世产生影响，《中国近代史资料丛刊》《太平天国·颁行诏书》中有"救世主耶稣降凡"，这里太平天国就用了"救世主"这个词。

从《天主教理》这本书的词汇翻译和使用来看，它的作者显然没有耶稣会士考虑的那样周全，即在译词的选择上尽量照顾到汉语的特点和文化传统；也不像利玛窦那样，将音译词和借词加以分别说明。道明会基本上是采取方言音译的办法来处理这些词汇，如上面提到的僚氏、山礁、畀里厨山厨这些词汇。③ 这样我们看到，在天主教词汇的翻译上道明

---

① 虽然景教在唐朝已经传入中国，但对中国影响十分有限，并未留下有影响的宗教词汇。
② 利玛窦《圣经约要》，载钟鸣旦、杜鼎克《耶稣会罗马档案馆明清天主教文献》第一册，台湾利氏学社2002年版，第91—96页。
③ 参阅张西平《简论罗明坚和利玛窦对近代汉语术语的贡献——以汉语神学和哲学外来词研究为中心》，《贵州社会科学》2013年第7期。

会的《天主教理》处理得十分简单，而来华耶稣会处理较为周全。

耶稣会和道明会在《天主教要》中文行文风格的差别也应注意。利玛窦采取"合儒"策略，来华耶稣会士主要是在中国儒家知识分子中传教，这样传教文本大都使用文言文，语言用词也较为典雅。而道明会所面对的来到菲律宾的华人主要是下层民众和商人，与耶稣会的文风上有重大差别。

我们以双方对《形神哀矜十四端》的介绍为例，看他们文风的差别。

第三条

耶稣会的《天主教要》是：衣裸者。

道明会的《天主教理》是：有典卖为奴，我可怜为伊赎。

第四条

耶稣会的《天主教要》是：顾病者及囹圄者。

道明会的《天主教理》是：人欠衣裳，我可怜施舍会伊。

第八条

耶稣会的《天主教要》是：以善劝人。

道明会的《天主教理》是：人蒙愚暗，我可怜教伊道理。

十分明显，来华耶稣会的文献使用的是文言文，而《天主教理》使用的是白话，前者简略，后者通俗。从内容上看，《天主教理》不仅仅语言通俗，简单易懂，而且在内容上也根据当地情况，加以新的发挥和解释。文风差异的根源在于在菲律宾的道明会和入华的耶稣会士有着完全不同的文化处境。

小　结

《天主教理》作为道明会在菲律宾传教的重要文献，长期以来藏在梵蒂冈图书馆，无人问津。1924 年，法国汉学家伯希和（Paul Pellio）在梵蒂冈图书馆发现 1605 年的中文刻本 *Doctrina Christiana*，但至今除龙彼得对其做过初步研究外，中外学术界并无专门研究。本文是国内外学术界在龙彼得研究后再次对这篇文献内容进行的研究。这一研究是对菲律宾出版史研究的重要推进，也进一步加深了对中国和菲律宾文化交流史、中国和西班牙文化交流史的研究。

中国与西班牙首次交往的中文文献记录：
以南京图书馆馆藏海内孤本刘尧诲
《督抚疏议》为中心展开

汤开建

澳门大学历史系

一

在16世纪中期，崛起于伊比利亚半岛的由菲利普二世统治下的西班牙王国与当时东方强盛的明帝国应是世界上并存的两个最强大的国家。在明朝万历皇帝登基之前，可以说这两个强大帝国并未有过真正意义上的外事交往，但在嘉靖末年，西班牙人在占领美洲的墨西哥后，继续对西边拓殖，逐渐占领菲律宾群岛，从此拉近了西班牙与中国的距离。而在当时中国人的眼中，这些占领菲律宾的西班牙人是和入居澳门的葡萄牙人一样"佛郎机"。很显然，当时的中国人虽然对占领菲律宾的西班牙人有一些认识和记录，但这种认识却十分模糊。由于西班牙人占领的菲律宾与中国的福建、广东、浙江等东南沿海省份的海上距离相近，据西文史料记载，在隆庆末年时，马尼拉的占领者、第一任菲律宾总督黎牙实比（Miguel López de Legazpi）就开始力图同中国建立官方联系，[1] 并希

---

[1] Juan González de Mendoça, *Historia de las Cosas más Notables, Ritos y Costumbres, del gran Reyno de la China*, p. 189.

望开通两地的民间贸易。不久即有一批中国商人带着货物来到马尼拉，开通了中国东南沿海商人与西班牙人占领下的菲律宾群岛之间的民间贸易，这就是大航海时代最为著名的中菲贸易。但是，为了防止中外海寇对明王朝的海上侵扰和保障东南沿海的海上安全，明王朝在嘉靖元年（1522）就颁布了严格禁海令，并禁止与外国商人通商。明王朝的禁海政策无疑对刚刚开始的中菲贸易产生了巨大的障碍，所以西班牙人占领马尼拉后，梦寐以求的就是打开中国市场，与中国东南沿海港口通商，但是由于明朝政府海禁甚严，两国政府的正式交往始终没有出现。到万历三年（1575），一个十分重要的契机出现了，粤东巨盗林凤被明军击败后，"以轻舟四五十号直走西洋吕宋国"[1]，林凤甚至还以自己的主力部队围攻马尼拉城，企图占领马尼拉，以期在海外称王。围攻马尼拉失败后，林凤率残部退守玳瑁港。当时，明王朝派出的一位海外追剿林凤的海军军官把总王望高率领兵船来到马尼拉附近，展开了对玳瑁港内的林凤部众的攻击。在万历三年的三月十八日到二十八日之间，明海军先后对林凤的部众发动了几次袭击和进攻，导致林凤主力丧失，"贼人死者过半"。[2] 在这种形势下，王望高认为林凤"今以战则无兵，以守则无食，以逃则无船"，[3] 已成瓮中之鳖，擒获林凤或者是击杀林凤应是十拿九稳的事。因此，他决定暂时将林凤围困，自己想先趁五月份的南汛返回福建向上司报功。而当时击败和围困进入吕宋国的林凤部众，实际上是王望高与马尼拉的西班牙军队合作完成的，因此马尼拉当局也希望利用这个时机，派遣第一个西班牙使团出使中国。从西班牙方面讲，此时派遣外交使团出使中国是一个极好的时机。驻守菲律宾的西班牙人派遣使者进入中国，除了想获得与中国东南沿海港口通商的权利外，对中国的政治征服和宗教征服也是他们的梦想。门多萨（Juan Gonsáles de Mendoza）《中华大帝国史》中对此有记录：

---

[1] （明）刘尧海：《督抚疏议》卷2，《报剿海贼林凤疏》，南京图书馆藏明万历刻本，第3页。

[2] （明）刘尧海：《督抚疏议》卷2，《谕夷剿贼捷音疏》，南京图书馆藏明万历刻本，第58页。

[3] （明）刘尧海：《督抚疏议》卷2，《谕夷剿贼捷音疏》，南京图书馆藏明万历刻本，第59页。

菲督答应供给他返途时全部必需品,王望高对菲督十分感谢,于是答应他可以带几位神父和数名西班牙士兵同往中国。他相信,由于他将带回林凤的好消息,他携神父赴华,将不会给他带来什么危险。菲督对此十分高兴,因为这件事是他和岛上居民长期以来的期盼……他们决定只派两名教士去,因为当时人不多,再派两名军人作伴。教士应是奥斯定会的修士马丁·德·拉达(Martin de Rada),跟他同行的是修士哲罗尼莫·马丁(Geronimo Martin),被指派同行的军人是马尼拉城大军曹伯多禄·萨尔密安托(Pedro Sarmiento)和米古额·德·洛阿卡(Miguel de Loarca),两人都是要人和忠实的基督徒,都宜于完成此次任务。携这些神父同行的意图是,若神父们留在皇帝那儿传播福音,那他们就把消息带回来向总督报告。①

桑兹·阿里齐涅迪(Sanz Arizinendi)书中记载的马丁·德·拉达也是这样看待这次出使的:

因为除了给福音和吾主服务敞开大门,也可以因此得到真实的情况,他们将把我王的伟大告之中国人,让他们知道臣服我王陛下是他们的义务,因为他出财力把传教士派去教导他们。哪怕这两个人仅仅充当译员与中国人建立贸易关系,那行程也将具有不小的意义;而我如是被差遣者之一,我会认为那是特殊的荣誉,极愿如此。②

据西文史料,这次出使还有一个极为重要的撮合人,即当时在马尼拉担任翻译的福建商人林必秀,西文文献中称其为Sinsay、Çincay,他引领明朝军官王望高前往马尼拉拜会菲律宾总督拉维撒里(Guido de

---

① [西]门多萨:《中华大帝国史》,何高济译,第2部,第1卷,中华书局1998年版,第175—177页。
② [英]C. R. 博克舍编注:《十六世纪中国南部行纪》,何高济译,中华书局1990年版,第44页。

Lavezares）。在拜会总督时，王望高向总督提出"可以带一些总督指定的西班牙人返回中国，并愿为他们作保"。① 门多萨还称：

> 王望高知道总督阁下及原先的远征军首领黎牙实比曾多次希望派一些传教士去中国传播福音，以及观看中国的奇事，但他们的这个愿望终未实现。因为尽管他们向前来的中国商人奉赠所求的任何东西，他们仍然畏惧国法不敢同意。因此王望高向总督保证，他愿带一些总督指派的传教士和一些随行士兵去中国。②

中西文献都可以说明，这次西班牙统治下的菲律宾派遣使者出使大明王朝的计划实际的提议人是明朝海军军官王望高，而在马尼拉的西班牙总督及马尼拉奥古斯丁教区支持下，西班牙使团出使大明福建才得以成行。

二

林凤的问题引发了西班牙海外殖民地"吕宋国主"正式向大明国派遣使臣，这是中欧关系史上的一件大事，西班牙是大航海以来继正德年间第一个欧洲国家葡萄牙派遣使臣入华后第二个入华的欧洲国家。这一次西班牙出使的目的主要有二：一是要求中国政府允许传教士在华自由传教；二是请求划定福建的一个港供西班牙人作贸易之用，一如葡萄牙人在澳门的权利。③ 关于这一次出使，西文文献有着比较详细的记录，如作为第一使者的奥古斯丁会教士马丁·德·拉达在出使返回后，就完成了《出使大明福建记》一书，该书分为两个部分，第一部分详细地记录了他到中国的旅行，在福建的行程，及返回马尼拉的过程；第二部分则

---

① M-RAH, 9/3675 (68). fl. 117; BN, Mss. 2902, fl. 11; BN, Mss. 3042, fls. 133, 转引自李庆《大历史中的小人物：中西交往之初福建商人、通事林必秀的活动及其命运》（待刊稿）。

② Juan González de mendoça, *Historia de las Cosas mas Notables*, *Ritos Costumbres*, *del gran Reyno dela China*, p. 189.

③ ［英］C. R. 博克舍编注：《十六世纪中国南部行纪》，何高济译，中华书局1990年版，第22页。

分十二章节简单地对中国进行了介绍。这应是对中国与西班牙的首次交往最为原始和最为详细的第一手记录。1585年门多萨在修撰《中华大帝国史》时，也将拉达的报告全面使用到他的书中。1595年哲罗尼姆·罗曼在修订他的《各国志》时也将拉达的报告大量引用。关于这次出使，除了上述西文文献的记录外，在西班牙的海外档案馆中还保留了多份西班牙文档案，包括当时的菲律宾总督的书信和公文，应该说西文材料关于这一次出使有着较多也较为详细的记录。然而，相比较而言，中国方面对于这一次中国与西班牙极为重要的首次交往却记录较为简单，虽然在明王朝最权威的官方文献《明神宗实录》中对这一次交往亦有记载：

> 万历四年正月己未，福建巡按御史孙錝言：……至于吕宋，虽非贡国，而能慕义来王，所献方物，应为代进，下兵部覆如闽抚议。上曰：人臣若肯同心为国，嫌已自无。①
> 万历四年九月丙申，巡抚福建佥都御史刘尧海奏报：把总王望高等以吕宋夷兵败贼林凤于海，焚舟斩级，凤溃图遁，复斩多级，并吕宋所赍贡文方物以进，下所司。辛亥，礼部议赏吕宋番夷例以闻，报可。②

在《明实录》这寥寥数语的简略记载中，虽记载了这一次西班牙菲督使臣出使明朝之事，但反将其称之为西班牙使臣的"进贡"，且没有记录进贡的细节。明曹学佺的《曹能始先生石仓全集》也简单提到这次吕宋进贡之事：

> 万历四年，林凤复驾大伙倭船百余只，乘风突至澎湖，闻两省大兵洊至，凤以轻舟四十余只直走西洋吕宋国。福建巡抚刘尧海遣浯屿寨哨官王望高计往吕宋，谕其国王，以番兵战船攻凤于玳瑁港，

---

① 《明神宗实录》卷46，万历四年正月己未，台北"中央研究院"历史语言研究所据国立北平图书馆红格抄本影印本印，1962年版，第1049—1050页。
② 《明神宗实录》卷54，万历四年九月丙申，台北"中央研究院"历史语言研究所据国立北平图书馆红格抄本影印本印，1962年版，第1264、1267页。

获贼总黄德、许元二首级，夺回妇女三十八口及凤谋主林逢春，同回闽。吕宋国遣僧人贡方物，巡抚具题，仍遣王望高等同番僧各往擒林凤。①

明人赵用贤《松石斋集》的《陆子韶先生传》中也简单提到了吕宋入贡之事：

"顷之，闽广大帅檄先生会讨林凤，凤故剧寇，凭惠潮山洞为孽。先生从诸将后邀之，歼其众几尽，凤仅以五舟扬去。既罢兵，先生逆策之曰：是当走日南诸夷，乘汛且伺我。已得谍报，凤果走吕宋国。先生从督府上计，请得重购夷王，而以兵蹑凤后，吕宋果受间，逐凤献所俘获，愿内附，得比暹罗诸属国。"②

明应槚、刘尧诲的《苍梧总督军门志》也简单记载了明军联合吕宋番兵击败林凤之事，但未提吕宋的进贡：

万历三年，海寇林凤突入广澳，总督兵部左侍郎兼都察院右佥都御史凌云翼击走之。林凤拥众数千，流劫海上，猖獗多年，为官兵所逐。因奔外洋，攻吕宋玳瑁港，筑城据守，且偹战舰，谋胁番人，复图内逞。福建巡抚刘尧诲遣人谕吕宋国主，集番兵击之，巢船烧毁，贼众大挫。至是，又从外洋突入广澳。③

明瞿九思《万历武功录》也只谈王望高招番兵破林凤之事，而未谈吕宋的出使：

明年冬，巡按直指使马应梦上书，言凤在东番吕宋国，与国王不相能，今以九月中来澎湖，复诣魍港也。前是凤在吕宋，筑玳瑁

---

① （明）曹学佺：《曹能始先生石仓全集》之《湘西纪行》（下卷），《倭患始末》，日本内阁文库藏明万历三十四年南京吏部右侍郎叶向高序刊本，第43—44页。

② （明）赵用贤：《松石斋集》文集卷14，《陆子韶先生传》，四库禁毁书丛刊影印明万历四十六年邹元标序刊本，集部第41册，第202—203页。

③ （明）应槚、刘尧诲：《苍梧总督军门志》卷21，《讨罪》5，北京全国图书馆文献缩微复制中心影印万历辛巳林大春序刊本，1991年版，第200—201页，第217页。

港为城，自号称为国王，欲谋协番众，以图闽广。佥何，制置使刘尧诲使使者王望高、周英等往谕吕宋，招番兵五千人袭港内，焚凤舟几尽，仅残遗四十余艘。凤不能婴城自守，复走潮，闽师追捕至广，斩首二百级，击破二十艘。①

如果只根据《明实录》和曹学佺等人的这些简单记录，我们根本无法了解这一次明王朝与西班牙首次交往的全过程。然而，在浩瀚的明代文献海洋中，我们终于在现存的万历初期的文献中找到了记录万历三年西班牙使臣出使大明福建的当事人，福建巡抚刘尧诲的著作《督抚疏议》，他在著作中将这一次出使的全过程予以记录，使得万历三年西班牙使臣出使大明福建这一重大事件的史实得以在中国明代文献中保存，并留下了西文文献亦无记载的珍贵史料。

刘尧诲《督抚疏议》一书，现藏于南京图书馆善本部，为明万历刻本，该书刊刻后存世者极少，遍查海内外图书馆的明代藏书，仅发现南京图书馆藏有此书，宁波天一阁藏书楼曾著目录，称其藏有此书，但经反复查核，现今天一阁藏书中并无此书，因此，南京图书馆所藏刘尧诲《督抚疏议》一书实际上已成为海内唯一保存的孤本，故以此证其弥足珍贵。已故海外明史大家陈学霖先生对此书极为关注，20世纪80年代末，他曾请人前往南京图书馆抄录《督抚疏议》中有关林凤事迹的部分奏疏，想对林凤历史展开系统研究，但天不假年，陈师没有精力顾及此事，遂将所抄录的《督抚疏议》中的有关林凤奏疏部分转交给了笔者，并嘱笔者完成林凤研究一文。笔者根据陈师提供的这一部分《督抚疏议》的奏疏结合其他的中外文献，2010年终于完成了《明隆万之际粤东巨盗林凤事迹详考——以刘尧诲〈督抚疏议〉中林凤史料为中心》，于2012年在《历史研究》正式发表，总算完成了陈师的遗愿。由于《督抚疏议》一书始终没有全面开放，所以陈师请人抄录的林凤史料仍有很多缺漏。近年来随着中国各大图书馆文献档案数字化处理的发展，南京图书馆庋藏的海内孤本《督抚疏议》制成了缩微胶卷，并可以公开借阅，于是我们再

---

① （明）瞿九思：《万历武功录》卷3，《林道干诸良宝林凤列传》，续修四库全书影印明万历四十年刻本，第436册，第232—234页。

次将《督抚疏议》中的林凤史料部分影印回来，发现前面陈师所抄录的林凤史料仍有部分遗漏，特别是关于拉达出使大明福建这一史实的记录，漏去了两份最为重要的奏疏。下面，我们将《督抚疏议》中有关拉达出使大明福建的中文记录全部序录。记录此事的五份奏疏，其中三份记载比较详细，两份则仅简单提及。

三

这五份奏疏虽然是刘尧诲给明廷上的奏折，但他主要依据的是万历三年（1575年）六月十三日兴泉兵备参议乔懋敬给福建巡抚刘尧诲的报告，而乔懋敬的报告则分别在刘尧诲的几个奏章中被引用，可以说主要是乔懋敬的报告记录了万历三年西班牙使臣出使中国福建的基本史实。乔懋敬是在万历三年西班牙使团出使中国的事件中最为核心的人物。首先，万历三年被派往海外追剿林凤集团的把总王望高就是由他派出的，即其报告中所言"原差过海哨官王望高等报称，奉差到于吕宋番国谕夷发兵"，"近选得浯屿水寨哨官王望高素有胆略，谙识夷情，及捕盗刘志广、林克顺、郭文、周英等俱堪委用，中间市买货物及出给札付，降发军令牌面。一应悬赏招谕事宜，备揭到臣"。其次，王望高与西班牙使团返回中国时，首先拜见的明朝官员就是兴泉道（Inzuanto）兵备参议乔懋敬。在西文史料中，乔懋敬不仅是使团的接待者、护送者，而且西班牙人还专门有礼物送给这位泉州长官。乔懋敬不仅盛情设宴款待他们，而且也回赠了他们礼物。他叫给神父们及其同伴举人每人肩上披两匹丝绸，像围巾一样绕在他们身上，还给了每人一件银器；他也给予队长王望高和先生同样的礼遇，并命令给他们的仆人每人一件彩色棉披风。① 中文文献则称"差来番僧、番使即取办绢段花红犒赏有差""番僧人等，厚加犒赏""至于吕宋番人马力陈等，臣已遵照部咨从重晏待犒赏讫"。使团返回时，也是由乔懋敬派军官护送使臣回国，所以在整个事件中，乔懋敬是西班牙使臣来华一事的实际负责人，所以刘尧诲《督抚疏议》中记录

---

① ［西］门多萨：《中华大帝国史》，何高济译，第2部，第1卷，中华书局1998年版，第204页。

的有关西班牙使臣使华之史实,均来自乔懋敬的报告。

乔懋敬的这些报告与西文文献记录比较,有一些与西文文献大体吻合,有的地方记载就有些不同,还有很多未被当时西班牙文献所记录。因此,这一批中文文献关于西班牙使臣首次出使中国大明福建的历史记录具有极高的史料价值,不仅真实地报告了西班牙菲律宾殖民政府与中国政府首次正式官方交往的全过程,而且还补充了西班牙文献拉达《出使福建记》和门多萨《中华大帝国史》所载之缺,成为明代中西关系史上最为珍贵的中国史料之一。

该报告首先记录了兴泉道浯屿寨哨官把总王望高率领两艘哨船于万历三年三月十二日到吕宋国追剿逃匿于海外的粤东巨盗林凤。林凤当时先是率兵围攻马尼拉,力图占领马尼拉,但被西班牙人守军击败而退守旁嘉施栏(中文名玳瑁城)。王望高到吕宋后,由在马尼拉经商的福建商人林必秀引导拜见吕宋国主,即西班牙菲律宾总督拉维撒里(Guido de Lavezares),并带来一些"表里绸绢等仪物进见"。在菲督的支持下,"遣番僧与同王望高、林必秀等分投遍谕土番,前后共得番兵五千余人,即日拣选战船二百只",在三月十八日及以后的几天,又向驻守在玳瑁城的林凤部众发动了几场进攻,打死贼众无数,并获贼总黄德、许元首级二颗,夺回妇女三十八名。而王望高和林必秀在战斗中都负了伤,番兵死者达九十余人。王望高的玳瑁城之战进一步击溃了林凤的主力部队,他认为今贼见不满千人,外无船只,内少粮食,计日可擒。因此,他命令手下部队将玳瑁城紧紧包围,自己则想趁南汛之期回国报捷。他亦将回国报捷的消息禀告了菲律宾总督拉维撒里,拉维撒里则认为这是出使中国的最好机会,于是派遣了以马丁·德·拉达(Martin de Rada)修士为首的西班牙使团随王望高一起回国,并向中国朝廷进贡方物。上述奏疏中有关于这个使团的详细的记录:

> 番僧二名:一名马力陈,一名罗理暮;番使四名:一名微倪·赖理驾,一名巴里·亵罗绵佗,一名俚估那是·俱莺哈,一名患黎·地里安那;通事一名陈辉然;其余番从一十三人,赍捧吕宋国主番书及贡献方物,呈解到臣。

马力陈,一般译作马丁·德·拉达,西班牙奥斯定会士,西班牙文名为 Martin de Rada;罗理暮,一般译作热罗尼莫·马丁,西班牙奥斯定会士,西班牙文名为 Gerónimo Martín;微倪·赖理驾,西班牙马尼拉军官,西班牙文名为 Miguel de Loarca;巴里·襄罗绵佗,西班牙马尼拉军官,西班牙文名为 Pedro Sarimeto;俚估那是·俱莺哈,西班牙文名为 Nicolas de Cuenca,1576 年出使福建的西班牙使团随员;患黎·地里安那,西班牙文名为 Juan de Triana,1576 年出使福建西班牙使团随员。使团的翻译官叫陈辉然,使团的随从一共还有十三人,他们携带了西班牙菲律宾总督的西班牙文的信函和准备进贡的珍贵礼品一起前往福建。

第一,《督抚疏议》的记录与拉达《出使福建记》记录基本一致,除中文文献记录随从是十三人,西方文献则记为十二人,而门多萨《大中华帝国史》只记录了出使的两名修士和两名军人,其他的人名没有完整记录。但是门多萨书中记录了这次使团的总人数为"修士、士兵和服务人员共二十人",[①] 这一点与《督抚疏议》记载则完全一致。最为重要的是,这些首次出使中国的西班牙使臣都留下了他们在当时翻译的中文名字,比如拉达中文名为马力陈,马丁中文名为罗理暮,洛阿卡中文名为赖理驾,特里阿纳中文名为地里安那,库安卡中文名为俱莺哈,萨尔密安托中文名为襄罗绵佗,译员爱尔南多[②]中文名为陈辉然。这些珍贵的史料信息使我们对西班牙出使中国使团有了更为清晰的了解。特别是将拉达译为马力陈,这就是说进入中国的第一位西班牙奥斯丁会传教士在当时就有了他的中文翻译名"马力陈",这为我们今天的学术界提供了拉达的最原初、最权威的译名。

第二,万历三年六月,乔懋敬的报告分别三次提到了这次西班牙使团给中国皇帝进贡的"方物"。第一次是前引《谕夷剿贼捷音疏》,称:

省发其吕宋国主所贡方物内:多罗毡二条,番镜二面,黄金串

---

① [西]门多萨:《中华大帝国史》,何高济译,第 2 部,第 1 卷,中华书局 1998 年版,第 182 页。

② 门多萨称这个翻译为"这是一个在马尼拉受洗的中国孩子,能说流利的西班牙语,名叫热南多(Gernando)"。参见 [西]门多萨《中华大帝国史》,何高济译,第 2 部,第 1 卷,中华书局 1998 年版,第 180 页。

二条，共重四十二两，银壶二座，共重五十八两七钱，金钟、银盘、银器各一件，共重四十六两一钱，俱收贮司库，候擒斩林凤至日，朝廷容其通贡，方敢进上除外。

第二次是在另一份奏疏《谕夷剿贼捷音并贡番物疏》中提到：

时值南汛之便，王望高等先回报捷，与同番僧夷使马力陈等赍执吕宋国主蜡书并进方物等因。呈送到臣，随该臣行据布政司验得该国所进金银等器及多罗毡、番镜等物，当即发回司库。番僧人等，厚加犒赏。仍议令王望高、林必秀及把总邵岳等，监同番僧夷使，复往吕宋地方，计擒林贼回日，所贡方物乃敢进上。

第三次是在此奏疏中再次更加详细地提到吕宋进贡的方物：

所有吕宋番夷原贡方物相应代进。为此，今将方物如法封固完备，具本开坐专差千户萧一愚亲赍进献，谨具奏闻。计开：上色黄金串一条，带金圈一箇，重一十二两九钱；金串一条，重三十两；银壶一座，重三十五两；银瓶一座，重二十三两七钱；金钟一箇，重一十两三钱；银盘一件，重二十三两；镀金银器一件，重一十二两八钱；真红多罗绒一件，长八尺，阔七尺，重七十两；多罗毡一件，重七十两，阔五尺八分，长五尺六寸，内有黑点，边破；琉球番镜二面，内一面高六寸横五寸二分，匣全；一面长四寸，阔三寸，匣贮。

而关于西班牙菲律宾总督送给中国方面的礼物，西文文献是这样记载的：

总督为表谢意，当着众人的面，赠送给队长王望高一条华丽的金链和一件染成深红色的华袍，那是他十分珍视的，在中国也十分很受器重，因为那里没有这样的东西。此外，他们还准备了送给泉州长官的适当礼物，他奉皇帝之命派遣王望高去追击海盗；还有送给福建省总督的另一份礼物,他当时驻扎在福州城。为不让先生(指华商林必秀)感到不快,他们也送他另一条金链,既是这个原因,也因他一直是西班牙人忠实可信的朋友。①

西文文献并没有说明送给泉州及福建官员的礼物是什么东西。而拉达的《出使福建记》则称:

"兴泉道从椅子里站起来,向前走到厅门石阶处。我们跪下来,他深深弯腰,同时我们问他可否站起身,并把我们递交的函件给他,还有在城里给我们的另一封,包括我们送给他的礼物单。他当即命我们返回寓所,说他会第二天派人去取礼物。他这样做了。"②

"他(指菲督)派大军曹送他们到港口,带去致队长王望高的信,及一份粮食和其他东西的礼物,还有另两封信,一封致泉州长官,另一封致福建省总督……随这两封信还有两份礼物,包括一个银盆和一个银罐,几件西班牙料子的衣袍,中国人对此十分珍视,及其他在他们国家所没有的值钱的东西,同时因未能送更多的东西而表歉意。"③

这里虽然也提到两封信件和礼物单,还提到了礼物中有银盆、银罐、西班牙料子的衣袍及一些值钱的东西。但是与中国文献相比,其详细与准确却无法相比。中国文献不仅详细记载了西班牙使臣进献给中国的各种方物,而且金银器皿则写明了重量,其中金器为六十八两,银器则为八十一两七钱,其他衣着和装饰品则写明了尺寸,说明了当时记录这些贡品的人十分仔细。所进贡的物品除了多罗绒和多罗毡是欧洲产品外,其他的金银器应该为墨西哥所生产,而番镜则是琉球出产。值得注意的是,西班牙人进贡的一条多罗毡居然"内有黑点,边破",这很可能是在进贡途中贡品遭到损污。除了上述贡品外,当时的西班牙吕宋国主还有一封"蜡书",呈送中国政府。所谓"蜡书",即是将信件密封在蜡丸之中,以保证不泄露内容

---

① [西]门多萨:《中华大帝国史》,何高济译,第2部,第1卷,中华书局1998年版,第177—178页。

② [西]拉达:《出使福建记》,载[英]C. R. 博克舍编注,何高济译《十六世纪中国南部行纪》,中华书局1990年版,第178页。

③ [西]门多萨:《中华大帝国史》,何高济译,第2部,第1卷,中华书局1998年版,第180—181页。

的书信。上述所载，均为西文文献所略，这一点为我们完整地了解万历三年西班牙使团出使中国的内容增补了极有价值的资料。

第三，西班牙使团出使中国福建的行程在拉达（马力陈）的书中有较为详细的记录，而且每到一地的时间亦有清晰的记载，所拜见福建政府的中国官员也记录得比较详细。特别是沿途的中国见闻，马力陈的《出使福建记》更是提供了极为详细的资料。《督抚疏议》中提到王望高返回福建浯屿寨的时间为万历三年五月十三号，西历为1575年6月20日，但是马力陈记录的西班牙使团抵达中左所的时间是1575年7月5日，[①] 门多萨记载使团抵达中国大陆的时间为7月3日，[②] 而记载王望高抵达中左所的时间为7月15日，两者相差半个月，这就说明王望高的船是先行回国的，而随之而来的西班牙使团则晚行有半个月，这一细节表明王望高的船与使团的船并非同时而回。又据《督抚疏议》称，王望高及西班牙使团是万历三年六月十二日抵达福州，西历为1575年7月19日；门多萨则称，使团是1575年7月11日抵达泉州，一礼拜后即7月18日抵达福州，[③] 中西文记录虽有差异，但大体一致。在福州，明朝政府还对王望高带回的林凤集团的俘虏进行了审讯，"因当堂面审谋主贼总林逢春、颜祐谦等"。而门多萨则记录，泉州官员曾对西班牙使团的两名军人萨尔密安托和洛阿卡召见谈话，并由使团的通事出任翻译，主要是了解海盗林凤的事情。[④] 至于王望高及西班牙使团返程马尼拉的时间，《督抚疏议》记载的时间为万历三年八月内，即西历1575年9月4日至10月3日。而拉达《出使福建记》则称，1575年8月22日他们离开福州城，在9月初抵达厦门港，9月14日起航回国。[⑤] 这一点中西文献的记录也大体相合，因此可以证明

[①] [西]拉达：《出使福建记》，载[英] C. R. 博克舍编注，何高济译《十六世纪中国南部行纪》，中华书局1990年版，第172页。

[②] [西]门多萨：《中华大帝国史》，何高济译，第2部，第1卷，中华书局1998年版，第182页。

[③] [西]门多萨：《中华大帝国史》，何高济译，第2部，第1卷，中华书局1998年版，第205、210页。

[④] [西]门多萨：《中华大帝国史》，何高济译，第2部，第1卷，中华书局1998年版，第205页。

[⑤] [西]拉达：《出使福建记》，载（英）C. R. 博克舍编注，何高济译《十六世纪中国南部行纪》，中华书局1990年版，第182页。

中文文献记录西班牙出使中国的基本史实与西文文献记载除了细节上的差异外，大体一致。

第四，西班牙使团抵达福州后，拜见了福建巡抚刘尧诲，刘尧诲接见了使团成员，并收下了吕宋国主的信和他们的礼物单，并命令当场给修士每人脖子上围六匹围巾形状的丝绸，他们的军人同伴和王望高及先生各四匹，他们的每个仆人两人一匹，并给修士、军人、王望高和先生每人两件银器，① 还在总督府设宴款待了使团成员。② 当使团将礼物送给刘尧诲时，刘尧诲把礼物封好，连同泉州长官送给他的礼物送往大明城即北京献给皇帝。因为中国有一条严格的法律，禁止任何官员接受礼物，不管礼物的价值如何，除非得到皇帝或他的朝廷的许可，违者受罚终身不得担任官职，并被流放和罚戴红帽。③ 刘尧诲只是向使团要了一把剑、一支火绳枪和一个火药筒，因为他要据此仿制这些武器。使团把这些武器送去，后来得知他们仿制成功，尽管不那么完全相同。④ 当马力陈修士递信给总督，要求留在中国传教时，总督回答他说他当时不能给他们回答，因为这类事情首先需要得到朝廷的同意，不过总督愿答复他们携来的马尼拉总督的信函，同时他们可以回去，再将林凤带来，做到这点后，到时将结缔他们所要求的友谊，并按他们的愿望，允许他们留下传教。他们得到这个回答，知道在中国居留已无望，便马上准备返回马尼拉。⑤ 在福州居住期间，海上传来了林凤船队又在侵扰福建海疆的消息，这使当时的福建官员产生了对王望高和西班牙使团带来的林凤被围无法逃脱的消息的怀疑，于是负责这次接待西班牙使团的兴泉道参议乔懋敬又对西班牙人进行了一次讯问，最后对他们说，他们应返回他们本地的岛屿，

---

① ［西］门多萨:《中华大帝国史》，何高济译，第2部，第1卷，中华书局1998年版，第215页。
② ［西］门多萨:《中华大帝国史》，何高济译，第2部，第1卷，中华书局1998年版，第218页。
③ ［西］门多萨:《中华大帝国史》，何高济译，第2部，第1卷，中华书局1998年版，第221页。
④ ［西］门多萨:《中华大帝国史》，何高济译，第2部，第1卷，中华书局1998年版，第221页。
⑤ ［西］门多萨:《中华大帝国史》，何高济译，第2部，第1卷，中华书局1998年版，第224页。

待将林凤送来时,再按要求处理有关友谊之事及宣讲福音。① 这一点在《督抚疏议》中有两处记录:

> 随该臣行据布政司验得该国所进金银等器及多罗毡、番镜等物,当即发回司库。番僧人等,厚加犒赏。仍议令王望高、林必秀及把总邵岳等,监同番僧夷使,复往吕宋地方,计擒林贼回日,所贡方物乃敢进上。随将前项捷音具本题行兵部覆议,合候命下移咨都御史刘尧诲悉。如所议,一应效劳人员并番中僧使,候功成日,与通贡方物一并议奏定夺。
>
> 节下秋汛将动,仍令哨官王望高及林必秀等,各以名色把总率领船兵添差把总邵岳监同番僧夷使马力陈等复至吕宋地方,共执凤贼,荡灭余寇,务以生擒凤贼为证据。

这就是说兴泉道乔懋敬再次派邵岳和王望高护送西班牙使臣回国时,要求他们必须要想办法擒获林凤,只有擒获了林凤本人,消灭了林凤集团余党之后再来进贡,才能建立信誉,才有可能建立双方的交往关系。

使团在福州共居住了47天,在返程回国之前,总督举行了一个盛大的宴会欢送他们,但总督本人并未出席。② 这一次出使至此即基本结束。万历三年西班牙使团出使福建,对西班牙方面来说,并没有达到原来出使的使命,可以说是无功而返。这其中的原因就是在西班牙使团出使福建这段时间内,被认为是瓮中之鳖的林凤居然设计脱逃了西班牙人的围困,并继续率众骚扰福建沿海。在这种情况下,原本就是以剿灭林凤集团为功劳而出使中国的西班牙使团变得十分被动,而福建政府对于这次与原动机有很大出入的出使也只能是抱着怀疑的态度,而不能达成任何结果。所以,福建政府除了对进贡使臣"厚加犒赏"外,"仍议令王望高、林必秀及把总邵岳等,监同番僧夷使,复往吕宋地方,计擒林贼回

---

① [西]门多萨:《中华大帝国史》,何高济译,第2部,第1卷,中华书局1998年版,第229页。

② [西]门多萨:《中华大帝国史》,何高济译,第2部,第1卷,中华书局1998年版,第231—232页。门多萨称使团在福州住了47天,但按拉达《出使福建记》的时间是1575年7月18日抵达福州,8月22日离开福州,其间只有35天。

日，所贡方物乃敢进上"。1575年8月23日，使团离开福州，四天后抵达泉州，9月3日西班牙人在中左所登船返国，护送者为把总邵岳和王望高。在回程之前，总督和乔懋敬都给马尼拉总督和使团成员回赠了丝绸等礼物。此过程在《督抚疏议》也有记载：

> 原差过海导送僧使把总邵岳、王望高等，俱自吕宋驾船回至中左所海洋湾泊，随该二道会委泉漳二府海防同知陆一凤、沈植前去审勘，得邵岳、王望高、林必秀等俱供称，自去年八月内，率领船兵前到吕宋番国，不意林凤等贼已先于六月内窃造小船，乘雨夜溃围出洋，被番人敌杀贼众三百余人，杀伤四十余人，并贼妇九口遗弃在彼，各贼俱逃遁回广。我兵无所用勇，随将僧使马力陈等送还该国，仍颁赏各番明白。番人慕义感激，即将贼级贼妇发与望高等随船带回，以为证验，见其效命杀贼之诚。原留捕盗周英一船在彼协守，亦与之俱还等情。因取到邵岳、王望高、林必秀等各不扶甘结，及将贼级验实，责令就便瘗埋，贼妇官卖从良。

《督抚疏议》详细记录了王望高在万历三年八月内（西历是9月初到10月初）将使团送回了吕宋；回到吕宋后，他才知道原来围困在玳瑁港的林凤集团"已先于六月内窃造小船，乘雨夜溃围出洋"。王望高将马力陈等使臣送回吕宋并处理了林凤集团的有关后事后，返回中左所向兴泉道乔懋敬汇报。

第五，事实上，当西班牙使团出使福建并向巡抚刘尧诲进献礼品后，当时福建巡抚刘尧诲并没有向明廷汇报，直到福建巡按使孙鏓到来时，才向朝廷汇报。前引《明神宗实录》于万历四年正月时收到福建巡按御史孙鏓的奏章言："至于吕宋，虽非贡国，而能慕义来王，所献方物，应为代进，下兵部覆如闽抚议。上曰：人臣若肯同心为国，嫌已自无。"这就是说，到万历四年正月时，万历皇帝才知道西班牙进贡中国的事情，而福建巡抚刘尧诲的奏章直到万历四年九月才送到北京。前引《明神宗实录》：

> 万历四年九月丙申，巡抚福建佥都御史刘尧诲奏报：把总王望高

等以吕宋夷兵败贼林凤于海，焚舟斩级，凤溃图遁，复斩多级，并吕宋所赍贡文方物以进，下所司。辛亥，礼部议赏吕宋番夷例以闻，报可。

明廷对此事的反应又详载于《督抚疏议》的《题为恭上渡海谕夷剿贼捷音事》中：

> 万历四年十二月十四日，准礼部咨该本部题主客清吏司案呈该臣奏进吕宋国主所献方物等，缘由该部覆议奉圣旨，是该夷着照洪武年间例给赏其酋长，既称有功，准加赏锦二段、纻丝四表里。钦此。备咨到臣。并将钦赐表里共纻丝、纱罗、锦绢二十八疋段给付原差千户萧一愚领回，行令臣添差的当人役赍领前去该国颁给。随该臣案发福建布政司收候仍行该司关会各兵备巡海等道参将等官，议委的赏员役，前来赍领前币，以俟风汛之便，渡海前去，及合用船只器具粮饷备议明白具由详夺。

这就是说，明廷的回复直到万历四年十二月十四日才批送回福建。朝廷收到吕宋国进贡的方物后，也给该国国主回赐了"锦二段、纻丝四表里"，还"钦赐表里共纻丝、纱罗、锦绢二十八疋段"，"赍领前去该国颁给"，可以反映明廷中央对于这一次西班牙使臣的出使并不十分重视，只是轻描淡写的互赠礼品而已，也没有意识到这是中国与当时的西方最强大的欧洲国家进行的外事交往。虽然万历皇帝回赐西班牙使臣的礼物十分简单，但在西班牙船离开之前，福建巡抚刘尧诲还给马尼拉总督送了一份礼物，这份礼物是四十匹丝绸，二十匹轻纱，一把金把手的小椅，两把绸伞及一匹马，他还送给战地指挥官同样的东西，并各有一封信，这些都放在美观且涂金的箱子中。除此之外，他还赠送了四十匹各种颜色的丝绸，分赠给围困林凤的将官及其他军官，及三百件黑披风和很多伞分给士兵。除这些外，他给修士每人八匹丝绸，军人同伴每人四匹，每人一匹马和一把伞。① 明朝中央回赠的礼物虽然简单，但福建政府回赠

---

① ［西］门多萨：《中华大帝国史》，何高济译，第 2 部，第 1 卷，中华书局 1998 年版，第 232 页。

给西班牙人的礼物却十分隆重，表明了地方与中央对待这一事件的态度非常不同。

当中央的回复及回赐物品送抵福建时，已经是万历四年十二月，即西历1577年年初，这时西班牙使团早已返回马尼拉，而且这时的西班牙菲律宾殖民政府已经更换了人选。万历三年出使之时，西班牙的总督是拉维撒里（Guido de Lavezares），而到万历四年十二月时，"吕宋国酋长目虱已经该国干世蜡革回，次酋鉴宝文因别事谋，故新立酋长新尧里仔"。"目虱"即拉维撒里的中文译名，新立的总督为新尧里仔，即桑德（Francisco de Sande）。万历五年二月，福建政府又进行了了解，据通事陈伯聪等众称：

> 吕宋酋长哈必陈目虱，即吕宋国主，原系番国干世蜡遣守吕宋，今已革回去讫。前奉军门差官邵岳等赍赏币物，俱新尧里仔领受，惟次酋币物系鉴宝收领。后因往冯家诗兰地方取税，亦被土番谋杀讫，新立未定等情。参看得见奉颁赏吕宋，除次酋鉴宝已故，不与商外。长酋目虱即杀贼献物之吕宋国主也，先蒙军门遣僧使带币物给赏，往彼适已裁革，被新酋新尧里仔领受。今复奉钦赏，事在海外，未免又为新酋所得。马力陈乃因立以及其使耳，已经面领厚赏导还。今国主既革，则其使似亦不必复赏。

由于"新立酋长新尧里仔，似未效劳剿贼，且于前事无干"，福建巡抚刘尧诲送给前总督拉维撒里（哈必陈目虱）的礼物已经被新总督桑德（新尧里仔）领收，而且桑德对前任拉维撒里所处理的林凤之事极为不满，多次攻击王望高和拉维撒里合作的事情，所以福建政府认为没有必要再将明廷中央的礼物颁赐给吕宋，"今国主既革，则其使似亦不必复赏"。于是，由刘尧诲向中央上了一道"停止钦赏吕宋酋长币物疏"。此时的福建巡抚刘尧诲已经"戴罪回籍，不复与闻闽事"。万历三年，中西关系史上极为重要的事件——西班牙与中国的首次交往，就这样结束了，刘尧诲的戴罪回籍恐怕也同处理这一次中西交往的失误有关。

16—18 世纪的汉西双语词典稿本及其作者群体

杨慧玲

北京外国语大学国际中国文化研究院

在 16—18 世纪中西文化交流之初，精通汉语的双语人才多是基督教入华传教士。最早进入亚洲的两个欧洲国家是葡萄牙和西班牙。在中国，长期以来对西班牙和葡萄牙的入华天主教传教士群体研究不足，近三十年来史学界的研究使得国内学界逐渐熟悉了一些著名人物的生平，然而他们在语言学方面的成绩和贡献却不是史学界关注的焦点。本人从档案文献及海外调查中，收集到 16—18 世纪的汉西双语词典的一些零散的信息。对于这批西班牙籍的来华传教士作者的生平、词典文本分析、他们在汉语语言研究以及中西文化交流做出的贡献，还有待进一步展开研究。我本人期待和中国及西班牙的学者共同合作，进一步推进这方面的研究。

一 编写于菲律宾的手稿汉西词典

来到亚洲的西班牙殖民者最初接触到中国人是在菲律宾，而当时在菲律宾的华人大多来自福建省，据龙彼得（Pier Van der Loon）的研究，16 世纪末菲律宾的天主教神父们主要学习和使用客家方言。

目前所见，关于菲律宾汉语学习的汉西词典手稿是在罗马编号为 Biblioteca Angelica Ms. Lat. 60 的汉西词典。根据封面上的记载，一名耶稣会神父齐瑞诺（P. Perrus Chirino）为了归化菲律宾当地的四万余名华人而学习汉语，他于 1604 年 3 月 31 日将此词典献给洛卡（Angelo Rocca，1545—1620）。①"这是耶稣会士彼得·齐瑞诺神父通过与在菲律宾有超过四万人居民的中国人会话学到的语言，谨将本书献给彼得·齐瑞诺本人所尊敬的祭衣司事猊下。1604 年 4 月 30 日。"②

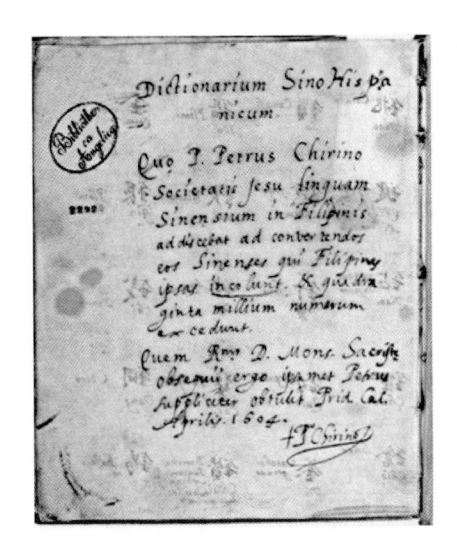

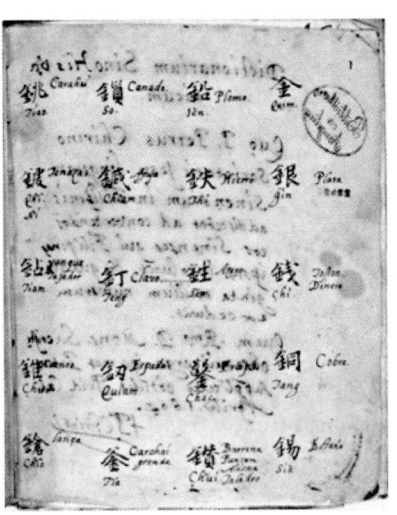

图 1　汉西词典手稿封面及首页（自右向左）

二　梵蒂冈图书馆藏的稿本汉西词典

梵蒂冈图书馆藏书 Borgia Cinese N. 503 中第一部分的稿抄本汉西词典，后面因为附有黎玉范的论述中国礼仪行为和观点的《圣教孝亲解》，《明代名人传》将其视为黎玉范的作品。梵蒂冈图书馆的汉西词典，首页

---

①　马西尼认为这部词典编写于 "1595 年到 1602 年"，见 "Chinese Dictionaries by Western Missionaries"，*Encounters and Dialogues*，Edited by Xiaoxin Wu, Monumenta Serica Monograph Series, 2005, p. 184.

②　高田时雄文中翻译了封面的献词，并判断这部词典编纂于 1595—1599 年，见高田时雄《SANGLEY 语研究的一种资料——彼得·齐瑞诺的〈汉西辞典〉》，载陈益源主编《2009 闽南文化国际学术研讨会论文集》。

的西班牙文同词典正文的西班牙文并不是同一个人书写的，从内容上看也与词典文本内容无关，是装订时被订在了一起。作为词典的拥有者或者抄写者之一，也不能完全排除这部词典是黎玉范所作，只是还需要更多的证据去支持任何一种推测。

黎玉范（Juan Bautista de Morales）[①] 1597 年出生于西班牙安达卢西亚省的 Ecija 市，1614 年加入多明我会。1620 年，黎玉范与高琦（Angelo Cocchi）[②] 共同前往墨西哥，1621 年 3 月 25 日奔赴菲律宾马尼拉，1633 年 7 月，黎玉范和方济各会的利安当（Antonio de Caballero）进入中国福建传教。1640 年 5 月，黎玉范从菲律宾马尼拉回到罗马。黎玉范在罗马向教宗乌尔班八世（Urban Ⅷ，1623—1644 年在位）提交了反对中国礼仪的报告，1644 年 6 月得到了教宗支持，教宗还任命黎玉范作为中国的宗座教长，监管在华天主教传教士的行为。1644 年 9 月，新教宗英诺森十世（Innocent X，1644—1655 年在位）发布了针对中国礼仪的禁令，可见黎玉范是礼仪之争中极为重要的人物。

Borgia Cinese N. 503 文本第一部分是汉西辞典，正文前有 7 页的汉字注音和西班牙语对照的天主教经文，接着是 326 页的词典正文。词典正文用红色墨水打出 14 横行、4 纵行的格子，汉字按照 chā 到 xún 注音排序，右栏提供西班牙语译义。词典正文红色边框外有补充的汉字和西班牙语译义，都是常用的搭配和例证，且字体与正文相似，这一般是稿本的特征。这部汉西词典字迹整齐，从这一点看更像是抄本，也有可能是抄写者具有相当的汉语水平，在抄写的同时修订增补了这部汉西词典。

从黎玉范的经历来看，从 1656 年他离开福建到浙江后至 1662 年中风患病，是他最有闲暇编写汉西词典的时间。这部汉西词典扉页记录的 1693 年 9 月应是这部汉西词典编写时间的下限，因此，这部汉西词典编

[①] 主要参考了 Antonio Sisto Rosso 为 *Dictionary of Ming Biography 1368–1644* 撰写的黎玉范简介，中译本参见［美］富路特、房兆楹原主编，李小林、冯金朋主编《哥伦比亚大学——明代名人传》，北京时代华文书局 2015 年版。

[②] 高琦 1620 年与黎玉范一起到达墨西哥，高琦 1627 年在甲米地（Cavite）学习漳州话，1628 年成为台湾淡水代牧，1631 年 12 月作为西班牙驻菲律宾的使节前往中国福建，遭遇海盗被救生还，送往福建巡抚熊文灿处。高琦建立了多明我会在中国的第一个教堂和教区，创办了福宁府顶头村教堂，1633 年邀请黎玉范和方济各会士利安当来华。1633 年 11 月，高琦因病去世。

16—18 世纪的汉西双语词典稿本及其作者群体 / 405

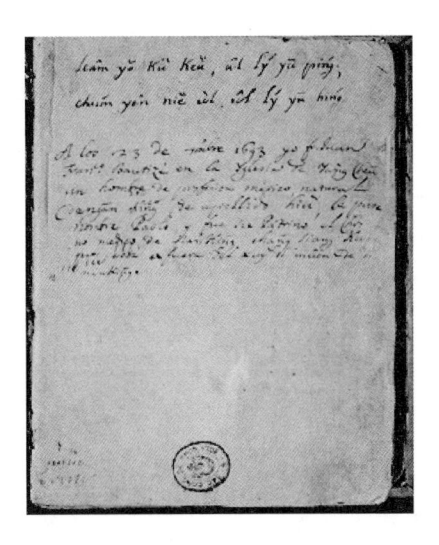

图 2　梵蒂冈图书馆 Borgia Cinese N. 503 藏书扉页

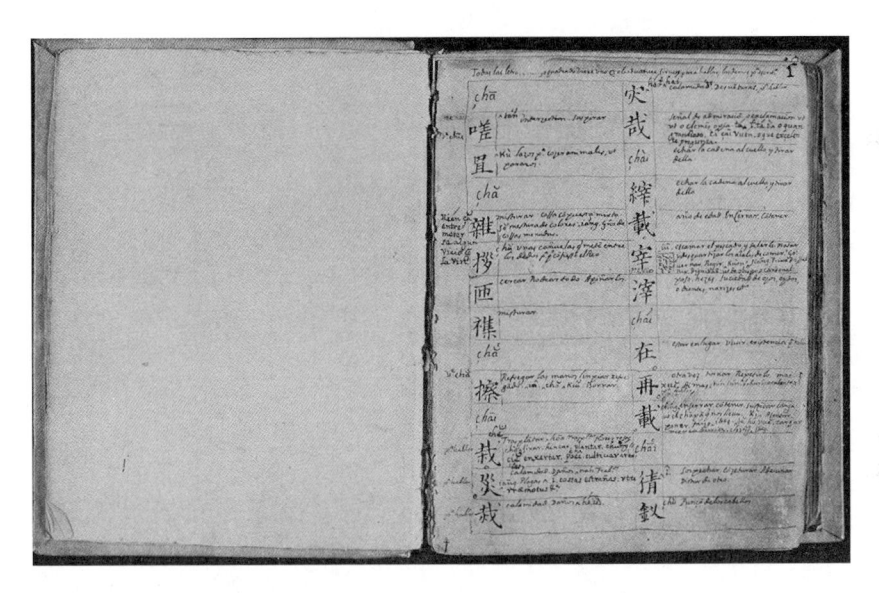

图 3　Borgia Cinese N. 503 汉西词典首页

写的时间可以确定在 17 世纪后半叶。虽然还难以判定作者，但作者应该是西班牙籍的多明我会或者方济各会的会士，因为这两个后进入中国传教的修会，都有以汉字注音代替汉字书写著作的传统，而汉西词典的前后页宣传天主教的材料都是此类汉语注音和西班牙语的文献。作者的汉语水平已经达到了较高的程度,以单个汉字作为词目编写的双语词典,对于每一个汉字的理解和译义比字词词组混合编写的双语词典都要更加到位和深刻。

三 苏芳积(Francisco Díaz,1606—1646)的汉西词典

苏芳积,1606年出生于西班牙,1622年加入多明我会,先后到过菲律宾、中国台湾,1635年进入中国福建福安,和黎玉范、利安当一起传教,1646年在中国青岛去世。据记载,苏芳积在1640年或1641年编写了一部汉西词典,同时还有一部汉语语法书。苏芳积的汉西词典手稿有多个抄本,这个抄本虽然整齐,但它根据的是原柏林国家图书馆抄本,原本就有很多中文和西班牙文的错误。笔者未对词典文本进行研究,仅见马西尼教授文章中的介绍,其中也有一些错误。

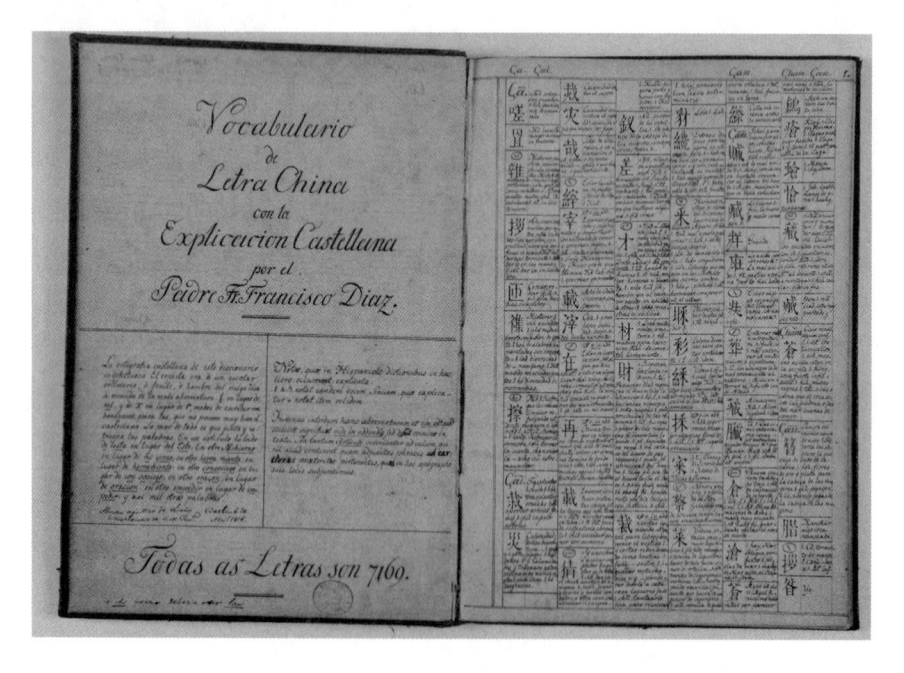

图4

四　万济国（Francisco Varo，1627—1687）的葡汉和西汉词典

在马尼拉跟随黎玉范学习官话的万济国，以一部汉语官话词典和一部汉语语法《华语官话语法》（*Arte de la lengua mandarina*）① 而闻名。万济国入华 21 年后，于 1670 年编写了他的第一部葡汉官话词典。万济国在词典的自序中提到，他手中有前任来华传教士的汉语官话词典，编写这部葡汉词典是为了改进前人的著作。② 此后，他又编了另一部不同的西班牙语—汉语官话词典。

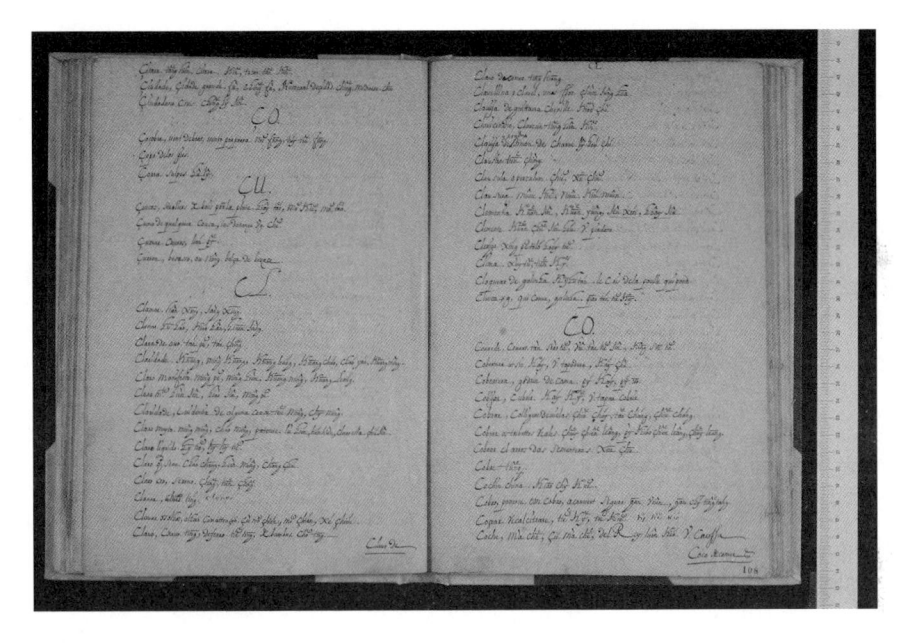

图 5

---

① 2000 年 John Benjamins 出版了英文版，姚小平、马又清将英文版翻译成了中文版的《华语官话语法》，2003 年由北京外语教学与研究出版社出版。

② 万济国的前辈多明我会士黎玉范编纂的是西班牙语—汉语词典，施方济编写的是汉语和西班牙语辞典，然而，万济国编写的第一部辞典却是葡汉辞典，这说明入华多明我会士极有可能得到了入华耶稣会士的词典。这一点在万济国对 "China, este Re" 的词条中也可以得到印证，他很可能以明末耶稣会士的葡汉辞典为蓝本，所以入华时已经是大清国的万济国西汉词典中的对应词仍然是 "中华、中国、中土、大明国"。

柯蔚南（South W. Coblin）对明清入华传教士的罗马字注音体系和明清官话问题有深入的研究，他整理出版的万济国官话词典（2006年）成为当代学者可参考、可检索使用的文献。

我注意到，如果从多明我会的传教地点和当时传教对象来看，身处福建乡村、主要对说闽、客方言的乡村民众传教的多明我会却编写了学习官话的双语词典。万济国在官话词典序言也明确声明借鉴了此前的耶稣会士词典，虽然他更赞赏本会传教士编写的汉语词典，实际上他的词典与在华耶稣会词典传统有着密切的联系。①

还有一个特点是多明我会编写的汉语词典中不重视汉字，Francisco Diaz 的词典只有汉字词目，万济国的词典完全不用汉字，所有汉语对应词或例证都是以汉字注音形式替代的。从菲律宾多明我会的汉语学习经验来看，这种速成法有其历史根源。他们把汉字注音方案当作文字使用，这样，一个新人可以很快地学会用汉语布道和交谈，而省却了学习记忆汉字的苦功夫。如果需要写汉字，他们则会让中国基督徒文人代劳。资深的多明我会传教士的汉语水平也不逊于耶稣会士，但这需要长时间的努力，对于新人或者普通传教士来说，一定程度的汉语足矣。这是基于他们传教目标制定的一种语言学习策略。

收词数量最多的是万济国编写的西汉词典，其中仅西班牙文词目就有一万一千余条，每个西班牙词目下都有数量不等的注音形式的汉语对应表达，所收录的汉语表达实际上达数万条之多。

基督教传教士编写的外汉手稿词典至万济国时，已经可以根据汉语有而西班牙语无的表达，为西班牙词目增加并译入了如"百家姓"②，表示亲属称谓的如"兄嫂、弟媳、母娘、妻舅"等汉语词条；词典中出现了很多汉语新词，用以表达西方有而中国无的概念，例如基督教的中文词汇如"解罪"（Confesar al sacerdote）、"打圣"（Consagrar）、"领圣体"

---

① 日本内田庆市与笔者持同样观点。西山美智江的研究发现，万济国的官话语法书与耶稣会卫匡国的汉语语法很相似，而万济国的官话语法又对耶稣会士马若瑟的汉语语法产生过很大影响。马西尼、白珊（Sandra Breitenbach）更重视多明我会、方济各会与耶稣会由于教会背景不同、传教策略和方式的不同而导致的语言学习传统的差异。

② 万济国的原文是西班牙文和汉字的罗马注音方案，没有汉字。经柯蔚南等编辑和翻译后的版本都加上了汉字。在本节举例时，均引用汉字例词而非罗马注音。

(Comulgar)。万济国版字典在寻找汉字对应词方面，也有较大的发展，如罗明坚、利玛窦的葡汉词典中，"crux, cruxuficio"只有"十字"勉强对应，而万济国的西汉词典已经有"crucificar 钉十字架""crucifixo 钉十字架的""cruz 十字架/十字圣号"等更为细化的对应词。在常用词方面，万济国比较重视汉语词的搭配问题，例如在一些名词后有意添加了相应的量词，如"Comida de à medio dia 中饭/午饭/中伙""una comida 一顿/一餐"；有时提供相应的动宾式结构的短语或句子，如"Consolar 安慰/安乐/抚慰，con buenas palabras 以善言劝他/用善言安慰他""Despatcho del Rey 旨意/圣旨，sacar este despatcho Real 圣旨到/旨意下/命下了"。从罗明坚、利玛窦的第一部葡汉词典开始萌芽的汉欧双语词典史，经过历代传教士的努力，获得了一定的发展。

五　小结

这些汉西词典手稿，在汉字书写以及西班牙书写的错误，显示出抄写者水平不高。从译义中出现的错误来看，多是他们在生活中的积累或者是向身边中国人咨询完成的。入华欧洲传教士在学习汉语之初，对中国助手或教师有一定的依赖性，这也是双语词典编纂的必经之途。

从简单的对应词表形式的汉外双语词典发展至万济国的西汉词典，已经有了根据汉语有而西部牙语无的表达，为欧汉词典增加译自汉语的西班牙词目，也有针对欧洲语言特有的文化词收入的汉语新词。万济国的西汉词典中重视汉语词的搭配问题，在名词后有意增添相对应的量词，有时也提供动宾式的汉语例词或例句，是典型的兼具学习功能的双语词典。汉西双语词典的功能也从最初只是提供对应词求解为主，扩展到词典兼具汉语学习和教育功能，这些都体现出随着中西文化交流的深入，来华传教士们汉语水平以及汉语研究的进展。葡萄牙语、西班牙语等殖民地语言传遍世界，有基督教传教士的功劳，汉语走向世界，同样也有基督教传教士的功劳——通过他们编写的双语词典和语法书，欧洲人积累了对汉语语言和文化的宝贵认识，哺育了欧洲本土的东方学家，促进了欧洲汉学研究的诞生。

我在海外档案馆图书馆遇到这些珍贵的手稿汉西词典时，或者阅读中国基督教史的有关文献时，感到还有很多问题。

1. 天主教史的记录过于宽泛，存世的汉西词典手稿数量少得多

当传教士们给欧洲总会或教友的通信中常常提到他们正在编写汉语词典或者语法书，但是他们是否完成了汉语词典或语法书，是否将汉语词典和语法书公开，与其他传教士分享，除非在原始文献方面有重大突破，否则我们无从得知。教会史或者以传教士书信及报告为来源的纪录中提到的奥古斯丁会教士拉达、多明我会教士高母羡的汉语词典手稿和语法书，由于手稿文献的局限性，多数都无法证实。

2. 现在存世的手稿汉西词典有些署名也不是真正的作者

比如，马德里 Pastrana Archivo 的汉西词典，封面署名是 Miguel Roca（1661—1757）。汉西词典的文本内容和《汉字西译》的汉拉手稿词典相似度极高。Miguel Roca 是 1696 年来到中国的，而《汉字西译》的第一部分在 1694 年就完成了，第二部分不迟于 1699—1700 年就完成了。这部抄本并不是 Miguel Roca 的原创，但是 Miguel Roca 的参与和贡献还有待进一步研究。

3. 没有任何研究的作者和汉西词典

上面提到的都是一些最著名的西班牙籍来华传教士和他们的汉西词典，它们至少有人提及。下面列举的这些人名，对于作者的信息、词典的信息都非常少，他们多是多明我会和方济各会的会士。属于方济各会的王雄善（Juan Fernandez Serrano，1655—1735）、罗森铎（Francisco González de San Pedro，？—1730）、Manuel das Chagas O. F. M.、罗铭恩（Miguel Roca，1661—1757）、Vincente dell'Aguila O. F. M. 等，都是传教史有记载的双语词典作者，但是他们是否真的编写过汉外双语词典，还有待研究。另有多明我会的 Antonio Diaz 著有《谐声品字笺》，还有奥古斯丁会的会士白多玛（Tomas Ortíz，1668—1742）[1] 和 Juan Podriguez（1727—1785）等。在华的西班牙传教士群体的汉语学习以及汉外双语词典的辞书编写，仍有待深入研究。

---

[1] 感谢 Anna Busquets 教授为我找到了 Miguel Ángel Perdomo-Bstista 教授的文章 "Lingüística misionera y lexicografía histórica: el *Vocabulario de la lengua mandarina* de Fr. Tomás Ortiz（1668 - 1742）"。Anna Busquets 教授对闵明我的研究，也涉及语言学习以及部分词条内容。

中西文化交流史源远流长，但是目前的研究还有很多方面有待推进。我希望和各位西班牙学者展开合作，共同推进对西班牙籍的来华天主教传教士所著双语词典的研究。

参考文献

Anonymous, Borgia Cinese N. 503, Vatican Library.

Federico Masini, "Chinese Dictionaries by Western Missionaries", *Encounters and Dialogues*, Edited by Xiaoxin Wu, Monumenta Serica Monograph Series, 2005。

Francisco Varo, *Francisco Varo's Glossary of the Mandarin Language*, ed by W. South Coblin, Monumenta Serica Institute. Sankt Augustin. 2006.

Perrus Chirino, *Dictionarium Sino-Hispanicum*. Biblioteca Angelica MS. 1604.

高田时雄：《SANGLEY 语研究的一种资料——彼得·齐瑞诺的〈汉西辞典〉》，载陈益源主编《2009 闽南文化国际学术研讨会论文集》。

［美］富路特、房兆楹原主编，李小林、冯金朋主编：《哥伦比亚大学——明代名人传》（中译本），北京时代华文书局 2015 年版。

杨慧玲：《19 世纪汉英词典传统》，商务印书馆 2012 年版。

东西相望

——以中国和西班牙早期历史文献为蓝本

魏京翔

北京外国语大学

绪论

中国与西班牙位于欧亚大陆的两极,两国历史悠久,文明薪火相传。早在公元前 1 世纪,尚属于罗马帝国伊斯帕尼奥拉行省(las provincias romanas de Hispania)的西班牙地区就已出现对中国汉代丝绸的崇尚与追求。在奥古斯都大帝统治罗马的时代,业已形成了"长安—塔拉克"的东西丝绸之路,这充分表明中西两国(地区)的物质交换最早可追溯到两千年前。

与物质层面的接触相比,中西两国的精神文化交接则相对较晚。事实上,不只西班牙,整个欧洲在 15 世纪末的大航海探索之前,对中国文化深入研究者几无一人,就连中世纪最负盛名的《马可·波罗游记》,也只是稍稍叙述了他那个时代的"当代史",鲜有触及中国历史的全貌。至明代中后期,葡萄牙人初抵东南亚和南中国海时,这种情况才略有改观。葡人皮雷斯 1515 年撰著的《东方概要》大致描绘了中国文明的特点;另一位冒险家平托的《远游记》更是平添了很多对中国想象的笔调。真正较为严肃的"汉学"著作要迟至 16 世纪 70 年代才出现,以西班牙人马丁·德·拉达(Martín de Rada)和胡安·德·门多萨(Juan de Mendoza)

为代表的欧洲早期"汉学家"的作品,开启了长达五百年的西方中国研究学统。

反观中国古代对西班牙的认识,则寥寥无几。天朝上国中心论的思想及语言隔阂或许是造成这种研究缺失的主因。虽然如此,前辈学人如杨宪益先生在翻译之余亦有考证,笔者也试图在浩瀚的中文古籍中发掘一二,聊作补遗,并期待更多的相关成果问世。

一 西方的探寻

1. 《出使福建记》和《记大明的中国事情》

马丁·德·拉达,1553年6月20日生于西班牙纳瓦拉王国潘普洛纳。他双亲出身名门,因而自小便在巴黎和萨拉曼卡求学。1575年4月,拉达奉西属菲律宾总督拉萨维利斯(Guido de Lavezaris,1499–1581)之命,率使团出访福建并谒见了福建巡抚刘尧诲。赴中国前,拉达就已在菲律宾的华人社区中修习中文并写出《汉语语法与词汇》(Arte y Vocabulario de la Lengua China)一书。虽然出使目的(以通商和传教为主)并未达成,但拉达将他在福建收集的七部中文典籍带回了马尼拉,并据此撰述了几篇使团在华两个月内的见闻。据英国著名的东方学家博克舍(Charles Ralph Boxer,1904–2000)所言,"不仅拉达的原手稿已遗失,1575年他从福建携带回的中国藏书也一样"。[1] 尽管如此,拉达仍有两篇著名的手稿传世至今,分别为《出使福建记》(quelo vio yanduvo en la provincia de Hocquien año de 1575 hecha porelmesmo)和《记大明的中国事情》(Relación Verdadera delascosas del Reyno de TAIBIN por otro nombre china)。

在第一部作品中,拉达辑录了他到中国的旅行、在福建的逸闻及返回马尼拉的航程。拉达详述了使团一行在中左所(厦门)受欢迎的仪式,同安知县对他们的款待,在泉州与兴泉道的会谈,在福州城的生活以及返回吕宋岛时的惊险历程。

---

[1] [英]C. R. 博克舍编:《十六世纪中国南部行纪》,何高济译,中华书局2019年3月版,第244页。

在第二部作品中，拉达利用在华的见闻和中文典籍的西班牙语译本，描绘了"大明国的幅员和地位""大明国的省份划分""大明国的城镇数目""军事、戍军和武器""人口和赋税""大明国的古史及其演变""百姓的品貌及其风俗和服饰""中国的建筑、农耕、矿产""司法和管治形式"等诸多细部，力求以百科全书式的手法向西班牙驻菲当局提供中国的舆情。

客观而言，拉达对中国的阐述是具有科学性的。他是最早论及长城的欧洲汉学家；他以具体翔实的笔触记录了中国城镇的数目（大明有15省，390城，其中155个是府，有1155县），对中国课税的户数和录入户籍的人口更是精确到了个位；他从鸿蒙太初开始论述中国古史的演进，一直写到他入华时的万历朝；他对中国百姓的描写细致入微，甚至提到女性裹脚和丧期的麻布孝衣；他首提中国的方言，认为大明官话和福建方言所写的文件有所不同；在谈及大明的司法时，他敏锐地指出"所有官员和长官都必须来自别的省，不能出自他所管辖的省，而且三年一换"。以上种种，若非亲身经历，是不可能这么精确详尽的。此外，拉达还廓清了马可·波罗笔下的"契丹"（Catay）就是葡人所说的"中国"（China）这个谜团，"我们通称为中国的国家，威尼斯人马可·波罗叫做契丹"，这是拉达对彼时世界地理学及东西方交通史研究的重要贡献。拉达的《出使福建记》和《记大明的中国事情》为后世研究中国的欧洲学者提供了科学的起点，无愧于"西方第一位汉学家"之称。

2.《中华大帝国史》

胡安·德·门多萨，1545年生于西班牙拉里奥哈自治大区卡迈罗斯城，其父为低等贵族。十七岁，门多萨前往墨西哥，并在奥古斯丁修会接受正规教育。1581年6月6日，门多萨作为出使中国的团长携带西班牙国王费利佩二世致中国皇帝的信函和礼物抵达墨西哥，等待前往东方的"马尼拉大帆船"。后因官方原因，门多萨未能成行并于1582年返回欧洲。虽然他没有踏上亚洲的土地，但却利用在墨期间收集到的资料，写出了影响深远的杰作《中华大帝国史》（*Historia de las Cosas más Notables, Ritos y Costumbres del Gran Reyno de la China, Sabidas así por los Libros de los Mismos Chinas, como por Relacion de Religiosos, y otras Personas,* quean estado en el Dicho Reyno）。1585 年（明万历十二年），此书甫一问世，立刻在欧洲引起轰动，这部被称为"已知的中华帝国万物史"的巨著，先后被译为拉丁文、意大利文、英文、法文等十余种语言，共发行 46 版之多。① 《中华大帝国史》是一部辑录大明帝国政治经济、历史文化、风俗礼仪、自然环境等的大百科全书，其文字优雅畅达，用词考究，甚至堪与塞万提斯的《堂吉诃德》相媲美。

门多萨撰写中国的语料，主要参考了葡萄牙人加斯帕尔·达·克鲁斯（Gaspar da Cruz, 1520 – 1570）的《中国概说》（*Tractado em que se cotam muito por esteso as cousas da China*, 1569）、西班牙同胞艾斯卡兰特（Bernardino de Escalante, 1537 – 1605）的《葡萄牙人航行东方诸王国及中华帝国论集》（*Discurso de la navegación que los Portugueses hazen à los Reinos y Provincias del Oriente, y de la noticia que se tiene de las grandezas del Reino de la China*）、西班牙方济各会士佩德罗·德·阿尔法罗（Pedro de Alfaro, 1525 – 1580）于 1579 年游历广东后写下的游记以及最重要的、前述拉达使团带回欧洲的西译中国典籍。

《中华大帝国史》分为两卷。卷一是对中国舆情的综述。该卷分为三章，重点介绍了中国的地理疆域、城镇区划、宗教信仰、王朝更替、贡赋丁目、司法科举等内容；卷二是三篇旅行记，分别记述了拉达、阿尔法罗和西班牙航海家伊格纳西奥游历中国的经历。

《中华大帝国史》（第一卷）为 16、17 世纪的欧洲人打开了认识中国的理性之门。与拉达相较，门多萨笔下的大明帝国更加鲜活丰富，他应当是第一位让欧洲人看到汉字的史学家。门多萨认为中国共有六千个不同的象形字，同一发音有几个不同的汉字对应，因而与希伯来语一样，写比说更易被人理解。关于印刷术，门多萨认为中国远早于欧洲："但中国人坚信并证实印刷术是他们发明的。中国人所说的，一点不假，千真万确。很清楚，印刷术是外来的，是中国传给我们的。时至今日，中国人手中仍有在德国人发明印刷术之前 500 年所印刷的书籍。"② 门多萨这里提及的德国人应为约翰·古腾堡（Johannes zum Gutenberg, 1398 –

---

① 张铠：《中国与西班牙关系史》，五洲传播出版社 2013 年版，第 216 页。
② ［西］门多萨：《中华大帝国史》，孙家堃译，北京联合出版公司 2010 年版，第 78 页。

1468），欧洲学界一般以他在1455年印刷的拉丁文《古腾堡圣经》作为西方图书批量生产的开端。如果我们以唐咸通九年（868年）雕版《金刚经》作为世界上最早标有明确年月日的印刷品①，那么中国有实物的印刷史确实比西方早587年，门多萨所言不虚。

至于笔者最为关心的古代史部分，门多萨在《中华大帝国史》第一部第一卷第五章中扼要地介绍了中国自上古讫止万历朝的梗概：

> 中华帝国是一古国。有人认为，在中国居住的先民是诺亚的孙辈。但中国人自己的史书明确记载，黄帝（Vitey）才是他们的第一个君上，是他把中国一统而为帝国且赓续至今。根据可靠的历法计算，从古代到现在，中国已有243个皇帝。由于皇帝妻妾成群，因此规定了长子继承制，这可以是皇帝任何妻妾所生的儿子。其余的儿子都被安排到别的城市养尊处优，但不得随意外出，除非皇帝召见，否则也不准进京。②

据上所述，西班牙人门多萨在四百多年前就已向欧洲人阐释了中华帝国起源于黄帝的史实，并且与中国史书记载大致相符。众所周知，司马迁的《史记》，其记事便始于黄帝，并将其视为五帝之首。黄帝通过战争兼并及和平共处的交流、同化、融合了许多部落，为形成统一的多民族中国奠定了基础，所以黄帝成了中华民族的"人文初祖"。历代帝王为了强调自己的正统，莫不以黄帝的后裔而自居。例如夏禹为黄帝之玄孙；殷商始祖契为黄帝曾孙帝喾次妃所生；周始祖后稷名弃，其母亦为帝喾之妃。中国历史开篇的夏、商、周如此，后代便一脉相承，秦、汉、隋、唐、宋、明诸王朝皇族都自称为黄帝后裔。就是一些少数民族主政的王朝，如魏、辽、金、元、清，或自认为是黄帝苗裔，或尊黄祀黄如祖。此外，门多萨说中国自古至明代万历朝已历243位皇帝，如果将封建中国分裂时期的政权除外（辽、金、西夏亦不算），这个数目也大致正确。

总而言之，以马丁·德·拉达和门多萨为典型的早期西班牙"汉学

---

① 姜涛：《唐咸通九年（868年）雕版〈金刚经〉》，《中国宗教》2006年10期，封面页。
② ［西］门多萨：《中华大帝国史》，第8—9页。

家"在开拓中西文化交流、向西方传播古代中国文明的事业上做出了积极的贡献。从《中华大帝国史》开始,欧洲摆脱了以想象为主的中国描述,进入了相对科学的汉学研究时代。

二 中国的遥望

1.《诸蕃志》

南宋宗室赵汝适于宋理宗宝庆元年(公元 1225 年)所著之《诸蕃志》为中国早期的海外地理名著。是书分上、下两卷,分别记载了东自日本西至索马里、摩洛哥和地中海东岸诸国的风土物产,以及自中国沿海到海外各国的航线里程、所达航期。

《诸蕃志》《卷上·志国》篇中有"木兰皮国"一条,其文曰:"大食国西有巨海,海之西有国不可胜数。大食巨舰所可至者,木兰皮国尔。自大食之陁盘地国发舟,正西涉海百馀日方至其国。"[1] 按照德国汉学家夏德(Friedrich Hirth, 1845－1927)与美国驻华大使柔克义(William W. Rockhill, 1854－1914)合著英译本《诸蕃志》(*His Work on the Chinese and Arab Trade in the Twelfth and Thirteenth Centuries, Entitled Chu-Fan-Chi*)注释所言[2],"木兰皮国"应指 11 世纪后叶到 12 世纪中叶统治北非马格里布与西班牙南部的阿尔·穆拉比特(al-murabitum)王朝。"木兰皮"即是"穆拉比特"一词的对音。这个 11 世纪由来自西非柏柏尔人建立的政权于 1086 年击败西班牙莱昂王国的阿方索六世后,占领了整个塔霍河以南的伊比利亚半岛地区。阿尔·穆拉比特在西班牙又被称为阿尔·摩拉维德王朝(almorávides),它的首都位于今摩洛哥马拉喀什,后又以西班牙南部重镇塞维利亚为副都。五十余年间,穆拉比特帝国在西北非洲和南西班牙地区保有强大势力,声名远播。据此,我们可以推断,中国早在 13 世纪就已有关于西班牙,至少是其南部地区的文字记载。

---

[1] (宋)赵汝适:《诸蕃志校释·职方外纪校释》,杨博文校释,中华书局 2000 年版,第 117 页。

[2] Friedrich Hirth & William W. Rockhill, Chau Ju-Kua, *His Work on the Chinese and Arab Trade in the Twelfth and Thirteenth Centuries, Entitled Chu-Fan-Chi*, Hard Press Publishing, 2013, p. 103.

2.《太平广记》

杨宪益先生在其所著《唐代西班牙与中国的通使》一文中言明，宋代李昉、扈蒙辑录的《太平广记》八二"袁嘉祚"一条中所载蠦蠵国乃是今西班牙梅里达城。"其人顾嘉祚曰：'眼看使于蠦蠵国，未知生死，何怨我焉'……其蠦蠵国在大秦数千里，自古未尝通。"[①] 杨先生驳斥了岑仲勉先生认为"蠦蠵"是阿拉伯贵族头衔"埃米尔"对音的看法，但他同意"蠦蠵"是 Emir 一词的翻译。

按《太平广记》所载，上述派遣袁嘉祚赴任蠦蠵国大使的事件应发生于唐睿宗时期（710—711 年）。彼时，西班牙正处于西哥特人统治末年，来自北非的阿拉伯倭马亚王朝侵入欧洲，西班牙南部国土大部分沦丧。在西欧中世纪史上，伊比利亚半岛西部城市 Emerita（即今日的 Mérida，梅里达）作为抵御阿拉伯人北进的防线要塞享有盛誉，如果我们考虑到 7 世纪至 8 世纪间大唐与大秦诸国（即波斯地区，常常作为欧亚大陆东西方文明的疏通中介）文化交流日益频繁的态势，那么中国知识界听闻西班牙的"蠦蠵国"绝非没有可能。

3.《瀛寰志略》

清道光二十九年（1849 年）刊布了徐继畲撰著的《瀛寰志略》。全书共 10 卷，与魏源的《海国图志》同为中国较早的世界地理志。此书以地球为引，首先介绍了东西半球的概况，之后依次按亚洲、欧洲、非洲和美洲的顺序介绍了世界各国的风土人情。

在《欧罗巴西班牙国》一章中，徐继畲巨细靡遗地描述了西班牙的地理环境、人口民族、历史更迭、物产资源等国别内容，为近代中国对西班牙的研究奠定了科学的基础。徐继畲以冷峻的史家笔调叙述了西班牙历史上诸多关乎国运的转折，包括哥伦布发现美洲新大陆、西班牙王位继承战甚至拿破仑假道伐虢入侵西班牙的战争：

> 时西班牙王加尔罗斯与其世子不睦。嘉庆十二年，拿破仑约其父子，为好会于马也纳，云为协调，至则数其罪而两囚之，自立其

---

① 杨宪益：《译余偶拾》，山东画报出版社 2006 年版，第 240 页。

弟为西班牙王。西民不服，招英吉利兵合攻之，交战五年，逐拿破仑之弟，复立故王世子非而难多。①

由上述文字可知，19世纪中期的中国文化精英开始摆脱华夏为天下之尊，无须认识他国的思想。以徐继畲为代表的中国地史学家已经具备了较为深入研究欧洲国家历史细节的能力，中国学者正在慢慢融入世界学术的整体。至此，中西两国经过数个世纪的互相探索，终于拨云见日，开始窥探彼此的真实面貌。

参考文献

Friedrich Hirth & William W. Rockhill, Chau Ju-Kua, His Work on the Chinese and Arab Trade in the Twelfth and Thirteenth Centuries, Entitled Chu-Fan-Chi, Hard Press Publishing, 2013.

（宋）赵汝适：《诸蕃志校释》，杨博文校释，中华书局2000年版。

[英] C. R. 博克舍编：《十六世纪中国南部行纪》，何高济译，中华书局2019年3月版。

[西] 门多萨：《中华大帝国史》，孙家堃译，北京联合出版公司2013年版。

杨宪益：《译余偶拾》，山东画报出版社2006年版。

（清）徐继畲著：《瀛寰志略校注》，宋大川校注，文物出版社2007年版。

张铠：《中国与西班牙关系史》，五洲传播出版社2013年版。

---

① （清）徐继畲：《瀛寰志略校注》，宋大川校注，文物出版社2007年版，第231—232页。

致 谢

2018年恰逢西班牙传教士庞迪我逝世四百周年，9月，"中国与西班牙文化交流史之思考——纪念庞迪我逝世四百周年"研讨会率先在北京外国语大学举行，之后在上海和澳门举办了下半场分会。经过北京外国语大学、北京塞万提斯学院、西班牙驻华大使馆的精诚协作，众多西班牙、中国机构的通力合作，共有超过30位世界各国专家参加了研讨会。为使更多对中国和西班牙语世界关系史感兴趣的人们能够了解并分享这次研讨会的专家发言，我们请他们提供了发言原稿及论文，收录在这本双语出版物里。

在此，对支持此项目的所有作者、译者、编辑及机构表示衷心的感谢。

作者（按姓氏首字母排序）：

José Antonio Cervera

José Eugenio Borao Mateo

Anna Busquets Alemany

Isabel Cervera Fernández

Elisabetta Corsi

Rafael Dezcallar Mazarredo

Enrique Dussel Peters

Dolors Folch

Antonio García – Abásolo González

Luis García Montero

郭存海

金国平

Juan José Morales

Álvaro Leonardo Pérez

李晨光

李天纲

罗慧玲

罗莹

David Martínez – Robles

宁斯文

Manél Ollé

彭海涛

Guadalupe Pinzón Ríos

Ignacio Ramos

Albert Recasens

Alicia Relinque

Xulio Ríos

Enrique Rodríguez Larreta

汤开建

魏京翔

杨慧玲

叶君洋

张铠

张敏

张西平

译者（按姓氏首字母排序）：

Belén Cuadra Mora

李京昊

林青俞

逯瑾羽

Luis Roncero Mayor

Teresa Tejada
王婷
魏鑫
詹玲
张晶晶
赵天瑜
朱敏

编辑（按姓氏首字母排序）：

Belén Cuadra
高歌
Juan José Morales
罗慧玲
魏京翔
辛丹

西班牙机构：

- 西班牙驻华使馆
- 西班牙驻上海总领事馆
- 西班牙驻香港总领事馆
- 北京塞万提斯学院
- 上海米盖尔·德·塞万提斯图书馆
- 马德里孔子学院

中国机构：

- 北京外国语大学
- 北京外国语大学比较文明与人文交流高等研究院
- 北京外国语大学国际中国文化研究院

- 中国社会科学院西班牙研究中心
- 国家汉办
- 澳门科技大学

同时，以下人员的工作对项目的完成至关重要，特此感谢（按姓氏首字母排序）：

Adrián Álvarez García

Alberto Antolín Encinas

Esteban Carlos Andueza

Miguel Bauzá More

Raquel Caleya Caña

Alberto Carnero Fernández

Marina Cuenca Martínez

陈继哲

Sandra Durand Castillo

Inmaculada González Puy

黄平

刘玉萍

Martín López – Vega

José María Martínez – Carrasco de Santiago

Gloria Mínguez Ropiñón

Carmen Noguero Galilea

孙有中

孙语聪

徐少德

魏婧

吴安

夏兢男

夏雯婧

闫国华

于 迪
张朝意
张 林

最后,感谢中国社会科学出版社对本书的大力支持,使得这部具极学术价值的作品得以顺利出版。

DIEGO DE PANTOJA Y CHINA

REFLEXIONES SOBRE LAS RELACIONES HISTÓRICAS ENTRE CHINA Y EL MUNDO HISPÁNICO

COORDINACIÓN DE LA EDICIÓN:
ZHANG XIPING
WEI JINGXIANG
INMA GONZÁLEZ PUY

中国社会科学出版社

ÍNDICE

Prólogo del embajador de España en la R. P. China, Rafael Dezcallar de Mazarredo   1

Prólogo del director del Instituto Cervantes, Luis García Montero   3

Diego de Pantoja: Un español inolvidable. Prólogo del director del Instituto de Civilización Comparada y Comunicación Intercultural, Zhang Xiping   5

Panel I: Diego de Pantoja, impulsor del conocimiento entre China y Occidente   9

(1) Introducción: Juan José Morales, investigador y escritor   10

(2) Zhang Kai, Instituto de Historia de la Academia de Ciencias Sociales de China: *Panorama actual de la investigación en torno a Diego de Pantoja*   15

(3) Manel Ollé, Universitat Pompeu Fabra: *Las máscaras de Pantoja*   26

(4) Isabel Cervera Fernández, Universidad Autónoma de Madrid: *Imágenes para Wanli (1563-1620), emperador de China*   43

(5) Li Tiangang, Facultad de Filosofía de la Universidad de Fudan, Shanghái: *Diego de Pantoja y los comienzos de la Iglesia católica en China a la luz de los documentos recién traducidos*   75

Panel II: Los intercambios en el terreno de las ciencias, el arte y otras disciplinas   **88**

(1) Introducción: Isabel Cervera Fernández, Universidad Autónoma de Madrid   89

(2) José Antonio Cervera Jiménez, El Colegio de México: *Diego de Pantoja (1571-1618), misionero y astrónomo: a caballo entre las cosmovisiones de China y Europa*   95

(3) Li Chenguang, Universidad de Estudios Internacionales de Zhejiang: *Diego de Pantoja: el profesor de música occidental en el Palacio Real del emperador Wanli*   128

(4) Elisabetta Corsi, Sapienza Università di Roma: *La educación musical de Diego de Pantoja, SJ*   141

(5) Albert Recasens, La Grande Chapelle/Lauda: *El contexto musical de Matteo Ricci y Diego de Pantoja: ¿Jesuita non cantat?*   157

Panel III: Las relaciones entre China y España en los siglos XIX y XX: diplomáticos, comerciantes, aventureros e idealistas   **173**

(1) Introducción: Alfonso Wei, Universidad de Economía y Comercio Internacional   174

(2) José Eugenio Borao Mateo, Universidad Nacional de Taiwán: *Españoles en China en la primera mitad del siglo XX ante la muerte y el duelo*   176

(3) David Martínez-Robles, Universitat Oberta de Catalunya: *Sinibaldo de Mas y el inicio de las relaciones políticas entre España y China en el siglo XIX*   216

(4) Ning Siwen, East China Normal University: *Juan Valera y Emilia Pardo Bazán: la idealización decimonónica de China*   237

(5) Álvaro Leonardo Pérez, Director de Proyectos (PM), Kieferle & Partners Architects, Dubai: *Abelardo Lafuente (1871-1931), el primer arquitecto español en China*   254

Panel IV: Las relaciones entre China y España, China y América Latina en la era actual   **282**

(1) Introducción: Zhang Min, Instituto de Europa de la Academia de Ciencias Sociales de China   283

(2) Xulio Ríos, Director del Observatorio de la Política China: *Un nuevo enfoque en la relación China-América Latina-España: la gestión del conocimiento*   289

(3) Enrique Dussel Peters, Universidad Nacional Autónoma de México (UNAM): *Globalización con características chinas y su reciente relación con América Latina y el Caribe*   304

(4) Enrique Rodríguez Larreta, East China Normal University: *Dialéctica de las tres hispanidades: Interacciones culturales entre China e Hispanoamérica en la era global*   330

(5) Guo Cunhai, Instituto de Estudios Latinoamericanos de la Academia China de Ciencias Sociales: *El diálogo entre las civilizaciones de China y América Latina: significado, objetivos, caminos y mecanismos*   342

(6) Luo Huiling, Universidad Complutense de Madrid: *Las relaciones sino-españolas durante la transición (1976-1982)*   385

Panel V: La Nao de China o la Ruta de la Plata: los orígenes de la globalización **414**

(1) Introducción: Juan José Morales, investigador y escritor   415

(2) Dolors Folch, Universitat Pompeu Fabra: *El impacto del Galeón de Manila en China*   418

(3) Antonio García-Abásolo González, Universidad de Córdoba: *Chinos de la Monarquía Hispánica. Los sangleyes de Filipinas, unos extranjeros necesarios (siglos XVI a XVIII)*   453

(4) Guadalupe Pinzón Ríos, Universidad Nacional Autónoma de México: *Hernando de los Ríos Coronel y su propuesta para la conquista de la isla de Formosa*   488

(5) Ye Junyang, Universitat Pompeu Fabra: *El Galeón de Manila y la misión franciscana en China*   513

Panel VI: Historia de los intercambios de pensamientos, la religión, la moralidad y la filosofía **529**

(1) Introducción: Ignacio Ramos, Universidad Pontificia Comillas   530

(2) Anna Busquets Alemany, Universitat Oberta de Catalunya: *La formación y los recursos intelectuales de los primeros dominicos en China*   534

(3) Luo Ying, Instituto Internacional de Estudios Chinos de BFSU: *Estudio preliminar de las ideas de Antonio de Santa María Caballero en torno al confucianismo*   565

(4) Peng Haitao, Universitat Pompeu Fabra: *El libro* Qike *de Diego de Pantoja y la construcción de la nueva autoridad moral*   601

Panel VII: La España del siglo XVI, pionera en los estudios de sinología. Coetáneos y sucesores de Diego de Pantoja   614

(1) Introducción: Alicia Relinque, Universidad de Granada, Instituto Confucio   615

(2) Zhang Xiping, Instituto de Civilización Comparada y Comunicación Intercultural: *Estudio preliminar de la* Doctrina cristiana *de la Biblioteca Apostólica Vaticana*   619

(3) Tang Kaijian, Departamento de Historia de la Universidad de Macao: *Registros documentales del primer intercambio entre China y España, a partir de la única copia disponible en China de la obra* Memoriales del gobernador al trono, *de Liu Yaohui, custodiada en la Biblioteca de Nanjing*   658

(4) Yang Huiling, Universidad de Lenguas Extranjeras de Pekín: *Diccionarios manuscritos chino-español y sus autores entre los siglos XVI - XVIII*   708

(5) Pablo Robert Moreno, Universidad Autónoma de Madrid: *El obispo Luo Wenzao (1617-1691), un chino hispanohablante*   724

PRÓLOGO DEL EMBAJADOR DE ESPAÑA EN LA R. P. CHINA

Mediante la celebración del Año Diego de Pantoja 2018, la Embajada de España en la R. P. China y el Instituto Cervantes de Pekín realizaron una necesaria reivindicación de la memoria y legado del jesuita español, intelectual de gran valía cuya contribución a las relaciones entre China y Occidente permaneció en un injusto segundo plano durante demasiado tiempo. El simposio celebrado en la Universidad de Estudios Extranjeros de Beijing en septiembre de 2018 representó el principal evento de esta agenda conmemorativa y sirvió de punto de encuentro para numerosos expertos y académicos cuyas ponencias presentaron la figura de Diego de Pantoja, inserta en un fascinante capítulo de la historia.

La publicación de la recopilación bilingüe de dichas ponencias es, por tanto, fruto directo de este simposio y motivo de inmensa satisfacción para todos aquellos sin quienes no habría sido posible llevar a cabo este acto. En este volumen confluyen no solo las intervenciones de todos los ponentes participantes en el simposio, sino también los esfuerzos posteriores invertidos en su traducción, edición y publicación final. Es una razón, por tanto, para el orgullo, así como una publicación de referencia para conocer más sobre el jesuita español que desembarcase en Macao en 1597 con una misión en la cual seguía los pasos de san Francisco Javier: predicar el Evangelio en la China de postrimerías de la dinastía Ming. La composición de paisaje fue, a menudo, convulsa: Pantoja, junto a

Matteo Ricci, no solo se enfrentaba al recelo de la corte imperial del cuasi inaccesible emperador Wanli, sino que su labor discurrió junto a la de otros tantos misioneros procedentes de diversas congregaciones religiosas que servían, indudablemente, a los intereses coloniales de sus respectivos países. Pantoja, un hombre de exquisita erudición y visión preclara, abordó en todo momento su misión evangelizadora mediante una «política de adaptación». La caída en desgracia del cristianismo en China acabó dando lugar a su expulsión poco antes de su fallecimiento en Macao en 1618, pero su legado sobrevivió: Pantoja había plantado la valiosa simiente de un diálogo entre China y Occidente que habría de continuar, ya imparable, en siglos venideros.

El Año Diego de Pantoja 2018 representó una ruptura con el olvido de Diego de Pantoja como consecuencia de la dispersión de su obra y la ulterior pérdida de peso de España como potencia mundial. Nos corresponde a nosotros en el presente, sin embargo, el deber y la responsabilidad de recuperar la memoria de Pantoja y del papel pionero de España en la forja de las relaciones entre Oriente y Occidente, dando lugar a profundas corrientes de cambio que transformarían la cultura, economía y comercio de ambas regiones.

Sobre todo ello y más versa el presente volumen. Para todos quienes sentimos una profunda fascinación por las relaciones internacionales y el devenir de la historia, se trata de una compilación de inestimable valor para nuestras estanterías.

Rafael Dezcallar
Embajador de España en la R. P. China

PRÓLOGO DEL DIRECTOR DEL INSTITUTO CERVANTES

No deja de resultar paradójico que los europeos del Sur, que deberíamos más bien sentirnos tentados de quedarnos donde estamos, al abrigo de un clima benigno y un estilo de vida que es parte ineludible del tópico con el que se nos conoce en otras latitudes del globo, hayamos sido desde siempre tan dados a navegaciones y descubrimientos, tan amigos de la curiosidad y el diálogo. Cuando en el siglo XVII China estaba aún cerrada a los extranjeros, tuvieron que ser europeos del sur como Matteo Ricci y Diego de Pantoja los primeros que cruzasen los muros de la mítica Ciudad Prohibida. Pantoja fue uno de los primeros intérpretes entre Oriente y Occidente; escribió en castellano y en mandarín y abrió una senda que tantos han seguido después, yendo y viniendo cargados de pólvoras y refranes, de versos y de ornamentos, de especias y de sabidurías.

A finales de 2018, celebrando el cuarto centenario de su muerte, un simposio reunió en la Universidad de Estudios Extranjeros de Beijing a más de una treintena de sinólogos e hispanistas para recordar su figura. La conclusión es que ningún estudio sobre el diálogo entre China y Europa puede estar completo sin tener en cuenta a Diego de Pantoja, quien en 1596 tuvo la audacia de partir hacia la «Nación del Centro» vía Goa para llegar a Macao, una vía, por cierto, muy portuguesa. En 1600 se reunió con Matteo Ricci, que llevaba ya veinte años predicando en China, en Nanjing. Lograron un permiso especial para residir en Pekín, algo prohibido a los extranjeros, porque cayeron en gracia al emperador Wanli. Desde allí

Pantoja escribió libros y cartas en los que corregía las ideas fantasiosas que corrían sobre China. Pero también escribió en chino mandarín textos como *El mundo fuera de China* y elaboró un mapamundi para el emperador. En esos libros llegó a inventar palabras para expresar conceptos occidentales que hoy circulan en el idioma con curso legal. Aunque acabaría muriendo en Macao, expulsado por el emperador junto al resto de religiosos que vivían en China, su ejemplo perdura y conmueve.

Recoge este libro las ponencias del congreso *Reflexiones sobre la Historia de los Intercambios Culturales entre China y España: IV Centenario del Fallecimiento de Diego de Pantoja* que organizó el Instituto Cervantes de Pekín junto con otras instituciones, memoria de un hombre y un tiempo singulares que proyectan su ejemplo hacia el futuro. La cultura que nos une se hace con personajes como él, que en las fronteras no ven límites sino puertas; que ven en los ríos el motivo para un puente y en los océanos la mejor excusa para un viaje, siempre dispuestos a conocer más y mejor esta esfera que es nuestra jaula y nuestra rueda.

Luis García Montero
Director del Instituto Cervantes

DIEGO DE PANTOJA: UN ESPAÑOL INOLVIDABLE

El Instituto Cervantes celebró en 2018 el Año Diego de Pantoja, un nombre propio desconocido para el público en general que, sin embargo, está revestido de una gran significación en la historia de los intercambios culturales entre China y España. Diego de Pantoja —primer español que entró en Pekín, capital china de las postrimerías de la dinastía Ming— sobresale como pionero de las relaciones culturales sino-españolas y, si bien su figura ha permanecido en el olvido durante largo tiempo, recientemente ha vuelto a aflorar y ha trascendido hasta la actualidad, gracias a los esfuerzos del Instituto Cervantes y a su magnífica iniciativa.

Diego de Pantoja (1571-1618) llegó a China en 1599 y murió en Macao en 1618. Impulsó la «política de adaptación cultural» que propició su compañero Matteo Ricci y se formó en estudios confucianos, de lo que resultó la obra *Qike* (*Tratado de los siete pecados y virtudes*), un ensayo brillante y elegante que se hizo merecedor de los más altos elogios por su serenidad, razonamiento, uso del lenguaje metafísico y profusas citas de los sabios de la antigüedad. El *Qike* fue una obra bien recibida entre las élites instruidas de la dinastía Ming, hasta llegar a ser considerado «el agua bendita del buen corazón, la receta para los males morales». Como colaborador leal de Matteo Ricci, a su muerte, Diego de Pantoja asistió a Ye Xianggao, venerable y prestigioso cortesano, en la tarea de solicitar un terreno en Pekín para el enterramiento de Ricci. En la actualidad, rodeadas de árboles majestuosos junto al Instituto de Administración de

Pekín, recuerdan a los misioneros jesuitas unas decenas de lápidas, hoy catalogadas como reliquias nacionales.

Los Gobiernos de China y España prestaron gran atención a la conmemoración de la figura de Diego de Pantoja. En un artículo publicado en el periódico *ABC* durante su visita oficial a España, el presidente Xi Jinping recordaba al jesuita español en los siguientes términos: «España, como país europeo de civilización milenaria, disfruta de fama mundial por sus figuras renombradas en el arte y la literatura, quienes dejaron huellas deslumbrantes en la historia humana. A pesar de la larga distancia geográfica, hace más de dos milenios, Chang'an, la antigua capital china, y la ciudad de Tarragona se conectaron por la Ruta de la Seda, itinerario por el que la seda y el té chinos eran llevados a España al compás del tintineo de campanillas de camello, atravesando el vasto continente euroasiático. Por otro lado, el misionero español Diego de Pantoja introdujo la astronomía y el calendario occidentales en la China de Ming, mientras que Juan Cobo tradujo al castellano la obra confuciana *Espejo rico del claro corazón*». Inma González Puy, directora del Instituto Cervantes de Pekín, me comentó que, durante la visita oficial del presidente Xi, el rey de España Felipe VI le entregó como regalo de Estado la obra *Recopilación de los escritos del Jesuita Diego de Pantoja*, compilada y editada por los estudiosos chinos Ye Nong y Jin Guoping. La publicación de dicha *Recopilación* ha impulsado en gran medida la investigación académica en torno a la historia de los intercambios culturales entre China y España. En esta misma línea, la Universidad de Estudios Extranjeros de Beijing acogió el simposio internacional *Reflexiones sobre la Historia de los Intercambios Culturales entre China y España: IV Centenario del Fallecimiento de Diego de Pantoja*, en el que participaron expertos del mundo académico, y cuyas ponencias, aquí recogidas, serán objeto de una amplia repercusión.

Cabe destacar asimismo la contribución de las instituciones que participaron en la organización del Año Diego de Pantoja 2018. De forma paralela al simposio, el Instituto de Civilización Comparada y Comunicación Intercultural de la Universidad de Estudios Extranjeros de Beijing celebró una *Exposición sobre Confucianismo y Civilización Europea*, en la que se presentó un retrato *imaginado* de Diego de Pantoja. Al término del año, la profesora Yang Huiling y yo viajamos a Madrid para participar en la clausura de las actividades conmemorativas en la sede central del Instituto Cervantes, donde un grupo de músicos españoles combinaron instrumentos occidentales y chinos —*erhu*, *pipa*, violines y violonchelos— cuyos sonidos fluían como las aguas de un manantial claro en mitad de una atmósfera de amistad.

Tras la clausura del Año Diego de Pantoja 2018, el sinólogo español Ignacio Ramos nos condujo a Valdemoro, pueblo natal de Pantoja, de marcada tradición castellana, en cuya plaza central, que en otros tiempos acogió corridas de toros, perdura aún la pequeña escuela en la que se formó Diego de Pantoja. Sus vecinos evocan con orgullo a este paisano, emblema de la amistad entre España y China, recordado en una placa en la antigua iglesia del pueblo, la misma en cuyas baldosas se conservan inscripciones familiares y que aún guarda su partida de bautismo. Sentado en silencio en mitad de la iglesia, contemplando estos recuerdos de siglos, meditaba yo acerca de los cuatrocientos años de intercambio cultural entre China y España y, una vez más, afloró en mi mente la imagen de Pantoja: erudito elegante y amable, tocado con birrete confuciano y ataviado con una túnica de seda, hablando y hablando...

Las actividades conmemorativas en torno a la figura de Diego de Pantoja han tocado a su fin. Como muestra de gratitud por la participación señera de mi Instituto de Civilización Comparada y Comunicación Intercultural, fui condecorado de manos del embajador de España. Fruto de las celebraciones, venturosas y entusiastas, nos queda como justo legado esta recopilación de artículos académicos, resultado de investigaciones rigurosas y testimonio de la historia de amistad entre ambos países. Gracias a ellos, Diego de Pantoja reaparece en nuestras vidas.

Zhang Xiping
Director del Instituto de Civilización
Comparada y Comunicación Intercultural

Panel I
Diego de Pantoja, impulsor del conocimiento entre China y Occidente

(1)

INTRODUCCIÓN

Juan José Morales
Investigador y escritor

Diego de Pantoja (Valdemoro, 1571–Macao, 1618) fue el primer español en acceder, en 1601, a la Ciudad Prohibida. Pronto quedó al servicio de la casa imperial, residiendo en China hasta su expulsión a Macao, en 1617, donde falleció al año siguiente. La figura del jesuita español es extraordinaria por muchos motivos. Por un lado fue una excepción al «Padroado», fruto del acuerdo entre la Santa Sede y la Corona de Portugal, por el cual la misión china quedaba bajo patronazgo portugués, lo que en la práctica excluía a los jesuitas españoles. A su vez, la experiencia de Pantoja hay que entenderla en el contexto de precariedad de las misiones cristianas en China, siempre bajo sospecha y, en su origen, con un carácter semiclandestino.

En cuanto a su legado, al margen de su larga carta al provincial de Toledo, Luis de Guzmán, pronto traducida a varios idiomas y que resultó fundamental para dar a conocer en Europa la China de la época, el papel de Pantoja ha sido oscurecido por la fama de su colega Matteo Ricci. Aunque fue precisamente Pantoja quien, tras la muerte de Ricci en 1610 y con la ayuda de Xu Guangqi, escribió un memorial al emperador y consiguió la autorización para enterrar a su compañero en Pekín, lo que suponía el reconocimiento de la religión católica que los misioneros tanto habían anhelado.

Nuevas investigaciones arrojan luz sobre la vida y la obra de Pantoja, sus aportaciones a la geometría, la astronomía y la cartografía chinas, y sus traducciones y escritos doctrinales en chino; en suma, su contribución al diálogo entre dos culturas diferentes buscando lo que hay en común. La experiencia de Pantoja, desde su adopción del hábito y maneras de los letrados chinos, hasta la selección de los regalos para el emperador, hablan de perspicacia y empatía con el otro, lo que se tradujo en estrategias que en el fondo tuvieron una repercusión que solo ahora se empieza a reconocer. Quedan todavía algunas incógnitas por resolver, pero los conocimientos que en este panel se han puesto de manifiesto significan un paso de gigante que sirve para esclarecer el primer encuentro entre China y Occidente en términos que iluminan el presente hoy.

Zhang Kai es quizá la máxima autoridad sobre Diego de Pantoja. Fue precisamente su aclamada monografía, *Diego de Pantoja y China: estudio sobre la política de adaptación de la Compañía de Jesús* (Pekín, 1997), la obra definitiva que rescató la figura del jesuita español tras varios siglos de olvido. En su presentación en este simposio, *Panorama actual de la investigación en torno a Diego de Pantoja*, el profesor Zhang Kai se hace eco del interés que suscitó aquel libro y hace relación de los trabajos en torno a Pantoja que se han publicado desde entonces. A destacar, los más de cincuenta estudios académicos sobre el jesuita que se han publicado en China, de los que menciona algunos de los más importantes. En 2017 se publicó en Cantón una antología de las obras de Pantoja en chino. La versión española de estas obras ya está en curso a cargo de la sinóloga Alicia Relinque. En 2018 se ha publicado en español la versión íntegra del libro de Zhang Kai, *Diego de Pantoja*. Y en ese mismo año se publicó en español, editada por Wenceslao Soto Artuñedo, *Diego de Pantoja, SJ (1571-1618): un puente con la China de los Ming*. El profesor Zhang Kai celebra, en fin, un resurgir de la sinología española que enlaza con aquellos pioneros españoles, precursores de la sinología en Occidente, y el nuevo interés de los estudiosos chinos por los lazos entre China y España.

Isabel Cervera, en *Imágenes para Wanli (1563-1620), emperador de China*, expone que los jesuitas son muy conscientes del valor instrumental de los regalos en la sociedad china, y que la selección de estos, en especial los destinados al emperador, es clave en su estrategia de apostolado. En efecto, los presentes que traen consigo Matteo Ricci y Diego de Pantoja obtienen el resultado perseguido: ellos son los primeros occidentales autorizados a entrar y permanecer en la Ciudad Prohibida. Entre estos regalos destacan imágenes de la Virgen y el Niño, de la Virgen con el Niño y San Juan, y del *Salvator Mundi*, que despiertan una espontánea afinidad y cuya secuencia iconográfica revela una estudiada narrativa teológica. Estos cuadros al óleo, de fina factura, sorprenden por su viveza y por sus técnicas de ejecución, en claro contraste con los ideales de la estética china. Rápidamente, el emperador pide reproducirlos a mayor tamaño —reproducción local de las imágenes que había sido buscada deliberadamente.

En segundo lugar, el mapamundi incluido en el *Theatrum Orbis Terrarum* de Abraham Ortelius, la obra cartográfica más importante de la época, va a tener un enorme impacto cultural y político dentro de la corte imperial, aunque por su efecto desconcertante, al mostrar a China en el extremo oriental, Ricci entiende que las reproducciones xilográficas posteriores habrán de situar a China en el centro.

Además de objetos mecánicos y relojes —regalos que requieren de la presencia de los jesuitas para su puesta a punto—, las imágenes cobran vida propia, cada una portadora de múltiples mensajes: pinturas de significado religioso con énfasis en la maternidad de la Virgen, libros ilustrados y, en especial, por su número e importancia, grabados. Entre estos últimos, para satisfacer la curiosidad del emperador Wanli, destacan vistas del monasterio de El Escorial y de la plaza de San Marcos de Venecia, así como un retrato múltiple del papa, el emperador y Felipe II. El uso de imágenes va a tener un efecto de largo alcance: suscitar nuevas inquietudes y mantener un diálogo sostenido en el tiempo.

En *Las máscaras de Pantoja*, Manel Ollé destaca del jesuita su carácter pionero como puente cultural entre Occidente y China y, en especial, su experiencia personal como un camino de transformación y aprendizaje. Tras el libro de Juan González de Mendoza (1585), basado en relatos de terceros, es la carta-relación de Pantoja a su provincial, escrita en China y publicada en Valladolid en 1604, la que transmite al público europeo una descripción de primera mano. Un texto remarcable «no solo por la singularidad de sus informaciones, sino también por la penetración, la angulación, la capacidad empática de percibir las miradas y las percepciones ajenas». El libro alcanza ocho ediciones en cinco idiomas. Las obras de Matteo Ricci serían publicadas por Nicholas Trigault en 1615, una década más tarde.

Desde su entrada en China de forma clandestina, Pantoja adoptó el atuendo de los letrados, aprendió el idioma y absorbió las claves culturales del pueblo que lo acogía. También aprendió a tocar el clavicordio, lo que le dio acceso diario a palacio. Pero sobre su manejo de los relojes, sus aportaciones a la geografía o sus traducciones científicas, Ollé destaca de Pantoja y sus compañeros misioneros un «estratégico esfuerzo de mimetismo» que «revela un camino paradójico y de más calado: queriendo transformar al otro (queriendo cristianizarlo), debían primero transformase ellos mismos». Su contribución intelectual más importante fue la obra *Qike* (《七克》) o *De Septem Victoriis* (*Las siete victorias*), publicado en Pekín en 1614, con la que Pantoja introduce la doctrina sobre las virtudes teologales en los debates en torno al pensamiento moral de los letrados neoconfucianos. La experiencia sumamente compleja de Pantoja, en fin, se refleja en la reacción de perplejidad al ver su propio retrato pintado al estilo chino, y en el que no se reconoce.

Li Tiangang, en *Diego de Pantoja y los comienzos de la Iglesia cristiana en China a la luz de los documentos recién traducidos*, pone de relieve varias paradojas e incógnitas. Quizá el hecho de mayor repercusión es la sucesión de Matteo Ricci a la cabeza de los jesuitas en China. El propio Ricci designó a su compatriota Niccolo Longobardi, a quien apenas conocía, en detrimento de Pantoja, con quien había convivido durante diez años. Sin embargo, Longobardi reaccionó enseguida contra la política de acomodación de su antecesor, mientras que Pantoja, fiel a sus principios, continuó defendiendo resueltamente la política de Ricci que él mismo había practicado desde la primera hora. Como resume Li Tiangang, aludiendo al pensamiento de Pantoja, «si la Compañía de Jesús había ido a China, tenía que comportarse acorde con sus requerimientos culturales intrínsecos, usar el chino para explicar las creencias de la Iglesia católica, así como traducir los conocimientos occidentales según los métodos chinos, su lenguaje y sus ideas». La controversia, conocida como «conflicto de los ritos», con ramificaciones en la terminología a utilizar, supuso una fractura enormemente contraproducente, provocó la expulsión de los jesuitas en 1701 y la interrupción del diálogo entre ambas culturas que aquellos precursores habían procurado, diálogo que en realidad no ha sido restaurado hasta época relativamente reciente.

Por otro lado, aunque las credenciales de Pantoja como científico aparecen contrastadas por la elaboración del calendario junto con Xu Guangqi, siendo citado Pantoja en primer lugar, su aportación en este campo parece más bien escasa, muy seguramente por propia inclinación. En contraste, las fuentes aluden a su celo apostólico. De hecho, la mayor parte de sus aportaciones fueron teológicas. El P. Louis Pfister, en su *Listado biográfico y bibliográfico de los jesuitas en China* (Editorial de China, 1995), recoge menciones de los testigos de Pantoja como misionero: «La gente se peleaba por recibirle»; «tenía el don de la palabra».

(2)

PANORAMA ACTUAL DE LA INVESTIGACIÓN EN TORNO A DIEGO DE PANTOJA

Zhang Kai
Instituto de Historia de la Academia de Ciencias Sociales de China

Gracias al esfuerzo de investigadores nacionales y extranjeros, en los últimos años se ha rescatado abundante documentación histórica sobre la actividad jesuita en China que, después de permanecer sepultada en instituciones culturales, universidades, centros de investigación, monasterios y archivos, se ha clasificado, comparado y publicado. Tal es el caso de *Textos chinos cristianos de la Biblioteca Nacional de Francia*,[1] *Textos chinos cristianos de la biblioteca de Zikawei*[2] y su *Secuela*,[3] *Historiografía del pensamiento jesuita a finales de la dinastía Ming y principios de la Qing*,[4] o la colección *Primeras traducciones occidentales de clásicos chinos*,[5] que dirige el Centro de Investigación de Sinología Extranjera de la Universidad de Estudios Extranjeros de Beijing, entre otros. Estos materiales han propiciado unas circunstancias favorables sin

---

[1]《法国国家图书馆明清天主教文献》
[2]《徐家汇藏书楼明清天主教文献》
[3]《续编》
[4]《明末清初耶稣会思想文献汇编》
[5]《西方早期汉学经典译丛》

precedentes para la investigación de los jesuitas que viajaron a China en épocas Ming y Qing.

1

En este contexto general, y en el marco del cuarto centenario de la llegada a China del jesuita español Diego de Pantoja (1571-1618), el abajo firmante realizó en 1997 una visita académica a España, con el apoyo del Instituto de Historia de la Academia de Ciencias Sociales de China y la Embajada de España en la R. P. China. Fruto de aquel viaje fue la obra *Diego de Pantoja y China: Un estudio sobre la «política de adaptación» de la Compañía de Jesús*.[①]

Con el flujo de intercambios entre Oriente y Occidente en que desembocaron los grandes descubrimientos geográficos como telón de fondo y la sociedad china de las postrimerías Ming como escenario, esta obra repasa el periplo chino de Diego de Pantoja, un personaje histórico singular, y pone en valor su importancia y aportaciones al trabajo de las misiones y al diálogo entre Oriente y Occidente, rescatando su figura del olvido en el que había estado sumida y aportando fuentes y perspectivas inéditas a la investigación de las misiones cristianas en China.

De este modo, *Diego de Pantoja y China* vio la luz en 1997, en sendas ediciones en chino y español, de la mano de la Editorial de la Biblioteca de Beijing (Pekín) y gracias a la ayuda de la Agencia Española de Cooperación Internacional del Ministerio de Asuntos Exteriores de España. Desde el primer momento, el libro fue objeto de una cálida acogida en círculos académicos.

Diego de Pantoja y China también despertó entusiasmo en España, que

---

① 《庞迪我与中国：耶稣会"适应"策略研究》

descubrió con orgullo la existencia de un español insigne y un referente histórico y cultural que trascendía fronteras.

Por su personalidad y aspiraciones vitales, los españoles ven hoy en Diego de Pantoja a un Quijote plenamente comprometido con unos ideales y una misión en China.

El por entonces embajador de España en este país, Juan Leña, otorgó en su momento gran importancia a la publicación de *Diego de Pantoja y China*, para la que redactó el prólogo y acogió el 9 de enero de 1998 un solemne acto de presentación en la residencia oficial de la Embajada. Durante el mismo, el embajador destacó el valor de la obra para tender puentes de entendimiento entre Oriente y Occidente y acercar y conocer un capítulo de la historia que permanecía cerrado a universidades y centros de investigación.

En su visita oficial a China en 2003, la reina Sofía impuso al abajo firmante la Cruz de Oficial de la Orden de Isabel la Católica y le hizo entrega del diploma correspondiente, firmado por el rey Juan Carlos I.

También los medios de comunicación e instituciones educativas españoles mostraron interés por el libro.

El periodista de *ABC* Pablo Díez firmó el artículo *El «Marco Polo» de las misiones*, en el que repasaba la vida y logros de Diego de Pantoja.

La Consejería de Educación de la Embajada de España reconoció el valor para la enseñanza del espíritu de dedicación de Pantoja, y su consejero publicó un largo texto en la revista Tinta China, en el que destacaba el papel referencial de este misionero.

Al abrigo de *Diego de Pantoja y China*, en los últimos años han aflorado nuevas investigaciones en torno a la figura de Pantoja. En 2011 se publicó el trabajo de Beatriz Moncó, del Instituto de Estudios Históricos del Sur de Madrid, sobre la carta que Pantoja dirigió al padre Luis de Guzmán, arzobispo de Toledo (*Relación de la entrada de algunos padres de la Compañía de Jesús en la China y particulares sucesos que tuvieron y de cosas muy notables que vieron en el mismo reino*). Se han producido, además, algunos avances. La tesis *Hibridación cultural y discurso sobre China en el siglo XVII. El caso de Diego de Pantoja*, de Salvador Medina Baena (Universidad Pompeu Fabra) repasa la historia de los intercambios entre Oriente y Occidente en los siglos *XVI* y *XVII* y evalúa la relevancia e influencia de Diego de Pantoja en dicho proceso histórico. El trabajo de Medina Baena impulsará necesariamente las investigaciones sobre Pantoja en España.

2

Diego de Pantoja es precursor de los intercambios culturales entre China y España. En el país asiático, tras la aparición de *Diego de Pantoja y China*, la revista *Historia Universal* publicó en su ejemplar Nº4 de 1998 una reseña del investigador Qin Haibo que analizaba los logros históricos y la contemporaneidad de su figura. El texto hacía una valoración positiva del libro, por romper el dilatado silencio que había reinado en el campo de las investigaciones sobre la historia de España en China y cubrir un vacío en la esfera académica de este país.

La demanda de investigadores en el terreno de la historia de los intercambios culturales entre Oriente y Occidente llevó a la editorial Daxiang a reeditar en 2009 la obra *Diego de Pantoja y China*. Inmaculada González, directora del Instituto Cervantes de Pekín, firmó el prólogo de aquella reedición.

Desde que *Diego de Pantoja y China* viera la luz, se han publicado en China más de cincuenta estudios académicos sobre este jesuita y sus aportaciones al diálogo entre Oriente y Occidente. Entre las más influyentes, destacan:

1. Xu Jie y Shi Yunli (2000), «Primera exploración de la obra *Libro ilustrado sobre el reloj de sol*, de Diego de Pantoja y Sun Yuanhua, y estudio de los tres tipos de relojes de *Explicatio Sphaerae Coelestis*», *Investigaciones de la Historia de las Ciencias Naturales*.[①]
2. Lin Zhongze (2002), «Análisis discriminatorio de la relación entre Matteo Ricci y Diego de Pantoja», revista mensual *Historiografía*.[②]
3. Zhu Youwen (2002), «Análisis de *Las siete victorias* de Diego de Pantoja», *Estudios Religiosos*.[③]
4. Qin Haibo (1998), «Reseña de la obra *Diego de Pantoja y China*», *Historia Universal*.[④]
5. Ge Gaoquan (1985), «Traducciones y explicaciones de las *Fábulas* de Esopo en la obra de Diego de Pantoja: Traducciones a lengua china de las fábulas y narraciones históricas de Esopo II», *Literatura Comparada de China*.[⑤]
6. Zhou Hong (2013), «Aportaciones de Matteo Ricci y Diego de Pantoja a la divulgación de la música occidental en China», *Visiones de Ciencia y Tecnología*.[⑥]
7. Chen Xinyu (2013), «Temor de Dios y devoción al Cielo; Vencer la arrogancia y cultivar la virtud: Influencias de Diego de Pantoja en el pensamiento cristiano de Wang Zheng», *Gaceta de la Universidad*

---

① 《庞迪我、孙元化所著《日晷图法》初探——兼论牛津本《天问略》中的三种晷仪》，许洁、石云里，（载《自然科学史研究》，2000）
② 《利玛窦与庞迪我关系辨析》，林中泽，（载《史学月刊》，2003）
③ 《析庞迪我的〈七克〉》，朱幼文，（载《宗教学研究》，2002）
④ 《〈庞迪我与中国〉述评》，秦海波，（载《世界历史》，1998）
⑤ 《谈庞迪我著作中翻译介绍的伊索寓言——明代中译伊索寓言史话之二》，戈宝权，（载《中国比较文学》，1985）
⑥ 《利玛窦与庞迪我在西乐东传中的贡献》，周红，（载《科技视界》，2013）

*Suroeste de las Nacionalidades.*①

8. Zhu Youwen (2007), «El refinamiento de Diego de Pantoja a través de *Las siete victorias*», *Estado de Derecho y Sociedad.*②

9. Xie Hui (1999), «Documentos históricos sobre el jesuita Diego de Pantoja de finales de la dinastía Ming», *Documentos.*③

10. Xu Jie (2006), *Relojes astronómicos occidentales durante las dinastías Ming y Qing y su influencia*, Universidad de Ciencia y Tecnología de China (tesis doctoral).④

11. Chen Dezheng (2008), «Cultura clásica grecorromana en *Diez tratados del hombre extraordinario* y *Las siete victorias*», *Docencia en Historia*, no. 20.⑤

12. Han Siyi (2010), «Estudio del discurso de la culpa y el pecado: *Las siete victorias* y *Patrón de lo humano* como ejemplos», *Filosofía y Cultura*, no. 11.⑥

13. Han Siyi y Liang Yancheng (2011), «Intercambios entre el refinamiento confuciano y la espiritualidad occidental en la baja dinastía Ming: El diálogo de Liu Zongzhou y Diego de Pantoja». *Cultura China*, no. 1.⑦

---

① 《尊主畏天，克傲修德——庞迪我对王徵天主教思想之影响》，陈欣雨，（载《西南民族大学学报》，2013）

② 《从《〈七克〉看庞迪我的自我修养观》，朱幼文，（载《法制与社会》，2007）

③ 《有关明末传教士庞迪我的一则史料》，谢晖，（载《文献》1999）

④ 《明清时期西式天文测时仪器的传入及其影响》，徐洁，（中国科技大学2006年博士学位论文）

⑤ 《〈畸人十篇〉和〈七克〉中的希腊罗马古典文化》，陈德正，（载《历史教学》，2008年第20期）

⑥ 《"罪"与"过"论述的会通：以〈七克〉与〈人谱〉为例》，韩思艺，（载《哲学与文化》2010年第11期）

⑦ 《晚明儒学修养工夫与西方灵修学的交流：刘宗周和庞迪我的对话》，韩思艺、梁燕城，（载《文化中国》2011年第1期）

14. Li Cuiping (2013), *Estudio de «Las verdaderas lecciones de las siete victorias»: Comparación entre «Las verdaderas lecciones de las siete victorias» y «Las siete victorias»*, Universidad de Pedagogía del Este de China (tesis doctoral).[①]

Coincidiendo con el IV centenario de la muerte del jesuita, el Gobierno de España ha celebrado en 2018 el Año Diego de Pantoja con destacadas actividades conmemorativas.

Los investigadores chinos se han sumado activamente a las celebraciones. En septiembre de 2017 la Editorial del Sur/Editorial Popular de Cantón publicó una antología con las cinco obras que Diego de Pantoja escribió en chino (*Doctrina del P. Pantoja*,[②] *Las siete victorias*,[③] *Suplemento a La verdadera doctrina de Dios*,[④] *Memorial al trono*[⑤] y *Libro ilustrado sobre el reloj de sol*),[⑥] bajo el título *Colección de escritos del padre jesuita Diego de Pantoja*.[⑦] Por otra parte, las doctoras Luo Huiling, de la Universidad Complutense, y Jiang Wei, del King's College de Londres, han traducido a lengua china el texto íntegro de la *Relación de la entrada de algunos padres de la Compañía de Jesús en la China y particulares sucesos que tuvieron y de cosas muy notables que vieron en el mismo reino*, que tras el estudio comparativo del profesor Jin Guoping, miembro de la Academia Portuguesa da História, se incluyó en la arriba mencionada *Colección de escritos del padre jesuita Diego de Pantoja*.

---

① 《〈七克真训〉研究：〈七克真训〉与〈七克〉的比较》，李翠萍，（华东师大2013年硕士学位论文）
② 《庞子遗诠》
③ 《七克》
④ 《天主实义续编》
⑤ 《辩揭》
⑥ 《日晷图法》
⑦ 《耶稣会士庞迪我著述集》

Podemos afirmar que los documentos más destacados, tanto en chino como en lenguas extranjeras, descubiertos hasta la fecha sobre la figura de Diego de Pantoja ya han sido publicados en China.

Lamentablemente, el texto íntegro de *Diego de Pantoja y China* seguía sin contar con una edición en español, muy a pesar de su reconocimiento e influencia dentro y fuera de China. La publicación de una traducción completa al español de esta obra se integraba en realidad en la estrategia de promoción exterior de la cultura china. Tanto es así que, con la ayuda de la Oficina Nacional de Planificación de Filosofía y Ciencias Sociales, en abril de 2018 se logró que *Diego de Pantoja y China* viera al fin la luz en español, publicada por la Editorial Popular y traducida por la doctora Luo Huiling de la Universidad Complutense de Madrid.

Diego de Pantoja pasó en China buena parte de su vida y escribió sus obras más destacadas en lengua china. La traducción de este libro facilitará el trabajo a expertos españoles y propiciará un nuevo auge en la investigación sobre su figura.

La reconocida sinóloga Alicia Relinque, directora del Instituto Confucio de Granada, distinguida por el Gobierno Chino con el Premio Especial del Libro, ha aceptado el inmenso encargo de traducir al español las cinco obras de Diego de Pantoja (las ya mencionadas *Doctrina del P. Pantoja*, *Las siete victorias*, *Suplemento a la verdadera doctrina de Dios*, *Memorial al trono* y *Libro ilustrado sobre el reloj de sol*), como manifestación tangible de los intercambios entre China y España.

3

El mundo académico español se ha movilizado con la celebración del Año Diego de Pantoja y ha realizado aportaciones notables. Cabe destacar la publicación en Aranjuez del libro coordinado por el conocido investigador

Wenceslao Soto Artuñedo, *Diego de Pantoja, SJ (1571-1618): Un puente con la China de los Ming*, que ha visto la luz en 2018 para alegría de investigadores chinos y españoles.

Durante largo tiempo, los antecedentes familiares de Diego de Pantoja y sus primeros años de formación en España eran desconocidos para los estudiosos chinos. Esta nueva compilación proporciona información detallada sobre estos aspectos, que en el pasado constituían un cuello de botella en los estudios sobre Pantoja.

Gracias a los trabajos de esta nueva edición hemos podido saber que, ya en el s. XII, autoridades eclesiásticas y civiles se disputaban el señorío de Valdemoro, localidad en la que vino al mundo Diego de Pantoja, que había pertenecido a la Diócesis de Segovia hasta que en el s. XIV pasó a formar parte de la jurisdicción de la Archidiócesis de Toledo. Dos siglos más tarde, ya en la época de Pantoja, Valdemoro se convirtió en un feudo real bajo el reinado de Felipe II. Eran los años de gloria en los que en el imperio español no se ponía el sol, lo que dotaría a Diego de Pantoja de una amplia visión del mundo.

Durante la infancia de Diego de Pantoja, el poder de la Compañía de Jesús tenía sus focos en Madrid y Toledo, y comenzaba a extenderse en dirección a Valdemoro, donde ya había actividad jesuita. El linaje de los Pantoja ingresó también en la orden, motivo por el que era reconocida como un «hogar cristiano». Valdemoro contaba con unos terrenos que en el s. XVII eran administrados por la Compañía de Jesús, con objeto de cubrir las necesidades de la actividad religiosa y de la vida de los hermanos, y familiares de Diego de Pantoja colaboraron con su gestión. Así, desde pequeño, Diego de Pantoja recibió la edificación de un ambiente religioso. Esto está íntimamente relacionado con su labor ulterior como divulgador de la fe.

La familia Pantoja tenía «sangre noble» y las amistades del padre eran personas cultivadas, por lo que se prestó gran importancia a la educación de Diego. De niño, fue enviado a estudiar Gramática al Colegio de Alcalá y así, desde muy temprana edad, recibió una instrucción completa.

En la tierra natal de Diego de Pantoja la educación era administrada por la Compañía de Jesús. Diego estudió con empeño y espíritu de superación, y obtuvo resultados sobresalientes. El 6 de abril de 1589, pocos días antes de cumplir los dieciocho años, ingresó en Toledo en la Compañía de Jesús y fue inscrito como «candidato al sacerdocio». Más tarde cursó estudios humanísticos en Ocaña y Lógica en la Universidad de Alcalá, lo que sentó las bases que lo conducirían más tarde a convertirse en un sacerdote instruido.

Alcalá había sido un centro multicultural desde la Edad Media. En época de Pantoja, todos los misioneros que viajaban a Oriente se formaban en esa localidad, a la que, del mismo modo, regresaban para profundizar sus estudios jesuitas procedentes de Oriente, incluido Japón. El deseo de ir al lejano Oriente a predicar los Evangelios comenzó entonces a forjarse bajo aquella influencia multicultural.

Entre 1594 y 1595, el provincial de Toledo Luis de Guzmán fue tutor de Diego de Pantoja. Guzmán trabajaba por entonces en su *Historia de las misiones de la Compañía de Jesús en la India Oriental, en la China y el Japón* e, influido por su tutor, Diego de Pantoja decidió viajar a Oriente, y en especial a China, para participar en las misiones.

El ideal de Pantoja contó con el apoyo de Luis de Guzmán. Así, Pantoja se inscribió para participar en la evangelización de Oriente y, enviado por el padre general de la Compañía de Jesús, Claudio Acquaviva, se hizo a la mar en Lisboa el 10 de abril de 1596 en la nao Conceiçao. La ruta de navegación pasó por las Islas Canarias, Cabo Verde, Guinea, el cabo de Buena Esperanza y Mozambique antes de atracar en Goa el 25 de octubre. Se trataba del mismo itinerario que en su día llevó a Oriente a Francisco Javier, cuya «política de adaptación» Pantoja estaba decidido a observar para culminar la extraordinaria tarea de evangelizar China.

En los seis meses que permaneció en Goa, Pantoja aprendió portugués, lengua ampliamente extendida en el movimiento evangelizador de Oriente. El 23 de abril de 1597 embarcó de nuevo con destino a Macao, donde arribó finalmente el 20 de julio, poniendo pie por primera vez en el Imperio chino y dando así comienzo a 21 años de predicación del Evangelio.

Los jesuitas españoles llegaron a China en plena era de los descubrimientos. Para conocer mejor el país, estudiaron su lengua e iniciaron el camino de los estudios sinológicos en España como precursores de la sinología en Occidente. Podemos afirmar que los misioneros españoles fueron los artífices de la época dorada de la sinología en España.

A principios del s. XVII, coincidiendo con los albores de la decadencia de aquel imperio en que no se ponía el sol, la sinología quedó relegada a una posición marginal en España. El linaje de Diego de Pantoja y su legado en China acabarían pronto sepultados bajo el polvo de la historia.

La prosperidad de la España moderna reactualiza el esplendor de antaño. Los investigadores españoles han mostrado gran entusiasmo con las celebraciones del Año Diego de Pantoja. Cabe destacar la edición dirigida por Wenceslao Soto Artuñedo, *Diego de Pantoja, SJ (1571-1618): Un puente con la China de los Ming*, muy valorada por los investigadores chinos de este campo. El libro marca un nuevo punto de partida para la sinología española y se inscribe con broche de oro en el Año de Diego de Pantoja.[1]

---

[1] El autor desea expresar su agradecimiento a los autores de los artículos compilados en la edición *Diego de Pantoja, SJ (1571-1618): Un puente con la China de los Ming*.

(3)

LAS MÁSCARAS DE PANTOJA

Manel Ollé
Universitat Pompeu Fabra

De cómo el jesuita Diego de Pantoja (1571-1618) pasó diecisiete años en China, los primeros diez a la sombra de Matteo Ricci (Li Matou 利玛窦), y de cómo allí no solamente enseñó el clavicordio, trazó mapas y ajustó relojes de sol y de cuerda: escribió tratados teológicos en la lengua mandarina y fue influido e influyó en el debate le los letrados neoconfucianos de su tiempo.

Tras haber circunnavegado el continente africano y las costas occidentales del océano índico, sorteando las incertidumbres de siete meses y cuarenta mil kilómetros de viaje, el jesuita Diego de Pantoja (1571-1618) llegaba a Goa, la capital del Estado da India Portuguesa, sita en la costa oriental del subcontinente indio, el 25 de octubre de 1596. Durante los meses que permaneció en Goa, según describiría años más tarde en su obra 七克 (*Qike*). *De Septem Victoriis* (1614), aprovechó para iniciarse en el estudio de las doctrinas y prácticas del budismo, encontrando así los fundamentos para la crítica sistemática a esta religión que desarrolló años más tarde en sus obras apologéticas en lengua china.[1]

---

[1] Ollé (2017b), pp. 3-14.

Al cabo de unos meses, Diego de Pantoja se embarcó en Goa hacia Macao en una nave en la que pudo compartir los tres meses de este periplo por el océano Índico y los Mares del Sur con Alessandro Valignano, visitador jesuita de la Misión de las Indias Orientales, y responsable de la extensión en Japón y China de las estrategias de acomodación y adaptación del mensaje y los rituales cristianos a las pautas culturales y a las prácticas sociales de las élites letradas asiáticas de raíz confuciana, formuladas inicialmente por san Francisco Javier.[1]

Diego de Pantoja viajaba hacia los enclaves lusitanos de Asia Oriental con el mandato de engrosar la misión jesuita de la isla meridional japonesa de Kyūshū, pero su aventura nipona se vio prematuramente truncada de forma imprevista por la ofensiva anticristiana desatada por el unificador del Japón Toyotomi Hideyoshi (Quanbacudono 关白殿) tras el incidente del galeón San Felipe de finales de 1596, que condujo al ajusticiamiento de los llamados «veintiséis mártires de Nagasaki» y el posterior edicto anticristiano. Finalmente, Diego de Pantoja fue asignado como asistente del líder de la misión jesuita en China, Matteo Ricci.

Hasta aquel momento, las rivalidades luso-castellanas en Asia habían llevado a la cúpula jesuita a excluir en la medida de lo posible a los castellanos, vinculados al ámbito filipino de dependencia novohispana, de las misiones de Japón y de China, pero de modo excepcional (y para acallar las quejas sobre la exclusión castellana de la misión china, según palabras del propio rector del Colegio Jesuita de Macao, Emmanuel Dias) se optó en aquel caso por escoger al castellano Diego de Pantoja para adentrarse en China.

De forma furtiva y secreta, esquivando la prohibición que vetaba cualquier entrada en el imperio que no viniese avalada por un salvoconducto tributario, el jesuita Diego de Pantoja se sumó de incognito a

---

[1] Rubiés (2005), pp. 237-280.

una misión de comerciantes macaenses que tenían permiso, como cada año desde la década de 1570, para asistir a la feria anual de la ciudad de Cantón, Guangzhou 广州.

En octubre de 1599 el padre dominico Diego Aduarte se encontraba justamente en Cantón en tareas diplomáticas, para negociar con el gobernador de la Provincia una chapa o salvoconducto que permitiese volver a Manila a la tripulación de una nave liderada por el ex gobernador de filipinas Luis Perez Dasmariñas, que volviendo de una fallida jornada en Camboya, había naufragado en la isla cantonesa de Lampacao (浪白灶).

En su *Historia de la Provincia del Santísimo Rosario de Filipinas, Japón y China*, el padre Aduarte apunta que encontró en unos sampanes a las afueras de la ciudad a dos jesuitas que habían llegado a Cantón mezclados «con los portugueses de Macán, con la licencia ordinaria que tienen para ir dos veces al año allí para ir a comprar lo que es menester, en unas ferias que estos tiempos allí se hacen, aunque no se les permite vivir en la ciudad, sino en las mismas embarcaciones del río».[1]

Diego Aduarte nos muestra cómo estos dos jesuitas se preparaban la víspera antes de emprender su incursión hacia el interior del Imperio chino, para reunirse con Matteo Ricci:

> El uno de estos padres, llamado Lazaro Catanio, habiendo venido a Macán a negocios, se volvía entonces con otro compañero, llamado Diego Pantoja, y ambos los dos, se vistieron la tarde víspera de Todos los Santos, hábitos de chinos para hacer su viaje, con algunas guías que llevaban, y el Padre Lazaro Catanio, como antiguo en China, llevaba el cabello y barbas crecidas, pero el otro padre, como nuevo, no, y por eso llevaba alguna pena, por no ir en todo al uso de la tierra.[2]

---

[1] Aduarte (1693), I, L, 216.

[2] Ibid.

Vemos así entrar en China al jesuita Diego de Pantoja vestido «con hábitos de chino» pero apenado por no llevar «el cabello y las barbas crecidas», y por ello «no ir en todo al uso de la tierra». Podemos imaginar que sus ojos azules tampoco ayudaron mucho a Diego de Pantoja a tranquilizarse sobre su deseo de pasar desapercibido en la China de los Ming.

Se iniciaba así el primero de noviembre de 1599 un periplo de cuatro meses que les llevó hasta Nanjing, donde se encontró con Matteo Ricci. En China Diego de Pantoja adoptó el nombre de Pang Diwo (庞迪我), y el nombre de cortesía de Shun Yang (顺阳).

La gran guerra de Corea (*Imjin Waeran* 壬辰倭乱), que enfrentaba desde 1592 a China con Japón, complicaba más si cabe la ya de por sí habitual reluctancia de los Ming a permitir cualquier intromisión extranjera en la Capital Imperial del Norte que llegase al margen de los canales rituales oficiales. Pero al cabo de unos meses Ricci y Pantoja encontraron una excepcional oportunidad de entrar en Pekín a través de la amistad trabada con el censor de Nanjing, Zhu Shilin, al que Ricci había regalado un preciado prisma óptico. Este mandarín se encargó de escribir los salvoconductos y las cartas de recomendación para el emperador y de poner al servicio de los misioneros una flota de seis barcos que le permitiese enfilar el Gran Canal. Matteo Ricci, Diego de Pantoja y el joven cantonés cristianizado Zhong Mingren (钟鸣仁, conocido también con el nombre europeo de Sebastião Fernandes) emprendieron el ascenso a la Capital del Norte. Tras ser retenidos unos meses por un eunuco, inspector fiscal, que les confiscó provisionalmente parte de los presentes que querían entregar al emperador, los pioneros jesuitas consiguieron finalmente llegar a Pekín en enero de 1601.

La figura de Diego de Pantoja no destaca tanto por haber dado salida a su fascinación por China como por haber superado retos interculturales de una dificultad sin precedentes en una posición pionera. Sin embargo la faceta de la obra de Diego Pantoja que ha sido mejor conocida hasta ahora fuera del ámbito chino ha sido su contribución a la difusión de noticias y percepciones del Imperio Celeste, que venían a satisfacer la enorme curiosidad que tenían las elites cultas europeas acerca de China y la incursión jesuita en curso.[1]

La aportación de Diego de Pantoja en este campo venía a actualizar, matizar y completar las descripciones de China que habían ido poniendo en circulación portugueses y castellanos desde mediados del siglo XVI, y que habían quedado sintetizadas en la obra del agustino Juan González de Mendoza, *Historia del Gran Reino de la China*, una obra publicada en 1585, con más de cuarenta ediciones y traducciones a distintas lenguas europeas y con un enorme impacto entre las elites cultas: así, por ejemplo, lo que Michel de Montaigne escribió sobre China en sus *Essais* (1570-1592) procedía del libro de González de Mendoza.

Las distintas ediciones del libro de Diego de Pantoja se produjeron una década antes de que los escritos del líder de la misión jesuita en China, Matteo Ricci, se publicasen en 1615, editados y traducidos desde el italiano al latín por el jesuita flamenco Nicholas Trigault bajo el título de *De christiana Expeditione apud Sinas suscepta ab Societate Jesu, ex P. Matthaei Riccii*. En los años siguientes aparecerían distintas traducciones al alemán, francés, castellano, italiano e inglés.

Diego de Pantoja no consiguió en la primera década del seiscientos una repercusión europea tan amplia como la que había conseguido el agustino Juan González de Mendoza con anterioridad o la que conseguiría Matteo Ricci con posterioridad, pero no es en absoluto desdeñable la cifra de hasta ocho ediciones en cinco lenguas europeas distintas de la descripción de la entrada jesuita en el Imperio Ming y de distintos aspectos de la historia, la geografía o la cultura de China que escribió en 1602 y que se publicó por primera vez en Valladolid en 1604, con el título de *Relación de la entrada de algunos padres de la Compañía de Jesús en la China y particulares*

---

[1] Zhang Kai (1997).

sucesos que tuvieron y de cosas muy notables que vieron en el mismo reino. Carta del padre Diego de Pantoja, religioso de la Compañía de Jesús, para el padre Luis de Guzmán, provincial de la provincia de Toledo.

En esta carta-relación de 265 páginas, entre otras primicias, Diego de Pantoja ofrece la primera descripción detallada y de primera mano de la Ciudad Prohibida Púrpura (*Zijin cheng* 紫禁城). Respecto a otras descripciones coetáneas de China, esta destaca por su atención novedosa a detalles de la acción de los letrados y los eunucos. Pero el texto de Diego de Pantoja es notable no solo por la singularidad de sus informaciones, sino por la penetración, la angulación, la capacidad empática de percibir las miradas y las percepciones ajenas o de registrar los conflictos que allí acontecen. Quedan lejos las previas descripciones ibéricas de los Ming, empíricas y novedosas, pero parciales e impresionistas, fruto de estancias de corta duración en tierras de los Ming, sin un dominio de la lengua y la cultura de los mandarines, ni de los usos y costumbres de la sociedad china.

Así, por ejemplo, Diego de Pantoja se muestra capaz de ponerse en la piel y en la mirada del eunuco chino que intercepta los regalos que llevaban al Palacio cuando reporta la extrañeza y el rechazo que le causa a este eunuco chino la católica manera de representar la deidad, como un cuerpo torturado y sangrante:

> Púsose a mirar a Cristo nuestro Señor ensangrentado y llagado, muy hermoso y apacible para nuestros ojos y corazón, mas muy extraño, feo y escandaloso para el suyo. [...] Le pareció desvariábamos en adorar un Dios, a sus ojos muerto; tornolo a mirar con atención, y la conclusión que sacó de todo fue que sin duda era verdad lo que el imaginaba, que éramos hombres muy ruines, pues que con tanta inhumanidad traíamos una figura humana, maltratada, clavada en una cruz, y llena de sangre, como aquella.[1]

---

[1] Pantoja (1604), pp. 27-28.

A los pocos meses de llegar a Pekín, Matteo Ricci y Diego de Pantoja consiguieron el singular mérito de ser los primeros misioneros en ser recibidos en audiencia en las dependencias imperiales, y consiguieron asimismo que le fueran entregados al emperador Wanli (万历) los presentes que le habían llevado. Entre los regalos destacaban tres pinturas al óleo con motivos religiosos, un aguafuerte que mostraba el palacio de San Lorenzo del Escorial, un breviario, prismas venecianos, espejos adornados con cadenas de plata, el *Theatrum Orbis Terrarum* de Abraham Ortelius, dos relojes y un clavicordio. El sueño de llegar a convertir al cristianismo al emperador, y así de forma súbita poder convertir a todo un imperio, parecía empezar a materializarse.

En el trasfondo de la entrega de estos dos últimos regalos de la lista —los relojes y el clavicordio— se escondía un hábil cálculo estratégico de diplomacia misional. La *mirabilia* tecnológica y estética no solo debía despertar admiración y abrir las puertas vedadas de palacio: debía hacer posible que una embajada efímera se convirtiese en una estable y duradera presencia jesuita en las inmediaciones de la sede imperial. Los relojes conllevaban la existencia de un relojero. Para que siguiesen marcando puntualmente las horas era imprescindible la frecuentación de algún padre diestro en el arte de ajustar y dar cuerda a sus complejos mecanismos. Por otro lado, el clavicordio precisaba de algún padre capaz de tocarlo con gracia, y capaz también de enseñar a los eunucos de palacio a dominar los rudimentos del teclado, para que así el emperador pudiese deleitarse con su inédita sonoridad en sus estancias privadas. El encargado de acudir periódicamente al palacio imperial para ajustar los relojes y enseñar a tocar el clavicordio a cuatro eunucos fue justamente el jesuita de Valdemoro Diego de Pantoja. Así lo certifica el padre Álvaro Semedo en su *Imperio de la China* (1642): «Volvió el padre Diego Pantoja a frecuentar Palacio para la enseñanza, que el rey quiso se diese a unos músicos, del clavicordio».[1]

Vemos en este episodio del clavicordio una muestra fehaciente del valor singular de la figura de Diego de Pantoja. Tenemos tendencia a pensar y valorar a estos misioneros como meros transmisores de conocimientos artísticos, técnicos o científicos que traen ya aprendidos desde Europa. Pero es muy revelador ver cómo Diego Pantoja, que fue el encargado de enseñar a tocar el clavicordio a los eunucos de palacio para que luego pudiesen deleitar al emperador con sus melodías, no sabía tocar el instrumento al llegar a China. No estamos ante ningún virtuoso de exquisita y elitista trayectoria formativa que transportase desde Europa en su bagaje cultural la pericia musical, sino ante alguien que al llegar a las tierras del imperio de los Ming no sabía tocar el instrumento, pero era en cambio capaz de aprender rápido y bien: en los meses que pasó en Nanjing aprendió del padre Lazzaro Cattaneo los rudimentos del arte del teclado del clavicordio, llegando a una pericia suficiente como para defender dignamente la ejecución de sus partituras, de una forma convincente y agradable al oído. Para poder maravillar al otro con las propias habilidades, debía antes cultivarlas. Es decir, lo verdaderamente significativo no es el conocimiento europeo que se transmitió, sino la apertura a aprender y transformarse como un camino abierto a poder transformar al otro.

La elección de estos relojes y de este clavicordio nos permite ver cómo se afinaban y perfeccionaban las estrategias diplomáticas misionales jesuitas del regalo cautivo, ensayadas ya con éxito pocos años antes en la primera incursión jesuita cantonesa de Zhaoqing. Su objetivo, a través del mantenimiento y desarrollo temporal del uso efectivo de los regalos, era convertir las efímeras embajadas en estancias duraderas: se trataba en definitiva de hacerse no solo admirados, legitimados y respetados sino también imprescindibles y deseados en la corte.

---

[1] Semedo, (1642), p. 255.

Sin embargo, ni Matteo Ricci ni Diego de Pantoja llegaron nunca a ver en persona al emperador Wanli (万历), aunque en realidad no había en ello nada extraordinario. La reclusión del emperador era obligada y derivaba de su función mágico-religiosa. Debía permanecer confinado en las estancias interiores del Palacio Imperial de la Ciudad Prohibida Púrpura (*Zijin cheng* 紫禁城) para preservar el orden cósmico. Solo las salidas ceremoniales, en fechas señaladas del calendario, a los templos del Cielo o de la Tierra o los eventuales traslados al Palacio de Verano podían venir a alterar el retiro ritual. Desde este aislamiento obligado el emperador expandía su virtud y ejercía su función esencial de *axis mundi*. Gracias a la piedad filial del emperador, vinculada a su condición de Hijo del Cielo (*Tianzi* 天子), giraba y se expandía a su alrededor la armonía dinámica de todo cuanto hay bajo la capa del cielo (*tianxia* 天下).

El aislamiento del emperador Wanli (万历) llegó a unos extremos inauditos y sin precedentes. Mantuvo uno de los reinados más longevos de la milenaria historia imperial china: reinó durante casi cincuenta años, entre 1572 y 1620, pero de forma imprevista y perturbadora, tras casi tres décadas de reinado, decidió desentenderse por completo de los asuntos del imperio tras finalizar la guerra de Corea (*Imjin Waeran* 壬辰倭乱), en 1598.

Durante las más de dos décadas que aún prolongó su mandato, Wanli mantuvo una suerte de obstinada e inédita huelga imperial. Se negó a tratar por los canales debidos ninguno de los acuciantes asuntos del imperio. Se negó a tener trato alguno con sus ministros y altos dignatarios. Se negó a asistir a las recepciones matinales donde debían dirimirse los asuntos del día. Se negó a firmar nombramientos, a cubrir los cargos vacantes y a redactar memorandos... Puso por contra toda su atención en los canales informales de poder ejercido a través de los eunucos. Se concentró asimismo en planificar la construcción del magno complejo funerario que debía albergar su tumba. Y también se dedicó de pleno a disfrutar, ajeno a todo, de los pequeños placeres y distracciones hedonistas que le proporcionaba la vida palaciega. La percepción negativa del emperador

Wanli que tenían las élites letradas de finales del quinientos, se refleja en la inapelable calificación que ofrece Diego de Pantoja de la figura imperial: «particularmente este rey de ahora que es ruin...».[①]

Las causas de la reluctancia imperial al ejercicio del poder formal y las raíces de este divorcio entre el emperador y la élite de los letrados de la más alta graduación burocrática, así como del desinterés absoluto del emperador Wanli por los sucesos que convulsionaban el imperio al otro lado de los muros de los pabellones internos del complejo imperial de la Ciudad Prohibida Púrpura (*Zijin cheng* 紫禁城), hay que buscarlos en el desencuentro con sus preceptores y sus ministros, en el hartazgo frente a las disputas entre facciones letradas y, especialmente, en las presiones recibidas para aceptar una solución sucesoria que le desautorizaba y le resultaba frustrante e insatisfactoria.

Diego de Pantoja refleja en sus escritos el conflicto agudo entre el emperador y los letrados acerca de esta elección sucesoria que acabó desencadenando el absentismo imperial. El emperador Wanli quería nombrar heredero a uno de los hijos que tuvo con la segunda de sus concubinas, pero los letrados de más alto rango presionaron fuertemente para que se siguiese con la pauta tradicional de otorgar esta posición sucesoria al hijo mayor de su primera concubina. Reunidos en la Ciudad Prohibida Púrpura (*Zijin cheng* 紫禁城), amenazaron con abandonar sus cargos si el emperador no se avenía a reconocer al candidato correcto. Escribe Diego de Pantoja en estos términos, desde una mirada cercana al punto de vista de los letrados, sobre cómo tuvo que ceder el emperador a la presión de los mandarines de Palacio:

> Parece quedó el rey temeroso de tanta resolución de la mayor gente de su reino; y así mandó a un eunuco que saliese y les respondiese

---

[①] Pantoja (1604), p. 105.

> que tuviesen sus oficios en hora buena, y que el haría lo que pedían. Finalmente, tanto hicieron, que le hicieron hacer lo que era razón y así levantó este año el verdadero príncipe.①

El emperador Wanli nunca recibió y nunca contestó las misivas de aquellos padres llegados desde los lejanos océanos occidentales, aunque sí los siguió desde la distancia con reiterada curiosidad, concediéndoles residencia estable en la Capital del Norte y permitiendo incluso que pudiesen enterrar a sus muertos de forma apropiada en un camposanto propio. Diego de Pantoja se preguntaba de pasada en uno de sus escritos sobre si en realidad eran ellos en la Capital Imperial más rehenes que huéspedes y sobre si el permiso de residir a la vera del Palacio podría acaso no responder a una muestra de largueza y simpatía imperial sino simplemente al miedo de que una vez llegados al centro del imperio, aquellos raros bárbaros sofisticados pudiesen eventualmente regresar a sus tierras lejanas y allí contar con detalle todo lo que habían visto, poniendo en peligro la integridad del imperio.

La curiosidad del emperador hacia aquel par de exóticos sabios de barbas largas hizo que encargase a dos pintores de la corte pintar sendos retratos del jesuita italiano Matteo Ricci y del jesuita castellano Diego de Pantoja para poder así hacerse una idea cabal de su aspecto. Aunque estos dos retratos de los padres de la Compañía de Jesús de Pekín se han perdido (o quién sabe si yacen sepultados en algún rincón de un almacén de los fondos imperiales aún no catalogados, o bien ocultos bajo la capa de algún lienzo repintado), podemos llegar a imaginarlos a través de las referencias y reflexiones que hace Diego de Pantoja alrededor de ellos. En su carta al arzobispo de Toledo Luis Guzmán refleja la extrañeza de verse retratado doblemente a la manera china: al verse a la guisa de un letrado y al verse

---

① Ibid, p. 101.

pintado según las técnicas y convenciones de la mirada del pintor de Palacio:

> En la verdad ni a mi, ni a mi compañero conocía en aquel retrato. [...] no era en la figura y modo que V.R. me conoció, sino con una barba de un palmo, y un vestido de letrado honrado chino (que aunque largo) hasta los pies, y muy modesto: mas desde ellos a la cabeza de diverso modo del nuestro, porque con esta mascara nos obliga a andar la caridad y trato de esta gentilidad, hasta que nuestro Señor quiera otra cosa.①

La sorpresa e incomodidad de Diego de Pantoja por verse a sí mismo bajo esta «máscara» de letrado chino se veía reflejada y multiplicada en un espejo inverso de replicas infinitas al verse también mirado a través de los ojos de los pequineses con los que convivía. El jesuita castellano constataba azorado la fascinación que producían entre los chinos sus ojos azules (carzos, escribe Pantoja siguiendo la metátesis de zarcos, es decir de color cian), en los que los letrados de Pekín proyectaban e imaginaban poderes mágicos, y en los que creían leer signos enigmáticos:

> tienen todos los ojos prietos, reparar mucho en la color de los míos (que son carzos), que nunca vieron y hállanles mil misterios, y lo más ordinario es decir que estos mis ojos conocen donde están las piedras y cosas preciosas, con otros mil misterios, hasta parecerles que tienen letras dentro.②

Podrá quizás parecer banal toda esta miniatura sobre las barbas, los largos

---

① Ibid, p. 36.
② Ibid, p. 78.

vestidos y los misterios y poderes de los ojos azules de Diego de Pantoja, desde sus iniciales y cantoneses temores barbilampiños a no «ir en todo al uso de la tierra» hasta la perplejidad de verse pintado y mirado desde miradas pequinesas. Podrá parecer banal, pero estos detalles pueden quizás abrirnos una puerta a reflexionar sobre cómo este estratégico esfuerzo de mimetismo que emprendieron los misioneros de China, viviendo en el imperio con máscara de letrado, revela un camino paradójico y de más calado: queriendo transformar al otro (queriendo cristianizarlo), debían primero transformarse ellos mismos (ni que fuese inicialmente de forma aparente y de forma provisional: «hasta que Nuestro Señor quiera otra cosa», escribe Pantoja). Esta aventura exigía no solo la máscara y el disfraz, exigía aprender una nueva lengua, aprender a moverse en una nueva sociedad, aprender sobre sus valores, creencias, usos y costumbres.

Ataviado así con esta máscara de letrado y con un bonete de alas laterales, Pantoja no solo se ocupaba evidentemente de ajustar relojes o enseñar a tocar el clavicordio a cuatro eunucos de palacio. Recibió el encargo de predicar el Evangelio en las poblaciones cercanas del sur de Pekín, llegando a bautizar más de dos docenas de chinos.

La carta-relación que Diego de Pantoja escribió para el arzobispo de Toledo Luis Guzmán en 1602 tiene una evidente importancia en el proceso de construcción de la imagen de China en la Europa de inicios del seiscientos, pero en realidad no encontramos en ella la principal aportación de Diego Pantoja al intercambio cultural entre China y Europa. Su aportación viajaba más bien en una dirección contraria: lo más relevante es lo que llevó desde Europa a China, no lo que nos contó a los europeos del seiscientos sobre cómo era o dejaba de ser el imperio de los Ming. Es sobre todo en su obra teológica y de divulgación del catolicismo escrita directamente en chino, pero también en algunos episodios de su recorrido biográfico de la acción misional y de la interacción técnico-científica y personal en el palacio imperial y, en especial, entre círculos relevantes de letrados chinos, donde podemos vislumbrar la singularidad y la grandeza de su figura. Los relojes de sol, los mapas, las traducciones científicas y los tratados teológicos en lengua china clásica jalonan su aportación.

Casi de forma coetánea o inmediatamente posterior al despliegue de la obra china de Matteo Ricci, Diego de Pantoja redactó una serie de tratados en chino y colaboró con otros padres en la traducción de obras matemáticas o astronómicas. Es en esto también un pionero. Siguiendo la estela fundacional de Matteo Ricci y Diego de Pantoja, durante el siglo XVII otros misioneros jesuitas, franciscanos o dominicos llegarían como ellos a un dominio del chino clásico suficiente como para poder redactar obras teológicas, científicas o humanísticas destinadas a las elites cultas.

Es evidente sin embargo para cualquier lector chino que, en el dominio retórico y de estilo elevado y elegante del chino clásico del que hacían gala estos misioneros católicos europeos del siglo XVII, se puede intuir (y en muchos casos certificar, al estar parcialmente explicitada en paratextos o en misivas o documentos paralelos) la mano más o menos perceptible o invisible de los letrados conversos o con los que tenían fluida interlocución, que no se limitaban a hacer de revisores y editores de la prosa de los padres jesuitas europeos, que en la mayoría de los casos merecerían una justa acreditación de coautoría en la dicción elegante y sutil de la redacción.

Entre las obras en chino de Diego de Pantoja destaca el 七克 (*Qike*) / *De Septem Victoriis, Las siete victorias*, publicado en 1614 a partir de un manuscrito prácticamente acabado una década antes. Se trata de un tratado sobre cómo vencer y sobreponerse a los siete pecados capitales (lujuria, pereza, envidia, gula, avaricia, ira y soberbia) que tuvo un impacto relevante entre los letrados chinos. Diversos autores de alto rango, como Chen Liangcai (陈亮采), Cui Zhenshui (崔震水), Xiong Mingyu (熊明遇) o Yang Tingyun (杨廷筠) escribieron prólogos, reacciones o comentarios al libro.

La fundamentación de una autoridad moral fuerte que exponía Diego de Pantoja en este tratado conseguía interesar vivamente a una parte de los letrados chinos de principios del seiscientos al aportarles argumentos potentes y de legitimación externa en una controversia en curso entre distintas corrientes coetáneas del pensamiento moral de tradición neoconfuciana.

El jesuita portugués Álvaro Semedo que estuvo en la misión de China entre 1613 y 1636 describe en su *Imperio de la China* (1642) el impacto y la estela textual de glosas y proemios que generó entre los letrados chinos de su tiempo el 七克 (*Qike*) / *De Septem Victoriis, Las siete victorias* (1614), de Diego de Pantoja:

> Agradábanse mucho de los libros que imprimíamos y derramábamos de nuestra doctrina, compuestos en su propia lengua, como eran un Catecismo copioso, algunos Tratados de cosas Morales, algunos de Matemáticas, y otros de religiosas curiosidades. El padre Diego Pantoja publicó uno de las siete virtudes y de sus siete contrarios con tanto espíritu, que los propios Letrados mandarines, solamente de verle, fueron conmovidos a imprimirle por su gusto en diversas provincias, añadiéndole Proemios y Poesías en alabanza de los padres y de nuestra Fe. Aventajóse en esta demonstración un lúcido Doctor del Supremo Colegio, pareciéndole mayor elogio (y realmente fue mayor) el de echar por el suelo y despedir de su casa a vista de aquella lección todos los ídolos que hasta entonces veneraba, pidiendo en lugar de ellos la Imagen de nuestro Salvador, y ensayándose para batir con el cañón de su pluma la fuerza de la Idolatría.[1]

A la sombra del gran Matteo Ricci, la imagen de Diego de Pantoja ha

---

[1] (Semedo, 1642, 276)

pasado casi desapercibida: ha recibido una muy escasa atención académica fuera de China. Queda aún mucho camino por recorrer: saber con detalle hasta qué punto y de qué modo Diego de Pantoja desarrolló las estrategias *riccianas* de acomodación del mensaje católico a los ritos y a las tradiciones morales confucianas. Y en qué términos precisos se produce su crítica al budismo y qué aspectos de las creencias y costumbres chinas rechaza con más ardor (como por ejemplo el de la poligamia). O de qué conceptos chinos se sirve para traducir o explicar sus argumentos religiosos y teológicos. Y hasta qué punto tenía mal carácter (como se dice en algún testimonio) o hasta qué punto su condición de castellano marcó su periplo, especialmente tras la matanza de decenas de miles de chinos en Manila, tras la rebelión sangley de 1603.

Bibliografía:

Aduarte, D., (1693), *Historia de la provincia del Santísimo Rosario de Filipinas, China, y Japón de la Orden de Predicadores. Zaragoza, por Domingo Gascón, impressor del Hospital Real y General de Nuestra Señora de Gracia.* (Primera parte editada antes en Manila: Colegio de Santo Tomás, por Luís Beltrán, 1640).

Ollé, M., (2017), «庞迪我登月 La luna de Pantoja», en 叶农 Ye Nong (ed.), 耶稣会士庞迪我著述集 *Escritos de Diego de Pantoja, S.J.*, Guangzhou: SPM 南方出版社 Nanfang Chubanshe 广东人民出版社 Guangdong People's Publishing House, pp. 3-14.

Pantoja, D., (1604), *Relación de la entrada de algunos padres de la Compañía de Jesús en la China, y particulares sucesos que tuvieron y de cosas notables que vieron en el mismo reino.*

Semedo, A., (1642), *Imperio de la China i cultura evangelica en èl por los religios [sic] de la Compañía de Iesus. Compuesto por el padre Alvaro*

Semmedo de la propia Compañia...; publicado por Manuel de Faria i Sousa..., Madrid: Impresso por Iuan Sanchez en Madrid: a costa de Pedro Coello.

Zhang Kai, (1997), *Diego de Pantoja y China (1597-1618)*. Beijing: Ediciones de la Biblioteca de Beijing.

(4)

IMÁGENES PARA WANLI (1563-1620), EMPERADOR DE CHINA

Isabel Cervera Fernández
Universidad Autónoma de Madrid

En 1617 Pedro Pablo Rubens realizó en Amberes un retrato del jesuita Nicolas Trigault (1578-1628) vestido «a la china», en lugar del hábito y birrete negros propios de los jesuitas. De este modo Rubens puso rostro a la labor de los pioneros jesuitas en China, tan distante como distinta respecto a otros contextos de misión.[1]

---

[1] Peter Paul Rubens (1577-1640), *Retrato del jesuita Nicolas Trigault en traje chino*, 1617, Lapiz, pastel y tinta sobre papel. The Metropolitan Museum of Art. Para un estudio de la obra véase: Loyan, A. M. y Brockey, L. M., (2003), «Trigault, S.J.: A Portrait by Peter Paul Rubens», *The Metropolitan Museum Journal* 38, pp.156-168.

Fig. 1: Pedro Pablo Rubens (1577-1640).
El Jesuita Nicolas Trigault en atuendo chino (1617).
Tiza negra y blanca, sanguina, pastel azul, pluma y tinta marrón sobre papel verjurado marrón claro.
The Metropolitan Museum of Art, N. Y.
Dominio público: https://www.metmuseum.org/es/art/collection/search/337844

¿Cómo explicar el cambio de hábito del jesuita en un momento de máxima exaltación icónica a Ignacio y Javier? No era fácil en la Europa del siglo XVII entender uno de los principios básicos de la política jesuítica en China en la que se enmarcaba la utilización por parte de los padres de la indumentaria de letrado confuciano. En efecto, la acomodación fue el eje vertebrador de la primera etapa de los jesuitas en China (1582-1610) que a su vez se vería comprometida o comprendida según la interpretación de los provinciales, hasta su expulsión definitiva en 1773.[1]

El padre Trigault fue el encargado por el provincial Niccolo Longobardi (1565-1654) de realizar una importante labor diplomática en Europa con dos objetivos muy claros: conseguir mayores recursos económicos y humanos y lograr separar en la geografía de misiones jesuíticas las provincias de China y de Japón. Para ello eran importantes las noticias directas sobre el país que explicaran su potencial, al mismo tiempo que se ponía énfasis en el gran desarrollo cultural, organización social y política, hasta entonces desconocidos en Europa de una forma directa. Trigault fue de los pocos jesuitas que regresó temporalmente de China y sus reflexiones sobre el país quedaron reflejadas en la gran obra escrita por Matteo Ricci y completada

---

[1] La historiografía considera tres etapas en el trabajo de los jesuitas en China: 1582-1610, 1611-1644, 1644-1773. Las dos primeras se desarrollan bajo la dinastía Ming (1368-1644), mientras que la tercera corresponde a la dinastía Qing (1644-1911). Un compendio bibliográfico se puede encontrar en Rule, P., (2017), «The Historiography of the Jesuits in China», *Jesuit Historiography*. https://www.bc.edu/centers/iajs/DigitalProjects/Jesuit-Historiography-Online.html. Un estado de la cuestión sobre la historiografía y nuevas aportaciones en Brockey, L. M., (2007), *Journey to the East. The Jesuit Mission to China 1579-1773*, Cambridge: Belknap Press.

por el propio Trigault, *De Christiana Expeditione apud Sinas* (1615).[1] Sin embargo, esta importante obra, base de la historiografía sobre la misión en China, los encuentros interculturales y la política de acomodación de los jesuitas, fue precedida de otro texto escrito por el jesuita castellano Diego de Pantoja. La obra *Relación de la entrada de algunos padres de la Compañía de Iesús en la China y particulares sucessos que tuuieron y de cosas muy notables que vieron en el mismo Reyno*, fue en origen una carta a Luis de Guzmán, provincial de Toledo, que se publicó en 1604 en castellano, en francés en 1607 y en alemán y en latín en 1608.[2] Las diversas ediciones y traducciones que se hicieron, manifiestan el deseo de la audiencia culta europea por el conocimiento de tan lejano país y del trabajo

---

[1] Sobre el contenido del viaje de Trigault, objetivos y publicaciones del propio jesuita véase, Lamalle, E., (1940), «La propaganda du P. Nicolas Trigault en faveur des missions de Chine» (1616), en *Archivum Historicum Societatis Iesu IX,* pp. 49-120: https://archive.org/details/ahsi-1940/page/n59.

[2] Pantoja, D. D., (1605), *Relación de la entrada de algunos Padres de la Cõpañia de Iesús en la China y particulares sucessos q̃ tuuieron y de cosas muy notables que vieron en el mismo Reyno*, Seuilla: por Alonso Rodriguez Gamarra. A partir de la publicación de la obra de Trigault y Ricci, el texto de Pantoja pasó a un segundo plano e incluso al olvido. La *Relación* se incluyó en: Nieremberg J. E., (1647), *Vidas exemplares y veñerables: Memorial de algunos claros varones de la Compañía de Jesús,* vol. 2 Madrid: Alonso de Paredes, pp. 215–46 y en Alcázar, B., (1710), *Chrono-historia de la Compañía de Jesús en la provincia de Toledo: Segunda parte*, Madrid: Juan Garcia Infançon, 207–15. El texto de Pantoja fue recuperado por el prof. Zhang Kai (1997) *Diego de Pantoja y China (1597-1618)* Beijing: Editorial de la Biblioteca de Beijing, y posteriormente se realizó una transcripción completa con un estudio crítico: Moncó, B., (2011), *Relación de la entrada de algunos Padres de la Compañía de Jesús en la China y particulares sucesos que tuvieron y de cosas muy notables que vieron en el mismo reino. Carta del Padre Diego de Pantoja, Religioso de la Compañía de Jesús para el padre Luis de Guzmán, provincial de la provincia de Toledo,* Alcorcón, Instituto de Estudios Históricos del Sur de Madrid "Jiménez de Gregorio".

desempeñado por los jesuitas. Es posible que Rubens hubiera conocido la *Relación* donde Pantoja insiste en la necesidad de adoptar la indumentaria china de los letrados confucianos siguiendo los principios de acomodación marcados por el visitador Antonio de Valignano (1539-1606). Pantoja al escribir a Luis de Guzmán parece disculparse del nuevo aspecto con el que ha sido retratado por un pintor de la corte china:

> No era en la figura y modo que v.R. me conocio, sino con vna brba de vn palmo y vn vestido de letrado onrado China (que aunque largo) hasta los pies, y muy modesto: mas desde ellos a la cabeça de diverso modo del nuestro, porque con esta mascara nos obliga a andar la caridad y trato de esta Gentilidad, hasta que nuestro Señor quiera otra cosa.[1]

Y al mismo tiempo se congratula del acierto de la adecuación a la indumentaria local y destaca las consecuencias sufridas por otros extranjeros que no la adoptan:

> Está aquí morador desta ciudad Vn Turco, que à mas de quarenta años que truxo vno, o dos leones a su padre dese rey; el qual parte no saber letras, ni ciencias, y parte por no auerse querido acomodar al abito, costumbres, y modo Chinico, ni ay quien con el que quiera tratar, ni quien le llegue a la puerta: y a la nuestra, por la gracia que nuestro Señor nos da y por vernos acomodados a su trage, modo y cortesias, todos los mandarines mas graues nos vienen a visitar a nuestra casa, y se onran de tenernos por amigos públicamente [...].[2]

---

[1] *Ibidem*, Folio 11 r.
[2] *Ibidem*, Folio 113 v.

La heterodoxia de los nuevos usos jesuíticos en China parece ocultarse con la fascinación por la narración de Trigault, enfocada en el alto nivel intelectual de China y la sofisticación y belleza de los objetos que llegan a Europa desde China, que refrendan e incluso superan sus propios relatos.[1]

Pero ese mismo año de 1617, mientras Trigault realizaba su misión diplomática en Europa con un relato positivo de las conversiones y las posibilidades del territorio, en Pekín se había desatado una lucha cortesana a propósito de la participación de los jesuitas en un nuevo calendario para la corte. El emperador, ante las presiones internas, optó por dictar un edicto para la expulsión de los extranjeros, entre otros Diego de Pantoja, Sabatino de Ursis (1575-1620) y los cristianos conversos. Los dos primeros fueron expulsados, primero hacia el sur, para posteriormente salir definitivamente del país. Pantoja moriría al año siguiente en Macao, a los 47 años de edad, 21 de los cuales pasados en China, posiblemente como consecuencia de la dureza de la expulsión y la encarcelación sufrida.[2]

En su último año es posible que reviviera el relato de su estancia en China y parece extraño que en ningún momento volviera a escribir sobre «las muy cosas notables que viera en el mismo reino». En su única carta conservada, menciona en diferentes ocasiones que continuaría escribiendo con más detalles que los que en ella se recogen, así como el envío de diferentes objetos, imágenes, etc., de los que, sin embargo, no se tiene

---

[1] Lamalle, E., (1940), *Op. cit,* pp. 85-87.
[2] La orden de expulsión afectó directamente a Pekín y Nanjing, aplicando duros castigos y encarcelamientos a los jesuitas. Moncó, B., (2011), *Op.cit.* pp. 82-83.

constancia alguna.[1]

La presencia de Pantoja en China se entiende en el contexto de las «misiones en Asia», cuyo objetivo final en su origen fue Japón. En la última etapa de formación de Pantoja en el Colegio de Toledo, el padre Luis de Guzmán (1544-1605) compartió con su alumno el interés por las misiones en Asia de las que dejaría constancia en su obra *Historia de las Missiones que han hecho los religiosos de la Compañia de Jesús (1601)*.[2] Japón fue el territorio imaginado por Pantoja para su fantasía de misión y martirio. Como otros muchos compañeros partiría de Lisboa para seguir su formación en Goa y Macao y desde ahí esperar su ansiado destino a Japón. Sin embargo, el edicto de expulsión de los clérigos cristianos en Japón y las ejecuciones en Nagasaki en 1597, forzaron un cambio de planes.[3] En 1597 Diego de Pantoja llegó a Macao junto con Valignano, Longobardi y Dias para integrarse en la delicada e importante misión de acercamiento a la corte china que Ricci había diseñado junto con Valignano. En 1600 se reúne con Ricci en Nanjing donde continúa con su aprendizaje del chino, su grado

---

[1] En la *Relación*, Pantoja se excusa por la brevedad de su relato que debía terminar para aprovechar la llegada de un correo. En el texto menciona en varias ocasiones los envíos que realiza junto a su carta, así como los que irá haciendo en sucesivas ocasiones como una copia del célebre mapamundi de Ricci con leyendas en chino. Lo que aconteció entre 1606 y su fallecimiento en 1618 fue narrado parcialmente por Ricci (m. 1610), donde menciona a Pantoja con diferentes apreciaciones, no siempre positivas.

[2] Guzmán, L., (1601), *Historia de las Missiones, qve han hecho los religiosos de la Compañia de Iesvs, para predicar el sancto Euangelio en la India Oriental, y en los Reynos de la China y Iapon*, Alcalá: Por la Biuda de Iuan Gracian.

[3] El shogun Toyotomi Hideyoshi (1537-1598) decretó el edicto y las posteriores ejecuciones. En la historiografía occidental este episodio se conoce como «el martirio de Nagasaki» y fue pródigo en la iconografía e historiografía de franciscanos y jesuitas en todos los territorios de misión. Véase: Cabezas, A., (1995), *El Siglo Ibérico de Japón. La presencia hispano-portuguesa en Japón 1543-1643*, Valladolid: Universidad de Valladolid.

en teología y una breve formación musical junto al padre Cattaneo. Unos meses después, Ricci y Pantoja inician su importante viaje a Pekín, donde llegarían en 1601 después de las Fiestas de la Primavera.[1]

La política de acomodación diseñada por Valignano estipulaba como requisitos imprescindibles el conocimiento de la lengua nativa y por supuesto, los conocimientos científicos propios de la Europa de fines del s. XVI. En estas primeras décadas de acomodación, no puede decirse todavía que los padres que llegaban a Goa fueran expertos en alguna disciplina científica y humanística, sino solo conocedores del ambiente cultural y científico y siempre necesitados de alguna formación en destrezas mecánicas y manuales útiles para la misión. Pantoja reconoce humildemente en su carta, sus niveles de formación:

> [...] y aunque el saber nuestro es poco, comparado con el de nuestra tierra, mas comparado con el de China (que del mundo sabe casi nada, mas que de su reyno, a quien con nombre, como llaman todos, el mundo, de Dios y de las cosas del Cielo nada, y de los demas poco) era alguna cosa, y bastaua para hazer yu espantados a sus casas y siempre con desseo de tornar.[2]

En ese sentido Goa y Macao se convirtieron en centros de formación y de producción artística relevantes para cubrir, con menor coste y en menor tiempo, las necesidades materiales solicitadas. Con anterioridad a la visita a Pekín, Ricci señala en 1587 que le han enviado desde Roma, Japón, España

---

[1] Véase en este mismo volumen Corsi, E., (2109), *La educación musical de Diego De Pantoja*, S. J.
[2] Pantoja D. D. (1605) *Op. Cit.*, Folio 43.

y Manila obras religiosas de gran calidad①

Durante años Ricci había estado preparando una red de contactos con los letrados de mayor rango fuera de Pekín, su fin era poder llegar hasta la corte y hacer entrega de múltiples obsequios al emperador Wanli, y con ello afianzar su posición en la ciudad y el país. Matteo Ricci pronto se familiarizó con los resortes necesarios en la cultura china para adentrarse en los círculos más selectos. Su profundo conocimiento de la lengua nativa le permitió conocer los textos clásicos, debatir sobre ellos y traducir textos europeos científicos y religiosos. Gracias a su rápido aprendizaje de la lengua y la observación de la realidad comprendió que el acercamiento a las comunidades budistas había sido un error y que este tenía que hacerse a través de la clase letrada y del confucionismo.② Además pudo comprobar la importancia de crear vínculos mediante la cultura del regalo, un protocolo

---

① La llegada de imágenes y objetos para los objetivos de la misión, estuvo directamente relacionada con los galeones ibéricos. Para conseguir una mayor independencia de sus calendarios de navegación, los jesuitas comprendieron la necesidad de crear escuelas-taller locales donde enseñar a la población local, conversa o no, los principios básicos de pintura, grabado y fabricación de objetos rituales. Así en Manila, Antonio Sedeño, S. I. (1535-1595), promovió el desarrollo de imágenes locales para iglesias; Giovanni Niccolo, S. I. creó en Japón el Seminario de Pintores. Uno de sus aprendices, Yu Wenhui (1575-1633, Manuel Pereira S.I.), fue uno de los pintores que estuvieron con los jesuitas en Pekín y autor del único retrato de Matteo Ricci. Este se quejó de la mala calidad del artista y solicitó le enviaran a otro jesuita con mejor formación. La respuesta a su petición fue el pintor Ni Yicheng (1579-1638, Jacob Niwa, S. I.). Véase: Mungello, D. D., (1999), *The Great Encounter of China and the West 1500-1800*. Lanham, Maryland: Rowman & Littlefield Publishers, Pelliot, P., (1920), «La Peinture et La Gravure Européennes En Chine Au Temps De Mathieu Ricci». *T'oung Pao*, Second Series, 20, no. 1: 1-18. http://www.jstor.org/stable/4526590.

② Spence, J., (1990), *El Palacio de la Memoria de Matteo Ricci. Un jesuita en la China del siglo XVI,* (trad. Lus, M. I. 2002), Barcelona: Tusquets.

claramente establecido en los diferentes estamentos sociales chinos que provocaba el intercambio de objetos curiosos, obras de arte y la circulación de imágenes, y que supo aprovechar para sus fines.[1]

Por todo ello, Ricci pidió a Ruggieri una extensa lista de objetos de todo tipo, con un especial cuidado en relación a la calidad y cualidad de los destinados al emperador. Para él, estos objetos debían ser de la más alta calidad , diferenciándose claramente de los que él llamara «cosetas», más útiles en otros círculos.

Con anterioridad al viaje a Pekín, Ricci había solicitado en su correspondencia con Ruggieri diferentes objetos que consideraba eran de interés: objetos e imágenes científicas, libros ilustrados de carácter religioso, así como plata que serviría para los intercambios necesarios y el

---

[1] Es habitual que muchas de esas reuniones, frecuentadas casi únicamente por hombres, fueran encuentros entre letrados-artistas y coleccionistas con el fin de debatir sobre cuestiones derivadas de sus propias obras, de su circulación y de las novedades culturales del momento. Asimismo, en su nombre literario *yaji* 雅集 o reuniones elegantes, conforman uno de los topos literarios y visuales más recurrente en el contexto chino del pasado e incluso del presente. Vease: Clunas, C., (2004)*, Elegant Debts, The Social Art of Wen Zhengming*, Londres: Reaktion Books. Este sistema de reciprocidad de intercambios de regalos y favores se conoce en la actualidad como *guangxi* o conexiones, y es objeto de estudio de la etnografía y la antropología Yang M. M., (1994), *Gifts Favors & Banquet*s, Ithaca & London: Cornell University Press.

sostenimiento de la misión.[1]

En sus primeros años en China los dos jesuitas se sirvieron de estos objetos, especialmente de los relojes, como una fuente importante de ingresos e influencia ya que o bien eran vendidos para conseguir fondos para su supervivencia o bien obsequiados para crear redes que les sostuvieran en su empresa. La originalidad de los objetos, sus complejos mecanismos y usos, fueron pronto de gran interés en China y por ello utilizados como carta de presentación para explicar posteriormente los conceptos básicos del cristianismo. Por este motivo, la demanda de libros ilustrados era especialmente relevante puesto que a los ojos de su nueva audiencia, manifestaban el nivel literario de la cultura europea, alternaban lo textual y lo visual, y fomentaban el interés por las traducciones y la

---

[1] En la correspondencia entre Ricci y Ruggieri se inicia una petición específica de objetos para el emperador, desde un avestruz a una Biblia Políglota, véase: Spence, J. D., (1999), *Op.cit.* pp. 183-185. La audiencia de Wanli se consideró de gran importancia una vez que habían fracasado la de Felipe II y la que Valignano propuso hiciera el papa a través de cuatro jesuitas. En el lenguaje diplomático de cualquiera de ellas, la elección de regalos era extraordinariamente importante, desde su elección a la recepción de los mismos. Hsu, C. Y., (2004), «Writing on Behalf of a Christian Empire: Gifts, Dissimulation and Politics of Philipp II of Spain to Wanli of China», en *Hispanic Review,* vol.178, n°3, pp. 323-344, University Pennsylvania Press, Ollé, M. (2002), *La empresa de China: de la Armada Invencible al Galeón de Manila*, Madrid: Acantilado.

impresión de imágenes.[1] Los libros ilustrados tuvieron también otras funciones, como la enseñanza de conceptos pictóricos, iconográficos y técnicos, que permitieron una mayor difusión de los mismos, así como su inclusión en textos chinos como el *Chengshi Moyuan* 程氏墨苑 (*El jardín de tinta de la familia Cheng*).[2]

Junto con las imágenes disponibles en los libros ilustrados se solicitaron y difundieron textos de carácter científico, especialmente de astronomía y cartografía, en la que los objetos y los instrumentos se consideraban en los círculos chinos imágenes reveladoras de nuevos conocimientos. Es interesante señalar que en los casos citados, los grabados realizados sobre planchas de cobre eran reinterpretados sobre planchas de madera, y en algunos casos se utilizaban como modelos para pinturas al óleo. De este modo se garantizaba una mayor producción local y controlada de imágenes y con ello menos dependencia del exterior.

Con las imágenes se introducían nuevos modos de representación, de formas de mirar, de circular y conservar muy distantes de las propias, lo que

---

[1] De las obras impresas de carácter religioso más solicitadas destacó *Evangelicae Historiae Imagines* (1596) de Jerónimo Nadal (1507-1580). Longobardi en 1598, Cattaneo en 1599 y el propio Ricci pidieron ejemplares de la obra para los diferentes centros en China. Véase: Massing, J. M., (2011), «Jerome Nadal's *Evangelicae Historiae Imagines* and the Birth of Global Imagery», Journal of the Warburg and Courtauld Institutes, vol. LXXX. La primera edición realizada en China fue un encargo de Ricci al padre Giulio Aleni (1582-1649). Véase: Borao, J. L., (2010), «La versión china de la obra ilustrada de Jerónimo Nadal *Evangelicae Historiae Imagines*», en *Goya*, 2010, pp.16-33.

[2] Ricci colaboró con Cheng Dayue 程大约 (1541-1616?) en la impresión de su obra al incorporar cuatro estampas para su reproducción y escribir un texto dedicado al autor. Véase: Oliveira, R., (2017), «Words for images and images for words: an iconological and scriptural study of the Christian prints in the *Chengshi moyuan* 程氏墨苑», *Word & Image*, 33:1, 87-107, DOI: 10.1080/02666286.2016.1263137.

en muchos casos fue lo que despertó mayor interés. Lo que era relevante en el contexto de origen, era modificado por otros conceptos, sin perder por ello el valor en su circulación:

> Una pintura religiosa católica que Li Madou trajo de las regiones occidentales es de una mujer con un niño en sus brazos. Los rasgos del rostro y la textura de las ropas son como si se miraran en un espejo brillante, y parece que bajo su superficie la imagen se mueve sola, con dignidad y belleza. Los pintores chinos no saben hacer cosas como éstas.[1]

Este pequeño fragmento incluido en el estudio sobre la pintura en la dinastía Ming por Jiang Shaoshu (1646) *Wushengshi, Historia de la poesía sin palabras,* es una de las escasas anotaciones en las fuentes chinas sobre la recepción de las imágenes en la primera mitad del s. XVI. En ella, y aun refiriéndose a su origen cultural y procedencia geográfica, el autor insiste en la descripción de «una mujer con un niño en brazos» sin hacer alusión al significado de la propia imagen. Le interesan en su relato cuestiones de técnica y estilo, por lo que señala el brillo propio del óleo y la verosimilitud de la imagen a través de la dignidad y belleza que en ella se aprecia, que los pintores en China desconocían o no sabían hacer.[2]

En su camino hacia Pekín, los jesuitas dependían de la red de letrados y

---

[1] Jiang Shaoshu, (1890), 声诗史 *Wushengshi, Historia de la poesía sin palabras* (Vol. 7, 19a).《续修四库全书》, 2002年 上海古籍出版社, 子部 艺术类 第1065册 第578页 无声诗史 7卷 cit. Lynn, R. J. K., (2016), «The reception of European Art in China and Chinese Art in Europe from the Late Sixteenth through the Eighteenth Century», Int. Commun. Chin. Cult (2017) 4: 443.

[2] Sobre la crítica artística de fines de la dinastía Ming, véase Park, J. P., (2012), *Art by the Book: Painting Manuals and the Leisure Life in Late Ming China*, Seattle & London: University of Washington Press.

eunucos que demandaban constantemente atenciones y del enviado imperial que retrasaba deliberadamente la llegada a Pekín de los religiosos. La realidad demostró que el enviado del emperador pretendía, bajo diferentes excusas, requisar toda la mercancía con el fin de cobrar, sin duda alguna, prebenda de tal botín. Tras exigir que se le enseñara todo lo que llevaban, quiso disponer de todo, incluidos enseres personales, y eligió de entre ellos una de las dos imágenes de la Virgen, una cruz, reliquias e incluso un cáliz que los jesuitas consideraron sacralizado por utilizarse en la liturgia. De estos y otros objetos solo devolvieron el cáliz y desde luego no fueron incluidos por el eunuco en los regalos al emperador:

> [...] y viendo que no hallaua nada de esto, tomò lo que hallò, que fue una imagen de nuestra Señora, de dos que nos auian quedado pequeñas, que la queò era incomparablemente mejor, y muy prima, aquien el también auia echado el ojo, quiso nuestro Señor para consolación nuestra se confundiesse al tiem-(Folio26 v) po del tomar, y tomase la que no era tanto, por mejor [...] mas lo que sentimos mucho, fue tomarnos vna cruz de muy buenas y grandes reliquias, y vn relicario de la mesa manera, y el caliz en que deziamos missa, que por se de plata y dorado (que aquel año nos aian embiado de limosna de Macao) le agradó, y con pedirle por entonces que no le tocasse, que era cosa consagrada solamente a Dios, a quien ni los reyes de nuestra atierra se atreuian a tocar, burlaua de todo [...].[1]

Además de estas imágenes y objetos, el eunuco siguió reclamando más obras y finalmente vio la imagen de Cristo crucificado que consideró podría ser un modelo de amenaza violenta hacia el emperador:

---

[1] *Ibidem,* Folio25, 26 v.

> [...] hacía gestos sin decir nada, asta que espantado boluio la cabeça, y preguntò que cosa era aquella? Diximolse, que aquel era el verdadero Dios que crio el cielo y la tierra [...] No oyò muchas razones, porque le pareciò desuariauamos en adorar VN Dios, a us ojos muerto; tornolo a mirar con atencion, y la conclusio que sacò de todo fue que sin dura era verdad lo que el imaginaua, que eramos hombres muy ruynes, pues que con tanta inhumanidad trayamos vna figura humana, maltratada, clausada en vna cruz, y llena de sangre [..] y que aquello no era otra (folio 28v.) cosa sino algunos hechizos para matar al rey [...].

La indignación hacia la imagen fue, en palabras de Pantoja, absoluta, y llegó incluso a mandar quitar todos los crucifijos mientras estuvieran en China y desde luego no fue considerada digna de formar parte de los regalos a Wanli.

Las imágenes destinadas al emperador, así como otras dedicadas a diferentes usos y audiencias, circularon a menudo, por cauces bien distintos a los esperados, convirtiéndose en ocasiones en mercancías exóticas con las que conseguir favores y beneficios económicos. Tras todos los percances y mermas sufridos en su largo viaje desde Nanjing, Pantoja enumera las siguientes imágenes religiosas que se añadían a objetos mecánicos y curiosos:

> [...] Fuera desto, tres Imágenes al olio, dos grande de vara y media de altura, y una pequeña la mayor era la figura y retrato de nuestra Señora del Populo por San Lucas : la segunda era de nuestra Señora con el Niño IESVS, y San IUAN: la tercera era vn Saluador, más pequeño, todas ellas de obra prima [...] Vn libro de Teatro del Mundo, y vn Breuiario muy bien encuadernado con titulo de

que aquella era la Dotrina del verdadero Dios, cuyas Imágenes le presentauan [...].[1]

Fig. 2: *Madonna del Popolo, Santa María del Popolo*. Roma.

Sobre la autoría, procedencia y otros datos de estas imágenes poco se dice ni en el texto de Pantoja ni en las *Fuentes Riccianas* de un modo directo. Lo primero que señala es que eran pinturas al óleo, dos de ellas de gran tamaño, de imágenes marianas.[2] La descripción de las obras permite una

---

[1] *Ibidem*, Folio 13 v.
[2] La vara es «una medida de longitud empleada hasta el establecimiento del metro y todavía en algunos sitios, equivalente a 835,9 mm». Moliner, M., (1981), *Diccionario del uso del español*, Madrid: Gredos, en la voz vara, numero 3. Constituye una medida estándar en la pintura europea en torno a los 125 cm.

aproximación a sus modelos de origen como es el caso de la imagen de *Nuestra Señora del Populo* pintada por San Lucas.[1] La segunda que señala, Nuestra Señora con el Niño Jesús y San Juan, también realizada al óleo, era sin duda una iconografía menos usual en los entornos de misión. Los dos niños junto a la Virgen hacen alusión a la redención del niño, donde el destino y el presente se esconden en una escena familiar. La tercera, El Salvador, podemos pensar que responde a la iconografía del *Salvator Mundi*, tal vez un óleo a partir de una estampa, imágenes que fueron relativamente frecuentes en la zona sur de China y muy relacionadas con su circulación con Japón. Este icono aludía a la sabiduría de Cristo y a su poder. En su mano izquierda sujeta un globo celestial y con su derecha hace un gesto de bendición. Poder, sabiduría y compasión que se utilizó en ocasiones por los jesuitas como la imagen del Sabio en contextos confucianos.[2] En el análisis de las tres imágenes se puede apreciar una secuencia didáctica que va mostrando la transformación del Niño en Dios, un mensaje complejo, sobre el que Ricci y Pantoja trabajaban con la palabra y la imagen. Estos tres óleos de «obra prima», fueron las primeras imágenes pictóricas europeas que entraron en la Ciudad Prohibida.

A pesar de las dificultades, finalmente el emperador dio la orden de recibir en la corte a esos extranjeros «que los meses massados le auian dicho trayan vnas imágenes y vnas campanillas que por si se tañia (que assi

---

[1] El culto a esta imagen procede de Santa Maria Maggiore, y sus copias y reproducciones estuvieron muy presentes en la geografía de misión. Siguiendo las *Fuentes Riccianas*, Ricci llevó a China una imagen de Santa Maria Maggiore que guardaba en sus aposentos. En 1599 Ricci recibió en Macao una copia de la misma imagen a óleo de gran tamaño. Es importante señalar que en China la imagen de la Virgen fue la única que se conoció de una mujer europea hasta 1680 aproximadamente.

[2] Sobre la recepción en China de la imagen del *Salvator Mundi* véase: Shin, J. M., (2014), «The Jesuit and the Portrait of God in Late Ming China», en *Harvard Theological Review*, vol. 197, pp. 194-221.

llama [a] los relojes)», que se dirigían a la ciudad en una digna caravana con todos sus presentes. Allí se expusieron todos en grandes salas «y viendolo todo muy despacio, con muchas muestras de espanto, particularmente de las Imágenes y los reloxes». Wanli no tuvo nunca un contacto directo con los jesuitas y sus emisarios; los eunucos de la corte trasladaban a Ricci y Pantoja toda la curiosidad que le suscitaban objetos e imágenes. De las pinturas religiosas mencionadas, a Wanli le sorprendió la viveza de las imágenes, el brillo que desprendían los rostros de mujeres, hombres y niños que en ellos aparecían. Cuando se le explicó el significado de la imagen de la mujer con el niño, se sintió gratamente atraído y la asoció con la imagen de Guanyin, la diosa de la misericordia del budismo. Según el relato de Pantoja, el emperador le ofreció esta imagen a su madre, ferviente budista, y ubicó el resto en una gran sala donde contemplarlas. Sin embargo las imágenes religiosas le provocaron cierto temor ya que le parecían «estatuan vivas» y poco tiempo después fueron relegadas a espacios de menor visibilidad, a los almacenes o quizá salieron de la corte para su comercio como objetos exóticos. Según relata Pantoja, el emperador «mandò poner las imagines en vna sala principal, a donde nos dixeron los Eunuchos yua la reyna principal a les hazer reuerencia, y del rey nos dixeron que no se atreuia a tenerlas cerca de sí, porque tenía miedo, parencidole estatuan viuas». No obstante, el contenido religioso de las imágenes no fue prioritario en ese primer contacto, pues constituían novedades y obsequios al emperador.[1]

Las imágenes religiosas elegidas para Wanli sintetizaban las iconografías más utilizadas entre 1580 y 1630: *La Virgen con el Niño* y *El Salvador*, destinadas a poner de relieve el mensaje religioso o cuanto menos a intentar neutralizar todos aquellos rumores que le habían llegado al emperador contrarios a la labor de los extranjeros. Las imágenes marianas

---

[1] No hay ninguna constancia de su presencia en los inventarios de palacio.

fueron utilizadas, durante la primera etapa de los jesuitas en China, en diferentes advocaciones, resaltando siempre el carácter maternal de la imagen frente a cualquier otra consideración. La difusión de la imagen de la Virgen casi como único icono católico hizo confundir la idea de Dios con la suya, enfatizando aún más la connivencia inicial entre el catolicismo y el budismo.[1] En la *Relación* se hace mención a la dificultad de comprender la imagen de un hombre crucificado y esta es incluso utilizada contra los jesuitas por pensar que era un modelo de práctica que podría poner en peligro incluso al emperador. Seguramente la imagen de El Salvador sirvió de eslabón entre una y otra, fortaleciendo los conceptos de compasión y amor de la imagen maternal por la de conocimiento y poder de El Salvador.

El conocimiento que se derivaba de las imágenes científicas y religiosas resultaba revelador, asombroso y en ocasiones amenazante. Sin embargo una de las imágenes que más impacto cultural y político tuvo para el emperador fue la imagen de un mapamundi que ponía de manifiesto la existencia de tierras desconocidas y la posición de China respecto a ellas. En efecto, la imagen de Abraham Ortelius, *Theatrum Orbis Terrarum,* llamó poderosamente la atención por su belleza, por la complejidad territorial que presentaba y sin duda por ser un compendio visual de conocimiento y poder. La ubicación de China en un extremo provocaba asombro y temor y por ello, cuando el emperador Wanli encargó a Ricci un nuevo mapa del mundo con las leyendas en chino, el jesuita comprendió que había que modificar el

---

[1] Bailey, G. A., (1999), *Art on the Jesuits Missions in Asia and Latin America*, Toronto: University of Toronto Press, pp. 82-111.

Fig. 3: Joos van Cleve (c.1485-1540/1541).
Salvator Mundi (c. 1516-1518).
Oleo sobre tabla, 54 x 40 cm.
Musée du Louvre, Paris, ref. 24143.
Dominio público;
https://commons.wikimedia.org/wiki/File:Joos_van_cleve_cristo_salvator_mundi,_1500-1520_ca..JPG#/media/File:Joos_van_Cleve,_c.1516-18,_Le_Christ_en_Salvator_Mundi,_54_x_40_cm,_Louvre.jpg

punto de vista y centrar el país en el conjunto de los territorios.[1] Pantoja lo describe así:

> [...] Vian vn Mapa muy hermoso y grande que trayamos, y declaramosles como el mundo era grande, a quien ellos tenian por tan pequeño que en todo el no imaginauan auia otro tanto como su reyno: y mirauanse vunos a otros, diziendo, no somos tan grandes como imaginauamos, pues aquí nos muestra que nuestro reyno comparado con el mundo, es como vn grano de arroz, comparado con vn monton grande [...].[2]

El poder de esta imagen fue extraordinario puesto que identificó el conocimiento científico con Ricci y Pantoja, lo que les facilitó la residencia en Pekín, los apoyos económicos para su subsistencia y un enorme crédito entre la clase letrada. La residencia de los jesuitas pronto se convirtió en un lugar de curiosidad, de encuentro y un espacio para mostrar las imágenes religiosas en pequeños altares además de como medios didácticos.

Tras esa curiosidad derivada de las imágenes y los objetos entregados, Wanli se interesó por muchas otras cuestiones que trasladaba a Ricci y Pantoja por medio de sus eunucos. En diferentes ocasiones, para

---

[1] EL *Mapa de los 10.000 países del mundo* (坤舆万国全图 *Kunyu wanguo quantu*) fue realizado por Ricci y el matemático chino Li Zhizao (1565-1630) y publicado en 1602. La impresión se realizó con planchas de madera de grandes dimensiones (1,52 m x 3,66 m) y con anotaciones con la descripción de lugares o descripciones a partir de la flora y la fauna locales. Para un estudio completo véase D. Elia, P. M., (1938), *Il mappamondo cinese del P Matteo Ricci, S.I. (3. ed., Pechino, 1602) conservato presso la Biblioteca Vaticana, commentato tradotto e annotato dal p. Pasquale M. d'Elia, S. I. Con XXX tavole geografiche e 16 illustrazioni fuori testo*. Vaticano: Città del Vaticano, Biblioteca apostolica Vaticana.

[2] Pantoja, D. D. (1605) *Op.cit.*, folio 45 v.

responder a sus preguntas, entregaron imágenes con las que ilustrar y asombrar a su interlocutor que no habían formado parte de los regalos iniciales. Esta capacidad de resolver con imágenes las cuestiones que se les iban presentando pone de manifiesto la presencia de muchas otras, especialmente impresas, que atesoraron para asegurar su posición y resolver la improvisación con la que generalmente tenían que solucionar sus relaciones.

Así, en su *Relación,* Pantoja relata una de las peticiones imperiales que tuvieron que atender:

> [...] Muchas vez embiaua Eunuchos a nos preguntar varias cosas de nuestra tierra, si auia rey, que modo de vestido traya, y que de modo de sombrero, porque en la China hazen grande diferencia del vestido del (Folio 34 v) Rey de pies acabeça, y de los demas, y que si auia alguna figura le mostrásemos. Teniamos vuna imagen en que estan el Papa con su Tiara, el Emperador y el Rey con sus insignias puesto de rodillas delante del nombre de Dios y dimos aquella por muestra, declarando que aquellos eran tres maneras de reyes, y que todos reuerenciauan (como allí se via) al verdadero Dios [...] Lleuaronla, y por parecerle pequeña, mandò que por ella le retratasen otra mas grande de colores.[1]

---

[1] *Ibidem*, Folio 33r, 34v.

Fig. 4: H. Wierix (ca. 1585).
El Salvador entrega las insignias de poder a Felipe II ante el Pontífice
Estampa calcográfica sobre papel, 230 x 294 mm.
Bruselas, Bibliothèque Royale Albert Ier., Cabinet des Estampes [A.1511]

Con los datos aportados por Pantoja podemos plantear como hipótesis la imagen de Hyeronimus Wierix (1553-1619), *El Salvador entrega las insignias del poder a Felipe II ante el Pontífice (1598)*, una estampa, ya que el emperador indica que él la quiere de colores, y de pequeño tamaño, puesto que ordena se haga una a gran tamaño.[1] Este interés por las imágenes, en las que Wanli no distingue lo político de lo religioso, es una constante en sus comentarios e implica el trabajo de los pintores de

---

[1] Para las diferentes versiones de la obra que menciona Pantoja, véase: Mínguez, V., (2014), «Sine Fine, Dios, los Habsburgo y el traspaso de las insignias del Poder en el Quinientos», en *Librosdelacorte*.es. Monográfico1, año 6, pp. 1-21.

la corte por reproducir esas imágenes e ir aprendiendo nuevos modos de representación sin otros conocimientos que los derivados del uso de sus medios y modos pictóricos. Podemos entender que se hicieron siguiendo el modo de retratos de la época especialmente los imperiales, es decir, en rollos verticales, con tinta y destinados a algún lugar de la Ciudad Prohibida y que posiblemente su resultado fuera cuanto menos, singular. En cualquier caso nos habla más de la curiosidad por la imagen, su técnica, su modo de representar el poder, que por el significado de la misma que en la intención de los jesuitas pretendía señalar: el poder de dios sobre todos los soberanos. Se abren así nuevos caminos en la circulación de las imágenes europeas en China una vez que estas han llegado a la corte.[1]

La curiosidad de Wanli abarcaba diferentes esferas si bien se interesaba especialmente por la vida de los monarcas, su modo de vestir, sus palacios y sus mausoleos:

> Embió después otro a preguntar de las cosas de nuestra tierra particularmente de la casa del rey. Teniamos vnos papeles del Escorial, nuevamente impresos, y vna estampa de la plaça de San Marcos de Venecia, lo cual todo dimos, aunque sospechamos no le dieron mas que esta segunda, diciendo no se atreuian a darles las otras, porque luego las auia de mandar pintar grandes, y no auia quien se atreviesse a hazelo, aunque no sabemos si después se la dieron.[2]

---

[1] Los convulsos años que marcan el fin de la dinastía Ming (1644), no fueron los más propicios para la formación en la corte de nuevos métodos pictóricos. Sin embargo con el ascenso de la dinastía Qing (1644-1911) se inició un cambio de política, aceptando en la corte nuevos modos de enseñanza dirigidos por los jesuitas. Corsi, E., (2004), *La Fábrica de las ilusiones. Los jesuitas y la difusión de la perspectiva lineal en China, 1698-1766,* México D. F.: El Colegio de México.

[2] Pantoja, D. D., *Op. cit*, Folio 35.

Una vez más se señala el interés de Wanli por realizar copias a gran tamaño y dado que las del Escorial son un conjunto de imágenes, se optó, según Pantoja, por darle la vista de la plaza de San Marcos. Ni de unas ni de otras hay evidencia, hasta el momento, en los inventarios imperiales.

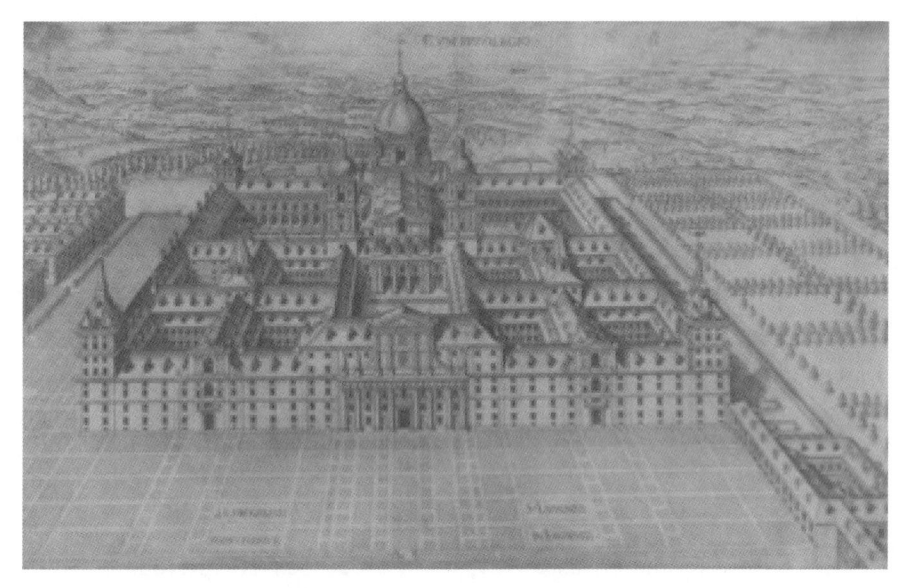

Fig. 5: Juan de Herrera (1530-1597) y Perret (1555-1625).
Sumaria y breve declaración de los diseños y estampas de la fábrica de San Lorenzo de El Escorial (1587).
Séptimo diseño, perspectiva general de todo el edificio. Estampa, 484 x 614 mm.
Biblioteca Nacional de España, Invent/28857.

La mención a «vnos papeles del Escorial, nuevamente impresos», hace sin duda referencia a la obra de Perret (c.1555-1625) que efectivamente en ese momento estaba recién editada y cuya distribución por todo el territorio había ordenado Felipe II.[1] A través de los eunucos se les hablaría del Monasterio como palacio y también como panteón real, una vez que el monarca había fallecido (1598) y se había recibido una carta con la descripción de sus funerales.

> [...] Mandò preguntar mas, de que manera enterrauan a nuestros reyes, porque en materia de enterramientos y sepulcros son los Chinos muy agoreros [...] En aquel tiempo auiamos recibido vna carta de la muerte de su Magestad (que estè en gloria y del modo de su enterramiento, y así le respondimo como en la carta venía [...].[2]

La relación que se estableció por medio de las imágenes entre Wanli y los jesuitas y las curiosidades sobre los extranjeros que le contaban los eunucos, hizo que el emperador solicitara unos retratos suyos:

> Dixeronle tantas cosas al rey, que parece desseó grandemente vernos [...] y mandonos retratar, lo qual hizieron dos pintores cada vno de por si lo mejor que supieron que sabian. Pero y en la verdad ni a mi, ni a mi compañero conocía en aquel retrato, (Folio 36 vuelto) mas como quiera que era le lleuaron. No era en la figura y modo que v.R. me conocio, sino con vna barba de vn palmo y un vestido de letrado onrado China (que aunque largo) hasta los pies, y muy modesto [...].[3]

---

[1] La obra fue titulada por Juan de Herrera como *Sumaria y breve declaración de los diseños y estampas de la fábrica de San Lorenzo de El Escorial* (1589). Consta de doce grabados con las diferentes secuencias en la construcción y vistas de las fachadas. Véase: Blas, B., (2011), *Grabadores extranjeros en la Corte española del Barroco,* Madrid: Biblioteca Nacional de España.

[2] Pantoja, D. D. *Op. cit*, Folio 35v.

[3] *Ibidem*, folio 36 v.

De ese retrato a los dos jesuitas no se conocen más datos que los que cita Pantoja, y en ningún momento en Europa hubo interés por su retrato en la hagiografía icónica de los jesuitas en China.

A pesar de los desencuentros entre Ricci y Pantoja, relatados por el primero, tras la muerte de Ricci en 1610, Diego de Pantoja inició junto con Xu Guangqi la petición a Wanli de considerar su entierro en Pekín y en un lugar donde poder rendirle culto. Gracias a sus buenas relaciones, consiguieron finalmente cumplir con las honras fúnebres de Ricci lo que sirvió para visibilizar nuevos modos de circulación de imágenes en un contexto funerario tal y como era también costumbre en China.

Diego de Pantoja siguió trabajando en Pekín y junto con Sabatino de Ursis consiguió que Wanli les aprobara el proyecto de reforma del calendario chino. Su éxito fue también su fracaso, porque este encargo generó recelo de la clase letrada hacia los extranjeros y desencadenó una trama de calumnias que provocó su expulsión. Wanli, a pesar de sus buenas relaciones, dictó el edicto de expulsión que fue cumplido con gran rigidez y duros métodos. Pantoja y Sabatino de Ursis salieron finalmente de Pekín rumbo al sur desde donde, tras estar encarcelados, Pantoja pudo llegar a Macao.

Con estos acontecimientos se cerraba una primera fase de la labor de los jesuitas en China que sin duda sentó las bases de la continuidad y el éxito de la Compañía en la corte de Pekín a fines del siglo XVII y hasta su expulsión definitiva en 1773.

CONCLUSIÓN

Para concluir podemos decir que las imágenes que señala Pantoja en su *Relación,* entregadas en la audiencia imperial celebrada en Pekín en 1601, están enmarcadas en la estrategia difusa de aculturación que se trabajó durante la primera etapa de los jesuitas en China. En ellas lo científico y lo religioso se entremezclan en objetos e imágenes que muestran nuevos conocimientos y el deseo de aceptación por parte de los jesuitas. El contenido de las imágenes abarca desde la cartografía, de fuerte impacto en la corte, a las imágenes religiosas, todas ellas cuidadosamente seleccionadas por Ricci y Pantoja. Sin duda, le entregan las de mayor calidad que pudieron conseguir, con nuevas técnicas que sabían podían ser apreciadas como el óleo, con imágenes religiosas en torno al concepto humano de Cristo, en diferentes versiones de la maternidad de la Virgen, y al concepto divino como Salvador y sabio. La elección de los temas indica también el mensaje que se quería transmitir con ellas: el acercamiento del emperador al conocimiento religioso o cuanto menos a conseguir su apoyo para desarrollar su labor en Pekín. Se puede afirmar que las imágenes causaron gran sorpresa y sobretodo curiosidad de conocimientos nuevos que facilitó el apoyo imperial para la residencia en Pekín.

Gracias a ello, los jesuitas pudieron seguir enviando imágenes a Wanli como respuesta a sus múltiples preguntas sobre los usos y costumbres de los monarcas. Una vez más, y posiblemente aprovechando las imágenes de las que disponían, entregaron a los emisarios grabados del monasterio de El Escorial, vista de la plaza de San Marcos o un retrato múltiple del papa, el emperador y Felipe II recibiendo el poder de Dios. Una imagen cargada de significado en su elección e interpretada al emperador por sus emisarios posiblemente sin el carácter de sumisión al nuevo poder que deseaban los jesuitas. A pesar de no poder seguir el rastro de estas imágenes por su total ausencia en inventarios o registros, su presencia en la corte sirvió para abrir nuevos canales de circulación, cuya demanda provocó otros modelos de representación. Se sabe, siguiendo a Pantoja, que Wanli mandaba que se copiaran a gran tamaño, sin tener otros datos sobre su modo de proceder por los talleres de la corte, y que el resultado debía ser complicado de apreciar por ambos lados. Pantoja escribió cómo, al ver el retrato que de

Ricci y él mismo hiciera un pintor de la corte por encargo de Wanli, le produjo una fuerte impresión. También Wanli se sorprendió enormemente al ver las imágenes que le entregaron en la audiencia y aunque las dedicó inicialmente a un lugar relevante, poco tiempo después parece que mandó retirarlas por no acomodarse a esa forma de representación en el que las personas parecía estuvieran vivas.

Un primer encuentro que tuvo una gran relevancia para el conocimiento mutuo que se desarrollaría de un modo más estable unas décadas después del fallecimiento de Wanli y con el inicio de una nueva dinastía.

Bibliografía:

Alcázar, B., (1710), *Chrono-historia de la Compañía de Jesús en la provincia de Toledo: Segunda parte,* Madrid: Juan Garcia Infançon.

Bailey, G.A., (1999), *Art on the Jesuits Missions in Asia and Latin America*, Toronto: University of Toronto Press.

Blas, B., (2011), *Grabadores extranjeros en la Corte española del Barroco,* Madrid: Biblioteca Nacional de España.

Borao, J. L., (2010), «La versión china de la obra ilustrada de Jerónimo Nadal *Evangelicae Historiae Imagines*», en *Goya*, 2010.

Brockey, L.M., (2007), *Journey to the East. The Jesuit Mission to China 1579-1773,* Cambridge: Belknap Press.

Cabezas, A., (1995), *El Siglo Ibérico de Japón. La presencia hispano-portuguesa en Japón 1543-1643,* Valladolid: Universidad de Valladolid.

Clunas, C., (2004), *Elegant Debts, The Social Art of Wen Zhengming*, Londres: Reaktion Books.

Corsi, E., (2004), *La fábrica de las ilusiones. Los jesuitas y la difusión de la perspectiva lineal en China, 1698-1766,* México D. F.: El Colegio de México.

D' Elia, P.M., (1938), *Il mappamondo cinese del P Matteo Ricci, S.I. (3. ed., Pechino, 1602) conservato presso la Biblioteca Vaticana, commentato tradotto e annotato dal p. Pasquale M. d'Elia, S. I. ... Con XXX tavole geografiche e 16 illustrazioni fuori testo ...* Vaticano: Città del Vaticano, Biblioteca apostolica Vaticana.

Guzmán, L., (1601), *Historia de las Missiones, qve han hecho los religiosos de la Compañia de Iesvs, para predicar el sancto Euangelio en la India Oriental, y en los Reynos de la China y Iapon*, Alcalá: Por la Biuda de Iuan Gracian.

Hsu, C.Y., (2004), «Writing on Behalf of a Christian Empire: Gifts, Dissimulation and Politics of Philipp II of Spain to Wanli of China» en *Hispanic Review,* vol. 178, nº 3, pp. 323-344, University Pennsylvania Press.

Ollé, M., (2002), *La empresa de China: de la Armada Invencible al Galeón de Manila*, Madrid: Acantilado.

Jiang Shaoshu 姜绍书, (2002), *Wushengshi* 无声诗史, *Historia de la poesía sin palabras*. Edición 续修四库全书, Xuxiu Siku Quanshu, Zibu, arte, tomo 1065, Shanghai Guji Chubanshe.

Lamalle, E., (1940), «La propaganda du P. Nicolas Trigault en faveur des missions de Chine» (1616), *Archivum Historicum Societatis Iesu IX,* pp. 49-120. https://archive.org/details/ahsi-1940/page/n59.

Loyan, A. M. y Brockey, L. M., (2003), «Trigault, S.J.: A Portrait by Peter Paul Rubens» *The Metropolitan Museum Journal* 38, pp. 156-168.

Lynn, R. J. K., (2016), «The reception of European Art in China and Chinese Art in Europe from the late sixteenth through the eighteenth Century», Int. Commun. Chin. Cult (2017) 4: 443.

Massing, J. M., (2011), «Jerome Nadal's *Evangelicae Historiae Imagines* and the Birth of Global Imagery», *Journal of the Warburg and Courtauld Institutes*, vol. LXXX.

Mínguez, V., (2014), «Sine Fine, Dios, los Habsburgo y el traspaso de las insignias del Poder en el Quinientos» en *Librosdelacorte*.es. Monográfico 1, año 6.

Moncó, B., (2011), *Relación de la entrada de algunos Padres de la Compañía de Jesús en la China y particulares sucesos que tuvieron y de cosas muy notables que vieron en el mismo reino. Carta del Padre Diego de Pantoja, Religioso de la Compañía de Jesús para el padre Luis de Guzmán, provincial de la provincia de Toledo,* Alcorcón, Instituto de Estudios Histórico del Sur de Madrid "Jiménez de Gregorio".

Mungello, D. D., (1999), *The Great Encounter of China and the West 1500-1800*, Lanham, Maryland: Rowman & Littlefield Publishers.

Nieremberg, J. E., (1647), *Vidas exemplares y venerables: Memorial de algunos claros varones de la Compañía de Jesús,* vol. 2, Madrid: Alonso de Paredes.

Oliveira, R., (2017), «Words for images and images for words: an iconological and scriptural study of the Christian prints in the *Chengshi moyuan* 程氏墨苑», *Word & Image*, 33:1.

Pantoja, D. D., (1605), *Relación de la entrada de algunos Padres de la Cõpañia de Iesús en la China y particulares sucessos q̃ tuuieron y de cosas muy notables que vieron en el mismo Reyno*, Seuilla: por Alonso Rodriguez Gamarra.

Park, J. P., (2012), *Art by the Book: Painting Manuals and the Leisure Life in Late Ming China*, Seattle & London: University of Washington Press.

Pelliot, P., (1920), «La Peinture Et La Gravure Européennes En Chine Au Temps De Mathieu Ricci», *T'oung Pao*, Second Series, 20, no. 1: 1-18.

Rule, P., (2017), «The Historiography of the Jesuits in China», *Jesuit Historiography*. https://www.bc.edu/centers/iajs/DigitalProjects/Jesuit-Historiography-Online.html.

Shin, J. M., (2014), «The Jesuit and the Portrait of God in Late Ming

China», *Harvard Theological Review*, vol. 197.

Spence, J., (1990), *El Palacio de la Memoria de Matteo Ricci. Un jesuita en la China del siglo XVI,* (trad. Lus, M.I. 2002), Barcelona: Tusquets.

Yang, M. M., (1994), *Gifts Favors & Banquet*s, Ithaca & London: Cornell University Press.

Zhang Kai, (1997), *Diego de Pantoja y China (1597-1618),* Beijing: Editorial de la Biblioteca de Beijing.

(5)

DIEGO DE PANTOJA Y LOS COMIENZOS DE LA IGLESIA CATÓLICA EN CHINA A LA LUZ DE LOS DOCUMENTOS RECIÉN TRADUCIDOS

Li Tiangang
Facultad de Filosofía de la Universidad de Fudan, Shanghái

1. LAS INVESTIGACIONES Y DOCUMENTOS RELACIONADOS CON DIEGO DE PANTOJA

En los últimos 30 años, las investigaciones sobre los jesuitas en China han proliferado notablemente. Sobre Michele Ruggiere, Matteo Ricci o Johann Adam Schall von Bell, conocidos como la «generación de gigantes» (por el título del libro de George H. Dunne, *Generation of Giants: The Story of the Jesuits in China in the Last Decades of the Ming Dynasty*), encontramos a muchos investigadores interesados, interés que se ha ido ampliando a otros misioneros. En comparación, sin embargo, Diego de Pantoja ha sido una figura que se ha estudiado poco. A destacar la monografía en chino, *Diego de Pantoja y China: estudio sobre la política de adaptación de la Compañía de Jesús* de Zhang Kai (Editorial de la Biblioteca de Beijing, 1997). La publicación de este libro fue subvencionada por la Agencia de Cooperación Internacional del Ministerio de Asuntos Exteriores de

España. Esta monografía escrita por Zhang Kai, investigador del Instituto de Historia de la Academia de Ciencias Sociales de China, es quizá hasta la fecha la investigación más minuciosa y precisa sobre la vida de Diego de Pantoja. Aparte de esta obra, contamos con el *Listado biográfico y bibliográfico de los jesuitas en China* (Editorial de China, 1995) de Louis Pfister. Este sacerdote trabajó en el Instituto de Investigación de Sinología de Xujiahui, en Shanghái, durante varias décadas, analizando documentos originales en francés, portugués, español, alemán, inglés y latín. Más adelante también encontramos la *Edición ampliada del Listado biográfico y bibliográfico de los jesuitas en China*, una revisión de Rong Zhenhua (Editorial de China, 1995), gracias a la cual tenemos cierta claridad sobre la vida de Pantoja. Diego de Pantoja (1571-1618), «nació en Valdemoro, perteneciente a la diócesis de Sevilla la Nueva. Con 18 años ingresó en el seminario de Toledo, y después de finalizar sus estudios solicitó viajar al extranjero como misionero. En el año 1596 siguió los pasos del sacerdote Niccolo Longobardi hacia Oriente» (Pág. 73). En 1599, Diego de Pantoja llegó a Nanjing, donde se unió a Matteo Ricci en su camino al norte. A partir de entonces permaneció en Pekín ayudando al jesuita italiano en su misión evangelizadora. En 1610, antes de que Matteo Ricci falleciera, en Pekín había solo tres jesuitas: Matteo Ricci, Diego de Pantoja y Sabatino de Ursis. Tras la muerte de Ricci en ese año, Diego de Pantoja se encargó de los preparativos del funeral. Gracias a su buena relación con Ye Xianggao, entre otros, solicitó a la corte hacer una excepción que le permitiera enterrar a Ricci en un cementerio junto a la muralla de Pekín. Ye Xianggao le ofreció cuatro parcelas para que eligiera, y Diego de Pantoja optó por la de Dashilan, que después se convirtió en el cementerio de los jesuitas. Hoy en día este recinto de estelas funerarias se ubica en frente de la Escuela del Partido Comunista.

Diego de Pantoja sentía una gran pasión por la cultura china. Hablaba chino, quizás incluso mejor que Matteo Ricci, lo cual no resultaría nada fácil, porque cuando Pantoja llegó a China, Matteo Ricci era ya un «veterano». Pero Diego de Pantoja le aventajaba en juventud, erudición y entusiasmo por la cultura china y por su idioma, y tenía además buena relación con letrados oficiales muy leídos. En los documentos del padre Louis Pfister se dice: «Durante los primeros años de Diego en Pekín, ayudó mucho a Matteo Ricci. Mientras Matteo trataba con los letrados o compilaba libros, Diego enseñaba el credo a aquellos que iban a recibir el bautismo porque sabía chino, y también tenía el don de la palabra». Según los escritos de Louis Pfister también podemos inferir que los libros de Ricci, *De la amistad*, *El verdadero significado de Dios*, etc., quizá contengan contribuciones de Pantoja, aunque por supuesto, habría que hacer un estudio profundo y pormenorizado para poder confirmar estas deducciones. El misionero Pantoja también destacó por sus logros evangelizadores. En 1695 «fue a las aldeas de los alrededores de la capital a evangelizar, en un lugar a veinticuatro millas de distancia, bautizó entre diez y doce personas. Al año siguiente bautizó a trece personas en otro lugar. La gente se peleaba por recibirle».

Las obras en chino de Pantoja son consideradas sobresalientes entre la comunidad jesuita de la primera etapa, principalmente las de contenido teológico. En la actualidad los textos que conocemos escritos por él son aproximadamente los siguientes: (1) siete volúmenes del *Tratado de los siete pecados y virtudes,* que se editó en 1614 en Pekín, incluidos en la recopilación *Primera compilación del estudio del catolicismo* realizada por Li Zhizhao, el texto completo también está recogido en los *Cuatro tesoros del emperador*; (2) *La humanidad primitiva*; (3) *Teoría de Dios y del diablo*; (4) un volumen de *La pasión de Cristo*, en una edición del museo Tushanwan; (5) dos volúmenes de *Explicación del Credo de Diego de Pantoja*; (6) un volumen de la *Segunda parte de la Verdadera doctrina de Dios*, que es la continuación de la *Verdadera doctrina de Dios* de Matteo Ricci, prueba de que participó en la revisión de este libro, está incluida en la compilación de Fang Hao, *Segunda serie de los documentos católicos transmitidos en Oriente*; (7) un volumen de *Refutación*, un texto en el que el autor se defiende de las acusaciones producidas en el Incidente de la Iglesia de Nanjing en 1616, simultáneo al escrito dirigido al emperador por el letrado cristiano Xu Guangqi, *Carta de defensa del catolicismo*; (8) un comentario relacionado con los conceptos del catolicismo en China, enviado al provincial de Toledo Luis de Guzmán, escrito en Pekín el 9 de marzo de 1602. Este largo texto tiene versiones en español (1604), francés (1607), italiano (1607), latín (1607) y alemán (1608); (9) también llevó a cabo el Gran Mapa Geográfico Universal que entregó al emperador, en el que se retrataba el mundo dividido en cuatro grandes continentes (Rong Zhenhua, 1995. Pág. 76).

En cuanto a las investigaciones, hay que mencionar que todos los documentos sobre Diego de Pantoja están traducidos en uno u otro sentido. Por ejemplo, en la *Historia de la misión de Jiangnan*, de Augustinus M. Colombel (Sociedad Guangqi de la parroquia católica de Shanghái, 2008) se indica: «Diego de Pantoja nació en la parroquia de Toledo [sic.] en España. Después de graduarse en la especialidad de Teología y Filosofía en Europa, solicitó marchar a Oriente a evangelizar. En 1599, Alessandro Valignano lo envió a ayudar a Matteo Ricci; Diego tenía entonces veintinueve años. Al llegar a Macao, su deseo era ir a Japón. Alessandro Valignano lo envió a China. Junto con Lazzaro Cattaneo llegó a Nanjing, para seguir hacia el Norte con Matteo Ricci» (pág. 61).

En otro relato, se cuenta: el 10 de abril de 1596, Diego de Pantoja partió de Lisboa hacia China, en el mismo barco también viajaba el jesuita Niccolo Longobardi. Los dos llegaron primero a Macao. Longobardi se dirigió a Shaozhou para sustituir a Matteo Ricci en la misión que este había establecido allí, mientras que Diego de Pantoja fue a Nanjing, para poco después marchar a Pekín con Matteo Ricci. Más adelante, Niccolo Longobardi se convertiría en el sucesor de este, asumiendo la responsabilidad de la diócesis en China. Pero enseguida se convertiría en un opositor de la «línea de Matteo Ricci», y suscitó la polémica por la traducción del término «dios» al chino, que dio lugar a la Controversia de los Ritos Chinos, casi arruinando los comienzos de la Iglesia en China y la actividad de intercambio entre este país y Occidente. Sin embargo, Diego de Pantoja fue un fiel sucesor de la «línea de Ricci», y mantuvo el debate con Longobardi y Sabatino de Ursis hasta el final.

Otros textos e investigaciones que se relacionan con la vida, obra y pensamiento de Diego de Pantoja son: *Anotaciones sobre China*, de Matteo Ricci (Editorial de China, 1986), *Cartas de Matteo Ricci*, obra traducida por Luo Yi (Editorial de la Universidad Católica Fu Jen, 1986), *Registros de los misioneros católicos en China durante el siglo XVI*, de Henri Bernard (Editorial Comercial, 1936), *Historias biográficas de los católicos en China*, de Fang Hao (Editorial de China, 1988), «Círculo de amigos de Matteo Ricci», de Lin Jinshui, (en *Colección de historia de las relaciones de China con el extranjero*, 1985), entre otros. En la compilación de Li Tiangang de *Obras seleccionadas de Xu Guangqi y Revisión ampliada de las crónicas de Xu Guangqi* (Editorial de Libros Antiguos de Shanghái, 2011), se encuentran los escritos que Xu Guangqi entregó al emperador, relacionados con las revisiones del almanaque de Diego de Pantoja y otros misioneros, así como otras evidencias cronológicas.

2. LA EXPERIENCIA DE DIEGO DE PANTOJA

Diego de Pantoja (1571-1618), nombre de cortesía Shunyan, llegó a Macao en el año 27 del emperador Wanli (1599), al año siguiente marchó a Nanjing, y de allí viajó a Pekín junto a Matteo Ricci. El 24 de enero del año 1601, los dos alcanzaron la capital. Pantoja entró en la corte aprovechando una oportunidad relacionada con la puesta en marcha de un reloj mecánico.

Allí, enseñó a los eunucos la técnica para tocar el manicordio, conocido actualmente como clavicordio. Por lo que es de suponer que la obra de Matteo Ricci, *Ocho piezas para clavicordio occidental*, que circuló publicada más adelante, contara con la contribución de Diego de Pantoja.

Al comienzo, Matteo Ricci apreciaba mucho el trabajo de Diego de Pantoja, y en 1603 fueron juntos a evangelizar a la ciudad de Baoding. Ese año convirtieron a 150 personas. En 1605 se instalaron en la recién construida Catedral de la Inmaculada Concepción (Nantang), donde Ricci siguió escribiendo y Pantoja evangelizando. En 1604, Xu Guangqi había alcanzado el máximo grado a través de los exámenes imperiales, y había ingresado en la Academia Imperial Hanlin. A través de los contactos con Matteo Ricci y Diego de Pantoja, tradujo *Los elementos* de Euclides. Se desconoce la razón por la que Matteo Ricci envió en 1606 al prepósito general de la Compañía de Jesús, Claudio Acquaviva, una carta en la que se quejaba sobre Diego de Pantoja y le proponía que fuera Niccolo Longobardi quien le sustituyera, mientras que en otros escritos se mostraba satisfecho con su trabajo, e incluso lo elogiaba.

En 1607, Sabatino de Ursis llegó a Pekín para ayudar a los Padres Ricci y Pantoja a desarrollar su trabajo científico, incluidas las tareas de traducción de libros occidentales, la revisión del calendario y la anotación de observaciones de astronomía. Gracias a las relaciones con Xu Guangqi, Li Zhizao, Yang Tingyun, Sun Yuanhua y otros confucianos católicos, así como con Ye Xianggao, Han Kuang y demás altos funcionarios del gabinete ministerial simpatizantes con los católicos, Diego de Pantoja y otros misioneros pudieron desarrollar un fructífero diálogo cultural en Jiangnan, Pekín y el norte de China. Tradujeron obras científicas, filosóficas y teológicas, por lo que el intercambio entre China y Occidente prosperó notablemente. Xu Guangqi, después de traducir con Matteo Ricci *Los elementos* de Euclides, tradujo con Sabatino de Ursis *Control de aguas de Occidente*. Aunque Sabatino de Ursis no abogaba por traducir obras científicas en esta primera fase de evangelización, pues opinaba que la «teología era lo primero», y no había que dar prioridad a la ciencia. Hay una discusión muy interesante entre él y Xu Guangqi, que se puede ver en el prefacio de *Control de aguas de Occidente*.

Diego de Pantoja compartía el punto de vista de Xu Guangqi a favor de la traducción de obras científicas. Después de que muriera Matteo Ricci, Pantoja siguió apoyando su línea de pensamiento, esto es, si la Compañía de Jesús había ido a China, tenía que comportarse acorde con sus valores culturales intrínsecos, usar el chino para explicar la fe católica, así como traducir los conocimientos occidentales según los métodos chinos, utilizando su lenguaje y sus ideas. Curiosamente, a pesar de que Diego de Pantoja compartías las posturas de Xu Guangqi, no colaboró con él, sino que fue Sabatino de Ursis quien publicó un trabajo junto con el letrado chino aun oponiéndose a sus ideas. Seguro que Diego de Pantoja poseía un buen conocimiento científico, pues el 7 de enero de 1612, cuando Xu Guangqi presentó al emperador el memorial sobre el reajuste del calendario, mencionó el nombre de dos ayudantes occidentales, y el de Diego de Pantoja figuraba antes que el de Sabatino de Ursis: «El inspector de la Academia Imperial Hanlin Xu Guangqi y el viceministro de Trabajo de Nanjing Li Zhizao se han centrado en el calendario, y han podido traducir junto con Diego (de Pantoja) y Sabatino (de Ursis) el calendario occidental». El jesuita español contribuyó a completar la revisión del sistema de calendario chino, conocido como «Calendario de Chongzhen» (Nuevo calendario occidental). Este nuevo calendario era la versión china del «calendario gregoriano» de Cristóbal Clavio, maestro de Matteo Ricci, y trataba de algunas medidas, como «horas», «96 cuartos», etc. A pesar de todo, no encontramos obras científicas traducidas por Diego de Pantoja. ¿Por qué no colaboró con Xu Guangqi o Li Zhizao, sino más bien empujó a Sabatino de Ursis a hacer lo que a él no le gustaba? Esto es algo que los investigadores deberían clarificar, yo actualmente no tengo la respuesta.

3. PANTOJA Y LONGOBARDI RESPECTO DE LAS CONTROVERSIAS

Al fallecer Matteo Ricci en el año 1610, este no dejó como sucesor a la cabeza de la misión en China al español Diego de Pantoja que estaba junto a él, sino al siciliano Niccolo Longobardi, que residía en la lejana ciudad de Shaozhou en la provincia de Cantón. De acuerdo con mi investigación, Matteo Ricci solo se había encontrado con Longobardi una sola vez, en Pekín, un año antes de su muerte. Cuando falleció Ricci, Longobardi no estaba presente, y fueron Diego de Pantoja y Xu Guangqi quienes se encargaron de su funeral. La historia posterior ha demostrado que la elección de Longobardi como sucesor fue un error, pues enseguida desafió la «línea de Ricci», suscitando una intensa oposición. Durante esta controversia el español permaneció firme, manteniendo la línea de predicación de Ricci que había seguido desde que llegó a Nanjing y a Pekín hacía diez años.

Las consecuencias de la errónea decisión de Matteo Ricci resultaron catastróficas para la Iglesia católica en China y para los intercambios culturales entre China y Occidente. Después de que Longobardi publicara el *Tratado sobre algunos asuntos de la religión de los chinos* en 1620, se sucedieron las disputas en el interior de la Compañía de Jesús y entre los jesuitas y los dominicos, y los franciscanos y los agustinos. Esta controversia se extendió hasta alcanzar la Universidad de la Sorbona de París y el tribunal religioso del Vaticano en Roma, dando lugar a lo que se conoce como la Controversia de los Ritos Chinos. En su origen, este problema se limitó al seno de la Iglesia católica y concernía a cuestiones teológicas y de fe. Pero también atañía a las normas de comportamiento de los católicos en Roma y Pekín. Por ejemplo, cuando un funcionario chino se convertía, de acuerdo con la normativa de Roma, no se le permitía continuar ofreciendo sacrificios a sus ancestros, a Confucio o al Cielo. Las normas rituales y el poder político en China no estaban separados, por lo que esas normas impartidas desde Roma suponían una violación de los rituales establecidos desde tiempo inmemorial en China. Como resultado de esta disputa, el emperador Kangxi emitió una orden en 1704 para expulsar de China a los jesuitas que no obedecieran «la línea de Matteo Ricci», muchos de ellos encontraron refugio en Macao. De esta manera se rompió el intercambio cultural entre China y Occidente que había perdurado cien años, lo cual supuso un gran daño tanto para la predicación en China como para la cultura china, hasta el punto de que desde mediados de la dinastía Qing, China fue perdiendo gradualmente contacto con la civilización europea. Durante ese tiempo la ciencia, tecnología, cultura, educación y filosofía europea progresaron rápidamente, dando como resultado una nueva civilización moderna. China, por el contrario, quedó aislada hasta las Guerras del Opio.

En 1621, el que había sido compañero de travesías de Pantoja, Niccolo Longobardi se mostró de acuerdo con la opinión de los jesuitas de Japón de prohibir la «línea de Matteo Ricci». Respecto a esta resolución, Longobardi y el padre Francisco Vieira de Japón se posicionaron juntos, y consiguieron el apoyo de Sabatino de Ursis. En 1623, Longobardi escribió una refutación en latín titulada *Respuesta breve sobre la controversia de la traducción de Dios (*shangdi*), deidad (*tianshen*), espíritu (*linghun*) y otros términos chinos*.

TRATADOS R-156054
H TORICOS,
POLITICOS, ETHICOS,
Y RELIGIOSOS DE LA MONARCHIA
DE CHINA.
DESCRIPCION BREVE
DE AQVEL IMPERIO, Y EXEMPLOS RAROS
DE EMPERADORES, Y MAGISTRADOS DEL.
CON NARRACION DIFVSA DE VARIOS SVCESSOS,
Y COSAS SINGVLARES DE OTROS REYNOS,
Y DIFERENTES NAVEGACIONES.

AÑADENSE LOS DECRETOS PONTIFICIOS,
Y PROPOSICIONES CALIFICADAS EN ROMA PARA LA MISSION
Chinica; y vna Bula de N. M. S. P. Clemente X. en fauor de los
Missionarios.

POR EL P. MAESTRO FR. DOMINGO FERNANDEZ NAVARRETE,
Cathedratico de Prima del Colegio, y Vniuersidad de S. Thomas de Manila,
Missionario Apostolico de la gran China, Prelado de los de su Mission,
y Procurador General en la Corte de Madrid de la Prouincia del Santo
Rosario de Filipinas, Orden de Predicadores.

DEDICA SV OBRA
AL SERENISSIMO SEÑOR DON IVAN DE AVSTRIA.

Año   1676.

CON PRIVILEGIO:
En Madrid: En la IMPRENTA REAL. Por Iuan Garcia Infançon.
A costa de FLORIAN ANISSON, Mercader de Libros.

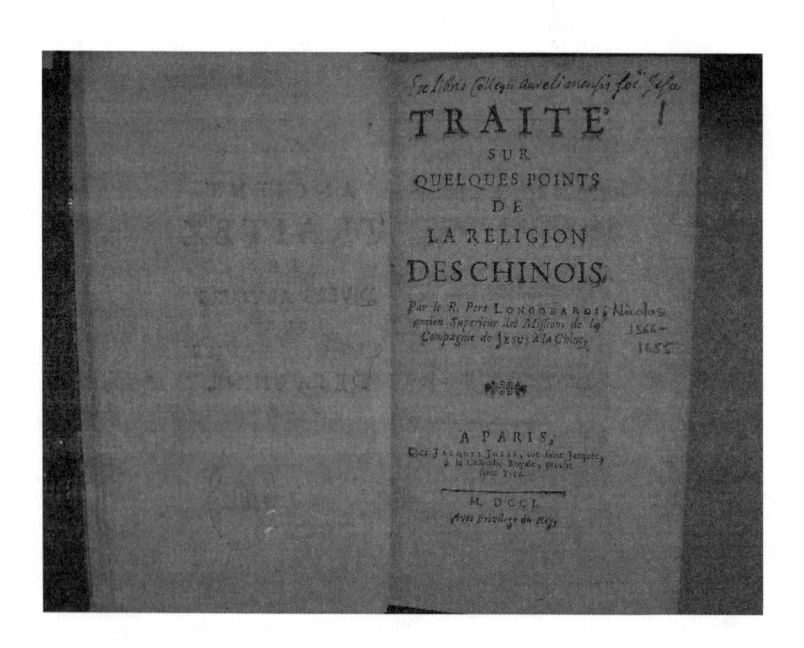

TRAITÉ
SUR
QUELQUES POINTS
DE
LA RELIGION
DES CHINOIS.

Par le R. Pere LONGOBARDI,
ancien Superieur des Missions de la
Compagnie de JESUS à la Chine.

A PARIS,
Chez JACQUES JOSSE,
à la Colombe Royale.

M. DCCI.
Avec Privilege du Roy.

BOOK IV.

Of the *Chinese* Moral Doctrine.

HAVING hitherto, tho briefly, given an account of what is most material in the *Chinese* Empire, and made some mention of the remarkable Actions and Sayings of Emperors and their Ministers, from which the Reader may reap any benefit; I resolv'd in this fourth Book to give an account of the *Chinese* Book that Nation calls *Ming Sin Pao Kien*, i. e. The precious Mirror of the Soul; or, The precious Mirror that enlightens and diffuses a Brightness into the Heart, and inward part of Man. The said Book is made up of Sentences of several Authors, and of several Sects; the whole Subject is Morals, and I doubt not but any Man may find enough in it to make Profit of. A very good Christian of ours, and an able Scholar, whose Name was *John Mieu*, speaking of this Book, said, As S. *Thomas* chose and gather'd what he lik'd best out of holy Doctors to compose his *Catena Aurea*; so the Author of this Book extracted out of all our Authors, what he thought most conducing to make known the way of Virtue. This was the first Book I read in that Country, and which I took a great fancy to, because of its Plainness and Brevity. In the Translation I observe the Rule of S. *Hierom ad Pamach. de optimo genere interpretandi*; That the Septuagint did not translate Word for Word, but Sentence for Sentence. The Saint affirms the same thing of *Symmachus* on *Jer.* 31. That he did not render Word for Word, but Sentence for Sentence, and Sense for Sense. S. *Thomas opusc.* 1. *in principio* observes this method, and approves it in these following words: *It is the part of a good Translator, that in translating those things which belong to the Catholick Faith, he preserve the Sentence, but alter the manner of Expression, according to the Property of the Language into which he translates.* I will endeavour to follow this course, and trust to so sure a Guide, tho I am satisfied my Language will not reach the *Chinese* Propriety of Expression, nor their Elegancy, which this Nation has in an extraordinary measure for explaining and delivering their Conceits. I will observe the Author's method, tho I will not always set down the Authors he quotes, because it makes nothing to our purpose, and to save the trouble of words, which are harsh to *Europeans*, and hard to pronounce.

It cannot be deny'd but that it is commendable in the Missioners to study Heathen Books, since the Primitive Saints and Fathers did so; and sometimes this Employment is absolutely necessary. S. *Thomas* handles this Point elegantly upon *Boetius de Trinit.* §. *deinde quæritur, ad* 3. *sic proceditur, & in opusc.* 19. c. 11, & 12. there the Reader may see this matter prov'd. I will only insert in this place, what the Saint takes from the Comment on *Dan.* 1. S. *Jerom* also has it in the place above quoted, *But Daniel proposed in his Heart*, &c. *He that will not eat of the King's Table lest he be polluted, would never have learnt the Wisdom and Doctrine of the* Egyptians *if it were any Sin: He learnt it, not to follow, but to judg of and disprove it.* How could we in *China* oppose abundance of Errors those Heathens hold, if we did not read and study their Books and Doctrine? It were absolutely impossible. It is also useful to make our benefit of what Truth there is found in them, as says S. *Jerom ad Pamach. Monach. If you happen to love a Captive Woman, to wit Secular Learning*, &c. S. *Thomas* mentions it to this purpose *in opusc.* 19. quoted above. So that after clearing and cleansing the *Chinese* Doctrine of what is destructive in it, we may reap some Profit and Advantage by it. The Saint to the same purpose takes the words of S. *Augustin* 2. *de Doctrin. Chris.* where he says, *If by chance the Philosophers, especially the* Platonists, *happen to say any thing that is true and conformable to our Faith, it is not only not to be fear'd, but to be taken from them for our use, as from those who have stood wrongfully possess'd of it.* Which was signified to us by the Riches the People of God carry'd away from the *Egyptians*, as Doctors expound it, and our *Hugo* declares in *Exod.* 11. v. 2, 3.

Besides, there is more in the Heathen Doctrine, says S. *Thomas* in the 12*th* Chapter quoted above, which is, that it often proves a powerful Argument *ad hominem*

Los llamados «tres pilares del catolicismo» —los letrados bautizados Xu Guangqi, Li Zhizhao y Yang Tingyun— se opusieron, pero parece que esto no tuvo ningún efecto. A la hora de opinar, todos expresaron su deseo de continuar en la «línea de Matteo Ricci». «Poco después, nosotros, el *jinshi* Paul, así como otros letrados con fabulosos conocimientos, debatimos en varias ocasiones para encontrar la manera de reconciliar las anotaciones con las clásicos, pero consideraban que no deberíamos buscarnos problemas con este asunto, con que aceptáramos los clásicos sería suficiente y no había necesidad de armar un escándalo por las palabras de refutación de los comentaristas. En otra ocasión y otras circunstancias consultamos sobre este asunto al *jinshi* José y al *jinshi* Miguel, pero no hubo una segunda respuesta».

Ya en 1610, Diego de Pantoja en Pekín y Alfonso Vagnoni en Nanjing se habían opuesto a Sabatino de Ursis, por lo que cada uno escribió un informe sobre el tema estipulado que fue juzgado por João Rodrigues en Japón y Longobardi en China, de ahí proviene el *Tratado sobre algunos asuntos de la religión de los chinos*. Esta obra de Longobardi se considera el informe general que representa la opinión dominante entre los jesuitas en China. Longobardi se oponía al uso de los términos chinos «dios» (上帝 *shangdi*), «deidad» (天神 *tianshen*) y «espíritu» (灵魂 *linghun*), derivados de los clásicos confucianos, para traducir los conceptos occidentales de dios, ángeles y alma. Finalmente en 1638, en la conocida como «reunión de Jiading», cerca de Shanghái, decidieron cambiarlos por «Dios» (天主 *tianzhu*), término que ha llegado hasta hoy y que por extensión se usa para denominar al catolicismo (天主教 *tianzhujiao*).

Diego de Pantoja murió en Macao en 1618, después de su expulsión tras el «Incidente de Nanjing». Falleció tempranamente a los 48 años, una verdadera lástima. Hizo importantes contribuciones al intercambio cultural entre China y Occidente, aunque no se le ha otorgado la atención que se merecía. Por la reciente traducción de *Consideraciones de ciertos problemas de la religión de los chinos* de Longobardi, podemos observar que su punto de vista principal, su posición y su manera de pensar, siempre fue la «línea de Matteo Ricci», por lo que la figura del español debería considerarse cuando se trate de Ricci. Pero debido a su corta vida, a que no disponemos de muchos documentos, y a que sus principales aportaciones fueron teológicas, hay muy pocos investigadores que se centren en él. Asimismo se ha pasado por alto que fue el principal ayudante de Ricci en Pekín durante diez años, y que sus relaciones con funcionarios del gabinete importantes como Ye Xianggao, Feng Yingjing, Xu Guangqi, Li Zhizao, Qian Linwu o Zou Yuanbiao son muy significativas en la investigación del intercambio cultural entre China y Occidente, el grupo político de Donglin de la dinastía Ming, y la historia de finales de la dinastía.

La investigación más significativa de Diego de Pantoja consistiría en hacer una comparación con Longobardi. Los dos vinieron a China al mismo tiempo, ambos pudieron convertirse durante un periodo en el sucesor de Matteo Ricci al frente de la Compañía de Jesús en China. Por sus maneras de pensar diferentes, que uno continuara con la «línea de Matteo Ricci» y que el otro se opusiera a ella habrían provocado un resultado completamente diferente de los intercambios culturales entre China y Occidente en el siglo XVII. La comparación de estos dos personajes podría ser muy interesante. Suponiendo que Roma en aquel momento hubiera abogado por Diego de Pantoja y no por Longobardi, los contactos culturales, científicos, educativos y religiosos habrían sido completamente distintos, y quizás se habrían reflejado en la actualidad. En otras palabras, si nos hubieran evangelizado según las maneras de Diego de Pantoja, el catolicismo en la China actual y la cultura china habrían sido significativamente diferentes.

Panel II
Los intercambios en el terreno de las ciencias, el arte y otras disciplinas

(1)

INTRODUCCIÓN

Isabel Cervera
Universidad Autónoma de Madrid

Los estudios sobre Diego de Pantoja han estado marcados hasta la fecha por dos textos seminales, el del prof. Zhang Kai (1997), y el de Beatriz Moncó (2011) a partir de la carta que el jesuita enviara al provincial de Toledo Luis de Guzmán en 1602. Estos estudios han servido para dar a conocer la figura de Pantoja y sus aportaciones en la pionera misión jesuita en China. Sin embargo, son prácticamente inexistentes estudios monográficos sobre su labor, por lo que este simposio es el inicio de nuevas investigaciones que ayuden a conocer mejor al personaje y su trabajo.

Es cierto que las fuentes primarias se limitan a dos: las *Fuentes Riccianas*, donde se cita sucintamente a Diego de Pantoja y la aludida carta que escribiera él mismo y donde apenas presenta una síntesis de su trabajo, con datos muy poco precisos en la mayoría de los temas que trata.

Este panel ha querido destacar dos de los perfiles más relevantes del trabajo de Pantoja: su cualidad como científico-astrónomo y como intérprete musical. En ambos casos se han resaltado los procesos de formación en Europa y posteriormente en China, no solo del propio Pantoja sino de aquellos que fueron sus superiores y compañeros como Matteo Ricci (1552-1610) y Lorenzo Cattaneo (1560-1640), así como de su interlocutor y colaborador científico Xu Guangqi (1562-1633). Se pretende esclarecer desde qué paradigmas culturales y científicos se inicia esta primera aproximación intercultural, concentrándose en la medida de lo posible en las enseñanzas recibidas en Roma y Toledo por Ricci, Cattaneo y Pantoja, e intentando rehuir de las simplificaciones que conducen a los tópicos. La Compañía eligió sus propios patrones culturales, fijados por Trento, y además experimentó con nuevas formas y fórmulas en los diferentes espacios de misión. En el caso de China, la aproximación se realizó mediante la conversación, aprovechando la curiosidad de la clase letrada china por lo foráneo. No se trató de seguir una estrategia preestablecida y fijada, sino como afirma la prof. Corsi, buscar la capacidad de adecuarse a las circunstancias y conseguir de este modo los mejores resultados posibles. La improvisación en la formación de disciplinas como la musical de Pantoja en Nanjing, que analizan los prof. Corsi y Li, indica como Ricci dispuso, ante la ausencia del órgano solicitado, un rápido aprendizaje de Pantoja en el clavicordio. De este modo pudo aprovechar posteriormente la incipiente formación musical de Pantoja y convertirlo en formador de músicos chinos en la corte. No podemos considerar tampoco a Diego de Pantoja ni a Ricci eruditos en ciencia, pero supieron atraer la atención de la corte a través de la cartografía, la astronomía, el mecanismo de la relojería e incluso la elaboración de un nuevo calendario.

En relación al perfil científico de Pantoja y Ricci, el prof. Cervera del Colegio de México, reflexiona sobre la necesidad de conocer los paradigmas científicos en la cosmovisión de China y Europa como un paso previo e imprescindible para conocer el mejor modo de acercamiento desde la conversación y no desde la imposición de un modelo único. En su presentación, *Diego de Pantoja (1571-1618), misionero y astrónomo: a caballo entre las cosmovisiones de China y Europa,* Cervera analiza la importancia de la traducción inicial de textos que hiciera Ricci y continuara Pantoja para conseguir una comunicación en la lengua china.

Solo de esta manera podían debatir sobre el nuevo modelo científico en los círculos intelectuales de la época. En 1602 Ricci terminaría un mapamundi para ofrecérselo al emperador, una nueva visión que alteraría todos los conceptos sobre el mundo conocidos hasta esa época en China, si bien Ricci supo adecuarlo al contexto ubicando China en el centro. Cervera destaca el papel fundamental de Xu Guangqi como interlocutor científico, así como introductor en la élite cultural para fines científicos y religiosos. Siguiendo el modelo de Ricci, Pantoja realizaría diferentes traducciones al chino de textos que le facilitarían su posterior trabajo en la corte. En su correspondencia, Pantoja aporta correcciones relevantes sobre las coordenadas de la latitud de China, si bien silencia las otras aportaciones sin que sepamos qué motivo le llevó a ello. Cervera reclama el importante papel de Diego de Pantoja como astrónomo de la corte, una posición muy ambiciosa, que le sirvió para obtener el encargo de un nuevo calendario, un asunto de singular importancia para el buen gobierno. En el estudio previo del calendario chino Pantoja tuvo ocasión de cerciorarse de los conocimientos astrónomos en China y la íntima unión entre la interpretación del cosmos y de la posición imperial. Una vez más el trabajo de Pantoja queda silenciado al firmar este estudio únicamente su compañero Sabatino de Ursis. Junto con Pantoja, fueron los dos encargados por el emperador para iniciar la reforma del calendario. Su gran éxito terminaría siendo su gran fracaso, ya que fue el motivo para crear en la corte un estado de opinión contrario abiertamente a su elaboración y con ello forzar al emperador Wanli a promulgar su expulsión. A pesar de ello, con su trabajo se sentaron las bases que permitirían a las siguientes generaciones de jesuitas adquirir en la corte sus grandes éxitos como astrónomos y científicos.

Para conocer la música que introdujeron los jesuitas en los entornos de la corte, los prof. Corsi, Li y Recasens realizan diferentes aproximaciones desde su proceso de formación en Europa, a su continuidad en China como parte de las habilidades necesarias para hacer posible la introducción desde diferentes perfiles. La prof. Elisabetta Corsi (Sapienza Università di Roma) en su presentación *La educación musical de Diego de Pantoja,* se aproximaba a la formación musical de Pantoja desde las *Fuentes Riccianas* donde se habla del interés en la música en China que Ricci había apreciado antes de su embajada a Pekín. Por ello se sirve del músico Lazzaro Cattaneo, compañero de misión, que durante su estancia en Nanjing formó a Pantoja con conocimientos musicales y el uso de un instrumento que si bien se considera que fue el clavicordio, demostrará en su texto que fue en realidad un salterio. Para conocer qué música y qué instrumento, la prof Corsi investiga sobre la formación musical que había recibido Cattaneo no solo en Roma sino también durante su estancia previa en Goa. En su estudio disecciona los diferentes modos musicales que pudiera haber aprendido en Roma y, especialmente, el lugar que va a ocupar en la Compañía la pedagogía post-tridentina. Establecidos los principios básicos de la formación del maestro de Pantoja, la prof. Corsi se adentra en definir qué instrumento sirvió para su aprendizaje, dada la confusa nomenclatura que se deriva de las fuentes, aportando grandes novedades en su investigación.

El músico y musicólogo Albert Recasens (La Grand Chapelle/Lauda), en su trabajo *El contexto musical de Matteo Ricci y Diego de Pantoja: ¿Jesuita non cantat?* pone en evidencia la escasa información que en las *Fuentes Riccianas* se encuentra sobre el tipo de técnica o estilo musical utilizado por Ricci y Pantoja en Pekín. Para poder conocer lo que se hubiera podido interpretar, Recasens indaga sobre las causas que hicieron que en lugar del órgano inicial que Ricci pensaba llevar a Pekín se llevara un clavicémbalo, y cómo este cambio instrumental pudo afectar al tipo de música que se empleara. En su texto se centra, sin embargo, en el funeral de Ricci, posiblemente organizado por Pantoja y en el que ya se usó un órgano positivo sin conocer bien su procedencia. De un modo u otro su interés reside en conocer qué música vocal sacra cultivaron, y para ello investiga sobre el uso previo de la misma en la Europa del siglo XVI, los procesos de formación de Ricci y Cattaneo en Roma, pero también de los conocimientos adquiridos por Pantoja en la provincia jesuítica de Toledo. En su argumentación destaca la diferencia en la formación musical entre Roma y Toledo, si bien indaga sobre las ocasiones que tuviera Pantoja de conocer la música de la época en ceremonias religiosas en los templos y en la calle. En ese sentido considera que bien hubiera podido escuchar la música de Alonso Lobo, entre otros, y desde luego ser consciente de la importancia que la Compañía daría a la música en la formación de los colegios jesuíticos. Este dato es sin duda relevante para que Pantoja comprendiera la importancia del aprendizaje que realizara con Cattaneo y sus finalidades prácticas en el ejercicio de su misión.

Con los diferentes análisis sobre los procesos de formación, el prof. Li Chenguang (Universidad Estudios Internacionales de Hangzhou, ZISU) propone una aproximación al valor didáctico de la música. En su presentación *Diego de Pantoja, el primer profesor de música occidental en el palacio imperial del emperador Wanli*, analiza los efectos del aprendizaje de Pantoja, y su rápido paso de aprendiz a maestro. Entre los presentes entregados en la audiencia imperial, los jesuitas incluyeron un «clavicordio», cuyo objetivo no era otro que llamar la atención por su novedad y la posibilidad intrínseca al instrumento que se les solicitara tocarlo en la corte. Como era costumbre en la corte, los extranjeros nunca pudieron ver al emperador, pero sí que este, a través de los eunucos y otros cortesanos, indagara sobre los conocimientos que se derivaban de los diferentes obsequios recibidos. La interpretación del clavicordio fue sin duda uno de los intereses del emperador y pronto fueron llamados Ricci y Pantoja a la corte para enseñar a un pequeño grupo de músicos. De esta manera, se les permitió el acceso a la corte y el prof. Li narra la cadencia del aprendizaje, el tipo de música que se les requería enseñar y desde luego las posibilidades por parte de los jesuitas de conocer de este modo los usos y costumbres de la corte. Este aprendizaje lo alternaban con clases en la residencia de los jesuitas y se estableció de este modo un contacto muy relevante para su didáctica religiosa. El prof. Li destaca las composiciones de canciones de Ricci en chino y ofrece una traducción parcial de las mismas. Tras la expulsión, el instrumento y la música foráneos quedaron en el olvido y no se recuperarían sino hasta décadas más tarde.

(2)

DIEGO DE PANTOJA (1571-1618), MISIONERO Y ASTRÓNOMO: A CABALLO ENTRE LAS COSMOVISIONES DE CHINA Y EUROPA

José Antonio Cervera Jiménez
El Colegio de México

1. INTRODUCCIÓN: LA LLEGADA Y LA ACOMODACIÓN DE LOS JESUITAS EN CHINA

La Compañía de Jesús fue fundada por Ignacio de Loyola (1491-1566) en 1540. Uno de los primeros miembros, Francisco Javier (1506-1552), siguió desde el principio el ideal jesuítico de extender el Evangelio por todo el orbe. Tomando la ruta de los portugueses hacia Asia Oriental, llegó a la India y después a Japón. Fue en este país donde entró en contacto con la cultura china y llegó a considerar a la gente de China como «muy aguda, de grandes ingenios, mucho más que los japones, y hombres de mucho estudio».[1] Desde la publicación del famoso libro de Marco Polo, existía en el imaginario europeo una idea casi mítica de las riquezas y de la cultura

---

[1] Carta de Francisco Javier escrita en Cochín el 29 de enero de 1552 a sus compañeros en Europa, reproducida en: Javier (1953), p. 418.

de China. No solo los jesuitas, sino también los miembros de las órdenes mendicantes (agustinos, franciscanos, dominicos) intentaron establecer una misión permanente en China a finales del siglo XVI, principalmente desde el enclave hispano de las Filipinas.[1] Pero serían los miembros de la Compañía de Jesús quienes se adelantarían al resto de las órdenes religiosas católicas y lograrían establecer una misión permanente en el Imperio chino ya desde finales del siglo XVI.

El éxito de los jesuitas se debió en gran parte a su política de adaptación a otras culturas. Aunque ya Francisco Javier se había dado cuenta de la importancia de conocer la cultura, la lengua, y de adaptarse a la forma de vida de los pueblos asiáticos, el que realmente estableció las pautas que llevarían al éxito a los jesuitas fue el italiano Alessandro Valignano (1539-1606), nombrado en 1573 visitador de todas las misiones y los misioneros jesuitas en el área comprendida entre Mozambique y Japón. Esas pautas son lo que comúnmente se conoce como política de «acomodación».[2] El propio Valignano utilizaba ese término (*acomodatio* en latín) para mostrar cómo los jesuitas tendrían que comportarse en Japón y sobre todo en China para

---

[1] Hay una gran cantidad de obras que tratan en profundidad sobre los intentos de los miembros de las órdenes mendicantes para establecerse en China desde Filipinas, desde libros escritos por misioneros de la propia época, como el de Aduarte (1640), o el de De San Antonio (1741), o historias más generales escritas en el siglo XX por miembros de las propias órdenes religiosas, como las de González (1955-1967), Rodríguez (1978) o Sánchez (1979), a obras más recientes, como las de Corsi (2008), Folch (2008), Cervera (2013), Busquets (2013) o Cervera (2014).

[2] Además del término «acomodación», otra palabra que se suele utilizar para nombrar el proceso llevado a cabo por los jesuitas en China es el de «inculturación», que es definido actualmente en el diccionario de la RAE como el «proceso de integración de un individuo o grupo en la cultura y en la sociedad con las que entra en contacto» (www.rae.es, consultado el 3 de octubre de 2018).

ser aceptados. Se trataba de conocer el ámbito cultural y filosófico local, adoptar ciertos comportamientos y, desde luego, aprender bien la lengua china.① También el mensaje cristiano se tendría que adaptar o «acomodar», lo cual produciría, décadas después, la famosa Controversia de los Ritos Chinos.

Si Valignano fue el autor intelectual de la política de acomodación de los jesuitas en China, a partir de sus directrices y sus escritos, el que lo llevó a la práctica fue, sin duda, Matteo Ricci (1552-1610), quien se convertiría con el tiempo en el jesuita más famoso en China. Ricci nació en Macerata, Italia, el 6 de octubre de 1552.② En 1568 se trasladó a Roma para estudiar Derecho y allí ingresó como novicio en la Compañía de Jesús en 1571. Estudió en el Colegio Romano hasta 1577. En ese año se trasladó a Coimbra, donde estudió portugués y comenzó sus estudios de teología. En marzo de 1578 zarpó de Lisboa y llegó a Goa en septiembre del mismo año. Allí siguió sus estudios de teología mientras enseñaba latín y griego. En 1580 fue ordenado sacerdote en Cochín. El 26 de abril de 1582 partió

---

① Uno de los autores que más ha estudiado la acomodación de los jesuitas en China es Mungello (1989).

② La vida y la obra de Ricci han sido ampliamente estudiadas por los investigadores. Ya en la primera mitad del siglo XX, fueron editadas las obras de Ricci: Venturi (1911-1913) y D'Elia (1942-1949). Además de D'Elia, uno de los autores que más escribieron sobre los jesuitas en China, durante los años treinta del siglo pasado, fue el francés Henri Bernard (1933, 1935). En sus obras, la vida y obra de Ricci es central. Más adelante, surgieron libros sobre Ricci y su época, en general muy apologéticos, como los de Cronin (1955) Dunne (1962), o Rowbotham (1966). Posteriormente, y hasta la actualidad, han seguido surgiendo obras, probablemente más objetivas que las anteriores, como las de Spence (1984), Ronan & Bonnie (1988), Ross (1994), Brockey (2007), Hsia (2009) o Laven (2012). Algunos de estos libros se centran en la vida y obra de Ricci, mientras que otros se dedican a la historia de los jesuitas en China desde un punto de vista más amplio. En la mayoría de ellos, aparece también el jesuita español Diego de Pantoja.

de Goa y llegó a Macao el 7 de agosto del mismo año. Tras estudiar chino durante un año en esa ciudad, finalmente se instaló con Michele Ruggieri (1543-1607) en Zhaoqing 肇庆 el día 10 de septiembre de 1583.

A partir de entonces se inició un largo camino hacia el objetivo de instalarse en el centro del imperio, la capital, Pekín. Ricci permaneció en Zhaoqing hasta agosto de 1589. Durante ese tiempo, realizó la primera edición de su famoso *Mapamundi*. Tras Zhaoqing, se estableció en Shaozhou 韶州 y más adelante, en junio de 1595, en Nanchang 南昌. En el otoño de 1598, Ricci realizó su primer viaje a Pekín, pero no le fue permitido establecerse allí. En febrero de 1599 llegó a Nanjing, donde estuvo algo menos de dos años, hasta que el 24 de enero del año 1601, entró en Pekín por segunda vez, acompañado por el jesuita español Diego de Pantoja (1571-1618). En esta ocasión, los jesuitas tuvieron éxito y consiguieron fijar allí su residencia. En Pekín publicó nuevas versiones de su *Mapamundi*, así como sus obras filosóficas y científicas más importantes: el *Tianzhu Shiyi* y el *Jihe Yuanben*. Ricci no abandonaría Beijing hasta su muerte, ocurrida el 11 de mayo de 1610.

Es importante entender el proceso de acomodación llevado a cabo por Ricci, porque sería seguido por el resto de los jesuitas en China, incluido Diego de Pantoja. Esa acomodación se dio en una doble vertiente. Por una parte, desde un punto de vista filosófico y teológico, el jesuita italiano se acercó a la corriente de pensamiento hegemónica en el mundo chino: el confucianismo. Fruto de este acercamiento fue la publicación en 1603 del *Tianzhu Shiyi* 天主实义 (*Verdadero significado del Señor del Cielo*, o *Dios*), una obra apologética en la que se intenta mostrar a los intelectuales chinos que el cristianismo no se opone al confucianismo e, incluso, que ambas doctrinas tienen muchos puntos en común. Ricci intentó realizar aquí una especie de «cristianización del confucianismo» o «confucianización del cristianismo». ¿Se podía tener éxito en este proyecto? Ha habido un debate entre los especialistas sobre este tema.[1] Sin entrar en la polémica, lo que parece claro es que el acercamiento de Ricci a la filosofía confuciana constituye uno de los mayores ejemplos de tolerancia y de valoración del «Otro», en una época en la que la mayoría de los europeos se dedicaba a imponer sus valores en las tierras a las que iban.

El otro aspecto importante de la acomodación de Ricci es la ciencia. El matemático y astrónomo jesuita Christophoro Clavio (1538-1612) fue el maestro de matemáticas de Ricci durante cuatro años en el Colegio Romano, y sin duda influyó en el uso que el jesuita italiano haría de la ciencia en China. La obra científica más importante de Ricci es el *Jihe Yuanben* 几何原本 (*Elementos de Geometría*), escrita junto con el letrado chino cristiano Xu Guangqi 徐光启 (1562-1633) y publicada en 1607. Se trata de la traducción al chino de los seis primeros libros de *Los Elementos* de Euclides, aunque en realidad es una adaptación de la edición de Clavio de esta obra matemática de la Antigüedad.[2] La versión de *Los Elementos* introducida en China, la de Clavio, era más práctica que la original de Euclides, lo cual facilitó la integración con las matemáticas chinas, pero a la vez enmascaró las diferencias fundamentales entre las matemáticas griegas y chinas.[3] Lo que aprovecharon los matemáticos chinos de la obra fue sobre todo la parte práctica, de medición de áreas, volúmenes, etc., dejando de lado muchas veces la parte más teórica, como las demostraciones. Esto se corresponde totalmente con la tradición matemática china, mucho más

---

[1] Algunos de los estudiosos que han opinado, y que tienen posturas encontradas, son Gernet (1982), para el cual el diálogo no era posible (según él, la diferencia entre la cultura china y las bases del cristianismo hacían imposible la creación de un «cristianismo confuciano»), y Mungello (1989), para el que el intento de Ricci de inculturación tuvo éxito.

[2] Existe un estudio muy extenso de esta obra, llevada a cabo por Peter M. Engelfriet (1998).

[3] Engelfriet (1998), pp. 451-452.

práctica que la tradición griega. Igual que hizo con la filosofía, Ricci intentó adaptar las matemáticas europeas al ambiente cultural chino.

Sin embargo, para poder apreciar realmente en qué consiste la acomodación de la ciencia europea llevada a cabo por Ricci, el ejemplo perfecto es la otra gran obra científica de este jesuita: el famoso *Mapamundi*, que le otorgó a su autor un enorme prestigio entre los intelectuales chinos. La primera edición es de 1584, aunque los ejemplares más antiguos que se conservan actualmente provienen de la tercera edición, de 1602.[1] La característica que más llama la atención en el *Mapamundi* de Ricci, es que el «corte» de la esfera terráquea no se hace en el océano Pacífico, sino en el Atlántico. Es decir, América aparece a la derecha del mapa, Europa y África a la izquierda, y en el centro aparece Asia. Hoy en día, los mapas del mundo que se hacen en China mantienen este esquema. Hace más de cuatro siglos, Ricci se dio cuenta de que el *País del Centro* (*Zhongguo* 中国), no podía estar en un extremo, como ocurría (y sigue ocurriendo) en los mapamundis europeos. La colocación del continente americano a la derecha y no a la izquierda del mapa del mundo en chino es uno de los ejemplos más claros de la acomodación que llevaron a cabo los jesuitas en Asia Oriental.

2. EL PRIMER INTENTO DE EUROPEIZACIÓN DE LA ASTRONOMÍA CHINA

Aunque Ricci no era experto en astronomía, uno de sus mayores logros fue haberse dado cuenta de la gran importancia de esta ciencia en la corte de Pekín. En varias cartas enviadas a Roma, Ricci pidió insistentemente que

---

[1] El mapa de 1602 conservado en la Biblioteca Vaticana fue reproducido, traducido al italiano y ampliamente comentado por D'Elia (1938).

enviaran a China a jesuitas expertos en astronomía. Se puede leer en la carta enviada al jesuita Juan Álvarez el 12 de mayo de 1605:

> Al final de ésta querría rogar mucho a V. R. una cosa, que hace años que propuse, pero nunca fui respondido, y es que una de las cosas más útiles que podría venir a esta corte desde allá, sería algún padre o incluso hermano buen astrólogo. [...] Digo pues que, si viniese aquel matemático que digo, podría traducir nuestras tablas a la lengua china, lo que haré yo bastante fácilmente, y emprender el asunto de enmendar el año, que aquí tiene gran reputación, eso abrirá más esta entrada en China y estaremos más libremente.[1]

Poco después de morir Ricci, el 15 de diciembre de 1610, ocurrió un eclipse solar que fue predicho por los astrónomos de la corte china con un gran error, más de media hora de diferencia, lo cual constituyó un gran escándalo en la corte.[2] Empezó a hacerse claro que la astronomía china ya no gozaba del alto poder predictivo que había tenido unos siglos antes. Era necesario reformar el calendario chino. Este fue el momento en el que los propios chinos empezaron a tener interés en la astronomía occidental, debido a que predecía mejor las efemérides astronómicas y por tanto podía ayudar a reformar el calendario.

Tras el eclipse de 1610, a uno de los responsables astronómicos en la corte, llamado Zhou Ziyu, se le ocurrió proponer a los misioneros europeos para ayudar en esa reforma.[3] Esto constituyó una oportunidad excelente para que los jesuitas pudieran empezar a andar el camino que les había marcado Ricci. En aquel tiempo, en Pekín, los dos jesuitas que tenían ciertos conocimientos de astronomía eran el italiano Sabatino de Ursis

---

[1] Venturi (1913), vol. 2, pp. 284-285.
[2] Bernard (1935), p. 73.
[3] Zhang (2003), p. 145.

(1575-1620) y el español Diego de Pantoja. De hecho, la predicción de Pantoja del eclipse era más exacta que la de los chinos que trabajaban en el departamento para el estudio de la astronomía y el calendario.[1]

Esta fue la primera vez que los miembros de la Compañía de Jesús se plantearon la cuestión de si era ético participar en una actividad no solo profana, sino incluso supersticiosa, como era la reforma del calendario.[2] Los jesuitas optaron por la decisión más práctica, es decir, la que más podía ayudar a la propagación de la religión cristiana en China. Por eso, a partir de entonces, los jesuitas participaron en las tareas para reformar el calendario que les asignaron los chinos.

Xu Guangqi convenció al ministerio de Ritos para que pidiera formalmente al emperador que se confiara la tarea de la corrección del calendario chino a los jesuitas. El emperador Wanli contestó afirmativamente. De Ursis y Pantoja empezaron a trabajar inmediatamente. Pero el proyecto fue cancelado muy pronto. ¿Por qué De Ursis y Pantoja no terminaron su trabajo? Los astrónomos chinos consideraron un deshonor que unos extranjeros recién llegados participaran en una tarea tan importante como la reforma del calendario chino. Ante su violenta reacción en defensa de lo que ellos creían que les pertenecía, el emperador cambió de opinión y ordenó que se abandonase el proyecto.

Antes de explicar con más profundidad estos hechos, que tanto influirían en el desarrollo de la misión jesuítica china durante las siguientes décadas, conviene dedicar un apartado a uno de los pioneros en la introducción de la astronomía europea en China y a su trabajo como científico en la corte imperial: el español Diego de Pantoja.

---

[1] Elman (2005), p. 90.
[2] Dunne (1962), p. 115.

3. BREVES APUNTES SOBRE LA VIDA Y LA OBRA CIENTÍFICA DE DIEGO DE PANTOJA

Diego de Pantoja nació el 24 de abril de 1571 en Valdemoro, cerca de Madrid.[1] El 6 de abril de 1589, llegó a Toledo e ingresó en la Compañía de Jesús. Allí conoció a Luis de Guzmán (1546-1605), el arzobispo de Toledo, que influiría mucho en su vida. Pantoja escribiría en 1602 una larga carta a Guzmán, desde Pekín, que constituye una de las obras más interesantes del jesuita español. Cuando Pantoja estaba en Toledo comenzaron a llegar a Europa cartas de los primeros jesuitas en Asia Oriental. Especialmente importante para la formación de Pantoja fue el hecho de que su maestro, el arzobispo Luis de Guzmán, estaba escribiendo una *Historia de la Compañía de Jesús en la India Oriental, en la China y Japón*, y recibía allí una gran cantidad de informes de aquella parte del mundo. En cierto modo, cuando Pantoja decidió embarcarse, una de sus motivaciones era proporcionar información de primera mano a Guzmán.

El 10 de abril de 1596, Pantoja y otros dieciocho jesuitas partieron de Lisboa hacia Asia Oriental.[2] Tras permanecer unos meses en Goa, finalmente llegaron a Macao el 20 de julio de 1597. En 1598, Pantoja recibió instrucciones para ir a Japón, pero debido a las persecuciones contra los cristianos que estaban teniendo lugar en ese país, cambió su destino hacia el Imperio chino. Eran los años en que Ricci, tras haber pasado quince años en China, iniciaba su acercamiento final hacia Pekín. Lazzaro Cattaneo (1560-1640), que estaba con Ricci en ese momento, fue a Macao para conseguir dinero y regalos para dar al emperador Wanli, y así conseguir por fin su objetivo de establecerse en la capital china. Pantoja fue seleccionado

---

[1] La mayor parte de los datos biográficos sobre Pantoja que aparecen aquí provienen de la obra de Zhang Kai (1997).
[2] Dehergne (1973), pp. 193-194.

entonces para convertirse en asistente y compañero de Ricci.[1]

Diego de Pantoja y Lazzaro Cattaneo entraron en China aprovechando una de las ferias de Cantón. El 1 de noviembre de 1599 se vistieron a la usanza china e iniciaron su viaje hacia el norte. En marzo de 1600 llegaron a Nanjing, donde se reunieron con Matteo Ricci. Allí pasaron varios meses hasta que iniciaron su viaje hacia Pekín. Uno de los regalos que llevaban los jesuitas para el emperador era un instrumento musical, probablemente un monocordio. Ricci quiso utilizar la música occidental como medio para acercarse a los chinos, y como no tenía facilidad para la música, propuso a Pantoja que aprendiera la técnica para aprender a tocar el instrumento y la teoría de la armonía por parte de Cattaneo, experto en música. Pantoja estudió durante varios meses.[2]

El 20 de mayo de 1600, Ricci y Pantoja se embarcaron para realizar su viaje hacia el norte, a través del Gran Canal. Durante ese viaje, Pantoja recogería datos para su posterior descripción del país en la carta a Guzmán. El 24 de enero de 1601, los dos jesuitas llegaron a Pekín. Pudieron establecerse en la capital, finalmente, en gran parte gracias a los regalos que llevaban al emperador Wanli. Durante los años que permaneció en la capital imperial, mientras que Ricci intentaba establecer vínculos de amistad con personajes de la élite y publicaba libros, Pantoja se dedicó principalmente a la labor evangélica, aunque también publicó algunos libros en chino, de tema principalmente religioso.[3]

Según el biógrafo del jesuita español, Zhang Kai, Pantoja compartía con Ricci las ideas principales de la estrategia jesuítica para evangelizar China, a diferencia de Nicolò Longobardi (1565-1655), sucesor de Ricci al frente de la misión china. Mientras que Pantoja consideraba básica la introducción

---

[1] D'Elia (1949), vol. 2, pp. 91-92.
[2] Zhang (1997), p. 43.
[3] Para más detalles sobre los libros escritos por Pantoja, véase Zhang (2003), pp. 152-154.

de conocimientos científicos para acercarse a los letrados, Longobardi creía que el principal apoyo provendría de los libros religiosos, ya que el pueblo llano debía ser el objetivo principal de la predicación en China, y no solo los intelectuales como querían Ricci y Pantoja. También el jesuita español era partidario de la visión de Ricci sobre los ritos efectuados a los antepasados y a Confucio, al considerarlos de naturaleza meramente civil y no religiosa. Longobardi, por el contrario, consideraba esas ceremonias como actos religiosos, y por tanto idólatras.[1] Si los ritos chinos eran considerados de tipo social o cultural, los chinos convertidos al cristianismo podían seguir realizándolos sin ningún problema. Pero si se consideraban religiosos, los neófitos chinos debían dejar de realizarlos. Desde el inicio se vio que esta cuestión era muy importante para el desarrollo de la Iglesia católica en China. La visión de Longobardi produjo un conflicto que provocó un edicto imperial de prohibición del cristianismo en China. Tras estos hechos, se impuso entre los jesuitas la visión de Ricci (compartida por Pantoja) sobre la de Longobardi. Sería décadas después, con la llegada de los miembros de las órdenes mendicantes, cuando el conflicto se agudizaría y llegaría a convertirse en la Controversia de los Ritos Chinos, que provocaría la ruina

---

[1] Zhang (2003), p. 156.

del cristianismo católico en China ya durante el siglo XVIII.[1]

No es este el lugar para analizar la vida de Pantoja en Pekín, su relación con Ricci y con Longobardi, ni su papel en los inicios de la Controversia de los Ritos Chinos, todo lo cual ha sido tratado por otros autores.[2] Sí conviene decir unas palabras sobre sus aportaciones científicas, que son, finalmente, el foco de este trabajo.

El 9 de marzo de 1602, Pantoja escribió a Luis de Guzmán una larga carta en castellano que se sitúa en la tradición de textos de la época en la que los europeos empezaban a conocer el Imperio chino. La carta de Pantoja respondía a dos cuestiones: ¿Qué país era China? Y, ¿cuál era la

---

[1] La famosa Controversia de los Ritos Chinos es un capítulo central de la historia de los jesuitas en China. La controversia empezó en tiempos de Ricci y tuvo que ver con la naturaleza de las ceremonias chinas de culto a los ancestros y a Confucio, así como con otros aspectos, como la traducción de los términos cristianos (por ejemplo, «Dios»), al chino. Si la mayoría de los jesuitas se alinearon con la visión de Ricci, al considerar que los ritos tenían un carácter civil (y por tanto, los chinos conversos podían seguir realizándolos), la mayoría de los dominicos y franciscanos, que llegaron a China en la década de 1630, creían que eran ceremonias de carácter religioso y, por consiguiente, paganas, por lo que tenían que prohibirse a los chinos conversos. Durante todo el siglo XVII se sucedieron varios edictos de la Santa Sede, a veces a favor y a veces en contra de la práctica de los ritos chinos por parte de los chinos cristianos. Finalmente, a principios del siglo XVIII, el Vaticano decidió a favor de la tesis de los dominicos y franciscanos, prohibiendo totalmente los ritos chinos. Esta decisión de la Santa Sede tuvo consecuencias funestas para la misión cristiana en China, e incluso para los jesuitas en su conjunto (se considera la Controversia de los Ritos Chinos como uno de los detonantes que llevarían a la pérdida de prestigio de la Compañía de Jesús en Europa, lo que conduciría posteriormente a la supresión de la orden). Existe mucha bibliografía sobre la Controversia de los Ritos Chinos, y hasta el día de hoy los especialistas suelen situarse en un lado o en otro de la polémica. Véanse, por ejemplo, las obras de Minamiki (1985), Cummins (1993) o Villarroel (1993).

[2] Por ejemplo, el ya citado Zhang Kai, en sus obras (1997, 2003).

política más adecuada para la predicación en aquel país? Este texto suscitó un gran interés en Europa. Tras ser publicada por primera vez en Valladolid en 1604, en pocos años fue traducida y publicada en otros idiomas (francés, italiano, alemán, latín...).[1] En ella se corrigen errores de libros anteriores escritos por autores que nunca habían ido a China. Entre otras muchas informaciones sobre la geografía o las costumbres de los chinos, Pantoja afirmaba que Catay y China eran lo mismo (lo cual había sido afirmado décadas antes por el agustino Martín de Rada, 1533-1578, que había hecho un breve viaje a China desde Manila).[2] En esa misma obra, aparece la latitud correcta de Pekín, unos 40° de latitud norte, que fue verificada astronómicamente por el propio Pantoja. El jesuita español, a lo largo de su viaje hasta la capital, había calculado la latitud de las grandes ciudades de China desde Cantón hasta Pekín.[3]

Pantoja realizó otras obras relacionadas con la geografía. En 1612, los aduaneros de Fujian requisaron un *Mapa del mundo* con leyendas en lenguas europeas. El emperador pidió a Pantoja y De Ursis que lo tradujeran al chino; estos realizaron un mapa en chino que contenía la misma información y que completaba las dos hojas que faltaban en el original. Fue Pantoja quien preparó el mapa, conteniendo un prefacio escrito por Xu Guangqi que incluía una explicación de la religión católica y el número de países que la profesaban.[4] El mapa fue expuesto en palacio y admirado por el emperador. El éxito llevó a Pantoja a pedir a Wanli una *Geografía del mundo con ilustraciones gráficas*, en lengua europea, que le había sido regalada por los jesuitas unos años antes, con la intención de traducirlo al chino. El emperador aceptó y Pantoja se dedicó a la traducción al chino del libro. La obra fue terminada, pero coincidió con la época de comienzo de los problemas con

---

[1] Zhang (2003), p. 152.
[2] Cervera (2013), pp. 194-199.
[3] Dunne (1962), p. 116.
[4] *Ibíd.*, p. 117.

las autoridades, y el ofrecimiento del documento a los gobernantes chinos fue rechazado.[1] Quedó como manuscrito, y sería utilizado como material fundamental para la obra de Giulio Aleni (1582-1649) titulada *Zhifang waiji* 职方外纪 (*Registro de tierras extranjeras*), publicada en 1623, que se puede considerar como la primera obra en chino sobre geografía mundial.

Otras contribuciones científicas de Pantoja incluyen, por ejemplo, la fabricación de relojes solares, que solía regalar a sus amigos, o el mantenimiento de los relojes europeos que habían sido regalados al emperador por los jesuitas. Junto con De Ursis, revisó el *Jihe Yuanben* de Ricci y Xu Guangqi.[2] Pantoja también escribió, junto con el intelectual chino Sun Yanhua, un *Libro ilustrado sobre el reloj de sol*, e introdujo el método occidental de preparar remedios medicinales.[3]

Desde el punto de vista de la misión católica en China durante todo el siglo XVII, la actividad más importante que llevaron a cabo los jesuitas fue su trabajo como astrónomos de la corte. Aunque esta labor cristalizaría décadas después, con personajes como Giacomo Rho, Adam Schall von Bell y Ferdinand Verbiest, Pantoja y De Ursis fueron los pioneros. Pero, ¿cuál era la concepción del universo que existía en el Imperio chino, y qué tipo de astronomía intentaron introducir los jesuitas? En la segunda parte de este trabajo, se analizará la cosmovisión existente en China en comparación con la europea, para tratar de entender los problemas con que se encontraron Pantoja y el resto de los jesuitas en su trabajo como astrónomos en Pekín.

---

[1] Zhang (1997), p. 149.

[2] *Ibíd.*, pp. 152-154.

[3] *Ibíd.*, p. 155.

4. LA ASTRONOMÍA Y LA COSMOVISIÓN CHINA

El más famoso de los historiadores de la ciencia china, el británico Joseph Needham (1900-1995), aseveraba hace décadas lo siguiente:

> Puede demostrarse con todo detalle que la philosophia perennis de China ha sido un materialismo orgánico. Esto puede verse claramente en los manifiestos de los filósofos y pensadores científicos de todas las épocas. La concepción mecánica del mundo no se desarrolló en el pensamiento chino y, por el contrario, la idea organicista según la cual cada fenómeno se encuentra conectado con todos y cada uno de los demás, según un orden jerárquico, fue universal entre los pensadores chinos.[1]

La clave para entender la ciencia china, y particularmente la astronomía, es lo que Needham denomina «organicismo». En pocas palabras, se podría decir que este concepto significa que «todo se relaciona con todo». Particularmente, se asumía una relación clara entre el macrocosmos y el microcosmos, entre lo que ocurría en el Cielo y lo que pasaba en la tierra. El emperador chino era considerado como el mediador entre ambas esferas. Por eso era llamado el «Hijo del Cielo», o *Tianzi* 天子.

Cuando se estudia la astronomía en la China imperial, sobre todo cuando se hace referencia a los jesuitas en China, a menudo la atención se centra en el calendario. Al hablar del calendario, no hay que pensar en un simple papel que marca los meses y las fechas, como el que podemos usar en la actualidad. En China, el calendario era un documento muy importante y muy complejo, que se distribuía por todo el imperio. Algunos autores señalan que el calendario chino constituye uno de los documentos más

---

[1] Needham (1977), p. 21.

ampliamente difundidos en la historia de la impresión.[1] La publicación del calendario se hacía con grandes ceremonias. Las primeras copias las distribuía el mismo emperador a sus principales ministros, que las recibían de rodillas. Luego era despachado a todo el imperio y a los reinos vecinos tributarios; un rechazo era considerado una declaración de guerra. Era un documento importantísimo para la vida del imperio. Del emperador a los más pobres campesinos, todos sufrían su influencia. No se realizaba un matrimonio, un viaje o se empezaba a construir una casa, sin consultar el calendario. Los jesuitas que llegaron a China enseguida se dieron cuenta y por eso intentaron, desde el principio, involucrarse en la reforma del calendario chino. Muy poco después de la muerte de Ricci, en un informe de Sabatino de Ursis al cual me referiré en profundidad más adelante, se afirmaba lo siguiente:

> Para entender mejor esto y lo que sigue, es necesario saber que los chinos no tienen, ni intentar tener, un calendario perpetuo. Cada año componen un nuevo calendario día a día, entonces lo imprimen y lo distribuyen a lo largo de todo el reino. El gasto de la impresión es pagado por el rey. Aunque suba a miles de taeles, piensan que esta suma está bien empleada. No desean para nada un calendario perpetuo.[2]

Una de las principales tareas anuales del emperador chino era la promulgación del calendario. Esto condujo a que la astronomía fuera siempre una ciencia «ortodoxa», esto es, ligada al Estado, a la burocracia gubernamental y a la filosofía confuciana, a diferencia de otras ciencias, como la alquimia, que era más heterodoxa y taoísta.[3] La astronomía

---

[1] Rowbotham (1966), p. 69.
[2] De Ursis (1612/1960), p. 70.
[3] Needham (1959), p. 171.

estaba ligada por tanto al emperador. El apoyo estatal al desarrollo de la astronomía tuvo ventajas, pero también inconvenientes. Se consideró a la astronomía como un secreto de Estado, lo cual pudo frenar en cierto modo su avance, especialmente en las épocas en las que no existía investigación y los letrados encargados de las observaciones se limitaban a utilizar métodos antiguos que a veces ni siquiera comprendían muy bien; eso es lo que ocurría a finales de la dinastía Ming, cuando los jesuitas llegaron a China. Desde la época de Ricci, los miembros de la Compañía de Jesús se percataron de la gran importancia de esta ciencia en el Imperio chino, y por eso enviaron a la misión a hombres con grandes conocimientos de astronomía, para ganar prestigio en la corte.

Los chinos fueron los observadores más persistentes y exactos durante siglos. Durante un largo período correspondiente a la Edad Media europea, sus anotaciones sobre fenómenos celestes son casi las únicas que se conservan. Observaron algunas irregularidades, como las manchas en el sol, siglos antes que en Europa. Esto se corresponde con la filosofía o cosmovisión china (el organicismo), según la cual todo se relacionaba con todo y un pequeño hecho acaecido en la tierra o en el Cielo podía ser un indicio que afectara a todo el imperio. La observación exacta de cometas o novas por parte de los astrónomos chinos contrasta fuertemente con el paradigma de la astronomía greco-latina, presente en Europa hasta la época de Copérnico y Galileo.

Otro aspecto que diferencia la astronomía griega de la china es que la primera utilizaba coordenadas eclípticas (basándose en la importancia que las trayectorias de los planetas sobre el cielo nocturno tuvieron desde la época de Pitágoras y Platón), mientras que los chinos utilizaron siempre las coordenadas ecuatoriales, que son las que se usan hoy en día en la astronomía moderna. El uso de las coordenadas ecuatoriales se relaciona directamente con el polo celeste. Como señala Needham, el polo fue fundamental en la astronomía china.[1] Se relacionaba, de nuevo, con la relación entre el macrocosmos y el microcosmos. Así, el polo celestial correspondería al emperador sobre la tierra. En Pekín, hoy en día, se puede observar que todas las calles están situadas en un perfecto cuadriculado en sentido norte-sur y este-oeste, siguiendo la pauta marcada por la Ciudad Prohibida, en el centro de la ciudad, donde todos los pabellones y patios se disponen en dirección norte-sur, ya que el emperador se colocaba al norte y sus súbditos tenían que mirar también hacia el norte, hacia el polo celeste.

Quizá lo más destacado de la astronomía a lo largo de la historia china es su carácter empírico. Como ya se ha apuntado antes, los chinos fueron excelentes observadores. Nunca hicieron complicadas teorías geométricas para explicar el movimiento de los planetas, como en Occidente, pero sí que observaron su movimiento y todos los hechos «extraños» que ocurrieron en los cielos durante siglos. No solo se dedicaron a anotar cuidadosamente todos los datos posibles sobre los eclipses, sino que observaron y anotaron los cometas, novas, y otros fenómenos celestes irregulares. Ese era el trabajo fundamental de los departamentos imperiales de astronomía que existieron en China a lo largo del tiempo.[2]

5. FILOSOFÍA Y COSMOVISIÓN EN CHINA Y EN OCCIDENTE

La importancia del calendario chino no se puede entender sin acercarse a la filosofía china. Es bien conocido que, aunque existieron distintas corrientes de pensamiento en la China imperial, la más relevante entre la élite fue la escuela *ru* 儒, conocida en Occidente como «confucianismo». El confucianismo de la época clásica (la de Confucio y Mencio) se centraba en

---

[1] *Ibíd.*, p. 230.
[2] Young (1980), p. 10.

la ética, en la vida en sociedad. Pero la llegada del budismo a China siglos después supuso un reto para la escuela confuciana, que tuvo que adaptarse. Así surgió lo que se conoce en Occidente como «neoconfucianismo», desarrollado principalmente durante las dinastías Song y Ming (de hecho, en China se conoce a esta corriente con el nombre de *Song Ming lixue* 宋明理学, esto es, la «escuela del *li* de las dinastías Song y Ming»). Esta es la escuela filosófica que dominaba el ambiente intelectual cuando llegaron Pantoja y sus compañeros jesuitas a China.

La descripción de las principales ideas filosóficas del neoconfucianismo excede con mucho a las pretensiones de este trabajo.① Lo que es importante aquí es enfatizar que, en esta corriente de pensamiento, se añadieron al confucianismo original elementos cosmológicos y metafísicos, provenientes en gran parte del budismo, del taoísmo, y de concepciones ancestrales propiamente chinas. El filósofo neoconfuciano más famoso e influyente fue Zhu Xi 朱熹 (1130-1200). Como otros autores neoconfucianos anteriores, él se consideró heredero de una tradición del estudio del *Dao* 道, concepto fundamental no solo para la escuela taoísta, sino para todo el pensamiento chino durante milenios. Zhu Xi fue el máximo responsable de establecer una ortodoxia, una tradición, la que suponía que la enseñanza del *Dao*, tras pasar desde los antiguos reyes sabios a Confucio, se había detenido en Mencio, y solo había sido retomada exitosamente por algunos autores de la dinastía Song del Norte, particularmente por Zhou Dunyi 周敦颐 (1017-1073), Zhang Zai 张载 (1020-1078), y Cheng Yi 程颐 (1033-1107). En sus últimos años de vida, Zhu Xi se preocupó mucho de esa transmisión del *Dao*, y fue él quien primero acuñó el término *Daotong* 道统, «transmisión»

---

① Entre la multitud de libros que se pueden consultar sobre la filosofía neoconfuciana, se pueden citar el de Bol (2008) y el editado por Makeham (2010). Un excelente manual en español sobre toda la historia de la filosofía china es el de Cheng (2006).

o «tradición del *Dao*».[1]

Precisamente el primer gran autor neoconfuciano reconocido por Zhu Xi como parte de esa tradición del *Dao* fue Zhou Dunyi, al que se puede considerar como el autor de la concepción cosmológica que dominaría la astronomía china de los últimos mil años. Zhou Dunyi tomó el concepto *taiji* 太极 (Gran Extremo, Supremo Último, Culmen Supremo) a partir del *Yijing* 易经 o *Libro de los cambios*, y lo convirtió en el foco de su sistema filosófico. El *taiji* es el principio cosmológico y ontológico fundamental; es infinito, no está definido, tiene la potencialidad para que surja todo lo existente. Joseph Needham afirma que el significado original del carácter *ji* 极, más que «límite» o «culmen», puede ser entendido como «polo», en el sentido astronómico de la palabra (polos norte y sur, tanto terrestres como celestes).[2] Por eso él prefiere la traducción de «Polo Supremo» o «Polaridad Suprema» para el concepto del *taiji*. El mismo Needham señala que todo el mundo, incluida la vida de los seres humanos, gira en torno al eje polar, y desde ese punto de vista se puede entender la idea del *taiji* o «Polo Supremo» como el concepto focal para entender de dónde surge todo el universo. Volviendo a la idea del emperador como el polo en la Tierra, se puede apreciar de nuevo esa relación entre el macrocosmos y el microcosmos tan característica de la cosmovisión china.

Para ilustrar el proceso de evolución cósmica, es decir, cómo se lleva a cabo la generación de las cosas del mundo, el propio Zhou Dunyi utilizó un *Diagrama del taiji* (el *Taijitu* 太极图), basado en un diagrama anterior elaborado por el sabio taoísta Chen Tuan 陈抟 (906-989). Para explicar este diagrama y unir la eterna transformación del universo con el ser humano, Zhou escribió un texto, de tan solo doscientos cincuenta y seis caracteres, con la explicación del diagrama, el *Taijitu shuo* 太极图说 (*Comentario sobre*

---

[1] Chan (1987), p. 123.
[2] Needham (1956), p. 464.

el diagrama del taiji). El *Taijitu shuo* comienza de la siguiente forma:

> El vacío último es el supremo último [*taiji*]. El supremo último se mueve [*dong*] y así genera el yang, cuando el movimiento llega a su extremo, genera el reposo [*jing*]. El reposo genera el yin. Cuando el reposo llega a su extremo, vuelve el movimiento. El movimiento [*dong*] y el reposo [*jing*] se alternan y cada uno se convierte en la raíz del otro. Entonces se hace la distinción entre yin y yang y las dos formas [*liangyi*] se establecen. La transformación del yang con la unidad del yin genera el agua, el fuego, la madera, el metal y la tierra. Cuando estas cinco fuerzas [*wuqi*] se difunden armoniosamente las cuatro estaciones siguen su curso. Los cinco elementos [*wuxing*] son el *yinyang*. *Yinyang* es el supremo último; el supremo último está basado en el vacío último. Los cinco elementos se generan con su propio carácter. La auténtica cualidad inherente del vacío último es el núcleo del *er* [dos, *yinyang*] y del *wu* [cinco elementos]; su profunda unidad da lugar a todas las cosas emergentes. El camino del *qian* [cielo] produce al hombre y el camino del *kun* [tierra] produce a la mujer, la interacción de estos dos *qi* genera y transforma la miríada de cosas [las diez mil cosas]. La miríada de cosas se engendran y se renuevan, hay cambios sin límite e infinitas transformaciones.[1]

Ese corto fragmento resume el pensamiento cosmológico dominante en China durante el último milenio. El *taiji* da lugar al yin y al yang y, a partir de los «cinco elementos» o «cinco procesos» (*wuxing* 五行), posteriormente, a todo lo existente (las «diez mil cosas», *wanwu* 万物). A través de este texto y de las aportaciones de los filósofos neoconfucianos posteriores, se

---

[1] Traducción de Robin R. Wang (2005), pp. 314-315.

consiguió unir el estudio del Cielo (la cosmología) con la actuación en la tierra (la ética), mediante la relación entre el *Dao* del cielo (*Tiandao* 天道) y el *Dao* del ser humano (*rendao* 人道). Esta relación entre el macrocosmos y el microcosmos, que ligaba lo que ocurría en los cielos con la actuación del emperador (el *Tianzi* o «Hijo del Cielo»), llevaría a que la astronomía fuera considerada como una disciplina «de alto valor estratégico» en el imperio, y por tanto su estudio debía ser una tarea de la burocracia estatal.

Este es el panorama con el que se encontraron Diego de Pantoja y el resto de los jesuitas cuando llegaron a China. Su formación en astronomía era radicalmente diferente y se basaba en la tradición griega, que, a través del mundo medieval musulmán, llegó a la Europa de la Baja Edad Media y del Renacimiento. Influido por los pitagóricos, sería Platón (427-347 a. n. e.) quien definiría la tarea fundamental de la astronomía: el estudio de los movimientos con una cierta regularidad en la esfera celeste, esto es, los del sol, la luna y los planetas (basándose, obviamente, en un mundo geocéntrico). Los astrónomos griegos trataron de dar respuesta a lo que en la historiografía de la astronomía se conoce como el «problema de Platón»: cómo dar cuenta de los movimientos sobre la esfera celeste de esos astros (sobre todo de los planetas que se observan a simple vista, esto es, Mercurio, Venus, Marte, Júpiter y Saturno, cuyas trayectorias no son nada simples) utilizando únicamente movimientos circulares, uniformes y regulares.[1] Se trataba de «salvar las apariencias», utilizando herramientas matemáticas que, a lo largo de los siglos, se fueron haciendo cada vez más sofisticadas.

Así se desarrolló la astronomía matemática, cuyos exponentes máximos fueron en la Antigüedad Claudio Ptolomeo (c. 100-170 e.c.), y en el Renacimiento Nicolás Copérnico (1473-1543). Al mismo tiempo, se desarrolló una astronomía física, o cosmología, que trataba de explicar

---

[1] Rioja y Ordóñez (2004), pp. 37-38.

cómo era realmente el universo. La máxima autoridad durante siglos fue Aristóteles (384-322 a. n. e.), que separó el mundo sublunar (es decir, todo lo que hay debajo de la luna), donde había cambio, nacimiento y muerte; y el mundo supralunar, donde, siguiendo a su maestro Platón, no hay caos, sino que todos los movimientos son regulares.[1] Durante la Edad Media y hasta el siglo XVII (incluida la época de la llegada de los jesuitas a China), el foco de atención de la astronomía europea era el movimiento del sol, la luna y los planetas sobre la esfera celeste. Por eso no se estudiaron, durante siglos, los fenómenos astronómicos «extraños», los no predecibles, como los cometas o las novas.

La situación en China era radicalmente diferente. La idea platónico-aristotélica de la perfección del mundo supralunar y de la necesidad de ignorar los fenómenos irregulares para «salvar las apariencias» es algo que nunca existió en la cosmovisión china. Todo lo contrario. Siguiendo la relación entre el macrocosmos y el microcosmos que había existido durante toda la historia y que había sido formulada de manera magistral por Zhou Dunyi en su *Taijitu shuo*, precisamente lo que más interesaba era el estudio de todo lo que pasaba en los cielos (sobre todo, las irregularidades), por la relación que pudiera tener en la tierra y, particularmente, en el gobierno imperial de China. Es el organicismo del que hablaba Needham en sus obras y que explica por qué los antiguos astrónomos chinos se preocupaban de registrar hechos totalmente diferentes a los que interesaban a sus contemporáneos europeos.

Volvamos a Ricci, Pantoja y De Ursis, primeros jesuitas que, formados en la tradición matemática y astronómica europea, se encontraron con un mundo chino totalmente ajeno. ¿Cómo entendieron ellos la astronomía china?

---

[1] No es objeto de este trabajo profundizar más en la historia de la astronomía occidental. Dos libros en español que explican muy bien los supuestos físicos y filosóficos del estudio de los cielos desde los griegos hasta el Renacimiento son el de Durham y Purrington (1989) y el de Rioja y Ordóñez (2004).

6. LA VISIÓN DE PANTOJA Y DE URSIS DE LA ASTRONOMÍA CHINA

Como ha sido visto, los jesuitas enseguida se dieron cuenta del papel que la astronomía (más concretamente, el calendario) tenía en la China imperial. Tras morir Ricci, los dos jesuitas más cercanos a la ciencia de los cielos eran Diego de Pantoja y Sabatino de Ursis. Ellos fueron los encargados de iniciar el gran proyecto de los jesuitas en China y que duraría décadas: la reforma del calendario chino. Como primer paso, el visitador de las misiones de China y Japón, Francisco Pasio (1552-1612), pidió a De Ursis que escribiera un informe sobre el calendario chino y sobre las posibilidades para reformarlo. Este lo hizo en agosto de 1612 y fue enviado al visitador con fecha del 1 de septiembre del mismo año. Este informe es el primer documento en una lengua europea que describe claramente el funcionamiento del calendario chino y sus problemas en el siglo XVII. Aunque está firmado por Sabatino de Ursis, no cabe duda de que en su elaboración tuvo que contribuir el jesuita español, Diego de Pantoja.[1] El informe comienza explicando el papel de la astronomía en China:

> Para los chinos existen dos ramas de las matemáticas de las cuales la primera es llamada *tian wen* y la segunda *li fa*. *Tian wen*,[2] estrictamente hablando, es lo que llamamos adivinación del futuro. *Li fa* tiene que ver con el calendario y los movimientos de los cuerpos celestes teóricamente y prácticamente. *Tian wen* o adivinación del futuro está prohibida por las leyes chinas excepto a

---

[1] El informe de Sabatino de Ursis fue escrito originalmente en portugués. Pasquale D'Elia, lo publicó por primera vez de forma íntegra en su libro *Galileo in Cina* (1947). Yo me referiré a la traducción inglesa de esta obra: D'Elia (1960), pp. 63-82.

[2] *Tianwen* 天文 es el nombre actual que recibe en chino la astronomía.

los matemáticos del Colegio Real a los que pertenece oficialmente, nadie puede estudiarla. *Li fa* o astronomía, en nuestro sentido de la palabra, no está prohibida y puede ser estudiada por cualquiera. [...] Pero como las matemáticas son comúnmente llamadas *tian wen* entre los chinos, la idea general es que están prohibidas y que nadie puede estudiarlas. Pero incluso así, el hecho es que los reyes fundaron una oficina o colegio especial para esta ciencia, y que sus miembros no tienen otro deber que calcular eclipses, hacer el calendario cada año, y observar las estrellas, los cometas, y otros fenómenos prodigiosos del cielo, día y noche, con el propósito de avisar al rey y declarar si ésos son buenos o malos augurios. Para los que no son miembros de esta oficina o colegio hacer ese trabajo está prohibido bajo graves sanciones —quiero decir, hacer el trabajo públicamente para que todos puedan conocerlo, porque privadamente muchos que no son miembros de hecho realizan el trabajo.[1]

El anterior fragmento deja claro que, en el fondo, la diferencia entre lo que hoy llamamos «astronomía» y «astrología» era muy sutil en China. El estudio de lo que pasaba en los cielos, como se ha indicado anteriormente, era un monopolio de un departamento estatal, perteneciente al Ministerio de Ritos (durante la dinastía Ming, el *Qintianjian* 钦天监). No era fácil para los extranjeros entrar a trabajar en un lugar así. Pero los propios chinos astrónomos eran conscientes de que sus cálculos no eran tan exactos como los de los europeos. Fue la mayor exactitud de los jesuitas en el eclipse de diciembre de 1610, además de las traducciones que ya se habían hecho de algunas obras europeas, como el *Jihe Yuanben* de Ricci y Xu Guangqi, lo que permitió que algunos matemáticos chinos apoyaran la cooperación con

---

[1] De Ursis (1612/1960), p. 65.

sus colegas europeos.

En su informe, De Ursis explica las características principales de la astronomía china, particularmente del calendario que, como ya fue explicado anteriormente, era promulgado cada año. Aquí se aprecia la diferencia fundamental del calendario chino con respecto al occidental, y es que no era perpetuo. En China nunca ha habido un año en el que se haya comenzado a contar el tiempo, como en el caso cristiano (nacimiento de Cristo) o musulmán (la Hégira). Para referirse a una fecha dada, se proporcionaba el año del reinado del emperador que estuviera gobernando en aquel momento. Seguramente esto tiene que ver con el hecho de la distinta concepción del tiempo en Asia y en Europa.[①]

Hacia el final de su informe, De Ursis explica la razón básica por la que en China se realiza el cálculo del calendario y todo ese esfuerzo estatal en la ciencia astronómica, y es la relación entre el macrocosmos y el microcosmos, correspondiente a lo que ahora llamaríamos «astrología» o interpretación de los fenómenos celestes en la vida humana:

> Si los chinos dan tanta importancia a esta corrección y si los más importantes de la corte se ocupan de ello, es porque en su calendario indican las cosas que uno debe hacer en tal o tal día y a tal o tal hora, especialmente en relación a los muertos, un asunto muy importante en China. Ellos dicen que, si hay un error en el día y hora del solsticio de invierno, todos los días del año estarán equivocados, porque uno diría que es tal día cuando no lo es; y si la conjunción de la luna está equivocada, igualmente también los días y las horas lo están. En ese caso todo el reino estaría engañado

---

[①] El tema de la diferente concepción del tiempo en China y en Occidente excede con mucho a las pretensiones de este trabajo. Algunos de los historiadores de la ciencia china que se han dedicado a esta cuestión son Needham (1977), pp. 221-298 y Sivin (1995).

y sufriría un gran perjuicio, porque la gente no haría las cosas en el día y la hora que deberían para tener suerte.[1]

El informe termina exponiendo el proceso que se pretende llevar a cabo para conseguir el objetivo de reformar el calendario, traduciendo libros europeos al chino como primer paso:

> Aunque lo anterior es muy importante, la principal intención de los matemáticos reales es traducir algunos de nuestros libros que no tienen en sus colegios; también tener relojes, instrumentos para medir las estrellas, elevaciones, etc. [...] Todo esto prepara bien las almas para el objetivo que nuestra Sociedad tiene en este reino. En ese sentido, ganamos crédito entre los letrados, que están dispuestos a estar satisfechos con lo que tienen, y a no creer que nadie pueda enseñarles nada. Es bueno para ellos estar en ese estado de mentalidad. Incluso el pueblo común no gusta de los extranjeros y tienen un especial reparo hacia ellos. Por tanto, estas cosas por medio de las cuales alcanzamos su afecto y benevolencia hacia nosotros son necesarias al principio de nuestro apostolado, por el fruto que vendrá después, hasta que nuestro Señor abra totalmente las puertas para la predicación del Evangelio.[2]

Esa tarea de traducir libros europeos sobre matemáticas y astronomía a la lengua china se empezó a realizar en tiempos de Pantoja y De Ursis. Con la ayuda de los chinos cristianos Xu Guangqi y Li Zhizao, los dos jesuitas tradujeron al chino un tratado europeo sobre el movimiento de los planetas.[3] La traducción de una gran cantidad de obras científicas europeas

---

[1] De Ursis (1612/1960), pp. 77-78.

[2] *Ibíd.*, p. 80.

[3] Dunne (1962), p. 115.

al chino fue el primer paso para la reforma del calendario y se convertiría en la llave para que los jesuitas llegaran a tener un prestigio en la corte imperial sin precedentes. Pero no se pudo llevar a cabo en tiempos de Pantoja y De Ursis, sino décadas después.

7. CONCLUSIÓN: LA REFORMA DEL CALENDARIO CHINO

El proyecto de reforma del calendario, iniciado ya por Ricci con la intención de ganar prestigio para los misioneros europeos y que cobró empuje en los años inmediatos a su muerte, con Sabatino de Ursis y Diego de Pantoja como personajes principales, fue abandonado casi inmediatamente durante casi dos décadas. Sería otro eclipse solar, ocurrido el 21 de junio de 1629 y también mejor predicho por los astrónomos jesuitas, el que permitiría por fin que se diera permiso a los miembros de la Compañía de Jesús en China para llevar a cabo la tarea ingente de traducir decenas de tratados de matemáticas y astronomía al chino. Tras la muerte del jesuita más versado en astronomía en ese tiempo, Johannes Schreck Terrenz (1576-1630), los principales responsables de esas traducciones serían el italiano Giacomo Rho (1592-1638) y el alemán Johann Adam Schall von Bell (1591-1666). A partir de varias entregas al emperador realizadas entre 1631 y 1635, el resultado fue el *Chongzhen Lishu* 崇祯历书 (*Libro para el Calendario de la era Chongzhen*), compuesto por 137 pequeños volúmenes o *juan* 卷. Sin embargo, todavía pasaron varios años hasta que se dio entrada a los jesuitas en el departamento imperial para la astronomía, o *Qintianjian* 钦天监. Tendría que haber un cambio de dinastía para que los manchúes (también extranjeros) permitieran a los jesuitas ayudar a reformar el calendario chino. El *Chongzhen Lishu* fue publicado en 1645, bajo el título de *Xiyang Xinfa Lishu* 西洋新法历书 (*Libro para el calendario según los nuevos métodos occidentales*), obra que tendría varias ediciones y reimpresiones durante toda la dinastía Qing. Para entonces, el único de los jesuitas involucrados en el gran proyecto de traducción de obras europeas al chino que seguía vivo era Schall. Encumbrado a presidente del departamento imperial para la astronomía, su prestigio no dejó de crecer, convirtiéndose en uno de los jesuitas más famosos en China, solo por detrás del fundador, Matteo Ricci.[1]

El gran historiador de la ciencia china Joseph Needham considera la experiencia jesuítica en China como uno de los más ricos procesos de intercambio cultural entre las civilizaciones.[2] Y sin duda, uno de los proyectos que más prestigio dio a los jesuitas en China durante el siglo XVII fue su trabajo para la reforma del calendario chino. Aunque a menudo se relaciona este proyecto con personajes como Matteo Ricci, Johannes Terrenz, Giacomo Rho o Adam Schall, no se puede olvidar que uno de los pioneros fue el español Diego de Pantoja. A cuatro siglos de su muerte, es un buen momento para reivindicar su figura como misionero y astrónomo en Pekín a principios del siglo XVII.

Bibliografía:

Aduarte, D., (1640), *Historia de la Provincia del Santo Rosario de la Orden de Predicadores en Filipinas, Japón y China*, Manila: Colegio de Santo Tomás.

Bernard, H., (1933), *Aux portes de la Chine. Les Missionnaires du Seizième Siècle. 1514-1588*, Tientsin: Hautes Études.

Bernard, H., (1935), *Matteo Ricci's Scientific Contribution to China*, Beiping: Henri Vetch.

---

[1] La historia de la traducción de libros matemáticos y astronómicos europeos al chino y la consecución de la reforma del calendario son temas profusamente estudiados en el libro de Cervera (2011).

[2] Needham (1959), p. 437.

Bol, P. K., (2008), *Neo-Confucianism in History*, Cambridge, Mass. & London: Harvard University Asia Center.

Brockey, L. M., (2007), *Journey to the East: the Jesuit mission to China, 1579-1724*, Cambridge, Mass.: Harvard University Press.

Busquets, A., (2013), «Primeros pasos de los dominicos en China: llegada e implantación», *Cauriensia* VIII, pp. 191-214.

Cervera, J. A., (2011), *Las varillas de Napier en China. Giacomo Rho, S.J. (1592-1638) y su trabajo como matemático y astrónomo en Beijing*, México D.F.: El Colegio de México.

Cervera, J. A., (2013), *Tras el sueño de China. Agustinos y Dominicos en Asia Oriental a finales del siglo XVI*, Madrid: Plaza y Valdés.

Cervera, J. A., (2014), «Los intentos de los franciscanos para establecerse en China, siglos XIII-XVII», *Sémata, Ciencias Sociais e Humanidades* 26, pp. 425-446.

Chan, W.-T., (1987), *Chu Hsi, Life and Thought*, New York: St. Martin's.

Cheng, A., (2006), *Historia del pensamiento chino*, Barcelona: Bellaterra.

Corsi, E. (coord.), (2008), *Órdenes religiosas entre América y Asia: ideas para una historia misioneras de los espacios coloniales*, México D.F.: El Colegio de México.

Cronin, V., (1955), *The Wise Man from the West*, London: Soho Square.

Cummins, J. S., (1993), *A question of rites. Friar Domingo Navarrete and the Jesuits in China*, Aldershot: Scolar Ashgate.

D'Elia, P. (ed.), (1938), *Il mappamondo cinese del P. Matteo Ricci S.I. (Terza edizione, Pechino, 1602)*, Vaticano: Biblioteca Apostolica Vaticana.

D'Elia, P. (ed.), (1942-1949), *Fonti Ricciane. Storia dell'Introduzione del Cristianesimo in Cina* [textos y cartas originales de Matteo Ricci], Roma: La Libreria dello Stato.

De San Antonio, J. F., (1741), *Chronicas de la Apostolica Provincia de S. Gregorio, Papa, el Magno, Doctor de la Iglesia, de Religiosos Descalzos de N. S. P. S. Francisco en las Islas Philipinas, China, Japon &c,*

Manila: Imprenta de la Provincia de S. Gregorio.

De Ursis, S., (1612/1960), «Report of Father Sabatino De Ursis, S.J., to Father Francis Pasio, S.J., on the Chinese Calendar. A short account of the Chinese calendar and its errors, for which correction is desired» [traducción al inglés del informe original en portugués de 1612], en D'Elia, P., *Galileo in China. Relations through the Roman College between Galileo and the Jesuit Scientist-Missionaries (1610-1640)*, Cambridge, Mass., Harvard University Press, pp. 63-82.

Dehergne, J., (1973), *Répertoire des Jésuites de Chine de 1552 à 1800*, Roma: Presses de l'Université Grégorienne.

Dunne, G. H., (1962), *Generation of Giants. The Story of the Jesuits in the last Decades of the Ming Dynasty*, Notre Dame: University of Notre Dame Press.

Durham, F. y Purrington, R. D., (1989), *La trama del universo: Historia de la cosmología física*, México D.F.: FCE.

Elman, B.A., (2005), *On Their Own Terms. Science in China, 1550-1900*, Cambridge, Mass.: Harvard University Press.

Engelfriet, P., (1998), *Euclid in China. The Genesis of the First Translation of Euclid's Elements in 1607 and its Reception up to 1723*, Leiden: Brill.

Folch, D., (2008), «Biografía de Fray Martín de Rada», *Revista Huarte de San Juan, Geografía e Historia* 15, pp. 33-63.

Gernet, J., (1982), *Chine et christianisme. Action et réaction*, Paris: Gallimard.

González, J. M., (1955-1967), *Historia de las Misiones Dominicanas de China*, 5 vols., Madrid: Studium.

Hsia, F. C., (2009), *Sojourners in a strange land: Jesuits and their scientific missions in late imperial China*, Chicago: The University of Chicago Press.

Javier, F., (1953), *Cartas y escritos de S. Francisco Javier*, Madrid: La

Editorial Católica.

Laven, M., (2012), *Mission to China. Matteo Ricci and the Jesuit Encounter with the East*, London: Faber and Faber.

Makeham, J. (ed.), (2010), *Dao Companion to Neo-Confucian Philosophy*, Dordrecht, Heidelberg, London & New York: Springer.

Minamiki, G., (1985), *The Chinese rites controversy from its beginning to modern times*, Chicago: Loyola University Press.

Mungello, D., (1989), *Curious Land: Jesuit Accommodation and the Origins of Sinology*, Honolulu: University of Hawaii Press.

Needham, J., (1956), *Science and Civilisation in China, vol. 2, History of Scientific Though*, Cambridge, UK: Cambridge University Press.

Needham, J., (1959), *Science and Civilisation in China, vol. 3, Mathematics and the sciences of the Heavens and the Earth*, Cambridge, UK: Cambridge University Press.

Needham, J., (1977), *La gran titulación. Ciencia y sociedad en Oriente y Occidente*, Madrid: Alianza Editorial.

Rioja, A. y Ordóñez, J., (2004), *Teorías del universo*, vol. 1, Madrid: Síntesis.

Ronan, C. E., y Bonnie, B. C. (eds.), (1988), *East meets West. The Jesuits in China*, Chicago: Loyola University Press.

Rodríguez, I., (1978), *Historia de la Provincia Agustiniana del Smo. Nombre de Jesús de Filipinas*, Manila: Arnoldus Press.

Ross, A., (1994), *A Vision Betrayed. The Jesuits in Japan and China. 1542-1742*, New York: Orbis Books.

Rowbotham, A. H., (1966), *Missionary and Mandarin. The Jesuits at the Court of China*, New York: Russell & Russell.

Sánchez, V., (1979), *España en Extremo Oriente. Filipinas, China, Japón: presencia franciscana, 1578-1978*, Madrid: Archivo Ibero-Americano.

Sivin, N., (1995), *Science in Ancient China. Researches and reflections*, London: Variorum.

Spence, J., (1984), *The memory palace of Matteo Ricci*, New York: Viking.

Venturi, T. (ed.), (1911-1913), *Opere storiche del P. Matteo Ricci S.J.* [cartas y escritos de Matteo Ricci en China (1583-1610)], 2 vols., Macerata: Premiato stab. tip. F. Giorgetti.

Villarroel, F., (1993), «The Chinese Rites Controversy – Dominican Viewpoint», *Philippiniana Sacra* XXVIII, pp. 5-61.

Wang, R. R., (2005), «Zhou Dunyi's *Diagram of the Supreme Ultimate Explained* (*Taijitu shuo*): A Construction of the Confucian Metaphysics», *Journal of the History of Ideas*, 66 (3), pp. 307-323.

Young, J. D., (1980), *East-West Synthesis: Matteo Ricci and Confucianism*, Hong Kong: University of Hong Kong.

Zhang Kai, (1997), *Diego de Pantoja y China*, Beijing: Editorial de la Biblioteca de Beijing.

Zhang Kai, (2003), *Historia de las Relaciones Sino-españolas*, Beijing: Elephant Press.

(3)

DIEGO DE PANTOJA: EL PROFESOR DE MÚSICA OCCIDENTAL EN EL PALACIO REAL DEL EMPERADOR WANLI

Li Chenguang
Universidad de Estudios Internacionales de Zhejiang

1. LA EDUCACIÓN Y FORMACIÓN MUSICAL DE DIEGO DE PANTOJA: DE SABER NADA A CONSEGUIR TOCAR EL CLAVICORDIO EN CUATRO MESES

Diego de Pantoja, además de ser fiel y eficaz ayudante de Matteo Ricci en la misión jesuítica en la China de la dinastía Ming, se distingue del eminente jesuita italiano por su personalidad y sus propias habilidades. Una de ellas consiste en que el jesuita español llegó a ser el primer europeo que no solo tocó el clavicordio en la corte Ming, sino que también enseñó a los eunucos chinos el conocimiento y la técnica para manejar este instrumento procedente de Europa. A diferencia de la gramática, la lógica, la retórica, la teología, el arte, etc., la música no fue asignatura principal de la formación de Pantoja cuando estudió en los colegios de la Compañía de Jesús en

España antes de partir hacia Goa en 1596.① Al cabo de una estancia de más de dos años en Macao, entre 1597 y 1599, a finales de este último año, marchó para el continente chino junto con los veteranos jesuitas, Lázaro Cattaneo y Ricci. Esta aventura era tan significativa que llamó mucho la atención de sus coetáneos, que no eran todos jesuitas. Hemos conseguido una descripción muy curiosa con respecto a este viaje en la obra del dominico español del siglo XVII, Diego Aduarte:

> Y entonces estaban allí [Macao] tres Padres de la Compañía; el uno, como capellán de los mercaderes; los otros dos, para entrarse la tierra adentro, en compañía del Padre Mateo Ricio, que había años que estaba allá, con el cual había estado ya algunos años el uno de estos dos Padres, llamado Lázaro Catanio. Y habiendo venido a Macán a negocios se volvía entonces con otro compañero, llamado Diego Pantoja. Y ambos dos se vistieron, la tarde víspera de Todos Santos, hábitos de chinos, para hacer su viaje con algunas guías que llevaban. Y el Padre Lázaro Catanio, como antiguo en China, llevaba el cabello y barbas crecidas, pero el otro Padre,

---

① En cuanto a la infancia y la educación de Pantoja, véase López Pego, C., (2011), «Misiones en China (1581-1617). Diego de Pantoja y Alonso Sánchez, alumnos de la Universidad de Alcalá de Henares: Palomas y Halcones», *Anales Complutenses*, XXIII, pp. 121-147; Moncó, B., (2011), *Relación de la entrada de algunos Padres de la Compañía de Jesús en la China y particulares sucesos que tuvieron y de cosas muy notables que vieron en el mismo reino. Carta del Padre Diego de Pantoja, religiosos de la Compañía de Jesús, para el Padre Luis de Guzmán, provincial de la provincia de Toledo*, Madrid: Instituto de Estudios Históricos del Sur de Madrid "Jiménez de Gregorio", pp. 1-83; Moncó, B., (2012), «The China of the Jesuits: Travels and Experiences of Diego de Pantoja and Adriano de las Cortes», *Culture & History Digital Journal*, Vol 1, No. 2, m101.

como nuevo, no, y por eso estaba con alguna pena por no ir en todo al uso de la tierra.[1]

Habiendo atravesado las provincias del sur de China, Guangdong, Jiangxi y Anhui, los jesuitas llegaron finalmente a Nanjing llevando los regalos que habían preparado para entregar al emperador Wanli en Pekín. Según confesó Diego de Pantoja, «Fuy de primera instancia sin me detener en casa a Nanquin, adonde estuuimos quatro meses tres Padres».[2] Fue en esta ciudad, otra capital de la dinastía Ming, aconsejado por Ricci, en donde Pantoja empezó a estudiar, tocar y afinar el mencionado instrumento musical europeo, un obsequio ideal para los chinos por ser exótico y seguramente nunca visto hasta entonces en aquel imperio oriental. En cuanto a esta experiencia, no hemos encontrado ninguna mención en los escritos de Pantoja. Sin embargo, de acuerdo con el testimonio de Ricci, el profesor de dicha asignatura fue el padre Cattaneo quien era experto en música. En cuanto al alumno, «el padre Pantoja sabía nada [de tocar el clavicordio]. Pese a que estuvimos muy poco tiempo en Nanjing, él lo aprendió bastante bien. Además era capaz de arreglarlo».[3]

---

[1] Aduarte, D., (1962), *Historia de la Provincia del Santo Rosario de la Orden de Predicadores en Filipinas, Japón y China*, Vol. 1, Madrid: Consejo Superior de Investigaciones Científicas, p. 356.

[2] Pantoja, D. D., (1605), *Relación de la entrada de algunos Padres de la Cõpañia de Iesús en la China y particulares sucessos q̃ tuuieron y de cosas muy notables que vieron en el mismo Reyno*, Seuilla: por Alonso Rodriguez Gamarra, Folio 11.

[3] Traducción propia. Li, Madou (1986), *Op. Cit.*, p. 350.

2. LA EXPERIENCIA COMO MÚSICO Y PROFESOR DE CLAVICORDIO EN EL PALACIO DE WANLI

Partiendo de Nanjing, la delegación liderada por Ricci llegó a Pekín poco después de la Fiesta de Primavera del año 1601. No resulta difícil entender que era una tarea muy difícil establecerse en la capital de la dinastía Ming, a pesar de la preparación de los jesuitas durante años con este fin. De acuerdo con Pantoja, los jesuitas «procuraron por via de dar vn presente, no tanto de cosas preciosas (porque essas no auia) como de cosas estrañas nunca en la China vistas».[1] Las mencionadas cosas preciosas y extrañas fueron registradas detalladamente por el jesuita español en su carta destinada al padre Luis de Guzmán:

> Puestas en orden las cosas, particularmente las del presente del rey, que eran dos reloxes de ruedas, vno grande de hierro en vna caxa muy grande, hecha hermosamente con mil labores de escultura llena de dragones dorados, que son las armas e insignia deste Rey, como del Emperador la aguila. Otro pequeño de muy hermosa figura mas de vn palmo de alto, todo de metal dorado de obra la mejor de las que en nuestra tierra se haze, que para este efeto nos auia embiado nuestro Padre General, metido tambien en su caxa adorada, como la otra, y en ambos en lugar de las letras nestras, esculpidas las de China, y vna mano que por fuera salia las mostraua. Fuera desto, tres Imagenes al olio, dos grande de vara y media de altura, y vna pequeña.La mayor era la figura y retrato de nuestra Señora del Populo por San Lucas: la segunda era de nuestra Señora con el Niño IESVS, y San Iuan: la tercera era vn Saluador, mas pequeño, todas ellas de obra prima. Fuera desto,

---

[1] Pantoja, D. D., *Op. Cit.*, Folio 3.

algunos espejos, dos vidrios triangulares (que aunque etre nosotros no es nada, aca estiman) adornados con cadenas de plata, y en una caxa de Iapon excelente que valia veynte vezes mas que los vidrios, para quien sabe lo que son. Vn libro de Teatro del mundo, y vn Breuiario muy bien encuadernado, con titulo de que aquella era la Dotrina del verdadero Dios, cuyas Imagenes la presentauan. Vn muy buenMonacordio, por ser pieça de que los Chinas se espantan mucho, y (todos nos dixeron auia el rey de holgar grandemente) y otras cosillas de menos importancia.[1]

Además de los obsequios físicos, el conocimiento y la técnica de manejar estos objetos occidentales facilitaron a los jesuitas iniciar sus actividades en Pekín. A este respecto, aunque los misioneros no pudieron conseguir la audiencia personal con Wanli, el clavicordio y la capacidad de Pantoja de tocarlo les dio la oportunidad para frecuentar la Ciudad Prohibida:

Vienen del palacio real cuatro eunucos quienes son músicos del emperador. Tienen mayor estatus que sus compañeros encargados de los asuntos astronómicos, puesto que se aprecia mucho en China saber tocar instrumentos musicales. Por lo tanto, se respectan mucho los que gozan la habilidad de componer y de tener apreciación musical en cualquier modo y género. En el palacio real hay un grupo de músicos que son tratados bien.[2]

Con respecto a esta experiencia tan singular, no se halla mención alguna en los escritos de Pantoja. Sin embargo, a través de las obras de Ricci, recuperamos tanto las actividades de Pantoja como profesor de música en el

---

[1] *Ibídem*, Folios 13-15.
[2] Traducción propia. Li, Madou (1986), *Op. Cit.*, p. 349.

palacio de Wanli, como las comunicaciones entre estos misioneros europeos y los eunucos, sirvientes imprescindibles de la casa real. Al principio, Ricci y Pantoja iban al palacio todos los días para enseñar a los eunucos músicos tocar las canciones europeas y afinar el clavicordio. A través de las siguientes informaciones y detalles que hemos extraído de las fuentes, podemos constatar que los participantes se tomaron esta tarea muy en serio. En primer lugar, la clase se impartía en una sala muy grande que «está más cerca del palacio interior, no hemos llegado a un espacio tan íntimo de la casa real».[1] Además de enseñar música, Pantoja también tuvo la oportunidad de conocer mejor el palacio real de Wanli y, al mismo tiempo, a los eunucos que ocupaban puestos muy elevados. Con respecto a ello, cabe señalar que si el jesuita español no hubiera tenido esta experiencia de acudir a la Ciudad Prohibida con frecuencia, no le habría resultado posible elaborar descripciones detalladas y valiosas en lo que concierne al palacio real de la dinastía Ming, a la vida cotidiana de la familia real, a los personajes muy poco conocidos anteriormente como los eunucos, etc.

En segundo lugar, los alumnos —dos jóvenes y otros dos de unos setenta años— ejercían una serie de ritos que llamaron mucho la atención de Ricci y de Pantoja. Para empezar, los cuatro eunucos se arrodillaron y se inclinaron ante los padres reconociéndoles como profesores y pidiendo que les trataran con paciencia. Y si ellos no podían aprender rápido, esperaban que los profesores no se enfadaran con ellos. Es más, los eunucos saludaron también al instrumento occidental «como si tuviera alma».[2] En tercer lugar, en los días lectivos, los padres comían platos exquisitos y ricos en el palacio.

Con todo, las clases no resultaron muy fructíferas, pues los alumnos chinos estuvieron más de un mes practicando una sola canción: «los dos jóvenes aprendieron más rápido, pero tenían que esperar a los dos

---

[1] Traducción propia. *Ibídem*, p. 350.
[2] Traducción propia. *Ibídem*.

mayores [que también aprendieran]».[1] Mientras tanto, «[los eunucos] preguntaron qué significaban las letras originales de la canción que ellos estaban aprendiendo, por si acaso el emperador les preguntara, para poder explicárselo».[2] En respuesta a ello, Ricci compuso y publicó ocho canciones en chino, *Xiqinquyibazhang* (*Ocho canciones para el clavicordio occidental*), citando textos de la Biblia y refranes europeos. Con el tiempo estas canciones se difundieron rápida y ampliamente en la sociedad china. Entre ellas, la titulada *Mi esperanza en el cielo* reza:

> ¿Quién conoce la esencia del ser humano? La persona es contraria al árbol. La raíz del árbol está en la tierra nutriéndose de ella y extiende sus ramas hacia el cielo. La esencia del ser humano es otorgada por el cielo, pues que se alimenta de él y se caen tanto el tronco como la rama de arriba abajo. La sabiduría de los eruditos es conocer a Dios, y su formación, imitar a Dios quien instruye a los creados por él. El corazón de Dios es amar más a sus criaturas y menos castigar el mal del hombre. Dios hace lucir el sol y la luna iluminando todos los lugares. Dios crea la lluvia y la nieve para regar todas las tierras.[3]

En realidad, la clase de música la impartía solo Pantoja, y los vigilantes asignados por la corte a la residencia de los jesuitas le acompañaban todos los días entre esta y el palacio real. Mientras tanto, Ricci se quedaba en sus aposentos, donde recibía, o salía a visitar a otras personas. Según este: «[La amistad que hice durante este tiempo] nos ayudó mucho a resolver las dificultades que encontramos».[4]

---

[1] Traducción propia. *Ibídem*.
[2] Traducción propia. *Ibídem*.
[3] Traducción propia. Li, Madou (1986), *Op. Cit.*, p. 350.
[4] Traducción propia. *Ibídem*.

Sobre esta experiencia docente, única en su vida, Pantoja tampoco dejó ninguna mención en sus escritos. No obstante, él ya había aludido a la música china en su carta a Luis de Guzmán, e incluso hizo ciertas comparaciones entre un instrumento oriental y el harpa europea:

> [...] oí algunas musicas, particularmente en el palacio del rey, por me hazer fiesta, los eunuchos musicos suyos me tañeron vn pedaço, y contentome; aunque en esto tampoco me parece se puede comparar con nuestra tierra, mas es cierto que a ellos les á de parecer nos lleuan mucha ventaja. No tienen más que vn modo de instrumento de gente graue, y que estimen en mucho, que corresponde a nuestra harpa, aunque la figura y modo de tañer es diuerso della, y de los demas instrumentos nuestros [...].[1]

3. LA REAPARICIÓN DEL CLAVICORDIO EN LAS POSTRIMERÍAS DE LA DINASTÍA MING

A pesar de todo, ni la música ni el instrumento occidental lograron atraer a Wanli del modo que otros presentes regalados por los jesuitas, sobre todo los relojes. Según Ricci, a Wanli le gustaron tanto estas máquinas nunca vistas en su palacio, que el emperador intervino directamente en la colocación y decoración de los exóticos aparatos en la Ciudad Prohibida. A este respecto, el reloj más grande fue puesto dentro de una torre de madera construida al año siguiente en el jardín de palacio: «[la torre] tiene escaleras, ventanas y corredor. Se fabricó también una campana enorme con varios grabados y de color dorado. En total se gastaron mil y trescientos

---

[1] Pantoja, D. D., *Op. Cit.*, Folio 99.

taeles de plata».[1] En cuanto al pequeño, «el emperador lo adoraba tanto que lo llevaba consigo todos los días».[2] Sin embargo, otros obsequios como las pinturas y el clavicordio terminaron guardados en los almacenes reales.[3]

Como es sobradamente conocido, Diego de Pantoja fue expulsado de Pekín en 1617. No se encontró ninguna información sobre el instrumento musical hasta 1640, cuando reinaba el último emperador de la dinastía Ming, Chongzhen,[4] nieto de Wanli. En ese año, el jesuita de origen alemán, Johann Adam Schall von Bell publicó su obra en chino,[5] *Jin cheng shu xiang*. En el prefacio de este libro, se mencionó otra vez el clavicordio:

> Esta primavera [de 1640] me mandó Su Majestad un piano occidental que le había regalado Ricci. Me pidió no solo arreglarlo, sino también traducir y estudiar las canciones europeas escritas para el instrumento. Pues las letras eran las que cantaron nuestros

---

[1] Traducción propia. Li, Madou (1986), *Op. Cit.*, pp. 374-348.

[2] Traducción propia. *Ibídem*, p. 350.

[3] *Ibídem*, p. 346. En cuanto al instrumento musical, como podemos confirmar más adelante, fue encontrado por casualidad por el emperador Chongzhen, estropeado, en el almacén de la Ciudad Prohibida. Véase Verbiest, F., (1993), *The Astronomia europaea of Ferdinand Verbiest, S. J. (Dillengen, 1687)*, Nettetal: Steyler, pp. 313-314.

[4] Zhu Youjian nació el 6 de febrero de 1611, comenzó su reinado en 1627 y se ahorcó el 25 de abril de 1644 al ser ocupada la capital Pekín por el ejército popular liderado por el rebelde Li Zicheng. Fue nieto de Wanli y último emperador de la dinastía Ming.

[5] Johann Adam Schall von Bell nació el 1 de mayo de 1591 en la ciudad alemana de Colonia y falleció en China el 15 de agosto de 1666. El eminente jesuita fue enviado a China en 1618 y llegó a servir a los emperadores de dos dinastías, Ming y Qing sucesivamente. Se empeñó en modificar el calendario tradicional chino durante el reinado de Chongzhen. Ya en la dinastía Qing, Schall von Bell logró la confianza del emperador Shunzhi y fue nombrado oficial de los ministerios de Ritos y Astronomía.

santos para elogiar a Dios [...]. En concreto rezan: Todos vosotros debéis elogiar a Dios cantando conforme al ritmo interpretado por este instrumento musical y difundiendo su nombre en todo el mundo.[1]

Asimismo, de acuerdo con el jesuita alemán, la reparación del clavicordio duró unos meses: «se entregó ante el emperador el 23 de julio de este año».[2]

Además del testimonio de Schall von Bell, se encuentran algunas descripciones relativas al instrumento en otras fuentes en chino: «El instrumento mide tres *chi*[3] de largo y cinco *chi* de ancho. Se guarda en una caja de madera. Tiene 72 cuerdas hechas de oro, plata o hierro. Cada cuerda tiene una tecla que se extiende hacia fuera. Al tocarla suena».[4]

En cuanto al sonido del instrumento, «tiene en total 40 sonidos: a partir de bajo C hay tres escalas compuestas por ocho notas y otra escala de cuatro notas».[5] Por desgracia, hasta la fecha, no se ha conseguido encontrar aquel primer clavicordio europeo que apareció en la residencia real de la dinastía Ming en los últimos días antes de su caída en 1644.

4. CONCLUSIONES

Es preciso destacar que Diego de Pantoja fue el primer europeo que tocó

---

[1] Traducción propia. Tang Ruowang (1661). Pasaje original en chino: «尔天下民，翕和斯琴，咸声赞主，从鼙以歌，扬羡厥名».

[2] Traducción propia. *Ibídem*.

[3] Medida china. Un *chi* equivale a un tercio de metro.

[4] Traducción propia. Ji, Huang (1998), libro 110: Instrumentos musicales (《乐器》).

[5] Pei Huaxing (1993), p. 340.

y enseñó música occidental en el palacio real de la dinastía Ming. Sin embargo, él no dio mucha importancia a esta experiencia tan significativa y especial, ya que no encontramos ni una palabra referida a ella en su citada carta a Luis de Guzmán. La misiva fue escrita el 9 de marzo de 1602, cuando ya había dejado de dar clase a los eunucos. En este sentido, el clavicordio no fue sino uno más de los objetos que según el propio Pantoja «nos ayudan mucho a les hablar de nuestra santa Ley, y salvación de su alma».[1]

En segundo lugar, de acuerdo con lo que hemos expuesto, este instrumento musical de origen europeo logró llamar la atención de dos emperadores chinos, Wanli y Chongzhen. Es más, las actividades relacionadas con la música de los jesuitas, no solo les dieron a Pantoja y a Ricci la oportunidad sin precedentes de conocer la Ciudad Prohibida desde dentro, sino que también les ayudaron a extender su fama e influencia en la alta sociedad china. Gracias a ello, los miembros de la Compañía de Jesús lograron establecerse y predicar con más facilidad la fe católica en Pekín, la capital de la dinastía Ming.

Por último, aunque marginal en la vida de los emperadores Ming, la música occidental consiguió sonar más allá del palacio real y de la residencia de los jesuitas; de hecho, despertó la curiosidad de los intelectuales chinos. Como consecuencia, se encuentran algunas descripciones y alusiones relativas a este tema en las obras elaboradas por los eruditos de la dinastía Ming. Así, además del aprecio por objetos exóticos europeos, los autores chinos destacaron una de las características sonoras de los instrumentos europeos, el sonido estereofónico.[2] Sin

---

[1] Pantoja, D. D., *Op. Cit.*, Folio 111.
[2] En cuanto a las descripciones relativas a los instrumentos y la música europea de los autores de Ming, véase Liu, Tong et al., p. 45.

embargo, fue durante la dinastía Qing cuando la música occidental obtendría una mayor repercusión e influencia en China.[1]

Bibliografía:

Aduarte, D., (1962), *Historia de la Provincia del Santo Rosario de la Orden de Predicadores en Filipinas, Japón y China*, Vol. 1, Madrid: Consejo Superior de Investigaciones Científicas.

Ji, Huang (稽璜, 清), (1988), *Xuwenxian Tonggao* 续文献通考, Hangzhou: Zhejiang Guji Chubanshe (浙江古籍出版社).

Li, Madou (利玛窦, Ricci, M.), (1986), *Li Madou Quanji 2, Li Madou Zhongguo chuanjiao shi (xia)* 利玛窦全集2, 利玛窦中国传教史 (下), Taipei: Guangqi Chubanshe (光启出版社).

Liu, Tong et al. (刘侗等, 明), *Dijiing jingwu lüe, juan 4: Tianzhu tang* 帝京景物略, 卷四: 天主堂 (colección de la Biblioteca de la Universidad de Pekín).

Pantoja, D. D., (1605), *Relación de la entrada de algunos Padres de la Cõpañia de Iesús en la China y particulares sucessos q̃ tuuieron y de cosas muy notables que vieron en el mismo Reyno*, Seuilla: por Alonso

---

[1] A este respecto, es preciso destacar la figura del jesuita portugués Tomás Pereira (1645-1708), no solo por su conocimiento y habilidad musical. El religioso llegó a Macao en 1672. Más tarde se convirtió en músico de la corte, e incluso profesor de esta disciplina de los emperadores de la dinastía Qing (1644-1911). Además, el misionero escribió la primera obra dedicada a la técnica musical occidental en chino. Sobre este jesuita y el contacto sino-europeo en el ámbito de la música durante la dinastía Qing, véase Song, H. Y., (2015), *O "ser português" e o "outro": Revisitar a História de Portugal no Diálogo Com a Civilização Chinesa - O caso Tomás Pereira*, Tese de Doutoramento em Ciências da Cultura Especialidade em Culturas do Extremo Oriente, Universidade do Minho.

Rodriguez Gamarra.

Pei, Huaxing, (裴化行, Bernard, H.), (1993), *Li Madou pingzhuan, Xiace* 利玛窦评传, 下册, Beijing: Shangwu Yinshuguan (商务印书馆).

Tan, Qian (谈迁), (1981), *Bei you lu* 北游录, Beijing: Zhonghua Shuju (中华书局).

Tang, Ruowang (汤若望), (1661), *Jincheng Shuxiang* 进呈书像, Wulin Zhaoshitang (武林昭事堂).

Tianxue Chuhan 天学初函, (1965), Taipéi: Taiwan Xuesheng Shuju (台湾学生书局).

(4)

LA EDUCACIÓN MUSICAL DE DIEGO DE PANTOJA, SJ

Elisabetta Corsi
Sapienza Università di Roma

RESUMEN

El relato de la formación musical de Diego de Pantoja se encuentra en las *Fuentes riccianas*, y empieza con algunas aseveraciones acerca de la importancia que en China se le atribuye a la música. Según Ricci, en la corte los eunucos músicos son más respetados que los matemáticos, pues «*il suonare leuto et altri instrumenti di corde è cosa assai grave nella Cina; e così sono pregiati quelli che lo sanno fare*» (tocar el laúd y otros instrumentos de cuerdas es una cosa muy seria en China y los que lo saben hacer son muy respetados). Cuando Ricci obsequia en 1601 al emperador Wanli un instrumento musical europeo, el soberano le encomienda que algunos eunucos músicos aprendan a tocarlo. Para este fin, según el relato contenido en las *Fuentes*, Ricci elige al padre Pantoja, debido a que él, a pesar de no tener ninguna formación musical previa, había aprendido bajo la guía de Lazzaro Cattaneo en Nanjing, «*alcune sonate per mostra dell'artificio di questo strumento*» (algunas sonatas para hacer muestra de la maravilla que era este instrumento).

Dos cuestiones se presentan ante el investigador que analice este relato: la primera concierne la formación musical que Cattaneo pudo haberle impartido a Pantoja en tan solo unos meses y la segunda se refiere al tipo de instrumento utilizado. Las fuentes son lacónicas en el primer caso y confusas en el segundo, pues se refieren al instrumento de distintas manera: le llaman 'clavicordio', 'clavicembalo', 'gravicembalo' y 'manicordio', instrumentos muy diferentes entre sí. ¿Cómo compensar la falta de información en las fuentes? Un pequeño detalle y un librito escondido en el catálogo de la Biblioteca de Beitang nos pueden ayudar a resolver el enigma.

1. DIEGO DE PANTOJA APRENDE A TOCAR MUSICA SEGÚN EL RELATO DE LAS *FUENTES RICCIANAS*

En las conclusiones a un ensayo sobre la práctica musical entre los misioneros en la corte manchú, había cuestionado el énfasis puesto por parte de la mayoría de los estudios en la formación profesional de los misioneros en cuanto músicos, matemáticos, científicos, como si se tratara de una formación que pudiera convivir de manera pacífica con la identidad misionera. Por otra parte, el desempeño profesional de los misioneros en distintos ámbitos era percibido en relación con una disposición casi natural hacia la teorización en detrimento de la práctica. Es este el caso, por ejemplo, de Tomas Pereira. Una mirada a los ensayos contenidos en el volumen que recoge las contribuciones al congreso que se celebró en el Centro Cultural y Científico de Macao en Lisboa en 2008 demuestra que los ensayos que estudian las actividades del misionero en la corte se centran en el Pereira constructor de órganos y teorizador de la relación entre música y matemáticas, sin tener mucho en cuenta el papel que muy probablemente tuvo en promover la «práctica musical que se desarrolló en los centro de enseñanza y en las asociaciones (会 *hui*) y cofradías laicas en las que se difundieron nuevas tipologías piadosas».[1] En efecto, esta práctica musical cobra una importancia notable tanto en la Europa contra-reformista como en las misiones, donde se desarrolló principalmente, pero no de manera exclusiva, bajo los auspicios de la Compañía de Jesús. Por el contrario, existe una dicotomía muy fuerte entre estos dos ámbitos, teórico y práctico: a la complejidad del discurso sobre la música se contrapone la constante llamada a la sencillez en la búsqueda de formas armónicas adecuadas para la catequesis y la pastoral en la misión. En este, como en otros aspectos relacionados con los estudios de la misión jesuítica en China, me parece que se ha puesto demasiado énfasis en el «discurso», en detrimento de la «práctica». De esta manera creo que se ha enfatizado, como ya dije, el rol de los misioneros en cuanto «matemáticos», científicos» o «músicos», como si todos tuvieran una formación profesional completa o si realmente, puesto que tales roles profesionales fueron ya definidos de manera clara en Europa, estos pudieran asociarse, o convivir pacíficamente, con la formación misionera. No quiero decir que los jesuitas en China no teorizaran, o que no se dedicaran a las ciencias y a las artes, más bien creo que la improvisación, la casualidad, el compromiso y la experimentación, que son ingredientes insustituibles de la «práctica», debieron tener un papel determinante, mucho más que los conceptos teóricos, en el quehacer cotidiano de los misioneros.

Es a partir de este planteamiento que he venido desarrollando mi investigación en los últimos años. Aunque mi trabajo se ha enfocado principalmente en temas relacionados con la práctica científica y arquitectónica, la práctica musical ha cobrado un rol importante dentro de

---

[1] Corsi E. (2010), «Practical music and the practice of music before the arrival of Tomás Pereira, S.J., in Beijing», en Barreto L.F. (coord.), *Tomás Pereira, S.J. (1646-1708) Life, Work and World*, Lisboa: Centro Científico e Cultural de Macau, I.P., Ministério de Ciência, Tecnologia e Ensino Superior, p. 241 (223-242). Mis agradecimientos a José Blanco por haber revisado el español.

mi interés en reconstruir la cotidianidad de la vida misionera en China.

Los mismos misioneros contribuyeron, en los relatos dirigidos a Europa, a esbozar una imagen algo distorsionada de sus tareas en las misiones, haciendo hincapié en su desempeño como astrónomos, diplomáticos, filósofos, incluso estrategas militares, ocultando, en muchos casos, las negociaciones y los compromisos de los que se sirvieron para lograr sus fines. A la luz de estas consideraciones, vamos a analizar el relato del aprendizaje musical de Diego de Pantoja tal como lo presentan las *Fuentes riccianas*. Gracias a esta edición del diario de Ricci, anotado y comentado por Pasquale D'Elia en los años 40 del siglo XX, sabemos que Lazzaro Cattaneo, en los primeros meses de 1600, enseñó música a Pantoja en Nanjing, capital a la que había llegado a finales del año anterior. Como sabemos, Ricci y sus compañeros, al llegar a Pekín, habían alquilado una residencia cerca del palacio imperial donde eran atendidos por varios eunucos. Entre ellos había cuatro que eran músicos y, según afirma Ricci:

> eran personas muy importantes, mucho más que los matemáticos, debido a que tocar laúd así como otros instrumentos de cuerdas es algo muy respetable en China, de manera que son muy renombrados los que saben hacerlo. En el palacio hay un conjunto muy apreciado de ellos.

Estos vinieron a pedir, de parte del rey, que les enseñaran a tocar el manicordio que les había sido obsequiado. Por esta razón [los misioneros] tuvieron que acudir a diario al palacio para enseñarles a tocar y temperar este instrumento. Para tal efecto, había el P. Mateos hecho que el P. Pantoja aprendiera en Nanjing del P. Cataneo, quien sabía muy bien algunas sonatas, para hacer muestra de la maravilla de este instrumento. A pesar de no haber sabido nada antes, el P. Pantoja había aprendido muy bien en tan poco tiempo que estuvo en Nanjing no solo a tocar sino también a afinar el manicordio.[1]

Como podemos ver, relatos como este esbozan el retrato de un misionero, Pantoja, extraordinariamente talentoso, capaz de aprender a tocar y afinar un instrumento en solo tres meses, sin ocultar las cualidades estratégicas del otro, Ricci, quien supo prefigurar los positivos efectos que el conocimiento musical por parte de sus hermanos habría producido en la corte. Obviamente, son notorias entre los estudiosos las aportaciones misioneras a la construcción de un discurso hagiográfico para fines propagandísticos y nadie se atrevería a tomarlas en serio. Sin embargo, vale la pena examinar con atención los relatos misioneros en la medida en que nos permiten reflexionar sobre los problemas prácticos que ellos tuvieron que resolver para responder a los estímulos proporcionados por el medio intelectual chino y que, como he dicho antes, los obligaron, en muchos casos, a improvisar y experimentar, adquiriendo rápidamente nuevos conocimientos.

---

[1] [...] *Sono persone molto gravi, assai più che gli matematici; perciochè il sonare leuto et altri instrumenti di corde è cosa assi grave nella Cina; e così sono molto preggiati quelli che lo sanno far bebe, e ve ne è nel palazzo un collegio di questi assai ricco. Questi vinierono a dire da parte del Re che gli insegnassero a sonare il manicordio che gli avevano presentato. Per questo furno forzati a ire ogni giorno al palazzo a insegnargli a sonare e temperare questo strumento. A questo effetto aveva il P. Matteo fatto imparare in Nanchino al P. Pantogia dal P. Cataneo, che sapeva molto bene, alcune sonate per mostra dell'artificio di questo strumento. E, non avendo prima saputo niente, il P Pantogia aveva imparato assai bene in quel puoco tempo che stette in Nanchino non solo a sonare, ma anco a temperare il manicordio.* D'Elia P., (1942-1949), *Fonti ricciane,* Roma: Istituto Poligrafico dello Stato, vol. II, n. 599, p. 132.

2. ¿QUÉ TIPO DE MÚSICA?

Ahora bien, cualquiera que tenga una formación musical sabe que no se va muy lejos en tres meses, sobre todo si se empieza de cero. ¿Cuánta práctica requerían piezas como las que aparecen en la obra conocida como *El libro de virginal de la Reina Isabel (Queen Elizabeth's Virginal Book)*? La siguiente aseveración tomada de las *Memorias (Memoirs)* de Sir James Melville parece muy sugerente:

> *If Her Majesty was ever able to execute any of the pieces that are preserved in a MS. which goes under the name of Queen Elizabeth's Virginal Book, she must have been a very great player, as some of the pieces are so difficult that it would be hardly possible to find a master in Europe who would undertake to play one of them at the end of a month's practice.*

> Si Su Majestad fue realmente capaz de tocar cualquiera de las piezas que se conservan en el MS llamado *El libro para virginal de la Reina Isabel*, debe haber sido una gran músico, pues algunas de las piezas son tan complejas que sería muy difícil encontrar un maestro en Europa que se atreva a tocarlas, incluso después de un mes de práctica.[1]

¿Por qué menciono este libro? Porque representa una de las fuentes más representativas de la música para teclado que se tocaba hacia finales del

---

[1] El título de este manuscrito fue modificado por *The Fitzwilliam Virginal Book* cuando se aclaró que no pertenecía a la reina Isabel. La cita se encuentra en Fuller Maitland, J.A., Barclay Squire, W., (eds), (1899), *The Fitzwilliam Virginal Book*, vol. I, Londres: Breitkopf & Hartel; nueva edición anotada por B. Winogron, (1979), New York: Dover Publications, p. V.

siglo XVI. Si bien es cierto que representa mayormente el Renacimiento inglés, el manuscrito incluye también piezas en estilo italiano, como la *Toccata*, compuesta por Giovanni Picchi (fallecido a principios del siglo XVII) e inspirada en la música de Girolamo Frescobaldi (1583-1643), con quien probablemente Picchi se había formado.

Por la complejidad que caracteriza este tipo de música, no creo que se trate del género musical al que tenemos que mirar. Pienso más bien que la laude espiritual, o sea la forma primordial del Oratorio, sería el modelo más adecuado para los fines que Ricci quería lograr.

Dos años después (1575) de su ingreso en el Colegio Romano, Matteo Ricci tuvo un probable encuentro con Felipe Neri, director entonces del Oratorio de la Iglesia de Santa María en la Vallicella. Los servicios devocionales de la *Congregazione dell'Oratorio* en los cuales pudo haber participado Matteo Ricci consistían, en ese momento, en un conjunto de acciones paralitúrgicas piadosas que incluían sermones, oraciones, canto de himnos, diálogos y música devocional. Se trataba del prototipo de la forma musical más madura del *oratorio* para solistas, coro, orquesta y bajo continuo, en la cual se alternaban partes instrumentales y vocales con el concurso del texto.[1] Tal vez sea precisamente la función sobresaliente del texto respecto a la partitura musical lo que persuadió a Ricci de que este género musical podía ser muy útil como instrumento para la evangelización, a pesar de los dictados ignacianos en contra de la música y de las sobrias enunciaciones tridentinas en relación con el uso de la música en la liturgia.

---

[1] Sobre la *laude espiritual* desarrollada por el Oratorio de San Felipe Neri, véase: Morelli, A., (1991), *Il Tempio armonico. Musica nell'Oratorio dei Filippini in Roma (1575-1705), Analecta musicologica*, 27, Laaber: Laaber-Verlag; Rostirolla, G., (2001), «Laudi e canti religiosi per l'esercizio spirituale della Dottrina Cristiana al tempo di Roberto Bellarmino», en Rostirolla, G., Zardin, D., Mischiati, O., *La lauda spirituale tra Cinque e Seicento. Poesie e canti devozionali nell'Italia della Controriforma,* Roma: Ibimus, pp. 663-717.

Debemos a estudios recientes el mérito de haber aclarado la relación entre el Oratorio de San Felipe Neri y los centros de enseñanza de los jesuitas, en particular el Colegio Alemán.[1] Fundado en Roma en 1580, el Colegio Alemán se fusionó a los pocos años con el Colegio Húngaro y asumió el nombre de Colegio Alemán-Húngaro, convirtiéndose pronto en un prestigioso centro de difusión de la cultura musical en toda Europa.[2] Gracias a una reputación rápidamente adquirida, eran admitidos en el colegio no solo los seminaristas alemanes sino también brillantes estudiantes de otras partes de Europa, sufragando sus estudios, lo que permitía a los seminaristas estudiar gratuitamente. Entre aquellos estudiantes ingresó en 1563 Tomás Luís de Victoria quien, apenas terminados sus estudios, fue nombrado maestro de capilla en el mismo Colegio, con la encomienda especial de dirigir el programa de enseñanza musical.[3] Los vínculos entre el Colegio Alemán-Húngaro y el Oratorio de San Felipe Neri se hicieron más estrechos con el ingreso en este último del compositor flamenco Francesco Martini en 1602, quien había desempeñado el cargo de maestro de capilla en el Colegio Alemán-Húngaro de 1577 a 1578 y en el Seminario Romano de 1594 a 1602.

Si, como afirma Ricci, Pantoja estudió música con Lazaro Cattaneo, es posible postular que, después de su ingreso en el Noviciado de San Andrés al Quirinale en 1581, Cattaneo continuara su formación o en el propio Colegio Alemán, o bien en otro prestigioso colegio jesuita en Roma, donde

---

[1] En particular el ya citado Morelli, A., (1991), Il *Tempio Armonico. Musica nell'Oratorio dei Filippini in Roma (1575-1705)*.

[2] Sobre el Colegio Alemán-Húngaro véase: Bitskey, I., (1996), *Il Collegio germanico-ungarico di Roma. Contributo alla storia della cultura ungherese in età barocca*, Roma: Viella, en particular las páginas 193-199.

[3] Véase: Culley, T., (1970), *Jesuits and Music. A Study of the Musicians connected with the German College in Rome*, Roma: Institutum Historicum Societatis Iesu.

le fue posible perfeccionar sus conocimientos musicales.[1] Además, no debemos olvidar que, después de dejar Roma en 1585, está documentada su presencia en Goa durante dos años a partir de 1589, donde pudo tener otra oportunidad para perfeccionar sus conocimientos musicales.[2]

Que el programa de enseñanza musical en los colegios jesuitas comprendiera no solo las formas más eruditas y rebuscadas del teatro, que han sido, hasta las fechas, las más estudiadas, sino también el estudio de la laude espiritual, muy útil para la misión evangelizadora, lo demuestra la gran difusión de escuelas de catequesis dirigidas por los jesuitas en la región del Lazio y en el mismo Colegio Romano hacia finales del siglo XVI. Dentro de estas escuelas empezó a cobrar importancia la enseñanza de la *Doctrina Christiana* acompañada por el canto de laudes espirituales. Este método se debe a la iniciativa del teólogo jesuita español Diego de Ledesma (1519-1575), profesor de teología en Lovaina y luego en el Colegio Romano desde 1559. Ledesma es autor de una *Doctrina Christiana breve* (1572) que fue traducida a varios idiomas y bien puede representar el prototipo de los muchos diálogos catequéticos redactados en chino [ilustración 1]. Sin embargo, la obra sobre la cual quiero detenerme es la que Ledesma escribió un año después, o sea el *Modo per insegnar la dottrina christiana* que, por haber sido compuesta en 1573, precede en cuatro años a la publicación del *Terzo Libro delle Laudi* (1577) por el Oratorio filipino y pudo haberlo inspirado.

---

[1] Es necesaria más investigación para poder confirmar esta hipótesis. Lamentablemente la biografía de Lazzaro Cattaneo escrita por Giuliano Bertuccioli (1979) para el *Dizionario Biografico degli Italiani,* no toma en cuenta la posibilidad de que Cattaneo tuviera un formación musical. La biografía se encuentra en el vol. 22, Roma: Istituto dell'Enciclopedia Italiana, pp. 474-476.

[2] Sobre la música en el colegio jesuita en Goa, véase: Coelho, V.A., (2005) «Music in New Worlds», en Carter, T., Butt, J., *The Cambridge History of Seventeenth-Century Music*, Cambridge: Cambridge University Press, pp. 88-110.

Desde un análisis del contenido resulta que se trata de un manual de instrucciones sobre la pastoral catequética y, al mismo tiempo, de un texto que plantea la necesidad de establecer una íntima conexión entre la enseñanza de la *Doctrina Christiana* y el canto de la laude espiritual. Hasta el capítulo ocho Ledesma expone el modo de enseñar la doctrina, facilitado a través del auxilio pedagógico del canto. Los restantes capítulos se pueden subdividir en dos grupos: al primero pertenecen los que hacen hincapié en el canto de las laudes, de las melodías y poemas espirituales para que el aprendizaje de la doctrina sea más agradable y para facilitar la memorización de sus conceptos; al segundo, los que exponen el contenido del catecismo, estructurado en forma de diálogo según la pedagogía de la época. Finalmente el capítulo 32 muestra la manera de cantar a una, dos y cuatro voces, según la complejidad de las arias. A este capítulo están adjuntas unas sencillas partituras, que presentan la tradicional subdivisión en *Cantus, Altus, Tenor, Bassus*, a las que se pueden adaptar diversas canciones devocionales [ilustración 2].

Debemos al trabajo de Giancarlo Rostirolla la reconstrucción de un importante episodio en la historia de la cultura musical moderna, una cultura que tiene vinculación tanto con la pedagogía de la piedad post tridentina como con los textos impresos para el consumo popular. El *Modo di insegnare la Dottrina Christiana* ha sido definido como: «una rareza bibliográfica, tal vez un *unicum* [...] cuyos contenidos musicales representan un punto de referencia sea en la praxis laudística del Renacimiento sea por los sucesivos laudarios impresos, utilizados por los jesuitas». (Rostirolla, *Laudi e canti religiosi...*).

El mismo Rostirolla, para realizar el estudio de esta obra, se sirvió del único ejemplar que pudo encontrar en Italia, o sea aquel conservado en la biblioteca particular de un coleccionista de Turín: Giorgio Fanan. La copia que he estudiado y de la que presento algunas páginas [ilustración 1] se encuentra en el Fondo antiguo de la Biblioteca Casanatense en Roma.

Fue adquirida por la biblioteca en 1995 y proviene de la librería anticuaria Pregliasco de Turín.

A pesar de la rareza del texto, este se encuentra en el catálogo de la Biblioteca de Beitang jesuita, recopilado por Hubert Verhaeren en 1949. Debido a que la colección conserva un ejemplar de la primera edición, es posible postular que el tratado fue llevado a China ya en una etapa temprana de la misión jesuita y no que se trate de una accesión tardía. Por otra parte, me parece significativo que el ejemplar haya sido encuadernado junto a una copia de la *Doctrina cristiana* de San Roberto Bellarmino (*Dichiaratione più copiosa della Dottrina Christiana*, Roma, 1600), la cual pudo haber sido utilizada por los misioneros para ponerle música y utilizar en la catequesis de los conversos y de los niños.

3. ¿QUÉ INSTRUMENTO?

Según Pasquale D'Elia, el instrumento que los misioneros habían obsequiado al emperador «era un clavecín a plectro con cuerdas de cobre y hierro» [FR, II, p. 132, n. 6], a pesar de que Ricci nunca habló de un clavecín sino de un manicordio, o sea de un instrumento que podemos considerar como prototipo del pianoforte, pues las cuerdas eran golpeadas por macillos y no pellizcadas por plectros, como ocurre en el clavecín.

Según D'Elia, su hipótesis se sustenta en una fuente china, el *Peng xuan bie ji* 蓬轩别记, un diario de viaje escrito por el literato y bibliófilo Huang Xingzeng (1490-1540), en el cual el autor afirma (ff. 1-2):

道人又出番琴，其制异于中国，用铜铁丝为弦。不用指弹，只以小板。案其声更清。

El hombre de fe también trajo como obsequio un clave, cuya manufactura es diversa respecto a la de China: usaba hileras de cobre y hierro como cuerdas. No se tocaba con los dedos sino mediante un pequeño plectro de madera, de manera que su sonido era aún más puro.[1]

Si debemos considerar fehaciente el testimonio rendido por este autor, es evidente que el instrumento en cuestión no puede ser un clavecín, puesto que este solo se toca con los dedos.

Mi hipótesis es que en efecto no se trata de un clavecín sino de un salterio, instrumento usado por los religiosos durante más de mil años, e incluso hasta la fecha, para rezar los salmos [ilustración 3]. Como es sabido el salterio es un instrumento de cuerdas presente tanto en Europa como en Asia, donde es conocido bajo los nombres de *qanun* o *santur,* compuesto por una caja de madera en forma de prisma, más estrecha en la parte superior, en donde está abierta y en la cual se extienden hileras de cuerdas metálicas que se tocan con macillo, con un plectro, con uña de marfil o con las manos.[2] La semejanza con el *qin*, podría justificar, de manera más contundente, la encomienda del emperador a Pantoja para que enseñara a los eunucos músicos a tocarlo. Hay otro elemento que podría resultar útil para comprobar mi hipótesis: sobre el instrumento estaban grabados en letras de oro los versos de dos salmos: «*Laudate Dominum in cymbalis benesonantibus*» («Alabad a Dios con címbalos sonoros», Salmo CL, 5) y «*Laudate nomen eius, in timpano et choro psallant ei*» («Alaben su nombre, haciendo sonar tambores y cítaras», Salmo CXLIX, 3).[3]

---

[1] Cit. en P. D. Elia, *Fonti ricciane,* vol. II, n. 599, p. 132, n. 4.

[2] Cfr. J. McKinnon, N. Van Ree Bernard, M. Remnant, B. Kenyon de Pascual, (2001), «Psaltery», en *The New Grove Dictionary of Music and Musicians*, New York, Grove's Dictionaries Inc., London, Macmillan Publishers Ltd., pp. 521-525.

[3] Epístola, Francisco Furtado a Francesco Sambiase, a 17 de mayo de 1640, ARSI, *Jap.Sin 142*, f. 14v.

4. CONCLUSIONES

Un pequeño libro, olvidado en la Biblioteca de Beitang, y un indicio en un diario de viaje de un intelectual chino nos permitieron esbozar el tipo de aprendizaje musical que Diego de Pantoja pudo tener en Nanjing y que después le sirvió en su labor misionera y pastoral en Pekín. Se trató, según mi hipótesis, de un aprendizaje práctico, basado en la tradición del Oratorio de la laude espiritual y del catecismo cantado, en el cual el texto del *recitativo* tenía un papel prevalente, enriquecido por un acompañamiento sencillo, formado por pocos acordes tocados con el salterio. A pesar de su sencillez, no se trata de una educación musical ínfima, sino del complemento más apropiado y eficaz para su formación misionera; una formación en la cual, como ocurre en el caso de todos los jesuitas de la estatura de Diego de Pantoja, pragmatismo y adaptabilidad se encontraban armonizados de una manera muy peculiar y significativa.

5. ILUSTRACIONES

[1] Diego De Ledesma (1573), *Modo per insegnar la Dottrina Cristiana*, Roma: Antonio Blado, frontispicio. Fuente: Biblioteca Casanatense, Roma, MUS 762.

[2] Diego De Ledesma (1573), *Modo per insegnar la Dottrina Cristiana,* Laude a dos voces.

[3] Filippo Bonanni, SJ (1722), *Gabinetto armonico*, Roma: Giorgio Placho, LXIV.

Bibliografía:

Bertuccioli, G., (1979), «Lazzaro Cattaneo», *Dizionario Biografico degli Italiani*, vol. 22, Roma: Istituto dell'Enciclopedia Italiana, pp. 474-476.

Bitskey, I., (1996), *Il Collegio germanico-ungarico di Roma. Contributo alla storia della cultura ungherese in età barocca,* Roma: Viella.

Bonanni, F., SJ, (1722), *Gabinetto armonico pieno d'Istromenti sonori*, Roma: Stamperia di Giorgio Placho.

Coelho, V.A., (2005), «Music in New Worlds», en Carter, T., Butt, J., *The Cambridge History of Seventeenth-Century Music*, Cambridge: Cambridge University Press, pp. 88-110.

Culley, T., (1970), *Jesuits and Music. A Study of the Musicians connected with the German College in Rome,* Roma: Institutum Historicum Societatis Iesu.

D'Elia P., (1942-1949), *Fonti ricciane,* II vols., Roma: Istituto Poligrafico dello Stato.

Furtado F. a Sambiase, F., Epístola, a 17 de mayo de 1640, ACHIVUM ROMANUM SOCIETATIS IESU, *Jap.Sin 142*, ff. 14r-v.

Fuller Maitland, J.A., Barclay Squire, W., (eds), (1899), *The Fitzwilliam Virginal Book*, vol. I, Londres: Breitkopf & Hartel; nuova edición anotada por B. Winogron, (1979), New York: Dover Publications.

J. McKinnon, N. Van Ree Bernard, M. Remnant, B. Kenyon de Pascual, (2001), «Psaltery», en *The New Grove Dictionary of Music and Musicians*, New York, Grove's Dictionaries Inc., London, Macmillan Publishers Ltd., pp. 521-525.

Morelli, A., (1991), *Il Tempio armonico. Musica nell'Oratorio dei Filippini in Roma (1575-1705), Analecta musicologica*, 27, Laaber: Laaber-Verlag.

Rostirolla, G., (2001), «Laudi e canti religiosi per l'esercizio spirituale della Dottrina Cristiana al tempo di Roberto Bellarmino», en Rostirolla, G., Zardin, D., Mischiati, O., *La lauda spirituale tra Cinque e Seicento. Poesie e canti devozionali nell'Italia della Controriforma,* Roma: Ibimus, pp. 663-717.

(5)

EL CONTEXTO MUSICAL DE MATTEO RICCI Y DIEGO DE PANTOJA: ¿JESUITA NON CANTAT?

Albert Recasens
La Grande Chapelle / Lauda

Tradicionalmente, se ha subrayado la presencia de un *xiqin* o clavicémbalo entre los regalos que presentaron Matteo Ricci (1552-1610) y Diego de Pantoja (1571-1618) al emperador Wanli en la embajada del 24 de enero de 1601. La práctica de ofrecer instrumentos de teclado en las visitas diplomáticas está documentada desde el siglo XIII. Los obsequios fueron del agrado del emperador, que ordenó que cuatro eunucos aprendieran a tocar el instrumento, tarea que recayó en Pantoja, que había recibido una rápida formación en Nanjing dos años antes de la mano de Lazzaro Cattaneo (1560-1640). Al cabo de un mes, tras las clases diarias de Pantoja, los eunucos habían aprendido a tocar el clave. Ricci compuso entonces sus «*otto compositioni brevi in lettera cinese*» que fueron publicadas y alcanzaron gran popularidad.[1] La embajada de Ricci y Pantoja fue un éxito y los misioneros jesuitas obtuvieron permiso del emperador para

---

[1] D'Elia, P., (1955), «Musica e canti italiani a Pechino (marzo-aprile 1601)», *Rivista degli Studi Orientali*, 30, pp. 131-145.

establecerse en Pekín.[1]

Sin embargo, no debemos olvidar otro importante dato que aporta Tao Yabing relacionado con la música en estos primeros años. En sus cartas, Matteo Ricci afirma que en su pequeña iglesia de Pekín se cantaron misas acompañadas al clave en 1605.[2] El jesuita no proporciona más información sobre el tipo de técnica o estilo musical adoptado. En los templos católicos de finales del siglo XVI y de principios del XVII, existía una amplia gama de modos de interpretar la música vocal litúrgica: canto llano, polifonía, el estilo policoral o monodía moderna, siendo los dos primeros los más habituales. Por sus propias características técnicas y ante la ausencia de efectivos musicales suficientes, es evidente que los primeros misioneros jesuitas no podían haber cantado misas en estilo policoral, que opone dos o más bloques sonoros. El empleo del clave como acompañamiento musical pone en evidencia que podía tratarse de canto polifónico, ya que no era habitual en esta época la armonización del canto gregoriano como ocurrió en siglos posteriores. Canto llano y polifonía podían haberse alternado en la interpretación de las misas, salmos o himnos, en la técnica conocida como *alternatim*. Es plausible, además, que el canto llano hubiera sido sustituido en ocasiones por el fabordón, es decir, la armonización homofónica a varias voces a partir de un canto gregoriano preexistente, un procedimiento frecuente en la Edad Moderna que cita el propio Ignacio de Loyola.[3]

---

[1] Woodfield, I., (1990), «The Keyboard Recital in Oriental Diplomacy, 1520–1620», *Journal of the Royal Musical Association*, 115, pp. 33-62; Lindorff, J., (2004), «Missionaries, Keyboards and Musical Exchange in the Ming and Qing Courts», *Early Music*, 32, pp. 405-414.

[2] Yabing, T., (1992), *Researches on the historical materials of musical exchange between China and the Western world before 1919* [in Chinese], Diss., Central Conservatory of Music, p. 32.

[3] Jorquera Opazo, J. L., (2016), *Presencia de la música en la Compañía de Jesús de Madrid durante la primera mitad del siglo XVII*, tesis doctoral de la Universidad Autónoma de Madrid, p. 103.

La mención a la utilización del clavicémbalo en el acompañamiento de la música vocal sacra no deja de sorprender. El instrumento predilecto para solemnizar las festividades de los templos católicos, ya fuera en las misas como en las horas litúrgicas, era, naturalmente, el órgano. Matteo Ricci fue, precisamente, el introductor del órgano de tubos en China.[1] Tenemos constancia de que llegó a construirse un órgano de este tipo en Macao hacia 1599/1600. En junio de 1599, Lazzaro Cattaneo fue enviado a Macao para recoger ese el instrumento, que formaría parte de los regalos que se pretendían ofrecer a la corte imperial Ming. El órgano nunca llegó a Nanjing, ya fuera por los retrasos en la construcción o por las dificultades de transporte. A finales de 1600 o principios de 1601, el escritor chino Wang Linheng (王临亨; 1548-1601) describió un órgano positivo que había visto en Macao, muy similar al que habían encargado los jesuitas, posiblemente otro instrumento para uso local. Aunque podemos suponer que el motivo principal por el que los jesuitas eligieron un órgano como regalo fue su consideración de artilugio, verdadero ejemplo de innovación tecnológica, no podemos olvidar su utilidad musical en el ámbito del servicio litúrgico. En el contexto de la interpretación musical de la época, Ricci y sus compañeros jesuitas considerarían más lógico el empleo de un órgano positivo que un clavicémbalo para el acompañamiento de la misa. Prueba de ello es la utilización de un órgano el funeral del propio Matteo Ricci celebrado en Zhalan (parte occidental de Pekín) el 1 de noviembre de 1611: «*Missa quo potuit pompa celebrate est, organo aliisque musicis instrumentis*».[2] Nada se conoce de ese instrumento, excepto que tuvo que ser un órgano positivo por las reducidas dimensiones de la estancia, si se construyó *in situ* o fue

---

[1] Saffle, M., Yang, H.-L. (2017), *China and the West: Music, Representation, and Reception*, Ann Arbor: University of Michigan Press, pp. 21-24.

[2] D'Elia, P. M., (1942), *Fonti ricciane. Documenti originali concernenti Matteo Ricci e la storia delle prime relazioni tra l'Europa e la Cina (1579-1615)*, 2, Roma: Libreria dello Stato, p. 626.

traído de Europa, de India o Filipinas —donde ya se había desarrollado una actividad organera. Como ha apuntado David F. Urrows, el primer órgano de Zhalan posiblemente era importado, ya que ninguno de los primeros misioneros disponía de conocimientos suficientes de construcción de órganos.[1]

En todo caso, el testimonio epistolar de Matteo Ricci y la noticia de la misa de difuntos cantada en sus exequias demuestran que en sus primeros años en Pekín los jesuitas no solo interpretaron música puramente instrumental sino que cultivaron música vocal sacra con acompañamiento. Para tratar de acercarnos al posible repertorio cantado será interesante abordar el contexto musical que conocieron Ricci y Pantoja en sus años de formación, desarrollada en Italia y en España en el último tercio del siglo XVI. Será necesario examinar primero las implicaciones musicales de la Contrarreforma, para centrarnos después en el marco concreto de los colegios de la Compañía de Jesús.

La música sacra católica de la segunda mitad del siglo XVI y de principios del siglo XVII está caracterizada por las reformas impulsadas por el Concilio de Trento (1545-1563). En las sesiones de septiembre de 1562, se impuso la idea de que había que suprimir los elementos profanos de la música religiosa y «desterrar de la iglesia toda música que contenga ya sea en el canto, o en la ejecución al órgano, algo lascivo o impuro». No obstante, la orden conciliar que conllevaría más consecuencias fue la que dictaminaba que: «todo el sistema de canto que utiliza los modos musicales ha de establecerse no para dar placer vacío al oído, sino para

---

[1] Urrows, D. F., (2012), «The Music of Matteo Ricci's Funeral: History, Context, Meaning», *Chinese Cross Currents,* 9, pp. 104-115; Saffle, M., Yang, H.-L. (2017), *China and the West: Music, Representation, and Reception,* Ann Arbor: University of Michigan Press, p. 26.

que las palabras puedan comprenderse...».[1] Ello supuso el rechazo del estilo contrapuntístico que había sido predominante en las iglesias católicas desde 1400 puesto que entorpecía la comprensión del texto. La defensa de la inteligibilidad del texto y el rechazo de estilo *savant* imitativo eran parte de la batalla que estaba librando el humanismo de la época y que, esencialmente, se reduce a la cuestión de definir la relación entre la música y la palabra. El cardenal Carlo Borromeo, arzobispo de Milán, impulsor de la Contrarreforma y responsable del comité encargado de promulgar los decretos sobre música del concilio, escribía a su vicario en la catedral de Milán: «Hable con el maestro de la capilla y dígale que haga una reforma en la manera de cantar, de modo que las palabras sean lo más inteligibles posible, como ordena el concilio» (carta del 20 de enero de 1565). El maestro de capilla del *duomo* milanés al que se refiere Borromeo, el compositor Vicenzo Ruffo, en el prefacio de la colección *Missae quatuor concinate ad ritum Concilii Mediolani* (Antonio Antoniano, 1570), afirmaba que compuso «*ut syllabarum numeri, simulque voces et modi ab auditoribus piis plane et perspicue noscerentur ac perciperentur*» («de modo que el número de sílabas y las voces y las notas, juntos llegasen a los devotos oyentes con claridad»). Con la reforma tridentina, por tanto, se impondría el estilo homofónico-silábico, aunque los grandes compositores eclesiásticos siguieron recurriendo a piezas profanas para sus misas y empleando el estilo contrapuntístico. El espíritu de la Contrarreforma se hizo sentir, en lo musical, en el desarrollo de nuevos géneros como el *madrigale spirituale*, la *lauda* o la *missa brevis*, en los que primaba un estilo sencillo destinado a despertar la piedad de los fieles.

La mayor influencia del Concilio de Trento en la música hay que buscarla, sin embargo, en la revisión de la liturgia y del canto llano. El

---

[1] Cita tomada de Atlas, A. W., (2002), *La música del Renacimiento: la música europea occidental, 1400-1600*, (*Akal música,* 2), traducido del inglés por J. González-Castelao, Madrid: Akal, p. 652.

propio maestro de la capilla pontificia, Giovanni Pierluigi da Palestrina (*ca*. 1525-1594) y el cantante de la Sixtina Annibale Zoilo (*ca*. 1537-1592), recibieron del papa Gregorio XIII el encargo de «revisar, purgar, corregir y deformar los libros de cantos» (carta del 25 de octubre de 1577). Palestrina, considerado el compositor más importante de música sacra del siglo XVI, desarrolló prácticamente toda su carrera al servicio de tres iglesias de Roma. Se había educado musicalmente en Santa Maria Maggiore bajo la dirección de los franceses Robin Mallapert y Firmin Le Bel. En 1551, fue nombrado *magister cantorum* de la Cappella Giulia de San Pedro. Tras ser cesado en 1555 de la Capilla Sixtina —de donde fue cantante durante un breve período— por Pablo IV, ocupó el puesto de *maestro di cappella* de San Giovanni in Laterano hasta 1560. Desde 1561 a 1565 trabajó de nuevo en Santa Maria Maggiore. Tras un paréntesis al servicio del cardenal Hipólito II de Este, sucedió a Giovanni Animuccia como maestro de la Cappella Giulia (1571), donde permaneció hasta su muerte. La extensa producción de Palestrina, principalmente misas y motetes, se convirtió en modelo de perfección compositiva para las siguientes generaciones de músicos católicos.

En los años romanos de Matteo Ricci [1568-1577] y Lorenzo Cattaneo [1581-1588], destaca la figura de San Felipe Neri (1515-1595), alrededor del cual se había formado una congregación de sacerdotes laicos que vivían en comunidad bajo obediencia y cuyo objetivo era la oración, la predicación y la administración de los sacramentos. Durante las reuniones o ejercicios espirituales que organizaba la Congregazione dell'Oratorio, en las que se oraba y se leían vidas de los santos, se cantaban *laude spirituali*, género en lengua vernácula y expresión genuina de la Contrarreforma que conoció un auge espectacular en el último tercio del siglo XVI. Las colecciones de laudas compiladas por Giovanni Animuccia, el español Francisco Soto de Langa o Giovenale Ancina, no solo se interpretaron en el ámbito de la congregación del oratorio de Neri sino también en iglesias y colegios de la Compañía de Jesús. Las laudas espirituales se ejecutaban en el contexto de los ejercicios devocionales y didácticos desde los primeros años de la compañía. Diego (Giacomo) de Ledesma (1524-1575), activo en Roma desde 1559-1560 y autor de la importante *Dottrina cristina* —cuya primera edición (1566-1568) se ha perdido—, asignaba un papel importante a la música desde el punto de vista pedagógico. En su *Modo per insegnar la dottrina christiana* de 1573 animaba a enseñar el catecismo mediante el uso del *recitar cantando* («*si per ché più si conferma la memoria col canto*») y aconsejaba integrar las nuevas formas vocales: «*Senza queste rime e canzoni si procede fredamente nella Dotrina et con assai manco frutto, come per esperienza si vede*». Además, fueron abundantes las publicaciones de laudarios jesuitas en Roma y Nápoles en el cambio de siglo, a veces editados junto con la *Dottrina cristina*.

Ya ha sido puesta de relieve la importancia del Colegio Romano en la educación de Matteo Ricci, principalmente en lo que respecta a las disciplinas matemáticas.[1] La dirección del Seminario, instituido por el papa Pío IV en 1564 tras el decreto tridentino, fue encomendada a los jesuitas. Estaba destinado también a los *convittori* laicos y nobles que no deseaban seguir la carrera eclesiástica. Ricci estudió en el Seminario Romano entre septiembre de 1572 y mayo del 1577, antes de su marcha a Lisboa. Durante esos cincos años, tuvo como profesor de teología a Diego de Ledesma que le habría familiarizado con práctica laudística y el recitar cantando del catecismo. Sin embargo, no se ha reparado lo suficiente en el hecho de que Ricci tuvo que codearse con dos de los grandes protagonistas de la música post-tridentina: Giovanni Pierluigi da Palestrina y Tomás Luis de Victoria. En 1566, tras dejar su puesto en Santa Maria Maggiore, Palestrina aceptó el cargo de maestro de capilla en el recién erigido Colegio Romano, donde

---

[1] Baldini, U., (2013), «Matteo Ricci nel Collegio Romano (1572-1577): cronologia, maestri, studi», *Archivum Historicum Societatis Iesu*, 82, pp. 115-164.

cuidó asimismo de la educación de sus hijos.[1] Palestrina se convirtió de este modo en la figura central de la educación musical en Roma. El abulense Tomás Luis de Victoria (1548-1611), destinado a convertirse en uno de los compositores españoles más internacionales, fue alumno de Palestrina en el seminario y le sucedió en el cargo de maestro de capilla en 1573, con tan solo 25 años. En la colección de motetes publicados el año anterior,[2] Victoria demostraba un prodigioso dominio de los recursos retóricos y expresivos para alcanzar una intensidad emocional que ha sido comparada a la de los ejercicios espirituales de San Ignacio y de Jerónimo Nadal. Existe constancia documental de la práctica musical de la institución jesuita: los *Annali del Seminario Romano* del padre Girolamo Nappi (1584-1648) recogen que se cantaban motetes tras el Credo o durante la Elevación de las misas celebradas en el colegio; en 1587, los estudiantes cantaban dos motetes en la liturgia privada del seminario. Durante su estancia en el colegio, Matteo Ricci tuvo que beneficiarse en mayor o menor grado de los conocimientos musicales —prácticos o teóricos— de Palestrina y Victoria, dos de los mayores compositores del Renacimiento europeo.

El otro gran seminario de Roma, el Collegio Germanico, regentado igualmente por la Compañía de Jesús desde su fundación (1552), fue un importante centro de formación destinado principalmente a los futuros

---

[1] Casimiri, R., (1935), «Disciplina musicae' e 'maestri di capella' dopo il Concilio di Trento nei maggiori istituti ecclesiastici di Roma: Seminario romano–Collegio Germanico–Collegio Inglese (secoli XVI-XVII)», *Note d'archivio per la storia musicale*, 12, p. 17 et s.

[2] *Thomae Ludovice de Victoria. Abulensis. Motecta, quae partim quaternis, partim quinis, alia senis, alia octonis vocibus concinuntur.* Venetijs apud filios Antonij Gardani, 1572.

sacerdotes de habla alemana.[1] Como en el caso del Colegio Romano, pensionistas de varias nacionalidades y condiciones eran admitidos para el mantenimiento de la institución. Uno de estos *convittori* fue, precisamente, Tomás Luis de Victoria, que ingresó en el colegio en 1565. Tras ejercer de organista en Santa María de Montserrato, trabajó como profesor de música de los internos desde 1571. En 1575, cuando el colegio se trasladó del palacio della Valle al palacio de San Apollinare, donado a los jesuitas por el papa Gregorio XIII, Victoria fue nombrado *musicae moderator* del Collegio Germanico.

La relevancia de los músicos adscritos a los colegios romanos en el último tercio del siglo XVI justifica la cuestión sobre la actitud de los jesuitas hacia la música. Se ha afirmado que en sus inicios la Compañía adoptó posiciones antimusicales: *Jesuita non cantat*. En las constituciones de la orden de 1540 figuran, en efecto, varias restricciones como la prohibición del canto durante el oficio divino o la utilización de instrumentos en los centros jesuitas.[2] Sin embargo, Ignacio de Loyola no fue contrario a la música. Se mostró gradualmente flexible, si bien fue partidario de que los sacerdotes no dedicaran demasiado tiempo a la preparación musical, ya que ello podía ir en detrimento de las obligaciones de su ministerio. En 1555-1556, Ignacio autorizó, por ejemplo, el canto en el oficio divino o en la misa que le exigían los feligreses de Córdoba o Simancas. En sus primeros años, la orden jesuita acabó aplicando criterios pragmáticos: toleró la música en los servicios de iglesias y parroquias,

---

[1] Culley, T. D., (1970), *Jesuits and music. A study of the musicians connected with the German College in Rome during the 17th century and of their activities in Northern Europe*, (Sources and Studies for the History of the Jesuits, 2), Roma-St Louis: Jesuit Historical Institute.

[2] Culley, T. D. y McNaspy, C. J., (1971), «Music and the Early Jesuits (1540-1565)», *Archivum Historicum Societatis Iesu,* 40, pp. 213-245; O'Malley, J. W., (1995), *Los primeros jesuitas*, Bilbao-Santander: Mensajero-Sal Terrae.

mientras que optó por un acompañamiento funcional en las reuniones y asambleas.[1] Por otro lado, las misiones jesuíticas, particularmente las de Brasil y las de la India, supusieron un cambio en la visión de la música, que a partir de ese momento se consideró importante en la educación cristiana de los nativos.

Mientras que en los dos colegios jesuitas romanos se contempló un programa musical destinado a los *convittori*, los seminaristas tuvieron que esperar al reglamento de Michele Laurentano, rector del Collegio Germanico de 1573 a 1587, para que se otorgara un importante papel a la música. En el reglamento de Laurentano se recogían, por ejemplo, los distintos modos de canto, en canto llano (gregoriano), fabordón y polifonía, así como el uso del órgano y de otros instrumentos.[2] Gracias al extraordinario nivel artístico, las instituciones jesuitas romanas ejercieron una enorme labor de difusión del nuevo estilo musical en varios países europeos, principalmente Alemania, Francia y España. Giacomo Carissimi (1605-1674), maestro del Collegio Germánico a mediados del siglo XVII y célebre compositor de oratorios, contribuyó decisivamente a la difusión del nuevo estilo barroco en Europa gracias a la labor de sus alumnos Bernhard, Charpentier y Kerll. Del mismo modo, la penetración de la modernidad musical en la península Ibérica no se puede concebir sin la influencia de Tomás Luis de Victoria, que regresó a su país en 1584 para trabajar al servicio de la hermana del rey Felipe II, la emperatriz María de Austria, en el convento de las Descalzas Reales de Madrid.

* * *

---

[1] Kennedy, F., (1996), «Jesuit Colleges and Chapels: Motet Function in the late Sexteenth and early Seventeenth Centuries», en *Archivum Historicum Societatis Iesu*, 65, pp. 197-213.

[2] Culley, T. D., *Jesuits and music, op. cit.*, pp. 76 et s.

El ambiente espiritual en el que se formó Diego de Pantoja en España no distaba tanto del de Roma. Felipe II defendió a ultranza las reformas tridentinas en sus territorios y los jesuitas desempeñaron igualmente un papel pedagógico de primera importancia.

Diego de Pantoja ingresó en 1589 en el colegio de Alcalá de Henares, perteneciente, como su Valdemoro natal, al arzobispado de Toledo.[1] Al año siguiente, Pantoja fue enviado a la Casa de Probación o noviciado de Villarejo de Fuentes (Cuenca). En 1593, prosiguió sus estudios en el colegio jesuita de Plasencia. Entre 1593 y 1596 residió en Toledo, donde conoció a Gil de la Mata, superior de la provincia de Japón, y a Luis de Guzmán, el arzobispo de Toledo y su guía espiritual, que le animó a iniciar su misión evangélica en Oriente.

La etapa de formación de Pantoja se circunscribió, por tanto, a la provincia jesuítica de Toledo, que ocupaba un amplio territorio que se extendía desde la frontera de Portugal hasta Murcia. El colegio de Alcalá de Henares funcionaba como centro neurálgico puesto que estaba a medio camino entre la casa extremeña (Plasencia) y las instituciones conquenses (Huete, Cuenca y Villarejo).[2] Alcalá tenía un alto valor simbólico para los jesuitas: en su universidad cisneriana habían estudiado Ignacio de Loyola y sus compañeros de primera hora Diego Laínez, Alfonso Salmerón y Nicolás de Bobadilla; allí habían construido su primer edificio (1553). La mayoría de fundaciones jesuíticas de la provincia toledana irradiaron desde

---

[1] Moncó Rebollo, B., (2004), «Un madrileño en Pekín: el caso de Diego de Pantoja», *Segundo Congreso del Instituto de Estudios Históricos del Sur de Madrid «Jiménez de Gregorio»: 22, 23 y 24 de octubre, 2004*, [Alcorcón]: I.E.H.S.M. «Jiménez de Gregorio», pp. 131-137.

[2] Martín López, D., (2016), *Religión, poder y pensamiento político en la monarquía hispánica. Los jesuitas de la provincia de Toledo (1540-1620)*, tesis doctoral dirigida por Francisco José Aranda Pérez, Universidad de Castilla-La Mancha.

la sede de Alcalá, que había recibido la protección de Leonor Mascareñas, aya de Felipe II. Solo a principios del siglo XVII adquirieron importancia el colegio, el noviciado y la casa profesa de Madrid gracias a la protección real o nobiliaria, particularmente de Ana Félix de Guzmán, marquesa de Camarena, y Francisco Gómez de Sandoval, duque de Lerma, nieto de Francisco de Borja. Los colegios de la provincia jesuita de Toledo presentaban una estructura de estudios similar a la que más adelante establecería el *Ratio studiorum* (1599), con los cinco grados en los que se desarrollaban los estudios de latinidad, gramática y retórica. Si bien no hemos hallado pruebas de que los jesuitas toledanos tuvieran alguna cátedra de música o de canto para los estudiantes tal como sucedía en Roma, es fácil suponer que hubo algún tipo de enseñanza musical.

Disponemos, por el contrario, de multitud de información sobre la participación de los estudiantes del Colegio de Madrid (posteriormente Colegio Imperial) en las representaciones dramáticas —diálogos, coloquios, comedias— y en las grandes celebraciones religiosas madrileñas, aunque las fuentes pertenecen mayoritariamente al siglo XVII.[1] Entre las ceremonias que tuvieron lugar en el colegio madrileño destacan las honras fúnebres que se organizaron en abril de 1603 a la muerte de la emperatriz María,[2]

---

[1] Simón Díaz, J., (1992), *Historia del Colegio Imperial de Madrid (del estudio de la Villa al Instituto de San Isidro: años 1346-1955)*, Madrid, Instituto de Estudios Madrileños. Para las relaciones impresas: Simón Díaz, J., (1989), «El Colegio Máximo Complutense y el Colegio Imperial de Madrid: sus relaciones», en *La compañía de Jesús en Alcalá de Henares (1546-1989)*, Alcalá de Henares: Institución de Estudios Complutenses, pp. 35-48. Véase Bartolomé Martínez, B., (1995), «Educación y humanidades clásicas en el Colegio Imperial de Madrid durante el siglo XVII», *Bulletin Hispanique*, 97, pp. 109-155.

[2] *Libro de las honras que hizo el Colegio de la Compañía de Jesús de Madrid a la M. C. de la Emperatriz doña María de Austria fundadora del dicho Colegio, que se celebraron a 21 de abril de 1603*, Madrid, Luis Sánchez, 1603.

la gran benefactora de la institución, para las que Tomás Luis de Victoria compuso el célebre *Officium defunctorum*, publicado dos años más tarde en la Typografia Regia. Las relaciones de fiestas de las décadas siguientes recogen asimismo numerosos actos relacionados con la beatificación de santos y las efemérides de la casa real, que se solemnizaron con música. Algunos de los compositores y músicos más importantes de las capillas madrileñas participaron en estas fiestas.

Más escasas son las noticias que han llegado hasta nosotros sobre la práctica musical en las instituciones jesuitas españolas en el siglo XVI. Las constituciones de Magdalena de Ulloa en favor de la capilla de San Luis en Villagarcía del Campo (1595), en la provincia de Castilla, contemplaban «la interpretación en canto llano y en polifonía en las misas de la Compañía», que posiblemente corriera a cargo de los propios jesuitas.[1] Se conserva asimismo el testimonio de un feligrés de Alcalá de Henares que exigía al padre Bernardo Velasco que pusiese remedio a «las misas y vísperas que se cantan los días solemnes en ese col[egi]o» (1 de julio de 1602).[2] En las congregaciones de la Anunciación y de la Inmaculada del Colegio Imperial, formadas por estudiantes, consta la presencia de libros de canto llano, de polifonía e instrumentos musicales que se hallaban en las capillas.[3]

No obstante, la localización de un importante manuscrito musical en el inventario de la biblioteca del Colegio de Alcalá de Henares demuestra el desarrollo de una práctica musical en los centros jesuíticos de la provincia toledana de principios del siglo XVII. Se trata de la colección *Romances y letras a tres voces*, fechada entre 1600-1610 y conservada actualmente en la Biblioteca Nacional,[4] que contiene 133 obras poético-musicales para tres voces, tanto en lengua castellana como en latín, de compositores

---

[1] Jorquera Opazo, J. L., *op. cit.*, p. 169.
[2] Jorquera Opazo, J. L., *op. cit.*, p. 182.
[3] *Ibidem*, p. 141-153.
[4] Biblioteca Nacional de España, sign. M. 1370, M. 1371 y M. 1372.

mayoritariamente anónimos. La vinculación de esta antología con la Compañía, que ya había sido apuntada por Jesús Bal y Gay en los años 1930, ha sido defendida recientemente por Juan Lorenzo Jorquera. Los elementos en los que basa su tesis son: la mencionada procedencia alcalaína del manuscrito, los nombres de los copistas musicales y, sobre todo, la anotación en uno de los cuadernos: «Al Humilde Manzanares de nro. S[anto]. P[adre]. Ign[aci]º *Heu quam sorder [sic] terra ett.*ª», vinculada tradicionalmente a Ignacio de Loyola.

Varias indicaciones musicales de los *Romances y letras* sugieren que los «tonos» debieron de interpretarse con acompañamiento de guitarra. Las obras latinas como el salmo *Laudate Dominum* del compositor romano Ruggiero Giovannelli podían haber sido acompañadas con el órgano, como sugiere la existencia de este instrumento en las dependencias de las congregaciones marianas del Colegio Imperial. Aunque pertenezca a una década posterior al período de formación de Diego de Pantoja, el manuscrito *Romances y letras a tres voces*, la fuente de música jesuita española más importante conocida hasta ahora, pone en evidencia que los colegiales alcalaínos estaban familiarizados con la práctica musical e interpretaron un repertorio devocional no muy alejado del que propugnaba la Contrarreforma.

Por último, no podemos obviar la importancia musical de Toledo, la ciudad a la que se trasladó Pantoja antes de partir a Portugal. La «Roma Hispanica» (Fernando de Herrera Vaca) era en ese momento la urbe legendaria en la que se habían desarrollado de manera extraordinaria las ciencias, las artes, las letras y la imprenta. En el último tercio del siglo XVI, un selecto grupo de humanistas formado por Antonio de Covarrubias, Diego de Castilla, deán de la catedral de Toledo, y su hijo Luis de Castilla, arcediano de Cuenca, dinamizaron el ambiente cultural de la ciudad, donde pasó su destierro Lope de Vega (1590-1592) y donde mantuvo su taller, desde 1577, El Greco (1541-1614). El mismo año en que Pantoja se estableció en Toledo (1593), el célebre compositor Alonso Lobo (1555-1617) fue contratado por la catedral, donde ocupó los cargos de cantor y maestro de capilla. Natural de Osuna, Lobo se había formado con el gran Francisco Guerrero (1528-1599) en la catedral de Sevilla.

La capilla musical de la catedral de Toledo debía garantizar la solemnidad del culto divino en la sede primada. La música era un elemento esencial de la imagen del poder espiritual y terrenal de la Iglesia. Los estudios de los últimos años, particularmente del musicólogo francés François Reynaud, han puesto de relieve que, en las grandes festividades toledanas, la música con instrumentos era más frecuente que el canto polifónico *a cappella*, característico de la escuela vaticana y romana. La contratación de instrumentistas o «ministriles» se había iniciado en las catedrales de Sevilla (1526) y Toledo (1531). En 1602, por ejemplo, figuran nada menos que diez instrumentistas asalariados (cornetas/chirimías, sacabuches, bajones). Ignoramos si alguno de los «*musicis instrumentis*» que se utilizaron en las exequias «con pompa» de Matteo Ricci de 1611 podían pertenecer a alguno de estos instrumentos de viento, ajenos por otra parte a la práctica funeraria (excepto el bajón).

Gracias a los directorios de coro y ceremoniales, como el de Juan Chaves Arcayos (principios del siglo XVII) o el *Memorial* de 1604, se conoce en detalle la asistencia de los tañedores de instrumentos y organistas a cada festividad religiosa. El repertorio musical toledano iba más allá del compuesto por el maestro de capilla: el cabildo disponía de una rica biblioteca musical y fue adquiriendo libros manuscritos o impresos de afamados polifonistas hispanos como Francisco Guerrero, Rodrigo de Ceballos, Tomás Luis de Victoria (libros de 1585, 1592 y 1600), Juan Navarro (1590) o el músico de la corte Philippe Rogier (1598). Diego de Pantoja tuvo que escuchar la música de Alonso Lobo y los principales músicos de la época en algunas de las múltiples fiestas, ceremonias o procesiones religiosas organizadas por la catedral toledana o por algunos de los monasterios, conventos, hospitales, cofradías o parroquias urbanas a las que eran invitados los cantores e instrumentistas de la capilla catedralicia.

La efervescencia musical de los dos grandes centros de la cristiandad, Roma y Toledo, donde sirvieron maestros y compositores de primer orden en pleno ímpetu contrarreformista, y la importancia de la música y la práctica musical en los colegios jesuíticos permiten acercarnos de otro modo a la visión musical que tuvieron los pioneros de la misión jesuita en China.

Panel III
Las relaciones entre China y España de los siglos XIX y XX: Diplomáticos, comerciantes, aventureros e idealistas

(1)

INTRODUCCIÓN

Alfonso Wei
Universidad de Economía y Comercio Internacional

El profesor José Eugenio Borao Mateo, de la Universidad Nacional de Taiwán, con el artículo titulado *Españoles en China en la primera mitad del siglo XX ante la muerte y el duelo,* nos ha descrito las confusiones y conflictos de los españoles en el Imperio Central, frente a los rituales funerarios de estilo chino (especialmente los de las zonas rurales), desde el siglo XVI (con los misioneros jesuitas Francisco Javier y Diego de Pantoja como ejemplos) hasta la primera mitad del siglo XX. Borao traza detalladamente cómo se enterraron los católicos españoles tras su muerte en China, según el rito católico pero con características chinas, y expresiones del duelo en circunstancias excepcionales, descubriendo una historia oculta de los intercambios culturales entre China y España.

El investigador David Martínez-Robles, profesor de la Universitat Oberta de Catalunya, se centra en la experiencia casi legendaria del primer cónsul español en Pekín, Sinibaldo de Mas. Utilizando como fuente los materiales del «Archivo China España, 1800-1950», Martínez-Robles nos revela el inicio de las relaciones diplomáticas y políticas entre España y China en el siglo XIX. Durante su estancia en China, Mas instó al Gobierno español a que firmara el primer tratado con la dinastía Qing, insistiendo en que España debería abrir los puertos de China para promover su propio desarrollo. Más tarde, debido a su buena relación con el Gobierno Qing, fue nombrado representante chino en Portugal.

Ning Siwen, profesora de la East China Normal University, explica cómo destacados representantes de la literatura española del siglo XIX, Juan Valera y Emilia Pardo Bazán, muestran una visión utópica de China. Por un lado, Valera, con un enfoque arqueológico de alguna manera anacrónico, utiliza los estereotipos occidentales sobre la China de la dinastía Qing en la prensa o la opinión pública, para dar un alcance de conflicto geopolítico a los argumentos de su obra. Por otro lado, la escritora Pardo Bazán, de manera *ahistórica*, rompe las limitaciones del tiempo y del espacio abarcando el pasado y el presente, *transfronterizando* Oriente y Occidente.

El arquitecto e investigador Álvaro Leonardo rescata la figura del primer arquitecto español en China, Abelardo Lafuente, y arroja luz sobre su contribución al desarrollo de la arquitectura moderna en Shanghái. A pesar de la numerosa y desigual competencia de arquitectos británicos, franceses y norteamericanos, Lafuente, con su empeño y creatividad, nos dejó no pocas obras magistrales en sus casi dos décadas en la gran metrópoli china. En este texto se detallan sus primeros años y proyectos construidos en la ciudad, tales como el Cine Olympic, el Star Garage o el primer inmueble en estilo neoárabe español, la Vivienda para Mr. French, que suponen los inicios de una carrera sin igual y que lo han convertido en el arquitecto español más renombrado del siglo XX en China.

En resumen, las relaciones entre China y España resurgen en el siglo XIX. Gracias a la atracción de políticos, arquitectos y profesionales españoles por ciudades tan cosmopolitas como Pekín y Shanghái, los intercambios culturales entre China y España, que se habían interrumpido en el siglo XVIII, se restablecieron entonces, sentando una base sólida para el desarrollo futuro de las relaciones bilaterales.

(2)

ESPAÑOLES EN CHINA EN LA PRIMERA MITAD DEL SIGLO XX: ANTE LA MUERTE Y EL DUELO

José Eugenio Borao Mateo
Universidad Nacional de Taiwán

La historia de españoles en China y la de su correspondiente intercambio cultural ha sido objeto de varios estudios, especialmente sobre diplomáticos, políticos y escritores, por lo que el trabajo que ahora presentamos no es de este tipo convencional. Intentaremos conocer el modo en que los españoles residentes en China enfrentaban su vida al momento de la muerte, tanto de la propia o de la de gente próxima o familiar, así como a otros asuntos relacionados con la misma, como el duelo o la herencia; y, a su vez, veremos en qué medida hubo en todo ello algún tipo de intercambio cultural. Pensamos que este ángulo no está lejano a la vida de Diego de Pantoja, ya que él mismo tuvo que resolver el problema del entierro de Matteo Ricci, lo cual hizo —en compañía del jesuita italiano De Ursis— con gran iniciativa e inteligencia, así como con la consecuencia posterior del establecimiento del cementerio de Zhalan (栅栏) siguiendo el estilo chino (Mateos, 2010: 54-57). Irónicamente, poco parece saberse acerca de la muerte de Pantoja, ya que tras su llegada a Guangzhou en agosto de 1617 apenas hay más detalles de su vida, salvo que pocos meses después fue expulsado definitivamente a Macao y en enero de 1618, o más probablemente el 9 de julio de 1618, falleció en esta colonia portuguesa fruto de una enfermedad mientras esperaba una improbable respuesta del emperador Wanli que le permitiera volver a entrar en China (Zhang, 1997: 141).

1. ANTECEDENTES

1. 1. Siglo XVI: Un caso excepcional, la muerte de San Francisco Javier

Remontándonos un poco en el tiempo podríamos decir que el primer español fallecido en el Celeste Imperio fue San Francisco Javier, en la isla de Shangchuan (上川) el 3 de diciembre de 1552 mientras esperaba entrar en China. Había salido de Goa acompañado por seis de sus inmediatos colaboradores: el P. Baltasar Gago, el estudiante Álvaro de Ferreira, los hermanos Alcáçova y Duarte de Silva, el sirviente indio Cristóbal y por último el joven chino Antonio, que haría de intérprete, ya que hablaba portugués y sabía algo de latín (Mateos, 2003: 108). En Sangchuan se quedaron con él estos dos últimos mientras que los demás siguieron hacia Japón. La muerte por enfermedad de este misionero, legado pontificio para todas las tierras situadas al este del cabo de Buena Esperanza y provincial de los jesuitas, se dio en un lugar remoto en la circunstancia de una larga espera para una entrada clandestina en China, acompañado por solo dos conversos, el indio (Cristóbal) y el chino (Antonio), sin ni siquiera un sacerdote que le atendiera en los últimos momentos. Su cuerpo fue llevado después a Goa para ser enterrado allí, lo cual tuvo lugar en la primavera de 1554.

Podría parecer una muerte poco épica durante un viaje accidentado, pero lo que lo diferencia de todos los demás españoles que murieron en China es que su fama y leyenda crecieron a lo largo de los siglos siguientes a su muerte, tanto por los reconocimientos en la Iglesia católica,[1] como por su profusa presencia en pinacotecas[2] (a través del tema de su predicación a japoneses, o de la narración de su muerte), así como por la literatura creada a su alrededor,[3] que sin duda generó siglos después una peregrinación a su tumba. Curiosamente, los jesuitas que realmente entraron en China, como Ruggieri (1582), Ricci (1583), o el propio Pantoja (1599) no gozaron de tanto renombre como Francisco Javier, posiblemente porque este había sido el pionero que abrió a la Iglesia católica las misiones en Oriente, además de que su cuerpo se encontró incorrupto y fue canonizado en 1622.

1. 2. Siglos XVII y XVIII: Mártires dominicos en Fujian

Entre los españoles fallecidos en China en los siglos siguientes podríamos citar a los misioneros dominicos de Fujian. Así, en el siglo XVII, tendríamos casos como los de Tomás Sierra (1626) o Francisco Fernández de Capillas (1648). El primero y su compañero Angelo Cocci fueron los dos primeros dominicos que entraron en 1632 en Fujian desde Taiwán, pero fueron traicionados por los marineros que les transportaban, salvándose solo Cocci, que permaneció un breve tiempo en China (Borao, 2001: 154). El segundo padeció martirio en el norte de Fujian, siendo canonizado en el año 2000. En el siglo XVIII también hubo muertes como la del catalán Pedro Sanz, que padeció martirio en 1747. En 1728 había sido nombrado vicario apostólico de Fujian y dos años después obispo. Fue arrestado por

---

[1] Canonizado por el papa Gregorio XV (1622), patrono de todas las tierras al este del cabo de Buena Esperanza (1748), patrono de la Obra de la Propagación de la Fe (1904), patrono de las misiones (1927), patrono del turismo (1952), co-patrón de Navarra, etc.

[2] Fue representado, entre otros, por Murillo, Rubens, Zurbarán, Van Dyck, Luca Giordano, Goya, etc.

[3] Primero en la poesía castellana de Lope de Vega, Calderón, conde de Villamediana, Mira de Amescua, Guillén de Castro, etc. También en *El divino impaciente* (José María Pemán). Véase: Ignacio Elizalde

las autoridades imperiales en julio de 1746 con otros cuatro compañeros, Alcover, Serrano, Díaz y Royo, quienes fueron ejecutados después de Sanz. El papa León XIII los beatificó el 14 de mayo de 1893. No es aquí el lugar para detallar estas historias ocurridas con misioneros españoles en China en los siglos XVI, XVII y XVIII, sino de señalar, como dice Philippe Ariès que este tipo de muerte, con o sin martirio, corresponde al de la «muerte excepcional del santo», un tipo de muerte —diferente a la «muerte secular»— en donde «la muerte física es acceso a la vida eterna, por eso el cristiano está comprometido a aceptar la muerte con alegría, como un nuevo nacimiento» (Ariès, 1983: 19).

1. 3. Siglo XIX: Misioneros, diplomáticos, marineros

Entrando ya en el siglo XIX, la lista no solo aumenta, sino que se diversifica. Así, además de tener a otro dominico, Ángel Bofurull, que murió a avanzada edad en Xiamen en 1863, se dio el trágico caso del vicecónsul de España en Macao, Francisco Díaz de Sobrecasas, que murió asesinado a bordo del vapor de pasajeros de bandera británica Thistle, a finales de 1856, en su ruta de Hong Kong a Guangzhou, en el contexto del inicio de la Segunda Guerra del Opio. El vapor fue atacado por soldados Qing disfrazados de paisano que asesinaron a todos los extranjeros que encontraron a bordo e incendiaron luego el barco. Lo interesante del caso es que mientras los ingleses y franceses veían que el hecho debía mover a España a incorporarse a la guerra, en España se prefirió dar un perfil bajo al incidente, para no comprometer las Filipinas (Martínez Robles, 2018: 157).

Intentando buscar la tumba de Díaz de Sobrecasas en el cementerio de San Miguel de Macao, abierto pocos años antes de su muerte, no pudimos hallarla, quizás porque su cuerpo nunca pudo ser recuperado. Sin embargo, encontramos en dicho cementerio una tumba con una preciosa lápida, que sin duda oculta una historia trágica a la vez que entrañable. El epitafio reza lo siguiente: «Alfredo Olano, nació en Lima el día 5 de julio de 1870. Murió en la mar el día 24 de diciembre del mismo año. G.I.D.».[1] Sin duda Alfredo Olano debía de ser hijo del capitán Olano, el mismo que embarrancó en el norte de Taiwán con la barcaza española La Soberana en diciembre de 1863, y elevó luego un largo informe al consulado español de Xiamen para pedir compensaciones por el pillaje al que fue sometida la nave (Davidson, 1903: 181). También debe de ser el mismo A[lfredo?]. de Olano, del que *O Boletim do Governo de Macao* señalaba el 13 de febrero de 1865 que había partido el 6 de enero de ese año en dirección a El Callao, puerto de Lima, llevando en la barcaza General Prim a 182 pasajeros a bordo. No podemos asegurar que Olano fuese español o peruano, pero en cualquier caso tenía cierta vinculación con España, pues el último dato aparece dentro de la lista de barcos con emigrantes chinos a Perú o Cuba, en la cual el consulado español tenía un papel importante, pues Cuba aún era territorio español. Tampoco podemos saber con quién tuvo su hijo, y, caso de que fuera con su mujer, si esta residía en Lima o le acompañaba en sus viajes. Pero sí es seguro que cuando se embarcó con su hijo en El Callao, de vuelta a Macao, el niño apenas contaba con cinco meses, por lo que arriesgaba su vida en dicho viaje. Este avezado capitán, experimentado en el manejo de situaciones difíciles (como la de La Soberana, o el transporte de culíes), mal regalo tuvo en la noche de Navidad del año 1870, experimentado posiblemente ya cerca de Macao la muerte del hijo que casi seguro llevaba su mismo nombre.

---

[1] Las siglas G. I. D. podrían significar «Gloria In excelsis Deo» (Gloria a Dios en el cielo), que en algunos casos iban asociadas a las tumbas de niños.

Foto 1: Tumba de Alfredo Olano (1870), hijo del capitán de barco A.
Olano, que hacía la carrera Macao-Callao (Perú).
Cementerio de San Miguel en Macao.
Fuente: Foto del autor.

Por ello, al que aún no había cumplido medio año de existencia, decidió en su duelo, agravado por la responsabilidad de haberle embarcado, darle un digno entierro con una espléndida lápida sepulcral similar a otras de ese periodo con que se enterraba a personas de dilatada vida, e incrustando la ubicación del lugar de la muerte con un poético «la mar», lugar en que sin duda el propio capitán Olano no rehuiría morir.

Otro fallecimiento en China nuevamente de diplomáticos fue el del ministro de España, Tiburcio Faraldo, que murió en Shanghái el 24 de noviembre de 1875, sin que sepamos la causa de su deceso. Bofarull y Faraldo también contaron con gente cercana que consideró que esa muerte era digna de ser recordada. En el caso de Bofurull, muy probablemente algún miembro de la orden dominicana ofrecería la fotografía de su tumba a *La Ilustración Española y Americana*, que la reprodujo en forma de grabado en 1863. Era un homenaje a un misionero que había pasado en China una larga estancia, y había tenido una muerte natural en su vejez. Sin duda la reproducción de esta foto representa un homenaje especial ya que no existen imágenes semejantes en dicha revista ilustrada, la más relevante de esa época.

Foto 2: Grabado de la tumba del P. Ángel Bofurull cerca de Xiamen (Amoy).
Fuente: *La Ilustración Española y Americana*, 1863.

El caso de Faraldo fue diferente. Fue su sucesor quien encargó una fotografía de su tumba, a uno de los secretarios del Consulado General, Enrique de Otal y Ric, conocido por sus habilidades fotográficas. La foto se conserva en el legado de este diplomático, pero no tuvo quién la llevara a *La Ilustración Española y Americana*. La comparación de las tumbas de Bofurull y Faraldo, nos muestra ya una de las diferencias obvias del modo en que un misionero y un diplomático se acercaban a la realidad china, el primero moría en una tumba siguiendo el estilo chino en un área rural (cercana a Amoy, Xiamen) mientras que el segundo lo hacía siguiendo los patrones occidentales, en este caso franceses, en un cementerio próximo a una zona urbana, similar al que, por ejemplo, se erigiría poco después en

Jilong, tras la invasión francesa del puerto (1884-1885), en el contexto de la guerra entre China y Francia.

Foto 3: Tumba del embajador Tiburcio Faraldo en Shanghái (1875). Fuente: Legado de Enrique de Otal y Ric en el archivo de los Barones de Valdeolivos de Fonz, Archivo Histórico Provincial de Huesca (Documentos y Archivos de Aragón, Gobierno de Aragón).

Cinco años después murieron dos diplomáticos más por muerte súbita, el ministro plenipotenciario Carlos Antonio de España, que falleció en Pekín el 1 de octubre de 1880 a causa de las heridas recibidas al caer de un caballo, y el caso del cónsul en Shanghái, Alberto de Garay, que pereció diez días después ahogado en el muelle de Shanghái al volver de una inspección a la corbeta Doña María de Molina. Ambos merecieron una nota común en el *North China Herald* el 14 de octubre de 1880, explicando cómo fue el duelo para cada uno de ellos. En el caso de Carlos Antonio de España, el mismo día del accidente recibió la extremaunción, y al día siguiente de la muerte hubo un funeral en el Cementerio Misional al que asistieron todos los ministros extranjeros. Además, las banderas de los diversos consulados se pusieron a media asta en memoria del finado. Se da la circunstancia de que España había escrito un informe sobre los funerales chinos en abril de 1877, es decir tres años y medio antes de su muerte, y por el tono en que estaba escrito se veía claramente las dificultades de intercambio cultural funerario entre China y España. Aunque más respetuoso, pero menos profundo, fue el reportaje de un entierro aristocrático en Pekín que hizo hacia 1900 (posiblemente en 1903), Román Batlló Suñol, en donde describe de modo gráfico el proceso del entierro, con gran curiosidad, a veces con simpatía, pero siempre en la distancia.[1]

En el caso de Alberto de Garay, se menciona que hasta el día siguiente del accidente el cuerpo no pudo ser hallado, y que ese mismo día por la noche tuvo lugar el funeral en Shanghái al que asistieron todos los cónsules, así como prominentes residentes. El duelo oficial tuvo lugar al día siguiente, siendo incluso más pomposo que el de Carlos de España en Pekín, ya que además de ponerse igualmente todas las banderas consulares a media asta, lo hicieron las de las diversas guarniciones militares del puerto incluidas las de los chinos, así como las de los vapores ingleses y franceses. A su vez la noticia de la muerte de Garay, posiblemente para evitar sospechas, se deshace en detalles explicando cómo tuvo lugar el suceso —mientras saltaba de un sampán al pontón del puerto—, para dejar claro que se trató de un accidente, así como sugerir qué medidas debían tomarse para evitar algo parecido en el futuro. Posiblemente, otra de las razones inconscientes que debió de existir para dar una explicación satisfactoria de su muerte sería la pervivencia del tabú, señalado por Ariès, de que «la *mors repentina* estaba

---

[1] Una presentación moderna de dichos ritos: María Isabel Martínez Robledo, «Supersticiones y ritos funerarios en China», en Pedro San Ginés Aguilar (ed.), *Cruce de Miradas, Relaciones e Intercambios*, Colección Española de Investigaciones sobre Asia-Pacífico (CEIAP, Zaragoza, 2010), No. 3, capítulo 45. Publicaciones de la Universidad de Granada, pp. 719-733.

considerada como infamante y vergonzosa» (Ariès, 1983: 17). Un caso que merece la pena señalar es el de Pedro Florentino, un marinero español proveniente de Filipinas, que llegaría a Tamsui hacia 1856, en donde echó raíces, se casó con una china y formó una familia que dura ya varias generaciones. Es interesante constatar que si bien *sinicizó* su nombre, e incorporó su vida al mundo oriental, hasta de punto de que ahora no hay ninguna referencia hispana entre sus descendientes, él siempre se consideró extranjero, e incluso creó en su casa una provisional capilla católica, siendo enterrado en el cementerio de extranjeros de Tamsui, en su mayoría canadienses, que fue creado alrededor de la figura del pastor protestante Mackay, quien llegó allí en 1871 (Borao, 1994: 16). Tal vez sea por eso que su lápida fue escrita en inglés, y de modo simple, silencioso, con los datos mínimos: «murió a los 69 años en 1884». Es interesante señalar esto ya que en las inscripciones funerarias de Occidente «se va en pocos siglos del silencio anónimo a una retórica biográfica, precisa, pero a veces abundante, redundante incluso, [yendo] de la breve noticia del estado civil a la historia de una vida» (Ariès, 1983: 185). Es lo que ya se aprecia en las lápidas coetáneas que se establecieron en el cementerio francés de Jilong.

2. PRIMER TERCIO DEL SIGLO XX

2. 1. Francesc Bernat (1913): El uso político de un cadáver

Lo que sabemos de este misionero franciscano es que fue asesinado el 13 de junio de 1913, en Jiazhou (Kia Tchou, 葭州), distrito de Yulin (榆林府), a manos de rebeldes aparecidos con ocasión de los desórdenes del cambio de régimen en China.[1] Dicha información no nos muestra nada acerca del enfrentamiento ante la muerte del propio misionero ni de las circunstancias en

---

[1] AMAE, R-859 (4). En la actualidad dicho lugar es 陕西省榆林市佳县.

que fue asesinado,[1] pero sí de la actitud de tres autoridades, en primer lugar, la del embajador español Luis Pastor y Mora sobre la muerte de un súbdito misionero; en segundo lugar, la del embajador francés acerca de alguien que considera bajo su patronato; y, por último, la del superior del misionero, el vicario apostólico del Shaanxi Septentrional (北陕西), el franciscano español monseñor Celestino Ibáñez.

Las fuentes diplomáticas señalan que el misionero era español, pero que trabajaba en la misión francesa de «Tug Tch'ad Tch'ai», motivo por el que el ministro de Francia, Alexandre-Robert Conty, puso inmediatamente los hechos en conocimiento del Ministerio de Exteriores chino para que se adoptaran medidas de seguridad en el distrito en cuestión, «a reserva de posteriores negociaciones para obtener la reparación debida». Parece que Luis Pastor iba a remolque de las informaciones del embajador francés, pues las reelaboraba y transmitía al Ministerio de Asuntos Exteriores español. Las noticias que iban llegando en diciembre de 1913 a Madrid eran que el Gobierno chino había actuado propiamente y con celeridad sustituyendo al subprefecto de Jiazhou por «uno más capaz, que empezó poniendo precio a las cabezas de los culpables». A su vez el Gobierno chino comunicó al ministro francés que «había dado órdenes para que la autoridad civil de la región de Shaanxi (Shen Si, 陕西) se entendiera con el obispo francés [sic.], para solucionar el asunto de la forma más rápida y satisfactoria posible». El ministro de España, Luis Pastor, también formuló una reclamación al Ministerio chino de Exteriores, pero le respondieron que ya se habían nombrado delegados especiales ante el obispo francés para abrir una investigación completa.

---

[1] Seguramente esa información existe en este libro, que no hemos podido consultar: Francesc Pons *Episodis de la vida missionera: Notes biogràfiques del P. Francesc Bernat de la Província Franciscana de Catalunya sacrificat en ares del seu zel apostólic en terres de Xina, recollides pel seu company P. Fr. Francesc Pons, Mis. Apost.* Vic, Editorial Seràfica, 1927, 128 pp.

Panel III Las relaciones entre China y España de los siglos XIX y XX: Diplomáticos, comerciantes, aventureros e idealistas

Varios son los documentos al respecto; entre ellos sobresale un informe de Luis Pastor del 26 de febrero de 1914, que podemos resumir del siguiente modo. Parece que este caso fue el primero de asesinato de un misionero español con el que se encontró la diplomacia española.[1] En efecto, en la exposición de antecedentes del informe de Pastor solo se habla de muertos extranjeros durante el levantamiento de los bóxeres, el cual se dirimió con una «indemnización internacional exigida de China por las Potencias, [a través] de una suma global, sin que el Gobierno de Peking tuviera que atender á cada caso concreto».[2]

Con respecto a la discusión de los casos de indemnizaciones, Pastor señala que prevalece el criterio de Francia, por el que siempre que se hubieran pedido «compensaciones pecuniarias nunca lo fueron para destinarlas á socorro de la familia del misionero muerto, sino para reconstruir ó reparar edificios de las Misiones, destruidos en todo ó en parte, ó exclusivamente para la erección de las capillas, tumbas o monumentos recordatorios». Luis Pastor, consultó a sus homólogos estadounidense, italiano y alemán, y vio que de algún modo se sumaban al criterio francés, por lo que concluyó en su informe: «no aparece base, á mi entender [...] para una demanda de indemnización monetaria por el mismo hecho del crimen, y como compensación á los ascendientes ó parientes colaterales vivos que tenga». En este texto se da la impresión de que el embajador español aceptaba la supremacía francesa en la resolución de estos casos, tal

---

[1] Por el contrario, los años veinte y treinta, en que el bandolerismo se extendió en China, fueron especialmente duros para las misiones, menudeando los informes de los diplomáticos al respecto. Merece citarse el informe del ministro Justo Garrido de Cisneros del 20 de abril de 1934, haciendo un recuento retrospectivo de secuestros y asesinatos desde 1926. El documento puede consultarse en el Archivo China-España: http://ace.uoc.edu/items/show/737

[2] Según esta información no parece que hubiera españoles entre los muertos durante la rebelión de los bóxeres: https://catholic-saints.livejournal.com/14071.html#/14071.html

vez para no meterse en problemas y por carecer de medios para resolverlos, considerando de paso a los misioneros como súbditos de segunda categoría.

Y, en efecto, quizás por ciertas dudas en la forma de cómo resolver el problema, Pastor tuvo que aceptar otra iniciativa en marcha, la del vicario apostólico del Shaanxi Septentrional, como dijimos, el español monseñor Celestino Ibáñez (al que las fuentes chinas consideraban francés). Ibáñez estaba entonces en Roma y España, y a su vuelta en diciembre de 1913 se dirigió por su cuenta a las autoridades locales chinas. Poco después, cuando volvía otra vez a Roma para asuntos de su Orden franciscana, pasó por Pekín e informó a Luis Pastor de la situación, en la que (son palabras de Pastor): «[Celestino Ibáñez] había obtenido el asentimiento de las autoridades locales para que se hiciera un entierro público y decoroso del cadáver del Padre Bernat, la erección de un sepulcro, la cesión de una casa antigua para establecer en ella un asilo de huérfanos, y que él [Celestino Ibáñez] además había pedido la suma de diez mil Taels... para las reparaciones y arreglos necesarios en el edificio que iba á obtener para el asilo [...], y que había pedido más de lo necesario para después contentarse con menos».

Al final de su informe Pastor parecía satisfecho, como mostrando «control de la situación», pues Celestino Ibáñez le había prometido que le tendría al corriente de la situación final del asunto a su vuelta de Roma. Pero una lectura más atenta parecería indicar que Ibáñez, con más experiencia en trato diario con las autoridades provinciales chinas, le había hecho el trabajo a Pastor.

Este caso es interesante ya que muestra cómo a los diplomáticos, franceses o españoles, les importa más —para sus intereses personales— la resolución diplomática del caso, que el propio finado. Tanto la autoridad diplomática como la eclesiástica reconocen el *modus operandi* francés, muy favorable al concepto de utilizar las misiones para disputas diplomáticas, y solamente el superior eclesiástico de Bernat parece interesarse por la digna sepultura del misionero. Pero Ibáñez tampoco deja de aprovechar la ocasión para ir más lejos del *modus operandi* francés y tratar de obtener otras ventajas como el asilo de huérfanos, aunque, como señaló a Pastor, «para la entrega del numerario no había hallado a las autoridades chinas tan propicias, como para los otros extremos».

2. 2. Rosa Antón (1927)

Veamos ahora el caso de la hermana dominica Rosa Antón. Esta joven religiosa estaba asignada a la santa infancia de Fuzhou. Las santas infancias, u orfanatos católicos, se habían establecido en China a mediados del siglo XIX. La provincia de Fujian, en donde estaban los dominicos españoles, contaba con bastantes orfanatos con mayor o menor servicio, y la atención directa corría a cargo de monjas españolas, al menos desde los primeros años del siglo XX, ayudadas por las llamadas beatas. Como es sabido, el año 1927 fue especial en cuanto a su intensidad revolucionaria, no solo en Shanghái, sino en otros lugares como Fujian, motivo por el que la presión comunista en Fuzhou hizo que los jóvenes revolucionarios venidos del sur ocuparan y se hicieran cargo del orfanato de las madres dominicas, teniendo que abandonar las monjas a las niñas (Borao, 2017: 172-173), yendo a refugiarse a Taiwán, entonces bajo administración japonesa. Dos de estas monjas llegaron a finales de abril refugiadas a Dagao (actual Gaoxiong), al igual que lo hicieron otras tres de Xiamen y dos de Zhangzhou, llegando a ser diecisiete de ellas las refugiadas. Una de las que llegaron de Fuzhou quince días antes de que la persecución arreciara fue Rosa Antón, que murió un mes y medio después de arribar a Taiwán, a donde había llegado en estado de shock, del que ya no se recuperó.[1]

La muerte de Rosa Antón es otro tipo de muerte de misioneros

---

[1] «Entierro de Sor Rosa Antón», *Misiones Dominicanas*, 1927, pp. 270-272; «Una víctima de la actual persecución en China», *Misiones Dominicanas*, 1927, pp. 287-288.

diferente a las anteriormente descritas. Esta fue motivada por las fuertes impresiones recibidas por parte de una madrileña joven, que —tras 15 días de estancia en un país extraño y lejano, sin haber asimilado suficientemente todas las nuevas circunstancias vitales, abundantes, rápidas y extrañas a su vida anterior, como la de familiarizarse con el orfanato de Fuzhou— se encuentra con la llegada de unas milicias revolucionarias que se van a incautar del orfanato. Todo ello la dejó desorientada, aunque mientras salía de Fuzhou y llegaba a Xiamen no pareciera afectarle mucho. Pero en este lugar ya empezó a manifestar un sufrimiento interior, por el que decidieron llevarla a Gaoxiong (Taiwán, entonces bajo dominio japonés) de refugiada, falleciendo cuarenta días después.

Las circunstancias de su enfermedad, muerte, funeral, sepelio y duelo fueron narradas en *Misiones Dominicanas*[1] por sus compañeras de orden. Con respecto a la enfermedad y muerte tenemos la siguiente relación:

> De las cuatro Madres primeras que llegaron aquí, una jovencita llamada Rosa Antón, después de un mes y diez días, Dios la llamó para sí antes de ejercer su vida Misionera [...] pero se conoce que la pobre se asustó tanto, que se le puso mal el corazón, porque al poco tiempo de llegar aquí se sintió mal, mas pensando que sería efecto de la alimentación, no le dábamos mucha importancia, pero viendo que con las medicinas caseras no se aliviaba, llamamos [a] un médico japonés de los mejores que aquí hay. Por más que hizo para combatir la enfermedad, Dios permitió que ni las medicinas, ni la ciencia médica, pudieran dar alivio a nuestra querida enfermita. Todo el tiempo de la enfermedad fué víctima de una sed insaciable que la llevó al sepulcro el día 20 de mayo, asistida de toda la Comunidad, y sobre todo de nuestro padre capellán [...].

---

[1] *Misiones Dominicanas*, 1927, pp. 270-288.

También hay noticias de su funeral:

> A las nueve de la mañana la bajamos a la Iglesia, y estuvo de cuerpo presente hasta la mañana siguiente, que con toda solemnidad se le cantó una misa de *Requiem* para el eterno descanso de su alma. Mientras estuvo de cuerpo presente los cristianos [de Gaoxiong] no cesaron de rezar el Santo Rosario.

Estas noticias fueron seguidas por las del entierro y el duelo, destacando el hecho de que aun tratándose de una persona joven y recién llegada a la misión, recibe un sepelio solemne, a pesar incluso de tener lugar en un sitio en el que estaba de paso: «Por la tarde del día 21, se le dió solemne y religiosa sepultura en el cementerio de los cristianos de este pueblo de Takáo. A las tres, ya estaba el patio de la iglesia lleno de cristianos para acompañar el cadáver a su última morada. Después de la interminable fila de coronas, estandartes y banderas, ocho cristianos de los más poderosos del pueblo, en andas llevaron el féretro, que cubrieron con un rico paño mortuorio costeado por ellos mismos. Al llegar al cementerio, los mismos cristianos, después del Responso, colocaron la caja mortuoria en el lugar que antes habían preparado, y en donde piensan levantar un hermoso sepulcro, costeado por todos los cristianos del pueblo».

Foto 4: Funeral de sor Rosa Antón.
Fuente: *Misiones Dominicanas*, 1927, pp. 270-272.

Es de notar que este primer duelo tuvo lugar siguiendo un ambiente chino, «con una interminable fila de coronas, estandartes y banderas». Pero hay un segundo duelo, occidental, más íntimo, familiar, lleno de emoción y ternura, en donde la tumba aparece rodeada de las niñas del orfanato de Gaoxiong, que aunque no fuera el de sor Rosa, pertenecía a la misma familia dominicana. En cualquier caso, en ambos tipos de duelo está visible la invitación a la melancolía, como forma de despedida del difunto.

2. 3. Abelardo Lafuente (1931)

Una muerte a reseñar ahora es la del arquitecto Abelardo Lafuente, que fue una figura destacada en el Shanghái de los años veinte. Este arquitecto llegó a Shanghái en 1914 y trabajó para el empresario de cines Ramos quien le encargó, por ejemplo, su cine Olympic nada más llegar. En 1921, lo conoció Blasco Ibáñez, quien dijo de él que se había hecho un nombre en la ciudad con su estilo neomudéjar. También trabajó para el empresario Alberto Cohen (de quien hablaremos después). Los trabajos los hacía en cooperación con su socio el arquitecto americano G. O. Wooten, con quien hizo el nuevo Salón de Baile (1917) del Astor House Hotel. En su mayor momento de gloria, los años veinte, destaca por muchos otros diseños como el del salón de baile del Majestic Hotel (1924), o los llamados Apartamentos Ramos (1928), en estilo internacional. Para el tema que nos ocupa lo interesante es que Lafuente ya había empezado otros trabajos en California y México (1927-1930), pero poco le duró su sueño americano pues la crisis de 1929 hizo que volviera a Shanghái en donde ya tenía un nombre, y en donde aún dirigía trabajos constructivos. Pero lo que cortó su carrera ya no fue la crisis económica, sino la enfermedad que habría contraído en México, y que se le agravó en el barco mientras volvía de EE. UU. a sus 60 años. Un médico alemán intentó hacerse cargo de él durante el resto del viaje, recomendándole una inmediata hospitalización al llegar a Shanghái. Nada se pudo hacer y falleció en el Shanghai General Hospital en 1931, siendo posiblemente enterrado en el cementerio francés.[1]

Es de suponer que aún habría tenido tiempo de pasar por el consulado para hacer testamento antes de morir, pero de ello no hemos podido tener constancia, pues nuestras informaciones para el Consulado de Shanghái solo cubren los años 1932 a 1939.

3. TESTAMENTOS DE LOS AÑOS TREINTA

Shanghái a principios de los años treinta renace de nuevo a la vida trepidante de metrópoli moderna, que atrae a muchos extranjeros, también a españoles que vieron la muerte de cerca, como acabamos de decir que queda recogido en la documentación consular de la época. En particular, para conocer algunos aspectos de la vida administrativa y contractual de los españoles residentes en Shanghái durante los años 1932-1939, es de gran interés la lectura de los testamentos y escrituras de poder registrados en el *Protocolo de Instrumentos Públicos Correspondientes a los años 1932-1939*, conservados en el Archivo de la Administración (Alcalá de Henares), cuya información podemos simplificar en el siguiente cuadro:

---

[1] Agradezco al arquitecto e investigador Álvaro Leonardo Pérez la información sobre los últimos días de Abelardo Lafuente.

	1932	1933	1934	1935	1936	1937	1938	1939
Testamentos	2							2
Escrituras de poder	10	7	10	7	5		3	10
Protestos de pagos	4	1						
Sociedades mercantiles	2	4	1	1				
Otros			1	2			1	
Total de actos	18	12	12	10	5	0		13

Cuadro 1: Información de la actividad notarial del Consulado de Shanghái (1932-1939). Elaboración propia.

De toda esta información, la que nos interesa ahora es la relativa a los testamentos. Como dice Philippe Ariès: «El testamento reproduce, mediante la escritura, los ritos orales de la muerte de antaño. Al hacerlos entrar en el mundo de lo escrito y del derecho, les quita algo de su carácter litúrgico, colectivo, y habitual [...]. A través de los testamentos, la muerte es particularizada y personalizada» (Ariès, 1983: 171-172). Y, como veremos, podríamos añadir que con los testamentos la muerte se intenta controlar mejor y por tanto minimizar su presencia.

De estos españoles residentes en la Concesión Francesa bien podemos decir que encajaban perfectamente en los datos estadísticos por los que en Francia «la esperanza de vida cuando se nace era de cuarenta y ocho años en 1900, mientras que de sesenta y uno en 1935» (Vincent, 2001: 302). Así, de los cuatro casos que tenemos registrados, todos ellos murieron en edad cercana a esa media: Candel testa a los 63 años, Cohen fallece a los 64, Rivas testa a los 51 y Ulía lo hace a los 52. Veamos en particular la información que nos ofrecen los cuatro testamentos de la tabla.

3. 1. Testamento de Jerónimo Candel Rubio

Candel había sido un antiguo sargento español peninsular, con intachable hoja de servicios en la campaña de Filipinas, que tras acabar la guerra y decidirse a hacer negocios en Shanghái, abrió a principios de marzo de 1911 la fábrica de tabacos El Imperio. Esta fábrica importaba hoja de tabaco de Filipinas, y en Shanghái la elaboraba en cigarros, empaquetaba estos y allí los vendía. No sabemos cuánto tiempo duró dicha fábrica, pero sí que después Candel tuvo una sombrerería, llamada La España.

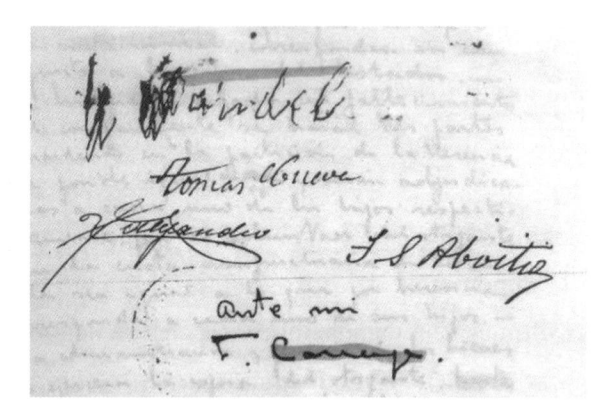

Foto 5: Firma titubeante de Candel, y de los testigos de su testamento. Fuente: «Protocolo de Instrumentos Públicos Correspondientes a los años 1932-1939 [del Consulado de España en Shanghái]», AGA 4257, 1932.

Pero en 1932 su salud estaba quebrantada, por lo que hizo testamento ante el cónsul general de España en Shanghái, en función de notario. El cónsul Vázquez Ferrer certificaba las palabras de Candel diciendo que estaba «bastante enfermo de cuerpo y en la creencia de que su vida no puede prolongarse ya mucho, se halla no obstante en el pleno goce y cabal uso de todas sus facultades mentales, [y que desea] dejar ordenados sus asuntos antes de su muerte».

En calidad de antiguo militar español, de persona honrada y profundamente cristiana, que se ve a sí mismo a punto de morir en China, lo primero que ordena es que «su cadáver sea enterrado de acuerdo con su posición y circunstancias y con arreglo a los ritos de la Religión Católica, Apostólica y Romana, en la que siempre ha vivido y en la que desea morir». A continuación, Candel declara su situación familiar, por la que «no tiene ascendientes ni descendientes legítimos, ni herederos forzosos, pudiendo disponer libremente de todos sus bienes», razón por la que deja todo a su mujer. Dice Vázquez Ferrer, instituye como única y universal heredera a su legítima esposa doña María Carmen Teresa Suetaro Yugo, a la que nombra «albacea testamentaria, confiriéndole todas las facultades, tan amplias y bastantes como en derecho se requieran, dejándole encomendado el cumplimiento de las disposiciones que la Religión preceptúa para el eterno descanso de su alma». Esto es un eco de pervivencia de las llamadas «cláusulas piadosas», que se resistían a desaparecer, y de las que Ariès decía: «En el siglo XIX, la desaparición de las cláusulas piadosas había incrementado la importancia del diálogo último, la hora de los últimos adioses, de las últimas recomendaciones, en confidencia o en público» (Ariès, 1983: 32). Para aclarar lo que acaba de decir este autor añade que: «[pasado un tiempo] este intercambio íntimo y solemne fue suprimido por la obligación de mantener al moribundo en la ignorancia».

El nombre de su esposa (María Carmen Teresa Suetaro Yugo) nos hace suponer algo más de la vida de Candel, y es que el suyo era un matrimonio mixto, pues los dos apellidos de ella son especiales. El primero (Suetaro) no existe entre los españoles. Y, con respecto al segundo, vemos que la segunda consonante del apellido está corregida en el documento y no puede leerse con claridad, por lo que podría ser Yugo, o quizás mejor Yuno. La relevancia de esto es que tal vez su mujer fuese japonesa, de modo que se le hubiera dado un nombre español (María Carmen Teresa) y hubiera españolizado su nombre japonés para sus apellidos, por ejemplo, Suetaro vendría quizás de Shutaro, aunque Yugo/Yuno sería más difícil de identificar.

Si su mujer realmente era japonesa, Candel podría ser el Bandel de la novela de Larracoechea *Tierra de Opio* (1941: 97-98), con lo cual sabríamos más acerca de cómo fue el duelo en su muerte, ya que Larracoechea solía novelar hechos reales.[①] En este caso, Larracoechea se sirve de dicho funeral para comparar el matrimonio de dos españoles: uno, Antonio de la Cruz, criollo filipino, casado además con una filipina, y el de Bandel, casado con una japonesa. De la Cruz, mientras asiste al entierro de Bandel, experimenta que, frente a la compenetración que tiene con su mujer filipina, pudo ver en la cara de la japonesa «una absoluta sumisión, al menos en lo exterior», y al mismo tiempo una impenetrabilidad en sus sentimientos: «Sobre sus ojos bajos, discretamente, tendió un velo que ocultaba casi completamente sus labios inmóviles». [En ese momento] —sigue Larracoechea— «De la Cruz pensó en su madre, como un nuevo tipo de persona, la mestiza tagala creyente, en vida y en muerte, metafísicamente unida a su padre. ¡Alma esculpida en la sangre malaya por los frailes de El Escorial!».

Lo que este texto nos muestra es que hay algunos españoles que en los momentos de la muerte, como sea el caso para cualquier emigrante, conservan muy bien los sentimientos religiosos y culturales de origen, incluso aun habiéndose casado con orientales. Aún nos muestra algo más, y es que todavía no ha llegado el concepto moderno de lo que Ariès llama la «indecencia del duelo», es decir, la necesidad de abreviarlo para escapar del pensamiento de la muerte. En más, en el caso de Candel, aún podría decirse que: «La muerte es una ceremonia pública y organizada. Organizada por el moribundo mismo» (Ariès, 2000: 32). Es por eso que, Larracoechea «exige» en la novela un mayor duelo en la mujer de Candel, pues al escritor le parece que ni siquiera secretamente subsista el dolor en el corazón de la viuda.

[①] Señalemos que aunque la novela se publicó en 1941 recogía hechos habidos a partir de 1932, momento en que Larracoechea empezó a ser vicecónsul en Shanghái (Borao, 1999). Es muy posible que Candel muriera ese año o poco después. En cualquier caso, Larracoechea tuvo noticia del testamento de Candel.

3. 2. Albert Cohen

La figura de Albert Cohen nos presenta otro tipo de español, muy especial. Cohen era sefardí y uno de los potentados más respetados de la colonia española por su posición económica, pues poseía, entre otras empresas, el mayor servicio de *ricksas* de Shanghái que mantenía desde su Star Garage Company, así como negocios de cines en colaboración con el magnate principal de las salas de cine, el citado granadino Antonio Ramos.

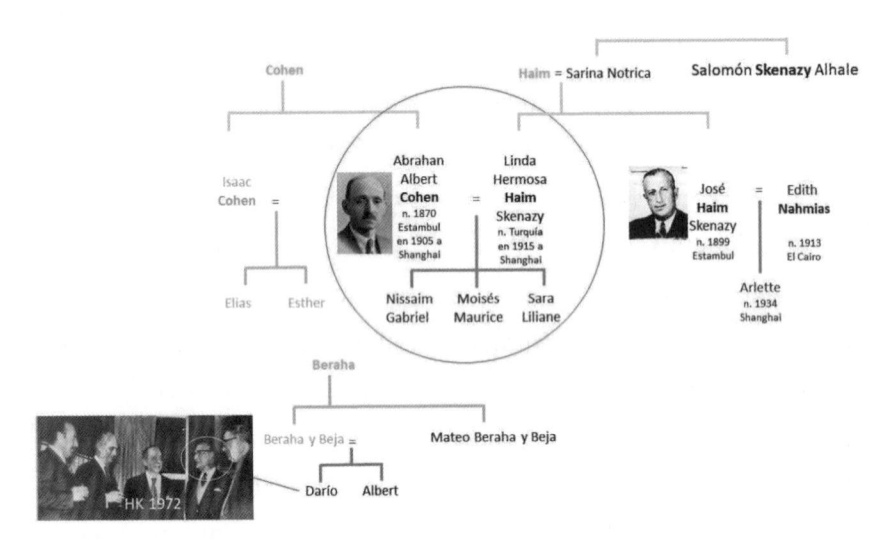

Gráfico 1: Unión de los árboles genealógicos de las familias Cohen y Haim.

Cohen había llegado a Shanghái hacia 1905 desde Constantinopla. Después de labrarse una fortuna se casó con Linda Haim, uniendo así su familia con otra de comerciantes sefarditas, que llegaron a Shanghái poco después que él, también desde Constantinopla, tal como muestra el gráfico adjunto.

En 1925, Blasco Ibáñez lo retrató en *La vuelta al mundo de un novelista* como «el millonario» de la colonia. En 1927, posó junto a otros españoles a la salida del hotel Majestic, tras el banquete que la colonia española había ofrecido a la comandancia del Blas de Lezo. Por su preeminencia social, y por la presencia en relevantes encuentros como el que acabamos de citar del

Blas de Lezo, se ha solido tratar a esta colonia de españoles con curiosidad, respeto y romanticismo, aunque esa no fuera la manera en que les veían los diplomáticos españoles. Por ejemplo, en un telegrama que envió el embajador Garrido de Cisneros al ministro de Estado el 13 de noviembre de 1927 decía lo siguiente:

> [El] ex-secretario [de] esta Legación [en Pekín], [Manuel] Acal [Marín], que [además] se ha encargado [del] Consulado [de nuestra] nación [en] Shanghai [durante] ocho meses, y que llegará [a] Madrid [el] quince [del] corriente, podrá informar [a] V. E. sobre nuestra colonia, en su mayoría israelita, protegida [y] nada recomendable, y [de] escaso interés [para] España en dicho puerto [de Shanghai].[1]

En cualquier caso, Albert Cohen, viéndose gravemente enfermo en lo más alto de su carrera profesional, y contando 61 años, decidió hacer testamento el día 28 de enero de 1932 ante el cónsul general Eduardo Vázquez Ferrer.[2] En primer lugar, nombró herederos universales a los miembros de su familia nuclear. Decía Vázquez Ferrer:

> [El señor Albert Cohen] Desea otorgar testamento abierto y hallándose en pleno goce de sus facultades mentales instituye como únicos y universales herederos de todos sus bienes, acciones y derechos, tanto presentes como futuros a sus tres hijos, Don Nissaim, Don Moisés y Doña Sara, habidos en legítimo matrimonio con Doña Linda Hermosa Haim y Skenazy, salvo los derechos

---

[1] AMAE, R-859 (3)
[2] Protocolo de Instrumentos Públicos Correspondientes a los años 1932-1939 [del consulado de España en Shanghai], AGA 4257, 1932: ff. 3-4.

que en concepto de cuota viudal[1] correspondan en usufructo a la esposa del testador.

El resto del testamento especificaba que los bienes se distribuirían en cuatro partes iguales, tres para los hijos, y la cuarta parte sería la de la cuota usufructuaria de la viuda, siendo esta quien administraría los bienes hasta la mayoría de edad de los hijos. A su vez, la mentalidad de negociante de Albert Cohen, completada con un fuerte sentido de familia, se pone de manifiesto al señalar (en palabras de cónsul) que:

> Es deseo del otorgante que la totalidad de los bienes se mantenga indivisa para su mejor explotación, interviniendo en su administración todos y cada uno de los co-herederos, según vayan alcanzando la mayoría de edad. El objeto de esta recomendación es el de afirmar sólidamente los lazos familiares, haciendo depender la unión no solo del parentesco sino también de los intereses económicos comunes.

Por último, su testamento refleja los lazos de amistad que había tejido en Shanghái. Así, nombra garantes del mismo al superior de la Comunidad de los reverendos PP. Agustinos españoles de Shanghái (sin especificar nombre, es decir, quien quiera que fuera llegado un momento dado), y a don Mateo Beraha, «natural de Constantinopla y protegido español, en esta ciudad residentes»; y —añade Cohen— «en caso de que en lo futuro llegasen a adquirir o fuesen adquiridos después de su fallecimiento bienes sitos en España, sea conferida la administración de los mismos a don Antonio Ramos Espejo [...], con residencia en Madrid. De esta

---

[1] El derecho legal que el cónyuge viudo tiene a un porcentaje de la herencia de su consorte fallecido.

administración deberá rendir cuentas a la esposa del otorgante, o en su caso a la co-administración radicada en Shanghai». En resumen, se pone todo en manos de su familia, y en caso de problemas nombra garante a un superior religioso (sin que sepamos si Cohen fuera católico, o judío, o de otra o de ninguna religión),[1] a otro miembro de la comunidad sefardí (Beraha), no vinculado a él por lazos familiares, y a su principal socio en el negocio de los cines (Ramos), ya regresado a España. Hay un énfasis añadido al sentido de familia al disponer que «a su fallecimiento sean entregadas mil libras esterlinas a Elía y otras mil a Ester, hijos del hermano del compareciente, don Isaac Cohen, residentes en la actualidad en Constantinopla».

Finalmente, se ha de remarcar el hecho de que un año después a la ejecución del testamento, es decir, «en 1933, la familia Cohen, Albert y Linda, y sus hijos Gabriel (George), Maurice Albert y Liliane (Lilly) se trasladaron a Los Ángeles para que Albert padre pudiera seguir tratamiento médico, pese a lo cual falleció el 3 de abril de 1934, a los 64 años» (Sánchez, 2012). Decimos que es remarcable porque aquí nos aparece una vez más el caso de la medicalización y hospitalización previa a la muerte, esta vez llevada al extremo de buscar la atención médica en los EE. UU.

4. TRAS EL FINAL DE LA GUERRA CIVIL ESPAÑOLA

4. 1. Antonio Rivas Otero

El testamento de Antonio Rivas Otero es de un tipo muy singular, y tuvo lugar el 20 de octubre de 1939. Lo único que sabemos de esta persona es lo

---

[1] En este sentido es significativo que nombre además como testigos instrumentales a tres religiosos: «Fray Tomás Cueva Andrés, religioso recoleto con domicilio en la rue Moliere, seis, Fray Tomás Alejandro Herrero, religioso agustino con domicilio en Avenue Road mil doscientos seis y don Emerenciano Castrillo Moratino».

que podemos extraer y suponer de su testamento. Era natural de San Martín de Porto (provincia de A Coruña), soltero, maquinista mecánico, residente en Shanghái, y decidió hacer su testamento a sus 51 años. No sabemos por qué llegó a China, y sin embargo sí veremos que era una persona muy amante de sus padres y de su patria chica, con la que se sentía en deuda. No sabemos si su profesión de maquinista mecánico y su capacidad de ahorro le habían permitido amasar una pequeña fortuna, o si tenía otros ingresos, pero en su testamento se muestra no solo magnánimo, sino magnificente. El texto inicial de su testamento señala lo siguiente:

> A mi muerte dejo lo que tengo para el sostenimiento de una Escuela de Educación en San Martín de Porto, Ayuntamiento de Cabañas, Provincia de Coruña, para los hijos del pueblo de San Martín y vecinos, incluyendo Puentedeume, Cabañas, Larage, Limodre, Redes y de otros sitios que deseen atender a esta educación, por ser San Martín el centro de estos pueblos mencionados en radios de un kilómetro a seis de San Martín, y el sitio donde yo nací; deseo que esta escuela no se pueda cambiar a otra parte, quedando la misma en nombre y memoria de mis padres, Melchor Rivas y Dolores Otero, por su hijo Antonio.

Por el lenguaje que utiliza Antonio Rivas a continuación y por la manera en que proyecta el futuro de su escuela, ofreciendo una enseñanza práctica y moderna,[1] parece ser una persona austera, de cierta educación,

---

[1] Por el interés de dicho documento, reproducimos a continuación el resto del mismo, aunque algo simplificado: «Esta educación será con igualdad para jóvenes y muchachas. En San Martín se formará un Comité, con un representante de cada uno de los pueblos mencionados, incluyendo al profesor de la Escuela de Cabañas y el Profesor de Puentedeume. Este comité decidirá cuál es lo más ideal de esta educación en beneficio de todos, por ejemplo: Bachillerato, Comercio, Matemáticas, Dibujo, Estenografía con operación práctica, Música e Inglés. Un músico de Puentedeume puede venir a San Martín a dar clase dos o tres horas por semana y el profesor de inglés puede venir de Ferrol a dar clase dos o tres veces por semana y estos no necesitan estar permanentes en S. Martín (por economía en la educación) tan solo el profesor de Escuela que estará permanente en San Martín (pudiendo vivir en otra parte a su gusto). Estas personas del Comité que honrosamente vendrán a San Martín los domingos para así no intervenir en sus quehaceres tendrán pagados los viajes, comida y bebida en San Martín cuando vengan para las Conferencias con respecto a la educación. El Comité tendrá una copia de mi testamento y una copia del capital dejado y los intereses que produce el capital, para que el personal del Comité pueda pensar los planes necesarios sobre la educación que han de elegir. Una vez aprobada la idea por el Comité sobre la educación que han elegido, estos mandarán una petición al Ministerio de Educación en Madrid para que apruebe la misma, siguiendo esa educación con las leyes del gobierno. Si los fondos no llegasen para cubrir estos gastos, los jóvenes que puedan darán algo para la ayuda de la misma y si hay sobrante se empleará en aforestación (sic), fuentes, cementerios y otros casos humanitarios. A mi muerte, el Consulado General de España en Shanghai mandará copia de mi testamento y copia de mis bienes a la Autoridad de San Martín o Alcalde y este explicará a personas responsables en San Martín para la ejecución del mismo, una vez que el comité formado tenga la aprobación del Ministerio de Educación de Madrid. El Comité encargado de la educación escribirá al Señor Cónsul General de España en Shanghai, para que remita dinero de acuerdo con los arreglos, los intereses del capital pueden ser remitidos cada tres meses a un banco en Ferrol [...]».

posiblemente autodidacta, y con tendencias filantrópicas o socialistas,[1] así como organizativas. Ciertamente poseía dinero, sabía cómo manejarlo, a la vez que da los datos de cómo deducirlo del banco una vez fallecido. Por la seguridad en sus palabras al testar, parece que el dinero, sin ser elevado, sería suficiente para su proyecto.

Por otro lado es de notar el énfasis que pone en la certeza en que su voluntad va a ser cumplida. Tal como señalaba Ariès, se trata de una confianza nacida hace un par de siglos: «A partir del siglo XVIII, el moribundo se abandonó, en cuerpo y alma, a su familia [...]. Bastaba con que sus voluntades hubieran sido voluntariamente expresadas para que estas obligaran a sus seres queridos» (Ariès, 2000: 183), en ese caso incluso a funcionarios a miles de quilómetros de distancia del lugar de ejecución. Rivas parece representar a otro tipo de residentes españoles en Shanghái: desplazados, con inquietudes intelectuales, y que no se han incorporado a la cultura china.

4. 2. Alfredo Ulía y Amara

El último testamento que nos aparece se refiere al de don Alfredo Ulía y Amara, y se redactó el 16 de diciembre de 1939. A partir del cual podemos saber que era soltero, que tenía 52 años en el momento de la redacción del

---

[1] Podría pensarse así por el reiterativo uso de la palabra comité, su interés por la paridad en la educación, y sus muestras de altruismo, y, quizás a pesar suyo, de respeto por la institución ministerial, como último garante de la enseñanza. «Los documentos de mi dinero están en: Caja de Seguros Nº 5532 Shanghai Commercial & Savings Bank, Ltd. 50 Ningpo Road, Shanghai. La Caja de Seguros será abierta por el Consulado Español y un oficial del Banco y ambos tomarán inventario del contenido y una copia del dinero como está empleado se le dará al Hongkong & Shanghai Bank Corporation, que quedará encargado de cobrar los intereses en los Bancos chinos y depositará los intereses en mi cuenta abierta en "Saving account" en dicho Hongkong & Shanghai Bank, de Shanghai».

testamento, que parece estar a la espera de la muerte, por lo que le urge(n) a resolver un problema financiero pendiente, que necesita aclarar antes de morir. A juzgar por sus dos apellidos, podría suponerse que se trataba de un pelotari guipuzcoano, pues el primero de ellos coincide con el nombre de uno de los montes emblemáticos de San Sebastián y el segundo con uno de los barrios tradicionales de la misma ciudad, separados ambos por el río Urumea. Tras declarar en el testamento que es soltero y que deja todos sus bienes a Mrs. Rosa J. Walther, podría pensarse en que ambos tenían una relación personal consolidada. A su vez, y supuestamente con la intención de que quede todo claro a Mrs. Walther y a las personas con las que Ulía tiene obligaciones financieras, acude al consulado con un testamento ya redactado en inglés, el cual se traduce al castellano al pie de la letra dentro del mismo acto notarial.

Ciertamente, este es un nuevo tipo de testamento, en donde no hay familiares, ni previsión de duelo, ni siquiera resplandece en él la voluntad libre del testador, pues más bien parece dictado por otra persona (quizás el principal beneficiario). Solo se intenta dejar claro un asunto de tipo económico, y es que si bien todas las propiedades personales del testador deben pasar a Mrs. Walther, no así la parte que, al parecer, Ulía posee como fideicomisario de una relación de préstamo entre los señores Maier (alemán) y Woltemade (muy probablemente estadounidense). Este dinero debía revertir a ellos en la parte que les correspondiera, por lo que para dirimir esta correspondencia Ulía nombra a Maier como albacea de su testamento.

CONCLUSIONES

En las páginas precedentes hemos estado viendo cómo la muerte ronda a algunos de los españoles en China, a veces como sujetos pacientes y otras como espectadores de la misma. A su vez hemos visto cómo los protocolos o rituales tradicionales del duelo se mantienen aunque se vayan adaptando a los progresos de la vida moderna. Tras estas consideraciones, creemos poder llegar a algunas conclusiones.

A finales del siglo XIX tal vez el cambio de actitud más claro frente a la posibilidad de la muerte es el llamado por Ariès el inicio de la medicalización, por el que «El recurso al médico se convirtió en los años (18)80 en un paso necesario y grave, cosa que no lo era cincuenta años antes» (Ariès, 1983: 468). En efecto, vimos cómo para el caso de sor Rosa Antón, en 1927, las monjas que la cuidaban utilizaron inicialmente «recursos caseros», pero al ver que la salud de la paciente empeoraba fueron en busca de un médico japonés, «de lo mejor que había en Gaoxiong». La medicalización pasaría ya en el siglo XX a una fase posterior a través del crecimiento de la hospitalización. Un ejemplo sería el citado del arquitecto Lafuente, al que, sorprendido por la enfermedad, se le recomienda una urgente hospitalización en Shanghái, sin que surtiera el efecto esperado. Un paso más en este cambio de actitud podemos verlo con Albert Cohen en 1932, quien, dados sus recursos económicos y posiblemente no pudiendo encontrar en Shanghái una atención médica que le ofreciera garantías, se fue a buscar la curación a los EE. UU. Los médicos americanos no pudieron hacer nada, y murió meses después de su llegada. Esta es la ironía de la «medicalización», de la que Ariès señalaba, sin duda haciendo un sarcasmo, que es una situación en la que «El médico se presta a la comedia», es decir, a la ambigüedad de la situación del enfermo.[1]

---

[1] Valga la pena señalar las ideas popularizadas recientemente por Kathrin Mannix por las que el tabú de la muerte no ha dejado de crecer, pues estamos en un momento en el que las versiones triviales y sensacionalistas sobre la agonía y la muerte que dan el cine, las novelas o las redes sociales han reemplazado los antiguos usos de observar a las personas moribundas, de entender que se puede vivir bien dentro de los límites de la pérdida de energía y de saber qué hacer para ayudar a morir bien y en casa, sin tener que hacerlo en quirófanos, o en salas de cuidados intensivos (Mannix, 2018).

Podemos fijarnos ahora en el anuncio de la propia muerte, tomando el caso de Candel. Este español, de la generación de los «últimos de Filipinas», es todavía un personaje tradicional en el sentido de que no tiene pavor a anunciar su muerte. Y así, el cónsul general que actúa de notario manifiesta: «Que aunque bastante enfermo de cuerpo y en la creencia de que su vida no puede prolongarse ya mucho, se halla no obstante en el pleno goce y cabal uso de todas sus facultades mentales, [...]». Es decir, Candel anuncia su muerte, procediendo así al aviso ceremonial que formaba parte de los procedimientos habituales. Y, edulcorando nuevamente la llegada de lo inevitable, dice Ariès, «Desde la mitad del siglo XIX se hace más costoso el anuncio de la muerte, siendo así el inicio de la mentira» (Ariès, 1983: 466-467).

El anuncio, o al menos el barrunto, de la muerte suele ir acompañado de la previsión de dejar todo ordenado a través de los testamentos. Estos son difíciles de clasificar, ya que cada uno se hace de acuerdo a la naturaleza íntima de cada persona, y hay tantas personalidades como individuos. Así, tomando de nuevo una idea inspiradora de Ariès, podemos decir que «a través de los testamentos, la muerte es particularizada y personalizada» [en los aspectos rituales], tan particularizada y personalizada que de los cuatro casos que hemos visto todos son diferentes. Por ejemplo, tenemos a Candel, quien, a falta de descendencia, deja todo incondicionalmente en manos de su mujer japonesa, a la que solo pide un entierro conforme al rito católico. También tenemos al ya citado sefardí, Cohen, que lega todo a partes iguales entre sus tres hijos y su mujer, con la finalidad principal de que toda la fortuna que ha amasado se mantenga unida dentro de la familia. Un español soltero, el maquinista Rivas, solo piensa en dejar sus haberes, pocos o muchos, para la construcción de una escuela en su pueblo gallego de origen, para que en ella se eduquen las nuevas generaciones de sus paisanos en saberes prácticos. Y, a juzgar por el lenguaje empleado, de todos ellos puede decirse que lo legan con la seguridad de que su testamento va a ser ciertamente respetado y ejecutado. Un cuarto caso nos aparece, el de Ulía, que si bien parece semejante al de Candel en cuanto que deja todos sus bienes a Mrs. Rosa J. Walther (aunque no sea esta su esposa), lo que define este testamento es la presión que recibe para ejecutarlo, por el hecho de ser fideicomisario en una relación de préstamo entre un alemán y un estadounidense, y evitarles así futuros problemas.

Con respecto a la elección del lugar para morir, podemos decir que por las dificultades de vivir en un país extraño y lejano se entiende que muchos de los españoles residentes en China, fueran relativamente jóvenes y solteros, como los pelotaris. De estos poco sabemos de sus vidas personales, y de hecho, antes de que llegue la Segunda Guerra Mundial (1939-1945) y la Guerra Civil china (1945-1949), ya no dejan rastros documentales, pudiendo pensarse que o bien volvieron a España o se fueron a *jai-alais* de otros países. En cualquier caso, los misioneros que envejecen en China, como Bofurull, mueren en este país, así como los comerciantes que han estado toda su vida en Oriente, como Candel. No así los sefardíes que, como Cohen, se saben de paso en China y acaban en los EE. UU. Además, por la naturaleza de sus uniones con miembros de su propia raza, les resulta más fácil la emigración de toda la familia.[1]

Luego tenemos el tipo de solteros que mueren por muerte súbita, sin opción de elegir el lugar de su deceso, y probablemente sin nadie que cumpliera sus deseos.[2] Este caso podemos registrarlo en las tumbas de diplomáticos españoles erigidas en China. Es el caso de Faraldo, del que no

---

[1] Hoy en día, con una mayor presencia de matrimonios mixtos, se hace más difícil el volver a morir al país de origen, pues normalmente significa cortar la relación con los hijos y los nietos.

[2] Se menciona esto ya que «una de las mejores maneras de aceptar y superar la muerte es cumpliendo las intenciones y deseos de la persona fallecida, al igual que no dejando escapar la oportunidad de sentir, en profundidad todo lo que sucede en torno al accidente y al fallecimiento» (Poveda, 2008: 32).

sabemos si estaba casado, y, si fuera ese el caso, si tenía la familia en China o no. Lo mismo ignoramos de Carlos de España, pero la nota necrológica de prensa en donde se da constancia de su fallecimiento no menciona la presencia de ningún familiar, al igual que ocurre con la muerte del cónsul general en Shanghái, Garay, diez días después. Lo que sabemos (a veces, solo lo suponemos) de las tumbas de estos diplomáticos españoles es que fueron enterrados en cementerios franceses y al estilo occidental, es decir, con rito católico en la ceremonia y con monolitos (tipo obelisco) o estelas en la tumba, es decir sin atisbo de influencias chinas u orientales. Especialmente es visible esto en el caso del monolito de Tiburcio Faraldo, solitario, rodeado de árboles y localizado dentro de un ambiente romántico en el cementerio francés de Shanghái.

Podemos ahora fijarnos en las tumbas de misioneros, más identificadas con la cultura china. Un caso sería el de Bofurull, muerto doce años antes que Faraldo y enterrado en una zona rural de Fujian, cuya tumba fue hecha siguiendo el estilo chino. Además, en una fotografía de la misma (que conocemos a través de un grabado), nos aparece rodeado de un grupo de niños chinos, supuestamente prosélitos suyos. La estela naturalmente es católica, simple, y escrita en latín, pero plantada al estilo funerario chino de la provincia de Fujian. Lo mismo podemos decir de la tumba preparada por Pantoja para Matteo Ricci, aunque siguiendo en este caso el modelo de las estelas chinas de la dinastía Ming, tumba que sentó el precedente de las estelas de jesuitas fallecidos posteriormente. A su vez si miramos el entierro de Sor Rosa Antón en 1927, vemos que, aun siendo naturalmente católico, el aspecto procesional del entierro y el duelo siguen patrones chinos muy claros, especialmente en los estandartes de la procesión, y las inscripciones funerarias del sepulcro. En otras palabras, la aceptación parcial de la cultura china en las ceremonias funerales de españoles tiene lugar en los entierros de misioneros que han aceptado un nuevo país, no así entre los diplomáticos que representan a su país de origen.

Por otro lado no sabemos cómo fue el sepulcro del franciscano catalán Francèsc Bernat, asesinado por revoltosos chinos en 1913, ni siquiera en qué tipo de cementerio fue colocado, aunque debió de ser lo suficientemente decoroso pues el Gobierno chino se avino a compensar a sus superiores por dicha muerte. Pero lo más relevante del caso no fue esto, sino que en este asunto podemos apreciar la utilización política de la muerte. Podemos ver que tanto las autoridades francesas y españolas como las eclesiásticas se disputaban la iniciativa en la negociación con las chinas sobre el tema de las compensaciones, sin duda para reafirmar así su estatus misional o colonial, asunto especialmente cierto para el caso francés. Otro caso de intento de utilización política de la muerte (en este caso por omisión expresa) fue sin duda el del citado cónsul español en Macao, Francisco Díaz de Sobrecasas, asesinado en 1857 en el incidente del Thistle por soldados Qing. Por un lugar, los británicos y franceses quisieron utilizar ese hecho como excusa para arrastrar a España a la Segunda Guerra del Opio, pero desde Madrid no se vio prudente esa participación, y se prefirió dar un trato discreto a este asunto, es decir, se prefirió la ignominia a poner en peligro la presencia española en las Filipinas. Por lo que presuponemos que a Francisco Díaz incluso se le privó del duelo debido, pues hasta la prensa le hizo un escaso eco a principios de marzo de 1857, sin ni siquiera mencionar su nombre (Martínez-Robles, 2018: 160).

Además, la distancia cultural con la que el embajador Carlos Antonio de España (1877) o el industrial y viajero catalán Román Batlló Suñol (1903) describían los entierros chinos explica que se hiciera muy difícil el intercambio cultural en estos momentos tan radicales de la vida, es decir, los de la muerte. Un ejemplo extremo sería el manifestado precisamente por Carlos de España, al decir: «Todo aquí acontece al revés que en Europa, y que es imposible comprender á este pueblo si se juzga con el mismo criterio con que se aprecian nuestros usos y costumbres» (España, 1878: 496).

Ciertamente, parece difícil reconocer la aceptación cultural china por parte de españoles, ni siquiera entre aquellos que llevaron a cabo su vida profesional, e incluso de carácter cultural en China. Lafuente llevaba «alhambras» a Shanghái, pero no parece que entre sus creaciones hubiera eco alguno de la cultura china. Lo mismo podemos decir de Ramos, que llevó la cultura cinematográfica a Shanghái, pero —por lo que sabemos— sus cines, ni siquiera el Rialto, que él hizo en Madrid, tienen una impronta china. Por el contrario, un caso exitoso del intercambio cultural y religioso en el tema de la muerte y el duelo sería el que se operó en el funcionario de la Legación de China en Madrid, Huang Lühe (黄履和), en el cambio de siglo. Huang había sido confuciano, y en base a su propia experiencia decía de ellos en una entrevista en Madrid, en 1912: «Los confucistas, ¿sabe usted?, no creen en la otra vida; no creen en el cielo ni en el infierno; cuando se muere se acaba la vida; por eso la familia se entristece tanto cuando se muere alguien». Y más adelante en la propia entrevista, preguntado por si tenía concubinas, lo negó, dando como explicación que era católico y su mujer belga (Fernández, 1912: 1). Efectivamente, según declarara su hija, la sinóloga Marcela de Juan, su padre se convirtió al catolicismo por influencia de las visitas al Pilar de Zaragoza,[1] y sin duda también lo habría sido por influencia de su mujer y sus dos hijas.

---

[1] Entrevista de Andrés Revesz, «Nuestra vecina *Visión de Jade*», *ABC*, 17 de febrero de 1946, p. 17. Entrevista consultada en el Archivo China-España.

Foto 6: Tumba de Huang Lühe (1926), padre de Marcela de Juan, en el antiguo cementerio de Zhalan (栅栏), en Pekín.
Fuente: De Juan, M. (1977), *La China que ayer viví y la China que hoy entreví*, Barcelona: Luis de Caralt Editor.

El caso es que en 1926, Huang Lühe, entonces consejero del Ministerio de Asuntos Exteriores de China, fue enterrado precisamente en el cementerio de Zhalan (栅栏), el mismo que Pantoja había promovido para Ricci, con un epitafio en francés y en chino pagado por el ministerio chino.[1]

Podríamos finalmente concluir a manera de resumen la existencia de una gran dificultad para la aparición de profundos intercambios culturales entre España y China (incluso entre Oriente y Occidente), en aspectos tan radicales de la cultura como son los casos de la muerte y el duelo, ya que están muy arraigados en la tradición familiar, poseen connotaciones religiosas y por último han de tener lugar dentro de un ambiente social consolidado. Por todo ello, dichos intercambios son solo posibles en profundidad cuando hay un cambio radical en la persona, abandonando creencias anteriores, acompañadas o no, por ejemplo, de una conversión religiosa.

Bibliografía:

Ariès, Philippe, (1983), *El hombre ante la muerte*, (Édicions du Seuil, 1977) Madrid: Taurus.

Ariès, Philippe, (2000), *Morir en Occidente. Desde la Edad Media hasta nuestros días.* (Édicions du Seuil, 1975), Barcelona: El Acantilado.

---

[1] Conocemos la tumba de Huang Lühe a partir de una fotografía publicada por su hija Marcela de Juan en sus memorias y en donde se señala que fue enterrado en el cementerio de Zhalan (栅栏). Marcela de Juan, que «adoraba a su padre», dice que «el Ministerio nos pagó el entierro y fue la última vez que pagó algo» (De Juan, 1977: 177). Comentando la fotografía de la tumba de su padre señala que el cementerio ya no se conserva. Suponemos que se refiere a la zona ampliada para tumbas de católicos, diferentes a las de Ricci y otros jesuitas, ya que estas aún permanecen en el Beijing Administrative College, situado en el número 6 de la calle Chegongzhuang (车公庄大街). Texto del epitafio: «ICI REPOSE MON EPOUX, NOTRE PERE BIEN-AIMÉ Louis Liju Juan, CONSEILLER AU MINISTÈRE DES AFFAIRES ETRANGERES, DECEDÈ LE 4 JUIN 1926, AUX 84 ANNES PRIEZ POUR LUI».

Borao Mateo, José Eugenio, (1994), «Pedro Florentino», *Sinapia* 2, pp. 16 y 21.

Borao Mateo, José Eugenio, (1999), «Julio de Larracoechea, vicecónsul en Shanghai, 1932-1936 y escritor de la ciudad del Wanpu», *Encuentros en Catay* 12, pp. 1-50.

Borao Mateo, José Eugenio, (2001), *Spaniards in Taiwan*, vol. I, Taipei: Southern Materials Center.

Borao Mateo, José Eugenio, (2017), *Las miradas entre España y China: un siglo de relaciones entre los dos países (1864-1973)*, Madrid: Miraguano Ediciones.

Davidson, James W., (1903), *The Island of Formosa. Past and Present*, Nueva York: Macmillan & Company.

De Juan, Marcela, (1977), *La China que ayer viví y la China que hoy entreví*, Barcelona: Luis de Caralt Editor.

España, Carlos Antonio de, (1878), «Los funerales. Bosquejo de costumbres chinas», *Revista de España*, XI (LXI), marzo-abril, pp. 484-497.

Fernández Arias, Adelardo, (1912), «Hablando con Liju Juan», *Heraldo de Madrid*, año XXIII (7.738), p. 1.

Gala León, J.; et al., (2002), «Actitudes psicológicas ante la muerte y el duelo. Una revisión conceptual», en *Cuadernos de Medicina Forense*, 30, pp. 39-50.

Mannix, Kathryn, (2018), *Cuando el final se acerca*, Madrid: Siruela.

Mateos, Fernando, (2003), «El último viaje de Francisco Javier», *Encuentros en Catay*, pp. 105-121.

Mateos, Fernando, (2010), «Diego Pantoja. Compañero del Padre Mateo Ricci», *Encuentros en Catay*, pp. 46-58.

Molina Molina, Angel Luis y Bejarano Rubio, Amparo, (1975), «Actitud del hombre ante la muerte. Los testamentos murcianos de finales del siglo XV», *Miscelánea Medieval Murciana* 12, pp. 186-202.

Sánchez Beltrán, Juan Pablo, (2011), «Frontones de pelota vasca en China»,

Revista Instituto Confucio (Universidad de Valencia) 7: 74-78.

Sánchez Beltrán, Juan Pablo, (2012), «Julio Palencia y Albert Cohen, influyentes españoles en la Shanghái de 1920», *Revista Instituto Confucio* (Universidad de Valencia), 10 (1): 26-29.

Sánchez Beltrán, Juan Pablo, (2013), «La pequeña colonia judío-española en la Shanghái de los años 20», *ESefarad*, 19 de diciembre de 2013.

Poveda, Jesús y Laforet, Silvia, (2008), *El buen adiós*, Madrid: Espasa.

Vincent, Gerard, (2001), «¿Una historia del secreto?», en P. Ariès y G. Duby, *Historia de la Vida Privada*, (Editions du Seuil, 1987), Santillana.

Zhang, Kai, (1997), *Diego de Pantoja y China (1957-1618)*, Beijing: Editorial de la Biblioteca de Beijing.

(3)

SINIBALDO DE MAS Y EL INICIO DE LAS RELACIONES POLÍTICAS ENTRE ESPAÑA Y CHINA EN EL SIGLO XIX

David Martínez-Robles
Universitat Oberta de Catalunya

El siglo XVIII representa un momento clave en las relaciones de China con el mundo occidental. Hasta entonces las interacciones entre ambos extremos del continente euroasiático se habían canalizado especialmente a través del enclave portugués de Macao y de la presencia de misioneros en el territorio chino, sin olvidar el importante papel de la colonia española de Manila, donde residía una importante comunidad china y desde la cual España mantenía un comercio destacado con la costa de la provincia de Fujian. Pero durante el siglo XVIII es precisamente el comercio la actividad que comienza a tomar el mayor protagonismo, al tiempo que las misiones católicas entran en crisis. Las potencias occidentales ven en China un territorio plenamente desarrollado, vital en los intercambios comerciales y en especial como productor de manufacturas y materias primas que interesaban a Europa.

A lo largo del siglo XVIII, la presencia de comerciantes europeos en la costa sur de China es cada vez mayor. Esto obliga al Gobierno Qing a regular ese comercio, con medidas de carácter proteccionista que no serán del agrado de los europeos. A diferencia de lo que había ocurrido en la mayoría de regiones del globo, Europa se encuentra ante un imperio sólido con un sistema administrativo sumamente complejo y al que no puede someter a su voluntad de un modo sencillo. Ello motivará que diversas embajadas europeas lleguen a China para mejorar las condiciones en que se desarrollaba el comercio, sin ningún éxito. Desde la perspectiva de la Administración Qing, el comercio que se llevaba a cabo en las provincias de la costa sureste no era ni un asunto vital ni beneficiaba al Estado de un modo importante, por lo que las demandas europeas fueron rechazadas.

Es precisamente en este período cuando los países que mayor contacto habían mantenido con el territorio chino, Portugal, España y Holanda, comienzan a ceder su papel como máximos interlocutores con el mundo chino en favor de los imperios emergentes que dominarán el mundo hasta el siglo XX, especialmente la Gran Bretaña y Francia. Los ingleses se habían establecido en la India ya en el siglo XVII, pero es a lo largo del XVIII que su dominio sobre el subcontinente indio se extenderá y consolidará, y cuando uno de sus productos de mayor éxito comenzará a circular ampliamente por los océanos Índico y Pacífico: el opio. El opio británico se convertirá en un producto profundamente desestabilizador de los equilibrios económicos del Mar de China.

Ya en la primera mitad del siglo XVIII, durante el período Yongzheng, el consumo del opio había sido prohibido en China. Sin embargo, la droga siguió introduciéndose en el Imperio Qing de manos principalmente de los británicos. El opio se producía y procesaba en las factorías de la Compañía Británica de las Indias Orientales, y su distribución se realizaba a través de comerciantes privados, fundamentalmente británicos, aunque algunos comerciantes españoles también participaron de este lucrativo negocio.[1] De este modo, la droga llegaba al este y sudeste de Asia. Pronto, China se convirtió en el principal consumidor de opio, con un volumen de importaciones creciente y con las consecuencias del consumo de la droga cada vez más evidentes. Por ello, la corte Qing decidió prohibir la importación del opio en la última década de siglo XVIII.

Aún así, la llegada de opio a China continuó creciendo, y con ello el volumen general del comercio. Por ello, ya a inicios de siglo XIX la presencia de occidentales en China se había transformado de un modo evidente. Los misioneros católicos siguen actuando en algunas provincias, en situación muy precaria en la mayoría de los casos y con un papel de mediación cultural mucho menos destacado que el que habían jugado los misioneros de los siglos XVI y XVII. En cambio, los beneficios que generaba el comercio acercaban hasta la costa china a un número cada vez más amplio de comerciantes, representantes de compañías, capitanes de barco y marineros, e incluso embajadores extranjeros.

A lo largo de la primera mitad de siglo XIX no se consigue encontrar una solución al problema de intereses contrarios entre los comerciantes europeos y la administración Qing. Las restricciones del Gobierno son consideradas abusivas por los europeos, la mayoría de los cuales por su parte actúan como auténticos traficantes que introducen la droga en el territorio chino empleando los canales habituales del contrabando. De este modo se llegará a un conflicto irresoluble que culminará con la Primera Guerra del Opio, en la que la armada británica doblegará la resistencia de los ejércitos Qing. Las consecuencias de la guerra para las relaciones

---

[1] Sobre la participación de comerciantes españoles en el comercio del opio a inicios de siglo XIX, véase Permanyer-Ugartemendia, Ander (2014), «Opium after the Manila Galleon: The Spanish involvement in the opium economy in East Asia (1815-1830)», *Investigaciones de Historia Económica-Economic History Research*, vol. 10, núm. 3, pp. 155-164.

Panel III Las relaciones entre China y España de los siglos XIX y XX: Diplomáticos, comerciantes, aventureros e idealistas

comerciales, políticas y culturales entre China y los países europeos serán enormes y duraderas.

El Tratado de Nanjing, que pone punto final a la Primera Guerra del Opio en 1842, fija toda una serie de concesiones que el imperio Qing debía realizar a la Gran Bretaña. Entre otros privilegios, los ingleses se aseguran la apertura de varios puertos de la costa del sureste para que puedan establecerse sus comerciantes, además de la cesión de la isla de Hong Kong. Y junto a los comerciantes, comenzarán a llegar los diplomáticos, ya que el tratado regulaba la presencia de representantes del Gobierno británico en China. De este modo, los diplomáticos se convierten en una nueva forma de presencia europea en China. Cónsules, vicecónsules y otros miembros de las sedes diplomáticas extranjeras, entre ellos los traductores oficiales, se convertirán a partir de entonces en una pieza clave en las relaciones interculturales entre China y Europa.

No solo los diplomáticos británicos comenzaron a llegar a los puertos abiertos al comercio de la costa sureste de China. Representantes de muchas otras naciones europeas establecieron consulados y oficinas de representación, incluidos los de países con mucha menos capacidad de acción y con intereses menos definidos. Entre ellos España. Es así como llega a China el primer representante del Gobierno español, Sinibaldo de Mas y Sanz (1809-1868), un hombre ya con experiencia en Asia en ese momento.

Sinibaldo de Mas es un personaje polifacético, y casi único, que destacó en la España del siglo XIX pero con una trayectoria intelectual y vital que va mucho más allá de las fronteras mentales del país en que nació. Además es, sin duda, la figura más extraordinaria en la historia de las relaciones entre China y España en el siglo XIX y probablemente en el mundo contemporáneo, por diversos motivos que analizaremos.[1]

Sinibaldo de Mas fue traductor de clásicos latinos, pintor, poeta, dramaturgo y viajero. Durante buena parte de su vida formó parte del cuerpo diplomático español en Asia. Sin embargo, lejos de ser un mero ejecutor de las órdenes que recibía desde Madrid, Sinibaldo de Mas se distinguió por sus ideas y planteamientos personales, en ocasiones alejados de las de sus contemporáneos españoles. Sus opiniones e interpretaciones de la realidad que lo rodeó fueron en ocasiones polémicas e incluso lo llevaron a enfrentarse a sus compañeros y superiores. En muchos aspectos es un personaje más europeo que español, ya que participa del mismo ideario colonial que los representantes de las principales potencias europeas, como Francia o la Gran Bretaña.

Esta dimensión más europea es sin duda una consecuencia de haberse formado intelectualmente en una ciudad como Barcelona, un puerto del Mediterráneo al que llegaban algunos de los productos, las ideas y las maneras de entender el mundo que circulaban por las redes transnacionales que los grandes imperios europeos estaban desplegando alrededor del globo. En su juventud trabajó en algunas importantes casas comerciales de la capital catalana, y en ellas pudo comprobar la llegada de productos de las Américas, África, el norte de Europa, el Mediterráneo e incluso la India y China. De este modo, el joven

---

[1] La figura de Sinibaldo de Mas ha sido estudiada por diversos autores, aunque la única obra que abarca de manera cabal su obra y vinculación con China ha sido recientemente publicada por el autor de este capítulo. Véase Martinez-Robles, David (2018), *Entre dos imperios. Sinibaldo de Mas y la empresa colonial en China, 1844-1868,* Madrid: Marcial Pons. El único intento de esbozar una biografía de Mas hasta ahora, aunque con errores importantes, había sido el de Homs i Guzman, Antoni (1990), *Sinibald de Mas*, Barcelona: Nou-art Thor.

Mas pudo tener un primer contacto con el mundo de las colonias que se extendía mucho más allá de los territorios de la vieja Europa.

Mas fue un autor prolífico. Su obra es extensa e inclasificable. Además de traducciones, publicó tragedias y poesía, tratados sobre lingüística y métrica, panfletos de carácter político, así como ensayos especializados sobre los territorios que visitó. Suyo es uno de los informes más extensos y citados, aún hoy en día, que se publican en el siglo XIX sobre las Filipinas, el *Informe sobre el estado de las Islas Filipinas*, que apareció impreso en 1843. También es uno de los pocos autores españoles que en aquel momento escribe sobre Asia Oriental, aunque de manera significativa lo hace en francés y publica sus obras en París, donde pudo encontrar una audiencia mucho más cercana a sus interpretaciones sobre las acciones de los grandes imperios de occidente en Asia y China.

EL PRIMER VIAJE A ASIA DE SINIBALDO DE MAS

Mas nace en Barcelona en 1809, en una familia de navegantes cercana a las ideas del liberalismo. Su formación transita por disciplinas muy diversas. Destaca especialmente en el aprendizaje de las lenguas —además de las principales lenguas europeas, conocía el latín, el griego y el árabe, y estudió, entre otras, el chino— y de las disciplinas humanísticas. Pero también practica artes como la pintura, el grabado y la fotografía, y aprende geografía, matemáticas y ciencias. Cuando es muy joven, entre 1823 y 1825, pone en práctica algunos de estos conocimientos trabajando como aprendiz en importantes compañías de comercio de la Barcelona de inicios de siglo XIX. Todo ello le permite abarcar un abanico muy amplio de conocimientos que lo nutren durante su vida como viajero y diplomático y que a la vez traslada a su obra.

Siendo muy joven escribe sus primeros ensayos, poemas e incluso tragedias de estilo griego, además de practicar la pintura. Algunas de estas obras llegarán al conocimiento de otros catalanes como él que tenían cargos en Madrid y ejercían una influencia en la corte. Mas es invitado a trasladarse a Madrid. Allí, tras dejar claro su interés por Oriente, inicia sus estudios de árabe. Sinibaldo de Mas había leído una obra para él determinante, los *Viajes de Alí Bey*, protagonizada por una figura igualmente única como la del también barcelonés Domingo Badia y Leblich, el viajero y espía conocido como Alí Bey que exploró el mundo árabe hasta llegar a La Meca. La inspiración de Alí Bey llevará a Mas a querer seguir sus pasos y dirigir su mirada hacia el mundo oriental.

Con la recomendación de sus mentores en Madrid, en 1833 el Ministerio de Estado español encarga a Mas la misión de viajar a Turquía, Egipto, Arabia, Persia, la India, Filipinas y China, e informar de manera detallada de los acontecimientos políticos, comerciales y culturales de esas regiones.[1] Se trata del mundo de las colonias, en el que especialmente franceses y británicos están extendiendo sus intereses. España quiere conocer de primera mano qué posibilidades había para que el comercio español pudiera aprovecharse de los caminos que los principales imperios europeos estaban abriendo en el Mediterráneo, el Índico y el Pacífico. De este modo se inicia el primero de los viajes de Mas por los continentes africano y asiático, que se alargará entre 1834 y 1842.

El Oriente Próximo y el sur y el este de Asia son regiones donde la maquinaria imperial europea se está desplegando en aquellas décadas de una manera amplia y efectiva. Desde el Mediterráneo hasta las Filipinas, Mas estudiará el complejo entramado de intereses que configura el mundo de las colonias y conocerá de primera mano sus protagonistas. Aquel era

---

[1] Se pueden consultar las instrucciones del Gobierno español a Mas de 1833 en algunas de sus obras, como por ejemplo Sinibaldo de Mas (1852), *Obras literarias de D. Sinibaldo de Mas*, Madrid: Imprenta y Estereotipia de M. Rivadeneyra, pág. 5-8.

de hecho el objetivo de su misión: valorar si España podía tomar parte activa en ese escenario colonial. Para ello, Mas visita Grecia, donde escribe su primer informe detallado sobre la realidad política contemporánea, y posteriormente se establece en Turquía, país en el que acaba de aprender el árabe. Desde allí se desplaza hasta Siria, Palestina y Egipto. Pero en este último lugar Sinibaldo de Mas comprobará que España es un imperio en profunda crisis. Desde Madrid recibe una comunicación en que se le indica que el Estado español no dispone de fondos para seguir pagándole el sueldo que hasta entonces había recibido, por su parte ya muy bajo. A partir de entonces, durante más de 7 años, Mas vivirá sin ningún salario. Sin embargo, ello no representa el final de su viaje o de su compromiso con el Ministerio de Estado. Valiéndose de sus conocimientos y su experiencia, en Egipto comercia con éxito con legumbres y cereales, lo que le permite reunir un capital suficiente para comprarse un pasaje de barco hasta la colonia británica en la India.

Entre 1838 y 1840, Sinibaldo de Mas reside la mayor parte del tiempo en Calcuta, donde estudia la organización colonial británica. Seguía sin sueldo del Estado español, por lo que allí tuvo que sobrevivir como pintor retratista al óleo. Mantendrá contactos con importantes miembros de la élite administrativa y económica de la colonia, lo que le proporcionará la oportunidad de conocer con profundidad el modelo de implantación colonial que la Gran Bretaña había aplicado en el sur de Asia. Finalmente, en 1840, Mas se traslada a Manila, después de visitar otro enclave clave como Singapur. Allí descubre que, a pesar de mostrar a las autoridades coloniales españolas su acreditación como agente del Gobierno español, sigue sin recibir su sueldo. Solo en 1842, pocos meses antes de retornar a Europa, consigue cobrar una parte de lo que se le debía.

Mientras reside en las Filipinas, durante tres meses Mas visita toda la costa oeste y la región central de la isla de Luzón, así como la costa oriental de la isla de Mindoro, más cercana a Manila. En cada aldea que visita, Mas se entrevista con personajes de toda clase y nivel social, y anota todo lo que oye y le explican. Es un observador experimentado, después de años de viaje por el Mediterráneo y Asia, además de un lector ávido y sistemático. Fruto de ello, sus notas se convertirán poco después en la base para escribir una de sus obras más destacadas, todavía hoy en día mencionada por muchos especialistas como referencia fundamental, dedicada a las Filipinas.

La última etapa del viaje que le habían encomendado a Mas tenía como destino China. Es un momento fundamental en la historia de las relaciones sino-europeas, ya que mientras Mas reside en las Filipinas se está desarrollando la Primera Guerra del Opio. Sin embargo, después de tantos años de viaje, Mas está debilitado y enfermo. Por ello, en 1842, antes de que la guerra en China finalice, decide regresar a España. Su llegada a China se postergará unos pocos años.

Las experiencias vividas durante el primer viaje (1834-1842) confirmarán a Mas como un autor importante. Hasta entonces había publicado algunas obras literarias y un ensayo lingüístico, e incluso algún artículo de carácter más académico. Pero el viaje lo ratifica como un analista de la realidad contemporánea. Varios informes escritos durante el viaje aparecerán en periódicos de la época. Y justo cuando retorna a Madrid, en 1843, publicará su *Informe sobre el estado de las Islas Filipinas en 1842*, un texto de carácter casi enciclopédico sobre aquella colonia española que se convertirá en una de sus obras más citadas.[1] En el último volumen de la obra, conocido como *Informe Secreto* debido a que fue distribuido solo de manera restringida, Sinibaldo de Mas deja claro su posicionamiento marcadamente liberal.[2] En él propone al Gobierno español que abandone

---

[1] Mas, Sinibaldo de (1843). *Informe sobre el estado de las Islas Filipinas en 1842*. Madrid: s. e.

[2] Sobre el *Informe secreto* de Mas, véase Fradera, Josep M. (2008), «Reform or Leave. A Re-reading of the so-called Secret Report by Sinibald de Mas about The Philippines», *Bulletin of Portuguese/Japanese Studies*, vol. 16, pp. 83-99.

las islas Filipinas por su incapacidad para mantener una política colonial fuerte como la de los británicos en la India y permita la emancipación de los filipinos. Según Mas, esa era la mejor decisión para España, por el prestigio internacional que le granjearía y los privilegios y la capacidad de influencia que una emancipación acordada supondría para España.

PRIMEROS VIAJES A CHINA

Unos meses después de volver a Madrid, Mas es nuevamente elegido para una misión en Asia, en este caso con objetivos y destinos más concretos. Mas debe viajar e informar sobre la situación en China, después de que, en 1842, el Imperio Qing fuera derrotado por Gran Bretaña en la Primera Guerra del Opio y los europeos obtuvieran concesiones comerciales muy favorables. De este modo se convierte en el primer representante diplomático español en pisar territorio chino. Inicialmente tiene el cargo de *agente comercial*, aunque pocos meses después se convertirá en el primer cónsul de España en China, después de que él mismo lo solicitara.[1] Tras su llegada a la costa sur de China, en 1844, Mas visita Macao, Hong Kong, Shanghái, Xiamen y Putuoshan. Además, se aleja de las concesiones internacionales que el Gobierno Qing se había visto obligado a ceder después del Tratado de Nanjing y visita zonas donde toda la población es enteramente china. Durante los dos años y medio que reside allí, Mas informa sobre el desarrollo del comercio extranjero en la costa china, las relaciones de los europeos con la administración Qing y, especialmente,

---

[1] Para una descripción del sistema de consulados españoles en China que se desarrollará los años siguientes, véase Martínez-Robles, David (2018), «Los "desheredados" de la empresa imperial: la implantación diplomática de España como potencia colonial periférica en China», *Historia Contemporánea*, 57, 2018, pp. 453-489.

las perspectivas comerciales y económicas que había para los españoles en China. Cree que la colonia española de Manila representa un enclave privilegiado para aumentar el flujo de comercio con el Imperio chino, país que opina que puede ser un destino importante para los productos filipinos. Además, aprovechará el tiempo que reside en China para estudiar el chino y su sistema de escritura.

A pesar de que el chino es una lengua que nunca dominará, este idioma tendrá una influencia determinante en una de sus obras más singulares, *L'Idéographie*.[1] Se trata de una memoria sobre la posibilidad y la facilidad de crear una escritura interlingüística mediante la cual todos los pueblos de la tierra se puedan entender mutuamente sin tener que conocer la lengua de los otros. En este texto, publicado en francés entre 1845 y 1846, Sinibaldo de Mas idea un sistema de escritura universal conceptualmente inspirado en la escritura china, a pesar de que estéticamente es similar al sistema de notación de la música occidental —los signos siguen las formas de las notas musicales y se ubican en un hexagrama horizontal al estilo del pentagrama de las partituras. En los dos años que Mas vive en China, descubre que allí se habla un gran número de geolectos que son, a menudo, ininteligibles entre ellos. Aún así, explica, la escritura es común a todos los hablantes y ello asegura la comunicación. Con este referente, y a partir de su propia experiencia como hablante políglota, Mas inventó un sistema de escritura basado en una sintaxis universal y regular que permitía la comunicación con independencia de la lengua que se hablase. Para mostrarlo aporta ejemplos en una quincena de idiomas, entre ellos el chino, el catalán o el árabe. *L'Idéographie* muestra a Sinibaldo de Mas como un intelectual con anhelos universalistas pero que

---

[1] Mas, Sinibaldo de (1846). *Pot-pourri literario*. Madrid: Imprenta Rivadeneyra [incluye *Sistema musical de la lengua castellana*, «On the Egyptian system of artificial hatching», *L'idéographie*, *La Eneida de Virgilio*, *Tragedias*, *Poesías líricas* y *Despachos*].

a la vez tiene los pies en el suelo. No es un texto especulativo ni una utopía teórica, como las que habían existido en siglos anteriores —recordemos la fascinación de un filósofo como Leibniz por la escritura china como posible sistema de comunicación universal entre intelectuales de todo el mundo—, sino una respuesta a la diversidad lingüística que se veía como un freno para la expansión del comercio y las ideas del mundo colonial.

La información que Sinibaldo de Mas remite a Madrid durante su primer viaje a China hace que el Estado español se plantee por vez primera firmar un tratado con el Gobierno Qing. Mas ha insistido desde sus primeros informes en las perspectivas que se abrían en los puertos chinos para el comercio español y en la necesidad de que España siguiera la estela de las grandes potencias europeas en cuanto a tratados se refería. Por ello, a finales de 1845, el Gobierno español finaliza un proyecto de tratado que envía a su cónsul en China. Sin embargo, en esos meses Sinibaldo de Mas había caído enfermo y, antes de que pudiera recibir la información sobre la negociación del tratado, decide regresar a España.

Será un regreso muy breve que durará el tiempo necesario para reponerse de sus problemas de salud y reelaborar el proyecto de tratado. En 1848 Sinibaldo de Mas vuelve a estar en China, esta vez como ministro plenipotenciario, capacitado para negociar con las autoridades imperiales Qing el primer tratado sino-español. Sin embargo, será una negociación sin éxito. En 1851 la legación que encabezaba Mas regresó a España. Desde su llegada a Macao, el plenipotenciario español mantuvo un intercambio epistolar con Xu Guangjin, gobernador general de los dos Guang y máximo responsable de las relaciones con los países extranjeros en el sur. Sin embargo, desde el principio discutirán sobre cuestiones protocolarias básicas, dejando claro que el entendimiento entre las dos partes no era posible. Mas negociará desde un posicionamiento colonial ortodoxo, mientras Xu se opondrá sistemáticamente a las propuestas de Mas. No en vano, a partir de 1847 y hasta el final de la Segunda Guerra del Opio, ningún otro país europeo conseguirá firmar un tratado desigual con el imperio Qing, debido a la actitud más decidida de los funcionarios imperiales esos años.

No obstante, lejos de ser un fracaso para Mas, este segundo viaje a China es determinante para estrechar sus relaciones con el mundo portugués. La mayor parte del tiempo reside en Macao, y allí establece vínculos intelectuales sólidos con algunos miembros de la élite colonial portuguesa. Con ellos debate sobre el difícil futuro de España y Portugal, dos antiguos imperios que viven momentos de crisis evidente, especialmente en comparación con los grandes imperios que entonces dominan el mundo colonial. De esta manera se conforma y define el ideario iberista de Sinibaldo de Mas, su principal aportación a la vida política española de mediados del siglo XIX. Cuando en 1851 regresa a la península, Mas publica su libro más reeditado y leído, *La Iberia. Memoria sobre la conveniencia de la unión pacífica y legal de Portugal y España*, uno de los textos más importantes del iberismo del siglo XIX y una de sus formulaciones más rotundas.[1] En él, propone que España y Portugal se fusionen en una única nación ibérica, una nueva realidad nacional más fuerte y capacitada para competir en el escenario internacional. No se trata de una propuesta utópica, ya que además de reflexiones más generales y teóricas incluye proyectos de desarrollo de infraestructuras que aseguren la viabilidad y el crecimiento de la nueva nación ibérica.

Como ya había ocurrido con su proyecto de escritura universal, Mas se inspira en lo que ha aprendido en China para desarrollar su propuesta

---

[1] Mas, Sinibaldo de (1851). *La Iberia: memoria sobre la conveniencia de la union pacífica y legal de Portugal y España*. Lisboa: s. e., 1851. Sobre el iberismo de Mas y sus vinculaciones con las élites de Macao y Portugal, véase Meireles Pereira, Maria da Conceiçao (2001), «Sinibaldo de Más: el diplomático español partidario del Iberismo», en *Anuario de derecho internacional*, núm. 17, pp. 351-370.

iberista. En algunos pasajes de su libro Mas explica que, del mismo modo que en China hay regiones y provincias muy distintas entre ellas, que hablan su propio idioma y que podrían ser países independientes, pero que juntas son mucho más poderosas, también España y Portugal deben estar unidos para formar un imperio mucho más poderoso. La influencia de China se refleja incluso en sus textos más alejados de las temáticas asiáticas.

Durante buena parte de la década de 1850, Mas dedica grandes esfuerzos a promover la causa iberista. Con poco éxito, impulsa la creación de revistas y asociaciones iberistas, contacta con intelectuales, escritores y políticos afines para implicarlos en sus proyectos y reedita hasta en ocho ocasiones *La Iberia,* tanto su versión española como la portuguesa. Pero a finales de la década de 1850 los nuevos enfrentamientos entre los europeos y el imperio Qing, que culminan en la Segunda Guerra del Opio, reclaman su atención. Fruto de este interés será la publicación en París de tres obras dedicadas al mundo chino. A lo largo de la década, Mas viaja con frecuencia a París, y en algunas ocasiones desde allí se desplaza a Londres. Desde estas dos grandes urbes, auténticas metrópolis del mundo colonial, puede seguir los detalles del conflicto. La prensa europea de la época informa de manera detallada de los acontecimientos, lo que permite a Mas elaborar una interpretación de lo que estaba ocurriendo en China. Esto es lo que analiza en sus obras, la más importante de las cuales es *La Chine et les puissances chrétiennes*, aparecida en París en 1861.[1] Se trata de un texto extenso y elaborado, en el que además de repasar la geografía, historia y cultura de China, analiza la realidad contemporánea, valora la significación de la guerra en China y ofrece un pronóstico de cuál iba a ser el desarrollo de las relaciones del Imperio Qing con los países europeos en los años siguientes. Entre otras cosas, Mas propuso la división del Imperio chino en

---

[1] Mas, Sinibaldo de (1861). *La Chine et les puissances chrétiennes*. París: Louise Hachette et Cia.

diversos estados más pequeños para asegurar que los países occidentales pudieran dominarlo de un modo más efectivo.

El texto fue bien recibido y algunos especialistas europeos elogiaron la obra de Mas. Cuando pocos años después el Gobierno español decidió realizar un nuevo intento de negociar un tratado con China y enviar una nueva delegación, no tuvo ninguna duda de que Mas era el hombre más adecuado para dirigirla.

SINIBALDO DE MAS ENTRE DOS IMPERIOS

El tercer viaje de Mas a China (1864-1868) representa la culminación de su carrera como hombre de Estado y como nexo intercultural entre China y España. En esta ocasión, Mas no se detuvo en el sur y se dirigió hacia el norte, a Tianjin, donde se estableció mientras duró la negociación. Los interlocutores escogidos por el *Zongli yamen*, oficina gubernamental de Asuntos Extranjeros del Estado Qing, fueron Xue Huan y Chonghou, funcionarios con experiencia en el trato y la negociación con los europeos. Algunas de las expectativas de la legación española quedaron frustradas durante la negociación, pero pocos meses después de llegar, en octubre de 1864, Mas y los negociadores chinos consiguieron alcanzar un acuerdo final y firmar personalmente el primer tratado entre España y el Imperio chino. Se trata de un tratado muy especial, ya que no encaja plenamente en la categoría de tratado desigual, especialmente por las concesiones que España realiza al Gobierno chino. El tratado fija que los comerciantes chinos que lleguen a los puertos de la colonia española de las Filipinas recibirán el trato de nación más favorecida, privilegio que ningún otro país había concedido a China hasta ese momento.[①]

Una vez firmado el tratado, en diciembre de 1864, Mas se traslada a Pekín con el objetivo de fundar la legación de España en China, futura embajada. El tratado recién firmado indicaba que España podía establecer una legación en la capital Qing, con la única restricción de que, durante los tres primeros años, el ministro plenipotenciario español no podía residir en Pekín de manera permanente. Esta restricción no se incluyó en el texto del tratado, sino en una cláusula secreta firmada aparte, estrategia que Mas había impulsado. De este modo, España se convertía en el cuarto país con legación en Pekín, solo por detrás de la Gran Bretaña, Francia y Rusia. De hecho, Mas solo tuvo que abandonar Pekín de manera ocasional para cumplir con lo establecido en esa cláusula secreta. Otros países que habían negociado tratados con China en los años anteriores tuvieron que esperar algunos años para poder abrir su sede.

En las negociaciones del tratado de 1864, Mas había entrado en contacto con las autoridades del *Zongli yamen*. Además era un personaje conocido entre la comunidad extranjera en China, no solo dentro de la sociedad colonial de Macao. En sus anteriores viajes había establecido relación con cónsules y vicecónsules de otros países, con los distintos gobernadores de Hong Kong, y había participado en actividades, celebraciones y reuniones organizadas por la comunidad extranjera en los distintos puertos internacionales de China. Sus libros en francés publicados hacía pocos años habían circulado lo suficiente entre los lectores especializados, de modo que era una figura reconocida en China. A su vez, durante su residencia en

---

[①] Sobre las particularidades del tratado sino-español de 1864 y su significación en el contexto de las relaciones exteriores Qing después de la Segunda Guerra del Opio, véase Martínez-Robles, David (2016), «Constructing sovereignty in Nineteenth century China: the negotiation of reciprocity in the Sino-Spanish Treaty of 1864», *International History Review*, Volume 38, Issue 4, pp. 719-740.

Pekín había mantenido contactos con las máximas autoridades chinas. Entre ellas, el principal responsable de la política exterior Qing, el príncipe Gong (恭亲王), con quien mantuvo una relación incluso cordial. Además de las visitas protocolarias, como máximo representante español en China, el príncipe llegó a intercambiar con Mas cartas de carácter más personal.

A pesar del éxito de su misión, que había conseguido firmar el anhelado primer tratado sino-español, en 1867 Mas se enfrenta a sus superiores del ministerio en Madrid por cuestiones disciplinarias, lo que significará su expulsión —oficialmente se acepta su dimisión— del cuerpo diplomático español. No era la primera vez que Mas había mantenido discusiones con sus superiores en España. Mas se muestra siempre como un hombre que defiende sus principios con obstinación. Cuando en 1867 vio que no se aceptaban sus consejos sobre la administración de la legación, no dudó en oponerse al criterio del ministro de un modo directo e incluso airado, lo cual significó el final de su carrera como agente del Gobierno español tras más de 30 años de servicio.

El *Zongli yamen* se interesó inmediatamente por su situación. La destitución de Mas como jefe de la legación española generó un pequeño escándalo en Pekín que llegó hasta las autoridades Qing, las cuales llevaban años intentando alcanzar una solución sobre la situación de Macao. Desde hacía algunos años las autoridades portuguesas habían decidido mantener una actitud desafiante, cerrando la aduana china en el enclave portugués y negándose a pagar el alquiler que anualmente entregaban a la administración Qing por la cesión del territorio de Macao. El resultado, en 1849, fue el asesinato del gobernador de Macao, Ferreira de Amaral, conflicto en el que Sinibaldo de Mas había actuado de mediador entre portugueses y chinos. Después de la Segunda Guerra del Opio el Gobierno portugués logró negociar un tratado favorable sobre Macao, pero el *Zongli yamen* se negó a ratificarlo en 1864, y nunca tuvo vigencia. Por ello, que un experto en el mundo portugués, experimentado diplomático y buen conocedor de los asuntos de China se quedase de manera repentina sin ocupación en Pekín fue visto como una oportunidad.

A finales de 1867, justo cuando Mas deja el servicio diplomático español, Robert Hart —director general del Servicio de Aduanas Marítimas de China y hombre de confianza del *Zongli yamen* y del propio príncipe Gong— propuso al príncipe la posibilidad de recuperar el control de Macao a cambio del pago al Gobierno portugués de una cantidad sustanciosa de dinero.[1] Esta idea dio inicio a una nueva estrategia para solucionar el problema de Macao. El propio Hart inició los contactos con Mas. Se conocían desde hacía años, aunque su relación era distante. Después de unas primeras reuniones en que sondeó al barcelonés, el *Zongli yamen* le ofreció la oportunidad de convertirse en uno de sus agentes. El plan ideado por Hart y ratificado por el *Zongli yamen* y el príncipe Gong pretendía enviar a Mas hasta Portugal para que convenciese al Gobierno de Lisboa de la conveniencia de abandonar una colonia deficitaria como Macao a cambio de una suma muy atractiva de dinero. Gracias a las amistades que había cosechado en el pasado en Macao y como impulsor del iberismo, Mas tenía contactos personales en Lisboa que ocupaban altos cargos en el Gobierno portugués, los cuales debían ayudar al éxito de la misión.

Mas no dudó en aceptar la propuesta. Después de una vida dedicada al estudio de los países asiáticos, profundamente interesado en el mundo chino desde su juventud, la propuesta de entrar al servicio del Gobierno Qing representaba un elogio a su persona y la culminación de su carrera como diplomático. Además, el *Zongli yamen* había destinado una suma muy cuantiosa, 300.000 taeles, como pago por sus servicios y los de Robert Hart y uno de sus ayudantes, James Campbell, que actuaría de secretario de Mas en Europa. Después de quedar apartado del servicio diplomático español, la

---

[1] «Memorial al emperador del *Zongli yamen* del 4º mes bisiesto del 7º año de la era Tongzhi», mayo/junio de 1868, Archivo del Instituto de Historia Moderna, Academia Sinica, Waijiao bumen, Zongli yamen, 01-22-5-5-1 (Aomen dang).

oferta del *Zongli yamen* no podía ser más atractiva para el catalán.

La misión, conocida con el nombre en clave «Emily», fue ideada con el máximo secreto. Además de Mas, Hart, Campbell y el príncipe Gong, solo los altos mandatarios del *Zongli yamen* estaban al corriente, como su director general, Wenxiang, y Chonghou, que conocía a Mas desde las negociaciones del tratado. Se evitó especialmente que las autoridades de Macao tuvieran conocimiento del plan, ya que se quería evitar que intervinieran en la negociación. Para poder desarrollar su misión, el *Zongli yamen* acreditó oficialmente a Mas como representante del emperador Qing en Portugal, en unas credenciales con el sello imperial que Mas llevó consigo a Europa:

Como Emperador del Gran País de Qing envío al gran monarca de Portugal mi saludo y reconocimiento.

De entre las relaciones de China con los países extranjeros, el Cielo tiene en gran estima a vuestra amistosa nación, que siempre se ha mostrado honesta y pacífica. Por ello he escogido cuidadosamente a un hombre sabio e inteligente, además de virtuoso y honorable, que antiguamente había servido como enviado especial de España en Pekín, don Sinibaldo de Mas, buen conocedor de las relaciones de China con los países extranjeros, y lo designo para que actúe como mi representante en lo concerniente a las negociaciones entre nuestras dos naciones.

Es mi deseo mantener con vuestro país unas relaciones fraternales, honorables y de confianza mutua que nos permitan alcanzar una amistad eterna y enaltecer juntos la paz para alcanzar la dicha más profunda.

Quinto mes del séptimo año del período Tongzhi.[1]

---

[1] «Comunicación de las credenciales para Portugal, 5º mes del 7º año de la era Tongzhi», julio de 1868, Archivo del Instituto de Historia Moderna, Academia Sinica, Waijiao bumen, Zongli yamen, 01, 22, 5, 5, 1 (Aomen dang).

Sinibaldo de Mas vuelve a Europa a finales de 1868. Viaja solo, aunque en Europa contacta con el representante de las Aduanas Marítimas Chinas, Campbell, hombre de máxima confianza de Hart, que conocía el contenido de la misión y que debía de actuar como secretario de Mas. Después de una breve parada en París, Mas llega a Madrid en octubre de 1868, tres meses después de iniciar su viaje desde Pekín. Sin embargo, a los pocos días, Mas muere repentinamente sin que nadie tenga conocimiento de los motivos reales que lo han hecho regresar a España. Unos días después Campbell llega a la capital española con leo objetivo de destruir las credenciales imperiales Qing, sin que nadie descubra la misión. Solo unos pocos periódicos mencionan en los días siguientes la desaparición de Mas. Rechazado por el Estado al que sirvió durante décadas y sin descendencia directa, el recuerdo de Mas se desvanecerá rápidamente y su figura caerá en el olvido. La Misión Emily había quedado abortada. James Campbell no tenía suficiente rango para continuarla solo, y ni él ni Robert Hart tenían los contactos personales en el Gobierno lisboeta que poseía Mas. El problema de Macao siguió sin resolverse durante décadas.

Queda claro que Sinibaldo de Mas fue una figura única de la España y la China de mediados de siglo XIX, por su amplia y singular obra y por el papel que juega en las relaciones entre el mundo europeo y China. Sin duda es el máximo conocedor español del mundo chino, el diplomático más destacado y la figura más relevante y clave en las relaciones entre ambos países durante ese período. No solo como el primer representante diplomático español en China, sino especialmente por el hecho de haberse convertido oficialmente en agente del imperio Qing. De hecho es el primer occidental que viaja al extranjero en misión de representación diplomática sin la presencia de funcionarios chinos. Ello lo confirma como un intelectual que va más allá de las fronteras de España y de las barreras mentales de la sociedad y el Estado en que vivió, además de una figura de unas dimensiones extraordinarias que es necesario reivindicar. En este sentido, teniendo en cuenta que el 150 aniversario de su muerte coincide con el 400 aniversario del fallecimiento en Pekín de Diego de Pantoja, Sinibaldo de Mas emerge como una figura de una importancia intercultural tan fundamental como la del jesuita. Ambos encarnan un nexo histórico entre los dos extremos del continente euroasiático.

Panel III Las relaciones entre China y España de los siglos XIX y XX: Diplomáticos, comerciantes, aventureros e idealistas

(4)

JUAN VALERA Y EMILIA PARDO BAZÁN: LA IDEALIZACIÓN DECIMONÓNICA DE CHINA

Ning Siwen
East China Normal University

Después de haberles impedido la entrada durante más de un siglo, los viajeros europeos pudieron de nuevo entrar en China. Los españoles también lo hicieron siguiendo a los franceses e ingleses, pero más bien como observadores en aquel proceso de comercialización que evolucionó pronto en colonización imperialista. Una parte de mi tesis doctoral,[1] cuyo tema es la representación de China y su imagen literaria en la España del siglo XIX, ha analizado los escritos sobre China que dejaron muchos de estos viajeros: Sinibaldo de Mas, Fernando Antón de Olmet, Adolfo de Mentaberry, Eduardo Toda, Enrique Gaspar, Luis Valera. Alguno de ellos incluso contribuyó en esta recuperación de la relación oficial entre

---

[1] Ning, Siwen (2015), *De la China legendaria al declive del Celeste Imperio...* (tesis doctoral Cum Laude), Universitat Autònoma de Barcelona, dirigida por Montserrat Amores García. 〈 https://hispanismo.cervantes.es/publicaciones/china-legendaria-al-declive-del-celeste-imperio-representacion-china-su-imagen 〉. Se encuentra, además, la primera versión de un análisis más específico de cada uno de los cuentos incluidos en el presente trabajo.

los dos países, como es el caso de Sinibaldo de Mas i Sanz,[1] el primer representante del Gobierno español, quien procuró el primer tratado sino-español y que dejó constancia de sus ideales colonialistas y patrióticos en sus obras.

Dejando a un lado a estos viajeros que por razones diversas entraron en contacto directo con la cultura china, el presente trabajo trata sobre dos autores de la época, ambos literatos de renombre, que no habiendo pisado nunca tierra china idearon sus respectivos mundos chinos desde la lejanía, tomando como base la literatura y las efemérides de la historia. De esta manera, hallamos testimonios de un modo distinto de «viajar» al país oriental que se empezó a practicar frecuentemente desde los años treinta del siglo XIX, sobre todo después de la implantación de la prensa ilustrada, por parte de lectores, periodistas, literatos..., en fin de curiosos idealistas del mundo chino.

Hablo pues de Juan Valera y de Emilia Pardo Bazán. Como es bien conocido, el primero ejercía como diplomático, aunque no llegó a presentarse en China ante el Gobierno Qing. La segunda, escritora incansable y gran lectora también de literatura francesa. Los dos compartieron erudición libresca y afición por Oriente revelando cada uno una percepción diferente de China.

En primer lugar, hallamos varios fragmentos en ensayos y epistolarios de ambos autores que muestran sus respectivos idearios literarios con respecto a aquel lejano mundo oriental. Por el limitado espacio, presento únicamente como muestra de este interés un fragmento de cada uno de estos dos literatos.

En una carta de 1887 que Valera escribe a Enrique Menéndez Pelayo, hermano de Marcelino, en la ocasión en que el autor novel le dedica un

---

[1] Sobre el personaje histórico y su obra, véase: Martínez-Robles, David (2018), *Entre imperios. Sinibaldo de Mas y la empresa colonial europea en China*. Madrid: Marcial Pons.

volumen de poesía, le aconseja que «no escriba versos líricos sin motivo suficiente» y que «debe aprovechar su estro en leyendas o narraciones y ser en que le permite ser esto todo lo fecundo y abundante que pueda»:

> [...] de cosas de la Edad Media, paladines, castillos, damas, pajes y trovadores, estamos ya tifus, pero, en cambio, hay mil terrenos inexplorados: nuestra historia antiquísima, las aventuras de navegantes, conquistadores y viajeros en Asia, América y África, que apenas se han tratado en poesía y que tienen tanta. Ya aun cosas de la Edad Media y de los siglos XVI y XVII con tal de salirse de lo convencional, trillado y amanerado, y ser más realista y ajustado a la verdad. Por ejemplo, [...] ¿No se podría inventar leyendas en China, fundándose en los viajes de Navarrete y de Mendoza o en la vida de San Francisco Xavier de Lucena?
> [...] En suma, hay muchísima materia épica intacta e informal, de la que se podrían hacer cosas lindísimas, informándolas con el espíritu y el pensamiento de nuestros días, sin que parezcan un espejo de lo pasado, sin la luz y el sentir y los problemas del día, sino con todo esto.[1]

He aquí un generoso maestro, que confía su receta literaria a un amigo admirador suyo, que de alguna manera define la esencia de la creación literaria orientalista valeresca. Merece la pena recordar en esta ocasión que las dos obras mencionadas *Tratados históricos, políticos, éticos y religiosos de la Monarquía de China* (1676) del dominico Fray Domingo Fernández de Navarrete (1610-1698) y *La Historia de las cosas más notables, ritos y costumbres del Gran Reino de la China* (1585) del padre agustino Juan

---

[1] Valera y Alcalá-Galiano, Juan (2005): *Correspondencia. Volumen IV. 1884-1887*, L. Romero Tobar (ed.), Madrid: Castalia, pp. 630-631.

González de Mendoza (1545-1618) abordan principalmente la China de los siglos XVI y XVII bajo el Gobierno de la dinastía Ming, que había sucedido a la dinastía mongola Yuan.[1]

Frente a la afición arqueológica de Valera, doña Emilia manifiesta más sensibilidad a los cambios de gusto de su época.[2] En una de las cartas derivadas de su estancia en París durante la Exposición Universal de 1888, refiriéndose a la producción de los objetos artísticos, escribe nuestra autora:

> En opinión de la prensa francesa, el pabellón chino ofrece deslumbrador aspecto; para nosotros los españoles, hay en él algo de conocido y familiar dentro del exotismo. Las cosas chinas (las japonesas no) son esos chirimbolos que nosotros llamamos filipinos, y que huelen a capitán de barco y a familia mesocrática. En España el rico pañolón dibujado por Ayún o Senquá, los abanicos multicolores con macaquitos de faz de marfil y ropaje de seda, las cajas oblongas de sándalo minuciosamente esculpidos, los juegos de café, en cuya pintura dominan el rosa y el verde pálido,

---

[1] Véase la presentación de las dos obras en Zhang Kai, (2003), *Historia de las Relaciones Sino-Españolas*, Henan: Elepant Press. Estudios específicos de las dos obras, véanse Dolors Folch i Fonersa, (2002), «La cristalización de la primera imagen de China: de la carta de Dom Manuel (1508) al libro de González de Mendoza (1585)», en Burgos & Ramos (eds), *Traspasando fronteras: el reto de Asia y el Pacífico*, Asociación Española de Estudios del Pacífico; y Anna Busquets Alemany, (2008), «Un siglo de noticias sobre China: entre González de Mendoza (1585) y Fernández de Navarrete (1676)», en San Ginés, P. (ed.), *Nuevas Perspectivas de Investigación sobre Asia Pacífico*. Granada: Editorial Universidad de Granada, pp. 275-291.

[2] Sobre el japonismo en Pardo Bazán, véase: Carrasco Arroyo, Noemí (2009), «Insinuado en el alma. El *japonismo* en las crónicas finiseculares de Emilia Pardo Bazán», en González Herrán, J. M.ª, Patiño Eirín, C. y Penas Varela, E., (eds.) *La literatura de Emilia Pardo Bazán*, A Coruña: Real Academia Galega y Fundación Caixa Galicia: Casa-Museo, pp. 229-237.

Panel III Las relaciones entre China y España de los siglos XIX y XX: Diplomáticos, comerciantes, aventureros e idealistas

los pueblecillos de laca, con flores de nácar de colorines, son objetos que las primeras veces habrán gustado por la rareza, pero que ya hastían [...] ¡Ah! Lo que es el Japón —al menos para ojos españoles— es otra cosa, otra cosa bien distinta, tan distinguida, como es vulgar lo chino. [...] (Pardo Bazán [1889]: 111-112).

El texto resulta especialmente relevante para el presente simposio por dos motivos: el primero, porque es testimonio de la imposición del japonismo sobre la *chinoiserie* heredada de los ilustrados a finales del siglo XVIII. En segundo lugar, el texto recuerda el comercio entre España y China a través de Manila, lo cual ha sido tema de estudio de no pocos estudiosos a lo largo de este simposio.[1] Además, la mención de Ayún o Senquá como artistas que modificaron el llamado mantón de Manila, hecho no corroborado[2] históricamente, lo toma doña Emilia directamente de la primera parte de la novela *Fortunata y Jacinta*, la obra de Benito Pérez Galdós que precisamente documenta, con la decadencia de la tienda de objetos chinescos de los Arnaiz, la pérdida de favor del arte chino en el contexto español de la segunda mitad del siglo XIX.

---

[1] Se destacan la obra de Manel Ollé, (2002), L*a empresa de china, de la Armada Invencible al Galeón de Manila*, por abordar el origen político de este formato comercial; Brasó Broggi, C. (ed.), (2013), *Los Orígenes de la Globalización: El Galeón de Manila*, Shanghái: Instituto Cervantes, por una visión general y más contemporánea sobre el mismo tema; así como los datos específicos que ofrece Antonio Francisco García-Abásolo González, (2013), «Españoles y chinos en Filipinas, los fundamentos del comercio del Galeón de Manila», *España, el Atlántico y el pacífico y otros estudios sobre Extremadura, V Centenario del descubrimiento de la mar del Sur (1513-2013)*, coord. por Felipe Lorenzana de la Puente, pp. 9-30.

[2] Gutiérrez García, María Ángeles, (2005), «Literatura y moda. La indumentaria femenina a través de la novela española del siglo XIX» en *Revista electrónica de estudios filológicos*, n. 9, 〈 http://ftp.um.es/tonosdigital/znum9/estudios/literaturaymoda.htm 〉

A continuación, veamos los tres cuentos en cuestión, empezando por el de Valera. En 1860, Juan Valera publica su extenso relato de siete capítulos «El pájaro verde», que se publicó por primera vez en *Florilegio de cuentos, leyendas y tradiciones vulgares*, volumen que firma junto con Antonio María Segovia.

Un rey llamado Venturoso, monarca poderoso de un reino muy rico de Oriente, tras el nacimiento de su hija, en un rapto de júbilo, asfixia accidentadamente a su esposa entre sus brazos. Cuando la princesa cumple quince años, el rey la hace jurar como heredera del reino y trata de buscarle un esposo. La princesa Venturosa muestra indiferencia hacia todos los pretendientes, entre ellos, el hijo del kan de Tartaria, a quien, por su fealdad y su soberbia, ella odia. Una mañana de primavera, entra en el balcón de la princesa un precioso pájaro de plumas de color esmeralda y le roba un cordón del cabello. El pájaro verde aparece en otras dos ocasiones para robarle una liga y un guardapelo. Entretanto, el deseo de atrapar vivo el pájaro verde aumenta en la princesa hasta hacerle caer enferma. Un día, una lavandera, persiguiendo una naranja embrujada, descubre un palacio donde observa tres pájaros, entre ellos el pájaro verde, los cuales se convierten en tres hermosos jóvenes resultando ser el príncipe de la China, su secretario y su escudero. La lavandera cuenta su visión a su ama y lo enamorado que el príncipe confiesa que está de la princesa. Tras una serie de averiguaciones, la princesa se entera de que el príncipe heredero del Celeste Imperio fue objeto de un encantamiento por parte de su enemigo el rey de Tartaria. Mediante varios esfuerzos, la princesa consigue salvar a su amado con la ayuda de un ermitaño, cuya sabiduría alcanza a descifrar una carta del kan de Tartaria, escrita en una lengua enigmática revelando así la manera de romper el encantamiento del príncipe. Como consecuencia, muere el kan de Tartaria, China y Tartaria quedan bajo el Gobierno del emperador chino y los enamorados se casan y viven felices en Pekín. Leamos el inicio del cuento:

Panel III Las relaciones entre China y España de los siglos XIX y XX: Diplomáticos, comerciantes, aventureros e idealistas

>Hubo, en época muy remota de esta en que vivimos, un poderoso rey, amado con extremo de sus vasallos y poseedor de un fertilísimo, dilatado y populoso reino allá en las regiones de Oriente. Tenía este rey inmensos tesoros y daba fiestas espléndidas. Asistían en su corte las más gentiles damas y los más discretos y valientes caballeros que entonces había en el mundo. Su ejército era numeroso y aguerrido. Sus naves recorrían como en triunfo el Océano. Los parques y jardines, donde solía cazar y holgarse, eran maravillosos por su grandeza y frondosidad y por la copia de alimañas y de aves que ellos se alimentaban y vivían. Pero ¿qué diremos de sus palacios y de lo que en sus palacios se encerraba, cuya magnificencia excede a toda ponderación? Allí muebles riquísimos, tronos de oro y de plata y vajillas de porcelana, que era entonces menos común que ahora. [...] Los vasallos de este rey le llamaban con razón el Venturoso.[1]

Tal y como se observa en el párrafo citado, excepto la breve mención de las vajillas de porcelana que puede identificarse como arte decorativo chino, todo es convencional y europeo. Tampoco parecen orientales los nombres del rey y la princesa. Con sencillez retórica, el autor deja entender al lector que el tiempo y el espacio del cuento son respectivamente la antigüedad y el Oriente.

Veamos cómo son las presentaciones de los dos personajes masculinos que representan respectivamente el bien y el mal:

El príncipe del Celeste Imperio:
[...] salían tres mancebos tan lindos, bien formados y blancos, que parecían estatuas peregrinas hechas por mano maestra, con mármol

---

[1] Valera Alcalá-Galiano, ([1860] 2004), «El pájaro verde» en *Florilegio de cuentos, leyendas y tradiciones vulgares*, p. 7.

> teñido de rosas. [...] La chica [...] no podía deducir hasta dónde era capaz de elevarse la hermosura humana masculina, se figuró que miraba a tres genios inmortales o a tres ángeles del cielo. [...] Uno de ellos, el más hermoso de los tres, llevaba sobre la cabeza una diadema de esmeraldas, y era acatado de los otros como señor soberano. [...] le pareció el emperador del mundo y el príncipe más adorable de la tierra.[1]

El príncipe tártaro:

> Este príncipe adolecía de una fealdad sublime. Sus ojos eran oblicuos, las mejillas y la barba salientes, crespo y enmarañado el pelo, rechoncho y pequeño el cuerpo, aunque de titánica pujanza, y el genio intranquilo, mofador y orgulloso.[2]

No es difícil observar que, si bien el príncipe tártaro tiene ciertos rasgos de su etnia, por no decir rasgos asiáticos generalizados, el príncipe chino y sus dos ayudantes de ninguna manera aparentan ser chinos, sino idealizados según criterios artísticos europeos de la época.

Como señalaron en su momento Sherman Eoff[3] y Fernández Montesinos,[4] el cronotopo oriental de la narrativa de Valera muchas veces es mero pretexto para desarrollar un ideario ficticio que resalta lo legendario, lo fantástico y lo maravilloso, con toques históricos y anecdóticos.

---

[1] Valera, ob. cit., p. 22.

[2] Valera, ob. cit., p. 11.

[3] Eoff, Sherman, (1990), «El interés de Juan Valera por Oriente», en Enrique Rubio Cremades (ed.), *Juan Valera. El escritor y la crítica*, Madrid: Taurus, pp. 459-472.

[4] Montesinos, José F., (1957), *Valera o la ficción libre*, Madrid: Gredos.

Ahora bien, volviendo a la tesis principal de Valera, si el hecho de ambientar el cuento en Oriente es un factor primordial que exige la formulación del relato, será interesante preguntarse: ¿Por qué los sitúa en China y Tartaria y no en otros antiguos reinos cualesquiera de Oriente? ¿Si hubiese escrito sobre otros países asiáticos cualquiera, el cuento tendría el mismo efecto?

De hecho, por muy inverosímil y legendario que parezca el cuento, ni la recreación histórica parece mero accidente, ni es baladí la investidura de los personajes como chinos y tártaros. Con respecto a la historia, China y Tartaria encajan perfectamente en el esquema de su relato, ya que Juan Valera hace referencia al hecho histórico de la rivalidad entre los mongoles y los chinos, historia reciente para los autores Mendoza y Navarrete, dos autores que Valera lee y cita.

Por último, en un cuento maravilloso como es el propio «El pájaro verde», ¿no resulta idóneo que aparezcan un príncipe de la Tartaria para representar el mal y la fealdad (pensando en el «infierno»), y un príncipe del Celeste Imperio para representar el bien y la belleza (pensando tanto en la figura de «el cielo» como en la de «un príncipe azul»)? Posiblemente, una estrategia de verosimilitud, tan extraña como efectiva, donde las figuras de tradición europea entran en juego con sonoras apariencias toponímicas y gentilicias de uso.[1]

A pesar de sus comentarios desfavorables hacia el arte chino, Pardo Bazán nos lega dos relatos que se relacionan con este viejo y decadente imperio del Extremo Oriente y sus singulares habitantes: «Agravante» y «El

---

[1] Para un análisis enfocado en el valor folclórico de este cuento, véanse: Amores, Montserrat (2010), «De vuelta a Oriente. A propósito de "El pájaro verde" de Juan Valera», *Congreso Internacional Pasado, presente y futuro de la cultura popular: espacios y contextos,* Palma de Mallorca, 20-22 de octubre de 2010 y mis notas explicativas en el capítulo dedicado al autor de mi tesis doctoral (Ning, ob. cit. 2015, pp. 371-372).

templo», el primero es una traducción libre de una leyenda china taoísta, *Zhuanggong shiqi*, en combinación con el tipo folclórico «La matrona de Efeso», el segundo es una versión libre de la vida de la emperatriz china Wu Zetian.

El cuento «Agravante» pertenece a los *Cuentos nuevos* de la autora, se publica por primera vez en *El Liberal* en 1892 (30 de agosto de 1892). En primer lugar, veamos su argumento:

En el Celeste Imperio, un filósofo llamado Li-Kuan y su esposa Pan-Siao encuentran a una viuda que abanica la tumba de su marido para poder volver a casarse, ya que según preceptos morales de China, las viudas no pueden contraer segundas nupcias de no haber quedado seca la tierra que cubre la tumba del cónyuge difunto. Li-Kuan, al enterarse del motivo, se ofrece a ayudarla a abanicar. La esposa de Li-Kuan, celosa por la complacencia que muestra su marido hacia la viuda, descarga duras críticas al hecho defendiendo la honestidad y la constancia del amor de las esposas modelo. Li-Kuan, alarmado por la reacción de su esposa, plantea el problema de «si lo que más cacarea es lo más real y positivo» e idea una prueba moral para Pan-Siao. Así Li-Kuan finge su propia muerte con ayuda de un discípulo suyo. El día de las exequias, el joven llamado Ta-Hio, galán y gallardo se acerca a la triste viuda Pan-Siao. Tras varias palabras de consuelo, Ta-Hio se declara a la bella viuda con fervor. Pan-Siao, conmovida y reanimada por el apasionado discípulo de su marido, mucho antes de que se seque la tumba, decide casarse con él. La noche de la boda, en la cámara nupcial, Ta-Hio confiesa a la novia que tiene una enfermedad que solo se cura con aplicar al corazón sesos de un difunto y exagera su dolencia como si fuera a morir. Pan-Siao, desesperada y presa de su nueva felicidad, toma una linterna, una azada y un hacha, y entra en el jardín donde, debajo de un sauce está supuestamente enterrado su difunto marido. En este momento, el filósofo sale de su escondite y revela la estratagema. Tras dar el último sermón a su esposa, recordándole aquella escena de la viuda abanicando la tumba que ambos presenciaron, le parte el cráneo con el hacha.

Sobre este cuento hubo una sonada polémica acerca de la autoría y la originalidad de la obra que se arrastra hasta nuestros días. Al ser acusada de plagio, Pardo Bazán explica que al traducir de forma libre un cuento del volumen *Contes chinois* del sinólogo francés Abel-Rémusat y descubrir la similitud del cuento con la *Matrona de Efeso*, ella se limitó a reutilizar unos elementos chinescos circunstanciales y motivos de la literatura popular para su creación literaria, ejercicio común entre ciertos autores célebres como Voltaire.

El segundo cuento de Pardo Bazán relacionado con el mundo chino que se titula «El templo» se publica por primera vez en el *Almanaque de El Imparcial* del año 1901, cuyo argumento ofrezco de la siguiente manera:

En la dinastía Tang, en el siglo VII, d. C., Vu, hija de un príncipe de Mingrelia, ingresa en el gineceo del emperador Tai-Sung, convirtiéndose en una de las veinte doncellas a su servicio. A pesar de la ayuda de los eunucos de la corte, con una belleza y unas habilidades extraordinarias, Vu no logra abrir el corazón de Tai-Sung, ilustre guerrero y legislador preocupado por asuntos de su imperio, pero sí consigue seducir al hijo de este, el príncipe heredero Kao-Sung. A pesar de la advertencia de su padre («reina sobre ti mismo y sujeta tus pasiones»), Kao-Sung se enamora perdidamente de la doncella. Un mes después, Tai-Sung muere tras beber una taza de té, debido al efecto producido por este mezclado con una alta dosis de opio. En cuanto Kao-Sung hereda el trono, repudia a sus esposas y concubinas para tomar a Vu como su reina, emperatriz del Celeste Imperio, pese a los impedimentos legales y públicos. Poco después, también muere Kao-Sung, por su excesiva pasión por la reina Vu. Cuando Shun-Sung, el hijo de Kao Sung sucede al trono, su madrastra reina consigue seducirlo del mismo modo, esta vez, apoderándose también de la soberanía del imperio. La emperatriz gobierna con crueldad y arbitrariedad, viviendo solo para satisfacer sus desmesurados caprichos. Su lujosa y corrupta vida dura hasta que un día, la reina sufre una depresión sin motivo aparente. Poco después, la corte descubre con total sorpresa que su emperatriz se ha enamorado de un bonzo. El bonzo llamado Hoay, a través de sus sermones de Buda, enmienda la moral y la conducta de la emperatriz. Y ella sigue ciegamente sus instrucciones. Hoay le ordena construir un templo grandioso, obra que agota toda su riqueza. Después, lo quema al fuego de una antorcha y le indica que construya otro aún más alto. La emperatriz acaba desprendiéndose de todos sus caprichos y reinando de un modo sensato y compasivo. La feliz vida de la emperatriz al lado de su amado bonzo no puede durar. Los mandarines y los eunucos, desocupados porque ya no existen los suplicios ni otros mil abusos de poder, se sienten celosos del favoritismo de la reina hacia el bonzo. La emperatriz Vu es estrangulada secretamente en su pabellón, dejando atrás toda una polémica acerca de su reinado y su figura.

Se trata de una versión libre de la biografía de la primera emperatriz en la historia de China, Wu Zetian (625-705 d. C). Esta vez, la autora cita explícitamente a Joseph-Marie Amiot como su fuente para esta historia china. En la versión de Pardo Bazán se añade la seducción del tercer emperador Shun-Sung y se exageran todavía más el lujo y el vicio de la vida de la emperatriz.

Pese a lo resumido de su argumento y lo acelerado de su ritmo, que lo acercan más a una semblanza, Pardo Bazán cuida con detenimiento la ambientación del cuento bajo una estética estereotipada y con no pocos referentes culturales.

Veamos esta descripción de la vida de la emperatriz llena de lujo y de excesos:

> Mandó construir un palacio desmesurado, y en él reunió servidumbre innumerable, entre la cual había bailarinas, atletas, astrólogos, arqueros muy diestros y palafreneros tártaros de suma

habilidad. Todas las noches los jardines se iluminaban con millares de farolillos, y barcas empavesadas, de figura de dragones o cisnes, llenas de músicos, con mesas dispuestas para el banquete, recorrían los estanques y lagos; en la más suntuosa de las embarcaciones, la emperatriz, rodeada de su corte, se entregaba a los delirios de la orgía. Hasta tuvo el capricho de hacer un lago de vino rojo y ver cómo se bañaban en él, ebrios ya, los cortesanos. En medio de su desatinada vida, Vu pensaba en agrandar su Imperio, y veteranos generales consiguieron para sus armas brillantes victorias. Los literatos, no queriendo ser aserrados o cortados en diez mil trozos, cantaban la gloria de la excelsa Vu, y el Imperio entero, postrado a sus casi invisibles pies, la reverenciaba acobardado, pues las proscripciones habían hecho oscilar, al extremo de un bambú corvo, muchas y muy ilustres cabezas.[1]

Observamos que varias anécdotas históricas son tomadas de la biografía de otra reina china también conocida en Occidente, Daji. La construcción de un palacio suntuoso dedicado exclusivamente a la recreación de los suplicios sobre sus adversarios, el baño de vino y la política de terror son reconocibles en este personaje legendario. Al mismo tiempo, la propia historia tiene semejanza con los célebres episodios históricos de emperatrices cuyas vidas se convierten en leyendas que combinan los estereotipos de femme fatale y mujer ambiciosa de Occidente, tales como Cleopatra VII y la emperatriz María Antonieta de Austria.

Por otro lado, en el párrafo citado, resalta la costumbre de los pies vendados. No obstante, recordemos que en la época en la que se ambienta el cuento, el siglo VII, las mujeres chinas aun no eran sometidas a esta

---

[1] Pardo Bazán, (1947a), *Obras completas: novelas y cuentos, vol. I*, Federico Carlos Sainz de Robles (ed.), Madrid: Aguilar, pp. 1779b-1780a.

práctica de fetichismo que corresponde a las tendencias estéticas de la dinastía Song (960-1279 d. C) y los tiempos posteriores de la China feudal. Precisamente, nuestro misionero Diego de Pantoja la mencionó y criticó en su extensa carta al arzobispo Guzmán.[1] No obstante, el hecho de que la autora aluda con toda naturalidad a este detalle en su personaje de la reina Vu, sin duda, demuestra que esta práctica ya constituía una vertiente arquetípica en la caracterización de la mujer china en el siglo XIX.

Leamos los siguientes pasajes del cuento que corresponden, respectivamente, a la protagonista y Kao-Sung:

> Seguros ya de que Vu merecía el honor de divertir al glorioso soberano, la vistieron de bordadas telas, la perfumaron con algalia, salpicaron de flores de cerezo su negra cabellera, peinada en complicadas y relucientes cocas, y la presentaron a Tai-Sung.
>
> Y el príncipe heredero —asomado al balconcillo de un pabellón de bambú que adornaban placas de esmalte y cuyo techo escamoso guarnecían campanillas de plata— vio pasar a la nueva esclava de su padre y la codició en su corazón de un modo insensato.[2]

Telas bordadas, perfume a base de almizcle, peinado de forma compleja y dispersa, bambú, son referentes culturales muy identificables del mundo chino. No obstante, las campanillas de plata pueden provenir del famoso cuento de Andersen, *El ruiseñor*, traducido y bellamente editado en España, donde el gran cuentista crea un mundo chino legendario según la estética de la *chinoiserie*; mientras que la flor de cerezo no es más que una confusión histórica muy común entre los europeos sobre el símbolo de la cultura

---

[1] Zhang Kai, ob. cit., p. 150.
[2] Pardo Bazán, ob. cit., p. 1779a.

Panel III Las relaciones entre China y España de los siglos XIX y XX: Diplomáticos, comerciantes, aventureros e idealistas

china y el de la japonesa.[1] Sin embargo, la misma confusión deja patente la coexistencia de las dos culturas en la época y una vez más, el paso de una a la otra en cuanto a su influencia en España.

En el marco narrativo del cuento escribe la autora:

> Sucedía lo que voy a referir en los tiempos modernísimos de la China, séptimo siglo de nuestra Era, reinando la emperatriz Vu. No incluyen los historiógrafos sinenses [sic] a esta dama en la lista de los soberanos, alegando que Vu era una usurpadora, ni más ni menos que la actual emperatriz, que tanto preocupa a la Europa culta.[2]

Pardo Bazán compara a la reina de su cuento con la gobernadora china de entonces, la emperatriz Cixi, personaje a menudo presente en la prensa de la época.

Por último, no podemos olvidar que este cuento está recogido en la serie de cuentos *Cuentos de la Patria* (1901), conocidos por el alto componente de simbolismo derivado del febril patriotismo de su autora. Por un instante, China constituye un desafortunado ejemplo para la España finisecular. Dolorida y decepcionada tras el desastre del 98, convierte en una alegoría de la actualidad española el lujo de la China de antaño y sus históricos

---

[1] Para más interés sobre la diferenciación entre las dos flores, véase un precioso y sucinto volumen: Teresa Herrero (2004), *De la flor del ciruelo a la flor del cerezo*, Madrid: Hiperión, dedicado al proceso de identificación cultural japonesa de su influencia china en un momento histórico de transición, precisamente, a través del estilo caligráfico y el relevo del emblema artístico, es decir, de la flor del ciruelo por la del cerezo.

[2] Pardo Bazán, ob. cit., 1779a.

problemas sociales, el favoritismo, la corrupción, y el caciquismo entre los eunucos que se reflejan en el cuento. Un sentido de esta alegoría que aparece en el cuento es, sin duda, el paralelismo entre el Celeste Imperio y la monarquía española. La elocuente oradora de «*L'Espagne d'hier et celle d'aujourd'hui. La mort d'une légende*» es consciente de que el Imperio chino también tiene un ayer y un hoy: un ayer de prosperidad, cuyo auge se encuentra precisamente en la dinastía Tang, periodo histórico en que se ambienta el cuento, y un hoy de plena decadencia y crisis existencial.

Sea como fuere, el trágico desenlace del Imperio chino es una advertencia para los españoles. Y las frases reveladoras: «[...] solamente un literato —en aquel país los literatos llevaban la voz de la conciencia pública— tuvo el valor para anunciar a Kao- Sung que los espíritus o manes de los antepasados tomarían venganza de la ofensa [...]»[1] que aparecen en mitad del cuento, invocan al mismo tiempo una condena desesperada de la clase dirigente y un llamamiento regenerador para el futuro de España.

Mientras que Valera muestra su interés orientalista en una docena de obras y tiene también una consolidada visión respecto el mundo chino, doña Emilia se zambulle en la historia contemporánea para proyectar sus relatos ficticios según su gusto y circunstancia. Ambos modos de tratar a la cultura china, tal y como hemos visto en los tres cuentos, son tanto anacrónicos como ahistóricos, pero expresan una visión común entre los escritores del siglo. Nos recuerdan por un lado la historia de intercambios culturales entre España y China dando detalles de los medios y rutas de este intercambio, con intermediarios como Francia y Filipinas. Por otro lado, muestra la estereotipación de China y la consolidación de este ejercicio constante: el de fantasear sobre aquel país lejano desde la curiosidad arqueológica, la erudición libresca, y visiones fragmentadas divulgadas por la prensa. Esa

---

[1] Pardo Bazán, ob. cit., 1779b.

imagen de la China eterna, cristalizada y legendaria, ora moldeada con motivos folclóricos al servicio de la ficción, ora convertida en un juego simbólico y en una alegoría, iba a evolucionar desde entonces al margen de ese imaginario gracias a las crónicas de nuevos viajeros a la China todavía lejana.

(5)

ABELARDO LAFUENTE (1871-1931), EL PRIMER ARQUITECTO ESPAÑOL EN CHINA[1]

Álvaro Leonardo Pérez
Director de Proyectos (PM), Kieferle & Partners Architects, Dubai

1. LOS PROLEGÓMENOS DE LA LLEGADA DE ABELARDO LAFUENTE A SHANGHÁI (1913-1915)

La llegada de Abelardo Lafuente a Shanghái en 1913 —como era de esperar en una ciudad tan dinámica, cambiante e internacional, llena de aventureros invirtiendo y apostando fortunas sin pensar dos veces en el futuro— se produjo en circunstancias difíciles. Los inicios para un español en una ciudad asiática de estas dimensiones y controlada principalmente por la corona británica no fueron fáciles, como no lo fueron en general para los emprendedores y emigrantes provenientes de naciones no dominantes. Todavía se hacía más complicado por el hecho de que Lafuente pretendía establecerse profesionalmente en Shanghái, y por tanto competir con los arquitectos más cualificados de la corona británica, así como los

---

[1] Está ponencia es un resumen del capítulo 7 de: Leonardo Pérez, A. 2019, *Abelardo Lafuente García-Rojo (1871-1931), un arquitecto español en China* (tesis doctoral), Universidad de Alcalá de Henares (pg. 129-152).

pertenecientes a la potencia emergente del siglo XX, los Estados Unidos de América. También había un buen número de profesionales franceses, cuyo país gobernaba una de las tres concesiones extranjeras.

En contraste con esas potencias, la colonia española en Shanghái era muy escasa; en ese año, 1913, no contaba más de treinta nacionales,[①] incluidas personas nacionalizadas a través del consulado al hilo de los intereses comerciales entre España y Asia. Los llamados *treaty ports*, aunque España no hubiera sido parte en los mismos, ofrecían inmunidad a los extranjeros. Dicho amparo jurisdiccional atrajo a muchos comerciantes y empresarios de otras nacionalidades. No obstante, España era una de las pocas naciones con un tratado bilateral con China, firmado en Tianjin en 1864. Muchos, especialmente aquellos vinculados de alguna manera con España, aspiraban a obtener esta nacionalidad porque otorgaba unas ventajas adicionales que poseían muy pocos países. Entre ellos, los numerosos comerciantes filipinos, pues la condición de español facilitaba la exportación de toda clase de productos desde Manila. Por un lado, estos podían acogerse a los tratados entre España y China, y por otro, al consulado le resultaba beneficioso contarlos entre sus nacionales para aumentar el número de registrados y los ingresos que eso le reportaba.

---

① Según el censo oficial de Shanghái los españoles registrados en el Settlement son 181, y los registrados en la International Concession son 4. Considerando que la mayor parte de ellos tenían familia también registrada, más los empleados españoles establecidos allí provenientes de Filipinas, podemos ver cómo el número de españoles ilustres haciendo algún trabajo fuera de lo habitual para nuestra colonia (importación de producto desde Filipinas o bien misiones religiosas) era muy escaso, mientras que del resto de nacionalidades europeas hablamos de miles. Prueba de su poca relevancia, muchos años después, en el censo de 1934 la colonia española ascendería a tan solo 221 personas, siendo la octava potencia europea, solo por delante de Suiza, Holanda, Grecia, Noruega y Checoslovaquia, de los veinte primeros países que aparecen en el listado.

Foto 1: Retrato de Abelardo Lafuente dedicado a su esposa Luisa (sin fecha).
Fuente: Archivo familiar Lafuente.

Abelardo Lafuente decidió mudarse desde Manila, donde gozaba de justa fama ganada con mucho esfuerzo entre la nutrida colonia española en Filipinas, todavía muy activa pero cuya influencia empezó a declinar desde la pérdida de soberanía española y la simultánea colonización norteamericana en 1898. Durante su ejercicio profesional en Manila, entre los años 1898 y 1913, Lafuente tuvo una larga lista de clientes de origen español, y los muchos proyectos realizados le habían reportado reconocimiento en la prensa española. A sus 42 años, con ansias de crecimiento personal y en busca de nuevos horizontes profesionales, Abelardo Lafuente trató de establecerse en la metrópolis asiática que iba a ser el catalizador económico de la región en las décadas venideras. Es muy posible que tomase dicha decisión porque ya en Manila conocía a algunos españoles que se instalaron en Shanghái unos años antes con notable éxito. Por ejemplo, y principalmente, Antonio Ramos Espejo (Toro 2012a, p. 85), pero también los responsables de las Casas de Procuración Agustina y Recoleta en China, congregaciones cuyas sedes centrales estaban establecidas en Manila.

Antes de viajar a Shanghái para establecerse, Lafuente hizo varios viajes en la región, al menos entre Manila y Japón, aunque es probable que recalase también en Hong Kong. Dichos viajes por Asia ocurren en la primavera de 1913, como se vio reflejado en una carta de 29 de marzo de 1913 que Lafuente escribió a su hijo Enrique (1913, Com. Per. p. 1), donde dice que está en Nagasaki y que pasará unos días en Japón, que luego irá a visitar Kobe, Tokio y Yokohama, y que permanecerá en tierras niponas hasta el 10 de abril, cuando, antes de embarcar, envió una postal a su hija Gloria diciendo que salía ese mismo día hacia Shanghái.

Luego pasará por Shanghái, donde estará unas semanas hasta mayo. Menciona también que, después de esta visita a Shanghái, quizás vuelva de nuevo a Manila, pero que dependerá de los asuntos económicos que tiene que tratar y de sus resultados.

2. 1913: EL ASENTAMIENTO EN LA CIUDAD Y SU VIAJE A EUROPA

Durante las primeras semanas de su llegada a Shanghái, como un visitante más, Lafuente residió en el hotel Palace del Bund, el malecón de la ciudad y centro neurálgico de los negocios. En sus primeras cartas remitidas a su hijo Enrique desde Shanghái, Lafuente utilizó hojas con el membrete de dicho hotel (Carta Lafuente. 1913, Com. Per. p, 1). En una de ellas le cuenta a su hijo, entre otras cosas, que estaba algo aburrido porque cuesta mucho empezar la labor profesional allí, que consigue hacer muy poco, y que lo primero que le han encargado ha sido «estudiar y proyectar la traída de aguas al pueblo de Shanghái».

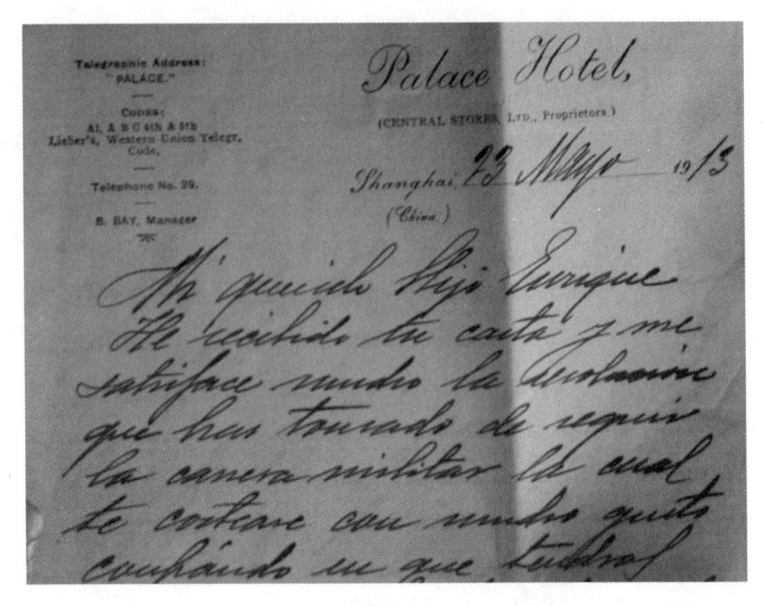

Foto 2: Carta personal con membrete del hotel Palace de Shanghái.
Fuente: Archivo familiar Lafuente

En estos meses de incertidumbre y zozobra, donde todo cuesta que empiece a rodar, y probablemente tras establecer los primeros contactos con sus amigos de Filipinas, ahora residentes en Shanghái, Lafuente tomó la decisión de visitar a su familia en España alrededor del verano de 1913. No se tiene constancia exacta de en qué fechas realizó el viaje, lo probable es que lo hiciese en barco desde Manila, puesto que decía que tenía que tratar diversos asuntos económicos, pero también cabe la posibilidad que lo hiciese en el tren transcontinental. Lo sorprendente es que no lo mencionase en alguna de sus cartas a la familia antes de partir.

A buen seguro pasó unas semanas con su mujer y tres hijos en Madrid, tras doce años sin verlos. Aunque viajó por motivos profesionales diversos que lo llevan por diferentes puntos de la geografía española, como se hace referencia en *Carta Abelardo Lafuente* (1926 Com. Per. p. 2). En dicha misiva contaba que, además de Madrid, pasó por Zaragoza en tránsito hacia Barcelona y camino de Londres. En la misma carta dice que visitó estas ciudades antes de tomar el tren Transiberiano que lo llevó de nuevo a China:

> [...] pues hoy justamente, 12 de Octubre día del Pilar tan celebrado en Zaragoza, hace trece años que pasé allí el día de paso hacia Barcelona y con rumbo a Marsella, Paris y Londres, desde donde tome el Trans-Siberiano para estos países por segunda vez.

En dicha mención hizo notar que ya había hecho el mismo viaje algunos años antes. Hay que tener en cuenta que en aquella época el viaje en el Transiberiano duraba unas tres semanas y además era bastante peligroso, con riesgo de asaltos al tren. Es por ello que por entonces se prefería viajar a Asia en barco, a pesar de que se tardase alrededor de dos meses, dependiendo de las escalas. En este momento ya se había abierto el canal de Suez, inaugurado en 1869, y la gran mayoría de los barcos pasaban por allí camino de Asia, haciendo escalas en los diferentes puertos que había en su plan de viaje. Sea como fuere, Lafuente salió a inicios de octubre de 1913 de Madrid, y tardó dos meses y medio en llegar a su destino final, Shanghái.

En ese viaje por Europa en pleno otoño-invierno de 1913, que sería el último en paz antes del estallido de la Primera Guerra Mundial en julio de 1914, Abelardo Lafuente se detuvo a visitar diversas ciudades europeas que eran de su interés. Se conservan algunas de las postales que mandó a sus hijos desde cada una de esas ciudades y, gracias a las mismas, podemos conocer el recorrido aproximado que realizó con fechas exactas.

Viaja desde Madrid a Zaragoza, donde estuvo el 12 de octubre, de allí a Barcelona, y luego pasa a Francia. De Barcelona a Marsella, desde la capital de la costa azul a París, y desde París cruza al Reino Unido, desde donde envió su primera postal el 15 de noviembre. En dicha postal le pide a su hijo que le mande un plano callejero de Madrid a su dirección de Shanghái, y le comenta que hacía mucho frío en la capital británica. La razón de dicha visita a Londres es una incógnita, puesto que no queda de paso hacia Moscú para tomar el tren. Una hipótesis es que debió pasar por allí puesto que había trabajado entre 1906 y 1912 para la Manila Railroad Company, la empresa británica de ferrocarriles en Filipinas, para la que construyó cientos de kilómetros de vías férreas en el país insular. La segunda hipótesis es que quisiera conocer las más importantes capitales europeas antes de volver a Asia, y observar los estilos arquitectónicos que se hacían en ese momento.

El siguiente lugar por el que pasa es Bayreuth (Alemania), donde se celebraba el conocido festival del mismo nombre, y donde se representaban óperas de Wagner en el teatro diseñado por el arquitecto alemán Otto Brückwald, ex profeso para el compositor, y que a buen seguro visitó. Sus siguientes postales las manda desde Berlín, los días 21 y 22 de noviembre.

La primera de ellas era una vista del Kaiser Friederich Museum, que envió a su hijo Enrique para que la uniese a su colección. La segunda, el mismo día, es de la Catedral de Berlín y el Puente Friederich, para su hija Gloria, contándole que había perdido su equipaje al pasar por la frontera, pero que esperaba recuperarlo. Al día siguiente mandó otra postal a Enrique, de nuevo desde el Hotel Central de Berlín en la calle Friederich, junto a la estación de tren; en esa postal seguía con su preocupación por la pérdida de su equipaje y cómo resolverlo.

Las dos siguientes postales de las que se tiene constancia eran de Polonia, aunque el contenido del texto y la fecha —2 de diciembre— denotan que las debió escribir en tránsito desde el mismo tren, porque una de ellas tiene el matasellos de la ciudad rusa de Irkutsk, y en ella decía que al día siguiente llegaría al lago Baikal, además de mencionar la abundante nieve que estaba viendo.

Se desconoce cuál es el ramal que tomó y cómo llegó a Shanghái, pero lo que sabemos con certeza es que la siguiente carta a su hijo desde Shanghái es del 18 de diciembre de 1913. Posteriormente, en los inicios de 1914, escribió varias cartas siempre dirigidas a su hijo Enrique, la última de ellas fechada el 22 de marzo de 1914. Todo su contenido era meramente personal, interesándose por el estado de la familia y las evoluciones del mencionado hijo, D. Enrique Lafuente Ferrari, que en esos momentos tenía solo 15 años, y estaba decidiendo su futuro profesional.

3. 1914: EL INICIO DE SUS PRIMERAS OBRAS EN SHANGHÁI

Tras medio año en Shanghái intentando conseguir encargos y adaptándose al vertiginoso ritmo que tenía la ciudad, en comparación con Manila, Lafuente empezó a tener sus primeros resultados, como iremos viendo más adelante.

En esta época no apareció todavía en los listados de *Registered Architects* de la ciudad, que se publicaban anualmente en los *Hong Desk List* pero ya ejercía de manera personal y autónoma. La dirección de su oficina se encontraba en el número 5 de Hong Kong Road, que actualmente es la calle Xianggang Road, ubicada en el distrito central del International Settlement.

Además de tener una sede para su estudio, contó con todo lo relacionado para comercializar su negocio en la ciudad, y uno de los elementos más significativos fue la utilización de membretes profesionales en sus cartas. Dichos distintivos daban una somera descripción de los primeros trabajos que realizaba en la ciudad, dándose a conocer a sus potenciales clientes de la siguiente manera:

> A. LAFUENTE GARCÍA-ROJO
> ARCHITECT AND CONTRACTOR
> SOLE AGENT for HYDRAULIC "RAMS"
> Raising water for the supply of towns, villages, irrigation, railway stations, mansions, farms, cottages, etc, etc.

> Marine oil motors, oil driven auxiliary plants, electric lighting sets, oil motor cargo winches, centrifugal pumping plants, stationary oil engines, oil engines for heavy traction accessories.
> Cable Address LAFUENTE. Code W. UNION
> 5 Hong Kong Road, SHANGHAI.

Uno de los principales puntos de apoyo para un profesional español en un sitio tan aislado de España, eran los contactos que tenía desde su reconocida trayectoria profesional en Manila. Y la colonia española en Shanghái, aunque reducida, fue bastante importante a nivel comercial, con negocios diversos, y casi siempre relacionados con Filipinas. Una de esas figuras notables es Antonio Ramos, que le encargó la primera sala de cine como tal de la ciudad y a partir de entonces actuó casi como de mecenas para Lafuente, según Toro (2012b, p.27).[1]

---

[1] Detalla los cines de los que fue dueño A. Ramos en Shanghái en aquella época: «Victoria (1909), su primer teatro de categoría internacional, en el 24 de Haining Rd. North; Olympic (1914) en el número 127 de Bubbling Well Rd, joya de la corona que, se ha dicho, más adelante pasaría a llamarse Embassy; el National (1917), en East Xihuade Rd; el Carter (1917) en Carter Road; y el Empire (1921) en Xiafei -Joffre-Avenue. Habría que añadir a ellos al menos un teatro en Hankow, el Palace, alquilado a un tal E. Hermida, del que desconocemos la ubicación o fecha de inauguración, si bien estaría funcionando en 1925 a pleno rendimiento; y el cine China (1920), inaugurado por Bernard Goldenberg, en la actual 150 de Wuzhou Rd, que pasaría a manos de Ramos en 1922 a la muerte de aquel por asesinato».

3. 1. Cine Olympic

Foto 3: Fachada principal del cine Olympic.
Fuente: Virtual Shanghai On-line Archive de Lyon. Ref. 1972.

Ubicado en una de las calles más importantes del International Settlement, West, Nanjing Road, el teatro-cine Olympic se inaugura en junio de 1914.

Muchas son las referencias a su autoría, y quisiera destacar por encima de todas, la referencia que se hace a su obra en la noticia que dio origen a esta investigación, publicada muchos años después en *La Vanguardia Española*:

> [...] Coincidiendo con Ramos, penetran en el recinto tres de sus colaboradores: Abelardo Lafuente, arquitecto que trazó los planos y dirigió la construcción del Olympic y del Victoria, y los Martí, padre e hijo, geniales artistas que los ornamentaron [...].[1]

Fueron numerosísimas las referencias a esta sala cinematográfica en la

---

[1] *La Vanguardia Española* (1949, p. 4) «Un Rinconcito Español», del 6 de mayo (ver Anejo 1), y cuyo extracto se reproduce a continuación.

prensa de la época, puesto que fue todo un referente en la ciudad, tanto porque estuvo situada en una de las calles más nobles y relevantes (incluso el tranvía pasaba por delante), como por el tipo de público que asistió, y por el nivel de las proyecciones exhibidas por la empresa que gestionaba Antonio Ramos.

Al edificio original se le hicieron añadidos posteriormente que también realizó Abelardo Lafuente. Por ejemplo, adiciones externas por la calle trasera y también una marquesina, semanas después de la inauguración.

Puesto que la nota de prensa de *La Vanguardia Española* (1949, p.4) «Un Rinconcito Español», del 6 de mayo (ver Anejo 1) fue de notable interés, se reproduce a continuación parcialmente pero de manera más extensa que la anteriormente citada. Se trata de la parte del artículo de Baldomero Argente que se refiere a la figura del arquitecto:

> [...] Coincidiendo con Ramos, penetran en el recinto tres de sus colaboradores: Abelardo Lafuente arquitecto, que trazó los planos y dirigió la construcción del Olympic y del Victoria, y los Martí, padre e hijo, geniales artistas que los ornamentaron. Abelardo Lafuente es orgullo de la colonia. Arquitecto de valía y consciente de ella, después de mostrarla en Filipinas, se trasladó a Shanghai a luchar en su terreno, donde todo le era desfavorable, por trabajar allí arquitectos de muy varios países, y principalmente ingleses, fuertemente apoyados por su Gobierno y sus connacionales.
>
> Pero venció, pocos años después algunos de los principales edificios que avaloran Shanghai eran obra suya. El mejor Club Americano, construido a todo lujo, de vastas proporciones y con un salón de fiestas maravilloso, decorado con pinturas de un pintor también español, aunque nacionalizado francés, Ribera de apellido; el Club Judío, de traza original, levantado en medio de un extenso parque, con majestuosa belleza, y el Star Garaje, el mejor y más

amplio de la ciudad, edificio de cuatro pisos, impresionante por su aspecto de solidez y magnificencia, le son debidos. A la sazón de esta tertulia Lafuente se ocupa, entre otras obras menores, en la construcción de un gran hospital para coléricos que le fue encomendado por la municipalidad en concurso, donde triunfó. [...]

En este punto es necesario hacer referencia a los Martí, padre e hijo. Ambos aparecen mencionados como geniales artistas que residían en Shanghái desde antes de que se estableciese Abelardo Lafuente, a quien ayudaron a ornamentar algunas de sus obras.

Aunque el papel de los Martí pasó desapercibido, entre otras cosas, por el escaso interés que suscitaban los profesionales que ornamentan los espacios diseñados por los arquitectos. Solo recientemente, Modesto Martí de Solá ha sido rescatado del olvido por Ortells-Nicolau en su artículo «Itinerario: Españoles en Shanghai: arquitectura y hormigón» (2017), publicado en la web Archivo España-China de la Universitat Oberta de Catalunya.

En dicho artículo, Ortells-Nicolau menciona que Martí de Solá era un ingeniero español que empezó como ayudante segundo de Obras Públicas en Manila y que antes de partir hacia Filipinas fue autor de diferentes libros sobre geografía catalana. Siempre según el artículo mencionado, parece que Martí se estableció en Shanghái en 1904 y llegó a ejercer las funciones de cónsul español interino en 1906. Además, fue el responsable de una patente de construcción en hormigón armado, Cementight, y para manufacturar el material creó una empresa en Hong Kong en 1898 bajo el nombre Cementight Paint Co., según el listado de Asia Directory and Chronicle.

De acuerdo al P. Gaudencio Castrillo, Martí colaboró con su patente en varios proyectos realizados por arquitectos extranjeros en Shanghái, tales como el Club Concordia del Bund (Club Alemán), la torre Gutzlaf o el hotel Palace, todos ellos ubicados en el Bund.

Es muy interesante el comentario que el P. Castrillo hace sobre dichos proyectos, y su mención de Lafuente:

> Nosotros los españoles tenemos la gloria de haber sido los primeros que introdujimos en Shanghai —y quien dice en Shanghai dice en China, porque esta hermosa ciudad, la Concesión modelo, va a la vanguardia de todos los adelantos modernos, materiales e intelectuales— las aplicaciones del cemento armado. Respondan si no los hermosos edificios que tanto la embellecen: "Club Alemán" y "Palace Hotel". La torre de señales o semáforo, que tan bien se destaca a la entrada de la Concesión francesa, obra es también de un español (1).
>
> Nota (1). Nuestro compatriota D. Modesto Martí fue el primero que introdujo en Shanghai las obras de cemento armado. Después se viene distinguiendo, por su gusto y elegancia, en las nuevas construcciones de cemento, mi ilustre amigo D. Abelardo Lafuente.[1]

Aun siendo muy interesante dicho comentario, habría que poner entre interrogantes si realmente la primera empresa en hacer hormigón armado en Shanghái y China fue española. Más bien parece tratarse de una exageración. Los primeros ingenieros a nivel mundial que desarrollaron el hormigón armado fueron franceses, y es más que probable que hubiese en Shanghái empresas francesas o inglesas haciendo la misma labor ya en esos años o incluso antes. Curiosamente, las tres obras a las que se refiere estaban ubicadas en el Bund y eran muy destacadas, por tanto habría que ahondar más en estos detalles.

También se menciona en dicho artículo que Modesto Martí estuvo en

---

[1] Padre Castrillo (1918), p. 341.

Shanghái al frente de la empresa Shanghai Reinforced Concrete Company Co., de la que fueron socios su hijo, otro español llamado Francisco de Sales Aboitiz, un «comprador» chino llamado King Chun-Kee, y varios anglosajones. Además se menciona que estaba establecida en el Yangtsepoo, dentro de la zona industrial del American Settlement.

Llama poderosamente la atención que al nombrarse a Antonio Martí Vidal nunca se diga su titulación, y que siempre que se menciona a padre e hijo en años posteriores, lo sea como grandes artistas, sin aludir a la condición de ingeniero del padre. Quizás es debido a que este también llegó a ser cónsul honorario de México en Shanghái y en algún momento dejó su profesión como ingeniero.

Desconozco el año de fallecimiento de Modesto Martí, y qué tipo de trabajos realizó su hijo Antonio en la empresa si no era ingeniero, tampoco hasta qué año dicha empresa estuvo en funcionamiento en Shanghái. Lo que parece claro es que ambos tuvieron muy buena mano y dieron muestras de gran creatividad, porque son responsables de la ornamentación de algunos proyectos notables de Lafuente, como las salas de cine anteriormente citadas.

3. 2. Cine Victoria

Otro de esos cines que a buen seguro realizó Abelardo Lafuente para su amigo Antonio Ramos fue el teatro-cine Victoria. Este fue uno de los primeros edificios de nueva planta con único uso como cine que tuvo Ramos en las afueras de la ciudad y destinado principalmente al público local, con precios más populares. El primero que tuvo en propiedad, el cine Hongkew, fue adquirido por Ramos y reformado para su nuevo uso como cine, desconociéndose el autor de dicha reforma.

Foto 4: Fachada principal del cine Victoria.
Fuente: Shanghai Memory Website. Ref: DY-0138.

La planta del proyecto del cine es desconocida. En cuanto a la fachada, era de claro estilo neoclasicista, muy simple, con un solo cuerpo central de acceso, en el que resaltaba el arco de medio punto abocinado que parecía dividirse en dos vanos adintelados bajo la marquesina. La parte superior de la fachada estaba coronada con un hastial de forma triangular y color blanco que ayudaba a realzar el inmueble en la transitada Haining Road.

En este punto es necesario cuestionar el dato que ofrece Toro (2012b, p. 27) acerca de la fecha del construcción del cine Victoria, situado en el 24 de North Haining Road, puesto que concluye que se inauguró en 1909 — antes de que Abelardo Lafuente llegase a la ciudad. Pero por otro lado, la autoría de Lafuente está fuera de toda duda, no solo por la nota de prensa anterior, sino también por la carta de Romero Salas en la publicación epistolar *España en China. Crónica de un viaje*:

> Se trata de tres edificios, dos de ellos de planta especial, hechos exprofeso, el menor de los cuales, "El Victoria," es un teatro que ya lo quisiéramos ahí para honrar a Manila y su arte dramático. Su sala

coquetona y lindísima de sobrio y elegante decorado, su estructura "eminentemente europea, de condiciones acústicas inmejorables, de perfecta visualidad en cualquiera (sic) localidad que te coloques, dan la impresión, aún más señorial, del teatro Lara, de Madrid.

¡Qué campañas tan constructivas y tan edificantes en pro de nuestro idioma y de nuestra literatura, podríais hacer ahí si dispusierais de un local semejante! Pues esta preciocísima "bombonera" resulta insignificante si se la compara con el "Olympic", un magnífico teatro en toda la extensión, de la palabra; bello y grandioso por su estructura, grandioso y bellísimo por su ornamentación y lujo de detalles. Cualquiera capital de Europa vería satisfechas con él todas sus exigencias; calcula si estarán colmadas las de Shanghai. Pero voy a agregarte una particularidad que te halagará en extremo.

Estos edificios no encierran el solo mérito de ser debidos a la iniciativa de un español; su valor sube de punto teniendo en cuenta que los planos originales, la dirección de las obras y la ornamentación completa de ellos son debidas igualmente a nuestros compatriotas. Martí, padre e hijo, de estirpe verdaderamente genial y de quienes te he hablado varias veces como de los más grandes artistas que han desfilado por Filipinas, y Abelardo Lafuente, que no lo es menos y a quien he de dedicarle una separada carta, son los autores de estas magníficas construcciones ante cuya contemplación me siento orgulloso.[1]

Por tanto, el cine Victoria fue obra de Abelardo Lafuente, pero siendo corroborado que se estableció en Shanghái en abril de 1913, caben dos posibilidades con respecto a este edificio.

---

[1] *España en China. Crónica de un viaje* (1921), p.15.

La primera, que ya tuviese encargos en Shanghái cuando aún vivía en Manila, puesto que Antonio Ramos ya le conocía de su época en Filipinas y podría ser que viajase esporádica y puntualmente para hacer la obra, dada la excelente comunicación por barco que existía entre ambas ciudades. O, la segunda, que se inaugurase un primer edificio en 1909, y que posteriormente Abelardo Lafuente lo adecuase convenientemente entre 1913 y 1914, a la vez que hizo la obra del Olympic. Esta es una información todavía por descubrir.

En esta época, los proyectos que hizo Lafuente, así como todos los arquitectos de la ciudad, tenían que presentarse a la Municipalidad de Shanghái para su aprobación. Dichos listados de obras y arquitectos se publicaban cada semana en la *Municipal Gazzette* y eso permite hacer un seguimiento exhaustivo de las obras en aquellos meses iniciales.

En dicho listado, se hacía referencia a planes aprobados de los proyectos presentados por A. L. G. Rojo, entre otros muchos:

Date	Cad. Lot	Road	Applicant	Description
1914/01/15	1298	Bubbling Well (Nanjing Rd)	A. Martí	1 theater
1914/09/03	1298	Bubbling Well (Nanjing Rd)	A. L. G. Rojo	1 house

Por razones que desconozco, en la misma parcela del cine Olympic el solicitante es A. Lafuente en septiembre y también A. Martí en enero. Hay varias posibilidades por las que aparece el nombre de Martí. La primera, porque pertenecía a la Shanghai Reinforced Concrete Company Co., y esto podría ser señal de que la estructura de dicho inmueble se hizo en hormigón armado con la empresa de los Martí, pero no puedo confirmar dicho detalle. La segunda, que Antonio Martí, que llevaba establecido en la ciudad más tiempo que Lafuente, y que sabemos que le apoyó en la parte ornamental de sus proyectos, tal y como mencionamos en la nota de prensa anterior, hiciera la petición inicial porque conocía mejor los entresijos gubernamentales, ya que Lafuente había llegado tan solo diez meses antes a la ciudad.

3. 3. Vivienda unifamiliar de estilo neoárabe para Mr. French

Foto 5: Fachada principal de la vivienda para Mr. French.
Fuente: Virtual Shanghai On-line Archive de Lyon. Ref.14979.

Continuando con la descripción de los proyectos que hace Lafuente en los primeros meses desde su establecimiento en la ciudad, cabe destacar como uno de los más relevantes, una casa de estilo árabe a la que hace mención en una carta el propio Abelardo Lafuente (1914, Com. Per. p. 1) en agosto de ese año:

> Estoy aquí haciendo una casa bastante grande y en muy buen sitio para una fia (sic) estilo árabe puro cuando este terminada os mandaré una fotografía y tal vez mande un plano pues no estará terminada hasta febrero. Es de cemento armado y esta llamando aquí la atención el estilo pues es la 1ª en su clase.

Por las pistas que se han ido encontrando y la descripción somera que hizo del edificio, se puede concluir que se trataba de la *Residence for Mr. French* y a la que se hizo mención en la *Municipal Gazzette* como un nuevo edificio aprobado:

Date	Cad. Lot	Road	Applicant	Description
1915/09/02	E of 1870	Ward Road (Changyang Rd)	A. L. G. Rojo	1 house

La zona de Ward Road era una de las más alejadas del centro de la ciudad, pero aún dentro del American Settlement, que años más tarde pasó a ser el International Settlement.

El concepto detrás de este primer proyecto de planta baja más uno fue el de tener una terraza plana transitable con mirador, puesto que estaba situado en una zona alejada de la ciudad, con vistas sobre el río Huangpu. Era de estilo ecléctico historicista neoárabe. Según la correspondencia, Lafuente utilizó para su primer edificio morisco en Shanghái una estructura de hormigón armado con losas de hormigón como forjados. No es posible conocer los materiales decorativos utilizados, simplemente con la única imagen encontrada, pero previsiblemente eran revoco.

El edificio podría ser de una composición en planta cuadrada, con una torre lateral marcando el acceso al mismo. Dicha torre se dividía en tres cuerpos, el inferior con un gran arco túmido, el central era una continuidad del cuerpo principal de la casa y utilizaba lo que parecen dos arcos de herradura cegados. Por último y como remate, utilizaba de nuevo arcos de herradura esta vez abiertos coronando dicho elemento con una cubierta a cuatro aguas, previsiblemente.

La composición clasicista neoárabe[1] de la fachada principal se basaba en la repetición de arcos árabes angrelados y peraltados con la misma cadencia en planta inferior y superior. Ambos niveles quedaban rematados inferiormente por una balaustrada blanca, que nos transmitía la idea de que ambos niveles tenían galerías exteriores en el frente de las habitaciones.

No hay demasiadas referencias a villas o casas en esa zona de la ciudad y la mayor parte de esos inmuebles han desaparecido en la actualidad. Estaría situada en el actual barrio de Yangpu, donde en su época hubo principalmente almacenes, fábricas y zonas de atraque para buques de carga general, así como industria relacionada con estas actividades.

A dicha mansión, tan diferente del resto y tan aislada, se hace una referencia explícita en un libro, escrito por Paul French:

> Though there were some nice residences on the road, including the 1917-built Spanish-style residence of certain "Mr. French", the road was best known for the Shanghai Municipal Gaol (known locally usually as the Ward Road Gaol), at one time thought to be the largest prison in the world with over 1000 inmates of all races.[2]

Es conocido que, en el Shanghái de la época, aquellos con poder económico se hacían construir villas de recreo a las afueras de la ciudad, para huir del calor y del tumulto de las concesiones internacionales en el verano. Se

---

[1] La cuestión de terminología dista de ser pacífica. Desde el punto de vista arquitectónico, el término «neoárabe» parece más adecuado, porque los estilos morisco o mudéjar se refieren a otras épocas. El término «neomudéjar» en particular alude a una reinterpretación del estilo mudéjar español hecho en el siglo XIX. Pero no tenemos certeza de que se trate de este estilo en este edificio concreto. Así que es preferible el término genérico «neoárabe».

[2] French, P. (2010), p. 168.

buscaba un lugar de mayor tranquilidad donde poder descansar, tal y como ocurría en España en ésa misma época, como relata J. Hernando:

> Carlos III había introducido la tradición refinada y cosmopolita de los palacetes de recreo. La iniciativa regia sería imitada por la nobleza, que levantará los palacios fuera de la ciudad o al menos en las zonas perimetrales por las que la ciudad iniciará su expansión. [...]. La iniciativa tenía una doble significación. En primer término, un cambio de mentalidad, al pasar del enclaustramiento de la vieja ciudad al contacto directo con la naturaleza, no solo por la ubicación [...] sino por el resguardo ofrecido al palacio por medio de un jardín. En segundo lugar y desde un punto de vista arquitectónico, se producía una sustitución tipológica, al dar entrada al palacio exento, relegando al viejo caserón inmerso en el caótico tejido urbano.①

Construir ese tipo de villas, fuera del terreno controlado por los extranjeros en Shanghái implicaba un alto riesgo, entre otras razones porque fuera de los límites de las concesiones y territorios internacionales, la ley aplicable era la china y los edificios podían ser expropiados con facilidad. En este caso estábamos aún dentro de territorio extranjero, por tanto, es más que probable que en esta zona hubiese más villas de dichas características que no han trascendido hasta nuestros días. Con esta última casa a la que se refiere en su correspondencia Abelardo Lafuente se cierra el año 1914.

A modo de conclusión, se trató de un año bastante fructífero para sus intereses profesionales, ya que inauguró dos teatros en el centro de la ciudad y pudo construir una obra emblemática a las afueras para un cliente de alcurnia. Dicha mansión estaba además realizada en el estilo eclecticista

---

① Hernando, J. (1989), p. 180.

historicista que logró introducir en China con notable maestría, el neo-árabe de origen español. Para mayor relevancia, la construyó con un material moderno, como era por aquel entonces el hormigón armado en todo el mundo.

4. 1915: LA CONFIRMACIÓN PROFESIONAL

En este año, Abelardo Lafuente continuó su carrera profesional con pasos decididos y con ello, la realización de pequeñas remodelaciones, ampliaciones, reformas y alguna obra de nueva planta.

Como podemos ver, en abril de 1915 el membrete de su correspondencia varió ligeramente, reduciendo el tipo de encargos que realizaba:

A. LAFUENTE GARCÍA-ROJO.
ARCHITECT AND CONTRACTOR.
SOLE AGENT for HYDRAULIC "RAMS".
Raising water for the supply of towns, villages, irrigation, railway stations, mansions, farms, cottages, etc, etc.
Cable Address LAFUENTE. CODE A.B.C. 5th and W. UNION
5 Hong Kong Road, Shanghai, CHINA.

A lo largo de 1915 salieron a la luz más referencias en prensa acerca de edificios de Abelardo Lafuente (cuyo nombre aparece como A. Lafuente Gª Rojo), aprobados como nuevos:

Date	Cad. Lot	Road	Applicant	Description
1915/02/18	1298	Burkill Road (Fengyang Rd)	A. L. G. Rojo	add. to theater
1915/07/15	1298	Burkill Road (Fengyang Rd)	A. L. G. Rojo	add. to house
1915/09/23	1298	Bubbling Well (Nanjing Rd)	A. L. G. Rojo	petrol store

Durante este año 1915, en una carta que envió en marzo a su hijo Enrique para felicitarle por la consecución de una plaza de funcionario en Correos, dijo estar mal de dinero y que por esa razón no podía hacerle un regalo pare celebrar el evento. Esta situación fue probablemente debida a las inversiones que estaba haciendo para conseguir clientes y proyectos en Shanghái.

Entre dichas inversiones se encuentra principalmente la venta de inmuebles y terrenos de su propiedad en Filipinas. Todos ellos eran terrenos que adquirió o construyó en Manila durante sus aproximadamente quince años de vida profesional en el archipiélago. Lafuente estaba en continuo contacto con abogados españoles en Filipinas que le gestionaban esos terrenos y los vendían cuando él les daba la orden por correo o telegrama desde Shanghái.

4. 1. Edificio *Star Garage*

Foto 6: Fachada principal del Star Garage durante su construcción.
Fuente: Portfolio personal de Abelardo Lafuente.

Pero lo más relevante que ocurrió a finales de este año, fue la finalización de uno de sus edificios más significativos en Shanghái y que todavía se mantiene en pie hoy en día en el 722 de West Nanjing Road. Se trataba de la Star Garage Co. Fue el primer edificio de garaje que realizó para la compañía de *rickshaws* del español Albert Cohen, cuya licencia de construcción se publicó el 23 de septiembre de 1915.

Albert Cohen, empresario de origen turco con pasaporte del Gobierno español por su condición de sefardí, y dueño de la Star Garage Co., es otra de las figuras que van íntimamente relacionadas con la biografía del arquitecto español en Shanghái. Cohen estableció desde este momento una larga y duradera amistad con Abelardo Lafuente, que continuó hasta su fallecimiento en tierras norteamericanas en 1930.

De nuevo y por una segunda vía, la fecha de construcción se puede confirmar gracias a la mención de W. H. Morton Cameron y W. Feldwick, que describieron la compañía de Albert Cohen de este modo:

> The very large number of cars is consequent on the opening of numerous garages in various parts of the town, one of the chief of which is the Star Garage, of Bubbling Well Road. This garage is situated in the West End of the Settlement, in easy reach of the best residential districts, and is housed in a splendid new building possessing an imposing front, and which was opened in the latter part of 1915.[1]

Este es el segundo edificio en estilo neoárabe español que construyó en la ciudad, tras la residencia unifamiliar de los French previamente mencionada. El Star Garage es el edificio del que más orgulloso se siente Lafuente en sus inicios en Shanghái, ya que lo realizó de nuevo en hormigón armado.

Las postrimerías del año 1915 son los prolegómenos de años muy intensos en su carrera. En septiembre de este año, empezó a registrar el estudio profesional que a partir de 1916 tendrá su nombre oficialmente compartido junto al de un socio norteamericano, Lafuente & Wootten, esto cambiaría notablemente su posición en la ciudad en los años venideros.

En este punto, y en relación con el proyecto de la Star Garage Co., cabe mencionar que la autoría de dicho edificio fue únicamente de Abelardo Lafuente, ya que aún no había establecido su estudio junto al nuevo socio norteamericano. No obstante y erróneamente, se le asigna a ambos. El error se produjo porque en la publicación antes mencionada de 1917, de Morton Cameron y Feldwick, se mostró una fotografía de dicho edificio como uno de los ejemplos de proyectos del estudio.

Pero como podemos comprobar en las imágenes adjuntas, sacadas del portfolio personal de Lafuente, el cartel situado a las puertas del edificio en obras solo lo mencionaba a él como autor del mismo. Además, menciona

---

[1] Morton Cameron W. H. & Feldwick W. (1917), p. 427.

como dirección del estudio, la última que tuvo Lafuente en Shanghái hasta ese momento, en el número 5 de Hong Kong Road.

Foto 7: Detalle del cartel frente a la obra del nombre de Arquitecto y Constructor.
Fuente: Portfolio personal Abelardo Lafuente.

También es interesante destacar el nombre del contratista chino que realizó el proyecto, que es A. H. Hing, y del que no tengo más información, ni tampoco conozco su posterior relación profesional con Lafuente.

Por tanto, a finales de 1915, en un momento inmediatamente anterior a la apertura del estudio profesional conjunto, se puede asegurar que este ejemplo tan importante para la historia de la arquitectura española en China, el Star Garage Co., fue el último proyecto individual de Abelardo Lafuente en su primera etapa de carrera profesional en China.

Bibliografía:

Lafuente García-Rojo, A., (1926 Com. Per. p. 2) del 12 de octubre.
Toro Escudero, I., (2012), *España y los españoles en el Shanghái de*

*entreguerra*s (tesis doctoral), Universitat Oberta Catalunya, Barcelona.

Lafuente García-Rojo, A., (1913 Com. Per. p.1) del 29 de marzo.

Lafuente García-Rojo, A., (1913 Com. Per. p.1) del 23 de mayo.

Toro Escudero, I., (2012), *La participación española en los inicios del cine chino en Shanghái (1896-1937): Antonio Ramos Espejo (1878-1944)* (trabajo fin de máster), Universidad Rey Juan Carlos, Madrid.

Argente, B., (1949), «Un Rinconcito Español». *La Vanguardia Española*, 6 de mayo, p. 4.

Romero Salas, J., (1921), *España en China. Crónica de un viaje*. Reproducción de Google Books sacada de The University of Michigan.

Lafuente García-Rojo, A. (1914 Com. Per. p.1) del 27 de agosto.

Ortells-Nicolau, X., (2017), *Itinerario: Españoles en Shanghai: arquitectura y hormigón*. Web *Archivo China-España, 1800-1950*. Disponible en: http://ace.uoc.edu/exhibits/show/espanoles-en-china/arquitectura-y-hormigon

Castrillo, G., (1918), *El Comercio en Extremo Oriente*. Madrid: Imprenta del Asilo de Huérfanos del S. C. de Jesús.

French, P., (2010), *The Old Shanghai. A-Z*, Hong Kong: Hong Kong University Press.

Hernando, J. (1989), *Arquitectura en España. 1770-1900*, Fuenlabrada: Ediciones Cátedra, Grupo Anaya S.A.

Morton Cameron, W. H. & Feldwick W., (1917), *Present Day Impressions of the Far East and Prominent & Progressive Chinese at Home and Abroad*. London: The Globe Encyclopedia.

ANEXO 1:

La Vanguardia Española (1949, p.4), «Un Rinconcito Español», de 6 de mayo.

Un rinconcito español

A las cinco y media de la tarde cesa casi por completo el trabajo en la ciudad. Las gentes vacan en sus quehaceres y se echan a la calle deseosas de esparcimiento. Minutos después se abría la vidriera de la tienda y penetraba el primer visitante, comienzo de la tertulia en que un puñado de españoles se comunicaba cotidianamente sus impresiones y sus añoranzas.

La tienda, modesta, aunque elegante y bien tenida, daba a North Szechuen Road, concurrida calle del barrio europeo de Shanghai. En sus anaqueles se veían jipis y sombreros de fieltro, salacotes y vinos españoles, tapones de corcho y abrigos de lana, y otras muchas mercancías incongruentes, en pintoresco baturrillo. Su dueño, Jerónimo Candel, es un peninsular procedente de Manila, que después de luchar con varia fortuna en Filipinas, se trasladó a Shanghai, donde logró prosperar, hasta que un socio infiel le arruinó. Finalmente pudo montar esta tienda, donde, viudo y sin hijos, vive solitario su vejez, animada por los efluvios que, pese a la distancia, recibe de la Patria añorada.

Porque esta tiendecita oficia de casino español durante las dos horas del atardecer. Es el punto de cita de la treintena de españoles que constituyen la colonia peninsular. Durante esas dos horas aquel reducido espacio es como jurisdicción exenta en que unos cuantos hijos de España se ponen idealmente en contacto con su tierra, y adquieren nuevos bríos.

El recién llegado es Pepe Aguado, figura recia, tez morena, ojos vivos, aire decidido, aun joven, pero ya encanecido, que en 1914 se trasladó a Shanghai dispuesto a abrirse camino a codazos. Y lo ha conseguido. Goza de buena posición. Apenas ha saludado, cuando la vidriera deja paso a Ramos. Antonio Ramos, asociado con otro Ramos, emprendió el más disparatado negocio que en aquella latitud se podía imaginar, por nadie antes intentado: el cine. Eran pobres de capital, aunque ricos de imaginación y alientos, y habían de hacerlo todo, incluso levantar de planta todos los edificios. A la sazón Antonio es propietario de los tres mejores cines de Shanghai: el suntuoso Olimpic, el coquetón Victoria y otro de más modesto atavío, pero amplísimo y popular.

Coincidiendo con Ramos, penetran en el recinto tres de sus colaboradores: Abelardo Lafuente, arquitecto, que trazó los planos y dirigió la construcción del Olimpic y del Victoria, y los Martí, padre e hijo, geniales artistas, que los ornamentaron. Abelardo Lafuente es orgullo de la colonia. Arquitecto de valía y consciente de ella, después de mostrarla en Filipinas, se trasladó a Shanghai, a luchar en su terreno, donde todo le era desfavorable, para trabajar allí arquitectos de muy varios países, y principalmente ingleses, fuertemente apoyados por su Gobierno y sus connacionales.

Pero venció. Pocos años después algunos de los principales edificios que avaloran Shanghai eran obra suya. El mejor Club Americano, construído a todo lujo, de vastas proporciones y con un salón de fiestas maravilloso, decorado con pinturas de un pintor también español, aunque nacionalizado francés, Ribera de apellido; el Club Judío, de traza original, levantado en medio de un extenso parque, con majestuosa belleza, y el Star Garaje, el mejor y más amplio de la ciudad, edificio de cuatro pisos, impresionante por su aspecto de solidez y magnificencia, le son debidos. A la sazón de esta tertulia Lafuente se ocupa, entre otras obras menores, en la construcción de un gran hospital para coléricos, que le fué encomendado por la municipalidad en concurso, donde triunfó.

Paulatinamente van llegando otros concurrentes: Jerónimo Canda, dedicado al comercio; Enrique Muñoz, agente de importación y exportación; Luis Irure y Francisco Aboítez. Silencioso junto a una mesa permanece callado un compatriota de cansado aspecto. Era escritor. Soñó volar, y el destino le quebró las alas. Rodeado de respeto y cargado de años, se sienta en un éxtremo Juan Mencarini, uno de los hombres que más han honrado nuestra estirpe en China, a quien se debe una excelente traducción de las «Odas de Píndaro» directa del griego. La Naturaleza es tan fecunda, que en todas partes puede surgir una flor.

Llegan otros visitantes. La conversación se anima. Versa al principio sobre motivos triviales. Pero a los ojos se asoma el gozo, como si se comunicaran noticias aplacientes y venturosas para todos. El placer está en platicar en nuestro idioma, en estar juntos. Es una auténtica comunión de las almas en la llama de un amor que se resiste a ostentarse.

Uno cuenta su reciente viaje a Pekín; describe el paisaje paradisíaco hasta Nankín; el cruce del Yang-Tsé en «ferritboats»; el paso por Pukow, Tsinanfú; el cambio de panorama en Tientsin, y la sorpresa de ver cómo le ofrecían cestillos de fragante fresa a dos horas de Pekín, en una estación semejante a la de Aranjuez. Otro discute las posibilidades de España en China, y elogia el magnífico libro del agustino padre Gaudencio Castrillo, procurador de su Orden en Shanghai, «El comercio en Extremo Oriente», en que apura la materia. Otros hablan del gran actor chino Mei Lang Fieng, insuperable en los papeles de mujer del repertorio clásico, único que consiente representar.

Una suave tendencia va aproximando la conversación a cosas de España. Salta, como de costumbre, la porfía sobre la excelencia de las flores y frutos de «allá» y de acá. Unos prefieren el mangostán, el ate, el chico, la manga y el aguacate; otros optan por la ciruela, el melocotón, la pera, el melón o la uva moscatel. Por ese resquicio se filtra la visión nostálgica del terruño. Por fin, alguien formula la pregunta errante desde el principio por todos los labios: «Y qué noticias de allá?» Allá es para cada uno su región, para todos España.

Como si se hubiera roto un dique, la tertulia se fragmenta, las conversaciones se multiplican. Cada uno cuenta su historia. Todos las conocen. Son las mismas de ayer, y de anteayer, y de mañana. Siempre frescas, con juventud inmarcesible, porque cada cual habla para sí, y en sus palabras rebosa la savia de que está repleto su corazón. Pero van a sonar las ocho. Es hora de recogerse. Los contertulios desfilan. Alguno toma su «rickshaw», tirado por vigoroso chino. La tienda queda a obscuras y en silencio: diríase que un ambiente queda de vapor de palabras que no fueron pronunciadas. Un oído atento y un espíritu avezado a descifrar misterios quizá percibiría en aquel vago rumor el murmullo fervoroso de una Salve rezada íntimamente ante las aras invisibles de una Patria remota.

Ahora los comunistas van a entrar en Shanghai. ¿Subsistirá aquel rinconcito español?

Baldomero ARGENTE

Panel IV
Las relaciones entre China y España, China y América Latina en la era actual

(1)

INTRODUCCIÓN

Zhang Min
Instituto de Europa de la Academia de Ciencias Sociales de China

En 2018 se celebra el 45 aniversario del establecimiento de relaciones diplomáticas entre China y España. Desde 1973, ambos países han adoptado una posición activa en promover la cooperación en diversos campos. En 2005, los dos Gobiernos decidieron formar una asociación estratégica integral, lo que constituye un hito importante en la profundización continua de las relaciones sino-españolas. En la actualidad, la confianza política mutua sigue consolidándose y la cooperación en economía, cultura, educación, ciencia, tecnología y humanidades continúa avanzando. En estas circunstancias, debemos aprovechar la Iniciativa de la Franja y la Ruta para elevar integralmente las relaciones bilaterales a un nivel más alto e impulsar la cooperación en áreas de energías renovables, biotecnología, tecnologías de inteligencia artificial, turismo e industrias ecológicas.

Paralelamente, la relación entre China y los países latinoamericanos presenta cuatro características: 1) Mayor frecuencia de los intercambios bilaterales de alto nivel entre ambos lados, con lo cual se abre una nueva etapa en que van en paralelo la cooperación bilateral y la cooperación integral. Cuba fue el primer país en establecer relaciones diplomáticas con China, mientras que recientemente se acaban de establecer con

El Salvador. El gigante asiático ha formado alianzas estratégicas o asociaciones estratégicas integrales con nueve países latinoamericanos: Brasil, Argentina, Venezuela, México, Chile, Costa Rica, Perú, Ecuador y Uruguay. 2) El establecimiento del Foro China-América Latina marca el comienzo de la cooperación integral entre China y América Latina. 3) La cooperación entre ambos lados del Pacífico se está volviendo cada vez más pragmática. Concretamente, en áreas emergentes como inversión, finanzas, capacidad productiva y construcción de infraestructuras se está avanzando considerablemente. Las relaciones económicas y comerciales entre ambas partes han evolucionado desde el modelo de puro comercio a otro nuevo de triple alcance: comercio, inversión y finanzas. 4) La diplomacia de China hacia América Latina ilustra plenamente el concepto de «gran diplomacia con características chinas» propuesto por el presidente Xi Jinping.

España y los países latinoamericanos comparten idioma y a su vez son manifestación de la diversidad cultural del español. En este panel se reflexiona y debate sobre las relaciones entre España, la América hispanohablante y China en el contexto actual.

Xulio Ríos trata sobre *Un nuevo talante en la relación China, América Latina y España: la gestión del conocimiento*. Reconoce que China es una potencia en desarrollo que ha crecido abruptamente, y respecto a la relación entre China, España y Latinoamérica, considera necesario hacer algunas clarificaciones, pues la relación entre estos tres no es realmente simétrica. China es el país en desarrollo más grande del mundo, así como el que más rápidamente ha crecido. La cooperación entre China y América Latina se está llevando a cabo desde una perspectiva bilateral, y no necesariamente con España como intermediaria, pues la idea de una triangulación es descartable. Para Ríos, es mucho más importante centrar los esfuerzos en una reflexión más profunda sobre las relaciones bilaterales entre China y el mundo en español —los diferentes agentes— con planificaciones más efectivas de las administraciones públicas y centros de estudios, y en especial, lo que él llama «la gestión del conocimiento», poniendo en valor el bagaje de aprendizajes sobre China que se están produciendo en español, cuya contribución e impacto van más allá de esta frontera cultural.

El profesor Enrique Dussel de la Universidad Nacional Autónoma de México analiza la situación actual de las investigaciones y los problemas existentes de la *Globalización con características chinas y think tanks académicos sobre China de América Latina y el Caribe*. En los últimos veinte años, la presencia geoestratégica de China en Latinoamérica y la zona del Caribe ha cambiado drásticamente el papel de estos dos agentes dentro de la región. Pone el foco en el comercio, las finanzas, la inversión extranjera, las infraestructuras, etc., para analizar la situación actual del desarrollo de China en Latinoamérica. En la situación actual, el papel de China en las regiones de Latinoamérica continúa creciendo y su impacto sigue expandiéndose, sin embargo, las instituciones de investigación académica en Latinoamérica y el Caribe, así como los think tanks nacionales y privados, siguen mostrando deficiencias en cuanto a la importancia que dan a China y a su investigación, especialmente en lo que concierne al papel de China en la globalización. Más concretamente, resulta muy endeble la investigación sobre la Iniciativa de la Franja y la Ruta, la nueva ruta marítima de la Seda. Los estudios estadounidenses que versan sobre las relaciones entre China y Latinoamérica también parecen desfasados. Los resultados que ofrecen en sus análisis muestran una falta de correlación. En China, los mecanismos de investigación de América Latina y el Caribe, ya sean gubernamentales o privados, se están expandiendo. Ya sea en China o en Latinoamérica, los expertos que lidian con los problemas de América y el Caribe carecen de perspectivas políticas, económicas, culturales, entre otras, para analizar el desarrollo de las relaciones entre China y América Latina y el Caribe, por lo que deberían hacer un llamamiento a los académicos de las partes implicadas para realizar un análisis integral que tenga en cuenta todos los ámbitos mencionados.

El profesor Enrique Larreta, en su *Dialéctica de las tres hispanidades. Interacciones culturales entre China e Hispanoamérica en la era global*, reflexiona en torno al término *oikoumene*, «los límites del mundo habitado» en el sentido original que le dio Polibio, y la evolución del concepto (también Sima Qian en su *Historia* abarca los pueblos que entran dentro de la esfera del mundo chino) hasta el siglo XXI, cuando alcanza una dimensión indudablemente global. También recuerda que «no se puede negar que la expansión ibérica contribuyó decisivamente a la configuración del mundo tal como hoy lo conocemos, poniendo en relación regiones distantes del globo terráqueo que en ese momento deja de ser una abstracción cosmológica para transformarse en una experiencia material». Con una perspectiva histórica, Larreta reconoce los intentos de diálogo que se han producido en el pasado entre distintas culturas. Si bien, incluso hoy, a pesar de la conectividad exacerbada por modernas tecnologías, la comunicación en temas fundamentales continúa siendo fragmentaria y parcial. Precisamente muchas de las más lúcidas reflexiones en torno a globalización, mestizaje y comunicación se han producido en español, lengua de cultura de la que cabe esperar más aportaciones. Este idioma es ahora la tercera lengua más hablada del mundo y su importancia no para de crecer en China donde se ha convertido en la segunda lengua extranjera, después del inglés.

El profesor Guo Cunhai del Instituto de Investigación Latinoamericano de la Academia China de Ciencias Sociales habló sobre *El diálogo entre las civilizaciones de China y América Latina: significados, objetivos, caminos y mecanismos*. Entre otros aspectos, el Prof. Guo menciona cómo desarrollar el intercambio y la cooperación entre los *think tanks* de China y América Latina a través del establecimiento de comunidades jóvenes en América Latina. Piensa que con el establecimiento de una relación de asociación integral entre ambos, China y América Latina se han ido convirtiendo en una comunidad de intereses, una comunidad de responsabilidad y de destino. Por lo tanto, las dos partes necesitan reforzar con urgencia su mutuo reconocimiento, comprensión y confianza, en el que el diálogo entre estas civilizaciones resulta el camino crucial para llevar a cabo este objetivo. A medida que Latinoamérica se ha ido convirtiendo en una extensión natural y un partícipe imprescindible de la Franja y la Ruta, el diseño del marco de esta iniciativa, así como sus connotaciones, se ha convertido en una de las fuerzas motoras principales y un destacado mecanismo de construcción para promover y construir el diálogo entre civilizaciones, porque la colaboración pacífica, la apertura y la tolerancia, el mutuo aprendizaje y beneficio mutuo característicos del espíritu de la Ruta de la Seda y el objetivo que persigue el diálogo entre la civilización China y Latinoamericana tienen el mismo origen. El profesor sugiere que el diálogo entre civilizaciones es el nuevo paradigma de las relaciones internacionales en la actualidad y que China es su principal promotor. Y respecto al diálogo entre China y América Latina, su objetivo tiene muchos niveles (como son la búsqueda del respeto y la tolerancia, el entendimiento y la confianza, y el aprendizaje y el beneficio mutuos). Los participantes en este diálogo son muchos y variados, y su camino también resulta diverso (especialmente la lengua, la cultura, las publicaciones, la academia y los medios). El momento adecuado para construir un mecanismo de diálogo entre estas dos civilizaciones ya ha llegado y puede aprovecharse para establecer un «foro de diálogo entre la civilización china y latinoamericana», e incluirlo en la vía del Foro de China y América Latina; promover y apoyar la investigación de China en Latinoamérica, crear una red de intercambios y colaboración académica, incrementar la fuerza de las políticas de apoyo y fomentar un mecanismo efectivo a largo plazo de intercambio cultural basado en el mercado.

La profesora Luo Huiling aborda *Las relaciones sino-españolas durante la Transición (1976-1982)*, un periodo trascendental, pues ambos países experimentan cambios importantes especialmente en el ámbito doméstico, que se va a proyectar también en sus respectivas políticas de cara al exterior, y que se traducirá en un entendimiento mutuo entre ambos países. Luo sigue pormenorizadamente la secuencia de eventos que marcan esta primera relación bilateral, en especial, la primera visita de los reyes de España a China, las visitas de alto rango, el nombramiento de los primeros representantes oficiales en los respectivos países, y otros aspectos económicos sociales y culturales. Sin duda el evento de mayor trascendencia es la vista de los reyes a China en junio de 1978, que tiene como contraparte al líder Deng Xiaoping, quien va a liderar un proceso transformador en China. Se trata de una cálida acogida en lo personal, más allá de lo protocolario, que proyecta una buena imagen de ambos países y la amistad sino-española. El evento tiene amplio eco en la prensa china, y se traduce en acuerdos concretos de carácter comercial. Inmediatamente después de la visita real, antes de que acabe el año, don Felipe de la Morena Calvet será nombrado primer embajador de España en China. Poco después se abre también la primera oficina comercial en Pekín. Los condes de Barcelona, padres del rey don Juan Carlos, visitan China en mayo de 1979, una visita que trasciende también del ámbito personal con efectos de estrechamiento de las relaciones. Luo concluye que este período ofrece un panorama de crecimiento lento pero constante de las relaciones sino-españolas, y que estas tienen una enorme significación política dada la coyuntura de cambio de ambos países.

(2)

UN NUEVO ENFOQUE EN LA RELACIÓN CHINA-AMÉRICA LATINA-ESPAÑA: LA GESTIÓN DEL CONOCIMIENTO

Xulio Ríos
Director del Observatorio de la Política China

A propósito de la relación China-América Latina-España, a cuya reflexión se nos convoca con el telón de fondo de ese dilatado peso de la historia que tanto impera en este encuentro en torno a la excelsa figura de Diego de Pantoja pero, al mismo tiempo, con un enfoque comprometido con la contemporaneidad, quisiera resumir mi punto de vista en ocho ideas. Trataré de sintetizar así las que considero tendencias principales en el fenómeno objeto de estudio y en las que podrá advertirse un cierto sentido de balance de un determinado lapso de tiempo en el que hemos manejado algunas claves, quizá ya pasadas y que por lo tanto necesitan ser revisadas, lo cual nos puede servir para orientar nuestra acción futura. No obstante, en cada una de las afirmaciones citadas a seguir, probablemente, cabría introducir algunos matices a buen seguro inevitables.

EL PAPEL MEDIADOR DE ESPAÑA

En primer lugar, para abordar las relaciones entre China y el mundo hispanohablante en la actualidad es importante tener a cuenta el papel, la visión, de cada uno de los actores implicados. En tal sentido, se ha hablado mucho en las últimas décadas del papel mediador de España, de su condición de puente tanto en los ámbitos culturales como también políticos y económicos en las relaciones entre China y América Latina. Es este un punto de vista recurrente que también hemos podido constatar en relación, por ejemplo, a la Unión Europea, si bien no siempre ha funcionado correctamente. Incluso, en más de una ocasión, el alineamiento de España con ciertos posicionamientos alejados del enfoque latinoamericano para secundar propuestas dispensadas por EE. UU. y con eco en la región ha tenido un efecto contrario al deseado (por ejemplo, en relación a Cuba).

Puente para América Latina, para China, en fin, es verdad que España goza de una posición de cierto privilegio en la región latinoamericana, pero creo igualmente que, a la luz de la experiencia recibida, es fundamental no exagerar esta cuestión; es más, debiéramos relativizarla sensiblemente. Y tampoco debemos perder de vista que esa condición no cabe ser auto atribuida sin más pues depende en último término del reconocimiento de terceros, lo cual demanda siempre el establecimiento de un juicioso equilibrio que debe ir más allá de la coyuntura inmediata. Deberíamos aquilatarla con cierta visión histórica. El capital de credibilidad que pueda perderse en un momento dado es difícil de recuperar; por eso es esencial aplicar en estas cuestiones tanto un diagnóstico realista como una visión de largo plazo.

Personalmente, creo que en China, en relación a América Latina, predomina la visión de España como una potencia histórica y cultural y que combina por tanto activos de gran valor pero no necesariamente imprescindibles ni positivamente evaluables en todas sus dimensiones. Es esta una idea cada vez más preponderante en el mundo académico y político y que se manifiesta abiertamente, sin complejos, lo cual invita a no llamarse a engaños. No es que China pretenda con eso rebajar el papel de España en la región sino apuntar a cierto realismo que a veces, inmersos en la inercia de nuestra tradición intelectual, se nos pasa por alto.

Cuando China tiene que abordar cuestiones de fondo, de estrategia, relacionadas con América Latina, ese diálogo no lo establece con España sino con los Estados Unidos. Y de hecho ese mecanismo está institucionalizado y funciona desde hace años con el propósito de disipar dudas, evitar malentendidos y conjurar contradicciones que de otra forma podrían derivar en tensiones a propósito de la creciente influencia de China en el «patio trasero» del vecino del Norte. Eso no quita que España siga siendo un actor importante en la región a determinados niveles, hecho que así es reconocido por todas las partes. Pero debemos admitir que China no necesita a España para relacionarse con América Latina. Sí podemos ser socios en muchas cuestiones y avanzar en acuerdos con impacto en la región, pero arrogarse la condición de puente o mediador preferente carece de sentido.

Es más, si uno acude a los buscadores en Internet (Google, Baidu, etc.) e indaga sobre la relación entre España y América Latina, puede constatar que la mayoría de las respuestas se refieren a asuntos relacionados con la lengua, la historia, la cultura, o también la economía y la empresa. Porque, en efecto, respecto a esta última cuestión, es importante destacar que el peso de las empresas españolas en América Latina goza de cierta relevancia. De hecho, para la empresa española, es América Latina una de las regiones de mayor significación, probablemente más que ninguna otra parte del mundo fuera de Europa. España goza de una gran presencia en la región con un stock inversor cifrado en unos 150.000 millones de euros, es decir, aproximadamente, un 32% de la inversión agregada de España en todo el mundo.[1] Solo en México, por ejemplo, se cuentan más de 6.000 empresas

---

[1] Un informe al respecto puede verse aquí: www.iberglobal.com/files/2016/inversion_espanola_la_ie.pdf

españolas establecidas, muchas de ellas con una larga trayectoria. Y no se trata de recién llegados.

En suma, esa historia, esa cultura, esa presencia económica, son datos reales sobre los que podemos construir relaciones de interés mutuo pero sin arrogarse atribuciones que, retóricas aparte, no nos han sido reconocidas de facto por terceros. Se trata, entonces, de moderar el alcance de estas observaciones para no fundamentar en ellas expectativas que pueden llegar a ser incómodas para nuestros interlocutores y frustrantes e irreales respecto a nuestros propios planes.

AMÉRICA LATINA NO QUIERE MEDIADORES

En segundo lugar, también procede reconocer que, en términos generales, los países de América Latina quieren hablar de tú a tú con cualquier país del mundo, sin intermediarios ni mediadores. También con China, por supuesto. Creo que este proceso es claramente perceptible desde finales del siglo XX y se ha visto acelerado por el llamado ciclo progresista que ha vivido la región en las últimas décadas. Y con independencia de las vicisitudes que puedan experimentarse en la conformación de los gobiernos de la región o los cambios de ciclo derivados de las alternancias inevitables, etc., es una tendencia que ha venido para quedarse y que en los próximos años, con la irrupción de más actores en la región (no solo China, también Rusia, Irán, Japón, India, etc.), cada cual a su nivel y con sus particulares objetivos, no hará otra cosa que afirmarse.

Pasó el tiempo de pedir permiso, de estar pendiente de las reacciones de unos u otros para posicionarse ante determinados episodios, una conducta también común de la diplomacia china en el pasado. La acción diplomática de los países de América Latina se afirma cada día más por su carácter autónomo y no subalterno. En relación a China, tras la formación de la CELAC (Comunidad de Estados Latinoamericanos y Caribeños, http://www.sela.org/celac/quienes-somos/que-es-la-celac/) en 2011 y la constitución de un foro bilateral en 2015, esta es una realidad birregional que ha sido institucionalizada de modo claro.

Un caso reciente ilustra esta circunstancia de empoderamiento de la región. Me refiero a El Salvador, un pequeño país centroamericano, más pequeño que Galicia, y con una población ligeramente superior a los siete millones de habitantes, que decidió cortar lazos diplomáticos con Taipéi y establecerlos con Pekín. Lo hizo a pesar de las serias advertencias de EE. UU., que amenazó con revisar el alcance de las relaciones bilaterales. Pero el gobernante FMLN (Frente Farabundo Martí para la Liberación Nacional) reiteró en su comunicado para dar cuenta de dicho cambio que ello obedecía a «una decisión soberana». Ahora, de modo «preventivo», EE. UU. pretende legislar para actuar con mayor energía en estos casos a fin de evitar el aumento de la influencia china en la región y llama a sus embajadores en la zona para que tomen cartas en el asunto (recuérdese que Taiwán cuenta aquí con 9 aliados diplomáticos de un total de 17 en todo el mundo). Pero hasta el presidente hondureño Juan Orlando Hernández ha recordado a Washington que desde 2016 la ayuda exterior combinada de Estados Unidos para Honduras, Guatemala y El Salvador disminuyó en más de un tercio para situarse en los 195 millones de dólares. Por el contrario, China, amén de otras consideraciones, tiene fama de cumplir con sus compromisos.

En tal sentido, es claro que China desbarata con su impulso los usos y costumbres de la región, ayudando a América Latina a empoderarse tanto cuanto quiera o desee o, al menos, a alargar los marcos de la equidistancia con respecto a actores importantes con influencia en la región.

CHINA NO NECESITA MEDIADORES

En tercer lugar, China está muy próxima al enfoque de América Latina. En el segundo Documento de Política de China hacia América Latina (2016),[1] punto ocho, relativo a la Cooperación Tripartita, señala: «China está dispuesta a desplegar cooperación tripartita en ALC con los países y organizaciones internacionales extra regionales siempre que los proyectos sean presentados, consentidos y patrocinados por los países latinoamericanos y caribeños». Esta es una novedad importante del documento que no debiéramos pasar por alto dado su carácter taxativo.

Es decir, China condiciona la cooperación con países terceros extrarregionales (es el caso de España) a la iniciativa de América Latina. Esa cooperación es posible, pero China no va a ser el motor y, en cualquier caso, quizá reconociendo la preexistencia de cierta tensión en la formulación, debe abordarse desde el respeto, la igualdad y el beneficio mutuo. En tal sentido, a España solo le queda un camino, no dos.

LA TRIANGULACIÓN EN CUESTIÓN

En cuarto lugar, viene todo esto a cuento de que se ha hablado mucho en los últimos años de la triangulación y sus virtudes. Ha habido, sin duda, casos de éxito. Con frecuencia se cita el de Huawei y Telefónica o el de Repsol y Sinopec, aunque también los ha habido en sectores como la banca, el turismo o la automoción, entre otros. Es posible que sin la existencia

---

[1] Puede accederse a la visión íntegra en http://politica-china.org/secciones/documentacion/texto-integro-del-documento-sobre-la-politica-de-china-hacia-america-latina-y-el-caribe; el texto anterior, de 2008, también está accesible en: http://politica-china.org/secciones/documentacion/texto-integro-del-documento-sobre-la-politica-de-china-hacia-america-latina-y-el-caribe-2

misma del concepto se hubieran dado igual. Quiero decir que su lógica de fondo no es otra que las tendencias del mercado y las estrategias de las grandes empresas en orden a la gestión de sus propuestas de colaboración/competición. Y, de nuevo, no debiera exagerarse. Es decir, en el caso de Repsol y Sinopec en Brasil, pongamos por caso, no es que Sinopec entrara en Brasil gracias a la multinacional española. Ya estaba en Brasil. Repsol necesitaba financiación para sus operaciones en Brasil y cedió un 40% de su filial carioca a cambio de una aportación de capital por parte de Sinopec.

Desde la aprobación del primer Plan Marco Asia-Pacífico 2000-2002,[1] la política exterior española ha incorporado como concepto y estrategia la triangulación Asia-Pacífico-América Latina-España. Para España, el objetivo enunciado de la triangulación consiste en utilizar los especiales vínculos que la unen con América Latina para superar las debilidades que se presentan aún hoy en el desarrollo de los negocios y la inserción cultural en Asia-Pacífico, es decir, aprovechar la presencia histórica y el conocimiento del subcontinente americano para impulsar el recíproco entendimiento con los países de Oriente, con quienes acumula un déficit, igualmente histórico, en sus relaciones.

En «Una visión estratégica para España en Asia 2018-2022»,[2] aún reconociendo que nuestra especial vinculación con Iberoamérica despierta interés en Asia gracias a las nuevas alianzas en materia comercial y al desarrollo del eje del Pacífico así como nuestra pertenencia a la UE, hechos que incrementan nuestra relevancia a ojos de nuestros socios asiáticos, el concepto de triangulación está ausente. Además, se reconoce que España

---

[1] Ríos, X., (2012), «América Latina, China, España: a vueltas con la triangulación», en Creutzfeldt, Benjamin (Editor), *China en América Latina: reflexiones sobre las relaciones transpacíficas*, Universidad Externado de Colombia, pp. 233-245.

[2] Accesible en: http://www.exteriores.gob.es/Portal/es/SalaDePrensa/Multimedia/Publicaciones/Documents/2018_02_ESTRATEGIA%20ASIA.pdf

sigue contando con menos medios para el conjunto de su política asiática que otros países europeos de peso similar de nuestro entorno.

Hay oportunidades en este esquema triangular pero no es la panacea. Habrá que ver caso a caso. En este sentido, con la Iniciativa de la Franja y la Ruta y su extensión a América Latina, sin duda puede haber oportunidades en las que confluyan los intereses de todas las partes. Para ello, España, debe dotarse de una estrategia específica, en cuya definición, pese al compromiso explicitado en la «Visión», no avanza por el momento al ritmo deseado. Una agenda centrada en las infraestructuras, las comunicaciones, el medio ambiente, el turismo, etc., con un importante capítulo de inversiones como suele acompañar los planes chinos, puede ser atractivo para muchas empresas españolas.

LOS VÍNCULOS INMATERIALES NO SON UN ASUNTO MENOR

En quinto lugar, sentado todo esto —pareceres que a mi entender reflejan con objetividad y cierta maduración el momento en que nos encontramos poniendo los puntos sobre los íes, al menos esa es la intención— no conviene pasar por alto ni despreciar la trascendencia de los vínculos inmateriales. Acostumbro a decir que nosotros tenemos varias almas, entre ellas, una europea y otra americana. Europea porque efectivamente pertenecemos a Europa en función de nuestra ubicación geográfica y por participar de ese ambicioso proyecto de integración continental con sus sinsabores y alegrías. Y americana también en virtud de esos lazos de toda índole que nos relacionan con el otro lado del Atlántico. Ahora bien, confieso que, indique lo que indique la geografía, yo me siento mucho más cerca de un argentino que de un danés. Y si en un partido de fútbol tengo que elegir entre Argentina y Alemania, pues, no hay duda, claro. Ese vínculo constituye una importante base para hacer cosas juntos en los más variados campos.

Y no solo lo digo en relación a los países de habla hispana de América Latina sino también de habla portuguesa, pensando en un gigante como Brasil, país BRICS; o incluso, si me apuran, de África. Es este un aspecto tristemente muy ignorado en la diplomacia española a pesar de que es imposible hablar del portugués sin referirse a Galicia. España, a diferencia de Italia o Francia (también Argentina), no es siquiera miembro observador asociado de la CPLP (Comunidad de Países de Lengua Portuguesa). Si comparamos esta situación con el papel que China le atribuye a Macao para relacionarse con los países de habla portuguesa, esto nos da una idea de cuánto está desaprovechando España el potencial que Galicia representa en relación al mundo lusófono... En tiempos de multilateralismo, estas son oportunidades que debemos ponderar adecuadamente para establecer estrategias que redunden en beneficio mutuo.

En conjunto, es muy importante gestionar estos cambios con nuevos enfoques y evolucionar hacia una relación de socios, en condiciones de igualdad y, por supuesto, en la que nadie mande callar a nadie.

LA GESTIÓN DEL CONOCIMIENTO COMO ESPACIO DE ENCUENTRO

En sexto lugar, uno de los espacios en los cuales sería más decidido, o si lo prefieren menos cauto o escéptico a la hora de impulsar nuestra relación, es el relativo a la gestión del conocimiento. Y en concreto, en relación a China.

Sin duda, hay asimetrías en la situación de los estudios chinos en España y América Latina pero también trazos comunes perfectamente identificables. Más allá de casos individuales, no podemos hablar de una gran tradición que nos acredite como un caudal de conocimiento en este aspecto. Especialmente si nos referimos a instituciones. Puede que la principal referencia en este sentido sea el Colegio de México, con unos estudios sobre Asia que siguen a la vanguardia, acreditando una trayectoria que se remonta a los años sesenta del pasado siglo. No obstante, en general, en los últimos lustros, se ha mejorado mucho aunque nos falta igualmente un importante camino por recorrer para estar al nivel de los países de nuestro entorno. Hay cada vez más especialistas, más centros de estudios en universidades, más publicaciones, más encuentros, en fin, dinámicas diversas que informan de una aceleración cuantitativa y cualitativa en estos temas. Bien es verdad que con diferencias considerables en cuanto a relevancia, ritmo, contenidos, etc., si atendemos a las circunstancias de cada país.

En España también se registró un salto significativo en los últimos lustros, pero la crisis ha tenido efectos inocultables, diezmando buena parte de los esfuerzos desarrollados hasta entonces. Y veremos cuánto tiempo requerirá volver siquiera a recuperar el empuje mostrado en los primeros años del siglo XXI. En cualquier caso, cabe dejar constancia de que aun podemos remontar la adversidad de la crisis si todos los actores asumimos un plan de acción para evitar que la situación actual se vuelva crónica.

El nivel de conocimiento en España sobre China es insuficiente. El compromiso de medios públicos y privados con el fomento del pensamiento estratégico autóctono, que es indispensable, es también insuficiente. Es evidente que existe una mayor sensibilidad y comprensión de la importancia de China a todos los efectos y en todos los órdenes, pero por el momento esto no ha derivado en acciones para dotarnos de capacidades que nos permitieran reducir la distancia histórica con respecto a aquellos países de nuestro entorno que sí han invertido sistemáticamente en aumentar su conocimiento sobre China, lo cual les facilita un alto grado de concreción y penetración del que, en términos generales, carecemos. Y dicho conocimiento hoy día es indispensable para que nuestros órganos decisores dispongan, como se señala en la «Visión», de un corpus de conocimientos, lecciones aprendidas y análisis adaptados a sus condiciones específicas que les permitan hacer elecciones correctas y obtener resultados positivos.

En España, los centros de estudios chinos y asiáticos, en general, son de reciente aparición. Actualmente se imparten programas de estudios de Asia Oriental (grado, posgrado y especialización) en una decena de universidades que pueden facilitar a corto o medio plazo el conocimiento experto pero para ello deberán garantizar la continuidad.

Durante los últimos años, el sistema universitario español[1] ha iniciado un camino de cierta normalización aunque con el lastre de una inexistente planificación seria y contradicciones en el proceso al albur de las tensiones generales que habitan en el mundo político-educativo hispano. Lo que desde los años 90 se centraba en lengua y cultura, ahora asomaba como un ejercicio de estudio más amplio y ambicioso. Las licenciaturas de segundo ciclo en Estudios de Asia Oriental con itinerarios centrados en China y con programas específicos dedicados a los estudios chinos abrían un horizonte positivo aunque muy alejado aún de los pares de nuestro entorno. En paralelo, cabe destacar el notable incremento de la enseñanza de la lengua china aupado por la acción de los institutos Confucio, las Escuelas Oficiales de Idiomas y otras instituciones.

En el ámbito de la sociedad civil y los *think tanks*, con una cultura que reconoce poco la importancia de la independencia del mundo académico e investigador, la debilidad es manifiesta, proliferando esfuerzos rayando con el voluntarismo, lo cual no es buena señal. Hay capital humano y proyectos, pero seguimos careciendo de la sensibilidad institucional para imaginar objetivos de cierta ambición.

Pero frente a otros terrenos más resbaladizos, este es un espacio de

---

[1] Ollé, M., (2013), «Bases para un impulso educativo y científico común», en Ríos, Xulio (coord..), *Las relaciones hispano-chinas: historia y futuro*, La Catarata, pp.176-193.

encuentro. El propio Observatorio de la Política China (www.politica-china.org), por ejemplo, es en origen y de vocación netamente iberoamericana. Muchos de sus productos y propuestas tienen esa orientación. En iniciativas como el Simposio Electrónico Internacional sobre la Política China, que celebramos todos los años coincidiendo con las «dos sesiones», la participación latinoamericana es considerable, ya sea a título de relatores como de inscritos. Y van nueve ediciones. El trimestral digital Jiexi Zhongguo (Análisis y Pensamiento Iberoamericano sobre China) responde igualmente a esa idea de poner en valor lo que hacemos en nuestra área geocultural. El Taiwan Hebdo presta atención singular a la proyección latinoamericana y caribeña de las diferencias a través del estrecho.

Igualmente, la Red Iberoamericana de Sinología, que codirijo con Romer Cornejo (México) y Eduardo Daniel Oviedo (Argentina), agrupando a medio centenar de especialistas en asuntos chinos de una docena de países de la región, constituye una manifestación añadida de esa voluntad de conformar una malla que pueda establecer no solo una red de intercambio y apoyo sino, incluso, un discurso propio.

Necesitamos poner en valor todo ese capital humano e investigador, en gran medida disperso y poco cohesionado, privado de una estrategia de conjunto que le aportaría más valor añadido. Me atrevería a decir que muchos Diegos de Pantoja que no gozan del reconocimiento y visibilidad que merecerían podrían encontrar así el camino para revertir esa situación.

Es fundamental, en cualquier caso, normalizar e institucionalizar encuentros y diálogos entre personas y entidades ya sea de la sociedad civil, las universidades, los centros de investigación y los poderes públicos, de forma que podamos establecer una agenda de interés común y un plan de fortalecimiento de nuestras capacidades.

El auge general de los intercambios entre China y América Latina y China y España, con especial proyección en el orden comercial, constituye un poderoso estímulo para favorecer los estudios sobre China. La debilidad de la cultura estratégica en nuestro mundo empresarial, quizá por su pequeña o mediana dimensión poco inclinado a valorar la trascendencia del conocimiento a este nivel, necesita ser superada.

UNA FRAGILIDAD RECONOCIBLE

En séptimo lugar, un reflejo de esta fragilidad, a mi parecer lamentable, es que para informarse de la relación China-América Latina, las fuentes recurrentes de mayor uso son anglosajonas en demasiados casos. Estas tienen detrás importantes apoyos, sin duda, que faltan en nuestras opciones. Pero precisamos dotarnos con urgencia de fuentes propias, contrastadas, que sean objeto de atención y reconocimiento por parte de terceros por su calidad. En México, en el Cechimex de la UNAM, se están realizando iniciativas de gran valor en este sentido. Y contar con un cierto nivel de colaboración china en este aspecto tendría un efecto apreciable.

Ahora bien, esto no se improvisa. Requiere perseverancia y equipos, estructuras. Y un poco de ambición. Quizá entonces arribemos a ese punto en que las citas o la bibliografía de autores hispanos sean imprescindibles para ilustrar el conocimiento científico a propósito de China.

¿UNA VISIÓN IBEROAMERICANA SOBRE CHINA?

Por último, en línea con lo expuesto, apostaría por alentar una visión iberoamericana sobre China, específicamente sobre la China contemporánea, deudora de nuestro universo cultural, de nuestra problemática, con visión Sur-Sur, capaz de complementar (y hasta de competir) con la visión anglosajona o francófona, conservando cada una sus respectivos matices.

¿Que necesitaríamos? En primer lugar, inventariar los principales referentes (institucionales e individuales sin filiación) de los estudios sinológicos en el área iberoamericana; en segundo lugar, instrumentar medidas de conocimiento mutuo y trabajo en red con vocación de permanencia que faciliten la cooperación; en tercer lugar, identificar y promover iniciativas conjuntas que sirvan tanto de apoyo mutuo como de promoción de un salto cualitativo en el reconocimiento de la cualificación de los estudios sinológicos en el área iberoamericana; y por último, crear marcos de dinamización específicos que generen nuevas oportunidades de consolidación de los estudios sinológicos en el área iberoamericana.

Entre los contenidos que podrían acentuar el enfoque de estudio cabría citar, entre otros, los siguientes: en primer lugar, una peculiar atención a los problemas relacionados con el hecho territorial o identitario, habida cuenta de la convergente problemática de nacionalidades minoritarias o minorías étnicas, comunidades indígenas, etc.; en segundo lugar, las transiciones políticas, que señalan un afán de incorporación a la modernidad con signos de búsqueda de patrones de estabilidad tras décadas de convulsión en procesos que pudieran en muchos casos no estar del todo determinados; en tercer lugar, las cuestiones ambientales con un perfil en muchos casos común; en cuarto lugar, los asuntos relacionados con la problemática social, la pobreza, la inclusión, las desigualdades, etc. Todo ello sin perjuicio de significar valoraciones propias a resultas de los grandes temas que convoca o provoca la agenda china y que hoy día nos ofrece ya una dimensión de alcance global.

Bibliografía:

Alonso Arroba, A., Avendaño Pabón, R., Santiso, J., «América Latina, punto de encuentro entre Asia y España», *Boletín Económico del ICE* nº 2937, del 1 al 15 de mayo de 2008.

Bustelo, P. y Sotillo, J. A., (2002), *La cuadratura del círculo: posibilidades y retos de la triangulación España-América Latina-Asia Pacífico*, Madrid: Catarata.

Lopez i Vidal, L., (2004), *Las relaciones entre España, América Latina y Asia-Pacífico: las posibilidades de triangulación en la política exterior española*, Casa Asia.

Montobbio, M., (2004), *Triangulando la triangulación España/Europa-América Latina-Asia Pacífico*, Barcelona: Cidob.

Ríos, X., (2013), *Las relaciones hispano-chinas, Historia y Futuro*, Madrid: La Catarata.

Programa y ponencias de las diferentes Jornadas de Triangulación que pueden consultarse en http://www.casaasia.es/triangulacion/cast/main.html

(3)

GLOBALIZACIÓN CON CARACTERÍSTICAS CHINAS Y SU RECIENTE RELACIÓN CON AMÉRICA LATINA Y EL CARIBE

Enrique Dussel Peters
Universidad Nacional Autónoma de México

En los últimos veinte años la relación entre América Latina y el Caribe (ALC) con China ha iniciado una nueva etapa, cualitativamente diferente a la históricamente conocida entre ambas partes. Esta nueva etapa es particularmente resultado de la creciente presencia de la República Popular China a nivel internacional y también en ALC. Como resultado, la relación bilateral ha crecido en forma sustantiva en términos estratégicos, culturales, políticos, económicos, comerciales y en las inversiones, entre otros rubros.

El presente documento se circunscribe en diversos llamados del líder chino, el presidente Xi Jinping, de lograr y concretar las oportunidades al construir una «comunidad con un destino común» (Xi, 2015) y explícitamente hacia ALC en aras de lograr «una asociación estratégica y cooperativa con base en la igualdad, el beneficio mutuo y el desarrollo común... crear un relación en cinco dimensiones caracterizada por la sinceridad y la confianza mutua en el campo político, una cooperación ganar-ganar en el ámbito económico, un proceso de aprendizaje mutuo y de emulación en la esfera cultural, una cercana coordinación en asuntos internacionales, además de la sinergia entre la cooperación de China con la región en su conjunto y sus relaciones bilaterales con países individuales de la región» (Xi, 2014).①

En aras de «una comunidad con un destino común» que permita beneficios para ambas partes, este documento se concentra particularmente en la búsqueda de objetivos comunes en el ámbito del desarrollo económico: incremento del nivel de vida de los respectivos habitantes, comercio e inversión extranjera directa. Para lograr este diálogo bilateral es sin embargo indispensable que ALC comprenda las diversas propuestas elaboradas por el sector público chino desde hace más de una década. En segunda instancia es indispensable que ambas partes comprendan algunos de los resultados socioeconómicos —especialmente en el ámbito del comercio, la inversión extranjera directa china en ALC (u OFDI, por sus siglas en inglés), así como proyectos de infraestructura realizados por China en ALC. El grado de puntualidad y concreción en China y en ALC al respecto, y particularmente por parte de sus respectivos sectores académicos, debe mejorar sustantivamente en el futuro para permitir la construcción de un «destino común».

Como resultado, este documento se divide en tres apartados. En el primero se señalan un grupo de iniciativas y estrategias del sector público chino, indispensable para ALC y su comprensión de las propuestas por parte de China. La segunda sección se concentra en un grupo de temas relevantes para permitir una comunidad con un destino común entre ALC y China en el ámbito del comercio, la OFDI y proyectos de infraestructura. La tercera sección presenta las principales conclusiones del documento y

---

① El presidente Xi señaló al respecto la importancia de partir de ambas partes como iguales, la importancia de «profundizar la cooperación con beneficios mutuos y trabajar para un desarrollo común» para desarrollar el marco de la cooperación «1+3+6», así como la «promoción de intercambios y aprendizajes mutuos para consolidar la base de la relación duradera» (Xi, 2014).

aborda un grupo de temas específicos abordados durante el simposio en torno a la figura de Diego de Pantoja, organizado por el Instituto Cervantes en Shanghái a inicios de septiembre de 2018.

1. UN PROCESO DE GLOBALIZACIÓN CON CARACTERÍSTICAS CHINAS: MÁS DE DIEZ AÑOS DE PROPUESTAS HACIA ALC

En las últimas décadas, el principal factor económico de dinamismo global ha sido la creciente presencia de Asia y en particular de China. La participación de China en el PIB global aumentó de un 1,6% en 1990 a un 14,8% en 2016, mientras que la de los Estados Unidos cayó del 26,5% en 1990 al 24,6% en 2016. No obstante lo anterior, el PIB per cápita de la economía más dinámica a nivel global en las últimas décadas aun representa el 14,1% de Estados Unidos y el 97,7% de ALC. Adicionalmente, en 2013 China se convirtió en el principal exportador a nivel mundial, aunque su participación en las importaciones mundiales fue del 9,3%, por debajo del 14% de Estados Unidos en 2016. En efecto, China se ha convertido en el país con la segunda presencia comercial en el mundo: durante 1990-2015 incrementó su participación en el comercio mundial más de diez veces, para contribuir con el 9,8% en 2016, mientras que los Estados Unidos lo hizo con el 12,4% (WDI 2018).

En el período reciente, China ha continuado profundizando y consolidando el proceso de reformas domésticas. Con el lema de la «nueva normalidad», en la segunda década del siglo XXI, el Gobierno central ha buscado reorientar y cambiar en forma cualitativa el modelo de crecimiento desde finales de los años ochenta del siglo XX. Desde hace varios años, el Gobierno central ha enfatizado el incremento del nivel y calidad de vida de la población y del consumo, y en paralelo ha incrementado la eficiencia económica, social y ambiental de las inversiones. La creciente importancia del mercado doméstico, el sector servicios, un generalizado proceso de escalamiento industrial para integrarse a segmentos de cadenas globales de valor de mayor sofisticación tecnológica y de innovación son algunos de los objetivos del cambio cualitativo del modelo de acumulación. Asimismo, el rápido proceso de urbanización también genera nuevos factores de crecimiento de la economía y retos en los ámbitos sociales, ambientales y educativos, entre otros.[1]

Esta creciente presencia global, en el contexto de profundas reformas sociales, económicas y políticas desde finales de la década de 1970-1979,[2] también se ha reflejado en el aumento de actividades y responsabilidades de China en el Consejo de Seguridad de las Naciones Unidas; en el reconocimiento de la relevancia de China en el sistema financiero internacional mediante la participación en 2016 del *renminbi* en la canasta de monedas que componen los derechos especiales de giro (SDR, por sus siglas en inglés), y en un creciente liderazgo en el G20. Desde una perspectiva internacional es muy significativo el lanzamiento por parte de China en 2013 de las estrategias de la Nueva Ruta Marítima de la Seda y Una Franja-Una Ruta (OBOR, *One Belt-One Road*),[3] esta

---

[1] El China Development Forum, organizado por el Consejo de Estado, por ejemplo, analiza cada año las diversas estrategias, políticas y los instrumentos en el corto, mediano y largo plazos (cdf, 2018).

[2] Para un análisis desde una perspectiva reciente del proceso de reformas en China, véase: DRC y BM (2012), OCDE (2002, 2017) y Wu (2005).

[3] El 14 y 15 de mayo de 2017 se llevó a cabo el Foro de la Franja y la Ruta en Pekín, el cual fue probablemente para China el evento estratégico internacional de mayor importancia en 2017, en particular a nivel global y orientado hacia los países en vías de desarrollo. El presidente Xi Jinping aseguró financiamiento por más de 120.000 millones de dólares por la vía de bancos chinos, y volvió a enfatizar el aporte de esta iniciativa en la generación de proyectos de infraestructura. El Foro contó con la presencia de representantes de más de 130 países y 29 mandatarios.

última a cargo del vicepremier y miembro del Comité Permanente del Buró Político Central del Partido Comunista Chino, Zhang Gaoli, así como de otros cuatro líderes de alto nivel. Ambas estrategias tienen como objetivo central incrementar la cooperación de China con más de sesenta países de Asia, África y Europa, específicamente mediante cinco vínculos: políticas, caminos y carreteras, comercio, tipo de cambio y un último de pueblo-pueblo (Long, 2015). El establecimiento del Nuevo Banco de Desarrollo con los países BRICS (Brasil, la Federación Rusa, India, China y Sudáfrica), así como el Banco Asiático de Inversión en Infraestructuras (AIIB, por sus siglas en inglés) son potentes instrumentos de esta estrategia global.

Dos aspectos adicionales recientes son importantes para comprender a China desde una perspectiva latinoamericana. Por un lado, la «omnipresencia del sector público» en China, donde el Gobierno central, las provincia, ciudades y municipios persiguen con una perspectiva de largo plazo objetivos comunes y, al mismo tiempo, compiten entre sí.[①] Esta dinámica compleja permite un proceso altamente competitivo bajo la propiedad pública (Dussel Peters, 2015). El tema es desde una perspectiva institucional, y cualitativamente, de la mayor importancia, ya que genera una interacción con una institución —el sector público en China— que por el momento es difícil de comprender en ALC. En segundo lugar, y más recientemente, las conclusiones del XIX Congreso Nacional del Partido Comunista Chino (PCC) a finales de 2017 y las dos sesiones de marzo de 2018 —la XIII Asamblea Popular Nacional (APN) y la del XIII Comité Nacional

---

[①] La reflexión invita a considerar el concepto de «sector público» en China —las SOEs (*state-owned enterprises*), por ejemplo, pueden definirse como un muy pequeño grupo de empresas propiedad del sector público—, que cuenta con una participación cercana al 50% del PIB de China y con una enorme incidencia en cadenas de valor como la bancaria y servicios y autopartes-automotriz, entre otras (Dussel Peters, 2015).

de la Conferencia Consultiva Política del Pueblo Chino (CCPPCh)— son significativas y reiteran buena parte de los planteamientos arriba señalados (Anguiano Roch, 2018): Además de una visión socialista de la República Popular China de largo recorrido, con miras hacia los años 2035 y 2050, y de elevar el pensamiento de Xi Jinping dentro del propio PCC, se destacó la importancia de OBOR desde una perspectiva china y como proyección en torno a las relaciones internacionales. Es decir, obor es una estrategia china de largo plazo y de crítica funcionalidad para el mundo, incluyendo Centroamérica; es importante que la región conozca los detalles de su potencial.[1]

Como parte de estas estrategias, China ha participado en un creciente grupo de acuerdos comerciales, y hoy día cuenta con diez tratados de libre comercio, incluidos los firmados con Australia, República de Corea, Costa Rica, Chile y el Perú, además de acuerdos con la Región Administrativa Especial de Hong Kong, la Región Administrativa Especial de Macao y negociaciones en curso con países como Pakistán e Israel. Desde una perspectiva regional, China también ha liderado esfuerzos en el marco de los veintiún miembros de APEC (Foro de Cooperación Económica Asia-Pacífico, por sus siglas en inglés) y los diez países miembros de la ASEAN (Asociación de Naciones del Sudeste Asiático).[2] No obstante lo anterior, en el último lustro China ha priorizado su apoyo a la Asociación Económica Integral Regional (RCEP, por sus siglas en inglés) constituida por dieciséis

---

[1] El presidente Xi Jinping ha insistido desde finales de 2017 y hasta el primer semestre de 2018 en estas iniciativas y, particularmente, en el contexto de las crecientes tensiones internacionales y bilaterales con la Administración Trump. En el Foro Boao a inicios de 2018, por ejemplo, reiteró un grupo de medidas para ampliar el acceso al mercado chino en sectores como el automotriz y la atracción de IED.

[2] Para una descripción de los acuerdos comerciales actuales de China, véase: Mofcom (2018).

países, incluidos Filipinas, Japón, República de Corea, Australia, India y Vietnam. Por el momento ningún país latinoamericano participa.

En América Latina y el Caribe (ALC) un grupo de iniciativas llaman la atención. Por un lado, China ha presentado dos «libros blancos» hacia ALC en 2008 y 2016, respectivamente (GPRC, 2011, 2017). Al menos cuatro planteamientos son relevantes en esta «nueva fase de cooperación integral» (GPRC, 2016:3). Primero, la propuesta parte de «persistir en el intercambio y el aprendizaje mutuo» (GPRC, 2017:5) en múltiples rubros de interés bilateral (de la cultura y la política hasta el comercio, la IED y el intercambio académico), subrayando la importancia de mecanismos de diálogo y consulta. Segundo, en el ámbito económico-comercial (GPRC, 2017:7-11) destacan trece áreas prioritarias, incluidas la promoción del comercio de «productos de alto valor agregado y de alto contenido tecnológico» (GPRC, 2017: 7), la «cooperación en inversión industrial y capacidad productiva» (GPRC, 2017:7), la «cooperación en infraestructura» (GPRC, 2017:8) en la «industria manufacturera» (GPRC, 2017:9) y la «cooperación entre las cámaras e instituciones de promoción de comercio e inversión» (GPRC, 2017:10). En tercer lugar, nos parece particularmente relevante el énfasis en la promoción comercial de productos de alto valor agregado y contenido tecnológico, así como el que las empresas chinas en ALC debieran «promover el acoplamiento de la capacidad productiva de calidad y los equipamientos aventajados de China con las necesidades de los países de ALC para ayudarles a mejorar su capacidad de desarrollo con soberanía» (GPRC, 2017:7) y, en el contexto de proyectos de infraestructura, fomentar las asociaciones público-privada «en ámbitos de transporte, logística comercial, instalaciones de almacenamiento, tecnología de información y comunicación, energía y electricidad, obras hidráulicas, urbanismo y viviendas, etc.» (GPRC, 2017:8). Cuarto, la agenda propuesta por China hacia ALC destaca en forma explícita la cooperación hacia la industria manufacturera para «establecer líneas de producción y sedes de mantenimiento para materiales de construcción, metales no ferrosos, maquinarias, vehículos, equipos de comunicación y de electricidad, etc.» (GPRC, 2017:9).

En el contexto del Foro de ALC-China, llevado a cabo en Brasil en julio de 2014, el presidente Xi Jinping presentó un marco de cooperación entre ambas partes al que denominó «1+3+6»; es decir, un plan (el Plan de Cooperación 2015-2019 en el ámbito de la CELAC) más tres fuerzas propulsoras: comercio, inversión y cooperación financiera, más seis campos clave de la cooperación, que incluyen: energía y recursos, obras de infraestructura, manufactura e innovación científico-técnica. Este marco de cooperación sigue siendo válido en 2018 y para el futuro de la relación bilateral con ALC y México (GPRC, 2017:4-5). En el Foro CELAC-China, y desde la primera reunión ministerial del Foro CELAC-China, fechada en enero de 2015, se estableció un Plan de Cooperación de los Estados Latinoamericanos y Caribeños-China (2015-2019), con un amplio grupo de instrumentos concretos en los ámbitos político, cultural, educativo y económico, entre otros rubros.

Para los temas que a este documento competen, resulta de particular interés la promoción bilateral entre las micro, pequeñas y medianas empresas, de instituciones financieras; la infraestructura y el transporte; la industria, la ciencia y la tecnología, así como sectores específicos como la industria aeroespacial, las industrias de la información y comunicación, entre otras. El documento hace referencia explícita a la «construcción conjunta de parques industriales, ciencia y tecnología, zonas económicas especiales y parques de alta tecnología entre China y los Estados miembros de la CELAC, en particular en actividades de investigación y desarrollo, con el fin de mejorar la inversión industrial y la formación de cadenas industriales de valor» (CELAC, 2015:4). Además del establecimiento de foros especializados, como por ejemplo un Foro sobre Desarrollo y Cooperación Industrial China-América Latina y el Caribe, y la definición de un grupo de fondos específicos según los particulares objetivos: el Fondo de Cooperación China-América Latina y el Caribe, el Crédito Especial para la Infraestructura China-América Latina y el Caribe, y se plantea la posibilidad de obtener «otros recursos financieros para apoyar los proyectos de cooperación prioritarios entre China y los Estados miembros de la CELAC» (CELAC, 2015: 2). Para el sector educativo el mismo documento propone que se otorguen seis mil becas gubernamentales y seis mil plazas para recibir capacitación en China, además de cuatrocientas becas para maestrías.[1] La mayoría de estos instrumentos —y otros nuevos— fueron reiterados en el Programa de Trabajo para 2019-2021 (CELAC, 2018).

Estas estrategias e instrumentos dirigidas hacia ALC —y por ende a Centroamérica— de ninguna forma podrán ser utilizados automáticamente por la región y sus respectivos países, aunque sí debieran ser considerados explícitamente —y tomar medidas concretas al respecto— en la actualidad y en el futuro.

Por último, es importante señalar que la cancelación del Acuerdo de Asociación Transpacífico (TPP, por sus siglas en inglés) por la Administración Trump en 2017 y su relanzamiento por los restantes once países bajo el título: Tratado Integral y Progresista de Asociación Transpacífico (CPTPP, por sus siglas en inglés), así como la rápida renegociación del Tratado de Libre Comercio de América del Norte (TLCAN) entre Canadá, Estados Unidos y México, han generado una importante incertidumbre en América Latina y el Caribe. Las exportaciones basadas en importaciones temporales en el régimen de zonas francas y maquiladoras habrían perdido su acceso arancelario privilegiado a los Estados Unidos de haberse concretado el TPP, lo que habría igualado las ventajas arancelarias de la región con nuevos competidores como Vietnam

---

[1] La Cumbre Empresarial América Latina y el Caribe-China que se ha llevado a cabo en ALC y en China anualmente desde 2002.

(Dussel Peters 2018/a). Si bien el tema hoy por hoy pareciera afectar exclusivamente a México, otros países latinoamericanos podrían verse afectados en el futuro en su relación comercial con Estados Unidos.

2. UNA PROPUESTA METODOLÓGICA PARA EL ANÁLISIS ENTRE ALC Y CHINA: EL CASO DE LA OFDI CHINA EN ALC (2000-2017)

En lo que sigue, este capítulo aborda dos temas. Por un lado, una propuesta metodológica de análisis de la actual relación socioeconómica entre ALC y China, así como un grupo de implicaciones. El segundo apartado examina como ejemplo de la metodología planteada el caso de la salida de inversión extranjera directa de China (OFDI, por sus siglas en inglés) hacia ALC.

2. 1. *Una propuesta metodológica de análisis*

En el marco de la creciente relación socioeconómica entre ALC y China, y un *boom* de publicaciones al respecto, ¿cómo permitir un efectivo diálogo y aprendizaje entre los sectores público, privado y académico en ALC y en China? Con base en el intenso y creciente diálogo, particularmente en el sector académico, entre ALC y China, y particularmente en instituciones como el Centro de Estudios China-México de la Facultad de Economía de la Universidad Nacional Autónoma de México, así como en la Red Académica de América Latina y el Caribe sobre China (Red ALC-China), al menos dos aspectos son significativos.

Por un lado, es preciso sistematizar metodológicamente la creciente presencia China en ALC. Desde una perspectiva actual se aprecian un grupo de fases que, sin caer en una clasificación artificial o mecánica, han evolucionado de forma paralela, y no siendo excluyentes han generado diversas oportunidades y retos. Así, la relativamente reciente y muy dinámica relación entre ALC y China requiere de un análisis, reflexión y propuestas que reflejen esta creciente complejidad. Coherente con este planteamiento se proponen al menos tres fases con un grupo de características que serán analizadas como sigue:

i. Desde la década de los 90, caracterizada por una rápida intensificación de la relación en términos comerciales, convirtiéndose China en la actualidad en el segundo socio comercial de la región y con relevantes diferencias entre los países de la región;

ii. Desde 2007-2008, y paralela a la crisis internacional desde entonces, con masivos flujos de financiación;

iii. Entre 2009 y 2013, con masivos flujos de OFDI china hacia ALC, convirtiéndose desde entonces en una fuente muy significativa, en varios años la primera, de financiación y de OFDI; y,

iv. Desde 2013, significativos proyectos de infraestructura en ALC (Dussel Peters y Armony, 2017).

Esta interpretación permite comprender y diferenciar la creciente complejidad en la relación bilateral y la necesidad de generar diferenciados instrumentos de análisis y evaluación de las respectivas fases y de la relación actual. Asimismo, permite estructurar la relación bilateral actual respetando diferencias importantes entre subregiones en ALC y respectivos países y, particularmente, diferenciar entre comercio, financiación, OFDI y proyectos de infraestructura y respectivas evaluaciones y políticas.

Dos aspectos resultan de la metodología propuesta. Por un lado, la propuesta es funcional y puede ser de utilidad tanto desde una perspectiva académica como para la elaboración de propuestas políticas y dentro del sector privado. A diferencia de estudios poco específicos sobre cada uno de los cuatro temas sugeridos —análisis demasiado generales o abstractos— esta propuesta requiere entonces de análisis puntuales y concretos sobre el comercio, la financiación, la OFDI china y los proyectos de infraestructuras, entre otros.

Desde distintos foros se han ofrecido multiplicidad de análisis sobre comercio y la OFDI china. En China, por parte del Instituto de Estudios Latinoamericanos de la Academia de Ciencias Sociales de China (ILAS-CASS, por sus siglas en inglés), así como la Universidad de Renmin, Tsinghua, UIBE, la Universidad de Estudios Extranjeros de Beijing, la Universidad de Nankai, la Universidad de Shanghái, el Instituto de Estudios Internacionales de Shanghái y la Universidad de Fudan, entre otras. En América Latina y el Caribe, en instituciones como la Red Académica de América Latina y el Caribe sobre China (Red ALC-China), la Universidad de Buenos Aires, de Campinas, la Universidad de Sao Paulo, la Católica de Perú y la Universidad del Pacífico, así como el Colegio de México y el Centro de Estudios China-México de la Facultad de Economía de la Universidad Nacional Autónoma de México, entre otras. La Universidad de Boston y su Global Economic Governance Initiative liderada por Kevin Gallagher también han realizado contribuciones importantes al tema de la financiación china en ALC. Recientemente se han realizado análisis sobre más de una docena de proyectos de infraestructura chinos en ALC (Dussel Peters, Armony y Cui, 2018).

Todo lo anterior permite enriquecer metodológicamente las propuestas en el estudio y el aprendizaje entre ALC y China. Si bien todo ello es relevante, es decir, existen puntos de partida significativos, llama la atención el escaso análisis en temas puntuales y tan relevantes como el comercio. Es indudable que existen cientos de análisis agregados; sin embargo exámenes puntuales sobre la composición del comercio —por ejemplo según bienes de capital, intermedios y de consumo— y en cadenas de valor específicas —de la agricultura, soja, minería, agroindustria, autopartes-automotriz, electrónica, hilo-textil-confección, muebles, calzado, etc.— son todavía insuficientes, tanto en ALC como en China y a nivel internacional.

Mientras no se puntualicen los análisis específicos, la capacidad de propuesta de política económica por parte del sector público continuará siendo básicamente retórica y de simulación, tanto en el ámbito bilateral como de la región con China (por ejemplo en el Foro CELAC-China).

Segundo, y ante el creciente «autismo académico» en ALC y en China en el análisis sobre su relación bilateral, es imperante e indispensable hacer un recuento puntual y realista de los análisis existentes por los sectores público, privado y académico en ALC sobre la relación de ALC con China. Recientes análisis realizados sobre la OFDI china (Avendaño, Melguizo y Miner, 2017; Dollar, 2017), así como estudios más generales sobre la relación económica (OCDE, CAF y CEPAL, 2016), por ejemplo, reflejan un profundo desconocimiento sobre la discusión de las respectivas temáticas en ALC y en China. Estos análisis no hacen referencia a las discusiones que existen en China y en ALC sobre las respectivas temáticas desde hace más de dos décadas en algunos casos y en instituciones públicas, privadas y académicas, como las enumeradas anteriormente. Se desconocen también los análisis realizados por múltiples instituciones privadas en cada uno de los países latinoamericanos y en China, así como de sus respectivos sectores públicos. Desconocer o no hacer referencia a estos ricos análisis, exámenes y propuestas no permiten un proceso de aprendizaje y, mucho menos, un diálogo constructivo de la calidad necesaria entre ambas partes para el siglo XXI.

2. 2. *Implicaciones de la propuesta metodológica: El caso de la OFDI china en ALC (2000-2017)*

En lo que sigue se presentan algunos de los principales resultados de la actualización de la información estadística y del análisis de la Red Académica de América Latina y el Caribe sobre China (Red ALC-China) y puntualmente de su Monitor de la OFDI de China en América Latina y el Caribe (Dussel Peters, 2018/b). Invitamos a revisar la información disponible, bibliografía, documentos, información estadística y múltiples análisis, para mejorar y profundizar el estudio, así como para comprender la extensión y profundidad de los resultados existentes en ALC y en China.[1] Es de la mayor relevancia comprender la enorme riqueza del análisis existente sobre el tema en ALC, China y en otros países: existen debates metodológicos puntuales entre las fuentes latinoamericanas, regionales, internacionales y las chinas, noticias sistematizadas sobre el tema, estadísticas según las respectivas fuentes y a nivel de empresa, así como cientos de artículos de diversos autores en la última década.

Con base en lo anterior, estos son los principales aspectos del documento y que consideramos relevantes para la discusión académica y de política económica:

i. La República Popular China ha lanzado un grupo de regulaciones metodológicas recientemente, y particularmente con el objetivo de registrar el destino último de la OFDI (MOFCOM, NBS y SAFE, 2015). Estas regulaciones, sin embargo, todavía no han entrado en vigor y no se han reflejado en las estadísticas oficiales que registran la OFDI china. Lo anterior significa que las autoridades chinas, por el momento, solo registran el primer destino de la OFDI, una de las razones por las cuales las estadísticas difieren sustancialmente (Ortiz Velásquez, 2016).

ii. Los flujos de IED de ALC alcanzaron su punto máximo en 2011 con 193,6 mil millones de dólares y han disminuido constantemente desde entonces hasta alcanzar 142,1 mil millones de dólares en 2016; en 2017 se estima un incremento de la IED de ALC hacia niveles cercanos a los 150.000 millones de dólares, lo que representa alrededor del 15% de la formación bruta de capital fijo (UNCTAD, 2017).

---

[1] La información se encuentra disponible en: http://www.redalc-china.org/monitor/

iii. A diferencia de la última década, con significativos incrementos de la OFDI china sin interrupción, en 2017 la OFDI china cayó un 29,41% por primera vez desde que se registran las estadísticas de la OFDI china; como resultado, los flujos de entrada de la IED china volvieron a ser mayores a la OFDI (flujos de salida) en 2017. Este desempeño se debe particularmente a un grupo de regulaciones del sector público chino con el objeto de limitar y controlar salidas de capitales (Chen, 2017).

Para el caso puntual de la OFDI china en ALC es importante señalar:

a. Durante 2000-2017 las empresas chinas realizaron 328 transacciones en los países de ALC. El flujo acumulado de OFDI china en ALC fue de 109.127.000.000 dólares. Las empresas chinas generaron 294.423 empleos. El monto promedio por transacción se situó en 333.000.000 dólares y cada empleo fue generado por 370.648 dólares.

b. En 2017 la OFDI china a ALC cayó en un 26,9% para alcanzar 11.461 mdd; no obstante, la generación de empleos aumentó en un 43,7% y se explica particularmente por el significativo aumento de los empleos generados por transacción en 2016 y en 2017 con respecto a períodos anteriores.

c. Durante 2000-2017, 111 transacciones fueron vía fusión y adquisiciones y representaron el 61,62% y el 61,68% del monto y del empleo generado por la OFDI china. En 2016-2017, las fusiones y adquisiciones han cobrado un lugar central en la OFDI china total y representaron en 2017 el 90,46% y 78,84% del monto de la OFDI china en 2016 y 2017, respectivamente (véase el cuadro 1).

Cuadro 1
ALC: OFDI china y empleo (2000-2017)

Periodo	Transacciones (número)	OFDI (millones de dólares)	Empleo (número de trabajadores)	OFDI/Transacción (millones de dólares)	OFDI/Empleo (coeficiente)	Empleo/Transacción (número de trabajadores)
Total						
2000-2005	15	4,424	13,905	295	0.318	927
2006-2009	55	14,359	32,678	261	0.439	594
2010-2017	258	90,344	247,840	350	0.365	961
2000-2017	328	109,127	294,423	333	0.371	898
2015	35	25,869	29,554	739	0.875	844
2016	35	15,687	47,938	448	0.327	1,370
2017	45	11,461	68,904	255	0.166	1,531
Fusiones y adquisiciones						
2000-2005	3	570	6,150	190	0.093	2,050
2006-2009	21	3,352	17,218	160	0.195	820
2010-2017	87	63,463	158,245	729	0.401	1,819
2000-2017	111	67,248	181,613	606	0.370	1,636
2015	8	7,759	17,845	970	0.435	2,231
2016	15	14,191	39,373	946	0.360	2,625
2017	25	8,765	54,322	351	0.161	2,173
Nuevas inversiones						
2000-2005	12	3,854	7,755	321	0.497	646
2006-2009	34	11,008	15,460	324	0.712	455
2010-2017	171	27,018	89,595	158	0.302	524
2000-2017	217	41,879	112,810	193	0.371	520
2015	27	2,423	11,709	90	0.207	434
2016	20	1,496	8,565	75	0.175	428
2017	20	2,696	14,582	135	0.185	729

Fuente: Monitor de la OFDI de China en ALC (2018).

d. Durante 2000-2017 las transacciones a nivel de empresa se han concentrado en tres actividades de destino: materias primas (29,88%); manufacturas (36,28%) y servicios y mercado interno (32,62%), pero sus participaciones relativas en términos de inversión y empleo han sido muy diferentes. Durante el período se observa claramente la creciente diversificación en términos del monto, la OFDI y su generación de empleo; para 2000-2017 las materias primas representaron el 57,93% y el 41,04%, siendo que en algunos años su participación fue superior al 90%. En los años más recientes, sin embargo, la participación de las materias primas ha caído significativamente: en 2017 las materias primas solo participaron en 6 de 45 transacciones y representaron el 23,61% y 18,13% del monto de la OFDI china, mientras que las manufacturas y particularmente la OFDI orientada hacia los servicios y el mercado doméstico fueron los más significativos, con el 38,36% y el 53,39% de la OFDI y el empleo, respectivamente.

e. Entre 2000-2017 las empresas chinas públicas invirtieron 81.398

mdd representando el 74,59% del total y generaron el 52,26% del empleo. En 2017 las empresas privadas chinas participaron con el 39,86% y el 62,48% del monto de la OFDI y la generación del empleo, respectivamente (véase el cuadro 2).

Cuadro 2
ALC OFDI china por tipo de propiedad de la empresa inversora (2000-2017)

	2000-2005	2006	2007	2008	2009	2010	2011	2012	2013	2014	2015	2016	2017	2000-2017
TOTAL														
Nr. de transacciones	15	14	16	15	10	30	31	14	26	42	35	35	45	328
Monto (dólares)	4,424	3,841	2,162	3,890	4,467	20,138	5,536	3,998	10,833	12,510	10,182	15,687	11,461	109,127
Empleo	13,905	7,269	8,761	12,963	3,685	48,946	21,294	4,321	9,023	17,860	29,554	47,938	68,904	294,423
Empresas públicas														
Nr. De transacciones	8	6	2	11	8	18	8	4	17	16	9	19	14	140
Monto (dólares)	3,869	2,529	107	2,881	4,207	18,327	3,171	3,150	9,638	8,274	4,974	13,378	6,892	81,398
Empleo	7,839	2,791	1,400	9,950	1,932	37,596	4,424	913	6,581	11,509	7,239	35,832	25,851	153,857
Empresas privadas														
Nr. De transacciones	7	8	14	4	2	12	23	10	9	26	26	16	31	188
Monto (dólares)	555	1,312	2,055	1,009	260	1,811	2,364	848	1,195	4,236	5,208	2,309	4,569	27,729
Empleo	6,066	4,478	7,361	3,013	1,753	11,350	16,870	3,408	2,442	6,351	22,315	12,106	43,053	140,566
							PORCENTAJE							
Empresas públicas														
Nr. De transacciones	53.33	42.86	12.50	73.33	80.00	60.00	25.81	28.57	65.38	38.10	25.71	54.29	31.11	42.68
Monto (dólares)	87.45	65.85	4.95	74.07	94.18	91.01	57.29	78.80	88.97	66.14	48.85	85.28	60.14	74.59
Empleo	56.38	38.40	15.98	76.76	52.43	76.81	20.78	21.13	72.94	64.44	24.49	74.75	37.52	52.26
Empresas privadas														
Nr. De transacciones	46.67	57.14	87.50	26.67	20.00	40.00	74.19	71.43	34.62	61.90	74.29	45.71	68.89	57.32
Monto (dólares)	12.55	34.15	95.05	25.93	5.82	8.99	42.71	21.20	11.03	33.86	51.15	14.72	39.86	25.41
Empleo	43.62	61.60	84.02	23.24	47.57	23.19	79.22	78.87	27.06	35.56	75.51	25.25	62.48	47.74

Fuente: Monitor de la OFDI de China en ALC (2018).

f. Las inversiones chinas en ALC se concentraron durante 2000-2017 mayoritariamente en Brasil, Perú y Argentina; estas economías captaron el 72,61% de la OFDI y el 62,47% del empleo generado (véase el cuadro 3). Llama la atención México, que si bien concentró 68 transacciones (o el 20,73% del total de las transacciones) apenas representó el 5,51% de la OFDI china en ALC durante 2000-2017 y el 13,79% del empleo. En 2017 México fue el país más dinámico en la recepción de la OFDI china, con el 21,79% y 25,43 del monto y del empleo generado, respectivamente.

Cuadro 3
ALC OFDI china por principales países (2000-2017)

	2000-2005	2006	2007	2008	2009	2010	2011	2012	2013	2014	2015	2016	2017	2000-2017
Argentina														
Nr. de transacciones	0	0	1	0	0	3	1	0	5	3	0	3	3	19
Monto (dólares)	0	0	4	0	0	5,597	330	0	3,919	523	0	215	1,283	11,870
Empleo	0	0	200	0	0	2,601	1,600	0	1,785	480	0	670	3,874	11,210
Brasil														
Nr. de transacciones	6	2	4	1	2	10	12	3	6	13	19	16	13	107
Monto (dólares)	3,565	30	152	60	425	12,867	2,919	3,232	902	1,747	5,319	13,903	2,902	48,021
Empleo	8,303	2,111	4,174	61	61	15,208	15,748	1,200	2,551	7,128	13,950	37,163	32,955	138,613
Chile														
Nr. de transacciones	0	0	0	2	2	1	1	3	3	2	1	3	4	22
Monto (dólares)	0	0	0	39	2,450	18	11	227	45	36	286	215	2,764	6,091
Empleo	0	0	0	78	250	0	55	64	81	43	175	4,284	5,691	10,721
México														
Nr. de transacciones	4	2	3	4	1	4	6	1	1	10	9	4	19	68
Monto (dólares)	563	45	109	331	40	84	39	70	8	1,140	1,001	81	2,498	6,010
Empleo	6,354	103	1,409	3,654	1,000	478	1,106	144	3	2,470	4,915	1,455	17,524	40,615
Perú														
Nr. de transacciones	0	3	4	3	2	4	1	2	5	5	1	0	3	33
Monto (dólares)	0	109	1,714	3,552	360	296	26	37	3,936	5,182	2,500	0	1,635	19,347
Empleo	0	1,571	1,911	6,009	540	3,552	0	332	3,494	5,381	3,000	0	8,300	34,090

Fuente: Monitor de la OFDI de China en ALC (2018).

g. Un relativamente pequeño grupo de empresas chinas ha concentrado la mayor parte de la OFDI recientemente: durante 2000-2017, por ejemplo, las principales cinco empresas chinas generadoras de empleo vía OFDI representaron el 48,98% del empleo generado en la región; las principales 5 empresas en 2016 concentraron el 77,94% del empleo generado. El tema es de la mayor relevancia para la investigación y propuestas de política para la atracción de IED y las empresas chinas generadoras de empleo: empresas como *State Grid Corporation, China Communications Construction Company, Sinosteels* y *China Merchants Port Holding*, entre otras, son las empresas chinas más dinámicas en la región (véase el cuadro 4).

Cuadro 4
ALC: Principales empresas chinas generadoras de empleo vía OFDI (2000-2017)

Empresa	2000-2017	porcentaje
China National Petroleum Corporation (CNPC)	22,841	7.76
State Grid Corporation	19,829	6.73
China Merchants Port Holding (CMPorts)	16,000	5.43
HNA Group Corporation	13,187	4.48
China Communications Construction Company	11,250	3.82

Empresa	2016	
State Grid Corporation	19,779	41.26
China Communications Construction Company	6,250	13.04
China Molydbenum	5,000	10.43
Tianqi Lithium Industries	4,250	8.87
Sinosteel	2,084	4.35

Empresa	2017	
China Merchants Port Holding (CMPorts)	16,000	23.22
China Communications Construction Company	5,000	7.26
JAC Motors	4,400	6.39
Advent International Corporation	4,350	6.31
Yantai Changyu Pioneer Wine	4,000	5.81

Fuente: Monitor de la OFDI de China en ALC (2018).

h. Análisis adicionales a nivel de empresa (Agendasia, 2012; Bittencourt, 2014; CEBC, 2017; De Freitas Barbosa et al., 2014; Dussel Peters, 2014; Fairlie, 2014; López y Ramos, 2014) reflejan que las empresas chinas en ALC requieren de un largo tiempo y de significativos costos para realizar sus inversiones en ALC; en múltiples casos estas transacciones fracasan. Entre las principales causas destacan la falta de preparación de las empresas chinas y puntualmente su falta de conocimiento del marco regulatorio, normas y leyes laborales y vinculadas con la inversión extranjera directa; las instituciones públicas latinoamericanas, de igual forma, no conocen las «características chinas» de estas empresas y no generan un proceso de acompañamiento para apoyar en las primeras etapas de su establecimiento. La búsqueda de un sector público en ALC, con los derechos y la coordinación como existe en China, también es un aspecto relevante por parte de las empresas chinas; su inexistencia en ALC genera confusiones, malentendidos, confusiones y el fracaso de muchas transacciones chinas en ALC en el rubro de la OFDI.

3. CONCLUSIONES Y PROPUESTAS

Este documento sostiene que por el momento ALC debe considerar muy seriamente las múltiples propuestas y sugerencias concretas planteadas desde hace más de una década por parte de la República Popular China. Por el momento, más bien parece que la mayor parte de ALC como región, y en el ámbito regional, todavía no comprenden la extensión y profundidad de las iniciativas y los instrumentos puntuales que China ha propuesto a ALC, bajo el concepto de un proceso de «globalización con características chinas». Semejante a la definición de instituciones globales en Bretton Woods en 1944, en la actualidad nos encontramos con un serio cuestionamiento de las instituciones internacionales existentes y una propuesta por parte de China bajo la Iniciativa de la Franja y la Ruta y docenas de instrumentos y programas específicos; con certeza estas iniciativa y respectivos programas se ampliarán y profundizarán en el futuro.

Las tensiones, incertidumbre e incomprensión ante la Administración Trump hacen más relevantes que nunca las propuestas por parte del sector público chino. Sin una comprensión puntual de estas iniciativas, ALC no logrará un diálogo más allá de formalidades; tanto ALC como China requieren puntualizar, analizar, supervisar y evaluar su cooperación y, particularmente, lograr un proceso de aprendizaje en beneficio mutuo, tal y como lo sugirió el propio presidente Xi Jinping en 2014 en el ámbito de la Iniciativa de la Franja y la Ruta desde 2013.

El documento destaca la importancia de un análisis especializado y particular al menos en los ámbitos del comercio, el financiamiento, la OFDI y los proyectos de infraestructura de China en ALC. Cada uno de estos aspectos ha sido examinado con detalle por parte de diversos autores (Dussel Peters, 2014, 2016; Dussel Peters, Armony y Cui, 2018; Gallagher *et al.*, 2018) y aquí solo se presentan resultados para comprender la riqueza existente en el análisis sobre la OFDI.

En cuanto a la OFDI, ALC y China tienen ante sí un enorme ámbito de cooperación en ciencia y tecnología, valor agregado y su respectivo escalamiento, zonas económicas especiales y el intercambio académico en cada una de las respectivas transacciones; lo mismo se pudiera plantear para cada una de las transacciones de los proyectos de infraestructura de China en ALC (Dussel Peters, Armony y Cui, 2018). Después de más de 5 años de la Iniciativa de la Franja y la Ruta pareciera ser indispensable no solo una descripción, sino también un análisis, seguimiento y evaluación de cada uno de los proyectos por parte de China en ALC.

En esta discusión las instituciones y el sector académico juegan un papel crítico. Por un lado, es insuficiente una aportación académica en ALC y en China que juegue un papel meramente descriptivo: instituciones públicas tanto en ALC como en China han destacado la importancia de una nueva relación cualitativa entre ambas partes, es decir, que permita un proceso de aprendizaje explícitamente entre ALC y China, como lo señala el propio presidente Xi Jinping (véase los apartados anteriores). En general, por el momento, el análisis del sector académico tanto en China como en ALC ha sido insuficiente, después de la Iniciativa de la Franja y la Ruta.

En segundo lugar, considerando que instituciones como el Instituto de Estudios Latinoamericanos del CASS y el CICIR, además de otras en

ALC como la Red ALC-China y, en el ámbito empresarial, el Consejo Empresarial Brasil-China (CEBC), entre otras, han realizado esfuerzos importantes, hay que reconocer que las instituciones empresariales, públicas y académicas no han estado al nivel de la dinámica económica entre ALC y China: en general se aprecian instituciones débiles y que, incluso, se han debilitado en las últimas décadas, sorprendentemente.

Es entonces indispensable que las instituciones en China, ALC y las bilaterales, como el Foro CELAC-China, refuercen sus instituciones, inviertan en estas, y le exijan a sus respectivos sectores académicos una participación mucho más activa, incluida una evaluación de las relaciones entre ALC y China en sus respectivos ámbitos para permitir un efectivo proceso de aprendizaje y así construir las bases para una comunidad con un destino común. La responsabilidad por parte de los sectores académicos en China y en ALC es importante con tal fin y debería asumirse inmediatamente.

No obstante las insuficiencias y limitaciones institucionales arriba señaladas, es importante reconocer avances significativos en el conocimiento de ALC sobre China y de ALC en China. Existe un creciente enriquecimiento en el intercambio directo bilateral y particularmente en China en instituciones como el CASS y el CICIR, y en América Latina y el Caribe otras como la Red ALC-China han logrado avances muy sustantivos en determinados temas. Así, más bien parece importante fortalecer las instituciones públicas, privadas y académicas existentes, sin la necesidad de requerir de «puentes» en Estados Unidos o en la Unión Europea.

Bibliografía:

Agendasia, (2012), *Agenda estratégica México-China. Dirigido al C. presidente electo Enrique Peña Nieto*. México: Agendasia.

Avendaño, R., Melguizo A. and Miner, S., (2017), *Chinese FDI in Latin America: New Trends with Global Implications*. Washington, D.C.: Atlantic Council, OECD and HSBC.

Bittencourt, G. y Nicolás R., (2014). «China y Uruguay. El caso de las empresas automotrices Chery y Lifan», en Dussel Peters, Enrique (coord.). *La inversión extranjera directa de China en América Latina: 10 casos de estudios*. México: Red ALC-China, UDUAL y UNAM/Cechimex, pp. 227-272.

CEBC (Consejo Empresarial Brasil-China), (2017), *Chinese Investments in Brazil 2016*. Brasil: CEBC.

CDF (China Development Forum), (2018)., China Development Forum. CDF, en: http://cdf-en.cdrf.org.cn/. Consultado en marzo.

CELAC (Comunidad de Estados Latinoamericanos y del Caribe), (2015), *Plan de Cooperación de los Estados Latinoamericanos y Caribeños-China (2015-2019)*. Pekín: CELAC.

CELAC, (2018), *Plan de Acción Conjunto de Cooperación en áreas prioritarias CELAC-China (2019-2021)*. Santiago de Chile: CELAC.

Chen, L., (2017), «Containing Capital Outflows», *GavekalDragonomics*, febrero 15.

De Freitas Barbosa, A., Tepasse A. C. y Neves Biancalana M., «Las relaciones económicas entre Brasil y China a partir del desempeño de las empresas State Grid y Lenovo», en Dussel Peters, E. (coord.), *La inversión extranjera directa de China en América Latina: 10 casos de estudios*. México: Red ALC-China, UDUAL y UNAM/Cechimex, pp. 61-132.

Dollar, D., (2017), «China's Investment in Latin America». *Foreign Policy at Brookings*. Washington, D.C.: Brookings Institution.

DRC/DRC (Development Research Center of the State Council y Banco Mundial), (2012), *China 2030. Building a Modern, Harmonious, and Creative High-Income Society*. Washington, D.C.: BM/DRC.

Dussel Peters, E., (2014), «La inversión extranjera directa china en México. Los casos de Huawei y Giant Motors Latinoamérica», en Dussel Peters, E. (coord.), *La inversión extranjera directa de China en América Latina: 10 casos de estudios.* México: Red ALC-China, UDUAL y UNAM/Cechimex pp. 273-342.

Dussel Peters, E., (2015), «The Omnipresent Role of China's Public Sector in its Relationship with Latin America and the Caribbean», en Dussel Peters, E. y Armony, A. (edits.). *Beyond Raw Materials. Who are the Actors in the Latin America and Caribbean-China Relationship?,* Buenos Aires: Red ALC-China, Friedrich Ebert Stiftung y University of Pittsburgh/CLAS, pp. 50-72.

Dussel Peters, E. (coord.), (2016), *La nueva relación comercial de América Latina y el Caribe con China.* México: Red ALC-China, UDUAL y UNAM/Cechimex.

Dussel Peters, E. y Armony, A., (2017), «Effects of China on the quantity and quality of jobs in Latin America and the Caribbean», *OIT Americas Informes Técnicos* 6, pp. 1-103.

Dussel Peters, E., (2018/a), «La renegociación del TLCAN. Efectos arancelarios y el caso de la cadena del calzado». *Investigación Económica* 77(303), pp. 3-51.

Dussel Peters, E., (2018/b), *Monitor de la OFDI china en ALC 2018.* México: Red ALC-China.

Dussel Peters, E., Armony, A. C., y Cui, S., (2018), *Building Development for a New Era. China's Infrastructure Projects in Latin America and the Caribbean.* México y Pittsburgh: University of Pittsburgh/Asian Studies Center y Center for International Studies y Red Académica de América latina y el Caribe sobre China (Red ALC-China).

Fairlie, A., «La inversión extranjera directa de China en Perú. Los casos de China Fishery Group y Chinalco», en Dussel Peters, E. (coord.), *La inversión extranjera directa de China en América Latina: 10 casos de estudios*. México: Red ALC-China, UDUAL y UNAM/Cechimex, pp. 133-226.

Gobierno de la República Popular China (GPRC). 2011. «La política de China hacia América Latina y el Caribe», en *Cuadernos de Trabajo del Cehimex*, núm. 3. México: UNAM-Cechimex, pp. 1-11.

Gallagher, K. y Myers M., (2018), *Down but not out: Chinese Development Finance in LAC, 2017*. Boston: Global Economic Governance Initiative/Boston University y The Dialogue.

Gobierno de la República Popular China (GPRC), (2017), «Documento sobre la Política de China hacia América latina y el Caribe», en *Cuadernos de Trabajo del Cechimex*, núm. 1, pp. 1-12.

Long, Guoqiang, (2015), «One Belt, One Road: A New Vision for Open, Inclusive Regional Cooperation». *Cuadernos de Trabajo del Cechimex* 4, pp. 1-8.

López, A. y Ramos, D., (2014). «Argentina y China: nuevos encadenamientos mercantiles globales con empresas chinas. Los casos de Huawei, CNOOC y Sinopec», en Dussel Peters, E. (coord.), *La inversión extranjera directa de China en América Latina: 10 casos de estudios*. México: Red ALC-China, UDUAL y UNAM/Cechimex, pp. 13-60.

MOFCOM (Ministerio de Comercio), (2018), *China FTA Network*. China: Mofcom. En: ⟨ http://fta.mofcom.gov.cn/topic/enpacific.shtml ⟩. Consultado en abril de 2017.

MOFCOM (Ministerio de Comercio), NBS (Buró Nacional de Estadísticas) y SAFE (State Administration of Foreign Exchange), (2015). Régimen de registro estadístico de OFDI. Pekín: MOFCOM, NBS y SAFE.

Organización para la Cooperación y el Desarrollo Económicos (OCDE), (2002), *China in the World Economy. The Domestic Policy Challenges*. Paris: OCDE.

Organización para la Cooperación y el Desarrollo Económicos (OCDE),

(2017), *OCDE Economic Surveys China*. París: OCDE.

OCDE, CAF and CEPAL (Organisation for Econnomic Co-operation and Development, Banco de Desarrollo de América Latina and Economic Commission for Latin America and the Caribbean), (2016). *Economic Perspectives for Latin America 2016. Towards a New Association with China*. Paris: OCDE.

Ortiz Velásquez, S., (2016), *Monitor de la OFDI de China en América Latina y el Caribe. Aspectos metodológicos (2000-2016)*. México: Red ALC-China.

UNCTAD (United Nations Conference on Trade and Development), (2017), *World Investment Report 2017. Investment and the Digital Economy*. Ginebra: UNCTAD.

WDI (World Development Indicators), (2018), World Development Indicators. Banco Mundial, en: http://databank.worldbank.org/data/reports.aspx?source=world-development-indicators. Consultado en marzo.

Wu, Jinglian, (2005), *China's Long March Toward A Market Economy*. Shanghái: Shanghái Press and Publishing Development Company.

Xi, Jinping, (2014), «Build a Community of Shared Destiny for Common Progress. Keynote Speech by H. E. Xi Jinping, President of the People's Republic of China at China-Latin American and Caribbean Countries Leaders Meeting». Ministry of Foreign Affairs of the People's Republic of China, july 18.

Xi, Jinping, (2015), «Xi stresses global community of shared future». *Xinhuanet*, septiembre 3.

(4)

DIALÉCTICA DE LAS TRES HISPANIDADES. INTERACCIONES CULTURALES ENTRE CHINA E HISPANOAMERICA EN LA ERA GLOBAL

Enrique Rodríguez Larreta
East China Normal University (Shanghái)

A Zulma, que no llegó a leer este ensayo

EL EVENTO DIEGO DE PANTOJA

Este año se conmemora el IV centenario del fallecimiento de Diego de Pantoja, el misionero jesuita que vivió durante dos décadas en esta parte del mundo y que puede ser considerado, *avant la lettre*, el primer sinólogo español. Llegó a Macao en 1597 y pronto inició un proceso de aprendizaje de la cultura china sobre el terreno. Sus saberes múltiples fueron eficazmente empleados al servicio de su actividad religiosa durante los veintiún años de su estadía en China. En una Europa dividida por la guerra entre católicos y protestantes, la Compañía de Jesús se abrió al Oriente en el marco de la Contrarreforma, realizando un esfuerzo intelectual y político poderoso para contribuir a la formación de un Imperio Católico Universal. Junto con Matteo Ricci, Diego de Pantoja practicó la política de adaptación preconizada por san Francisco Javier, ajustando su comportamiento y las enseñanzas religiosas a los contextos locales.

Entre nuestra época y el tiempo de Diego de Pantoja se encuentran las gigantescas transformaciones del mundo moderno. Hoy la idea de un Imperio Universal Católico sería considerada con escepticismo inclusive en el Vaticano. Estamos en la época del diálogo interreligioso y la tolerancia intercultural. Un importante filósofo contemporáneo de convicción católica, Charles Taylor, considera la actividad de los jesuitas en Oriente como una política eminentemente de diálogo entre las culturas, desprovista de todo sentido de superioridad civilizatoria (Taylor, 1999). Esta interpretación me parece insostenible desde el punto de vista histórico. En la perspectiva de los misioneros jesuitas, el cristianismo y el confucianismo se encontraban en planos diferentes. Pero lo cierto es que tanto la experiencia de Diego de Pantoja como la de sus contemporáneos son expresiones de una «Era Global», caracterizada por los grandes viajes oceánicos y la formación de rutas que pondrían en contacto e interacción regiones distantes del mundo (Gordon y Morales, 2017). También es cierto, como sabemos por muchos estudios recientes, que ya en la dinastía Ming los navegantes chinos recorrían el océano Indico, y que en lo que hoy conocemos como el sudeste asiático tuvo lugar un intenso comercio marítimo con siglos de antelación a la llegada de los marinos españoles y portugueses. Con todo, no se puede negar que la expansión ibérica contribuyó decisivamente a la configuración del mundo tal como hoy lo conocemos, poniendo en relación regiones distantes del globo terráqueo que en ese momento deja de ser una abstracción cosmológica para transformarse en una experiencia material (Sloterdijk, 2013).

Nos encontrábamos entonces en los umbrales de la formación de una *oikoumene* global, en el sentido que le dio Polibio. En tanto que griego, o sea un extranjero que vivió en medio de las élites romanas la mayor parte de su edad adulta, Polibio quiso mostrar en sus *Historias* las conexiones entre los diversos pueblos descubiertos y dominados por los romanos durante su proceso de expansión imperial. Llamó *oikoumene* a los límites del mundo habitado, el cual coincidía con los limites del Imperio tal como él lo conoció. Ese proceso de expansión imperial tuvo en China su «Polibio» en el mayor historiador chino de la antigüedad, Sima Qian, que en su *Historia* (*Shiji*) describe otros pueblos no *han* en la medida que van siendo incorporados al Imperio del Medio (*Zhongguo*).

La época ecuménica para Eric Voegelin, un filósofo de la historia que desarrolló esta idea, se extiende entre la derrota de los persas (449 a. C.) y la caída de los dos imperios romanos (410) y (1453). Voegelin conecta estos procesos con las cuestiones existenciales de la trascendencia y el sufrimiento. *Oikoumene* es el mundo habitado y *okeanos,* el horizonte. Ese *okeanos* que aparece en las antiguas mitologías babilónicas y griegas, no es el mar sino el círculo situado mas allá del limite: la muerte. Para Voegelin las guerras de la *oikoumene* son direcciones del *eros* que pretende vencer a la muerte, proporcionando una ilusión de control y trascendencia. Ante los pragmáticos defensores del Imperio se encontraban los *místicos* y los *disidentes* afectados por ese proyecto trascendental de dominación.

En el siglo XX, antropólogos e historiadores culturales retomaron la noción de *oikoumene* empleándola en un sentido más próximo del original de Polibio de «límites del mundo habitado», destacando, sobre todo, la dimensión de la interconexión global entre diversas culturas humanas. Es el caso de Alfred Kroeber y los historiadores culturales Lewis Mumford y William H. McNeill. Trabajando dentro de esa tradición intelectual, la noción de «ecumene» fue retomada en la universidad de Estocolmo por Ulf Hannerz en el contexto de los estudios contemporáneos sobre globalización cultural. Hannerz escribe: «*Cultural interrelatedness increasingly reaches across the world. More than ever, there is now a global ecumene. To grasp this fact, in its wide range of manifestations and implications, is the largest task now confronting a macro-anthropology of culture*». Su trabajo ha estado dedicado a la globalización cultural y las formas mundiales de la distribución de la cultura, examinando las asimetrías en la organización social del significado. En mi propio uso, la noción de *oikoumene* destaca la dimensión de unificación imperial que tuvo entre otros resultados la interconexión y la interrelación entre diferentes etnias y Estados. Pero considero también los aspectos simbólicos derivados de la construcción de un orden mundial y las dimensiones sociales de la dominación imperial como, por ejemplo, las *teodiceas* y *algodiceas* nacidas de la necesidad de hacer sentido del sufrimiento. El sentido de *oikoumene* que se usa en este ensayo es cercano a la idea de «civilización mundial». Situar esa posibilidad en el horizonte futuro e imaginar sus obstáculos creo que ilumina aspectos significativos de la problemática de nuestra época.

Sea como sea, de Madrid a la Ciudad de México, de Cantón a Tierra del Fuego, las tecnologías de la comunicación comenzaban a abolir la idea de lo *remoto* y las fronteras de lo *otro*, esas categorías del pensamiento presentes desde los comienzos de la historia humana.

Pero, como observó Ortega y Gasset, el ser humano es siempre «nosotros y nuestra circunstancia», y la circunstancia global de Diego de Pantoja es muy diferente de la nuestra. Diego de Pantoja, como Matteo Ricci y otros grandes eruditos jesuitas tuvieron el talento y la visón ecuménica de reconocer el valor de la cultura y el saber de las élites con las que entraron en contacto. En muchos aspectos su aproximación a la cultura china erudita es comparable a la mantenida por los teólogos medievales y renacentistas para con los antiguos filósofos paganos griegos como Platón y Aristóteles. Su saber «pagano» se encontraba subordinado jerárquicamente a la trascendencia de la revelación cristiana, tanto en el caso de Aristóteles como de Confucio. El conocimiento, para los misioneros, atravesado por las dudas abiertas por el camino escarpado de los encuentros con otra civilización, culminaba necesariamente en la unidad trascendente del género humano en la Revelación. En ese momento de encuentro entre dos *oikoumenes*, el ecumenismo imperial católico se proponía transformar radicalmente la civilización china.

Al mismo tiempo, para las elites chinas, el Imperio del Medio (*Zhongguo*) era algo más que la expresión de un etnocentrismo que es común a todos los grupos humanos: *Zhongguo* era «El Mundo», la expresión de un cosmos autosuficiente y pleno de significados. Este primer encuentro implicó una revolución epistemológica comparable a la copernicana. Desde los estudios pioneros de Jacques Gernet (Gernet, 1982) el encuentro entre los misioneros jesuitas y las elites chinas han sido objeto de la atención de muchos investigadores. Ge Zhaoguang, de la Universidad de Fudan, uno de los más importantes historiadores del pensamiento chino, ha puesto el acento en el impacto cognitivo de los aportes geográficos y astronómicos de los jesuitas que implicó una puesta en duda de la centralidad del Imperio del Medio. Otros investigadores chinos como Sun Shangyang y Zhang Xiaolin presentan una visión más moderada del impacto de la revolución intelectual producida por el encuentro con los misioneros jesuitas. Pero lo cierto es que el sistema de pensamiento que servía de base al orden político imperial sufrió una fisura que abrió espacios para nuevas lecturas de la tradición.

Esa me parece ser la diferencia ontológica central entre el momento global de Diego de Pantoja en el encuentro con China y el nuestro. De una parte, las tecnologías y los grandes sistemas de comunicación han aproximado hasta extremos inimaginables en el pasado a las más diversas culturas humanas. El acercamiento físico y la interacción son datos centrales de nuestra época. Los territorios y los Estados no son ya capaces de contener la multiplicidad de redes y canales translocales de comunicación. Pero la cercanía no necesariamente es sinónimo de transparencia comunicativa y comunidad de sentido. Por el contrario, diferencia y diferenciación constantes son características de todos los procesos de comunicación social y cultural. Vivimos en sociedades multifocales organizadas desde diferentes perspectivas, debido al proceso constante de diferenciación y especialización social. El impulso deconstructivo, como lo comprendió Jacques Derrida, es inherente a nuestra situación cognitiva (Luhmann, 1982).

El giro lingüístico y cultural en el mundo contemporáneo sugiere que la comunicación constituye una instancia central para la comprensión de las interacciones sociales. No se trata solamente de acceder a un conocimiento basado en acumulación de datos. Los hechos requieren interpretaciones y delimitación de marcos conceptuales, comprensión de los contextos y estructuras de recepción. Aquí, de nuevo podemos reconocer un lejano parentesco con el arte de la traducción cultural intentado por los misioneros jesuitas.

POLÍTICAS DE LA LENGUA EN UNA EPOCA POST IMPERIAL

Con la unión en 1580 de las coronas castellana y portuguesa, bajo Felipe II, el «rey papelero», se construye uno de los mayores imperios de la historia, que pasa a ser administrado desde el Monasterio Palacio del Escorial. De Madrid a ciudad de México y de Manila a Luanda, vastos territorios se encontraron de pronto bajo el imperio de un único soberano; la monarquía católica va a establecerse en cuatro partes del mundo. La unificación imperial tendrá un enorme impacto geopolítico en Asia, ese nombre griego que designa todos los territorios situados al este de la ecúmene mediterránea. Los ecos de esta nueva configuración geopolítica van a alcanzar a China. Las actividades de los misioneros jesuitas deben ser vistas en el contexto de ese proceso de expansión imperial (Gruzinski, 2014). Este encuentro marca el inicio de una historia escrita en los últimos cinco siglos en el cuerpo del mundo por la letra de Occidente —su ciencia, su tecnología, su comercio, sus ejércitos, sus ideologías políticas—

impuestos unilateralmente sobre el resto del planeta. Para bien y para mal, así, *a sangre y fuego*, se creo el mundo tal como lo conocemos.

Esa historia de la construcción de una sociedad planetaria se consumó debido a la misma profundidad de transformación del proceso de transculturación occidental. Ese período terminó con la independencia de las colonias portuguesas (1974-75), que puso fin al periodo histórico del colonialismo clásico y se completó con el derrumbe del Imperio soviético (1989), dando lugar a la circunstancia global en la cual hoy nos encontramos.

Hoy estamos atravesando una «era global» profundamente interconectada en la cual la base de la arquitectura política mundial son los Estados nacionales. Pero si bien, al final de la Guerra Fría, el unilateralismo americano comenzó a pensarse en términos de imperio, y la China contemporánea es heredera desde el punto de vista territorial de su pasado imperial, sin embargo, nuestra época puede ser considerada básicamente *postimperial*. El concepto de soberanía, el vocabulario de los derechos sociales, colectivos, se piensan desde la Carta de las Naciones Unidas y tienen como su horizonte una civilización mundial. Esos mensajes atraviesan los Estados nacionales y organizan movimientos de los derechos: de las mujeres, minorías sexuales y étnicas y el derecho intergeneracional a la preservación de la naturaleza.

En un mundo de rápida circulación cultural y lingüística, el mapa político y el mapa geocultural no coinciden totalmente. Los Estados producen cultura a través de instituciones dotadas. Pero en tanto unidades nacionales, los Estados compiten con los medios de comunicación que operan transnacionalmente, desde las plataformas digitales a teléfonos celulares, en el universo del *Homo computer*. El inglés domina como lenguaje de los negocios y la comunicación y su uso se encuentra paradójicamente favorecido por la extrema diversidad lingüística de la era global. En un grupo integrado por hispanohablantes y de mandarín, árabe y swahili, que posean una competencia lingüística básica en inglés, el uso del inglés se impone por razones prácticas. Pero por supuesto, un idioma inglés empleado como una *lingua franca* de comunicación básica no desplaza los lenguajes históricos cargados de profundas resonancias literarias y estéticas.

En su conocido ensayo *El Espejo Enterrado*, Carlos Fuentes caracterizó como las tres hispanidades los mestizajes históricos producidos desde la expansión y la conquista del Nuevo Mundo. La Conquista, en su violento encuentro histórico con las culturas y civilizaciones originarias de América dio origen a las diversas transculturaciones latinoamericanas. Las migraciones desde el Sur han ido formando también una vibrante cultura *latina* híbrida en la América anglosajona. Esos procesos se han venido acelerando vertiginosamente en las últimas décadas debido a las modificaciones de la relación tiempo y espacio en la presente globalización electrónica (Giddens, 1991).

China aparece hoy con una presencia singular, por primera vez un país no europeo se convierte en una superpotencia mundial. El eje del sistema internacional hoy se desplaza del Atlántico al Pacífico. En la historia humana existieron hasta hace cinco siglos dos *oikoumenes*. Una formada por las tres religiones del libro en el marco del mundo grecorromano —centrada en el Mediterráneo y luego en el Atlántico—, cubriendo hacia el este aproximadamente el territorio alcanzado por el imperio de Alejandro Magno. La otra estaba constituida por el Imperio del Medio (*Zhongguo*) con su centro en el emperador y definido por el concepto cosmopolítico de *tianxia* (aproximadamente, «todo bajo el cielo») (Wang Gungwu, 2006, Tong Shijun, 2009). Entre esas dos *oikoumenes*, que se desarrollaron casi en paralelo, existieron durante muchos siglos pocos contactos. En la época del imperio bizantino, Chang'an, en el centro de China (actual Xi'an) era la ciudad más opulenta y poderosa de la tierra, sede de la cosmopolita dinastía Tang (618-907) (Adshead, 1999). En la época de la conquista de América, el imperio más próspero, culto y bien organizado del planeta era el Imperio chino de la dinastía Ming (1368-1644). El encuentro con los imperios marítimos, portugueses, ingleses y franceses, no penetró a fondo en el territorio del Imperio del Medio. Este poseía masas enormes de población, unificada por una escritura y códigos culturales impenetrables para los europeos. Los «bárbaros que vienen del mar y desconocen los rituales», como los llamaban los mandarines chinos, se instalaron en los puertos, forzando por medios militares la apertura de China al comercio a partir de su victoria en las guerras del Opio (1839-42; 1856-60), que dan inicio a la entrada de China en el mundo moderno. Recientemente, con la República, a partir de 1911, y con la inesperada victoria revolucionaria del Partido Comunista en 1949, se inició un proceso incompleto de «occidentalización». Pero fue un tipo de occidentalización peculiar: estuvo conectada con la rama soviética de la modernidad occidental y fue muy accidentada, porque ambos países, de matriz imperial, mantenían serias disputas territoriales y de fronteras.

Le correspondió justamente a Deng Xiaoping y sus continuadores iniciar el proceso radical de occidentalización y transculturación que China atraviesa en este momento. Es una de las transformaciones más grandes de la historia, equivalente a una decena de revoluciones industriales europeas juntas. En China se construyó durante muchos años una ciudad de Roma cada dos semanas y ya se sabe que produce porcentajes decisivos de los componentes de computadoras, de automóviles y hasta de los juguetes de todo el mundo. Actualmente China se encuentra conectada con el resto de la tierra por innumerables canales, diplomáticos y financieros, y está incrementando su presencia cultural a través de instituciones como los institutos Confucio en más de noventa países. Hay más de trescientos millones de chinos estudiando inglés y más de veinte mil estudiando castellano en China, una cifra aún reducida para los números chinos, pero que aumenta constantemente. Todo eso va a tener y está teniendo consecuencias incalculables para el planeta; no solamente económicas y ecológicas sino también políticas, culturales y militares.

En una escala diferente pero relevante cualitativamente, la importancia del idioma español no ha cesado de crecer. Actualmente el español es una de las lenguas mas habladas en el mundo. Es una lengua culta, con una importante tradición intelectual que acumula una historia literaria y cultural significativa; es una lengua popular empleada por millones de personas que además posee gran poder de atracción estética a través de la difusión de la música y la imagen entre las culturas juveniles del mundo, de Londres a Nueva York y de Berlín a Hong Kong.

Esta presencia se viene manifestando poderosamente en China (Instituto Cervantes, Informe 2018). La elección del español como segundo idioma entre los jóvenes chinos es una tendencia importante y si la demanda no es mayor se debe a que el numero de profesores cualificados para enseñar la lengua es insuficiente. Las traducciones de autores hispánicos al mandarín y el número de publicaciones y centros especializados continúan aumentando. Uno de los factores principales de esta expansión en los últimos años ha sido la complementación económica entre China y América Latina, que en la pasada década ha alcanzado un crecimiento extraordinario. Esta nueva situación ha incrementado el interés por esta región en China. Los estudios hispanoamericanos se hacen presentes en los ambientes académicos chinos de manera más diversificada y creativa que en el pasado, como lo mostraron los recientes eventos en Hefei y Changzhou y las actividades impulsadas por el Instituto Cervantes en el marco del Año Pantoja.

Es interesante señalar que algunas de las contribuciones claves para pensar estas dinámicas transculturales han sido escritas en español y portugués. El antropólogo cubano Fernando Ortiz publicó su espléndida investigación *Contrapunteo cubano del tabaco y el azúcar* a partir de su idea de transculturación. Este concepto ha abierto nuevos caminos en el estudio de los contactos entre sociedades aportando una reflexión más compleja que las nociones de aculturación y la equivalente china de «sinicización». Por su parte, Gilberto Freyre, uno de los fundadores de las modernas ciencias sociales en Brasil, en su clásico estudio *Casa Grande & Senzala*, expuso con enorme fuerza literaria la formación de una cultura híbrida en los trópicos. Su rescate de las tradiciones africanas en la década del treinta del siglo pasado ha permitido repensar y definir el perfil nacional del Brasil moderno. Ángel Rama estudió los procesos de transculturación narrativa en América Latina, contribuyendo a una importante relectura de clásicos literarios latinoamericano cómo Juan Rulfo y José Lins do Rego. En su *Sor Juana Inés de la Cruz o las trampas de la fe,* y otros trabajos, Octavio Paz presentó la biografía de la gran poetisa en el contexto de Nueva España en toda su complejidad cultural. Por su parte en un acto de profunda visión literaria el poeta cubano José Lezama Lima escribió *La expresión americana* empleando ideas del *I Ching* replanteando el constante tópico de la identidad cultural del continente. Las obras de esos escritores, entre muchos otros, son en buena medida reflejo de la densidad de los sincretismos y mestizajes presentes en la vida cotidiana y la imaginación artística hispanoamericanas. En una sociedad comercial de consumo caracterizada por un incesante proceso de destrucción, no siempre creadora —parafraseando la conocida definición de Schumpeter— esa diversidad y capacidad de invención de nuestras tradiciones es una de nuestras mayores riquezas. En esa larga marcha debemos reconocer el esfuerzo pionero de un español llamado Diego de Pantoja, nacido en Valdemoro en 1571 y que falleció aún joven, en Macao, hace cuatrocientos años.

Bibliografía:

Gernet, J.,(1982), *Chine et christianisme, action et reaction*, Paris: Gallimard.

Giddens, A., (1991), *The Consequences of Modernity,* Oxford: Polity Press.

Gordon, P. y Morales, J. J., (2017), *The Silver Way: China, Spanish America and the Birth of Globalisation,* 1565-1815. Penguin.

Gruzinski, S., (2010), *Las Cuatro Partes del Mundo,* México: FCE.

Gruzinski, S., (2014), *The Eagle and the Dragon: Globalization and European Dreams of Conquest in China and America in the Sixteenth Century,* Polity Press.

Hannerz, U., (2002), «Notes on the Global Ecumene», en Inda and Rosaldo (ed.), *The Anthropology of Globalization,* London: Blackwell.

Instituto Cervantes, (2018), *El Español: Una lengua viva. Informe 2018.*

Luhmann, N., (Autumn 1993), «Deconstruction as Second Order Observing», *New Literary History,* Vol. 24 No.4, pp. 763-782.

Meynard, T., (2015), *The Jesuit Reading of Confucius: The First Complete Translation of the Lunyu* (1687) *Published in the West.* Leiden/Boston: Brill.

Sloterdijk, P., (2013), *In the World Interior of Capital. For a Philosophical Theory of Globalization,* Cambridge: Polity Press.

Taylor, C., (1999), *A Catholic Modernity. Charles Taylor's Marianist Lecture,* New York: Oxford University Press.

Tong Shijun, (2009), *Chinese Thought and Dialogical Universalism*, Fudan Journal of the Humanities and Social Sciences, Vol 2, N. 2, pp. 305-315.

Wang Gungwu, (2006), *Tianxia and Empire: External Chinese Perspectives.* Harvard.

(5)

EL DIÁLOGO ENTRE LAS CIVILIZACIONES DE CHINA Y AMÉRICA LATINA: SIGNIFICADO, OBJETIVOS, CAMINOS Y MECANISMOS

Guo Cunhai
Instituto de Estudios Latinoamericanos de la Academia de Ciencias Sociales de China

A medida que la relación sino-latinoamericana evoluciona desde una tracción a doble ruedas de economía-política hacia una relación de colaboración integral, China y América Latina están caminando hacia una comunidad de intereses mutuos, de responsabilidad compartida y de destino común. Uno de los requisitos urgentes surgido a partir de este fenómeno ha sido la necesidad de sincronizar la conexión sino-latinoamericana con un conocimiento más profundo mientras la amplitud de esta conexión se continúa expandiendo. El diálogo entre civilizaciones es la clave para lograr este objetivo. La diversidad, la apertura y la inclusión de la civilización china y de la civilización latinoamericana hacen que el diálogo entre ambas sea necesario y viable. A medida que Latinoamérica se convertía en una extensión natural de la Iniciativa de la Franja y la Ruta y una parte indispensable de ella, esta también se ha convertido tanto en el camino principal para promover el diálogo entre la civilización china y la latinoamericana como en el vehículo principal para construir el mecanismo de conversaciones, puesto que el espíritu de la Ruta de la Seda, caracterizado por la colaboración pacífica, la apertura, la inclusión, el aprendizaje mutuo y el beneficio mutuo, está en línea con el objetivo perseguido por el diálogo entre estas dos civilizaciones. El presente artículo trata de analizar el significado, los objetivos y las posibles vías para mantener el diálogo entre la civilización china y la latinoamericana y, al mismo tiempo, realiza una reflexión preliminar sobre la construcción del mecanismo de interacciones entre ambas partes.

1. DIÁLOGO ENTRE CIVILIZACIONES: UN NUEVO PARADIGMA EN LAS REALACIONES INTERNACIONALES

Desde la década de 1990, con la aceleración del proceso de globalización, los contactos entre las diferentes economías y civilizaciones se han vuelto cada vez más frecuentes. Pero este fenómeno generó dos temas de preocupación: uno fue la aparición de problemas globales, y el otro fue la duda de si la interacción frecuente entre estos actores que proceden de diferentes civilizaciones y valores provocaría armonía o conflictos. Han surgido dos facciones principales en cuanto a las reflexiones sobre estas cuestiones: la «teoría del choque de civilizaciones», representada por Samuel Huntington,[1] y la «teoría del diálogo entre civilizaciones», promovida principalmente por las Naciones Unidas.[2] Huntington considera que el choque de civilizaciones sustituirá los conflictos entre Estados y

---

[1] Huntington, S., (2002), *El choque de las civilizaciones y la reconfiguración del orden mundial* (traducción de Zhou, Qi et al.), Beijing: Xinhua Publishing House.

[2] Du, Weiming, (2003), «El desarrollo del diálogo entre civilizaciones y su importancia en el mundo», *Revista de la Universidad de Nanjing (Filosofía, Ciencias Humanas, Ciencias Sociales)*, nº 1, 2003, pp. 34-44.

se convertirá en un nuevo paradigma en la política internacional, y que, incluso, se colocarán los conceptos de «cultura» y «civilización» en el centro de la investigación de la teoría política internacional. La aparición de la «teoría del choque de civilizaciones» ha dado lugar a numerosas disputas y críticas, y también ha causado preocupación entre la comunidad internacional por el porvenir de un «choque de civilizaciones».

La importancia de esta inquietante tesis propuesta por Huntington no reside en la teoría en sí, sino en las reflexiones y en la atención que ha causado; eco que al parecer también era una de sus motivaciones. Tal y como dijo el propio Huntington en el prefacio de la versión china del libro: «Lo que yo espero es despertar en la gente la preocupación por la peligrosidad que podría causar el choque de civilizaciones, ya que esto ayudaría a promover el 'diálogo entre civilizaciones' por todo el mundo».[1] Du Weiming, profesor chino de la Universidad de Harvard que ha seguido e investigado durante mucho tiempo el «diálogo entre civilizaciones», coincide con la intención de Huntington y considera que, en cierto sentido, el especialista estadounidense ha logrado su propósito. «Sin embargo, la atención que se está prestando al diálogo entre civilizaciones, igual que las respuestas que se están generando con respecto a las ideas de conflicto y choque de civilizaciones, se debe principalmente a la teoría del profesor Huntington sobre el choque de civilizaciones».[2]

En 1998, el entonces presidente iraní, Mohammad Jatamí, lanzó la iniciativa de desarrollar el diálogo entre distintas civilizaciones en el mundo. La Asamblea General de las Naciones Unidas aprobó esta resolución y

---

[1] Samuel Huntington [Estados Unidos], traducido por Zhou Qi y otros, *El choque de las civilizaciones y la reconfiguración del orden mundial- Prefacio*, Xinhua Publishing House, Beijing, 2002, p. 3.

[2] Du Weiming: "El desarrollo del diálogo entre civilizaciones y su importancia en el mundo", publicado en la Revista de la Universidad de Nanjing (Filosofía, Ciencias Humanas, Ciencias Sociales), nº 1, p. 37.

definió el 2001 como el «Año del diálogo entre civilizaciones».[1] Desde entonces, el diálogo entre civilizaciones se ha convertido oficialmente en un tema a discutir en las Naciones Unidas. Posteriormente, la 56ª sesión de la Asamblea General de la ONU aprobó la Agenda Global para el Diálogo de Civilizaciones, cuyo primer artículo expuso claramente que «el diálogo entre civilizaciones es un proceso entre y dentro de las civilizaciones. Su base es la integración de diversos elementos, igual que el deseo colectivo de comprender, descubrir y examinar distintos tipos de hipótesis, desvelar significados comunes y valores fundamentales e integrar múltiples perspectivas a través del diálogo».[2] El secretario general de las Naciones Unidas de aquel momento, Kofi Annan, también estableció la Alianza de Civilizaciones de la ONU como un mecanismo dedicado a los proyectos de diálogo entre civilizaciones.[3] Desde el comienzo del nuevo siglo, el diálogo entre civilizaciones se ha convertido gradualmente en un nuevo paradigma en las relaciones internacionales, ya que es visto como una manera racional de comunicación entre las civilizaciones humanas y es una comunicación «activa», mientras que el choque de civilizaciones, opuesto al diálogo, es una interacción «pasiva».[4]

Como miembro permanente del Consejo de Seguridad de las Naciones Unidas, China siempre ha sido partidaria y promotora del diálogo entre civilizaciones. Wang Guangya, embajador permanente de China ante la ONU, en un discurso pronunciado en la 61ª Asamblea General de las

---

[1] 56° Período de Sesiones de la Asamblea General de las Naciones Unidas, Resolución 56/6, «Programa mundial para el diálogo entre civilizaciones», www.un.org, 21 de noviembre de 2001.
[2] Ibid.
[3] Yang, Rujia, (2014), *Naciones Unidas y el diálogo entre civilizaciones: roles y tendencias* (tesis de maestría), Universidad de Fudan.
[4] Peng, Shuzhi, (2006), «Relaciones entre civilizaciones y diálogo entre civilizaciones», *Revista de la Universidad de Xibei (Edición de Filosofía y Ciencias Sociales)*, n° 4, pp. 5-9.

Naciones Unidas, se pronunció solemnemente en los siguientes términos:[1] «La diversidad del mundo, las diferencias entre civilizaciones y culturas no deberían ser una fuente de conflictos en el mundo, sino la fuerza impulsora y el punto de partida para los intercambios y la cooperación mundial. [...] La diversidad, la tolerancia y la incorporación de aspectos de diferente naturaleza son características importantes de nuestra cultura. [...] China fortalecerá sus intercambios culturales y su diálogo con todas las civilizaciones del mundo».

En marzo de 2014, cuando visitó la sede de la Unesco, el presidente Xi Jinping pronunció un discurso en el que propuso los tres principios fundamentales para promover el intercambio cultural y el reconocimiento mutuo, los cuales son: la diversidad de las civilizaciones, la igualdad entre civilizaciones y la tolerancia entre civilizaciones.[2] Tres años después, la esencia de esta ideología, dicho de otra manera, la idea de que «los intercambios culturales entre civilizaciones trascienden las barreras entre ellas; el reconocimiento entre civilizaciones supera los conflictos existentes entre las mismas; igual que la coexistencia de las civilizaciones sobrepasa el sentimiento de superioridad de las mismas», no solo ha sido incluida formalmente en el informe del XIX Congreso Nacional del Partido Comunista de China, convirtiéndose en un punto importante de la ideología socialista de la nueva era de Xi Jinping, sino que también ha pasado a ser un punto de soporte clave tanto para la construcción de la comunidad de destino de la humanidad como para la Iniciativa de la Franja y la Ruta.

Partiendo de la esencia, la idea de la comunidad de destino de la humanidad y la Iniciativa de la Franja y la Ruta son una respuesta a los

---

[1] Ministerio de Relaciones Exteriores (2005), http://www.fmprc.gov.cn/ce/ceun/chn/zgylhg/shhrq/zjwh/t217668.htm (9 de marzo de 2018).

[2] Xinhuanet, (27 de marzo de 2014), «Discurso de Xi Jinping en la sede de la Unesco», http://www.xinhuanet.com/politics/2014-03/28/c_119982831_2.htm (16 de abril de 2018).

problemas globales, proyectos propuestos por China, que contribuye así a la resolución de los problemas a nivel internacional. Además, la Iniciativa de la Franja y la Ruta, al ser la principal forma de construcción de una comunidad de destino compartido, «tiene detrás un ideal que concibe un modelo basado en el diálogo entre civilizaciones. El origen de este modelo está arraigado en la cultura tradicional china [...]».[1] Xu Jialu también considera que la superación de las diferencias culturales que puedan surgir de la Franja y la Ruta es, esencialmente, una vía cultural para el diálogo en profundidad de la civilización china con el mundo.[2]

Es precisamente por ello que el documento de perspectiva y acción de la Franja y la Ruta[3] pone un especial énfasis en la cooperación abierta, la armonía y la tolerancia en el marco de los principios de construcción conjunta; aboga por la tolerancia entre civilizaciones, el respeto de la elección de los caminos y modelos de desarrollo de cada país, así como el fortalecimiento del diálogo entre las distintas civilizaciones. Se busca encontrar un terreno común manteniendo al mismo tiempo las diferencias, se procura ser inclusivo teniendo la convivencia pacífica, la coexistencia y la prosperidad conjunta. Eso es, de hecho, un nuevo concepto cultural, una nueva perspectiva de civilización. En este sentido, lo que se construye esencialmente con la Franja y la Ruta es un camino de respeto y confianza mutua, un camino de cooperación y de beneficio mutuo, un camino de

---

[1] NetEase, (30 de octubre de 2016), «El concepto de 'la Franja y la Ruta' incluye el modelo de diálogo entre civilizaciones». Disponible en: http://news.163.com/16/1030/02/C4JFF7E200014AED.html (4 de marzo de 2018).

[2] Xu, Jialu, (6 de noviembre 2015), «Diferentes civilizaciones florecerán en la Franja y la Ruta», *Phoenix New Media*. Disponibe en: http://culture.ifeng.com/a/20151106/46133716_0.shtml (20 de abril de 2018).

[3] Ministerio de Comercio, (30 de marzo de 2015), «Promover la visión y la acción de construir conjuntamente la Franja Económica de la Ruta de la Seda y la Ruta Marítima de la Seda del Siglo XXI», sitio web del, http://zhs.mofcom.gov.cn/article/xxfb/201503. /20150300926644.shtml (18 de abril de 2018).

reconocimiento mutuo entre las civilizaciones, dicho de otra manera, un «camino de diálogo entre civilizaciones».[1]

Con todo esto podemos ver que el diálogo entre civilizaciones cuenta con un consenso internacional cada vez más amplio y que está originando cada vez más acciones. El apoyo y la promoción del diálogo entre civilizaciones por parte de China no solo se reflejan en la ideología política, en el Gobierno o en los documentos sobre políticas gubernamentales, sino que también se manifiestan en acciones específicas. En 2015, el presidente Xi Jinping propuso celebrar una «conferencia de diálogo entre las civilizaciones asiáticas». Consecuentemente en marzo de 2016, en Boao, provincia de Hainan, tuvo lugar el Diálogo entre las Civilizaciones Asiáticas, lo cual abrió las puertas al establecimiento del Congreso de Diálogo entre las Civilizaciones Asiáticas.[2] La conversación entre China y el mundo árabe, iniciada con anterioridad, se había celebrado durante siete sesiones consecutivas en el marco del Foro de Cooperación entre China y los Estados Árabes.[3] En cambio, el proceso de diálogo entre las civilizaciones de China y América Latina ha sido relativamente lento, puesto que no fue sino hasta 2015 que se propuso oficialmente como tema de discusión. En vista de ello, este artículo trata de responder ciertas preguntas con respecto al diálogo entre las civilizaciones de estos

---

[1] Xie, Jinying, (4 de mayo de 2016), «Convertir a la Franja y la Ruta en el camino para el diálogo entre civilizaciones», *Diario del Pueblo* (Edición de ultramar), n° 01.

[2] Jiang, Jianguo, (16 de abril de 2018), «Promover el reconocimiento e intercambio entre civilizaciones para inspirar las energías innovadoras de Asia - Discurso inaugural en la Reunión para el Diálogo entre las Civilizaciones Asiáticas en el Foro Bo'ao para Asia», sitio web oficial de la Oficina de Información del Consejo de Estado de China. Disponible en: http://www.scio.gov.cn/xwbjs/Zygy/32310/jh32312/Document/1473095/1473095.htm.

[3] Sitio web oficial del Foro de Cooperación China-Estados Árabes: http://www.fmprc.gov.cn/zalt/chn/jzjs/wmdhyths/

territorios: ¿Por qué es necesario el diálogo? ¿Qué se debería dialogar? ¿Con quién se debería dialogar? ¿Cómo se debería dialogar?, entre otras interrogantes. Sobre esta base, en el presente trabajo se intenta presentar algunas reflexiones y sugerencias sobre la construcción del mecanismo de diálogo entre las civilizaciones de China y América Latina.

2. EL SIGNIFICADO TEÓRICO Y PRÁCTICO DEL DIÁLOGO ENTRE LA CIVILIZACIÓN CHINA Y LA LATINOAMERICANA

Debido a la distancia geográfica y las limitaciones del transporte y la comunicación, los vínculos entre China y América Latina han sido relativamente tardíos e insuficientes. Desde comienzos del siglo XXI, a medida que han aumentado las necesidades mutuas entre China y Latinoamérica, los contactos entre ambas partes han empezado a ser más frecuentes. En el pasado, la «belleza» que resultó de la distancia dio paso a la situación embarazosa en la que ambas partes se conocían, pero no estaban familiarizadas la una con la otra. Como he apuntado en otro lugar, «si bien las relaciones entre China y América Latina continúan avanzando con amplitud, necesitan urgentemente sincronizar este avance en las relaciones con un conocimiento más profundo. El diálogo entre las civilizaciones de China y Latinoamérica es la base y la clave para lograr este objetivo».[1]

Desde la perspectiva del desarrollo sostenible de las relaciones entre China y América Latina, el diálogo entre las civilizaciones de ambas partes es extremadamente necesario y teóricamente significativo. En primer lugar, China y América Latina no solo están geográficamente distanciadas, sino que también existen entre ellas profundas diferencias culturales y de

---

[1] Guo, Cunhai, (15 de mayo de 2015), «Es el momento oportuno para el desarrollo del diálogo entre las civilizaciones de China y América Latina», *Diario del Pueblo*, n° 03.

valores. Esta realidad, de hecho, creó un doble obstáculo en el desarrollo físico y espiritual de la comprensión mutua y el conocimiento entre China y América Latina. Sin embargo, el desarrollo rápido y a largo plazo de la relación sino-latinoamericana también requiere un sólido respaldo de la voluntad del pueblo. En segundo lugar, el conocimiento sobre la cultura china por parte de América Latina proviene de una mezcla de distintas fuentes de información, y la China que se imaginan difiere enormemente de la China real. La civilización latinoamericana ha estado impregnada durante mucho tiempo por la civilización europea y tiene una fuerte impronta europea; y la percepción que América Latina tiene de China proviene a menudo de una «refracción» de la visión europea.[1] Los estereotipos que Europa y Occidente han mantenido durante mucho tiempo sobre China han incrementado sin duda la dificultad de un conocimiento objetivo y verdadero del país asiático por parte de América Latina. Pero, a su vez, incluso «los chinos han tenido durante mucho tiempo un concepto abstracto y una vaga impresión sobre América Latina, y no un conocimiento concreto y una experiencia exacta».[2] En tercer lugar, la presencia de China en América Latina ha sido catalogada por los medios de comunicación occidentales como «neocolonialista», y esto no solo ha causado una falsa imagen de China, sino que también ha generado profundos recelos entre los latinoamericanos.[3] Esta suspicacia proviene tanto de la historia de desconfianza de los latinoamericanos hacia todos los extranjeros, como de los conflictos culturales provocados por la falta de comprensión de los

---

[1] Wei, Ran, «La China imaginada por la cultura popular de América Latina: Argentina como centro», inédita.

[2] Leslie, Bethell (ed.), (1995), *Historia de América Latina - Prefacio, tomo 1*, Beijing: Economy Management Publishing House, p. 1.

[3] Guo, Cunhai, (octubre de 2016), «La construcción de la imagen nacional de China: la perspectiva de América Latina», *Estudios latinoamericanos*, n° 5, p. 54.

valores tradicionales de América Latina. Esta situación supone que será una tarea indispensable, e incluso un trabajo que se debería proponer, el aumento de la confianza y la disipación de toda suspicacia para la construcción conjunta de la Franja y la Ruta y una comunidad de destino común entre China y Latinoamérica. Este es el valor y la misión del diálogo entre civilizaciones de China y América Latina. Sin embargo, debe señalarse que el elemento principal para el desarrollo de las relaciones sino-latinoamericanas está en desequilibrio, es decir, China es la parte activa, mientras que América Latina, la reactiva. Por lo tanto, para promover el diálogo entre las civilizaciones de China y Latinoamérica y la construcción de su mecanismo, China deberá seguir desempeñando un papel activo. Es una responsabilidad que no puede rechazar.

El diálogo entre las civilizaciones de China y Latinoamérica es esencialmente una respuesta y práctica a la «nueva perspectiva de civilización» de China y tiene una gran importancia práctica. La «nueva perspectiva de civilización» se inició en marzo de 2014 con el discurso del presidente Xi Jinping en la sede de la Unesco, y fue resumido con un alto nivel de calidad en los documentos del Gobierno y del Partido Comunista de China, y viene a decir que: «Los intercambios culturales entre civilizaciones trascienden las barreras entre estas; el reconocimiento entre civilizaciones supera los conflictos existentes entre las mismas; y la coexistencia de las civilizaciones sobrepasa el sentimiento de superioridad de las mismas». Esta «nueva perspectiva de civilización» se puso en práctica posteriormente[1] con el rápido desarrollo de las relaciones sino-latinoamericanas, inyectando de esta manera nuevos contenidos y nueva vitalidad a las relaciones entre China y América Latina durante la nueva era. En julio de 2014, cuando en Brasilia se reunió con líderes de países latinoamericanos, el presidente Xi Jinping anunció que tomaría «el aprendizaje mutuo de la cultura y de las humanidades» como parte integral del nuevo panorama «cinco en uno» de las relaciones sino-latinoamericanas, y propuso celebrar en 2016 el Año de Intercambio Cultural China-América Latina y el Caribe[2]. En la ceremonia de clausura del Año de Intercambio Cultural China-América Latina y el Caribe, el presidente Xi Jinping enfatizó que las relaciones culturales son una parte importante de la diplomacia integral entre China y América Latina, que es necesario usar esto como un nuevo punto de partida y aprender lo máximo posible de los logros culturales de cada parte para que las civilizaciones china y latinoamericana se conviertan en un modelo de convivencia armónica y de refuerzo mutuo entre civilizaciones distintas.

El diálogo entre civilizaciones de China y América Latina se propuso como asunto oficial en un discurso pronunciado por el primer ministro chino, Li Keqiang, en la sede de la Comisión Económica para América

---

[1] De hecho, ya en junio de 2013, el discurso del presidente Xi Jinping en el Senado de México abogó por promover «en temas culturales y humanitarios, el fortalecimiento de los diálogos entre civilizaciones y el intercambio cultural entre China y América Latina, para que ambas se conviertan en un modelo de convivencia armónica y de promoción mutua entre civilizaciones distintas». Esta fue la promoción más temprana del diálogo entre las civilizaciones de China y Latinoamérica. Véase: Xi Jinping, (7 de julio de 2013), «Promover el desarrollo en conjunto para un futuro mejor - Discurso en el Senado de México», *Diario del Pueblo*, n° 01.

[2] Guo, Cunhai, (abril de 2017), «La política y las prácticas desarrolladas por China en América Latina desde el XVIII Congreso Nacional del Partido Comunista de China», *Estudios latinoamericanos*, n° 2, p. 11.

Latina y el Caribe (CEPAL) en 2015. En su discurso, Li Keqiang declaró particularmente que «esta visita ha sido muy fructífera para el reconocimiento mutuo entre China y América Latina. [...] Ambas partes pueden discutir el establecimiento de un mecanismo de diálogo entre civilizaciones e incluirlo en el Foro China-CELAC, y negociar el establecimiento de un proyecto de traducción bilateral de los clásicos que tratan de la cultura y de la ideología de China y América Latina para aumentar el conocimiento cultural entre ambos pueblos».[1] Más tarde, el director general del Departamento de América Latina y el Caribe del Ministerio de Relaciones Exteriores de aquel momento, Zhu Qingqiao, escribió un artículo en el *Diario del Pueblo* donde afirmaba que «China ha propuesto nuevas iniciativas como el establecimiento de un mecanismo de diálogo entre las civilizaciones china y latinoamericana, y ha recibido respuestas positivas de la parte latinoamericana».[2] Desde entonces, el diálogo entre civilizaciones de ambos territorios ha sido incluido en los documentos políticos como un programa que debe iniciarse urgentemente. En el Segundo Documento de la Política de China hacia América Latina y el Caribe, emitido en noviembre de 2016, se subrayó claramente por primera vez que «se debería desarrollar activamente el diálogo entre civilizaciones China-América Latina».[3] Y en el Plan de Cooperación

---

[1] Li, Keqiang, (27 de mayo de 2015), «Conformar conjuntamente un nuevo futuro para la asociación estratégica integral entre China-América Latina - Discurso en la Comisión Económica para América Latina y el Caribe», *Xinhuanet*. Disponible en: http://www.xinhuanet.com/world/2015-05/27/c_127847299.htm (20 de marzo de 2018).

[2] Zhu, Qingqiao, (29 de enero de 2016), «La colaboración integral sino-latinoamericana, lista para zarpar», *Diario del Pueblo*, nº 03.

[3] Ministerio de Relaciones Exteriores, (24 de noviembre de 2016), «Documento de la Política de China hacia América Latina y el Caribe». Disponible en: http://www.fmprc.gov.cn/web/zyxw/t1418250.shtml (19 de abril de 2018).

Conjunta en las Áreas Prioritarias entre China y la CELAC (2019-2021),[1] emitido por el Segundo Foro China-CELAC celebrado en enero de 2018, se incluyó el «intercambio cultural y humanitario» como una de las «siete áreas prioritarias de cooperación», y los campos, los cuerpos principales y las dimensiones que abarcaba, eran, de hecho, las guías concretas para el diálogo entre las civilizaciones de ambos países. En resumen, con el diálogo entre civilizaciones de China y América Latina, no solo se pone en práctica la nueva perspectiva de civilización del Partido Comunista de China y de su Gobierno, sino que también se promueve activamente la cooperación integral entre China y Latinoamérica para la construcción de la Franja y la Ruta de la nueva era, y para la estabilidad y la constancia de la comunidad de destino común de ambas partes.

3. LOS OBJETIVOS Y EL CONTENIDO DEL DIÁLOGO ENTRE LA CIVILIZACIÓN CHINA Y LA LATINOAMERICANA

Fundamentalmente, con el diálogo entre civilizaciones se busca el respeto, la comprensión e incluso la confianza y el reconocimiento, con el fin de evitar el choque de civilizaciones en la mayor medida posible. En su sentido filosófico, «el objetivo principal del diálogo entre civilizaciones es permitir que los sistemas de creencias y de conceptos entre dos civilizaciones se comprendan y se comuniquen entre sí, y al mismo tiempo refrenar el egoísmo y los deseos, de modo que las diferencias entre ambos no originen conflictos sustantivos, y se consiga así llegar a un sistema

---

[1] Ministerio de Relaciones Exteriores, (2 de febrero de 2018), «Plan de Cooperación Conjunta en las Áreas Prioritarias entre China y la CELAC (2019-2021)». Disponible en: http://www.fmprc.gov.cn/ce/cemn/chn/gnyw/t1531472.htm (19 de mayo de 2018).

de valores e ideologías más integrantes».[1] En resumen, el objetivo del diálogo entre civilizaciones es aumentar la tolerancia y la comprensión entre las diferentes civilizaciones, ampliar el consenso, resolver conflictos y promover la estabilidad en el progreso económico y cultural mundial.[2]

Respecto a China y América Latina, el diálogo entre estas civilizaciones incluye al menos tres objetivos, es decir, objetivos en tres niveles diferentes: Primero, el diálogo entre la civilización china y la latinoamericana debe buscar el respeto y la tolerancia. La civilización china y la latinoamericana son diferentes y tienen su propia diversidad; sin embargo, este es solo el punto de partida para la integración de ambas civilizaciones, y también es la base para el diálogo entre estas dos civilizaciones. Esta característica implica, en primer lugar, que China y América Latina deben respetar la existencia en igualdad del otro, no menospreciar la otra civilización a partir de sus propios valores, ni imponer sus propios valores y patrones culturales en el otro. En este sentido, el respeto y la tolerancia son los objetivos básicos y los prerrequisitos para el diálogo entre China y América Latina y, al mismo tiempo, también son las condiciones y la base para obtener el respeto y la tolerancia del otro. China, precisamente sobre esta base, es capaz de responder a las cuestiones relacionadas con la exportación del «modelo chino» a otras regiones del mundo, incluida América Latina, con una declaración sonora y contundente: abogamos por la tolerancia entre civilizaciones y respetamos la elección de los caminos y modelos de desarrollo de cada país; no «importamos» modelos del extranjero, ni «exportamos» el modelo chino; no exigimos a otros países que copien el

---

[1] Cheng, Zhongying, (septiembre de 2017), «Reflexiones filosóficas sobre el diálogo entre civilizaciones, la colaboración cultural y la Iniciativa de la Franja y la Ruta», *Revista de la Universidad de Shenzhen (Edición de Humanidades, Cultura y Ciencias Sociales)*, n° 05, p. 18.

[2] Song, Jian, (21 de septiembre de 2001), «El diálogo entre civilizaciones: la búsqueda común del mundo», *Diario del Pueblo*, n° 07.

método chino.[1]

Segundo, el diálogo entre la civilización china y la latinoamericana debe buscar la comprensión y la confianza. China y América Latina tienen diferentes idiomas y culturas, y distintas tradiciones históricas, lo que podría causar malentendidos y recelos entre ambas partes a lo largo de su interacción y cooperación, llegando, de forma comprensible, a la inducción de conflictos de intereses. Pero la clave es manejar y revisar la actitud y la manera de enfrentar este problema. Indudablemente, lo preferible es afrontar el problema y esforzarse en aumentar la confianza y disipar las dudas. La civilización europea ha dejado profundas huellas en la cultura latinoamericana, la cual está muy influenciada por los valores occidentales. Además, históricamente, la interacción entre China y América Latina y el conocimiento mutuo han sido relativamente escasos. El conocimiento sobre China por parte de América Latina se basa en gran medida en las percepciones occidentales que se tienen de China. Estos dos factores han aumentado la dificultad y los obstáculos para la comprensión mutua entre China y América Latina. En la nueva era, aunque existe una comunicación directa y un canal cognitivo entre China y América Latina, y no hay necesidad de atravesar Europa u Occidente, debido a la influencia histórica y a cierta inercia, aún nos encontramos con enormes desafíos para aumentar la comprensión e incluso la confianza mutua entre China y Latinoamérica. Por otro lado, en China se sigue considerando a América Latina como un todo con carácter común, lo que podría obstaculizar la comprensión que los chinos tienen de Latinoamérica. Observar tanto las características históricas y culturales comunes de América Latina como sus diferencias y diversidad interna son los puntos de partida básicos para aumentar el conocimiento

---

[1] Xi, Jinping, (2 de diciembre de 2017), «Construyendo un mundo mejor con las manos unidas - Discurso de apertura en el Diálogo de Alto Nivel del Partido Comunista de China (PCCh) con Partidos Políticos del Mundo», *Diario del Pueblo*, n° 02.

sobre este territorio. La búsqueda de la comprensión y la confianza es un objetivo de nivel medio en el diálogo entre las civilizaciones de China y América Latina, pero también podría suponer la parte más complicada. Para promover la realización de este objetivo se requiere más comunicación e interacción, una comprensión profunda de los valores y formas de pensar de cada uno y, sobre todo, ser empáticos y hacer el esfuerzo de ponerse en el lugar del otro.

Por último, el diálogo entre la civilización china y la latinoamericana debe buscar el aprendizaje y el reconocimiento mutuos. Si nos fijamos en la historia del desarrollo de la civilización china y en la de la civilización latinoamericana, podemos descubrir que la apertura y la inclusión son características comunes en ambas civilizaciones. «La civilización china es esencialmente una civilización de diálogo. Y esta civilización de diálogo se caracteriza por ser abierta, inclusiva y progresista».[1] Esto significa que, en su aproximación a otras civilizaciones, la civilización china no se limita a copiar ni a ampliar o «educar» a las otras civilizaciones, sino que consigue progresar a través del diálogo y el aprendizaje, y debido a esto, se podría afirmar que la civilización china es una civilización de aprendizaje. La civilización latinoamericana, a pesar de su historia de invasiones e imposiciones por parte de fuertes civilizaciones, ha conseguido, gracias a su amplia apertura y a su fuerte tolerancia, que las civilizaciones extranjeras fueran continuamente absorbidas e integradas dentro de la heterogénea civilización latinoamericana. Estas características comunes de la civilización china y la latinoamericana han permitido a ambas partes no solo tener espacio para el diálogo, sino también una fuerte motivación para el aprendizaje. La Ruta de la Seda del Océano Pacífico, que duró más de dos siglos y medio, fue la ruta de intercambio material entre las civilizaciones

---

[1] Zheng, Yongnian, (5 de abril de 2016), «La civilización de diálogo y el diálogo entre civilizaciones», *Lianhe Zaobao*. Disponible en: http://www.zaobao.com/forum/expert/zheng-yong-nian/story20160405-601323 (6 de mayo de 2018).

china y latinoamericana, y la ruta de comunicación e integración cultural, por lo que se puede afirmar que la Ruta de la Seda del Océano Pacífico fue el comienzo del diálogo entre ambas civilizaciones.[1] Actualmente, ambas partes se encuentran en un nuevo período de desarrollo y se enfrentan a desafíos comunes en la economía y la gobernanza social. La experiencia de China en la política de reforma y apertura y en la gobernanza, el ideal y la práctica de América Latina en la protección ecológica, y los modelos y las estrategias de desarrollo de ambas partes son dignos de ser comprendidos y apreciados, y así lograr un progreso común en el aprendizaje mutuo. Esta debería ser la meta más alta y el objetivo fundamental del diálogo entre las civilizaciones china y latinoamericana.

En vista de los múltiples objetivos del diálogo entre civilizaciones y la expansión continua de los campos de cooperación, los contenidos del diálogo entre China y América Latina también se han vuelto cada vez más extensos, diversos, abundantes y concretos. Esto se refleja en los tres documentos publicados recientemente, los cuales son: el Plan de Cooperación China-Estados Latinoamericanos y Caribeños (2015-2019),[2] el Documento de la Política de China hacia América Latina y El Caribe (2016)[3] y el Plan de Cooperación Conjunta en las Áreas Prioritarias entre China y la CELAC

---

[1] Bonialian, M., (2014), *China en la América colonial. Bienes, mercados, comercio y cultura del consumo desde México hasta Buenos Aires*, prólogo de Josep Fontana, Ciudad de México: Instituto de Investigaciones Dr. José María Luis Mora, Biblos, p. 264.

[2] Xinhuanet, (9 de enero de 2015), «Plan de Cooperación China-Estados Latinoamericanos y Caribeños (2015-2019)». Disponible en: http://www.xinhuanet.com/world/2015-01/09/c_1113944648.htm (19 de abril de 2018).

[3] Ministerio de Relaciones Exteriores, (24 de noviembre de 2016), «Documento de la Política de China hacia América Latina y el Caribe». Disponible en: http://www.fmprc.gov.cn/web/zyxw/t1418250.shtml (19 de abril de 2018).

(2019-2021).[1] En resumen, el contenido del diálogo entre China y América Latina se podría dividir en tres tipos: el intercambio de la experiencia en la gobernanza del Estado y la política, el intercambio de la experiencia del desarrollo y de la gobernanza de la sociedad, y el intercambio cultural y humanitario. El primero abarca no solo la gobernanza a través del partido, la doctrina jurídica y las prácticas legislativas, sino también la experiencia de la gobernanza del Gobierno (local) y la conexión para la mejora de las estrategias de desarrollo. La experiencia en el desarrollo y en la gobernanza de la sociedad se centra principalmente en la experiencia y en los modelos de disminución de la pobreza, el desarrollo sostenible y el concepto de inclusión social. El intercambio cultural y humanitario es el contenido más activo y rico del diálogo entre las civilizaciones de China y América Latina, desempeña un papel fundamental y pionero en todo el proceso, es el principal contenido de apoyo del diálogo entre China y América Latina, y también es el tema principal de este artículo.

4. EL CAMINO Y LOS ACTORES DEL DIÁLOGO ENTRE LA CIVILIZACIÓN CHINA Y LA LATINOAMERICANA

Dado que los objetivos del diálogo entre China y América Latina son múltiples y que el contenido del diálogo es rico y diverso, los actores del diálogo también deben ser plurales. Las Naciones Unidas realizaron un llamamiento en la Agenda Global para el Diálogo de Civilizaciones en el que afirmaban que «el diálogo entre distintas civilizaciones debería luchar

---

[1] Ministerio de Relaciones Exteriores, (2 de febrero de 2018), «Plan de Cooperación Conjunta en las Áreas Prioritarias entre China y la CELAC (2019-2021)». Disponible en: http://www.fmprc.gov.cn/ce/cemn/chn/gnyw/t1531472.htm (19 de mayo de 2018).

por la participación mundial y estar abierto a todos».[1] Del mismo modo, el diálogo entre las civilizaciones china y latinoamericana también debería estar abierto a todas las personas de China y América Latina, de modo que todos los actores puedan participar en el proceso del diálogo y desplegar todo su potencial y sus ventajas comparativas. Académicos, escritores, pensadores, científicos, personas del círculo del arte y la cultura, y grupos juveniles han jugado un papel pionero y fundamental en la promoción y en el mantenimiento del diálogo entre China y América Latina. Los grupos de la sociedad civil, cada vez más activos y fuertes, son los socios y colaboradores que promueven y desarrollan el diálogo entre civilizaciones. Los medios de comunicación también juegan un papel único e indispensable en el fomento y la difusión de diálogos entre civilizaciones para promover una comprensión cultural más amplia. Además de estos actores del diálogo, que son los más activos y posiblemente los más sostenibles, también cabe mencionar el papel y el valor del Gobierno, especialmente del Gobierno chino, al que debemos evaluar y estudiar desde un punto de vista objetivo. En vista de la realidad y de la etapa actual de desarrollo de las relaciones sino-latinoamericanas, el Gobierno ha desempeñado el papel de guía, de promotor, de estímulo y de asistencia en el diálogo entre China y América Latina. Durante la etapa de formación del mecanismo de diálogo, el Gobierno ha desempeñado incluso un papel dominante. En resumen, para activar el diálogo entre ambas civilizaciones y mantener no solo un alto grado de actividad, sino también de sostenibilidad, será necesario movilizar plenamente la iniciativa y el espíritu de participación de todos los actores y cuerpos principales, y así formar un panorama para el diálogo integral, multidimensional y de amplio alcance entre las civilizaciones.

---

[1] 56° Período de Sesiones de la Asamblea General de las Naciones Unidas, (21 de noviembre de 2001), Resolución 56/6, «Programa mundial para el diálogo entre civilizaciones», sitio web de las Naciones Unidas, www.un.org/chinese/ga/56/res/a56r6.pdf (12 de mayo de 2018).

La diversidad de los actores del diálogo implicaría también la existencia de diferentes formas de diálogo. La Agenda Global para el Diálogo de Civilizaciones de la ONU considera que hay aproximadamente catorce vías diferentes para el diálogo entre civilizaciones,[1] incluyendo principalmente: la comunicación y el intercambio persona a persona, especialmente entre intelectuales, pensadores, artistas, etc.; visitas de intercambio entre especialistas y eruditos; festivales de arte y cultura; reuniones, simposios y talleres; torneos deportivos y concursos de ciencia y tecnología; traducción y difusión; turismo histórico y cultural; educación y enseñanza; el mundo académico y la investigación; el diálogo entre jóvenes, entre otras. El diálogo entre la civilización china y la latinoamericana podría avanzar fundamentalmente siguiendo este camino, pero también se debería prestar atención a algunos diálogos y agendas importantes entre los gobiernos. Además, a medida que cada vez más países latinoamericanos busquen la Iniciativa de la Franja y la Ruta, esta se convertirá indudablemente en el marco principal del diálogo entre la civilización china y la latinoamericana. Tal y como dijo el presidente Xi Jinping:[2] debemos convertir a la Franja y la Ruta en un camino que cruce las civilizaciones, establecer un mecanismo de cooperación cultural y humanista de múltiples niveles, construir más plataformas y canales de cooperación e innovar continuamente en los modelos de cooperación para lograr el entendimiento mutuo, el respeto mutuo y la confianza mutua. A continuación, introduciremos brevemente los diálogos y las agendas intergubernamentales importantes en la actualidad, y posteriormente nos centraremos en las principales vías y formas de diálogo entre la civilización china y la latinoamericana desde una perspectiva

---

[1] Ibid.

[2] Xinhuanet, (15 de mayo de 2017), «Discurso de Xi Jinping en la ceremonia de apertura del Foro de la Franja y la Ruta para la Cooperación Internacional», http://www.xinhuanet.com/politics/2017-05/14/c_1120969677.htm (20 de mayo de 2018).

popular.

El mecanismo de diálogo intergubernamental es un componente especial del diálogo entre las civilizaciones de China y Latinoamérica y, al mismo tiempo, es un catalizador para el diálogo entre ambas partes. Con el establecimiento del Foro China-CELAC en 2015 y la formación gradual del mecanismo de cooperación integral entre China y América Latina, el diálogo bilateral y el mecanismo de negociación entre los respectivos gobiernos[1] siguen avanzando al mismo tiempo que comienzan a florecer una serie de mecanismos de diálogo multilaterales nuevos, dinámicos y profesionales. Este mecanismo de diálogo multilateral se lleva a cabo principalmente en foros como el Foro de Ministros de Agricultura China-CELAC (2013, Beijing), el Foro CELAC-China en Ciencia, Tecnología e Innovación[2] (2016, Quito, Ecuador), el Foro de Partidos Políticos China-CELAC (2016, Beijing; 2018, Shenzhen), el Foro de Cooperación entre Gobiernos Locales de China-CELAC[3] (2016, Chongqing), la Cumbre

---

[1] Por ejemplo, mecanismos como distintos tipos de comités de coordinación y cooperación de alto nivel, comités mixtos de alto nivel, comités intergubernamentales permanentes, diálogos estratégicos, comités mixtos de economía y comercio, y negociaciones políticas.

[2] Al mismo tiempo, el Gobierno chino inició oficialmente el Programa de Asociación Científico-Tecnológica China-América Latina y el Programa de Intercambios entre Científicos Jóvenes China-América Latina.

[3] De acuerdo con el Manual de Estadísticas de las Ciudades Hermanas (1973-2017) (inédito, mayo de 2018), elaborado por la Asociación de Amistad del Pueblo Chino con el Extranjero, China ha realizado hermanamientos con 172 ciudades de América Latina y el Caribe. Entre los tres países con más ciudades hermanadas se encuentran Brasil (57), México (32) y Argentina (22).

Empresarial China-América Latina y el Caribe[1], el Foro de Cooperación en Infraestructura China-CELAC, y el Foro de Políticos Jóvenes China-CELAC.[2] Además, también se incluyen otros mecanismos de diálogo multilateral intergubernamentales que planean comenzarse «en un momento apropiado» o «en una fecha acordada», los cuales son: el Foro de Alcaldes de las Capitales de China-CELAC, el Foro de Energía y Minería China-CELAC, el Foro sobre Desarrollo y Cooperación Industrial China-CELAC, la Conferencia de Ministros de Turismo China-CELAC, y el Foro de Reducción de la Pobreza y Desarrollo China-CELAC.

Además de los mecanismos de diálogo intergubernamental, los diálogos civiles, relativamente flexibles pero más diversos y sostenibles, han demostrado su vitalidad y potencial único cada vez mayor. En este punto se tratará de analizarlos partiendo principalmente de cinco caminos: la lengua, la cultura, las publicaciones, lo académico y los medios de comunicación.

4. 1. Formación de la lengua

La lengua es una herramienta para el diálogo entre civilizaciones y un soporte para la difusión cultural. La mutua difusión entre el español/ portugués y el chino cumple un papel fundamental en la promoción del

---

[1] Establecida en 2007 por el Consejo Chino para la Promoción del Comercio Internacional, es la primera plataforma institucional de China para promover la cooperación económica y comercial en América Latina. La cumbre se celebra anualmente a rotación en China y América Latina. Hasta ahora se han celebrado once sesiones en China, Chile, Colombia, Perú, Costa Rica, México y Uruguay. La 12ª sesión está programada para llevarse a cabo en la ciudad de Zhuhai, Guangdong, a principios de noviembre.

[2] El Foro de Cooperación en Infraestructura China-América Latina se celebra anualmente en Macao desde 2015. Hasta ahora se han realizado cuatro ediciones. El Foro de Políticos Jóvenes China-América Latina y el Caribe se celebra una vez al año en Pekín, y hasta ahora ha sido realizado en cinco ocasiones.

diálogo entre la civilización china y la latinoamericana, y en la mejora del entendimiento recíproco. Es precisamente por esta razón que tanto China como América Latina conceden suma importancia al cultivo de talentos en idiomas y fomentan la difusión del idioma oficial del otro en su propio país.[1]

La mutua difusión de la lengua no es solo necesaria para desarrollar las relaciones entre ambas partes, sino que también responde y refleja la realidad de que ambas partes están fortaleciendo su contacto con el otro. Ya en 1952, para recibir a los once representantes hispanohablantes de América Latina que iban a participar en la Conferencia de Paz de Asia y la Región del Pacífico en Pekín en octubre del mismo año, «el primer ministro y ministro de Relaciones Exteriores, Zhou Enlai, ordenó directamente a la Universidad de Estudios Extranjeros de Beijing establecer una carrera de español y formar cuadros que dominen el español».[2] Esta necesidad coyuntural promovió directamente el nacimiento de la primera especialización en lengua española de China. Ocho años después, la primera especialización en lengua portuguesa también se estableció en el Instituto de Radiodifusión de Pekín (actualmente conocida como la Universidad de Comunicación de China). En los siguientes 40 años, el desarrollo de la enseñanza del portugués y el español en China fue lento, hasta que en el siglo XXI alcanzó un desarrollo explosivo. Hasta octubre de 2016 se habían abierto en la parte continental de China un total de 96 instituciones con la especialidad en español, ocho veces más que en 1999, y el número de instituciones que ofrecían carreras de portugués aumentó de 2 en 1999 a 27

---

[1] Xinhuanet, (9 de enero de 2015), «Plan de Cooperación China-Estados Latinoamericanos y Caribeños (2015-2019)». Disponible en: http://www.xinhuanet.com/world/2015-01/09/c_1113944648.htm (19 de abril de 2018).

[2] Pang, Bing'an, (2012), «¿Cómo debe abrir la Nueva China sus puertas al mundo occidental», *Comunicación Internacional*, n° 05, p. 22.

instituciones, la tasa de crecimiento más rápida.[1]

Por el contrario, la difusión del chino en América Latina ha sido mucho menos rápida. Ciertamente, la enseñanza del español y el portugués en China ha estado impulsada principalmente por la demanda interna, mientras que la enseñanza del chino en América Latina ha estado impulsada principalmente por la demanda externa, aunque los estudiantes de chino se han sentido atraídos especialmente por las «oportunidades chinas».[2] Los datos muestran que desde el establecimiento del primer Instituto Confucio en América Latina en la Ciudad de México en 2006 y hasta el año 2017, se han abierto 39 Institutos Confucio y 18 Aulas Confucio en 20 países de Latinoamérica.[3] Aunque esta cifra no es comparable con el desarrollo de la enseñanza del portugués y del español en China, se debe admitir que es extraordinaria en cuanto a su velocidad de crecimiento.

En la actualidad, la difusión del español y portugués en China y del chino en América Latina juega un papel cada vez más significativo para ambos lados, tanto para la cooperación económica y comercial como para el diálogo entre las civilizaciones. Sin embargo, al mismo tiempo han salido

---

[1] La Comunidad de Estudios Chinos y Latinoamericanos, INCAE Business School, (15 de enero de 2017), «Informe sobre Empleo y Flujo Laboral de los Egresados de la Carrera de Español en China». De acuerdo con lo aprobado y el reporte de los grados universitarios de 2017, publicados recientemente por el Ministerio de Educación, se han establecido en China (excluyendo Hong Kong, Macao y Taiwán) ocho instituciones que ofrecen la carrera de español y dos que ofrecen la de portugués. Véase: «Aviso del Ministerio de Educación sobre la promulgación de los resultados de las aprobaciones y el reporte de los grados universitarios de 2017», *Jiao Gao Han*, n° 04, 21 de marzo de 2018.

[2] Ma, Hongchao y Guo, Cunhai, (2014), «El poder blando de China en América Latina: desde la perspectiva de la difusión en chino», *Estudios latinoamericanos*, n° 06, pp. 48-54.

[3] Sitio web oficial de la Oficina del Consejo Internacional de la Lengua China, http://www.hanban.edu.cn/confuciousinstitutes/node_10961.htm (30 de mayo de 2018).

a la luz ciertos problemas que merecen ser atendidos: las limitaciones del lenguaje como herramienta de comunicación son cada vez más prominentes y cada vez más incapaces de satisfacer las necesidades de la compleja tarea de construir una sociedad de cooperación integral entre China y América Latina. Se podría afirmar que la formación de personas con múltiples talentos es un desafío común al que se enfrentan actualmente ambas partes.

4. 2. Difusión cultural

La difusión cultural es la vía principal para aumentar la unión entre los pueblos y el método principal para promover el diálogo entre las civilizaciones de China y América Latina. En los últimos años, los intercambios culturales entre China y América Latina han sido espléndidos, y los métodos y canales de comunicación cada vez son más diversos. En el ámbito de la difusión y comunicación cultural entre China y Latinoamérica, China siempre ha sido el principal defensor y promotor.

El Año de Intercambio Cultural China-América Latina y el Caribe de 2016, promovido por el presidente Xi Jinping, fue un acto que se desarrolló por primera vez en la historia de las relaciones sino-latinoamericanas, y tuvo como objetivo transmitir las importantes señales del intercambio cultural. Según las estadísticas,[1] en 2016 se llevaron a cabo 240 proyectos clave en China y en 24 países latinoamericanos, que incluyeron más de 650 actividades de intercambio cultural en las áreas del arte, literatura, mercado cultural, reliquias históricas, libros, medios de comunicación y turismo. Participaron de forma directa más de 6,3 millones de personas y se contó con una audiencia de más de 32 millones de personas. Esta iniciativa promovió la celebración de más de mil actividades culturales desarrolladas entre los gobiernos locales, el pueblo y las regiones latinoamericanas, con una audiencia de más de 100 millones de personas. Esta fue la primera vez

---

[1] Datos proporcionados por el Ministerio de Cultura y Turismo de China.

que China organizaba conjuntamente un año temático cultural con toda la región de América Latina. Fue el «año cultural» de mayor y más amplia escala dentro de toda la historia latinoamericana, y se caracterizó por su larga duración, altas especificaciones y enorme influencia. La exitosa celebración del Año de Intercambio Cultural China-América Latina y el Caribe abrió las puertas a la difusión y el intercambio cultural entre China y América Latina.

En mayo de 2013, el antiguo Ministerio de Cultura de China puso en marcha por primera vez la Temporada de Arte Latinoamericano[1] como un proyecto de marca y un plan cultural mecanicista, en el cual colaboró con 18 embajadas latinoamericanas en China para llevar a cabo actividades culturales, entre funciones teatrales, exhibiciones de arte latinoamericano e intercambio de creaciones entre artistas invitados en China. Desde 2014, de abril a mayo de cada año, se celebra el Festival Musical del Caribe en el marco de la Temporada de Arte Latinoamericano. Hasta el momento, la Temporada de Arte Latinoamericano ha sido celebrada en cinco ocasiones y ha invitado a más de 200 artistas de 20 países de América Latina y el Caribe a organizar aproximadamente 500 eventos con un rico y diverso contenido en Pekín, Zhejiang, Hunan, Guizhou y Sichuan.

En la actualidad, China mantiene acuerdos culturales con 19 de los 21 países latinoamericanos que han establecido relaciones diplomáticas con China.[2] Dentro de este marco, China ha firmado con 11 Estados planes

---

[1] Ibid.
[2] Estos son datos de 2015. Hasta junio de 2018, el número de países de América Latina y del Caribe que mantenían relaciones diplomáticas con China había aumentado a 23, pero el número de países que han firmado acuerdos culturales sigue siendo el mismo. Véase: An, Xinzhu, (2015), «El vínculo que une las almas del pueblo sino-latinoamericano: el *statu quo* y las tendencias de los intercambios culturales entre China y América Latina», *China Hoy*, número especial sobre la primera reunión ministerial del Foro China-CELAC, n° 01.

anuales de implementación de intercambios culturales, y sobre esta base, China ha desarrollado un intercambio cultural bilateral más amplio y profundo en múltiples ámbitos, como el arte y la cultura, la radiodifusión, el cine y la televisión, la protección patrimonial, las noticias y la publicación, y el deporte y turismo. A pesar de ello, siguen siendo escasas las agencias de difusión cultural permanente ya sea en China o América Latina. Hasta ahora, China ha establecido un solo centro cultural chino oficial en México; y en China, además de establecerse un centro cultural brasileño en la Universidad de Pekín, aún no hay centros culturales latinoamericanos o centros culturales de algún país latinoamericano en concreto. Por supuesto, lo más importante es que, aunque las actividades actuales de difusión cultural son en su mayoría administradas por el pueblo, a nivel de implementación, sigue siendo esencialmente una actividad intergubernamental. La vitalidad, el entusiasmo y el potencial de participación del pueblo no han sido liberados por completo.

4. 3. Traducción y publicación

La traducción y publicación es un método tradicional y estable del diálogo entre civilizaciones debido a la durabilidad y estabilidad de la difusión de libros. Sin embargo, antes del año 2000 era muy bajo el número de obras que se traducían, publicaban y difundían entre China y América Latina; además, estas se enfocaban principalmente en el ámbito de la literatura. A pesar de ello, tras realizar unas investigaciones,[1] se ha descubierto que la traducción y difusión de obras literarias chinas en América Latina siguen estando muy atrasadas, y el número y los tipos de obras son muy limitados. En comparación con la difusión de la literatura latinoamericana en China (difusión promovida activamente por China), las obras literarias chinas

---

[1] Lou, Yu, (2017), «Difusión cultural de China a América Latina: partiendo de la perspectiva de la literatura», *Estudios latinoamericanos*, n° 05, pp. 31-44.

actuales tienen ciertos problemas de desequilibrio como la «diferencia numérica», la «diferencia temporal», la «diferencia lingüística» y una «influencia no proporcionada» en el ámbito de la propagación en América Latina.[1] Hasta agosto de 2017, un total de 526 obras de 217 escritores de 20 países latinoamericanos habían sido traducidas al chino, y si añadimos historias seleccionadas, reediciones y nuevas traducciones, el número asciende a 740 obras.[2] La difusión de obras literarias chinas en América Latina, especialmente en una etapa inicial, dependía principalmente de la traducción a otros idiomas, y solo en los últimos años, con la mejor capacitación de los especialistas en español y portugués, se ha comenzado a traducir y a publicar en mayor escala y de manera organizada.

Un especial ejemplo de ello podría ser la editorial pionera en el campo de la difusión e intercambio cultural con América Latina: China Intercontinental Press. Desde que en 2012 comenzó a encargarse de la promoción de las obras y escritores chinos contemporáneos en el extranjero (regiones de habla hispana), China Intercontinental Press ha publicado 32 obras literarias contemporáneas chinas en español, de las cuales 25 han sido recopiladas por bibliotecas latinoamericanas.[3] En correspondencia con esto, la editorial también ha iniciado simultáneamente de forma creativa, junto con el Instituto Confucio, el «Viaje de los escritores chinos a América Latina» para reducir la distancia entre los escritores chinos y los lectores

---

[1] Ibid.
[2] Ibid., p. 36.
[3] Jiang, Shan, Zhou, Wei et al., (2014): «Análisis de los libros de literatura contemporánea china para abrir el mercado de lenguas occidentales: Un estudio del caso de la editorial China Intercontinental Press», *Information on Publication*, n° 04, pp. 45-47.

latinoamericanos.[1] Además de esto, la influencia de los libros que tratan sobre China publicados por China Intercontinental Press en las regiones de habla hispana también es encomiable. Según las estadísticas,[2] dentro de las obras literarias contemporáneas chinas recopiladas por las bibliotecas de países de habla hispana, los libros publicados por China Intercontinental Press ocupan hasta el 80% de todos los libros de editoriales chinas. Incluso en comparación con otras editoriales del mundo, sus resultados obtenidos siguen siendo impresionantes. La colección de libros chinos literarios contemporáneos ocupa el segundo lugar, siendo solo superada por la editorial española Kailas. En particular, vale la pena mencionar que China Intercontinental Press ha establecido también una plataforma de servicios de lectura digital transfronteriza para audiencias de habla hispana de todo el mundo, un sitio web de libros electrónicos en español y la versión española de la iniciativa That's China Bookshelf. Actualmente hay 1.518 libros *online*. China Intercontinental Press se ha convertido en la principal editorial de exportación de libros de temática china a regiones de habla hispana.

Además de la publicación de libros literarios, también se está comenzando a desarrollar el diálogo en el campo del pensamiento. Con el fin de promover la traducción y la publicación mutua de obras destacadas de China y América Latina y la formación de personas en la

---

[1] Recientemente, China Intercontinental Press ha extendido el proyecto That's China Bookshelf a Chile y Argentina, y también llegará a México a lo largo de este año para facilitar la comprensión de China entre los lectores latinoamericanos. Al mismo tiempo, la librería Xinhua de Zhejiang ha abierto la primera librería china de gran escala en Argentina: la librería Boku. China International Publishing Group estableció en febrero de 2018 el centro bibliotecario chino en Cuba, el segundo en América Latina; el primero se estableció en Perú en noviembre de 2016.

[2] Estos datos sobre China Intercontinental Press han sido proporcionados por el departamento de cooperación externa de dicha editorial.

traducción, e impulsar las discusiones y el intercambio en el ámbito del pensamiento y la cultura, el Ministerio de Cultura ha iniciado el Proyecto de Traducción Recíproca de Obras Clásicas de la Cultura y Pensamiento Chinas y Latinoamericanas, con el que planea traducir y publicar durante el desarrollo del XIII Plan Quinquenal alrededor de 50 obras clásicas y representativas de la cultura y el pensamiento de China y América Latina, escogidas por especialistas chinos y latinoamericanos de forma conjunta. Unas diez primeras han sido ya seleccionadas, publicitadas y puestas en marcha.[1]

4. 4. Intercambio académico

Los temas académicos son, al mismo tiempo, un contenido del diálogo entre civilizaciones y un medio importante para ello; por lo tanto, juegan un papel único en la mejora de la comprensión mutua entre China y América Latina. En los últimos años, se han desarrollado rápidamente las instituciones académicas de China y América Latina que toman al otro como objeto de investigación, y se ha formado de manera preliminar una red de intercambios académicos y de cooperación.

En China, la investigación sobre América Latina está ganando cada día más importancia y potencial. En lo que va del siglo XXI, sobre todo en los últimos cinco años, las instituciones de investigación sobre América Latina de China se han desarrollado rápidamente y han pasado de ser unas pocas a comienzos de las décadas de 1960 y 1970 a las 60 que hay

---

[1] A nivel popular, el Centro de Investigación Cultural y Cinematográfica de la Universidad de Pekín inició, junto con otros centros de investigación, el proyecto de «la traducción académica del pensamiento latinoamericano» para promover un conocimiento más profundo entre China y América Latina en el campo cultural. Chen Jingxia, (24 de enero de 2018), «El inicio de los proyectos de traducción y publicación de las obras académicas sobre el pensamiento latinoamericano», *China Reading Weekly*, n° 01.

en la actualidad,[1] concentrándose especialmente en centros de educación superior. Esta tendencia en la investigación sobre América Latina se ha desarrollado muy rápidamente y esto se debe principalmente a tres aspectos. Primero, el rápido desarrollo de las relaciones sino-latinoamericanas plantea una necesidad urgente de conocimiento sobre América Latina. En segundo lugar, se ha incrementado enormemente el establecimiento de las carreras de español y portugués debido a la demanda y expectativas del mercado. Y, por último, los proyectos de investigación y formación sobre otras regiones y Estados iniciados por el Ministerio de Educación de China han incentivado, en un momento muy oportuno, a todos los centros de educación superior. Sin embargo, detrás de la rápida expansión de las instituciones de investigación sobre América Latina en centros de educación superior, se esconde una realidad que no se puede ignorar: los recursos para una investigación efectiva aún son insuficientes, lo cual dificulta la producción de investigaciones valiosas. Aún así, se observa una tendencia gratificante, pues una nueva generación de investigadores sobre América Latina está creciendo y muestra un fuerte potencial académico: en su mayoría han nacido en la década de 1980, dominan el idioma del país objetivo y han recibido cierta formación académica profesional. Pero lo más importante es que «la nueva generación de investigadores de estudios latinoamericanos»[2] tiene una perspectiva global y capacidades de comunicación con el mundo exterior. La investigación de esta nueva

---

[1] Gao, Bei y Zhu, Guoliang, (19 de enero de 2018), «El reconocimiento mutuo y la comunicación entre las civilizaciones china y latinoamericana se encaminan hacia una nueva era», *Xinhuanet*. Disponible en http://xinhua-rss.zhongguowangshi.com/13694/2329087974017772976/2568081.html.

[2] Guo, Cunhai (2016), «La nueva generación de los estudios latinoamericanos de China», en Guo, C. y Li, Y., *China y América Latina: no existe distancia entre ambos, ni siquiera las barreras formadas por los mares y las montañas*, Beijing: China Pictorial Publishing House, p. 150.

generación no se limita solo a temas tradicionales como la política, la economía y la diplomacia, sino que continúa expandiéndose a otros campos como la antropología, el derecho, la arquitectura, la arqueología, la educación y el medio ambiente. El vigoroso desarrollo de los estudios latinoamericanos también ha traído una bocanada de aire fresco a las organizaciones nacionales de investigación latinoamericana, y esto ha aumentado la vitalidad académica. Las tres principales instituciones de investigación sobre América Latina de China son: la Subdivisión de la Academia de Investigación de la Literatura Latinoamericana Española y Portuguesa, que pertenece a la Asociación China de Literatura Extranjera; el Centro de Estudios Latinoamericanos de China; y la Academia China de Investigación de la Historia Latinoamericana. Como casos relevantes, los últimos dos han fortalecido la cooperación para promover el desarrollo de las instituciones y de los investigadores sobre estudios latinoamericanos en China.

Al igual que los estudios latinoamericanos en China, los estudios chinos en América Latina también atraviesan un vigoroso desarrollo en el contexto de un fuerte aumento de las relaciones entre los dos países. Según estadísticas parciales, hay más de 20 instituciones latinoamericanas con China como objeto de estudio. De forma similar a las investigaciones sobre América Latina en China, el número de jóvenes latinoamericanos que estudian China también está creciendo. Esto se debe, primero, a la difusión del chino promovida por el Instituto Confucio. Cada vez más jóvenes latinoamericanos comienzan a aprender chino y sienten un profundo interés por los estudios chinos. Estos jóvenes utilizan las diversas becas otorgadas por el Gobierno chino para estudiar másteres y doctorados centrados en cuestiones relacionadas con China, por ejemplo, el Programa Confucio de Nuevos Estudios Chinos recién lanzado por Hanban. Al mismo tiempo, las universidades latinoamericanas han comenzado a establecer proyectos de maestría en Estudios sobre China. Por ejemplo, en 2017 la Universidad

Nacional de La Plata y la Universidad Nacional de Lanús, en Argentina, han lanzado un programa de maestría de un año de duración, con el objetivo de promover la formación de investigadores sobre China en Argentina. Los académicos latinoamericanos van prestando más atención a la presencia de China en América Latina. Enrique Dussel Peters, coordinador del Centro de Estudios China-México de la Universidad Nacional Autónoma de México, lideró el establecimiento de la Red Académica de América Latina y el Caribe sobre China (Red ALC-China), y ha organizado de forma regular reuniones entre los académicos de estudios chinos y latinoamericanos, y ha publicado lo tratado en las conferencias, lo cual ha adquirido una importancia creciente. La Asociación Latinoamericana de Estudios de Asia y África[1] (ALADAA) es cada vez más activa en estos últimos años. El tema sobre China en la ALADAA no solo es indispensable, sino que también llama cada vez más la atención.

Lamentablemente, el aumento de los estudios chinos y latinoamericanos en ambas regiones no ha llegado a promover la formación de una estrecha red de intercambio académico sino-latinoamericano. En los últimos años, los estrechos vínculos entre China y América Latina han llevado a los círculos académicos de ambos países a acercarse y a producir varias marcas académicas, como el Foro Académico de Alto Nivel CELAC-China, el Foro de Intercambio entre Think Tanks de China-CELAC, el Foro Legal China-América Latina,[2] y el reciente Diálogo entre Jóvenes

---

[1] Organización académica regional de América Latina enfocada en estudios asiáticos y africanos, las ALADAA de Chile, México y Argentina son especialmente activas.

[2] El Foro Legal China América-Latina se estableció en Shanghái, China, en 2007. Hasta ahora se han celebrado siete sesiones en China, Cuba, Argentina, Perú, Chile, Ecuador y Brasil. El Foro Legal China América-Latina es la única plataforma interactiva multilateral para académicos chinos y latinoamericanos en derecho.

Investigadores de China y América Latina. Sin embargo, la mayoría de estos foros o diálogos aún se basan en el formato de reuniones, sin poder establecerse mecanismos de comunicación cotidianos o algún tipo de planificación práctica para la investigación conjunta, por lo que es difícil desarrollar discusiones o diálogos académicos profundos. Esto se debe, por una parte, a la falta de integración y colaboración profunda entre los institutos nacionales de investigación sobre América Latina de China; y por otra, a que los institutos de investigación sobre China de América Latina carecen de una figura que pueda desempeñar el rol de coordinador, como la Academia de Estudios Latinoamericanos de China, ya que están relativamente más descentralizados. Por lo tanto, podemos imaginar que los intercambios académicos actuales entre China y América Latina tienen una base, pero todavía hay un largo camino por recorrer si se quiere formar una red de investigación conjunta que facilite y promueva el diálogo entre las civilizaciones de China y Latinoamérica.

4. 5. Conversación con los medios de comunicación

En la actual era informatizada y conectada por redes, los medios de comunicación, especialmente los nuevos, son los medios de difusión más convenientes y más populares. Sin embargo, los medios son un arma de doble filo, ya que la divulgación de información objetiva e imparcial puede ayudar a las personas a comunicarse entre sí, pero si ocurre lo contrario, puede conducir fácilmente a malentendidos. Por lo tanto, se podría afirmar que la cooperación y el intercambio entre los medios son cruciales para promover el diálogo entre China y América Latina.

Lamentablemente, la situación actual del intercambio entre medios de comunicación sino-latinoamericanos resulta preocupante. En términos generales, la cooperación y los intercambios entre los medios de comunicación de ambas partes afrontan fundamentalmente tres problemas:

la diferencia, el déficit y el superávit.[1] En primer lugar, existe una clara brecha entre la atención mutua prestada entre los medios de China y América Latina, y una clara diferencia general del desarrollo de las relaciones sino-latinoamericanas. En segundo lugar, respecto a la difusión de información positiva sobre el otro entre los medios de China y Latinoamérica, la parte china se encuentra en un estado de déficit. Aunque los medios chinos y latinoamericanos prestan relativamente poca atención al otro, dentro de estos informes limitados, la parte latinoamericana presta más atención a una «China con problemas» que a una «China con ilusiones», mientras que los informes sobre América Latina de los medios chinos suelen ser neutrales y positivos. Y por último, respecto al intercambio y comunicación entre el personal y las instituciones de medios de comunicación, la parte china se encuentra claramente en un estado de superávit. Casi todos los principales medios de comunicación que tratan sobre asuntos extranjeros tienen periodistas en América Latina, entre estos, la Agencia Xinhua ha logrado llegar a casi todos los países latinoamericanos. Por el contrario, durante un largo periodo de tiempo, la existencia de periodistas latinoamericanos en China sigue siendo muy escasa; e incluso en los últimos años este número ha disminuido pese al estrechamiento de relaciones sino-latinoamericanas. No sería complicado comprender las razones por las que se caracteriza el intercambio entre los medios de comunicación chinos y latinoamericanos. En primer lugar, China se encuentra en un estado de superávit en estas comunicaciones, quiere decir, en gran medida, es China quien se acerca a América Latina de forma activa y no al revés.

---

[1] Las ideas mencionadas aquí proceden principalmente del discurso de Feng Junyang, director de la Oficina de Edición en Idiomas Occidentales del Departamento de Noticias Internacionales de la Agencia de Noticias Xinhua, en la 6ª Sesión del Foro Académico de Alto Nivel entre la Comunidad de Estados Latinoamericanos y Caribeños (CELAC) y China y la Conferencia Académica de China y América Latina, celebrada el 29 y 30 de junio de 2017 en Pekín.

China es la principal fuerza motriz para la construcción y el desarrollo de las relaciones bilaterales.[1] En segundo lugar, la mayoría de los informes latinoamericanos sobre China son negativos, y esto se debe principalmente a que la opinión pública de América Latina está principalmente orientada por los medios de comunicación de Occidente, y a que son escasos los periodistas latinoamericanos que se encuentran en China; por ello, el pueblo latinoamericano depende de las fuentes occidentales y confía en ellas. En tercer lugar, en la agenda de las relaciones sino-latinoamericanas, la política y la economía siguen siendo temas prioritarios, sin embargo, en los últimos años, cuando los obstáculos culturales se han convertido en un factor cada vez más importante que afecta las relaciones entre China y América Latina, ambas partes, especialmente China, se han dado cuenta de la importancia de los intercambios culturales.

Esta grave situación significa que no solo es imprescindible fortalecer la cooperación y la comunicación entre los medios de comunicación chinos y latinoamericanos, sino que también se debe construir activamente. Del 22 al 23 de noviembre de 2016 se celebró en Santiago de Chile la Primera Cumbre de Líderes de Medios de Comunicación de China y América Latina y el Caribe,[2] patrocinada conjuntamente por la Comisión Económica para América Latina y el Caribe, y que atrajo a más de 100 directivos de los medios de comunicación principales de China y Latinoamérica. En la ceremonia de apertura, el presidente Xi Jinping presentó en su discurso tres

---

[1] Zhao, Chongyang y Chen, Yuanting, (2017): «Las relaciones sino-latinoamericanas entran en la fase de 'construcción y desarrollo'», *Estudios latinoamericanos*, n° 05, pp. 16-30.

[2] El 27 de octubre de 2017, la Oficina de Información del Consejo de Estado celebró en Pekín el Foro de Medios de Comunicación China-América Latina, en el que participaron los 19 medios principales de 11 países latinoamericanos, promoviendo de esta manera la formación inicial del mecanismo de comunicación entre los medios de prensa de China y América Latina.

propuestas para profundizar la cooperación entre China y América Latina, anunció el establecimiento del Centro de Prensa China-América Latina y el Caribe (CLACPC), e invitó a periodistas latinoamericanos a visitar China. En mayo de 2017 se estableció oficialmente el CLACPC en Pekín y once periodistas de nueve países latinoamericanos se convirtieron en los primeros estudiantes. En mayo de 2018 se celebró la ceremonia de apertura de la segunda sesión de las clases del programa Centro Internacional de Medios de Comunicación de China[①] en la subdivisión de América Latina, y entre los participantes figuraban 13 periodistas de diez países latinoamericanos. A través del estudio y el seguimiento de los estudiantes de la primera sesión, se ha descubierto que este proyecto ha obtenido buenos resultados al ayudar a los periodistas latinoamericanos a conocer y reportar una China objetiva, verdadera y dinámica, cambiando el contenido y formas que se solían utilizar antes.

5. LA CONSTRUCCIÓN DEL MECANISMO DE DIÁLOGO ENTRE LAS CIVILIZACIONES DE CHINA Y AMÉRICA LATINA: REFLEXIONES Y SUGERENCIAS

Bajo la vigorosa promoción e impulso de los Gobiernos de China y América Latina, los intercambios culturales y el reconocimiento mutuo entre ambas civilizaciones se han ido deshaciendo de su estatus de

---

[①] Desde 2018, la Asociación China de Diplomacia Pública ha consolidado y expandido el proyecto de centro de intercambio entre medios de comunicación China-África, China-Asia del Sur y Sudeste Asiático, China-América Latina y el Caribe a un Centro Internacional de Intercambio entre Medios de Comunicación de China, con un subcentro en América Latina y otro en el Caribe. La primera fase del proyecto en el Caribe se inició oficialmente el 1 de abril de 2018, con el periodo de un mes.

«baja política» y han pasado a la agenda de la «alta política» dentro de las relaciones sino-latinoamericanas. Gracias a esto, las actividades de intercambios culturales y humanitarios, que concuerdan con el propósito del diálogo entre las civilizaciones de China y América Latina, se han vuelto cada vez más activas. Sin embargo, bajo esta superficial prosperidad, sigue siendo difícil ocultar el hecho de que el desarrollo general está más fragmentado. El problema potencial que esto conlleva es que muchos intercambios culturales transversales e incluso repetitivos y actividades de reconocimiento civilizado mutuo no son capaces de formar y conseguir un efecto de trabajo conjunto y de unión. En vista de ello, se necesitaría con urgencia una plataforma o un plan general y programático para coordinar, guiar y dirigir teóricamente las actividades de intercambio cultural y de reconocimiento mutuo sino-latinoamericano. Por lo tanto, la construcción de un mecanismo de diálogo entre las civilizaciones de China y América Latina no solo es cada vez más urgente, sino también se encuentra en el momento adecuado de ser construido.

En primer lugar, es necesario comprender plenamente la urgencia y la importancia de fortalecer el diálogo sino-latinoamericano durante el periodo actual y en el futuro. En la actualidad, las relaciones entre ambas zonas ya han entrado en fase de «construcción y desarrollo», y su integridad, su planificación y el objetivo de la cooperación sino-latinoamericana se están volviendo cada vez más claros. La promulgación sucesiva de los tres principales documentos de política[1] significa que la fuerza de cooperación entre China y América Latina ha aumentado en gran medida.

---

[1] Nos referimos a los tres documentos programáticos mencionados anteriormente que apuntan a enmarcar y guiar la dirección de desarrollo de la cooperación sino-latinoamericana: el Plan de Cooperación China-Estados Latinoamericanos y Caribeños (2015-2019) (2015), el Documento de la Política de China hacia América Latina y el Caribe (2016) y el Plan de Cooperación Conjunta en las Áreas Prioritarias entre China y la CELAC (2019-2021).

Sin embargo, la falta de conocimiento mutuo entre ambas zonas «es como los dos conductores que no conocen las normas de tráfico del otro, y cuanto más frecuentes son los contactos, mayor es la posibilidad de chocarse».[1] Cómo minimizar los conflictos de intereses y mejorar el entendimiento y la comprensión de la cooperación de mutuo beneficio son, sin duda, tareas urgentes e importantes. Y no cabe duda de que el diálogo entre ambas civilizaciones es un camino importante para aliviar los conflictos, aumentar la confianza, e incluso para construir consensos.

En segundo lugar, el diálogo entre China y Latinoamérica sigue en su etapa inicial, y necesita de urgente coordinación e integración. En comparación con otras regiones, América Latina es una región en la que China se ha quedado rezagada en el desarrollo de un diálogo entre civilizaciones. A pesar de ello, todavía existen algunos programas de intercambio cultural entre China y América Latina. Sin embargo, el problema principal es que muchos proyectos de intercambio carecen tanto de diseño general como de planificación a largo plazo, y carecen de vínculos orgánicos, lo que daría como resultado la descentralización y la fragmentación. El diálogo entre civilizaciones de China y América Latina aún se encuentra en fase de exploración, lo que supone que existe una urgente necesidad de orientación profesional por parte de las agencias y departamentos correspondientes. Pero hasta el día de hoy, China aún no ha establecido un mecanismo de intercambio cultural y humanitario de alto nivel con ningún país latinoamericano, y mucho menos con toda la región. La carencia de este tipo de mecanismos de comunicación no favorece el impulso integral de la unión de los pueblos, ya que no se puede coordinar de manera efectiva los diferentes tipos de proyectos ni integrar el poder del diálogo entre civilizaciones. Si se quiere promover de manera eficaz

---

[1] Guo, Cunhai, (2016), «La construcción de la imagen nacional de China: la perspectiva de América Latina», *Estudios latinoamericanos*, nº 05, octubre, p. 49.

el diálogo entre las civilizaciones de China y América Latina, y de esta manera aumentar la confianza mutua y la sostenibilidad de la cooperación entre ambos territorios, la construcción de un mecanismo de diálogo es imprescindible.

Además, ha llegado el momento de construir este mecanismo de diálogo. Como se mencionó anteriormente, a nivel gubernamental, el presidente Xi Jinping ha enfatizado en varias ocasiones que es necesario fortalecer el diálogo entre las civilizaciones de China y América Latina para que ambas se conviertan en un modelo de coexistencia armoniosa y de entendimiento mutuo. El primer ministro chino, Li Keqiang, propuso en su discurso ante la Comisión Económica para América Latina y el Caribe de la ONU una iniciativa para construir un mecanismo de diálogo entre China y América Latina. El Segundo Documento de la Política de China hacia América Latina y el Caribe también reflejó este tipo de ideas e iniciativas, al proponer claramente «desarrollar de forma activa el diálogo entre las civilizaciones de China y Latinoamérica». A nivel popular, la traducción, publicación y difusión de obras clásicas sobre el pensamiento y la cultura de China y América Latina han comenzado a mostrar vitalidad; ha crecido el número de seminarios sobre China y Latinoamérica en instituciones académicas de ambos territorios, y el número de visitas mutuas entre los intelectuales se ha hecho más frecuente; la comunicación mediática también está aumentando, los informes bilaterales son cada vez más diversos y el contenido, cada vez más objetivo. Más importante aún, los *think tanks*, los departamentos de difusión cultural, las universidades y los gobiernos locales también han tomado la iniciativa de celebrar el primer seminario internacional del Diálogo entre Civilizaciones China-Latinoamérica,[1] apoyando así la iniciativa de construir un mecanismo de diálogo entre ambas civilizaciones mediante la acción.

Sin embargo, así como el diálogo entre civilizaciones debe «ir sin prisa ni pausa haciendo planes a largo plazo» para que pueda «introducirse de forma silenciosa», es imposible construir de la noche a la mañana el mecanismo de diálogo entre ambas civilizaciones, sino que debe realizarse gradualmente. A continuación, se presentan algunas sugerencias y reflexiones para la construcción de este mecanismo.

Primero, establecer un foro de «diálogo entre civilizaciones China-Latinoamérica» e incluirlo dentro del Foro China-CELAC para coordinar los diversos campos del diálogo entre ambas civilizaciones. En la actualidad, el Foro China-CELAC ha establecido ocho subforos, lo único que falta es el mecanismo de intercambio cultural y de civilizaciones, que ha estado atrasado durante un largo periodo de tiempo y que todavía no se ha establecido de manera efectiva. El establecimiento de este mecanismo llenaría los vacíos de este campo, y proporcionaría una gran plataforma

---

[1] Esta conferencia fue iniciada conjuntamente por el Instituto de Estudios Latinoamericanos de la Academia China de Ciencias Sociales, la Universidad de Changzhou, la Oficina de Relaciones Exteriores del Gobierno Popular de la provincia de Jiangsu y la Oficina de Lenguas Extranjeras de Blossom Press, y se celebró en la Universidad de Changzhou del 18 al 19 de noviembre de 2017. El tema de la conferencia fue «La civilización china y la civilización latinoamericana: mezcla y reconocimiento mutuo», se discutió la experiencia histórica del diálogo entre las civilizaciones de China y América Latina desde la modernidad, y se exploraron las rutas para promover aún más el intercambio cultural y el reconocimiento mutuo entre ambas civilizaciones. Más de 100 personas, entre funcionarios gubernamentales, diplomáticos, expertos académicos, representantes de agencias de difusión cultural de China y de diez países de América Latina, asistieron al seminario. El Segundo Simposio Internacional sobre Diálogos entre las Civilizaciones China-América Latina está programado para septiembre de 2018 en Nanjing.

para el intercambio y reconocimiento cultural entre China y América Latina de forma integral. En vista de la diversidad de la cultura y la civilización de China y Latinoamérica, el diálogo entre ambas civilizaciones debería enfocarse primero en descubrir los puntos comunes de los valores de ambos, y así encontrar la base para el diálogo.

Segundo, promover y apoyar la investigación sobre América Latina en China y construir una red de intercambio académico y de cooperación entre China y Latinoamérica. En respuesta a la investigación sobre América Latina en China, la iniciativa de la comunidad latinoamericana para estudiar China también aumentaría significativamente. En los últimos años, varias universidades e instituciones académicas latinoamericanas han reforzado de distintas maneras la investigación sobre China. A pesar de ello, en América Latina, la investigación sobre China todavía es un campo «emergente», el número de instituciones que se dediquen a ello sigue siendo muy limitado. Teniendo en cuenta lo anterior, 1) sería necesario dar rienda suelta al papel de la Academia de Estudios Latinoamericanos de China, integrar los recursos de investigación sobre América Latina que posee China, apoyar y formar sangre nueva para la investigación sobre Latinoamérica y, al mismo tiempo, desarrollar y cumplir el papel de puente para el intercambio académico entre ambas zonas, a fin de realizar una conexión estratégica con instituciones de investigación chinas en América Latina; 2) promover entre las instituciones académicas de China y Latinoamérica la construcción de un centro de investigación chino en América Latina para ayudar a formar las fuerzas de investigación sobre China, y apoyar a los intelectuales e instituciones latinoamericanas en la creación oportuna de una sociedad de investigación china; 3) establecer un instituto sino-latinoamericano como mecanismo de coordinación para el diálogo académico y el desarrollo de investigaciones conjuntas entre China y Latinoamérica, y como mecanismo de apoyo para la construcción de instituciones de investigación chinas en América Latina; y 4) fortalecer los intercambios e interacciones entre los profesionales de los medios de comunicación y los académicos de China y América Latina, y promover de forma oportuna el diálogo entre académicos y periodistas chinos y latinoamericanos.

Tercero, fortalecer el apoyo a las políticas y construir un mecanismo a largo plazo para el intercambio cultural basado en el mercado. La construcción actual del mecanismo de diálogo entre las civilizaciones de China y Latinoamérica está claramente dominada por el Gobierno. A pesar de su papel único, a largo plazo, el simple hecho de depender de las fuerzas del Gobierno hará que este mecanismo no pueda ser capaz de proporcionar una fuerza sostenible para apoyar el diálogo entre las civilizaciones de ambos territorios. La construcción de un mecanismo a largo plazo para el reconocimiento y la integración cultural sino-latinoamericana a día de hoy, con una economía global altamente desarrollada, requiere el establecimiento de una cooperación entre la industria cultural sino-latinoamericana basada en el mercado, tomando como eje los productos y servicios culturales. Esto se debe a que los productos culturales son portadores materializados que contienen símbolos culturales y valores espirituales. No solo tienen las mismas funciones que los intercambios culturales, sino que son más fuertes y potentes a efectos de difusión y motivación. Si bien el nivel actual de cooperación en la industria cultural sino-latinoamericana es relativamente bajo, a la larga tendrá un amplio espacio para la cooperación. Existen tres bases objetivas: China y América Latina poseen una rica y espléndida civilización, tienen la necesidad estratégica de desarrollar vigorosamente la industria cultural y de promover la cooperación internacional, y tienen un enorme potencial en el mercado cultural y poseen las bases para una cooperación apoyada en la igualdad y el beneficio mutuo.[1]

---

[1] He, Shuangrong, (2015), «Industria cultural e imagen internacional: la probabilidad de la cooperación entre China y América Latina tomando como ejemplo la cooperación de la industria del cine y la televisión», *Estudios latinoamericanos*, n° 04, p. 40.

(6)

LAS RELACIONES SINO-ESPAÑOLAS DURANTE LA TRANSICIÓN (1976-1982)

Luo Huiling
Universidad Complutense de Madrid

INTRODUCCIÓN

El establecimiento de relaciones diplomáticas entre España y la República Popular China en 1973 fue un acontecimiento transcendental para las relaciones bilaterales. Después de la muerte de Franco y Mao respectivamente, los dos países experimentaron cambios importantes en el ámbito nacional, resultado de las transformaciones en la situación interna. En la época postfranquista, España buscaba un equilibrio entre «seguir la orientación de Franco en la diplomacia» y «ampliar el espacio internacional», mientras que China continental realizaba un giro importante en su política exterior, desde un Frente Internacional Antihegemonía hasta «dejar aparte la lucha ideológica y procurar un entorno pacífico». La política de Reforma y Apertura de Deng Xiaoping, permitiría a China volver al camino de modernización, consecuente con una política exterior pragmática. En este artículo, elegimos los años 1976 y 1982, un periodo de «transición» para ambos países, para tener una visión general de los vínculos que ha experimentado la relación entre España y China, haciendo hincapié en los siguientes aspectos: la visita de los reyes de España a China, como un «punto destacado» de las comunicaciones oficiales; las visitas de alto rango durante la Transición española; intercambios en otros aspectos; y las relaciones políticas no oficiales.

1. VISTA DE LOS REYES DE ESPAÑA A CHINA

Transcurridos casi cinco años desde la inauguración de los lazos diplomáticos, tuvo lugar otro suceso memorable en las relaciones políticas oficiales sino-españolas: la visita de los reyes a China, viaje histórico y una etapa de la gira asiática que realizaron en junio de 1978. Aquel viaje se debió a dos motivos principales: por un lado, el interés que España despertó en los líderes chinos, también a la curiosidad que provocó en España la realidad del país lejano, tan desconocido para la mayoría de los españoles; por otro lado, el nuevo monarca tenía gran voluntad de afianzar la presencia española en el orden internacional y explicar las características de la naciente democracia en el país.[1] La delegación española permaneció en China durante seis días. El embajador español en China, Eugenio Bregolat, en su segundo libro ha destacado el significado indiscutible de este viaje, y ha afirmado que «existe consenso de que España ha llegado tarde a China, pero no llegaron tarde don Juan Carlos y doña Sofía, que fueron los primeros reyes que visitaron la China de Deng Xiaoping».[2] Los oficiales chinos también coincidieron en reconocer la importancia de dicho viaje. Sin duda, que la visita tuviera lugar precisamente en la coyuntura en la que tanto China como España se encontraban, una nueva etapa histórica, le dio

---

[1] Ver Morena Calvet, (2016), p. 205.
[2] Ver Bregolat, (2014), p. 315.

un carácter único.

Conforme a lo que nos revela el antiguo ministro de Exteriores Marcelino Oreja en su libro, fue el rey Juan Carlos I quien tomó la iniciativa y le propuso la conveniencia de visitar China.[1] Los objetivos del viaje oficial del monarca español no se habrían de limitar a la dimensión política de ofrecer una imagen «abierta» hacia el mundo exterior, sino que en gran medida era motivada por razones económicas y comerciales.

1. 1. Los reyes españoles llegaron a Pekín

El séquito oficial estaba integrado por figuras clave del gabinete español: Marcelino Oreja Aguirre, ministro de Asuntos Exteriores; José Ramón Sobredo, embajador de España en Pekín; Marqués de Mondéjar, jefe de la Casa de S. M. el Rey; Máximo Cajal López, director general de la Oficina de Información Diplomática del Ministerio de Asuntos Exteriores; y Felipe de la Morena, ministro plenipotenciario del Ministerio de Asuntos Exteriores, entre otros.[2]

Felipe de la Morena nos confirma que, con el objetivo de dar a conocer a la opinión pública española la importancia de la visita real, también se contó con un nutrido grupo de periodistas (Morena Calvet, 2016: 205-206). Según la crónica de Gutiérrez Alarcón, desde el sector de la prensa, les acompañaron directivos de los periódicos más influyentes de España, tales como *Pueblo*, *Informaciones*, *ABC*, *Arriba*, *Diario 16*, *El País*, etc.; cabe mencionar que también la prensas regional estaba representada en la lista de la delegación, aspecto novedoso que reflejaba el ambiente de apertura democrática.

El avión Sorolla, abriendo su primera trayectoria Madrid-Pekín, llegó a la capital china el 16 de junio de 1978. En este viaje histórico, los reyes

---

[1] Ver Oreja Aguirre (2011), p. 252.
[2] Ver Gutiérrez Alarcón (1978), pp. 237-238.

españoles fueron recibidos con una sorprendentemente cálida acogida. Como hecho significativo, entre los dirigentes políticos chinos que participaron en el acto de recepción con «los más altos honores» figuraban: Hua Guofeng, presidente del Comité Central del Partido Comunista de China y primer ministro del Consejo de Estado; Deng Xiaoping, entonces viceprimer ministro del Consejo de Estado y líder de China en ciernes, considerado el «artífice de la Reforma y Apertura de China», entre otros. La bienvenida china sorprendió a los huéspedes europeos por las expresiones llenas de entusiasmo. Las palabras de Demetrio Gutiérrez sería la mejor demostración de esta sensación: «Jamás pueblo alguno —ya lo hemos dicho, pero no tenemos inconveniente en repetirlo— dispensó tan jubiloso recibimiento a don Juan Carlos y doña Sofía. Ni en España, ni en el extranjero». La escena de bienvenida servía para romper el prejuicio sobre el comunismo por parte de los representantes de un estado de modelo capitalista.

1. 2. Propaganda de la política exterior e intercambio de ideas

Después de la visita al Mausoleo de Mao Zedong, un lugar emblemático para la China de entonces, acudieron al Palacio del Pueblo para un primera reunión de trabajo, los miembros de mayor rango de la delegación española: a don Juan Carlos y Marcelino Oreja les acompañaron Carlos Bustelo, subsecretario de Comercio, y varios directores generales, además de Jaime de Ojeda, coordinador de este viaje (Oreja Aguirre, 2011: 256). En su *Memoria*, el ministro Oreja nos acerca a esta experiencia peculiar, quien tras la petición de Deng Xiaoping y la invitación del rey, explicó el papel del monarca en el proceso de cambio en España y describió las grandes líneas de la política exterior española.

La impresión que dejó Deng Xiaoping, a ojos de los españoles reunidos, fue la de una intervención «precisa y rigurosa»; fue también él quien concluyó la sesión después de pronunciar palabras de agradecimiento.

La cena de gala ofrecida por el Gobierno chino se convirtió en una ocasión más de exposición de la política exterior de cada parte. El rey Juan Carlos I pronunció un discurso de Estado manifestando su preocupación por las graves tensiones entre las grandes potencias, la postura española sobre la descolonización y la defensa del derecho de autodeterminación de los pueblos. Mientras tanto, Deng Xiaoping habló de la historia de lucha contra agresiones extranjeras, tanto de España como de China. En el campo diplomático se percibía el giro de perspectiva de la política exterior china después de la Revolución Cultural, que a finales de los años setenta ya estaba saliendo de la órbita de lucha ideológica y la creación de una imagen emblemática, para centrarse paulatinamente en promover un desarrollo que realmente serviría para la mejora de la situación nacional.

1. 3. Buena imagen y amistad sino-española durante el viaje

Los reyes españoles visitaron los lugares históricos de Pekín, Hangzhou y Shanghái. Fue un viaje donde «se sembraban semillas de buena amistad», según el dicho chino. Durante su itinerario, los reyes españoles fueron dejando una imagen muy positiva de «simpatía, humanidad y sencillez», aspectos que cautivaron tanto a los chinos como a los periodistas españoles que les acompañaban en el viaje.

Reconociendo su relevancia, el viaje histórico de don Juan Carlos y doña Sofía también despertó amplio eco en los periódicos chinos. En el *Renmin Ribao*, el *Diario del Pueblo* por su traducción literal al español, el periódico más leído del país, el día 15 de junio ya había comenzado a dar noticias sobre la pronta visita de la delegación española y a revelar los miembros principales de la comitiva;[1] el día 16 de junio dedicó tres columnas en primera página a la inminente llegada de los reyes españoles.

---

[1] Ver *Renmin Ribao* (*Diario del Pueblo*). Versión original disponible en: http://www.ziliaoku.org/rmrb/1978-06-15-5#502974

El mismo diario *Renmin Ribao* de los días 17 y 18 de junio de 1978 continuó siendo protagonizado por la visita, con noticias sobre la llegada de los reyes al aeropuerto de Pekín, la visita al Mausoleo de Mao Zedong,[1] las conversaciones mantenidas entre los ministros en asuntos políticos y comerciales, el itinerario de los reyes, la misa en la iglesia Nantang y el recorrido «heroico» en la Gran Muralla.

1. 4. Momento culminante: Discursos de Deng Xiaoping y del rey Juan Carlos

El banquete de Estado en honor de los reyes y la delegación española tuvo lugar en el Gran Palacio del Pueblo, el más grande de Pekín —según los periodistas españoles, «el mayor que jamás habían visto antes»— con más de quinientos comensales invitados. Ya sabemos que en la filosofía china, el concepto de «dimensión» es muy importante. Deng Xiaoping pronunció su discurso elogiando a España por «el mantenimiento de la independencia» y «la no admisión de la injerencia ni presiones extranjeras». Cuando él reiteró la teoría de la guerra de guerrillas, sorprendió al público español con su cita especial: «Guerrilla es un término creado por los españoles» (Gutiérrez Alarcón, 1978: 202). Deng insistió en la importancia del Segundo Mundo, la seguridad de Europa y la integración de España en el Mercado Común, destacando la importancia de la unión de Europa para la lucha contra la política de agresión y de guerra de las superpotencias, y recordando al público que «Su Majestad el Rey ha manifestado en repetidas ocasiones que España no puede estar al margen de la unión europea». En este aspecto, se notaba la gran sincronización de los líderes políticos de ambos lados en la búsqueda de posibilidades para que su propio país se integrara en el sistema internacional. Luego tomó la palabra el rey Juan Carlos I, quien destacó

---

[1] *Ibídem*, p. 122. Versión original disponible en: http://www.ziliaoku.org/rmrb/1978-06-17-4#503037

también que los dos Gobiernos coincidían con muchas líneas en la política exterior.

Entre los resultados concretos del viaje, se firmaron tratados en materia de comercio y transporte aéreo. En el catálogo *China-España*,[1] publicado por la Oficina de Información del Consejo de Estado de la República Popular China, en la página 49 está insertada la fotografía en que figuran el ministro Marcelino Oreja y su homólogo chino Huang Hua, firmando el Convenio sobre Transporte Aéreo Civil entre España y China el 22 de junio de 1978.

El primer viaje de los reyes españoles a China marcó un hito en la comunicación oficial bilateral, abriendo una situación completamente distinta a la anterior (Oficina de Información del Consejo de Estado de la República Popular China, 2007: 5). El otro éxito del viaje consistiría en un conocimiento mutuo de manera más directa y real. Esta experiencia sirvió para una aproximación verdadera entre dos mundos geográficamente lejanos, que sorprendentemente poseían mucha similitud, al menos existían muchos puntos compartidos en la política exterior, pues en ese año 1978, tanto España como China tenían las mismas inquietudes en cuanto a su desarrollo interno y las relaciones internacionales.

2. COMUNICACIONES BILATERALES DE ALTO RANGO ENTRE 1979 Y 1982

Revisando las relaciones sino-españolas después del viaje de los reyes a China, merecen destacarse las siguientes visitas de alto rango: por la parte

---

[1] Ver 中国新闻办公室编,《中国—西班牙》,五洲传播出版社,北京,2007年1月, Redacción: Oficina de Información del Consejo de Estado de la República Popular China, *China-España*, Chinese Intercontinental Press, Beijing, enero de 2007.

china, el viceministro Gu Mu, en abril de 1981; el ministro de Exteriores y a la vez consejero de Asuntos Estatales, Huang Hua, en junio de 1982; por la parte española, la llegada del nuevo embajador español, Felipe de la Morena Calvet, en octubre de 1978; visita de los condes de Barcelona a Pekín en 1979, cuando fueron recibidos por Deng Xiaoping como muestra de una consideración especial hacia los padres del rey; y el ministro de Comercio, José Antonio García Diez, en marzo de 1980.

2. 1. Nuevo embajador español en Pekín: Felipe de la Morena Calvet

En sus memorias recién publicadas, *Deng Xiaoping y el comienzo de la China actual. Recuerdos de un testigo*, el embajador Felipe de la Morena Calvet nos reveló que recibió el encargo de ir a Pekín cuando estaba en la Embajada española en Lisboa, donde le informaron que sería «el primer embajador nombrado por el rey en China» (Oficina de Información del Consejo de Estado de la República Popular China, 2007: 9). De hecho Felipe de la Morena era realmente una persona clave para las relaciones sino-españolas, si recordamos que fue la persona encargada de las negociaciones con el representante chino para establecer lazos oficiales entre los dos Gobiernos, y que acompañó a los reyes en su viaje de Estado a China, pocos meses antes. El 4 de octubre, Felipe de la Morena aterrizó en Pekín y solo una semana después se procedió a la entrega de sus cartas credenciales. Según la «política de gesto» aplicada en los protocolos chinos, esa rapidez extraordinaria fue una demostración de simpatía y amistad tanto a Felipe de la Morena en persona como al monarca español que había realizado una visita exitosa.

Durante los cuatro años como jefe de la sede diplomática española en Pekín, el embajador fue testigo de muchos cambios importantes en China: la consolidación del liderazgo de Deng Xiaoping, modificación de la orientación por las «cuatro modernizaciones», la fase inicial de la política de «reforma y apertura», relaciones diplomáticas con Estados Unidos establecidas en el comienzo de 1979, la guerra en Vietnam, el significante Sexto Pleno del XI Congreso en 1982, entre otros. El 21 de septiembre de 1982, terminó su misión diplomática en la República Popular China.

2. 2. *La visita de los condes de Barcelona*

A pesar de que el viaje del conde de Barcelona y su esposa a China en mayo de 1979 no se trataba de un visita oficial, ello no impidió que tuviera un significado muy especial para Pekín, porque lo relacionaba primero con el monarca español, por lo tanto, a ojos chinos representaba una continuidad del interés de la corona española hacia el país oriental (Morena Calvet, 2016: 217). Por esa razón, la respuesta de Zhongnanhai al interés expresado fue inmediata y al día siguiente ya se dieron «instrucciones superiores» de informar de la «satisfacción del Gobierno Chino por aquel viaje». La colaboración fue muy activa, la parte china que se encargaba de la organización fue el Instituto del Pueblo Chino para las Relaciones Extranjeras, y estaba dispuesto a recibir a don Juan y doña María de las Mercedes con una estancia más larga aún que la que se había propuesto.

No sería nada difícil imaginar que, para China, un país con tradición confuciana en que se destaca la superioridad del padre frente al hijo, el hecho de recibir al padre del rey español sería un honor en cierto sentido comparable con recibir al propio rey. Si recordamos el gran éxito conseguido por Juan Carlos I en su viaje a China el año anterior, sería de todo lógico que Pekín diera una «calurosa bienvenida» al matrimonio de los condes de Barcelona. Acudieron al acto de recibimiento unos trescientos líderes chinos, la asistencia de representantes de las más altas esferas del Estado chino complació lógicamente a don Juan y doña María de las Mercedes.

En la recepción, además de dar bienvenida a los visitantes españoles, Deng Xiaoping explicó detalladamente las políticas de China: el proyecto de modernización, las «cuatro modernizaciones» y sus objetivos; también habló sobre la situación de atraso que había sufrido China en las décadas anteriores, los problemas del pasado, así como las dificultades que habría de afrontar en las décadas siguientes. Sobre la política de reformas, Deng afirmó que se verían resultados positivos en diez años; en cuanto a las relaciones internacionales, insistió en la gran necesidad de aumentar intercambios bilaterales entre China y España, para lo cual, ofreció su apoyo personal; confirmó que estaba siguiendo los acontecimientos en la política española; y destacó su deseo de ver una Europa «unida y fuerte» en la cual España sería imprescindible.

El *Renmin Ribao* de 15 de mayo de 1979 había publicado en su primera página la noticia anunciando la llegada y el recibimiento.[1] Este viaje, junto con el del año anterior de los reyes, contribuyeron de manera extraordinaria al estrechamiento de relaciones bilaterales.

2. 3. Otras visitas oficiales entre 1979-1982

Cuatro meses después de la visita de los condes de Barcelona, Pekín se encontraba en vísperas de la celebración del 30 aniversario de la fundación de la República Popular China. El rey Juan Carlos I mandó un telegrama de felicitaciones a Ye Jianying, el entonces presidente de la Asamblea Popular de China, para trasladar, en nombre del Gobierno español y los ciudadanos españoles, los mejores deseos para todo el pueblo chino.[2]

El 17 de marzo de 1980, el ministro de Comercio español, José Antonio

---

[1] Ver «El vice-primer ministro Deng se entrevista con los padres de los reyes españoles y les expresa el deseo de recibir más visitas de los amigos españoles para promover el conocimiento mutuo y la amistad», en *Renmin Ribao*, el 15 de mayo de 1979, página 1, disponible en: http://www.ziliaoku.org/rmrb/1979-05-15-1#516429, última consulta: 2 de diciembre de 2016.

[2] Ver «El telegrama de felicidad del rey de España», en *Renmin Ribao*, el 2 de octubre de 1979, página 6, disponible en: http://www.ziliaoku.org/rmrb/1979-10-02-6#523044, última consulta: 2 de abril de 2017.

García Díez, viajó a Pekín acompañado por una delegación de empresarios españoles. El objetivo principal de esta visita fue dar respaldo y visibilidad a la Oficina Comercial de la Embajada española, la cual había sido creada solo unos meses antes, con el nombramiento de María Pérez Ribes como la primera consejera comercial española en China (Morena Calvet, 2016: 219). Fue una excelente ocasión, tanto para el ministro García Díez como para los empresarios españoles de la delegación, de apreciar las nuevas perspectivas empresariales abiertas por las reformas económicas chinas. La prensa oficial de Pekín informó de que las autoridades chinas que tuvieron entrevistas con el señor García Díez fueron sucesivamente, Li Qiang, ministro de Comercio Exterior de China[1] y Yao Yilin, viceprimer ministro.[2]

Entre el 6 y el 10 de abril de 1981, el viceprimer ministro chino Gu Mu realizó una visita oficial a España. Se entrevistó sucesivamente con el presidente del Gobierno, Leopoldo Calvo-Sotelo, y con el ministro de Exteriores, Pedro Pérez-Llorca. Entonces se firmó el primer convenio de colaboración en el ámbito cultural por un periodo, inicial de cinco años. Según este, España y China promoverían intercambios y colaboraciones en la investigación, asuntos académicos, actividades artísticas y deportivas,

---

[1] Ver «Li Qiang se entrevistó con el ministro de comercio y turismo de España», en *Renmin Ribao*, el 19 de marzo de 1980, página 4, disponible en: http://www.ziliaoku.org/rmrb/1980-03-19-4#534146, última consulta: 22 de abril de 2017. El título original en chino de la noticia es:《李强同西班牙商业和旅游大臣会谈》.

[2] Ver «Yao Yilin se entrevistó con el ministro de comercio y turismo de España», en *Renmin Ribao*, el 21 de marzo de 1980, p. 4, disponible en: http://www.ziliaoku.org/rmrb/1980-03-21-4#534299, última consulta: 22 de abril de 2017. El título original en chino de la noticia es:《姚依林会见西班牙商业旅游大臣》.

así como programas de becas recíprocas, etc.[1] En el catálogo de la Oficina de Información del Consejo de Estado de China se recogieron las fotos del acto (Oficina de Información del Consejo de Estado de la República Popular China, 2007: 10). En la visita de la delegación al Ayuntamiento de Madrid, el señor Gu recibió la «llave de oro» de Madrid, entregada por el alcalde Enrique Tierno Galván. El embajador Felipe de la Morena destaca en su memoria que el señor Gu Mu estaba «sorprendido por el potencial económico e industrial de España y convencido de la necesidad de añadirnos a la lista de países europeos con los que China debía contar en el terreno económico» (Morena Calvet, 2016: 220).

A finales de junio de 1982, Huang Hua, firmante del convenio de colaboración entre China y España durante la visita de los reyes en 1978, visitó España y permaneció en Madrid durante tres días. Huang fue el primer ministro de Exteriores chino en ser recibido en España. En ese momento, simultaneaba otro cargo importante según el sistema político chino, como consejero de Asuntos Estatales. El 30 de junio, el rey Juan Carlos I se entrevistó con Huang Hua en el Palacio de Oriente (Oficina de Información del Consejo de Estado de la República Popular China, 2007: 11).

3. RELACIONES NO POLÍTICAS SINO-ESPAÑOLAS ENTRE 1976-1982

El establecimiento de relaciones diplomáticas entre España y la República Popular China en 1973, además de ser un acontecimiento político, también

---

[1] Ver «Nuestro país firmó el primer convenio cultural con España», en *Renmin Ribao*, el 9 de abril de 1981, página 6, disponible en: http://www.ziliaoku.org/rmrb/1981-04-09-6#563823, última consulta: 3 de abril de 2017. El título en chino es:《我国和西班牙签署第一个文化协定》.

influyó en otros aspectos de las relaciones bilaterales. A continuación daremos una pincelada sobre los vínculos económicos, culturales y sociales entre los dos países al hilo del estrechamiento de relaciones en esta especial coyuntura histórica.

3. 1. Vínculos económicos

En el año 1978 ocurrieron dos sucesos que favorecerían los vínculos comerciales entre China y España: en primer lugar, la firma entre la, entonces, Comunidad Económica Europea y el país asiático de su primer acuerdo comercial por el que se concedía a China el trato de nación más favorecida;[1] el segundo, la visita de los reyes españoles a China en el que se firmaron acuerdos de colaboración bilateral el 19 de junio de 1978: Acuerdos comerciales bilaterales entre China y España, Acuerdo de registros y protección de marcas comerciales y Acuerdo sobre transporte civil aéreo.[2] Estos documentos suponen uno de los principales éxitos logrados durante la visita real y sientan las bases para la colaboración comercial posterior.

En el año siguiente, en el Congreso de los Diputados se llevo a cabo un debate y finalmente la autorización del Convenio Comercial entre el Reino de España y el Gobierno de la República Popular China (es interesante consultar el documento original de la sesión parlamentaria de 27 de julio

---

[1] Ver Giner Pérez (2000), p. 29.
[2] *Ibídem.*, p. 31.

de 1979).[1] El mismo año de la autorización del convenio, el volumen de comercio bilateral llegó a 100 millones de dólares.[2]

España siempre ha concedido una importancia especial al aspecto comercial en las relaciones bilaterales con China. El embajador Felipe de la Morena revela que durante su misión en Pekín, él trató de promover los sectores de astilleros, siderurgia, productos químicos, energía (principalmente carbón y petróleo), así como los sectores pesquero y de la pequeña y mediana industria (Morena Calvet, 2016: 219). Gracias a ello, acudieron a Pekín delegaciones españolas del INI, SERCOBE, CEOE, FOCOES, HISPANOIL, etc. Por supuesto, también España recibiría delegaciones chinas de los mismos sectores.

Las ferias de Cantón seguían siendo una ocasión insuperable para el conocimiento mutuo entre los comerciantes chinos y españoles; en el *Catálogo* oficial sobre relaciones sino-españolas se recogen las fotografías de la sesión de otoño de 1977 (Oficina de Información del Consejo de Estado de la República Popular China, 2007: 48-50). Felipe de la Morena cita un dato más: a la sesión de primavera de la Feria de Cantón que tuvo lugar en mayo de 1980, acudieron 110 empresas españolas (Morena Calvet,

---

[1] Ver http://www.congreso.es/public_oficiales/L1/CONG/DS/PL/PL_026.PDF, última consulta: 3 de enero de 2017, además, el archivo audio en formato mp3, con oradores: Yáñez-Barnuevo García, Luis (GS):
http://www.congreso.es/wc/wc/escucharAudio?legislatura=Legislatura_I&carpeta=Iniciativas&descargar=01_000400_19790727_02_110000007.mp3, última consulta: 3 de enero de 2017;
http://www.congreso.es/portal/page/portal/Congreso/GenericPopUp?next_page=/wc/escucharAudio?legislatura=Legislatura_I&carpeta=Iniciativas&idIntervencion=684&tipo=I, última consulta: 3 de enero de 2017.

[2] Ver Zhang, Min, (1 de febrero de 2009), «Nueva perspectiva de relaciones comerciales entre China y España», en la web de la Academia de Ciencias Sociales de China, disponible en: http://ies.cass.cn/Article/cbw/zogx/200902/1086.asp, última consulta: 8 de septiembre de 2014.

2016: 219), lo cual significaba en su momento un gran esfuerzo de las empresas españolas. Marcelo Muñoz, el famoso *decano* de los empresarios españoles en China, llegó a este país lejano en 1978, en el año siguiente, constituyó la primera empresa española dedicada en exclusiva al mercado chino. Cuatro años después, llegó ALSA; transcurridos dos años más, el Banco Exterior. Esta experiencia, está registrada en la entrevista con Muñoz realizada por *IberChina*.[1] También contamos con dos libros de Muñoz que nos comentan la aventura china del autor y su perspectiva con la actualidad y futuro del gigante asiático: *El enigma chino*[2] y *China 2050*.[3]

3. 2. Vínculos culturales, educativos y deportivos

En China continental, desde 1952 ya empezó la enseñanza del español como carrera universitaria,[4] concretamente en la Universidad de Estudios Extranjeros de Beijing, la prestigiosa *cuna de los diplomáticos chinos*;[5] cabe mencionar que en la actualidad, este número ya llega a 96

---

[1] Ver «Entrevista con Marcelo Muñoz, decano de los empresarios españoles en China», en la revista digital *IberChina*, disponible en: http://www.iberchina.org/index.php/evolucicona-contenidos-29/406-entrevista-con-marcelo-mu-decano-de-los-empresarios-espas-en-china, última consulta: 4 de enero de 2017.

[2] Ver Muñoz (2007).

[3] Ver Muñoz (2011).

[4] Ver Huang, Wei, «La enseñanza del español en China», comunicación en V Congreso Internacional: ¿Qué español enseñar y cómo? Variedades del español y su enseñanza, Cuenca, 25-28 de junio de 2014. Disponible en: http://www.mecd.gob.es/dctm/redele/Material-RedEle/Numeros%20Especiales/2015-v-congreso-fiape/comunicaciones/15.-la-ensenanza-del-espanol-en-china—huangwei.pdf?documentId=0901e72b81ec605c, última visita: 17 de febrero de 2017.

[5] Ver Consuelo y Lee Marco, Jade (2010), p. 4.

universidades.[1] Sin embargo, no pasó lo mismo con el chino en España. Según Andrés Herrera Feligreras, en España no hubo asignaturas de civilización y literaturas chinas hasta 1978, y eran solo clases optativas, ofrecidas por la Universidad de Granada, que constituiría la génesis de un grupo de expertos en lengua y pensamiento chinos impulsado por Pedro San Ginés.[2] A pesar de ello, publicaciones en castellano sobre China o la traducción al español de las obras chinas se habían llevado a cabo de forma más temprana. Marcela de Juan, cuyo nombre en chino es Huang Masai,[3] además de traducir cuentos, poesía y teatro, en 1977 publicó un libro contando su experiencia personal: *La China que ayer viví y la China que hoy entreví*. Laureano Ramírez Bellerín,[4] en 1982, publicó sus dos primeras traducciones chino-español: *Ni Huanchi*[5] y *Sueño sobre unas cuerdas: antología de cuentos destacados*,[6] que fueron seguidas por numerosas traducciones.

---

[1] Ver *Informe de estudio sobre el empelo y el movimiento de estudiantes de español en China*, investigación realizada por la Comunidad de Estudios Chinos y Latinoamericanos (CECLA), disponible en: http://www.cecla.org/Detail/2017/212/23/GZN37E209620B.html, recuperado el 21 de abril de 2017.

[2] Ver Herrera Feligreras (2007), p. 259.

[3] En caracteres chinos era 黄玛赛, fue hija de un diplomático chino en España y su madre era española, volvió a China con su padre y presentó la literatura china a los españoles.

[4] Sinólogo y catedrático en la facultad de traducción de la Universidad Autónoma de Barcelona, en el año 1975 empezó a trabajar en la Embajada Española en China y experimentó la historia de transición en este país oriental. Después de dejar el trabajo anterior, se dedica a la traducción de obras chinas.

[5] La obra china tiene título original《倪焕之》(*Ni Huanzhi*, según la fonética en chino), se publicó en el año 1927, era novela del famoso escritor y educador chino en la literatura contemporánea Ye Shengtao (1894-1988).

[6] Cuento del escritor Zhang Tianyi (1906-1985), su título original es《华威先生》(*Hua wei xian sheng*, traducción literal sería: El señor Huawei) y se publicó en 1938.

Para no caer en una mera enumeración, nos limitamos a mencionar los tres hitos literarios más destacados entre 1970 y 1982: Fernando Pérez-Barreiro Nolla, escritor y traductor, licenciado por la Universidad de Westminster en lengua y literatura chinas, tradujo *Flores y leña*, colección de narrativa breve china, publicado por Ediciones Xirais en 1982[1] y fue conocido en la Universidad del Pueblo de Beijing;[2] la versión en español de la obra del sinólogo estadounidense Herrlee G. Creel, *El pensamiento chino desde Confucio hasta Mao Zedong*, se publicó en Madrid en 1976 por Alianza Editorial; por último, Sanmao, la escritora taiwanesa, nacida en Chongqing, China continental, emigró a España tras contraer matrimonio con un joven español, José María Quero y Ruiz. La pareja se fue al Sahara Occidental en 1974, cuando comenzaron una aventura hasta la muerte de José por accidente de trabajo. Esta estancia de seis años contribuyó a la redacción de gran parte de obras de Sanmao, una escritora legendaria e influyente que inspiraría a muchos alumnos chinos a estudiar el castellano y venir a España.

La primera celebración oficial de actividades culturales bilaterales correspondió a la Semana de la Cultura China, que tuvo lugar en marzo de 1982 en la Universidad Autónoma de Madrid. Acudieron al evento más de 200 participantes, quienes contemplaron obras de arte chino y fotos de obras arqueológicas. El público local pudo conocer de cerca la historia y actualidad del país asiático a través de unos documentales y películas. Tres días después, en *Renmin Ribao* se publicó la noticia y podemos consultar

---

[1] Ver Ínsua, (2010).
[2] Igual como lo que mencionamos ya en una nota anterior, que es otra traducción del nombre de la Universidad Renmin de Pekín.

estos detalles arriba mencionados.[1]

En el mismo mes, el entonces presidente del Comité Internacional de los Juegos Olímpicos Juan Antonio Samaranch visitó China como respuesta a la invitación hecha por el Comité Nacional de los Juegos Olímpicos de China.[2] Samaranch fue un personaje emblemático de la amistad entre China y España (Bregolat, 2014: 322). No mucho tiempo después de ser elegido para la presidencia del COI el 16 de julio de 1980, Samaranch dijo una frase famosa en apoyo del asiento chino: «China ocupa el 25% de la población mundial, si siguiera eliminada de los juegos olímpicos internacionales, éstos no tendrían sentido».[3] Gracias a su trabajo, la República Popular China ha podido regresar a la familia olímpica después de décadas de suspensión causada por la situación en torno a Taiwán. El asiento de la República Popular China en el Comité Internacional de los Juegos Olímpicos fue recuperado en 1979.

Con la apertura de China, se notó un aumento de intercambios culturales y deportivos entre los dos pueblos. En el catálogo oficial chino que citamos en repetidas ocasiones, se registran las fotos de las siguientes actividades destacadas: el 5 de enero de 1977, la selección masculina china de voleibol visitó Gijón, donde los chinos fueron conocidos como

---

[1] Ver «Se inauguró la 'Semana de la Cultura China' en Madrid», en *Renmin Ribao*, 4 de marzo de 1982, página 6, disponible en: http://www.ziliaoku.org/rmrb/1982-03-04-6#590293, última consulta: 2 de noviembre de 2016. El título original en chino de la noticia es:《中国文化周在马德里开幕》.

[2] Ver «El Comité Nacional de Juegos Olímpicos de China celebró cóctel de bienvenida para recibir al presidente del Comité Internacional de Juegos Olímpicos», en *Renmin Ribao*, el 31 de marzo de 1982, página 4, disponible en: http://www.ziliaoku.org/rmrb/1982-03-31-4#592618, última consulta: 2 de noviembre de 2016. El título original en chino de la noticia es:《中国奥委会举行酒会欢迎国际奥委会主席》.

[3] Ver artículo publicado en *Diario Oriental de Deporte* (en chino《东方体育日报》, *Dong fang ti yu ri bao*), 7 de mayo de 2010.

«el pueblo del voleibol» (Oficina de Información del Consejo de Estado de la República Popular China, 2007: 73); el 15 de mayo de 1979, Huang Zhen, ministro de Cultura de China participó en la exposición de obras de un fotógrafo español (Oficina de Información del Consejo de Estado de la República Popular China, 2007: 74). Se trataba de la primera exposición extranjera después de la finalización de la Revolución Cultural de China;[1] el 10 de abril de 1982, la artista María Rosa Calvo dio un recital en el Salón del Palacio de la Cultura de las Naciones de Pekín (Oficina de Información del Consejo de Estado de la República Popular China, 2007: 75), dicho concierto fue anunciado en el *Renmin Ribao* bajo el título de «La artista española celebra un recital en Pekín»,[2] según el cual, María Rosa Calvo fue la primera artista extranjera que realizó un concierto en China.

Durante la visita de los reyes en 1978, como una muestra de amistad y aprecio, China regaló a España dos pandas: Qiang-Qiang y Shao-Shao; en un gesto de reciprocidad, la familia real regaló al pueblo chino dos gorilas, cuyos nombres son respectivamente Español y Madrileña. Los dos *misioneros* especiales se establecieron en el zoológico de Pekín el 16 de septiembre de 1979 (Oficina de Información del Consejo de Estado de la República Popular China, 2007: 107). En octubre de 1982, nació Chu-Lin, la primera cría de oso panda que nació en cautividad en Europa. El público español empezó a conocer a Chu-Lin al año siguiente, cuando el panda tenía medio año (Oficina de Información del Consejo de Estado

---

[1] Ver 国际文化网,《新中国摄影的国际交往活动》, "国庆六十周年——铭记共和国的文化足迹" 专刊, «Actividades de intercambios internacionales de fotografía en la Nueva China», número especial con motivo del 60º aniversario de establecimiento de la República Popular China: Recordar las huellas culturales de la República, disponible en: http://en.chinaculture.org/focus/2009-09/02/content_345791_4.htm, última consulta: 22 de abril de 2017.

[2] Ver «La arpista española celebra un recital en Beijing», en *Renmin Ribao*, 11 de abril de 1982, página 4, disponible en: http://www.ziliaoku.org/rmrb/1982-04-11-4#593626, última consulta: 2 de noviembre de 2016.

de la República Popular China, 2007: 108), y ha contando siempre con el calor del pueblo español. A juzgar por los hechos, esta «diplomacia del oso panda» que la República Popular China aplica como una tradición parece haber dado frutos.

Cuatro meses después del viaje de los reyes, China recibió la visita de la Asociación de Amistad Hispano-China presidida por Fernando Para Suelo.[1] En el periódico oficial de China, *Renmin Ribao*, se hizo mención de la visita.[2] Este recibimiento de carácter popular oficial, se podría considerar como el comienzo de las comunicaciones sociales entre China y España desde el cambio de régimen político en España.

En el sector de la prensa, según el registro, el primer corresponsal permanente en la República Popular China enviado por el Gobierno español fue Manuel Molares, quien pisó tierra china el 10 de marzo de 1978, justo cuando se cumplían cinco años de relaciones diplomáticas entre los dos países. Se incorporaba como corresponsal de la Agencia EFE en Pekín.[3] No es difícil entender que la perspectiva de los medios de comunicación españoles en ese período estaba bajo una doble influencia: la situación internacional por un lado; la política española por el otro. En la España de la segunda mitad de los años setenta y comienzo de los ochenta, periodo de transición política y democratización parlamentaria, los partidos de la izquierda empezaban a tener más presencia tanto en la esfera nacional como en la internacional.

La inmigración es otro aspecto social importante en la comunicación sino-española. En la época tratada, la inmigración china en España se

---

[1] *Ibídem*, p.106.

[2] Ver «El vice-presidente Ji Pengfei se entrevistó con la delegación de la Asociación de Amistad Hispano-China», en *Renmin Ribao*, 18 de octubre de 1978, página 4, disponible en: http://www.ziliaoku.org/rmrb/1978-10-18-4#507545, última consulta: 2 de noviembre de 2016.

[3] Ver Méndez (2013), p. 194.

definía por el contexto histórico y la situación en ambos lados. En un principio, en la población inmigrante china predominaba el contingente taiwanés, dado que hasta el año 1973 España no tenía relaciones diplomáticas con el Gobierno de Pekín. Después de estrechar vínculos políticos entre España y la República Popular China, la inmigración china no experimentó una subida inmediata, porque durante la Revolución Cultural las restricciones a la emigración de los ciudadanos chinos que querían salir del país fueron muy estrictas, situación que se prolongó por cierto tiempo. Por otra parte, el número de españoles que emigraron a China en ese tiempo fue inapreciable, por la falta de conocimiento previo y la política desfavorable por parte china. En ese sentido, la política de reforma y apertura iniciada por Deng Xiaoping daría pie al despliegue de la inmigración española hacia la lejana China.

El profesor Joaquín Beltrán Antolín, catedrático de la Universidad Autónoma de Barcelona, antropólogo social y sinólogo, tiene muchas publicaciones relacionadas con la inmigración china en España. En su colaboración en el libro *Las relaciones hispano-chinas*, nos cuenta que en 1973 había 597 chinos residentes en España,[1] la mitad de ellos se concentraba en Madrid (Beltrán Antolín, Joaquín, 2013: 116). La mayoría de estos habitantes tenía vinculación con Taiwán, entre los cuales se debería destacar a los estudiantes becados que venían de la isla y después de acabar sus estudios se instalaron en España. Aún después de 1973, cuando las relaciones diplomáticas se cambiaron de Taipéi a Pekín, los alumnos de origen taiwanés continuaron siendo el contingente más importante, este fenómeno no nos chocaría si recordáramos que, después de que se clausuró la Embajada de la República de China en España en 1973, se instaló en Madrid la Oficina Representativa Económica y Cultural de Taipéi (ORECT). Por último, dejar constancia de algunos trabajos como referencia de

---

[1] Ver Beltrán Antolín (2013), p. 116.

consulta: «Los chinos en Madrid: Aproximación a partir de datos oficiales. Hipótesis para una investigación»,[1] «El desarrollo de la comunidad china en España»[2] y «Spain's Chinese Immigrants Thrive in Tough Economy».[3]

CONCLUSIONES

De lo anterior se deduce que las relaciones sino-españolas entre los años 1976 y 1982 tuvieron un crecimiento lento pero constante. Ha de romperse el mito de que entre China y España durante la década posterior al establecimiento de lazos diplomáticos no hubo intercambios importantes. Las relaciones bilaterales en ese periodo fueron resultado de los cambios de circunstancias tanto nacionales como internacionales, que a su vez marcarían el desarrollo de esas relaciones bilaterales. La Transición española, en cierto sentido, también ofrece una experiencia para China, que en tiempos posteriores despertaría en círculos intelectuales reflexiones comparadas sobre el proceso de democratización del país.

Bibliografía:

Archivos:

Archivo del Ministerio de Asuntos Exteriores y Cooperación (MAEC):

- China Roja o China Comunista: 1968-1973
- China Nacionalista: 1968-1973

---

[1] Ver Beltrán Antolín, (1991), pp. 295-304.
[2] Ver Ma, Zhoumin, «El desarrollo de la comunidad china en España», en *Revista de Occidente*, nº349-350, 2012, pp. 259-266.
[3] Ver Bilefsky, Dan, «Spain's Chinese Inmigrants Thrive in Tough Economy», en *The New York Times*, 2 de enero de 2013.

- China Continental: 1968-1972
- Taipeh: 1968-1973

Archivo General de Administración (AGA):
- China Roja: 1968-1975
- China Popular: 1973-1975
- Asuntos Exteriores: 1965-1968
- Estados Unidos: 1968-1975

Oficina de Estudios de Documentos Archiveros del Gobierno Central de China
- Anuario de Zhou Enlai (1949-1976)

National Security Council (NSC) of *National Archives of the United States*
- 1970-1919
- 1980-1989
- *Diplomatic Correspondence: Spain*
- *Diplomatic Correspondence: China*

The Joint Chiefs of Staff (JCS, USA)
- *"The Joint Chiefs of Staff and National Policy 1969-1972"*
- *"The Joint Chiefs of Staff and International Policy 1973-1976"*

Henry A. Kissinger's (HAK) Office Files
- *Spain*
- *China*
- *Europe*
- *East Asia*

Libros:

Bregolat, Eugenio, (2014), *En torno al renacimiento de China*, Lleida: Universidad de Lleida.

Fairbank, John King – Goldman, Merle, (1998), *China. A New History*, (Enlarged Edition), Massachusetts (USA): The Belknap Press of Harvard University Press.

Giner Pérez, Graciela, (2000), *Apertura y reforma económica en China: un marco interpretativo de la inversión extranjera* (tesis doctoral), Universidad de Alicante.

Gutiérrez Alarcón, Demetrio, (1978), *Crónica del histórico viaje de los Reyes de España a China*, El poder amarillo del año 2000, Barcelona: Luis de Caralt Editor S.A.

Morena Calvet, Felipe de la, (2016), *Deng Xiaoping y el comienzo de la China actual. Recuerdos de un testigo*, Madrid: Cuadernos del Laberinto.

Muñoz, Marcelo (2007), *El enigma chino. Treinta años de observador*, Madrid: Espejo de Tinta.

Muñoz, Marcelo (2011), *China 2050. Los grandes desafíos del gigante asiático*, Madrid: Kailas.

Oficina de Información del Consejo de Estado de la República Popular China (2007), *China-España*, Beijing: Chinese Intercontinental Press (中国新闻办公室编,《中国—西班牙》, 五洲传播出版社, 北京, 2007年1月).

Oreja Aguirre, Marcelino (2011), *Memoria y esperanza. Relatos de una vida*, Madrid: La Esfera de los Libros.

张铠,《中国西班牙关系史》, 郑州（中国）, 大象出版社, 2003年2月.

张敏,《当代西班牙经济与政治》, 社会科学文献出版社, 北京, 2015年, traducción al inglés: ZHANG, Min, *Economy and Polities in Contemporary Spain*, Social Sciences Academic Press, Beijing, China, 2015.

张敏,《列国志》, 社会科学文献出版社, 北京, 2003年, *Spain*, Social Sciences Academic Press, Beijing, China, 2003.

中国国务院新闻办公室编,《中国—西班牙》, 五洲传播出版社, 北京, 2007年1月, Redacción: Oficina de Información del Consejo de Estado de la República Popular China, *China-España*, Chinese Intercontinental Press, Beijing, enero de 2007.

Artículos en español o inglés:

Beltrán Antolín, Joaquín, (2013), «De la invisibilidad a la espectacularidad. Cuarenta años de inmigración china en España», en Ríos, Xulio (coord.), *Las relaciones hispano-chinas*, Madrid: Editorial Catarata, pp.114-131.

Beltrán Antolín, Joaquín, (1991), «Los chinos en Madrid: Aproximación a partir de datos oficiales. Hipótesis para una investigación», en *Malestar cultural y conflicto en la sociedad madrileña. II Jornadas de antropología de Madrid*, Madrid, pp. 295-304.

Bilefsky, Dan, (2 de enero de 2013), «Spain's Chinese Inmigrants Thrive in Tough Economy», *The New York Times*.

Herrera Feligreras, Andrés, (2007), «La nueva sinología española», en la revista *Huarte de San Juan. Geografía e Historia*, Nº14, Universidad Pública de Navarra, Pamplona.

Huang, Wei, (2014), «La enseñanza del español en China», comunicación en V Congreso Internacional: ¿Qué español enseñar y cómo? Variedades del español y su enseñanza, Cuenca, 25-28 de junio. Disponible en: http://www.mecd.gob.es/dctm/redele/Material-RedEle/Numeros%20Especiales/2015-v-congreso-fiape/comunicaciones/15.-la-ensenanza-del-espanol-en-china—huangwei.pdf?documentId=0901e72b81ec605c, (fecha de la última visita: 17 de febrero de 2017).

Ínsua, Emilio Xosé, (15 de enero de 2010), «Na norte de Fernando Pérez-Barreiro Nolla» y J. D., «Fernando Pérez-Barreiro Nolla», *Heraldo de Vivero*, pp. 4 y 8.

Ma, Zhoumin, (2012), «El desarrollo de la comunidad china en España», *Revista de Occidente*, nº 349-350, pp. 259-266.

Marco Martínez, Consuelo y Lee Marco, Jade, (2010), «La enseñanza del Español en China: evolución histórica, situación actual y perspectivas», *Revista Cálamo FASPE*, Nº56.

Méndez, Daniel, (2013), «China en los medios de comunicación españoles», capítulo 10 de Ríos, Xulio (coord.), *Las relaciones hispano-chinas*,

Madrid: Editorial Catarata, pp. 194-216.

Zhang, Min, (1 de febrero de 2009), «Nueva perspectiva de relaciones comerciales entre China y España», web de la Academia de Ciencias Sociales de China, disponible en: http://ies.cass.cn/Article/cbw/zogx/200902/1086.asp, (última consulta: el 8 de septiembre de 2014).

Artículos en chino:

蔡霞,《从西班牙历史演进看中国如何和平推进民主转型》, CAI, Xiao, «Lecciones sacadas de la evolución e historia de España para la transición democrática y pacífica en China», disponible en: http://myytaoli.blogspot.com.es/2016/03/blog-post_13.html, (última consulta: 4 de febrero de 2017).

雷孟笃,《西班牙汉学研究的现状》,载《国际汉学》, 26:1(总101期), pp. 36-47.

牛军,《中华人民共和国当代外交史概论》,北京大学出版社,北京, 2010, NIU, Jun, *Introduction to History of Foreign Relations of the People's Republic of China (1949-2000)*, versión original en chino, Peking University Press, Beijing, 2010.

冷溶,汪作玲,《邓小平年谱(1975-1997)》,上卷,中共中央文献研究室,中央文献出版社,北京, 2004年, LENG, Rong & WANG, Zuoling, *Anuario de Deng Xiaoping (1975-1997)*, Tomo I, Editorial de Archivos del Gobierno Central (Zhongyang Wenxian Chubanshe), Beijing, 2004.

柳嘉信,《西班牙的转型正义——从"选择遗忘"到"历史记忆"》,台湾国际研究季刊,第10卷,第2期, 83-105页, 2014年夏季号, LIU, Jiaxin, «La justicia en la Transición española: Desde el 'olvido selectivo' hasta la 'Memoria histórica'», en *Taiwan International Studies Quarterly*, Vol.10, No.2, pp.83-105, Summer 2014.

林达,《西班牙旅行笔记》, LIN, Da, *Crónica del viaje a España*, Editorial Xinzhi Sanlian (*Nuevo Conocimiento Sanlian*) Beijing, 2007.

林达,《苏亚雷斯主导西班牙民主转型》, LIN, Da, *Suárez tomaba mando de la Transición,* disponible en: http://www.xzbu.com/1/view-256987.htm (última consulta: 2 de diciembre de 2016).

秦海波,《论西班牙1975-1986年改革》,《世界历史》2006年第3期,北京,2006, en español sería: QIN, Haibo, «Entorno a la reforma de España durante 1975 y 1986», en *World History,* Nº3 de 2006, Editorial de la Academia de Ciencias Sociales de China, Beijing, 2006.

秦晖,《防止寡头主义与民粹主义的反馈震荡》,《南方周末》, QIN, Hui, «Evitar la repercusión del caudillismo y el popularismo», en el periódico *Nanfang Zhoumo* (*Fin de semana del Sur*), el 24 de abril de 2008, disponible en: http://news.sina.com.cn/pl/2008-04-24/111115421120.shtml (última consulta: 15 de febrero de 2017).

辛立建,《西班牙民族和解的启示》, XIN, Lijian, «Reflexiones sobre la reconciliación nacional de España», disponible en: http://www.aisixiang.com/data/24904.html, (última consulta: 3 de febrero de 2017).

于建嵘,《西班牙民主转型之路》, 载《炎黄春秋》2014年第12期, 北京, YU, Jianrong, «El camino de transición democrática española», en la revista《炎黄春秋》(*Yan Huang Chun Qiu,* Historia de la Humanidad), Beijing, 2014, nº12.

俞正梁,《战后国际关系史纲》(1945-1987), 世界知识出版社,。北京, 1989, traducción al español: YU, Zhengliang, *Resumen de la historia de relaciones internacionales en la época de post-guerra (1945-1987),* World Affairs Press, Beijing, 1989.

邹云保,《西班牙政府中国计划书的出笼及破产》, 见《南洋问题研究》2001年第3期, 总第107期, 厦门大学东亚研究中心出版社, 中国福建厦门, 2001年, versión en inglés sería: ZOU, Yunbao, «Coming Out and Falling Through of Spain's Plan of Conquering China», en *Southeast Asian Affairs – A Quarterly Journal,* No.3, September 2001, General No.107, Center for Southeast Asian Studies, Xiamen University, Xiamen, Fujian, China, 2001, pp. 53-62.

Noticias en prensa:

«El vicepresidente Ji Pengfei se entrevistó con la delegación de la Asociación de Amistad Hispano-China», en *Renmin Ribao*, 18 de octubre de 1978, página 4, disponible en: http://www.ziliaoku.org/rmrb/1978-10-18-4#507545 (última consulta: 2 de noviembre de 2016).

«El viceprimer ministro Deng se entrevista con los padres de los reyes españoles y les expresa el deseo de recibir más visitas de los amigos españoles para promover el conocimiento mutuo y la amistad», en *Renmin Ribao*, 15 de mayo de 1979, página 1, isponible en: http://www.ziliaoku.org/rmrb/1979-05-15-1#516429 (última consulta: 2 de diciembre de 2016).

«El telegrama de felicidad del rey de España», en *Renmin Ribao*, 2 de octubre de 1979, página 6, disponible en: http://www.ziliaoku.org/rmrb/1979-10-02-6#523044 (última consulta: 2 de abril de 2017).

«Li Qiang se entrevistó con el ministro de comercio y turismo de España», en *Renmin Ribao*, 19 de marzo de 1980, página 4, disponible en: http://www.ziliaoku.org/rmrb/1980-03-19-4#534146 (última consulta: 22 de abril de 2017). El título original en chino de la noticia es:《李强同西班牙商业和旅游大臣会谈》.

«Yao Yilin se entrevistó con el ministro de comercio y turismo de España», en *Renmin Ribao*, 21 de marzo de 1980, p. 4, disponible en: http://www.ziliaoku.org/rmrb/1980-03-21-4#534299 (última consulta: 22 de abril de 2017). El título original en chino de la noticia es:《姚依林会见西班牙商业旅游大臣》.

«Nuestro País firmó el primer convenio cultural con España», en *Renmin Ribao*, 9 de abril de 1981, página 6, disponible en: http://www.ziliaoku.org/rmrb/1981-04-09-6#563823 (última consulta: 3 de abril de 2017). El título en chino es:《我国和西班牙签署第一个文化协定》.

«Se inauguró la 'Semana de la Cultura China' en Madrid», en *Renmin Ribao*, 4 de marzo de 1982, página 6, disponible en: http://www.

ziliaoku.org/rmrb/1982-03-04-6#590293 (última consulta: 2 de noviembre de 2016. El título original en chino de la noticia es:《中国文化周在马德里开幕》.

«El Comité Nacional de los Juegos Olímpicos de China celebró cóctel de bienvenida para recibir al presidente del Comité Internacional de los Juegos Olímpicos», en *Renmin Ribao*, 31 de marzo de 1982, página 4, disponible en: http://www.ziliaoku.org/rmrb/1982-03-31-4#592618 (última consulta: 2 de noviembre de 2016). El título original en chino de la noticia es:《中国奥委会举行酒会欢迎国际奥委会主席》.

«La arpista española celebra un recital en Pekín», en *Renmin Ribao*, 11 de abril de 1982, página 4, disponible en: http://www.ziliaoku.org/rmrb/1982-04-11-4#593626 (última consulta: 2 de noviembre de 2016).

«Chu-Lin ve al público por primera vez», en *Renmin Ribao*, 10 de marzo de 1983, página 6, disponible en: http://www.ziliaoku.org/rmrb/1983-03-10-6#620217 (última consulta: 2 de noviembre de 2016).

«Entrevista con Marcelo Muñoz, decano de los empresarios españoles en China», en la revista digital *IberChina*, disponible en: http://www.iberchina.org/index.php/evolucicona-contenidos-29/406-entrevista-con-marcelo-mu-decano-de-los-empresarios-espas-en-china (última consulta: 4 de enero de 2017).

«Actividades de intercambios internacionales de fotografía en la Nueva China», número especial con motivo del 60º aniversario de establecimiento de la República Popular China: Recordar las huellas culturales de la República, disponible en: http://en.chinaculture.org/focus/2009-09/02/content_345791_4.htm, versión en chino: 国际文化网,《新中国摄影的国际交往活动》, "国庆六十周年——铭记共和国的文化足迹" 专刊 (última consulta: 22 de abril de 2017).

Panel V
La Nao de China o la Ruta de la Plata: los orígenes de la globalización

(1)

INTRODUCCIÓN

Juan José Morales
Investigador, escritor

Cuando Diego de Pantoja llegó a China en 1599, los españoles llevaban ya casi treinta años de intercambios comerciales con China a través del Galeón de Manila, también llamado Galeón de Acapulco o Nao de China. Esta ruta comercial, catalizadora de intercambios económicos y culturales, bien podría denominarse «ruta de la plata», pues fue la plata de la América española la que tuvo un papel determinante, trascendiendo los polos de China, Filipinas y América: La plata se convirtió en el instrumento de cambio del comercio internacional, y el real de a ocho en la primera divisa aceptada en todos los mercados, dando comienzo a la economía global y a la primera globalización. La experiencia de Pantoja y la presencia de los españoles en Manila representan dos mundos paralelos que apenas se cruzaron, pero la ruta de la plata ofrece a la vez contexto y contraste al mundo de Pantoja y ayuda a su comprensión.

Antonio García-Abásolo, en su ponencia *Chinos de la Monarquía Hispánica. Los sangleyes de Filipinas, unos extranjeros necesarios (siglos XVI a XVIII)*, define los hechos históricos y los factores clave del protagonismo de los *sangleyes* en el comercio del Galeón y de su presencia numerosa y activa en Manila; las corrientes o patrones históricos y las lecciones a considerar. Los comerciantes chinos procedentes principalmente de Fujian, que vienen a Manila para comerciar, se establecen en la ciudad en número creciente y no solo en el Parián. Pronto se hacen con los servicios esenciales y el abasto de artículos de todo tipo y de primera necesidad. El papel de los chinos en Manila fue imprescindible para la supervivencia de la colonia, dependencia que acomodaron los españoles aceptando su presencia. Hubo crisis y conflictos, expulsiones, pero también intentos de asimilación, principalmente procurando la conversión. En general, en aras del mutuo beneficio, prevaleció el pragmatismo y el afán por entenderse, que a la larga dieron fruto a través del mestizaje de chinos y filipinas.

Dolors Folch, en *El impacto del Galeón de Manila en China*, sostiene que las autoridades chinas adoptaron el patrón plata por presión de las circunstancias internas (su demanda por los comerciantes y militares entre otros), en respuesta al fracaso del sistema bimetálico del papel moneda y las monedas de cobre. Cuando los españoles llegan, China ya depende de la plata, cuya principal fuente era Japón hasta principios del siglo XVII. La sociedad china de finales de la dinastía Ming es una sociedad urbana, que ha experimentado un gran crecimiento demográfico y con una fuerte expansión comercial debida principalmente a la demanda interna. La organización avanzada de la producción de todo tipo de mercancías en verdaderas fábricas permite satisfacer cualquier demanda. El mercado hispano que representa el Galeón propicia un aumento de la capacidad fabril del sur y el este de China, pero no implica una transformación de China pues aquellos factores esenciales son preexistentes.

Guadalupe Pinzón Ríos, en su ponencia *Hernando de los Ríos Coronel y su propuesta para la conquista de la isla de Formosa*, pone de relieve los planes de este regidor de Manila, personaje singular y multifacético, para proyectar la presencia española más cerca de tierra firme en China. En concreto propone el establecimiento de una base en el norte de la isla de Formosa, o Taiwán, y no como destino final sino como medio o paso estratégico para dominar el estrecho y asegurar otras venturas más al norte, incluido el Estrecho de Anián. «La región no cambió —dice la profesora Pinzón— pero la percepción sobre ella sí lo hizo en función de los nuevos intereses que se generaron en la zona», entre los cuales está el interés por la relación comercial con Japón, y las necesidades defensivas con respecto a los holandeses.

Ye Junyang, en *El Galeón de Manila y la misión franciscana en China*, demuestra que el Galeón jugó un papel fundamental de sustento de esta misión. Tras un temprano pero frustrado intento de implantación, la primera misión franciscana se estableció en China en 1633, liderada por Antonio de Santa María Caballero. Aún plagada de dificultades y siempre frágil, pronto se expandió en Guangdong, Fujian, Jiangxi y Shandong, entre otras provincias. En 1686, la fundación de una iglesia en Chaozhou por Pedro de la Piñuela marca un hito en la historia de la misión. Esta localidad, situada al este de Guangdong, limítrofe con Fujian y cercana al puerto de Xiamen, iba a facilitar la comunicación y logística entre las misiones en China, y entre estas y Manila. El Galeón fue en efecto vital para la misión franciscana, pues de esta línea transpacífica dependían sus dos principales fuentes de financiación: la Caja de México sufragada por la Corona y la propia Provincia de San Gregorio de Manila. A estas remesas habría que añadir fondos suplementarios, de carácter aleatorio, como las limosnas de los devotos y de otras órdenes, citando como ejemplo la ayuda del jesuita Johan Adam Schall desde Pekín a Fr. Caballero. Por último, los franciscanos también participaron en el comercio del Galeón para sufragar sus misiones.

(2)

EL IMPACTO DEL GALEÓN DE MANILA EN CHINA

Dolors Folch
Universitat Pompeu Fabra

INTRODUCCIÓN

Se ha escrito mucho sobre el Galeón de Manila y su impacto sobre la economía mundial, pero el interés de este artículo se centra en el impacto del Galeón de Manila en China y en el de China sobre el Galeón. A diferencia de lo que inventaron algunos historiadores europeos, China no ha estado nunca aislada: la intrincada red de relaciones comerciales que hoy conocemos como las rutas de la seda conectaba el mundo chino con el persa y el indio, mientras sus interacciones constantes con el SE de Asia propiciaban la expansión progresiva de China hacia el sur. El hecho de que durante el milenio que va del 200 al 1200 de nuestra era China careciera de contactos con Europa obedece ante todo al subdesarrollo europeo de aquellos siglos, no a una particular idiosincrasia china.

La conquista mongola de Asia y los primeros pasos del renacimiento europeo propiciaron los contactos entre ambos mundos, y tras los descubrimientos y la expansión europea en el siglo XVI, surgieron en la periferia de China varios asentamientos comerciales —Macao, Manila,

Batavia— cuya viabilidad dependía en último término de su interacción con China. Los castellanos, por poner un ejemplo, se plantearon abandonar Filipinas a poco de establecerse allí, hasta que el comercio con China les incitó a quedarse. Antes de la llegada europea, el motor del comercio exterior chino habían sido básicamente las especias —pimienta de la India, especias medicinales y aromáticas del SE de Asia y del Índico— y los productos de lujo, como el marfil. Pero, en sus relaciones con China, los núcleos coloniales europeos siguieron todos un patrón básico, intercambiar plata por productos manufacturados, básicamente seda y porcelana. Lo cual nos conduce a un par de preguntas: ¿por qué China tuvo a partir del siglo XV tanta necesidad de plata cuando el modelo inicial de los Ming excluía explícitamente la plata y cerraba la puerta al comercio marítimo? ¿Cómo pudo producir todo lo necesario para satisfacer la enorme demanda que atraía la plata?

EL MODELO INICIAL

La orientación inicial de la dinastía Ming se basaba en una sociedad agraria autosuficiente y frugal, que restaurara la economía rural autárquica soñada dos mil años antes por Mencio, minimizara la economía de mercado y las desigualdades que generaba, y mantuviera contactos exteriores escasos y controlados. La política fiscal se basaba en impuestos en especie al Estado, trabajos obligatorios, y pagos a funcionarios y soldados en especies.

Desde el punto de vista de las finanzas del Estado, las soluciones eran simples: pocos impuestos, pocos funcionarios[1] y con sueldos bajos, y un ejército de soldados hereditarios que se alimentara de sus propias tierras

---

[1] En 1391, el Ministerio de Hacienda tenía 51 funcionarios y 160 ayudantes; en 1570, 74 funcionarios y 165 ayudantes (Huang 1974), p. 15.

—las granjas militares autosuficientes, las *weisuo* (卫所).

El Estado se cimentaba en un mosaico de pequeñas unidades agrarias de 110 familias, las *lijia* (里甲), capaces de producir todo lo que necesitaban más un pequeño excedente que se canalizaba y redistribuía a través de la pirámide administrativa básica —provincias, prefecturas, subprefecturas y comarcas.

Los impuestos se pagaban en primer lugar en grano y la cantidad a pagar se determinó para cada *lijia* en función de los acres de tierra cultivados, a razón de 0,033 *pículs*[1] por *mu*,[2] una cantidad baja y razonable para un país agotado por el desastroso final de la dinastía Yuan y los años de sublevaciones, bandidos y guerras anteriores a la implantación de los Ming. La cantidad total a recaudar se fijó en 30 millones de *pículs* de grano y permaneció así con pocas alteraciones a lo largo de toda la dinastía,[3] sin llegar a sobrepasar nunca el 10% de la producción agraria.[4] Los impuestos y los sueldos bajos de los funcionarios eran muy del gusto de los confucianos, pero descapitalizaron sistemáticamente al Estado y abrieron la puerta tanto a la multiplicación desordenada de impuestos indirectos a tenor de las necesidades puntuales de cada unidad administrativa, como a la corrupción sistemática de los funcionarios.

---

[1] *Shi o tan* (石), traducido por *pícul*, es una medida de capacidad equivalente a 107,4 litros.

[2] Un *mu* equivalía aproximadamente a unos 600 m^2, algo así como tres campos de tenis juntos, pero como es evidente su productividad variaba fuertemente en las distintas regiones geográficas del imperio, y por ello se concedía grados diversos a los *mu*. Una comarca podía tener entre 6 y 20 grados, y en algunos casos llegaban a 600, añadiendo con ello una enorme complejidad al cálculo de los impuestos.

[3] En 1578, el impuesto era de 0,038 *pículs* por *mu*, una cantidad muy similar a la inicialmente estipulada por Hongwu de 0,033 *pículs* por *mu* (Huang, 1974), p. 164.

[4] Huang, (1974), p. 174.

El impuesto agrario se complementaba con los servicios obligatorios: las *lijia* debían proporcionar ayudantes —porteros, cocineros, porteadores, carceleros— para el centro administrativo de la comarca, y los materiales básicos para su buen funcionamiento —aceite, cera, carbón, plantas medicinales, té, pigmentos, laca. Sobre las *lijia* recaían también los gastos de representación del Gobierno de la comarca —los banquetes, el alojamiento y transporte de dignatarios nacionales o extranjeros, la escolta de prisioneros. Estos servicios, que eran pocos al principio de la dinastía, fueron ganando en complejidad hasta convertirse en una carga personal que todos intentarían conmutar.

Hongwu, el primer emperador Ming, decidió organizar la circulación monetaria del imperio exclusivamente en papel moneda y monedas de cobre, con la voluntad expresa de mantener este movimiento a un nivel controlado y bajo, dando por supuesto que el país funcionaba por la suma de agrupaciones —agrícolas, militares, artesanas— autosuficientes. Aunque la política monetaria de Hongwu se vio explícitamente reflejada en el Código Ming, en el que hay una disposición para regular el papel moneda y otra para las monedas de cobre, y ninguna para la plata, esta no tardó en circular, incluso a manos del propio Gobierno, que usó abundantemente los *liang* de plata como medio de recompensa.[1] Para evitar que la plata viniera a distorsionar el sistema —la plata se había empezado a usar ya como moneda complementaria con los Song— Hongwu mandó cerrar todas las minas de plata chinas. Porque China tenía minas de plata: Rada[2] proporciona

---

[1] El *liang* 两 o *tae* o tael —que es como se le denomina en las fuentes occidentales— equivalía a unos 40 g. de plata y era ante todo una medida de peso. En el Código Ming aparece a menudo como forma de recompensa pagada por el Estado. Jiang (2004), artículos: 184, 194, 311, 312, 319, 342, 356, 382 y 437.

[2] Martín de Rada dirigió el primer viaje a China desde las Filipinas en 1575 y dejó una relación escrita de él.

una información consistente de estas minas de plata,[1] a partir de un libro chino que no especifica pero que sin duda era el *Guangyu tu*,[2] detallando la ubicación de las minas dentro de las provincias correspondientes. Pero las minas chinas producían poca plata y el Gobierno fue siempre muy reticente a abrirlas, tanto por temor a que se convirtieran en guaridas de bandidos —especialmente peligrosos dado que los mineros tenían capacidad para trabajar el metal—, como por motivos geománticos, para no perturbar las líneas de fuerza de la naturaleza.[3]

Pero la emisión descontrolada de billetes por parte de Hongwu y Yongle provocó una inflación rampante. Entre 1405 y 1430 los barcos de Zheng He, que cruzaron múltiples veces el Índico, iban cargados de billetes, en un desesperado intento de inducir su uso generalizado en el ámbito del orden mundial chino y facilitar así las compras de productos chinos. Pero incluso durante las expediciones los billetes se habían ya depreciado hasta una cuarentava parte de su valor inicial y los intentos de prohibir la circulación de oro y plata y obligar por ley a pagar determinados impuestos en billetes —como los derechos de peaje— resultaron perfectamente fútiles. El recelo que provocaban estos billetes venía acentuado por el hecho de que, a pesar de que todos los billetes llevaban impreso el dibujo de las monedas de cobre a que equivalían —una ristra de 1.000 monedas de cobre en 10 grupos de 100— no eran convertibles.[4]

Las monedas de cobre tenían también una utilidad limitada. El coste

---

[1] Aunque Rada afirma que en la provincia de Fujian hay minas cerca de Fuzhou, lo cierto es que estaban en Pucheng, en el extremo norte de la provincia, colindante con Zhejiang. Rada (27vº) en Folch (2018).

[2] El *Guangyu tu* 广与图, publicado por Luo Hongxian 罗洪先 en 1561, era un compendio geográfico, económico y demográfico que tuvo una gran difusión.

[3] La existencia de minas de plata en Fujian fue también constatada por Du Halde, quien añadió que sin embargo abrirlas conllevaba la pena de muerte. Du Halde (1735), I, 163.

[4] Cartwright et al. (2016), p. 172.

de su acuñación era superior al valor de las monedas, su escaso valor las hacía de uso engorroso y las monedas acuñadas se prestaban fácilmente a la falsificación. El imperio se llenó de monedas falsas —con fuertes aleaciones de plomo y hierro— de escaso o nulo valor: algo que indujo al Gobierno a prohibirlas de forma intermitente. Por otra parte siempre se acuñaron de forma insuficiente y la escasez resultante provocó que las provincias con más vitalidad económica acuñaran su moneda propia, como pudo constatar Loarca: «en la guarnición de Chincheo hay unos cuartos agujereados por medio que dan setenta por un real, pero en sola aquella provincia valen».[1]

La escasez de monedas de cobre se debió al principio a que el Gobierno no quería que compitieran con los billetes de papel que eran su moneda estrella, y después a que la plata —en lingotes cortados a trozos— se impuso por doquier. Rada dejará constancia de ello: «se compra todo con pedaçitos de plata por peso».[2] Los chinos querían la plata por su valor intrínseco —que constataban rascándola y pesándola antes de cada transacción— y por ello nunca tuvieron la menor intención de acuñarla. De hecho, China, por su posición dominante en el mundo de Asia Oriental, nunca sintió la compulsión común a casi todos los gobiernos del mundo, de legitimarse exhibiendo una moneda propia[3] y nunca se esmeró —como los griegos y romanos del mundo antiguo o los españoles del mundo moderno— en su diseño. Las monedas chinas no han sido nunca hermosas, ni nunca lo han querido ser. Cuando les llegaron monedas acuñadas desde fuera, optaron

---

[1] Loarca, f. 140b.
[2] Rada, f. 127v°.
[3] Lo contrario era lo habitual como lo demuestran las instrucciones de una cédula real de 1650 sobre la acuñación de nuevas monedas en Potosí, especificando que debían llevar escudo de armas, «con los castillos y leones en cantones de la cruz potenzada, y las columnas de Hércules en el reverso», Boxer (1970), p. 469.

por resellarlas[1] o reducirlas a pequeños lingotes. Pantoja describe el procedimiento: «todo es plata, la cual no baten en monedas, sino funden en panes, y cuando quieren comprar cortan y pesan con unos pesillos a modo de romanas».[2]

EL MOTOR DEL CAMBIO: LOS CAMBIOS SOCIOECONÓMICOS

El legado de Hongwu se respetó nominalmente a lo largo de toda la dinastía, pero con el tercer emperador, Yongle, que subió al trono tras usurpárselo a su sobrino, los gastos de la hacienda estatal se dispararon: la conquista de Vietnam, las guerras contra los mongoles, el traslado de la capital a Pekín y la construcción de la Ciudad Prohibida, la prolongación del Gran Canal y los viajes de Zheng He obligaron a requisiciones constantes. Los eunucos, que a principios del reinado de Hongwu eran 60, eran ya 30.000 en 1443, y llegarían a 70.000 al final de la dinastía. Los cocineros de palacio, que con Hongwu eran 800, llegaron a 9.000 con Yongle, mientras los suministros de cera, té y carbón se multiplicaban de forma exponencial y el gasto en porcelanas superaba todos los límites: en 1433 el emperador Xuande encargó 443.000 piezas de porcelana. En conjunto, los suministros de palacio costaban anualmente unos 5 millones de taeles.[3] Los gastos de la corte incluían también la continua edificación de monumentos y mausoleos y el mantenimiento de decenas de miles de cargos honoríficos del ejército que residían en la capital: a principios del XVI eran ya más de 100.000, todos ellos sin nada que hacer y con derecho a un mínimo de un *pícul* de grano gratuito al mes o a su equivalente en plata.

---

[1] El valor de la moneda residía en el metal, no en la acuñación por eso había que testificar cada vez su valor metálico resellándola.
[2] Moncó (2011), p. 149.
[3] Huang (1974), pp. 56-58.

No cabe duda que tanta presión distorsionó el frugal Estado Ming inicial. Yongle hizo reabrir las minas de plata, que produjeron ingresos significativos durante el primer tercio de siglo, especialmente durante las dos primeras décadas, coincidiendo con los viajes de Zheng He.[1] Pero, a partir de 1440, las minas chinas producían rendimientos inapreciables.

El motor del cambio vino de las variaciones socioeconómicas que se produjeron entre la segunda mitad del siglo XV y finales del XVI. Para empezar, la población se disparó, pasando de 60 millones en 1393 a 150 en 1600.[2] Las cifras de los censos son a veces dudosas, pero algunos recuentos a nivel local dan índices de crecimiento similares: el Jiangnan, la zona al sur del Yangzi, pasó de 9 millones en 1393 a 16,5 millones en 1620, un aumento de más del 80%.[3]

El hecho de que la economía china pudiera encajar una duplicación de su población da mucho que pensar. En parte, la población se pudo absorber gracias al cultivo del arroz, mucho más flexible que el del trigo. En los campos de arroz, cuanto más intensivo es el trabajo, mayor es el rendimiento. Arar más a menudo, preparar mejor las semillas, abonar varias veces el suelo —como recomendaba detalladamente el gran tratado Ming *Tiangong Kaiwu* (天工开物)—[4] cuesta más trabajo pero produce más cosechas, con las que alimentar a más gente y por tanto tener más brazos: el cultivo del arroz, a diferencia del del trigo, puede absorber un aumento de trabajo casi ilimitado.[5]

---

[1] Atwell (1982, p. 76) utiliza la estadística de Chuan Hang-sheng, recogida en la Tabla I.
[2] Ho, Ping-ti (1957), pp. 96-97. Se trata de estimaciones, ya que los datos contenidos en los censos dibujan un estancamiento inverosímil de la población, que se habría mantenido en torno a 60 millones durante los más de dos siglos de la dinastía, se declaraban tan pocas personas como era posible para evadir los servicios obligatorios.
[3] Glahn (2000), p. 290.
[4] Zen Sun (1966), p. 19.
[5] Rawski (1972), p. 56.

La expansión de la agricultura intensiva modificó el paisaje, construyó terrazas en las montañas y multiplicó los pólderes, las tierras reclamadas a ríos y lagos, cuya omnipresencia es bien visible en las pinturas chinas del siglo XVI.[1]

El aumento de la producción trajo consigo una expansión de los mercados, que crecieron a un ritmo muy superior al del aumento demográfico. En Zhangzhou, por ejemplo, entre 1491 y 1573 la población aumentó un 50%, pero los mercados periódicos lo hicieron en un 245%.[2] El análisis de un rollo chino, el *Qingming Shanghe tu*, en la versión Ming atribuida a Qiu Ying, muestra una ciudad cuyas calles están literalmente ocupadas por tiendas, tenderetes y vendedores ambulantes donde se ofrece de todo. El panorama del *Qingming Shanghe tu* de los Ming no deja lugar a dudas: estamos ante una sociedad urbana de consumo, que compra por placer, y constituye un estímulo interno a la producción artesanal china. De la vitalidad económica del mundo chino dejarían constancia los viajeros hispanos, que exclamarían, como Loarca: «parecia no haber hombres en la tierra que no fuesen mercaderes».[3]

El crecimiento de los mercados llegó a la par con el de la comercialización agrícola: a los excedentes del arroz se sumaron los cultivos directamente comerciales, como el té, el algodón y el índigo, y las nuevas plantas que llegaron de América, cacahuetes, boniatos, tabaco. El grado de comercialización de cada región dependía de su acceso a las vías de agua, un medio mucho más barato y rápido que el transporte por tierra: las provincias del sur, regadas por los innumerables afluentes de la cuenca sur del Yangzi, y en especial las del litoral que se extiende al sur del gran río —con sus costas recortadas abrigando algunos de los mejores puertos de Asia oriental— fueron las que más rápido evolucionaron. Era una región

---

[1] Aparecen, por ejemplo en el rollo Ming de Qiu Ying *Qingming shanghe tu*.
[2] Rawski (1972), p. 70. Tabla 10.
[3] Loarca, f. 127 en Folch (2018).

inmensa, con conexiones interiores bien establecidas y con apertura a los contactos internacionales desde hacía siglos.

A pesar del dinamismo económico, los impuestos nunca subieron en consonancia, debido a que solo se declaraba poco más de un tercio de la población. El aparato fiscal Ming estaba ajustado para el número inicial de 60 millones de habitantes y nunca se adaptó a las variables de una sociedad dinámica, de forma que el impuesto agrario era más bajo cuanto más aumentaba la población, algo que Rada recogió explícitamente: «uno llamado Jacsiu nos dijo que en su familia había 70 hombres y que no pagaban mas de siete tributos, y otro nos dijo que en la suya serían cerca de sesenta hombres y que solo cuatro tributos daban, de suerte que la cuenta de los tributantes es mucho menor aún que el número de los pecheros».[1] El hecho de que los impuestos se mantuvieran siempre bajos, obligó a tener pocos funcionarios en los gobiernos locales y a que estuvieran mal pagados. Aunque el Gobierno Ming en el siglo XVI tuviera 24.000 funcionarios y 51.000 ayudantes, una gran proporción servía directamente en la corte y solo un 30% de estos se ocupaban de los 1.138 gobiernos locales de las comarcas:[2] por ello dependían en gran medida de los servicios obligatorios.

Tras el reinado de Yongle, las ocupaciones hereditarias desaparecieron prácticamente del todo. En 1602, Pantoja[3] constatará que «cada uno es libre para seguir el oficio que quisiera, sin tener obligación de suceder en el de su padre».[4] En el ejército, las deserciones y la falta de preparación de los campesinos-soldados iniciales hundió la utopía de un ejército autosuficiente: a partir de 1425, las colonias de campesinos-soldados autosuficientes —las *weisuo* iniciales— estaban en bancarrota y solo las guarniciones que

---

[1] Rada, f.24 en Folch (2018).
[2] Huang (1974), p. 184.
[3] Diego de Pantoja fue un jesuita que estuvo en Pekín con Matteo Ricci. Envió una larga carta a su superior en Toledo explicando sus experiencias en China.
[4] Moncó (2011), p. 151.

luchaban al norte contra los mongoles recibían subsidios sustanciales de la corte: los ingresos procedentes del monopolio de la sal —aunque parte de la producción circulara de contrabando— llegaban ya en forma de plata desde finales del siglo XV y se destinaban principalmente a cubrir los gastos de las guarniciones fronterizas que se enfrentaban a conflictos duraderos. Rada dejará constancia de ello: «de las ciudades de salineros, no viene de ellas provecho al rey mas de sustentar las guarniciones de las fronteras por la parte del poniente».[1] En el XVI, el reclutamiento de soldados que cobraban en plata y recibían un entrenamiento especial y diferenciado del de las guarniciones *weisuo* aparece ya en los textos hispánicos, especialmente en los de Rada y Loarca.[2]

EL CAMBIO GRADUAL HACIA LA PLATA

Fue en el contexto de un reajuste general en los reinados inmediatamente posteriores a Yongle cuando se empezaron a conmutar algunos servicios a la plata. En el sur, los ataques de los piratas pusieron en evidencia la inoperancia de las *weisuo* y hubo que reclutar, equipar y entrenar a voluntarios. En 1436, el Gobierno institucionalizó el cobro en plata de los servicios obligatorios —que de hecho constituían una parte esencial de los impuestos— en siete de las provincias del sur. En la corte, los salarios que se pagaban y los gastos en que se incurría —como pagar a los hornos de porcelana de Jingdezhen o a los talleres de seda de Suzhou— se pagaban ya en plata a principios del siglo XVI. Y lo mismo sucedió con los soldados que se reclutaban para sustituir a los obsoletos campesinos-soldados. El monopolio de la sal, en manos de mercaderes desde mediados del siglo XV,

---

[1] Rada, f. 25vº en Folch (2018).
[2] Rada (folio 22 vº y 23) y Loarca (folio 142b), en Folch (2018).

cobraba sus servicios en plata y pagaba con ella a sus empleados. La deriva hacia la plata empezó mucho antes de que llegara a China la plata japonesa o la plata portuguesa, y desde luego más de un siglo antes de que entrara la plata del Galeón de Manila: estos aceleraron el proceso, pero China había entrado en él por su propio pie.

Durante más de un siglo —desde mediados del XV hasta el último tercio del XVI— China se debatió entre su creciente necesidad de plata y las trabas puestas por el Gobierno al libre tráfico con el exterior: y de hecho, la plata entró a través del a menudo criminalizado comercio exterior. La primera en llegar fue la plata japonesa: las minas de Iwami en el sur del Japón (Honshu) se habían descubierto en 1526 y desde los años 30 participaban activamente en el comercio interasiático.[1] Ruy López de Villalobos, en su fracasado viaje hacia las Molucas, las mencionó ya en 1542, diciendo del Japón: «*la riqueza que tienen es plata, la cual tienen en barretas pequeñas*».[2] Unos 20 años después, De la Isla, que llegó a las Filipinas en 1565 en la expedición de Legazpi, había recabado ya más información: «En esta isla [Japón] dizen que hay minas de plata y que con ella compran sedas y lo demás que de la China tienen necesidad».[3] Por otra parte a partir de 1520 estaba llegando también la plata que traían los portugueses. Las prohibiciones tajantes a todo contacto con el exterior y la oleada de piratería que ello provocó no frenaron la entrada de la plata, pero sí que la canalizaron a manos de los poderosos mercaderes-contrabandistas-piratas, los erróneamente llamados piratas «japoneses», *wokou* (倭寇) quienes desde las islas adyacentes y en connivencia con los grandes propietarios y pequeños funcionarios de la costa organizaron uno de los mayores episodios de contrabando y piratería

---

[1] Los beneficios obtenidos con la plata permitieron al Japón salir de la órbita económica de China y promovieron el surgimiento del *shogunato* Tokugawa (Flynn & Giráldez, 1995), p. 213.

[2] AGI, Patronato 23, rº 10, cit. en Iwasaki (2005), p. 143.

[3] AGI, Patronato 23, rº 7, cit. en Iwasaki (2005), p. 143.

de toda la historia de China.

La ironía de todo ello es que el Gobierno, que restringía con contundencia el comercio que traía la plata, basaba cada vez más sus impuestos en esta, conmutando uno tras otro los servicios anuales obligatorios por pagos en plata. Incluso los impuestos en cereales pasaron a poder pagarse en plata para minimizar así el coste de su transporte. La supresión de los *wokou,* o piratas japoneses, proporcionó un respiro financiero al imperio pero la irresistible demanda de plata seguía minando la vigente prohibición al comercio marítimo: hacia 1540, los mercaderes de Zhejiang, Fujian y Guangdong intercambiaban de forma habitual productos chinos —especialmente sedas y mercurio, necesario para beneficiar la plata— por plata en los puertos de las islas del sur del Japón.[1] Fue por la presión social que en 1567 se levantó la prohibición marítima y que en 1571, la Ley del Látigo Único, *yitian bianfa* (一条鞭法), que buscaba agrupar los múltiples y desorganizados impuestos en uno único, introdujo también la plata como forma de pago universal, legalizando finalmente su uso.

Por entonces, la llegada de plata japonesa, vehiculada desde Macao y gestionada en gran parte por los jesuitas, era ya imparable. Las entradas de plata en la tesorería de Taicang —que era la tesorería que almacenaba la plata— muestran un crecimiento neto a partir de los años 70: no solo hay que atribuirlo al Látigo Único, sino también a la suspensión de las restricciones sobre el tráfico marítimo, al impulso del comercio sino-japonés tras la apertura de Nagasaki, y al Galeón que empezó a navegar tras la fundación de Manila.[2] Los mismos contemporáneos tenían la percepción de que la plata mundial resbalaba toda hacia China: un texto portugués de 1621 dirá que «la plata deambula por todo el mundo en su peregrinación hacia China, y allí se queda como si fuera su centro natural».[3] Fue la

---

[1] Atwell (1982), p. 69.

[2] Atwell (1982), pp. 80-81.

[3] Cit. en von Glahn (2016), p. 308.

voracidad de la demanda china de plata la que impulsó la creación de las redes comerciales que conectaban América, Asia y Europa y la que rediseñó los grandes vectores del comercio internacional.[1]

Aún así, el dinamismo de la economía comercial no fortaleció al Estado chino: aunque muchos de los impuestos en especies se conmutaran por plata, y el influjo de plata siguiera siendo masivo hasta 1642,[2] hay que recordar que las cuotas a pagar permanecieron al nivel en que se habían fijado al principio de la dinastía y que nunca fueron más del 10% del total de plata que circulaba por China.[3] El influjo de plata a las arcas del Estado solo aumentó a tenor de las guerras con los manchúes en el segundo tercio del siglo XVII, obligando entonces a medidas tan drásticas como inútiles: entre 1637 y 1639 las tasas aumentaron en un 50%[4] cayendo sobre un país destrozado por las rebeliones, las hambrunas, las inundaciones y las epidemias. Como es habitual en China, el cambio de dinastía fue traumático y la población china, que habría llegado a los 192 millones en 1630, perdió un 21%, es decir 40 millones, entre 1630 y 1644.[5] En 1644 los manchúes entraron en China.

LOS CAMINOS DE LA PLATA

La plata entró por las provincias del sudeste y lo hizo a manos de los

---

[1] von Glahn (2013), pp. 187-88.
[2] La tesis de Atwell (1982) —que había atribuido la caída de los Ming a un severo recorte en la entrada de plata en China, debido a la cerrazón del Japón (*sakoku*), las restricciones españolas al comercio filipino con China y a la inclusión de Portugal en el reino de España en 1640— ha sido seriamente rebatida por Marks (2012, pp. 187-89) y por von Glahn (2016, p. 311).
[3] von Glahn (2016), p. 188.
[4] Glahn (2016), p. 310.
[5] Marks (2012), p. 187.

grandes mercaderes-contrabandistas de tres provincias, Guangdong, Fujian y Zhejiang. Sus portadores fueron ante todo los llamados «piratas japoneses», *wokou,* un epíteto que encubría la masiva participación china en el negocio. Dejando aparte los episodios violentos que a veces protagonizaron estas bandas, su objetivo esencial era proveer de artículos de lujo a los grandes *daimíos* japoneses, enzarzados en interminables luchas entre sí: el *Chouhai tubian* (Relación ilustrada de la defensa marítima),[1] 1561, da una lista de los objetos que más buscaban los piratas «japoneses»: seda, guata de seda, algodón, mezclas de seda y algodón, piezas bordadas, hilo de color carmesí, mercurio, agujas, cadenas de hierro, calderos de hierro, cerámicas, piezas antiguas de bronce, objetos de arte como pinturas, libros y caligrafía, medicinas herbales, polvos cosméticos faciales, objetos de bambú trenzado, objetos de laca y vinagre[2]. El insaciable apetito de los japoneses por la seda y porcelana china se explica en parte por la mejor calidad de estas respecto a las propias, pero ante todo por la cuestión del precio. En Japón, como pasará también en la América hispana, la plata era muy abundante y, por tanto barata, mientras que en China, donde escaseaba, era muy cara: una moneda de plata japonesa valía tres veces más en China que en Japón y por tanto todo salía mucho más barato. Japoneses, portugueses y españoles se exclamarán unos tras otros que China era baratísima, tan barata «que parece que lo dan todo de balde»:[3] pero la cuestión no era que la seda y porcelana fueran muy baratas, sino que la plata era muy cara.

Dentro de China, la plata circulaba desde el sudeste hacia el norte: por el camino pagaba por los encargos realizados antes de llegar a las cortes de

---

[1] El *Chouhai tubian* 筹海图编 es un tratado militar para hacer frente a los piratas escrito por Zheng Ruoceng 郑若曾 (1503-1570), con 114 mapas, que cubren la costa china desde Guangxi hasta el nordeste y constituyen la primera serie de mapas de la costa china.

[2] Clunas (2007), p. 80.

[3] Loarca.

Nanjing y Pekín. Esta era la vía de la plata, que conectaba el río de Cantón, el Xijiang, con los grandes afluentes del Yangzi, y enlazaba después con el Gran Canal que llegaba hasta Pekín. En contraste con las provincias interiores, que quedaron al margen de este tráfico —y donde también por ello la conmutación a la plata llegó más tarde—, la vía de la plata se llenó de millonarios, que podían llegar a atesorar en sus casas centenares de miles de taeles de plata, generalmente enterrándolos.[1]

No todo se pagaba en plata. Las narraciones de Rada y de Loarca,[2] escritas en 1575, es decir cuatro años después del Látigo Único contienen listados de los impuestos que iban directamente a la «casa del rey», a Pekín: en ellas constan no solo plata sino cereales de varios tipos, seda y algodón, tanto en rama como tejidos. La carta de Diego de Pantoja, que es ya de 1602, deja un testimonio inequívoco de la cantidad de barcos cargados de arroz, trigo y plata que circulan por el gran canal entre Nanjing y Pekín, especificando que «estas trescientas leguas parecen una calle de embarcaciones del rey».[3] Y el *Guangyu tu*, el compendio geográfico, demográfico y económico de finales del siglo XVI que consultaron tanto Rada como Ricci, Pantoja y Martino Martini, sigue mencionando los impuestos tanto en plata como en especias: de hecho, buena parte de los impuestos agrarios siguieron pagándose en grano.

La plata no se detenía en Pekín: grandes cantidades de ella cruzaban la frontera norte. Allí estaban los jürchen —después llamados manchúes— que tenían estrechas relaciones comerciales con los Ming, a los que vendían grandes cantidades de pieles y, sobre todo, de ginseng— convertido por Nurhaci a principios del siglo XVII en un monopolio de Estado —muy valorado por los chinos que lo consideraban un gran energético y un excelente remedio contra el envejecimiento. A cambio los Ming

---

[1] Huang (1974), p. 81.
[2] Rada (f.24); Loarca, (f.149).
[3] Moncó, (2011), p. 110.

les proporcionaban seda y hierro, pero cuando esto no fue suficiente les proporcionaron plata en grandes cantidades. Se ha sugerido que el 25% de la plata americana acabó en Manchuria: de hecho los Ming financiaron la creación del Estado manchú.

SEDA A RAUDALES

Hacía muchos siglos que la seda tenía un valor semiótico de referencia, capaz de transmitir un mensaje social complejo en el vestido como lo hacían también la pimienta en la cocina, las joyas en los adornos y las reliquias en la adoración,[1] y desde principios de la dinastía Ming era una de las principales manufacturas del reino. Como pasaría también con la porcelana, había talleres estatales y talleres privados. En Pekín se confeccionaban la mayoría de sedas para la corte, mientras en Nanjing se producían las sedas destinadas a los funcionarios y a los regalos oficiales. Otros 22 talleres estatales se encontraban repartidos entre ocho provincias, muchos de ellos en Zhejiang, donde operaban los impresionantes talleres de Suzhou y Hangzhou, aunque también eran importantes los de Fujian, Jiangsu y Shandong.[2] Todas las embajadas tributarias recibían obsequios de seda en abundancia: Rada y Loarca, que fueron tratados como una embajada tributaria, se vieron constantemente arropados por estolas de seda. Para garantizar el suministro constante de seda, ya en los primeros años de la dinastía, en 1393, se concedió un status impositivo especial a los que plantaran moreras en sus campos.[3] Poco después la seda en rama

---

[1] Liu Xinru.
[2] Vainker (2004), p. 145.
[3] Ello vino acompañado de la introducción de una variedad especial de morera, más pequeña, que permitía plantar los árboles más juntos y cosecharla antes. (Canepa, 2016, p. 50).

—que casi dos siglos después sería la que llegaría masivamente a México— se había convertido en un producto subsidiario en gran parte de los hogares rurales.

Por otra parte estaban las manufacturas privadas de las grandes ciudades: en Suzhou había varios miles de casas implicadas a un nivel u otro con la producción de la seda. Con los Ming la seda había penetrado ya en todos los ámbitos de la vida china: en todas las aglomeraciones importantes, oficiales, nobles o plebeyas, había telares y el cuidado de los gusanos y de las moreras se reservaba mayoritariamente a las mujeres. En unas casas se hilaba, en otras se teñía, en otras se tejía. Al igual que pasaría con la porcelana, cada vez que los pedidos de la corte eran tan grandes que superaban la capacidad de los talleres estatales, parte del encargo se traspasaba a los talleres privados: y con ello se transferirían también técnicas y diseños. De estos talleres privados de alta calidad debieron salir las sedas que no tardaron en arropar reyes, papas y banqueros occidentales. Las primeras sedas llegaron a Portugal en la primera década del siglo XVI, cuando la conquista de Goa, Malaca y Ormuz dio acceso a los portugueses a los productos de lujo que circulaban por el Índico. En 1518, en Cochin, mucho antes de la instalación de los portugueses en Macao, se embarcaron ya hacia Lisboa dos toneladas y media de seda.[1] Francesco Carletti,[2] el florentino que inició su vuelta al mundo en 1596, llevaba consigo unos cortinajes de seda bordada de primerísima calidad, destinados al duque de Médicis.[3]

Pero también se producían sedas de calidad desigual: las de las grandes factorías estatales tenían un control de calidad más estricto que las que salían de las viviendas particulares. Al principio, algunas de estas sedas de

---

[1] Canepa (2016), p. 53.
[2] Francesco Carletti, florentino, fue el primer viajero privado que circunnavegó el globo (1594-1602) sin flota propia y cambiando de barco en barco.
[3] Canepa (2016), p. 103.

baja calidad debieron filtrarse en el Galeón de Manila, provocando la ira del virrey de México, Martín Enríquez, quien escribió al rey diciendo que «las sedas son todas falseadas y de muy poca seda, y la más es hierba y fuera de un lustre que tienen que se consume en cuatro horas no son de provecho».[1] Puede que Martín Enríquez le estuviera mintiendo al rey, como lo hizo en 1576 el gobernador de las Filipinas, el Dr. Sande, que detestaba a los chinos y le contó al rey que las sedas de los chinos «son falsas».[2] Pero, 30 años más tarde, Diego de Pantoja, que vivía en China, corroborará esta opinión: «toda la gente honrada tiene un vestido de fuera de seda, de que usa en visitas, pero dirá también que la seda no la saben aderezar. Los colores, que a primera vista son razonables, muy deprisa los pierden y se deslustran».[3] En 1609 Antonio de Morga dejará claro que los chinos traían a Manila «fardos de seda de la mejor calidad y otros de calidad inferior».

Pero a pesar de estas reticencias, todas las fuentes españolas corroboran una tras otra la importancia del tráfico en sedas, tanto visto desde México como desde Manila. Tanto González de Mendoza, que en 1585 recogió en su famoso libro sobre China los múltiples testimonios de castellanos y portugueses, como Antonio de Morga, un funcionario muy relevante de Manila, dejarían una descripción entusiasta de la cantidad, calidad y variedad de las sedas que los sangleyes traían a Manila: fardos de seda en rama, sedas hiladas de todos los colores, terciopelos bordados y sin bordar, brocados con hilos de seda y plata, damascos, satines, tafetanes.[4]

A pesar de que la seda ya era muy importante en el mercado interno chino, la comercialización general de la economía en el siglo XVI la impactó de forma notoria, porque le abrió nuevos e inesperados mercados.

---

[1] AGI, Patronato 263, n°1, r° 2, cit. En Iwasaki (2005), p. 35.
[2] Carta a Felipe II del Gobernador de Filipinas, doctor Sande, 1576. En www.upf.edu/asia/projectes/che/s16/sande1576.htm.
[3] Diego de Pantoja, 1602 en Moncó (2011), p. 149.
[4] Antonio de Morga (1609).

La demanda de México y Perú, vehiculada por el Galeón, proporcionó un enorme impulso a la producción: fueron los intereses mexicanos en este comercio lo que mantuvieron Filipinas dentro de la órbita española.[1] La plata americana multiplicaba su valor por tres al entrar en China y conseguía seda a precios mucho más bajos que los que ofrecían las sedas de España o las del mismo México: entre 1572 y 1588 el 95% de los bienes que Manila importó de China fueron sedas[2] y las sedas constituyeron el producto más importante que México importó de China en los siglos XVI y XVII.[3] Aunque los reyes Austrias intentaron frenar la entrada de sedas chinas en España para proteger las sederías andaluzas con continuadas leyes suntuarias —Felipe II emitió ocho de ellas entre 1563 y 1594— hay que recordar que la realeza, la nobleza de alto rango y el clero estaban exentos de ellas. De hecho estas leyes nunca se siguieron estrictamente en España, y mucho menos en México y Perú, donde las clases medias se exhibían públicamente envueltas en sedas. A pesar de las leyes suntuarias, las sedas siguieron llegando a España desde México, aunque en el XVII se trataba preferentemente de seda en rama, que las sederías de Granada y Sevilla tejían de acuerdo con los gustos españoles.[4]

Los chinos se dieron cuenta desde el primer momento de la importancia del ropaje eclesiástico que requerían las procesiones y festividades religiosas de los misioneros en Asia[5] y empezaron a producir sin falta de tiempo tejidos y cerámicas que introducían la nueva simbología entremezclándola con elementos florales y animales mitológicos chinos.

---

[1] Bjork (1998), p. 26.
[2] Chuan (1975), p. 107.
[3] Gasch-Tomás (2014b), p. 159.
[4] Gasch-Tomás (2014a), p. 210.
[5] Canepa (2016, p. 99) cita una carta del jesuita Luis Froys, escrita desde Goa en 1556 que cuando los chinos supieron el ropaje eclesiástico que se había usado en la inauguración del Colegio de Sao Paulo en Goa decidieron inmediatamente sacar beneficio de ello.

Al público europeo, que nada sabía de la simbología taoísta, budista o confuciana que inspiraba los motivos decorativos de sedas y porcelanas, lo que le cautivó fue la estética. Los diseños de las sedas se adaptaron a los gustos de la nobleza y la iglesia: en los reinos ibéricos, donde la iglesia era un gran cliente, la cantidad de sedas chinas destinadas a uso eclesiástico dejó una huella imborrable en casullas y estolas, que todavía hoy exhiben bordados florales mucho más afines a la influencia china que a la tradición cristiana.

La oferta de seda se complementará con la de algodón. El cultivo del algodón se había generalizado ya con los Song, y ya entonces fue capaz de vestir a gran parte de la población china: el *Qingming Shanghe tu* muestra una población inequívocamente arropada en algodón. Martín de Rada afirma que entre los regalos con que les obsequiaron en China, había seda para los miembros de la delegación y algodón para el servicio,[1] menciona el algodón entre los impuestos, tanto en tejidos como en algodón limpio,[2] y tanto él como Loarca sostienen sin lugar a dudas que todo el mundo iba vestido de algodón. Pero mientras la seda era básicamente una industria urbana, el algodón era ante todo una artesanía rural, atendida por las mujeres en las casas: según una gaceta del siglo XVI, una mujer podía tejer un rollo de algodón cada cuatro o cinco días y venderlo en el mercado por un *pícul* de arroz.[3] A finales del XVI, el algodón chino vistió también a todos los indios americanos. Mientras las clases altas se envolvían en sedas chinas, los campesinos lo hacían en algodón chino.

---

[1] Rada (f.20) en Folch (2018).

[2] Rada (f.24) en Folch (2018).

[3] Rawski (1972), p. 47.

MONTAÑAS DE PORCELANA

Cuando los Ming se hicieron con el trono, la cerámica y porcelana chinas tenían ya un prestigio que se remontaba a siglos atrás: desde el siglo IX se exportaban al SE de Asia, India y Persia. A diferencia de la seda, la cerámica era un cargamento idóneo para el transporte marítimo y podía incluso servir de lastre en el casco de los barcos. Precisamente porque se conserva bien, era un objeto esencial en los regalos con que China obsequiaba a las misiones tributarias, y a partir del siglo XIII su rastro fuera de China empezó a diversificarse: Marco Polo dejó una descripción entusiasta de la porcelana que se fabricaba en Tong'an, cerca de Quanzhou.[1] Poco después, en los reinos hispánicos aparecieron también algunas piezas: en el siglo XIV Jaume II de Aragón tenía una, y en el XV Isabel la Católica tenía varias, probablemente de procedencia otomana. A principios del siglo XVI la porcelana tenía suficiente prestigio en los reinos hispánicos como para aparecer en los testamentos.[2]

Jingdezhen, que con los Song y Yuan contaba ya con múltiples hornos y un mercado periódico al que abastecer, cambió radicalmente con los Ming. Mucha más producción y mejor calidad transformaron el mercado local de Jingdezhen en un centro industrial, en el que convivían dos categorías de factorías: las *guanyao* (官窯), que producían la porcelana imperial, y las *minyao* (民窯) que producían para el resto de la población. Los cambios se aceleraron en el reinado de Jiajing (1522-66), coincidiendo con la llegada de los portugueses, y en el de Wanli (1573-1620), coincidiendo con las demandas generadas por el Galeón de Manila: el galeón de 1573 llevó ya a Acapulco 22.300 piezas de fina loza china,[3] procedente de los hornos privados de Jingdezhen y de los de Zhangzhou.

---

[1] Latham (trad.) (1958), p. 238.
[2] Coll Conesa (2007), pp. 124 y 128.
[3] Schurtz, (1939), p. 27.

Jingdezhen producía una gran variedad de cerámicas, desde las porcelanas más refinadas para la corte hasta cerámicas de una calidad mucho más basta. Esta segunda era sin duda la más corriente en los cargamentos destinados a la exportación, tanto en los galeones en los barcos portugueses que hacían la *Carreira da India*, como en los Galeones de Manila o en las carracas holandesas y los barcos ingleses: todos los barcos que se han podido recuperar de los múltiples naufragios de los siglos XVI y XVII iban cargados con porcelana azul y blanca de Jingdezhen de segunda calidad.[1] También Zhangzhou, orientada decididamente hacia el comercio exterior, multiplicó no solo su producción sino también sus hornos: en los últimos 50 años se han encontrado 50 hornos cerámicos en Zhangzhou.[2] Es por ello que en 1541, 16 años antes de instalarse en Macao, había 500 portugueses viviendo en Zhangzhou.[3] Abundantes piezas de la cerámica de Zhangzhou se han encontrado en Japón, Indonesia, Turquía, Persia, SE de Asia y Filipinas.[4]

Pero fueron las lujosísimas porcelanas encargadas por la corte las que estimularon una producción de alta calidad. Los encargos de la corte aumentaron exponencialmente en el siglo XVI, pasando de 2.570 piezas en 1529 a 105.770 en 1571[5] y a 174.700 en 1577.[6] La cerámica azul y blanca se utilizaba profusamente tanto en la decoración del palacio como en los descomunales banquetes de decenas de miles de invitados con que se obsequiaba a las misiones tributarias. Sin embargo todas las evidencias apuntan a que para su uso personal el emperador no utilizaba la porcelana

---

[1] Canepa (2016, pp. 416-420) proporciona el contenido recuperado de los principales naufragios de los siglos XVII y XVII.

[2] Tan (2007), p. 33.

[3] *Mingshi*, Historia de la dinastía Ming, cit. en Tan (2007), p. 15.

[4] Rawski (1972), p. 66.

[5] Dillon (1978), p. 38.

[6] Ledderose (2000), p. 86.

azul y blanca sino una vajilla de oro labrado.

Los hornos imperiales aumentaron de forma continuada durante los Ming, pero así lo hicieron también los hornos privados que se multiplicaban a su alrededor. Ocasionalmente, varios hornos privados podían ser subcontratados para cubrir las grandes demandas imperiales, haciendo posible con ello una rápida difusión de las técnicas más avanzadas. Los pedidos imperiales eran estrictamente supervisados: una entrega defectuosa conllevaba penas severas, y por ello las piezas se repetían tantas veces como fuera necesario. Un pedido de 100.000 vasijas podía fácilmente implicar un millón de piezas que se desechaban. Hasta 1566, todas las piezas descartadas se rompían y enterraban,[1] pero a partir de 1566 se trasladaron hacia el mercado interno y externo.

Inicialmente, el trabajo en los hornos imperiales se cubría con los servicios obligatorios, que proporcionaban 1.000 familias de la misma comarca: de ellas procedían 367 maestros y 190 alfareros, organizados en 21 departamentos. A estos habría que añadir varias categorías de pintores, esmaltadores, y diversos encargados de los hornos.[2] Pero ya antes del Látigo Único estos servicios habían sido conmutados por plata y los trabajadores se contrataban a cambio de unos salarios que atraían gente de todas las comarcas de la provincia de Jiangxi, donde se encuentra Jingdezhen. Jingdezhen representaba un sistema de manufactura único, capaz de producir cantidades ingentes de cerámica sin recurrir a las máquinas. La producción en cadena permitía una gran adaptabilidad a la demanda: la oferta china —acostumbrada a la pasión por las réplicas de antigüedades de los encargos chinos—[3] fue capaz de adaptarse a demandas que podrían desequilibrar incluso una industria moderna del siglo XX, y que procedían de zonas con gustos estéticos tan dispares como Japón, el

---

[1] Gillette (2016), p. 19.
[2] Medley (1993), p. 75.
[3] Gillette (2016), p. 22.

sudeste de Asia, Portugal y México. Para ello China puso en juego tanto su milenaria pericia en el trabajo en cadena y la producción en masa, como una enorme adaptabilidad que permitía a las industrias cerámicas absorber de forma continua una demanda que diríase ilimitada.

 La presencia de la porcelana china en los reinos ibéricos y en Europa puede rastrearse no solo a través de las fuentes escritas, sino también de las visuales: la porcelana china aparece desde 1500 en todo tipo de pinturas religiosas o profanas, ilustrando no solo los tipos de cerámica que se importaban sino también los usos a los que se las destinaba. La cerámica se conserva bien —mucho mejor que la seda— y los museos europeos y americanos conservan múltiples ejemplares de piezas chinas en que se entremezclan motivos chinos y europeos. La pintura europea renacentista y barroca refleja esta llegada masiva de forma inequívoca, desde la aparición de la primera pieza de porcelana claramente identificable en *La Adoración de los Magos* de Mantegna en 1500, en la que Melchor sostiene una copa Ming idéntica a las que se han excavado en Jingdezhen correspondientes a los reinados de Yongle y Xuande, es decir a la primera mitad del siglo XV.[1] Esta porcelana que en un primer momento estaba reservada en Europa a reyes, altos dignatarios y papas, exhibe a menudo motivos heráldicos o religiosos: todas las órdenes, agustinos, franciscanos, dominicos y jesuitas, encargaron vajillas con sus anagramas, y lo mismo hicieron las grandes fortunas de España y Portugal, aunque la simbología religiosa o nobiliaria se entremezcló, como en el caso de la seda, con motivos religiosos o literarios chinos.

 La recepción de la cerámica china en los países europeos no fue la misma en todas partes. Los portugueses, que la apreciaron extraordinariamente desde el primer momento, compraban cerámicas y porcelanas incluso antes de establecerse en Macao. Los reyes las

---

[1] Harrison-Hall (2016), p. 78.

encargaban, adornaban sus palacios con ellas y las incluían en todos los regalos diplomáticos a las restantes cortes europeas con las que Portugal estaba conectado.[1] Las relaciones portuguesas del XVI, como las de Galeote Pereira y Gaspar da Cruz abundan en referencias a la cerámica.[2]

Pero en los reinos hispánicos, en contraste con Portugal, la apreciación de la porcelana china en los siglos XVI y XVII era limitada. Carlos V no la deseaba especialmente (aunque sí lo hacía su mujer, Isabel de Portugal), y aunque Felipe II atesoró la mayor colección de porcelana de Europa[3] —especialmente tras ser coronado rey de Portugal en 1580—, nobles y curas se resistían a cambiar la plata de sus vajillas por la recién llegada porcelana. De hecho muy poca porcelana de la que llegaba a México en el Galeón cruzó el Atlántico en las flotas de Indias y la mayoría de esta fue a parar a la corte del rey.[4]

Donde la porcelana entró masivamente fue en América y a finales del XVI la porcelana se encontraba ya en todas las capas de la sociedad colonial. La mayoría de la cerámica llegó a América desde los hornos *minyao* de Jingdezhen y desde los hornos de Zhangzhou, y lo hizo por encargo expreso: los inventarios de la población blanca de México contienen todos piezas de porcelana.[5] En parte ello hay que atribuirlo a que en México, a pie del Galeón, la porcelana era más accesible y más barata que la misma porcelana una vez en España. Pero probablemente el factor decisivo fue que, a diferencia de España, la porcelana en México y Perú tenía un gran significado para las élites coloniales españolas: era un claro

---

[1] Canepa (2016), p. 127.

[2] Galeote Pereira: en Boxer (1953), 5, n. 4; Gaspar da Cruz en Boxer (1953), pp. 126-27.

[3] En su inventario post-mortem constan 3.000 piezas de porcelana, tanto vajilla como ornamental

[4] Canepa (2016), pp.153-55.

[5] Yuste (1984), p. 26.

indicador social.

En otro punto del imperio español la porcelana blanquiazul fue también más apreciada que en España: el sur de los Países Bajos. A finales del XVII llegaban a Batavia, el enclave holandés en Sumatra, dos millones de piezas chinas anuales[1] que se reexpedían hacia Europa y, con las tiendas de Amberes ofreciendo todo tipo de vajillas blanquiazules, hacia 1630 la mayoría de las casas burguesas contaban con alguna pieza, como en la famosa pintura holandesa anónima, *La Visita*, c. 1630-35: la vajilla completa que exhibe esta familia debía ser parte de alguno de estos cargamentos.

La demanda extranjera —asiática, americana y europea— fue importante, tal como evidencian las enormes cantidades de cerámica que la arqueología submarina recupera de los naufragios de los siglos XVI y XVII, tanto en aguas del Índico, como del Pacífico y Atlántico. Pero no hay que perder de vista que esta demanda externa —de seda, de porcelana, de algodón, de lacas— fue siempre un pequeño porcentaje de la demanda interior. El estímulo decisivo venía de la demanda interna, estimulada por el consumismo creciente promovido por la expansión urbana de la China Ming. La capacidad china de abastecer a la vez todo a todo el país y a toda la demanda extranjera que pudiera llegarle fue bien resumida por Pantoja: «Tienen la mejor porcelana que se halla hasta ahora, muy baratísima, y tanta que, fuera de proveerse todo el reino de China de ella, cargarán cuantas naos quisieren».[2]

---

[1] Ledderose (2000), p. 89.
[2] Moncó (2011), p. 149.

POR QUÉ TRABAJAN TANTO LOS CHINOS

Desde el siglo XVI en los primeros relatos directos sobre China que empezaron a llegar a Europa, todos los observadores, fuesen prisioneros portugueses, monjes castellanos, piratas holandeses, misioneros protestantes o funcionarios coloniales, coincidieron en la extrema dedicación de los chinos al trabajo.[1] Las relaciones españolas del XVI no fueron una excepción a ello: «Son grandes trabajadores y liberalísimos en sus oficios, que pone espanto ver cuan liberalmente concluyen las obras y son en eso ingeniosos. [...] usan también los hombres cargarse como los naturales de la Nueva España, pero lleva tanta carga un chino como tres indios de la Nueva España».[2]

Es posible que la rentabilidad del trabajo aplicado al cultivo intensivo del arroz estuviera en la raíz de la sorprendente capacidad de trabajo de los chinos. Pero la pregunta de *por qué* trabajan tanto los chinos debe responderse con el *cómo* trabajan los chinos. China fue capaz de hacer frente a la desorbitante demanda europea y americana gracias a que la minuciosa división del trabajo que imperaba en las factorías chinas permitía mantener la alta calidad con una producción en masa. La división del trabajo impactó a todos los que escribieron sobre Jingdezhen, desde Song Yingxing (宋应星) en el *Tiangong Kaiwu* publicado en 1637,[3] hasta las cartas del

---

[1] Harrell (1985), p. 207.
[2] Rada, f. 25 en Folch (2018).
[3] Song Yingxing, tras fracasar en todos sus intentos de aprobar los exámenes oficiales, decidió hacer un tratado que proporcionara a los académicos que habían pasado años encerrados en sus libros, una preparación práctica. El *Tiangong Kaiwu*, minuciosamente ilustrado con centenares de ilustraciones, trata sobre la agricultura, la extracción de materias primas, y la manufactura de bienes necesarios para la vida de cada día, como arroz, seda, sal, porcelana, metales, papel, monedas y armas.

jesuita François Xavier d'Entrecolles, escritas en 1712 y 1722.① De hecho, la división del trabajo en las factorías cerámicas era tan estricta que cada paso del proceso —que solía estar gestionado por profesionales que pertenecían a un mismo linaje—② contaba con su propia divinidad.③ A finales del XVI, Jingdezhen funcionaba ya como un gran complejo industrial moderno, con factorías que organizaban minuciosamente el trabajo: aunque carecían de máquinas en su interior, la organización de las instalaciones era la de una fábrica. Se fijaba un determinado proceso de producción de acuerdo con las demandas del mercado y se establecían protocolos de fabricación que se aplicaban a la producción en masa y se realizaban con trabajo en cadena, en el que especialistas variados se ocupaban de partes diferentes del proceso y en las que la cantidad diaria a producir estaba estrictamente reglamentada: era una organización interna radicalmente distinta de la de un taller artesanal, en la que, para mantener el ritmo se contrataba a miles de asalariados, que convertían las instalaciones iniciales en auténticas zonas industriales.

Este método de producción chino es identificable desde hace milenios: ya es el sistema con el que se hicieron los guerreros de Xi'an en el 221 antes de nuestra era. Es visible también en las sedas de los Han, elaboradas en telares sofisticados de varios pisos, y capaces de inundar toda Asia Central hasta el punto de convertir las piezas de seda en una forma de pago habitual en la ruta de la seda. Esta capacidad de previsión y organización del trabajo es el distintivo esencial del modo de producción chino y el que les permite, desde la antigüedad, inundar el mundo con sus productos cada

---

① François Xavier d'Entrecolles, que estuvo en Jingdezhen y habló con los alfareros, introdujo en sus cartas varias ilustraciones del *Tiangong Kaiwu*. Sus cartas fueron incluidas en 1735 en el libro *Empire de la Chine* de Du Halde, que se tradujo a todas las lenguas europeas.

② Kerr & Wood, (2004), pp. 212-13.

③ Barbieri-Low (2007), pp. 102-106.

vez que se deciden a hacerlo.

Al final, estos objetos acabaron hablando por sí solos. Por mucho que viajeros, misioneros y funcionarios coloniales inundaran las cancillerías europeas con sus relatos, y por mucho que estos relatos se convirtieran en *bestsellers* —como fue el caso de los de González de Mendoza y Matteo Ricci— la imagen universal de China llegó de la mano de objetos inanimados,[1] principalmente la seda y la porcelana. Y también por las lacas, los abanicos, los peines, que China emitía en cantidades inverosímiles. Como señalaba en 1574 Inés de Solís en una carta desde México: «por allá se ha descubierto una tierra muy rica que llaman la China, y se navega desde aquí, y han traído y traen de allá cosas muy ricas, [...] como son rasos, damascos, tafetanes, brocados».[2] Para doña Inés, la China, de la que no sabía ni dónde estaba, era simplemente sinónimo del textil de calidad, de la misma manera en que *china* sería el nombre con que los ingleses pasarán a denominar la porcelana. La popularidad de la cerámica blanquiazul en el sudeste de Asia, Europa y América la convirtió en la primera marca global,[3] un producto de origen inconfundible y del que no tardarían en salir copias, en Puebla, desde luego, pero también en Corea, Tailandia, Vietnam, y Japón, y en el XVII, también en los Países Bajos, Francia e Inglaterra.

CONCLUSIÓN

Cuando se habla de la primera globalización es importante recordar que el impacto de China sobre Occidente fue mucho mayor en aquellos siglos que el de Occidente sobre China. Los hispánicos, que habían sido conquistadores en América, fueron simplemente *brokers* en Asia. Los

---

[1] Bleichmar (2015).
[2] Otte (1993), pp. 89-90, cit. en Priyadarshini (2018), p. 8.
[3] Priyadarshini (2018), p. 11.

portugueses se infiltraron en redes comerciales existentes desde hacía siglos —por eso molestaban mucho más que los españoles que abrieron la vía nueva del Pacífico—, y lo mismo hicieron tras ellos los holandeses. Serían los historiadores orientales —Hamashita, Chuan Hang-sheng— quienes cambiarían la visión de la globalización: en lugar de una Europa dinámica y moderna estimulando una Asia dormida, pondrían en el centro el dinamismo asiático.[1]

China entró en la edad moderna con el sistema productivo más moderno del mundo, pero con una grave crisis financiera, derivada de las decisiones monetarias tomadas al principio de la dinastía. El sueño autárquico de Hongwu se desplomó debido a los cambios socioeconómicos y arrastró con él su política monetaria. La sociedad china, impelida por el crecimiento demográfico, la urbanización y la comercialización, empezó a virar hacia la plata, forzando al Estado a levantar las prohibiciones marítimas que entorpecían su entrada, y a promulgar la Ley del Látigo Único que permitía pagar todos los impuestos en plata. La demanda china de plata activó el motor del comercio inter-asiático primero e intercontinental después, bombeando hacia allí cantidades ingentes de este metal, atraído tanto por el elevado valor de la plata en China como por la oferta tan flexible como inagotable del sistema productivo chino. Al trabajo en cadena —que garantizaba una calidad constante— y a la producción en masa —que aseguraba un suministro ininterrumpido— hay que añadirle su extrema adaptabilidad a los gustos y necesidades de otras culturas. La evolución de la sociedad china y su transición hacia la plata no fue la consecuencia sino la causa por la cual la plata fluyó hacia China: no se puede explicar la historia universal de los siglos XVI y XVII sin tener en cuenta el factor chino.

---

[1] Flynn & Giráldez (1995), p. 217.

Bibiliografía:

ATWELL, William, (1982), «International Bullion Flows and the Chinese Economy circa 1530-1650», *Past and Present*, 95, pp. 68-90.

BARBIERI-LOW, Anthony, (2007), *Artisans in Early Imperial China*, Seattle: University of Washington Press.

BJORK, Katharine, (1998), «The Link that Kept the Philippine Spanish: Mexican Merchant Interests and the Manila Trade, 1571-1815», *Journal of World History*, Vol. 9, n°1.

BLEICHMAR, Daniela & MARTIN, Meredith, (2015), «Objects in Motion in the Early Modern World», *Art History 38*, 4 (Special Issue).

BOXER, C. R., (1953 reed 2004). *South China in the Sixteenth Century*, Londres: The Hakluyt Society.

BOXER, C. R., (1970), «Plata es Sangre: Sidelights on the Drain of Spanish-American Silver in the Far East, 1550-1700», *Philippine Studies*, vol. 18, n°3, pp. 457-478.

BROOK, Timothy, (1998), *The Confusions of Pleasure*, University of California Press.

CANEPA, Teresa, (2016), *Silk, Porcelain and Lacquer. China and Japan and their trade with Western Europe and the New World, 1500-1644*, Brujas: Paul Holberton.

CARLETTI, Francesco, (1701), Raggionamenti di Francesco Carletti, Firenze, Giuseppe Mani. (Trad española: *Mi viaje alrededor del mundo*. Barcelona: Noray, 2004).

CARTWRIGHT et al., (2016), «Paper Money of the Ming Dynasty: Examining the Material Evidence», in Clunas, Craig et al. (eds), *Ming China: Courts and Contacts 1400.1450*, The British Museum, pp. 170-177.

CHUAN, Hang-sheng, (1975), «The Chinese Silk Trade with Spanish-America from the Late Ming to the Mid-Ch'ing Period» en *Studia*

Asiatica Essays in Asian Studies in Felicitation of the Seventy-fifth Anniversary of Professor Ch'en Shou-yi, San Francisco: Chinese Material Center.

CLUNAS, Craig, (2007), *Empire of Great Brightness: Visual and Material Cultures of Ming China*, Reaktion Books Delhi, Oxford University Press.

COLL CONESA, Jaume, (2007), «Documented influence of China on Maiolica in Spain and New Finds of Chinese Ceramics with Dates to the Sixteenth Century», en Stacey Pierson (ed.), *Transfer: the Influence of China on World Ceramics, Colloquies on Art and Archaeology in Asia*, nº 24, pp. 123-41.

FLYNN, Dennis O., & GIRALDEZ, Arturo, (1995), «Born with a Silver Spoon: the Origin of World Trade in 1571», *Journal of World History,* vol. 6, nº 2, pp. 201-221.

GILLETTE, Maris Boyd, (2016), *China's Porcelain Capital. The Rise, Fall and Reinvention of Ceramics in Jingdezhen*, Londres: Bloomsbury Academic.

KERR, Rose & WOOD, Nigel, (2004), «Ceramic Technology», in Needham, Joseph, *Science and Civilization in China*, vol. 5, Part XII. Cambridge: Cambridge University Press.

MONCÓ, Beatriz, (2011), *Carta del padre Diego de Pantoja, religioso de la Compañía de Jesús, para el padre Luis de Guzmán, provincial de la provincia de Toledo*. Alcorcón: Martosa.

DILLON, Michael, (1978), «Jingdezhen as an industrial center», *Ming Studies*, 6, pp. 37-44.

DU HALDE, (1735), *Description geographique, historique, chronologique, politique et physique de l'Empire de la Chine et de la Tartarie,* Paris: P.G. Mercier.

FOLCH, Dolors, (2018), *En el Umbral de China. Las relaciones de Rada, Loarca, Tordesillas y Dueñas*, Barcelona: Icaria (en preparación).

GASCH-TOMÁS, José L., (2014), «Globalisation, Market Formation and Commoditisation in the Spanish Empire: Consumer demand for Asian Goods in Mexico City and Seville, c. 1565-1650», *Revista de Historia Económica*, vol. 32, nº 2, pp. 189-221.

HARRELL, S., (1985), «Why do the Chinese Work so Hard: Reflections on Entrepreneurial Ethic». *Modern China, 11*(2), pp. 203-226.

HARRISON-HALL, Jessica, (2016), «Early Ming Ceramics: Rethinking the Status of Blue-and-White» in Clunas, (2016), pp. 77-86.

HIRTH, Friedrich & Rockhill, W., (1911), *Chau Ju-hua: His work on the Chinese and Arab trade in the Twelfth and Thirteenth Centuries*, St. Petersburg: Imperial Academy of Sciences

HO Ping-ti, (1959), *Studies in the population of China, 1368-1953*, Cambridge: Harvard University Press.

HUANG, Ray, (1974), *Taxation and Governmental Finance in Sixteenth-Century Ming China*: Cambridge University Press.

IWASAKI, Fernando, (2005), *Extremo Oriente y el Perú en el siglo XVI*, Pontificia Universidad Católica del Perú.

LATHAM, Ronald (trad.), (1958), *The travels of Marco Polo*, Londres: Penguin books.

LEDDEROSE, Lothar, (2000), *Ten Thousand Things. Module and Mass Production in Chinese Art*, Princeton University Press.

LIU, Xinru, (1996), *Silk and Religion. An exploration of material life and the thought of people*, Oxford: Oxford University Press.

MARKS, Robert, (2012), *China, its Environment and History*, New York: Rowman and Littlefield.

MEDLEY, Margaret, (1993), «Organization and Production at Jingdezhen in the Sixteenth Century», in SCOTT, Rosemary (ed), *The Porcelains of Jingdezhen*, Londres: Percival David Foundation, pp. 69-82.

MORGA, Antonio de, (1609), *Sucesos de las Islas Filipinas*, reed. Madrid: CSIC, 1975.

OTTE, Enrique, (1993), *Cartas Privadas de Emigrantes a Indias*, Mexico FCE.

PIERSON, Stacey (ed.), *Transfer: the Influence of China on World Ceramics, Colloquies on Art and Archaeology in Asia*, nº 24.

PRIYADARSHINI, Meha, (2018), *Chinese Porcelain in Colonial Mexico. The Material Worlds of an Early Modern Trade*, Palgrave Macmillan.

RAWSKI, Evelyn, (1972), *Agricultural change and peasant economy of South China* Cambridge: Harvard University Press.

SCHURTZ, William, (1939), *El Galeón de Manila* (ed. esp.: Madrid, ICI, 1992).

TAN, Rita Z., (2007), *Zhangzhou ware found in the Philippines. "Swatow" export ceramics from Fujian 16th-17th century*, Manila: Artpostasia.

VAINKER, Shelagh, (2004), *Chinese Silk. A Cultural History*, London: British Museum.

von GLAHN, Richard, (2016), *The Economic History of China*, Cambridge University Press

YUSTE López, Carmen, (1984), *El comercio de la Nueva España con Filipinas, 1590-1785*, México: Instituto Nacional de Antropología e Historia.

EN SUN, E-tu & SUN, Shiou-chuan, (1966), *Tien-kung k'ai-wu. Chinese technology in the seventeenth century, by Song Ying-hsing*. Pennsylvania State University.

(3)

CHINOS DE LA MONARQUÍA HISPÁNICA. LOS SANGLEYES DE FILIPINAS, UNOS EXTRANJEROS NECESARIOS (SIGLOS XVI A XVIII)

Antonio García-Abásolo González
Universidad de Córdoba (España)

1. LA ATRACCIÓN DE LOS ESPAÑOLES POR CHINA: FILIPINAS PLATAFORMA DE ACCESO

España redescubrió Asia desde América y trató de aplicar en Filipinas el modelo colonial americano, como consecuencia de los modos propios de expansión del Imperio español, que integraba territorios replicándose a sí mismo.[1] No obstante, tuvo que adaptarlos a las condiciones particulares de una posición de frontera, desde la que se relacionó con países de culturas tan antiguas y desarrolladas como la china, que exigieron revisar el concepto tradicional de bárbaro.[2] En realidad, China fue el estímulo para que España saliera a buscar los caminos del mar: llegar a China fue

---

[1] Roca Barea, M. E., (2016), *Imperiofobia y leyenda negra. Roma, Rusia, Estados Unidos y el Imperio español,* Madrid: Siruela, p. 295.

[2] Consideraciones de John Elliott sobre el impacto de América en Europa en el siglo XVII, en (1972) *El Viejo Mundo y el Nuevo*, Madrid: Alianza, pp. 16-19.

el objetivo compartido en distintos momentos por Colón, Magallanes, Cortés y por el conquistador de Filipinas Miguel López de Legazpi, jefe de una expedición enviada desde México en 1565. En los primeros años, los españoles no tuvieron certeza de si la Corona consideraba las islas como asiento definitivo o como plataforma de expansión hacia China, como se puede comprobar en varias cartas de Legazpi a Felipe II y al virrey de México en las que les preguntaba si debía permanecer en Filipinas o seguir a China. Desde Cebú, indicó que había estado esperando la llegada de noticias del rey y que había mantenido a sus hombres procurando hacer el menor daño a los habitantes. Después, señaló la necesidad de construir doce galeras para asegurar las tierras que había tomado y las que tomaría en su recorrido, pero también para costear China, establecer comercio con sus puertos y entrar en la tierra firme. Además, se refirió a las noticias que había recibido de dos grandes islas al noroeste de Cebú, llamadas Luzón y Mindoro, en las que chinos y japoneses tenían bases para comerciar sus productos por todo el archipiélago.[1] También los portugueses estaban convencidos de que las intenciones de los españoles eran pasar a China.

En realidad, Legazpi consideraba Filipinas como una escala para llegar a China, por eso, en 1570 escribió al virrey Martín Enríquez manifestándole la conveniencia de buscar un asentamiento más próximo a China que Cebú: «si Su Majestad pretende que sus ministros se extiendan a la parte norte y costa de China, tengo por más acertado hacer asiento en la isla de Luzón».[2]

---

[1] Legazpi a Felipe II. Cebú, 23 de julio de 1567. Blair & Robertson, 2, 234-239.
[2] AGI, Patronato, 24, R9, Legazpi a Martín Enríquez. Panay, 25 de julio de 1570.

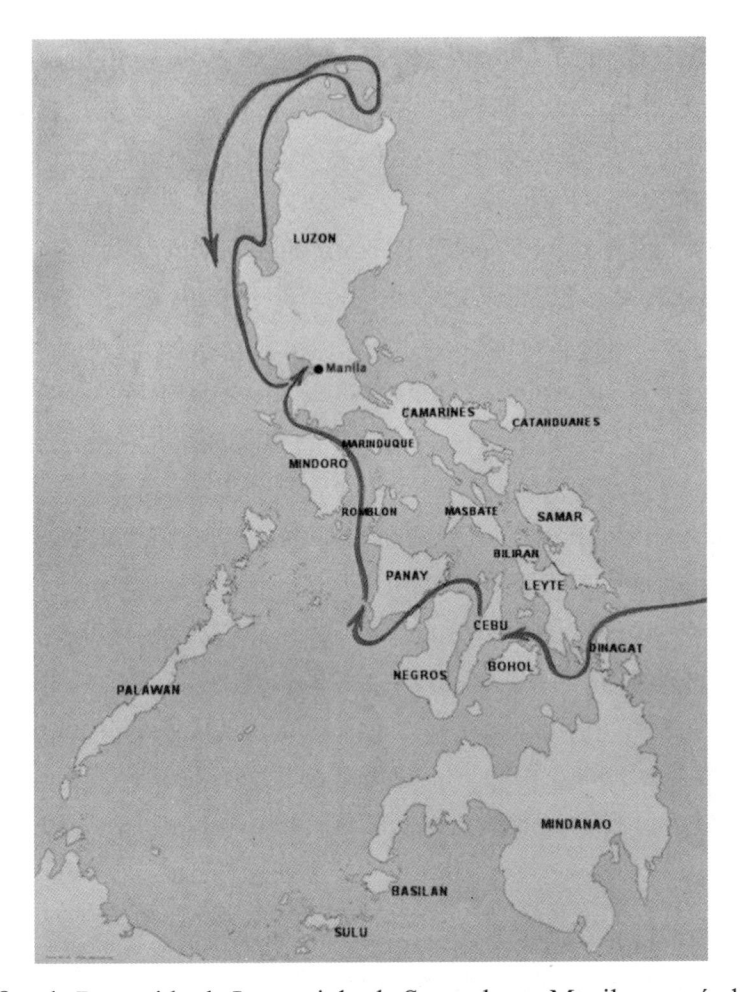

Panel V La Nao de China o la Ruta de la Plata: los orígenes de la globalización 455

Gráfico 1: Recorrido de Legazpi desde Samar hasta Manila acercándose a China.
Su mariscal de campo, Martín de Goiti, continuó hasta el norte de Luzón.
Elaboración propia.

Asimismo, Legazpi puso gran interés en tratar bien a los comerciantes chinos que encontró entre Cebú y Luzón. En la isla de Mindoro compró más de 30 comerciantes chinos procedentes del naufragio de dos juncos que los filipinos habían apresado y estaban vendiendo como esclavos. Legazpi les concedió la libertad y se interesó por los lugares de donde venían y por el Imperio chino. Cuando en 1571 llegó a la zona donde fundó la ciudad de Manila, encontró cuarenta chinos con sus familias, algunos de ellos cristianos que habían sido bautizados en Japón. Los protegió y terminaron formando la primera comunidad china de Manila, casi todos convertidos al cristianismo en poco tiempo.[1]

Los religiosos agustinos de la expedición también pensaron en estos primeros años que Filipinas era solo lugar de paso para entrar en China.[2] Para entender esta posición de vanguardia de España en Asia, conviene recordar que la imagen que Europa tuvo de China en el siglo XVI se debió en gran medida a la información que proporcionaron en sus escritos dos españoles: Juan González de Mendoza, religioso agustino, y Bernardino de Escalante, marino y clérigo.[3] Parte de la descripción de Escalante fue incorporada por Abraham Ortelius en la primera edición española del *Theatrum Orbis Terrarum*, publicada en Amberes en 1588, que era la geografía oficial de la época.

Los misioneros tuvieron una seguridad absoluta de que era posible la conquista espiritual del Imperio chino,[4] de hecho, parece que se sintieron escogidos por Dios para hacer una misión que la cristiandad europea

---

[1] AGI, Patronato, 24, R23, Legazpi a Martín Enríquez de Almansa, virrey de Nueva España, Manila, 11 de agosto de 1572.

[2] AGI, Filipinas, 79, N1, Martín de Rada, provincial de los agustinos, a Martín Enríquez, virrey de Nueva España. Cebú, 8 de julio de 1569.

[3] (2009) *Viajes y crónicas de China en los siglos de oro*, Córdoba: Almuzara. Recopila las obras de Bernardino de Escalante, *Discurso de la navegación a Oriente y Noticia del Reino de la China*, Juan González de Mendoza, *Historia de las cosas más notables, ritos y costumbres del reino de la China* y Fernán Mendes Pinto, *Historia oriental de las peregrinaciones*.

[4] AGI, Filipinas, 79, N1, Martín de Rada, provincial de los agustinos, a Martín Enríquez, virrey de Nueva España. Cebú, 8 de julio de 1569; AGI, Patronato, 24, R22, Martín de Rada a Martín Enríquez, 10 de agosto de 1572; Rodríguez, I., (1976) *Historia de la Provincia Agustiniana de Santísimo Nombre de Jesús de Filipinas*, Vol. XIV, Manila: Arnoldus Press, doc. n° 82, pp. 470-472.

esperaba desde hacía tres siglos. En cierto modo, los gobernadores de Manila continuaron esta tradición y se esforzaron por establecer relaciones con China desde el primer momento: en 1576 lo intentaron por medios diplomáticos, mediante el envío de dos religiosos y dos soldados que estuvieron en Fujian, invitados por las autoridades chinas, y que recorrieron la provincia durante tres meses en los que se entrevistaron con los mandarines locales y recogieron información. Las provincias de China que tuvieron más contacto con Filipinas fueron Fujian y Guandong, porque eran las más cercanas y también las más abiertas al mar de China, propicias tanto para recibir comerciantes como para proyectar su comercio. Los españoles llegaron a estas provincias porque fueron llevados hasta allí por habitantes de ellas y los miles de chinos que fueron a comerciar a Manila a lo largo del período español, y la mayoría de los que se quedaron allí, también fueron de Fujian y Guandong.

Como la vía diplomática para el asentamiento en China fracasó, el Gobierno de Manila, proyectó la conquista militar. Solo se puede entender esto si consideramos que lo situaron en la línea de continuidad de las grandes conquistas americanas de la primera mitad del siglo XVI, que todavía estaban vivas en la memoria colectiva. Desde Manila se hicieron proyectos de conquista en 1576 y en 1584, pero Felipe II nunca los aprobó y esas ideas se abandonaron definitivamente en 1586.[1] En realidad, el rechazo de Felipe II respondía a una política de mayor proyección plasmada en las Ordenanzas de Nuevo descubrimiento y Población de 1573. De ese nuevo sentir participaron las instrucciones que el virrey Martín Enríquez dio a Juan de la Isla para hacer, desde Filipinas, una expedición de reconocimiento de las costas de China, siguiendo órdenes expresas de

---

[1] Sobre estos proyectos, ver el trabajo de Ollé, M., (2000) *La invención de China. Percepciones y estrategias filipinas respecto de China durante el siglo XVII*, Wiesbaden: Ed. Rodery Ptak y Thomas O. Höllmann, Vol. 9. También trata este tema Porras, José Luis, (1988) *Sínodo de Manila*, Madrid: CSIC.

Felipe II.[1]

De hecho, durante el Gobierno de Francisco de Sande, autor de uno de los proyectos de conquista de China, se suspendió una embajada de Felipe II al emperador chino que llevaba algunos años preparándose en España y en México. El embajador frustrado fue el agustino Juan González de Mendoza, que estuvo en México con los regalos preparados, entre ellos varios relojes y pinturas, objetos por los que el emperador había mostrado predilección.[2] También Matteo Ricci y Diego de Pantoja llevaron relojes y pinturas a Pekín en 1601 con notable éxito.[3]

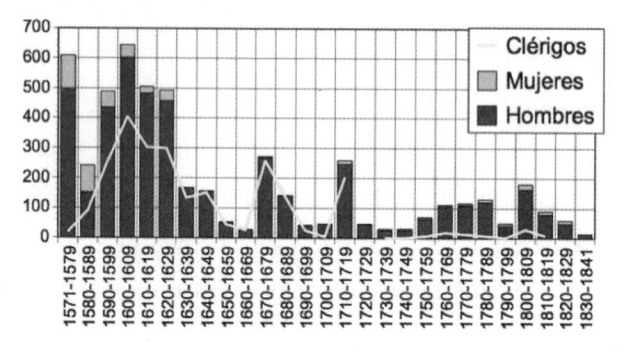

Gráfico 2: Registro de la Casa de Contratación de los españoles embarcados a Filipinas entre 1571 y 1841. Elaboración propia.

---

[1] AGI, Patronato, 24, R4, Instrucciones del virrey Martín Enríquez a Juan de la Isla sobre lo que debe hacer en el viaje desde Filipinas a China, México, 10 de febrero de 1572.

[2] AGI, Filipinas, 6, Francisco de Sande a Felipe II, Manila, 7 de junio de 1576. Noticias de los problemas prácticos que planteó el transporte y cuidado de estos regalos para el emperador de China se pueden ver en AGI, México, 20, carta del virrey conde de Coruña a Felipe II, México, 13 de enero de 1582. Sobre el contenido de la embajada, AGI, Patronato, 24, R51, carta de Felipe II al emperador de China, Badajoz, 11 de junio de 1580; AGI, Patronato, 24, R54, carta de Felipe II al emperador de China, Santarem, 5 de junio de 1581.

[3] Zhang Kai, (1997) *Diego de Pantoja y China*, traducción de Tang Baisheng y Kang Xiaolin, Beijing: Editorial de la Biblioteca de Beijing, p. 51.

Para valorar estos proyectos es preciso conocer que la población española de Filipinas se formaba con aportes procedentes de España y del virreinato de México, pero en un número demasiado reducido como para plantear con eficacia una conquista de China o desarrollar una expansión desde las islas. Para los españoles peninsulares eran más atractivas las provincias americanas y los criollos de Nueva España tenían suficientes noticias de las dificultades que implicaba la vida en el archipiélago; por eso, los virreyes de México, que tenían obligación de proveer a Filipinas de lo necesario y en particular de soldados y pobladores, pocas veces pudieron cumplir esta misión a satisfacción de las autoridades de Manila. La población española del archipiélago fue de pocos hombres y todavía menos mujeres; además, una gran parte de los hombres fueron misioneros.[1] Desde Filipinas se hicieron expediciones a las islas del sur, Mindanao y Joló, tierras de población musulmana que fueron ocasión de problemas permanentes por sus ataques a las islas Visayas para hacer esclavos. Las expediciones militares más relevantes se hicieron en el siglo XIX;[2] no obstante, hubo

---

[1] García-Abásolo, A., (1997) «El poblamiento español de Filipinas (1571-1599)», en García-Abásolo, A. (Ed.), (1997) *España y el Pacífico*, Madrid: Dirección General de Relaciones Culturales, MAE, pp. 143-156; García-Abásolo, A., (1998) «Spanish Settlers in the Philippines (1571-1599)», en *Studies on the Philippines during the Spanish Period*, Cuadernos de Historia, n° 1, Manila: Instituto Cervantes,, pp. 119-132; García-Abásolo, A., (2007) «Population movement in the Spanish Pacific during the 17th Century. Travellers from Spain to the Philippines», *Revista Española del Pacífico*, núms 19-20, pp. 133-152; García.Abásolo, A., (1997) «The Contribution of Southern Spain to European Population Settlement in the Pacific», en *Las relaciones internacionales en el Pacífico (siglos XVIII-XX)*, Mª Dolores Elizalde (ed.) C.S.I.C., pp. 185-200; García-Abásolo, A., (1997) «Pasajeros España-Filipinas (1800-1841)», (1997), en *El Lejano Oriente Español: Filipinas (siglo XIX)*, (Ed Paulino Castañeda Delgado y Antonio García-Abásolo), Sevilla, pp. 721-737.

[2] Togores, L. E., (1997) *Extremo Oriente en la política exterior de España*, Madrid: Prensa y Ediciones Iberoamericanas, 1997.

algunos intentos de expansión durante el siglo XVI a Borneo, Camboya, Siam y Japón y se consiguió mantener una guarnición militar en Formosa entre 1626 y 1641.[1]

2. LA ATRACCIÓN DE LOS CHINOS POR FILIPINAS: FORMACIÓN DE LA COMUNIDAD SANGLEY

Los españoles y los chinos terminaron encontrándose en Filipinas y muy pronto se estableció en Manila un mundo chino que participó plenamente en la articulación del sistema colonial español en Oriente, hasta el punto de que, sin los chinos, es difícil imaginar que la ciudad hubiera sobrevivido y que la propia presencia española en Filipinas hubiera sido posible.

Cientos de chinos llegaban cada año con las mercancías que la comunidad española compraba para embarcar en el galeón que cruzaba el Pacífico y que se vendían en Acapulco. Lo que estaba previsto era que regresaran a China después de vender sus productos, pero muchos se quedaron en Manila y sus alrededores como comerciantes y como artesanos de todos los oficios imaginables que prestaron sus servicios a la comunidad española. Aunque la documentación proporciona algunas estimaciones sobre el número de sangleyes en Filipinas, la realidad es que muchos escaparon al control de las autoridades desembarcando en lugares poco vigilados en los que a menudo contaron con la ayuda de otros chinos asentados en el país.[2] En consecuencia, durante todo el período colonial, un grupo de españoles muy pequeño vivió dependiendo de una comunidad china muy grande, a menudo 20 o 30 veces mayor, tanto para obtener

---

[1] Borao Mateo, E., (2001) *Spaniards in Taiwan*, Nan Tien: SMC Publishing Inc., vol. 1: 1582-1641.

[2] AGI, Filipinas, 202, la Audiencia de Manila a Carlos II, Manila, 18 de junio de 1895.

los beneficios del comercio con México, que eran la fuente principal de recursos de los españoles, como para abastecerse de todo lo que necesitaban para la vida cotidiana. Los chinos producían alimentos, construían edificios, eran plateros, zapateros, cerrajeros, herreros y, en general, demostraron que podían ejercer cualquier tipo de oficio que la comunidad de Manila pudiera desear. Los informes de Martín Enríquez a Felipe II revelan cómo los comerciantes chinos ofrecieron a la comunidad de Manila en sus primeros viajes una especie de muestrario de los productos que tenían, para ir adaptándose después a la demanda del mercado de Manila.[1] Domingo de Salazar, primer obispo de Filipinas, hizo en 1588 una rica descripción de la actividad trepidante del Parián, el barrio de los chinos situado fuera de las murallas de la ciudad. Aunque entonces el Parián tenía una historia muy corta, ya estaba formado por cuatro calles con cuatro filas de edificios en los que había 150 tiendas y 600 chinos residiendo habitualmente. El obispo también hizo referencia a otros chinos que vivían fuera del Parián: 100 al otro lado del río Pasig y otros 300 distribuidos por las orillas y en la ribera del mar, la mayoría casados y muchos de ellos cristianos. En total, vivían extramuros de Manila en 1588 mil chinos según los informes del obispo, que se quedó muy corto en sus apreciaciones, porque en 1603 algunos estimaron que había en Manila y su comarca entre 20.000 y 30.000 chinos.[2]

---

[1] AGI, Filipinas, 20, México, cartas de Martín Enríquez a Felipe II, México, 20 de marzo de 1580 y Acamalutla, 29 de enero de 1581.

[2] AGI, Filipinas, 74, Informe de fray Domingo de Salazar, obispo de Filipinas, sobre el censo de las islas, Manila, 25 de junio de 1588.

Gráfico 3: Primera pintura conocida de Manila con el Parián de los sangleyes realizada por un artista chino y conservada en el Museo José Luis Bello y González. Puebla. México. Circa 1635.

Lo que los españoles podían ofrecer a cambio de los productos de los comerciantes sangleyes era la plata de las minas americanas, y eso era lo que deseaban porque la plata doblaba su valor en China.[1] La corriente de plata americana llegada a China a través de Filipinas fue tan abundante que muy pronto las monedas mexicanas fueron usadas allí para los intercambios, porque los sangleyes controlaron toda la plata que llegaba cada año de México y dominaron por completo la vida comercial, financiera y monetaria de las islas. Según datos estimados por lo bajo, durante los doscientos cincuenta años del comercio del Galeón, se enviaron desde Nueva España a Filipinas 400.000.000 de pesos mexicanos,[2] en parte para pagar los gastos

---

[1] Brook, T., (1999) *The Confusions of Pleasure. Commerce and Culture in Ming China*, Berkeley: University of California Press, pp. 204-207.

[2] Bernal, R., (1965), *México en Filipinas. Estudio de una transculturación*, México: UNAM–Instituto de Investigaciones Históricas, p. 78

de la administración de las islas y en parte procedentes de las ventas de productos asiáticos en Acapulco. Esta salida tan extraordinaria de plata se debió a que en el comercio del galeón de Manila los fraudes fueron muy frecuentes, aunque aparentemente estaba regulado. A principios del siglo XVII salieron de Acapulco cada año para invertir en el comercio chino cinco millones de pesos mexicanos y un millón y medio de pesos peruanos, cuando la carga permitida legalmente a los vecinos de Manila entre 1593 y 1702 (cuota de exportación) no debía pasar de 250.000 pesos y estaban autorizados a venderla por 500.000 en Acapulco.[1] La inevitabilidad de la inversión de plata americana en China la expuso con claridad meridiana a Felipe II el virrey Martín Enríquez ya en 1581:

> Esta contratación se ha ido entreteniendo, como Vuestra Majestad sabe, para ganarles la voluntad [a los chinos] y que, pareciéndoles bien y viendo que les era tan útil [...] diesen lugar a poner un pie en tierra firme. Y cuando pareciese a Vuestra Majestad que era bien tratar del remedio en todo o en parte, no había de ser prohibiendo pasar dineros, que esto será imposible adonde es tan grande la ganancia.[2]

En Perú, el virrey marqués de Cañete, insistió en lo mismo doce años después explicando que gran cantidad de plata peruana se invertía en productos chinos en Nueva España, porque

> las mercancías son tan baratas que creo que es imposible suprimir el comercio hasta el grado de que no se consuman productos chinos

---

[1] Schurz, W. L., (1992), *El galeón de Manila*, Madrid: Ediciones de Cultura Hispánica, p.162.
[2] AGI, México, 20, Martín Enríquez a Felipe II, Acamalutla, 29 de enero de 1581.

en este reino, ya que un hombre puede vestir a su mujer con sedas chinas por doscientos reales, mientras que ni con doscientos pesos podría revestirla con seda española.[1]

Gráfico 4: Muestras de seda de México: seis muestras de tejidos de seda que remitió a España el virrey Revillagigedo en 1793, como ejemplo de lo que se producía en los talleres de México. La mayor parte de la seda para confección procedía del comercio de la China.
Fuente: AGI, Mapas y Planos, Tejidos, 15.

En 1615, el marqués de Montesclaros, virrey del Perú, entre las recomendaciones que dejó a su sucesor, el marqués de Esquilache, consideró fundamentales para que el Perú fuera enteramente dependiente de España

que no haya obrajes, o se planten viñas ni olivares y no se traiga ropa de China, para que los paños, el vino, el aceite y las sedas

---

[1] Citado por Borah, W., (1975), *Comercio y navegación entre México y Perú en el siglo XVI*, México: Instituto Mexicano de Comercio Exterior, p. 234.

vengan de Castilla; muy conveniente es tal dependencia y el clavo más firme con que se afija la fidelidad; alguna vez he dicho a Su Majestad por mis cartas el tiento con que se debe proceder en esta razón de Estado.[1]

Se entiende todavía mejor la preocupación de estos virreyes al saber que en 1604 se invirtieron 1.600.000 pesos de plata peruana en el comercio con México, en buena parte para comprar productos de China, mientras que la invertida en el comercio con España no llegó a 500.000 pesos; y en 1606 la cantidad de pesos peruanos invertidos en México para comprar ropa de China fue de 1.500.000.[2]

Por otra parte, no es posible olvidar que el galeón de Manila fue mucho más que una línea comercial, aunque como línea comercial proporcionara unas ganancias fabulosas. Gemelli Careri, un napolitano que navegó de Manila a Acapulco en 1697, comprobó que se conseguían ganancias entre 150% y 200% para los mercaderes y del 9% para los agentes. Era

---

[1] Beltrán y Rózpide, R., (1921), *Colección de las memorias o relaciones que escribieron los virreyes del Perú acerca del estado en que dejaban las cosas generales del reino*, Madrid: Imprenta del Asilo de Huérfanos del S. C. de Jesús, «Relación del estado en que se hallaba el reino del Perú, hecha por el Exmo. Sr. Don Juan de Mendoza y Luna, marqués de Montesclaros, al Exmo. Sr. príncipe de Esquilache, su sucesor, de esta Chácara (Mancilla), 12 de septiembre de 1615», p. 184.

[2] Vila Vilar, E., (1982), «Las ferias de Portobelo: apariencia y realidad del comercio de Indias», *Anuario de Estudios Americanos*, vol. 39, p. 294. Sobre los productos chinos en el mercado americano y las cantidades de pesos de plata que se embarcaron en el galeón de Manila a fines del XVI y principios del XVII, ver Bonialian, M., (2016) «La ropa de China desde Filipinas hasta Buenos Aires. Circulación, consumo y lucha corporativa, 1580-1620» *Revista de Indias*, vol. LXXVI, nº. 268, pp. 641-672. También García Fuentes, L., *Los peruleros y el comercio de Sevilla con las Indias, 1580-1630*, (1997), Sevilla: Secretariado de Publicaciones de la Universidad, pp. 165-170.

habitual aceptar préstamos al 50% con la seguridad de que se obtendrían beneficios.[1] Filipinos, chinos y otros asiáticos llegaron cada año al virreinato por esta vía desde fines del siglo XVI, pero la historiografía mexicana está comenzando ahora a tratar este tema en la época colonial. Déborah Oropeza, autora de un trabajo muy reciente y todavía inédito sobre la inmigración de asiáticos en Nueva España entre 1565 y 1700, ha localizado en la documentación oficial de la Caja Real de Acapulco, en el Archivo General de Indias, 7.200 entradas. Estima que a esta cantidad hay que añadirle otra, muy difícil de calcular si no imposible, procedente de los desembarcos no oficiales en otros puertos de la costa pacífica mexicana, especialmente en la provincia de Colima.[2] En todo caso, la limitación de la ruta entre Manila y Acapulco a uno o dos galeones anuales lleva a la conclusión de que el número de asiáticos llegados a Nueva España, tanto esclavos como libres, no pudo ser muy abundante.

No es fácil conocer la naturaleza de los asiáticos en el virreinato de Nueva España porque todos aparecen en la documentación con la calificación de *indios chinos*. Algunas noticias sugieren la posibilidad de que los chinos tendieran a vivir en las ciudades, mientras que los filipinos prefirieran asentarse en pueblos y zonas rurales, lo cual podría entenderse teniendo en cuenta que la condición jurídica de los chinos era la de extranjeros y la de los filipinos la de indios, es decir, súbditos de la Monarquía Hispánica, cuyo lugar más adecuado serían los pueblos de indios. Thomas Gage, que visitó Nueva España en 1627, se quedó fascinado de la habilidad de los orfebres chinos que vio en la ciudad de México, y da

---

[1] Gemelli Careri, G. F., (1708), *Giro del Mondo*, Parte V, Contenante le cose più ragguardevoli vedute nell Isole Filippine, Napoli: Nella Stamperia di Giuseppe Roselli, pp. 182-183.

[2] Oropeza Keresey, D., (2007), *Los "indios chinos" en la Nueva España: la inmigración de la nao de China, 1565-1700,* tesis doctoral México presentada en el Colegio de México.

la impresión de que se refería realmente a chinos cuando escribió: «Sobre todo, son dignos de admiración los trabajos y tiendas de orfebres... Los indios y chinos que se habían convertido al cristianismo, y que cada año venían de Filipinas, han superado a los españoles en este negocio».[1]

Los asiáticos introdujeron elementos nuevos y también enriquecieron con notas orientales la artesanía tradicional mexicana, que adoptó diseños chinos para decorar sus obras en todo el virreinato, a causa de la abundancia y popularidad de los productos chinos llegados en el galeón de Manila, como he señalado, más baratos que los llegados desde Sevilla a través del comercio atlántico. El nuevo estilo se mostró en la proliferación de flores exóticas en la decoración, o en el perfeccionamiento técnico y estético en la elaboración de productos como el maque, similar a las lacas chinas. La popularidad de lo asiático y su rápida comercialización hizo que se levantaran talleres en Nueva España que copiaban los diseños y los productos orientales, como arcas, cajas y biombos. Pero también al arte asiático se le añadieron notas occidentales que fueron más allá de la decoración, de manera que se fabricaron modelos europeos usando técnicas orientales dando lugar a un mobiliario original tanto de carácter civil como

---

[1] Gage, T., (1987) *Viajes por la Nueva España y Guatemala*. Crónicas de América, Madrid: Historia 16, pp.165-166. Seijas, T., (2014) *Asian Slaves in Colonial Mexico*, New York: Cambridge Latin American Studies, p. 3.

religioso.[1]

Gráfico 5: Loza poblana estilo Talavera de fines del siglo XVIII mostrando un criado chino. Museo José Luis Bello y González. Puebla. México.
Fuente: Miguel Ángel Fernández (1998).

---

[1] Sobre las lacas china y michoacana y las similitudes en la manufactura y las técnicas aplicadas a los muebles achinados y los biombos de madera en Nueva España, ver Baena Zapatero, A., (2015) «Apuntes sobre la elaboración de biombos», *Archivo Español de Arte*, LXXXVIII, 350, pp. 173-188, especialmente 181-183. Pérez Carrillo, S., (1990) *La laca mexicana*, Madrid: Alianza Editorial; Gemelli Careri, (1983) G. F. (*Viaje a la Nueva España*, México: UNAM, p. 3 y Mota Padilla. M., (1742) *Historia de la conquista de la Nueva Galicia*, México: Edición de la Sociedad Mexicana de Geografía y Estadística, Imprenta del Gobierno, 1870, p. 44. Fernández Martín, M. M., (2006), «Dos nuevas obras de arte namban en Sevilla», Universidad de Sevilla, *Laboratorio de Arte,* 19, pp. 495-502.

En otro orden de cosas, la comunidad de Manila podría considerarse como un vivero en el que analizar experiencias de globalización en alguna medida similares a las que tiene planteadas el mundo ahora. El abigarramiento étnico de la ciudad la convirtió en la más exótica del dominio colonial español y probablemente fue uno de los experimentos más originales de convivencia multiétnica dentro del mundo conocido por los occidentales. En Manila había, entre otros grupos, filipinos, chinos, japoneses, indios, armenios, españoles europeos y españoles americanos, indios americanos y negros. No vivieron completamente juntos, aunque aprendieron a vivir habitualmente cercanos. El cosmopolitismo de Manila queda bien reflejado en las palabras del jesuita Pedro Murillo Velarde, que estuvo en Filipinas a mediados del siglo XVIII y que utilizó para esta ocasión un observatorio muy valioso:

> El confesonario de Manila es, a mi ver, el más dificultoso de todo el mundo, porque siendo imposible confesar a todas estas gentes en su propia lengua, es menester confesarlos en español, y cada nación tiene hecho su propio vocabulario de la lengua española, con que comercian, se manejan y se entienden sin que nosotros los entendamos sino con gran dificultad y casi adivinando. Se verá un sangley, un armenio y un malabar que están hablando español entre sí y nosotros no los entendemos, según desfiguran la palabra y el acento. Los indios tienen otro español peculiar, y más peculiar los cafres, a que se añade el comerse la mitad de las palabras. Los sudores que cuesta confesarlos nadie sino el que lo experimenta lo puede declarar, y aun cuando se entienda en general la culpa, al querer especificar circunstancias es un laberinto inexplicable, porque no entienden nuestro modo regular de hablar, y así al examinarlos dicen si y dicen no según se les ofrece, sin entender bien lo que se les pregunta, de suerte que en breve tiempo dicen

veinte contradictorios, con que es preciso atemperarse a su lengua y aprender su vocabulario.[1]

3. LOS CHINOS DE FILIPINAS, EXTRANJEROS DE LA MONARQUÍA HISPÁNICA. ADAPTACIÓN DEL SISTEMA Y MEDIOS PARA CONVERTIR A LOS SANGLEYES EN SÚBDITOS: CONVERSIÓN, PRAGMATISMO Y PACIENCIA

Dentro del conjunto ordenado de la Monarquía Hispánica, Filipinas puede considerarse como un fruto de la expansión del virreinato de Nueva España hacia el Pacífico y, de hecho, el archipiélago se organizó como una gobernación dependiente de ese virreinato. Esto significa que en las islas se trató de aplicar el mismo sistema colonial que en los territorios americanos, aunque, en la realidad, su eficacia estuvo condicionada, entre otros factores, por la distancia, el escaso número de españoles y su concentración en muy pocas ciudades, en particular en Manila, sede del Gobierno civil y eclesiástico. En las alcaldías mayores, la presencia española se reducía a poco más que el propio alcalde mayor y los frailes a los que correspondía la evangelización en ese distrito. Por eso, en cierto modo, la colonización de Filipinas, fuera del entorno de Manila, fue hecha, sobre todo, por los religiosos, no porque el archipiélago se hubiera configurado de derecho como un Estado misionero, sino debido a que en la mayor parte de las islas los españoles más cercanos a los filipinos fueron los religiosos, si no los únicos.

---

[1] Murillo Velarde, P., (1749), *Historia de la Provincia de Philipinas de la Compañía de Jesús*. Segunda Parte, que comprende los progresos de esta provincia desde el año de 1616 hasta el de 1716, con las licencias necesarias, en Manila: Imprenta de la Compañía de Jesús, por D. Con las licencias necesarias, en Manila: en la Imprenta de la Compañía de Jesús, por D. Nicolás de la Cruz Bagay. f. 5v.

Además, mantener esa comunidad española tan pequeña fue difícil porque las islas no ofrecieron estímulos económicos, como había sucedido en los territorios americanos: no había ricas minas de metales preciosos, tampoco las ansiadas especias en la cantidad y calidad deseada para competir con Portugal y los nativos filipinos, solo en algunos lugares, pudieron proporcionar medios de riqueza según el método de encomienda. A esto se añadían los malos efectos sobre los españoles peninsulares y los criollos mexicanos de un clima hostil y extraño que hacía difícil sobrevivir y prosperar, por eso la corriente migratoria fue muy reducida. En consecuencia, fue necesario encontrar algún estímulo lo bastante poderoso como para asegurar el mantenimiento de esa pequeña comunidad de españoles y se encontró en el comercio de los productos que los chinos llevaron cada año a Manila, continuando una línea de comercio que había existido antes de la llegada de los españoles y que con ellos adquirió una relevancia extraordinaria. Antes, el comercio se había mantenido dentro de la organización establecida por los Ming en el mar del Sur de China; los españoles lo mundializaron introduciéndolo en sus rutas comerciales a través del Pacífico, convertido en nueva ruta de la seda.[1] Con este cambio, era necesario e inevitable que esa línea de comercio se integrara, de alguna manera, en el sistema colonial español y esto implicaba introducir novedades, porque la organización del comercio con las Indias Occidentales se conformó como un monopolio en beneficio de los españoles y en Filipinas fue necesario compartirlo con los chinos. No podía ser de otra manera porque las relaciones comerciales entre China, América y Europa, no se realizaban mediante un intercambio de productos generados por la capacidad manufacturera de cada zona: China ofrecía productos deseados por los occidentales, pero estos no tenían capacidad de vender los suyos en

---

[1] Brook, T., (2013), *The Troubled Empire. China and the Yuan and Ming dinasties*, Cambridge: Harvard University Press, pp. 217-229.

el mercado chino y se veían obligados a pagar con plata. El virrey Martín Enríquez comprendió la situación y la expuso con nitidez a Felipe II tan pronto como en 1580: además de soldados y municiones,

> no sé qué puedan llevar [...] porque mercaderías, como tengo escrito a VM, no hay ningunas que llevar de que allá se pueda sacar aprovechamiento, y todo se hace con gran costa y no puede ser menos porque los mercaderes no tienen qué cargar si no es dineros para comprar las sedas y las demás bujerías que de allá traen.[1]

Esta es una muestra de que al menos algunos españoles fueron capaces de comprender que la entrada en la red comercial de los Ming en el mar del Sur de China tenía que ser financiada con plata y los españoles entraron de pleno porque disponían de la que generaban las minas americanas.[2] Desde Pekín, Diego de Pantoja destacó en su carta al arzobispo Luis de Guzmán, en 1602, la capacidad de la economía china para producir todo lo que necesitaba:

> si alguna nación hay que viva cómodamente sin tener trato con reinos de fuera son los chinas y, aunque es verdad que les vienen algunas cosas de fuera, no son de las sustanciales para la vida ni de que todos usen, antes lo más que de fuera les viene, y ellos quieren, es la plata.[3]

---

[1] AGI, México, 20, Martín Enríquez a Felipe II, México, 20 de marzo de 1580.
[2] Brook, T., (2013), *The Troubled Empire. China and the Yuan and Ming dinasties*, p. 229.
[3] Pantoja, D. de, (1605), *Relación de la entrada de algunos padres de la Compañía de Jesús en la China, y particulares sucesos que tuvieron, y de cosas muy notables que vieron en el mismo Reino*, Sevilla: por Alonso Rodríguez Gamarra, pp. 69-70.

En realidad, también Europa participó inevitablemente en el comercio atlántico desde finales del XVI por la incapacidad de España para abastecer el mercado americano, pero según unos mecanismos distintos de la intervención de los sangleyes en el comercio y la entera economía de Filipinas. Los chinos se las ingeniaron para integrar su comercio en el del galeón de Manila y terminaron dominando la economía de las islas en todos los ámbitos. Juan Manuel de la Barreda, regidor de la ciudad de Manila, describió en 1731 de manera muy explícita hasta qué extremo la economía de las islas dependía de los sangleyes:

> Le parece [...] que es el caso más vergonzoso que pueda tolerar una nación tan política, noble e ilustre como es la española, que en las tierras de que es señora y dominante permita a unos extranjeros, como son los sangleyes, [...] busquen y crezcan caudales considerables con los frutos y granos que producen estas Islas, quitando el útil de su tráfico a los pobres naturales que la cultivan, benefician y fertilizan con el sudor de sus rostros y trabajo personal; y que estén sujetos los mismos españoles, si son pobres, a mendigar [...] y quizá por términos indecentes, ajenos y vergonzosos al pundonor de la nación; y si son ricos, a comprarlos por doble precio del que tuvieran vendidos por los mismos que los cultivan, y a no gozar de los mejores, aun con expendio de sus caudales, porque estos los reservan dichos sangleyes para sí.[1]

Esta declaración adquiere otros matices conociendo la que hizo en la misma

---

[1] AGI, Filipinas, Expediente sobre el proceso llevado por el oidor Francisco López Adán, motivado por haber encontrado suicidado en su tienda a un sangley llamado Sengco, entre cuyos bienes se encontraron pruebas de adulteración de plata. Declaración del testigo Juan Manuel de la Barreda, Manila, 6 de febrero de 1731.

ocasión el regidor decano del cabildo de Manila, sargento mayor José Beltrán de Salazar: los sangleyes habían llegado a controlar el comercio en las tiendas porque los españoles lo habían dejado en sus manos, dedicándose en exclusiva al comercio de Acapulco, de Java y de otras partes, en el que la ganancia era mayor.[1] De otro lado, teniendo en cuenta que la historia debe atender también a las percepciones de los hechos del pasado, es interesante contrastar estas opiniones con las que —según fuentes chinas transmitidas por los españoles— tenían las autoridades chinas del sur sobre los sangleyes de Filipinas, a los que consideraban causantes de la riqueza de las islas. Antonio de Morga, oidor de la Audiencia de Manila, transcribió en su crónica *Sucesos de las Islas Filipinas* la carta de un visitador chino, escrita con motivo de las confiscaciones de bienes realizadas por las autoridades de Manila después del alzamiento de los sangleyes en 1603:

> después que [...] supimos que eran muertos tantos chinas en Luzón, nos juntamos muchos mandarines a concertar tratar con el rey [emperador] que se vengase de tantas muertes; y decíamos que la tierra de Luzón es tierra miserable, de poca importancia y que antiguamente solo era morada de diablos y de culebras; y que por haber venido [de algunos años a esta parte] a ella tanta cantidad de sangleyes a tratar con los castillas, se ha ennoblecido tanto; en la cual, los dichos sangleyes han trabajado tanto levantando murallas, haciendo casas y huertas y en otras cosas.[2]

---

[1] Ibídem, declaración del sargento mayor José Beltrán de Salazar, regidor decano del cabildo de Manila.

[2] Morga, A. de, (1609), *Sucesos de las Islas Filipinas*, Edición de W.E. Retana, (1909), Madrid: Librería General de Victoriano Suárez, Carta del gobernador chino de Chincheo a Pedro de Acuña, gobernador de Filipinas, 22 de marzo de 1604, pp. 157-158.

Como he reiterado en estas páginas, muchos chinos de los que acudían cada año al comercio con Manila no regresaron a China y se asentaron en Filipinas, unos pagando las licencias oficiales y otros fraudulentamente. En ambos casos se introducía otra novedad en el sistema colonial, porque las Indias españolas estaban reservadas para los vasallos de la Monarquía Hispánica y solo con autorizaciones de la Corona, que no fueron muchas, se concedió la posibilidad de asentamiento a extranjeros. Especialmente, las Indias estaban cerradas a los extranjeros no cristiano-católicos e incluso a los españoles convertidos del judaísmo y del islamismo. Por tanto, la presencia de los chinos en Filipinas estaba prohibida doblemente, tanto por ser extranjeros como por no ser cristianos. Sin embargo, muy pronto la presencia de los sangleyes en Filipinas, especialmente en lugares cercanos a los españoles, se hizo imprescindible por la importancia de su comercio y porque acapararon los servicios y el abastecimiento. Por tanto, la Monarquía Hispánica tuvo que modificar en Filipinas aspectos esenciales de su política que significaron dejar la continuidad del más lejano de sus territorios en manos de extranjeros no cristianos.

Las anomalías introducidas en la administración de la Monarquía Hispánica en Filipinas para dar entrada a los chinos fueron algo extraordinario que nos permite analizar las relaciones entre españoles y chinos durante un tiempo largo. Esto no hubiera sido posible en ningún otro lugar del Imperio español y tampoco en China, en donde los extranjeros tenían vetada la entrada. Por otra parte, es necesario añadir que la idea española de los chinos estuvo marcada desde el primer momento por dos notas fundamentales: la necesidad de contar con ellos y el temor que les producía tener tan cerca a un grupo humano tan distinto y tan abundante. Distinto por su condición de extranjeros no cristianos; abundante porque el número de chinos de Filipinas era habitualmente mucho mayor que el de los españoles, a veces diez veces mayor. El cabildo de Manila estimó que, en octubre de 1603, había en Filipinas alrededor de 20.000 chinos, mientras que los españoles de Manila no eran más de 700 entre vecinos y soldados.[1] En la práctica, y como extranjeros, los sangleyes no estaban sujetos a tributo, aunque tenían grandes obligaciones fiscales, como el pago de impuestos al comercio, el pago de licencias para establecerse en las islas, el pago de licencias para juegos de azar y muchas ayudas extraordinarias que aceptaban con gusto para mantenerse en buenas relaciones con las autoridades de Manila. Un curioso ejemplo de donación de los chinos se produjo en la Guerra de Sucesión española, para la que los sangleyes del Parián colaboraron con una cantidad considerable de pesos como ayuda a Felipe V en los gastos de la toma de Barcelona en 1714.[2] Los chinos buscaban el asentamiento permanente en Filipinas porque les ofrecía mejores oportunidades que su lugar de origen en China, de manera que los sangleyes eran los primeros interesados en mantener un clima de tranquilidad que infundiera en la comunidad española la seguridad suficiente como para permitirles permanecer en las islas.[3] Estimaciones de las autoridades chinas señalan que, en los años de la década de 1630, cien mil fujianeses embarcaban anualmente hacia Manila para trabajar en Filipinas. Los mares eran los campos de los fujianeses, porque los que

---

[1] AGI, Filipinas, 27, Carta de la ciudad de Manila a Felipe III, Manila, 9 de diciembre de 1603. Firmantes: Cristóbal Guiral, Francisco de las Misas, Pedro de Brito, Agustín de Arceo, Juan Juárez Gallinato, Antonio de Cañedo, Francisco de Mercado (de Andrade), Bernardino de Ávila, Cristóbal de Azcueta Menchaca y Álvaro Pérez.

[2] AGI, Filipinas, 169, Testimonio de la Real Cédula de 10 de octubre de 1713, por la cual Su Majestad se sirve de dispensar los justos motivos de reprimir y castigar la rebelión de Barcelona y para el efecto se sirve mandar se le contribuya con un donativo en estas Islas. Año de 1716.

[3] Ch'en Ching-Ho, (1968), *The Chinese Community in the Sixteenth Century Philippines*, Tokio, p. 90.

vivían a lo largo de la costa no tenían otro modo de abastecerse.[1]

Durante el siglo XVI el temor y el recelo de los españoles permanecieron mitigados, aunque algunos llamaron la atención sobre el peligro potencial de los chinos[2] y, de hecho, se aplicaron medidas a los sangleyes que garantizaran la seguridad, como el control fiscal de licencias de radicación para conocer el número de los que residían en Filipinas y el control espacial, que consistió en obligarles a vivir en el Parián. Pero, en la realidad, no fue posible poner control en las licencias, que dieron lugar a muchos fraudes de los que se beneficiaron con frecuencia los oidores de la Audiencia de Manila concediendo más de las convenientes, ni tampoco se pudo evitar que los chinos terminaran estableciéndose fuera del Parián, primero en los alrededores de Manila y después en la isla de Luzón y en el resto de las islas del archipiélago.

El recelo respecto de los sangleyes se incrementó a causa de varios episodios de gran violencia, entre los que cabe mencionar el asesinato en 1594 del gobernador Gómez Pérez Dasmariñas por los remeros chinos de su galera,[3] el alzamiento de los sangleyes en octubre de 1603 y la primera expulsión masiva de chinos de las islas.[4] Después de este episodio, los

---

[1] Brook, T., *The Troubled Empire. China and the Yuan and Ming dinasties*, p. 225.

[2] Morga, A. de, (1606), *Sucesos de las Islas Filipinas*, Introducción de W. E. Retana, p. 86. Cita Antonio de Morga una carta que le escribió Hernando de los Ríos Coronel desde el Pinal, el 23 de diciembre de 1598, en la que valora la cesión de ese puerto a los españoles para favorecer el comercio entre Manila y Cantón, evitando así la presencia de comerciantes sangleyes en Manila, «que hacen el daño que Vuestra Majestad sabe y aun en el que no sabemos».

[3] Morga, A. de, (1606) *Sucesos de las Islas Filipinas*, Introducción de W.E. Retana, pp. 30-31

[4] Aduarte, D. de, (1693) *Historia de la Provincia del Santo Rosario de Filipinas, Japón y China, de la Sagrada Orden de Predicadores*, Zaragoza: Domingo Gascón impresor, p. 263.

españoles comprobaron que estaban obligados a mantener un difícil equilibrio entre el peligro de tener a los chinos tan cerca y la imposibilidad de vivir sin ellos. Por eso, muy pronto se les permitió regresar a Manila y los chinos volvieron porque estaban convencidos de las ventajas de estar cerca de los españoles.[1] Durante el periodo de dominio español en Filipinas hubo otros alzamientos menos graves que el de 1603, que también dieron lugar a expulsiones, pero siempre terminaron con el reconocimiento de la dependencia que la comunidad española tenía de los sangleyes y la recomposición del mundo chino del archipiélago rápidamente.

A fines del siglo XVII se destacó que el problema fundamental para la asimilación de los chinos era la religión. En 1590, el sabio jesuita José de Acosta había escrito que, cuando la idolatría se había extirpado en la mejor y más noble parte del mundo, que era Europa, se retiró a las Indias, que era la parte más alejada.[2] Unos años antes, Acosta había mostrado su preocupación por la necesidad de combinar pedagogía y evangelización en la predicación de la fe cristiana a las naciones bárbaras, entre las cuales encontró notables diferencias. En su deseo de simplificar una cuestión que le parecía demasiado compleja, estimó que las naciones bárbaras podían repartirse entre tres categorías, entre sí muy diversas. Aunque el tema es de sumo interés, voy a transcribir la apreciación que hizo explícitamente de China, a la que situó en la primera categoría:

> La primera es la de aquellos que no se apartan demasiado de la recta razón y del uso común del género humano; y a ella pertenecen los que tienen república estable, leyes públicas, ciudades fortificadas, magistrados obedecidos y lo que más importa, uso y conocimiento de las letras, porque dondequiera que hay libros y

---

[1] Morga, A. de, (1606) *Sucesos de las Islas Filipinas*, pp. 154-155.
[2] Acosta, J. de, (1590), *Historia natural y moral de las Indias*, Sevilla: Casa de Juan de Léon, Libro V, Capítulo I, 304.

monumentos escritos, la gente es más humana y política. A esta clase pertenecen, en primer lugar, los chinos, que tienen caracteres de escritura parecidos a los siríacos, los cuales yo he visto, y se dice que han llegado a un gran florecimiento en abundancia de libros, esplendor de academias, autoridad de leyes y magistrados, y magnificencia de edificios y monumentos públicos.[1]

En 1692, Baltasar de Santa Cruz, dominico de Filipinas, hizo una valoración de China fundamentada en la experiencia de un siglo de trato de su orden con los chinos: «Los últimos términos cosmográficos de la mejor parte del mundo, que es Asia, los ocupa el más noble reino de la tierra, que es China».[2] Como Santa Cruz hizo esta afirmación tan contundente conociendo bien a los chinos, no solo en cuanto a su riqueza cultural sino también los aspectos de su religión que tanto se diferenciaban del cristianismo y que tantos problemas ocasionaban en Filipinas y en las misiones de la propia China, se entiende que su admiración por China era una muestra evidente del desarrollo de una nueva capacidad que les permitía apreciar la existencia de pueblos con una cultura admirable, pero con formas de religiosidad que para los cristianos resultaban perversas, propias de gentes bárbaras.

Desde la llegada de los españoles a Filipinas, además de la evangelización de los nativos filipinos, muy pronto se planteó la de los chinos, una labor que la Cristiandad occidental había deseado desde el siglo XIII. No obstante, en el caso de Filipinas y por las razones expuestas sobre la condición de extranjeros no cristianos de los chinos, la evangelización

---

[1] Acosta, J. de, (1589), *De natura Novi Orbis libri duo; et De promulgatione Evangelii, apud barbaros, sive De procuranda indorum salute libri sex*, Salamanca: Guillelmum Foquel, Proemio.
[2] Santa Cruz, B. de, (1693) *Historia de la Provincia del Santo Rosario*, Zaragoza: Pascual Bueno, p. 66.

también puede verse como un esfuerzo de la Corona por integrar a los sangleyes de las islas en la Monarquía Hispánica. Los dominicos comenzaron esta tarea con la ilusión de pasar después a la evangelización de la misma China, y consiguieron conversiones sinceras desde la iglesia del Parián y el Hospital de San Gabriel, en el que atendieron a chinos enfermos y necesitados. Pero la evidencia de muchas conversiones falsas e interesadas de los chinos, para alcanzar sus objetivos comerciales o para casarse con mujeres filipinas, los llevaron a asumir las grandes dificultades que implicaba esta labor, probablemente la mayoría de ellas derivada de la gran diferencia cultural. La Corona tomó medidas para favorecer la evangelización de los chinos haciendo que los convertidos al cristianismo no pagaran licencias de asentamiento, pero sí tributo, como los naturales filipinos. Además, les favoreció concediendo a los convertidos exención del pago del tributo durante diez años.[1] Teniendo en cuenta que el pago de tributo estaba asociado a la condición de indio, se debe entender que la Corona española tenía la esperanza de integrar a los sangleyes como súbditos por medio de la conversión al cristianismo. Gemelli Careri, nos dejó un testimonio que permite contemplar esta cuestión desde una perspectiva más amplia: «De cada diez habitantes de las islas, el rey de España apenas tiene uno vasallo, según los mismos españoles me dijeron muchas veces».[2]

Como consecuencia de estos planteamientos, que dieron primacía a las conversiones, en 1686 la Corona ordenó la expulsión de Filipinas de los chinos no cristianos e intensificó el control de las entradas, disponiendo que los comerciantes que llegaban a Manila cada año regresaran inmediatamente después de terminar la venta de las mercancías. Como el objetivo final era la conversión antes que la expulsión, se estableció un

---

[1] AGI, Filipinas, 340, L3, ff. 397r-398r, Real cédula, Madrid, 14 de junio de 1627.

[2] Gemelli Careri, G. F., (1708), *Giro del mondo*, p. 42.

plazo de dos meses para estudiar los casos de los sangleyes que solicitaran convertirse al cristianismo y permanecer así en las islas ejerciendo sus oficios; por regla general, estos sangleyes cristianos se casaban con nativas filipinas y se asentaban en sus pueblos.[1] La orden se cumplió en 1755, después de medio siglo de controversias y solo con resultados parciales, es decir, que, en cierto modo, fue un episodio más de los desencuentros que caracterizaron las relaciones entre españoles y chinos en Filipinas, aunque el aporte de documentación procedente de los debates sobre esta expulsión es de gran utilidad para profundizar en la cuestiones que trato en estas páginas. Aunque ese es mi objetivo fundamental, voy a permitirme una digresión mediante el testimonio proporcionado por Francisco Javier de Moya y Jiménez, militar y miembro de la Real Sociedad de Amigos del País de Filipinas, que hizo un estudio sobre el estado de Filipinas en 1882, en el que reiteradamente hace alusión al gran número de chinos repartidos por las islas y a su posición predominante en el control del comercio, abastos y servicios, exactamente lo mismo que escribieron las autoridades de Manila en los siglos XVI, XVII y XVIII. Bastará con una referencia:

> En Filipinas, el chino se dedica al comercio [y] se ha introducido en todas las artes e industrias, robando por completo al indio el *modus vivendi*, porque con él no hay competencia posible bajo ningún concepto; así, pues, todos los zapateros, carpinteros, almacenistas de telas, bisutería, muebles, comestibles, ropas, herramientas, los vendedores de carnes, frutas y legumbres y la inmensa mayoría de los cocheros, cocineros, carroceros, aguadores y cargadores son chinos.[2]

---

[1] AGI, Filipinas, 331, L8, ff. 84v-85v, Real cédula, Buen Retiro, 14 de noviembre de 1686.
[2] Moya Jiménez, F. J. de, (1883), *Las Islas Filipinas en 1882. Estudios históricos, geográficos, estadísticos y descriptivos*, Madrid: Establecimiento tipográfico de El Correo, p. 329.

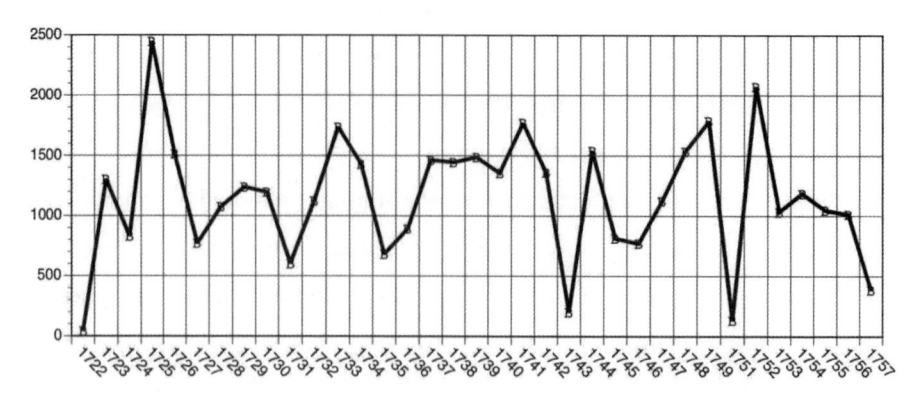

Gráfico 6: Chinos registrados en Manila entre 1722 y 1757. Elaboración propia, según las visitas realizadas a los champanes en esos años.

Recuperando el tema, las autoridades de Madrid y de Manila se ratificaron en que el mejor remedio era la conversión, que estimulaba el proceso de integración del chino en el espacio filipino y también en las categorías mentales de los españoles, en las que las conversiones al cristianismo sirvieron como una especie de filtro depurador de la comunidad china. En general, el chino cristiano y sobre todo el mestizo chino-filipino cristiano se integraron muy bien y fueron mejor asumidos por el mundo hispano-filipino.[1] También se puede considerar esto como una muestra del pragmatismo de los chinos y de las autoridades españolas; los chinos aceptando una conversión que, en muchos casos, no entendían pero que les facilitaba sus objetivos y los españoles pagando las consecuencias de las falsas conversiones con el convencimiento de que las generaciones siguientes de mestizos de sangley serían naturales filipinos, súbditos leales

---

[1] Los mestizos de sangley no se equipararon exactamente a los nativos filipinos, porque la Real Hacienda les cobró un tributo mayor y les permitió tener gobernadorcillos propios mestizos de sangley. AGI, Filipinas, 573A, carta de Pedro Calderón Enríquez, oidor de la Audiencia de Manila, a Fernando VI, Manila, 8 de julio de 1758.

de la Corona como se deseaba, es decir, buenos católicos como sus madres y hábiles en los oficios como sus padres chinos. La Audiencia de Manila lo expresó con claridad en 1695:

> Aunque ellos [los sangleyes convertidos] no fueran muy buenos cristianos, nos producen muy buenos católicos y leales vasallos de Vuestra Majestad, como se ha experimentado en las rebeliones que ha habido, [porque en los mestizos de sangley], que así se llaman sus hijos... no se ha hallado nota ni reparo porque se crían y educan como los demás vasallos vuestros, sin distinción alguna.[1]

Analizar las abundantes y variadas situaciones en las que se impuso el pragmatismo en las relaciones entres los españoles y los chinos sería una cuestión demasiado amplia para tratarla en estas páginas, aunque puedo remitir al lector a un trabajo que podría serle útil.[2] Solo voy a añadir un caso más, por su particular relevancia en la economía general y cotidiana de Filipinas, que consistió en la solución admitida por las autoridades coloniales a los problemas causados por los constantes fraudes de cortes de moneda de plata realizados por los sangleyes: después de haber condenado a muchos por estas prácticas, se terminó por adoptar en la circulación monetaria de las islas entre los sangleyes una especie de método chino, es decir, considerar el valor de la moneda de plata por su peso. Antonio Álvarez de Abreu, magistrado del Consejo de Indias, lo resumió en estas palabras: «para evitar el daño de la moneda [se debía practicar] lo que en

---

[1] AGI, Filipinas, 202, carta de la Audiencia a Carlos II, Manila, 18 de junio de 1695.
[2] García-Abásolo, A., (2012), «La Audiencia de Manila y los chinos de Filipinas», en *Murallas de piedra y cañones de seda. Chinos en el Imperio español (siglos XVI-XVIII)*, Córdoba: Servicio de Publicaciones de la Universidad, pp. 125-154.

otro tiempo, mandando que los sangleyes recibiesen toda moneda cortada y de ellos se recibiese por su peso». Esto suponía, en cierto modo, aceptar el control de la moneda que ejercían los chinos y asumir el fraude de los recortes de plata como un mal menor controlable.[1]

Son muy abundantes los testimonios en los que se puede comprobar la confianza de los españoles hacia los chinos cristianos, a los que se llegaron a encomendar servicios fundamentales de abastecimiento. Por ejemplo, los panaderos de Manila fueron chinos habitualmente y los documentos hablan de la calidad y variedad del pan. Sin embargo, en ocasiones, el incremento de la tensión en la convivencia entre españoles y chinos dio lugar a situaciones difíciles y pintorescas. En 1686, algunos vecinos de Manila acusaron a los panaderos chinos de haber metido vidrio molido en el pan para atentar contra la vida de los españoles. Al final, el pleito se anuló y los panaderos fueron absueltos, pero los autos son muy interesantes porque muestran el apoyo que recibieron de vecinos muy cualificados de Manila. Entre ellos estaban el prior del Convento de San Pablo, el maestre de Campo y el almirante Juan de Vargas Machuca, padrino de bautismo de Juan de Vargas, uno de los panaderos acusados. Todos estuvieron de acuerdo con el abogado defensor de los panaderos chinos, en que, siendo —como eran— casi vecinos de Manila por estar algunos casados en la ciudad y con hijos, no se podía sostener que tuviesen intención de matar a los españoles, teniendo en cuenta que dependían de ellos.[2] A través de cuestiones como

---

[1] BN, Mss/6225. Papeles referentes a la Mita del Potosí y a la expulsión de los chinos sangleyes de Filipinas. Materiales recopilados por Antonio Álvarez de Abreu, 1743. Resumen del expediente visto en el Consejo de Indias en los días 17, 19 y 21 de agosto de 1743 sobre si es conveniente la expulsión de los chinos sangleyes de las Islas Philipinas, f. 269, punto 38.

[2] Sobre el proceso de los panaderos García-Abásolo, A., (2012), *Murallas de piedra y cañones de seda. Chinos en el Imperio español (siglos XVI-XVIII)*, pp. 103-122.

la de estos panaderos, se entiende que consideraran la conversión como el factor fundamental para la asimilación y la convivencia pacífica. Por eso, a fines del siglo XVII, se determinó la expulsión de Filipinas de los chinos infieles. La aplicación de esta orden no fue fácil por el temor a que paralizara la vida económica de Filipinas y se produjo un debate largo, de más de medio siglo, hasta que por fin fueron expulsados alrededor de 3.700 chinos en 1755, una cantidad que no se correspondía con la realidad porque muchos chinos habían entrado en Filipinas fraudulentamente y se habían establecido por todas partes, fuera del control de las autoridades.[1]

Al fin, la presencia china más legal se asentó definitivamente en Filipinas por medio de los mestizos de sangley, súbditos de pleno derecho de la Monarquía Hispánica y cristiano-católicos. Para valorar mejor la expansión de los sangleyes en Filipinas, y por consiguiente de los mestizos de sangley, disponemos de los resultados de las visitas hechas a las provincias de la comarca de Manila en la primera mitad del siglo XVIII. En 1741 había en esa zona 25.000 mestizos de chino, la cuarta parte de la población total, y a esta cantidad hay que añadir más de 4.000 chinos infieles en el Parián y otros 4.000, también infieles, en los alrededores de Manila. La incorporación de los mestizos de chino había sido buena y todos

---

[1] AGI, Filipinas, 160, Dos cartas del gobernador Fernando Manuel de Arandía a Julián de Arriaga, secretario de Marina e Indias, Manila, 15 de julio 1756 y una fechada en Manila, 16 de julio de 1756, resumidas y contestadas por el fiscal del Consejo de Indias. Sobre el proceso de la expulsión de los sangleyes no cristianos, García-Abásolo, A., *Murallas de piedra y cañones de seda*, pp. 59-72.

los testimonios son favorables a su presencia en Filipinas.[1]

Los chinos no cristianos estuvieron presentes en Filipinas hasta el final del período español, a pesar de los controles establecidos: en 1838 las autoridades de Manila recordaron a todos los corregidores y alcaldes mayores de Filipinas su obligación estrecha de «perseguir por todos los medios que les dicte su celo y actividad, en bien del mejor servicio, a los chinos que, prófugos e insolventes del pago de sus respectivas capitaciones, vagan por las provincias».[2] Para ellos, las autoridades de Manila y de Madrid reservaron el espacio mental que en España se había dedicado a judíos y musulmanes, es decir, la categoría de grupos con los que la mejor solución era la expulsión del país, una vez comprobado que una política de separación residencial era imposible de aplicar. Por otra parte, la abundancia de mestizos de chino en la comarca de Manila en el siglo XVIII la había conformado como una zona de asimilación china por la conversión y por el mestizaje. El franciscano Juan Francisco de San Antonio dejó en 1738 un testimonio muy explícito de los mestizos de sangley y sus habilidades:

> Hoy en día ya está lleno todo este archipiélago, y más estas islas de lo tagalo, de otra casta de mestizos que no los había en el primer descubrimiento y los llamamos mestizos sangleyes, procreados de

---

[1] AGI, Filipinas, 152, Testimonio de Reales Cédulas en que SM aprueba lo que ejecutó en la numeración que hizo de las provincias de Tondo y Cavite por el Señor Oidor Licenciado Pedro Calderón Enríquez, y certificados de jueces oficiales reales sobre el planteo del nuevo arreglo en cinco provincias de las seis que comprendía el ramo de Bagamundos y aumento que se causó a la Real Hacienda de 25.000 pesos de renta al año y lo demás. Con Carta de Calderón Enríquez. Manila, 14 julio 1746. García-Abásolo, A., *El Gobierno en Filipinas de Juan de Arechederra y Tovar, obispo de Nueva Segovia*, (1976), Granada, pp. 128-138.

[2] Biblioteca Nacional de España (BNE), #CCPB000499224-5. Intendencia General de Ejército y Superintendencia Subdelegada de Real Hacienda de Filipinas, Manila, 31 de octubre de 1832.

india y chino; porque como ha sido y es tan frecuente el comercio de ellos y se quedan tantos en estas islas con este título, y ellos son los que abastecen a estas islas de ropas, comestibles y otros géneros; son muchos los que se han mezclado con las indias en matrimonio y para esto se hacen cristianos, y de estos han salido tantos mestizos que son sin número. Son todos cristianos y por lo común bien inclinados, muy trabajadores y políticos.[1]

En conclusión, contempladas con la perspectiva del tiempo, las relaciones de dependencia de españoles y chinos en Filipinas revelan que ambos aplicaron poderosos factores de protección. Los chinos haciéndose imprescindibles para asegurar su permanencia en el país con el dominio de la vida económica; los españoles aprovechándose de los chinos para asegurar la continuidad de una pequeña comunidad en Oriente y defendiéndose de ellos recuperando parte de lo que se llevaban mediante el control fiscal y las contribuciones extraordinarias. La asimilación de los chinos por la conversión, en términos más eficaces que los de las leyes, la hicieron a largo plazo los misioneros que trabajaron en Filipinas y en China.

No quiero terminar sin hacer una reflexión. En estas páginas he aludido con frecuencia a los problemas causados por los chinos y a las reacciones de los españoles para remediarlos, pero esto no debe perturbar el acercamiento a una realidad indudable que merece ser destacada: la que contempla el esfuerzo de ambos grupos por entenderse, con la aceptación convencida de que, en Filipinas, una vida separada era inviable. Creo que esas posiciones pragmáticas se parecen mucho a las que ahora se esfuerza por encontrar el mundo globalizado.

---

[1] San Antonio, J. F. de, (1738), *Chrónicas de la Santa Provincia de San Gregorio de las Islas Philipinas, China y Japón*. Libro Primero: Descripción histórica geográphica y topográphica de las Islas Philipinas, Sampaloc: por Juan del Sotillo, p. 132.

(4)

HERNANDO DE LOS RÍOS CORONEL Y SU PROPUESTA PARA LA CONQUISTA DE LA ISLA DE FORMOSA

Guadalupe Pinzón Ríos
Universidad Nacional Autónoma de México

1. INTRODUCCIÓN

Desde la creación de un asentamiento español en Manila, a fines del siglo XVI, los proyectos para llevar a cabo la conquista de China, de iniciar ahí un proceso de evangelización e incluso de conseguir un asentamiento similar al de los portugueses fueron frecuentemente discutidos.[1] No obstante, esos proyectos paulatinamente se modificaron y dieron paso a propuestas dirigidas a otros espacios, como fueron Siam, Camboya, Mindanao o las Molucas.[2] La mayoría de estas propuestas voltearon la mirada hacia las regiones del sur, que fueron las más usadas e incluso las

---

[1] Un detallado estudio sobre los proyectos y avanzadas hispanas sobre China, así como los resultados de ello, pueden verse en el trabajo de Ollé (2002). Puede verse también el capítulo 3 de Cervera (2013).

[2] Olle (2002), p. 231-232; Cervera (2013), p. 249-255. Incluso en Antonio de Morga se hace mención de los proyectos de conquista hacia Siam, Cambodia y Molucas. Ver Morga (2007), p. 34-35.

más peleadas por ser las que comunicaban con las islas de la especiería, con la ruta portuguesa hacia el Índico, con la ruta usada por los Galeones de Manila, así como el espacio en torno al archipiélago indonesio en el que posteriormente se asentaron los holandeses de la VOC (*Vereenigde Oostindische Compagnie* creada en 1602). Sin embargo, las regiones septentrionales no quedaron fuera de esos proyectos expansivos pues además de ser un espacio a explorar para buscar una ruta que comunicase a Asia con Europa (a través del estrecho de Anián), era una zona que se volvió regularmente transitada por los juncos chinos que iban a Manila así como por las naves portuguesas que traficaban con Japón.[1] La relevancia de dicha área, las concepciones que se tenían de ella y las propuestas para extender la influencia castellana en esas aguas se evidencian con algunos proyectos y representaciones cartográficas de la época, como lo dejan ver los trabajos del religioso, soldado, marino, cartógrafo y matemático español Hernando de los Ríos Coronel. Aunque en un inicio este personaje intentó promover la búsqueda de algún posible paso interoceánico por el norte del territorio americano, pronto este tipo de propuestas fueron dejadas de lado en función de proyectos más pragmáticos como era el de la conquista de la isla Formosa, el cual respondía más a las propias relaciones y tensiones marítimo-comerciales que se gestaban en los mares asiáticos. De su propuesta Ríos Coronel elaboró tanto descripciones de la zona como un mapa. Analizar dichos materiales es el objetivo de esta presentación. Cabe decir que no se busca centrarse en la vida de Ríos Coronel, ya que ha sido detalladamente trabajada por John Crossley;[2] tampoco se pretende extenderse en los proyectos de conquista de China, pues estos han sido estudiados detalladamente por Manel Ollé. Más bien el objetivo de este texto es centrarse en estudiar la forma en que el espacio marítimo en torno

---

[1] Sobre las rutas de los portugueses ver Loureiro (2009), p. 265-284.
[2] Crossley (2011).

al septentrión filipino fue cobrando relevancia estratégica y ello generó la formulación de propuestas para extender, fortalecer e incluso retraer la presencia hispana en la zona, situación que sufrió modificaciones conforme las tensiones, tratos mercantiles y enfrentamientos con otros navegantes lo exigieron.

Se parte de la idea de que Hernando de los Ríos Coronel, sin abandonar el impulso conquistador hispano que siguió mirando hacia las costas chinas, propuso un proyecto que paulatinamente se hizo más realista, el cual mostraba la necesidad de asegurar un espacio marítimo en el que pudieran transitar los juncos chinos que llevaban a Manila los géneros con los que se cargaban los galeones que viajaban a Nueva España, idea que se reforzó cuando posteriormente las embarcaciones neerlandesas comenzaron a afectar dichas relaciones. Para lograr ese objetivo se requería contar con una base intermedia entre las costas chinas y las filipinas, y por ello Formosa cobró relevancia en las proyecciones e intereses castellanos. Ríos Coronel expuso esa situación. Por ello su propuesta permite analizar la transformación de un espacio marítimo (en este caso los mares asiáticos) a partir de los registros, proyecciones, intereses que sobre ellos llegaron a hacerse a lo largo del tiempo.[1]

---

[1] Sobre la relevancia de los espacios marítimos, Phillip Steinberg ha explicado que estos también han sido escenario de procesos humanos que deben ser analizados, mientras que Jerry H. Bentley explica esos espacios permiten conocer otro tipo de dinámicas históricas. Para estudiar los espacios marítimos, Mercedes Maroto explica que debe hacerse a partir de los registros que de ellos se han hecho, muchos de los cuales son mapas. Y sobre los mapas John Brian Harley explica que estos son representaciones culturales de los momentos en los que fueron elaborados y por tanto fuente de información que debe ser decodificada para comprender procesos humanos en los espacios mostrados. Ver Steinberg (2001), p.10; Bentley (2009), p. 216-217; Maroto (1994), p. 15-16; Harley (2005), pp. 59-78.

2. RÍOS CORONEL EN EL MARCO DE LOS INTERESES Y PROPUESTAS SOBRE LOS MARES DE CHINA

Hay que recordar que a lo largo del siglo XVI se extendieron las redes mercantiles de los reinos ibéricos en los mares asiáticos y paulatinamente estas adquirieron cierta regularidad. Por un lado, a los portugueses se les permitió asentarse en Macao (1555) y desde ese puerto establecieron intercambios diversos que abarcaron desde las costas de Japón hasta las de Malaca, además de conectarse con sus factorías a lo largo del Índico. Por su parte los españoles asentados en Manila (desde 1571) mantuvieron contactos regulares con las costas de Fujian gracias a los sangleyes, cuyos juncos llevaban los géneros chinos con los que se surtía a los Galeones de Manila que anualmente viajaban a Nueva España. Pese a que parecería que portugueses y castellanos tenían definidos sus tratos y áreas de influencia en los mares asiáticos, lo cierto es que entre ellos había tensiones y competencias que incluso la Unión de Coronas (1580), evento que puso a ambas monarquías bajo el mando de Felipe II, no eliminó. No obstante, la llegada de los holandeses a los mares asiáticos, así como sus subsecuentes ataques a asentamientos como Macao y Manila, obligaron a castellanos y portugueses a unificar sus medidas defensivas. Y entre ellas la idea de asegurar pasajes marítimos que permitieran proteger sus redes comerciales se convirtió en tarea principal, en especial porque de verse afectados dichos tratos los asentamientos ibéricos de Asia correrían peligro de subsistir. Es en ese contexto cuando se formuló la propuesta de Hernando de los Ríos Coronel sobre la conquista y ocupación de la isla de Formosa.

Este personaje jugó un papel relevante durante los primeros años del asentamiento filipino; incluso en el estudio biográfico que de él hizo John Crossley se dice que su nombre aparece en diversos libro y manuscritos referentes al archipiélago, además de que fue la voz de ese territorio durante su estancia en España como Procurador General (1605-1617).

Su conocimiento e interés en torno a las Filipinas se evidencia con sus manuscritos, que sumaron cinco memoriales, correspondencia diversa, derroteros de sus viajes de Manila a España (1605-1606) así como de su regreso al archipiélago (1610-1611), y un mapa sobre la isla de Formosa que acompañaba la propuesta para su conquista.[1]

Se cree que Ríos Coronel nació en Sevilla y que posiblemente estudiara matemáticas con los pilotos que se preparaban en la Casa de la Contratación. Se sabe que fue enviado a Filipinas como soldado en 1588 y que participó en dos expediciones militares a Camboya en la década de 1590. Colaboró también en las diversas propuestas que en la época se formularon para la conquista de China. Por vincularse con las autoridades filipinas fue por lo que se le envió a España como Procurador General con la finalidad de describir la situación en la que se encontraba el archipiélago. Durante su estancia en la metrópoli, gracias a sus conocimientos navales, se le solicitó colaborar en la revisión de un compás portugués (de Juan Fonseca). Posteriormente, en 1605, regresó a Filipinas y, antes de iniciar viaje, se ordenó sacerdote. Por todo lo anterior, a Ríos Coronel se le considera matemático, marino, piloto, soldado y finalmente religioso. Tras su regreso a Manila se dedicó a escribir y dar cuenta de la situación geográfica, de la historia y de las condiciones en general del archipiélago filipino.[2]

Cabe señalar que las posturas asumidas por Ríos Coronel en sus manuscritos sufrieron modificaciones a lo largo del tiempo, y que de ser más aventureras y poco realistas posteriormente se apegaron más a las problemáticas y necesidades del territorio filipino. Ello explica que sus propuestas formuladas antes de viajar a España como Procurador General todavía estuvieran inmersas en imaginarios de conquista sobre el territorio

---

[1] Crossley (2011), p. 16-17.

[2] Crossley (2011), p. 22-23. Sobre el personaje ver también Cervera (2013), p. 136-199.

chino, así como en los mitos referentes a regiones aún poco exploradas como era el caso del Pacífico septentrional. No obstante, dichas propuestas dejan ver que ya se discutía la necesidad de hacer reconocimientos y, de ser posible, de extender la zona de influencia hispana a regiones ubicadas más al norte. Así se muestra cuando en 1597 Ríos Coronel remitió una misiva al monarca español en la que, además de dar cuenta del astrolabio que fabricaba, expuso la necesidad de buscar dos posibles caminos que por el septentrión americano facilitaran las comunicaciones entre las Filipinas y la Metrópoli; por otro lado, señaló la importancia de posicionarse en algún puerto de las costas chinas así como en la isla de Formosa, de la cual envió una descripción detallada y un mapa.[1]

En cuanto al paso del norte, cabe decir que la exploración de la zona estaba en los proyectos tanto metropolitanos como novohispanos. Por ello en 1572 Felipe II ordenó al virrey Martín Enríquez de Almanza que enviara al capitán Juan de la Isla al descubrimiento de China y posteriormente al reconocimiento de las costas septentrionales para informar sobre las distancias existentes entre el continente chino y el americano a través del estrecho de Anián.[2] Pronto se ordenaron nuevos reconocimientos, como se vio cuando se encargó a Pedro de Unamuno (1586) y a Sebastián Rodríguez de Cermeño (1596) que registraran las costas japonesas y las californianas durante sus tránsitos hacia la Nueva España. Fue también en esa época cuando se fechan el viaje apócrifo de Lorenzo Ferrer Maldonado (1588) que se dijo cruzó la península del Labrador, así como la exploración de Juan de Fuca por algún paso del norte (1592).[3]

Las rutas a explorar propuestas por Ríos Coronel es evidente que

---

[1] De eso da cuenta el gobernador de Filipinas Luis Pérez das Mariñas (Dasmariñas). Archivo General de Indias (en adelante AGI), Filipinas 18B, R. 7, N. 68. Manila, 27 junio 1597.

[2] Ollé (2002), p. 49-50.

[3] Bernabeu (1992), p. 53-56; San Pío (1992), p. 24.

formaban parte de los proyectos navales de la época. Él mencionó que debían reconocerse el estrecho de Anián y un brazo de mar que cruzaba por Nuevo México, pues ambos permitirían la comunicación entre el Pacífico y el Atlántico. Según explicaba Ríos Coronel, del primero había dado cuenta el agustino Martín de Rada, quien había participado en la expedición de Miguel de Legazpi y fray Andrés de Urdaneta en 1565. Según este fraile, en Nueva España conoció al vizcaíno Juan de Rivas quien le dijo que conoció a unos portugueses que acompañaron a unos bretones que navegaron por Terranova para cazar ballenas, y por la zona se adentraron en el mar hasta alcanzar la India y la China, regiones de las que volvieron a Lisboa en solo 45 días de navegación. Según Rivas, esos portugueses entregaron su informe para recibir mercedes, pero fueron detenidos y en su mayoría murieron en la cárcel; el único sobreviviente viajó a Nueva España y participó en la avanzada de Francisco de Ibarra sobre la Nueva Vizcaya e instó a ese conquistador para que avanzara más al norte para encontrar el paso interoceánico, lo cual no se llevó a cabo. La segunda posible ruta a explorar era la de Nuevo México, de la cual había dado cuenta el agustino fray Andrés de Aguirre, quien dijo que en tiempos del virrey Luis de Velasco un vizcaíno le informó que cuando iba de corsario en una embarcación francesa dicha nave entró en un brazo de mar encima de la costa de la Florida y que luego de navegar varios días encontraron zonas pobladas donde les dieron diversos víveres y pertrechos; era entonces probable que ese brazo se extendiera hasta el Pacífico.[1]

De esa misiva, pocos años después, se mandó copia al gobernador de Filipinas Pedro de Acuña ordenándole investigara la posibilidad de llevar a

---

[1] AGI, Filipinas 18B, R. 7, N. 68. Manila, 27 junio 1597.

cabo esa propuesta.[1] Sin embargo, en un memorial dirigido al rey en 1616, por el genovés Benito Escoto, se daba aviso de que en los viajes hechos por aguas septentrionales no se había encontrado paso alguno. En la mención que se hizo de dicho memorial así se indicó:

> que hasta entonces tantos y su grandes hombres y marinos habían buscado y no hallaba del pasaje por la parte del septentrion a la China, Japón, Moluco y Philipinas [...].[2]

Aunque se hicieron algunas exploraciones más (como la de Sebastián Vizcaíno por las costas septentrionales americanas en 1602) en realidad los proyectos de busqueda del estrecho interoceánico fueron dejados de lado por un tiempo, no siendo retomados hasta el siglo XVIII. En cuanto a Ríos Coronel, este no volvió a mencionar el tema y más bien su siguiente referencia a las navegaciones transpacíficas se centró en sus derroteros.[3] Además, en sus memoriales posteriores también llegó a dar cuenta de lo difícil que era la travesía hacia Nueva España e incluso de lo mal recibidos

---

[1] Archivo Museo Naval (en adelante AMN) 0188 Ms.0313 / 003. Zaragoza, 16 febrero 1602. Cédula al gobernador Pedro de Acuña sobre carta de Ríos Coronel. Tomado de http://bibliotecavirtualdefensa.es código de referencia BMDB20150055859 (consulta 01/09/18).

[2] AGI, Filipinas 18B, R. 7, N. 68. Ese memorial no se incluye en el documento, sino que solo se da cuenta de él en el resumen inicial; es probable que se mandaran los dos al rey pero en este expediente no se encuentra. Incluso se le clasifica como «Resumen de archivero de un capítulo de la carta de Fernando de los Ríos Coronel... (1616)».

[3] Estos derroteros pueden ser consultados en la Biblioteca Digital Hispánica http://bdh-rd.bne.es/viewer.vm?id=0000087356&page=1. También hay una copia en AMN 0145 Ms.0190 / 003 (consulta (01/09/18) que se puede ver en http://bibliotecavirtualdefensa.es/BVMDefensa/i18n/consulta/registro.cmd?control=BMDB20160042689

que eran los tripulantes de los galeones al llegar a Acapulco, lo que deja ver que ya sus observaciones fueron más realistas.[1]

3. EL PROYECTO DE LAS AUTORIDADES FILIPINAS SOBRE FORMOSA

El segundo tema abordado en las propuestas de Ríos Coronel se centró en la ocupación de algún punto de las costas de China, tema que aún iba ligado a los imaginarios de conquista de la época. En uno de sus memoriales mencionaba que la toma de Camboya se podría lograr con mil hombres, lo cual además era viable porque del mismo reino les habían pedido amistad. La utilidad de esa ocupación era que desde ahí se podría también avanzar sobre la Conchinchina, la cual era tierra muy rica y fertil que podría tomarse con la ayuda de otros mil quinientos hombres. Pero la conquista más necesaria que señalaba Ríos Coronel era la de la isla de Formosa, la cual a diferencia de las anteriores propuestas tuvo justificaciones más detalladas y útiles a las rutas marítimo-comerciales que ya se practicaban en los mares asiáticos.

Habría que recordar que los primeros europeos que traficaron por la zona fueron los portugueses y estos no se interesaron en Formosa porque usualmente dirigieron sus viajes a establecimientos en los que había

---

[1] En el memorial que hace sobre la situación de Filipinas (1621) incluso hace referencia de lo mal que llegaron a Acapulco y el poco auxilio que ahí les brindaron. Así lo indicó «que puedo afirmar como testigo de vista, que cuando llegamos al puerto de Acapulco, habiendo estado en el viaje cinco meses, y muertosenos mucha gente, y habernos Dios traído con tan inmensos trabajos, y peligros, donde habíamos de hallar refrigerios, nos trataron harto peor que a los holandeses...». Ríos Coronel, *Memorial*, 1621, p. 67.

mercaderías de lujo, las cuales no existían en ese lugar.[1] Aunque no la usaran, los navegantes lusos incluyeron a la isla en su cartografía y en sus derroteros. Por ejemplo, en la *Suma Oriental* de Tomé Pires, primer tratado geográfico europeo sobre las Indias Orientales (concluido en 1515) se señalaron las islas Lequeos (Liuqiu) a lo largo de la costa china. En posteriores mapas se siguió incluyendo la isla de Lequio pequeño, la cual posteriormente fue llamada Formosa. Cuando Macao fue ocupada por los portugueses y se iniciaron los tráficos con Japón, sus derroteros señalaron el estrecho de Formosa y la isla comenzó a aparecer con mayor frecuencia en su cartografía. Los registros no fueron iguales. Por ejemplo en el atlas de 1570 de Fernando vaz Dourado las islas Lequeos fueron divididas en tres secciones; mientras que en el mapa que Jan Huygen van Linschoten copió a los portugueses (1596) aparecen tanto Lequeo Pequeño como la isla Fermosa.[2]

En los registros castellanos también comenzó a aparecer Formosa. Por ejemplo en 1574 el gobernador de Filipinas Guido de Lavazares envió a la corte dos mapas que representaban la costa de Luzón y Fujian (hecho por un sangley que comerciaba anualmente en Manila) y el segundo mostraba las costas chinas con noticias relativas al archipiélago de los Lequios y a Japón.[3] Pese al poco aprecio que parecía tenerse sobre Formosa, la isla siguió siendo registrada y por ello aparece en los trabajos compilatorios de

---

[1] Loureiro (2009), p. 326.

[2] Loureiro (2009, p. 323-326) explica que los mapas de Jan Huygen van Linschoten fueron publicados en el *Itinerário, viagem ou navegaçao de para as Índias Orientais*. Por su parte, Ollé (2002, p. 109-111) explica que durante la dinastía Ming, el archipiélago ubicado entre Taiwan y Japon eran nombradas Dongfan, que significaba «bárbaros del este», o bien Daliuqiu, que significaba «la gran Liuqiu». Los mapas arriba referidos pueden verse en https://digitarq.arquivos.pt/viewer?id=4162624 y https://www.davidrumsey.com

[3] Se calculaba que había 40 leguas entre Cagayán y las costas chinas, según Ollé (2002), p. 51. En esa zona era donde Formosa era relevante en los registros.

Abraham Ortelius y Gerardus Mercator. Estos registros tuvieron continuidad en la cartografía neerlandesa e incluso esa información fue usada para atacar de forma más certera los asentamientos ibéricos en Asia. Ejemplo de esos mapas se ven con los trabajos de Peter Plancius (1594) y con la misma compilación de mapas de hecha por Jan Huygen van Linschoten (1596), antes mencionado.[1]

Es probable que Formosa llegara a ser usada por los portugueses como zona de escala para hacer abastos o cuando la condiciones climáticas los obligaban. Así también parece que la isla sirvió de refugio ocasional para algunos juncos chinos provenientes de Fujian que comerciaban con Luzón.[2] Sin embargo el primer contacto registrado de los ibéricos con Formosa fue en 1582 cuando una nave portuguesa que viajaba hacia Japón, y en la que escapaba de Macao el jesuita Alonso Sánchez, naufragó en esa isla.[3] Y de ella el jesuita hizo una descripción que deja ver que en realidad ya se le conocía:

> hay al medio camino o viaje de este golfo una isla que llaman Fermosa por la linda apariencia que tiene de esta parte de montañas altas y verdes, por entre la cual costa y la costa China ha ya cuarenta años poco mas o menos que los portugueses pasan a Japón sin haberla reconocido ni llegado a ella.[4]

Lo probable es que cuando Ríos Coronel lanzó su propuesta, la importancia

---

[1] Crossley (2011, p. 65) dice que esa cartografía posteriormente fue vertida en trabajos más conocidos como fue el caso de los mapas de Nicolaes Visscher (1658). Los mapas arriba referidos pueden verse en https://www.davidrumsey.com y https://www.davidrumsey.com

[2] Loureiro (2009), p. 323-328; Ollé (2002), p. 109-111.

[3] Loureiro (2009), p. 327.

[4] Tomado de Ollé (2002), p. 110.

estratégica de Formosa ya hubiera sido considerada. Al respecto, Antonio Cervera dice que esta isla fue pensada como camino para entrar a China, además de que se temía que si caía en manos de japoneses esto amenazaría a los asentamientos castellanos de Filipinas; por ello se intentó una primera ocupación en 1593, la cual fracasó.[1] Es a esta situación a la que parece responder la propuesta de Ríos Coronel y por ello intentó reiterar la relevancia estratégica de Formosa. En sus manuscritos refería que esa isla era tierra que podría ser de utilidad a las navegaciones en torno a Filipinas ya que se ubicaba a 36 leguas de la provincia de Cagayan (al norte de Luzón). Si bien su captura podría servir como primer avance a posteriores incursiones sobre territorio chino, Ríos Coronel aclaraba que más bien su ocupación debía llevarse a cabo para proteger los tratos marítimos practicados entre Japón, China y Filipinas, tanto de enemigos como de pobladores del lugar. La parte norte de la isla era la idónea para ser tomada pues contaba con las condiciones físicas que permitirían el asentamiento propuesto.[2] Así lo explicó Ríos Coronel en su primera propuesta:

> desde allí a la tierra firme de China no hay mas de 20 leguas, informada de quien ha estado que es fertil poblada de gente semejante al[os] naturales de las islas los cuales roban y matan a los que en navios dan en ella por ser el paso forzoso desde China a esta ciudad desde Japon aqui y asi partes es tierra fertil de bastimentos tiene pocos puestos pero unos cuentan que la parte que mira al Japon es muy acomodado y fuerte [...].[3]

La captura de Formosa permitiría además crear un fuerte desde donde se vigilaría tanto la isla como el entorno marítimo y por tanto las navegaciones

---

[1] Cervera (2013), p. 306.
[2] AGI, Filipinas 18B, R. 7, N. 68. Manila, 27 junio 1597.
[3] AGI, Filipinas 18B, R. 7, N. 68. Manila, 27 junio 1597.

locales. Además, las condiciones físicas del puerto permitirían protegerlo fácilmente.[1] Así se explicaba:

> no tiene defensa ninguno metidos alli trescientos hombres con un fuerte todo el poder destas partes no basta ofenderlos por la boca es muy angosta se puede con artilleria defender ningunos vienen a ofender es gran puerto y muy fondeable y la boca se cierra con una isla [...].[2]

Como hombre de ciencia con conocimiento matemático, cartográfico y naval, Ríos Coronel acompañó su propuesta para la conquista de Formosa con un mapa de la isla y de las regiones aledañas.[3] La parte central del mapa es tanto del espacio marítimo como de los insulares, y por ello se destacan tanto Luzón como Formosa (Hermosa). De la primera, se muestran varias provincias aunque sobresale la de Manila. Y de Formosa se muestra la isla pero señalando con nombres chinos (Pto. Keilang, ahora Keelung, y Pto. Tanchuy, tal vez ahora Taoyuan) las bahías del norte, que eran las que se sugería ocupar. Asimismo se incluyeron la isla Pescadores con su nombre chino (Penghu) y de la que se indicó que estaba despoblada y tenía buenos puertos. También se muestran las costas de China, haciendo énfasis en los asentamientos de Macao (Macan) y Cantón. Hacia el norte se incluyó el archipiélago de Lequios indicando que este eran el camino a Japón. Puede verse que este mapa sintetiza los conocimientos y representaciones antes

---

[1] AGI Filipinas 18B, R. 7 N. 68. Manila, 27 junio 1597.
[2] AGI Filipinas 18B, R. 7, N. 68. Manila, 27 junio 1597.
[3] Según Crossley (2011, p. 46-47), dichos trabajos evidencian que Ríos Coronel contaba con conocimiento naval tanto teórico como práctico y por ello sabía calcular su posición desde altamar, sabía elaborar mapas e incluso dicho conocimiento le permitió elaborar un astrolabio así como posteriormente ser invitado a evaluar el compás de Luis Fonseca antes mencionado.

referidas (es posible que extraída de informantes chinos por la toponimia usada), es decir que Formosa y las islas de Lequios podían ser incluidas a la par, y sobre todo se señalan los asentamientos que tenían relaciones entre sí o bien los que podrían incluirse en dichos tratos (ver figura 1).

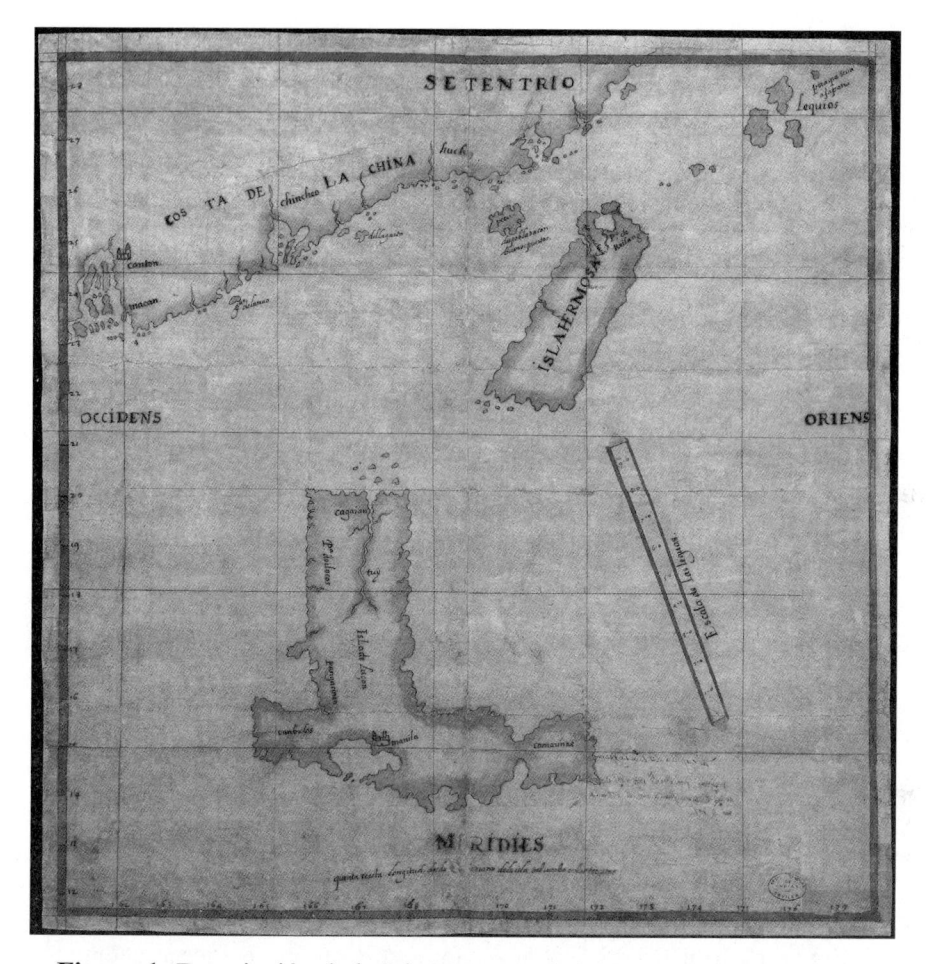

Figura 1: Descripción de la Isla Hermosa dirigida por Hernando de los Ríos Coronel al Rey con carta fecha en Manila a 27 de junio de 1597.
Fuente: AGI, MP-FILIPINAS, 6.

Así que el proyecto de Ríos Coronel sobre la isla de Formosa partía de sus diversos conocimientos científicos, de las discusiones de la época, así como de las necesidades económicas, comerciales y defensivas que en torno al archipiélago comenzaban a presentarse, y que evidencian un espacio marítimo en transformación.

4. CAMBIOS E INTERESES EN TORNO A LA ISLA

El interés castellano sobre Formosa se modificó tras las crecientes incursiones de las embarcaciones neerlandesas. Desde fines del siglo XVI los Países Bajos intentaron separarse del dominio Habsburgo y la Unión de Coronas los llevó a atacar sin distinción tanto a asentamientos hispanos como portugueses. Antes, los neerlandeses habían tenido acceso libre a los géneros orientales a través de Portugal y de algunas de sus factorías. Gracias a ello fue que navegantes como Linschoten, durante su residencia en Goa en la década de 1580, pudo acopiar informaciones cartográficas de las redes mercantiles y asentamientos lusos. Así también, varios mapas castellanos enviados a Flandes (manuscritos e impresos) fueron posteriormente copiados y reproducidos en Ámsterdam.[1] Esa información fue usada en las incursiones que los neerlandeses hicieron al Pacífico tanto por Tierra de Fuego como por el archipiélago indonesio.[2] Tras la captura que hicieron de la isla de Java (1602), Batavia se convirtió en sede de la Compañía de las Indias Orientales (VOC en neerlandés). Desde el nuevo asentamiento, se continuaron los ataques a los establecimientos y embarcaciones ibéricos. Pronto, también intentaron establecer sus propios contactos marítimos en la zona. Aunque en Cantón no fueron aceptados cuando solicitaron licencia para comerciar en el lugar (1604 y 1607), en

---

[1] David Buisseret (2003), p. 118-123.

[2] Un buen recuento de los ataques holandeses a lo largo del Pacífico puede verse en el trabajo de Oscar Spate (1983).

Japón se les permitió establecer una factoría en Hirado (1609).[1]

Los navegantes holandeses pronto conocieron los tratos de la zona. Percibieron que ahí el principal productor de plata era Japón y que como no mantenía tratos directos con China los géneros de ese reino les llegaban de manera triangulada a través de los portugueses de Macao. Estos además remitían manufacturas japonesas tanto a Macao como a Filipinas. Sabiendo entonces que podían vender géneros chinos en Japón para así obtener la plata nipona, los neerlandeses comenzaron a atacar y saquear a los juncos de los sangleyes que se dirigían a Filipinas.[2] Además, la necesidad de fomentar y proteger sus nueva rutas comerciales llevó también a los neerlandeses a considerar la ocupación de alguna zona intermedia. En principio se posicionaron en la isla Pescadores y posteriormente ocuparon una bahía al norte de Formosa (1624), lugar al que llamaron Fort de Zeelandia.[3]

Hacer frente a la presencia neerlandesa había sido el nuevo objetivo del proyecto para tomar Formosa, que seguramente se retomaba de la propuesta previa de Ríos Coronel. De ese avance el gobernador de Filipinas, Juan Niño de Távora, informó que en 1626 algunos champanes con doce piezas de artillería y doscientos hombres a cargo del capitan y sargento mayor Antonio Carreño de Valdes (quien había sido despachado por el anterior gobernador Fernando de Silva), tomaron un puerto en la isla Hermosa ubicado a treinta o cuarenta leguas del de los holandeses. El lugar fue

---

[1] Por ejemplo, atacaron en distintos momentos a Manila y Macao, y este último asentamiento sufrió un bloqueo entre 1607 y 1609. Sobre el tema ver Loureiro (2009), 278-322.

[2] AGI, Filipinas 20, R. 20, N. 136. Manila, 16 mayo 1626. Este informe, además de dar cuenta de la presencia y tratos de los neerlandeses, informaba de la toma que los castellanos habían hecho de una bahía al norte de Formosa ubicada a treinta leguas de la que ocupaban los holandeses; este escrito fue elaborado por el gobernador de Filipinas Juan Niño de Távora.

[3] Loureiro (2009), p. 329.

bautizado como puerto de la Santísima Trinidad (ver figura 2).[1]

Figura 2: Descripción de la Ysla Hermosa y parte de la China y de la Ysla de Manila. Pedro de Vera, Manila, 1626. AGI, MP-FILIPINAS, 141.

---

[1] AGI, Filipinas 20, R. 20, N. 136. Manila, 20 julio 1626. Así que por motivos estratégicos, los españoles establecieron un asentamiento en el norte de Formosa (1626) al que nombraron Ensenada de la Santísima Trinidad. Esta además fue acompañado de un proyecto misional a cargo de los dominicos. Cervera (2013), 306-307.

En los informes se daba cuenta de los avances holandeses. En el mapa anterior se indicaba que estos se habían establecido en la isla Pescadores pero que por la mala agua del lugar se movieron a Formosa. En esta isla ocuparon la bahía que estaba frente a la isla Pescadores aunque sus principales fuerzas estaban en la parte norte.[1] En ese lugar crearon Fort de Zeelandia, ubicado en una bahía pequeña y de poca profundidad, lo que obligaba a los neerlandeses a salir para esperar a los navíos chinos que iban a comerciar con Manila y así poder interceptarlos o bien intentar comprarles sus géneros, pagándoles con la plata obtenida en Japón.[2] Es ante ese problema al que el asentamiento español debía hacer frente. Así lo explicó el gobernador filipino:

> Tengo por cosa muy importante que los españoles de Filipinas han tomado y fortificado sitio en isla Hermosa, si esto hubiese de ser medio eficaz para echar por armas a los holandeses de su fuerte que de aquella isla.[3]

De la ocupación se dio cuenta en una relación detallada que incluía dos mapas. El primero, elaborado por Pedro Vera (ver figura 3) señalaba los puntos tomados en Formosa por holandeses y castellanos, así como algunas provincias de las costas chinas como Hoc Chiu, Taugua, Hayteng, Chonchiu, Cantón y Macao. Es importante notar que la parte principal del mapa es el espacio marítimo entre Formosa, las costas chinas y las filipinas. Incluso se dan informaciones de su uso, como es el que Cantón fuera la provincia a donde iban los portugueses de Macan (Macao) a la feria, es decir de donde obtenían sus géneros; de la bahía frente a Hoc Chiu se indicaba que era de donde salían embarcaciones a Manila; y al noroeste

---

[1] AGI, MP-Filipinas, 141. Manila, 1626.
[2] AGI, Filipinas 20, R. 20, N. 136. Manila, 20 julio 1626.
[3] AGI, Filipinas 20, R. 20, N. 136. Manila, 20 julio 1626.

de Luzón se señala un bajo «donde se han perdido muchos navíos chinos yendo de Manila».[1] El segundo mapa señalaba la ocupación castellana de Formosa, indicando tanto asentamientos indígenas (mano de obra) como la zonas donde se podrían obtener maderas. Lo anterior hace probable que la intención del mapa fuera mostrar un asentamiento castellano en Formosa más funcional como base de escala marítima y de posible construcción o reparación de naves.

Figura 3: Descripción del Puerto de los Españoles en la Isla Hermosa (ca. 1626). AGI, MP-Filipinas 216.

---

[1] AGI, MP-Filipinas,141. Manila, 1626.

Si bien los informes sobre la presencia holandesa en Formosa sugerían que su objetivo era interceptar el comercio entre China y Filipinas a partir del robo de los juncos de los sangleyes, otros observadores de la época pronto formularon nuevas propuestas. Por ejemplo el doctor don Juan Cevicos, en Madrid, hizo un manuscrito en el que sugería que la presencia de los holandeses en Formosa perseguía otras intenciones, pues sus asaltos los habían llevado a cabo sin problemas entre 1609 y 1625. Cevicos entonces consideraba que la verdadera intención de los holandeses era que Formosa funcionara como factoría a la que llegaran los sangleyes a venderles las sedas que ellos posteriormente revenderían en Japón (con algunos otros géneros de Europa) de la misma forma en que lo hacían los portugueses de Macao (Macan). Esto se debía a que cuando los neerlandeses recibieron autorización de establecer una factoría en la costa japonesa de Hirado, a lo que se comprometieron fue a vender a las autoridades niponas justamente sedas chinas. El permiso se les concedió y para conseguir las sedas acordadas comenzaron a robar a las embarcaciones chinas; pero pronto se dieron cuenta que era mejor contar con una factoría en Formosa en la cual comerciarían dichos textiles, además de que el lugar les serviría de escala para obtener bastimentos y municiones que reforzaran las fuerzas que tenían en las Molucas y Batavia.[1]

Así, era evidente que los holandeses pretendían establecer una negociación directa con los chinos, la cual no se les había permitido llevar a cabo en Cantón. Ante esta situación era que se cuestionó si convenía unir

---

[1] AGI, Filipinas 20, R. 20, N. 136. Madrid, 20 diciembre 1627. Cabe indicar que el Juan de Cevicos conocía la zona por haber estado en ella. Primero como capitán y maestre del galeón *San Francisco* que naufragó en costas japonesas en 1609 y posteriormente como sacerdote e incluso comisario del Santo Oficio de Manila. En la década de 1620 fue enviado a Madrid y desde ahí dio su opinión sobre la ocupación de Formosa. El personaje es mencionado por Crossley, 2011, p. 35-36 y 147-149.

fuerzas con los portugueses y así erradicar su presencia de Formosa. Sin embargo, eso implicaría costos elevados y pocas posibilidades de éxito ya que los holandeses tenían fuerzas numerosas en las mismas costas de Japón. Cevicos consideró que había pocas posibilidades de echar a los holandeses, por lo que no era conveniente ocupar un asentamiento en una isla que, además, ni siquiera era útil para las travesías transpacíficas.[1] Ante este tipo de posturas surgieron un par de memoriales de Ríos Coronel. Si bien ya no hizo referencia directa a Formosa, sí mencionó la necesidad que había de proteger aquel espacio marítimo asiático y para ello era preciso contar con una armada. Exponía entonces que el monarca debía informar al gobernador de Filipinas que juntase fuerzas y bastimentos suficientes para dicha armada, y para financiarla era también necesario que se avisara a los virreyes de Perú y Nueva España que enviaran la plata necesaria para dicho fin.[2] Era además necesario que el gobernador filipino fomentara las travesías locales, y para ello debía «Alentar a todos a que vayan a tratar con los reinos vecinos, hagan navíos y se extiendan y traigan las riquezas de ellos».[3]

En los textos de Ríos Coronel, la ocupación de Formosa, por tanto, fue el primer tema discutido para extender la presencia hispana en el espacio marítimo de cara al norte de Luzón, y posteriormente esa idea evolucionó a una propuesta que diera pasó a una región marítima protegida a partir de una armada filipina financiada por capitales americanos. Podría decirse que los objetivos vertidos en aquella zona cambiaron en función de las transformaciones políticas y comerciales gestadas en los mares asiáticos. Sin embargo, pronto esos cambios también llevaron a que se perdiera el impulso de extender la presencia castellana hacia los mares del septentrión filipino. Hay que explicar que en la década de 1640 se produjo

---

[1] AGI, Filipinas 20, R. 20, N. 136. Madrid, 20 diciembre 1627.
[2] Ríos Coronel, *Memorial*, 1621, p. 58v-63v.
[3] Ríos Coronel, *Memorial*, 1621, p. 56.

la restauración de la monarquía portuguesa y los lazos comerciales entre Macao y Filipinas se prohibieron, aunque no dejaron de practicarse del todo porque siguió siendo necesario hacer frente al enemigo neerlandés. Por otro lado, en la misma década Japón se cerró al comercio con los portugueses y sus tratos al exterior únicamente los llevaron a cabo los holandeses. Esas situaciones provocaron que dejara de ser necesario un asentamiento intermedio que protegiera las rutas hacia las costas niponas. Además, las presiones ejercidas por los holandeses llevaron a que en 1642 los castellanos fueran expulsados de Formosa, y no se hizo intento alguno por recuperar dicha base. El impulso hispano para dirigirse a otros asentamientos se retrajo, provocando que más bien sus tratos comerciales quedaran en su mayoría en manos de los sangleyes y, paulatinamente de forma triangulada, de otras potencias europeas que a través de sus «*Countrytraders*» llegaron a comerciar con el archipiélago filipino.[1]

Los holandeses lograron permanecer algún tiempo en Formosa, y su asentamiento llegó a multiplicar considerablemente su población gracias a las constantes migraciones que se dieron desde las costas chinas. El lugar cobró cierta relevancia, pero en 1662 los ataques perpetrados por el navegante chino Coxinga llevaron a que también los holandeses abandonaran la plaza.[2]

---

[1] Roque (2003), p. 238; Souza (1986), p. 63-92; Pinto (2014), p. 94-97. Souza además explica que los *Countrytraders* eran comerciantes particulares que de forma discreta lograron establecer y mantener vínculos en diversos puntos de Asia. Eso incluyó a Filipinas.

[2] Esos ataques se vincularon a los cambios que también sufría el territorio chino tras el tránsito de la dinastía Ming a la Qing. Posteriormente, Coxinga integró a Formosa al dominio del celeste imperio. Sobre el tema ver Ollé (2002), p. 111; Cervera (2013), p. 308; Oliveira (2003), p. 118.

5. COMENTARIOS FINALES

Como ha podido verse, los escritos de Ríos Coronel formaron parte de las discusiones científicas, navales, comerciales y políticas de la época que se centraron en lo que acontecía en torno al archipiélago filipino, los cuales se modificaron y adecuaron a los cambios que sobre los mares asiáticos se presentaban. Mucho del interés reflejado en dichas discusiones, si bien es territorial, no deja de lado los espacios marítimos y la necesidad que había de extender la presencia hispana en ellos así como de fortalecer su defensa a partir de navegaciones, tanto de particulares como de armadas.

Los manuscritos de Hernando de los Ríos Coronel, tanto para capturar y crear un asentamiento en Formosa así como para buscar algún paso interoceánico por el norte del continente americano, se insertaron en las discusiones y transformaciones marítimo- comerciales, políticas y científicas de la época. La región no cambió pero la percepción sobre ella sí lo hizo en función de los nuevos intereses que se generaron en la zona. Por ello los proyectos que consideraron a Formosa pasaron de asentamiento que sería el primer paso para la conquista de China a zona que aseguraría los tratos hechos con las costas niponas y finalmente para proteger dichos tratos de los crecientes ataques neerlandeses. Formosa fue relevante en el imaginario hispano, pero no como isla a capturar, sino como símbolo del entorno marítimo que su ocupación permitiría usar y proteger.

Bibliografía:

Bentley, Jerry H., (2009), Sea and Ocean Basins as Frameworks of Historical Analysis, *Geographical Review*, vol. 89, no. 2, pp. 215-224. [http://www.jstor.org/stable/216087] Consultado en noviembre de 2016.

Bernabeu, Salvador, (1992), *El Pacífico ilustrado. Del lago español a las grandes expediciones*, Madrid: Mapfre.

Buisseret, David, (2003), *La revolución cartográfica en Europa, 1400-1800. La representación de los nuevos mundos en la Europa del Renacimiento* (traducción de María Tabuyo y Agustín López), España: Paidós.

Cervera, José Antonio, (2013), *Tras el sueño de China. Agustinos y dominicos en Asia Oriental a finales del siglo XVI*, México: Plaza y Valdés.

Crossley, John Newsome, (2011), *Hernando de los Ríos Coronel and the Spanish Philippines in the Golden Age*, Australia: Monash University, ASHGATE.

Harley, J. B., (2005) «Textos y contextos en la interpretación de los primeros mapas», en *La nueva naturaleza de los mapas. Ensayos sobre la historia de la cartografía*, 1ª edición en español, comp. Paul Laxton; introducción de J. H. Andrews, traducción Leticia García y Juan Carlos Rodríguez, México: Fondo de Cultura Económica, pp. 59-78.

Loureiro, Rui Manuel, (2009), *Nas partes da China*, Lisboa: Centro Científico e Cultural de Macau.

Maroto, Mercedes, (1994), *Producing the Pacific. Maps and Narratives of Spanish Exploration (1567-1606)*, Amsterdam-New York: Portada Hispánica.

Oliveira, Fracisco Roque de, (2003), *A construçao do conhecimento europeu sobre a China c. 1500-c.1630. Impressos e manuscritos que revelaram o mundo chinês à Europa culta*, tesse de doutoramento apresentada ao Departamento de Geografia da Universitat Autònoma de Barcelona.

Ollé, Manel, (2002), *La empresa de China. De la Armada Invencible al Galeón de Manila*, Barcelona: Acantilado.

Pinto, Paulo Jorge de Sousa, (2014), «Manila, Macao and Chinese Networks in South China: adaptive strategies of cooperation and survival (seexteenth-to-seventeenth centuries)», *Anais e História de Além-Mar*, No. 15, pp. 79-100.

Ríos Coronel, Hernando de los, (1621), *Memorial y relación para su Magestad, del Procurador general de las Filipinas, de lo que conviene remediar, y de la riqueza que ay en ellas y en las islas del Maluco*, Madrid: Viuda de Fernando Correa [Biblioteca Palacio Real CAJ/FOLL4/34 (12)]

San Pío, María del Pilar, (1992), *Expediciones españolas del siglo XVIII*, Madrid: Mapfre.

Souza, George Bryan, (1983), *The Survival of Empire. Portuguese trade and Society in China and the South China Sea, 1630-1754*, Cambridge: Cambridge University Press.

Spate, Oskar H. K., (1983), *Monopolists and Freebooters* (The Pacific since Magellan vol. 2), Minneapolis: University of Minnesota Press.

Steinber, Phillip, (2001), *The Social Construction of the Ocean*, United Kingdom, Cambridge University Press.

(5)

EL GALEÓN DE MANILA Y LA MISIÓN FRANCISCANA EN CHINA

Ye Junyang
Universitat Pompeu Fabra

1. INTRODUCCIÓN

1686 fue para los franciscanos españoles en China un año memorable, en ese año se decidió enviar a fray Pedro de la Piñuela 石铎琭 [Shi Duolu] para fundar una misión en la ciudad de Chaozhou [潮州], al sureste de Guangdong [广东]. De la Piñuela ya se encontraba en esta provincia desde febrero del mismo año,[1] haciendo un viaje pastoral de diez meses en los cuales había servido de acompañante e intérprete al obispo Bernardino de la Chiesa 伊大任 [Yi Daren]. Se trataba de una decisión transcendental para la empresa franciscana en China, ya que no solo significaba la aparición de un nuevo lugar de predicación, o sea, la expansión geográfica de la zona evangélica, sino que se trataba de un hito en su estrategia global.

Es verdad que la fundación de la iglesia en Chaozhou [潮州] podía fortalecer la vinculación de los cristianos cantoneses con la misión

---

[1] «Petrus de la Piñuela: Epistola ad P. Lucam Estevan, 2. Mart. 1686». En: WYNGAERT (ed.) (1942), p. 299.

franciscana de Fujian [福建], ya que la ciudad contaba con una ventaja geográfica especial. Chaozhou [潮州] estaba en el este de Guangdong [广东] y muy cerca de Fujian [福建]. Una vez que se levantara una iglesia, no solo a los franciscanos en Guangdong [广东] les sería más cómodo comunicarse con sus compañeros en la otra provincia,[①] sino que la ciudad podría servir de punto de contacto y suministro entre ambas misiones y así proporcionar más garantías para el movimiento del personal y de los fondos. Sin embargo, vale la pena indicar aquí el otro sentido que conllevaba la misión de Chaozhou: estrechar la vinculación del grupo de misioneros franciscanos con Manila.

Después de que España ocupase Luzón y estableciese en Manila la capital de Filipinas, este archipiélago se convirtió en una estación de tránsito del comercio sino-español. Mediante el Galeón de Manila, se formó una red comercial a través del océano Pacífico y el Atlántico, con China, Filipinas, México y España, como sus nodos principales. Los galeones llevaban una gran variedad de productos chinos, principalmente sedas, en rama o en brocados o elaborados bordados, marfil, laca, muebles, abanicos, alfombras, y otros productos de Asia, Japón, la India y el sudeste asiático, como especias y joyas. Esos productos que arribaban en Acapulco tenían la América española como su mercado principal, pero también llegaban a España. En sentido contrario, el galeón traía a Filipinas, además del cobre, el cacao, etc., principalmente la plata, que era fundamental en la economía china, necesaria para comerciar y para el pago de impuestos, especialmente después de la reforma del sistema del Latigazo Único [一条鞭法, *Yitiao bianfa*] en la dinastía Ming. En este sentido, el galeón de Manila no solo impulsaba el desarrollo del comercio de las zonas costeras de China, como Fujian [福建] y Guangdong [广东], sino que también tenía influencia en la

---

① Augustinus A. S. Paschali: Epistola ad Provincialem, 2. Febr. 1686. En: ob. cit. p. 597.

economía de todo el país.

Por otro lado, la plata también servía para apoyar las misiones cristianas en el Extremo Oriente.[①] Como brazo religioso de la expansión colonial de España en la era de los descubrimientos, los franciscanos en China y su sustento dependían de Manila. Chaozhou [潮州] se hallaba muy cerca del puerto de Xiamen [厦门] en la provincia de Fujian [福建], un centro estratégico en la vía marítima de Fujian [福建] de la que dependía la comunicación entre Manila y la zona sudeste de China. Xiamen fue por tanto uno de los puertos más importantes para los franciscanos, por el cual habían entrado en China muchos de ellos, tal como Pedro de la Piñuela, Miguel Flores [傅劳理], Bernardo de la Encarnación [郭纳壁], etc. El contacto de los franciscanos en Fujian [福 建] con Manila era posible gracias a los barcos que navegaban entre China y Filipinas y zarpaban o arribaban al puerto de Xiamen [厦门]. Con el asentamiento en Chaozhou [潮州], los misioneros en esta ciudad podían obtener más fácilmente la correspondencia y la financiación necesarias, que a su vez podían despachar a sus compañeros de otros lugares en una cadena de comunicación y suministro más estrecha.

2. LA COMPOSICIÓN DE LOS FONDOS DE LOS FRANCISCANOS EN CHINA

Las fuentes de financiación de la misión franciscana fueron diversas,

---

① Para las más recientes investigaciones sobre la relación entre el Galeón de Manila y los primeros misioneros españoles, véanse: 王志红 [Wang Zhihong]. (2017). 《近代早期的传教士与马尼拉大帆船贸易》[Jindaizaoqide chuanjiaoshi yu manila dafanchuan maoyi, Los primeros misioneros contemporáneos y el Galeón de Manila]. 《东南亚南亚研究》[Dongnanya nanya yanjiu, *Estudios de Sudeste Asiático y Asia del sur*]. No. 3, pp. 69-73.

pero entre ellas destacan dos básicas: los fondos aportados por la Corona española, por un lado, y por otro los recursos de la Provincia de San Gregorio de Manila.

Algunos investigadores denominan a los fondos ofrecidos por la Corona, «socorro». Fray Buenaventura Ibáñez había conseguido este compromiso de la Corona cuando viajó por Europa en los años cuarenta del siglo XVII. En España visitó a la emperatriz María Ana de Austria, a quien pidió el permiso de reclutar ocho franciscanos más para la misión china, y también rogó que de la Caja de México se asignaran cada año 1.500 pesos para sustentar la empresa. La emperatriz prometió que los financiaría durante cinco años, y el plazo sería prorrogable si luego la misión persistía.[1] Años después, a medida que se desarrolló la misión franciscana en China, a petición de los misioneros, la Corona cumplió su promesa y prolongó la ayuda cada cinco años.[2] En 1689, el rey Carlos II decidió seguir financiando la misión y ordenó aumentar el número de los beneficiarios hasta veinte y que a cada uno de ellos se brindaran 140 pesos durante diez años.[3]

Con este socorro periódico, suponiendo que así quedarían liberados de la vida mendicante, los franciscanos aspiraban a dedicarse más a los trabajos evangélicos. Pero esto no siempre fue posible, y la consecución del socorro de la corona no siempre implicó una mejora respecto de la situación anterior. En realidad, debido a que el transporte no era siempre regular o eficiente, y a la inestabilidad social, en la mayoría de los casos, el socorro llegó con tardanza a sus manos.

La concesión de la limosna tenía reglas estrictas. Se estipulaba que

---

[1] Bonaventura Ibañez: Autobiographia, 31. Mart. 1690. En : WYNGAERT (ed.) (1936), pp. 320-321.
[2] Bonaventura Ibañez: Epistola ad Provincialem, 30. Nov. 1685. En: ob. cit. p. 285.
[3] MAAS (1917), p. 121.

no pudiera concederse el dinero de la Caja de México hasta que los funcionarios reales allí vieran el certificado firmado que confirmaba el número de los ministros en China. Si el certificado llegaba tarde a México, los misioneros se quedarían sin el socorro.[1] O incluso si el dinero se concedía a tiempo, como se enviaba primero a Manila, podía suceder que debido a eventos inesperados, tal y como la malversación, el dinero no fuera suficiente. Por ejemplo, del socorro que llegó de México en 1685, el provincial entonces gastó 500 pesos que se deberían haber dedicado a la misión china.[2] El comisario en funciones fray Agustín mostró bastante disgusto y pidió directamente en la carta al provincial que la provincia los pagara.[3] Para ellos, fue una pérdida tan enorme que hasta dos años después cuando Francisco Agnete fue electo provincial, fray Agustín seguía insistiendo en su petición.[4]

La correspondencia muestra que los misioneros sufrieron frecuentemente verdadera pobreza. Cuando Piñuela estaba en Jiangle [将乐], padeció hambre:

[...] ando quasi como mendigo, que no alcanzo con que comprar que çenar sino que aunque sea dia de carne, haga mucha vezes colación por no atreverme a comprar medio cate de pescado o unos guebos;[5]

---

[1] 文都辣 (1686), 2. 24.
[2] Augustinus A S. Paschali: Epistola ad PP. Definitores, 8. Nov. 1686. En: ob. cit. p. 601.
[3] Augustinus A S. Paschali: Epistola ad Provincialem, 15. Nov. 1686. En: ob. cit. p. 608.
[4] Augustinus A S. Paschali: Epistola ad Provincialem, 28. Sep. 1687. En: ob. cit. p. 614.
[5] Petrus de la Piñuela: Epistola ad P. Michaelem A S. Maria, 7. Febr. 1680. En: WYNGAERT (ed.) (1942), p. 276.

Pero de todos modos, con este dinero, la nueva generación de los franciscanos pudo llevar una vida más estable y segura que sus antecesores. Los gastos de los misioneros no eran pocos y variaban según los lugares donde desarrollaban su misión. En 1678, fray Agustín indicó que para sustentar a un misionero en Fujian [福建], se necesitaban unos 50 pesos, mientras que en Shandong [山东], los gastos serían el doble.[1] Al mismo tiempo, debían enfrentarse al problema de la subida de precios. En 1680, fray Buenaventura informó a Manila de que el gasto anual de cada ministro era de 100 pesos, pero siete años después fray Agustín señaló que los gastos ascendían por lo menos a 140 pesos.[2]

Además del mantenimiento básico, también hacían falta dinero para comprar casas, levantar iglesias, imprimir las obras evangélicas, sobornar a los mandarines, etc. La aportación de la Provincia de San Gregorio de Manila constituiría así otra ayuda muy importante. Por ejemplo, en 1686, fray Agustín recibió 200 pesos con los cuales compró los ornamentos de la iglesia.[3] Cuando los franciscanos en Guangdong [广东] compraron la casa extramuros de la ciudad y adecuaron la iglesia de San Francisco, fray Buenaventura recibió la ayuda de Manila de mil pesos.[4]

Sin embargo, debido a diferentes motivos, este dinero tampoco fue un auxilio estable, lo que con frecuencia dejó a los misioneros en estado precario. En 1679, fueron hurtados los mil pesos destinados a la misión

---

[1] Augustinus A S. Paschali: Epistola ad Provincialem, 27. Nov. 1678. En: WYNGAERT (ed.) (1936), pp. 477-478.

[2] MAESTRE, Estanislao (ed.), (1933), *Las misiones franciscanas en China: Cartas, informes y relaciones del padre Buenaventura Ibáñez (1650-1690). Con introducción, notas y apéndices, por el R. P. Fr. Severiano Alcobendas.* Madrid. p. 139; «Augustinus A S. Paschali: Epistola ad Provincialem, 28. Sep. 1687», en WYNGAERT (ed.) (1936), p. 622.

[3] Augustinus A S. Paschali: Epistola ad Provincialem, 15. Nov. 1686, en: WYNGAERT (ed.) (1936), p. 609.

[4] MAESTRE, Estanislao (ed.) (1933), pp. 97 y 116.

china. Con el fin de minimizar lo más posible los efectos sobre la misión, fray Buenaventura se vio obligado a pedir al provincial que la Provincia y el grupo de los franciscanos en China compartieran la pérdida.[1] En alguna ocasión, como el procurador de Manila no conocía la situación real de China, compró algunas cosas inútiles para sus compañeros en China. Fray Agustín se quejó en una carta de este despilfarro:

[...] unas estampas que se nos compraron, en que se gastaron 180 pesos de la misión y de las quatro partes, las tres no nos sirven.[2]

Para los franciscanos que siempre debían enfrentarse al problema económico, los 180 pesos no era una cantidad pequeña. Después de todo, fray Agustín compró la casa de Chaozhou [潮州] en 240 taeles, lo que equivalía aproximadamente a 312 pesos.[3] Para mejorar la gestión económica, el mismo fraile aconsejó a Manila que asignara un procurador que se ocupara específicamente de la misión china.[4]

En resumen, las partidas provenientes tanto de la Corona como de Manila constituyeron los fondos básicos para sufragar la misión y jugaron un papel decisivo en su sustento y viabilidad. No obstante, eventos imprevisibles como los que se han expuesto mostraron que dicha financiación era insuficiente, y que procurar otros fondos suplementarios

---

[1] Bonaventura Ibañez: Epistola ad P. Michalem A S. Maria, 24. Mart. 1680. En: WYNGAERT (ed.) (1936), p. 222; Augustinus A S. Paschali: Epistola ad P. Bonav. Ibañez, 26. Nov. 1679. En: ob. cit. p. 507.

[2] Augustinus A S. Paschali: Epistola ad PP. Definitores, 8. Nov. 1686. En: ob. cit. pp. 602-603.

[3] 1 tael de plata equivalía aproximadamente a 1,3 pesos.

[4] «Augustinus A S. Paschali: Epistola ad PP. Definitores, 8. Nov. 1686», en WYNGAERT (ed.) (1936), p. 603. Fray Miguel Flores fue electo el primer procurador para la misión de China.

resultaba imprescindible.[1]

Estos fondos suplementarios se pueden dividir en tres tipos. El primero fue la limosna de la Hermandad de la Santa Misericordia, una asociación de legos fundada en Manila.[2] Se trata de una financiación anual, que en ocasiones ayudó mucho a sobrellevar las crisis económicas que con frecuencia asolaban la misión. En el mismo año que el provincial malversó el dinero, fue una fortuna que los franciscanos todavía contaran con la limosna de la Misericordia. En su defecto, la misión habría quedado estancada.[3] No se especifica la cantidad exacta de este dinero, pero según fray Agustín, bastaba para sustentar a tres misioneros.[4] Como lo que se ha indicado antes, en este período, cada uno necesitaba aproximadamente 140 pesos anualmente. Así que se calcula que esta aportación sería por lo menos de 400 pesos.

El segundo fondo suplementario fue la limosna de los devotos, tanto los de Manila, como los chinos. No se trataba de donaciones regulares, y tenían carácter aleatorio y accidental. La iglesia de Huizhou [惠州] fue erigida con la financiación de un militar llamado Antonio Nieto, el cual también donó los 500 pesos cada año para el cuidado de la iglesia y el mantenimiento de

---

[1] Hay que indicar que los franciscanos italianos enviados por Roma no estaban en la lista de los financiados de la Corona ni de Manila, ya que la Sagrada Congregación se ocupaba de brindar el dinero.

[2] Sobre la historia de la fundación de la asociación, véanse: HUERTA (1865), pp. 554-556; MALDONADO DE PUGA, Juan Manuel, (1742), *Religiosa hospitalidad, por los Hijos del piadoso coripheo Patriarcha y Padre de Pobres S. Juan de Dios, en su Provincia de S. Raphael de las Islas Philipinas: compendio substancial de su fundacion, progressos, y estado presente....* Impresso en Granada, pp. 17-20.

[3] Augustinus A S. Paschali: Epistola ad PP. Definitores, 8. Nov. 1686, en WYNGAERT (ed.) (1936), p. 602.

[4] Ibídem.

sus ministros.[1] En Fujian [福建], el dinero necesario para la construcción de la iglesia dedicada a San Pedro de Alcántara en Taining [泰宁] fue obtenido por Piñuela en 1681 con la limosna de Juan de Vargas de Hurtado, el gobernador de Filipinas de ese período.[2] Además, hubo algunas donaciones esporádicas. De acuerdo con la carta de fray Buenaventura, fray Lucas Estevan [王路嘉] recibió una limosna de cien pesos del devoto Juan Ventura, y otro devoto que se llamaba Quintero envió a fray Agustín cincuenta pesos cada año.[3]

En algunas ocasiones, los mandarines chinos también les brindaron limosnas. Por ejemplo, el régulo Shang Zhixin [尚之信] les financió para levantar la primera iglesia franciscana en Guangdong [广东] (Iglesia de Nuestra Señora de los Ángeles) y la Iglesia de San Francisco en los extramuros de la ciudad. Cuando Antonio de Santa María Caballero [利安当] levantó la primera iglesia de su orden en Shandong, también recibió la limosna de 150 pesos ofrecida por los mandarines.

Aparte de esto, los cristianos chinos también hicieron todo lo posible para ayudar a los ministros, aunque ellos mismos eran muy pobres. Una de las dos iglesias de Nan'an [南安] para mujeres, levantadas por Piñuela, fue acomodada en la casa ofrecida por un cristiano local. Cuando el mismo ministro estaba en Fujian [福建], los creyentes no solo le ayudaron en trabajos corporales, sino que también le proporcionaron arroz.[4] Cuando fray Agustín acababa de llegar a Shandong [山东], provincia en la que nunca había

---

[1] Bonaventura Ibañez: Epistola ad P. Laurentium A Plagis, 4. Mart. 1681, en: ob. cit. pp. 234-235.

[2] Petrus de la Piñuela: Relatio sui Ministerio, 30 Dec. 1684, en WYNGAERT (ed.) (1942), p. 290.

[3] MAESTRE, Estanislao (ed.) (1933), pp. 158 y 202.

[4] MAAS (1917), pp. 35 y 37.

estado, recibió el pescado que le regaló un cristiano.[①] Estas ayudas de los chinos pobres, aunque parecían insignificantes, dieron bastante consuelo a los misioneros en sus penurias.

No obstante, igual que podía ocurrir con el socorro de la Corona, la limosna de los fieles también corría el riesgo de ser malversada. En 1703, Piñuela, hombre que rara vez se quejaba, expresó su enfado ya que de los 4.000 pesos que un bienhechor dejó para la misión, Manila retuvo 3.400 pesos y solo envió 600 a China.[②]

Por último, la tercera fuente suplementaria consistió en la ayuda de los ministros de otras órdenes, sobre todo de los jesuitas. Es cierto que al principio estos fueron reacios a la entrada de las órdenes mendicantes en China, pero esta actitud no amigable no significó que no brindaran ninguna ayuda. Por ejemplo, cuando Antonio de Santa María Caballero [利安当, Li Andang] llegó a la provincia de Shandong [山东], se encontró con muchas dificultades. En este caso, el jesuita Johann Adam Schall von Bell [汤若望] le ofreció la subvención desde Pekín [北京]. En una carta, Caballero mencionó: «El P. Juan Adam me envio, sin haberle yo servido en nada, ni significadole mi necesidad, me remitio desde Pequin 20 taes».[③] Pasó lo mismo a su sucesor en la provincia, Agustín de San Pascual [利安定, Li Anding], que también fue el beneficiario de la bondad de los jesuitas:

> El agradecimiento se lo debo a los padres de la compañía de la corte, que me hicieron una limosna de doce taes de plata y un vestido, con que tengo hasta que llegue el socorro que trai el

---

① Agustinus A S. Paschali: Epistola ad Provincialem, 18. Mart. 1679, en WYNGAERT (ed.) (1936), p. 492.

② Petrus de la Piñuela: Epistola ad Provincialem, 25. April. 1703", en WYNGAERT (ed.) (1942), p. 364.

③ Véase: SF. II: *Antonius A S. Maria Caballero: Epistola ad P. Provincialem, Nov.ª 1653*, p. 428.

hermano Fr. Bernardo.①

En definitiva, el dinero que provenía de las cinco fuentes mencionadas constituía la financiación de la misión franciscana en China. Debido a una variedad de factores, dicho dinero no podía satisfacer las demandas de la misión o llegó con tardanza a las manos de los ministros. Esta realidad hizo que Piñuela tuviera que prestar más atención al reparto y el uso del dinero cuando trabajaba como comisario de la misión. Cuando tomó el cargo, el estado financiero de la misión era muy deficiente, ya que su antecesor José Navarro [恩懋修, En Maoxiu] casi no le dejó nada.② Al mismo tiempo que solicitó más fondos, repartió de una manera más razonable el poco dinero que tenía. Ante todo, ajeno a las disputas entre países de proveniencia y órdenes religiosas, pidió que dieran una parte de socorro a los franciscanos italianos enviados por Roma con el fin de garantizar el desarrollo de la misión, ya que el dinero que la Sagrada Congregación les proporcionó no era suficiente. Asimismo, reivindicó el derecho de Antonio de Concepción [安多尼], un cirujano laico como Blas García [艾脑爵], para que le enviaran también el socorro. A los otros misioneros, Piñuela les envió el dinero respectivamente con cantidades adecuadas a sus necesidades. Por ejemplo, envió 25 pesos al obispo Bernardino de la Chiesa [伊大任, Yi Daren], mientras que a fray Bernardo de la Encarnación le dio 10 pesos y otras cosas necesarias. En suma, mediante su esfuerzo, «se ha dado satisfacion» a todo esto.③

Después de presentar las diversas fuentes de los fondos para la misión franciscana, se puede hacer un cálculo aproximado para ver la proporción de cada fuente:

---

① SF. III: Augustinus A S. Paschali: *Epistola ad P. Michaelem A S. Maria, 20. Mart. 1679*, p. 501.
② Petrus de la Piñuela: Epistola ad Provincialem, 25. Sept. 1699. En: ob. cit. 318.
③ Petrus de la Piñuela: Epistola ad Provincialem, 8. Maii. 1700. En: ob. cit. 339-345.

Fuentes	Cantidad (pesos)	Proporción
Caja de México	1.500	55,1%
Manila	500	18,3%
La Misericordia	400	14,7%
Los devotos	300	11,0%
Los jesuitas	20	0,7%
En total	2.720	100%

Tabla 1: La composición de los fondos para la misión franciscana.[1]

Así pues, no hay ninguna duda que la limosna de la Corona que venía de la Caja de México constituía indiscutiblemente un pilar para soportar la misión, debido a su superioridad proporcional absoluta. Para transportar dicho socorro a China, el Galeón de Manila jugaba un papel decisivo.

3. EL GALEÓN DE MANILA Y LA MISIÓN

No obstante, como se ha mencionado, cuando la plata de México llegaba con retraso, los ministros se veían obligados a tomar prestado el dinero de terceros, puesto que los otros medios suplementarios no eran suficientes para mantener la misión. La primera opción era pedir a los cristianos chinos o los ministros de otras órdenes. Por ejemplo, en el año 1683, cuando fray Agustín llegó a Nanjing [南京] después de un largo viaje desde la provincia de Shandong [山东], agotó su viático y no podía seguir el viaje hasta Guangzhou [广州]. Sin otro remedio, tomó prestados 15 taeles de un

---

[1] El dinero de Manila y la limosna de los devotos y jesuitas tenía gran aleatoriedad, así que al elaborar la tabla, solo se puede calcular una cifra aproximada.

cristiano local.[1] Al mismo tiempo, como se ha indicado más arriba, Piñuela tomó prestados 4 taeles de Louis Quémener durante su estancia en Nan'an [南安] y 100 taeles de plata de Charles Maigrot [颜珰, Yandang] en 1702, así como otros 50 pesos en el año siguiente para comprar una casa en Zhangpu [漳浦].[2] Piñuela mencionó varias veces más que había tomado prestado dinero, aunque sin especificar de quién.[3] Fray Buenaventura también mencionó en 1683 que la misión debía 514 pesos a la Orden dominicana.[4] Había incontables ejemplos como los que se indican aquí. La ventaja de tomar prestado el dinero de los creyentes o ministros de otras órdenes consistía en que no era necesario pagar intereses. Sin embargo, estas personas tampoco eran ricas. Por eso, en muchas ocasiones, los franciscanos tuvieron que pedir el dinero a desconocidos, y en este caso, el interés podía ser muy alto.

Según la carta de fray Buenaventura en 1679, el interés estaba entre el 30 y el 40 por ciento. En 1683 y 1685, indicó que el interés fue del 36 por ciento.[5] Por ende, si se considera una tasa del 36 por ciento, el interés que deberían pagar junto con el principal no fue una carga ligera.

A continuación se presenta la situación de la deuda de los años 1681 y 1682:

---

[1] Augustinus A S. Paschali: Epistola ad Provincialem, 3. Mart. 1684, en: WYNGAERT (ed.) (1936), p. 533.

[2] P. Fr. Petrus de la Piñuela: Epistola ad Car. Maigrot, 15. Sept. 1702, en MENSAERT, MARGIOTTI & ROSSO (eds.) (1965), p. 1208; P. Fr. Petrus de la Piñuela: Epistola ad Car. Maigrot, 18. Nov. 1703, en: ob. cit. pp. 1211-1212.

[3] Petrus de la Piñuela: Epistola ad Provincialem, 24. Ian. 1684, en: WYNGAERT (ed.) (1942), p. 281; Petrus de la Piñuela: Epistola ad Provincialem, 25. Sept. 1699, en: ob. Cit. p. 318.

[4] MAESTRE, Estanislao (ed.), 1933, p. 161.

[5] Ob. cit. pp. 127, 157 y 196.

	Acreedores	El principal (taeles)	Usos	El interés (36%) (taeles)		En total (taeles)
1681	un chino	700	sustento	252		952
1682	el mismo chino	0		252	252	2.541
		800	sustento	288	1.088	
		500	comprar casas	180	680	
	los dominicos	367	sin concretar	154[1]	521	
En total						3.493

Fuente: Bonaventura Ibañez: *Epistola ad Procuratorem missionis*, 7. Ian. 1683, en WYNGAERT (ed.) (1936), pp. 244-245; Bonaventura Ibañez: *Epistola ad Procuratorem missionis*, 25. Ian. 1683, en ob. cit. pp. 247, 251-252; MAESTRE, Estanislao (ed.) (1933), pp. 154-155, 157, 161.

Según la tasa de cambio revelada por fray Buenaventura en sus cartas, un tael equivalía a 1,4 pesos. Así que la deuda total fue aproximadamente de 4.890 pesos. Teniendo en cuenta esto, el mismo fraile insistió en que Manila les enviara 5.500 pesos para el año 1684.

Es decir, en este año el déficit fue tan enorme que hacía falta el socorro de la Corona por lo menos de cuatro años para mantener la misión. Si, desafortunadamente, el dinero llegaba otra vez con retraso, los misioneros tendrían que pagar más interés. Por eso, los ministros no dejaban de advertir a

---

[1] Como se ha indicado, en general no se producía interés si tomaban prestado el dinero a los ministros de otras órdenes. Se considera una ayuda mutua entre los misioneros cuando tenían problemas económicos. Sin embargo, en este caso, el dinero de los dominicos también formaba parte de la deuda que tenía su orden, así que los franciscanos tenían que pagar el interés.

Manila que ellos siempre necesitaban el socorro por adelantado.[①] El Galeón de Manila resultaba pues una línea de vida para los franciscanos en China.

No obstante, las naos no sirvieron únicamente como transporte de suministro. Los misioneros también participaron en el comercio. Una parte de los beneficios comerciales obtenidos mediante esta línea se dedicaron directamente a sufragar la misión. Como se ha indicado, el dinero enviado por Manila, la limosna de la Misericordia y la de algunos devotos de Filipinas también formaron parte de los fondos para la misión. Así pues, cabe preguntar: ¿De dónde vino esta parte de dinero? De hecho, desde que los españoles fundaron la ciudad de Manila en Filipinas, siempre tuvieron que enfrentarse con el problema de la escasez de recursos. A diferencia de las colonias americanas donde los españoles desarrollaron la economía de plantación [种植园经济], en Filipinas no aplicaron este sistema económico ni encontraron otros recursos que pudieran generar ingresos considerables hasta el siglo XVIII cuando la situación mejoró con la plantación de caña. En suma, sin el Galeón de Manila, los franciscanos en China habrían perdido una gran parte de los fondos para la misión.[②]

4. CONCLUSIÓN

En la era de los descubrimientos, los franciscanos extendieron sus misiones por todo el mundo. En China contaron con la financiación de la Corona Española, la cual prometió proporcionar cada año una limosna de la Caja de México para sustentar la empresa evangélica. De este modo los

---

① Franciscus A Conceptione: Epistola ad P. Provincialem, 5. Martii. 1685, en WYNGAERT (ed.) (1942), p. 50.

② Para más análisis sobre la relación de los misioneros en Filipinas y la Galeón de Manila, véanse: 王志红：《近代早期的传教士与马尼拉大帆船贸易》,《东南亚南亚研究》, 2017年第3期, 第69-73页。

franciscanos en China dependían de Filipinas y el Galeón de Manila que anualmente transportaba el dinero desde México. Es decir, más allá del sentido económico y cultural, el galeón jugó un papel intrínseco para la misión de China. En el presente trabajo se intenta analizar la composición de los fondos que tenían los franciscanos, y en concreto se explora qué influencia tuvo el Galeón en la misión franciscana en China.

Panel VI
Historia de los intercambios de pensamientos, la religión, la moralidad y la filosofía

(1)

INTRODUCCIÓN

Ignacio Ramos
Universidad Pontificia de Comillas

En la interacción cultural de largo recorrido entre China y el mundo de habla hispana no podían faltar los intercambios en el ámbito de las ideas y creencias. En China hubo una interesante evolución en las percepciones de lo que era aquello que hoy se comprende como España. A China llegaron no solo jesuitas como Pantoja, sino también otros religiosos que lucharon por sobrevivir y adaptarse creando diferentes moldes de diálogo intercultural. Como concreción del diálogo interreligioso, los misioneros de habla española fueron portadores de comprensiones acordes con la teología católica y llevaron también a Europa aspectos de la mentalidad religiosa china. En el plano de la ética, la moral confuciana estimuló a religiosos como Pantoja, lo que a su vez los llevó a hacer valiosas aportaciones para la sociedad china en ese mismo ámbito. En este proceso no fue posible evitar algunos malentendidos y deformaciones en la interpretación que prefiguraron el conflicto de los «ritos chinos».

El presente panel ayuda a entender China como nación atenida a la idea confuciana de una sociedad no teocrática (donde diferentes sistemas de sentido han de competir por la credibilidad social sin esperar el favor del poder político), que contribuyó al desarrollo de la idea de una sana «secularización» en el ámbito de la cristiandad europea. A su vez, pone el acento en el contexto del mundo de representaciones y cosmovisiones en el que Pantoja respiró y que él mismo contribuyó a forjar. En suma, este panel se fija en las interacciones culturales, particularmente las que afectan al mundo de las ideas y las creencias, entre China y el mundo hispánico.

Anna Busquets, de la Universitat Oberta de Catalunya, centra su estudio en la llegada de los dominicos a China, conocer cuántos eran, dónde y cómo se organizaron y cuál era su formación y conocimiento de la lengua china. Cuando las órdenes mendicantes se establecieron en China, los jesuitas llevaban ya cincuenta años de presencia continuada en el país (1580-1630), durante los cuales gozaron de la exclusividad para la evangelización. Busquets recuerda que los dominicos también crearon puentes, tanto antes como después de su instalación de manera permanente en China, a principios de la década de 1630, aunque no gozaron ni de la misma difusión ni del mismo reconocimiento en Europa. Tras la llegada de Angelo Cocchi en 1632, le siguieron Juan Bautista de Morales y Francisco Díez, más tarde Domingo Fernández de Navarrete, figuras señeras en la misión y en el diálogo entre China y Occidente. Alejados de la capital, Pekín, y de otros grandes centros urbanos, los dominicos fundaron su primera misión en Fujian, luego extendida a Zhejiang y Shandong, arrostrando dificultades sin interrupción hasta la persecución más encarnizada en 1664. Estos misioneros también utilizaron una dinámica de adaptación, si bien ejercieron su apostolado con características propias, utilizando abiertamente imágenes devocionales, como el crucifijo. Busquets concluye, que los dominicos dieron muestras de una gran formación, dominaban el idioma chino, también tradujeron textos confucianos y escribieron gramáticas y vocabularios, destacando la obra capital de lingüística de Francisco Varo, publicada póstumamente en 1703. En virtud del arte del contraste que los filósofos y psicólogos de la *Gestalt* tan bien conocen, las aportaciones de Busquets contribuyen a perfilar con más claridad la figura del propio

Pantoja.

Luo Ying, del Instituto Internacional de Estudios Chinos de BFSU, presenta un estudio preliminar de las ideas de Antonio de Santa María Caballero en torno al confucianismo. Fundador de la misión franciscana en China, Caballero es uno de los personajes más sobresalientes entre los misioneros en China durante las postrimerías de la dinastía Ming y el comienzo de la dinastía Qing. Logró establecer una misión en Shandong y bautizó a miles de personas, entre ellas al que sería primer obispo chino Luo Wenzao (Gregorio López), pero también fue el instigador, junto con el dominico Juan Bautista de Morales, de la querella de los ritos. Caballero produjo una serie de escritos en relación a la religión en China manifestando su oposición a los ritos chinos en honor de los antepasados y de Confucio, convirtiéndose en el principal detractor de la política de adaptación cultural de Matteo Ricci. Por otro lado, también se esforzó por estudiar e investigar el idioma chino y dejó algunos escritos en esta lengua. Luo Ying ofrece una relación sistemática y pormenorizada de la copiosa producción de Caballero, y centra su estudio en sus escritos sobre el confucianismo en particular. En estos textos observa que muchos de los conceptos teológicos de Caballero provienen de los escritos en chino de los misioneros jesuitas, con cuyas obras Caballero muestra un alto grado de familiaridad, lo que pone de manifiesto, concluye Luo Ying, que, a pesar de su discrepancia en puntos importantes, existe una afinidad y confluencia en otros aspectos, en la terminología teológica en chino, por ejemplo, que va a quedar fijada desde entonces. Caballero nunca alteró su posición con respecto a los ritos, siempre los consideró incompatibles con la fe católica, pero en una segunda fase de su estancia en China, se observa una evolución, y también destaca su amistad con jesuitas como Jean Valat. En su obra *Tianruyin* (1664), se observa la puesta en práctica de la línea de interpretación y de diálogo entre catolicismo y confucianismo ya iniciada por Matteo Ricci y Diego de Pantoja.

Por último, Peng Haitao, de la Universitat Pompeu Fabra, ofrece una nueva perspectiva sobre el libro *Qike* de Diego de Pantoja, incardinando la obra del jesuita español entre los esfuerzos de los intelectuales chinos por construir una nueva autoridad moral. Peng Haitao recuerda que las postrimerías de la dinastía Ming representan un periodo de declive político y de crisis moral, frente al cual los letrados debaten sobre sus causas, las posibles respuestas, y donde aspiran a restaurar el orden social. En ese contexto, el jesuita Pantoja escribe *Qike* 七克 (*Septem Victoriis* o *Las siete virtudes*), una reflexión sobre la bondad y la moral que se incorpora a los debates de la época. En este libro publicado en 1614, Pantoja describió cómo alcanzar la perfección personal y obtener la salvación venciendo los siete pecados capitales: soberbia, avaricia, lujuria, ira, gula, envidia y pereza. *Qike* contiene muchas referencias a la Biblia, así como a comentarios e historias de los santos y filósofos occidentales, pero también cuenta con varios prefacios escritos por letrados chinos contemporáneos, que son muy importantes para que entendamos sus actitudes sobre las enseñanzas de los misioneros. Muchos lectores del *Qike* creían que el libro de Pantoja podría ayudarlos a reconstruir una autoridad moral, pero no necesariamente reconocieron que esta autoridad fuera el dios cristiano. Por otro lado, Pantoja ofreció en su obra alternativas de calado a ciertas tendencias culturales del entorno, cosa que no tuvo especial acogida entre los intelectuales chinos; al contrario, algunos pensaron que estos jesuitas «prestan un servicio sobresaliente al confucianismo». Peng Haitao advierte que no deberíamos lamentar los malentendidos que han surgido en este intercambio cultural, pues el *Qike* proporciona una plataforma para el diálogo e integración mutua de las éticas católica y confuciana.

(2)

LA FORMACIÓN Y LOS RECURSOS INTELECTUALES DE LOS PRIMEROS DOMINICOS EN CHINA

Anna Busquets Alemany
Universitat Oberta de Catalunya

1. EL CONTEXTO INICIAL: EL MONOPOLIO JESUITA DE CHINA

En la segunda mitad del siglo XVI, el descubrimiento de las rutas del Atlántico y del Pacífico tras la llegada a América, y el establecimiento de un enclave portugués y uno castellano en Asia —Macao y Manila, respectivamente— permitió a las diferentes órdenes religiosas soñar con la conversión del Imperio chino en el que vivía una población que era «sin comparación mucho mayor en número y qualidad de su gente, de mayores entendimientos y mayor policía» que cualquier otra, tal como remarca el primer cronista de la provincia dominicana del Santísimo Rosario de Filipinas, fray Diego de Aduarte.[1] Macao y Manila resultaron dos piezas clave en las relaciones sino-occidentales y ambas ciudades fueron utilizadas por los misioneros como puente para penetrar en China, en cuya empresa tuvieron inicialmente más éxito los portugueses y los jesuitas gracias al

---

[1] Aduarte (1640), p. 102.

padroado portugués.[1] Los miembros de la Compañía de Jesús jugaron un papel importante como puente entre Oriente y Occidente y su labor y obras sobre China gozaron de gran reconocimiento y amplia difusión en Europa. Pero no fueron los únicos. También los religiosos procedentes de las órdenes mendicantes —dominicos, franciscanos y agustinos— crearon puentes, tanto antes como después de su instalación de manera permanente en China, que fue a principios de la década de 1630, aunque no gozaron ni de la misma difusión ni del mismo reconocimiento en Europa. Cuando las órdenes mendicantes se establecieron en China, los jesuitas llevaban ya cincuenta años de presencia continuada en el país (1580-1630), durante los cuales gozaron de la exclusividad para la evangelización.[2]

A partir de la diócesis que establecieron en Macao,[3] los jesuitas gozaron de la exclusividad para la evangelización de China. En 1578, el jesuita Alessandro Valignano (1539-1606) —entonces visitador de las Indias— llegó a Macao, y en 1579 y 1582 lo hicieron los también jesuitas Michele

---

[1] El *Tratado de Tordesillas* (1494) fijó la división del mundo entre España y Portugal —según la cual China quedaba bajo la demarcación portuguesa— y confirió a los monarcas el patronazgo regio, concretado en el *padroado* portugués y en el *patronato* español. Los reyes tenían la exclusividad en temas de navegación y de comercio, y eran además los responsables de las acciones misionales en las tierras que estaban dentro de sus demarcaciones. Por ello, los centros del mundo misional fueron Madrid y Lisboa, no Roma. Standaert (2001), p. 287.

[2] Tanto los decretos y bulas papales como las rivalidades coloniales y evangelizadoras entre las dos coronas de la península ibérica impidieron la implantación permanente en China de las órdenes mendicantes, que durante esos cincuenta años tuvieron que conformarse con la evangelización de las islas Filipinas: en 1565 llegaron los agustinos, en 1578 los franciscanos y en 1587 los dominicos.

[3] Macao se convirtió en un enclave esencial, pues fue el cuarto puerto fundamental de la denominada «carrera de la India», después de Mozambique, Goa y Malaca. Duteil (1994), p. 9.

Ruggieri (1547-1607) y Matteo Ricci (1552-1610) respectivamente. Los jesuitas llegaban a China utilizando la ruta de oriente, no solo porque había sido el trayecto realizado por su fundador Francisco Javier —a pesar de que nunca entró en el país— sino también porque las colonias portuguesas estaban abiertas a misioneros de cualquier nacionalidad, a diferencia de las españolas.[1] Desde el primer momento quedó clara la orientación evangelizadora que los jesuitas iban a tomar en China. Ricci consiguió instalarse en la corte en Pekín 北京: su formación y conocimientos sobre matemáticas y astronomía, su prodigiosa memoria y su elevado conocimiento de la lengua china fueron algunos de los aspectos clave que le granjearon el favor del emperador. Vestido al modo de los letrados chinos, logró un puesto en la corte imperial. Tras él, otros jesuitas como Giacomo Rho (1592-1638) o Sabatino de Ursis (1575-1620) también se convirtieron en consejeros y profesores imperiales —enseñaban cosmografía, matemáticas y astronomía a los chinos de la corte que estaban al cargo de tales asuntos— hasta el punto de que, años más tarde, el último emperador Ming, Chongzhen 崇禎 (r. 1628-1644), encargó al jesuita alemán Adam Schall (1591-1666) la reforma del calendario y la dirección del Observatorio Astronómico de la corte.

La muerte del papa Gregorio XIII —cuya bula *Ex pastorali officio* (1585) había garantizado la exclusividad de los jesuitas en China— cambió por completo la situación, y las decisiones papales posteriores acabaron abriendo el Imperio chino a los mendicantes. En 1586, los franciscanos obtuvieron el derecho a fundar iglesias y conventos en cualquier territorio de las Indias Orientales, incluida China.[2] A los pocos años se concedió

---

[1] Cervera (2013), p. 84.
[2] Los franciscanos lo interpretaron como una derogación del breve de Gregorio XIII y para que no hubiera ninguna duda, el franciscano Marcelo de Ribadeneira incluyó el texto papal en su *Historia de las Islas del Archipielago y reynos de la Gran China* (Barcelona, 1601). Ribadeneira (1601), p. 94.

lo mismo al resto de las órdenes mendicantes —aunque de momento todo debía hacerse bajo el patronazgo portugués, dado que los misioneros estaban obligados a salir por Lisboa— y en 1608 el papa Pablo VI abrió la concesión permitiendo a todos los misioneros penetrar en China y Japón por la ruta que quisieran. Finalmente, en 1633 esta concesión quedó ratificada durante el mandato del papa Urbano VIII, lo que significó la apertura definitiva del Imperio chino a las órdenes mendicantes. El interés de este trabajo se centra en presentar la llegada de los dominicos a China, conocer cuántos eran, dónde y cómo se organizaron y cuál era su formación y conocimiento de la lengua china.

2. DOMINICOS EN CHINA: DESDE SU LLEGADA HASTA LA PERSECUCIÓN IMPERIAL

Los dominicos entraron en China de la mano de una embajada enviada desde la isla Hermosa (Taiwán) en 1631 para establecer relaciones comerciales entre Manila y Fujian福建.① El entonces gobernador de Manila, don Juan Niño de Tavora (r. 1626-1632), deseaba establecer con los fujianeses el comercio del que dependían las islas Filipinas, y para ello solicitó al gobernador de Taiwán, Juan de Alcarazo (r. 1629-1632), que dispusiera una embajada a la provincia china de Fujian, en la costa sur del país. Los elegidos para encabezar la delegación fueron dos dominicos, la orden que estaba al cargo del parián de Manila —el barrio chino de la

---

① Sobre la fecha de salida y llegada de la embajada las fuentes difieren. Algunas, como los PP. Aduarte, Riccio, Ferrando-Fonseca o Fernández, señalan que partió de Taiwán en diciembre de 1630 y llegó a China en 1631 mientras que algunas otras lo retrasan todo un año. Para este asunto véase González (1964), p. 49.

ciudad— y que, además, tenían también establecida una misión en Taiwán[1]. El italiano Angelo Cocchi y el español Tomás Sierra —designados por «ser bien quistos de los chinos por lo mucho que hacen a favor de ellos en Manila»—[2] viajaron acompañados por dos soldados de guardia —«era una embajada de pobres y también pobre era el acompañamiento»—, un chino intérprete llamado Francisco Fernández, un mulato también llamado Francisco y siete indios naturales de las Filipinas.[3] La embajada se articuló de acuerdo con los parámetros chinos: iba provista de regalos —una vajilla de plata de fuentes, jarras y tembladeras muy grandes y costosas—, los religiosos llevaban una carta del gobernador de Manila que los acreditaba como embajadores oficiales y también algo de dinero para el sustento. En el contexto de la temprana edad moderna, en el que los españoles en Asia todavía no habían desarrollado instituciones específicas para regular las relaciones diplomáticas, los religiosos tuvieron con frecuencia que adoptar el papel de embajadores, intérpretes, mediadores culturales o traductores protagonizando embajadas que estaban integradas en las redes comerciales entre Manila y Fujian.[4] En este caso, a pesar de que la embajada estaba encabezada por dos dominicos, estos recibieron la orden expresa de obviar la cuestión religiosa para que no peligrara el objetivo comercial de la misma. «Los chinos se tienen por tan superiores a todas las naciones del mundo en materia de saber, que no sufren oyr aya alguna que les pueda enseñar cosa de esta vida ni de la otra», escribía el dominico Aduarte en su

---

[1] Desde principios del siglo XVII había un asentamiento permanente español en la isla.
[2] Riccio (1667), p. 32v.
[3] Sobre las vicisitudes de la embajada véase el relato que hacen en sus historias los dominicos Aduarte y Riccio. Aduarte (1640), pp. 258-266; Riccio (1667), pp. 34-39.
[4] Busquets (2019). Sobre el papel de los religiosos en episodios de comunicación intercultural véase Tremml (2014), p. 235.

crónica.[1]

La embajada partió a finales de diciembre de 1631 y a principios del año siguiente consiguió llegar a las costas de Fujian, aunque muy mermada tanto de efectivos humanos como materiales debido a varios incidentes acontecidos durante la navegación. Por un lado, el capitán de una de las dos embarcaciones que formaban la embajada se alzó contra los miembros de la expedición. Como resultado, el padre Sierra y algunos otros murieron. Por el otro, un grupo de piratas atacó la ya maltrecha expedición, saqueando las pocas pertenecías que todavía quedaban. Cocchi consiguió llegar a Fuzhou 福州, al noreste de Fujian, donde pudo entrevistarse con el gobernador, aunque como no llevaba consigo ni los presentes ni la carta del gobernador de Manila que lo acreditaban como embajador, se ordenó su expulsión del país. No obstante, consiguió eludir la orden y permanecer escondido, aunque su presencia era conocida por todos.[2] Para ello fue clave la ayuda de un japonés cristiano.[3] Este salió de China disfrazado de embajador haciéndose pasar por el dominico, mientras Cocchi permanecía oculto disfrazado de chino. También la ayuda de un médico chino cristiano llamado Lucas fue decisiva: lo instruyó en las ceremonias chinas, le enseñó la lengua mandarina y lo introdujo en la villa de Fuan 福安 al noreste

---

[1] Aduarte (1640), p. 259.
[2] Wills (1994), p. 119.
[3] «Yva en aquel navio un Japon Christiano, de algunos que andan derramados por la China, con desseo de yrse atierra de Christianos, que sabia muy bien la lengua mandarina; tratò, pues, con èl el Padre Fray Angel se vistiese su Habito, y se fingiesse enfermo, y muy tapado se echasse en parte escura del Navio, como que lo hazia por guardarse del ayre, y del sereno, y no faltò quien ayudase a encubrirle (que semejantes casos corren por particular providencia de Dios) y con esto se quedò el Padre en tierra escondido, y las guardas, que le llevaron à embarcar, deslumbradas con la vista del Frayle fingido; y como el viaje hasta Isla Hermosa era corto, pudo ir assi escondido hasta llegar allà». Aduarte (1640), p. 265.

de Fujian. De la mano de una embajada comercial, pues, nació la misión dominicana en China, que contó con un único religioso y, además, clandestino.

Tras la llegada de Cocchi, fueron muy pocos los dominicos que llegaron a China a lo largo del siglo XVII y, en la mayoría de las ocasiones, lo hicieron de manera conjunta en expediciones con miembros de otras órdenes religiosas. Unos meses antes de que Cocchi muriera (noviembre de 1633), llegó a China Juan Bautista de Morales y al año siguiente se unió a la misión el P. Francisco Díez.[1] Al cabo de tres años lo hicieron los PP. Juan García y Pedro Chaves, y al poco tiempo Antonio de la Torre, aunque este último tuvo que abandonar la misión de China casi de manera inmediata. En la expedición de 1642 llegaron a la misión cuatro nuevos dominicos: PP. Francisco Fernández Capillas, Francisco Varo, Manuel Rodríguez y Timoteo Bottigli y regresó a ella el P. Francisco Díez, que había tenido que salir debido a la persecución que se había desatado en la provincia de Fujian. Algunos años más tarde, en 1655, llegó a las costas de Fujian una expedición con cinco religiosos, los PP. Raimundo del Valle, Victorio Riccio, Domingo Coronado, Diego Rodríguez y Gregorio Lo. En 1659, llegaron también los PP. Juan Polanco, Domingo Sarpetri, Felipe Leonardo y Domingo Fernández de Navarrete. Y a principios de la década de los sesenta, justo antes de que se desatara la persecución imperial contra la religión cristiana en China, (1664-1671) entraron los PP. Pedro Ricciardi y Jaime Verge.

Se detallan a continuación los dominicos que entraron en China desde la llegada de Cocchi hasta la persecución iniciada en 1664.

---

[1] Llegó acompañado por el franciscano Antonio de Santa María Caballero. Sobre esta expedición véase Caballero (1638). Sobre la entrada de los dominicos a China véase Busquets (2013), pp. 191-214.

Dominicos en China entre 1632 y 1671

Nombre y fechas	Nombre chino	Entrada en China	Convento origen
Angelo Cocchi (1597-1633)	高琦	1632	San Doménico (Fiesole, Florencia)
Juan Bautista Morales (1597-1664)	黎玉范	1633	San Pablo y Santo Domingo (Écija)
Francisco Díez (1606-1646)	苏方积	1634	San Pablo (Valladolid)
Juan García (1606-1665)	在施若翰	1637	Nuestra Señora de Almagro/San Pablo (Sevilla)
Pedro de Chaves	—	1637	(Portugal)
Antonio de la Torre	—	1638	—
Francisco Fernández de Capillas (1607-1648)	刘方济	1642	San Pablo (Valladolid)
Francisco Varo (1627-1687)	万方济各 万济国	1649	San Pablo (Sevilla)
Manuel Rodríguez (1617-1653)	洪罗烈	1649	San Esteban (Salamanca)
Timoteo Bottigli (1621-1662)	博迪格里	1649	San Marcos (Florencia)
Raimundo del Valle (1613-1683)	赖蒙笃	1655	San Pedro Mártir (Ronda)
Victorio Riccio (1621-1685)	利畸	1655	San Doménico (Fiesole, Florencia)
Domingo Coronado (?-1665)	郭多敏	1655	San Esteban (Salamanca)
Diego Rodríguez (?-1656)	丁迪我	1656	Santo Domingo (México)

续表

Nombre y fechas	Nombre chino	Entrada en China	Convento origen
Lo Wen-tsao Gregorio Lo o López (1616-1691)	罗文藻	1655	Santo Domingo (Manila)
Juan Polanco (?-1671)	—	1659	San Pablo (Valladolid)
Domingo Sarpetri (1623-1683)	白敏国	1659	San Pedro (Italia)
Felipe Leonardo	—	1659	—
Domingo Fernández de Navarrete (1618-1686/9)	闵明我	1659	Colegio de Valladolid
Pedro Ricciardi (1616-1663)	—	1660	San Pedro Mártir (Lombardía)
Jaime Verge (¿-?)	—	1661	—

Fuente: Elaboración propia

A pesar de la tan ansiada entrada a China, el número de dominicos siempre fue muy reducido, y diversos factores dificultaron y ralentizaron su entrada en el país. En primer lugar, las duras condiciones y peligrosidad del viaje hasta China —que se realizaba desde España a través de Méjico y las Filipinas, y frecuentemente desde Taiwán— a la vez que los costes económicos del mismo. La falta de recursos hacía que el viaje a China se demorara o incluso en algunas ocasiones era necesario esperar el envío del sustento que les pudiera llegar desde la propia China. Así, por ejemplo, Cocchi tuvo que proveer de todo lo necesario a Juan Bautista de Morales hasta llegar a China.[1]

---

[1] Ocio y Viana (1891), p. 359.

Panel VI Historia de los intercambios de pensamientos, la religión, la moralidad y la filosofía 543

En segundo lugar, la pérdida de Taiwán, que entre 1626 y 1642 sirvió como enclave marítimo entre Filipinas y China. Este enclave fue punto intermedio desde el que los dominicos entraron a China[1] y al que los dominicos regresaban cuando había problemas en China. Desde Taiwán entraron, por ejemplo, Cocchi, Díez, Chaves, García y Capillas.

En tercer lugar, la discontinuidad de las estancias de los frailes en las misiones de China, lo que explica que tanto en las crónicas misionales como en las cartas conservadas sean frecuentes las quejas de los religiosos por encontrarse solos o prácticamente solos. En ocasiones, los dominicos tuvieron que abandonar China por motivos de salud —por ejemplo, los PP. Juan García o Antonio de la Torre. En otras, para escapar de las persecuciones de las que fueron objeto —le ocurrió a Francisco Díez— o para buscar apoyo económico o de nuevos misioneros —como hizo Juan Bautista de Morales. En algunas otras se ausentaron de China por motivos eclesiásticos —el mismo Morales salió hacia Europa para tratar con la Santa Sede la cuestión de los ritos chinos. Además, también es necesario tener en cuenta los decesos que hubo tanto por causas naturales —Cocchi, Morales, Díez, García, Bottigli, Rodríguez, Del Valle fallecieron en China— como por las persecuciones contra el cristianismo —Francisco Capillas fue torturado y degollado en 1648 cuando llevaba poco más de seis años en el país.

En cuarto lugar, algunos acontecimientos y decisiones de las autoridades chinas tampoco facilitaron la permanencia de los dominicos en el país. Por un lado, las persecuciones de las que fueron objeto tanto con

---

[1] A pesar de que la presencia española en Taiwán fue breve (1626-1642), sirvió como base para dominicos y franciscanos: en 1626, el dominico Bartolomé Martínez acompañado por cuatro religiosos fundó allí una iglesia y un convento. Algunos años más tarde, a principios de la década de los treinta, llegaron los franciscanos. Sobre la presencia de los dominicos en la isla véase Álvarez (1930), pp. 33-65; Dehergne (1941), pp. 270-277; Borao (2001), pp. 101-132.

los Ming como con los Qing. En 1634 hubo toda una serie de incidentes en Fujian contra los misioneros. Algo más tarde, entre 1637 y 1638 hubo un intenso periodo de persecución anticristiana en Fujian lo que obligó a los misioneros a esconderse o incluso abandonar el país. Ya en la década siguiente, en 1647 los manchúes conquistaron Fujian y una de las primeras disposiciones del nuevo gobernador fue prohibir el cristianismo, que quedó proscrito en un edicto de agosto del mismo año. Pero sin lugar a duda, la más prolongada e intensa fue la prohibición imperial de 1664 contra todos los misioneros del imperio, que entonces eran 25 jesuitas, 10 dominicos y 1 franciscano.[1] De los diez dominicos, seis evadieron la orden imperial ocultándose en el país —García, Varo, del Valle, Verge, Riccio y Lo— y cuatro subieron a Pekín obedeciendo las órdenes imperiales —Coronado, Sarpetri, Leonardo, Navarrete—, de donde fueron desterrados a Cantón. Por el otro lado, la entrada de los manchúes en China y su avance por las diferentes provincias tuvo consecuencias y afectó a las misiones fundamentalmente durante las décadas de 1650 y 1660. Fue especialmente devastadora la orden que a principios de la década de 1660 dieron los manchúes de asolar todas las poblaciones costeras desde Guangdong hasta Zhejiang para vencer la resistencia antimanchú que se había erigido especialmente en Fujian entorno a la figura de Zheng Chenggong 郑成功, conocido en las fuentes europeas como Koxinga 国姓爷. Esto implicó la despoblación de una superficie cuya longitud era de unos tres mil kilómetros y una profundidad de tres o cuatro leguas tierra adentro, trazando una línea

---

[1] Fernández (1958), p. 164.

divisoria con pena de muerte a todo aquel que osara traspasarla.[1]

Además, a todo ello es necesario añadir las reticencias de los chinos hacia los españoles y la mala reputación que estos tenían y que, en parte, estaba motivada por los episodios ocurridos en las islas Filipinas, como la masacre de chinos tras el alzamiento de 1603 en la que algunos fujianeses habían perdido a familiares.[2] Además, la presencia española en las Filipinas era más que cuestionable para los chinos y en el capítulo correspondiente a Luzón del *Ming shi* 明史 (*Historia de la dinastía Ming*) se acusaba a los españoles de haber tomado ilegalmente las islas al que hasta entonces había sido señor tributario de China y de haberlo hecho únicamente por fines económicos.[3]

Finalizada la persecución imperial se retomó la entrada de los dominicos en China, que continuó siendo lenta y de manera muy escalonada. Desde 1676 hasta 1700, entraron los PP. Arcadio del Rosario y Francisco Luján (1676), Pedro de Alcalá y Andrés López (1677), Pedro de Alarcón (1678), Salvador de Santo Tomás, Juan de Santo Tomás, Manuel

---

[1] «El tartaro, pues, afligido o desesperado de las continuas incursiones del Cuesing, particularmente en las partes maritimas, determino de despoblar toda la orilla del mar, de dos y tres leguas en ancho, y ademas de ochocientos en lo largo, como hizo, con lo cual, fueron innumerables los pueblos, aldeas y lugares que consumieron las llamas del fuego, daño inmenso e increíble causa de parecer un sin número de almas a manos de el hambre, por faltarles sus tierras, haciendas, casas y pesqueria, que era el sustento de ellas, y levantando a trechos unas lozas, señal de la raya, pues pena de la vida a quien la pasara, fabricando, ademas, de esto, a cada legua una fuerza para guardarla, y con ella a toda la orilla maritima, juntandose a las señas de los centinelas en poco espacio de tiempo numero grande de soldados para impedir la entrada a cualquier enemigo y oponerse a todas las incursiones de los Piratas». Riccio (1667), p. 269r.

[2] Los chinos que vivían en Manila procedían, fundamentalmente, de la provincia de Fujian.

[3] Menegon (2009), pp. 37-39.

Trigueros y Magino Ventallol (1680), Tomás Cróquer (1687), Francisco González de San Pedro y Francisco Cantero (1694) y Juan de Astudillo y Pedro Muñoz (1695).

3. MISIONES EN EL TERRITORIO CHINO

Inicialmente los dominicos se instalaron y evangelizaron en la provincia de Fujian, tanto en la zona norte como en la zona sur, en Xiamen 厦门 y sus alrededores.[1] Para fundar la misión dominicana en China, fue fundamental el apoyo de un grupo reducido de cristianos chinos procedentes de distintos lugares que acudieron a Fujian para ayudar al recién llegado Cocchi. Estos cristianos locales le proporcionaron una residencia, le prepararon una capilla y actuaron como intérpretes entre las autoridades locales y el dominico italiano.[2] Al igual que los jesuitas se habían vinculado a la clase letrada de los lugares en los que se instalaron, los dominicos se apoyaron en los letrados chinos locales de la zona de Fujian. Y esto fue especialmente importante durante los primeros años. Por lo tanto, el inicio de la misión dominicana en China, pues, se sustentó más en la iniciativa local de los chinos que en los esfuerzos de los misioneros, por otra parte, tan loados en las hagiografías e historias de la orden.[3] Los chinos cristianos que ayudaron a Cocchi a crear la primera misión dominicana arriesgaron sus vidas, no solo porque estaba prohibido el contacto con los extranjeros sino porque también el padre Cocchi estaba allí de manera ilegal.

A la muerte de Cocchi, en 1633, la misión dominicana tenía presencia en las ciudades de Dingtou (también Tengtou 藤头) y Fuan en la provincia de Fujian, desde donde en repetidas ocasiones pidió a sus superiores que

---

[1] Riccio (1667), pp. 270r-272v.

[2] Menegon (2009), p. 18.

[3] Menegon (2009), p. 18.

enviaran misioneros para evangelizar aquellas tierras. Al año siguiente, el único dominico que estaba en China era Morales, que terminó la iglesia que Cocchi había iniciado en Dingtou, evangelizó este pueblo —según las crónicas de la época, predicó con tanto celo y fervor que a los tres años tan solo quedaba una familia del pueblo por convertir de las mil que aproximadamente tenía—① y posteriormente pasó a Muyang 穆阳 (también 穆洋). Tras haberse instalado en Fujian y con la llegada de nuevos dominicos, la orden también se extendió por la provincia de Zhejiang 浙江 —en las ciudades de Lanqi y Jinhua al sur—,② hacia Shandong 山东 —en concreto a Jining— y a finales del siglo XVII también iniciaron de manera tímida una expansión hacia Jiangxi 江西. La expansión de la misión no era fácil, tanto por la falta de recursos como por las trabas que ponían los jesuitas, pues los dominicos les tenían que solicitar permiso para establecerse en determinadas zonas del país. Sobre la instalación de los dominicos en China y cómo procedieron para la evangelización en el país, es importante destacar cuatro aspectos.

En primer lugar, es necesario tener en cuenta que en la mayoría de las ocasiones dominicos y franciscanos no solo viajaban en las mismas expediciones, sino que con frecuencia «vivían todos juntos, como buenos hermanos».③ A las dificultades logísticas propias del viaje que tenían que hacer bien desde Manila o desde Taiwán, se unían los problemas de la subsistencia en China, generalmente derivados por los decretos o persecuciones anticristianas que de manera periódica había en el país. De acuerdo con las constituciones de la orden, los dominicos tenían que vivir en comunidad y compartir las tareas rutinarias y comidas. Dado el reducido número de mendicantes que había en China, en la mayoría de los casos dominicos y franciscanos compartían una misma casa, que era la manera

---

① Riccio (1667), p. 58r.
② Riccio (1667), p. 284r-287v.
③ Aduarte (1640), p. 487.

que estas órdenes tenían de establecerse en las misiones. Los jesuitas, en cambio, gozaban de una mayor libertad pues no vivían en monasterios.

En segundo lugar, al igual que habían hecho los jesuitas, los dominicos también utilizaron una dinámica de adaptación, tanto aprendiendo la lengua china como también adoptando un semblante chino. Son numerosos los ejemplos que tenemos de ello. Cuando Cocchi se quedó de manera ilegal en la misión de Fuzhou, para evitar ser descubierto y pasar lo más desapercibido posible «se dejó crecer la barba y el cabello a imitación de los chinos».[1] Durante los incidentes que hubo en Fujian contra los cristianos en 1634, en las crónicas se recoge que el dominico Francisco Díez estuvo a punto de morir «por no haberle crecido todavía bastante el cabello y la barba, que es grandísimo defecto en China».[2] O también durante la persecución imperial de 1644, el dominico Francisco Varo, que era el vicario provincial, recomendaba encarecidamente a los dominicos que, a su llegada a Macao, y antes de entrar en China, «esperaran unos meses hasta que les crecieran las barbas».[3]

En tercer lugar, los dominicos dedicaron sus esfuerzos a predicar la fe cristiana en lugares públicos fundando escuelas en las que enseñaban la doctrina cristiana: lo hacían usando crucifijos —a diferencia de los jesuitas quienes ocultaban la cruz o la usaban sin la imagen de Cristo— y explicando la historia de la pasión de Cristo de acuerdo con la Biblia —los jesuitas la modificaban para no contravenir las susceptibilidades chinas,

---

[1] 21 González, (1964), p. 55.

[2] González, (1964), p. 95.

[3] En Macao contaban con la ayuda del padre portugués Francisco de las Llagas —que era Procurador de los misioneros dominicos. González, (1964), p. 487. Los dominicos tenían en Macao un monasterio, pues en 1588 habían obtenido el permiso necesario para establecerlo. Este monasterio fue un punto de refugio importante para los dominicanos españoles y portugueses que luego se dirigían a Fujian, Malaca y Timor. Kaijian (2015), pp. 64-65.

como los prejuicios confucianos sobre el respeto al cuerpo como una forma de piedad filial.[1] Por ello, desde las misiones de China se pedía de manera recurrente a Manila que les enviaran rosarios o estampas de Cristo crucificado.[2] También en la fórmula de bautizar surgieron grandes diferencias.[3] Desde el primer momento empezó a fraguarse un conflicto entre la manera de actuar que tenían la mayoría de los jesuitas, en especial con respecto a los ritos chinos, y el resto de religiosos. Todo ello llevo a una confrontación, conocida como la *querella de los ritos* (que escapa del objetivo de este trabajo), que hizo correr ríos de tinta durante muchos años hasta que en 1742 el papa Benedicto XIV los prohibió.

Finalmente, un último aspecto derivado del anterior fue que su presencia en los lugares públicos les puso en contacto con los más desvalidos y se mostraron muy contrariados por dos de las costumbres que tenían los chinos, a saber, deshacerse de las niñas recién nacidas —que eran arrojadas a los muladares o a los ríos por sus madres—[4] y de los leprosos

---

[1] Rocha (2010), p. 173.
[2] Ocio y Viana (1891), p. 357.
[3] Torres (2018), en prensa.
[4] «Es costumbre introducida entre los Chinos (aunque prohivida por las leyes del Reyno) matar á sus propias hijas cuando nacen, y esto con diferentes titulos; unos por decir que las hembras son inútiles; otros, por ser pobres, y no poder sustentar muchos hijos; y otros, por creer que matandolas de esta suerte vuelven a nacer despues mudadas en varones, que es el sexo que se estima en este Ymperio. Ahogabanlas pues recien nacidas, ó en agua ó con las propias manos (y esto de ordinario las madres mismas peores que tigres) ó las arrojaban á los rios ó estanques, ó finalmente las mas piadosas las esponen en las plazas, calles ó campos por si acaso algunos se las llevaren á sus casas para criarlas, como a veces sucede». Riccio (1667), p. 58v.

que, abandonados por sus familias, preferían ser enterrados vivos.[1] Aunque en ambos casos intentaron ayudar a estos dos colectivos, las propias penurias en las que ellos mismos estaban no les permitieron llevar a cabo esta labor.

4. SOBRE LA FORMACIÓN Y EL USO DE LA LENGUA CHINA

Los dominicos que entraron en el reino de China pertenecían casi de manera exclusiva a la Provincia del Santísimo Rosario de Filipinas, una jurisdicción administrativa de la orden de los dominicos en Manila, fundada a petición del obispo Domingo de Salazar.[2] No obstante, de manera puntual religiosos pertenecientes a provincias de otros países podían unirse a la de Manila, como es el caso de los dominicos italianos Cocchi y Riccio, que pertenecían a la Provincia Dominicana Romana y que procedían del convento de Fiesole, a las afueras de Florencia.[3]

Una parte importante de los religiosos que entraron a China en

---

[1] «Otra barbaridad usan algunos en este Reino de China, que es enterrar vivos a los leprosos [...]. El primero fue que estando en Tingteu, le avisaron los cristianos como media lengua de alli se enterraba vivo un leproso. Fue muy a prisa al lugar donde se hacia este diabolico entierro, pero no llegó a tiempo por estar ya acabado. El hijo pues de este leproso, por mandato de su padre, cabo en la tierra de un momnte una sepultura, y hechandose el leproso Padre en el hoyo mando á su hijo que le cubriese con tierra, y como el hijo, ó por el horror, ó por el amor filial no viniese en ello, el mismo leproso con sus propias manos fue arañando la tierra, y trayendosela encima hasta que quedó sofocado, y entonces reconociendo el hijo que su padre habia muerto, acabó de terraplenar la sepultura y con eso el entierro quedo hecho». Riccio (1667), p. 59r.

[2] Fue misionero en México durante casi 25 años, Procurador de la Provincia de España de 1575 a 1578 y, finalmente primer obispo de Filipinas.

[3] En épocas posteriores también hubo religiosos procedentes de otras provincias europeas o americanas.

el siglo XVII procedían de los conventos castellanos y su formación consistía, fundamentalmente, en estudios de gramática combinados con las enseñanzas en las cátedras conventuales de filosofía, teología y gramática. A principios del siglo XVII los dominicos fundaron el colegio de Nuestra Señora del Santísimo Rosario en Manila para la formación de jóvenes sacerdotes donde se impartían grados en teología, filosofía y artes, y en 1645 el colegio fue elevado por el papa al rango de universidad. A diferencia de los jesuitas, que se unían a la misión después de nueve años de entrenamiento académico y espiritual en sus lugares de origen, así como también en Roma, Goa o Macao, los religiosos dominicos en muy rara ocasión pasaban años de estudio formal antes de su carrera misionera.[1]

Desde su fundación a principios del siglo XIII, la Orden de Predicadores puso especial énfasis en el estudio, entendido como la formación necesaria para dos de las funciones principales que se atribuían a sus miembros: la predicación y la salvación de las almas.[2] Por ello, en los capítulos generales de la Orden —asamblea de frailes representantes de las diferentes provincias—, el estudio fue con frecuencia un tema central. Entre otros aspectos, en los capítulos generales se remarcaba la necesidad de que no faltaran en los conventos ni los libros ni los materiales necesarios para el estudio y se pedía que los frailes aptos para el estudio estuvieran bien considerados.[3] La orden de los dominicos, pues, estuvo siempre muy vinculada al estudio y los religiosos que partieron tanto hacia América como hacia Asia pusieron especial empeño en dos aspectos: favorecer la fundación de Universidades y potenciar el aprendizaje de las lenguas locales.

En relación con el primer aspecto, precisamente por la importancia otorgada al estudio, los dominicos tuvieron un papel fundamental en la

---

[1] Menegon (2009), p. 46.
[2] Sosa (2017), p. 153.
[3] Bueno (2018), p. 209.

fundación y apoyo de las universidades en el Nuevo Mundo: Santo Tomás de Aquino en Santo Domingo (1538), la de San Marcos en Lima (1551), la de Santo Tomás en Bogotá (1580) o la de México son algunos ejemplos.[1] En las Filipinas, tras haber erigido primero el convento de Santo Domingo en Manila, fundaron en 1645 la Universidad de Santo Tomás (sobre la base del colegio dominico de 1611)[2] desde la que se impulsó la educación humanística en las islas, especialmente a través de la enseñanza de las lenguas clásicas y la retórica.[3]

En cuanto al aprendizaje de las lenguas locales, aunque las directrices imperiales seguían la orientación de Nebrija acerca de que «siempre fue la lengua compañera del imperio», los frailes que partieron hacia América y Asia se inclinaron desde el primer momento por aprender las lenguas locales.[4] En las Filipinas y China, los dominicos siguieron la misma orientación y desde el primer momento se dedicaron al estudio y al aprendizaje de las lenguas de aquellos a los que iban a evangelizar, tomando de esta manera conciencia de la diversidad lingüística existente.[5] Manila

---

[1] Donoso (2018), p. 184.

[2] Para un estudio detallado de cada una de estas instituciones véase Gillet (1939), pp. 321-335. Sobre la Universidad de Manila véase Molina (1990), pp. 473-751.

[3] Donoso (2008), p. 159.

[4] En relación con el aprendizaje de lenguas locales, es preciso tener en cuenta que la Orden de Predicadores nació en un contexto en que era necesario combatir las herejías. Por ello, las escuelas de lenguas que se fueron creando en la península ibérica enseguida tomaron importancia: era necesario aprender las lenguas de los países no cristianos para poderlos convertir. Se abrieron estudios de árabe y hebreo en diferentes ciudades de la península y en el siglo XIII en diversas ciudades de la península, como Valencia, existían centros de lenguas orientales donde no solo se podía aprender la lengua sino también la cultura y tradiciones de los países donde los dominicos iban a evangelizar. Bueno (2018), p. 209.

[5] Bossong (2013), p. 132.

sirvió de laboratorio y, tal como remarca Aduarte, «pocos eran los religiosos que, al llegar a Filipinas, no se dedicaban con empeño al aprendizaje de una lengua o dialecto. Los destinados a Cagayán tenían que aprender el ibanag; los misioneros de Pangasinán, el pangasinán; los de Bataán, el tagálog, y, finalmente, los ministros de los chinos, el difícil e intrincado dialecto de Amoy».[1] El dominico Riccio, en una carta de 1665, señalaba que a lo largo de su vida aprendió diversas lenguas: latín, italiano, español, tagalo, y chino.[2] En Manila, además, los dominicos estaban al cargo del parián —el barrio chino de la ciudad— por lo que desde el primer momento estuvieron en contacto con los sangleyes —los chinos— y empezaron a aprender su lengua, tanto el *minnanhua* 闽南话 —que era el dialecto de la provincia de Fujian que hablaban los chinos de Manila— como el *guanhua* 官话 o lengua mandarina. Por lo tanto, si bien uno de los elementos esenciales de la tan admirada acomodación de los jesuitas fue su dedicación al estudio de la lengua china, atribuirles esta orientación de forma exclusiva resulta claramente abusivo ya que el análisis de las misiones de los dominicos muestra esta misma orientación desde el primer momento. Fernández de Navarrete, por ejemplo, en varias de las obras que escribió remarca la importancia del aprendizaje de la lengua china, no solo como herramienta para la predicación sino también como medio para acceder directamente a los libros chinos y poder interactuar con los funcionarios. Si bien se queja de las dificultades que presenta la lengua, acaba rendido a la belleza del idioma hasta el punto que señala no poder dejar de estudiarlo «me aficionè tanto a ella, que no podia dexar los libros de la mano».[3] De hecho, Fernández de Navarrete explica «me exercitè en tres lenguas diversas»,[4] refiriéndose seguramente a la lengua mandarina, al dialecto de Fuan y es probable que la

---

[1] Aduarte (1640).
[2] Para una edición moderna del texto de la carta véase Borao (2006), p. 632.
[3] Navarrete (1676), 341-342.
[4] Navarrete (1679).

tercera fuera el cantonés.[1] En algunos casos, el manejo de la lengua china llegó hasta tal punto que los frailes llegaron a excusarse por el estilo parco que usaban en las cartas que enviaban a sus superiores afirmando «se me a olvidado en parte la lengua natural».[2] Los PP. Varo, Riccio o Fernández de Navarrete son ejemplos claros de un conocimiento excelente de la lengua china, y ello es evidente tanto por algunos de los episodios de los que fueron protagonistas como por los escritos que de ellos se han conservado. Victorio Riccio, por ejemplo, actuó como emisario oficial de Koxinga en la embajada que este envió a las Filipinas en 1662, y en el alzamiento de los chinos de Manila del mismo año jugó un papel importante consiguiendo que los sangleyes del parián depusieran las armas. En ambos episodios tuvo un papel activo tanto porque hablaba y escribía chino con fluidez —«consiguió aprenderlo en breve tiempo con toda perfección»—[3] como también porque conocía las dos culturas que estaban en contacto.[4]

Tal como también habían hecho los jesuitas, para que la predicación tuviera un efecto más duradero, los dominicos pusieron por escrito los principales dogmas de la fe cristiana en libros escritos en chino de tipología muy diversa, realizaron traducciones y también escribieron artes y

---

[1] Parece que Navarrete adquirió una notable destreza con la lengua y escritura chinas. Los PP. Ferrando-Fonseca escriben lo siguiente: «Habían transcurrido desde entonces algunos meses no más, y era ya dueño absoluto de un idioma que hizo suyo como su lengua natal, dominando sin tropiezo todas las dificultades filológicas de un lenguaje tan extraño. Con igual facilidad estudió los caracteres y la escritura de los chinos, poniéndose en poco tiempo á la altura de la ciencia y literatura sínica, cuyos conocimientos especia- les le sirvieran despues sobremanera para escribir con tanto acierto los tratados luminosos que diera á luz postreramente en defensa de la religión y de la fe». Ferrando-Fonseca (1870-1872), p. 569.

[2] Coronado (1665), p. 32v.

[3] AGI Filipinas (78: N.8).

[4] Sobre este aspecto véase Busquets (2016), pp. 202-225.

gramáticas de la lengua, vocabularios y diccionarios.

En cuanto a los libros sobre la fe, pusieron especial énfasis en escribir catecismos y libros sobre la doctrina cristiana. Este tipo de publicaciones seguía la misma línea de los que con anterioridad ya se habían desarrollado tanto en la península ibérica como en el nuevo mundo. Estos libros en lengua china mayoritariamente usaban el vocabulario de la zona sur de China y la pronunciación de los chinos de Manila, y en cuanto a formato seguramente estaban influidos tanto por los catecismos mejicanos compuestos por los dominicos en lenguas nativas como también por la primera doctrina compuesta por el jesuita Ruggieri en Guangdong, el *Tianzhu shengjiao shilu* 天主圣教实录.[1] Desde las misiones en China, los dominicos siguieron produciendo este tipo de libros, entre los que destacan el *Libro en caracteres chinos sobre la devoción del Rosario* de Cocchi (aunque no se sabe si llegó a ser impreso)[2] o el *Catecismo en lengua china* y el *Librito en caracteres chinos para mover el deseo y amor de la virtud*, ambos de Juan Bautista Morales.[3] También es necesario destacar de Juan García el *Tianzhu sehngjiao rumen wenda*, que fue compilado a partir de catecismos o tratados chinos anteriores de entre los que García menciona el *Tianshen mogui shuo* de Diego de Pantoja, el *Tianzhu jing jie* y el *Shengmu jing jie* de Giacomo Rho, el *Qimeng* de Joao da Rocha o el *Jiaoyao jielüe* de Alfonso Vagnone.[4]

En cuanto a la traducción de textos entre el español y el chino, ya a finales del siglo XVI existía una representación clara en las Filipinas con la traducción del libro chino *Mingxin Baojian* 明心宝鉴 de Fan Liben traducido del chino al español por el dominico Juan Cobo (1547-1593).

---

[1] Menegon (2002), p. 56.
[2] González (1966), p. 13.
[3] González (1966), p. 16.
[4] Standaert (2011), p. 611.

Traducido con el título *Espejo rico del claro corazón*,[1] se trataba de una recopilación de aforismos procedentes fundamentalmente de clásicos chinos. Casi un siglo más tarde, el también dominico Fernández de Navarrete lo tradujo en sus *Tratados históricos, políticos, éticos y religiosos de la monarquía de China* (Madrid, 1676) con el título *Espejo precioso del alma* o *Espejo que alumbra y comunica luzes al coraçon y interior del hombre* (se refiere a él como «Ming Sin Pao Kien»), aunque en ningún momento menciona el nombre de su autor. En los *Tratados* no aparece ninguna referencia a la traducción de Cobo y tampoco parece que tuviera conocimiento de la misma.[2] A diferencia de la traducción de Cobo, la de Navarrete ha pasado mucho más desapercibida.[3] Tal como habían hecho los jesuitas, los dominicos también se emplearon en la traducción de textos confucianos. El propio Navarrete tradujo y comentó una cantidad importante de sentencias confucianas que incorporó en sus *Tratados*, la mayoría procedentes de los *Cuatro Libros*.

Finalmente, los dominicos también escribieron varias gramáticas, vocabularios y artes que pudieran ayudar a futuros misioneros. También en esto se asemejan a lo que estaban haciendo los jesuitas. Algunas de las gramáticas más antiguas de la lengua china fueron realizadas por los dominicos que estaban en las Filipinas y, fundamentalmente consistían en una descripción de la lengua de los chinos que vivían en Manila, que era el

---

[1] Ollé (1998), pp. 7-16.

[2] Como señala Ollé, la falta de referencias a la traducción de Cobo, las diferencias claras entre las dos versiones y la diferente traducción del título son elementos que permiten sostener que Navarrete ignoraba la existencia de la traducción de Cobo. Sobre este asunto véase Ollé (1998), pp. 7-16.

[3] Entre los escasos estudios sobre la labor de Navarrete como traductor véase Borao (2013), pp. 205-220; García-Noblejas (on line); Knauth (1970), pp. 1-21.

dialecto de la provincia china de Fujian denominado *minnanhua* 闽南话.[1] Si los registros históricos que tenemos son correctos, antes de 1580 el agustino Martín de Rada habría escrito el primer diccionario en lengua *hokkien* como parte de su *Arte y vocabulario de la lengua china*, que González de Mendoza en su *Historia de las cosas más notables, ritos y costumbres del reino de la China* afirma haber visto, aunque no se ha conservado.[2] Si esto realmente fue así significaría que la lingüística misionera empezó fuera de China, en Filipinas y que el *Arte y vocabulario de China* de Rada sería más antiguo que el diccionario portugués-chino de Ricci-Ruggieri, compilado en los años 80 del siglo XVI.[3] Entre los vocabularios chino-español y gramáticas de los dominicos que pasaron a China se pueden destacar el *Arte y vocabulario de la lengua china* del dominico Juan Bautista de Morales, el *Vocabulario de letra china con explicación castellana* del dominico Francisco Díez, que recoge más de siete mil caracteres chinos o el *Diccionario español-chino* de Morales. Pero, sin lugar a duda, la opera magna de este movimiento lingüístico fue la obra del también dominico Francisco Varo (1627-1687), que en 1682 compiló el *Arte de la lengua mandarina*, publicado en Cantón en 1703 por el franciscano Pedro de la Piñuela (1650-1704). En este bloque, a pesar de que *stricto sensu* no se trata de un diccionario, es necesario mencionar la referencia que Domingo Fernández de Navarrete hace en sus Tratados acerca de haber utilizado un diccionario chino que contenía 33.375 caracteres («letras», según Navarrete).[4] Con esta cifra solo podía

---

[1] Los sangleyes procedían, fundamentalmente, de la provincia china de Fujian, situada en la costa sur del país. Por ello, los dominicos se familiarizaron y tuvieron que aprender también los dialectos de la zona sur de China y en los primeros textos que empezaron a publicar utilizaron el vocabulario propio de la zona sur de China.

[2] Folch (2008), p. 59.

[3] Klöter (2009), p. 307.

[4] Navarrete (1676), p. 169.

referirse a dos diccionarios de la época. Por un lado, el *Zihui* 字汇 («Glosario de caracteres») que fue editado por Mei Yingzuo 梅膺祚 en 1615 a finales de la dinastía Ming y que consistía en 14 rollos con más de 33.000 caracteres. Por el otro, el Zhengzitong 正字通 («Conocimiento correcto de los caracteres») de Zhang Zilie 张自烈, que incluía más de 30.000 caracteres en 12 rollos, y fue publicado en 1671 como suplemento al *Zihui*. Dado que Domingo Fernández de Navarrete publicó su obra en Madrid en 1676, y estuvo en China desde 1658 hasta 1669, es muy probable que el diccionario al que hace referencia en su obra *Tratados históricos* fuera el *Zihui* puesto que el *Zehngzitong* fue publicado cuando él ya había partido hacia Europa. El uso de este tipo de materiales además de servirle para el aprendizaje de la lengua, le permitió incorporar en los *Tratados*, a modo de brevísimo diccionario etimológico, la explicación de prácticamente cincuenta caracteres, aunque en ningún caso los reproduce. En algunos, la identificación del carácter descrito es relativamente sencilla puesto que las explicaciones de los componentes son claras y son caracteres que todavía siguen vigentes en el registro chino moderno. Sucede esto, por ejemplo, con los caracteres de «blanco» —del que Navarrete indica que escriben «con la letra del sol, y un punto arriba, que significa su claridad» (白 *bai*)—, «cárcel» —que escriben con «la letra de hombres puesto en medio de quatro paredes» (囚 *qiu*)—, o «moneda» —del que el dominico señala que «la significan con la letra de metal al lado y la letra de armas duplicada una abaxo, y otra arriba» (钱 *qian*). En otros casos, en cambio, las definiciones dadas por Navarrete han resultado mucho más difíciles de comprender y reconstruir puesto que se trataba de caracteres que se han perdido con el paso del tiempo y que actualmente ya no se utilizan.[1] La secuencia de cuarenta y seis caracteres que Navarrete incluye en el tercer tratado

---

[1] Para esclarecer este aspecto agradezco la ayuda del Dr. Manu J. Moreno González, sinólogo y antropólogo médico.

(páginas 169-172) permite afirmar que es probable que hubiera utilizado el diccionario *Zihui*, editado en 1615. Por lo general, los caracteres que Navarrete eligió son sencillos por lo que es probable que quisiera explicar al lector europeo, de una manera sencilla y poco especializada, de qué manera la civilización china construía sus palabras y formaba sus ideas.

Para concluir. Cuando se habla del conocimiento de China durante el siglo XVII, los nombres de los jesuitas son copiosamente citados, tanto por las obras y traducciones que publicaron como por la reputación que tenían entre los círculos doctos europeos —en buena parte gracias a su preparación intelectual, la estrecha colaboración con el papado y la buena consideración que habían conseguido en la corte china. Sin embargo, los jesuitas no fueron los únicos. Los misioneros de otras órdenes religiosas, como los dominicos, también fueron activos importantes en el descubrimiento europeo de China y también dejaron constancia del conocimiento que tenían de aquel país a través de sus libros. Además, igual que los jesuitas, muchos tenían sólidos conocimientos de la lengua y escritura chinas. Por ello, es necesario poner en valor y rescatar tanto los nombres de los dominicos que estuvieron en China como sus aportaciones, que hasta hace relativamente poco habían quedado prácticamente olvidadas en los trabajos sobre el conocimiento de China en occidente.

Bibliografía:

Aduarte, D., (1640), *Historia de la Provincia del Santo Rosario de la Orden de Predicadores en Filipinas, Japón y China*, Manila: Colegio de Sancto Thomas por Luís Beltrán.

Álvarez, J.M., (1930), *Formosa. Geográfica e históricamente considerada* (2 tomos), Barcelona: Luis Gil.

Borao, J.A., (2001), «The Dominican missionaries in Taiwan (1626-1642)» en Ku, W. Ku, (2001), (ed.), *Missionary Approaches and Linguistics in Mainlad China and Taiwan*, Leuven: Leuven University Press, pp. 101-132.

--- (2006), *The Spaniards in Taiwan*, Taipei: SMC Publishing.

--- (2013), «Observaciones sobre traductores y traducciones en la frontera cultural del Mar de la China (siglos XVI y XVII)», *Cuaderno internacional de estudios humanísticos*, 19, pp. 205-220.

Bossong, G., (2013), «Misioneros en China. Franciso Varo (1627-1687), autor de la primera gramática del mandarín, en su contexto lingüístico e histórico-cultural», *Boletín Hispano Helvético*, 21, pp. 131-152.

Bueno, A., (2018), «Traducción y evangelización en la misión dominicana de Asia Oriental en los siglos XVI y XVII», en A. Bueno (ed. lit.), *Los dominicos españoles e iberoamericanos y la traducción*, Granada: editorial Comares, pp. 921-955.

Busquets, A., (2013), «Primeros pasos de los dominicos en China: llegada e implantación», *Cauriensia*, VIII, pp. 191-214.

--- (2016), «Dreams in the Chinese Periphery: Victorio Riccio and Zheng Chenggong's regime», en T. Andrade & H. Xing (eds.), *Sea Rovers, Silk, and Samurai: Maritime Est Asia in Global History*, Hawaii: Hawaii University Press, pp. 202-225.

--- (2019), «Three Manila-Fujian diplomatic encounters: different aims and different embassies in the seventeenth century», *Journal of Early Modern History*, 23, pp. 442-457.

Cervera, J. A., (2013), *Tras el sueño de China. Agustinos y dominicos en Asia Oriental a finales del siglo XVI*, Madrid: Plaza y Valdés.

Carta del Cabildo eclesiástico de Manila sobre el dominico Victorio Riccio, 10 de octubre de 1667. Archivo General de Indias (AGI), 78, N. 8

Coronado, D. (1665), *Relación sobre China*. Biblioteca Casanatense. Mss. 1074, fols. 26-33v.

Dehergne, J., (1941), «L'ile Formose au XVIIê Siecle: Essais Ephemeres d'Expansion Europeenne», *Monumenta Nipponica*, 4 (1), pp. 270-277.

Donoso, I., (2008), «El modelo universitario europeo en Asia: la Universidad de Santo Tomás de Manila (1611) y la civilización filipina», *Hispanogalia. Revista hispanofrancesa de Pensamiento, Literatura y Arte*, Francia: Consejería de Educación, Embajada de España en Francia, pp. 151-163.

--- (2018), «La excepción universitaria europea en Asia: Santo Tomás de Manila», P. Aullón (coord.), *Metodologías humanísticas en la era digital*, Madrid: Instituto Juan Andrés, vol. I, pp. 137-151.

Duteil, J.P., (1994), *Le Mandat du Ciel. Le rôle des Jésuites en Chine*, París: editions Arguments.

Fernández, P., (1958), *Dominicos donde nace el sol. Historia de la Provincia del Santisimo Rosario de Filipinas de la Orden de Predicadores*, Barcelona.

Fernández de Navarrete, D. (1676), *Tratados históricos, políticos, éticos y religiosos de la monarquía de China*, Madrid: Imprenta Real por Juan García Infançon.

--- (1679), *Controversias antigues y modernas entre los Missionarios de la gran China*, «Satisfacción a un memorial apologético», al Reparo trece. (Madrid, 1679, impresa solo parcialmente).

Ferrando, Juan & Fonseca, Joaquín (O.P.), (1870-1872), *Historia de los PP. Dominicos de las islas Filipinas y en sus Misiones del Japón, China, Tung-king y Formosa, que comprende los hechos principales de la historia general del Archipiélago, desde el descubrimiento y conquista de estas Islas hasta el año de 1840.* (6 vols.). Madrid: Impr. y estereotipia de M. Rivadeneyra. [Edición moderna digital publicada en Madrid, Fundación Histórica Tavera, 1998].

Folch, D., (2008), «Biografía de fray Martín de Rada», *Revista Huarte de San Juan. Geografía e Historia*, Navarra: Universidad Pública de Navarra, 15, pp. 33-63.

García-Noblejas, G., (on line), «Fray Domingo Fernández de Navarrete», *Centro Virtual Cervantes*, https://cvc.cervantes.es/obref/china/fray_domingo.htm [consulta: 25/III/2018].

Gillet, P., (1939), «La province dominicane des Philippines», *Revue d'Histoire des Missions*, 3, pp. 321-335.

González, J.M., (1964), *Historia de las misiones dominicanas de China, 1632-1700*, Madrid: Imprenta Juan Bravo, tomo I.

--- (1966), *Historia de las misiones dominicanas de China*, Madrid: Imprenta Juan Bravo, tomo V: Bibliografía:s.

Kaijian, T., (2015), *Setting off from Macau. Essays on Jesuit history during the Ming and Qing dynasties*, Brill: Brill Academic Pub.

Klöter, H., (2009), «The Earliest Hokkien Dictionaries», en O. Zwartjes., Arzápalo, y T. Cedric, (eds.), *Missionary Linguistics IV*, Amsterdam: John Benjamins B.V: pp. 303-330.

Knauth, L., (1970), «El inicio de la sinología occidental. Las traducciones españolas del Ming Hsin Pao Chien», *Estudios Orientales*, V-I, México, pp. 1-21.

Lundbaek, K., (1979), «The First Translation from a Confucian Classic in Europe», *China Mission Studies (1550-1800), Bulletin I*, pp. 1-21.

Menegon, E., (2002), «Ancestors, Virgins and Friars: The Localization of Christianity in Late Imperial Mindong (Fujian, China), 1632-1683», PhD. Dissertation, Berkeley: University of California.

--- (2009), *Ancestors, Virgins and Friars. Christianity as a local religion in late imperial China*, Cambridge: Harvard University Press.

Menegus, M., (2003), «Dos dominicos y la Universidad de México: Fray Pedro de la Peña y Fray Bartolomé de Ledesma», *Aulas y saberes. VI Congreso internacional de historia de las universidades hispánicas (Valencia, 1999)*, vol. II, Valencia: Servei de Publicacions de la Universitat de València, pp. 183-193.

Molina, A. M., (1991), «Comienzos y proyección de la Universidad de

Santo Tomás de Manila», *Actas del III Congreso Internacional sobre Dominicos y el Nuevo Mundo, Granada 10-14 de septiembre de 1990*, Madrid: Editorial Deimos, pp. 473-751.

Ocio y Viana, H. M., (1891), *Reseña biográfica de los religiosos de la Provincia del Santísimo Rosario de Filipinas desde su fundación hasta nuestros días*. (2 tomos), Manila: Real Colegio de Santo Tomás.

Ribadeneira, M. de, (1601), *Historia del Archipiélago Filipino, y Reinos de la Gran China, Tartaria, Cochinchina, Malaca, Siam, Cambodge y Japón*, Barcelona [Edición moderna: J.R., O.F.M., De Legísima, (ed.) (1947), Marcelo de Ribadeneyra, O.F.M., *Historia del Archipiélago Filipino y reinos de la Gran China, Tartaria, Cochinchina, Malaca, Siam, Cambodja y Japón*, Madrid, Ed. Católica, 1947].

Riccio, V., (1667), *Hechos de la Orden de Predicadores en China*, Archivo de los Dominicos de Ávila: Sección China, Tomo 2.

Rocha, M., (2010), «El método de acomodación jesuita y la evangelización de las órdenes mendicantes en China imperial», *Culturales* 6 (12), pp. 147-180.

Santa María Caballero, A., (1638), *Relacion breve de la entrada de las dos sagradas religiones de sancto Domingo y San Francisco en la gran China: Y de algunas otras cosas muy dignas de nota y de remedio*, s.l., 17 de avril, Biblioteca Nacional de Madrid. Mss. 5930.

Sosa, I., (2017), «La Orden de Predicadores: estructuras, tendencias, globalización (s. XVI-XVII)», *eHumanista/Conversos* 5, pp. 152-166.

Standaert, N., (ed.) (2001), *Handbook of Christianity in China. Volume One: 635-1800*, Leiden: Brill.

Tremml, B., (2014), «Communication Challenges in the China Seas: A survey of Early Modern 'Manila Linguistics'», en A. Schottenhammer (ed.), *Tribute, Trade and Smuggling*, Wiesbaden: Harrassowitz, pp. 235-255.

Torres, M., (2018), «Misioneros franciscanos y redes locales en Oriente:

visiones, identidades y estrategias de evangelización», *Nuevos Mundos, Mundos Nuevos* (on-line, en prensa).

Wills, J. E., (1994), «From Manila to Fuan: Asian Contexts of Dominican Policy», en D.E. Mungello, (ed.), *The Chinese Rites Controversy. Its History and Meaning*, Nettetal: Steyler.

(3)

ESTUDIO PRELIMINAR DE LAS IDEAS DE ANTONIO DE SANTA MARÍA CABALLERO EN TORNO AL CONFUCIANISMO[1]

Luo Ying

Instituto Internacional de Estudios Chinos de BFSU

El fundador de la misión franciscana en China, Antonio de Santa María Caballero (1602-1669), es uno de los personajes más sobresalientes de la historia de las misiones cristianas en China durante el periodo de transición

---

[1] Este estudio ha obtenido financiación del Consorcio para los Estudios Chinos y la Comunicación Intercultural de la Universidad de Lenguas Extranjeras de Pekín y sus resultados son para un proyecto en fase de desarrollo.

entre las dinastías Ming y Qing.[1] Santa María Caballero logró establecer una misión en Shandong, tras haber experimentado un sinfín de sufrimientos. Durante el tiempo que estuvo evangelizando en China bautizó a miles de personas, entre ellas al primer obispo chino Luo Wenzao (Gregorio López, 1597-1664). Pero también fue el instigador, junto con el dominico Juan Bautista de Morales (1597-1664), de la discusión sobre el carácter religioso o no de los ritos chinos. Caballero produjo una serie de escritos en relación a la religión en China manifestando su oposición a estos ritos, convirtiéndose en el principal detractor de la política de adaptación cultural de Matteo Ricci. Durante el tiempo que el franciscano estuvo en China también se esforzó por estudiar e investigar el idioma chino y dejó algunos escritos en esta lengua. En este artículo se hará un análisis preliminar y se delineará su visión del confucianismo en base a los escritos, tanto en chino como en otras lenguas, que tocan dicho sistema de pensamiento.

---

[1] En relación al nacimiento, estudios y vida de misionero en China de Santa María Caballero ver: Fang Hao (2007), *Biografías de personajes católicos históricos en China*, Beijing: Editorial de Religión y Cultura, pp. 303-306; así como P. Anastasius van den Wyngaert ed. (1933), *Sinica Franciscana* Vol. II, Quaracchi - Firenze, pp. 317-332. Un estudio innovador en relación a la historia de los franciscanos en China, una introducción a los documentos históricos de la diócesis franciscana en China y un resumen de la experiencia de Antonio de Santa María Caballero en China, se encuentra en el libro *Estudio de los misioneros franciscanos españoles en China durante las dinastías Ming y Qing 1579-1732* del profesor Cui Weixiao (Beijing: Editorial de China, 2006), también en el estudio que realiza Zhang Kai en *La sinología en España 1552-2016* (Beijing: Editorial China de las Ciencias Sociales, 2017) desde la perspectiva de la historia de la sinología en España y la historia del catolicismo en China poniendo en orden las opiniones básicas del problema de los ritos chinos de Antonio de Santa María Caballero, y ponderando el valor de los documentos históricos de su experiencia en la prisión. Estos textos han sido la principal motivación de esta autora al escribir este artículo, por lo que dejo aquí constancia de mi respeto hacia ellos.

1. RESUMEN DE LA ENTRADA EN CHINA DE ANTONIO DE SANTA MARÍA CABALLERO

Antonio de Santa María Caballero (1602-1669), conocido normalmente en chino como Li Andang 利安, también escrito 栗安当, Li Antang 李安堂, o Kedun克敦, ingresó en la Orden Franciscana en marzo de 1618. Estuvo en China en dos ocasiones. Su primera entrada, procedente de Manila, tuvo lugar en 1633. Estableció la base de su primera misión en la aldea de Dintou, provincia de Fujian, y fue durante su trabajo de evangelización en esta región cuando empezó a sospechar que la participación de los feligreses chinos en los rituales confucianos de adoración y la ofrenda de sacrificios a los antepasados era una herejía. Junto con el dominico Juan Bautista de Morales (1597-1664), inició una investigación sobre dichas ceremonias de ofrendas a los ancestros y a Confucio. También interrogaron ambiguamente sobre sus dudas a los jesuitas que estaban en China. Tres años más tarde volvió a Manila para solicitar la opinión de los teólogos. Como resultado de aquella experiencia, Morales presentó al Vaticano un informe en 1643 y consiguió que se promulgara una prohibición en 1645.

Tras algunas complicaciones Santa María Caballero regresó a China en el año 1649. También había planeado ir a Corea a predicar pero se lo impidió una enfermedad. A finales de octubre de 1650 llegó a Jinan, provincia de Shandong, donde consiguió sus principales éxitos evangelizadores. Es allí donde comenzó a estudiar en profundidad los clásicos chinos. En una carta de 1653 menciona que tiene tres escritos en chino. En el libro *Tianruyin*, que publicó más adelante, se hace evidente que en ese tiempo Caballero había comenzado a aprender del modo en que se explicaba Matteo Ricci, quien exponía las doctrinas y las ceremonias católicas para expandir la fe cristiana utilizando frases de los Cuatro Libros con el objetivo de convertir a las clases letradas. Caballero aspiraba a seguir enriqueciendo poco a poco su experiencia como misionero en China, y obtener un mayor entendimiento de la realidad cultural y social del país. En esta época entabló una buena amistad con el misionero jesuita francés Jean Valat (1599-1696) que también estaba en Jinan, lo que le ayudó a comprender los métodos y los conceptos que los jesuitas usaban en su predicación. Por otro lado, Santa María Caballero era consciente de que tras varios años en China no había conseguido convertir a ningún letrado, lo cual supuso la principal razón que impulsó su obra *Tianruyin*.

En 1665, Santa María Caballero y Valat fueron arrestados y encarcelados por un caso interpuesto por Yang Guangxian① contra los misioneros. El libro del franciscano fue publicado después de que entrara en la cárcel con la intención de que sirviera como defensa de sus propias ideas. En septiembre del mismo año fueron conducidos bajo custodia a Pekín, desde donde fueron trasladados a Guangzhou, adonde llegaron el 25 de marzo del siguiente año. En esta ciudad fueron puestos bajo arresto domiciliario en la vieja iglesia de intramuros. Desde el 18 de diciembre de 1667 hasta el 26 de enero del año siguiente, Santa María Caballero, junto con otros 24 misioneros católicos que habían sido expulsados al mismo tiempo, convocaron una serie de reuniones para valorar y discutir el ejercicio misionero de los últimos casi cien años en China. Finalmente alcanzaron 42 consensos, de los cuales Caballero se opuso a los artículos 6, 20, 22 y 41, por lo que se negó a firmar, manteniendo claramente su posición contra los ritos chinos. Por el contrario, el dominico Domingo Fernández Navarrete (1616-1686) cambió su postura durante las conferencias de Guangzhou reconociéndolo con su firma, aunque poco después, en 1669, logró fugarse y de vuelta en Europa publicó sus famosos *Tratados históricos, políticos éthicos y religiosos de la monarchia de China*, que más tarde se abrevió a *Tratados*, en los que criticaba fuertemente los

---

① Confuciano chino musulmán que fue cabeza del departamento de Astronomía de 1665-1669. (N. de la T.)

ritos chinos.

Durante su exilio en Guangzhou, Caballero escribió su *Tratado sobre algunos punctos tocantes a esta mission de la gran China* mostrando explícitamente su oposición a los ritos chinos. Dicho escrito tuvo considerable influencia tras su publicación en Europa. Además también escribió una serie de cartas e informes en las que registraba las circunstancias específicas en las que Yang Guangxian les había encarcelado, por ejemplo «Relacion breve de la persecucion que en este reyno de la gran China» y «Relaçion de la persecuçion que en este reyno de la gran China se levanto contra nuestra sancta fee y sus predicadores, año del Señor de 1664», entre otros. Antonio de Santa María Caballero falleció en Guangzhou el 15 de mayo de 1669.

2. ESCRITOS BAJO EL NOMBRE DE SANTA MARÍA CABALLERO RELACIONADOS CON SUS IDEAS SOBRE EL CONFUCIANISMO

2. 1. Escritos en lenguas extranjeras

De acuerdo con la *Sinica franciscana* hay 78 piezas[1] bajo el nombre de Santa María Caballero. Se incluye correspondencia, informes sobre asuntos de la misión, memorándums, respuestas de verificación, resultados de arbitraje, biografías de los hermanos mártires de la compañía y de las monjas que habían conseguido grandes logros, alabanzas a la Virgen María, críticas de los tratados del Corán, así como una serie de artículos sobre la religión y los ritos en China. Entre ellos, los que guardan relación con sus opiniones sobre los ritos chinos y sus ideas sobre el confucianismo son los siguientes:

---

[1] P. Anastasius van den Wyngaert ed., *Sinica Franciscana* Vol. II, Quaracchi - Firenze, 1933, pp. 332-344; Vol. IX, pp. 983-1030.

1. Informe de 46 páginas que firmaron y remitieron conjuntamente Antonio de Santa María Caballero y Juan Pina de S. Antonio el 20 de agosto de 1637 al arzobispo de Manila, Hernando Guerrero, en el que discutían y cuestionaban fervientemente la práctica de los ritos por los chinos recién convertidos al cristianismo.[1] Específicamente trataba de varios asuntos: si los creyentes chinos debían, al igual que otros católicos, confesarse y tomar la eucaristía al menos una vez al año y ayunar en los días marcados; cómo bautizar a las mujeres que se convirtieran; si se les podía permitir a los usureros ejercer su profesión después de convertirse al catolicismo; si los feligreses podían participar en la ofrenda de sacrificios a Chenghuang, a Confucio y a los antepasados y tener en casa una tablilla memorial para los ancestros; si los misioneros debían informar con franqueza a los creyentes que esperaban recibir el bautismo que consideraban ilegales ese tipo de prácticas y sacrificios, incluso cuando esto les podría traer problemas; si los misioneros tenían que predicar sobre la crucifixión de Cristo durante la pasión y mostrar su imagen, y así hasta diecisiete asuntos.[2]

---

[1] «Informe al Señor Arçobispo de Manila, Hernando Guerrero. Dubitationes gravissimae quae circa novam conversionem et christianitatem regni magni Chinae occurrunt. Manilae 20 aug. 1637», *Sinica Franciscana* Vol. II, p. 332.

[2] Domingo Fernández Navarrete en el séptimo de sus *Tratados* «Decretos y Proposiciones Calificadas en Roma, por Orden de la Sacra Congregacion del Santo Oficio», también incluido en el informe, mencionado como «Problemas remitidos a Propaganda Fide por los misioneros en China. Se adjunta la respuesta de Propaganda Fide sobre esto así como el decreto promulgado de acorde a él» (Quaesita Missionariorum Chinae, seu Sinarum, Sacrae Congregationi de Propaganda Fide exhibita. Cum Responsis ad Ea: Decreto eiusdem Sacrae Congregationis approbatis, pp. 451-459); la traducción al chino del mencionado informe de las 17 cuestiones, se puede ver en: Sol, Nuoerbien, Shen Baoyi, Gu Weimin, Zhu Jingyi (2001), *Cien documentos en español sobre la Controversia de los ritos en China*, Shanghai: Editorial de Textos Antiguos de Shanghai, pp.1-7.

2. Presentación de la transmisión del cristianismo en China, escrito el 15 de noviembre de 1637, con un total de catorce páginas.[1] En dicho documento, cuatro misioneros que estaban en China provenientes de las órdenes dominica y franciscana atestiguaron y declararon los resultados de dos procesos inquisitoriales que habían llevado a cabo en el año 1636, y fueron compilados por Antonio de Santa María Caballero. La primera investigación se hizo en Dingtou, provincia de Fujian, del 22 de diciembre de 1635 hasta el 9 de enero de 1636. Fallaba el dominico Juan Bautista Morales, el cargo de notario lo ocupaba el también dominico Francisco Díez (1606-1646) y el traductor del testimonio en chino era Antonio de Santa María Caballero. Consultaron a los letrados creyentes más eruditos de la misión de Mindong sobre las verdaderas intenciones de los sacrificios a los antepasados, a Confucio y el culto a Chenghuang. La segunda investigación se realizó del 21 de enero al 10 de febrero de 1636 en Dingtou, con el franciscano Francisco Bermúdez de la Madre de Dios (- 1657) al cargo de decidir el dictamen, y Santa María Caballero de notario. Esta investigación se enfocaba de nuevo sobre los asuntos ya mencionados, y además trataba sobre la naturaleza de la misión en china, para averiguar qué métodos específicos adoptar a la hora de evangelizar, etc.[2]

3. Resolución de quince cuestiones en relación a los nuevos miembros de la iglesia en China, escrito el 11 de junio del año 1638, tiene un total de 162

---

[1] «Relazion brebe de la entrada de nuestra serafica religion en el reyno de la gran China. 15 nov. 1637», pp. 332-333.

[2] Para más información sobre los detalles del proceso, contenido e influencia de los resultados de las dos investigaciones mencionadas arriba, ver Zhang Xianqing «El dominico Juan Bautista de Morales y la disputa de los ritos chinos», en *Investigación de las religiones del mundo*. Vol. 3, 2008, pp. 61-62.

páginas.[1] En este texto, Santa María Caballero mencionaba sus numerosas dudas sobre el hecho de que los nuevos creyentes cristianos de aquel momento aún practicaran los ritos chinos, asimismo proponía un plan para resolverlo. Propaganda Fide, el 12 de septiembre de 1645, emitió su juicio a favor del punto de vista del franciscano.

4. Registros de la entrada de las dos grandes órdenes en China (dominica y franciscana), compilado por Santa María Caballero en 1644.[2]

5. Declaración jurada que Santa María Caballero envió a Propaganda Fide en relación a lo emitido previamente en Roma sobre los ritos chinos y la ofrenda de sacrificios a sus antepasados. Escrita el 20 de agosto de 1661 en la prefectura de Jinan, en total suma 16 páginas.[3]

---

[1] «Resolucion de quince dubdas tocantes a la nueba conversion del gran reyno de la China. 11 iun. 1638», p. 333.

[2] «Relacion de la entrada de las dos religiones en China. Sic sonat titulus relationis a Iohanne a S. Antonio in sua Cronica assumptae. Tempus redactionis debet esse 1644», p. 336. Sobre el contenido de los documentos, ver también: Juan Francesco de S. Antonio, *Chronicas de la Apostolica Provincia de S. Gregorio de Religiosos Descalzos de N.S.P. S. Francisco en las Islas Philipinas, China, Japan, &c.* Parte III, lib. I capit. 10, 12, 14, 17, 22, lib. II, capit. 1, 2, 5, 6, 9, 11, 12, 14, 15, 18. Manila 1744.

[3] «Declaratio sub iuramento super ea quae Romae annis praeteritis proposita fuere iuxta cultum ritusque Sinarum erga suos a vita discessos maiores. Ad SS. Congregationem de Propaganda Fide. Cinanfu 20 aug. 1661», p. 340. Dicha declaración y las cartas firmadas conjuntamente por Antonio de Santa María Caballero y Buenaventura Ibáñez se encuentran en el Archivo Histórico de la Congregación de la Propaganda de la Fe (Archivio Storico de Congregazione de Propaganda Fide), para más detalles: Fondo Scritture Referite nei Congressi (SC), Indiana Orientali, Cina, vol. 1: 1623-1674, fols. 198r-214r.

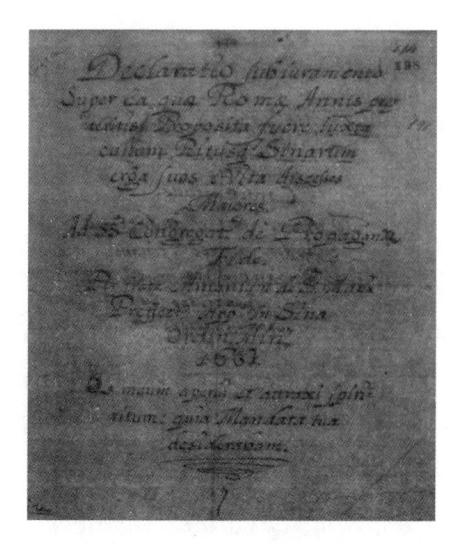

Panel VI Historia de los intercambios de pensamientos, la religión, la moralidad y la filosofía 573

Portada y comienzo de la declaración jurada de Santa María Caballero (depositada en el Archivo de Propaganda Fide).

Dicha declaración fue escrita después de su segunda estancia en China. A esta adjuntó un atento estudio de los clásicos de la cultura china y escritos en chino de los jesuitas. En ese momento, Caballero tenía un mayor conocimiento del pensamiento confuciano y del punto de vista de los eruditos chinos sobre los ritos. Su declaración se organiza cronológicamente. Comienza en 1645 con los importantes eventos que ocurrieron ese año en particular y registra en 88 artículos el contenido de las instrucciones emitidas por Propaganda Fide sobre los ritos chinos. En ese año 1645 la Sagrada Congregación para la Propagación de la Fe había dictado la prohibición de los ritos. Años más tarde, en 1656, la Santa Sede cambió de opinión y dio la razón a Martino Martini (1614-1661) y a su refutación de las demandas de Juan Bautista Morales, permitiendo así a los feligreses chinos participar en los ritos.

El franciscano tomó la minuta de sus actividades en China, como su visita a Pekín y su encuentro con Johann Adam Schall von Bell (1592-1666) en 1650 o su encuentro en 1659 con Feliciano Pacheco (1622-1687) en Huai'an (Hoâi gān). En 1660, en Hangzhou, junto con su compañero de orden Buenaventura Ibáñez (1610-1691), mantuvo una serie de discusiones con Martino Martini sobre dudas concernientes a los neófitos chinos, tales como el ayuno o los sacrificios en las festividades, etc. Entre estos textos, las partes que especialmente pueden representar las ideas sobre el confucianismo de Santa María de Caballero están formuladas en la «declaración» (declaratio) y en las «razones para cuestionar» (rationes dubitandi/quaesita), basados en su propia experiencia personal. Cita escritos en chino para dar respuesta a las instrucciones de la Santa Sede sobre la esencia de los ritos chinos. Adopta el formato de «anotaciones», para lo que se sirve del *Zihui*,[1] *Análisis de los caracteres chinos*, *Explicación coloquial de la doctrina del Justo Medio*, *Ritos culturales, públicos y familiares*, entre otros diccionarios y libros antiguos chinos. También cita el *Verdadero significado de Dios*, *Registro de la enseñanza del catolicismo*, *Respondiendo preguntas de un invitado*, *Pequeña guía para la enseñanza del catolicismo*, entre otros escritos teológicos en chino. Santa María Caballero se centra en las connotaciones de conceptos como «confucianismo», «templo de Confucio», «Confucio»,[2] «sacrificios a los antepasados», «espíritu», «tabla memorial», «ritos», así como en prácticas de la vida diaria china; los diferencia y analiza uno a uno para después exponer claramente su firme postura y sus razones para oponerse a los ritos chinos.

Al final de esta Declaración se adjunta una carta con el título «Humilde súplica», con su firma y la de Buenaventura Ibáñez para verificar que todo lo explicado en el texto referente a los ritos chinos se ciñe a lo que los dos habían visto y oído en China, así como a lo que habían aprendido a través de sus lecturas de los clásicos chinos. Asimismo también informaban a la

---

[1] Diccionario chino de algo más de 33 mil entradas publicado en el siglo XVII. (N. de la T.)

[2] En el texto original se refiere a él como *zhisheng* persona que alcanza el máximo grado de virtud y sabiduría. (N. de la T.)

Santa Sede de que ambos ya eran de avanzada edad para embarcarse en largos viajes, y que en ese momento también estaban faltos de personal y carecían de fondos para viajar. Además hacían notar que los nuevos feligreses bautizados eran gente pobre a los que les era imposible hacer donaciones, por lo que habían llegado al punto de que aun llevando una vida extremadamente frugal, les costaba seguir manteniendo esa situación de pobreza.

6. El 12 de octubre de 1661, Santa María Caballero tradujo del portugués al latín un pequeño tratado sobre la conversión en China escrito por el jesuita Niccolo Longobardi (1565-1655).[1] Al final de dicha traducción se encuentra la declaración del propio Santa María Caballero con fecha

---

[1] «Tractatus de Sinarum conversione, 12 oct. 1661. Translatio tractatus lusitani a P. Longobardi exarati in latinum», p. 340. En el archivo de la biblioteca de la Sagrada Congregación para la Propaganda de la Fe se encuentra el texto original en portugués de Niccolo Longobardi, titulado «Reposta breve sobre as Controversias do Xamty, Tienyiu, Lin Hoen e outros nomes e termes sinicos, per se determiner quaes delles podem ou nao podem usasse nesta Christiandade» para más información ver: Indiana Orientali, Cina, vol. 1, fols. 145r-169v; la traducción manuscrita al latín de Antonio de Santa María Caballero se encuentra adjunta al final del texto de Longobardi. Para más detalles ver el archivo mencionado arriba fols. 171r-197v. Domingo Fernández Navarrete en el quinto de sus *Tratados*, «Especial de la secta literaria» incluye su traducción al español del texto de Niccolo Longobardi titulado «Respuesta breve, sobre las controversias del Xang Ti, Tien Xin, y Ling Hoen, (esto es del Rey de lo alto, espiritus, y alma racional, que pone el China) y otros nombres, y terminos Chinicos, para determinarse, quales de ellos se pueden usar en esta Christiandad», pp. 246-289. Respecto a los detalles sobre la fecha y el lugar de registro de dicha *Colección*, esta autora en su investigación en el Archivo bibliotecario de la Sagrada Congregación para la Propaganda de la Fe solo ha podido constatar la fecha indicada al comienzo del texto traducido al latín de Santa María Caballero, el año 1661.

28 de diciembre de 1661. Durante el tiempo en que escribió «Declaración jurada enviada a la Sagrada Congregación para la Propaganda de la Fe», el franciscano había obtenido accidentalmente el manuscrito de Longobardi, pero una parte central del texto ha sido arrancada; concretamente y acorde con el índice del texto original, habría 18 tratados pero actualmente solo hay 17; además la parte final del texto se perdió, por lo que el manuscrito en portugués carece de la firma de Longobardi y de la fecha concreta de composición. En el transcurso de la relación de Santa María Caballero con Longobardi (previamente se habían visto dos veces en la Corte en Pekín, además en años diferentes habían pasado varios días juntos en ciertas poblaciones), el franciscano vio con sus propios ojos la letra del jesuita, por lo que pudo confirmar que el manuscrito original en portugués que ahora estaba en su poder era del puño y letra de Longobardi. Además Santa María Caballero cita a menudo ideas del libro de la Sabiduría del rey Salomón para «examinar» (de hecho apoya y confirma) el contenido central de las exposiciones del tratado de Nicolò Longobardi. También consta adjunto un certificado notarial de credibilidad escrito por el dominico Juan Bautista Morales el 27 de mayo de 1662 en relación al texto en portugués de Longobardi y en latín de Santa María Caballero.

7. Después de traducir el tratado de Longobardi, Santa María Caballero extrajo los principales puntos del manuscrito y redactó un resumen: «(en dicho manuscrito) se exponen de manera profunda los secretos del confucianismo chino, y yo mismo he confirmado los asuntos en relación con los sacrificios ofrecidos a los antepasados y a Confucio que se mencionan». El 12 de octubre de 1661 se enviaron a la Sagrada Congregación para la

Propaganda de la Fe desde Jinan, provincia de Shandong.[1] Una vez más confirmaba que a pesar de que el tratado estaba dañado al final, la letra del texto completo corresponde a la escritura de Longobardi. Al final está firmado por Antonio de Santa María Caballero y Buenaventura Ibáñez.

Poco después añadió textos traducidos de prestigiosos tratados que discutían sobre los rituales de los sacrificios y los seres sobrenaturales que se encontraban en los clásicos chinos («He encontrado entre los libros escritos en chino algunos puntos de vista con autoridad que están a favor de aquellos criterios que ya han sido expuestos [en el texto de Longobardi]»).[2]

Principalmente son el capítulo «Argumentación de la teoría de la diferencia entre los seres sobrenaturales y el alma de las personas, y explicación de que el cielo, la tierra y los seres vivos no se pueden considerar como un todo integral»[3] del *Verdadero significado de Dios* de Matteo Ricci; de la *Explicación de las Analectas de Confucio* de Zhu Xi toma los comentarios a las frases «Hacer sacrificios a los muertos como si estuvieran presentes, hacer sacrificios a los espíritus como si estuvieran presentes. El Maestro dijo: considero que si no estoy presente en el sacrificio es como si no lo hubiera realizado»; de la *Colección*

---

[1] «Epilogus cuiusdam digni legi tractatus, profunde declarantis abscondita tenebrarum sectae litteratorum sinensium, confirmantisque ea quae a me supra declarata sunt iuxta cultum et sacrificia Confucii et proavorum. Auctor eius P. Nocolaus Longobardus S.I. Ex provincia Xantung in China ex civitate de Cinanfu nominata 12 oct. 1661», pp. 340-341, para más información ver: SC, Indiana Orientali, Cina, vol. 1, fols. 214v-217v.

[2] «Post praescripta iam firmata, aliquas alias in libris sinicis inveni auctoritates iuxta Sacrificia maior defunctorum, quas non omittere licere mihi visum fuit ob maiorem veritatis claritatem: quae sequentes quidem sunt», *ibid.*, fol. 217v.

[3] Aquí Matteo Ricci hace referencia a la teoría confuciana de que el hombre es una parte integral de la naturaleza, que el cielo y la humanidad son uno, 天人合一 *tianrenyehi*, principio que él considera erróneo. (N. de la T.)

de *conversaciones del Maestro Zhu*[1] y el *Comentario coloquial de las Analectas de Confucio* de Zhang Zuzheng,[2] se centra en los comentarios que exponen que al hacer sacrificios a los ancestros, especialmente el Hijo del Cielo debe mostrar su sinceridad. También menciona que cuando Confucio estaba enfermo, su discípulo Zilu le pidió permiso para rezar por él a los espíritus del Cielo y la Tierra, a lo que Confucio le contestó: «Ya he realizado mis plegarias desde hace mucho tiempo», además adjunta un

---

[1] En los márgenes de la página hay anotaciones en chino: «Fan Zuyu dijo: con sinceridad habrá espíritu, si no hay sinceridad, no habrá espíritu.» (citado de *Colección de conversaciones del Maestro Zhu*), SC, Indiana Orientali, Cina, vol. 1, fol. 217v.

[2] En los márgenes de la página hay anotaciones en chino: «En el Comentario coloquial se dice: El Hijo del Cielo es el señor del Cielo y la Tierra, del Templo ancestral y de los cien espíritus, además debe mostrar su devoción. Por lo que los monarcas de la antigüedad, al realizar los sacrificios al Cielo y la Tierra y a los ancestros debían hacerlos en persona. Cuando llegaban los días de ayuno, se mostraba respeto ante los espíritus, después devoción a los dioses al ofrecer sacrificios al Cielo y la Tierra, consagrarse a los antepasados al ofrecerles sacrificios, en la práctica, las ofrendas se entregarán al soberano para su buena fortuna.» Citado de *Comentario coloquial de las Analectas de Confucio* de Zhang Juzheng, SC, Indiana Orientali, Cina, vol. 1, fol. 218r.

Panel VI Historia de los intercambios de pensamientos, la religión, la moralidad y la filosofía   579

comentario de Zhang Zuzheng[1] para probar que los chinos en la antigüedad ofrecían sacrificios a seres sobrenaturales imaginarios y a sus ancestros. Además de presentarles sus respetos y pedirles ayuda, el franciscano estaba convencido que consistían en un acto de idolatría. La práctica de ese ritual se había mantenido en China hasta el momento entre los letrados y también entre la gente común. Se envió el 24 de marzo de 1662 desde la prefectura de Jinan de la provincia de Shandong.[2]

8. Santa María Caballero escribió dos cartas sucesivas, el 28 y 29 de marzo de 1662, que envió al Santo Pontífice y al obispo, enfatizando de nuevo la importancia del tratado de Niccolo Longobardi.[3]

---

[1] En los márgenes de la página dicen las anotaciones en chino: «Zhang Juzheng en el Comentario coloquial dice. Confucio no le reprendió directamente, sino le preguntó primero: `Realizar oraciones para los enfermos, ¿realmente hay razón para algo así?´ Zilu le dijo: En los Elogios se dice: `Oramos por usted a los espíritus del Cielo y de la Tierra´, lo que quiere decir que cuando la gente estaba enferma se rezaba a los espíritus del cielo y la tierra deseando que se cambie la desgracia por fortuna, en la antigüedad había personas que lo realizaban.´ ¿Qué hay de malo hoy en pedir por los enfermos?´ Entonces Confucio se lo explicó: `Esas personas que rezan normalmente se comportan mal , por lo que ahora oran a los espíritus, arrepentidos de lo que hicieron antes, para aliviar el desastre presente ruegan sus bendiciones. Pero yo en toda mi vida, no me he atrevido a ofender a los espíritus ni con palabras ni con acciones, les he seguido con buena conducta moral, corrigiendo mis errores. Por lo que yo ya he rezado a los espíritus durante mucho tiempo. ¿Para qué entonces rezar ahora?» (citado de *Comentario coloquial de las Analectas de Confucio*, de Zhang Juzheng) SC, Indiana Orientali, Cina, vol. 1, fol. 219r.

[2] «Post epilogum laudatum aliud scriptum P. Antonii ibidem inventiur 24 mart. 1662», p. 341. Para más información ver: SC, Indiana Orientali, Cina, vol. 1, fols. 217v-219v.

[3] «Epistola ad Summum Pontificem, Sinae 28 mart. 1662», «Epistola ad Emos Cardinales, Sinae 29 mart. 1662», p. 341. Para más información ver: SC, Indiana Orientali, Cina, vol. 1, fols. 22r-23v.

9. Informe de Santa María Caballero sobre varias sectas chinas que ponen el acento en que el confucianismo «parece ser la secta más antigua de la tierra», escrito el 18 de noviembre de 1662 en Jinan, provincia de Shandong, China.[1] El texto completo contiene tres partes que tratan sucesivamente de lo siguiente:

1) Sobre las sectas de los filósofos chinos y las de los letrados de generaciones posteriores (*De secta Philosophorum Sinensium: suorumque sequentium hujus temporis literarotum*). Esta parte se basa obviamente en las ideas contenidas en el informe de Niccolo Longobardi, del que Santa María Caballero selecciona lo esencial y lo resume. Primero, siguiendo a Longobardi, ofrece una breve descripción de cada uno de los clásicos chinos divididos en cuatro categorías y extrae la vida y las enseñanzas de Confucio, el «renombrado maestro de China», para apuntar las contradicciones existentes entre los textos clásicos originales y los comentarios de las siguientes generaciones. Más adelante hace referencia a la primera teoría de la tierra en la que creen los chinos (*Taiji/ Li*), la manera en la que surgió el universo y su proceso (por el movimiento del *Taiji* emergieron el yin y el yang, el cielo y la tierra, lo que después provocó la actividad del cambio por lo que surgieron todos los seres del mundo), así como los tres elementos fundamentales que constituyen el mundo (el cielo, la tierra y las personas), explica las razones de la generación y la degeneración de las

---

[1] «Relatio Sinae sectarum, praecipue philosophorum quorum secta omnium totius orbis antiquissima esse videtur», pp. 341-342. El manuscrito original se encuentra en el Archivo de la Sagrada Congregación para la Propaganda de la Fe 1732-4, la tercera parte de dicho informe también está archivado en el Archivo de los Jesuitas en Roma Jap-Sin. 112, parte del contenido fue compilado y publicado por el Padre Väth en *Historicum Societatis Iesu* I, pp. 291-302.

cosas (frío y calor) e indica que los chinos creen que en esencia todo está formado por el *qi*, pero debido a su pureza o impureza surgen las diferencias al clasificarlas.

Se apunta claramente que «los filósofos chinos ignoran por completo que la existencia corpórea no es igual que la espiritual» (*Sinenses Philosophi numquam aliquam substantiam spiritualem agnoverunt distinctam a corporea*) criticando la doctrina dual inventada por el confucianismo. Al estudiar en profundidad la base de la esencia de los seres sobrenaturales chinos (que tiene su origen en el *Taiji/Li/Qi*) determina que los sacrificios que se hacen al Cielo y a los antepasados no son realmente rituales políticos porque el que los realiza pide algo. Santa María Caballero escribe, «el culto de los sacrificios al Cielo o a los antepasados contiene una enorme creencia supersticiosa» (*cultus sacrificorum tam a coelo quam ad suos antecessores, ex quo videtur magnam in se includere superstitionem*). Finalmente, basándose en la idea confuciana de que el origen del mundo proviene de la primera materia «*Taiji/Li*», concluye que tanto los letrados de la antigüedad como los actuales son ateos, y después adjunta una serie de testimonios de importantes oficiales chinos compilados por Niccolo Longobardi para probar la credibilidad de la conclusión anterior.

2) Sobre la idolatría de las sectas que es común entre el pueblo chino (*De Sectis idolorum quae communes sunt Populo Sinorum*). Se centra en la introducción del budismo, del taoísmo e incluso la veneración a Matsu, entre otras creencias del pueblo. Critica a los letrados y al pueblo por erigir templos para venerar a estos ídolos.

3) Sobre los jesuitas y los dominicos que han ido a China y al grupo de evangelizadores franciscanos que están allí, así como de algunos vestigios encontrados de nuestra antigua creencia divina en China

(*De ingressu Missionariorum Religiosorum Ordinis Societatis Jesu et Praedicatorum, ac Fratrum Minorum in sinicam Missionem: ac de aliquibus vestigiis nostrae sanctae fidei antiquis, quae inventa fuerunt in Sinis*). En la conclusión, Antonio de Santa María Caballero gira en torno a 25 temas del cristianismo, saca extractos de los clásicos confucianos previos a la dinastía Qin así como de los principales comentarios de generaciones posteriores con enseñanzas similares, intentando analizar estos «testimonios» en chino, y a menudo cita palabras de San Agustín para apoyar sus propias ideas en respuesta a las personas que se oponen y cuestionan las enseñanzas católicas.

10. Presentación sobre la persecución de los misioneros en China que comenzó en septiembre de 1664, escrito el 30 de agosto de 1665.[1]

11. Informe sobre la oposición a la divina fe de Cristo y la persecución de los misioneros en China. Dicho informe tiene dos versiones, una escrita el 3 de abril de 1666. De acuerdo con lo que Santa María Caballero escribió al Jefe de la Asamblea General se revela que fue escrita a petición de los hermanos de la asamblea de Macao. La otra fue escrita el 10 de septiembre de 1667 y se encuentra archivada en la Biblioteca Nacional de Roma (Fondo

---

[1] «Relacion breve de la persecucion que en este reyno de la gran China se comenzo a levantar año de 1664, por el mes de setiembre, contra la sancta ley evangelica y sus ministros [30 aug. 1665]», p. 342.

Gesuitico 1251, n.1).[1]

12. Discusión de algunas cuestiones importantes de los misioneros que estaban en China que Santa María de Caballero envió el 9 de diciembre de 1668 desde Guangzhou a Luís da Gama (1610-1672), visitador de la Compañía de Jesús en Japón y China, que en aquel momento estaba en el colegio de Macao.[2] Al comienzo Santa María declara solemnemente: «bajo el mandato del jesuita visitador y viceprovincial en China Feliciano Pacheco, 25 misioneros de diferentes órdenes residentes en China discutieron las ideas y diferencias más importantes sobre el trabajo misionero de los últimos años en la 'Conferencia de Guangzhou' del 18 de diciembre de 1667 al 26 de enero de 1668, en el que alcanzaron y firmaron

---

[1] «Relaçion de la persecuçion que en esto reyno de la gran China se levanto contra nuestra sancta fee y sus predicadores, año del Señor de 1664», p. 342. La *Colección* incluye dicho informe entero en español, pp. 502-606. Para un breve análisis del contenido del texto, ver Zhang Kai: «Antonio de Santa María Caballero y la prisión», en *Atravesando el pensamiento de Oriente y Occidente: estudio de la civilización China en el contexto mundial*, Pekín: Editorial de Investigación y Enseñanza de Lenguas Extranjeras, 2010, pp. 126-167.

[2] «Tratado sobre algunos punctos tocantes a esta mission de la gran China, remittido desde esta ciudad de Canton al mui R. P. Luis de Gama de la compañia de Jesus, vissitador de las provincias eiusdem societatis de Japon y China, residente en su colegio de la ciudad de Macao. Quamcheufu 8 oct. 1668», p. 343. Dicho documento se encuentra en el Archivo de la Sagrada Congregación para la Propaganda de la Fe, para más información ver: SC, Indiana Orientali, Cina, vol. 1, fols. 269r-270v. En la *Colección* este documento está fechado el 8 de octubre de 1668, pero la que suscribe descubrió durante su investigación en dicho Archivo que la fecha anotada en el documento original es el 9 de diciembre de 1668.

un consenso con 42 artículos».[1] Pero él, como estaba en contra de las ideas contenidas en los artículos 6, 20, 22 y 41, que tenían relación con los ritos chinos, se negó a firmarlo, como ya hemos adelantado. En el texto Antonio de Santa María Caballero cita los «Cuatro Libros y los Cinco Clásicos», *Colección completa de la Naturaleza y Principios, Comentario coloquial de los Cuatro Libros, Ritos culturales, públicos y familiares de Zhu*, y *Zihui*, así como otros escritos teológicos en chino de misioneros en China o letrados feligreses, analizando las connotaciones de conceptos clave en la ofrenda de sacrificios y ritos en China, como «dios», «templo de Confucio», «seres sobrenaturales», entre otros (es una extensión basada en cinco de los documentos escritos por el autor en lenguas extranjeras mencionados anteriormente), para explicar la base de su oposición.

2. 2. Escritos en chino

De acuerdo con la *Compilación*, hay ocho escritos bajo el nombre de Santa María Caballero,[2] pero que se encuentren completos en la actualidad solo hay los tres siguientes:

1. *Tianruyin* (*Concordantia legis divinae cum quatuor libris sinicis*) vio la luz en 1664 en la Iglesia del Oeste en Jinan. El autor es Antonio de Santa María Caballero, el prefacio lo escribe Wei Xuequ, mientras que Shang

---

[1] Sobre el contenido principal del conjunto de estos 42 artículos, Acta Contonienia Authentica, in Quibus Praxis Missionariorum Sinensium Societatis Jesu circa Ritus Sinenses Approbata est communi consensu Patrum Dominicorum & Jesuitarum, qui erant in China; atque illorum Subscriptione Firmata, Romae 1700, pp. 19-33.

[2] P. Anastasius van den Wyngaert ed., *Sinica Franciscana* Vol. II, p. 344, del libro número 79-86.

Huqing contribuye con una *Introducción a Tianruyin*.[1] En este libro, Santa María Caballero interpreta citas tomadas fuera de contexto, y toma prestadas frases y capítulos de los «Cuatro Libros» para exponer la doctrina católica y los ritos. A pesar de que su discurso carece de sistematicidad, de él podemos obtener con claridad la afirmación del autor de que los antepasados chinos desde hacía mucho tiempo reconocían e incluso creían en la religión cristiana y en el Dios Verdadero. Al mismo tiempo, no aprueba completamente la autoridad de los clásicos chinos. En el libro indica claramente que las tres doctrinas, esto es, confucianismo, budismo y taoísmo, tienen diferencias esenciales con el catolicismo y no se pueden equiparar.

2. *La piedra de toque de la verdadera doctrina* (*Lex Dei est petra magnetica*), de acuerdo con Shang Huqing, fue escrito en 1664, pero la copia más temprana se publicaría en 1698. Contiene estas palabras «Autor: franciscano Antonio de Santa María Caballero del sagrado lejano oeste», sin embargo, David Mungello piensa que el principal escritor de este texto es el colaborador chino de Santa María Caballero, Shang Huqing.[2]

3. *Compendio del origen y el final de todas las cosas* (*Compendium originis et finis rerum omnium*), el prefacio está «Relatado por el franciscano Antonio de Santa María Caballero del sagrado lejano oeste, y encargado

---

[1] Este libro tiene muchas copias archivadas en Europa: el publicado en 1664 se encuentra en la Biblioteca Apostólica Vaticana, Borg.cine.334 (9), en total 60 caras; en la misma biblioteca hay archivada otra versión, Borg.cine.349; en la Biblioteca Nacional de Francia también hay otra edición, de acuerdo a la bibliografía de Maurice Courant, se cataloga como el número 7148.

[2] David Mungello (autor) Pan Lin (traductor): *El espíritu y la carne: el catolicismo en Shandong 1650-1785*, Zhengzhou: Editorial Elefante, 2009, páginas 42-45.

por Buenaventura Ibáñez de la misma compañía», el texto principal está «relatado por el franciscano Antonio de Santa María Caballero del sagrado lejano oeste». Se publicó, aproximadamente, a finales del siglo XVII.[1]

Los cinco que no se han podido consultar son:

1. Leyes y decretos pertenecientes a la religión cristiana, que incluyen tres escritos: (1) fundamentos universales extraídos de los clásicos chinos; (2) falsedad de [la idolatría a] los ídolos; (3) tres explicaciones de la virtud teológica. Todos impresos en 1653.[2]

2. Apología de la fe cristiana (*Apologia pro fide christiana*).

3. Catequismo cristiano, escrito en Guangzhou en 1666.

4. Compendio de las leyes divinas, impreso grabado en 1680.

5. Varias oraciones para el rezo (*Varia opuscula devotionis*).

3. BREVE ANÁLISIS DE LAS PERSPECTIVAS CONFUCIANAS DE SANTA MARÍA CABALLERO

Si separamos los textos escritos en chino y en otras lenguas para examinar las ideas confucianas de Santa María Caballero nos encontramos que entre ellos se presenta un intenso contraste.

---

[1] Dicho documento está archivado en la Biblioteca Nacional de Francia, se publicó en Guangzhou, como al final del libro se explica: «Reimpresión en la Iglesia Fuyin, Yangrenli, Río de la Perla», la bibliografía la identifica como una réplica del libro reimpreso en Guangzhou en 1680, en la Iglesia Fuyin, Río de la Perla.

[2] «De christiana lege, opuscula tria: 1) Fundamenta generalia ex libris sinicis deprompta; 2) Vanitas idolorum; 3) Exposito trium virtutem theologicarum. 1653», p. 344.

3. 1. Ideas confucianas reflejadas en los escritos en chino

De los documentos atribuidos a Antonio de Santa María Caballero, *Tianruyin* es el único que la crítica acepta como escrito verdaderamente por él, por eso también es el libro que más atención ha recibido entre sus obras en chino.[1] Aquí el franciscano interpreta abiertamente los Cuatro Libros confucianos desde la perspectiva de la doctrina católica, usando sus argumentos abiertamente. Este tono contrasta con las críticas veladas que la mayoría de los jesuitas residentes en China en aquella época empleaban al abordar la autoridad de los clásicos chinos. Por ejemplo, toma del *Gran Saber* y *El Justo Medio* lo que se refiere al significado original, final y ontológico de términos como «*dao*», «Cielo», «esencia», «gran fundamento», y los considera como sinónimos de Dios en la cultura china. Toma «bondad», «virtud», «sinceridad», que el confucianismo destaca como el fin último del cultivo personal, y los resume como atributos o capacidades de Dios, por lo que la formación de los individuos conduce hacia Dios. En una cita de *Mencio* hay interpretaciones similares: allí donde se hace referencia al «Cielo» y a «Dios», se subraya que todo el mundo debe prestar especial importancia al crecimiento personal moral y a la autodisciplina, para después tomar la ascética de la moral confuciana y transformarla en las aspiraciones de la práctica católica.

En sus comentarios, Santa María Caballero también imita a los misioneros jesuitas en China al usar analogías entre la imaginería de las culturas occidental y oriental, comparación que no obstante resultaba forzada. Más bien se asemejaba a la técnica de «correspondencia de conceptos» (*geyi*) de las primeras traducciones al chino de las escrituras budistas, que principalmente se ceñían a trazar paralelismos literales de los conceptos, en lugar de fusionarlos o combinarlos con la imaginería

---

[1] Se puede consultar Liu Yunhua, Chen Yihai, Wu Liwei, Xiao Qinghe y Wang Niecai, entre otros, sobre los resultados de la investigación de *Tianruyin*.

cultural que había tras ellos. Por ejemplo, en el *Gran Saber*, selecciona «La inscripción de la bañera del emperador Tang decía: Si un día os renováis, renovaros todos los días, renovaos una y otra vez», y la equipara al sagrado sacramento católico del Bautismo. El «renovarse» se considera como la confesión y el arrepentimiento.

En cuanto a la palabra «creer», tomada de la frase de las Analectas de Confucio «Cree sinceramente y estudia con diligencia», la explica como la «fe» (para el señor habría tres virtudes: la sagrada fe, la sagrada esperanza y el sagrado amor, además la esperanza y el amor deben estar basados en la fe). Después recurre a los cuatro conceptos finales según el catolicismo: «uno: la muerte del cuerpo, dos: el Juicio, tres: el cielo, cuatro: el infierno», para explicar el carácter «final», incluido en la frase «prestamos especial cuidado en el rito funerario de los padres y ofrecemos sacrificios a nuestros antepasados», y lo interpreta así: «aunque pueda tardar mucho tiempo, tarde o temprano el juicio del bien y el mal aparece». Cuando menciona que «en la educación no hay clases» lo hace acorde con la consideración común del monoteísmo católico, diferenciando la «enseñanza» (solo Dios posee la enseñanza desde el principio del mundo, él mismo es el principio, en su naturaleza está la iluminación, en los libros, y en su ejemplo. La enseñanza de Dios comenzó en el principio del mundo y terminará al final de su existencia, solo él tiene la enseñanza, y nada se puede comparar a su pureza) de «la enseñanza creada por el hombre» (todas las religiones que hay bajo el cielo son obra del hombre y después establecidas por él, aunque se llamen religiones, no pueden llamarse enseñanzas. Todas estas religiones, ya sea el confucianismo, el budismo o el taoísmo, cualquiera de su clase, se han forzado en ser iguales, pero no es posible.). Lo que se asemeja al binomio «religión/superstición», dos términos opuestos.

Es interesante comprobar que muchos de los conceptos teológicos de Santa María Caballero provenían de los escritos en chino de los misioneros jesuitas en China. Tomemos las anotaciones de *El Justo medio* como ejemplo:

Texto original *El justo medio*	Interpretación de Santa María Caballero	Fuente de la terminología
«Lo que el cielo ha ordenado es llamado natural.»	«[vegetación] tienen vida natural» «[las bestias] sienten y tienen vida natural», «[las personas] tienen espíritu, sienten y tienen vida natural»	En el libro *Verdaderos Registros de la Sagrada Religión Católica* de Michele Ruggieri, 1543-1607, es en el que se menciona más temprano que «hay tres clases de almas», traducido de la «explicación de las tres almas de Aristóteles», después de esto, Matteo Ricci en la *Verdadera doctrina de dios*, propone formalmente la transliteración de las «tres almas» como el «alma viva» de las plantas, el «alma sintiente» de los animales y las bestias, y el «alma espiritual» de las personas que nunca se extingue. Giulio Aleni 1582-1649 en su *Introducción al estudio de la naturaleza humana* y *Lecciones aprendidas en las tres montañas* continúa usando las transliteraciones de Ricci para refutar la idea del neoconfucianismo que defiende que el «alma pertenece al *qi*».

Texto original *El justo medio*	Interpretación de Santa María Caballero	Fuente de la terminología
	«Cuando al principio Dios creó la naturaleza humana, para esculpir las razones de los **diez mandamientos** en la naturaleza del hombre [...] se conoce como la **enseñanza natural** [...] tras mucho tiempo inmersas en la oscuridad, las personas tenían dificultades para seguirlos, por lo que hubo **enseñanza en los libros** [...] cuando Dios vino al mundo para redimir al hombre, **predicó con el ejemplo** y lo propagó por las calles.»	La mención de los «diez mandamientos» proviene de *Introducción al estudio de la naturaleza humana* Michele Ruggieri; la fuente más temprana de la explicación de las tres enseñanzas se encuentra en el libro de Giulio Aleni y otros, *Kouduo Richao*: «El amor de Dios es infinito, está contenido en la enseñanza esencial, la enseñanza de los libros, la enseñanza de la adoración. Cuando Dios vino al mundo como hombre, enseñó a través del ejemplo, iluminó con su gran sabiduría por doquier, se conoce como la enseñanza de la adoración.» Después de esto, el letrado feligrés Zhu Zongyuan asumió completamente dicha «doctrina de tres fases» e intentó fusionarla con la ortodoxia confuciana y sus enseñanzas. Además João Monteiro, (1602-1648) en *Sumario de la enseñanza del catolicismo* también continúa y desarrolla esta teoría, y emplea «la enseñanza primigenia natural, la posterior enseñanza de los libros y la posterior nueva enseñanza» para presentar las tres fases del desarrollo del catolicismo.

Panel VI Historia de los intercambios de pensamientos, la religión, la moralidad y la filosofía

Texto original *El justo medio*	Interpretación de Santa María Caballero	Fuente de la terminología
«¡Qué abundantes son las virtudes de los espíritus!»	«Lo que en este mundo es incorpóreo y silencioso pero posee alma, se conoce como espíritu. Esto es, al espíritu recto, según la enseñanza sagrada se le llama Dios; al espíritu demoníaco, según la enseñanza sagrada se le llama Diablo.»	La explicación de «Dios» y «Diablo» más temprana se puede ver en *Verdaderos Registros de la Sagrada Religión Católica* de Michele Ruggieri.
«Solo el que alcanza la máxima sinceridad en el mundo, es capaz de urdir los hilos de las relaciones humanas, establecer los principios sobre los que se rige el mundo y conocer la fuerza creadora y transformadora del cielo y la tierra.»	El creador, la causa por la que se llama así. Todo en el mundo tienes tres causas, la causa privada, la causa pública, la razón de todo el universo.	Johann Adam Schall von Bell (1591-1666) en *Evidencias del Régimen Divino* ya usa los términos «causa privada» y «la gran causa»; Lodovico Buglio (1606-1682) en su *Teología Suprema* también usa «causa» 所以然 (*suoyiran*) para traducir la palabra «causa» de la versión en latín de *Suma Teológica*.

Además de esto, cuando Santa María Caballero comenta «lo que no desees que te hagan, no se lo hagas a los demás» de las *Analectas* de Confucio, lo equipara con la misma instrucción sagrada del cristianismo «ama al prójimo como a ti mismo». Incluso da un paso más explicando que este «no desees» se puede dividir en un «deseo corpóreo» y un «deseo espiritual», «contenido en los *Diez mandamientos*, los *Siete pecados y virtudes*, *Catorce trabajos de misericordia*, se puede analizar en todos esos libros».

Todos esos libros enumerados son libros escritos por jesuitas en China, a partir de los cuales podemos comprobar el grado de familiaridad de Santa María Caballero con estos textos escritos en chino. Al mismo tiempo, esta afinidad o correspondencia entre estos textos pone de manifiesto que a pesar de las divergencias existentes entre Santa María Caballero y los jesuitas respecto a los ritos chinos y las ideas para evangelizar en China (Antonio de Santa María Caballero mantuvo hasta el final de su vida una férrea postura contra los sacrificios a los antepasados y a Confucio), la segunda vez que estuvo en China, donde se convirtió en un importante representante de la orden mendicante franciscana en el país, no se abstuvo en absoluto de emplear los términos teológicos en chino que habían empezado a usar otros misioneros allí. Incluso el franciscano muestra su aprobación y contribuye a la continuación de esta terminología y sus connotaciones, contribuyendo así a fijar el sentido de la terminología teológica en chino. Aunque en el *Tianruyin* da su opinión e interpreta citas fuera de contexto y claramente carece de un sistema de argumentación riguroso y fuerte, la sensación entre los lectores chinos es que pone el mismo énfasis en el Confucianismo y en Jesús.

3. 2. Ideas confucianas escritas en otras lenguas

En un buen número de textos de Santa María Caballero escritos en otras lenguas (como los que se encuentran en el Archivo de Propaganda Fide, los documentos 5, 8 y 9 enumerados anteriormente), el franciscano revela abiertamente sus feroces críticas hacia los miembros de otras religiones que veneran a otros ídolos, incluidos Confucio y los representantes del confucianismo, así como también a los feligreses católicos que todavía siguen ofreciendo sacrificios a los antepasados y a Confucio. También se aprecia la firme oposición en contra de los ritos chinos, como ofrecer sacrificios al Cielo o a Confucio, que mantuvo durante el «cónclave de Guangzhou» (del 18 de diciembre de 1667 al 26 de enero de 1668) celebrado cuando el franciscano estaba exiliado en esa ciudad. En ese momento consiguió el apoyo de cuatro jesuitas: Andre-Jean Lubelli, Adrien Greslon (1618-1696), Manuel Jorge (1621-1677) y Jean Valat.

Sus «perspectivas confucianas», formuladas en documentos escritos en otras lenguas, se manifiestan en su intencionada traducción al latín del texto en portugués de Niccolo Longobardi (1565-1655) «Respuesta sobre la controversia de shàngdì (deidad), tiānzhǔ (Dios), línghún (espíritu) y otras palabras y términos chinos, y si estas palabras deberían ser adoptadas por el cristianismo» (*Reposta breve sobre as Controversias do Xamty, Tienyiu, Lin Hoen e outros nomes e termes sinicos, per se determiner quaes delles podem ou nao podem usasse nesta Christiandade*); asimismo, en su obvia aprobación y apoyo de las ideas generales que se dan en él.[1] La influencia de dicho documento fue considerable en Santa María Caballero. Lo terminó de traducir el 12 de octubre de 1661 y el 18 de noviembre de 1662 escribió en Jinan *En relación a todas las sectas de China*, cuyas ideas sobre Confucio y el confucianismo tenían claramente su origen en el texto de Niccolo Longobardi como por ejemplo el hecho de considerar a Confucio como el fundador del confucianismo y sus textos como la vía para exponer su doctrina. Santa María Caballero, por un lado, reconocía que el «dios» (*shangdi*) al que reverenciaban los chinos en la antigüedad tenía muchas características equivalentes al «Deus» cristiano, solo se diferenciaban

---

[1] Durante su exilio en Guangzhou, Santa María Caballero pasó el manuscrito de Niccolo Longobardi al dominico Domingo Fernández Navarrete para que lo leyera, y este lo tradujo al español y lo comentó, recogido en el quinto tratado (Tratado Quinto, y especial de la secta literaria) de *Tratados históricos, políticos, éticos y religiosos de la monarquia de China*. La publicación de este libro propició que la «controversia de los ritos chinos» dentro de la Iglesia católica alcanzara su punto álgido.

en el nombre.[①] Y al mismo tiempo, admitía la doble diferenciación de Longobardi entre primer confucianismo y neoconfucianismo y entre clásicos preimperiales y comentarios confucianos de la dinastía Song. Pensaba que la doctrina confuciana antigua era críptica y difícil de entender, y que en aquel momento los estudiosos confucianos necesitaban apoyarse en los comentarios de la dinastía Song para poder comprender los textos originales, por tanto se debía considerar el neoconfucianismo como la ortodoxia confuciana. Además según el confucianismo de los Song, el «*li*» (materia prima) era el origen del mundo, y la existencia de todos los seres vivos existentes en él, y su esencia el «*qi*», destacando con ello su concepción materialista del mundo. De ahí llega a juzgar como ateos tanto

---

[①] En este punto la opinión de Santa María Caballero difiere de la de Niccolo Longobardi. El jesuita siciliano pensaba que ya fuera el primer confucianismo o el neoconfucianismo, lo que entendían bajo el nombre de dios (shangdi) no podía ser de ningún modo el más altísimo Dios cristiano. En la declaración que Antonio de Santa María Caballero envía a Propaganda Fide cita las ideas de Matteo Ricci en la *Verdadera doctrina de Dios*: «Como se sabe en los libros antiguos, dios (shangdi) y Dios (tianzhu) se les nombra de manera especial», seguro que el dios que conocían los chinos en la antigüedad poseía los mismos atributos que el único Dios verdadero. SC, Indiana Orientali, Cina vol.1, f. 202r.

a los letrados de la antigüedad como a los de su época.[1]

En los informes que Santa María de Caballero envió a Propaganda Fide menciona en muchas ocasiones que de acuerdo a lo que él mismo ha observado de cerca, la práctica de los ritos de sacrificio al Cielo y a los antepasados, y los «vítores de respeto» (el rito de postrarse ante el emperador de la dinastía del momento cuando no está presente) no son iguales. Los primeros no son realmente profanos o políticos, sino que implican enormes supersticiones, especialmente la ceremonia para ofrecer sacrificios a los ancestros, ya que los que la realizan piden a los antepasados que les proporcionen salud, una larga vida, cosechar éxitos, tener muchos hijos y descendientes o librarse de alguna adversidad del presente. El franciscano particularmente condena a los que se han convertido pero aún siguen practicando esos sacrificios a los antepasados y a Confucio, e indica claramente que a los cristianos no se les debe permitir participar errónea y externamente en los ritos mencionados, ni que deben juntarse con no creyentes en este tipo de ceremonias, en ciertos trabajos, en el templo ancestral, en casa o frente a las tumbas, o realizar estas prácticas

---

[1] Antonio de Santa María Caballero en su informe dice: «La fuente del confucianismo chino y sus sectas es común, a través de la invención del demonio tienen muchas similaridades entre ellas, usan la misma manera e invenciones para conducir a la gente al infierno», «las tres sectas chinas, confucianismo, budismo y taoísmo, siguen por completo métodos filosóficos, tienen dos tipos de doctrinas diferentes. Una secreta parece ser la verdadera, sin embargo, solo los literatos son capaces de entenderla, y lo monopolizan a través de un velo de símbolos y pictogramas. La otra es profana, es el primer tipo de metáfora, según lo ven los letrados es falsa, tiene un sentido literal y superficial. Lo usan para gobernar, crear espíritus, adoctrinar y adorar invenciones, para hacer que la gente evite el mal y se dirija hacia el bien.» «Por tanto es evidente que la persona más sabia y perspicaz de China [aquí se refiere a Confucio] lamentablemente se condujo hacia el abismo fue dirigido hacia el abismo del pecado, esto es, el ateísmo.» SC, Indiana Orientali, Cina, vol. 1, fols. 171r-197v.

ni secretamente ni en privado.[1] Esta propuesta fue adoptada después por Propaganda Fide. En resumen, Santa María Caballero en sus escritos en otras lenguas principalmente subraya las diferencias entre el cristianismo y el confucianismo, critica particularmente a la gente común que cree en varios dioses y mantiene firmemente que los sacrificios a los antepasados y a Confucio son manifestaciones de idolatría.

Lo interesante es que en los textos en otras lenguas de Santa María Caballero en los que critica los ritos chinos, el franciscano cita una gran cantidad de textos católicos escritos en chino para argumentar su punto de vista. Por ejemplo, en los márgenes de sus documentos hace anotaciones de la *Verdadera doctrina de Dios* de Matteo Ricci, *Verdaderos Registros de la Sagrada Religión Católica* de Michele Ruggieri [Santa María Caballero lo confunde con Diego de Pantoja (1571-1618)], *Respondiendo preguntas de un invitado* de Zhu Zongyuan (extractos de las preguntas que le condujeron sobre la ofrenda de sacrificios Santa María de Caballero y el jesuita Martino Martini en su viaje a Hangzhou en 1659), *Pequeña guía para la enseñanza del catolicismo* del «estudiante de la prefectura de Hangzhou, Fan Zhong, cuyo nombre de bautismo era Timoteo». Además se apoya en los libros chinos antiguos como las *Analectas* de Confucio, *Explicación coloquial de los Cuatro Libros* de Zhang Juzheng, *Ritos culturales, públicos y familiares* de Zhu Xi, *Ritos funerarios* de Sima Guang, *Análisis de los caracteres chinos* y *Zihui* para explicar las connotaciones reales de los términos clave

---

[1] «Quod quidem sacrificium in domibus suis, et in sepulchris mortuorum etiam fit minore tamen solemnitate. Quaeritur utrum Christiani ficte et exterius tantum ut supra dictus est possint assistere huiusmodi sacrificio, vel exercere aliquod ministerium in illo cum infidelibus commixti, sive in Templo sive in domo vel sepulchro, publice vel privatim [...] Censuerunt; Christianis Chinensibus nullatenus licere ficte vel exterius assistere sacrificiis in honorem Progenitorum, neque eorum deprecationibus, aut quibuscumque ritibus superstitiosis Gentilium erga ipsos.» SC, Indiana Orientali, Cina, vol.1, fol. 204.

de los rituales chinos como «expresar deseos», «templo», «dios», «rito» y «sacrificio». El 9 de diciembre de 1668, en la extensa carta en español que Santa María Caballero envía desde Guangzhou a Luís da Gama (mencionada anteriormente como el número 12 de los documentos del franciscano en lengua extranjera), expone sus 61 opiniones sobre la evangelización en China, en cuyas notas al margen no solo cita las mismas referencias mencionadas sobre estas líneas, sino que también toca las obras de Giulio Aleni y Li Zubai, *Colección completa de la Naturaleza y Principios*, *Origen y desarrollo de las enseñanzas sagradas*, *Disputa por las no ofrendas a los ancestros*. En resumen, podemos afirmar que por la amplia gama de lecturas que había analizado así como su grado de familiaridad en ese momento con los documentos en chino de los feligreses, los clásicos confucianos y los libros de referencia chinos, los conocimientos de Santa María Caballero no eran en absoluto inferiores a sus contemporáneos jesuitas en China.

4. CONCLUSIÓN

El comienzo de la experiencia en China de Antonio de Santa María de Caballero se caracteriza por el énfasis propio de la orden mendicante franciscana en una religiosidad pura, por lo que al ver con sus propios ojos la veneración de los locales a varios dioses en Fujian así como la práctica de los sacrificios a los antepasados y a Confucio de los literatos convertidos, se escandalizó de la tolerancia tácita de los jesuitas que vivían en China. Entonces, con el apoyo de Juan Bautista Morales, inició una crítica contra los ritos chinos y abrió un debate que se dilataría en el tiempo.[1] En ese momento, Santa María Caballero sabía poco acerca del pensamiento confuciano e incluso sobre la experiencia evangelizadora de los jesuitas en China, más bien seguía el paradigma de oposición binaria visto anteriormente de «religión y superstición» atacando vehementemente e intentando suprimir la heterogeneidad de la sociedad china que no estuviera acorde con su paradigma social y religioso. En este momento, compartía pensamiento con el dominico Domingo Fernández Navarrete, quien más adelante llevaría la disputa de los ritos hasta su punto álgido.

En su segunda entrada a China ya vino equipado con una rica experiencia evangelizadora, había estudiado en profundidad los clásicos confucianos y los textos teológicos católicos en chino, y además había ampliado sus redes de contacto personales. Si bien al comienzo de su experiencia en China se había aliado con los dominicos que residían en Fujian en contra de las políticas evangelizadoras de los jesuitas en China, luego, al hilo de su predicación en otras partes del país, entabló un diálogo, compartiendo sus propias dudas con otros jesuitas como Johann Adam Schall von Bell, Feliciano Pacheco y Martino Martini. Especialmente, tuvo una gran influencia del jesuita Jean Valat, con quien mantuvo una buena relación. Por todo ello, en los textos escritos tanto en chino como en otros idiomas, la manera de ver el confucianismo se muestra cada vez más rica, compleja, e incluso se encuentran ideas contradictorias. Por ejemplo, por un lado aprueba y apoya completamente la opinión de Niccolo Longobardi de que los literatos chinos tanto del pasado como los de su

---

[1] Más adelante en la declaración que Santa María de Caballero envió a Propaganda Fide recuerda que al ser testigo junto con Juan Bautista Morales de la participación en la ofrenda a los ancestros de los cristianos chinos, refirieron con enfado un informe a Propaganda Fide en 1638, su motivación era el siguiente: «esto es lo que el padre dominico Juan Bautista Morales y yo vimos y oímos entonces, ahora no puedo evitar decirlo y declararlo» ([...] *quae ego cum prefato patre Dominicano tunc vidi et audi, non possum etiam nunc, non loqui, ac declarare.*), SC, Indiana Orientali, Cina, vol.1, f. 207r.

tiempo son ateos. Por otra parte, también muestra gran estima por Matteo Ricci, al que se refiere como «una persona que ha realizado extraordinarias contribuciones» (*insigni meriti vir*). En especial, Santa María Caballero estuvo muy familiarizado con el libro de Ricci, *Verdadero significado de dios*, y a menudo cita sus ideas, afirmando que el «dios» (*shangdi*) de los libros antiguos chinos es el Dios cristiano y que estos solo se diferencian en nombre, pero los intérpretes de Confucio de generaciones posteriores «no querían creer en el verdadero Dios, aunque oyeran el mensaje del evangelio de los servidores [de dios], que era contrario a la verdad que habían oído y habían publicado muchas palabras absurdas en contra de la lógica natural».①

La gestación de su obra, *Tianruyin*, se puede considerar como la aprobación y la puesta en práctica por parte de Santa María Caballero de la línea de interpretación y de diálogo entre el catolicismo y el confucianismo ya iniciados por Matteo Ricci. Si bien, debido a la búsqueda de una fe pura que mantuvo toda su vida, en sus escritos en chino y en lenguas extranjeras, se opone inquebrantablemente a los ritos chinos y considera a las tres doctrinas, confucianismo, budismo y taoísmo, de la sociedad contemporánea como «enseñanzas artificiales» repletas de idolatría y opuestas a la «enseñanza» de la santa iglesia. En sus informes escritos en lengua extranjera solicita estrictamente que los convertidos chinos abandonen sus costumbres rituales anteriores, para «transformarse a través

---

① «*Hoc est: liber utique antiquorum discusis*[sic], *scietur quidem illum Altissimum dictum xang ti, a vero Domino Deo solummodo denominatione differre. At moderniores commentatores Confucii, aliique huius temporis litterati, plurima iuxta hoc etiam contra rationem naturalem dicunt absurda: in verumque Deum etiam auditis Evangelii ministris, librisque eorum perlectis, adhuc credere nolunt. Immo a veritate avertentes auditum, ad fabulas autem conversi, caelum ac terram, suum Confucium aliosß*[sic] *varios spiritus magnis sacrificiis adorant, tam ipsimet sinici reges, quam alii regni sui sapientiores et rudes.*» SC, Indiana Orientali, Cina, vol.1, f. 202r.

de las prácticas cristianas» (*ut melius dicam, avertant se ab actionibus Christianorum*). No obstante, Santa María Caballero nunca mostró en sus cartas una visión del mundo cristianocentrista o una negación extrema de la cultura y el pueblo chinos desde una perspectiva nacionalista.① Incluso es destacable que pudiera sobreponerse a las disputas y los sectarismos entre las órdenes, y que comprendiera y se apoyara en los textos teológicos en chino y los métodos de evangelización de los misioneros jesuitas para realizar su trabajo como pastor. Antonio de Santa María Caballero es un ejemplo sobresaliente, teniendo en cuenta su creencia en una fe pura, pero que consideró seriamente las diferencias y similitudes entre el cristianismo y el confucianismo, investigó los aspectos religiosos del confucianismo, y fue un pionero del pensamiento teológico escrito en chino.

---

① En contraste con Santa María Caballero, el dominico Domingo Fernández Navarrete muestra en su obra una clara perspectiva centralista de la religión cristiana. Sus *Tratados* por un lado están salpicados de citas de los clásicos de la filosofía de la antigua Grecia y Roma, de la Biblia y de muchas de las ideas contenidas sobre las enseñanzas del Sagrado Padre, una gran cantidad de obras de los jesuitas que tratan sobre China. En ocasiones analiza y compara ciertas diferencias entre Occidente y Oriente, por lo que se ve que era un estudioso diligente y se puede decir que Navarrete era un erudito representativo de la Europa de su tiempo. Por otro lado, debido a su visión cristianocentrista, muestra un fuerte sentimiento de superioridad frente a culturas profanas. No solo subraya repetidamente que la religión cristiana es superior y sagrada y que es necesario mostrarle el camino a la cultura confuciana, sino que incluso justifica el uso de la violencia y las matanzas realizadas por los colonizadores españoles para convertir a los indígenas del archipiélago filipino; piensa que esto y lo que habían hecho antes a los indios de América merecía ser perdonado. Porque «el único pecado de estas pobres criaturas consiste en haber nacido. La única razón de su sufrimiento radica precisamente en su existencia en la tierra, hasta el punto de que las órdenes que se les transmiten de devoción, nobleza y benevolencia tienen un efecto nimio en ellos. En muchas ocasiones se ha querido salvar a estas gentes despreciables, pero siguen voluntariamente aferrados a la degeneración». *Tradatos*, pp. viii-ix.

(4)

EL LIBRO *QIKE* DE DIEGO DE PANTOJA Y LA CONSTRUCCIÓN DE LA NUEVA AUTORIDAD MORAL

Peng Haitao
Universitat Pompeu Fabra

Las postrimerías de la dinastía Ming representan un periodo de declive político y de crisis moral. Los letrados debaten sobre sus causas, las posibles respuestas y aspiran a restaurar el orden social. En ese contexto, el jesuita Diego de Pantoja escribe su libro *Qike* (*Septem Victoriis* o *Las siete virtudes*), una reflexión sobre la bondad y la moral que se incorpora a los debates de la época, de alguna manera satisface las inquietudes de la élite y les ayuda a construir una nueva autoridad moral.

1. DIEGO DE PANTOJA Y SU LIBRO *QIKE*

Diego de Pantoja venía de la lejana península ibérica. Nacido en Valdemoro, un pequeño pueblo cerca de Madrid, en 1571; por su línea materna parece provenir de una familia de cierta alcurnia, influyente en el área local.[1] En 1589, Pantoja se unió a la Compañía de Jesús, e inspirado por sus hermanos

---

[1] Se podría referir a http://www.valdemoro.es/transcripcion5

de religión, decidió dejar su país natal y viajar a China para difundir el evangelio en Asia. En 1600 conoció a Matteo Ricci en Nanjing. Junto con Ricci fue recibido en audiencia en la corte imperial Ming y obtuvieron un permiso de residencia en Pekín, lo que puede considerarse un hito de la misión en China. Pantoja se convirtió así en el primer español que entró en la Ciudad Prohibida.

A pesar de la ausencia de un permiso formal, la tolerancia del emperador permitió que los jesuitas se quedasen e incluso les granjeó cierta popularidad social. Durante su estancia en Pekín, Pantoja discutió con los intelectuales y ganó su respeto y amistad. Después de la muerte de Ricci, Pantoja aprovechó su buena relación con los funcionarios y solicitó un permiso del emperador para dar cristiana sepultura a su compañero en Pekín. A lo que la corte accedió. Tras ese éxito, la publicación del libro *Qike* 七克, o *De Septem Victoriis*, destaca entre la obra del jesuita español por su fuerte repercusión entre los intelectuales.

Qike es un libro sobre ética y formación espiritual católica, que se completó por primera vez en 1604 pero se publicó en 1614. En su libro, Pantoja describió cómo alcanzar la perfección personal y obtener la salvación venciendo los siete pecados capitales: soberbia, avaricia, lujuria, ira, gula, envidia y pereza. Hay siete maneras seguras para superar estos pecados, que constituyen los siete capítulos de este libro. *Qike* contiene muchas referencias a la Biblia, los comentarios e historias de los santos y filósofos occidentales. También hay varios prefacios escritos por los intelectuales chinos contemporáneos, que son muy importantes para que entendamos sus actitudes sobre las enseñanzas de los misioneros.

2. EL RETIRO DE LOS LETRADOS DE LA VIDA PÚBLICA Y EL COLAPSO DEL ORDEN POLÍTICO A FINALES DE LA DINASTÍA MING

Para entender por qué los letrados chinos estaban interesados en la enseñanza de los misioneros debemos conocer cuáles eran sus preocupaciones más importantes. Desde el reinado de Zhengde 正德 (1505-1521), una creciente corrupción comenzó a adueñarse de la vida política, la lucha por el poder se tornó cruel, y el antagonismo entre las distintas facciones de oficiales cada vez más enconado. A ello se añadió una sucesión de emperadores incompetentes. Desilusionados por la situación, los letrados intentaron alejarse de la vida política. Muchos de ellos prefirieron apartarse, dedicándose al cultivo personal, o velar por su longevidad, o buscar un escape en un modo de vida hedonista.

Durante el reinado de Jiajing 嘉靖 (1522-1566), «algunos oficiales que habían ofendido al emperador fueron severamente castigados, decenas de ellos fueron ejecutados. Desde entonces, muchos ministros renunciaron y los funcionarios de bajo nivel se abstuvieron de mostrar sus opiniones y de contradecir al emperador».[1] Incluso, tras el motín de Datong 大同, los oficiales respondieron con un mutismo total, absteniéndose de pronunciarse.

Décadas más tarde, durante el reinado de Wanli 万历 (1573-1620), esta tendencia se hizo aún más evidente. Un Gran Secretario Principal (内阁首辅) llamado Li Tingji 李廷机 (1542-1616) insistió en dimitir debido a las acusaciones de sus oponentes políticos. Para demostrar su inquebrantable determinación de dejar su puesto, vendió todas sus propiedades en la capital, envió a su familia a Quanzhou 泉州, su ciudad natal, y se retiró a

---

[1] Traducción propia del pasaje: 群臣一时冒触天威，重得罪遣，死者遂十余人。大臣纷纷去位，小臣苟默自容。Fuente: Zhang Juzheng 张居正, (1974), *Mingshi* 明史, Beijing 北京：Zhonghua Shuju Chubanshe 中华书局出版社, 5015.

un templo. Luego presentó su renuncia al emperador. Sabiendo que no sería fácil conseguir el permiso del emperador, formuló más de 150 memoriales para conseguir la sanción imperial de su dimisión.

Retirarse de la vida pública y recluirse en su propio mundo era una forma común de resolver la frustración política. Los oficiales retirados o despedidos optaban por entregarse a una vida lasciva, o a charlas ociosas, o se concentraban en cómo convertirse en inmortales. En resumen, los letrados se afanaban en resolver su profunda insatisfacción de muchos modos, resumidos en una actitud de apatía que cambió el panorama político.

Por otro lado, el desarrollo económico a finales de la dinastía Ming también tuvo un tremendo impacto en el orden social, y este impacto se proyectó en la evolución del pensamiento social. Las ideas de la escuela Cheng-Zhu 程朱, una de las principales corrientes filosóficas del neoconfucianismo, no daban respuesta a la sociedad de finales de la dinastía Ming, mostrando vulnerabilidad, y ofreciendo un blanco fácil a sus opositores. Algunos intelectuales indicaron que los deseos individuales eran razonables, ideas que encarnaban las necesidades de una clase mercantil que estaba en ascenso. Wang Shouren 王守仁, también conocido como Wang Yangming (1572-1529), sin duda el intelectual más influyente de su época, avanzó las interpretaciones de las doctrinas confucianas y, a veces, se enfrentó con las ideas principales de la escuela de Cheng-Zhu:

> El aprendizaje más importante reside en el corazón-mente. Si las palabras se examinan en el corazón-mente y se encuentra que están equivocadas, no me atrevo a aceptarlas como correctas, incluso si han salido de la boca de Confucio. ¡Sin mencionar las palabras de personas inferiores a Confucio! Si las palabras se examinan en el corazón-mente y se encuentran correctas, no me atrevo a considerarlas como incorrectas, incluso si provienen de la boca de

la gente común. Más aún si han venido del mismo Confucio.①

Wang Yangming propuso el concepto de «corazón-mente» o *xinti* 心体, y declaró que el «corazón-mente» no es ni bueno ni malo. Wang Yangming y sus seguidores creyeron que el corazón-mente tiene una existencia trascendental que está por encima de la ética y es independiente del mundo de la experiencia. Pero no todos podían entender que el «corazón-mente» trascendiera el mundo de la experiencia. Además, muchos intelectuales explicaron el «corazón-mente» como un tipo de moral en vez de un concepto metafísico y pensaron que no es ni bueno ni malo. Este tipo de sustitución desdibujó los criterios de juicio de lo correcto y lo incorrecto, y también condujo al surgimiento del nihilismo moral. Por ejemplo, Li Zhi 李贽 (1527-1602) declaró: «Enseño las doctrinas personalizas basado en mi corazón egoísta y solo actúo para obtener placer a pesar de las críticas de los demás».②

Debido a esta rebelión contra la moral tradicional, las personas podían buscar sus propios deseos, el hedonismo se convirtió en una moda en ese momento. Zhang Dai 张岱 (1597-1689), un escritor muy famoso en su época, una vez describió su vida así:

> Me apasiono por casas preciosas, chicas guapas, pederastia, ropa brillante y colorida, deliciosos platos, caballos valientes, faroles

---

① Traducción propia del pasaje: 群臣夫学贵得之心，求之於心而非也，虽其言之出於孔子，不敢以为是也，而况其未及孔於者乎？求之於心而是也，虽其言之出於庸常，不敢以为非也，而况其出於孔子者乎？Fuente: Wang Yangming 王阳明, (1992), *Wang Yangming Quanji* 王阳明全集, Shanghai 上海：Shanghai Guji Chubanshe 上海古籍出版社, 76.

② Traducción propia del pasaje: 我以自私自利之心，为自私自利之学，直取自己快当，不顾他人非剌。Fuente: Li Zhi 李贽, (1975), *Fenshu Zengbu* 焚书增补 vol. 1, Beijing 北京, Zhonghua Shuju 中华书局, 124.

decorados, fuegos artificiales, óperas, músicas, antigüedades, flores y pájaros, también me gusta el té, el ajedrez, los libros y la poesía.①

Li Zhi también dijo:

Para convertirse en un Buda o sabio solo necesitas aclarar tu mente. Cuando la mente está clara, no puedes ser corrompido, incluso si recibes miles de oro en un día, no eres licencioso incluso si tienes sexo con diez mujeres en una noche.②

No solo los intelectuales, sino también el emperador fue adicto a la gratificación sensual. Un oficial llamado Luo Yuren 雒于仁 (?-?) presentó una vez un memorial al Emperador Wanli, criticándolo por cuatro vicios cardinales: el alcoholismo, la lujuria, la avaricia y la ira.

En resumen, a finales de la dinastía Ming, se cuestionaron las doctrinas de la escuela Cheng-Zhu. Algunos intelectuales, en su oposición a la rígida moralización, aceleraron el colapso de la autoridad moral. La moral del emperador fue criticada también. Muchos intelectuales se comportaban como si no hubiera ninguna restricción porque creían que podían hacer cualquier cosa mientras que sus corazones se lo permitieran. Los principios

---

① Traducción propia del pasaje: 群臣好精舍，好美婢，好娈童，好鲜衣，好美食，好骏马，好华灯，好烟火，好梨园，好鼓吹，好古董，好花鸟，兼以茶淫橘虐，书囊诗魔。Fuente: Zhang Dai 张岱, (1991), *Zhang Dai Shiwenji* 张岱诗文集, Shanghai 上海：Shanghai Guji Chubanshe 上海古籍出版社, 294-297.

② Traducción propia del pasaje: 群臣 成佛征圣，惟在心明，本心若明，虽一日受千金而不为贪，一夜御十女不为淫也。Fuente: Zhou Yingbin 周应宾, (1976), «Shixiao Pian识小篇», en *Lizhi Cankao Yanjiu Ziliao vol.2* 李贽研究参考材料 第2辑, editado por departamento de historia de la Xiamen Universidad 厦门大学历史系, Fuzhou 福州：Fujian Renmin Chubanshe 福建人民出版社, 165.

morales fueron reemplazados por el «corazón-mente» y la ausencia de criterios para juzgar entre el bien y el mal. Un nihilismo prevalecía en la sociedad. A su vez, los intelectuales chinos clamaban por una nueva autoridad moral.

3. LA CONSTRUCCIÓN DE LA AUTORIDAD MORAL

Es en ese contexto cuando los primeros jesuitas hacen su entrada en Pekín. Los letrados chinos, decepcionados con el deterioro moral de la sociedad, quedaron impresionados por la virtud mostrada por estos misioneros. Creyeron que las enseñanzas de estos intelectuales extranjeros podían servir como una panacea para recuperar la autoridad moral. Pantoja se percató de que los temas más preocupantes de los letrados eran la «ética» y las enseñanzas acerca de Dios o s*hangdi* 上帝. Con sus conocimientos, este jesuita logró la amistad de los intelectuales chinos:

> [...] lo principal con hablarles de las virtudes morales (de que ellos escriben, hablan y tienen muchos libros) y de las cosas de Dios, corrió tanta fama, que hasta los Mandarines mayores de todo este reino (que son las mayores personas después del rey) procuran tratar con nosotros, y hacerse nuestros amigos [...].[1]

Para satisfacer la necesidad de los letrados, Pantoja abordó directamente el nudo de la cuestión en su prefacio al *Qike*, indicando la crisis moral en la sociedad china y sus causas:

---

[1] Moncó Rebollo, Beatriz (ed.), (2011), *Relación de la entrada de algunos padres de la Compañía de Jesús en la China y particulares sucesos que tuvieron y de cosas muy notables que vieron en el mismo Reino*, Alcorcón: Instituto de Estudios Históricos del Sur de Madrid "Jiménez de Gregorio", 129.

> Superar el deseo y cultivar la virtud es el tema sobre el que las personas hablaron todo el día e intentaron practicar en toda su vida. Pero ¿por qué los deseos como la arrogancia, la envidia, la ira y la lujuria no desaparecen y las virtudes como la humildad, la benevolencia, la castidad y la paciencia no crecen? Existen tres problemas: el primero es no conocer el origen de la moral, el segundo es no aclarar su objetivo de cultivar la virtud, el tercero es no cultivar la moral de forma ordenada.[1]

Estas palabras revelan la intención de Pantoja: a través de una reflexión sobre la moral, quiere llevar a sus lectores a reconocer el concepto de Dios, que es el origen de la bondad. Después de eso, Pantoja señaló que la fuerza para vencer el deseo y cultivar la virtud es otorgada por Dios, e hizo hincapié en que Dios tiene la autoridad moral. Esto implicaba una refutación a las enseñanzas de los seguidores de Wang Shouren, que juzgaron entre el bien y el mal a través del concepto de «corazón-mente». Pantoja también llegó a criticar abiertamente a los letrados chinos:

> La habilidad y la sabiduría de los intelectuales del este es sobresaliente, muchas personas se dedican a estudiar, pero no entienden el origen. Seguir el corazón-mente en lugar de la guía de Dios, es como navegar en el vasto océano sin timón. El daño se puede comparar con tomar al enemigo como pariente, adorar al

---

[1] Traducción propia del pasaje: 克欲修德，终日论之，毕世务之，而傲妒忿淫诸欲卒不见消，谦仁贞忍诸德卒不见积，其故云何？有三蔽焉。一曰不念本原，二曰不清志向，三曰不循节次。Fuente: Diego de Pantoja, «Prefacio del Autor 七克自序», en Ye Nong 叶农 (ed.), (2017), *Yesuhuishi Pangdiwo Zhushuji* 耶稣会士庞迪我著述集, Guangzhou 广州: Guangzhou Renmin Chubanshe 广州人民出版社, 12.

diablo en lugar de a Dios.①

Pantoja declaró claramente que Dios, en lugar del corazón-mente, posee la autoridad moral y puede proporcionar la guía moral. También insistió en que el objetivo de cultivar la virtud es agradar a Dios, en vez de objetivos seculares. Sin embargo, los lectores chinos de *Qike* le dieron su propia interpretación. Algunos de ellos creían que *Qike* podía proporcionar una autoridad moral concordante con su propia visión. Por ejemplo, Peng Duanwu 彭端吾 (?-?) escribió en su prefacio al *Qike*:

> Hoy en día, los intelectuales solo creen en las enseñanzas de «descubrir la esencia de la naturaleza humana a través de su mente», pero no entienden cómo examinar la mente del cielo. No prestan atención a dominar sus deseos, y aclaman que seguir el instinto es bueno; por eso, aunque caminen por las sendas de la benevolencia siempre acabarán en la destrucción, aunque alcancen los tesoros más excelsos perderán su hogar, sin maestros o amigos clarividentes que les guíen, ¡mezclarán lo pernicioso con la enjundia tragándoselo junto! Ahora bien, cultivando las siete virtudes para vencer los siete defectos, sanando las pasiones por medio de la razón, se llegará, sí, a curar el corazón por medio del corazón.②

---

① Traducción propia del pasaje: 群臣东方之士，才智绝伦，从事学者非乏也，独本领迷耳。夫学不禀于天而惟心是师，辟泛舟洪洋而失其舵也。其弊方且认贼为子，认邪魔而为天神也。Fuente: Chen Liangcai 陈亮采, «Qike Pian Xu 七克篇序», en *Yesuhuishi Pangdiwo Zhushuji*, 10.

② Traducción propia del pasaje: 群臣近世学者，只信即心之学，不解原天之心。素无止定之功，妄言随欲皆善，驾慈航而殒命，握至宝而丧家，无明师友以导之，和毒腊其杂进矣，夫用七德克七情"以理治欲"实以心治心也。Fuente: Peng Duanwu 彭端吾, «Xisheng Qibian Xu 西圣七编序», en *Yesuhuishi Pangdiwo Zhushuji*, 7.

Muchos intelectuales como Peng Duanwu creyeron que el «corazón-mente» no podía brindar una norma de moralidad. Porque el «corazón-mente» mezcla razón y deseo, virtud y emoción, y por lo tanto no es objetiva ni justa. Por otro lado, fue más fácil para ellos aceptar que «Dios» o el «Cielo», un concepto externo, podría servir como autoridad moral y ayudarles a restaurar el rigor moral, dominar los deseos personales y reconstruir el orden social.

Cao Yubian 曹于汴 (1558-1634), otro autor que contribuyó al prefacio del *Qike*, expresó ideas similares a las de Peng Duan. Pensó que la naturaleza humana era otorgada por el cielo o por Dios. Y que la soberbia, envidia, ira, lujuria, gula, avaricia y pereza, provienen de las pasiones humanas. La gente debe cumplir con la naturaleza otorgada por Dios, sin ser controlada por la pasión.

Aunque los intelectuales chinos aceptaron que Dios tiene la autoridad moral, el plan de guiar al pueblo a reconocer a Dios como la salvación fracasó. En la carta a Luis de Guzmán, Pantoja admitió:

> Estos Chinas (que por otra parte en cosas humanas son de tan buenos entendimientos y naturales en esto) son como si carecieran del, pues casi todos son Atheos, sin conocer, ni adorar Dios falso, ni verdadero, ni jamas darles cuidado lo que despues desta vida ha de ser: y los que mas obligacion parece que tenian desto, que son los letrados, estos son los que menos tienen, antes una de las cosas que se precian de no creer en cosas de otra vida, infierno, ni Parayso, el qual todo ponen en esta vida. [...] estos filósofos (como Gentiles) no hablaron nada de la otra vida, sino del buen gobierno y virtudes morales, hasta aquí imaginaban se puede llegar sin creer que puede haber otra cosa.[1]

---

[1] *Relación*, 131-132.

Es decir, durante este diálogo entre misioneros y letrados, la principal preocupación de los intelectuales era la virtud dentro de la sociedad. Mostraron poco interés en las ideas más allá del mundo secular. Mientras que Pantoja estaba tratando de transmitir la doctrina católica y claramente indicó en el prefacio que el objetivo de cultivar la virtud es agradar a Dios, podemos deducir claramente que los intelectuales chinos solo tomaron el *Qike* como remedio para los problemas morales mundanos.

Por ejemplo, Zeng Yiwei 郑以伟 señaló en su prefacio que el *Qike* «es muy útil para mejorar los modales y la moral de las personas»; Xiong Mingyu 熊明遇 elogió «estos caballeros del oeste prestan un servicio sobresaliente al confucianismo»; Wang Ruchun 汪汝淳 dijo que el *Qike* y los libros de Matteo Ricci son las curas para la enfermedad moral; y Peng Duanwu apeló a todos los lectores del *Qike*:

> No piensen, pues, los lectores del libro del Sr. Pantoja que Europa está demasiado lejos, ni que se trata aquí de algo distinto de las seis escrituras y los cuatro clásicos. ¡Esperemos de este libro una salvación pronta para esta época, deseemos que haya una cura para el país![1]

Muchos letrados admitieron el valor del *Qike* para mantener la moral social. Durante la transición Ming-Qing, incluso algunos de estos letrados tomaron pasajes del libro de Pantoja y los incorporaron a sus propios libros, si bien de forma crítica y eliminando deliberadamente cualquier referencia a la terminología católica o menciones de los santos. Por ejemplo, Wei Xi 魏禧 (1624-1681) escribió:

---

[1] Traducción propia del pasaje: 群臣读庞君书者，毋以欧逻巴生远近想 亦毋以六经四子生异同想，期於切救时病於国有瘳乎？ Fuente: Peng Duanwu 彭端吾，«Xisheng Qibian Xu 西圣七编序», en *Yesuhuishi Pangdiwo Zhushuji*, 7.

> Los libros procedentes del extremo occidente, como *Qike* y otros, [...] que se corresponde más a lo que hacen los del taoísmo o el budismo, son libros de auto perfeccionamiento. Pero están demasiado fragmentados y mezclados con asuntos, eventos y realidades extrañas e ilusorias. El *tianzhu* que veneran, si pensamos en ello, no es más que el *shangdi* que mencionaron los santos chinos, no contiene nada sobrenatural. En este libro *Qike*, el autor siempre menciona a *tianzhu* sin necesidad, lo que es excesivo y redundante.[1]

En resumen, muchos lectores del *Qike* creían que el libro de Pantoja podría ayudarlos a reconstruir una autoridad moral, pero se negaron a reconocer que esta autoridad fuera el dios cristiano. Por otro lado, Pantoja criticó repetidamente la cultura confuciana en su obra, lo cual también fue ignorado por los intelectuales chinos. Al contrario, algunos pensaron que estos jesuitas «prestan un servicio sobresaliente al confucianismo». Sin embargo, no deberíamos lamentar los malentendidos que han surgido en este intercambio cultural. El *Qike* proporciona una plataforma para el diálogo e integración mutua de las éticas católica y confuciana. A través de esta plataforma, los misioneros podrían entrar en una comprensión más profunda del modo de razonar chino en lo que toca a la moralidad. Además podrían presentar un fruto maduro de dicho diálogo ante las autoridades europeas. Mientras tanto, los chinos podían reflexionar sobre su propia tradición ética después de haberse expuesto a las ideas occidentales. Esto

---

[1] Traducción propia del pasaje: 泰西书，其言理较二氏与吾儒最合，如《七克》等类皆切己之学，……特支分节解，杂以灵幻之辞耳。"所尊天主，细求之，即古圣所云上帝，先儒所云天之主宰，绝无奇异。每每于说理时无故按入天主，甚为强赘…… Fuente: Weixi 魏禧 (2003), *Weishuzi Wenji* 魏叔子文集, Beijing 北京：Zhonghua Shuju Chubanshe 中华书局出版社, 1129.

demuestra una vez más el hecho de que ambas partes pueden enriquecerse a través de los intercambios culturales, aunque siempre exista el riesgo de malinterpretarse entre sí.

Panel VII
La España del siglo XVI, pionera en los estudios de sinología. Coetáneos y sucesores de Diego de Pantoja

(1)

INTRODUCCIÓN

Alicia Relinque
__Universidad de Granada, Instituto Confucio__

La figura de Diego de Pantoja destaca en las relaciones entre España-Europa y China en los siglos XVI y XVII, entre otras razones, por el papel que jugó en el entendimiento entre misioneros europeos y altos funcionarios chinos, y por los numerosos documentos de valor incalculable que nos dejó trabajando en ese empeño. Sin embargo, es de rigor ampliar nuestra mirada para observar a quienes, en el mismo periodo, se sumaron también a esa tarea. Solo así podremos entender con mayor claridad cómo se desarrollaron los acontecimientos en este primer periodo de encuentros con «el otro»: es un punto de la historia prometedor y fecundo en el que personas procedentes de dos grandes imperios comienzan a interactuar por vez primera. Son momentos a los que ninguna de las partes implicadas llega incólume, inmersas en juegos de poder o conflictos internos, como por ejemplo sucedía en el caso de las diferentes órdenes religiosas; de aquel encuentro entre dos mundos todavía quedan muchas cuestiones por desentrañar.

Este es precisamente el objetivo del artículo del profesor Tang Kaijian. Si en Europa se han conocido y estudiado muchos de los escritos de diferentes personajes europeos que se encontraban en aquellos tiempos en China o Filipinas —misioneros españoles, italianos y portugueses que fueron muy prolíficos en redactar para sus compañeros de orden, sus superiores o a la corona—, de los textos chinos que describen esos encuentros todavía hay mucho por investigar. El profesor Tang se sumerge en un documento conservado en la Biblioteca de Nankín, el *Du Fu Shu Yi* de Liu Yaohui sobre Lin Feng, uno de los piratas más temidos de aquel entonces y que, sin embargo, se convertiría en una pieza esencial para las relaciones entre las autoridades del imperio Ming y los navegantes portugueses y españoles. Los episodios en los que Lin Feng está implicado, las decisiones que con respecto a él se adoptan, la colaboración entre las autoridades chinas y los españoles para su detención, salen a la luz en este documento que, además, viene a corregir algunos de los errores vertidos en parte de la literatura hasta ahora conocidos y que el profesor Tang logra poner de relieve.

Por su parte, el profesor Pablo Robert Moreno, en su artículo titulado *El obispo Luo Wenzao (1617-1691), un chino hispanohablante* nos presenta a quien fuera el primer obispo de origen chino, y que había sido bautizado en 1635 con el nombre cristiano de Gregorio López. Un ejemplo de «hibridación», como lo define el profesor Robert, Luo Wenzao será educado entre misioneros dominicos y acabará jugando un papel fundamental en las relaciones entre estos y los jesuitas. Su intervención crucial en la famosa disputa de los ritos, su complicada posición procurando el acercamiento entre ambas órdenes, el intento de utilización de su figura por parte de algunas autoridades eclesiásticas —por su privilegiada posición de chino católico—, nos revelan los tiempos conflictivos que se vivían y las dificultades y desencuentros en aquella labor evangelizadora.

En un cambio de perspectiva, los dos artículos siguientes, el del profesor Zhang Xiping y el de la profesora Yang Huiling, nos ofrecen trabajos sobre un aspecto absolutamente vital en el juego de las relaciones entre naciones, el primer reconocimiento de la lengua y la escritura de ese «otro» que mencionábamos, y los mecanismos que utilizaron para poder servirse de la herramienta básica de la comunicación, el lenguaje. El primero de ellos, el artículo de la profesora Yang, *Diccionarios manuscritos chino-español y sus autores entre los XVI-XVIII*, da cuenta del número sorprendentemente elevado de diccionarios que los primeros misioneros realizaron en un tiempo relativamente corto —hasta siete, de los cuales el artículo nos describe tres de los que actualmente se conservan en la Biblioteca del Vaticano en detalle. A través del análisis de estas preciadas joyas de la lexicografía y de los estudios sinológicos, el artículo nos hace revivir cuáles fueron los problemas lingüísticos reales de aquellos individuos que se enfrentaban a un idioma completamente ajeno a los que conocían, cómo fueron evolucionando y cómo tuvieron que adaptarlos en función de los propios intereses y de la profundización en el conocimiento del chino. Los nombres de Juan Bautista Morales (1597-1664), Francisco Díaz (1606-1646) o Francisco Varo (1627-1687) quedarán para siempre vinculados con ellos.

Si el artículo de la profesora Yang es imprescindible para una historia de los contactos lexicográficos entre España y China, el trabajo del profesor Zhang Xiping es absolutamente necesario para la comprensión de la historia de las ideas religiosas y la introducción del catolicismo en China, pero es todavía más importante por lo que aporta en el campo de la traducción. Su artículo presenta un análisis en profundidad del texto *Doctrina Christiana*, atribuido al dominico Juan Cobo (1547-1593) y conservado en la Biblioteca Apostólica Vaticana. Es más que probable que el trabajo se realizara en colaboración con otros dominicos, como Miguel de Benavides (1552-?), pero también con chinos asentados en las islas, de los que lamentablemente desconocemos los nombres. En su trabajo, el profesor Zhang realiza una descripción exhaustiva de la obra y la coteja con la otra *Doctrina Christiana* que había visto la luz poco antes, elaborada por el jesuita Michelle Ruggieri (1543-1607). Este apasionante estudio nos muestra cuáles fueron los recursos utilizados por cada cual a la hora de intentar verter en una lengua que desconocía términos como «Espíritu Santo», «sacramentos» o «amén Jesús», tanto por aquellos que trabajaban con la que entonces era la lengua de los funcionarios, los jesuitas, como por los dominicos, que tuvieron que adaptarse a la lengua vernácula utilizada entre los chinos de las Filipinas.

Encuentros y desencuentros, personajes e incunables, se unen para dibujar ante nuestros ojos una imagen más completa de lo que fue el mundo que rodeó y sucedería después a Diego de Pantoja.

(2)

ESTUDIO PRELIMINAR DE LA *DOCTRINA CRISTIANA* DE LA BIBLIOTECA APOSTÓLICA VATICANA

Zhang Xiping
Instituto de Civilización Comparada y Comunicación Intercultural de BFSU

En los estudios[1] sobre la historia de los intercambios culturales entre China y España, las actividades de los misioneros españoles en Filipinas representan un aspecto muy importante. El intercambio cultural entre China y España se inició principalmente en Filipinas[2] y los libros publicados en chino en Filipinas tienen una relevancia especial en esta relación. Este artículo trata de un documento publicado en Filipinas por los misioneros españoles titulado *Doctrina cristiana*.

---

[1] Pan Jixing, (2002), *Los cuatro inventos de la Antigua China – origen, difusión e influencia*, Universidad de Ciencia y Tecnología de China, 2002, pp. 419-423.

[2] Zhang Kai, (2003), *Historia del intercambio cultural entre China y España*, Da Xiang; Mendoza, (2009), *Historia del Imperio Chino*, Central Compilation & Translation Bureau; Gu Weimin, (2013), *Historia de la temprana expansión marítima de Portugal: en nombre de Dios y por los intereses*, Social Sciences Academic Press (China); Hudson, *Europa y China* (traducido por Wang Zunzhong), Zhonghua Book Company, año 5; Boxer, (2009), *Notas de viaje del sur de China en el siglo XVI* (traducido por He Gaoji), Librería Zhonghua.

1. LA RELACIÓN ENTRE CHINA Y FILIPINAS DESPUÉS DE LA LLEGADA DE LOS ESPAÑOLES

Después de que Colón descubrió el Nuevo Mundo, Europa entró en la era de los grandes descubrimientos, con los países ibéricos Portugal y España como principales impulsores. En noviembre de 1564, Miguel López de Legazpi (en chino llamado *Líyáshíbǐ*), siguiendo la orden del rey de España, partió desde México, atravesó el océano Pacífico y en febrero de 1565 llegó a la isla de Cebú, comenzando así la conquista española de las islas Filipinas. El 14 de agosto de 1569, Legazpi fue nombrado gobernador de Filipinas por el rey de España. El 15 de abril de 1571, lideró la toma de Manila e hizo de este lugar el punto de partida del gran comercio marítimo entre China, Filipinas y México.[1]

La colonización realizada por Portugal y España siempre fue acompañada de la expansión de la Iglesia católica. Después de que los españoles conquistaran Filipinas, no tardaron en llegar allí las órdenes religiosas más importantes.[2] Para proteger y garantizar sus propios intereses en Filipinas, los españoles consideraron a los chinos de Filipinas un objetivo importante de sus actividades religiosas. Y para facilitar que se convirtieran al catolicismo, las autoridades españolas de la época adoptaron

---

[1] (Francés) Suihuaxing «Política cerrada de la dinastía Ming y misioneros católicos españoles», extraído de *Traducción de historia de relaciones entre España y China*, vol. 4. Editorial de traducción de Shanghai, 1988; Li Jinming, *La formación y el desarrollo del comercio mundial en los mares de Asia oriental a principios del siglo XVII*; Li Jinming & Liao Dazhao, (1995), *El comercio exterior en la antigua China*, editorial del pueblo de Guangxi; Liao Dazhao, (2000), «Visión de Fujian de los primeros españoles», *Sinología internacional*, núm. 5, editorial Elefante.

[2] La Orden de San Agustín; los franciscanos; la Orden de predicadores; la Compañía de Jesús; Recollecti. Véase H. de la Costa, S. J., (1961), *The Jesuits in the Phliipines 1581-1768*, Harvard University Press.

una serie de políticas, tales como beneficios impositivos para los chinos convertidos; también los chinos casados localmente disfrutaban de ciertos privilegios. Por el contrario, los chinos no convertidos vivían bajo la amenaza de la expulsión.[1] Según los archivos de TD Ming, «De 1618 a 1619, un total de 155 hombres fueron bautizados, [...] Desde el 14 de mayo de 1621 hasta septiembre del mismo año, un total de 100 hombres fueron bautizados [...] durante los 10 años entre 1618 y 1628 un total de 1.330 chinos de ultramar fueron bautizados en el salón Sansheng de la Octava Compañía».[2]

Ante tan elevado número de expatriados chinos (incluidos maestros) que habían emigrado a Filipinas, el uso del chino en la enseñanza se convirtió de manera natural en un recurso importante para la Iglesia en ese momento. Los primeros cuatro documentos impresos en chino en Filipinas se crearon debido a esta demanda, lo cual supuso el preludio de la historia de las publicaciones filipinas.[3]

2. INTRODUCCIÓN A LA *DOCTRINA CRISTIANA* DE LA BIBLIOTECA VATICANA

En la actualidad, sabemos que los cuatro primeros libros en chino imprimidos por la Orden de Predicadores en Filipinas, *Verdadera cuenta*

---

[1] Véase también Shi Xueqi, (2007), *Estudios sobre el catolicismo en las Filipinas: la expansión colonial y la adaptación cultural del catolicismo en las Filipinas (1565-1898)*, Universidad Xiamen, pp. 95-102.
[2] Ibid, p. 101.
[3] Qiu Pu Ya. *Estudios sobre el sistema colonial de la etapa temprana de las Filipinas de España: desde la conquista hasta el siglo XVII*, Yunnan Publish.

de la Iglesia católica, Nueva versión de la Santa Iglesia de Dios,[1] Nueva versión de las palabras de Dios y Doctrina Christiana, atribuida al misionero español P. Juan Cobo,[2] constituyen la fundación histórica de las publicaciones en chino en Filipinas. Fang Hao realizó varios estudios preliminares con respecto a este conjunto y sobre la *Doctrina cristiana*

---

[1] Alberto Santamaria, O. P. en 1986 imprimió este libro, lo tradujo página por página, y redactó un prólogo extenso. Pan Beishu. *Interpretación preliminar de P. Juan Cobo sobre la "Verdadera historia de la Iglesia ortodoxa"*, citado por Wang Xiaochao y Yang Xinan, (2006), *La fe y la sociedad*, Universidad Normal de Guangxi; Chen Qingha, (2011), «El primer libro chino traducido en lengua occidental 'Espejo rico del claro corazón'», Taipei: *Chung Wai Literary Quaterly*, no. 4; Liu Limei, (2005), «Un encuentro entre el oeste y el este: obsevaciones sobre los prejuicios y opiniones desde un punto de vista religioso, a través de las dos versiones traducidas del *Espejo rico del claro corazón* durante la Edad de Oro en España», Taipei: *Chung Wai Literary Quarterl*, vol. 33, no. 10.

[2] Domingo Coronado. Traducido por Zhou Zhebhe y Xu Wenkan. *Sacerdote español en el Lejano Oriente: P. Juan Cobo y sus «Verdaderas cuentas» publicadas*. Citado por Huang Shijian (2011) en *Estudios del intercambio cultural entre el Oeste y el Este*, vol. 2, Literatura y arte de Shanghai, pp. 381-382. Jiang Wei, *Activo en países asiáticos el misionario de la Orden de Predicadores: P. Juan Cobo*. Citado por Zhang Xiping y Luo Ying (2012) en *El encuentro temprano de Asia oriental y Europa: Historia del intercambio cultural entre el Oeste y el Este*, Universidad Normal del Este de China.

en particular.[1] Aunque fue W. E. Retana (1862-1924) quien primero se refirió a dichas obras en su libro publicado en Madrid, en español, en 1911,

---

[1] Veáse Fang Hao: *Una observación sobre la relación entre España y China durante la dinastía Ming y Qing a través de los clásicos libros chinos, Impresión de los libros chinos en Manila durante el emperador Wanli*; veáse *Los 60 artículos seleccionados por Fang Hao*, segundo tomo, Taipei: Compañía de libros para estudiantes taiwaneses, 1969, pp. 1487-1517, 1581-1524; *Términos y costumbres especiales de la iglesia ultramar en Manila en los últimos años de la dinastía Ming: estudio comparativo de Nueva versión de la Santa Iglesia de Dios y Doctrina Christiana en Lengua China, Estudio sobre los libros chinos imprimidos durante la colonización de la dinastía Ming en Luzón y hoy conservados por la Universidad Leiden Han, Estudio sobre Luzón y la impresión de la dinastía Ming «Verdadera cuenta de la Iglesia católica»*, véase *Pendientes por confirmar de 60 a 64 artículos seleccionados por Fang Hao*, Taipei: Compañía de libros para estudiantes taiwaneses, 1974, pp. 437-453, pp. 455-470, pp. 471-485; Carlòs Quirino, traducido por Wang Yanqiu: *Un estudio sobre «Verdadera cuenta de la Iglesia católica»*, citado en *Revista continental* de Taiwán, 1963, vol. 26, no. 8; Henri Bernard, (1942), *Les origins chinoises de l'imprimerie aux Philippines*, Monumenta Serica, V. 7, pp. 312-314; Van der Loon, (1966), *The Manila Incunabula and Early Hokkien Studies*, Asia Major, V. 12, part 1, New Series; Qi Zhifen: *La relación entre China y Filipinas y la transmisión de la tipografía china en Manila,* citado en *Documento*, en total son 38 volúmenes, 1988, vol. 4, pp. 544-556; Zhang Xiumin, (2006), *Historia de la impresión china* (segundo tomo), Hangzhou: Editorial de libros antiguos de Zhejiang, pp. 671, 699; Pan Jixing, (2002), *Los cuatro inventos de la Antigua China – origen, difusión e influencia*, Hefei: Editorial de la Universidad de Ciencia y Tecnología de China, pp. 419-423; Jiang Hua: *Hablar sobre los tres libros de Gong Rong inscritos en 1593*, citado en http://blog.sina.com.cn/s/blog_4db6170b010089k8.html; Zou Zhenhuan: La cultura china y occidental dio resultados florecientes en las islas Filipinas ——*Gong Rong como el antepasado de la impresión filipina y P. Juan Cobo como escritor de «Verdadera cuenta de la Iglesia católica»* (libro de muestra), Publicaciones históricas chinas e intercambio cultural del este asiático, «La historia de la impresión china y el intercambio cutural en Asia oriental», Seminario académico internacional, 2008.

Orígenes de la imprenta filipina: investigaciones históricas, bibliográficas y tipográficas, donde menciona la versión en tagalo, español y chino de este libro. En 1924, el sinólogo francés Paul Pelliot (1878-1945), en la revista *T'oung Pao*, vol. 23, mencionó en la nota 1 al pie de la página 356 que la referencia de la Biblioteca Apostólica Vaticana «Racc. Gen., Oriente, III, 246 (12)» trata de un libro de los dominicos en Manila, imprimido xilográficamente en Manila por el chino Keng Yong, con la página del título en español y 31 páginas en chino y que debe ser la *Doctrina Christiana en letra y lengua China*, aunque lo dejó a un lado porque se había imprimido en Manila, en ese momento no objeto de su estudio, y no en China. Pero en el año 1947, la Biblioteca del Congreso de Estados Unidos, en Washington D. C., publicó una edición facsímil de la primera obra imprimida en Manila en 1593: «Anonymous, produced by Jeroen Hellingman. Tamiko I. Camacho, and the PG Distributed Proofreaders Team, *The First Book Printed in the Philippines. Manila, 1593*. A Facsimile of the Copy in the Lessing J. Rosenwald Collection Library of Congress, Washington». Esta obra incluía el texto original integro. En la introducción a dicho libro, Edwin Wolf hizo un estudio detallado. Fue en ese momento cuando se descubrió este libro en el campo académico. En mi artículo, «Un estudio sobre los primeros libros chinos publicados en Filipinas: *Nueva versión de las palabras de Dios*»[1] ya lo mencioné. El sinólogo de origen holandés y profesor en Oxford, Piet van der Loon,[2] ya fallecido, es quien más han profundizado sobre este libro.

Este es un facsímil, con un total de 33 páginas. La primera página está en blanco y la portada está escrita en español.

---

[1] Zhang Xiping, (2010), «Estudio sobre la tipografía temprana en Filipinas: especialmente sobre el libro *Nueva versión de las palabras de Dios*», *Estudios sobre el Océano Sureste*, volumen 3.

[2] Piet van der Loon, *The Manila Incunabula and Early Hokkien Studies,* Asia Major, volume XII-XIII.

Panel VII La España del siglo XVI, pionera en los estudios de sinología. Coetáneos y sucesores de Diego de Pantoja

Doctrina Christiana
En letra y lengua china, compuesta por los padres ministros de los sangleyes, de la orden de Santo Domingo.
Con licencia, por Keng Yong china, en el Parian de Manila.

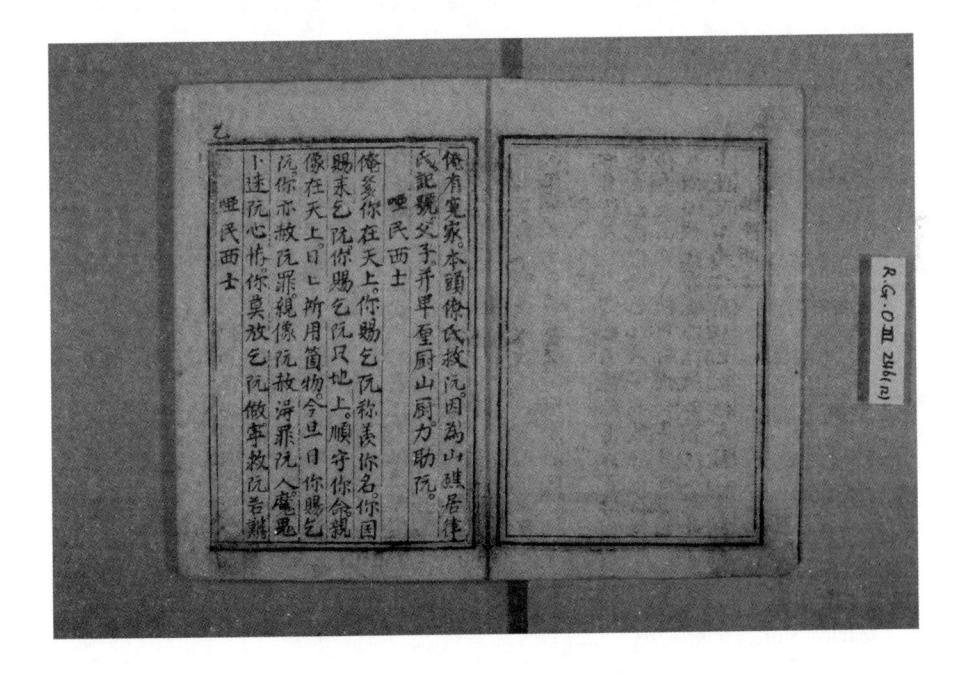

El libro que aparece en la ilustración está escrito en chino, con un total de 31 páginas. El texto dentro de cada página está enmarcado entre dos líneas, 16,3x11 cm. Cada página tiene 9 líneas y 16 caracteres por línea. La única versión conocida está archivada en la Biblioteca Vaticana (Vatican Library, Riserva. V, 73).[1]

Esta copia, conservada en la Biblioteca Vaticana, fue mencionada por primera vez por el sinólogo francés Pelliot en un artículo suyo, publicado en la revista *T'oung Pao* en 1924. En la última página de este libro hay una ficha escrita por un bibliotecario de la Biblioteca del Congreso:

> Doctrina Christiana. In 1948 Lessing J. Rosenwald came into possession of the only known copy of the hitherto lost Doctrina Christiana published in Manila in 1593. Mr Rosenwald not only added this copy to the Lessing J. Rosenwald Collection in the Library of Congress, but published a facsimile which the Library has since distributed. The interest excited by this discovery has led to renewed search for the Chinese edition of the same book printed at the same time. In an article on 'Two Rare Documents" by Mr. Carlos Quirino which appeared in the Manila Sunday Times Magazine for February 12, 1950 the discovery of a copy of the Chinese edition of the Doctrina in the Vatican Library is recounted. Like the Spanish-Tagalog Doctrina the Chinese edition is also

---

[1] Mentioned by P. Pelliot in *T'oung pao* 23, 1924, 356, note 1. The titlepage is reproduced by Anmnio Graiño in *Archivo lbero-Americano*, Second Serics I, 1941, 451. The complete text has been photolithographically reprinted in *Doctrina christiana: Primer libro impreso en Filipinas*. Facsímil del ejemplar existente en la Biblioteca Vaticana, con un ensayo histórico-bibliográfico por Fr. J. Gayo Aragón, O.P., y observaciones filológias y traducción española de Fr. Antonio Dominguez, O.P. Manila; Imprenta de la Real y Pontificia Univenidad de Santo Tomás de Manila, 1951. A facsimile is also provided by Carlos Sanz, *Primitivas relaciones*.

xylographic (i. e., printed from hand-carved wood blocks). But whereas in the Spanish-Tagalog edition there is no indication of who made the book, the Chinese version states that it was executed by Keng Yong, a Chinese, in the Chinese quarter of the Parian, northeast of the walled city of Intramuros.

Da: *The Library of Congress information bulletin*; vol. 9, no. 13, March 27, 1950, p.24.

Este texto escrito por el bibliotecario fue transcrito en un documento el 27 de marzo de 1950. Esta información nos ofrece dos datos muy importantes, que el documento fue publicado en 1593 y que se publicó en el Parián, al noroeste de la ciudad amurallada de Intramuros.

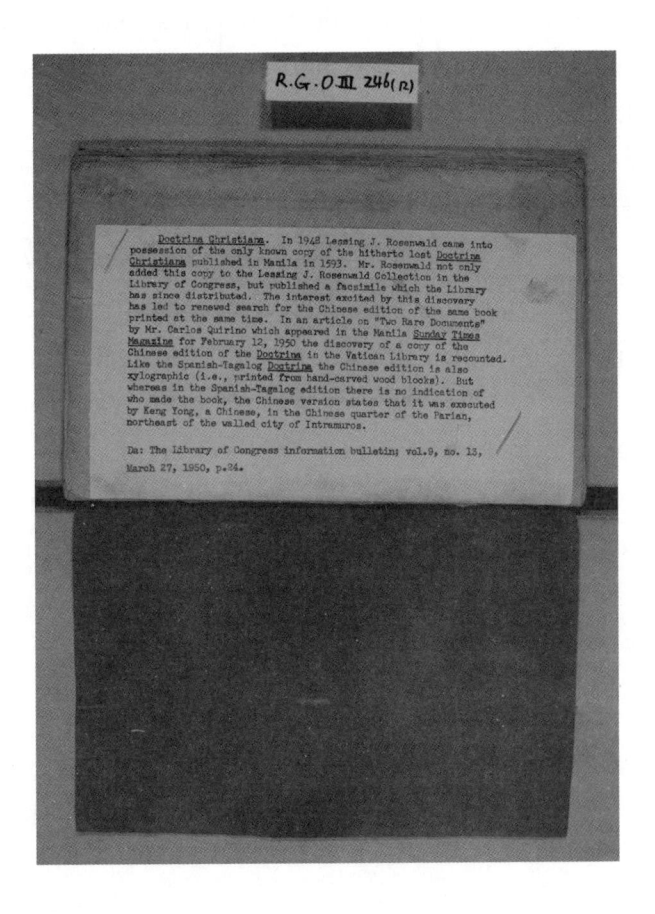

Durante los primeros años de la dinastía Ming (1368-1644), las islas Filipinas entraron dentro de la esfera de influencia política china como uno de los territorios que comenzó a rendir tributo a la dinastía. En *La historia de la dinastía Ming* se dice que «Luzón está situado en el mar del Sur de China y está muy cerca de Zhangzhou. El primer mes del quinto año del emperador Hongwu (reinó entre 1368-1398) llegaron mensajeros a rendir homenaje» (*Historia de la dinastía Ming*, 323 «Biografía de Luzón»). También durante este período los chinos comenzaron a emigrar a Luzón. «Al principio los chinos de Fujian se situaron en las zonas ricas, hubo hasta miles de comerciantes, vivieron mucho tiempo y no regresaron, incluso nacieron allí sus hijos y nietos» (*Historia de la dinastía Ming*, 323 «Biografía de Luzón»).

En los primeros años del periodo español, los chinos que llegaron a la isla Luzón, pero en especial a Manila, fueron, sobre todo, comerciantes y gentes de un bajo estrato social. Los misioneros, y en especial la Orden de Predicadores o Dominicos, principales encargados de predicar a la población china, tuvieron que adoptar un método adecuado a las características de esta población. Así pues, en la *Doctrina cristiana* «se pueden ver en todas partes unos caracteres simplificados; si bien en la primera parte se termina con una forma de pregunta y respuesta, se caracteriza por los caracteres de uso exclusivo en el dialecto *minnan* de la dinastía Ming en todo el texto».[1]

¿Quién es el autor de este libro? La portada alude a los misioneros de la Orden de Predicadores que trabajaban junto con los chinos, pero no ofrece datos exactos. Ya que la traducción de este manual fue uno de los primeros trabajos de los misioneros que se realizó en Manila, se debe prestar

---

[1] Van Der Loon, (1967), *Libros incunables de Manila y primeros estudios del dialecto Hokkien* (THE MANILA INCUNABULA AND EARLY HOKKIEN STUDIES), traducido por Liu Meihu. Revisado por Zhang Xiping, *Asia Major* vol XII Part 1.

atención a los misioneros de la Orden de Predicadores que predicaron a los chinos entre 1587 y 1595. El sinólogo van der Loon opina que a través de los estudios publicados sobre este tema, podemos llegar a la conclusión de que «hay cuatro misioneros destacados: Miguel de Benavides, que debería ser el autor original; P. Juan Cobo, que probablemente haya hecho algunas modificaciones al contenido; y, por último, Domingo de Nieva y Juan Maldonado de San Pedro Mártir,[1] que revisaron el libro. Todos ellos miembros de la Orden de Predicadores. Cuando volvemos a estudiar este tema, no podemos pasar por alto la información que nos ofrece el texto, ni el nivel lingüístico de estos cuatro misioneros».[2]

Según van der Loon, Benavides nació en 1552 y murió en 1605. Fue uno de los primeros miembros de la Orden de Predicadores en llegar a Manila, en 1587, y llegó a ser obispo de la diócesis. Juan Cobo llegó a Manila al año siguiente, por lo tanto, en ese momento, su conocimiento del idioma chino no podía ser tan bueno como el de Benavides. El padre Miguel de Benavides predicaba la doctrina cristiana en forma de preguntas y respuestas en chino, y además, redactó una doctrina en chino. «Aún no entiendo este idioma, pero a Dios yo sirvo, por lo tanto, creo que en corto tiempo he logrado cierto éxito», así le decía en la carta a un amigo mexicano en julio de 1589. No es del todo seguro si Benavides redactó esta versión, pero, ¿es posible escribir tal texto en chino tras haberlo aprendido en menos de dos años? Ciertamente es algo que ponemos en duda. El chino de P. Juan Cobo avanzó rápidamente. Para aprender la lengua, intentaba leer algunos libros en chino, así lo describe en sus cartas. Con la ayuda de los chinos residentes en Manila comenzó a traducir él mismo; entre los

---

[1] Gayo, *Dotrina Christiana*, pp. 60-69.

[2] Van Der Loon, (1967), *Libros incunables de Manila y primeros estudios del dialecto Hokkien* (THE MANILA INCUNABULA AND EARLY HOKKIEN STUDIES), traducido por Liu Meihu. Revisado por Zhang Xiping, *Asia Major* vol XII Part 1.

libros que tradujo se encuentra *Una guía sobre China*. Intentó corregir los malentendidos entre los extranjeros sobre los caracteres chinos. Al respecto, Cobo comentaba: «De hecho, los símbolos que usan a diario no son tan difíciles, y se pueden clasificar los más usados. Estamos escribiendo una lista de palabras, para que los que lleguen luego no se desanimen por esta lengua como nosotros». Aunque los caracteres chinos eran muy complicados, y los chinos que llegaron a vivir en Manila eran de clase baja, había pocos analfabetos entre ellos.

Van Der Loon opina que «en resumen, *Doctrina christiana en letra y lengua china* es un texto mezclado. La primera parte pudo ser traducida al chino por Benavides y Juan Cobo hacia el 1587; el resto es mayoritariamente la traducción del Santo Rosario, que es una traducción aparte, y que no se tradujo antes del siglo XVII. La publicación de este libro no se realizó bajo la estricta supervisión de la Orden de Predicadores, sino que fue publicada por chinos no cristianos. Es difícil determinar la fecha de la impresión, pero se supone que debe ser antes de 1607».[1]

A propósito de este libro, Fang Hao realiza una breve presentación de Juan Cobo en su *Biografía de la Historia Católica China*.[2] Fang Hao está muy seguro que el autor de este libro es Juan Cobo.

La *Doctrina cristiana* se compone de 31 párrafos. A continuación se muestran algunas partes del texto:

Primer párrafo: Tengo fe. Dios me salva. Por la señal de la Santa Cruz. En el nombre del Padre, y del Hijo, y del Espíritu Santo. Amén

---

[1] Van Der Loon, (1967), *Libros incunables de Manila y estudios tempranos del dialecto de Fujian* (THE MANILA INCUNABULA AND EARLY HOKKIEN STUDIES), traducido por Liu Meihu. Revisado por Zhang Xiping. *Asia Major* vol XII Part1.

[2] Fang Hao, (1988), *La historia católica en China* (Primer tomo), Librería Zhonghua, pp. 84-85.

Jesús.

Segundo párrafo: Padre nuestro que estás en el cielo, santificado sea tu nombre. Venga a nosotros tu reino. Hágase tu voluntad, así en la tierra como en el cielo. El pan nuestro de cada día dánoslo hoy. Y perdona nuestras ofensas, así como nosotros perdonamos a los que nos ofenden. No nos dejes caer en la tentación. Líbranos de mal. Amén Jesús.

Tercer párrafo: Santa María. Dios te protege. Llena eres de gracia. El Dios está en tu corazón. Dios te bendice más que a todas las mujeres. Y a tú hijo Jesús, Dios también le bendice. Santa María. Virgen. Madre de Dios. Ruega a Dios por nosotros pecadores. Amén Jesús.

Sexto párrafo: Dios tiene catorce obras. Todo el mundo tiene que creer. Los primeros siete son para conocer a Dios a fondo:

Primero: Creer en Dios, todopoderoso.

Segundo: Creer en Dios que es Padre.

Tercero: Creer en Dios que es Hijo.

Cuarto: Creer en Dios que es Espíritu Santo.

Quinto: Creer en un Dios que convierte en universo.

Sexto: Creer en un Dios que perdona a los pecadores.

Séptimo: Creer en Dios que otorga las bendiciones del cielo a la gtente buena.

Los siete posteriores: Conocer a Jesucristo y sus actos:

Primero: Creer en Jesucristo que es Hombre concebido en el vientre de Santa María Virgen por obra del Espíritu Santo.

Segundo: Creer en Jesucristo que nació de Santa María Virgen.

Tercero: Creer en Jesucristo que sufrió y murió crucificado, es sepultado en una cueva. Por el perdón de los pecados, salva a los hombres y asciende a los cielos.

Cuarto: Creer en Jesucristo que fue enterrado. Obtuvo el espíritu. Esperamos su llegada y su resurrección.

Quinto: Creer en Jesucristo que al tercer día resucitó.

Sexto: Creer en Jesucristo que subió a los cielos y está sentado a la derecha de Dios, Padre todopoderoso.

Séptimo: Creer en Jesucristo que ha de venir a juzgar a vivos y muertos. Recompensando a las buenas personas ir al cielo para ser bendecidos porque cumplen la ley de Dios. Juzga al pecador que desciende a los infiernos, recibe castigos y no tendrá vida eterna porque habrá profanado la ley. Amén Jesús.

Décimo cuarto párrafo: Enseña los misterios de la doctrina, en total hay ciento cincuenta cuentas en un rosario. Para rezar Ave María, quince cuentas. Es mi Padre celestial. Esta cuenta se divide en tres partes. La primera parte cincuenta cuentas; el Ave María cinco cuentas, es mi Padre celestial, es Santa María. Las primeras doctrinas. Primero: el ángel Gabriel, que bajó del cielo anunciando a Santa María.

Trigésimo primer párrafo: Los que entraron en el templo han sido aceptados por la Santa Iglesia de Dios. Cuando estén a las puertas de la muerte, si no hay Padre que pueda redimir sus pecados, tendrán que mirar hacia arriba y pensar en Dios y esperar que se compadezca de ellos. Amar a los pecadores y también pensarán en sus recuerdos. Los pecados que se hayan cometido derivarán en dolor en el corazón porque hemos ofendido a nuestro Dios. Se habla del sacrificio en el infierno, pero ofender a Dios es peor que estar en los infiernos. Debería temer a Dios antes que preocuparse por los infiernos. Por eso hay que rogar a Dios el perdón con toda sinceridad, diciendo: Dios, no soy leal. Por mi culpa, por mi culpa, por mi gran culpa. ¡Ay! Dios te he ofendido. Ten piedad de mí. Dios es mi verdadero Padre. Perdona mis pecados. Estoy arrepentido. Tengo que cambiar. Nunca osaré ofenderte de nuevo. Cuando me encuentre con el Padre, le confesaré mis pecados. Si alguién reflexiona y se arrepiente de sus pecados, siempre deberá leer estas oraciones. Son maravillosas. Pero no se ha de leer hacia afuera, sino de corazón y arrepentirse de los propios pecados. ¡Oh, Dios mío! nunca más volveré a pecar. Y se gozará de una gracia inmensa. Ante el Padre, aunque se haya arrepentido es necesario confesarse, no se puede confesar sin arrepentirse primero.

En resumen. El primer y el segundo párrafo explican la naturaleza de Dios. El tercer párrafo trata sobre la Santa Madre: Santa María. El cuarto párrafo habla de la resurrección de Jesucristo. El sexto párrafo explica que «Dios tiene 14 obras». El séptimo párrafo habla de las «Leyes de Dios, un total de diez». El octavo párrafo habla de leyes de la Santa Iglesia. El noveno párrafo habla de que «la Santa Iglesia tiene siete maravillas». El décimo párrafo explica «La piedad de Dios. Son catorce hechos». El décimo primer párrafo habla de «Las siete causas fundamentales del pecado». El párrafo décimo segundo dice «Soy un pecador». El décimo tercer párrafo habla de los misterios. Del décimocuarto párrafo al decimoctavo se habla de las «Enseñanzas de los misterios de las cuentas». Del decimoctavo al vigésimo tercero párrafo se explica de «la parte del medio y los cinco misterios». Del vigésimo cuarto al vigésimo octavo párrafo habla de una «parte final y de los cinco misterios». El vigésimo noveno párrafo habla de que «la persona que va a rezar cuentas tiene que hacerlo con sinceridad». El párrafo trigésimo habla de que «todos los cristianos rezan a diario». El último párrafo habla de que «el que entra en el templo ya acepta a Dios sagrado».

3. ESTRUCTURA DE LA *DOCTRINA CRISTIANA*

El primer jesuita que llegó a China y residió en el continente fue Michele Ruggieri. Michele Ruggieri comenzó a aprender chino durante su estancia en Macao. En el manuscrito del *Diccionario portugués-chino* en los archivos de los jesuitas en Roma, se conserva la traducción de documentos de la doctrina cristiana que realizó Michele Ruggieri en chino, entre los que se incluyen algunas páginas de «Los Diez Mandamientos».[1] El primer libro en chino de Michele Ruggieri para evangelizar es *Verdaderos registros sobre el Santo Padre*. Actualmente, la comunidad académica reconoce que el libro se publicó en 1583. Cuando Juan Cobo estaba aprendiendo chino empleó la *Nueva versión de los verdaderos registros sobre el Santo Padre*, de Michele Ruggieri como libro de texto, y gracias a ello pudo poner en práctica la obra misionera con los chinos.[2]

---

[1] Véase Zhang Xiping, (2009), *Historia de la sinología europea temprana: intercambio cultural entre China y Occidente y el surgimiento de la sinología occidental.* Beijing: Editorial Zhonghua.

[2] Jiang Wei, «Misioneros en activo en países de Asia oriental: Juan Cobo», recogido en Zhang Xiping, Luo Bao (ed.), (2012), *El encuentro temprano de la cultura de Asia oriental y europea: la historia de los intercambios culturales entre Oriente y Occidente*, Universidad Normal de China Oriental.

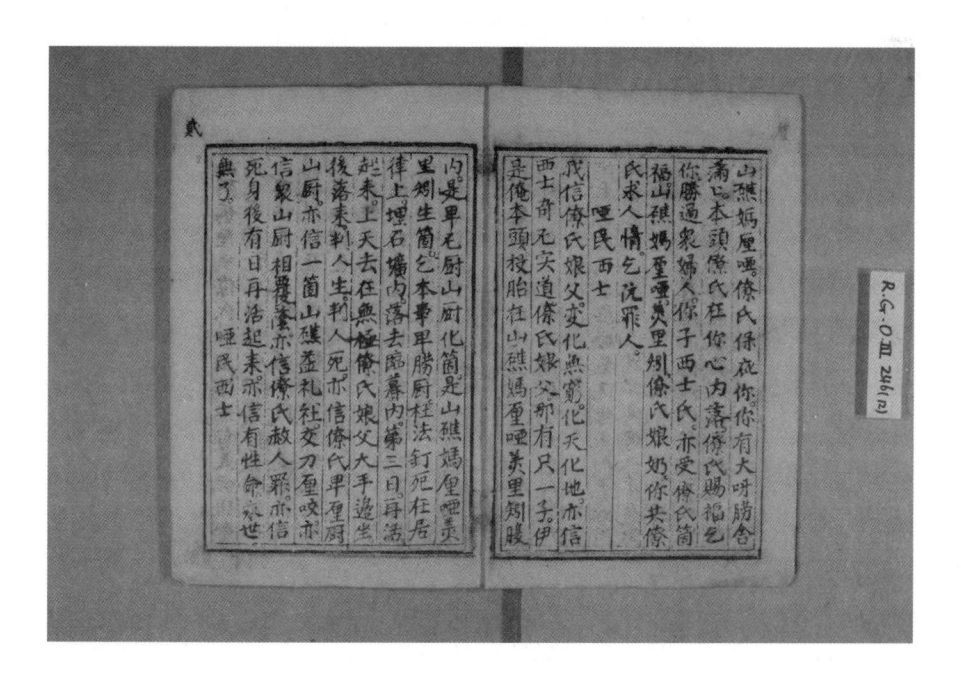

Panel VII La España del siglo XVI, pionera en los estudios de sinología. Coetáneos y sucesores de Diego de Pantoja

A continuación se compara la estructura de *Doctrina cristiana* de Juan Cobo con el *Verdaderos registros sobre el Santo Padre* de Michele Ruggieri:

	Verdaderos registros sobre el Santo Padre de Michele Ruggieri	**Doctrina cristiana de Juan Cobo**
1	Verdaderos registros sobre el Santo Padre	Del primero al segundo párrafo se explica la naturaleza de Dios
2	En verdad hay un Dios	El tercer párrafo habla sobre la Santa Madre (Santa María)
3	Cuestiones relacionadas con Dios	
4	Se explica que el mundo quiere conocer a Dios	Del cuarto al quinto párrafo habla de «Resureccion de Jesús y de la Santa Madre»
5	Dios crea al hombre, a los animales y las cosas	El párrafo sexto habla de «los catorce hechos de Dios»

Continuación del cuadro

	***Verdaderos registros sobre el Santo Padre* de Michele Ruggieri**	***Doctrina cristiana* de Juan Cobo**
6	Capítulo sobre Adán	El párrafo séptimo explica que «Las leyes de Dios son diez»
7	El alma de los seres humanos no muere y diferencias con la de los animales	El párrafo octavo habla de «Leyes de la Santa Iglesia»
8	Se explican cuatro reglas del matrimonio	El párrafo noveno habla de la «Santa Iglesia tiene siete maravillas»
9	Desde los tiempos antiguos hasta hoy, Dios ha señalado tres restricciones a la regla.	El párrafo diez explica que «Dios enseña al hombre catorce hechos para ser piadosos»
10	Dios da normas al hombre por tercera vez	El decimoprimer párrafo habla de «El origen de los siete pecados»
11	Se explica al hombre los reglamentos por tercera vez	El párrafo decimosegundo habla de «Soy un pecador»
12	Explica que la gente tiene que creer en Dios con devoción; los Diez Mandamientos de Dios	El decimotercer párrafo habla de «Preguntas y Respuestas»
13	Explica la primera inscripción lapidaria	Del párrafo decimocuarto al decimoctavo habla sobre «Enseñar los misterios de las cuentas»
14	Explica que en la segunda inscripción lapidaria de Dios hay siete instrucciones; explica el camino de práctica y ascensión	Del párrafo decimonoveno al vigésimo tercero habla de «Una separación en el medio. Hay cinco puntos»
15	Explica que el bautismo quita el pecado original	Del párrafo vigésimo cuarto al vigésimo octavo habla de «Una separación al final. Hay cinco puntos»

Continuación del cuadro

	***Verdaderos registros sobre el Santo Padre* de Michele Ruggieri**	***Doctrina cristiana* de Juan Cobo**
16	Dios transmite los Diez Mandamientos	El párrafo vigésimo noveno explica que «Quien quiera rezar con el rosario debe santiguarse primero con devoción»
17	Rezar	El párrafo trigésimo habla de «Todos los cristianos rezan a diario». El último párrafo explica que «El que entra en el templo ya acepta a Dios sagrado»

En la estructura se incluyen los siguientes puntos: la señal de la cruz, el Padre Nuestro, el Santo Rosario, el Credo de los Apóstoles, los catorce actos de Fe, los Diez Mandamientos, los mandamientos de la Iglesia, los Sacramentos, las buenas obras, los Siete Pecados Capitales, la Penitencia y preguntas y respuestas.

A continuación comparamos la *Doctrina cristiana* de Juan Cobo con el *Pacto bíblico* de Matteo Ricci:

Parte de la estructura del Credo en el *Pacto bíblico* de Matteo Ricci:

Creo en el Todopoderoso: Dios Padre (en chino transcrito *Padele*, Padre, la primera persona de la Trinidad), creador del cielo y de la tierra.

Yo creo en el Hijo único (en chino transcrito *Feilüe*, Hijo, la segunda persona de la Trinidad), Jesucristo (en chino transcrito *Yesuqilisidu*, en los ritos antiguos es un rey, el que recibe y transmite el aceite sagrado; el sacerdote lo transmite mediante el aceite sagrado), es mi Dios.

Yo creo que por la gracia del Espíritu Santo (en chino transcrito *Wuxing lingsheng*, Espíritu sin forma, la tercera persona de la Trinidad) nació de Santa María.

Yo creo que padeció bajo el poder de Poncio Pilato (funcionario de la época) fue crucificado, muerto y enterrado.

Yo creo que descendió a los infiernos y al tercer día resucitó de entre los muertos.

Yo creo que subió a los cielos y está sentado a la derecha de Dios Padre todopoderoso.

Yo creo que ha de venir a juzgar a vivos y muertos.

Creo en el Espíritu Santo.

Yo creo en la Santa Iglesia Católica (transcrito en chino *Egelexiya*, así se llama a todas las iglesias) la comunión de los santos.

Yo creo en el perdón de los pecados.

Yo creo en la resurrección de la carne.

Yo creo en la vida eterna.

Amén.

Parte de la estructura del Credo en la *Doctrina cristiana* de Juan Cobo:

Primero, creer en Dios Todopoderoso;

Segundo, creer en Dios, que es Padre;

Tercero, creer en Dios, que es Hijo;

Cuarto, creer en Dios, que es Espíritu Santo;

Quinto, creer en Dios, que es Creador del universo;

Sexto, creer en Dios, que puede perdonar los pecados;

Séptimo, creer en Dios, los misericordiosos tendrán bendiciones en el cielo.

Además, hay también diferencias estructurales en el contenido:

En el *Pacto bíblico* de Matteo Ricci se incluyen los siguientes textos: «El Padre Nuestro», «El santo Rosario», «Los diez Mandamientos», «El Credo», «La Señal de la Cruz», «Obras de Misericordia Corporales y Espirituales», «Las Bienaventuranzas», «Los siete pecados capitales»,

«Gloria al Padre», «Las Cinco heridas en el cuerpo», «Las Cinco llagas de Jesús».

En *Doctrina cristiana* de la Orden de Predicadores se incluyen los siguientes textos: «El Padre Nuestro», «El santo Rosario», «Los diez Mandamientos», «El Credo», «La Señal de la Cruz», «Obras de Misericordia Corporales y Espirituales», «Las Bienaventuranzas», «Los siete pecados capitales» y «Gloria al Padre»; no se incluyen «Las Cinco heridas en el cuerpo» ni «Las Cinco llagas de Jesús». La parte final de la *Doctrina cristiana* contiene unos diálogos de preguntas y respuestas, y en el *Pacto bíblico* de Matteo Ricci no se incluyen, pero más tarde fue aprobado por Matteo Ricci la inclusión de «Preguntas y respuestas» en el *Catecismo* para todo el país, cuyo contenido en general es similar a la *Doctrina cristiana* de la Orden de Predicadores, sin embargo es más rico en contenido el *Catecismo*.[1]

«Las Reglas Sagradas» no se incluyen en el *Pacto Bíblico* de Matteo Ricci, sino que se incluyeron posteriormente en el *Catecismo*, sin embargo en la *Doctrina cristiana* de la Orden de Predicadores sí que se incluyen, bajo el título «Las cinco reglas de la Santa Iglesia».

La Orden de Predicadores introduce las reglas bíblicas combinando también las circunstancias específicas de lugar, como por ejemplo, en el *Catecismo* de los jesuitas se narran muy brevemente las reglas de la Biblia. «Primero, en el día del Señor, que es el día del júbilo, también es el día de Misa. Cuarto, recibir Eucaristía al menos una vez, una vez al año significa resurrección».

En la *Doctrina cristiana* la cuarta regla es: «la Santa Iglesia enseña a las personas a reducir su ingesta en algunos días determinados, y no deben tampoco comer comida grasienta. El quinto, los productos de la tierra hay

---

[1] Matteo Ricci. *Pacto bíblico*, citado por Zhong Mingdan y Du Dingke, (2002), en *Documentos católicos de la dinastía Ming y Qing archivados en Roma por los jesuitas*, primer tomo, pp. 359-364. Instituto Ricci en Taiwán.

que ofrecerlos al templo y dar gracias a Dios por la Eucaristía».

Esto no aparece en todos los documentos jesuitas, lo que demuestra que los dominicos realizaron una serie de cambios a las reglas occidentales originales en función de las condiciones de Luzón. También agrega la ofrenda, que es muy similar al diezmo occidental.

En Occidente existe la tradición del «diezmo», según el contenido del Antiguo Testamento de la Biblia, los levitas o asistentes de los sacerdotes deben obtener una décima parte de las ofrendas. En la Edad Media, la iglesia occidental utilizó este sistema como un estándar para que las personas aporten ofrendas a la Iglesia. Desde el siglo VIII, las leyes seculares en Europa han apoyado la implementación de los diezmos.

A partir de esto, se puede ver que los textos fundamentales utilizados por los jesuitas en China y los misioneros dominicanos que llegaron a Filipinas para evangelizar deberían ser muy similares. Quizás al provenir de diferentes países, han de hacer frente a distintos problemas y culturas. En ambos casos se introduce el *Catecismo* como texto básico religioso, pero aún hay muchas diferencias en cuanto a la elección del contenido.

4. ESTUDIO DE LA TERMINOLOGÍA DE LA *DOCTRINA CRISTIANA*

Como puede verse en la introducción anterior, al traducir de las lenguas europeas al chino, esta lengua no era el mandarín oficial de la capital Nanjing, sino que se traduce de acuerdo con los dialectos locales. En este sentido, el profesor Long Peter de la Escuela de Estudios Asiáticos y Africanos del Reino Unido ha analizado y estudiado este documento desde una perspectiva lingüística. Primero hizo una transcripción fonética del texto completo. A continuación se presentan las transcripciones fonéticas realizadas por Long Peter para facilitar nuestra comprensión del vocabulario de los textos.

- Yo tengo fe. Dios me enseña. Por la señal de la Santa Cruz.

guan u   uan ke   pun tao Diosi kiu guan yn ui Santa Cu-lusi   ki ho
guan u   uan que   pun tau Diosi quiu guan in ui Santa Co-lutsi qui ho

- En el nombre del Padre del Hijo y del Espíritu Santo. Ayúdame. Amén Jesús.

pe   kia   pen   Pintu   Santo   lar chan guan   Amen Jesus
pĕ   qia   pen   Pilitu Santo   lat chan guan   Amen Jesu

- Padre nuestro, que estás en el cielo, santificado sea tu nombre; venga a nosotros tu reino;

lan tia lu tu t'i chǐó   lu su kir   guan cheng suan lu mia   lu cog su lay kir guan

guan tia lu   tu ti   chio   lu su quit guan cheng zoan lu mia   lu cog su lay qit guan

- Hágase tu voluntad en la tierra como en el cielo.

lu   su   kir   guan chi tey chio sun siu lu beng chin chio tu t'i chio
lu   su   qit   guan chi tey chio zun siu lu beng chin chio tu t'i chio

- Danos pan de cada día; perdona nuestra ofensas,

ýit ýit sei ong ge mi   kin   toa   ýit lu sǔ kir   guan lu ya sia guan chue
xit xit sou iog gue mi quin toa xit lu su quit guan lu ya sia guan chei[1]

---

[1] Origenally chei cua, bua cua cross out, probably chue intended.

- como también nosotros perdonamos a los que nos ofenden; no nos dejes caer en la tentación

chin chio guan sia teg chue guan lang mo cuy po   bee guan sim chun
chin chio guan sia teg chue guan lang mo cuy bue bey guan sim chun

- y líbranos del mal. Amén Jesús.

lu bo pang kir guan cho leng quiu guan cou lan   Amen Jesus
lu bo pang qit gua   cho leng quiu guan cou lan   Amen Jesu

- Santa Maria. Dios te salve. Llena eres de gracias.

Santa   Maria   Diosi po pi   lu   lu   u   toa   Gala-cia moa moa
Sancta Malia   Diosi po pi   lu   lu   u   toa   Gala-cia moa moa

- Dios (el señor es) contigo. Dios te bendice.

pun   tao Liosi   tu lu sim lay lo   Diosi su hoc kir   lu
pun   tao Diosi   tu lu sim lay lo   Diosi su hoc quit lu

- Mejor que todas las mujeres, Tu hijo, Jesús. También es bendecido por Dios.

seng que chiong hu xin lu kia Jesusi   ya siu Diosi ge hoc
seng cue chiong hu xin lu qia Jesu   ya siu Diosi gue hoc

-Santa María, Madre de Dios, ruega por nosotros

Santa   Maria   Virigen   Diosi nio ley   lu cang Diosi   kiu xin cheng
Santa   Maria   Viligen   Diosi nio ley   lu cang Diosi quiu xin cheng

- los pecadores. Amen Jesús.

kir   guan chue lang   Amen jesus
quit guan chue lang   Amen jesus

- Yo creo en Dios, Padre todopoderoso. Creador del cielo y de la tierra. También creo en Jesucristo.

gua sin Diosi nio pe pieng hǔa bu kiong hua ti hǔa tey ya sin Jusu Kiristo

gua sin Diosi nio pe pian hua bu kiong hu ti hua tey ya sin Jusu Ciristo

- Dios Padre tiene un solo hijo. Es mi Dios todopoderoso.

Diosi nio pe na u chi cheng kia y si lan pun tao

Diosi nio pe na u chi cheng kia y si lan pun tao

- Concebido en el vientre de santa María Virgen.

táu t'e tu Santa Maria Virigen pâg lay

táu t'e tu Santa Maria Virigen pâg lay

- Es dado por Espíritu Santo. Nació de Santa María Virgen.

si Piritu Santo hua gē si Santa Maria Virigen se ge

si Pilitu Sancto hua ge si Santa Malia Viligen se ge

- Fue crucificado por Poncio Pilato, muerto y sepultado.

kir Punsu Pilatoong huar teng si tu Culut chiõ bai chio cong lay

quit Poncio Pilatoong huar teng si tu Culut chio bay tu[1] chio cong lay

- Descendió al limbo. Al tercer día resucitó.

lo cu Lim bong lay tey sā xit chai ua ki lay

lo cu Lim bo lay tey sa xit say ua qui lay

---

[1] En.

- Subió a los cielos y está sentado a la derecha de Dios, Padre todopoderoso. Vendrá a nosotros.

chiō t'i cu tu bu kee Diosi nio pe toa chiu pi che au lo lay
chio ti cu tu bu quee Diosi ni pe toa chiu pi che au u xit[1] lo lay

- A juzgar a vivos y muertos. Tambien creo en el Espíritu Santo.

poa lang sē poa lang si ya xin Diosi Piritu Santo
poa lang se poa lang si ya xin Diosi Pilitu Sancto

- También creo en una Santa Iglesia Católica. También creo en la comunión de los santos.

ya sin cheg gē Santa Eclesia Catolica ya sin chiong Santo sa hoc im
ya sin cheg ge Santa Yglesia Catolica

- Creo en Dios que perdona a los pecados. También creo que resucitó después de morir.

ya sin Diosi sia lang chue ya sin si sin au xy[2]t chay ua ki lay ya sin u se mia
ya sin Diosi sia lang chue ya sin si sin au xit chay ua qui lay ya sin u se mia

- También creo la vida eterna. Amén Jesus.

eng si bo liau Amen jesus
en si bo liau Amen jesus

---

[1] Un día.
[2] x escrita originalmente v.

- Santa María, Madre de Dios, eres mi Madre.

Santa Maria Diosi seng bo nio nio lu sy guan nio ley

Santa Malia Diosi seng bo nio nio lu si guan nio ley

- Ten misericordia de mí. Te adoramos dulzura y te esperamos,

chu pi co leng guan guan sio lu sim ti   guan giang bong lu

chu pi co leng guan guan sio lu sim ti   gu   guan bong lu

- Dios te salve, Santa Madre. Somos hijos de Eva.

qúa cou lu   sen   bo nio nio guan si Eba   kia   sun

cua cou lu   seng bo nio nio guan si Eva   quia sun

- Somos pecadores. A ti llamamos. Estamos en este mundo difícil.

guan si pieng hue lang cui sia kio lu guan chi si chio can lan sou chay

guan si pien   hue lang cui sia quio lu guan chi tey[1] chio can lan sou chay

- A Ti suspiramos. Señora abogada nuestra, vuelve a nosotros esos tus ojos misericordiosos.

tôu cui che cuy it tio lu   lu si guan yn lang chu pi bac chiu qua cou guan

tou cuy che cu   it tio lu   lu si guan yn lang chu pi bac chiu cua cou guan

- Después de este destierro, muéstranos a tu hijo, Jesús. Santa María.

guan pien hue moa liao su kir guan ki lu kia Jesusi Santa Maria

guan pien hue moa liao su quit guan qui lu kia Jesusi Santa Malia

---

[1] Lugar.

- Eres clemente, piadosa, intercedes por los pecadores ante Dios.
lu chia si chu sim lu cang Diosi kiu xin cheng
lu chia si chu sim lu cang Diosi quiu xin cheng

- Pedimos a Jesucristo que nos bendiga. Amén Jesús.
kir guan siu Jesu Kirisito sou guan gĕ hoc   Amen Jesus
quit guan siu Jesu Cirisito sou guan gue   hoc   Amen Jesus

- Dios tiene catorce hechos. Todo el mundo tiene que creer. Los primeros siete son para conocer a Dios a fondo:
Diosi u chap si kia su sit   chiong lang tio sin seng chit kia   kir   lang bar Diosi kin yn
Diosi u chap si kia su sit   chiong lang   sin seng chit quia quir lang bar Diosi quin in

- Primero. Creer que Dios es todopoderoso.
teiit kia   tio sin cheg ui Diosi   bu keg toa pieng hua bu kiong
tei it kia   tio sin cheg ui Diosi   bu keg toa pien   hua bu quiong

- Segundo. Creer en Dios, que es el Padre.
tei xi kia tio sin cheg uiDiosi   ka   ki   si nio pe
tei xi kia tio sin cheg uiDiosi   ca   qui si nio pe

- Tercero. Creer en Dios, que es el Hijo.
tei sā kia tio sin cheg ui Diosi   ka   ki   si kia
tei sa quia tio sin cheg ui Diosi   ca qui si quia

- Cuarto. Creer en Dios, que es el Espíritu Santo.
tei si kia tio sin cheg ui Diosi   ka   ki   si Piritu   Santo
tei siquiatio sin cheg ui Diosi   ka   ki   si Piritu   Santo

- Quinto. Creer en Dios, que es el creador del cielo y de la tierra.
teigou kia tio sin cheg ui Diosi   chua chiá t'i tei ban bur
teigoukiatio sin cheg ui Diosi   hua chia ti tey ban bur

- Sexto. Creer en Dios, que perdona a los pecadores.
teilac kia tio sin cheg ui   Diosi   e sia lang chue
teigoukiatio sin cheg ui   Diosi   ei sia lang chue

- Séptimo. Creer en Dios y que la gente buena goza las bendiciones en el cielo.
tei chit kia tio sin cheg ui Diosi po siang lang chio tí cu siu hoc
tei chit quia tio sin cheg ui Diosiey   lang chio ti cu siu hoc

- Los siete posteriores. Conocer a Jesucristo y seguirlo.
au chit kia kir lang bar lan pun tao Jesu Kirisito   cho lang gē sou kia
au chit quia quir lang bar lan pun tao JesuCirisito   cho lang ge sou kia

- Primero. Creer en Jesucristo que es Hombre.
tei it kia tio sin lan pun tau Jesu Christo cho lang chūn
tei it kia tio sin lan pun tau Jesu Christo cho lang chun

- Concebido en el vientre de Santa María Virgen por obra del Espíritu Santo.
t'āu t'e tu[①] Santa   Maria   Virigen pac lay   si   Piritu   Santo hua ge
tau te tu Santa   Malia   Viligen pag lay   si   Pilitu   Sancto hua ge

---

① 在.

- Segundo. Creer en Jesucristo que nació de santa María Virgen.

tei it kia tio sin lan pun t'au Jesu Kristo si Santa Maria Virigen se ge

tei it kia tio sin lan pun tau Jesu Christo si Santa Malia Viligen se ge

- Tercero. Creer en Jesucristo que sufrió

tei it kia tio sin lan pun t'au Jesu Kristo siu chei chei can lan

tei it kia tio sin lan pun tau Jesu Christo siu chei chei can nan

- y murió crucificado, fue sepultado en una cueva,

kir lang teng si tu Culu chio bai chio cong lay

quit lang teng si tu Colur chio sim[①] bay tu[②] chio cong lay

- por el perdón de los pecados. Salva al cielo el alma.

aysioc lang chue kiu lang sin hun chio t'i cu

aysioc lang chue kiu lang sin hun chio t'i cu

- Cuarto. Creer en Jesucristo que descendió al Limbo.

tei si kia tio sin lan pun tau Jesu Kristo lo cu Limbong lay

tei si quia tio sin guan pun tau Christo Jesu lo cu Limbou lay

- En la antigüedad alcanzó la trinidad. Esperamos su llegada y su resurrección.

De acuerdo con la transcripción fonética de Long Peter, podemos clasificar el vocabulario chino del dialecto de Minnan en función de la traducción del español al chino.

---

① 身.
② En.

Tabla comparativa de la transliteración entre chino y español de la *Doctrina Cristina* de Juan Cobo

Original	Español	Chino (Católico)
本头僚氏 Běn tóu liáo shì	Dios	吾主天主 Mi Dios todopoderoso
山礁居律氏 Shān jiāo jū lǜ shì	Santa Cruz	圣十字 Santa Cruz
卑厘厨山厨 Bēi lí chú shān chú	Espíritu Santo	圣神 Espíritu Santo
哑民西士 Yǎ mín xī shì	Amen Jesús	阿门耶稣 Amén Jesús
山礁妈厘哑美里矧 Shān jiāo mā lí yǎ měilǐ shěn	Santa María Virgen	圣母玛利亚童贞 Santa María Virgen
西士氏 Xī shì shì	Jesús	耶稣 Jesús
西士奇尼实道 Xī shì qí ní shí dào	Jesucristo	耶稣 Jesucristo
山礁益礼社交刀厘咬 Shān jiāo yì lǐ shèjiāo dāo lí yǎo	Iglesia Católica	圣公教会 Santa Iglesia Católica
绵卅 Mián sà	Misa	弥撒 Misa
腰加厘实爹 Yāo jiā lí shí diē	Eucaristía	圣餐 Eucaristía
巴礼 Bā lǐ	Padre	圣父 Santo Padre
沙胶览民厨 Shān xiàn yào zhī shí tà	Sacramentos	圣事 Sacramentos
呀劳舍 Ya láo shě	Gracia	圣宠 Gracia
茅知氏冒 Máo zhī shì mào	Bautismo	领洗 Bautismo

续表

Original	Español	Chino (Católico)
公丕马常 Gōng pī mǎ cháng	Confirmación	坚振圣事 Confirmación
卑尼珍舍 Bēi ní zhēn shě	Penitencia	告解圣事 Confesión
阿实爹 Ā shí diē	Hostia	圣饼 Hostia
一氏治马温常 Yī shì zhì mǎ wēn cháng	Itsitima unción	傅油圣事 Itsitima unción
阿陵沙西罗达 Ā líng shā xī luó dá	Orden sagrado	神品圣事 Orden sagrado
马直文吽 Mǎ zhíwén hōng	Matrimonio	婚配圣事 Matrimonio
嗷啰哩仔 Áo luō lī zǐ	Gloria	光荣 Gloria
山 绵牙 亚劳江奚 Shān mián yá yà láo jiāng x	San Migue Arcángel	圣弥额尔总领天神 San Miguel Arcángel
山羡 茅知实踏 Shān xiàn máo zhī shí tà	San Juan Baptista	圣若翰保弟斯大 San Juan Bautista
山 敝罗 Shān bì luó	San Petro	圣伯多禄 San Pedro
山 嗒罗 Shān dā luó	San Paulo	圣保禄 San Pablo
山 哆罗明敖 Shān duō luómíng'áo	San Dominic	圣多明我 Santo Domingo
别孙 bié sūn	Persona	位格 Persona
山治氏马知哖力 Shān zhì shì mǎ zhī nián lì	Santísima trinidad	三位一体 Santísima Trinidad
临暮 Lín mù	Limbo	地狱边境 Limbo

续表

Original	Español	Chino (Católico)
哑迷 妈厘哑 Yǎ mí mā lí yǎ	Ave María	万福玛利亚 Ave María
天人 山 呀劳迷 Tiān rén shān ya láo mí	Ángel Gabriel	嘉俾厄尔天使 Ángel Gabriel
山礁 依沙迷 Shān jiāo yī shā mí	San Isabel	圣妇依撒伯尔 Santa Isabel
山须习 shān xū xí	San José	圣若瑟 San José
默岭 mò lǐng	Belén	白冷 Belén
时冥王 Shí míngwáng	Simeón	西默盎 Simeón
安那 Ān nà	Anna	亚纳 Anna
西吕沙陵 Xī lǚ shā líng	Jerusalén	耶路撒冷 Jerusalén
仑挨氏 lún āi shì	Lunes	星期一 Lunes
衰微氏 shuāiwéi shì	Jueves	星期四 Jueves
孚劳氏 fú láo shì	Judas	犹达斯 Judas
绵挨氏 mián āi shì	Viernes	星期五 Viernes
本事卑劳厨 Běnshì bēi láo chú	Pilato	般雀比拉多 Poncio Pilato
孚留氏 fú liú shì	Judío	犹太人 Judío
剌箍 lá gū	Kilisittosu	茨冠 Corona de espinas

Panel VII La España del siglo XVI, pionera en los estudios de sinología. Coetáneos y sucesores de Diego de Pantoja

续表

Original	Español	Chino (Católico)
胶劳猫留 Jiāo láo māo liú	Calvario	加尔瓦略 Calvario
心文时黎娘 Xīn wén shí lí niáng	Simón (of) Cyrene	古利奈人西满 Simón de Cyrene
妈罗值时 mā luó zhí shí	Martes	星期二 Martes
哑褒士多黎氏 Yǎ bāo shì duō lí shì	Apóstoles	传扬福音的宗徒们 Apóstoles
敖罗里耶 Áo luó lǐ yé	Gloria	荣光 Gloria
绵高黎氏 Mián gāo lí shì	Miércoles	星期三 Miércoles
沙无吕 Shā wú lǚ	Sábado	星期六 Sábado
民尼踏 Mín ní tà	Benita	有福的 Bendito
高黎氏马 Gāo lí shì mǎ	Christmas	圣诞 Navidad
微希里哑 Wēi xī lǐ yǎ	Vigilia	守夜 Vigilia
濂水人 Lián shuǐ rén	Los Cristianos	基督徒 Cristianos

En la traducción de este vocabulario básico de la Iglesia católica se aprecian grandes diferencias culturales. Al ser el catolicismo ajeno a la cultura china tradicional, tampoco existen los términos correspondientes en chino,[①] por lo que intentar traducir la terminología católica entraña dificultades. Tomemos

---

① Aunque el nestorianismo se introdujo en China en la dinastía Tang, su influencia en China fue muy limitada y no implantó un vocabulario religioso.

el *Pacto bíblico* de Ricci como ejemplo para ilustrar esta dificultad. En él, Ricci adoptó tres enfoques para resolver este problema: Primero, la transliteración directa junto con explicaciones, como el término «Ameng Meng» (en latín), que Matteo Ricci interpreta como «palabras verdaderas». El segundo método es adoptar una transliteración, más explicación, y añadir al término una palabra en chino existente, dándole un nuevo significado. En lingüística, esta es una mezcla de transliteración y traducción libre, con préstamos. Por ejemplo, «La Virgen María» (lit. en chino «madre sagrada») primero se transcribió como «María» y luego se interpretó como «el nombre de la Virgen María, cuya traducción es estrella de mar». «Virgen» es una palabra que se usa comúnmente en la cultura china, tiene múltiples significados, por ejemplo, en el *Libro del periodo Han posterior. Gazeta nacional tres del reino Jun* en la sección «Mirador Dongling en Guangling» aparece la palabra diosa Du: «La mujer Du Jiang tenía cierto poder divino, y el gobernante del condado creía que era un demonio y la detuvo en la prisión, pero poco después se tranformó y salió volando de la prisión. Más tarde la gente construyó un templo en su honor y se llamó «la virgen/madre sagrada de Dongling». La combinación de la transliteración y la traducción es el método principal empleado en la traducción por Matteo Ricci. Por ejemplo: la costilla de Dios, significa el Padre, que es la primera de la Trinidad. *Fei Yi*, significa el Hijo, es la segunda de la Trinidad.[1] El tercer método es transcribir primero el sonido y luego crear una palabra. En lingüística, a esto se le denomina palabra descriptiva prestada. Por ejemplo, «Jesús» (en latín), Matteo Ricci lo define como «¡el nombre traducido de Dios después del nacimiento», que se traduce como el Salvador. «Jesús» es una palabra nueva, «Salvador» es una innovación de una palabra antigua ya existente en la cultura china. «Salvación» es un término empleado en chino

---

[1] *Pacto bíblico*, de Matteo Ricci, en Zhong Ming y Du Dingke, (2002), *Literatura católica romana en los archivos romanos de los jesuitas,* volumen I, pp. 91-96. Instituto Ricci de Taiwán.

antiguo, aparece en el libro *Zuo Zhuan*. *El año sexto de Zhao Gong*, en el que se dice que «Si los chinos en el extranjero no tienen talento, no pueden tener descendencia, así es como salvo al mundo». Pero, «Salvador» como nombre es una palabra nueva. La creación de Matteo Ricci indudablemente produjo un impacto en las generaciones posteriores. Dentro de la colección de los datos históricos de China en el texto *Decreto Imperial de Taiping Tianguo* aparece la frase «El Salvador Jesús bajó del cielo» y Taiping Tianguo adoptó este término.

Podemos apreciar claramente que la traducción de la *Doctrina cristiana*, si bien difiere de la realizada por los jesuitas que es más completa, sí que conserva las características y tradiciones culturales en la terminología empleada. La traducción de Matteo Ricci es diferente, ya que explica la transliteración y el préstamo por separado, mientras que la Orden de Predicadores realiza una transliteración dialectal, como es el caso de términos que se han mencionado anteriormente, como Dios, Santo y Espíritu Santo. De esta manera, podemos ver que la traducción de los términos católicos en la *Doctrina cristiana* de la Orden de Predicadores es muy sencilla, mientras que la de los jesuitas en China es mucho más completa.

Así pues, hemos de prestar atención a las diferencias entre las versiones en chino de jesuitas y dominicos de la *Doctrina cristiana*. Ricci adoptó la estrategia de «combinar el confucianismo». Los jesuitas en China predicaban principalmente a los intelectuales confucianos chinos, de modo que la mayoría de los textos de las misiones usaban el chino clásico y el idioma utilizado era más elegante. Por su parte, los chinos emigrantes que evangelizaba la Orden de Predicadores en Filipinas eran en su mayoría de clase baja o comerciantes, por lo que hay una gran diferencia en el estilo.

A continuación se presentan los diferentes estilos de ambas órdenes en la introducción de «Obras de misericordia corporales y espirituales»:

III.

En el *Catecismo* de los jesuitas es: vestir al desnudo.

En la *Doctrina cristiana* de la Orden de Predicadores es: se venden como esclavos, me apiado y los perdono.

IV.

En el *Catecismo* de los jesuitas es: visitar al enfermo y socorrer a los presos.

En la *Doctrina cristiana* de la Orden de Predicadores es: vestir a quien carece de ropa.

VIII.

En el *Catecismo* de los jesuitas es: aconsejar a los demás de buena fe.

En la *Doctrina cristiana* de la Orden de Predicadores es: enseñar al que no sabe.

Es evidente cómo en los documentos de los jesuitas en China se usa el chino clásico y simple, mientras que la *Doctrina cristiana* usa la lengua vernácula. Se puede ver que el contenido de la *Doctrina cristiana* no solo es un lenguaje sencillo, fácil de entender, sino que también añade explicaciones en el contenido en función de las condiciones del lugar. La diferencia fundamental en el estilo está en que la Orden de Predicadores en Filipinas y los jesuitas en China están en un ambiente cultural completamente diferente.

RESUMEN

La *Doctrina cristiana* es uno de los documentos más importantes de la misión de la Orden de Predicadores en Filipinas. En 1924, el sinólogo francés Paul Pelliot descubrió en la Biblioteca del Vaticano una versión de la *Doctrina cristiana* imprimida xilográficamente en chino, y datada en 1605, pero hasta ahora, aparte de la investigación preliminar de Piet van der Loon sobre el dialecto de este documento, no hay estudios especializados en los círculos académicos chinos o extranjeros. Este artículo es un estudio nuevo del contenido de este documento después del estudio de Piet van der Loon en los círculos académicos de China y del extranjero. Esta investigación ha logrado avances importantes en el estudio de la historia de las publicaciones en Filipinas, y ha profundizado aún más el estudio sobre la historia del intercambio cultural entre China, Filipinas y España.

(3)

REGISTROS DOCUMENTALES DEL PRIMER INTERCAMBIO ENTRE CHINA Y ESPAÑA, A PARTIR DE LA ÚNICA COPIA DISPONIBLE EN CHINA DE LA OBRA *MEMORIALES DEL GOBERNADOR AL TRONO*, DE LIU YAOHUI, CUSTODIADA EN LA BIBLIOTECA DE NANJING

Tang Kaijian
Departamento de Historia de la Universidad de Macao

1

La España de Felipe II, en la península ibérica, y el imperio de los Ming —potencia oriental de la época—, eran a mediados del s. XVI los dos países más poderosos del mundo. Se puede afirmar que hasta el ascenso al trono del emperador Wanli (万历), estos dos grandes imperios de Oriente y Occidente no habían mantenido un verdadero intercambio diplomático. Si bien en las postrimerías del reinado del emperador Jiajing (嘉靖) la gradual ocupación española del archipiélago filipino, resultado de la expansión de los territorios colonizados hacia el oeste tras la llegada de los españoles a México, redujo la distancia entre España y China, a ojos de los chinos de entonces, los españoles eran considerados «francos» (*folangji* 佛朗机), igual que los portugueses. Parece claro que, aunque en China se tenía cierto

Panel VII La España del siglo XVI, pionera en los estudios de sinología. Coetáneos y sucesores de Diego de Pantoja

conocimiento y documentación sobre la conquista española de las Filipinas, estos eran muy vagos. Según la historiografía, la proximidad del archipiélago con las provincias chinas de la costa sureste —Fujian, Cantón y Zhejiang— llevó al primer gobernador español de Filipinas, Miguel López de Legazpi, a considerar a finales del reinado del emperador Longqing (隆庆) establecer contactos oficiales con China[1] e impulsar el comercio entre ambos pueblos. Poco tiempo después llegaron a Manila los sangleyes con sus mercancías, iniciando los primeros intercambios comerciales entre las provincias marítimas del sureste chino y los españoles de Filipinas. Es este el conocido comercio sino-filipino de la era de las navegaciones. Sin embargo, con el objetivo de contener los ataques piratas y proteger la seguridad marítima en las costas surorientales de China, los Ming impusieron desde el primer año de reinado del emperador Jiajing (1522) una estricta prohibición sobre la navegación y el comercio exterior. Esta política prohibitiva supuso un obstáculo formidable para las incipientes relaciones comerciales entre China y Filipinas. Así, si bien los españoles estuvieron desde su llegada a Manila empeñados en abrir el mercado chino y comerciar con sus puertos surorientales, las prohibiciones del Gobierno Ming imposibilitaron los contactos formales. En el tercer año del reinado del emperador Wanli (1575) ocurriría un hecho de gran trascendencia: Tras ser derrotado por las tropas Ming, Lin Feng (Limahón, 林凤), gran pirata del este de Cantón, «partió con entre cuarenta y cincuenta esquifes hacia Luzón, reino del océano del Oeste»[2] y asedió con sus hombres la ciudad de Manila, con objeto de ocuparla y autoproclamarse rey en el extranjero.

---

[1] Juan González de Mendoza, (2008), *Historia de las cosas más notables, ritos y costumbres del gran Reino de la China*, Madrid: Ediciones Miraguano, p. 189.

[2] LIU Yaohui (Ming), *Memoriales del Gobernador al Trono*, Tomo II: *Memorial sobre la derrota del pirata Lin Feng* (edición xilográfica, impresa durante el reinado del emperador Wanli, Biblioteca de Nanjing, referencia bibliográfica GJ/KB0833), p. 3.

Después de que el asedio fracasara, Lin Feng retrocedió con tropas diezmadas hasta Daimao (Pangasinán, 玳瑁). El oficial [*bazong*, 把总] de las fuerzas costeras chinas Wang Wanggao (Omoncón, 王望高), enviado por las autoridades Ming en persecución de Lin Feng, llegó hasta las proximidades de Manila y lanzó una ofensiva contra las tropas del pirata en el puerto de Daimao. Entre los días decimoctavo y vigesimoctavo del tercer mes del tercer año de reinado de Wanli, sucesivos ataques aniquilaron al grueso de la banda y se saldaron «con más de la mitad de los piratas muertos».[1] Dadas las circunstancias, Wang Wanggao consideró que Lin Feng carecía «de tropas con las que combatir, alimentos con los que resistir y barcos con los que huir»[2] y, puesto que se encontraba cercado, su apresamiento o muerte estaban asegurados. Así, convino interrumpir las arremetidas contra el pirata y, en el quinto mes, aprovechando que las aguas estaban altas, regresó a Fujian a dar parte a sus superiores. El asedio y los ataques contra las fuerzas de Lin Feng en Filipinas fueron en realidad acometidos gracias a la colaboración entre el oficial Wang Wanggao y los soldados españoles de Filipinas, circunstancia que las autoridades de Manila no dudaron en aprovechar para enviar a China una primera delegación diplomática. Para España se trataba de una oportunidad preciada con la que, además de buscar obtener el derecho a comerciar con los puertos costeros del sudeste chino, se pretendía hacer realidad el sueño de la conquista política y religiosa de China. En palabras de Juan González de Mendoza, en *Historia del gran Reino de la China*:

> El Gobernador [...] le prometió [...] que para su viaje se le proveería

---

[1] LIU Yaohui (Ming), *Memoriales del Gobernador al Trono*, Tomo II: *Memorial sobre la victoria de la aniquilación de los piratas logradas por los extranjeros* (edición xilográfica, impresa durante el reinado del emperador Wanli, Biblioteca de Nanjing, referencia bibliográfica GJ/KB0833), p. 58.

[2] Liu Yaohui, p. 59.

luego de todo lo necesario sin faltar cosa ninguna. Agradeció este ofrecimiento el Omoncón [...], que él llevaría consigo a la China los Padres y algunos soldados si con ellos quisiesen ir, fiado en la buena nueva que llevaba, mediante la cual estaba confiado, no correría por ello riesgo ninguno [...]. El Gobernador se alegró mucho con este ofrecimiento, porque era cosa que él y todos los de las Islas deseaban en extremo mucho tiempo había [...] y determinaron fuesen dos religiosos no más, a causa de que había falta de ellos, y dos soldados en su compañía; y que los religiosos fuesen el Padre Fray Martín de Rada [...], y el Padre Fray Jerónimo Marín [...]. Los soldados que nombraron para que los acompañasen fueron Pedro Sarmiento [...] y Miguel de Loarcha, hombres tan principales y buenos cristianos como convenía para el negocio a que iban, a los cuales llevaban los religiosos con designio de que quedándose con el Rey predicándole el Evangelio, volviesen ellos con la nueva del suceso y de lo que hubiesen visto a dar noticia al Gobernador.[1]

Según los registros de Sanz Arizinendi, la opinión de Martín de Rada coincidía con lo que antecede:

For besides that this might well open a great door to the Gospel and the service of our Lord, it will also serve to give us thence a true notion of what there is, and they will tell the Chinese about the grandeur of our King and give them to understand that it is their duty to serve his Majesty, since he sends them missionaries at his cost and charges to teach them. And even if these should only serve as interpreters and to establish trade with them, their going will be

---

[1] González de Mendoza, pp. 178 y ss.

of no little importance; and as for me, if I should be only one of those to be sent, I would esteem it a particular favour and do it very willingly.①

Según fuentes historiográficas españolas, esta delegación diplomática contaba además con un importante mediador: el comerciante de Fujian Lin Bixiu (林必秀), quien trabajaba como intérprete en Manila y cuyo nombre en español aparece como Sinsay o Çincay. Lin Bixiu acompañó a Wang Wanggao cuando este se presentó ante el gobernador de Filipinas, Guido de Lavezaris, y le propuso «llevar consigo a la China a los Padres que su señoría mandase y ser su fiador».② Relata Mendoza:

Que su señoría y su antecesor el Adelantado Miguel López de Legazpi habían deseado muchas veces enviar al Reino de la China algunos religiosos a tratar de la predicación evangélica y ver las cosas de aquel Reino, el cual deseo nunca le habían puesto en ejecución, por no haber querido jamás ninguno de los mercadores chinos, que habían venido a contratar a aquel puerto, llevar ninguno, aunque se les daba por ello todo lo que ellos demandasen, temiéndose del castigo que se les daría según la ley puesta en el Reino, que él [Omoncón/Wang Wanggao] llevaría consigo a los Padres [...] y algunos soldados.③

---

① Boxer, C. R. (1953), *South China in the Sixteenth Century*, Surrey: Ashgate, p. 71.
② M-RAH, 9/3675(68).fl.117; BN, Mss. 2901, fl. 11BN, mss.3042, fls. 133, tomado de *Pequeños personajes de la gran Historia: Actividad y suerte de Lin Bixiu, comerciante e intérprete de Fujian durante los primeros intercambios entre China y España* (inédito).
③ González de Mendoza, pp. 178-179.

Fuentes chinas y españolas coinciden en que la iniciativa de que desde la colonia española de Filipinas se enviara una embajada a la corte Ming surge del oficial Wang Wanggao y en que, con apoyo del gobernador español y el provincial agustino en Manila, la delegación partió en efecto hacia Fujian, en el gran imperio de los Ming.

2

Que, a raíz del incidente de Lin Feng, la colonia española del «Reino de Luzón» despachara formalmente una embajada ante el gran imperio Ming constituye un acontecimiento de marcada transcendencia en la historia de las relaciones sino-europeas. España se convirtió así en la segunda nación de Europa en enviar representantes a China tras el inicio de la gran era de las navegaciones, después de que los portugueses hicieran lo propio en época del emperador Zhengde (正德). El objetivo de la empresa española era doble: Por una parte, solicitar al Gobierno Ming que permitiera las misiones libres en territorio chino; y por otra, lograr un puerto comercial en Fujian para los españoles, como los portugueses tenían en Macao.[①] Respecto de esta misión, los textos españoles recogen una descripción detallada. A su regreso, el agustino Martín de Rada escribió su *Relación del viaje a China*, que consta de dos partes: La primera relata el viaje a China, la estancia en Fujian y el regreso a Manila, mientras que la segunda, que se compone de doce capítulos, realiza una sucinta descripción de China. Estos son los escritos originales más detallados sobre la primera interacción entre China y España. Cuando Juan González de Mendoza revisaba en 1585 su *Historia del gran Reino de la China*, se sirvió ampliamente de la *Relación* de Martín de Rada. Del mismo modo, cuando Jerónimo Román

---

① Boxer, p. xlv.

corrigió en 1595 la obra *Repúblicas del mundo*, también utilizó los escritos de Rada. Además de los textos españoles arriba mencionados, el Archivo General de Indias conserva otros muchos documentos en español, incluidos la correspondencia e instrumentos públicos del gobernador de Filipinas. Hay que decir que existe abundante material en español que da cuenta de esta primera misión diplomática a China. En términos comparativos, los registros en fuentes chinas sobre este primer e importante encuentro entre los dos países son escuetos, a pesar de que este sí quedara reflejado en la obra oficial más reconocida de la dinastía Ming, *Los verdaderos registros del emperador Shenzong de la dinastía Ming* (《明神宗实录》):

> Sun Zong, inspector general [*xunanyushi*, 巡按御史] de Fujian, dijo el día *jiwei* del primer mes del cuarto año del emperador Wanli: «En cuanto a Luzón, si bien no es un reino tributario, admira los principios fundamentales de nuestra justicia, por lo que debemos aceptar sus tributos en nombre del emperador y presentárselos». El mensaje de Sun Zong fue enviado al Departamento de Defensa, desde el que se respondió expresando conformidad con la sugerencia. Dijo el emperador: «Si nuestros vasallos desean obrar a una con nosotros en servicio al país, es evidente que no podemos despreciarlos ni rehuirlos».[①]
>
> [...] El día *bingshen* del noveno mes del cuarto año del emperador Wanli, Liu Yaohui, ayudante del presidente de la Corte Disciplinaria [*qianduyushi*, 佥都御史] de Fujian, presentó un memorial al emperador en el que se leía: «En colaboración con los

---

[①] *Los verdaderos registros del emperador Shenzong de la dinastía Ming, Rollo 46: Día jiwei del primer mes del cuarto año de Wanli.* Reproducción manuscrita en cuadrícula roja de la Biblioteca Nacional Beiping (Instituto de Historia y Filología de la Academia Central de Investigaciones de Taibei, 1962), pp. 1049-1050.

Panel VII La España del siglo XVI, pionera en los estudios de sinología. Coetáneos y sucesores de Diego de Pantoja

soldados de Luzón, el oficial Wang Wanggao y los suyos vencieron al traidor Lin Feng en el mar, quemaron sus barcos y decapitaron a sus soldados. Ya derrotado, el traidor intentó huir, mientras las fuerzas de Wang Wanggao daban muerte a muchos. Por otra parte, los documentos oficiales y los tributos de Luzón fueron aceptados y enviados a las autoridades competentes. El día *xinhai*, el Departamento de Protocolo habló sobre la necesidad de informar al emperador de la conveniencia de recompensar a los extranjeros de Luzón, lo cual fue autorizado por la Corte en su respuesta oficial.[1]

En estas concisas frases recogidas en *Los verdaderos registros del emperador Shenzong de la dinastía Ming* se relata el envío de emisarios a la Corte Ming por parte del gobernador de Filipinas. El texto menciona la entrega de tributos, aunque no detalla en qué pudieron consistir dichos tributos. En su *Colección de escritos completos* (《曹能始先生石仓全集》), el escritor Cao Xuequan (曹学佺, dinastía Ming) hace una breve referencia a la presentación de tributos desde Luzón:

El cuarto año de Wanli, Lin Feng regresó al frente de varios centenares de barcos japoneses y, aprovechando vientos favorables, arribó de pronto a las islas de los Pescadores, donde tuvo noticia de que llegaría sucesivamente gran número de soldados procedentes de ambas provincias [Fujian y Cantón]. Lin Feng se dirigió directamente con entre cuarenta y cincuenta esquifes hacia Luzón, reino del océano del Oeste. Liu Yaohui, gobernador civil y

---

[1] *Los verdaderos registros del emperador Shenzong de la dinastía Ming, Rollo 54: Día bingshen del noveno mes del cuarto año de Wanli*. Reproducción manuscrita en cuadrícula roja de la Biblioteca Nacional Beiping (Instituto de Historia y Filología de la Academia Central de Investigaciones de Taibei, 1962), pp. 1264-1267.

militar [*xunfu*, 巡抚] de Fujian, ordenó a Wang Wanggao, suboficial [*shaoguan*, 哨官] de Wuyuzhai [浯屿寨], que ante todo acudiera a Luzón para informar al rey [de aquel reino]. Los buques de guerra de Luzón atacaron a los barcos de Lin Feng en el puerto de Daimao. La batalla se saldó con la decapitación de dos de los líderes de los traidores, Huang De y Xu Yuan, la liberación de 38 mujeres y la captura de Lin Fengchun, principal asesor de Lin Feng, quienes volvieron a Fujian junto con Wang Wanggao y sus hombres, acompañados de varios monjes y otras personas enviadas por el reino de Luzón. Después de que este hubo pagado un tributo, Liu Yaohui lo consignó en un memorial y envió a los monjes de regreso Luzón, y a Wang Wanggao y sus hombres para que apresaran a Lin Feng.①

La obra *Bibliografía del señor Lu Zishao*《陆子韶先生传》, contenida en *Colecciones de estudio de pino y piedra* (《松石斋集》), Zhao Yongxian (赵用贤, dinastía Ming) menciona brevemente el acontecimiento:

Poco después, el señor Xi, gran general de Fujian y Cantón, lanzó una expedición punitiva contra Lin Feng, quien respondió haciéndose pirata y cometiendo fechorías desde su base en la cueva de Huichao [惠潮]. El señor Xi aceptó la sugerencia de los mandos y combatió a Lin Feng, quien tras la aniquilación de casi todos sus adeptos, huyó con apenas cinco barcos. Terminada la batalla,

---

① *Principio y final de la plaga del bandolerismo japonés*, t. 2 de *Notas del viaje al oeste de Hunan*, en *Colección de escritos completos de Shicang* («Shicang» seudónimo de Cao Nengshi, también conocido como Cao Xuequan), versión del año 34 del Emperador Wanli, prologada por Ye Xianggao, Ayudante del Ministro de Asuntos Funcionariales, Biblioteca del Gabinete de Japón, pp. 43-44.

el señor Xi llegó a la conclusión contraria a la que indicaba el rumbo emprendido por Lin Feng: «Seguramente querrá aprovechar la temporada de inundaciones para dirigirse hacia el sur, donde están los extranjeros de Rinan [en el actual Vietnam], con el fin de observarnos». Se recibió la información de los espías: Como era de esperar, Lin Feng había ido al reino de Luzón. De acuerdo con el plan del gobernador general [*dufu*, 督府], el señor Xi logró convencer a los reyes de los extranjeros con grandes sumas de dinero y, por otra parte, envió soldados en persecución de Lin Feng. Una vez persuadido, el reino de Luzón persiguió a Lin Feng, lo expulsó y entregó los capturados. Asimismo, dicho reino expresó su deseo de someterse a vasallaje, como hicieron Siam y otros reinos vasallos.[①]

En *Historia militar de los gobernadores de Cangwu* [Cantón y Guangxi] (《苍梧总督军门志》), Ying Jia (应槚) y Liu Yaohui (刘尧诲), de la dinastía Ming, también hacen referencia a la ofensiva militar conjunta para derrotar al pirata Lin Feng en Luzón, aunque no mencionan la entrega de tributos:

El tercer año de Wanli, el pirata Lin Feng realizó una incursión repentina en Cantón y Macao, pero Lin Yunyi, ministro ayudante izquierdo [*zuosilang*, 左侍郎] de Defensa y ayudante derecho del presidente de la Corte Disciplinaria [*youqianduyushi*, 右佥都御史] lo expulsó. Lin Feng y sus miles de adeptos merodearon largos

---

[①] *Bibliografía del señor Lu Zishao*, de *Colecciones de estudio de pino y piedra*, Zhao Yongxian (dinastía Ming), t. 14, versión del año 46 del emperador Wanli, prologado de Zou Yuanbiao, copia de *Colección de libros censurados y destruidos de la colección imperial de las cuatro disciplinas de las letras*. t. 41, págs. 202-203.

años por el mar, actuando sin control, perseguidos por las fuerzas militares. Tras escapar al extranjero, atacaron y ocuparon Daimao, puerto de Luzón, construyeron fortificaciones y buques de guerra, trataron de embaucar a los locales e intentaron alardear de sus malas artes. Liu Yaohui, gobernador de Fujian, envió mensajeros a informar al rey de Luzón. Los soldados de Luzón atacaron entonces a los piratas, quienes, destruidas y quemadas sus naves, sufrieron una tremenda derrota. De ahí que volvieran a entrar en Cantón y Macao desde el extranjero.[①]

En *Registros de los logros militares del emperador Wanli* (《万历武功录》), Qu Jiusi (瞿九思) narra el incidente de Lin Feng, pero no el envío de emisarios desde Luzón:

> El siguiente invierno, el inspector general especial [*xuanzhizhishi*, 巡按直指使] Ma Yingmeng presentó un memorial en el que señalaba que Lin Feng se encontraba al este de Fujian, en el reino de Luzón. Debido a las desavenencias con aquel rey, Lin Feng se marchó, llegando a mediados de septiembre al lago Penghu, donde volvió a considerar la invasión del puerto de Wang [魍港]. Durante su permanencia en Luzón, Lin Feng construyó fortificaciones en el puerto de Daimao, se autoproclamó rey e intentó forzar a los locales a colaborar con él para conquistar Fujian y Cantón. Cuando Lin Feng escapó, Liu Yaohui, gran comisario de Guerra [*zhizhishi*, 制置使], avisó al rey de Luzón a través de Wang Wanggao, Zhou Ying y otros

---

① *Historia militar de los gobernadores de Cangwu* [Cantón y Guangxi], Ying Jia y Liu Yaohui (dinastía Ming), t. 21, Expedición punitiva V, versión del año *xinsi* del emperador Wanli, con prólogo de Lin Dachun, 1991, págs. 200-201, 217, fotocopia del Centro de Microfilms de Documentación de la Biblioteca Nacional de Pekín.

emisarios, quienes junto con 5.000 soldados de dicho reino atacaron el puerto, donde finalmente quedaron solo los restos calcinados de unos 40 buques de la escuadra de Lin Feng. Sabedor de que los muros no le bastarían para defenderse, él y los suyos volvieron a huir por mar. El ejército de Fujian los persiguió hasta Cantón, decapitó a 200 y destruyó 20 de sus buques.[1]

Es imposible conocer el proceso íntegro de este primer encuentro entre la dinastía Ming y España a partir de *Los verdaderos registros del Emperador Shenzong de la dinastía Ming* o las obras de Cao Xuequan y demás autores mencionados. No obstante, en la profusión de escritos de la era Ming hemos logrado finalmente dar, entre los impresos de la primera época del emperador Wanli, con el título *Memoriales del Gobernador al Trono* [*Dufu Shuyi*《督抚疏议》], en el que su autor, Liu Yaohui, entonces gobernador provincial de Fujian, narra con profusión de detalles cómo en el tercer año de reinado de Wanli, España despachó una embajada a dicha región.

El libro *Memoriales del Gobernador al Trono* se conserva en el Departamento de Obras Valiosas de la Biblioteca de Nanjing, como impreso correspondiente al periodo Wanli, de la dinastía Ming. Apenas sobrevivieron copias de la obra después de su impresión y el único ejemplar hallado, tras realizar una búsqueda en colecciones de textos Ming de bibliotecas nacionales y extranjeras, es el custodiado por la Biblioteca de Nanjing. Si bien el catálogo del Pabellón Tianyi de Ningbo menciona este título, repetidas búsquedas en su colección han resultado infructuosas. Así, la copia de *Memoriales del Gobernador al Trono* de la Biblioteca de Nanjing

---

[1] *Biografías de Lin Daoqian, Zhu Lianbao y Lin Feng*, en *Registros de éxitos militares de Wanli*, t. 3, Xu Jiusi (dinastía Ming), fotocopia de la edición xilográfica del año 40 del mandato del emperador Wanli, en *Continuación de la colección imperial de las cuatro disciplinas de las letras*, t. 436, págs. 232-234.

es en realidad la única existente en China; de ahí su inestimable valor. El ya desaparecido historiador Hok-lam Chan, experto en época Ming, se interesó enormemente por la obra y en la década de los 80 del pasado siglo pidió que se le transcribieran los pasajes de aquellos memoriales en los que se hacía referencia al pirata Lin Feng, con la intención de llevar a cabo un estudio sistemático. No obstante, al profesor Chan no le dio tiempo a completar esta tarea antes de morir, por lo que me envió las reprografías con los pasajes que versaban sobre Lin Feng, con el encargo de completar el estudio del texto. Gracias a una parte de los materiales facilitados por el profesor Chan, unidos a otras fuentes historiográficas chinas y extranjeras, en 2010 concluí el «Estudio exhaustivo de la historia del gran pirata Lin Feng del este de Cantón durante los reinados de los emperadores Longqing y Wanli: A partir de los registros sobre Lin Feng en *Memoriales del Gobernador al Trono, de Liu Yaohui*». Con la publicación formal en *Investigaciones Históricas* de este trabajo se cumplió en 2012 la voluntad del profesor Chan. Puesto que el texto íntegro de *Memoriales del Gobernador al Trono* no se encontraba por entonces disponible, los materiales que se reprodujeron en su día a petición del profesor Chan contenían numerosas lagunas. La reciente digitalización de los catálogos de las grandes bibliotecas chinas y la consecuente reproducción en microfilme de los *Memoriales del Gobernador al Trono* de Liu Yaohui por parte de la Biblioteca de Nanjing han puesto este texto a disposición de los usuarios y nos han permitido reimprimir los pasajes relativos a Lin Feng. Gracias a ello hemos podido constatar que las partes que se habían reproducido para el profesor Chan estaban incompletas, en especial en lo relativo a las anotaciones del viaje de Martín de Rada a Fujian, habiéndose omitido los dos *Memoriales* más importantes. A continuación se recoge la secuencia de todos los registros en lengua china sobre la embajada realizada por Martín de Rada a Fujian, descrita en *Memoriales del Gobernador al* Trono. De los cinco *Memoriales*, tres hacen una referencia detallada de la misma y dos la citan brevemente. Abajo figuran las transcripciones:

Título I: Memorial presentado solemnemente al emperador sobre la victoria en la aniquilación de los piratas, lograda tras cruzar el mar e informar a los extranjeros

El decimotercer día del sexto mes del tercer año de reinado del emperador Wanli [1575], el informe presentado por el consejero de la Reserva Militar [*bingbei canyi*, 兵备参议] de la prefectura de Xingquan [兴泉道], Qiao Maojing [乔懋敬] reza: El decimotercer día del quinto mes del mismo año, Wang Wanggao, suboficial enviado para cruzar el mar, volvió e informó de que, siguiendo las reglas estipuladas explícitamente por la Corte, Lin Keshun y Zhou Ying se hicieron a la mar en dos barcos bajo el mando de Wang Wanggao. Cuando llegaron al reino de Luzón el duodécimo día del tercer mes, supieron que Lin Feng, con sus más de tres mil seguidores y más de sesenta buques, había ocupado el puerto de Daimao y levantado dos asentamientos. Lin Feng se autodenominó rey enviado por el gran imperio de los Ming e intentó lograr que los extranjeros se rindieran ante él como tal, con el fin de ir otra vez a Fujian y Cantón y merodear por allí. Wanggao y sus hombres se refugiaron en Luzón con la intención de presentar sedas crudas de todo capullo y otros tributos al rey de dicho país. Supieron por averiguaciones de Lin Bixiu [Sinsay], natural de Haicheng, en Zhangzhou Fu [漳州府], quien vivía de antiguo en Luzón, mantenía relaciones cercanas con el Rey y presentó a Wanggao. Este último declaró al rey que Lin Feng era un traidor de China, y que venía de tierras lejanas para saquear pueblos extranjeros y convertirlos en ladrones. Explicó que su viaje se realizaba por orden del gobernador para alertar a todos los pueblos de la necesidad de aniquilar a tiempo a los rebeldes, con el fin de evitar cualesquiera daños que estos pudieran causar. Así, mostró las circulares, instrucciones militares y acreditaciones al jefe local, quien las aceptó y aprobó, y envió de inmediato monjes extranjeros, quienes junto con Wang Wanggao y Lin Bixiu informaron por separado a los locales. Llegaron a reunir a más de 5.000 soldados. Algunos días después, escogieron 200 buques de guerra, que arribaron unidos el decimoquinto día del mismo mes. La noche del decimoctavo día, aprovechando el plenilunio, se adentraron en el puerto de Daimao. Los exploradores militares los informaron de que Lin Feng y los suyos descansaban en tierra, y de que todos los buques, ya fueran grandes o pequeños, se encontraban anclados en el puerto. Apenas diez bandidos desarmados montaban guardia en cada buque. Enseguida se ordenó a Lin Bixiu y a otros avanzar con 20 buques rápidos para que fueran a prender fuego con armas de precisión. Al instante se abrió fuego por doquier. Inconscientes de cuanto acontecía, los bandidos y sus barcos quedaron reducidos a cenizas, quedando solo dos grandes mástiles en sus asentamientos. Cuando numerosos piratas acudieron a salvar los barcos, fueron atacados por tierra y vía fluvial por los soldados extranjeros. Derrotados, los bandidos emprendieron la retirada y se refugiaron en el asentamiento. A la mañana siguiente, Wang Wanggao izó una gran bandera blanca en la que escribió que el gobernador de Fujian concedía amnistía y alistaba a los rebeldes. Asimismo, ató en la punta de una flecha un manuscrito de su propia mano, en el que escribió: «Quien capture a Lin Feng y logre su rendición, obtendrá una recompensa de 5.000 *liang* de plata. Quienes se acojan a amnistía, deberán inclinarse desnudos ante la bandera.» Él mismo disparó la flecha al interior del asentamiento. Aquel mismo día, los responsables de brújulas de los buques de la banda de Lin Feng, Yan Youqian y Xun Yingmei, entre otros bandidos, se inclinaron ante la bandera. Se pidió a las compañías y batallones extranjeros que custodiaran el puerto. El vigesimoctavo día, Lin Feng encabezó personalmente los combates desde la madrugada, y se retiró con sus hombres a la noche. Tanto Wanggao como Lin Bixiu sufrieron heridas por trabuco, y murieron más de 90 soldados extranjeros. En cuanto a los heridos y muertos de los bandidos, estos fueron incontables. Dado que los extranjeros se adherían estrictamente al reglamento budista, se prohibió decapitar a los enemigos. Wanggao y los suyos degollaron a Huang De y Xu Yuan, cabecillas de los bandidos, y liberaron a 38 mujeres. Respecto a Lin Fengchun, principal asesor de Lin Feng, al ver la batalla perdida, huyó del asentamiento junto a su esposa y concubinas y regresó con Wanggao. Wang estimó que Lin Feng tenía menos de mil soldados, carecía de barcos con los que huir y alimentos con los que resistir, por lo que su apresamiento estaba asegurado. La temporada de inundaciones del sur estaba a punto de terminar, por lo que Wanggao y sus hombres temieron no poder volver a China de no aprovecharlas. Así, dejó atrás el buque de Zhou Ying, para que defendiera el puerto junto a los extranjeros. Wang Wanggao regresó a dar parte a sus superiores junto con los monjes y enviados extranjeros, llevando consigo las cabezas cortadas y los prisioneros. Todo lo cual se hace constar oficialmente. En virtud del informe que recibí el duodécimo día del sexto mes, traían dos detenidos: el jefe Wu Dacheng y el principal asesor Lin Fengchun; Yan Youqian, Xu Yingmei y otros rendidos; dos monjes extranjeros: Ma Lichen y Luo Limu; cuatro enviados extranjeros: Weini Lailijia, Bali Xieluomiantuo, Ligunashi Juyingha, Huanli Dilianna; un intérprete Chen Huiran, y otros 13 hombres, portando un escrito extranjero y tributos del señor del reino de Luzón, que me presentaron.

Además de enviar inmediatamente a Yan Mailun, anterior encargado titular de 1.000 familias [*qianhu*,千户], a trasladar el conjunto de los tributos al Departamento de Asuntos Civiles y Hacienda [Buzhengsi, 布政司], a los monjes y a los enviados extranjeros los recompensé enseguida con diferentes cantidades de telas de seda cruda, dinero y otros regalos. También ordené a la prefectura de Fuzhou que les agasajara con banquetes. Cuando interrogué personalmente a Lin Fengchun y Yan Youqian, principales cabecillas de los bandidos, confesaron por separado que Lin Feng volvió al puerto de Daimao el pasado noviembre con la intención de penetrar en Cantón a través del lago Penghu. Por aquel entonces, los extranjeros del puerto informaron de que Hu Shouren, comandante [*zongbing*, 总兵] de Fujian, mandó a sus soldados a acantonarse varios días en el puerto, lo que previno a Lin Feng, quien huyó enseguida en barco. Yan Youqian, el responsable de brújulas de los navíos de la banda, conocía bien Luzón, motivo por el cual se dirigieron hacia dicho país. No lograron asaltarlo, a pesar de intentarlo durante varias jornadas seguidas, pero el subjefe de la tribu murió a manos de los piratas, mientras que entre cuatrocientos y quinientos piratas fueron matados por los mosquetes de los locales. Así, atacaron y ocuparon el puerto de Daimao y construyeron dos fortificaciones para resistir a los locales; al mismo tiempo, dispusieron la reparación y la limpieza de los buques y las armas, y aguardaron la temporada de inundaciones del sur para embarcarse de nuevo hacia Cantón. Wanggao y sus hombres comandaron a cinco mil soldados extranjeros en una lucha de varios días seguidos, resultado de la cual murió la mitad de los rebeldes. Quedaron menos de mil de piratas, de los que solo trescientos o cuatrocientos eran hombres valientes que sabían combatir, siendo la mayoría remanente mujeres y niños. Los buques

Panel VII La España del siglo XVI, pionera en los estudios de sinología. Coetáneos y sucesores de Diego de Pantoja 675

de guerra fueron incendiados y no quedó de ellos ni un trozo de cubierta ni vela. Construyeron 18 esquifes que no permitían surcar océanos, pues se limitaron a calafatearlos con telas, por no disponer de materiales como el aceite de tung o la cal. Por otra parte, el grano almacenado en las fortificaciones estaba a punto de tocar a su fin. Por lo tanto: carecían de soldados, por más que quisieran combatir; de comida, por más que quisieran defenderse; y de naves, por más que quisieran escapar. Dadas las circunstancias, debieron ser Zhou Ying y otros quienes urdieran el plan, aunque por los inconvenientes causados por el viento y las inundaciones, no pudieron dar parte del mismo. En cuanto a los traductores y monjes extranjeros, como Ma Lichen [Martín de Rada], en su condición de enviados de Luzón, también ellos creyeron firmemente ser capaces de capturar a los rebeldes y servir así a la Corte. Conforme a esta información, se dio instrucciones a Lu Xiangru, subdirector para Inspecciones Militares de la Provincia [*jianjundaofushi*, 监军道副使], para que interrogara de nuevo al asesor principal Lin Fengchun y demás detenidos en colaboración con el Departamento de Asuntos Civiles y Hacienda, con el Departamento de Investigación Criminal y con el comandante de Fujian. Después de varios días de interrogatorios, no lograron obtener nueva información, por lo que se ordenó al inspector general Sun Zong hacer las verificaciones, y enseguida se envió las cabezas cortadas de los piratas a la costa para exhibirlas en público; respecto a los hombres y mujeres liberados, se ordenó al Gobierno de Quanzhou que los retornara a los municipios de Cantón donde estaban inscritos. Se examinaron los obsequios ofrecidos por el rey de Luzón: dos piezas de fieltro de burí; dos espejos al estilo de Luzón; dos cordones de oro que pesan en total 42 *liang*; dos jarros de plata que pesan en total 58 *liang* y 7 *qian*; y un reloj de oro, un plato de oro y un recipiente de plata, objetos cuyo peso total asciende a 46 *liang* y 1 *qian*. Todo ello fue entregado al Tesoro y permanece custodiado en él. No se osó presentar estos obsequios al emperador antes de haber capturado y decapitado a Lin Feng, y de que la Corte los haya aceptado como tributo. El segundo mes del mismo año, el subdirector de las Fuerzas Navales de Fujian, Tao Youxue, y el comandante de la zona meridional de Fujian, Hu Liangpeng, informaron por separado de que sus enviados se hicieron a la mar y supieron que Lin Feng y sus seguidores merodeaban las aguas actuando sin control, que tras atacar Luzón, ocuparon el puerto de Daimao, repararon buques y armas, trataron de embaucar a los locales y volvieron a penetrar en Fujian y Cantón para cometer fechorías. Diéronseme a conocer todos los asuntos relacionados. Después de deliberar, se alcanzó la conclusión de que los bandidos de Lin Feng que habían usurpado regiones del extranjero, lograron descanso e hicieron acopio de fuerzas para sublevarse en el momento oportuno, lo que conllevó un sinfín de desgracias para el futuro de ambas provincias. Fue necesario despachar a buenos conocedores de las rutas marítimas para que realizaran labores de reconocimiento y recopilaran información acerca de la composición y capacidad de los rebeldes, para actuar en el momento adecuado. El informe del consejero de la Reserva Militar [*bingbei canyi*, 兵备参议] de la prefectura de Xingquan, Qiao Maojing reza: «Wang Wanggao, el suboficial recién elegido de Wuyuzhai, ha sido siempre un valiente estratega y conoce muy bien la situación en el extranjero. Los oficiales encargados de capturar a los bandidos, como Liu Zhiguang, Lin Keshun, Guo Wen y Zhou Ying, se merecen un cargo que les permita hacer compras en mercados y enviar circulares, así como impartir órdenes militares y expedir acreditaciones. Ruego me den a conocer todos los asuntos relacionados con las recompensas por capturas, la aceptación de peticiones de amnistía y los servicios al emperador». Su súbdito también se reunió en secreto con el subdirector de las Fuerzas Navales de Fujian, Tao Youxue, para volver a tratar este asunto. Se llegó a la misma conclusión después de hablar con el comandante de Fujian, Hu Shouren, y con el subdirector para Inspecciones Militares de la Provincia, Lu Xiangru. Ordené a los funcionarios actuar con decisión, y ellos confirmaron partir a la hora *yi* del vigesimoprimer día del segundo mes del mismo año. Por los motivos arriba mencionados, Lin Feng y sus cinco mil seguidores tiranizaron los mares. Acatando órdenes explícitas, los soldados procedentes de ambas provincias los aniquilaron en dos años. Derrotados y esperando la muerte en tierra extranjera, remota y atrasada, les sería difícil hacer planes. A tenor de las informaciones del suboficial Wang Wanggao y otros suboficiales, estuvieron a poco de llegar a feliz término, pero se dejó pasar la oportunidad. Aunque están acercándose las fiestas, y con ellas llegará también la temporada de inundaciones, se ordenó volver a Luzón al suboficial Wang Wanggao y a Lin Bixiu, a ejércitos encabezados por diversos suboficiales, al suboficial Shao Bin y a Ma Lichen y demás enviados. Juntos aniquilarán a los piratas, debiendo como prueba de ello capturar vivo al traidor Lin Feng. Si es apresado muerto, habrán de hacerse con su cabeza y entregarla junto con sus familiares y prisioneros. Esto se tomará como prueba para confirmar la verdad. Todos deben tratar de encontrar una solución y prestar servicios. Sobre los méritos, todos los participantes y jefes de los locales deberán aguardar el triunfo para presentar el informe al Emperador. En cuanto al momento oportuno para volver a enviar tropas, dependerá de la situación. Permita a su súbdito consultar a fondo a los funcionarios locales para llevar este asunto a buen término. El abajo firmante no osa entrar en más detalle para no molestar al emperador. Se presenta este «Memorial sobre la victoria» para su conocimiento. Su súbdito, sobrecogido por el miedo, se arrodilla a la espera de recibir su decisión.[1]

Título II: Memorial urgente sobre la persecución y la aniquilación de los piratas a cargo de los oficiales y soldados que se adentraron en Cantón

El vigésimo primer día del décimo mes del mismo año, el comandante de la Zona Meridional de Fujian, Hu Liangpeng dio parte: [...] A continuación, los dos funcionarios de la prefectura de Xingquan y las Fuerzas Navales [*xunhaidao*, 巡海道] informaron de que, aprovechando el viento y las aguas bajas, más de treinta buques rebeldes partieron del puerto hacia el mar exterior de Ganshan [甘山] para escapar a Chaozhou, en Cantón. Apremié tanto al comandante como a los dos funcionarios. Así, el tercer día del décimo mes, se envió al oficial Qin Jingguo para que lanzara una ofensiva junto a sus hombres y con diversos buques de guerra en el mar de Cantón. Realizaron una aniquilación completa y regresaron. Siguiendo la misma costumbre que en situaciones anteriores, los bandidos de Lin Feng cometieron toda clase de fechorías. En el segundo mes, siguiendo la estrategia planteada por el prefecto de Xingquan, Qiao Maojing, se envió al suboficial Wang Wanggao, entre otros, a informar a los locales de Luzón de la intención de capturar a los piratas. Debido a que dos de los líderes de Luzón habían sido asesinados por Lin Feng y sus hombres, los locales

---

[1] LIU Yaohui (Ming), *Memoriales del Gobernador al Trono*, Tomo II: *Memorial sobre la victoria de la aniquilación de los piratas logradas por los extranjeros* (*edición xilográfica, impresa durante* el reinado del emperador Wanli, Biblioteca de Nanjing, referencia bibliográfica GJ/KB0833), pp. 56-62.

quedaron profundamente agradecidos por la acción. Así, Hu se unió a los locales y aprovechó la noche para provocar un incendio premeditado. Además de incendiar los buques de los piratas, los atacaron también por tierra y por mar, con el fin de derrotarlos. El ánimo de los piratas quedó destruido y fue imposible restituirlo.

Título III: Memorial para pedir aniquilación especial, con el fin de exterminar al resto de los piratas y declarar claramente sobre recompensas y sanciones por niveles de méritos estrictamente reconocidos

[...] Se transcribió el informe oficial del inspector general [*xunanuyushi*, 巡按御史] de Cantón, en virtud del cual Hong Youze, oficial de Cantón, dio cuenta de que el prisionero Xu San había confesado que Lin Feng partió al extranjero para atacar Luzón, donde, sin embargo, todos sus barcos fueron incendiados por los locales. Los bandidos fabricaron 33 barcos en seis meses y más de mil de ellos consiguieron huir hasta Haimen. Respecto a los asuntos de la reparación y el incremento de barcos, se encargó al Departamento de Investigación de Cantón que realizara las averiguaciones oportunas. Por otra parte, el comandante de las Fuerzas Navales de Fu Jian, entre otros, informó haber permitido al comandante general de Cantón, Zhang Yuanxun, presentar un informe manuscrito en el que afirmaba que, en su interrogatorio al prisionero Zheng Hongcai, el prefecto de Chaozhou, Yang Tongzhi, supo que cuando Lin Feng huyó a Luzón, más de un millar de sus hombres murieron a manos de los locales. [Los bandidos] intentaron engañar a las autoridades locales para que aceptaran una amnistía y así apaciguar a soldados y oficiales, con objeto de ganar tiempo para construir barcos y saquear. Los piratas emprendieron el regreso tras ser derrotados por los locales de

Luzón, y Lin Feng y sus seguidores regresaron a Chaozhou [...]. En cuanto a Ma Lichen y al resto, en su condición de enviados de Luzón, fueron recompensados con infinidad de presentes conforme al oficio ministerial. Además, ordené, entre otros, al oficial Shao Yue y al suboficial Wang Wanggao que les acompañaran de regreso a su país. Me permito presentar otro memorial sobre los tributos ofrecidos, para cuya entrega daré instrucciones. Su súbdito, sobrecogido por el miedo, se arrodilla a la espera de recibir su decisión.

Título IV: Memorial presentado solemnemente al emperador sobre la victoria en la aniquilación de los piratas, lograda tras cruzar el mar e informar a los extranjeros

Según el informe presentado en el sexto mes del tercer año de reinado del emperador Wanli por el consejero derecho de las Fuerzas Terrestres [*bingbeidao youcanyi*, 兵备道右参议] del Departamento de Investigación Criminal de la prefectura de Xingquan, Qiao Maojing: Wang Wanggao, el suboficial enviado a cruzar el mar con la misión de acudir al reino de Luzón a comandar las tropas, comunicó que se aprovechó la noche para provocar un incendio premeditado, decapitar a los rebeldes y quemar sus buques. Derrotado, el cabecilla Lin Feng huyó y se guareció en el puerto, un lugar de difícil acceso que impidió el éxito total sobre los piratas. Wang Wanggao aprovechó que en el sur era temporada de inundaciones para adelantar el regreso e informar del triunfo. Con él vinieron Ma Lichen y otros, quienes, en su condición de enviados de Luzón, trajeron consigo tributos y una carta guardada dentro de una bola de cera, de todo lo cual me hicieron entrega. En compañía de funcionarios del Departamento de Asuntos Civiles y Hacienda, se comprobó que los tributos consistían en utensilios de oro y plata, piezas de fieltro de burí, espejos al estilo de Luzón, etc. Inmediatamente después, todo fue llevado a la Tesorería Imperial. Los monjes fueron recompensados con infinidad de presentes. Además, ordené a, entre otros, Wang Wanggao, Lin Bixiu y el oficial Shao Yue que regresaran a Luzón junto con los monjes y vigilaran a los extranjeros, sin osar presentar el tributo al emperador hasta el día en el que Lin Feng sea capturado y decapitado. Se dio parte de inmediato de los éxitos arriba mencionados y de este «Memorial sobre la victoria» al Departamento de Defensa, para que este delibere sobre él e informe al abajo firmante, ayudante del presidente de la Corte Disciplinaria [*ziduyushi*, 咨都御史]. Se informará al emperador sobre las deliberaciones para que decida cómo proceder tanto con los extranjeros que nos han servido, monjes y enviados, como con el tributo aportado. Toda acción militar, incluidos el envío de tropas a ultramar y las inspecciones llevadas a cabo, se realizaron de acuerdo con las estrategias detenidamente consideradas por el gobernador Liu Yaohui y por otros funcionarios. En cuanto a los méritos obtenidos y el trato a los bandidos detenidos, pasarán primero a la Corte Disciplinaria y serán entregados al inspector general para que haga las verificaciones y comprobaciones oportunas. Se informará al emperador sobre gratificaciones fijadas y acciones que se llevarán a cabo.

Siguiendo instrucciones del emperador, en el mes noveno del mismo año, de acuerdo con las observaciones de la guardia marítima, el consejero de las Fuerzas Terrestres de prefectura Xingquan, Qiao Maojing, y el subconsejero de las Fuerzas Navales, Tao Youxue, supieron que después de romper el asedio de Luzón, Lin Feng volvió a huir hacia Daimao, donde sus hombres repararon los buques para dirigirse hacia Cantón. Por estos motivos, mandé a los dos consejeros reunirse con el comandante Hu Shouren y el comandante de la Zona Meridional, Hu Liangpeng, para que juntos se dirigieran hacia los mares de Jieshi, en Chaozhou. Uno tras otro, decapitaron a los rebeldes; 201 bandidos y sus mujeres fueron apresados. El anterior «Memorial sobre la victoria» fue trasladado al Departamento de Defensa. Este ha deliberado sobre él, ha informado a la Corte Disciplinaria y lo ha remitido al inspector general, quien ha podido verificar y comprobar su contenido antes de informar al emperador. Por edicto imperial, la Corte Disciplinaria lo ha transmitido a los funcionarios de los gobiernos locales, los cuales han actuado conforme a las órdenes de sus superiores.

El día decimoquinto del sexto mes del cuarto año del emperador Wanli, el consejero de las Fuerzas Terrestres [*binbeidao*, 兵备道] de la prefectura de Xingquan, Qiao Maojing, y el Subdirector de las Fuerzas Navales, Shen Huai [沈淮], informaron por separado de que Shao Yue y Wang Wanggao, los suboficiales despachados para acompañar y guiar a los monjes y enviados extranjeros a cruzar el mar, zarparon de Luzón en dirección al golfo de Zhongzuosuo. Siguieron a Lu Yifeng y Shen Zhi, subprefectos de Defensa Marítima [*haifangtongzhi*, 海防同知] de Quanzhou y Zhangzhou, respectivamente, para examinar y verificar la defensa. Shao Yue, Wang Wanggao y Lin Bixiu indicaron que en el octavo mes del año anterior habían ido al reino extranjero de Luzón capitaneando tropas y que, en el sexto mes de este año, inesperadamente, Lin Feng y otros piratas empezaron a construir barcos a escondidas. Luego, una noche, aprovecharon la lluvia para romper el cerco y embarcarse. Los extranjeros mataron a más de 300 piratas e hirieron a más de 40. Fueron abandonadas 9 mujeres de los piratas; el resto escapó rumbo a Cantón. Nuestros soldados avanzaron intrépidamente. Se acompañó al monje Ma Lichen y a otros enviados hasta el reino de Luzón, y se hicieron regalos a diversos reinos. Los extranjeros admiraban nuestra justicia y se mostraban agradecidos: Como muestra de su sincero deseo de servirnos y como prueba de que habían matado a los piratas, entregaron a Wang Wanggao las cabezas cortadas y las mujeres abandonadas. Zhou Ying, el oficial local encargado de capturar a los ladrones se puso de acuerdo con otros oficiales y regresó con ellos. Dado que Shao Yue, Wang Wanggao y Lin Bixiu se habían comprometido a asumir cada cual su propia responsabilidad, una vez verificadas las cabezas cortadas, se ordenó enterrarlas. En cuanto a las mujeres, las vendieron oficialmente para que no ejercieran la prostitución. Todas las municiones, instrumentos, excedentes de grano y bagaje que portaban los buques fueron inventariados. Después de hacer recuento, se comprobó que no se produjeron bajas en la guardia ni en los timoneles. No se introdujeron otras mercancías de manera furtiva. Todo lo cual me fue comunicado por los informes pertinentes.

Ordené además a Xu Zhongxing, inspector general de Investigación Criminal [*anchashi*, 按察使], que trabajara junto con Shen Huai, subdirector de las Fuerzas Navales y subprefecto de Xingquan, y otros directores. Volvieron a encargar a los funcionarios que verificaran y comprobaran que no hubiera diferencias en las cantidades inventariadas. Lin Feng fue derrotado, y no se sabe si está vivo o muerto. Sea como fuere, sus fuerzas fueron liquidadas. Tras ser vencidos y concedida la amnistía por las dos provincias, los remanentes de la banda quedaron por completo aniquilados. Dado que los mandos militares de Cantón y Guangxi presentaron sus informes al respecto, me permito no incidir en los detalles, pues no es preciso abundar más. Quedamos a la espera de que el inspector general Yan Shiqiao confirme e informe al emperador de los méritos de los comandantes de Fujian que partieron de Cantón y cruzaron el mar para capturar y decapitar a los prisioneros. Todos los tributos presentados por los extranjeros de Luzón fueron enviados a las autoridades competentes.

Por lo tanto, se envolvieron utilizando métodos especiales y envié expresamente a Xiao Yiyu, encargado titular de mil familias, para que se los presentara al emperador, todo lo cual se hace constar oficialmente a los efectos oportunos. Lista de artículos:

- Un collar de cuentas de oro coloreado y otro que contiene oro, cuyo peso total es de 12 *liang* y 9 *qian*;
- Un collar de oro de 30 *liang*;
- Un jarrón de plata de 35 *liang*;
- Una jarra de plata de 23 *liang* y 7 *qian*;
- Un reloj de oro de 10 *liang* y 3 *qian*;
- Un plato de plata de 23 *liang*;
- Un recipiente dorado de plata que pesa 12 *liang* y 8 *qian*;
- Un fieltro rojo de burí de 8 *chi* de largo, 7 *chi* de ancho y 70 *liang* de peso;
- Una prenda de fieltro de burí de 70 *liang* de peso, 5 *chi* y 8 *fen* de ancho y 5 *chi* y 6 *cun* de largo, con el interior manchado de negro y los bordes rotos;
- Dos espejos de Ryukyu; un espejo de 6 *cun* de alto y 5 *cun* y 2 *fen* de ancho en una caja; y un espejo de 4 *cun* de alto y 3 *cun* de ancho.[1]

---

[1] LIU Yaohui (Ming), *Memoriales del Gobernador al Trono*, Tomo III: *Memorial sobre la victoria de la aniquilación de los piratas lograda por los extranjeros y los tributos ofrecidos* (edición xilográfica, impresa durante el reinado del emperador Wanli, Biblioteca de Nanjing, referencia bibliográfica GJ/KB0833), pp. 33-37.

Título V: Memorial presentado solemnemente al emperador sobre la victoria en la aniquilación de los piratas, lograda tras cruzar el mar e informar a los extranjeros

El día decimocuarto del duodécimo mes del cuarto año del emperador Wanli, la Dirección General de Asuntos Extranjeros [*zhukeqinglisi*, 主客清吏司] informó al Departamento de Protocolo sobre los tributos presentados por el rey de Luzón; dicho Departamento dio su visto bueno y los presentó al emperador. El emperador los autorizó. El Departamento de Protocolo procedió así en cumplimiento de los edictos imperiales, tomando como referencia el reinado de Hongwu para la entrega de regalos a los jefes de tribus extranjeras, cuyos méritos permitían darle 2 piezas de brocado y 4 piezas con la parte exterior y el forro de ramio. El emperador dio su permiso, lo cual me fue comunicado. Todos los regalos concedidos por el emperador —28 piezas de ramio, gasa y brocados de seda— fueron entregados a Xiao Yiyu, encargado titular de mil familias. Personas bajo mi mando fueron a buscar los regalos y se los entregara a aquel reino. El Departamento de Asuntos Civiles y Hacienda difundió una circular entre los funcionarios de las Fuerzas Terrestres, las Fuerzas Navales y los empleados gratificados para que acudieran a cobrar. Se esperaba aprovechar los vientos de la temporada de inundaciones para cruzar el mar y concretar la preparación de los barcos, los utensilios, las raciones y las tropas.

Liu Jiwen, ministro ayudante derecho del Departamento de Asuntos Civiles y Hacienda se reunió con Qiao Maojing, subprefecto de Xingquan, y Shen Huai, subdirector de las Fuerzas Navales. Según Qiao Maojing, viceconsejero de la reserva militar de Xingquan, se interrogó al comerciante Wei Ming, traído por el suboficial Zhou Simu, a Zhou Ying, oficial local encargado de capturar a los ladrones en el ultramar, y a otras personas. Cada cual confesó por separado que el señor de Luzón, Mushi, había sido destituido por Castilla, y que el subjefe de la tribu, Jianbao, quedó encargado de otros asuntos, por lo que se designó a Xinyaolizi nuevo señor. Puesto que el nuevo gobernador no había vencido a los piratas ni tenía relación alguna con los acontecimientos anteriores, no es necesario volver a ofrecer regalos. Se encargó de la gestión el Departamento de Asuntos Civiles y Hacienda. El primer mes del quinto año del reinado de Wanli, dicho Departamento presentó un informe; temiendo posibles equívocos, permití a dicho departamento interrogar al suboficial Zhou Simu, al comerciante Wei Ming, a Xu Lin y a otros. Se informó debidamente a las autoridades superiores. El duodécimo día del segundo mes, de acuerdo con el informe presentado por el Departamento de Asuntos Civiles y Hacienda ante Liu Yaohui, el presidente de la Corte Disciplinaria, Hu Liangpeng, el director de Quanzhou y el comandante de la zona meridional de Fujian, interrogaron al suboficial Zhou Simu y al comerciante Wei Ming para lograr nuevas averiguaciones. El informe manuscrito revela que cada cual expuso sus propios motivos. Así, permití a Hu consultar a Zhou Simu, Wei Ming, Xulin, y a otras personas. El Gobierno de Quanzhou pidió al intérprete Chen Bocong y a Zhou Ying que se presentaran por separado ante las autoridades. Les acompañaron Ou Xiji, subdirector de las Fuerzas Terrestres de Fuzhou, Qiao Maojing, subdirector de las Fuerzas Terrestres de la prefectura de Xingquan, y Liu Jiwen, ministro ayudante derecho. Se les interrogó en el tribunal.

El intérprete Chen Bocong y el resto expusieron lo que sigue: El señor de Luzón, es decir, el rey de Luzón, Guido de Lavezaris, enviado a este reino para defenderlo como vasallo castellano de la

Corte china, fue destituido de su cargo. Por orden de sus superiores, el suboficial Shao Yue entregó a Francisco de Sande los regalos que portaba. El subjefe de la tribu fue el único que recibió los regalos en persona. Posteriormente, los locales, al no tener rey, asesinaron a quienes habíamos enviado a Pangasinán [冯家诗兰] a cobrar los tributos. En cuanto a los regalos, el subjefe Jianbao ya falleció, por lo que no es necesario volver a tenerlo en cuenta. Guido de Lavezaris, rey de Luzón que acabó con los piratas y pagó tributos, ya había recibido regalos a través de los monjes y enviados. Dado que este había sido destituido, el nuevo rey lo recibió todo. Si llevamos a ese país los nuevos regalos del emperador, estos serían recibidos por el nuevo señor. Ma Lichen ya fue generosamente recompensado personalmente por su visita. Al haberse producido un cambio de rey, no es necesario volver a ofrecer regalos al nuevo.

Ni el oficial local encargado de capturar a los ladrones ni los comerciantes aclararon que Mushi era el rey de Luzón [que fue destituido]. Fue por esto [el desconocimiento de dicha destitución] que ofrecimos las recompensas. Tras realizar personalmente detallados interrogatorios, se determinó el cese de los regalos. No obstante, pedí al Departamento de Asuntos Civiles y Hacienda que pusiera a buen recaudo los tributos presentados y actuara conforme a las indicaciones. Luzón, un pequeño país extranjero, envió sus tropas para capturar al rebelde Lin Feng por una ocasión fortuita. Siguiendo instrucciones, sus soldados acabaron con los bandidos, y realizaron por lo tanto un servicio meritorio. Muchos son leales y valientes. Dicho departamento deliberó sobre la recompensa, acatando la orden del emperador, y concluyó que se debía enviar funcionarios que la concedieran con el fin de mostrar que el Celeste Imperio aprecia los servicios y es benevolente. En virtud de las deliberaciones de dicho Departamento, la anterior entrega de regalos fue tratada con gran cautela. La empresa de ir a Luzón y regresar a nuestra tierra por mar llevó años, pues la distancia es de más de diez mil li. El señor extranjero que prestó servicios notables por desgracia falleció tras ser destituido. Se precisa un decreto específico para ofrecer presentes al nuevo señor. Los delitos cometidos me devolvieron a mi tierra natal, y no volví a mantener relación con los asuntos de Fujian. Se me responsabilizó de que el ofrecimiento de obsequios no estaba claro, o de posibles pérdidas en el trayecto. Dada mi simpleza, me permito solicitar al emperador que dé orden al Departamento de Protocolo para que delibere si es preciso recompensar al nuevo rey de Luzón y que Pang Shangpeng, recién nombrado presidente de la Corte Disciplinaria, envíe a sus funcionarios a ofrecer una recompensa. En caso de determinar el cese de la presentación de regalos, el Departamento de Asuntos Civiles y Hacienda podrá devolverlos, tanto el dinero como los obsequios, al Departamento del Interior. Los favores no pueden arrogarse. Así, puedo permanecer en el campo viviendo tranquilamente...[1]

3

Si bien es el gobernador provincial de Fujian, Liu Yaohui, quien dirige los cinco *Memoriales* a la Corte, estos escritos se apoyan en el informe que el consejero de la reserva militar de la prefectura de Xingquan, Qiao Maojing, remitió al propio Liu Yaohui, fechado el día 13 del sexto mes

---

[1] LIU Yaohui (Ming), *Memoriales del Gobernador al Trono*, Tomo III: *Memorial sobre el cese de recompensas pecuniarias y obsequios al Señor de Luzón* (edición xilográfica, impresa durante el reinado del emperador Wanli, Biblioteca de Nanjing, referencia bibliográfica GJ/KB0833), pp. 46-50.

del tercer año de reinado del emperador Wanli (1575). Liu Yaohui cita el informe de Qiao Maojing en varios de los memoriales, por lo que podemos afirmar que es este quien da cuenta de la embajada que España envió a Fujian en el tercer año de reinado de Wanli. Qiao Maojing es un personaje central en esta historia. En primer lugar, el envío del oficial Wang Wanggao en persecución de Lin Feng se realizó a través de él. Así, su informe reza: «Wang Wanggao, el suboficial enviado para cruzar el mar con la misión de acudir al reino de Luzón a comandar las tropas [...]. Wang Wanggao, el suboficial recién elegido de Wuyuzhai, ha sido siempre un valiente estratega y conoce muy bien la situación en el extranjero. Los oficiales encargados de capturar a los bandidos, como Liu Zhiguang, Lin Keshun, Guo Wen y Zhou Ying, se merecen un cargo que les permita hacer compras en mercados, enviar circulares, así como impartir órdenes militares y expedir acreditaciones. Denme a conocer todos los asuntos relacionados con las recompensas por capturas, la aceptación de peticiones de amnistía y los servicios al emperador». Por otra parte, cuando Wang Wanggao regresó con la embajada española, el primer funcionario Ming al que vieron y que los recibió fue precisamente el consejero de la reserva militar de Xingquan, Qiao Maojing. En las fuentes españolas aparece como el Inzuanto, la persona que los recibe y despide. Además, los españoles llevaban expresamente obsequios para el prefecto de Quanzhou (a la sazón, Qiao Maojing), quien les ofreció un banquete y correspondió a su vez con otros presentes. Según estas fuentes, a los religiosos y a sus acompañantes se les hizo entrega de dos piezas de seda, que les echaron por hombros, cruzadas sobre el cuerpo a modo de estola, y un objeto de plata para cada uno. Asimismo, se entregó regalos similares a Wang Wanggao y al Sinsay, mientras que a los criados se les obsequió con mantas de algodón pintadas.[1]
Dice el texto en chino: «A los monjes y a los enviados extranjeros los

---

[1] González de Mendoza, p. 206.

recompensé enseguida con diferentes cantidades de telas de seda cruda, dinero y otros regalos [;] los monjes fueron recompensados con infinidad de regalos [;] en cuanto a M Lichen y al resto, en su condición de enviados de Luzón, fueron recompensados con infinidad de presentes conforme al oficio ministerial». Cuando la embajada realizó el viaje de regreso, Qiao Maojing mandó a oficiales militares que la escoltaran, de modo que este fue el verdadero responsable de la delegación española durante toda su estancia. Así, los hechos históricos acerca del viaje de los españoles que Liu Yaohui recoge en sus *Memoriales del Gobernador al Trono* proceden del informe de Qiao Maojing.

Al comparar el informe de Qiao Maojing con las fuentes españolas hallamos algunas coincidencias generales, pero también diferencias y abundante información que no se menciona en las segundas. De este modo, los documentos a los que nos referimos tienen un altísimo valor histórico en lo que respecta al relato de la primera delegación española que viajó a Fujian, al narrar de manera cierta el primer contacto formal entre los gobiernos de la colonia española de las Filipinas y de China, y completar las lagunas de la *Relación del viaje a China* de Martín de Rada y de la *Historia del gran Reino de la China* de González de Mendoza, erigiéndose como los documentos más preciados de la historia de la relación bilateral entre China y España durante la dinastía Ming.

El informe relata en primer lugar cómo Wang Wanggao, suboficial del puesto de Wuyuzhai, en la prefectura de Xingquan, conduce en el duodécimo día del tercer mes del tercer año del reinado del emperador Wanli dos barcos de guardia que persiguen al corsario huido Lin Feng hasta el «Reino de Luzón». Lin Feng había asaltado Manila con sus hombres con la intención de hacerse con dicho territorio, pero fue derrotado por soldados españoles y obligado a retirarse hasta Pangasinán (en chino, Daimao). Tras su llegada a Luzón, Wang Wanggao fue llevado por el comerciante chino Lin Bixiu hasta el «Señor del Reino de Luzón», o lo que es lo mismo, el gobernador español de Filipinas, Guido de Lavezaris, «portando sedas y otros objetos». Con apoyo del gobernador, «se presentaron con telas de seda cruda de todo capullo, y otros tributos». Apoyados por el gobernador, quien «envió de inmediato monjes extranjeros, quienes junto con Wang Wanggao y Lin Bixiu informaron por separado a los locales. Llegaron a reunir a más de 5.000 soldados. Algunos días después, escogieron 200 buques de guerra». Desde el decimoctavo día del tercer mes, se lanzaron sucesivas ofensivas contra las tropas de Lin Feng en Pangasinán, en las que murió un gran número de piratas, se capturó y decapitó a los cabecillas Huang De y Xu Yuan y fueron liberadas 38 mujeres. En la batalla murieron además más de 90 soldados extranjeros y resultaron heridos Wang Wanggao y Lin Bixiu. El ataque de Wang Wanggao en Pangasinán supuso una nueva victoria contra las tropas de Lin Feng. El oficial chino estimó que estas tropas no llegaban al millar de hombres, carecían de barcos, apenas tenían víveres y podrían ser capturadas en cuestión de días. Así, Wang Wanggao ordenó a sus hombres que sitiaran el puerto de Pangasinán con la intención de aprovechar las corrientes para regresar a China y dar parte del suceso. Cuando informó al gobernador Guido de Lavezaris de las noticias que pensaba llevar a su país, este último consideró que se presentaba una oportunidad propicia para enviar una embajada a China y decidió enviar junto con Wang Wanggao a una delegación encabezada por el religioso Martín de Rada con tributos para la Corte Ming. Los *Memoriales* arriba mencionados contienen registros detallados de la composición de esta embajada:

Dos monjes extranjeros: Ma Lichen y Luo Limu; cuatro enviados extranjeros: Weini Lailijia, Bali Xieluomiantuo, Ligunashi Juyingha, Huanli Dilianna; un intérprete: Chen Huiran; y otros 13 hombres, portando un escrito extranjero y tributos del señor del reino de Luzón, que me presentaron.

Aparece como Ma Lichen el agustino español Martín de Rada; Luo Limu es el también fraile agustino Gerónimo Marín; Weini Lailijia es el nombre chino del militar español en Manila Miguel de Loarca; Bali Xieluomiantuo se refiere al también militar español en Manila Pedro Sarmiento; Ligunashi Juyingha es Nicolás de Cuenca, miembro de la comitiva española que viajó a Fujian en 1576; Huanli Dilianna es Juan de Triana, también miembro de esta comitiva. El traductor del grupo se llamaba Chen Huiran. Les acompañaba un séquito de 13 hombres, y juntos se dirigieron hacia Fujian con una carta en español del gobernador de Filipinas y preciados obsequios para presentar como tributo.

Los registros de los *Memoriales del Gobernador al Trono* coinciden en lo básico con el relato que hace Martín de Rada en su *Relación del viaje a China*, salvo en el detalle del séquito acompañante, que las fuentes chinas cifran en 13 personas mientras que las españolas lo hacen en 12. En *Historia del Gran Reino de la China* de Juan González de Mendoza se cita exclusivamente a dos religiosos y dos soldados, sin mencionar otros nombres. No obstante, Mendoza afirma que en el viaje iban «entre los padres y soldados y gente de servicio veinte personas».[1] Esta cifra coincide con la recogida en los *Memoriales*. Más importante aún es el hecho de que quedaran registrados los nombres en chino de los integrantes de esta primera embajada española en China. Así, Martín de Rada es Ma Lichen; Gerónimo Marín, Luo Limu; Miguel de Loarca, Lailijia; Juan de Triana, Dilianna; Nicolás de Cuenca, Juyingha; Pedro Sarmiento, Xieluomiantuo; y el intérprete Hernando, Chen Huiran.[2] Esta valiosa información nos permite conocer con mayor claridad detalles sobre el viaje. En especial,

---

[1] González de Mendoza, p. 184.

[2] Afirma González de Mendoza: «Encargándole que trajese consigo el intérprete que habían de llevar, que era un muchacho chino que habían bautizado en Manila, y sabía muy bien la lengua española, llamado Hernando». González de Mendoza, p. 182.

que Martín de Rada aparezca como Ma Lichen nos indica que el primer agustino español que viajó a China tenía un nombre chino: Ma Lichen, que ofrece al mundo académico actual una traducción original y canónica del nombre de Rada a lengua china. Este misionero europeo llegó a China antes que Michele Ruggieri y Matteo Ricci, motivo por el que considero que el mundo académico actual debería adoptar de forma unánime la traducción de su nombre a chino como «Ma Lichen», y no «Lada», como se emplea en la actualidad, del mismo modo que Ruggieri es «Ming Luojian» y Ricci «Li Madou», para reflejar mejor la autenticidad histórica.

En segundo lugar, el informe de Qiao Maojing, datado el sexto mes del tercer año de reinado del emperador Wanli, menciona en tres ocasiones los «tributos» que esta embajada española llevaba consigo para regalar al emperador. La primera vez que aparece es el *Memorial sobre la victoria de la aniquilación de los piratas lograda por los extranjeros*:

> Se examinaron los obsequios ofrecidos por el rey de Luzón: dos piezas de fieltro de burí; dos espejos al estilo de Luzón; dos cordones de oro que pesan en total 42 *liang*; dos jarros de plata que pesan en total 58 *liang* y 7 *qian*; y un reloj de oro, un plato de oro y un recipiente de plata, objetos cuyo peso total asciende a 46 *liang* y 1 *qian*. Todo ello fue entregado al Tesoro y permanece custodiado en él. No se osó presentar estos obsequios al emperador antes de haber capturado y decapitado a Lin Feng, y de que la Corte los haya aceptado como tributo.

La segunda vez es en otro de los memoriales, titulado *Memorial sobre la victoria de la aniquilación de los piratas lograda por los extranjeros y de los tributos que trajeron*:

Wang Wanggao aprovechó la temporada de las inundaciones del sur para adelantar el regreso, a fin de informar del triunfo. Con él vinieron Ma Lichen [Martín de Rada] y otros, quienes, en su condición de enviados de Luzón, trajeron consigo tributos y una carta guardada dentro de una bola de cera, de todo lo cual me hicieron entrega. En compañía de funcionarios del Departamento de Asuntos Civiles y Hacienda, se comprobó que los tributos consistían en utensilios de oro y plata, piezas de fieltro de burí, espejos al estilo de Luzón, etc. Inmediatamente después, todo fue llevado a la Tesorería Imperial. Los monjes fueron recompensados con infinidad de presentes. Además, ordené a, entre otros, Wang Wanggao, Lin Bixiu y el oficial Shao Yue que regresaran a Luzón junto con los monjes y vigilaran a los extranjeros, sin osar presentar el tributo al emperador hasta el día en el que Lin Feng sea capturado y decapitado.

La tercera vez recoge con más detalle los tributos:

Todos los tributos presentados por los extranjeros de Luzón fueron enviados a las autoridades competentes. Por lo tanto, se envolvieron utilizando métodos especiales y envié expresamente a Xiao Yiyu, encargado titular de mil familias, para que se los presentara al emperador, todo lo cual se hace constar oficialmente a los efectos oportunos. Lista de artículos: un collar de cuentas de oro coloreado y otro que contiene oro, cuyo peso es en total de 12 *liang* y 9 *qian*; un collar de oro de 30 *liang*; un jarrón de plata de 35 *liang*; una jarra de plata de 23 *liang*; un recipiente dorado de plata que pesa 12 *liang* y 8 *qian*; un fieltro rojo de burí de 8 *chi* de largo, 7 *chi* de ancho y 70 *liang* de peso; un prenda de fieltro de burí de 70 *liang* de peso, 5 *chi* y 8 *fen* de ancho y 5 *chi* y 6 *cun* de largo, con el interior manchado de negro y los bordes rotos; dos espejos de Ryukyu; un espejo de 6 *cun* de alto y 5 *cun* y 2 *fen* de ancho en una caja; y un espejo de 4 *cun* de alto y 3 *cun* de ancho en una caja.

En cuanto a los regalos que envió a China el gobernador de Filipinas, las fuentes españolas nos dicen:

> El Gobernador [...] en señal de agradecimiento le dio delante de ellos una muy buena cadena de oro, y un muy rico y galán vestido de grana colorada, cosa que él estimó en mucho, más en la China, por ser cosa que allá no la hay; además de éste, junto un razonable presente para enviar al Gobernador de Chincheo [Quanzhou], que era el que había despachado al Omoncón [Wang Wanggao] por mandato del Rey en seguimiento del corsario, y otro presente al Virrey de la provincia de Ochiam [Fujian] que estaba en la ciudad de Aucheo [Fuzhou]. Y porque no se sintiese y agraviase el Sinsay [comerciante chino], le dio también otra cadena de oro, que además de esto la merecía muy bien por haber sido siempre muy fiel amigo de España.[①]

El texto de Juan González de Mendoza no explicita los regalos enviados a los funcionarios de Quanzhou (Chincheo) ni Fujian (Ochiam). Cuenta Martín de Rada en su *Relación del viaje a China*:

> The Inzuanto got up from his seat, and came forward as far as the steps of the hall door; and as we fell upon our knees, he made a very deep bow, and we asked him if we could get up, and we gave

---

① González de Mendoza, 180.

him the letters which we carried for him, and another which had been given us in the town, containing the list of the presents which were brought him. He forthwith ordered us to return to our lodging, saying that he should send the present on the next day, as he did.[1]

Envió [el gobernador de Filipinas] en su compañía hasta el dicho puerto con la carta para el Omoncón y a acompañar a los Padres y compañeros al sargento mayor, y para llevar al Omoncón un presente de comida y otras cosas, y asimismo dos cartas que enviaba, una para el Gobernador de Chincheo y otra para el Virrey de Ochiam [...], acompañando las cartas con sendos presentes en que iba una fuente de plata y algunas ropas de paño castellano, que los chinos estiman en mucho, y otras cosas curiosas y que allá no había, y disculpándose de no enviar más.[2]

Si bien este pasaje hace referencia a dos cartas y una lista de regalos, incluidos una fuente de plata, ropas de paño y otras cosas curiosas, no puede compararse en detalle ni exactitud con el texto chino, que no solo pormenoriza todos los tributos de la embajada, sino que además enumera los objetos preciosos indicando su peso, incluidos 68 *liang* en piezas de oro y 81 *liang* y 7 *qian* en plata, además de ropajes y adornos de los que se especifican las medidas. Queda patente la minuciosidad con la que trabajaban quienes se encargaron de registrar los detalles de estos regalos. Exceptuando los paños, que provenían de Europa, el resto de objetos de oro y plata debieron ser manufacturados en México, mientras que los espejos eran de Ryukyu. Cabe destacar la prenda de fieltro de burí incluida entre los tributos, de la que se dice que tenía «el interior manchado de negro y los

---

[1] Boxer, p. 252.
[2] González de Mendoza, pp. 183-184.

bordes rotos», lo que podría indicar que los regalos sufrieron daños durante el viaje.

Además de los tributos arriba señalados, «el Señor del Reino de Luzón» enviaba «una carta guardada en una bola de cera» al Gobierno chino, lo que da a entender que la carta iba sellada para que no transcendiera su contenido. Estos detalles son omitidos en las fuentes españolas, de modo que el texto chino constituye un material de sumo valor para comprender el contenido íntegro de la primera embajada que España envió a China en el tercer año de reinado del emperador Wanli.

En tercer lugar, el libro de Martín de Rada contiene información bastante pormenorizada sobre este viaje a Fujian, anotaciones claras de la fecha en la que llegaron a cada lugar y de los encuentros con los funcionarios chinos en Fujian. En su *Relación del viaje China*, Martín de Rada incluye además datos muy detallados de cuanto fueron viendo. Por su parte, los *Memoriales del Gobernador al Trono* mencionan que Wang Wanggao regresó a Wuyuzhai, en Fujian, el día decimotercero del quinto mes del tercer año del reinado del emperador Wanli, que en el calendario occidental correspondía al 20 de junio de 1575. No obstante, el día en el que Martín de Rada sitúa su llegada a China es el 5 de julio de 1575.[1] Juan González de Mendoza fecha la llegada de la embajada española a tierra firme china el 3 de julio,[2] y añade que Wang Wanggao llegó a Zhongzuosuo el 15 de julio. Entre las fechas recogidas en los textos españoles distan diez días; y entre los textos chino y español, 25 días. Esto quiere decir que Wang Wanggao regresó primero, seguido de la delegación española, que llegó medio mes más tarde. Estas reseñas ponen de manifiesto que los navíos de Wang Wanggao y de la embajada española no viajaron juntos. De acuerdo con los *Memoriales del Gobernador al Trono*, sin embargo, Wang

---

[1] Boxer, p. 244.
[2] González de Mendoza, p. 190.

Wanggao y la embajada española llegaron a Fujian el duodécimo día del sexto mes del tercer año de reinado del emperador Wanli, o el 19 de julio de 1575, según el calendario occidental. González de Mendoza menciona que la llegada a Quanzhou tuvo lugar el 11 de julio de 1575 y que una semana más tarde, el 18 de julio, se arribó a Fuzhou.[1] Si bien las fechas no concuerdan, los textos en español y chino coinciden en su mayor parte. En Fuzhou, el Gobierno de los Ming interrogó a los miembros de la banda de Lin Feng que Wang Wanggao había hecho prisioneros: «Interrogué personalmente a Lin Fengchun y Yan Youqian, principales cabecillas de los bandidos». Juan González de Mendoza relata cómo las autoridades de Quanzhou convocaron a los soldados Sarmiento y Loarca para conocer, con mediación del intérprete que los acompañaba, el suceso de Limahón.[2] En cuanto a la fecha en la que Wang Wanggao y la embajada española regresan a Manila, los *Memoriales* indican que tuvo lugar en el octavo mes del tercer año de reinado del emperador Wanli, que en términos occidentales abarcaba de 4 de septiembre a 3 de octubre de 1575. Martín de Rada afirma en su *Relación del viaje a China* que abandonó Fuzhou el 22 de agosto de 1575, llegó al puerto de Xiamen (Amoy) a principios de septiembre y levó de nuevo anclas el día 14 de ese mismo mes para emprender el regreso.[3] También aquí concuerdan en gran medida los registros en español y en chino, lo que demuestra que los hechos históricos que narran unos y otros coinciden, salvo en algunos detalles.

En cuarto lugar, después de llegar a Fuzhou, los integrantes de la embajada visitaron a Liu Yaohui, gobernador civil y militar de Fujian, quien les dio audiencia y recibió la carta junto con la lista de regalos que enviaba el señor del reino de Luzón. Asimismo, ordenó que se echara por los hombros de cada uno de los religiosos, a modo de estolas, seis piezas de

---

[1] González de Mendoza, pp. 201-202.
[2] González de Mendoza, p. 208.
[3] Boxer, p. 257.

seda; a cada uno de los soldados, cuatro; y a cada uno de sus criados, dos. «A los padres, a los oficiales, a Wang Wanggao y Sinsay se les obsequió además con dos ramilletes de plata».[1] El gobernador ofreció un banquete a los visitantes.[2] Cuando la embajada dio a Liu Yaohui los regalos que traía, este los selló bien y los envió a la gran ciudad de los Ming, es decir, Pekín, para su entrega al emperador y a Palacio, junto con los que enviaba el prefecto de Quanzhou, por existir una legislación muy estricta que prohibía a los funcionarios aceptar regalos, independientemente del valor de estos, salvo permiso previo del emperador o de la corte, «so pena de privación de oficio por todos los días de su vida, y de destierro a bonetes colorados».[3] El gobernador Liu Yaohui les pidió únicamente una espada, un arcabuz y un frasco de pólvora, para que sirvieran de modelo en la fabricación de otros similares. Se los entregaron, y supieron más tarde que fueron copiados, aunque no bien.[4] Al hacer entrega Martín de Rada de la carta por la cual se pedía permiso para que los padres permanecieran en China para predicar, el gobernador contestó que no podía darles una respuesta en aquel momento, ya que era preciso el beneplácito de la Corte. No obstante, dijo que respondería a la carta del gobernador de Manila[5] y que podían partir y regresar con Lin Feng, vivo o muerto. Una vez hecho esto, quedaría sellada la amistad que pretendían y podrían quedarse a predicar. «Con esta respuesta perdieron la esperanza de la quedada y se comenzaron a preparar para tornarse a Manila».[6] Estando en Fuzhou, llegaron noticias de nuevos ataques de la flota de Lin Feng contra las costas de Fujian, que hicieron a los funcionarios dudar de la información que traían Wang Wanggao y

---

[1] González de Mendoza, p. 218.
[2] González de Mendoza, p. 220.
[3] González de Mendoza, p. 223.
[4] González de Mendoza, p. 223.
[5] González de Mendoza, p. 226.
[6] González de Mendoza, p. 226.

la embajada española, y según la cual el pirata se encontraba cercado sin posibilidad de escapatoria. Así, Qiao Maojing, comandante del puesto de guardia de la prefectura de Xingquan, volvió a interrogar a los españoles una vez más y finalmente les dijo que debían volver a sus islas y regresar con Lin Feng, tras lo que quedaría la amistad capitulada y podrían predicar los Evangelios.[1] Estos extremos también quedaron recogidos en los *Memoriales del Gobernador al Trono*:

> En compañía de funcionarios del Departamento de Asuntos Civiles y Hacienda, se comprobó que los tributos consistían en utensilios de oro y plata, piezas de fieltro de burí, espejos al estilo de Luzón, etc. Inmediatamente después, todo fue llevado a la Tesorería Imperial. Los monjes han sido recompensados con infinidad de presentes. Además, ordené a, entre otros, Wang Wanggao, Lin Bixiu y el oficial Shao Yue que regresaran a Luzón junto con los monjes y vigilaran a los extranjeros, sin osar presentar el tributo al emperador hasta el día en el que Lin Feng sea capturado y decapitado. Se dio parte de inmediato de los éxitos arriba mencionados y de este «Memorial sobre la victoria» al Departamento de Defensa, para que este delibere sobre él e informe al abajo firmante, ayudante del presidente de la Corte Disciplinaria. Se informará al emperador sobre las deliberaciones para que decida cómo proceder tanto con los extranjeros que nos han servido, monjes y enviados, como con el tributo aportado.
>
> Aunque están acercándose las fiestas, y con ellas llegará también la temporada de inundaciones, se ordenó volver a Luzón al suboficial Wang Wanggao y a Lin Bixiu, a ejércitos encabezados

---

[1] González de Mendzoza, p. 230.

por diversos suboficiales, al suboficial Shao Bin y a Ma Lichen y demás enviados. Juntos aniquilarán a los piratas, debiendo como prueba de ello capturar vivo al traidor Lin Feng. Si es apresado muerto, habrán de hacerse con su cabeza y entregarla junto con sus familiares y prisioneros. Esto se tomará como prueba para confirmar la verdad.

Es decir, el prefecto de Xingquan Qiao Maojing despacha de nuevo a Shao Yue y a Wang Wanggao para escoltar a la embajada española de regreso a Filipinas, con la exigencia de que se buscara la forma de capturar a Lin Feng, pues solo con su apresamiento y con la erradicación del resto de su banda sería posible instaurar una confianza que propiciara una nueva entrega de tributos y el establecimiento de relaciones formales entre ambas partes.

La embajada permaneció en Fuzhou 47 días. Antes de su partida, el gobernador les ofreció un gran banquete de despedida, aunque él no se halló en el mismo.[1] Aquí concluye el viaje. Se puede afirmar que la embajada española que viajó Fujian en el tercer año de reinado del emperador Wanli tuvo que regresar sin cumplir su misión. Uno de los motivos fue que Lin Feng y sus hombres, que se creían cercados sin posibilidad de escapatoria en el puerto de Pangasinán, habían logrado sin embargo huir durante la estancia de los españoles en Fujian y volvieron a atacar las costas de dicha región. Dadas las circunstancias, la embajada española, que estaba condicionada a la victoria sobre el pirata Lin Feng y que gracias a este desencadenante logró un notable acceso en China, despertó la desconfianza de las autoridades de Fujian, de modo que el viaje no podía arrojar resultado

---

[1] González de Mendoza, p. 190. González de Mendoza cifra la permanencia de la embajada en Fuzhou en 47 días. No obstante, en la *Relación del viaje a China*, Martín de Rada indica que llegó a Fuzhou el 18 de julio de 1575 y partió el 22 de agosto, acortando la estancia a 35 días.

alguno. Así, estas autoridades ordenan «a, entre otros, Wang Wanggao, Lin Bixiu y el suboficial Shao Yue que regresaran a Luzón junto con los monjes y vigilaran a los extranjeros, sin osar presentar los tributos al emperador hasta el día en el que Lin Feng sea capturado y decapitado». El 23 de agosto de 1575, la embajada abandonó Fuzhou. Llegaría a Quanzhou cuatro días más tarde. El 3 de septiembre los españoles se embarcaron de nuevo en Zhongzuosuo, escoltados por los oficiales Shao Yue y Wang Wanggao. Antes de partir, el gobernador provincial y Qiao Maojing les hicieron entrega de sedas y otros presentes, tanto para los viajeros como para el gobernador de Manila, como quedó reflejado en los *Memoriales*:

Shao Yue y Wang Wanggao, los suboficiales despachados para acompañar y guiar a los monjes y enviados extranjeros a cruzar el mar, zarparon de Luzón en dirección al golfo de Zhongzuosuo. Siguieron a Lu Yifeng y Shen Zhi, subprefectos de Defensa Marítima de Quanzhou y Zhangzhou, respectivamente, para examinar y verificar la defensa. Shao Yue, Wang Wanggao y Lin Bixiu indicaron que en el octavo mes del año anterior habían ido al reino extranjero de Luzón capitaneando tropas y que, en el sexto mes de este año, inesperadamente, Lin Feng y otros piratas empezaron a construir barcos a escondidas. Luego, una noche, aprovecharon la lluvia para romper el cerco y embarcarse. Los extranjeros mataron a más de 300 piratas e hirieron a más de 40. Fueron abandonadas 9 mujeres de los piratas; el resto escapó rumbo a Cantón. Nuestros soldados avanzaron intrépidamente. Se acompañó al monje Ma Lichen y a otros enviados hasta el reino de Luzón, y se hicieron regalos a diversos reinos. Los extranjeros admiraban nuestra justicia y se mostraban agradecidos: Como muestra de su sincero deseo de servirnos y como prueba de que habían matado a los piratas, entregaron a Wang Wanggao las cabezas cortadas y las mujeres abandonadas. Zhou Ying, el oficial local encargado de capturar a los ladrones se puso de acuerdo con otros oficiales y volvió con ellos. Dado que Shao Yue, Wang Wanggao y Lin Bixiu se habían comprometido a asumir cada cual su propia responsabilidad, una vez verificadas las cabezas cortadas, se ordenó enterrarlas. En cuanto a las mujeres, las vendieron oficialmente para que no ejercieran la prostitución.

Los *Memoriales del Gobernador al Trono* explican en detalle cómo Wang Wanggao condujo a los viajeros de vuelta en el octavo mes del tercer año de reinado del emperador Wanli (que en el calendario tradicional abarcaba de principios de septiembre a principios de agosto). A su llegada a Luzón, la embajada supo que Lin Feng y sus hombres habían construido barcazas y aprovecharon una noche lluviosa para romper el asedio, haciéndose a la mar en el sexto mes. Wang Wanggao dejó a Martín de Rada y a sus compañeros de vuelta en Luzón y tras despachar una serie de asuntos relacionados con el pirata, regresó a Zhongzuosuo a dar parte a Qiao Maojing.

En quinto lugar, lo cierto es que el gobernador civil y militar de Fujian, Liu Yaohui, no informó a la Corte de esta embajada ni de los tributos, cuestiones que solo se comunicaron al Gobierno central Ming con la llegada del inspector general Sun Zong. La ya citada obra *Los verdaderos registros del emperador Shenzong de la dinastía Ming* relata cómo en el primer mes del cuarto año de Wanli se recibió el *Memorial* del inspector Sun Zong, en el que se afirma que «en cuanto a Luzón, si bien no es un reino tributario, admira los principios fundamentales de nuestra justicia, por lo que debemos aceptar sus tributos en nombre del emperador y presentárselos». O lo que es lo mismo: el emperador Wanli no supo de los tributos españoles hasta el primer mes de su cuarto año de reinado, mientras que el memorial de Liu Yaohui no llegó a Pekín hasta el noveno mes de ese mismo año. Rezan *Los verdaderos registros del emperador Shenzong de la dinastía Ming*:

El día *bingshen* del noveno mes del cuarto año del emperador Wanli, Liu Yaohui, ayudante del presidente de la Corte Disciplinaria de Fujian, presentó un memorial al emperador en el que se leía: «En colaboración con los soldados de Luzón, el oficial Wang Wanggao y los suyos vencieron al traidor Lin Feng en el mar, quemaron sus barcos y decapitaron a sus soldados. Ya derrotado, el traidor intentó huir, mientras las fuerzas de Wang Wanggao daban muerte a muchos. Por otra parte, los documentos oficiales y los tributos de Luzón fueron aceptados y enviados a las autoridades competentes. El día *xinhai*, el Departamento de Protocolo habló sobre la necesidad de informar al emperador de la conveniencia de recompensar a los extranjeros de Luzón, lo cual fue autorizado por la Corte en su respuesta oficial.

La reacción de la Corte Ming se anotó detalladamente en el memorial del gobernador titulado *Memorial sobre la victoria de la aniquilación de los piratas lograda por los extranjeros*:

El día decimocuarto del duodécimo mes del cuarto año del emperador Wanli, la Dirección General de Asuntos Extranjeros informó al Departamento de Protocolo sobre los tributos presentados por el rey de Luzón; dicho Departamento dio su visto bueno y los presentó al emperador. El emperador lo autorizó. El Departamento de Protocolo procedió así en cumplimiento de los edictos imperiales, tomando como referencia el reinado de Hongwu para la entrega de regalos a los jefes de tribus extranjeras, cuyos méritos permitían darle 2 piezas de brocado y 4 piezas con la parte exterior y el forro de ramio. El emperador dio su permiso, lo cual me fue comunicado. Todos los regalos concedidos por el emperador

—28 piezas de ramio, gasa y brocados de seda— fueron entregados a Xiao Yiyu, encargado titular de mil familias. Personas bajo mi mando fueron a buscar los regalos y se los entregara a aquel reino. El Departamento de Asuntos Civiles y Hacienda difundió una circular entre los funcionarios de las Fuerzas Terrestres, las Fuerzas Navales y los empleados gratificados para que acudieran a cobrar. Se esperaba aprovechar el viento de la temporada de inundaciones para cruzar el mar y concretar la preparación de los barcos, los utensilios, las raciones y las tropas.

Es decir, el envío de la respuesta de la Corte a Fujian no fue aprobado hasta el día 14 del duodécimo mes del cuarto año de reinado del emperador Wanli. Tras recibir los obsequios del reino de Luzón, la Corte de los Ming correspondió con «2 piezas de brocado y 4 piezas con la parte exterior y el forro de ramio». Queda patente que la Corte Ming no dio especial importancia a esta embajada española, y que sencillamente se limitó a describir brevemente los regalos que se enviaron como respuesta a los tributos, sin ser consciente en ningún momento de que se había producido un intercambio diplomático con la mayor potencia europea de la época. Si bien los regalos con los que correspondió el emperador Wanli fueron sencillos, los enviados españoles se habían llevado consigo además los obsequios que el gobernador de Fujian enviaba al gobernador de Manila, y que se componían de: «cuarenta piezas de seda y veinte de burato y una silla de hombros dorada, y dos quitasoles de seda, y un caballo, y otro tanto para el Maestre de Campo, con una carta para cada uno, metidas cada una de ellas en una caja muy galana e iluminada. Además de esto, se les dio otras cuarenta piezas de seda de todos los colores para repartir entre los capitanes y oficiales que quedaban en el cerco de Lymahon, y 300 mantas negras con otros tantos quitasoles para los soldados. Tras esto dio a cada religioso ocho piezas de seda y a los soldaos sus compañeros, cuatro, y un caballo para cada uno, y un quitasol de seda».[1] Frente a la sencillez de los regalos de la Corte, los de las autoridades de Fujian fueron suntuosos, poniendo de manifiesto que la actitud de los gobiernos central y regional para con los presentes de los españoles difería enormemente.

La respuesta y los regalos del Gobierno central llegaron a Fujian el duodécimo mes del cuarto año del emperador Wanli, o principios de 1577, según el calendario occidental. Para entonces, hacía mucho que la embajada había regresado a Manila y habían acontecido cambios en el gobierno colonial español de Filipinas. Cuando se produjo el viaje a Fujian, en el tercer año del emperador Wanli, el gobernador español de Filipinas era Guido de Lavezaris; en el duodécimo mes del cuarto año del emperador Wanli, «el señor de Luzón Mushi había sido destituido por Castilla, y que el subjefe de la tribu, Jianbao, quedó encargado de otros asuntos, por lo que se designó a Xinyaolizi nuevo señor». *Mushi* y *Xinyaolizi* no son otros que Guido de Lavezaris y Francisco de Sande. El segundo mes del quinto año de reinado del emperador Wanli, el Gobierno de Fujian hizo nuevas averiguaciones y gracias, entre otros, al intérprete Chen Bocong, averiguó lo que sigue:

> El señor de Luzón, es decir, el rey de Luzón, Guido de Lavezaris, enviado a este reino para defenderlo como vasallo castellano de la Corte china, fue destituido de su cargo. Por orden de sus superiores, el suboficial Shao Yue entregó a Francisco de Sande los regalos que portaba. El subjefe de la tribu fue el único que recibió los regalos en persona. Posteriormente, los locales, al no tener rey, asesinaron a quienes habíamos enviado a Pangasinán a cobrar los tributos. En cuanto a los regalos, el subjefe Jianbao ya falleció, por lo que no es necesario volver a tenerlo en cuenta. Guido de Lavezaris,

---

[1] González de Mendoza, p. 233.

Panel VII La España del siglo XVI, pionera en los estudios de sinología. Coetáneos y sucesores de Diego de Pantoja

rey de Luzón que acabó con los piratas y pagó tributos, ya había recibido regalos a través de los monjes y enviados. Dado que este había sido destituido, el nuevo rey lo recibió todo. Si llevamos a ese país los nuevos regalos del emperador, estos serán recibidos por el nuevo señor. Ma Lichen ya fue generosamente recompensado personalmente por su visita. Al haberse producido un cambio de rey, no es necesario volver a ofrecer regalos al nuevo.

Puesto que el nuevo gobernador Francisco de Sande «no había vencido a los piratas ni tenía relación alguna con los acontecimientos anteriores», y que los regalos que Liu Yaohui había enviado a Guido de Lavezaris habían sido recibidos por Sande, quien además no estaba satisfecho con cómo había obrado su antecesor en el incidente de Lin Feng, habiendo criticado la colaboración entre Wang Wanggao y Lavezaris, las autoridades de Fujian consideraron que no procedía enviar los presentes del Gobierno central a Luzón: «Al haberse producido un cambio de rey, no es necesario volver a ofrecer regalos al nuevo». Así, Liu Yaohui presentó a la Corte un *Memorial sobre el cese del ofrecimiento de obsequios al rey de Luzón.* Para entonces, «los delitos cometidos» habían devuelto al gobernador Liu Yaohui a su tierra natal, y no volvió «a mantener relación con los asuntos de Fujian». De este modo concluyó el primer intercambio de la historia de las relaciones entre China y España, un acontecimiento de suma importancia, ocurrido en el tercer año de reinado del emperador Wanli. Que Liu Yaohui fuera «devuelto a su tierra natal por delitos», pudiera tal vez estar relacionado con el descuido con el que gestionó este primer intercambio sino-español.

(4)

DICCIONARIOS MANUSCRITOS CHINO-ESPAÑOL Y SUS AUTORES ENTRE LOS SIGLOS XVI-XVIII

Yang Huiling
Universidad de Lenguas Extranjeras de Pekín

En los comienzos del intercambio cultural entre China y Occidente durante los siglos XVI y XVIII, buena parte de los occidentales que hablaban chino eran misioneros cristianos. Portugal y España fueron los dos países europeos que primero llegaron a Asia. En China, durante mucho tiempo, estas comunidades de misioneros católicos españoles y portugueses no han sido suficientemente investigadas. Aunque en los últimos treinta años los historiadores chinos se han ido familiarizando con la vida de estos personajes, sus estudios no se han enfocado en el ámbito lingüístico. A título personal, he reunido parte de la información dispersa sobre diccionarios bilingües chino-español entre los siglos XVI y XVIII que se encuentra disponible en diversos archivos y en investigaciones extranjeras. Es necesario ahondar aún más la investigación del legado de los misioneros españoles que residieron en China, la vida de los autores, el análisis de los textos de los diccionarios, y sus contribuciones a la investigación de la lengua china y al intercambio cultural entre China y Occidente. Personalmente, espero poder colaborar con académicos tanto de España como de China para avanzar más en este ámbito.

1. DICCIONARIOS MANUSCRITOS CHINO-ESPAÑOL COMPILADOS EN FILIPINAS

Los primeros contactos de los colonizadores españoles con las comunidades chinas en Asia tuvieron lugar en Filipinas. Según el reputado sinólogo Pier Van der Loon (1966), la mayoría de los chinos que residían en Filipinas en aquella época provenían de la provincia de Fujian, por lo que a finales del siglo XVI lo que principalmente estudiaron y emplearon los clérigos fue el dialecto *hokkien*.

Actualmente se conserva en Roma un diccionario manuscrito chino-español para estudiar chino en Filipinas catalogado como «diccionario chino-español de la Biblioteca Angelica Ms. Lat 60». Por lo escrito en la dedicatoria, el padre jesuita Pedro Chirino estudió chino para convertir a los más de 45.000 chinos de Filipinas. El 31 de marzo de 1604 se lo dedicó a Angelo Rocca (1545-1620):[1]

> Diccionario chino-español. Esta es la lengua que aprendió el padre Petrus Chirino de la Compañía de Jesús a través de sus conversaciones con los más de cuarenta mil residentes chinos en Filipinas. Yo, Petrus Chirino le dedico con sinceridad este libro al Reverendísimo Monseñor Sacrificio. 30 de abril del año 1604.[2]

---

[1] Masini cree que este diccionario se escribió entre el año 1595 y 1602. Ver «Chinese Dictionaries by Western Missionaries», *Encounters and Dialogues*, Editado por Xiaoxin Wu, Monumenta Serica Monograph Series, 2005, p.184.

[2] En el texto de Takata Tokio se traduce la dedicatoria de la portada y determina que la composición de este diccionario se produjo entre 1595 y 1599. Ver Takata Tokio, «Un tipo de documento de lengua de Sangley: "Diccionario chino-español" de Pedro Chirino», en Cheng Yiyuan (editor), «Actas del Simposio internacional de la cultura Minnan 2009», ciudad de Tainan, 2009, pp. 663-671.

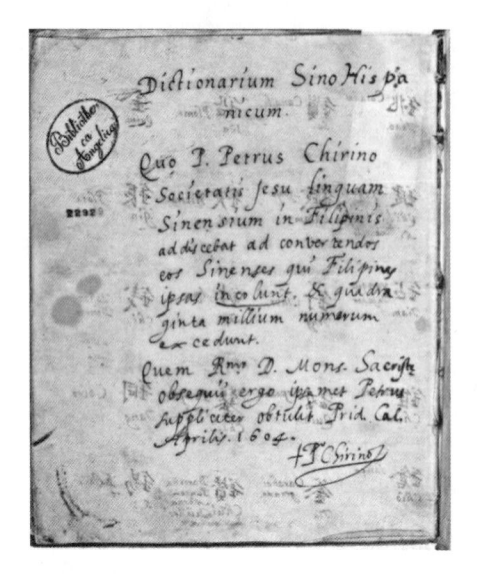

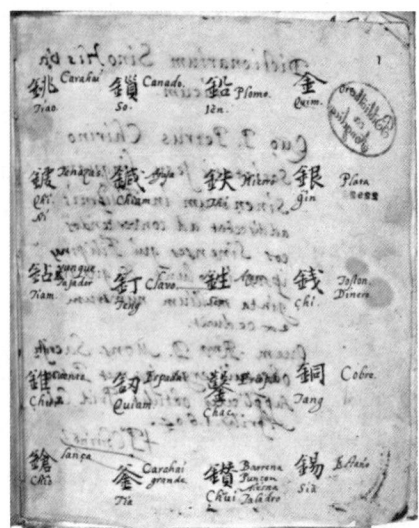

Imagen 1: Cubierta y primera página del diccionario manuscrito chino-español
(el diccionario está escrito de derecha a izquierda, siguiendo el orden tradicional chino).

2. DICCIONARIO MANUSCRITO CHINO-ESPAÑOL DE LA COLECCIÓN BORGIA CINESE N. 503 DE LA BIBLIOTECA DEL VATICANO

La primera parte de la copia de la Colección Borgia Cinese N. 503 de la Biblioteca del Vaticano es un diccionario manuscrito chino-español, tras el cual se adjuntan las exposiciones y opiniones sobre los ritos chinos de Juan Bautista de Morales, *Explicación católica de piedad filial* y *Biografías de celebridades de la dinastía Ming*, por lo que el diccionario se le ha atribuido también. Pero el texto en español de la primera página y el del diccionario no pertenecen a una sola persona. También se puede ver que el contenido de los libros no tiene relación con el diccionario, sino que se juntaron a la hora de encuadernarlos. No se puede descartar por completo que Juan Bautista de Morales fuera uno de los redactores o transcriptores del diccionario, pero se necesita mayor evidencia para sostener esta conjetura.

Juan Bautista Morales (1597-1664)[1] nació en Écija, Andalucía, en 1597, y en 1614 ingresó en la orden de los dominicos. En 1620, él y Angelo Cocchi (1597-1633)[2] partieron juntos hacia México y el 25 de marzo de 1621 llegaron a Manila, Filipinas. En julio de 1633, Morales y el franciscano Antonio de Santa María Caballero (1602-1669), entraron en Fujian, China, con la misión de evangelizar. Morales volvió a Roma en mayo de 1640, y allí mismo remitió al papa Urbano VIII (pontífice entre 1623-1644) un informe argumentando su oposición a los ritos chinos. En junio de 1644 obtuvo el apoyo del papa, que incluso le llegó a nombrar prefecto de la Iglesia en China, para que supervisara el comportamiento de los misioneros católicos en el país. En septiembre de 1644, el nuevo papa Inocencio X (1644-1655) promulgó una prohibición, en la que Morales tuvo mucho que ver, por la que se prohibían los ritos chinos a los católicos.

---

[1] Se ha consultado principalmente la presentación de Juan Bautista Morales escrita por Antonio Sisto Rosso en Diccionario de Biografías Ming 1368-1644. Para la versión en chino ver Fu Lute, Fang Zhaoying (antiguos editores), Li Xiaolin, Feng Jinpeng (editores) «Universidad de Columbia: Biografías de celebridades de la dinastía Ming», Editorial Shidai Huawen de Beijing, 2015.

[2] Angelo Cocchi y Juan Bautista Morales salieron juntos hacia México en 1620. Cocchi, en 1627, estudió el dialecto de Zhangzhou en Cavite y en 1628, se convirtió en el sustituto de un oficial de Danshui en Taiwán. En diciembre de 1631, fue enviado a Fujian, China, como diplomático español de Filipinas. En el camino se encontró con unos piratas, que le perdonaron la vida y lo enviaron a la residencia del inspector general de provincias de Fujian, Xiong Wencan. Cocchi fundó la primera iglesia y parroquia de la Orden de Santo Domingo en China. Estableció la iglesia en la aldea Dingtou en la prefectura de Funing. En 1633 invitó a Juan Bautista de Morales y al franciscano Antonio de Santa María Caballero a ir a China. En noviembre de 1633, Angelo Cocchi murió a causa de una enfermedad.

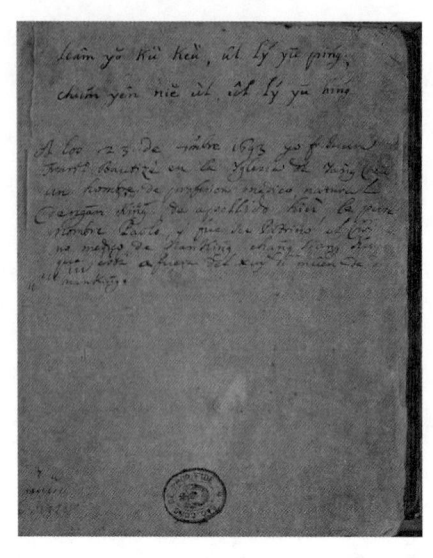

Portada de la Colección Borgia Cinese N. 503 de la Biblioteca del Vaticano.

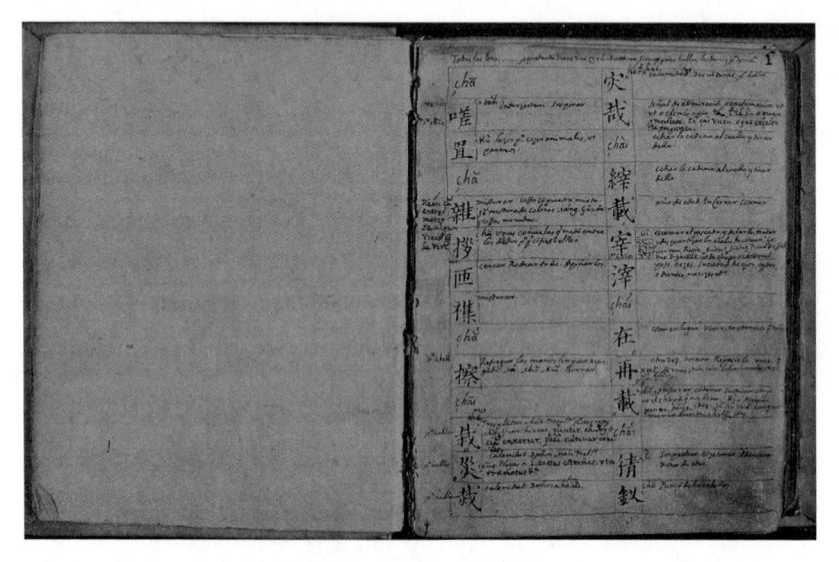

Primera página del Diccionario chino-español de Borgia Cinese N. 503

Como adelantábamos, la primera parte del texto Borgia Cinese N. 503 es un diccionario chino-español. El cuerpo principal viene precedido por un preámbulo de siete páginas donde se establece una comparación entre las transcripciones fonéticas de los caracteres chinos y el español. Después le siguen las 326 páginas del diccionario. En esta parte destaca una cuadrícula pintada con tinta roja de 14 líneas horizontales y 4 verticales, donde los caracteres están ordenados desde el sonido *cha* hasta *xun*. En la columna de la derecha se ofrece una explicación y su significado en español. Fuera de los márgenes de la cuadrícula roja hay caracteres y definiciones en español complementarias sobre palabras que a menudo se usan juntas y ejemplos. El estilo del texto principal y el complementario es similar. En general, estas son las características del manuscrito. La escritura de este diccionario chino-español es muy clara y ordenada, por lo que parece tratarse de una copia manuscrita de un documento anterior, además podemos observar que el transcriptor probablemente tuviera un nivel considerable de chino y que mientras lo copiaba lo revisaría y ampliaría.

Siguiendo con la experiencia vital de Juan Bautista de Morales, desde que dejó Fujian en 1656 para dirigirse a Zhejiang donde cayó enfermo con una parálisis en 1662, es el periodo en el que gozó de más tiempo disponible y pudo contribuir al diccionario chino-español. Él falleció dos años después, en 1664. Por otra parte, la cubierta del diccionario contiene una inscripción de septiembre de 1693, que podría ser la fecha de finalización, 30 años después del fallecimiento de Morales. En definitiva, puede afirmarse que la obra se realizó durante la segunda mitad del siglo XVII, y que no es atribuible, al menos exclusivamente, a Morales.

Aunque resulta difícil determinar su autoría, tuvo que ser un misionero español, o bien dominico o franciscano, pues tradicionalmente los miembros de ambas órdenes tuvieron por costumbre transcribir los sonidos en vez de los caracteres cuando llegaron a China a evangelizar. Todo el contenido del diccionario, relacionado con materiales para propagar el catolicismo, está realizado con anotaciones fonéticas en español. El autor de este diccionario había alcanzado un gran nivel de chino pues en este texto cada carácter individual tiene su propia entrada, de modo que su entendimiento y su significado son más precisos y profundos que el de otros diccionarios bilingües cuyas entradas consisten en una mezcla de palabras y frases.

3. DICCIONARIO CHINO-ESPAÑOL DE FRANCISCO DÍAZ (1606-1646)

Francisco Díaz nació en España en 1606 y en el 1622 ingresó en la Orden de Santo Domingo, más adelante fue a Filipinas, Taiwán y en 1635 llegó a Fu'an en la provincia de Fujian, como misionero junto a Juan Bautista Morales y Antonio de Santa María Caballero. En 1646 murió en Qingdao. Según los registros, en el año 1640 o 1641, Francisco Díaz compiló un diccionario chino-español, al mismo tiempo que un libro sobre gramática china (Gonzales, 1966, p. 35). Se conservan varias copias del manuscrito de Francisco Díaz. Esta que se muestra en la ilustración, a pesar de su orden y claridad, está basada en la copia original de la antigua Biblioteca Nacional de Berlín que contiene numerosos errores en chino y español. El editor de este texto no ha realizado ninguna investigación del texto del diccionario, solo ha consultado la explicación que ofrece el profesor Federico Masini, que a su vez contiene algunos errores.

4. EL DICCIONARIO CHINO-PORTUGUÉS Y EL DICCIONARIO CHINO-ESPAÑOL DE FRANCISCO VARO (1627-1687)

Francisco Varo, que siguió los estudios de mandarín de Juan Bautista Morales en Manila, es conocido por un diccionario chino mandarín y por una gramática china llamada *Arte de la lengua mandarina*.[1] Varo, después de 21 años en China, en 1670 compiló su primer diccionario de portugués-mandarín. En el prefacio a este diccionario menciona que tenía en su mano diccionarios de mandarín de otros misioneros que le habían antecedido y que realiza este diccionario portugués-chino para mejorar el trabajo de sus predecesores.[2] Después de esto, compiló otro diccionario diferente de español y chino.

---

[1] En el año 2000 John Benjamins publicó la versión en inglés, y en el 2003 Yao Xiaoping y Ma Youqing publicaron la versión en chino traducida desde el inglés del *Arte de la lengua mandarina* en Foreign language Teaching and Research Press.

[2] El predecesor dominico de Francisco Varo fue Juan Bautista Morales que escribió el diccionario español-chino, Francisco Díaz escribió el diccionario chino-español, en cambio el primer diccionario que escribió Francisco Varo fue portugués-chino, lo que indica que muy probablemente los dominicos que llegaron a China consiguieron los diccionarios de los jesuitas de allí. Esto también se refleja en la entrada «China, este Re» de Francisco Varo, que muy posiblemente está basada en la de un diccionario de portugués-chino jesuita de finales de la dinastía Ming, ya que cuando este llegó a China ya era la dinastía Qing, sin embargo, en su diccionario chino-español las palabras correspondientes a China eran aún: «*zhonghua, zhongguo, zhongtu* y país de la dinastía Ming».

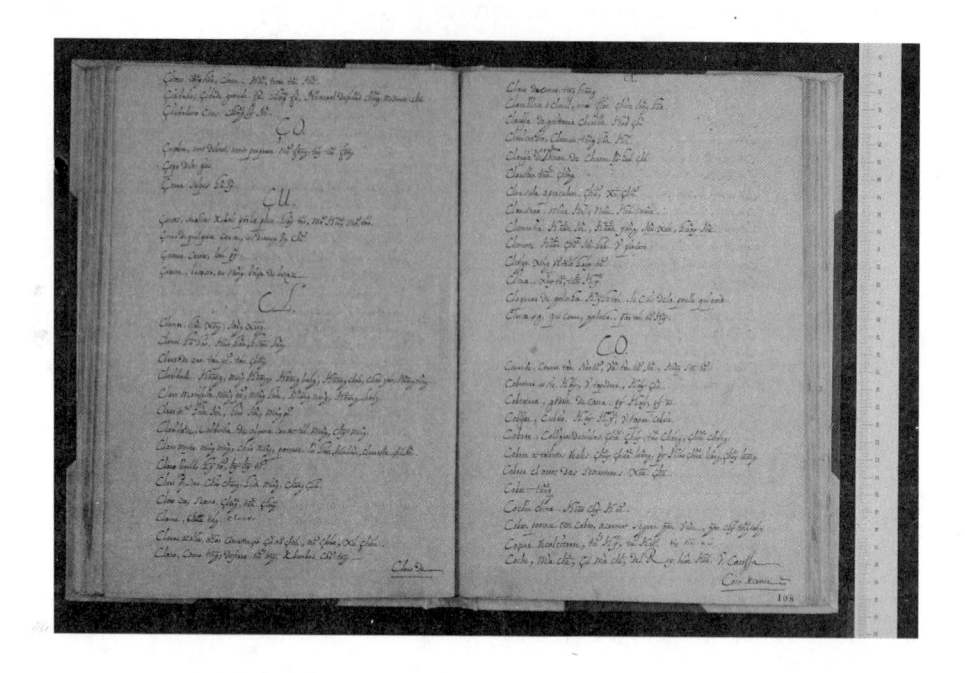

Weldon South Coblin ha investigado en profundidad el sistema de romanización que hicieron los misioneros que estuvieron en China durante la dinastía Ming y Qing y sus problemas con el mandarín que se usaba en esa época. Coblin editó el diccionario de mandarín de Francisco Varo y lo publicó en 2006, texto que se ha convertido en una referencia para los investigadores en este campo.

Lo que me llama la atención es que si tenemos en cuenta los lugares donde vivieron los misioneros dominicos en aquel momento, vemos que su objetivo de evangelización era la gente del campo de Fujian donde principalmente se hablaba *min* y *hakka*, por lo que resulta sorprendente que el diccionario bilingüe que compilaran fuera el de mandarín. Francisco Varo aclara en el prefacio que ha aprendido de los diccionarios anteriores de los jesuitas, y aunque admira los diccionarios de chino realizados por los misioneros de su orden; en realidad, su diccionario tiene una relación muy estrecha con los de los jesuitas.[①]

La segunda característica es que los diccionarios de chino escritos por los dominicos no daban importancia a los caracteres. El diccionario de Francisco Díaz solo tiene entradas en caracteres, pero en el diccionario de Francisco Varo no se usan en absoluto, todas las palabras chinas o ejemplos están sustituidas por sus romanizaciones. Teniendo en cuenta la experiencia del estudio del chino de los dominicos en Filipinas, encontramos una razón histórica para que utilizaran este método de rápido aprendizaje. Al usar el chino a través de este sistema de transcripciones fonéticas, las personas recién llegadas podían aprender rápidamente el idioma para evangelizar y conversar, y se ahorraban el duro trabajo de memorizar los caracteres. En caso de que necesitaran escribir caracteres, contaban con la ayuda de los estudiosos cristianos chinos que lo hacían por ellos. El nivel de chino de los misioneros dominicos más veteranos no era inferior que el de los jesuitas, pero alcanzarlo llevaba un esfuerzo a largo plazo, y para los nuevos misioneros les era suficiente manejar un cierto nivel de chino. Esta táctica de aprendizaje se basaba en sus objetivos evangelizadores.

El que recoge el mayor número de palabras es el diccionario chino-español compilado por Francisco Varo. Contando solo entradas en español, contiene más de 11.000, y bajo cada una de ellas hay diferentes números de correspondencias fonéticas en chino. En realidad, las expresiones chinas incluidas sobrepasan con mucho las diez mil.

---

① En este sentido estoy de acuerdo con el japonés Keiichi Uchida. La investigación de Nishiyama Michie descubrió que la gramática del mandarín de Francisco Varo se parece mucho a la del jesuita Martino Martini, a su vez la de Varo tuvo una gran influencia en la gramática china del jesuita Joseph de Prémare. Masini y Sandra Breitenbach han dado mucha importancia al diferente bagaje, y a las diferentes tácticas y modos de evangelización de los dominicos, franciscanos y jesuitas, pues en ellas reside la causa de sus discrepancias en sus tradiciones de estudiar la lengua.

Los misioneros escribieron muchos diccionarios manuscritos de otros idiomas, por lo que cuando llegó Francisco Varo, le fue posible aumentar y traducir al español algunas expresiones del chino de las que el español carecía, por ejemplo las del «Libro de los cien nombres»,[①] formas de expresión de parentesco como «兄嫂 *xiongsao* cuñada (mujer hermano mayor), 弟媳 *dixi* cuñada (del hermano menor), 母娘 madre/señora,[②] 妻舅 *qijiu* hermanos de la esposa», entras otras.

En el diccionario aparecen muchas palabras chinas nuevas para expresar conceptos que en Occidente existían pero en China no, por ejemplo palabras chinas cristianas: «解罪 *jiezui* confesar al sacerdote, 打圣 *dasheng* consagrar, 领圣体 *lingshenti* comulgar». Respecto a la búsqueda de correspondencia de palabras en chino, existe un mayor desarrollo. Por ejemplo, en el diccionario portugués-chino de Michele Ruggiere y Matteo Ricci, para «*crux, cruxificio*» solo está la traducción forzada 十字 *shizi* «crucifixión», sin embargo en el diccionario de Francisco Varo ya están «crucificar» como 钉十字架 *dingshizijia*, «crucifijo» 钉十字架的 *dingshijiade*, «cruz» 十字架 *shizijia* /十字圣号 *shizishenghao*, y otras equivalencias más acertadas. En cuanto a las palabras de uso común, Francisco Varo presta más atención al problema de los pares de palabras del chino, por ejemplo, detrás de algunos nombres añade intencionadamente su clasificador apropiado, en «comida de a medio día 中饭 *zhongfan*/午饭 *wufan*/中伙 *zhonghuo*», añade «una comida 一顿 *yidun*/一餐 *yican*». A veces ofrece una frase corta con la estructura gramatical de verbo-objeto apropiada, por ejemplo: la construcción de los verbos 安慰 *anwei* consolar /

[①] El texto original de Francisco Varo está escrito en español y su romanización fonética, no tiene caracteres. Es en la compilación y traducción de Weldon South Coblin en la que se han añadido los caracteres. Al poner ejemplos en esta sección, se citan los caracteres y no la romanización fonética.

[②] Esta palabra puede usarse como forma de respeto para dirigirse a la madre o a una señora mayor. (N. de la T.)

安乐 *anle* tranquilizar/ 抚慰 *fuwei* confortar, usada con el objeto «con buenas palabras», se puede expresar de este modo: 以善言劝他 *yi shanyan quan ta*/ 用善言安慰他 *yong shanyan anwei ta*; para usar «despacho del rey» propone 旨意 *zhiqi* decreto y 圣旨 *shengzhi* edicto imperial, para formar la estructura verbo-objeto «sacar un despacho real» nos ofrece tres formas 圣旨到 *shengzhidao* / 旨意下 *zhiyixia* / 命下了 *mingxiale*.

5. RESUMEN

En definitiva, al primer diccionario bilingüe, portugués-chino, de Michele Ruggiere y Matteo Ricci le sucedieron numerosos diccionarios bilingües de otros idiomas europeos y el chino, fruto del esfuerzo de varias generaciones de misioneros.

Los errores tanto en el chino escrito como en el español de estos diccionarios manuscritos muestran que el nivel del transcriptor no era muy alto. A juzgar por los errores que se aprecian en las traducciones y los significados, el contenido era fruto de su experiencia o de la ayuda de los chinos que tenían cerca. Al comienzo, el aprendizaje del chino de los misioneros europeos que llegaron a China dependía de algún asistente o profesor chino, algo natural e inevitable para la compilación de estos diccionarios bilingües.

Entre los primeros diccionarios bilingües, con un vocabulario básico, y el diccionario chino-español de Francisco Varo se produce una gran evolución: se incrementaron las palabras en español tomadas del chino con base en las expresiones que poseía el chino pero no el español, asimismo se incluyeron neologismos en chino de acuerdo con las palabras del idioma europeo características de su cultura. En el diccionario chino-español de Francisco Varo se presta especial atención al problema de las correspondencias de pares de palabras en chino, por lo que después de los nombres añade intencionadamente los clasificadores adecuados y en ocasiones también ofrece construcciones de verbo-objeto con ejemplos y frases, consiguiendo un modelo de diccionario bilingüe que combina la función de aprendizaje. Las funciones de los diccionarios bilingües chino-español, que al principio se concentraban en ofrecer correspondencias de palabras, se expandieron hasta combinar en ellos también el aprendizaje y la enseñanza del chino. Así se materializa el proceso de profundización en el intercambio cultural entre China y Occidente así como el progreso en el nivel y la investigación del chino de los misioneros.

El portugués y el español se expandieron por todo el mundo gracias a las colonias, para lo que contaron con la contribución de los misioneros cristianos. A su vez, estas comunidades también expandieron el chino por el mundo con sus trabajos: gracias a los diccionarios bilingües y a las gramáticas que compilaron, los europeos obtuvieron preciados conocimientos de la lengua y la cultura chinas y nutrieron a los estudiosos de Oriente, promoviendo el nacimiento de los estudios de la sinología en Europa.

Durante mi estudio de estos valiosos diccionarios manuscritos chino-español en los archivos de las bibliotecas en el extranjero, o de los documentos relacionados con la historia de los misioneros en China, he advertido algunos problemas: En primer lugar, existe una amplia documentación testimonio de las misiones, pero pocos diccionarios manuscritos chino-español en comparación. En la correspondencia que los misioneros enviaban a sus órdenes en Europa o a otros miembros de la Iglesia, a menudo se mencionaban los diccionarios de chino o las gramáticas que estaban realizando, pero si los acabaron, los publicaron o si los compartieron con otros misioneros, no tenemos manera de saberlo, a no ser que se produzca un importante descubrimiento de textos originales. En la historiografía de la Iglesia católica y en documentos originales, como son las cartas e informes de los misioneros, se alude a un diccionario manuscrito

Panel VII La España del siglo XVI, pionera en los estudios de sinología. Coetáneos y sucesores de Diego de Pantoja

de chino comenzado por el agustino Martín de Rada y a una gramática del dominico Juan Cobo, pero dadas las limitaciones de los documentos manuscritos, prácticamente resulta imposible verificar su existencia.

Por otra parte, varios de los diccionarios manuscritos chino-español de la época están firmados por personas que no son sus verdaderos autores. Por ejemplo, quien firma la portada del diccionario chino-español del Archivo Pastrana de Madrid es Miguel de Roca (1661-1757). El grado de similitud entre el contenido del texto de este diccionario y el diccionario manuscrito de chino-latín *Diccionario chino* es considerable. Miguel Roca llegó a China en 1696, mientras que la primera parte del *Diccionario chino* se completó en 1694, y la segunda parte no más allá del 1699-1700. Definitivamente esta no es una copia original de Miguel Roca, pero aún hay que investigar más sobre su participación y contribución en este diccionario.

Por último, hay diccionarios chino-español y autores de los que no hay ninguna investigación hasta la fecha. En lo que antecede se han mencionado a los misioneros más conocidos que estuvieron en China y sus diccionarios chino-español, al menos algunos de ellos. Pero hay otros sobre los que tenemos muy poca información tanto de su vida como de sus diccionarios. Todos ellos pertenecen a la orden de los dominicos y a la de los franciscanos. Por ejemplo, Juan Fernández Serrano (1655-1735), Francisco González de San Pedro (?-1730), Manuel das Chagas OFM (Orden de Frailes Menores), Miguel Roca (1661-1757), Vicente dell'Aguila OFM, etc., son todos autores franciscanos de diccionarios bilingües mencionados en documentos históricos, pero es necesaria aún más información para confirmar si realmente escribieron esos diccionarios entre otras lenguas y el chino. Entre los dominicos encontramos a Antoni Díaz, que escribió el

Vocabulario Hai xing phin tsu tsien, al agustino Tomás Ortiz (1668-1742)[1] y Juan Rodríguez (1727-1785), entre otros. Todavía hay que realizar investigaciones más profundas entre la comunidad de misioneros en China que estudiaron chino, así como sobre sus compilaciones de diccionarios bilingües.

La historia del intercambio cultural entre China y Occidente viene de lejos, pero aún hay que esperar a que progresen las investigaciones actuales. Personalmente espero que se estreche la cooperación con los académicos españoles y que juntos impulsemos la investigación de los diccionarios bilingües de los misioneros españoles.

Bibliografía:

Anonymous, Borgia Cinese N.503, Vatican Library.

Petrus Chirino, *Dictionarium Sino-Hispanicum*, Biblioteca Angelica MS.1604.

Federico Masini, (2005), «Chinese Dictionaries by Western Missionaries», *Encounters and Dialogues*, Edited by Xiaoxin Wu, Monumenta Serica Monograph Series.

Francisco Varo, *Francisco Varo's Glossary of the Mandarin Language*, ed by W. South Coblin, (2006), Monumenta Serica Institute. Sankt Augustin.

高田时雄，SANGLEY语研究的一种资料——彼得·齐瑞诺的《汉西

---

[1] Agradezco a la profesora Anna Busquets Alemany por descubrirme el artículo del profesor Miguel Ángel Perdomo Batista «Lingüística misionera y lexicografía histórica: el *Vocabulario de la lengua mandarina* de Fr. Tomás Ortiz (1668-1742)». La investigación sobre los dominicos de la profesora Busquets también toca el estudio de la lengua así como el contenido de las entradas de los diccionarios.

辞典》，载陈益源主编《2009闽南文化国际学术研讨会论文集》，台南市，2009。

Takata Tokio, «Un tipo de documento de lengua de Sangley: "Diccionario chino-español" de Pedro Chirino», en Cheng Yiyuan (editor jefe), (2009), «Actas del Simposio internacional de la cultura Minnan 2009», ciudad de Tainan.

富路特、房兆楹主编,李小林、冯金朋编,《明代名人传》(中译本)，北京时代华文书局，2015。

Fu Lute, Fang Zhaoying (editores jefes), Li Xiaolin, Feng Jinpeng (editores), (2015), *Biografías de celebridades de la dinastía Ming*, (versión en chino), Editorial Shidai Huawen de Beijing.

杨慧玲，《19世纪汉英词典传统》，商务印书馆，2012.

Yang Huilin, (2012), *Tradición de diccionarios chino-inglés en el siglo XIX*, The Commercial Press.

(5)

EL OBISPO LUO WENZAO (1617-1691), UN CHINO HISPANOHABLANTE

Pablo Robert Moreno
Universidad Autónoma de Madrid

Luo Wenzao, nacido en Fujian y bautizado por el franciscano Antonio de Santa María Caballero (1662-1669), recibió el nombre español de Gregorio López. Desde entonces estuvo vinculado a los misioneros españoles en China, ingresó en los dominicos, fue ordenado sacerdote y llegó a convertirse en el primer obispo chino. Numerosas fuentes manuscritas inéditas permiten comprender mejor su labor al lado de los misioneros españoles, su compleja identidad como sacerdote chino hispanohablante y el problema de su nombramiento y consagración como obispo. Estos hechos son explicados dentro de la dialéctica de intereses nacionales e institucionales entorno a su nombramiento, y la peculiar identidad del obispo vinculado desde un inicio al mundo español de Manila.

INTRODUCCIÓN

Los anteriores ponentes se han centrado en la contribución realizada por el misionero jesuita español Diego de Pantoja (1571-1618). En esta ponencia

Panel VII La España del siglo XVI, pionera en los estudios de sinología. Coetáneos y sucesores de Diego de Pantoja

nos trasladaremos a los sucesos acaecidos tras la llegada de los siguientes misioneros españoles a China, a saber, los franciscanos y dominicos que a partir de 1632-1633, procedentes de Manila, comenzaban su andadura en Fujian, lejos de la corte. A diferencia de la habitual pintura de unos frailes obstinados y sin conocimiento de la lengua y costumbres, los mendicantes españoles venían bien preparados. Es notable su contribución en la composición de obras lexicográficas y gramaticales del chino tanto en Manila como en China, que pueden ejemplificarse con los colosales trabajos de dominicos como Francisco Díez (1606-1646) o Francisco Varo (1627-1687). Además, y por enlazar con las intervenciones precedentes, tenemos constancia documental del estudio que estos misioneros hicieron de las obras en chino de Diego de Pantoja y otros jesuitas tras su llegada a China. Sin embargo, en esta ponencia queremos centrarnos en el primer dominico chino, Luo Wenzao o Gregorio López (1617-1691), quien fruto de estos tempranos contactos entre China y España pasó su vida en compañía de españoles y que tuvo una importancia fundamental en tres sentidos: como «mozo» cristiano, colaborador imprescindible en el desembarco y desenvolvimiento en China de estos primeros misioneros españoles; como fraile dominico y sacerdote nativo, excepcional ejemplo de «hibridación» inicial en los intercambios entre China y España; y como primer obispo chino, pivote clave en las dialécticas nacionales e institucionales por el control de la incipiente jerarquía eclesial de China.

Sobre la base de algunas biografías escritas por autores dominicos,[1] en este artículo se quiere ahondar especialmente y aportar nuevos datos sobre el papel de Gregorio como parte integrante del proyecto de España en

---

[1] Biermann, B. (1938), «Fray Gregorio López. Der erste chinesische Dominikaner und erste chinesische Bischof», *Zeitschrift für Missionswissenschaft und Religionswissenschaft 1*: pp. 105–123. González, J.M. (1966), *El primer obispo chino: fray Gregorio Lo, o López*, Pamplona: Editorial OPE.

China.[①]

1. GREGORIO LÓPEZ Y EL DESEMBARCO DE LOS MISIONEROS ESPAÑOLES EN CHINA EN EL SIGLO XVII

Asombra ver cómo un simple campesino de Fujian encuentra, en vinculación con el mundo español, un espacio de desarrollo personal y social inesperado. Tras su bautismo en 1635, desde un primer momento se convierte en persona de confianza de los españoles, quienes delegan en él importantes misiones: entre otras muchas, acompaña a dos frailes franciscanos en su viaje a Pekín en 1637; y en la persecución desencadenada a continuación, algún religioso español encuentra refugio en casa de sus familiares en Fuan. A partir de los años 40, será encargado en múltiples ocasiones para cruzar de Manila a Fujian con el socorro y nuevos

---

[①] La referencia principal para la redacción de este artículo es la reciente tesis doctoral sobre Gregorio López: Robert Moreno, P. (保罗), Shouwei huaren zhujiao Luo Wenzao (1617–1691) yanjiu《首位华人主教罗文藻(1617–1691)研 究》(A Research on the First Chinese Bishop Luo Wenzao) (Ph.D Thesis, Fudan University, 2017). Esta tesis, escrita en chino y pendiente de publicación, se basa en fuentes inéditas de varios archivos, entre los cuales cabe destacar como base de este artículo los siguientes: Archivo de la Provincia del Santo Rosario [APSR], Biblioteca Casanatense [BC], Archivum Generale Ordinis Praedicatorum [AGOP], Archivo Franciscano Ibero Oriental [AFIO], Archivum Romanum Societatis Iesu [ARSI], Biblioteca da Ajuda [BA], Archives Jésuites de la Province de France [AJPF], Archivio della Curia Generalizia Agostiniana [AGOAS], Archives du Séminaire des Missions Étrangères de Paris [AMEP], Archivio de Propaganda Fide [APF], Archivo General de Indias [AGI], Biblioteca Nacional de Madrid [BNM]. Para evitar inundar el texto con notas, solamente se ha detallado la fuente de citas literales. Para un conocimiento exhaustivo de todas las fuentes que fundamentan el relato, se remite a los artículos mencionados en la bibliografía.

misioneros para la misión china, así como llevar a cabo pequeños negocios para los personajes importantes de Manila. En los años 70 no solo introduce un importante número de misioneros, sino que los conduce y recibe en Fuan en un lugar seguro junto a familiares y amigos. Su capacidad y espíritu aventurero queda demostrada de continuo en tareas logísticas y de gestión de la misión (envío de correspondencia, construcción de iglesias, impresión de libros, liberación de cautivos, etc). Como otros muchos, Gregorio aventuraba su vida en cada navegación entre las islas Filipinas y China, de hecho queda registrado cómo en una ocasión quebró el barco y murieron parte de sus tripulantes, salvándose Gregorio y su compañero dominico Coronado gracias a que se sujetaron al palo mayor flotando en el agua. Del peligro de los piratas, al llevar dinero y bienes en el viaje, también nos da constancia el franciscano Caballero en sus escritos.

Es probablemente la necesidad de cristianos chinos en la gestión de la misión, uno de los motivos que llevaba a declarar al provincial dominico de Manila, respecto a la pregunta de si se podían admitir frailes y sacerdotes chinos: «Por via de nacion ninguno esta excluido».[1] Así se abría a Gregorio la puerta de ingreso a la orden de los dominicos y al sacerdocio, lo cual cuando menos hace replantear algunas visiones de un Imperio español poco integrador.

2. GREGORIO LÓPEZ, EJEMPLO DE «HIBRIDACIÓN» INICIAL EN LOS INTERCAMBIOS ENTRE CHINA Y ESPAÑA

Luo Wenzao recibió el nombre español de Gregorio López (Gregorio en

---

[1] Más información sobre este documento y la cuestión de la consagración de un chino como sacerdote y obispo en Robert Moreno, P. (2017), «Gregorio López (1617–1691): The first Chinese Bishop», *Journal of Early Modern Christianity*, 4(2), pp. 263-288.

honor a la provincia franciscana de San Gregorio, pues fue el franciscano Caballero quien lo bautizó, y López como extensión de su apellido chino Lo), y se formó en compañía de los misioneros españoles. En sus viajes a Manila residió en los colegios de franciscanos y dominicos, donde no solo profundizó en sus conocimientos del cristianismo sino que aprendió la lengua española. Esto convierte a Gregorio López en un personaje bastante interesante desde un punto de vista de su identidad, con una cierta hibridación característica del área de intersección entre China y el territorio español de Filipinas. Daremos a continuación dos ejemplos de esta hibridación.

El primero de ellos tiene especial importancia por el lugar en el que nos encontramos ahora, con instituciones y profesionales dedicados a la enseñanza del español en China. Una carta inédita de Gregorio López escrita en 1684 es el primer testimonio de español (y probablemente de otra lengua occidental) escrito por un chino. Esta carta dirigida a un religioso español de la misión de China revela un nivel de conocimiento del español bastante alto, si bien al mismo tiempo es posible observar interferencias típicas debidas a su lengua materna china.[1] Anteriormente, si bien había constancia de chinos en Manila o Macao que aprendieron la lengua española y portuguesa respectivamente, no nos queda ninguna muestra de escritos autógrafos. Igualmente, en estudios previos no se sabía de la existencia de cartas autógrafas de Gregorio, puesto que las cartas conocidas parecían haber sido redactadas por los religiosos que le acompañaban. Así, esta carta es una evidencia de la interlengua o «espachino» de Gregorio, y un importantísimo y temprano testimonio del uso del español en China.

---

[1] Estas cartas autógrafas de Gregorio, así como las características lingüísticas de esta interlengua fueron presentadas en la ponencia «First linguistic efforts of the Dominican friars in Fujian in the XVII century», en el 10th International Conference of Missionary Linguistics, celebrado en Roma, 21-24 de Marzo de 2018. El artículo está pendiente de publicación.

Panel VII La España del siglo XVI, pionera en los estudios de sinología. Coetáneos y sucesores de Diego de Pantoja

El segundo ejemplo de hibridación que traemos a continuación es un acontecimiento que sucede después de haber sido elevado al cargo de obispo y una vez recibida su consagración en 1685 en Cantón. Allí, un franciscano español describe las ceremonias llevadas a cabo por Gregorio López una vez asumido el cargo. Explica que el fraile chino dominico fue hasta el sepulcro del franciscano español Antonio de Santa María Caballero, quien le había bautizado y enseñado cuando era joven, y que además de ofrecerle sus oraciones, Gregorio trajo de Filipinas una partida de dinero con el único fin de renovar la tumba de su maestro. El observador franciscano debió verse en la necesidad de explicar que un fraile hiciera esto a título personal y renovara el sepulcro añadiendo una dedicatoria con su nombre. Por ello, en su relación explicaba que Gregorio, como chino que era estaba obligado a estas muestras de agradecimiento a sus padres y maestros, y dado que Caballero era su «padre espiritual», Gregorio cumplía con su deber propio de chino.[1]

3. GREGORIO LÓPEZ, PIVOTE CLAVE EN LAS DIALÉCTICAS NACIONALES E INSTITUCIONALES POR EL CONTROL DE LA JERARQUÍA ECLESIAL DE CHINA

En 1622, se había constituido Propaganda Fide en Roma, con el fin de potenciar y supervisar el trabajo misionero. Años después, tres vicarios apostólicos fueron enviados a Asia para convertirse en la autoridad eclesial en estos territorios, fomentar la creación de un clero nativo y dirimir la cuestión de los ritos chinos. Estos primeros vicarios fueron elegidos entre el clero secular de nacionalidad francesa, y debían tomar el control de las

---

[1] Este y otros ejemplos de esta «hibridación cultural» pueden leerse también en Robert Moreno, P., «Gregorio López (1617–1691): The First Chinese Bishop», *Journal of Early Modern Christianity*, 4(2), pp. 263-288.

misiones asiáticas desarrolladas por las órdenes regulares bajo el patronato de las coronas de Portugal y España. Era inevitable que surgieran problemas eclesiales internos entre clero regular y secular, así como conflictos de intereses nacionales.

Cuando años después, uno de estos vicarios franceses, François Pallu (1626-1684), viajó a Asia, conoció en Madagascar al fraile dominico Domingo Navarrete (1619-1686). Este volvía de China a Roma, y le informó que los misioneros europeos habían sido desterrados a Cantón durante la persecución, y que solo Gregorio López, único sacerdote chino, podía administrar a los cristianos de toda China. Pallu escribió a Propaganda Fide el 1 de agosto de 1671, elogió las cualidades de Gregorio y estableció un plan para hacerlo obispo y vicario apostólico de Nanjing, efectuandose su nombramiento en 1674. Este nombramiento significaba que Gregorio pasaría de ser un mero colaborador de los frailes españoles a convertirse en un personaje central en los conflictos de poder de la incipiente iglesia china.

Los jesuitas veían el peligro que suponía la llegada y control de la misión por parte de los vicarios franceses, que pretendían tener subordinado a Gregorio López y contar con su colaboración. En el sudeste asiático y en Manila obstaculizaron el trabajo de estos vicarios e intentaron impedir su llegada a China. El control de la iglesia china tenía implicaciones importantes, como el control de ciudades costeras estratégicas, la intermediación en el comercio o el enjuiciamiento de la orden jesuita en Roma por su posición laxa en la cuestión de los ritos chinos. Para evitar la oposición de los jesuitas en Asia se reforzó en Roma el poder de los vicarios apostólicos franceses por medio de bulas y decretos. Uno de ellos obligaba a todos los misioneros en China a prestar juramento de obediencia a los vicarios si querían poder continuar administrando en la misión. La promulgación de este decreto no solo afectaba a los jesuitas bajo el Padroado portugués, sino también a las órdenes mendicantes bajo la protección de la Corona española. La Monarquía española no permitiría que los misioneros a quienes apoyaba económicamente juraran obediencia a los vicarios franceses. Gregorio era un fraile dominico y formaba parte, de alguna manera, del mundo institucional español, ¿podría mantenerse neutral en el conflicto potencial entre los sacerdotes seculares franceses y el clero regular ibérico?

Tras una serie de intentos, los vicarios apostólicos franceses, asentados en Siam, enviaron cartas a Gregorio anunciándole la autoridad a ellos conferida, pero este, tras recibirlas en diciembre de 1681, no se dirigió a Siam para ser consagrado por ellos, sino a Manila. Como veremos, Gregorio formaba parte de un plan diseñado por los jesuitas, con el apoyo de otros frailes españoles, para acordar una práctica común en los ritos chinos más cercana a la opinión jesuita, y para evitar que los vicarios franceses tomaran el control de todos los misioneros en China.

4. 1. EL PAPEL DE GREGORIO EN LA CONTROVERSIA SOBRE LOS RITOS CHINOS Y LA OPOSICIÓN DE LOS DOMINICOS A SU CONSAGRACIÓN

La cuestión sobre la religiosidad o no de los ritos chinos (veneración a los antepasados y a Confucio entre otras cuestiones) había sido motivo de confrontación entre misioneros, especialmente entre los mendicantes y los jesuitas. En la década de los años 70 y 80, se buscó un nuevo intento de acuerdo al respecto. El visitador jesuita Sebastião de Almeida (1622-1682) propuso poner la resolución final sobre estos puntos en manos de sabios teólogos de Manila. Se esperaba que los padres provinciales allí, después de leer textos presentados por los misioneros de China, pudieran llegar a un acuerdo. Se contaba especialmente con Gregorio López, nombrado vicario apostólico de Nanjing, y el dominico teólogo Juan de Paz (1622-1699), conocido como «el Oráculo de Oriente» por haber dado respuesta a un gran número de dudas teológicas y morales.

Sin embargo, el superior de la misión dominica, Francisco Varo, escribiría al padre provincial en junio de 1682 para advertirle sobre la partida de Gregorio a Manila y sus intenciones: «El Obispo, como lo ha demostrado, está tratando de hacer que nos adaptemos a los jesuitas en todo en este ministerio».[1] Efectivamente, el jesuita Simão Rodrigues (1645-1704) había estado reuniendo textos escritos por cristianos chinos en Fujian favorables a la opinión de los jesuitas, más laxa en cuanto a la aceptación de estos ritos. Además, había comunicado a Ferdinand Verbiest (1623-1688) las intenciones de Gregorio de ayudarles. Es probable, por tanto, que los jesuitas en Fujian solicitaran a Gregorio que participara en el debate, y aparentemente este escribió un tratado sobre los ritos chinos.

El tratado atribuido a Gregorio ahora se conserva en varias copias en español, pero no se ha encontrado una versión en chino, y la existencia, autoría y fecha de este tratado son controvertidas. Este tratado parece haber sido firmado en Zhangzhou el 12 de diciembre de 1681, pero las cartas de Gregorio escritas desde Cantón en 1682-1683 nos llevan a pensar que un texto completo en chino podría no haber existido en ese momento. De la información de las cartas de Gregorio y correspondencia entre jesuitas, puede deducirse que en colaboración con jesuitas del área de Cantón-Macao se estaba elaborando una versión española a partir de algunas notas chinas para que Gregorio las presentara en Manila. Es cuestionable la autoría de Gregorio, y cabe pensar que estas notas chinas —o quizás pasajes sobre clásicos chinos— podrían haber sido compuestas por algún cristiano letrado chino en Fujian, como Ambrosio Yan, cercano a los jesuitas. La firma de Gregorio López rubricaría con su autoridad de vicario las opiniones vertidas en el tratado. En cuanto al papel del teólogo dominico Juan de Paz, «el Oráculo de Oriente», los jesuitas conocían cómo este había respondido algunas dudas de los misioneros relativas a los ritos chinos en las que

---

[1] Biblioteca Casanatense, ms. 1074, f.375r.

mostraba una actitud más flexible que otros compañeros de su orden. Los jesuitas, por tanto, trataban de implicar a algunos de los misioneros mendicantes con una opinión más cercana a la suya para resolver la cuestión de los ritos chinos en Manila antes de la llegada y enjuiciamiento por parte de los vicarios apostólicos franceses. Sin embargo, ni Gregorio fue consagrado obispo en Manila, ni se llegó a enviar a Roma una carta con el acuerdo de todas las órdenes y firma de Gregorio, como vicario apostólico de Nanjing. En cambio, el padre provincial dominico Antonio Calderón (1627-1685) criticó a Gregorio por sus opiniones sobre los ritos chinos y, aludiendo a su escasa formación teológica, no apoyaba su consagración. Los dominicos decidieron retener a Gregorio en el convento hasta recibir noticias de Roma y España.

4. 2. GREGORIO CONTRA EL JURAMENTO DE OBEDIENCIA

Antes de partir hacia Manila, Gregorio también colaboró con el plan de Ferdinand Verbiest, viceprovincial jesuita de China, para oponerse al control efectivo de la misión de China por parte de los vicarios apostólicos franceses. Varias cartas fueron enviadas a Roma bajo su nombre desde Macao en 1683. Además, en una carta al jesuita Filippucci (1632-1692) dejaba constancia de que había escrito a Roma y que él en su vicariato de Nanjing no exigiría a los misioneros jesuitas el juramento de obediencia al vicario apostólico hasta que Roma conociera en detalle la situación de la misión de China. Igualmente escribió al vicario apostólico francés François Pallu, a la sazón en Siam y dispuesto a hacer su entrada en China. En su carta adjuntaba otra carta de Verbiest en la que se advertía sobre los riesgos de entrada de un vicario apostólico en China y la ejecución del decreto del juramento.

En la correspondencia de estos años, se constata el intento de conseguir el apoyo de Gregorio López por los distintos actores que se disputaban la jerarquía eclesial china. Cuando François Pallu respondió desde Siam a la carta de Gregorio, señaló su determinación de dirigirse ya hacia China, y le recordó que era él quien lo había promovido como obispo, y solicitaba una vez más su cooperación. También le advertía que de momento ponía en recaudo del vicario dominico de Macao, Francisco de las Llagas, los 400 escudos de su congrua como obispo, e insistía en que Gregorio podía dirigirse a Siam si la consagración en Manila no era posible. Sin embargo, la carta de Pallu llegó a Macao después de que el obispo chino hubiera partido a Manila con el tratado sobre ritos chinos favorable a los jesuitas y el objetivo de ignorar la ejecución del decreto de juramento una vez consagrado.

4. 3. LLEGADA DE PALLU A CHINA Y CONSAGRACIÓN FINAL DE GREGORIO

Mientras Gregorio todavía estaba en Manila, Pallu le escribió en febrero de 1684 para informarle de su llegada a Xiamen el 15 de enero, y de la buena acogida por parte de sus hermanos dominicos. Pallu nuevamente le pedía a Gregorio que fuera a China para ser consagrado, ya que Gregorio aún no había sido consagrado en Manila. Pallu había obligado a todos los misioneros a tomar el juramento de obediencia, pero con la excepción de algunos dominicos en Fujian, la mayoría de los misioneros españoles había rechazado realizar el juramento; en consecuencia, tenían prohibido administrar como sacerdotes en China. Se quejaron a Pallu en vano, argumentando que no podían jurar obediencia porque el Rey español les daba apoyo económico y los provinciales en Manila no les permitían prestar juramento. Entonces, muchos misioneros españoles decidieron irse a Manila y se forjó un plan de reacción en el que Gregorio iba a jugar un papel importante.

Según las biografías dominicas, mientras Gregorio estaba retenido por sus hermanos dominicos en su convento de Manila, los funcionarios del Gobierno irrumpieron en el convento. Gregorio escapó al convento de los agustinos y regresó a China para ser consagrado. Sin embargo, no se dan más explicaciones a estos hechos. En realidad, se ignoran dos importantes datos: el Gobierno de Manila había descubierto que algunos dominicos estaban dando apoyo secretamente a los vicarios franceses; los agustinos habían puesto en marcha un plan para frenar la implementación del decreto de juramento.

Desde Manila, el agustino Miguel Rubio (?-1710) había involucrado a Gregorio López, quien aparentemente firmó otro documento el 20 de septiembre de 1683 afirmando que permitiría que los agustinos y otros misioneros predicaran en su jurisdicción sin necesidad de prestar juramento de obediencia. Desde China, el superior agustino Álvaro de Benavente (1646-1709) escribió una carta a Manila el 7 de marzo de 1684, que fue presentada al Gobierno. En ella proponía que Gregorio abandonara Filipinas y regresara a China, incluso si no estaba consagrado aún. Esperaba que Gregorio, llamado en la carta como «Fénix de los ingenios chino», podría escribir informes a Roma que fueran más verídicos y menos tendenciosos que los de los vicarios franceses, que se habían ganado la confianza del papa y que se movían por intereses nacionales ocultos. Tanto el Gobierno de Manila como los agustinos esperaban que Gregorio pudiera ayudar a los misioneros españoles a permanecer en China informando de las consecuencias que tendría el decreto del juramento, a saber, la pérdida de muchos misioneros y el abandono de muchas iglesias y cristianos.

De este modo, Gregorio salió de Manila el 17 de julio y llegó a Zhangzhou el 10 de septiembre de 1684. Había recibido 600 pesos y varios objetos para Benavente, entre ellos un libro escrito por Juan de Paz. El obispo chino volvía con un mensaje para Pallu en nombre de los padres provinciales de los agustinos, jesuitas y franciscanos en Manila. En octubre, el dominico Magino Ventallol (1647-1732) escribió una carta significativa a Pallu en la que le advertía de que el vicario chino quería tomar por provicario y asesor al fraile agustino Álvaro de Benavente, a quien describía como la punta de lanza de aquellos quienes tramaban desobedecer a los vicarios. En su carta, Ventallol añadía cómo había intentado persuadir a Gregorio de unirse y obedecer a Pallu, pero sin resultado aparente. Anteriormente había habido propuestas para hacer que Ventallol fuera el asesor teológico de Gregorio, pero este se negaba categóricamente en esta carta, asegurando que estaba dispuesto a abandonar la misión china antes que aceptar ese papel. El plan diseñado por Pallu en Roma para incluir a Gregorio como vicario apostólico nativo subordinado a su proyecto y con un provicario dominico teólogo que guiara sus juicios estaba a punto de fracasar. Ahora, Benavente podría convertirse en su consejero, y este fraile agustino se oponía a la autoridad de los vicarios franceses y buscaba un consenso con los jesuitas en la controversia de los ritos chinos.

Según los biógrafos dominicos, Gregorio vino desde Manila en busca de Pallu para ser consagrado por él. Sin embargo, Gregorio venía a tratar con él algunas condiciones en nombre de los misioneros españoles. No fue directamente a Moyang, donde Pallu se alojaba con los dominicos que le eran leales. En su lugar, le envió a Pallu una carta adjuntando un excelente regalo, doscientas barras de chocolate, y le pidió que fuera a Fuzhou a conversar durante al menos un mes y visitar diferentes iglesias para comprender mejor la situación real en China. Finalmente, Gregorio fue a Moyang, pero llegó dos días después de la muerte de Pallu, el 29 de octubre. Después de que el administrador general de la misión muriera, los sacerdotes franceses continuaron informando de que el abandono de la misión de los misioneros españoles no suponía un problema para la administración continua de los sacramentos a los cristianos chinos. Informes diferentes fueron enviados por el vicario apostólico italiano franciscano Bernardino della Chiesa (1644-1721) tras su llegada a Cantón el 27 de agosto de 1684. Testigo de la situación, decidió dar licencia a los misioneros españoles para administrar los sacramentos sin prestar el juramento de obediencia. En sus cartas, informó a Roma sobre el riesgo de

Panel VII La España del siglo XVI, pionera en los estudios de sinología. Coetáneos y sucesores de Diego de Pantoja

la misión y solicitó la suspensión del decreto de juramento. Había venido con la autoridad de consagrar a Gregorio, por lo que lo llamó a Cantón, donde lo consagró y le asignó al franciscano Juan Francisco de Leonissa (1656-1737) como su teólogo asesor. Sabemos que Benavente había pedido el regreso de Gregorio para remitir más informes a Roma y contrarrestar las relaciones hechas por los vicarios franceses. El plan de Benavente funcionó, y después de la consagración, Gregorio escribió tres cartas a Roma muy similares en contenido a la carta de Bernardino y dio permiso a los misioneros en su vicariato para administrar los sacramentos sin jurar obediencia. El valor específico del informe de Gregorio era que él, como vicario, era una voz autorizada, y como chino, proporcionaba un testimonio fiable y «neutral» en el debate. Además, adjuntó otro testimonio «neutral», una traducción al español de una carta escrita por cristianos de Zhejiang que mostraba el dolor y desamparo de los cristianos ante el abandono de los misioneros españoles.[1]

Los esfuerzos de Gregorio y Bernardino della Chiesa y el posterior informe oral de Benavente en Roma en 1688 tuvieron éxito, y el decreto del juramento fue suspendido. En el conflicto entre los vicarios franceses y el clero regular español, Gregorio se puso del lado español. Su «identidad anfibia» decidió su papel en estas disputas nacionales: pertenecía de alguna manera al mundo institucional español de Filipinas, que patrocinaba el trabajo misionero español en China, y al mismo tiempo podía proporcionar

---

[1] En los últimos años hay un intento de buscar la perspectiva china en la problemática de los ritos chinos y otros debates de naturaleza intercultural. Estas supuestas voces chinas tienen sin embargo que contextualizarse dentro de la dialéctica entre distintos países y grupos religiosos. Para la cuestión de la veracidad y representatividad de estas voces puede consultarse el siguiente trabajo: Robert Moreno, P. (保 罗), «Lanxi tianzhujiaotu zhi Luo Wenzao zhujiao shu' kao»〈《兰溪天主教徒致罗文藻主教书》考〉(On the letter written by Lanxi christians to Bishop Luo Wenzao), *Journal of Macao Polytechnic Institute* 澳门理工学报 68, no. 4 (October 2017), pp. 81–89.

una perspectiva china más neutral, aunque estas «voces chinas» no fueran probablemente sino el eco de sus compañeros de misión.

Bibliografía:

Biermann, B., (1938), «Fray Gregorio López. Der erste chinesische Dominikaner und erste chinesische Bischof», *Zeitschrift für Missionswissenschaft und Religionswissenschaft 1*: pp.105–123.

González, J.M., (1966), *El primer obispo chino: fray Gregorio Lo, o López*, Pamplona: Editorial OPE.

Robert Moreno, P. (保罗), Shouwei huaren zhujiao Luo Wenzao (1617–1691) yanjiu《首位华人主教罗文藻 (1617–1691) 研究》(A Research on the First Chinese Bishop Luo Wenzao) (Ph.D Thesis, Fudan University, 2017. Pendiente de publicación).

Robert Moreno, P. (保罗) (2017), «Lanxi tianzhujiaotu zhi Luo Wenzao zhujiao shu' kao»〈《兰溪天主教徒致罗文藻主教书》考〉(On the letter written by Lanxi christians to Bishop Luo Wenzao), *Journal of Macao Polytechnic Institute* 澳门理工学报 68, no. 4 (October 2017): pp. 81–89.

Robert Moreno, P. (2017), «Gregorio López (1617–1691): The first Chinese Bishop», *Journal of Early Modern Christianity*, 4(2), pp. 263-288.

Agradecimientos

En septiembre de 2018, coincidiendo con el cuadringentésimo aniversario de la muerte en China del jesuita español Diego de Pantoja, se celebró en la Universidad de Estudios Extranjeros de Beijing, con posterior itinerancia a Shanghái y a Macao, el simposio *Reflexiones sobre la historia de los intercambios culturales entre China y España: IV centenario del fallecimiento de Diego de Pantoja*. Este importante acontecimiento académico fue propiciado por el Instituto Cervantes, la Embajada de España en la R. P. China y la ya mencionada universidad, con la colaboración de diversas instituciones de España y de China. Contó con la participación de más de treinta investigadores procedentes de diferentes países.

Con el objetivo de que las intervenciones de los expertos participantes pudieran ser conocidas por un mayor número de personas interesadas en la historia de las relaciones entre China y el mundo hispanohablante, se pidió a los participantes la elaboración de artículos originales y específicos, y presentarlos en una publicación en formato bilingüe español-chino.

La Editorial de Ciencias Sociales de China desea expresar su agradecimiento a todos los autores, traductores, editores, revisores de textos, así como a las instituciones que han apoyado este proyecto.

Autores participantes (por orden alfabético de apellido):

José Antonio Cervera
José Eugenio Borao Mateo

Diego de Pantoja y China
Reflexiones sobre las relaciones históricas entre China y el mundo hispánico

Anna Busquets Alemany

Isabel Cervera Fernández

Elisabetta Corsi

Rafael Dezcallar Mazarredo

Enrique Dussel Peters

Dolors Folch

Antonio García-Abásolo González

Luis García Montero

Guo Cunhai 郭存海

Jin Guoping 金国平

Juan José Morales

Álvaro Leonardo Pérez

Li Chenguang 李晨光

Li Tiangang 李天纲

Luo Huiling 罗慧玲

Luo Ying 罗莹

David Martínez-Robles

Ning Siwen 宁斯文

Manél Ollé

Peng Haitao 彭海涛

Guadalupe Pinzón Ríos

Ignacio Ramos

Albert Recasens

Alicia Relinque

Xulio Ríos

Enrique Rodríguez Larreta

Tang Kaijian 汤开建

Alfonso Wei 魏京翔

Yang Huiling 杨慧玲

Ye Junyang 叶君洋

Zhang Kai　张铠
Zhang Min　张敏
Zhang Xiping　张西平

Traductores (por orden alfabético de apellido):

Belén Cuadra Mora
Li Jinghao　李京昊
Lin Qingyu　林青俞
Lu Jinyu　逯瑾羽
Luis Roncero Mayor
Teresa Tejeda
Wang Ting　王婷
Wei Xin　魏鑫
Zhan Ling　詹玲
Zhang Jingjing　张晶晶
Zhao Tianyu　赵天瑜
Zhu Min　朱敏

Editores (por orden alfabético de apellido):

Belén Cuadra
Gao Ge　高歌
Juan José Morales
Luo Huiling　罗慧玲
Alfonso Wei　魏京翔
Xin Dan　辛丹

Instituciones:

Por parte de España:
- Embajada de España en la República Popular China
- Consulado General de España en Shanghái
- Consulado General de España en Hong Kong
- Instituto Cervantes de Pekín
- Biblioteca Miguel de Cervantes de Shanghái
- Instituto Confucio de Madrid

Por parte de China:
- Universidad de Estudios Extranjeros de Beijing (BFSU)
- Instituto de Civilización Comparada y Comunicación Intercultural de BFSU
- Instituto Internacional de Estudios Chinos de BFSU
- Centro de Estudios de España, Academia China de Ciencias Sociales
- Hanban de China
- Universidad de Ciencia y Tecnología de Macao

La aportación de las siguientes personas ha resultado fundamental para la culminación de este proyecto, y por tanto les hacemos llegar asimismo nuestro más sincero agradecimiento:

Por orden alfabético de apellido:

Adrián Álvarez García
Alberto Antolín Encinas
Esteban Carlos Andueza
Miguel Bauzá More
Raquel Caleya Caña

Agradecimientos

Alberto Carnero Fernández

Marina Cuenca Martínez

Chen Jizhe 陈继哲

Sandra Durand Castillo

Inmaculada González Puy

Huang Ping 黄平

Liu Yuping 刘玉萍

Martín López-Vega

José María Martínez-Carrasco de Santiago

Gloria Mínguez Ropiñón

Carmen Noguero Galilea

Sun Youzhong 孙有中

Sun Yucong 孙语聪

Iván Tsui 徐少德

Wei Jing 魏婧

Wu An 吴安

Xia Jingnan 夏兢男

Xia Wenjing 夏雯婧

Yan Guohua 闫国华

Yu Di 于迪

Zhang Chaoyi 张朝意

Zhang Lin 张林

© Derechos de autor, corresponden a los propios autores